Christina Abel
Kommunale Bündnisse im Patrimonium Petri des 13. Jahrhunderts

Bibliothek des
Deutschen Historischen
Instituts in Rom

—

Band 139

Christina Abel

Kommunale Bündnisse im Patrimonium Petri des 13. Jahrhunderts

—

DE GRUYTER

ISBN 978-3-11-064582-8
e-ISBN (PDF) 978-3-11-063283-5
e-ISBN (EPUB) 978-3-11-063291-0
ISSN 0070-4156

Bibliografische Information der Deutschen Nationalbibliothek
Die Deutsche Nationalbibliothek verzeichnet diese Publikation in der Deutschen
Nationalbibliografie; detaillierte bibliografische Daten sind im Internet über
http://dnb.dnb.de abrufbar.

© 2019 Walter de Gruyter GmbH, Berlin/Boston
Satz: werksatz · Büro für Typografie und Buchgestaltung, Berlin
Druck und Bindung: CPI books GmbH, Leck

www.degruyter.com

Inhalt

Vorwort —— IX

Einleitung —— 1
1   Untersuchungsgegenstand, Zielsetzung und methodisches Vorgehen —— 1
2   Quellenlage —— 5
3   Forschungsstand —— 9
4   Grundlegende Vorüberlegungen —— 16
4.1   Die Kommunen des Dukats Spoleto und der Mark Ancona —— 16
4.2   Was ist ein Bündnis? Der Bündnisvertrag in der Vielfalt kommunaler Beziehungen —— 36
4.3   Die Römische Kirche und das städtische Bündniswesen —— 41
4.4   Der theoretische Rahmen: Das „sanfte Joch" der Päpste —— 46

I Kommunale Bündnisse in Umbrien und der Mark Ancona: Praxis und Schriftlichkeit

1   **Der Weg zum Bündnisvertrag** —— 53
1.1   Auf dem Weg zum Bündnis: Ein Beispiel und offene Fragen —— 53
1.2   Die Entscheidung für ein Bündnis: Beweggründe, Ziele, Entscheidungsträger —— 58
1.3   Die Kommunikation im Vorfeld: Form und Schriftlichkeit —— 69
1.4   Das Problem der Stellvertretung: Das Aufkommen der Syndikatsurkunde —— 88
1.5   Beeidung und Ausfertigung der Bündnisurkunde —— 105
1.6   Das Bündnis in der administrativen Schriftlichkeit der Kommune (Perugia, Juli 1277) —— 114

2   **Der Bündnisvertrag** —— 126
2.1   Das Bündnis als Vertrag —— 126
2.2   Zur Terminologie der Bündnisse: *Societas, amicitia, concordia* —— 134
2.3   *Omnia et singula capitula*: Die Vertragsbestimmungen —— 139
2.3.1   Die *ad-honorem*-Formel —— 139
2.3.2   *Consilium et auxilium*? Allgemeine Hilfszusagen —— 146
2.3.3   Militärische und konfliktbezogene Bestimmungen —— 151
2.3.4   Konfliktvermeidung und -bewältigung innerhalb des Bündnisses —— 165

2.3.5	„Der ganze Mensch": Regeln für die einzelnen Mitglieder der Kommunen und für den Umgang mit Individuen und Gruppen —— **172**
2.3.6	Die Beziehungen zu Dritten —— **180**
2.3.7	Klauseln zum Umgang mit dem Vertrag und zur Organisation der *societas* —— **187**

3	**Aufbewahrung und Umsetzung der Verträge** —— **197**
3.1	Ihr Pergament nicht wert? —— **197**
3.2	Die Archivierung der Beziehungen: Original und Kopie, Dossier und *liber iurium* —— **199**
3.3	Die Umsetzung der formalen Bündnisvereinbarungen —— **205**
3.4	Die friedliche Beilegung von Konflikten —— **212**
3.5	Die gemeinsame Kriegsführung —— **216**

4	**Bündnisbruch und Rechtsverbindlichkeit der Bündnisse: Ein Zwischenfazit** —— **223**

II Konkurrenz und Kooperation: Die Bündnisse Perugias und die päpstliche Herrschaft (1198–1304)

1	**Rekuperation des Patrimoniums, Konsolidierung des Contados: Perugias Bündnisse unter Innozenz III. und Honorius III. (1198 – ca. 1230)** —— **233**
1.1	Die *societas Tuscie* – ein Thronstreitbündnis (1197–1205) —— **234**
1.2	An den Grenzen des Einflusses: Die Contado-Bündnisse (1198–1230) —— **247**
1.3	Der innere Konflikt nach außen getragen: Die Bündnisse der *pars que dicitur militum* (1223–1230) —— **262**

2	**Zu Ehren der Heiligen Römischen Kirche: Die Bündnisse zur Zeit der staufisch-päpstlichen Spannungen (1228–1266)** —— **276**
2.1	Vom Streit um ein Kastell zur „lega guelfa": Die Bündnisse der Jahre 1237, 1242 und 1251 und ihre problematische Beurteilung —— **280**
2.2	Päpstlich initiierte Bündnispolitik: Die geglückte *societas* des Jahres 1228 und das gescheiterte Bündnis des Jahres 1260 —— **296**

3	***Perusia augusta*: Perugias Vormachtstellung in Umbrien (1251–1300)** —— **307**
3.1	Krieg und Frieden: Perugias Bündnisse mit Orvieto, Perugias Konflikt mit Foligno (1256–1289) —— **309**
3.2	„Comune Perusii quod medicus verus est": Die Kommune Perugia als Schiedsrichterin (1286–1300) —— **328**

4 Bonifaz VIII. und Perugias regionale Bedeutung im 14. Jahrhundert: Ein Ausblick —— 345

5 Zum Vergleich: Die Bündnisse anderer Kommunen in Umbrien und den Marken —— 354

Ergebnisse: Die kommunalen *societates* und das Patrimonium Petri —— 367
1 Die *societas* als Rechtsinstrument —— 367
2 Die *societates* der Kommunen und das „sanfte Joch" der Päpste —— 374

Summary —— 383

Anhänge

1 Quellen —— 389

2 Karten —— 523

3 Tabellen —— 527

Abkürzungen —— 535

Quellen- und Literaturverzeichnis —— 537
1 Ungedruckte Quellen —— 537
2 Gedruckte Quellen und Regestenwerke —— 538
3 Literatur —— 544

Register —— 573
1 Personen —— 573
2 Orte —— 580

Vorwort

Die vorliegende Arbeit wurde 2017 vom Fachbereich Geschichts- und Kulturwissenschaften der Freien Universität Berlin als Dissertation angenommen. Entstanden ist die Studie im Rahmen des DFG-geförderten Forschungsprojekts „Das ‚sanfte Joch' der Päpste – Autorität und Autonomie im Patrimonium Petri des 13. Jahrhunderts", das unter der Leitung von Prof. Dr. Matthias Thumser an der Freien Universität Berlin durchgeführt wurde. Ihm gilt mein besonderer Dank für die gute Zusammenarbeit im Projekt wie auch für die Betreuung meiner Doktorarbeit. Ohne sein großes Vertrauen, seine wertvollen Anregungen und die außergewöhnliche Freiheit im wissenschaftlichen Arbeiten und Denken, die ich an seinem Lehrstuhl erleben durfte, hätte diese Arbeit nicht entstehen können. Herzlich danken möchte ich auch Prof. Dr. Stefan Esders, der das Zweitgutachten übernahm und mich und das Dissertationsvorhaben vielfach unterstützt hat.

Viel verdankt die vorliegende Arbeit dem Deutschen Historischen Institut in Rom: Dem damaligen Direktor, Prof. Dr. Michael Matheus, danke ich für die Förderung des Vorhabens durch ein Forschungsstipendium und das große Entgegenkommen während weiterer Forschungsaufenthalte am DHI. Dem amtierenden Direktor, Prof. Dr. Martin Baumeister, bin ich zu großem Dank für die Aufnahme der Studie in die Schriftenreihe des Instituts verpflichtet. Danken möchte ich aber vor allem den Mitarbeiterinnen und Mitarbeitern des DHI, sowohl im akademischen als auch im nicht-akademischen Bereich, die mir durch ihre unkomplizierte Unterstützung und ihre Ratschläge vielfach weitergeholfen haben. Genannt seien hier stellvertretend Dr. Andreas Rehberg, Monika Kruse, Elisabeth Dunkl und Guido Tufariello sowie die ehemaligen Mitarbeiter Dr. Kai-Michael Sprenger und Dr. Eberhard Nikitsch. Dr. Kordula Wolf bin ich zu zweifachem Dank verpflichtet, zum einen für die guten Gespräche vor Ort, zum anderen für ihre aufmerksame Textredaktion, ihre wichtigen Hinweise und ihr großes Engagement bei der Drucklegung der Arbeit.

Gefördert wurde das Vorhaben zudem durch ein Stipendium der Università degli Studi di Verona, an der ich drei Monate als Junior Fellow arbeiten konnte. Für die Unterstützung meiner Bewerbung, die Hilfe und den Austausch vor Ort, vor allem aber für die Vermittlung wichtiger Kontakte danke ich in Verona ganz herzlich Prof. Dr. Gian Maria Varanini, daneben Dr. Marco Stoffella und Prof. Dr. Massimiliano Bassetti.

Meine Dankbarkeit gilt des Weiteren den Archiven und Bibliotheken, in denen ich in Italien gearbeitet habe. Die Mitarbeiterinnen und Mitarbeiter dieser Institutionen sind mir ausnahmslos mit einer weit über das übliche Maß hinausgehenden Hilfsbereitschaft begegnet, die das Arbeiten immer angenehm gemacht und den Zeitdruck manchmal gemildert hat. Stellvertretend seien an dieser Stelle Alberto Maria Sartore und Paola Monacchia vom Archivio di Stato di Perugia, Filippo Orsini vom Archivio Storico Comunale di Todi und Roberto Nini vom Archivio Storico Comunale di Narni genannt.

Wichtige Hilfestellungen und Anregungen verdankt die Arbeit darüber hinaus den Gesprächen mit Prof. Dr. Cosima Möller vom Fachbereich Rechtswissenschaft der Freien Universität Berlin, Prof. Dr. Jean-Claude Maire Vigueur von der Università degli Studi Roma Tre, Prof. Dr. Knut Görich von der Ludwig-Maximilians-Universität München, Dr. Francesco Pirani von der Università di Macerata, Gionata Tasini aus Padua, Silvia Lonzini aus Perugia und Raffaello Bartolucci aus Narni. Für ihre Zeit, ihr Interesse und den Austausch von Texten und Ideen möchte ich auch ihnen danken. Für die persönliche und fachliche Unterstützung sei außerdem den Personen in meinem neuen Arbeitsumfeld bei den Regesta Imperii und an der Universität des Saarlandes gedankt, insbesondere Prof. Dr. Michel Margue aus Luxemburg und Prof. Dr. Brigitte Kasten.

Für ihre persönliche Freundschaft, ihren Beistand in den guten wie den schlechten Tagen und den bereitwilligen Austausch von Fachwissen bin ich meinen ehemaligen Berliner Kolleginnen und Kollegen Dr. Tanja Broser, Dr. Andreas Fischer, Cornelia von Heßberg, Jakob Frohman, Dr. Johannes Götz und Remigius Stachowiak zu Dank verpflichtet. Gleiches gilt für meine Mitstipendiatinnen und -stipendiaten in Rom Dr. Sebastian Becker, Dr. Richard Engl, Dr. Anja Voßhall und Daniela Wellnitz, die die Herausforderungen, die das Leben auf Römischen Bürostühlen mit sich brachte, mit mir gemeinsam gemeistert haben. Dr. Rafael Ugarte Chacón danke ich für die sorgfältige Lektüre des Manuskripts, seine Begeisterungsfähigkeit für das mittelalterliche Pferd und vor allem für seine Freundschaft.

Schließlich möchte ich von Herzen meiner Familie danken: meinem Mann für sein aufmerksames Zuhören, seine klugen Rückfragen und sein nicht-selbstverständliches Interesse an der Welt der italienischen Kommunen, wie auch für Tausende von Fotos und die Karten am Ende dieses Buchs mit den komplexen zugrundeliegenden Formeln; meiner Tochter für ihre Geduld. Mein größter Dank aber gilt meinen Eltern, die mich in jeder Weise unterstützt und mich immer ermutigt haben, diesen Weg zu gehen, auch wenn er ihnen fremd war. Ihnen sei dieses Buch gewidmet.

Saarbrücken, im Juli 2019

Einleitung

1 Untersuchungsgegenstand, Zielsetzung und methodisches Vorgehen

Am 11. November 1197 beschworen die Vertreter der großen toskanischen Kommunen Florenz, Lucca und Siena gemeinsam mit dem Bischof von Volterra einen Bündnisvertrag, der die gemeinsame Verteidigung gegen jeden Kaiser, König, Herzog oder Markgrafen vorsah und die Beziehungen der Kommunen untereinander auf eine feste rechtliche und institutionelle Basis stellte. Der Bund war ein Symptom für die durch den plötzlichen Tod Heinrichs VI. im September 1197 deutlich geschwächte Reichsgewalt in Mittelitalien. Schnell traten der *societas Tuscie* weitere Städte, Adelige und kleinere Orte bei: Noch vor März erfolgten Verhandlungen mit den weiter im Süden gelegenen Kommunen Perugia und Viterbo.[1]

Der mögliche Beitritt dieser beiden Kommunen provozierte jedoch eine scharfe Reaktion des kurz zuvor gewählten, aber noch nicht gekrönten Papstes Innozenz III. Denn obwohl das Bündnis mit der Unterstützung seines Vorgängers Cölestin III. geschlossen worden war – davon zeugt die Anwesenheit zweier Legaten beim Bündnisschwur am 11. November sowie die starke Ausrichtung des ganzen Vertragswerks auf die Römische Kirche –, forderte der neue Papst Viterbo und Perugia auf, den Vertrag bis zu seiner ausdrücklichen Autorisation auszusetzen. Seine Zustimmung erlangten die beiden Kommunen erst im Oktober 1198.[2]

Hintergrund für das Vorgehen des Papstes war die Tatsache, dass Perugia und Viterbo etwa zeitgleich zu ihren Verhandlungen mit dem Tuskenbund auch der Römischen Kirche einen Treueid geschworen hatten.[3] Sie waren damit einer Aufforderung Cölestins III. an alle Städte des Dukats und der Marken gefolgt, der den Zusammenbruch der Reichsgewalt in Mittelitalien nutzte, um die Verwirklichung eines langgehegten Ziels der Päpste in die Wege zu leiten: die Errichtung eines eigenen weltlichen

---

[1] Forschungen 4, hg. von Ficker, Nr. 196, S. 242–248; Winkelmann, Philipp, S. 29–34. Es fehlt eine eigenständige Untersuchung zum Tuskenbund. Vgl. grundlegend Ficker, Forschungen 2, S. 383–386; Luchaire, Innocent III; Hageneder, Sonne-Mond-Gleichnis, S. 359–362; Zorzi, Toscana, S. 126–129, und Raccagni, Lombard League, S. 157–159, der allerdings das Gründungsinstrument fälschlicherweise auf 1198 datiert. Siehe auch unten Kap. II.1.1 und Anhang 1, Nr. 2.
[2] Codice Diplomatico 1, hg. von Bartoli Langeli, Nr. 17–19, S. 40–43. Zur Diskussion um das genaue Beitrittsdatum Perugias siehe unten Kap. II.1.1, S. 235–237. Generell zur Situation in Italien nach dem Tod Heinrichs VI. vgl. Ficker, Forschungen 2, S. 284–386.
[3] Dies ergibt sich für Perugia aus einem Brief Cölestins III. an Ascoli vom 23. Dezember 1197 (Papsturkunden, hg. von Kehr, Nr. 21, S. 43 f.; vgl. Waley, Papal State, S. 31) sowie aus der Kommunikation zwischen Perugia und dem Papst zwischen Februar und dem 2. Oktober 1198, an dem Innozenz die Stadt formal in seinen Schutz aufnahm (Codice Diplomatico 1, hg. von Bartoli Langeli, Nr. 21, S. 46–48). Zum Beitritt Viterbos vgl. Winkelmann, Philipp, S. 116, Anm. 3; Lackner, Studien, S. 146 f.

Herrschaftsbereichs.⁴ Diese Rekuperationspolitik setzte Innozenz III. entschieden fort. In den Briefen an seine neuen oder zukünftigen Untertanen entwickelte er eine elaborierte Werbestrategie. Mit einer an Mt 11,30 angelehnten Formulierung versprach er den Kommunen ein „sanftes Joch" und eine „leichte Last" („jugum meum suave est, et onus meum leve"), die der „deutschen Tyrannei" grundsätzlich entgegengesetzt seien. Dieses Herrschaftsprogramm, das in den Versprechungen an die Kommunen aufscheint, entwickelte eine erstaunliche Anziehungskraft. Innerhalb kürzester Zeit nahm der junge Papst nicht nur die Treueide der traditionell an das Papsttum gebundenen Gebiete im Umland von Rom an sich, sondern auch die der großen Kommunen im Dukat Spoleto und der Mark Ancona.⁵ Die erfolgreiche Rekuperationspolitik Innozenz' legte den Grundstein zu einem Herrschaftsgebilde, das die heutigen Regionen Latium, Umbrien, Marken und später auch die Romagna umfasste und weit über das 13. Jahrhundert hinaus, letztendlich bis zur Einigung Italiens 1870, Bestand haben sollte.

In der Episode um den Beitritt Perugias und Viterbos zum Tuskenbund treffen zwei Entwicklungen aufeinander, die die Geschichte Mittelitaliens im 13. Jahrhundert prägen und die im Zentrum der vorliegenden Untersuchung stehen. Die politische Neuordnung durch die Etablierung eines *patrimonium beati Petri* ist sicherlich die augenfälligste Neuerung, die sich um 1198 anbahnte. Mit dem Vertragswerk der *societas Tuscie* tritt aber auch ein neuer Quellentypus aus der Überlieferung dieser Regionen hervor. Verträge über zwischenstädtische Bündnisse, *societates* in der Quellensprache, finden sich von diesem Zeitpunkt an zahlreich in der Überlieferung der nunmehr päpstlichen Herrschaftsgebiete. Insbesondere die Städte Umbriens und der Mark Ancona entfalteten über das ganze 13. Jahrhundert hinweg eine rege Bündnistätigkeit, die sich häufig – aber nicht nur – auf Kommunen des Patrimonium Petri konzentrierte. Die *societates* dienten in erster Linie der militärischen und politischen Planungssicherheit. Hauptbestandteil eines jeden Vertrages war die militärische Hilfeleistung zu genau festgelegten Bedingungen. Darüber hinaus enthielten die Verträge jedoch weitergehende Bestimmungen zur Regelung von Konflikten zwischen den Bündnisstädten sowie zu vielen weiteren Problemfeldern, die die Beziehungen der Kommunen bestimmten: zu Handels- und Zollfragen, zu den Rechten und zur gerichtlichen Belangung einzelner Bürger, zu Repressalien, zur städteübergreifenden Strafverfolgung

---

4 Vgl. Ficker, Forschungen 2, S. 370–386, und Waley, Papal State, S. 30–33. Zu Cölestins *recuperatio*-Politik, auch schon vor dem Tod des Kaisers, vgl. Bolton, Celestine. Gegen die Interpretation eines durch den Tod des Kaisers ausgelösten Machtvakuums auch Segoloni, Storia.
5 Die meisten Städte Umbriens schworen den Treueid noch im Herbst 1198, die Städte der Marken folgten definitiv erst in den Jahren 1201–1202. Vgl. Waley, Papal State, S. 30–44, und Petrucci, Innocenzo. Zur staufischen Herrschaftspraxis in Zentralitalien, die die schnelle Akzeptanz der päpstlichen Herrschaftsansprüche seitens der Kommunen begünstigt haben dürfte, Fiore, Signori, S. 54–66. Der Begriff der Rekuperationspolitik wurde durch Ficker, Forschungen 2, S. 284–386, geprägt. Vgl. auch Maccarrone, Studi, S. 9. Zur Verwendung des Matthäus-Zitats mit Nachweisen ebd., S. 14–17; Petrucci, Innocenzo, S. 91, insb. Anm. 1.

und zum Umgang mit außenstehenden Parteien. Die im Bündnisvertrag getroffenen Vereinbarungen wurden somit mitnichten nur bei einer bewaffneten Auseinandersetzung der Kommunen relevant. Sie regulierten – zumindest in der Theorie der Verträge – die Beziehungen zwischen den verbündeten Städten und konnten auf diese Weise erheblichen Einfluss auf die politische Situation in den betroffenen Regionen ausüben.

Die Bündnisverträge der Kommunen spielten damit auch in der Geschichte des Patrimonium Petri des 13. Jahrhunderts eine wichtige Rolle. Die Vertragsvereinbarungen oder vielmehr deren Umsetzung kollidierten naturgemäß immer wieder mit den Bemühungen der Kurie, ihre Autorität im Patrimonium Petri durchzusetzen, auch wenn keines dieser Bündnisse offen gegen die päpstliche Herrschaft gerichtet war – ausgenommen ist hier nur die Zeit des päpstlich-staufischen Konflikts. Offenkundig ist dies bei jeder Form des Konflikts, der den Frieden in den päpstlichen Provinzen gefährdete, aber auch die vereinbarte schiedsgerichtliche Einigung konnte unter Umständen dem päpstlichen Anspruch auf Gerichtshoheit entgegentreten. Die Nachfolger Innozenz' III. reagierten in der Gesamtschau jedoch häufig ebenso ambivalent auf die autonome Interaktion der Kommunen wie dieser angesichts des Beitritts Perugias und Viterbos zur *societas Tuscie*. Neben eindeutigen Verurteilungen und Verboten stehen viele Beispiele, in denen Bündnisse von der Kurie initialisiert, instrumentalisiert oder zumindest geduldet wurden.

Damit sind bereits die beiden Untersuchungsschwerpunkte skizziert, denen sich die vorliegende Arbeit widmet. Sie fragt zum einen nach der praktischen Organisation, den vereinbarten Inhalten, der rechtlichen und formalen Ausgestaltung und der Funktion der *societates*. Zum anderen fragt sie nach dem Umgang der Päpste und der päpstlichen Verwaltung mit dem autonomen Bündniswesen der Kommunen. Dieser Umgang war, wie die folgende Studie nahelegt, stark geprägt von den Auswirkungen, die die einzelnen Bündnisse auf die politische Situation in den päpstlichen Herrschaftsgebieten hatten. Die Bedeutung der *societates* für den Herrschaftsverband des Patrimonium Petri ist als übergeordnete Fragestellung daher mitzuführen.

Die zeitliche Begrenzung der Untersuchung ergibt sich aus dem Beginn der Rekuperationen Cölestins III. und Innozenz III. einerseits (1197–1198) und den geänderten Vorzeichen, unter denen städtische Bündnispolitik im 14. Jahrhundert betrieben wurde, andererseits. Die Verlagerung der Kurie nach Avignon nach dem Pontifikat Benedikts XI. (1304) veränderte die Ausgangssituation in den Provinzen des Patrimoniums merklich. Räumlich konzentriert sich die Untersuchung auf die heutigen mittelitalienischen Regionen Umbrien und Marken, die mehr oder minder mit den päpstlichen Verwaltungsprovinzen Dukat Spoleto und Mark Ancona gleichzusetzen sind.[6] Beide Regionen waren primär kommunal geprägt, während die bereits früher sehr viel en-

---

[6] Zur Problematik siehe Kap. 4.1 in der Einleitung, S. 16–18, zur Provinzaufteilung Waley, Papal State, S. 91–95.

ger an das Papsttum gebundenen Provinzen des Patrimonium Petri in Tuszien und der Campagna-Marittima vorrangig von den großen römischen Adelsfamilien dominiert wurden. Die Romagna, die 1278 durch einen Kaufvertrag mit Rudolf von Habsburg endgültig vom Reichsverband in das Patrimonium der Römischen Kirche überging, war bereits zu diesem Zeitpunkt durch starke Signorien geprägt. Unberücksichtigt bleibt auch die Stadt Rom, da sie sowohl in ihrer Stellung zur päpstlichen Herrschaft als auch in ihrer kommunalen Organisation nur bedingt mit den übrigen Kommunen des Patrimonium Petri zu vergleichen ist.

Der erste Teil der Untersuchung widmet sich der systematischen Analyse der vorhandenen Überlieferung aus Umbrien und den Marken. Dies geschieht zum einen in einer diplomatischen Perspektive, die den Bündnisvertrag und die dort getroffenen Vereinbarungen sowie die vertragsbegleitende Schriftlichkeit in den Blick nimmt, zum anderen in einer praxisorientierten Betrachtungsweise, die die verschiedenen Schritte der Entstehung eines Bündnisvertrags sowie die spätere Umsetzung und Aufbewahrung der Schriftstücke verfolgt. Der in der Forschung oft unspezifisch verwendete Begriff des Bündnisses soll so mit Inhalten gefüllt werden.

Im zweiten Teil wird der Blick eingeschränkt auf die Bündnispraxis einer einzelnen Kommune, Perugia, deren *societates* über den ganzen Untersuchungszeitraum hinweg beleuchtet werden. Perugia bietet sich hierzu zum einen durch die gute Überlieferungslage, zum anderen durch seine zentrale Funktion in der Region Umbrien an. Seine politische, militärische und wirtschaftliche Vormachtstellung machte Perugia auch für die Kurie zu einem wichtigen Angelpunkt in der Region.[7] Über die Untersuchung der Bündnisbeziehungen Perugias lassen sich somit zwei Fragestellungen bündeln: Die Auswirkungen der *societates* auf eine der wichtigsten Regionen des Patrimonium Petri werden ebenso nachvollziehbar wie der Umgang der Päpste und ihrer Vertreter mit diesen Strukturen.

Dem Problem, dass Perugia aufgrund dieser Voraussetzungen für viele Kommunen des Patrimonium Petri nicht exemplarisch stehen kann, soll durch das vergleichende Heranziehen anderer kommunaler Kontexte in einem eigenen Kapitel entgegengewirkt werden. Ein solcher Vergleich kann allerdings nur summarisch auf Grundlage der im Anhang versammelten Quellen und durch einzelne Schlaglichter auf ausgewählte Bündnisverträge erfolgen – eine ausführliche Analyse der *societates*

---

[7] Vgl. Menestò, Umbria, S. 12: „Non c'è dubbio che la città più potente del Patrimonio di S. Pietro fosse Perugia e come, di conseguenza, quasi tutti gli avvenimenti in Umbria nel XIII secolo fossero condizionati, seppur nel contesto dello scontro tra papi e imperatori, dalla contrapposizione tra gli interessi di Perugia e quelli delle altre più importanti città umbre, sia del Patrimonio, sia del Ducato.". Ähnlich auch Grundman, Popolo, S. 333: „Umbrian history in the *Duecento* is largely a chronicle of the changing relationships among these cities, and most particularly between each of them and Perugia.".

weiterer Kommunen und Bündnislandschaften ist in einer einzigen Arbeit nicht zu leisten.

2 Quellenlage

Die Untersuchung der kommunalen Bündnisse im Patrimonium Petri wird durch eine sehr vorteilhafte Überlieferungssituation begünstigt. In erster Linie greift die Untersuchung auf Quellen kommunaler Provenienz zurück, die sich in fünf große Gruppen zusammenfassen lassen:

1. Das im Original, in einzelner Kopie oder abschriftlich in den *libri iurium* der Kommunen überlieferte urkundliche Material – die Bündnisverträge, Bevollmächtigungsinstrumente, eigens mundierte Ratsbeschlüsse und andere rechtserhebliche Schriftstücke.

2. Die seriell erstellten Protokolle der Ratssitzungen oder der dort getroffenen Entscheidungen, in Mittelitalien oft *riformanze* oder *riformagioni* genannt, soweit sie für das 13. Jahrhundert vorhanden sind. Diese stellen trotz ihrer nur fragmentarischen Überlieferung eine außerordentlich wertvolle Quelle dar, da sie auch Kontakte und Beziehungen außerhalb des formalen Bündnisvertrags erfassen, etwa den Austausch von Briefen und Gesandten. Auch Bündnisse, bei denen die zugehörigen Schriftstücke verloren sind, lassen sich bisweilen auf diese Weise rekonstruieren. Zudem geben sie Aufschluss über die Mechanismen innerhalb der Führung der Kommune, die zum Abschluss eines Bündnisses führten und nicht zuletzt auch zur Umsetzung der Verträge. Beides ist über das urkundliche Material meist nicht zu verfolgen.[8]

3. Weitere Quellen aus der administrativen Schriftlichkeit der Kommunen, die im Umfeld der verschiedensten kommunalen Ämter und Institutionen entstanden. Diese Quellengruppe kann unterschiedliches Material umfassen, häufig betrifft sie aber die Finanzen der Kommunen: Rechnungsbücher und Ausgabenverzeichnisse; Quittierungen über Zahlungen an einzelne Bürger, die im Dienste der Kommune reisten oder in ebendiesem Dienst Schäden an eigenem Besitz erlitten hatten; Schätzungen von Pferden, die eine kommunale Gesandtschaft begleiteten – um nur einige Möglichkeiten zu nennen. Auch über diese Aufzeichnungen lassen sich Kontakte zu anderen Kommunen und zur Kurie rekonstruieren, bisweilen auch militärische und sonstige Bündnisleistungen. Sie geben aber auch einen Einblick in die personellen und institutionellen Strukturen, die genutzt wurden, um die Interaktion mit anderen Kommunen zu ermöglichen.[9]

---

[8] Grundlegend zu dieser Quellengruppe jetzt Sbarbaro, Delibere, und Tanzini, Delibere, weiterhin auch Cammarosano, Italia, S. 159–166.
[9] Hierzu ebd., S. 174–193. Siehe insbesondere unten Kap. I.1.6.

4. Des Weiteren sind die historiographischen Quellen zu nennen, wobei kommunale Geschichtsschreibung in Umbrien und den Marken relativ spärlich gesät ist. Die wenigen überlieferten Werke setzen meist erst in der zweiten Hälfte des 13. Jahrhunderts ein und sind oftmals annalistisch gehalten. Sie nennen einen Bündnisschluss oder andere Interaktionen daher oft ohne ausführlichere Darstellung.[10]

5. Eine weitere Quellengruppe besteht aus legislativen und didaktischen Texten. Für die einzelnen Kommunen sind hierzu die städtischen Statuten zu rechnen, die oft Regelungen zum Umgang mit Verträgen und zur Organisation des diplomatischen Verkehrs enthalten. Seltener finden sich auch Spuren einzelner Bündnisse in den Statuten. Nicht spezifisch den Kommunen des Patrimoniums zuzuordnen ist hingegen die im 13. Jahrhundert zahlreich aufkommende Podestà-Literatur und die in Handbüchern und Formularien didaktisch aufgearbeitete *ars notarie*. Auch diese Werke wurden, wo sie zugänglich waren, im Hinblick auf die Außenbeziehungen der Kommunen ausgewertet.[11]

Die Überlieferung der aufgeführten Quellenbestände ist in Umbrien und den Marken insgesamt sehr reich. Viele der Kommunen besitzen heute noch Material aus dem 13. Jahrhundert, allerdings mit einem merklichen Ungleichgewicht zwischen der ersten Jahrhunderthälfte, die oft spärlicher mit Quellen abgedeckt ist, und der fast immer in die zweite Hälfte des 13. Jahrhunderts fallenden Überlieferung aus den populären Regimen. Vor allem das überlieferte Verwaltungsschrifttum nimmt für diesen Zeitraum deutlich zu. Aus der allgemein günstigen Überlieferungslage stechen die kommunalen Bestände Perugias nochmals deutlich hervor. Neben dem reichen Urkundenbestand setzen in den 1250er Jahren diverse Serien an Ratsprotokollen, Rechnungen und anderen Interna ein, die zwar nicht lückenlos sind, aber einen außergewöhnlich guten Einblick in das kommunale Regiment dieser Zeit erlauben.[12]

Während der größere Teil der historiographischen und urkundlichen Quellen kommunaler Provenienz gedruckt vorliegt – wenn auch oft in älteren Drucken –,

---

10 Über vergleichsweise umfangreiche Annalen und Chroniken verfügen Orvieto (Ephemerides, hg. von Fumi) und Todi (Cronache, hg. von Italiani u. a.). Aus Perugia existiert neben der gegen Ende des 13. Jahrhunderts in Auftrag gegebenen Verschronik „Eulistea" des Bonifacio Veronese (Bonifacio Veronese, De rebus, hg. von Bonaini/Fabretti/Polidori; vgl. Galletti, Considerazioni) ein Annalenwerk im Volgare (Annali e cronaca di Perugia, hg. von Ugolini). Eine sehr kurze Chronik aus den 1270er Jahren stammt aus Spoleto (Breve cronaca, hg. von Nessi). Aus den Marken fehlt jede Spur einer historiographischen Beschäftigung mit der eigenen Kommune, vgl. Pirani, Comune, S. 29, Anm. 95.

11 Viele Podestà-Handbücher sind nicht ediert. Das bekannteste, von Gaetano Salvemini herausgegebene Werk des Giovanni da Viterbo, „Liber de regimine civitatum", lässt sich räumlich auf Umbrien und die Toskana eingrenzen. Es handelt sich somit ebenfalls um eine Quelle aus dem Untersuchungsraum, vgl. Zorzi, Giovanni da Viterbo.

12 Bis 1254 liegen die Urkundenbestände Perugias ediert vor: Codice Diplomatico, hg. von Bartoli Langeli. Für die zweite Hälfte des 13. Jahrhunderts existieren nur vereinzelte Editionen.

musste für das verwaltungsinterne Schrifttum der Kommunen auf Archivmaterial zurückgegriffen werden. Dabei wurde aufgrund der Menge der Überlieferung und der breiten regionalen Streuung vornehmlich Material aus umbrischen Archiven herangezogen, während sich die Untersuchung der Marken zum größten Teil auf gedruckte Quellen stützt.[13] Dies korrespondiert auch mit dem Aufbau der Arbeit, welche die Bündnisse der Marken zwar in die systematische Untersuchung der Bündnisverträge mit einbezieht, die detaillierte Analyse aber anhand einer umbrischen Stadt vornimmt. Eingesehen wurden die einschlägigen Bestände fast aller dominanten umbrischen Kommunen; bei der Erarbeitung der seriell überlieferten Verwaltungsschriftlichkeit, vor allem der Ratsprotokolle aus Perugia, Orvieto und Todi, wurden jedoch inhaltliche und arbeitsökonomische Schwerpunkte gesetzt.[14] Gearbeitet wurde somit für Perugia mit den Jahrgängen, die inhaltlich besonders vielversprechend (1266, 1277) oder über Editionen und Regesten leicht zugänglich waren (1256–1260, 1262, 1278, 1287–1301).[15] Die ungedruckten Protokolle aus Todi und Orvieto wurden vereinzelt herangezogen.

---

[13] In den Marken ist die Anzahl der Archive mit kommunalem Material aus dem 13. Jahrhundert zu hoch, um dieses flächendeckend zu erschließen. Vgl. etwa Hagemann, Fondi.
[14] Die Ratsprotokolle aus Perugia (Consigli e Riformanze) setzen 1256 ein, diejenigen aus Todi (Riformanze) decken Teile der Jahre 1278–1279, 1281, 1288–1289, 1292 und 1296–1297 ab. Die Protokollserien Orvietos (Riformagioni) beginnen im Jahr 1295. Für die meisten der nord- und mittelitalienischen Kommunen sind Ratsprotokolle erst ab dem 14. Jahrhundert überliefert, vgl. Sbarbaro, Delibere, S. 103–106 (zu Perugia), 207–230 (Repertorium der überlieferten *riformanze*). Ebenfalls nur in Teilen genutzt wurde der Fondo Armanni im SAS Gubbio. Der Umfang des ungeordneten Bestands und das Fehlen eines Inventars verhinderten eine komplette Durchsicht. Auf die kaum mehr zu bewältigende Auswertung der im 13. Jahrhundert einsetzenden seriellen Überlieferung von Quellenkomplexen verweisen auch Maire Vigueur, Révolution, S. 184, und Keller, Vorwort, S. VIII; für Perugia auch Maire Vigueur, Cavaliers, S. 14.
[15] Die umfassendste Aufarbeitung der Ratsprotokolle ist die Teiledition der Jahre 1256–1260: Regestum, hg. von Ansidei. Vincenzo Ansidei publizierte in einer gegliederten Kurzform alle Protokolle dieser Jahre, wobei die formelhaften Bestandteile der *propositio* und der *reformatio* ebenso ausgelassen wurden wie textliche und inhaltliche Wiederholungen. Das Ergebnis ist eine Zwischenstufe zwischen Regest und Edition. Schwerwiegender ist noch, dass Ansidei im Regelfall auf die Diskussionsbeiträge verzichtete. Nur wo diese ihm bedeutend erschienen, wurden sie *propositio* und *reformatio* beigegeben. Im Folgenden werden die Ratsprotokolle dieser Jahre der Einheitlichkeit halber nach Ansidei zitiert, Zusätze aus dem Original werden durch eckige Klammern kenntlich gemacht. Ansidei selbst kennzeichnet Auslassungen durch zwei Punkte. Auslassungen meinerseits werden, wie auch im übrigen Text, durch drei Punkte markiert. Eines der wichtigsten Hilfsmittel zur Erschließung der späteren Protokolle ist die im AS Perugia konsultierbare *tesi di laurea* von Silvia Lonzini, die zu einem großen Teil der Jahrgänge 1287–1301 Kurzregesten gibt: Lonzini, Notaio 2. Auswahlkriterium Lonzinis war die Verfasserschaft des maßgeblich für die *riformanze* verantwortlichen Notars Iohannes Tuschus. Daneben sind zwei Editionen zu nennen, die einen Jahrgang bzw. ein Fragment umfassen: Reformationes, hg. von Nicolini; Frammenti, hg. von Cutini.

Einen zweiten Zugang zur Fragestellung ermöglichte das Quellenmaterial päpstlicher Provenienz. Hier wurde hauptsächlich mit der Registerüberlieferung gearbeitet, vereinzelt ergänzt durch weitere kuriale Quellen, wie etwa die verschiedenen Papstviten. Die meisten dieser Bestände sind über den ersten Band der Quellensammlung Augustin Theiners zur weltlichen Herrschaft der Päpste gut zu erschließen.[16] Die wenigen Schriftstücke, die aus den Kurien der Provinzrektoren überliefert sind, sind fast ausschließlich in der Empfängerüberlieferung in kommunalen Archiven zu finden. Zwar wird angenommen, dass auch die Rektoren über Register verfügten, diese sind aber bis auf wenige Fragmente ungesicherter Zuordnung verloren.[17] Als wertvoll erwiesen sich auch die fragmentarisch überlieferten Konstitutionen des 13. Jahrhunderts für einzelne Provinzen.[18]

Die Quellensprache ist, sieht man von den teils im Volgare verfassten narrativen Quellen ab, durchgängig Latein. Insbesondere die kommunalen Quellen weisen jedoch eine Reihe sprachlicher und orthographischer Eigenheiten auf, die auf den Schreiber, den Sachverhalt und lokale Gewohnheiten zurückzuführen sind. Im Folgenden werden diese Schreibweisen ohne eine gesonderte Kennzeichnung beibehalten, sofern sie einem Original oder einer Abschrift entstammen. Kürzungen hingegen werden, ebenfalls ohne gesonderte Kennzeichnung, aufgelöst. Bei edierten Quellen werden die Auflösungen und Schreibweisen der Edition unverändert beibehalten, selbst wenn diese die Schreibung des Originals sichtlich geglättet haben.[19] Eine weitere Besonderheit, die die Schriftlichkeit vieler der untersuchten Kommunen auszeichnet, ist die Verwendung der *consuetudo bononiensis* in der Datierung, bei der die Tage der ersten Monatshälfte aufsteigend gezählt werden, oftmals mit dem Zusatz *intrante* versehen (*die XV intrante iulio* = 15. Juli), die Tage der zweiten Monatshälfte jedoch absteigend, gekennzeichnet durch den Zusatz *exeunte* (*die XI exeunte mense aprilis* = 20. April; oder *die XI mensis iulii exeuntis* = 21. Juli). Diese Zählweise führte bei älteren Drucken gelegentlich zu Fehldatierungen, die, wenn möglich, korrigiert wurden.

---

16 Codex, hg. von Theiner.
17 Briefsammlung, hg. von Paravicini Bagliani.
18 Siehe Einleitung, Kap. 4.3., S. 43–46.
19 Dies trifft insbesondere auf die älteren Drucke zu. Eine der jüngeren maßgeblichen Editionen, der „Codice Diplomatico" Perugias, herausgegeben von Attilio Bartoli Langeli, übernimmt die Schreibung ebenfalls entsprechend der dem Schreiber oder dem Sachverhalt geschuldeten Gewohnheiten in der Dokumentation, vgl. Codice Diplomatico 1, hg. von Bartoli Langeli, Introduzione, S. XL; ebenso Libro, hg. von Biondi, Introduzione, S. XXIII–XXV. Einzig bei sehr alten Drucken wurden Änderungen der Lesbarkeit zuliebe vorgenommen, etwa der Ersatz von & durch *et* oder von Majuskeln zu Beginn der Substantive. Lateinische Personennamen werden nur dann aufgelöst, wenn in der Forschungsliteratur eine italienische oder andere moderne Namensform geläufig ist. Bei mehreren geläufigen Schreibweisen im Italienischen wird, wo ein entsprechender Eintrag dies erlaubt, der Variante des DBI der Vorzug gegeben.

3 Forschungsstand

Zu den *societates* der Kommunen des Patrimonium Petri fehlt jegliche eigenständige Untersuchung.[20] Das Phänomen wird in der Forschung zum Patrimonium Petri nur gestreift, in der stadt- und landesgeschichtlichen Forschung im jeweiligen lokalen, höchstens regionalen Kontext ereignisgeschichtlich eingebettet. Untersuchungen zu einzelnen Bündnissen finden sich in den älteren Aufsätzen von Luigi Lanzi, Franco Bartoloni und Giacinto Pagnani.[21] Mit dem Gesandtschaftswesen Perugias und in diesem Rahmen auch mit den Außenbeziehungen der Kommune beschäftigt sich eine stark diplomatie- und sozialgeschichtlich ausgerichtete Arbeit Sergio Angelinis.[22] Einige weiterführende Überlegungen zur Integration der autonomen Bündnisbeziehungen der Kommunen in die Herrschaft der Römischen Kirche finden sich einzig in den stadtgeschichtlichen Studien von Laura Andreani zu Todi und Narni.[23]

Das Fehlen einer systematischen Aufarbeitung lässt sich zum einen durch die Konzentration der Kommuneforschung auf Norditalien und die Toskana erklären. Die Städte des Patrimonium Petri – wie auch des sizilischen Regnum – werden in kommunalgeschichtlichen Fragestellungen zum 13. Jahrhundert aufgrund ihrer Einbindung in vermeintlich zentraler organisierte Herrschaftsverbände weitaus seltener berücksichtigt.[24] Die Forschung zum Patrimonium Petri hingegen fokussiert sich naturgemäß auf das Papsttum, die Kurie und die Provinzverwaltungen. Obwohl die Kommunen als Herrschaftsobjekte in diesem Rahmen eine bedeutende Rolle spie-

---

20 Ein entsprechendes Desiderat formulierte 1974 Anna Imelde Galletti für Umbrien: „È ancora da individuare con precisione, del resto, la rete dei legami di alleanza nella Valle Spoletina e l'equilibrio politico più o meno stabile a cui, attraverso relazioni di vario tipo fra i comuni, essa dava vita." Galletti, Società, S. 75, Anm. 109.
21 Lanzi, Pergamena; Bartoloni, Trattato; Pagnani, Trattato. Eine bedeutende Rolle spielen die Städtebünde der Marken um Ancona in der Monographie Joachim-Felix Leonhards, der aufgrund des Verlusts großer Teile des anconitanischen Archivs die Geschichte der Stadt vor allem über ihre Außenbeziehungen rekonstruierte: Leonhard, Seestadt.
22 Angelini, Diplomazia. Eine positivistische Aufzählung der Bündnisse Perugias gibt auch Briganti, Città, S. 184–213.
23 Andreani, Narni; Andreani, Todi nel basso medioevo.
24 So auch Coleman, Communes, S. 375, und Pirani, Comuni, S. 261 f. Abulafia, Introduction, S. 2, betont etwa in Abgrenzung zu Süditalien die Existenz einer kommunalen Bewegung „even within the papal domains, which had certain structural similarities with, and close ties to, the south Italian kingdom". Thompson, Cities of God, S. 5, konzentriert sich auf „those cities that achieved practical autonomy during the twelfth-century struggles against German imperial rule. This means that I have little to say about Venice ... or the cities in the States of the Church, with their unique relations to their nearby papal sovereign". Ähnlich auch Gilli, Ambassades, S. 63. Zur Organisation der sizilianischen Kommunen im Rahmen der Sizilianischen Vesper, die jedoch gegen Schneider, Vesper, nicht als Städtebund zu charakterisieren ist, vgl. Günther, Sizilianer.

len, wird das eigenständige Agieren der Städte häufig nur dort thematisiert, wo sich Berührungspunkte mit dem Agieren der Kurie ergeben.[25]

Auch die Forschung zu den Städtebünden Oberitaliens erweist sich als disparat.[26] Eine erste Beschäftigung mit dem Phänomen erfolgte 1741 durch Lodovico Antonio Muratori, der den *societates* eine seiner „Dissertationes" widmete. Eine weitere beschäftigte sich mit dem Lombardenbund. Der bekannteste aller mittelalterlichen Städtebünde in seinem Kampf gegen Friedrich I., später gegen Friedrich II., stand auch im 19. und 20. Jahrhundert im Zentrum des Interesses, allerdings vornehmlich unter dem Gesichtspunkt des Konflikts mit den staufischen Herrschern oder eingebettet in den Konflikt zwischen Kaiser und Papst.[27] Der Organisation und den internen Strukturen des Städtebundes wandte man sich erst seit den 1960er Jahren mit einigen wenigen Aufsätzen zu. Besonders nachhaltig wirkte die Studie von Gina Fasoli, die nicht nur den Lombardenbund in den Blick nahm, sondern auf vergleichender Basis frühere und nachfolgende Bündnisse untersuchte und damit die singuläre Stellung der Lega Lombarda erstmals hinterfragte.[28] In einer Monographie aufgearbeitet wurde der große Komplex der inneren Organisation, der Aktivitäten und der konzeptionellen und rechtstheoretischen Wahrnehmung der *societas Lombardie* bis 1225 aber erst jüngst durch Gianluca Raccagni.[29]

Weitaus weniger Aufmerksamkeit erzielte bisher das Fortleben der Lega Lombarda nach 1225, obwohl auch diese Phase durch den Widerstand gegen einen staufischen Kaiser geprägt wurde.[30] Hervorzuheben ist hier ein 1987 erschienener Aufsatz Ernst Voltmers, der, ähnlich wie Gina Fasoli Jahrzehnte zuvor, konstatierte, dass es

---

25 Eine prägnante Zusammenfassung dieser beiden Forschungstendenzen jetzt bei Pirani, Comuni, S. 259–262.
26 Um Redundanz zu vermeiden, wird hier nur der Gang der Forschung nachgezeichnet, einzelne Ergebnisse und Thesen werden im folgenden Kapitel im Vergleich zu den Städtebünden des Patrimonium Petri mitgeführt.
27 Muratori, Antiquitates 4, Diss. XLVIII („De Societate Lombardorum") und XLIX („De civitatum Italicarum foederibus ac pacibus"), Sp. 249–460. Einen Forschungsüberblick, auch mit Blick auf die Rolle der Lega Lombarda im *nation-building*-Prozess Italiens im 19. Jahrhundert, geben Vasina, Studi, und Raccagni, Lombard League. Auf diese sei hier verwiesen, zur Lega Lombarda werden im Folgenden nur neuere oder inhaltlich hervorstehende Publikationen aufgeführt.
28 Fasoli, Lega; Brezzi, Uomini; Vismara, Struttura; Bordone, Comuni. Bereits 1936 untersuchte Karol Koranyi einige dieser Städteverträge in seinen Studien zum internationalen Vertragswesen im Mittelalter; die polnischsprachige Publikation wurde jedoch trotz einer kurzen italienischen Zusammenfassung in der westeuropäischen Forschung kaum rezipiert: Koranyi, Studjów.
29 Vgl. Raccagni, Lombard League. Zur Bedeutung der Publikation Raccagnis vgl. auch die meines Wissens jüngste Publikation zur Lega Lombarda: Opll, Lega Veronese, insb. S. 82 f.
30 Bernini, Federico; Fasoli, Federico; Vasina, Bologna; ders., Leghe, S. 422 f.; Chiodi, Istituzioni; Voltmer, Dieta. Zu der im Vergleich zur ‚ersten' Lega Lombarda häufig negativen Beurteilung vgl. Vallerani, Leghe, S. 398. Eine Monographie auch zur ‚zweiten' Lega Lombarda wurde von Gianluca Raccagni angekündigt.

sich bei Großbündnissen wie der *societas Lombardie* oder der *societas Tuscie* nur um die „Spitze des Eisberges" handele, die darunter eine Reihe regionaler Bündnissysteme, darunter wiederum hunderte von bi- oder multilateralen Einzelbündnissen umfasse.[31] Die Funktion dieser großen Zahl an Bündnissen sah Voltmer in der Friedenssicherung, analog zu den nordalpinen, in Italien in dieser Form nicht existenten Landfrieden.[32] Eine zusammenfassende Untersuchung der italienischen Städtebünde benannte er als Desiderat.[33]

In den Blick der Forschung geriet die Vielzahl der bi- und multilateralen Bündnisse abseits der Lega Lombarda erst durch einige Aufsätze Massimo Valleranis, der am Beispiel der norditalienischen Bündnisnetze um Mailand und Cremona erstmals eine gewisse Typologie der Bündnisbeziehungen aufstellte und diese systematisch auf Organisation und Funktion untersuchte.[34] Auch Vallerani hob die Funktion der Bündnisse als Instrument zur Sicherung des friedlichen Zusammenlebens hervor, betonte darüber hinaus jedoch die „positive" Gestaltungskraft, die den Beziehungsnetzen innewohnen konnte. Diese bestanden eben nicht nur aus „passiven" Friedensverträgen, sondern schufen durch die in vielen Verträgen vorgesehene Kooperation in den Bereichen Transfer, Handel und Rechtsprechung eigene politische oder wirtschaftliche Räume.[35] Vallerani ging dabei erstmals auch auf die Interaktionen der Städte außerhalb der formalisierten *societas*-Verträge ein, insbesondere auf die vielen Schiedsverfahren und die Entstehung der Podestà-Kreisläufe, die großen Einfluss auf die Bündnisbeziehungen nahmen und das Bündnis als Instrument der Beziehungsregelung in der Lombardei zunehmend ersetzten.

Ergänzt wurden die Untersuchungen Valleranis im Laufe der letzten Jahre durch kleinere Studien zu Einzelfragen, die mit den Bündnisbeziehungen der italienischen Kommunen verknüpft sind, etwa zur Schriftlichkeit der Außenbeziehungen, zu Sonderformen wie den *coniunctiones et unitates*, den Kommunikations- und Handelswegen oder zum kollektiven und stellvertretenden Eid.[36] Schlussendlich sind noch

---

[31] Voltmer, Formen, S. 109. Flankiert wird dieser grundlegende Aufsatz durch zwei jüngere Publikationen: Raccagni, Tra Lega Lombarda, und Voltmer, Der sogenannte Zweite Lombardenbund.
[32] Voltmer, Formen, S. 114. Ähnlich jetzt auch Grillo, Origini. Zu einer analogen Einschätzung für die spanischen *hermandades* kommt Naegle, Einleitung, S. 16.
[33] Voltmer, Formen, S. 109. So bereits Bowsky, Diplomatic History, S. 55, der zudem die Konzentration der Forschung auf die wenigen großen Kommunen beklagt; später auch Behrmann, Anmerkungen, S. 265 f.
[34] Vor allem Vallerani, Rapporti. Daneben ders., Leghe; ders., Modi; ders., Politica; ders., Comune di Cremona.
[35] So auch Vasina, Studi, S. 236 f.
[36] Artifoni, Coniunctio; Prutscher, Eid; Scharff, Sicherung; Behrmann, Anmerkungen; Grillo, Vie; Salvatori, Giuramenti; Leoni, Notai. Herauszuheben ist ein Aufsatz von Luciana Mosiici, der sich dezidiert mit der Diplomatik von Bündnisverträgen in der Valdinievole beschäftigt und damit ähnliche Fragestellungen wie die vorliegende Arbeit formuliert. Der Beitrag, 1985 auf einer Tagung vorgestellt, erschien erst 1995: Mosiici, Documenti di lega.

die wenigen Einzeluntersuchungen sowie Editions- und Regestenwerke zu einzelnen Verträgen oder Vertragsbeständen zu nennen.[37]

Auffällig ist, dass sich die Forschung zu den italienischen Städtebündnissen vornehmlich auf das 12. und beginnende 13. Jahrhundert konzentriert und sich somit in ältere Erzähltraditionen einfügt, die den Gegensatz zwischen Lega Lombarda und den staufischen Kaisern in den Mittelpunkt stellten. Neben dem Wegfall eines in Italien präsenten Kaisertums dient auch das parallele Aufkommen der Signorien als Erklärungsmodell für diese Zäsur. Diese, so die Forschung, ließen keinen Platz für föderative Modelle, wie sie die Städtebündnisse des 12. und 13. Jahrhunderts darstellten. Einen Ausblick auf die Kontinuität der städtischen Bündnisbeziehungen auch unter den frühen Signorien gibt bisher einzig Augusto Vasina. Jedoch betont auch er die hegemonialen Aspekte, die das Instrument ‚Bündnis' unter den Signori auszeichneten.[38] Für die untersuchten Regionen des Patrimonium Petri ist diese Zäsur im Übrigen nicht zu beobachten.[39]

Trotz der vielen Leerstellen bieten die Forschungen zu den oberitalienischen Städtebünden einen guten Ansatzpunkt für die vorliegende Untersuchung. Denn obwohl die Kommunen des Patrimonium Petri durch ihre Zugehörigkeit zu einem anderen Herrschaftsverband einige Sonderentwicklungen durchmachten, sind sie aufgrund ihrer Verfassung, ihrer politischen Kultur, des Austauschs von Amtseliten und zahlreicher Kontakte etwa zu Zwecken des Handels oder des Studiums grundsätzlich der Welt der oberitalienischen Kommunen zuzurechnen.[40]

---

37 Più antichi trattati, hg. von Luzzatto; Trattati, hg. von Pampaloni; Surdich, Trattati; Airaldi, Carta; Patto, hg. von Bartoli Langeli; Patti, hg. von Leoni; Bordone/Guglielmotti/Vallerani, Definizione, S. 228–231. Im Rahmen ihrer Untersuchungsgegenstände auch Bernini, Comuni, und Fissore, Procedure, S. 766–772.
38 Vasina, Leghe, S. 423–425. Auch Ernst Voltmer, Formen, S. 116, folgt diesem Erklärungsmodell: „Und es scheint kaum zufällig, wenn mit dem Experiment der Kommune um die Mitte des 13. Jahrhunderts auch das einer zwischenstädtischen Bündnis- und Ausgleichspolitik zu Ende geht."; ähnlich auch ders., Der sogenannte zweite Lombardenbund, S. 110. Dieses Modell ignoriert allerdings die hegemonialen Motive auch der kommunal geführten Bündnisstädte, wie Vallerani sie beispielsweise für Mailand wiederholt hervorhebt. Sienas auswärtige Beziehungen im ausgehenden 13., aber vor allem im 14. Jahrhundert nimmt William M. Bowsky in den Blick: Bowsky, Diplomatic History, auch ders., Siena, S. 159–183.
39 Hier macht sich bemerkbar, dass sich in den untersuchten Regionen machtvolle Signorien erst im 14. Jahrhundert durchsetzen konnten und auch dies in den meisten Fällen weniger erfolgreich und dauerhaft als im Norden Italiens, vgl. Maire Vigueur, Comuni e signorie nelle province. Zu Umbrien auch den Tagungsband Signorie in Umbria, und Nessi, Trinci. Zur Entwicklung des päpstlichen Vikariats, mit dem die Päpste im 14. Jahrhundert auf das Phänomen reagierten, vgl. Carocci, Vassalli, S. 37 f., sowie grundlegend Vergottini, Ricerche, und ders., Note. Pirani, Lega, S. 154, benutzt das gleiche Erklärungsmodell für die Marken im frühen 14. Jahrhundert.
40 Ohne das immer noch gültige Diktum von Gioacchino Volpe außer Acht zu lassen, der vor Generalisierung warnt: Volpe, Questioni, S. 95–98. Vgl. auch Coleman, Communes, S. 376 f.

Gleiches gilt für einige Überlegungen zu den Städtebünden, die seit dem 13. Jahrhundert in den nordalpinen Gebieten des Reichs entstanden. Vergleichende Untersuchungen sind selten. Hervorzuheben ist hier ein Reichenau-Tagungsband aus dem Jahr 1987, der Aufsätze zu den kommunalen Bündnissen Oberdeutschlands, Oberitaliens und der entstehenden Schweizer Eidgenossenschaft versammelt. Der Schwerpunkt für Italien liegt auch hier auf der Lega Lombarda, der komparatistische Ansatz öffnete dennoch Perspektiven für weitere Forschungen.[41] Auch abseits des überregionalen Vergleichs bieten insbesondere die theoretischen Überlegungen, die zur vielseitigen städtischen Kooperation im Reich entstanden, Ansatzpunkte für die vorliegende Arbeit und sollen daher, wo es geboten erscheint, einbezogen werden.[42] Wenig Vergleichsmöglichkeiten bieten hingegen andere europäische Herrschaftsräume. In England und Frankreich tritt das Phänomen – bedingt durch einen ganz anderen Entwicklungsweg der kommunalen Bewegung – kaum in Erscheinung. Nur in Kastilien finden sich in den *hermandades* äquivalente Zusammenschlüsse von Städten, die im 13. und 14. Jahrhundert Aufgaben der Friedens- und Ordnungswahrung übernahmen und für kurze Zeit ein hohes Maß an Partizipation an der königlichen Herrschaft erlangten.[43]

Nicht weniger disparat präsentiert sich der Forschungsstand zum Patrimonium Petri im 13. Jahrhundert, obwohl in der italienischsprachigen Forschung der letzten

---

[41] Maurer (Hg.), Bündnisse. Weitere vergleichende Arbeiten entstanden in der Folge, allerdings meist mit punktueller Zielsetzung; vgl. Dilcher, Stadtkommune; Dilcher, Lega; Naegle, Coopération; ferner Kaufhold, Interregnum, S. 168–215. Ein entsprechendes Desiderat formulierte für die Stauferzeit bereits Bernhard Diestelkamp, Einführung, S. XVI, Anm. 48. Ein 2017 erschienener, epochenübergreifender Sammelband zum Phänomen interstädtischer Vergemeinschaftung greift diese Ansätze wieder auf. Auch hier liegt der Fokus, zumindest für das Mittelalter, aber auf den großen Städtebünden, der Lega Lombarda, dem Rheinischen Bund und dem Oberlausitzer Sechsstädtebund: Opll/Weigl, Städtebünde.

[42] Hervorzuheben sind hier etwa das Zentralitätskonzept (vgl. für Italien Haverkamp, Zentralitätsgefüge) oder das dreiteilige Modell Städtelandschaft – Städtenetz – zentralörtliches Gefüge, das im Rahmen des Trierer Sonderforschungsbereich 235 „Zwischen Maas und Rhein: Beziehungen, Begegnungen und Konflikte in einem europäischen Kernraum von der Spätantike bis zum 19. Jahrhundert" entworfen wurde; Escher/Haverkamp/Hirschmann (Hg.), Städtelandschaft; Kreutz, Städtebünde. Ähnliche Ansätze bei Buchholzer-Rémy, Nuremberg. Auch im Bereich der Hanseforschung entstanden weiterführende Konzepte zur Raum- und Identitätsbildung, vgl. beispielsweise Henn, Kommunikations- und Raumstrukturen, und Henn, Städtebünde. Die DDR-Forschung mit ihrem Schwerpunkt auf der Hanse-Geschichte zeigte generell ein größeres Interesse an Formen städtischer Zusammenarbeit als dies zeitgleich in der Bundesrepublik der Fall war. Zu nennen ist an dieser Stelle auch die systematisch angelegte, rechtshistorische Untersuchung der deutschen Städtebünde durch Eva-Marie Distler, die auch die meines Wissens nur in der deutschsprachigen Literatur geführte Diskussion um die Definition von Städtebünden und -bündnissen wieder aufgreift: Distler, Städtebünde. Siehe hierzu Kap. 4.2 in der Einleitung.

[43] Schildhauer, Charakter; Naegle, Einleitung, S. 16 f. Vgl. zu den spanischen Bünden Diago Hernando, Rolle. Auch im ostmitteleuropäischen Raum tritt das Phänomen auf; vgl. Johanek, Städtebünde, S. 32.

Jahre vielfältige Bemühungen zu verzeichnen sind, das weltliche Herrschaftsgebiet der Päpste als Untersuchungsgegenstand wieder stärker in den Blick zu nehmen. Referenzwerk bleibt dennoch die 1961 erschienene Monographie von Daniel Waley zur Herrschaftspraxis der Päpste in Mittelitalien.[44] Waley stellte sich mit seiner Untersuchung gegen die ältere, rechts- und verfassungshistorisch dominierte Forschung, die das Patrimonium Petri als Herrschaftsraum darstellte, der im europäischen Vergleich sehr früh protostaatliche Strukturen aufwies. Diese Einschätzung beruhte vor allem auf den Verwaltungsstrukturen des Patrimoniums im fortschreitenden 13. Jahrhundert, die mit ihrer Einteilung in Provinzen und dem Einsatz von auf Zeit eingesetzten und bezahlten Rektoren als Provinzvorstehern modern anmuteten.[45] Waley betonte hingegen die instabilen politischen Verhältnisse und das hohe Maß an Autonomie der päpstlichen Untertanen, vor allem der Kommunen. Die autonome Austragung von Konflikten und die Aushandlungsprozesse zwischen Kurie und Stadtgemeinden, die auf politischer, institutioneller und jurisdiktioneller Ebene stattfanden, veranlassten Waley zu dem Urteil, dass die Herrschaftsansprüche des Papsttums gescheitert seien. Trotz der bereits in den 1960er Jahren geäußerten Kritik an dieser Beurteilung, die Kriterien des modernen Nationalstaates an einen mittelalterlichen Herrschaftsverband anlegte, prägte Waleys Darstellung die Forschung zum Patrimonium Petri nachhaltig.[46] Dies ist auch der Tatsache geschuldet, dass seit Waleys umfassender Monographie vornehmlich zeitlich und räumlich begrenzte Einzeluntersuchungen und Aufsatzsammlungen zu einzelnen Regionen,[47] Akteuren[48] oder Pontifikaten[49] erschienen sind.

---

44 Waley, Papal State. Für Überblicksdarstellungen der Geschichte des Patrimonium Petri von den frühmittelalterlichen Anfängen bis ins spätere Mittelalter sei hier und im Folgenden verwiesen auf Partner, Lands; Noble, Republic; Arnaldi, Origini; Toubert, Patrimonio; Waley, Stato.
45 Zu nennen sind hier neben den Aufsätzen von Sella, Costituzioni dello Stato della Chiesa; Falco, Comuni, und Vergottini, Papato, vor allem die Studien des Rechtshistorikers Giuseppe Ermini aus den 1930er Jahren zu den Rektoren, den Parlamenten, den Kommunen, den Provinzrichtern und generell zum Charakter der päpstlichen Herrschaft. Alle Arbeiten sind nun über eine von Ovidio Capitani und Enrico Menestò herausgegebene anastatische Aufsatzsammlung zugänglich, vgl. Ermini, Scritti.
46 Segoloni, Storia; vgl. auch die Diskussion zwischen Waley und Segoloni im Rahmen des 6. Convegno di studi umbri: Storia e arte in Umbria, Verbali delle sedute.
47 Waley, Umbria; Nessi, Ducato; Caciorgna, Governo; Angiolini, Consuetudines; Lanconelli, Autonomie; Nico/Bianciardi, Umbria; Carocci, Signoria; Menestò (Hg.), Patrimonio; Angiolini, Parlamenti.
48 Carocci, Celebrazione; ders., Comuni; ders., Feudo. Eine Synthese seiner bisherigen Arbeiten gibt die neu strukturierte Sammlung älterer Aufsätze von Sandro Carocci zu verschiedenen Aspekten der Beziehungen zwischen Papsttum und päpstlichen Untertanen: ders., Vassalli.
49 Lackner, Studien; Petrucci, Innocenzo; Bolton, Towns; Carocci, Patrimonium; Allegrezza, Rapporti; Pio, Bonifacio; Caciorgna, Politica; dies., Aspetti; dies., Relazioni; Nessi, Bonifacio.

Das städtische Bündniswesen nimmt in keiner dieser Publikationen eine prominente Rolle ein, auch wenn Daniel Waley immer wieder auf das Phänomen rekurriert, um auf die Schwäche der päpstlichen Herrschaft aufmerksam zu machen. Verschiedensten Fragestellungen um das Verhältnis der Kommunen zur päpstlichen Verwaltung im Patrimonium Petri sind jedoch einige Arbeiten gewidmet, die auch für die vorliegende Untersuchung herangezogen werden können.[50] Gleiches gilt für die unzähligen stadt- und regionalgeschichtlichen Titel zu den einzelnen Kommunen und Regionen des Patrimoniums, die in unterschiedlicher Dichte, aber kontinuierlich seit dem 19. Jahrhundert erschienen sind. Obgleich diese primär Lokalgeschichte schreiben und nicht problemorientiert auf die Einbindung der Kommunen in die weltliche Herrschaft der Römischen Kirche eingehen, stellen sie – nicht zuletzt aufgrund der Auswertung und teilweise auch des Drucks lokaler Quellenbestände – eine unentbehrliche Grundlage für die vorliegende Arbeit dar.[51] Schließlich sind hier noch verwandte Forschungsfelder zu nennen, die ebenfalls berücksichtigt wurden, ohne an dieser Stelle ausführlich auf den Forschungsstand einzugehen. Dies betrifft in erster Linie das große Feld an Forschungen zur italienischen Kommune, aber auch Aspekte der Diplomatiegeschichte und des mittelalterlichen Vertragswesens.

Zuletzt muss an dieser Stelle noch eine Schwierigkeit angesprochen werden, die sich aus der in deutscher Sprache verfassten Erarbeitung eines Themas ergibt, das hauptsächlich auf italienischsprachiger Forschung aufbaut: Viele der Begrifflichkeiten wie auch der damit verbundenen Konzepte sind nicht unmittelbar ins Deutsche zu übertragen oder würden dort ihre originäre Bedeutung verlieren. Insbesondere bei der Reflexion der Forschung macht sich dieses Problem bemerkbar. In der Arbeit werden daher Begriffe wie Popolo oder Incastellamento, die mit einer einfachen Übersetzung ins Deutsche ihre spezifische Bedeutung komplett verlieren würden, im Italienischen belassen und auch nicht durch Kursivsetzung gekennzeichnet. Bei Begriffen, die im Italienischen anders konnotiert sind, wie etwa das Adjektiv *feudale*, wird dies, wo es sinnvoll erscheint, in den Anmerkungen vermerkt.

---

50 Vgl. Ermini, Relazioni; ders., Libertà 1; Vergottinis Schriften zur *comitatinanza* in Vergottini, Scritti; Waley, Comuni; Petrucci, Innocenzo; Lanconelli, Autonomie; Angiolini, Consuetudines; Carocci, Comuni; Paoli, Comuni; Boespflug, Amministrazione; Jamme, Forteresses; Caciorgna, Aspetti; dies., Relazioni. Genannt seien hier auch zwei neuere Publikationen, die sich grundsätzlich mit dem Verhältnis zwischen Papsttum und italienischen Kommunen auseinandersetzen: Baietto, Papa; Gilli/Théry, Gouvernement.

51 Aufgrund des schieren Umfangs muss hier auf eine Einzelnennung verzichtet werden und auf die folgenden Anmerkungen sowie das Literaturverzeichnis verwiesen werden. Trotz der vielen Einzeluntersuchungen mangelt es jedoch an neueren und vor allem zusammenfassenden Studien, vgl. Maire Vigueur, Comuni e signorie in Umbria, S. 324; Ginatempo/Sandri, Italia, S. 117; Tangheroni, Statuti, S. 3 f.

4 Grundlegende Vorüberlegungen

4.1 Die Kommunen des Dukats Spoleto und der Mark Ancona

Die hauptsächlichen Akteure der Untersuchung sind die Kommunen des Dukats Spoleto und der Mark Ancona. Erscheint diese Aussage auf den ersten Blick wie ein klarer Umriss des Untersuchungsgegenstands, führt sie bei näherer Betrachtung doch gewisse Schwierigkeiten mit sich: Welche Kommunen überhaupt Teil der benannten Gebiete sind, bedarf der Klärung, und auch der Begriff der Kommune führt eine Reihe forschungsgeschichtlicher Diskussionen mit sich, die für das Thema grundlegend sind. Diese Problematiken sind Gegenstand der folgenden Vorüberlegungen.

Im Gegensatz zum römischen Umland, der Campagna-Marittima und einigen Gebieten Latiums kamen die beiden Regionen östlich und westlich des Apenninen-Hauptkamms erst unter Innozenz III. dauerhaft an die Römische Kirche.[52] Ihren gemeinsamen frühmittelalterlichen Ursprung hatten beide Provinzen im langobardischen Herzogtum Spoleto, das im 9. Jahrhundert die südlichen Teile des heutigen Umbriens, die südlichen Marken und die Abruzzen umfasste. Im Laufe des 11. und 12. Jahrhunderts verschoben sich die politischen Einheiten: Aus den herzoglichen Gebieten östlich des Apennins entstand im Zusammenschluss mit Teilen der Pentapolis und den Marken Fermo und Camerino die Markgrafschaft Ancona. Das Herzogtum Spoleto reduzierte sich somit auf die Gebiete westlich des Apennins. Vergeben wurden beide Ämter seit dem 11. Jahrhundert ausnahmslos durch die römisch-deutschen Herrscher.[53]

Zu Beginn des 13. Jahrhunderts umfasste die Mark Ancona die gesamte mittelitalienische Adriaküste mit dem Hinterland, im Westen begrenzt durch die Abruzzen, im Süden durch Ascoli Piceno, im Norden durch Urbino und Pesaro. Die im Laufe des 13. Jahrhunderts etablierte päpstliche Provinz Mark Ancona folgte diesen Grenzen und entsprach damit bis auf wenige Ausnahmen der heutigen italienischen Region Marche. Ihre Bezeichnung und Begrenzung bereitet in der Forschung daher nur wenige Probleme.

---

[52] Zu den früheren Ansätzen und Erfolgen der Päpste, eine weltliche Herrschaft über das römische Umland hinaus zu schaffen, vgl. Ficker, Forschungen 2, S. 293–327; Waley, Papal State, S. 1–29. Ferner auch Thumser, Wille, sowie die oben Einleitung, Kap. 3, Anm. 44, genannte Literatur. Zur naturräumlichen Beschaffenheit der beiden Regionen vgl. Fiore, Signori, S. 8–10; umfassend Desplanques, Campagnes, S. 7–9, 15–59.

[53] Zur Geschichte der Regionen im Hoch- und Spätmittelalter vgl. vor allem den entsprechenden Band der Storia d'Italia UTET: Comuni e signorie nell'Italia nordorientale e centrale. Allerdings fehlt auch hier ein historischer Gesamtüberblick. Somit immer noch grundlegend für das 12. und 13. Jahrhundert Ficker, Forschungen 2, S. 241–255. Ausführlich zudem Fiore, Signori, S. 32–73, und Waley, Ducato. Ein Abriss der quellenbedingt unsicheren Entstehungsgeschichte der Mark auch bei Leonhard, Seestadt, S. 10–19, und eingehend, wenn auch veraltet, bei Foglietti, Marche.

Schwieriger verhält es sich mit der zweiten päpstlichen Provinz, die im Zentrum der Untersuchung stehen wird: dem Dukat Spoleto. Die päpstliche Provinz entspricht in groben Zügen der heutigen Region Umbrien, was in der Forschung vielfach als Bezeichnung der Gebiete westlich des apenninischen Höhenzugs übernommen wird. Umbrien selbst ist jedoch kein Quellenbegriff. Name und Begrenzung der heutigen Region gehen frühestens auf das 16. Jahrhundert zurück. Für das Früh- und Hochmittelalter unterscheidet die Literatur ein byzantinisches Umbrien mit den Städten Orte, Amelia, Narni, Todi und Perugia und ein langobardisches Umbrien, das mit dem ehemaligen langobardischen Herzogtum um Spoleto und dem späteren Reichsdukat gleichgesetzt wird und im 13. Jahrhundert Namensgeber der gleichnamigen päpstlichen Provinz wurde.[54] Diese umfasste indes neben dem alten Dukat auch die *Umbria bizantina* und zeitweise auch die südlich gelegenere Sabina mit Rieti und die Massa Trabaria. Letztere wurden immer wieder aber auch mit einem eigenen Rektor besetzt. Generell wurden für keine der päpstlichen Provinzen seitens der Kurie jemals klar definierte Grenzen formuliert. Viele der umbrischen Kommunen wurden daher im 13. Jahrhundert im Wechsel der Zuständigkeit der Rektoren des Dukats, der Mark, des Tuszischen Patrimoniums oder der Sabina unterstellt. Zeitweise wurden einzelne Kommunen gar nicht in die provinziale Ordnung eingebunden, sondern unterstanden allein dem Papst oder situationsabhängig einem nahen Rektor.[55]

Weder der moderne Name Umbrien noch der Quellenterminus *ducatus* besticht somit durch Trennschärfe. Insbesondere der Begriff Dukat Spoleto bezeichnet in der Forschung ganz unterschiedliche Gebiete, von den Überresten des langobardischen Herzogtums – in oft unterschiedlicher Bemessung – bis hin zur ebenfalls fluktuierenden päpstlichen Provinz des 13. Jahrhunderts, häufig ohne explizite Definition seitens der Autoren.[56] Allein der Forschungsstand macht damit die Schwierigkeiten deutlich, die bei dem Versuch entstehen, mittelalterliche Herrschaftsverhältnisse durch die Perspektive moderner Flächenherrschaft zu beschreiben. In die Untersuchung

---

54 Gasparri, Spoleto; Nessi, Umbrien. Grundlegend zum Dukat auch die beiden Sammelbände Orientamenti di una regione; Il Ducato di Spoleto. Der Name des römischen Verwaltungsbezirks Umbrien erlosch im Mittelalter und kam als Provinzbezeichnung erst im 16. Jahrhundert wieder in Verwendung; vgl. Volpi, Recupero; Menestò, Umbria, S. 1 f.
55 Gleiches gilt etwa für das apenninnahe *castrum* Fabriano in den Marken. Zu den Provinzen und der variierenden Zusammensetzung vgl. Ermini, Rettori, S. 36–42; Waley, Papal State, S. 91–95; Maire Vigueur, Nello stato della Chiesa, S. 742 f.; am Beispiel Todi auch Andreani, Todi al tempo di Iacopone, S. 55 f.
56 Die territorialen Zuschreibungen einzelner Städte und Gebiete sind im Detail so abweichend, dass sie hier nicht im Einzelnen wiedergegeben werden können. Dies entspricht auch der Situation in den Quellen, die genaue Grenzziehungen unmöglich macht. Komplizierter wird die Situation noch durch die gängige Praxis einiger historischer Lexika, die unter dem Lemma „Spoleto" sowohl die Geschichte des Dukats als auch der Stadt Spoleto fassen, vgl. Gasparri, Spoleto; Bartoli Langeli, Spoleto. Als wenig präzise für das Mittelalter erwies sich Londei, Confini.

mit einbezogen wurden daher, unabhängig von ihrer Zugehörigkeit zum Dukat, alle umbrischen Städte und einige der angrenzenden Kommunen, die in Bündnisbeziehungen zu diesen Städten standen. Diese Entscheidung wurde von den Bündnisverträgen der Kommunen gestützt, die – kartiert man sie – zu großen Teilen in der heutigen Region Umbrien angesiedelt sind.[57] Aus diesem Grund wird im Folgenden auch der moderne Begriff Umbrien verwendet, obwohl es sich dabei nicht um einen Quellenbegriff handelt. Die quellennahe Bezeichnung Dukat Spoleto, der eigentlich der Vorzug zu geben wäre, erwies sich aufgrund der oben skizzierten fluiden Zusammensetzung als ungeeignet, auch wenn der Dukat und sein Rektor für fast alle der untersuchten Städte einen wichtigen Bezugspunkt bildeten.

Nicht nur aufgrund ihrer verflochtenen politischen Geschichte und der späteren Zugehörigkeit zum Patrimonium werden beide Provinzen häufig zusammen genannt, auch den Kommunen in diesen Regionen Italiens wird häufig eine ähnliche Entwicklung attestiert.[58] Allein der Begriff der Kommune führt jedoch eine ganze Reihe forschungsgeschichtlicher Probleme mit sich. Zwar dient er in der Forschung zur Beschreibung einer ganzen Epoche der italienischen Geschichte, und die verschiedensten Aspekte der Kommune wie auch die jeweiligen Kommunen bilden weiterhin ein Hauptinteresse der Forschung zum italienischen Mittelalter.[59] Die Forschungsmodelle zur italienischen Kommune des Mittelalters gehen jedoch weit auseinander.[60] Definitionen sucht man oft vergeblich.[61] Die Gründe dafür sind vielfältig. Zum einen sind es verschiedene Dimensionen der Stadt- oder Landgemeinde, die mit dem Begriff der Kommune einhergehen: In einem historisch-analytischen Zugriff bezeichnet der Begriff das historische Phänomen, die gemeindliche Selbstverwaltung als

---

57 Siehe unten Anhang 2, Karte 2.
58 Gleiches gilt für die heutige Region Latium. Vgl. Maire Vigueur, Comuni e signorie in Umbria, S. 323 f., der eine gemeinsame Identität dieser drei Regionen in Abgrenzung zu anderen italienischen Regionen jedoch verneint. Eine gewisse Kohärenz bei den Strukturen und sozialen Praktiken des Adels, zumindest in großen Teilen der beiden Regionen, konstatiert Fiore, Signori, S. 3 f.
59 Auf eine Darstellung der überreichen Forschung zu den verschiedenen Aspekten der oberitalienischen Kommune muss verzichtet werden. Es sei daher verwiesen auf den Forschungsbericht von Coleman, Communes, auf den sich ein Teil der weiteren Überlegungen gründet, sowie den Forschungsüberblick von Milani, Comuni. Vgl. auch den Sammelband zur internationalen Forschungsgeschichte der italienischen Kommune und die dort in den Anmerkungen oder eigens aufgestellten Bibliographien: Zorzi (Hg.), Civiltà. Zur Frühzeit der Kommunen auch Grillo, Frattura, und Bordone, Storiografia. Zu einer Einordnung des historischen Phänomens in einen europäischen Entwicklungszusammenhang vgl. zusammenfassend Keller, Kommune, und die dort genannte Literatur.
60 Als Überblick über ältere und neuere Forschungskontroversen sei verwiesen auf Vallerani, Comune e comuni.
61 So auch Coleman, Communes, S. 375: „Although historians freely bandy the word around it is surprisingly difficult to find precise definitions.".

mittelalterliche Verfassungsform.⁶² Ausgehend von der Quellensprache steht der Terminus daneben für die juristische Person und damit die „pyramidale und komplexe Schichtung"⁶³ der kommunalen Institutionen, der verschiedenen sozialen Gruppen und Verbände und letztendlich aller Mitglieder der Schwurgemeinde, die eine handlungsfähige Körperschaft bildeten. Hinzu kommen weitere Ebenen, die dem Begriff innewohnen und zeitweise explizit in den Vordergrund treten: etwa die materielle Erscheinung der Kommune im Raum, in Form der Stadt oder der Siedlung – je nach Kontext einschließlich oder ausschließlich des umliegenden Territoriums.⁶⁴ Aber auch religiöse, kulturelle und soziale Zuschreibungen können hier eine Rolle spielen, wenn etwa spezifisch kommunale Kultur- und Gesellschaftsmerkmale, die *civiltà comunale*, im Mittelpunkt stehen.⁶⁵

Zum anderen gilt neben dieser Vielfalt an Ebenen, die nicht voneinander zu trennen sind, weiterhin das Diktum Gioacchino Volpes, der zu Beginn des 20. Jahrhunderts als eines der wichtigsten Charakteristika der Kommune gerade ihre Vielfältigkeit betonte: Die Kommune, so Volpe, variiere in ihrer Form je nach Ort ihres Auftretens und dessen Grundvoraussetzungen, sodass Rückschlüsse von einer Kommune auf die andere nur bedingt möglich seien. Die Bandbreite dieser Kommunen reiche von einfachen, bäuerlichen Kommunen bis hin zu komplexen, aus einer Vielzahl an sozialen Komponenten bestehenden Gemeinden.⁶⁶ Volpes These hinderte allerdings weder ihn

---

62 Vgl. etwa die neuere Definition von Pio, Commune, S. 337, als „new institutional phenomenon, a new form of organisation of public life in its legal, political and economic aspects, which took the name of ‚commune' and which took shape essentially as a form of self-government of urban and, in many cases, rural communities". Zum Wandel vom adjektivischen und adverbialen zum substantivischen Gebrauch von *commune* Banti, Civitas.

63 So in einer gelungenen Formulierung, wenn auch vornehmlich bezogen auf die spätere Kommune und den Stellenwert des Eides, Prodi, Sakrament, S. 130: „bis zur neuen Volkskommune, die auf den *societates populi* und auf den *artes* als pyramidale und komplexe Schichtung eines Systems von Eiden basierten".

64 So findet sich die Dichotomie Kommune und Contado sehr häufig. In der Vorstellung der Kommune als Stadtstaat wird das Bild einer zusammengehörigen territorialen Einheit gezeichnet; vgl. exemplarisch den Zugang von Pini, Città, S. 57–139, und mit der dort genannten Literatur vor allem Chittolini, Città, S. 209–215. Bei Oexle, Gilde, S. 78 f., wird die „räumliche Einwurzelung" sogar Teil der Definition in Abgrenzung zur Gilde.

65 Waley etwa bezeichnet die Kommune, „city-republic" in seiner Formulierung, als „social and political milieu": Waley, City-Republics, S. 7. Die Forschung zu sozial- und kulturgeschichtlichen Aspekten der Kommune ist ebenso umfangreich wie die Forschung zu den institutionellen Aspekten, vgl. zusammenfassend die Beiträge in Zorzi (Hg.), Civiltà. Exemplarisch auch viele der Beiträge in Oberste (Hg.), Repräsentationen. Zu dem Problem einer Übersetzung des Begriffs „civiltà comunale" vgl. Keller, Civiltà.

66 Volpe, Questioni, S. 95–98. Volpe betont daneben auch den zeitlichen Faktor: Aufgrund ihrer kontinuierlichen Entwicklung könne jede Beschreibung einer Kommune nur eine Momentaufnahme sein, vgl. ebd., S. 98. Zu den Schwierigkeiten und Möglichkeiten eines allgemeinen Modells der kommunalen Entwicklung aktueller auch Pini, Città, S. 64, und Vallerani, Comune e comuni, S. 9–11.

selbst noch die nachfolgende Forschung daran, allgemeine Beobachtungen zu den verschiedensten Fragestellungen zu treffen und dies im Laufe des 20. Jahrhunderts auf der Basis einer immer größeren Anzahl von Einzeluntersuchungen, die in der Zusammenschau durchaus generalisierte Aussagen zur Kommune erlauben.[67]

Dies ist jedoch die dritte Schwierigkeit, die mit einer Untersuchung der Kommunen Umbriens und der Marken einhergeht. Der Großteil der vorhandenen Einzeluntersuchungen, wie in der Folge auch der generellen Überlegungen zur italienischen Kommune, konzentriert sich auf die Lombardei, das Piemont, Venetien, die Emilia-Romagna und die Toskana. Das häufig evozierte Nord- und Mittelitalien der Kommunen, *l'Italia comunale*, umfasst somit meist nur die italienischen Reichsgebiete in den Ausdehnungen des 13. Jahrhunderts. Zwar mangelt es nicht an exzellenten Einzeluntersuchungen auch zu den Kommunen des Patrimonium Petri, in Gesamtbetrachtungen werden diese jedoch selten einbezogen.[68] Eine Ausnahme bildet hier die vergleichsweise gut untersuchte Kommune Perugia, die häufiger auch in die komparatistische Forschung einfließt.[69] Die gut abgesicherten Forschungsergebnisse eines Großteils der Kommuneforschung lassen sich somit nicht ohne Weiteres auf die Kommunen Umbriens und der Marken übertragen.

Diese Voraussetzungen müssen präsent bleiben, wenn im systematischen Teil dieser Studie von den Kommunen der Mark Ancona und Umbriens die Rede ist. Eine solche Gesamtbeurteilung läuft immer Gefahr, lokale Eigenheiten einzelner Kommunen zu vernachlässigen. Verstärkt wird diese Tendenz noch durch die Tatsache, dass sich viele Ergebnisse zwangsläufig auf die Kommunen mit reicher Überlieferung und guter Forschungslage stützen müssen. So ist es etwa nicht zu vermeiden, dass das Bild, das die folgenden Überlegungen aufwerfen, oftmals stark von der Perusiner Überlieferung und Forschung geprägt ist. Dass die so gewonnenen Befunde nicht ohne Weiteres auf eine kleine Kommune der Marken übertragbar sind, versteht sich von selbst.

Trotz dieser Schwierigkeiten erscheint es gerechtfertigt, die benannten Städte und *castra* in Hinsicht auf die Fragestellung als vergleichbare Akteure zu untersuchen. In ihren Bündnisbeziehungen treten sich die Kommunen, unabhängig von

---

67 Coleman, Communes, S. 376–379.
68 Vgl. exemplarisch ebd., S. 375. Coleman benennt dieses Problem zwar, konzentriert sich aber aufgrund des Fehlens entsprechender Untersuchungen ebenfalls wieder auf Norditalien, „the ‚classic' communal area". Dass sich diese Tendenz im Wandel befindet, zeigt beispielsweise der Lexikonartikel von Pio, Commune, oder die neuere Arbeit von Tanzini, Consiglio.
69 Vgl. etwa Menzinger, Giuristi, und, wenig erstaunlich, Maire Vigueur/Faini, Sistema. Milani, Comuni, bezieht zumindest Daten der umbrischen Kommunen mit ein, obgleich die Darstellung hauptsächlich auf norditalienischen Befunden beruht (allerdings sind die umbrischen Kommunen der kartographischen Darstellung „L'Italia centro-settentrionale nel Duecento" zufolge auch nicht Teil des eigens gekennzeichneten „Stato della Chiesa", ebd., S. 3). Auch Sbarbaro, Delibere, bezieht die Überlieferung der umbrischen Kommunen mit ein.

ihrer inneren Verfassung, als homogene Einheiten gegenüber. Dies führt zu einer Gleichförmigkeit des Schriftguts, das im Verständnis der Kommunen als rechtsfähigen juristischen Personen keinerlei Unterscheidung in Hinsicht auf die Größe, die inneren Verhältnisse oder unterschiedliche Institutionen trifft. Zudem zeichnet sich abseits aller individuellen und möglicherweise regionalen Unterschiede, die diese Kommunen mitbringen, eine Reihe von Gemeinsamkeiten ab, deren Grundzüge nun skizziert werden sollen. Dieser Überblick dient zugleich als Referenz für die späteren Ausführungen, in denen außer in Ausnahmefällen nicht mehr eigens auf die Entwicklungen, Institutionen und sozialen Verhältnisse der Kommunen des Patrimonium Petri eingegangen wird. Er beruht auf Modellen, die die Forschung für die Kommunen Umbriens und der Marken erarbeitet hat, die jedoch immer nur idealtypisch sein können. Die hohe Varianz zwischen den Kommunen, aber auch das Fehlen einschlägiger Untersuchungen für viele der Städte und *castra* des Patrimonium Petri erschweren den Versuch einer Synthese und lassen für viele Themenfelder keine end- oder allgemeingültigen Aussagen zu. Gerade der letzte Punkt erzwingt an manchen Stellen dann doch wieder den Rückgriff auf die Forschungsergebnisse zu Oberitalien.[70]

Die auffälligste, auch in der Literatur immer wieder hervorgehobene Gemeinsamkeit der Kommunen in Umbrien und der Mark Ancona ist ihre geringe Bevölkerungsstärke. Es handelt sich durchweg um kleinere Gemeinden – einzig Perugia und Ancona reichen mit einer geschätzten Größe von etwa 25 000 Einwohnern an eine mittelgroße norditalienische oder toskanische Kommune heran. Für etwa ein Dutzend der Kommunen wird eine Bevölkerungszahl zwischen 10 000 und 20 000 Menschen vermutet, das Gros bewegt sich zwischen 5 000 und 10 000 Einwohnern. Diese verteilten sich jedoch in bemerkenswert hoher Dichte über die Regionen.[71] Vor allem in den Marken finden sich unter diesen Kommunen nicht nur *civitates*, sondern auch *castra*,

---

[70] Der folgende Abriss basiert hauptsächlich auf Maire Vigueur, Comuni e signorie in Umbria, sowie der Vielzahl an weiteren Publikationen desselben Verfassers zu den Kommunen des Patrimoniums. Trotz des recht starren Klassenmodells, das Maire Vigueur an die Kommune anlegt, bleibt seine Untersuchung das grundlegende – und einzige – Überblickswerk zu den Kommunen der Marken, Umbriens und Latiums. Einen Schwerpunkt auf die Kommunen Umbriens und der Marken legt auch Waley, City-Republics. Zu den Kommunen der Marken sind zwei neuere Sammelbände erschienen, die eine Zusammenschau bieten: Piccinini (Hg.), Marca; nicht eingesehen werden konnte Villani (Hg.), Istituzioni.

[71] Vgl. grundsätzlich Ginatempo/Sandri, Italia, S. 117–137, daneben auch Maire Vigueur, Comuni e signorie in Umbria, S. 329; ders., Forme, S. 11 f.; Pirani, Fabriano, S. 5. Die großen Kommunen Oberitaliens erreichten in der Hochrechnung Bevölkerungsstärken von 40 000–80 000 Einwohnern, Mailand, Venedig und Florenz stechen mit 100 000–150 000 nochmals hervor, vgl. Ginatempo/Sandri, Italia, S. 95–102 und die Tafeln ab S. 224.

befestigte Siedlungen ohne Bischofssitz.[72] Häufiger als in Norditalien entwickelten sich diese zu autonomen Zentren von regionaler Relevanz, die hinsichtlich ihrer demographischen, sozialen und institutionellen Entwicklung und auch hinsichtlich ihrer Expansionsbestrebungen viele der antiken Bischofsstädte übertrafen.[73] Dies sind jedoch auch die Faktoren, welche Intensität und Qualität der Bündnisaktivitäten einer Kommune maßgeblich mitbestimmten. Eine qualitative Unterscheidung zwischen Stadtkommunen und *comuni di castra* wäre in dieser Hinsicht somit irreführend, auch wenn sich in anderen Bereichen – etwa den Beziehungen dieser Kommunen zum landsässigen Adel – signifikante Unterschiede feststellen lassen.[74] Der demographischen Situation entspricht auch die Wirtschaftsstruktur der Kommunen in Umbrien und den Marken, die in sehr viel geringerem Maße als die der norditalienischen Städte auf Fernhandel und Textilproduktion ausgerichtet war und stattdessen auf Landwirtschaft und der Produktion für den lokalen und regionalen Markt fußte. Auszunehmen sind hier nur die Hafenstadt Ancona und Perugia sowie einige Wirtschaftszweige, etwa die Verarbeitung von Wolle und Leder, die überregionale Bedeutung erlangen konnten.[75]

Die Kommune als gesellschaftliches Organisationsmodell, dies die zweite immer wieder betonte Gemeinsamkeit, entwickelte sich in den Gebieten des späteren Patrimoniums wahrscheinlich später als in Norditalien. Sie folgt in der Gesamtschau aber dennoch den großen Etappen, die beinahe alle italienischen Kommunen im 12. und 13. Jahrhundert durchliefen und die üblicherweise mit den Schlagworten Konsulatsverfassung, Regierung durch einen Podestà, Regierung des Popolo belegt werden. Die ersten Konsuln erscheinen in den Quellen erst im zweiten und letzten Drittel des 12. Jahrhunderts, ohne dass die Nennung dieser Funktions- oder Amtsträger unbedingt die Anfänge einer stabilen Institution kennzeichnen muss. So ist meist weder die genaue Funktion und institutionelle Einordnung dieser Konsuln in den Quellen erschließbar, noch schließt die Erstnennung der Konsuln deutlich frühere kom-

---

[72] Zur exklusiven Verwendung der Bezeichnung *civitas* für Bischofsstädte in Italien vgl. etwa Chittolini, Stadt. Zu den *castra* und *civitates* in den Marken vgl. grundlegend Bernacchia, Civitates; Pirani, Multa notabilissima castra.

[73] So beispielsweise das *castrum* Fabriano, das mit geschätzten 10 000–15 000 Einwohnern gegen Ende des 13. Jahrhunderts eine Bischofsstadt wie Fossombrone mit etwa 5 000 Einwohnern weit übertraf; vgl. Ginatempo/Sandri, Italia, S. 148 f., und Villani, Rocca Contrada, S. 229 f. Fiore sieht eine den städtischen Zentren vergleichbare demographische und innere soziale Entwicklung allerdings erst gegen Ende des 13. Jahrhunderts gegeben, Fiore, Signori, S. 182 f.

[74] Zu den Unterschieden ebd., S. 168–170. Ist im Folgenden von Städten die Rede, sind, wo nicht anders vermerkt, die großen *comuni di castra* eingeschlossen. Vgl. grundlegend zum methodischen Problem Ginatempo/Sandri, Italia, S. 11–57, sowie den programmatischen Aufsatz von Chittolini, Quasi-città, auch wenn der Begriff der *quasi-città* für die Marken nicht vollständig greift.

[75] Waley, Papal State, S. 80; Jones, Introduzione, S. 24–27; Maire Vigueur, Comuni e signorie in Umbria, S. 459–466.

munale Organisationsformen aus.⁷⁶ Für gesicherte Aussagen zu den Anfängen der umbrischen Kommunen und der Kommunen der Mark Ancona fehlt oft die Quellengrundlage und darüber hinaus die historiographische Aufarbeitung der vorhandenen Überlieferung. Die für Norditalien vielfach und konträr diskutierte Entstehung der Kommune und ihr Verhältnis zu den bestehenden Herrschafts- und Sozialstrukturen bleibt für die päpstlichen Provinzen somit oftmals nur schemenhaft erkennbar.⁷⁷

Der Übergang von der konsularen Verfassung zur Regierung durch einen auswärtigen Podestà vollzog sich in den meisten Kommunen wenig abrupt, mit Wechseln der Regierungsform bis weit in die erste Hälfte des 13. Jahrhunderts hinein. Neben dem häufigen Rückgriff auf konsulare Regierungsformen finden sich in dieser Umbruchszeit auch einheimische oder den bedeutenden Adelsfamilien des Contado entstammende Podestà, bevor diese endgültig zugunsten eines außenstehenden Amtsträgers verschwanden.⁷⁸ Die Rekrutierung der Amtsträger erfolgte dabei zunächst aus dem gleichen Kreis, den auch die norditalienischen Städte bemühten. Neben Römern fanden sich hauptsächlich Vertreter aus Oberitalien im Amt. Im Laufe der Zeit wurden jedoch immer mehr Podestà – wie ab der Mitte des Jahrhunderts auch Capitani del Popolo – aus den päpstlichen Provinzen oder der Toskana herangezogen, sodass sich gegen Ende des Jahrhunderts ein endogamer Podestà-Kreislauf für die mittelitalienischen Regionen abzeichnet.⁷⁹ Eine Besonderheit der Kommunen Umbriens und der Marken ist hierbei der Einfluss des Papsttums auf die Wahlmechanismen der Kom-

---

76 Maire Vigueur, Comuni e signorie in Umbria, S. 383 f.; zur Institution des Konsulats ebd., S. 415–418. Auf die große zeitliche Diskrepanz zwischen der ersten Erwähnung von Konsuln und älteren, auf eine kommunale oder proto-kommunale Organisation hindeutende Quellen verweist Ernesto Sestan für Spoleto unter Rückgriff auf Achille Sansi: Sestan, Comune, S. 160. Zur generellen Problematik, die Entstehung der Kommune am Erscheinen der Konsuln in den Quellen festzumachen, vgl. zusammenfassend Grillo, Frattura, S. 673–675, sowie den immer noch grundlegenden Aufsatz von Keller, Inizi.

77 Vgl. die verschiedenen Modelle bei Maire Vigueur, Comuni e signorie in Umbria, S. 392–396, aufbauend auf den immer noch grundlegenden Arbeiten von Mochi Onory, Ricerche, und Luzzatto, Sottomissioni. Vgl. auch Tabacco, Dinamiche; Cammarosano, Città, S. 313–316; Villani, Rocca Contrada, S. 227–252; Fiore, Signori, S. 239–256. Zur Quellenarmut der Marken hinsichtlich der Frühzeit der Kommune auch Leonhard, Seestadt, S. 24 f.

78 Eine höchst prägnante Zusammenfassung der Aufgaben des neuen Amtsträgers *super partes* findet sich bei Milani, Comuni, S. 62: „amministrare la giustizia mediante i giudici e i notai che egli stesso avrebbe fornito; convocare e guidare l'esercito; presiedere il consiglio cittadino; imporre le tasse; far funzionare, insomma, l'intera macchina comunale". Dass der Podestà auch in der zweiten Hälfte des Jahrhunderts nicht alternativlos war, zeigt das Beispiel Perugia, in dem noch 1260 der amtierende Podestà den Rat und weitere Einwohner („quicumque de civitate Perusii ad illud consilium vellent interesse") befragte, ob sie für das folgende Jahr die Regierung durch einen Podestà oder durch Konsuln vorzögen; vgl. Regestum, hg. von Ansidei, Prefazione, S. XII.

79 Ausführlich Galletti, Note; Maire Vigueur, Rettori; ders., Nello stato della Chiesa; vgl. auch ders., Comuni e signorie in Umbria, S. 418–423; Carocci, Barone; Cutini/Balzani, Podestà; Maire Vigueur, Flussi, S. 920–923; Milani, Podestà; Bartola, Aristocrazia romana.

munen. Seit dem Pontifikat Innozenz' III. und vermehrt in der zweiten Hälfte des Jahrhunderts versuchten die Päpste, ein Besetzungs- bzw. Approbationsrecht auszuüben, was in vielen der kleineren und mittelgroßen Kommunen zumindest zeitweise gelang. Ergänzt wurde diese Politik zwischen 1239 und 1268 durch die Einsetzung von Podestà seitens der staufischen Herrscher. Aber auch die Kommunen selbst boten gelegentlich den Rektoren oder Mitgliedern ihrer *familia*, Kurienmitgliedern, Verwandten des Papstes oder dem Pontifex persönlich das Amt des Podestà an und wurden in der Konsequenz von päpstlichen Vikaren repräsentiert.[80] Andere Städte, die sich wie Perugia der Einflussnahme der Kurie auf die Besetzung ihrer repräsentativen Ämter stets entzogen, trugen dennoch ihrer Zugehörigkeit zum Patrimonium Petri in den Statuten Rechnung, indem ausdrücklich nur die Wahl eines Anhängers der *pars Ecclesie* zugelassen war.[81]

Erste Spannungen zwischen dem in der Frühzeit der Kommune politisch dominanten Stadtadel, den *milites*, und politisch organisierten Gruppen der gewerbetreibenden *pedites* brachen in den größeren Kommunen schon früh auf, in Perugia nachweislich um 1214. Sie entzündeten sich, wie im übrigen Italien, vor allem an Fragen der Besteuerung, der Verwaltung der Finanzen und des kommunalen Besitzes sowie an den Entschädigungen und Privilegien, welche die *milites* in Kompensation für ihren berittenen Kriegsdienst erhielten. Um die Mitte des Jahrhunderts war in den meisten Städten im Dukat die politische Teilhabe innerhalb der Stadt durch den *populus* als politische Partei erreicht, obwohl dieser Prozess nur selten linear verlief. Repräsentiert wurde der Popolo vor allem durch bereits vorhandene Organisationen, in erster Linie Nachbarschaftsverbände oder Zünfte, die institutionell in die Verfassungen der Kommunen eingebunden wurden. So finden sich seit den 1230er Jahren vermehrt *priores artium*, *antiani artium*, *consules artium*, *capitanei artium et societatum*, *rectores artium*, *baylitores societatum* oder ähnlich benannte Vertreter der *pedites* in den Führungsgremien der Kommunen. Wichtigstes Amt wurde aber die Institution des *capitaneus populi*, der ähnlich dem Podestà, diesem gegenüber aber mit Kontroll- und Einspruchsmöglichkeiten versehen, meist von auswärts bestellt wurde.

---

80 Grundlegend Ermini, Libertà 1, S. 5–94, daneben Waley, Papal State, S. 70–73; Maire Vigueur, Nello stato della Chiesa, S. 768–776. Vgl. auch Petrucci, Innocenzo; Nico/Bianciardi, Umbria; Bartola, Aristocrazia romana.

81 Statuto 1, hg. von Caprioli, Nr. 4, S. 7–10: „Qualiter potestas cum tota sua familia esse debeant de parte sancte Romane Ecclesie". Der weitere Verweis auf die Ungültigkeit der Wahl eines Kandidaten „de parte olim regis Manfredi et de parte seu uoluntate Vberti Pelauigini, seu etiam Corradini uel eorum heredum" deutet auf die Entstehungszeit des Kapitels hin, das jedoch zumindest in den erhaltenen Fassungen von 1279 und 1285 trotz regelmäßiger Sichtung nicht aus den Statuten entfernt wurde; vgl. Statuto 2, hg. von Bartoli Langeli, S. 41. Zur Prozedur der jährlichen Revision, die für die umbrischen Kommunen und diejenigen der Marken häufiger als in Norditalien belegt ist, Segoloni, Annalität; Bartoli Langeli, Notai, S. 217; Tanzini, Consiglio, S. 42 f. Ein gleichlautendes Kapitel findet sich in den Statuten Osimos in einer Redaktion vor 1308; vgl. Villani, Lotte, S. 17, Anm. 21.

Er erscheint in den 1250er Jahren erstmals in den Quellen der Kommunen Umbriens und der Mark Ancona, obgleich es vereinzelt Vorläufer unter anderem Namen gegeben hatte. Begleitet wurde diese neue Figur oftmals durch eigene Ratsgremien, Ämter und Statuten des *populus*, die zunächst parallel zu den kommunalen Gremien agierten (daher die geläufige Formulierung *comune et populus*), diese im Laufe der Zeit aber ersetzten. In vielen Kommunen waren es im späteren 13. Jahrhundert bald sehr kleine Kollegien des Popolo, bestehend aus den Vorstehern der Zünfte oder anderen popularen Organisationen (*consules, priori, rectores, antiani, magistri artium* oder ähnlich), die die politischen Richtungsentscheidungen vorgaben, ergänzt und legitimiert durch das Votum der weitaus größeren Ratsversammlungen. In den Marken verzögerte sich dieser politische Umschwung, der traditionell am Erscheinen des Capitano del Popolo festgemacht wird, in vielen Kommunen bis weit in die zweite Hälfte des 13. Jahrhunderts oder gar in die Anfänge des 14. Jahrhunderts hinein. Die Verfassungsmodelle, die die einzelnen kommunalen Gemeinschaften über die Zeit entwickelten, reichten dabei von sehr stark popular geprägten und den alten Eliten gegenüber repressiven Institutionen über paritätische Besetzungen aller Versammlungen und Ämter bis hin zu Formen, in denen der Popolo nur durch einzelne Ämter mit Kontrollfunktion vertreten wurde, ohne grundsätzlich in die bestehenden Verhältnisse einzugreifen.[82]

Flankiert wurden die inneren Kämpfe um gemeindliche Mitsprache zwischen der *pars militum* und dem organisierten *populus* – zunächst dem sogenannten *popolo grasso*, dann dem weniger wohlhabenden *popolo minuto* – von den Auseinandersetzungen zwischen verschiedensten *partes*. Meist handelte es sich dabei um Kämpfe zwischen rivalisierenden Familienverbänden und deren Klientel, die jedoch durch den Konflikt zwischen Friedrich II. und dem Papsttum zeitweise ideologisch aufgeladen wurden und nach Florentiner Vorbild in den Quellen und davon unabhängig auch in der modernen Literatur mit den Begriffen Guelfen und Ghibellinen belegt werden. Obwohl das ursprünglich florentinische Begriffspaar in der Überlieferung Umbriens und der Marken nur vereinzelt und erst spät im 13. Jahrhundert aufscheint, neigte insbesondere die ältere, lokalhistorische Literatur dazu, alle innerstädtischen Konflikte seit dem 12. Jahrhundert in diese Kategorien einzuordnen oder ganzen Städten pauschal das Etikett guelfisch oder ghibellinisch zu verleihen. Häufig wurden auch die sozialen Gruppierungen der Stadt in die vermeintlich feste Zweiteilung der kommunalen Gesellschaft eingeordnet. So wurde den *pedites* meist eine

---

82 Die Entwicklungen der popularen Kommune und ihrer Organe lassen sich nur schwer einheitlich beschreiben. Einzelne Entwicklungen werden daher hier ausgelassen mit dem üblichen Verweis auf Maire Vigueur, Comuni e signorie in Umbria, S. 452–494, sowie Waley, City-Republics, S. 182–197. Spezifisch zu den Marken vgl. Villani, Lotte. Zu einzelnen Kommunen Maire Vigueur, Comune popolare; Grundman, Popolo; Paoli, Purgatorio; Pirani, Fabriano, S. 137–168; Milani, Podestà. Zum Stand der Forschung für ganz Italien Poloni, Fisionomia.

strikt guelfische Parteinahme, dem Adel der Ghibellinismus zugeschrieben. Dieses Urteil wurde von der Forschung mittlerweile revidiert, und vor allem die anachronistische Begriffsverwendung wird heute vermieden. Allerdings werden die beiden Begriffe für das spätere 13. Jahrhundert auch unabhängig von der Quellensprache in der modernen italienischen Forschung oftmals beibehalten, um die *pars Ecclesie* oder die *pars Imperii* zu benennen oder eine Einbindung in überregionale Netzwerke anzuzeigen.[83]

Die komplexe Begriffsgeschichte und ihr Gebrauch in der Forschung macht es häufig schwierig, das Phänomen einzuordnen. Einerseits handelte es sich, wo der Konflikt unter diesem oder anderem Begriffsmuster virulent wurde, auch in den päpstlichen Provinzen meist um lokale Kämpfe zwischen Familienverbänden oder Interessengruppen.[84] Andererseits darf gerade in den Kommunen des Patrimonium Petri, die vom militärisch und politisch ausgetragenen Kampf des Papsttums und der staufischen Herrscher um die ehemaligen mittelitalienischen Reichsgebiete unmittelbar in ihrer Lebenswelt betroffen waren, die Wirkmacht solcher Erfahrungen in der Parteienbildung nicht gänzlich ausgeschlossen werden.[85] Bis zum endgültigen Ende der staufischen Dynastie muss eine gewisse Sympathie für die Staufer oder die Römische Kirche und die Anjou als konstitutiv für die zeitgenössische Klassifizierung einer Partei als Ghibellinen oder Guelfen gelten. Für die weitaus häufiger aufkommenden Quellenbegriffe *pars Ecclesie* und *pars Imperii* gilt dies ohnehin.[86] Im letzten Drittel des 13. Jahrhunderts füllten sich diese Namen jedoch mit anderem

---

83 Vgl. den neueren Forschungsüberblick von Raveggi, Italia. Zur Verbreitung Leonhard, Seestadt, S. 160, Herde, Guelfen, S. 39, und Pirani, Lega, S. 151. Zur Begriffsgeschichte Dessì, Nomi.

84 Beispiele zur unterschiedlichen Zusammensetzung dieser Parteien aus dem Dukat bei Maire Vigueur, Comuni e signorie in Umbria, S. 489 f.; ders., Nello stato della Chiesa; S. 768–776; aus der Mark bei Tomei, Genesi, S. 224–230; Villani, Lotte, S. 14–51. Relativ gut untersucht ist Todi, vgl. Milani, Podestà, und Maire Vigueur, Échec, sowie die dort aufgeführte ältere Literatur. Allgemein auch Waley, City-Republics, S. 200–218, und Tabacco, Ghibellinismo. Vgl. auch die neuere, umfassende Sozialstudie von Federico Canaccini zu den toskanischen Ghibellinen und die dortige Zusammenfassung der älteren Forschung: Canaccini, Ghibellini.

85 Sehr kritisch sieht Vallerani die moderne Beurteilung der Faktionenkonflikte als ideologisch ungefärbten, rein familiären Kampf um die Macht, die Beurteilungsnormen des heutigen Staates an die mittelalterliche Kommune anlege. Er betont dagegen die durchaus vorhandene Einflussnahme der Päpste, der Staufer und vor allem Karls von Anjou sowie die konstitutive Funktion der Faktionen und Verbannungen innerhalb des politischen Systems; Vallerani, Comune e comuni, S. 26, 32 f. Zu ähnlichen Ergebnissen kommt auch Costa, Bonum commune.

86 Sympathie für die Staufer, nicht zwangsläufig jedoch für das Reich, und eine damit einhergehende Abneigung gegen das Haus Anjou, weniger gegen das Papsttum, konstatiert Canaccini als einen der wenigen Fixpunkte der in den frühen Quellen aufscheinenden Ghibellinen in der Toskana. Nach dem Ende der staufischen Dynastie im letzten Drittel des 13. Jahrhunderts verliert der Begriff diese feste Konnotation; vgl. Canaccini, Ghibellini, S. 32–36. Auch Maire Vigueur hebt die Anbindung an ein von der Römischen Kirche, Florenz oder den Anjou dominiertes „sistema di alleanze" als konstitutiv für den „guelfismo" hervor; Maire Vigueur, Nello stato della Chiesa, S. 769.

Inhalt und müssen im Patrimonium, in der die kommunalen Führungen nach dem Tod Konradins die Römische Kirche zumindest nominell auch als weltliche Herrin anerkannten, mit Blick auf die lokalen Verhältnisse eingeordnet werden.[87] Trotz aller Vorbehalte, die gegen das Begriffspaar geäußert wurden, sollen die Termini Guelfen und Ghibellinen wie auch *pars Ecclesie* und *pars Imperii* dort – und nur dort –, wo sie der Quellensprache entsprechen, auch beibehalten werden, jedoch immer auf den lokalen Konflikt bezogen.[88] Die Spannungen zwischen den verschiedenen sozialen und politischen Parteiungen führten im Patrimonium wie in der Toskana und Norditalien zu einer langen Serie des Wechsels von *intrinseci* und *extrinseci*, bedingt durch die Exilierung der aktuell schwächeren Faktion. In vielen Kommunen der Marken und des Dukats war dies auch die gängige Bezeichnung, unter der die *partes* im kommunalen Schriftgut geführt wurden.[89] Zumindest im Dukat nahmen diese Außen- und Innenparteien einen eigenen Platz in der Bündnispolitik der Kommunen ein.[90]

Waren die auswärtigen Podestà und Capitani del Popolo vor allem exekutive und repräsentative Instanzen, oblag die politische Entscheidungsfindung und Beschlussfassung im 13. Jahrhundert den Ratsgremien.[91] Ein verbreitetes Modell der Entstehung des Rates sieht den Ausgangspunkt in der ursprünglichen, ungeregelten Volksversammlung der männlichen Einwohnerschaft und einem kleineren Kreis an Beratern, die den gewählten Konsuln zur Seite standen und meist ebenfalls durch Wahlverfahren ermittelt wurden. Aus dieser zweigeteilten Struktur habe sich in der Folge die beinahe überall in Italien zu findende Kombination eines großen und eines kleinen Rates gebildet. Begünstigt durch den Übergang zur Podestà-Verfassung erlangten die Räte breitere Entscheidungskompetenzen und wurden zum eigentlichen Organ der kommunalen Willensbildung. In den letzten Jahren setzte sich in der italienischen Forschung demgemäß der Begriff des „regime podestarile-consiliare" für die

---

87 Zwar kamen auch in den Kommunen Umbriens und der Mark Ancona nach 1268 immer wieder ghibellinisch verortete Parteien an die Macht, wie sich diese jedoch zur Herrschaft der Römischen Kirche verhielten, bedürfte einer systematischen Untersuchung. So protestierte etwa die seit dem Durchzug Konradins 1268 in Todi regierende ghibellinische Partei (*pars gibellinorum, gebellini*) seit 1272 gegen eine Unterstellung der Stadt unter den Rektor des Patrimoniums, stellte die päpstliche Herrschaft als solche jedoch nicht in Frage. Der Protest wurde auch von den seit 1275 endgültig wieder in der Stadt weilenden Guelfen (*pars gelforum, gelfi*) unterstützt. Statuto, hg. von Ceci/Pensi, Nr. 33, S. 30 f.; vgl. zur Sache Menestò, Esempio, S. 459–463. Zu einem ähnlichen Urteil kommt für Todi Andreani, Todi al tempo di Iacopone, S. 31; für Mittelitalien auch Herde, Guelfen und Ghibellinen, S. 59.
88 Zu den Vorbehalten gegen die moderne Verwendung der Begrifflichkeit Herde, Guelfen; ders., Guelfen und Ghibellinen.
89 Vgl. Villani, Lotte, etwa S. 20. Allgemein zum Phänomen der Außenparteien Milani, Esclusione.
90 Siehe unten Kap. II.1.3.
91 Dies heißt nicht, dass Podestà und Capitano del Popolo nicht gemäß ihrer Fähigkeiten und Interessen großen Einfluss auf die politischen Entscheidungen der ihnen unterstellten Kommunen ausüben konnten; vgl. zu diesem Problem am konkreten Beispiel der Kriegsführung Bargigia, Eserciti, S. 76–86, und grundsätzlich Artifoni, Podestà, S. 691. Siehe auch unten Kap. I.1.2.

ersten Jahrzehnte des 13. Jahrhunderts durch.[92] Auch wenn eine solche Kontinuität für die untersuchten Kommunen nur selten nachgewiesen werden kann, entbehrt sie nicht der Plausibilität. In den meisten der Kommunen im umbrisch-märkischen Raum lassen sich im Verlauf des 13. Jahrhunderts eine Volksversammlung – das *parlamentum*, auch *concio* oder *arenga* genannt – ausmachen sowie mindestens ein kleinerer Rat, in dem Diskussionen zwischen den gewählten Ratsherren möglich waren und der folglich die politischen Richtungsentscheidungen vorgab. Diese wurden teilweise dem *parlamentum* zur Approbation vorgelegt, wobei die Volksversammlung in der zweiten Hälfte des 13. Jahrhunderts ihre Bedeutung fast vollständig verlor. Ersetzt wurde sie in ihrer Funktion seit den 1220er und 1230er Jahren durch eine nochmals zweigeteilte Ratsstruktur, bestehend aus einem *consilium generale* mit Mitgliederzahlen zwischen 40 und 400 Ratsherren und einem *consilium speciale*, das in der Größe zwischen 12 und 200 Ratsmitgliedern schwanken konnte. Beide zusammen waren oft der Grundstock der beschlussfähigen Vollversammlung. Vor allem in den größeren Kommunen konnten sich daneben zumindest zeitweise noch weitaus mehr Ratsgremien etablieren, die ständig oder temporär eingerichtet waren. In der zweiten Hälfte des 13. Jahrhunderts bedingte die Kommune des Popolo zumindest kurzfristig eine Verdoppelung der Ämter- und Ratsstrukturen. Anzahl, Bezeichnung, Größe, Besetzung und Zusammentreten dieser Ratsgremien waren spätestens von da an einem ständigen Wandel unterworfen und spiegelten damit die sozialen und politischen Spannungen in der Kommune. Sie machen jede Beschreibung der Strukturen jedoch auch zu einer Momentaufnahme. Aus diesem Grund bleibt häufig auch offen, wie man sich Größe, Zusammensetzung und Kompetenzen einzelner Räte vorzustellen hat. Im Folgenden sollen daher die verschiedenen Ratsgremien, wo möglich, primär nach ihrer Funktion benannt werden: die im Laufe des 13. Jahrhunderts selten werdende Volksversammlung als Versammlung der Schwurgemeinde; die Vollversammlung als zum jeweiligen Zeitpunkt übliches Beschlussgremium, häufig aus generellem und speziellem Rat, *consilium populi* und weiteren Gremien oder Amtsträgern zusammengesetzt; und schließlich die Versammlung einzelner Gremien.[93]

---

92 Vgl. jetzt Tanzini, Consiglio, sowie exemplarisch die Überblicksdarstellungen von Pini, Città, S. 75 f., und Milani, Comuni, S. 49–51; auch Sbarbaro, Delibere, S. 9 f. Trotz der Bedeutung der *consilia* für die Kommune beschäftigt sich die Forschung erst seit Kurzem mit den Ratsversammlungen, das erste Überblickswerk (Tanzini, Consiglio) erschien 2014. Vgl. daneben Coleman, Representative Assemblies; Dartmann, Repräsentation; Tanzini, Assemblee.
93 Vgl. Maire Vigueur, Comuni e signorie in Umbria, S. 427–430; am Beispiel Orvieto auch Zingarini, Assemblee; für Camerino Libro, hg. von Biondi, Introduzione, S. XXXII. Allgemein für die Marken, allerdings ausgehend vom Jahr 1306, Zdekauer, Magistrature. Ähnlich für Norditalien Tanzini, Consiglio, S. 55–62, insbesondere zur „zwiebelschichtartigen" Zusammensetzung der Vollversammlung aus verschiedenen Gremien; daneben Sbarbaro, Delibere, S. 5 f.; Vallerani, Comune e comuni, S. 20 f.; Tanzini, Signori, S. 383.

So gut wie alle politischen Belange der Kommune durchliefen – so jedenfalls das Bild, das die Überlieferung zeichnet – mindestens einen dieser Räte. Die Ratsgremien entschieden somit über innere Angelegenheiten, die Gesetzgebung der Kommune, finanzielle Belange, Baumaßnahmen, die Wahl der Amtsträger sowie die Beziehungen der Kommune nach außen: zu Untergebenen, dem Papsttum, anderen Kommunen, kirchlichen Einrichtungen oder Adelsgeschlechtern.[94] Obwohl vor allem im späteren 13. Jahrhundert die Diskussion in den Vollversammlungen so normiert war, dass die eigentlichen politischen Entscheidungen wohl schon zuvor, in den regierenden Kollegien der *consules*, *priori*, *antiani* oder *rectores* der Zünfte vorbereitet wurden, musste jeder Beschluss durch das Votum der Vollversammlung oder einzelner Gremien legitimiert werden.[95] Auch alle weiteren Ämter der Kommune waren dementsprechend an die Entscheidungen der Ratsversammlungen gebunden und schuldeten diesen Rechnung und Bericht. Auf die Vielzahl dieser Ämter, die sich schon früh ausdifferenzierten und bald neben zentralen Feldern wie der Finanzverwaltung und Rechtsprechung der Kommune auch alle sonstigen denkbaren Bereiche der öffentlichen Ordnung abdeckten, soll hier nicht gesondert eingegangen werden.[96]

Die richtungsweisenden inneren *consilia* und Kollegien wie auch das frühe Konsulat waren wie in Oberitalien immer nur von einem recht kleinen Teil der Bevölkerung besetzt. Diese politische Führungsschicht sozial zu fassen, erweist sich aufgrund ihrer im ständigen Wandel begriffenen Zusammensetzung als äußerst schwierig.[97] In den kommunal organisierten *civitates* speiste sie sich zu Beginn, so das vorherrschende Modell, vorwiegend aus dem städtischen oder eingebürgerten Adel, gekennzeichnet durch die Quellentermini *domini*, *maiores*, *boni homines* oder *milites*, später auch *nobiles*.[98] Im Gegensatz zu der für die Frühzeit der lombardischen Kommunen

---

94 Zu den Kompetenzen der Räte vgl. die Literatur Anm. 92 in der Einleitung, Kap. 4.1. Zur Berichterstattung vor dem Rat vgl. am Beispiel der Perusiner Finanzverwaltung Nico Ottaviani, Registro finanziario, S. 15.
95 Zur Einschränkung der Diskussions- und Entscheidungspraxis gegen Ende des 13. Jahrhunderts für Norditalien Tanzini, Consiglio, S. 55–111; zur unterschiedlichen Ausprägung des Einflusses der Kollegien am Beispiel von Kommunen Umbriens und der Marken Tanzini, Delibere, S. 65–68.
96 Hierzu Waley, City-Republics, S. 73 f., 107–109; Nico Ottaviani, Registro finanziario; Maire Vigueur, Comuni e signorie in Umbria, S. 426 f. Beispielhaft für das *castrum* Rocca Contrada mit vielen Verweisen auf andere *castra* Villani, Rocca Contrada, S. 288–304.
97 Erschwert durch die Vielzahl an kursierenden Begrifflichkeiten zur Beschreibung der politischen Führungsschichten (z. B. Konsulatsaristokratie, städtische Elite, Oligarchie etc.), die mitunter jedoch nicht sauber von sozialen Beschreibungsinstrumenten (wie Adel oder Oberschicht) getrennt werden. Vgl. grundsätzlich Thumser, Rom, S. 11–24; zum Begriff der Oligarchie Keller, Kommune; zu einem methodischen Zugang zur städtischen „Elite" Bordone, Élites.
98 Zu Unterschieden und Gemeinsamkeiten dieser beiden sozialen Gruppen in den untersuchten Regionen Maire Vigueur, Comuni e signorie in Umbria, S. 367–373, 397–415; vgl. auch Bartoli Langeli, Famiglia. Neben diesen häufig anzutreffenden Begrifflichkeiten finden sich vereinzelt andere. In Spoleto z. B. ist es die *pars baronie*, die 1251 mit dem Popolo, *pars Zaganie* genannt, einen Friedensver-

konstatierten starken Verflechtung des landsässigen Adels mit der Führungsschicht der Stadt und des Bistums und folglich der frühen Kommune, erscheinen die Verbindungen dieser beiden Gruppen in den *civitates* des Dukats und der Marken deutlich schwächer.[99] Entsprechend selten finden sich Vertreter des grundherrlichen Adels als Konsuln in den ersten Stadtkommunen. Erst als um die Wende zum 13. Jahrhundert die Ausweitung kommunaler Herrschaftsbeziehungen in den Contado voranschritt, integrierte sich der landsässige Adel im Rahmen von Verträgen und Unterwerfungen und der damit zusammenhängenden Wohnungsnahme und Einbürgerung in der Stadt zunehmend auch in die kommunale Führungsschicht. Der städtische Adel verdankte seinen – nicht rechtlich definierten – Status hauptsächlich fiskalischen und nutzungsrechtlichen Privilegien in Kompensation für den militärischen Einsatz zu Pferde und einem hohen Vermögen aus Grundbesitz, Einkünften aus Kirchenämtern und vereinzelt auch aus einer Tätigkeit im Handel oder Kreditwesen. Er untermauerte diesen Status seit dem 13. Jahrhundert wiederum durch den Ausgriff in den Contado, etwa durch den Ankauf von Herrschaftsrechten und Kastellen. Der Prozess dieser Vermischung von land- und stadtsässigem Adel dauerte in Einzelfällen bis weit ins 13. Jahrhundert hinein an.[100]

In den großen *comuni di castra* hingegen, vor der Durchsetzung der gemeindlichen Selbstverwaltung noch integriert in die Herrschaft weltlicher oder geistlicher *domini*, gestaltete sich die Genese einer konsularen Führungsschicht von Anfang an in starker Anbindung an die bestehenden Strukturen. Stark vereinfachend darge-

---

trag schließt: Documenti, hg. von Sansi, Nr. 45, S. 292–295. Die in der Lombardei verbreitete begriffliche Dreiteilung in *valvassores, capitanei* und *cives / popolus* ist in Quellen aus dem Patrimonium Petri weitgehend unbekannt.

99 Bedingt auch durch die deutlich schwächere Stellung der Bischöfe. Allerdings wird auch für einige Städte der Po-Ebene dieser wirkmächtige Befund durch neuere Studien kritisch hinterfragt; vgl. den Forschungsbericht von Grillo, Cavalieri. Für Umbrien Mochi Onory, Ricerche, und Tabacco, Dinamiche; für Norditalien zusammenfassend Cammarosano, Italia, S. 132 f., und Maire Vigueur/Faini, Sistema.

100 Fiore, Signori, S. 170–175; Maire Vigueur, Nello stato della Chiesa, S. 792 f.; vgl. auch ders., Cavaliers, S. 237–242, 246–254. Neuere Einzeluntersuchungen oder Erhebungen im Rahmen umfassenderer Arbeiten zur politischen Führungsschicht existieren unter anderem für Gubbio und Perugia (Maire Vigueur, Aperçus; Tiberini, Signoria, S. 231–272; Tiberini, Repertorio), Fabriano (Pirani, Fabriano, S. 125–136), Osimo (Pirani, Scrittura), Rocca Contrada (Villani, Rocca Contrada), Spoleto (Sestan, Comune, S. 163–168) und Assisi, wo eine stärkere Präsenz des landsässigen Adels in der Stadt festzustellen ist (Bartoli Langeli, Realtà sociale; Fiore, Signori, S. 170 f.). Die feudalen Ursprünge der Kommunen im Dukat und den Marken betont hingegen noch Maire Vigueur, Comuni e signorie in Umbria, S. 338 f. und 401, allerdings stützt er sich stark auf das Beispiel Assisi und relativiert die Einschätzung an anderer Stelle. Eine kritische Einordnung der „feudalen" Phase der Kommuneforschung seit den 1970er Jahren bei Vallerani, Comune e comuni, S. 15 f. Zur ideologisch neutralen Verwendung des Adjektivs *feudale* im Italienischen vgl. Wickham, Mountains, S. XXI f. Generell zum landsässigen Adel der beiden Regionen Maire Vigueur, Comuni e signorie in Umbria, S. 325–381, und Fiore, Signori.

stellt waren es hier die *domini loci* der Kastelle, an die mittels eines Leiheverhältnisses Herrschaftsrechte übertragen worden waren oder die diese gewohnheitsrechtlich im Zusammenhang mit allodialem Grundbesitz ausübten. In vielen Fällen teilten sich mehrere Linien eines Familienverbandes – seltener auch Familien ohne Verwandtschaftsverbindung – den Bau, den Besitz und die Rechte des Kastells in einem Konsortium. Erst im Laufe der Zeit lösten sich diese *domini* oder *boni homines*, oftmals im vertraglich organisierten Zusammengehen mit den ihnen unterstehenden Einwohnern, den *homines*, aus dem Leiheverhältnis und beanspruchten eine nun kommunale Führung aus sich selbst heraus, ohne dabei ihre bestehenden politischen und wirtschaftlichen Vorrechte aufzugeben. Wo die *domini loci* in keinerlei Lehns- oder Leiheverhältnis standen, war es dennoch oft eine Art Gesellschaftsvertrag, der auch den *homines* verbriefte Rechte und eine beschränkte politische Teilhabe zusicherte und damit den Grundstein der Kommune legte. Erst im Laufe des 13. Jahrhunderts verlor dieser ehemals grundherrschaftliche Adel unter dem Druck des demographischen und wirtschaftlichen Wachstums seine Privilegien und machte Raum für eine erweiterte kommunale Führungsschicht. In diesem Zusammenhang bürgerte sich auch für die Oberschicht der Kastellkommunen die an ihre Funktion innerhalb der Gemeinde gebundene Bezeichnung *milites* ein.[101]

Die Reduktion der politischen Führung auf eine – wenn auch sehr gemischt zusammengesetzte – adelige Schicht wurde in teils schweren Unruhen abgelöst durch eine größere Teilhabe an der politischen Macht auch der gewerbetreibenden Schichten, der *minores* oder *pedites*, später erst *populares* genannt. Aber auch die Vertreter der politischen Organisationsform, die im Laufe des 13. Jahrhunderts den Namen *populus* annahm, waren selten Angehörige sozialer Unterschichten, sondern wirtschaftlich oft mit den jeweiligen Führungsgruppen gleichgestellt. Hinzu kommt die immer wieder konstatierte Angleichung der vermögenden *pedites* an Lebensstil und Habitus des Adels. Insbesondere die berittene Kriegsführung, die auch wohlhabende *minores* auszeichnete und in der ersten Hälfte des 13. Jahrhunderts das wichtigste Distinktionsmerkmal der Oberschicht in den Kommunen des Untersuchungsraums war, verbietet eine strikte Zweiteilung der kommunalen Bevölkerung in adelige *milites* und gewerbetreibende *pedites*.[102] Ohnehin wäre es eine Fehlannahme, den Stadtadel

---

101 Vgl. zusammenfassend Maire Vigueur, Comuni e signorie in Umbria, S. 385 f., 394–396; ders., Centri; Fiore, Signori, S. 182–187 und ausführlich 286–293; mit einer breiten Diskussion der zugrundeliegenden Prozesse der Grundherrschaft, der präkommunalen Konsortien und des Incastellamento auch Villani, Rocca Contrada, S. 155–320.
102 Beispiele bei Maire Vigueur, Comuni e signorie in Umbria, S. 401 f., zum Wandel der Terminologie ebd., S. 398 und 404; ders., Flussi, S. 1046–1057. Vgl. allgemein auch Keller, Kommune, S. 607–609; Maire Vigueur, Cavaliers, S. 276; Vallerani, Comune e comuni, S. 17–23. Den neueren Forschungsstand für ganz Italien reflektiert Poloni, Fisionomia. Im Laufe der ersten Hälfte des 13. Jahrhunderts wandelte sich dann die *militia* zu einer rein vermögensgebundenen Kriegerklasse. Wer eine festgelegte Vermögensgrenze überschritt, war verpflichtet, ein Kriegspferd zu unterhalten und wurde

der Kommunen und die gewerbetreibenden Schichten als abgeschlossene, rechtlich definierte Stände zu beschreiben. Unabhängig von der popularen Bewegung, die den Organisationen der kommunalen Mittelschicht einen verfassungsmäßig gesicherten Platz in der Regierung der Stadt sicherte, finden sich ausreichend Beispiele für eine Integration der wirtschaftlich und sozial vermögenden Kaufmanns- und Handwerkerfamilien in die *militia*. Jean-Claude Maire Vigueur stellte jedoch heraus, dass die kommunale Gesellschaft in den päpstlichen Provinzen länger auf einer Zweiteilung der Bevölkerung beruhte als in Norditalien.[103] Die politische Führungsschicht hingegen wurde durch die Teilhabe des Popolo neu definiert: Nun waren es die Vertreter genau bestimmter Zünfte oder Stadtteile, die die wichtigsten Räte der Kommune bestückten oder eigene Ratsgremien aufstellten.[104] Aber auch hier stechen Beispiele hervor, wie dasjenige des Oderisio Coppoli in Perugia, des Ranieri della Greca aus Orvieto, des Tommaso Transarici aus Spoleto oder des Anastasio di Filippo degli Anastasi in Foligno, alle Nachkommen bedeutender Adelsfamilien, die führende Ämter des Popolo innehatten. Der Popolo als Partei ist somit in keiner Weise mit einer bestimmten sozialen Schicht zu identifizieren, obwohl er deren Interessen vertreten haben mochte.[105]

Auch nach der Etablierung einer Satzung, die die Organisationen des Popolo in der Führung der Kommune verankerte, war die politische Führungsschicht nicht abgeschlossen. Die starke soziale Stratifikation der kommunalen Gesellschaft führte zu immer neuen Spannungen, die Vertreter weiterer politischer Gruppierungen in das kommunale Regiment spülte und das auch schon vor der offiziellen Installation eines *comune populi*.[106] Andererseits lässt sich in einigen Kommunen des Dukats und

---

somit *miles pro comune*, ohne jedoch die Privilegien der alten *milites* zu genießen; vgl. Maire Vigueur, Cavaliers, S. 387–400.

103 Maire Vigueur, Comuni e signorie in Umbria, S. 397. Für Perugia argumentieren ähnlich auch Grohmann, Imposizione, S. 111 f., und Tabacco, Dinamiche, S. 301.

104 Zur Zusammensetzung der Zünfte vgl. Maire Vigueur, Comuni e signorie in Umbria, S. 467 f., der am Beispiel Perugias auch die geringe Zahl an Mitgliedern der *artes* (1 000–1 500) im Vergleich zur Bevölkerung errechnet.

105 Ebd., S. 474, 477 und 490; Sestan, Comune, S. 184. Vgl. allgemein auch Cammarosano, Ricambio, S. 31. Oderisio di Bartolomeo di Rainaldo di Coppolo ist zudem ein gutes Beispiel für die soziale Vielfalt, die sich hinter dem Beiwort *dominus* verbarg. Oderisio selbst entstammte wohl einer Nebenlinie der Perusiner Adelsfamilie Coppoli, war aber vermutlich im Wechsel- und Bankwesen tätig und somit in die *artes* inkorporiert; vgl. Bartoli Langeli, Famiglia, S. 81–89. Auch ein Parteienwechsel bzw. die Zugehörigkeit zu beiden Gruppierungen war möglich, vgl. etwa das Beispiel des Giovanni dell'Arciprete aus Perugia: Bartoli Langeli, Nel Duecento, S. 361 f.

106 Vgl. etwa das frühe Beispiel Assisi, in dem sich bereits im beginnenden 13. Jahrhundert die sozial und wirtschaftlich exponierten *homines populi* mit den *boni homines* zur politischen Führung verbanden: Maire Vigueur, Comuni e signorie in Umbria, S. 388. Zur breiten, wenn auch diskontinuierlichen Teilhabe der Mitglieder des Popolo bereits vor dem institutionellen Umschwung im *castrum* Rocca Contrada und in anderen Kommunen der Marken Villani, Rocca Contrada, S. 304–320. Dass

der Mark ein höchst stabiler Kern der Ratselite konstatieren. Hier finden sich manche Personen über Jahre und Jahrzehnte in den entscheidenden Ratsgremien.[107] Diese Konstellation macht das von Hagen Keller für Norditalien betonte Spannungsverhältnis zwischen einem Bedürfnis nach nicht an Personen gebundenen Machtstrukturen mit einer entsprechend „antioligarchisch" strukturierten Satzung und dem faktisch begrenzten Personenkreis an – im Verständnis der kommunalen Gesellschaft – geeigneten Amtsträgern deutlich. Dieses Grundproblem basierte vor allem auf den Wahlprinzipien der Kommunen, die zwar durch immer komplexere Wahltechniken versuchten, ihre Ämter möglichst gerecht und frei von äußerer Einflussnahme unter den Kandidaten zu verteilen, aber gerade die Erstauswahl dieser Amtsfähigen war nicht durch ein Verfahren geregelt. Die potentiellen Amtsinhaber wurden somit nicht durch demokratische Willensbildung ernannt, sondern durch die Berufung auf ihren wirtschaftlichen und sozialen Status, der sie in der politischen Theorie der Zeit als geeignet erscheinen ließ. Reglementiert wurde die Wählbarkeit zudem durch ein von der aktuell herrschenden Führungsgruppe geprägtes und somit variables Regelwerk, das etwa die Zugehörigkeit zu bestimmten politischen oder gesellschaftlichen Gruppierungen und ein Mindestvermögen vorsah.[108]

---

es sich bei einem Aufstieg in die kommunale Führungsschicht meist um Personen mit bereits hohem Sozialstatus handelte, selbst wenn sie eine sozial und wirtschaftlich schlechter gestellte Gruppierung vertraten, betont für Norditalien auch Keller, Kommune, S. 608 f.
107 In Perugia findet sich beispielsweise *dominus* Bonapars Gualfredocti, häufig nur Bonapars *iudex* genannt, 1259 im *consilium generale*, 1260 als *sapiens* in der *adiuncta* und als gewählter Ratgeber des Podestà (Wahl 1260 Januar 1, Regestum, hg. von Ansidei, Nr. 76, S. 82–84). 1266 ist er Mitglied des „consilium spetiale et generale et aliorum bonorum virorum" (bezeugt u. a. 1266 Mai 17, AS Perugia, Consigli e Riformanze 6, fol. 19 r–20 v), 1276 und 1277 ist er Mitglied der *credentia*, vgl. Menzinger, Giuristi, S. 200 f. Arlotucius Oddonis ist 1277 Mitglied im speziellen Rat der Stadt, in den Jahren 1287–1293 wie auch 1294–1301 steht er hinsichtlich der Häufigkeit der Redebeiträge an zweiter Stelle. Er wurde wohl häufiger auch als *sapiens* berufen, vgl. Lonzini, Notaio 1, S. 160. Mafeus Centurarie (auch Cinturalie), einer der aktivsten Ratsherren der Jahre 1256–1260 war bereits 1237 Mitglied des *consilium speciale*, vgl. Regestum, hg. von Ansidei, und Codice Diplomatico 2, hg. von Bartoli Langeli, Nr. 173, S. 380 f.; bis mindestens 1275 ist Mafeus immer wieder in Ämtern der Kommune nachzuweisen, vgl. Statuto 1, hg. von Caprioli, Nr. 120–125, S. 136–140; Mordenti, Pietra, S. 31. Zur Person auch Reformationes, hg. von Nicolini, S. 7, Anm. 2. Ein ähnliches Phänomen ist in Florenz zu beobachten, wo zwar die unmittelbare Wiederwahl in dasselbe *consilium* verboten war, einige Ratsleute aber kontinuierlich von einem Ratsgremium zum anderen wechselten, vgl. Sbarbaro, Delibere, S. 139. Weitere Beispiele bei Tanzini, Consiglio, S. 77.
108 Zu den verschiedenen Wahlverfahren, meist auf Auslosung der Wahlmänner basierend, die eine gerechte Repräsentation der Gemeinschaft sicherstellen sollten, die sich jedoch grundlegend von demokratischen Repräsentativsystemen unterscheiden, vgl. den äußerst luziden Aufsatz von Keller, Kommune. Ergänzend und teils kontrastierend auch Waley, City-Republics, S. 62–66, 107–109; Pini, Città, S. 148–156; Gilli, Sources; Milani, Comuni, S. 110–113; Tanzini, Consiglio, S. 74–80. Allgemeiner auch Vallerani, Comune e comuni, S. 24, spezifisch zur Idee der Repräsentation S. 29–30. Die zumindest unterschwellig häufig negative Beurteilung der nicht demokratischen Verfahren ist for-

Eine weitere Gruppe mit zunehmendem Einfluss auf die politischen Entscheidungen der Stadt wird in der zweiten Hälfte des 13. Jahrhunderts sichtbar. Es handelt sich um meist ad hoc vom Rat eingerichtete Kommissionen, oft *baliae* oder *consilia sapientum* genannt, eine Zusammenstellung mehrerer Personen, die mit ihrer jeweiligen Expertise bestimmte Sachfragen und Einzelentscheidungen zu beurteilen hatten.[109] Über den von diesem Gremium erstellten Vorschlag wurde dann in den festen Ratsgremien abgestimmt. In vielen Kommunen stellte dieses Vorgehen zum Ende des Jahrhunderts die übliche Vorgehensweise zur Entscheidungsfindung dar, was das *consilium sapientum* zu einer quasi-institutionellen Einrichtung machte und den *sapientes* einen erheblichen Einfluss verlieh. Besetzt waren diese Gremien vornehmlich durch ausgebildete Juristen.[110] Diese entstammten auch in der populären Kommune häufig Familien des Adels. Selbst in Perugia und Orvieto, wo die popular besetzten Institutionen immer wieder mit repressiven Verordnungen gegen eine politische Beteiligung, aber vor allem gewisse konstitutive Lebensformen des Adels vorgingen, finden sich Vertreter der *milites* in Ämtern und Funktionen, für die sie offenbar aufgrund ihrer Ausbildung und ihres Lebensstils besonders geeignet erschienen: So stellten die Familien des Stadtadels weiterhin viele Podestà wie auch Capitani del Popolo und bestückten die Gesandtschaften der Kommunen. Militärische und diplomatische, aber offensichtlich auch juristische Sachkenntnisse lagen in den Kommunen somit weiterhin vornehmlich in den Händen einzelner *milites*, auch wenn der Einfluss des Adels als Partei auf politische Entscheidungen beschnitten wurde.[111]

Wenn im Folgenden von den Bündnisschlüssen und sonstigen Aktionen der Kommunen die Rede ist, sind dies also die Instanzen und sozialen Gruppen, die wir als federführend ansehen dürfen. Es versteht sich von selbst, dass ein Bündnis immer nur von einem Teil der kommunalen Bevölkerung beschlossen oder auch nur ge-

---

schungsgeschichtlich auf Paradigmen des 19. Jahrhunderts zurückzuführen, vgl. ebd., S. 11–15. Spezifisch zu den Wahlverfahren der untersuchten Kommunen Maire Vigueur, Comuni e signorie in Umbria, S. 416–418, 428 f., 484 f.
109 Andere im Patrimonium geläufige Bezeichnungen waren *credentia* oder *adiuncta*.
110 Vgl. Menzinger, Giuristi, und die dort genannte Literatur; daneben Maire Vigueur, Comuni e signorie in Umbria, S. 414 f.; Menzinger, Pareri; Milani, Podestà, S. 367. In einigen Kommunen, im Patrimonium nachweislich in Perugia, entwickelte sich die ad-hoc-Kommission zu einer ständigen Einrichtung; vgl. Menzinger, Giuristi, S. 95–113. Vallerani, Comune e comuni, S. 30–32, nennt neben den *sapientes* noch die Kreditgeber der chronisch verschuldeten Kommunen als politisch einflussreiche, aber institutionell nicht verankerte Gruppe. Ein Befund, der sich durch das Fehlen entsprechender Studien bisher jedoch kaum absichern lässt.
111 Vgl. Maire Vigueur, Comuni e signorie in Umbria, S. 414 f.; für Orvieto Zingarini, Assemblee, S. 29 f. Allgemein auch Waley, City-Republics, S. 93. Die oft eingeführte These einer kulturellen „Kolonialisierung" des Popolo durch die Werte und Statussymbole des Adels kritisiert Poloni, Fisionomia. Siehe auch unten Kap. I.1.6, Anm. 298; Kap. II.2.2, Anm. 96; Kap. II.4, S. 352.

wollt war. Dies wird in den meisten Fällen die jeweilige politische Führung gewesen sein, die sich entsprechend der inneren Situation der Kommune jedoch kontinuierlich veränderte. Institutionell, dies wird aus dem Gesamteindruck der Überlieferung deutlich, ist diese politische Führung seit dem ersten Viertel des 13. Jahrhunderts in den Ratsgremien der Kommune und später in den Kollegien des Popolo und im *consilium sapientum* zu suchen. Dort wurde über die Bündnispolitik einer Kommune entschieden, dort wurden Anfragen anderer Kommunen angehört und diskutiert. Die Abgesandten wiesen sich folgerichtig mit einer Niederschrift des Ratsbeschlusses aus, durch den sie zu Vertretern der Kommune in der entsprechenden Angelegenheit bestimmt worden waren. Podestà und Capitano del Popolo saßen diesen Ratsversammlungen zwar vor und bestimmten die Tagesordnung, repräsentierten in Einzelfällen vielleicht auch die Kommune. Die gesamte Vorbereitung und Durchführung eines Bündnisschlusses wurde jedoch durch Abstimmung in den verschiedenen Gremien in die Wege geleitet und in den Schriftstücken auch entsprechend legitimiert.[112]

Dass im Folgenden dennoch häufig von der Kommune als handelnder juristischer Person die Rede sein wird, ist mehreren Überlegungen geschuldet. So ist es bei der gegebenen Quellenlage nicht bei jedem Bündnis möglich, die eigentlichen Entscheidungsträger für den jeweiligen Zeitpunkt innerhalb der Kommune zu bestimmen, auch wenn diese gemäß der Erkenntnisse zum Funktionieren der kommunalen Institutionen in den Konsular- und Ratsgremien vermutet werden dürfen. Angesichts der Tatsache, dass das Institutionengefüge der Kommunen ständigem Wandel unterworfen war, müssen entsprechende Rückschlüsse jedoch mit Vorsicht gezogen werden. Das Fehlen genauerer Verweise in den Quellen resultiert – und dies ist der zweite Grund für die gewählte Begriffsverwendung – aus der Quellensprache, die ebenfalls häufig die Kommune, die *universitas*, die Stadt oder die Gesamtheit der Einwohner als handelnde Subjekte benennt. Dies gilt für die Verträge wie auch für interne Quellen, die über Formulierungen wie *comune non vult* eine Vorstellung der Kommune als willens- und handlungsfähiger Akteur transportieren.[113] Die Quellensprache spiegelt hierin zeitgenössische Ideale der Kommune wider, die in den kommunalen Institutionen die rechtmäßige Repräsentation einer *universitas*, einer verfassten Gemeinschaft sah, die kollektiv und einträchtig für das *bonum comune*, das Gemeinwohl, handelte. Die politische Entscheidung war ohne den vorausgesetzten Konsens und gemeinsamen Willen des Personenverbandes Kommune gar nicht denkbar und wurde durch die regelmäßige eidliche Selbstbindung des Einzelnen affirmiert. Diese Konstruktion machte die Kommune zu einer handlungsfähigen *persona ficta*.[114] Der Sprachpraxis

---

112 Siehe hierzu unten Kap. I.1.4 und I.1.6.
113 Den hohen Konzeptions- und Abstraktionsgrad der pragmatischen Schriftlichkeit hinsichtlich der Kommune als „ente collettivo, impersonale" betont auch Vallerani, Comune e comuni, S. 22.
114 Zur religiösen Verankerung dieser Leitidee Keller, Entstehung; ders., Übergang; vgl. auch ders., Kommune; Waley, City-Republics, S. 218–220; Schreiner, Teilhabe; sowie allgemeiner

der Quellen, aber vor allem dem inhärenten zeitgenössischen Leitbild der Kommune als handlungsfähigem Rechtssubjekt soll daher gefolgt werden. Die Tatsache, dass die in den Quellen agierende Kommune in der Praxis immer die Summe ihrer führenden Institutionen und Einzelpersonen ist, muss dennoch präsent bleiben.[115]

4.2 Was ist ein Bündnis? Der Bündnisvertrag in der Vielfalt kommunaler Beziehungen

Aus dem Zeitraum zwischen dem Jahr 1191, aus dem der älteste der untersuchten Verträge stammt, und der Übersiedlung der Kurie nach Avignon liegen aus Umbrien und den Marken weit über hundert Quellen vor, die auf ein kommunales Bündnis hinweisen. Der größere Teil besteht aus noch erhaltenen Bündnisverträgen. Weniger häufig sind die Fälle, in denen ein Bündnisschluss zwar nachgewiesen werden kann, das zugrundeliegende Instrument jedoch fehlt oder ein Bündnis zwar vermutet, aber nicht sicher belegt werden kann. Auf dieser Quellengrundlage baut die Untersuchung auf. Zunächst soll aber geklärt werden, welche Kriterien angelegt werden, um einen kommunalen Vertrag als Bündnisvertrag zu klassifizieren.[116]

Wichtigster Ansatzpunkt ist die Quellensprache selbst. Der maßgebende Begriff der *societas* taucht in den meisten Fällen nur im Kontext eines politischen Bündnisses auf. Allerdings gibt es Verträge, die inhaltlich alle Merkmale eines Bündnisses aufweisen, ohne mit dem Begriff *societas* belegt zu werden.[117] Solche inhaltlichen Grundzüge sind das gegenseitige Versprechen auf Unterstützung und Hilfe, den Schutz von Personen, Rechten, Besitz und Gebiet, den militärischen Beistand, eine gemeinsame Freund-Feind-Politik und die friedliche Schlichtung von Konflikten zwischen den Bündnispartnern. Diese Elemente finden sich jedoch auch in ande-

---

Michaud-Quantin, Universitas. Die theoretische Auseinandersetzung mit der Kommune als juristischer Person ist erst im 14. Jahrhundert zu beobachten; vgl. Hofmann, Repräsentation, insb. S. 132–144, 202–225. In der Praxis spiegelt sich diese Vorstellung in einer Antwort des Podestà von Orvieto an einen päpstlichen Kaplan, der die Vertretung des gesamten Volkes durch den Rat bezweifelt hatte: „Consilium hic adunatum gerit vicem totius populi, quia constat et minori et maiori Consilio: hic sunt omnes offitialium artium et anteregiones congregati, et per istos regitur civitas, et quicquid per eos fit, firmum habetur et ratum, et quid nobis hic congregatis dicitis, toti populo dicitis, et quid nos respondemus vobis, pro toto populo respondemus modo et semper pro hoc negotio", 1232 Oktober 1, Codice diplomatico, hg. von Fumi, Nr. 202, S. 135–138, hier S. 136. Vgl. auch Maire Vigueur, Comuni e signorie in Umbria, S. 429; Tanzini, Consiglio, S. 33–35. Der von der Bevölkerung regelmäßig zu erneuernde Eid verlor allerdings bereits gegen Ende des 13. Jahrhunderts in einigen Städten seine Bedeutung. Zu dieser Entwicklung Prodi, Sakrament, S. 183–186.
115 Vgl. zur methodischen Handhabe Ascheri, Beyond the Comune, und grundlegender Reynolds, History.
116 Alle Quellenbelege in Anhang 1.
117 Siehe unten Kap. I.2.2.

ren Urkunden aus dem kommunalen Kontext, etwa bei Schutz- und Unterwerfungsverträgen mit anderen Kommunen oder dem landsässigen Adel. Das Bündnis ist somit nur ein Instrument unter vielen, die die Beziehungen der Stadt mit ihrer Umwelt reglementierten. Was die hier untersuchten Verträge innerhalb dieses Instrumentariums ausmacht, ist die Gleichrangigkeit und die institutionelle Homogenität der Bündnispartner. Nicht berücksichtigt wurden somit Verträge mit dem grundherrlichen Adel oder solche mit einzelnen Gruppierungen innerhalb der Städte, etwa den Zünften.[118] Aber auch Abkommen mit anderen Kommunen, die eindeutig eine Asymmetrie zwischen den Bündnispartnern erkennen lassen – etwa durch das Zahlen einer jährlichen Abgabe der einen an die andere Gemeinde – fließen in die Untersuchung nicht ein. Berücksichtigt wurden jedoch Bündnisverträge, die eine solche Asymmetrie durch das sichtliche Ungleichgewicht der bündnisschließenden Kommunen vermuten lassen, die aber im Großen und Ganzen paritätisch gehalten sind.[119] Ein weiteres Kriterium ist die politische Natur der Verträge. Ohne hier eine Definition des Politischen zu wagen, wurden damit ganz arbeitspragmatisch jene Verträge verstanden, die die kommunale Gesellschaft als Gesamtwesen betrafen und nicht nur einzelne Gruppen, etwa Handeltreibende und Kaufleute. Ebenfalls ausgeschlossen wurden damit Handelsverträge und andere Abkommen, die einen primär wirtschaftlichen Betreff haben, etwa den Erlass von Zöllen und Wegegeldern. Dies gilt selbst dann, wenn auch handelsspezifische Vereinbarungen zur Rechtsprechung und zum Umgang mit Konflikten getroffen wurden, etwa zu Immunitäten, zur schiedsgerichtlichen Einigung in Handelssachen oder zum Einsatz von Repressalien.[120] Beiseite gelassen wurden auch Abkommen, die nur darauf

---

118 Eine Ausnahme bilden die Verträge mit exilierten Parteien, denen ein eigenes Kapitel gewidmet ist, da diese mit dem Anspruch handelten, (zukünftig) das Gesamtwesen zu vertreten; siehe unten Kap. II.1.3. Zu Lehns- und Cittadinanza-Verträgen mit dem Adel des Umlands, allerdings für Norditalien, auch Prutscher, Eid, S. 98–106. Ein Beispiel eines Abkommens einzelner Gruppierungen findet sich im Vertrag zwischen den *consules mercatorum* Perugias und Florenz' vom 18. März 1218, Documenti, hg. von Santini, Nr. 66, S. 190–192.
119 Zur oft versteckten Ungleichheit der Bündnispartner in paritätischen Verträgen auch Vasina, Leghe, S. 415 f., 420.
120 Eine ganze Reihe solcher Abkommen ist ediert: Più antichi trattati, hg. von Luzzatto; Trattati, hg. von Pampaloni. Ein interessanter Vertrag auch in: Bartoli, Storia, S. 415–424. Ein Überblick über die Handels- und Repressalienverträge Perugias bei Briganti, Città, S. 214–242. Rein auf den Handel ausgerichtete Abkommen wurden – zumindest ist dies das Bild, das die Überlieferung zeichnet – vornehmlich mit den großen Handelszentren außerhalb des Patrimoniums geschlossen, vor allem mit Florenz und Venedig. Ein interessantes Beispiel für den generellen Verzicht auf Repressalien, um die „alte Freundschaft" zwischen den Kommunen nicht zu gefährden, ist eine Vereinbarung zwischen Terni und Rieti aus dem Jahr 1277, in: Rossi-Passavanti, Interamna, S. 244 f. Sie zeigt sehr deutlich, dass auch solche Abkommen letztendlich auf die Vermeidung politischer und militärischer Konflikte zielten, die Trennung zwischen politischen und wirtschaftlichen Verträgen somit eine künstliche ist.

abzielten, einen vorhergehenden Konflikt beizulegen, ohne die zukünftigen Beziehungen der Kommune über den Streitgegenstand hinaus zu regeln. Auch auf ein höchst interessantes Beispiel einer *coniunctio et unitas* zwischen Jesi und Senigallia aus dem Jahr 1256 wird nicht näher eingegangen, da ein solches Verfassungsexperiment mit den üblichen *societas*-Verträgen nicht zu vergleichen ist.[121] Die nach diesen Kriterien ausgewählten Urkunden bilden die Basis für den ersten, systematischen Teil der Untersuchung. Ihr Zusammenspiel mit anderen Abkommen und Vereinbarungen, die die Beziehungen einer Kommune nach außen regeln, wird in den darauffolgenden Untersuchungsabschnitten diskutiert.

Neben dieser pragmatischen, auf die Quellengrundlage dieser Arbeit konzentrierten Beantwortung der Frage ‚Was ist ein Bündnis?' steht die Auseinandersetzung der Forschung mit dem Thema, die insbesondere im deutschsprachigen Raum um Definitionen ringt. So steht der Begriff der Einung für jedweden vertraglichen Zusammenschluss zwischen Herrschern, Fürsten, Städten oder Individuen. Sowohl die Kommune selbst als auch der Zusammenschluss zweier Kommunen gilt der Forschung (und teilweise der Quellensprache) somit als Einung oder – mit Fokus auf den konstitutiven Akt des Zusammenschlusses – als Schwureinung.[122] Dass auch die Zeitgenossen in den italienischen Kommunen des 13. Jahrhunderts eine terminologische Differenzierung zwischen einem Bündnis zweier Kommunen und dem Zusammenschluss von Personen und Gruppen nicht vornahmen, zeigt der Gebrauch des Begriffs *societas* in anderen Kontexten. Auch innerstädtische Einungen wie die Zünfte, die organisierten Parteiungen, Handelsgemeinschaften und Bruderschaften konnten so bezeichnet werden. Ebenso tritt die Schwurgemeinschaft der Kommune selbst bisweilen unter dieser Bezeichnung auf.[123] Ein Bündnis wäre somit eine unter vielen Formen, die unter den Einungsbegriff gefasst werden. Einen Unterschied zur Kommune hebt allerdings Gerhard Dilcher nach Überlegungen Max Webers und Paolo Prodis am Beispiel des Lombardenbundes hervor. Im Gegensatz zur Schwureinung

---

121 Jesi und Senigallia versprachen sich in diesem Abkommen im Grunde die Fusion der beiden Kommunen: die Zusammenlegung ihrer Regierungs- und Verwaltungsämter und ihrer Rechte, einen Finanzausgleich und eine gemeinsame Jurisdiktion. Vgl. grundsätzlich zum Phänomen Artifoni, Coniunctio; zum Abkommen zwischen Jesi und Senigallia beispielsweise Villani, Processi, S. 289 f., 356 f.
122 Als Überblick vgl. Becker, Städtebund; mit Fokus auf die städtischen Vereinigungen im nordalpinen Raum Distler, Städtebünde, S. 69–102, und Kreutz, Städtebünde, S. 21–25. Für Einungen des Adels Müller, Freundschaft. Die italienische Literatur unterscheidet, wenn überhaupt, nach bi- und multilateralen Verträgen oder nach dem Kräftegleichgewicht der Vertragspartner in paritätische und ungleiche Verträge; vgl. Vasina, Leghe, S. 415 f. Abgrenzungen werden meist gegenüber reinen Friedens- oder Wirtschaftsverträgen vorgenommen. Eine umfassende verfassungsrechtliche Diskussion um die Natur von *leghe*, *alleanze* oder *patti* wurde meines Wissens nicht geführt.
123 Vgl. Michaud-Quantin, Universitas, S. 64–69. Als Beispiel für eine so benannte Kommune vgl. aus den Untersuchungsgebieten etwa Montalboddo in den Marken: Maire Vigueur, Comuni e signorie in Umbria, S. 385.

der Kommune, die für den Schwörenden einen Statuswechsel zum *cives* beinhalte, sei der Bund ein Zweckkontrakt, der keine Statusänderung des Einzelnen mit sich bringe. Er sei somit auch nicht auf Dauer ausgelegt, sondern ende faktisch mit dem Erreichen der vereinbarten Ziele.[124]

Peter Moraw hingegen unterschied idealtypisch, mit Fokus auf das nordalpine Reichsgebiet, Einungen und Bünde von Bündnissen. Erstere seien gemeindeartige Schwurverbände auf regionaler Ebene mit einer quasi-staatlichen Organisation, bestehend aus Leitungskollegium, Schiedsgericht, Abgabenerhebung und Exekution. Sie umfassten, so Moraw, „den ganzen Menschen". Bündnisse dagegen seien politisch oder außenpolitisch zweckbestimmt, ohne Eingriff in die Lebenswelt des einzelnen Menschen und der Gesellschaft, ausgerichtet auf den Konflikt oder diesen zumindest duldend.[125]

In eine ähnliche Richtung zielt das gängige begriffsgeschichtliche Modell von Reinhard Koselleck, das erst in der Institutionalisierung einzelner Absprachen und Verträge einen Bund erkennt. Einem Städtebund geht nach diesem Modell eine Reihe von Verträgen und Städtebündnissen voraus. Erst der Vollzug dieser einmaligen oder wiederholten Rechtsakte ermögliche, dass ein Bund „zum Institutionsbegriff gerinnt" und sich damit „eher einem Zustandsbegriff nähert".[126] Hinzu komme eine zunehmende Territorialisierung des Bundesbegriffs. Als institutionelle Merkmale nennt auch Koselleck Schiedsgerichte, einen gemeinsamen Rat mit Mehrheitsbeschluss, exekutive Verfahrensformen, ein zumindest minimales Abgabensystem, die Absprache militärischer Hilfeleistungen, teilweise auch das Eingreifen bei innerstädtischen Konflikten, eine Befristung, Ausnahmeregelungen und die Festschreibung territorialer Untereinheiten.[127]

Eine vergleichbare Differenzierung vertritt am Beispiel des Lombardenbundes auch Gianluca Raccagni, die diese außergewöhnliche Städtevereinigung von den kleineren kommunalen Bündnissen abzuheben vermag: Er zeichnet die Entwicklung von einer *coniuratio* zum *corpus* nach, das durch die Ausbildung eines Rektorengremiums, Kompetenzen in der Rechtsprechung, eine gemeinsame Vertretung nach außen, die symbolische Institutionalisierung durch Namen und Siegel und nicht zu-

---

124 Dilcher, Lega, S. 168 f.
125 Moraw, Funktion, S. 3.
126 Koselleck, Bund, S. 590 f.
127 Ebd., S. 590–600. So auch Becker, Städtebund, Sp. 1851. Fahlbusch, Städtebund, Sp. 17, definiert Städtebund hingegen im weiteren Sinne als jegliche vertragliche Abmachung zwischen Städten, die dazu diene, „den Organisationsrahmen zum Erreichen gemeinsamer, im Vertrag gen. Zwecke festzulegen".

letzt durch die Langlebigkeit des Bundes weit über ein reines Verteidigungsbündnis gegen den Kaiser hinausging.[128]

Abgesehen von wenigen Ausnahmen müssten nach diesen Definitionen alle in dieser Arbeit untersuchten Verträge als Bündnis oder als *coniuratio* gelten, auch wenn einzelne Elemente wie die Vereinbarung eines Schiedsgerichts bei Konflikten zwischen den Kommunen oder einzelner Einwohner eher in die bündische Sphäre weisen. In den meisten Fällen fehlt jedoch der Organisationsrahmen, etwa in Form eines Leitungsgremiums, die erfolgte Territorialisierung und die gemeinsame Vertretung nach außen wie auch ein Bundesname. Sowohl in der Selbst- als auch in der Fremdwahrnehmung darf, soweit die Quellen diese Rückschlüsse erlauben, nicht davon ausgegangen werden, dass die Bündnisse als regionale Institution, Korporation oder nach Koselleck als „Zustand" verstanden wurden.[129] Anders als etwa bei der *societas Lombardie* verweist der Begriff der *societas* in den Quellen eher auf das Abkommen, das zwischen zwei oder mehreren Kommunen bestand, als auf eine gemeinsam verstandene Organisation.[130]

Die verfassungsrechtliche Unterteilung in Einungen, Bünde und Bündnisse, die in der deutschsprachigen Literatur diskutiert wird, ist in der italienischen Forschung unbekannt, und es ist fraglich, ob sie auf die Gegebenheiten der italienischen Halbinsel übertragbar ist. In den hier untersuchten Außenbeziehungen der Kommunen wie auch sonstiger Akteure in der Region findet sich im Patrimonium Petri des 13. Jahrhunderts kein Phänomen, das ähnlich den nordalpinen Städte- oder Landfriedensbünden als Bund zu klassifizieren wäre. Auch eine regional agierende Interessensvertretung, wie sie die *societas Lombardie* darstellte, findet sich einzig im bereits erwähnten Tuskenbund und einigen wenigen Bünden der Marken, deren Strukturen in der Folge jedoch nicht auf andere Bündnisse übertragen wurden. Dennoch verfolgten viele der untersuchten Bündnisse im kleinen Rahmen die gleichen Ziele, die der Lombardenbund oder die nordalpinen Städtebünde vertraten: Friede und Recht im Inneren, gemeinsame Verteidigung nach außen. Viele der gängigen Bun-

---

128 Raccagni, Lombard League, S. 123–146, 199–204. Die italienische Forschung hat auch den Lombardenbund vor allem als militärisch-politisches Bündnis eingeordnet; vgl. beispielsweise Vasina, Leghe, S. 415 f.
129 Auch die nordalpinen Bünde waren jedoch keine rechtsfähigen Korporationen. Koselleck hebt sie daher ausdrücklich von den *universitates* und *societates* ab; vgl. Koselleck, Bund, S. 599 f. Die gängige starke Betonung der korporativen Bedeutung von *societas* im Kontext der Bünde ist für die italienische Quellenlandschaft jedoch nicht haltbar; so beispielsweise Becker, Städtebund, Sp. 1854 (zum Lombardenbund: „Als *societas* führte er ein eigenes Siegel."); Kaufhold, Interregnum, S. 193 (im Kontext des Rheinischen Städtebundes: „Die *societas* war ein Personenverband, der stellvertretend für seine Mitglieder Verträge abschließen und Privilegien aushandeln konnte"). Zu diesem Problem siehe unten Kap. I.2.2.
130 Darauf deutet die Begriffsverwendung hin, die *societas* nie eigennamlich verwendet, sondern immer in Beziehung zu den abschließenden Einheiten. Ausführlicher dazu unten Kap. I.2.2.

desbestimmungen finden ein Äquivalent in den bi- und multilateralen Verträgen des Patrimoniums. Obwohl die Bündnisse des Patrimoniums somit mit einer Organisation wie der *societas Lombardie* oder dem Rheinischen Bund in vieler Hinsicht nicht vergleichbar sind, so sind sie es möglicherweise bezüglich der Funktionen, die sie im Zusammenleben der Kommunen übernahmen.[131]

4.3 Die Römische Kirche und das städtische Bündniswesen

Eine Beschäftigung mit den kommunalen Bündnissen des Patrimonium Petri kommt nicht umhin, sich auch mit dem Umgang der Päpste, der Kurie und der provinzialen Amtsträger mit dem Phänomen zu beschäftigen. Das Papsttum als oberstes Haupt der Römischen Kirche hatte bereits vor der Rekuperation des Patrimonium Petri Erfahrungen mit dem städtischen Bündniswesen, vor allem dem der norditalienischen Kommunen, sammeln dürfen und wurde auch danach, innerhalb wie außerhalb des eigenen Herrschaftsgebiets, mit städtischen Einungen konfrontiert. Der politische und juristische Umgang mit dieser Erscheinung lässt sich allerdings nur schwer auf einen Nenner bringen, auch wenn gerade die ältere Forschung sich hin und wieder an einer Systematisierung versuchte. Fakt ist, dass bereits die rechtlichen Grundlagen, die den Umgang mit dem Phänomen der städtischen *societates* bedingen konnten, keine eindeutige Handhabe vermittelten. Verschiedene in Italien einflussreiche Rechtssysteme, wie das römische und das langobardische Recht und die karolingischen Kapitularien, kannten ein Verbot unautorisierter Einungen, die dementsprechend häufig mit dem negativ konnotierten Begriff der *coniuratio* als Verschwörung in Verbindung gebracht wurden. Auch Friedrich I. ließ 1158 ein entsprechendes Gesetz in Roncaglia verkünden. Ein von Heinrich VI. 1186 an Perugia verliehenes Privileg schränkte allerdings ein solches Verbot explizit auf Bündnisse ein, die gegen ihn selbst oder seinen kaiserlichen Vater gerichtet waren.[132] Auch in den päpstlichen Quellen bezeichnet der Begriff der *coniuratio* sehr oft kommunale Bündnisse und andere Einungen. Die meisten dieser Quellen verurteilen jedoch das jeweilige Bündnis und bedienen sich somit einer Sprache, die die Illegalität der fraglichen *societas* unterstreicht.[133]

---

131 Siehe unten Kap. I.2.3.5, S. 179 f. Vgl. auch Voltmer, Formen, S. 114.
132 1186 August 7, Codice Diplomatico 1, hg. von Bartoli Langeli, Nr. 8, S. 19–22, hier S. 21: „nec idem Perusini sotietatem aliquam vel coniurationem cum aliqua persona vel civitate vel communi facient contra serenissimum patrem nostrum Federicum imperatorem augustum vel nostram excellentiam". Zum Verbot von Roncaglia vgl. Raccagni, Lombard League, S. 23. Grundlegender Michaud-Quantin, Universitas, S. 219–245. Zum Begriff der *conjuratio* ebd., S. 129–133. Für den deutschen Raum auch Kaufhold, Interregnum, S. 196–199.
133 Auch Tasini, Tribunali, S. 48, unterstreicht für Roncaglia, dass gerade die Begriffswahl („conventicola", „coniurationes") nicht auf ein generelles Verbot zwischenstädtischer Abkommen hinweist,

Im 13. Jahrhundert ließ sich die gelehrte Auslegung der Rechtsgrundlagen allerdings auf kein generelles Bündnisverbot mehr ein. So betont der Kanonist Henricus de Segusio, genannt Hostiensis, in seiner „Summa aurea" die Illegalität der meisten Einungen nach römischem Recht, schränkt diese Aussage jedoch sogleich wieder ein: Einungen für eine gerechte Sache und zur Wahrung des Rechts seien hingegen legal, wie etwa das Beispiel des Lombardenbundes zeige. Dieser gegen einen in Zwietracht mit der Kirche lebenden Kaiser geschlossene Bund sei rechtmäßig, während ein Bund gegen einen katholischen Kaiser als Majestätsverbrechen zu gelten habe. Ähnliche Urteile finden sich in den Schriften der Rechtsgelehrten bereits seit dem 12. Jahrhundert, vor allem in der Auslegung der Digesten, aber auch in kanonistischen Texten und Schiedssprüchen.[134] Das endgültige Urteil über die Rechtmäßigkeit von Bündnissen und Einungen beanspruchte aber seit dem 11. Jahrhundert die Römische Kirche, begründet auf der Tatsache, dass diese auf dem *sacramentum*, dem sakramentalen Eid ihrer Mitglieder, beruhten.[135]

Die ambivalente Rechtsgrundlage spiegelte sich auch im praktischen Umgang der Römischen Kirche und ihrer Vertreter mit den Bündnissen ihrer Zeit wider. Die vielseitige Unterstützung, die Alexander III. dem Lombardenbund gegen den gemeinsamen Gegner Friedrich I. zunächst zukommen ließ, ist bekannt.[136] Im Umgang mit dem sogenannten zweiten Lombardenbund des 13. Jahrhunderts agierten die Päpste hingegen widersprüchlicher. Dem engagierten Beistand durch Gregor IX. und Innozenz IV. folgte eine deutlich reserviertere Haltung Alexanders IV.[137] Etwa zeitgleich unterstützte die Römische Kirche in Person des päpstlichen Legaten Pietro Capocci allerdings tatkräftig den 1254 entstandenen Rheinischen Bund.[138] Der Umgang des Papsttums mit den städtischen Bünden des 12. und 13. Jahrhunderts, dies wird allein aus den bekannteren Fällen deutlich, folgte somit keinen festen Prinzipien oder Rechtssätzen, sondern erfolgte rein situativ.[139]

---

sondern nur auf ein Verbot von Bündnissen, die sich gegen die Reichsgewalt richteten. Der Frieden von Konstanz räumt den Städten dann ausdrücklich das Bündnisrecht ein; vgl. etwa Voltmer, Formen, S. 109.
134 Vgl. Sydow, Überlegungen, S. 216–219; Raccagni, Lombard League, S. 137 f. Ausführlich zu den römischen und kanonistischen Rechtsgrundlagen und ihrer mittelalterlichen Rezeption Ullmann, Theory; Michaud-Quantin, Universitas, S. 219–231.
135 Vgl. Sydow, Überlegungen, S. 224–226; Raccagni, Lombard League, S. 59, und grundlegend Prodi, Sacramento, S. 91–140.
136 Vgl. Raccagni, Lombard League, S. 59 f., 137–144.
137 Vgl. ders., Tra Lega Lombarda, der jedoch einen seit 1239 erstarkten Führungsanspruch des Papsttums gegenüber der Lega erkennt. Auch Vallerani, Leghe, S. 402.
138 Vgl. Kaufhold, Interregnum, S. 168–215, zur Unterstützung durch Pietro Capocci ebd., S. 179.
139 Weitere Beispiele bei Michaud-Quantin, Universitas, S. 226–231, der zu einer ähnlichen Gesamtbeurteilung kommt.

Auch im eigenen weltlichen Herrschaftsgebiet sprachen die Päpste nur selten ein allgemeingültiges Verbot interkommunaler *societates* aus, auch wenn ältere rechtshistorische Untersuchungen dies suggerieren. So skizzierte Pietro Sella 1927 in seiner Untersuchung zu den Konstitutionen des Patrimonium Petri anhand seiner Quellenbelege ein päpstliches Verbot an die Kommunen, sich in Bündnissen („lega") oder anderen Zusammenschlüssen („confederazione o simile") ohne Erlaubnis der Rektoren zu vereinen. Die ‚Konstitutionen', die Sella heranzieht, bestehen jedoch – abgesehen von wenigen legislativen Schriftstücken der Provinzparlamente des späten 13. Jahrhunderts – durchweg aus Einzelentscheidungen der Päpste, die gezielt einzelne *societates* und *coniurationes* zwischen ihren Untertanen verurteilten. Erst die Tendenz zur Systematisierung, die die historischen Rechtswissenschaften der ersten Hälfte des 20. Jahrhunderts auszeichnet, machte aus dieser Sammlung von päpstlichen Briefen und Äußerungen ein päpstliches Gesetz.[140] Betrachtet man die so zusammengefassten Einzelentscheidungen näher, ergibt sich zudem ein weiterer Befund. Oftmals bedienten sich die jeweiligen Päpste spezifischer Gründe, die ihr Eingreifen in das städtische Bündniswesen erklären sollten. So untersagte Gregor IX. im November 1232 Bündnisse zwischen Perugia und Städten, „qui non sunt de patrimonio", nicht aus einem generellen Verbot heraus, sondern aus einer klar umrissenen Sorge: Perugia laufe durch das Bündnis Gefahr, in militärische Aktivitäten im Reichsgebiet verwickelt zu werden, was den gerade erst wiederhergestellten Frieden zwischen der Römischen Kirche und Friedrich II. beeinträchtigen könne. Ähnlich konkrete Begründungen für ein Verbot von Bündnissen zeichnen viele der päpstlichen Quellen zu dieser Frage aus.[141]

Eine umfassende Gesetzgebung für das Patrimonium Petri findet sich erst in der Mitte des 14. Jahrhunderts mit den durch Egidio Albornoz erlassenen „Constitutiones Egidiane". Für das 13. Jahrhundert existierten Rechtskodifikationen vornehmlich auf Provinzebene in Form von Verordnungen, die durch die Rektoren in den Provinzparlamenten publiziert wurden und zumeist fragmentarisch überliefert sind. Erhalten

---

140 Sella, Costituzioni dello Stato della Chiesa, S. 22 f. Ihm folgt, zumindest teilweise, Waley, Comuni, S. 151 („Le leghe non autorizzate dalle autorità papali erano illegali"), der jedoch auch auf den ambivalenten Umgang des Papsttums mit dem Phänomen verweist. Einige der von Sella einbezogenen Papstbriefe wurden offensichtlich nur aufgrund der Begrifflichkeiten (*colligationes* z. B.) ausgewählt, selbst wenn sich diese nicht auf ein Bündnis bezogen; vgl. beispielsweise 1219 August 26, Reg. Honorius III, Nr. 2182, Druck: Bullarium, hg. von Tomassetti, Nr. 38, S. 362. Andere betreffen hingegen innerstädtische Einungen, beispielsweise 1263 Juli 14, Reg. Urbain IV, Nr. 282, auch Codex, hg. von Theiner, Nr. 278, S. 150 f. Bei diesem und anderen Stücken sind die Angaben und Datierungen Sellas, der an den Originalregistern arbeitete, nicht immer leicht nachzuvollziehen bzw. irrig.
141 Ebd., Nr. 164, S. 97. Zum Einvernehmen zwischen Papst und Kaiser 1232 Stürner, Friedrich II. 2, S. 286–288. Weitere Beispiele für ein kontextgebundenes Eingreifen in die kommunalen Bündnisbeziehungen Codex, hg. von Theiner, Nr. 149, 172, 287, 464; Codice Diplomatico 1, hg. von Bartoli Langeli, Nr. 152, S. 331–333.

sind solche Konstitutionen vor allem aus der Romagna und den Marken aus den Jahren 1272 (Macerata), 1283 (Imola), 1289 (Cesena), 1295 (Imola) und 1301 (Macerata), für andere Provinzen existieren Textzeugen erst aus dem 14. Jahrhundert. Ihre Inhalte reagierten häufig auf aktuelle Anlässe, sprachen aber auch allgemeine Verhaltens- und Rechtsnormen aus, die den *status pacificus et tranquillus* der Provinzen und die päpstliche Herrschaft sichern sollten. Wie der von Tilmann Schmidt vorgenommene Vergleich der voralbornozianischen Fragmente ergeben hat, bestehen zwischen den Konstitutionen einer Provinz, wie auch der Provinzen untereinander, deutliche Textabhängigkeiten. Ähnlich den kommunalen Statuten wurden einzelne Kapitel somit über längere Zeiträume tradiert.[142] Einige dieser Konstitutionen verboten, analog zur römischen, langobardischen oder kaiserlichen Gesetzgebung, *societates* ohne ausdrückliche Genehmigung der päpstlichen Verwaltung. Kaum eines dieser Verbote drückt sich dabei aber so klar aus wie eine 1272 in Macerata erlassene Verordnung: „Item statuimus quod nulla civitas nullave communantia, baro vel miles audeat sive presumat aliquam sotietatem vel confederationem seu conspirationem vel conventiculam facere vel ordinare sub quocunque modo vel nomine inter se vel cum quibuscunque aliis."[143] Betrachtet man etwa eine ähnliche Konstitution, die 1283 in Imola publiziert wurde, werden zwei Punkte deutlich: Zum einen bezieht sich die Regelung nicht allgemein auf die Kommunen oder andere Herrschaftsträger des Patrimoniums. Im Gegensatz zu anderen auf dem Parlament veröffentlichten Rechtssätzen, die ausdrücklich für „quelibet universitas civitatum, castrorum et villarum quilibet etiam comes, baro et dominus alicuius castri et roche vel ville" verfasst wurden und sich somit an die verschiedensten politischen Einheiten des Patrimoniums richteten, spricht die fragliche Konstitution nur von „aliqua persona vel persone, universitas seu universitate iurisdictionis nobis commisse". Zum anderen impliziert die Auflistung der Einungsformen, die mit den negativ konnotierten Begriffen *mono-*

---

142 Vgl. grundlegend Sella, Costituzioni dello Stato della Chiesa; Schmidt, Scoperta; ders., Kirchenstaatsstatuten; mit einem Verzeichnis der überlieferten Konstitutionen: Constitutiones Spoletani, hg. von Schmidt, Einleitung, S. 11 f., 31–58, 86. Zu den Parlamenten Ermini, Parlamenti. Eine Liste aller Parlamente bei Waley, Papal State, S. 304–306. Einzeleditionen: Constitutiones Romandiolae, hg. von Colini-Baldeschi; Costituzioni per la Romagna, hg. von Sella; Costituzione inedita, hg. von Sella; Costituzioni promulgate nel parlamento di Macerata, hg. von Sella; Costituzioni per la provincia, hg. von Ermini. Hinzu treten vereinzelte Fragmente für die Campagna-Marittima und Tuszien, vgl. Costituzioni preegidiane, hg. von Falco, sowie Konstitutionen des Legaten Pietro Capocci für die Marken aus dem Jahr 1249, die vor allem den Kampf gegen Friedrich II. und den Umgang mit prokaiserlichen Parteien organisieren, Constitutions, hg. von Waley. Auch Bonifaz VIII. promulgierte Konstitutionen für die Campagna-Marittima (*Romana mater ecclesia* 1295), das Patrimonium in Tuszien (*Licet merum* 1300) und die Marken (*Celestis patrisfamilias* 1303), die jedoch vor allem die Kompetenzen der Rektoren reglementierten; vgl. Waley, Papal State, S. 233–235. Zu den Konstitutionen Albornoz' aus dem Jahr 1357, die auf der älteren provinzialen Gesetzgebung gründeten und als Verfassungsgrundlage erst 1816 außer Kraft gesetzt wurden, Ermini, Validità.
143 Costituzioni promulgate nel parlamento di Macerata, hg. von Sella, S. 300.

polium, coniuratio und *conspiratio* beginnt, dass es sich hier nicht um die neutrale Nennung erforderlicher Verwaltungsgenehmigungen handelt, sondern um eine Vorverurteilung potentiell gefährlicher Verschwörungsakte gegen die Römische Kirche oder die päpstliche Verwaltung. Bezeichnenderweise folgen der Konstitution vor allem Kapitel, die auf eine aktuelle Rebellion reagieren.[144] Die in Imola publizierte Konstitution mag somit im weiteren Sinne auch Städtebündnisse umfasst haben. Dezidiert ausgelegt auf Verträge zwischen den Herrschaftsträgern des Patrimoniums war sie, im Gegensatz zu ihrem Gegenstück aus Macerata, jedoch mit Sicherheit nicht. Berücksichtigt man, dass die Konstitutionen der Provinzen auch noch weit nach Albornoz vor allem subsidiären Charakter hatten und somit das lokale Statuten- und Gewohnheitsrecht ergänzen, aber nicht gänzlich aussetzen konnten, fällt es schwer, von einem feststehenden Verbot kommunaler Bündnisse in der bekannten Gesetzgebung des Patrimoniums zu sprechen. Allerdings finden sich ähnliche Verordnungen auf Provinzebene in der zweiten Hälfte des 13. Jahrhunderts mehrmals, sodass angesichts der nur fragmentarischen Überlieferung zu den Konstitutionen und Parlamenten des Patrimoniums eine längere Tradition dieses Rechtssatzes auch nicht auszuschließen ist.[145]

Eine einzige päpstliche Verfügung spricht ein generelles Bündnisverbot für das Patrimonium aus. Es handelt sich um eine im November 1290 erlassene Konstitution Nikolaus' IV., der angesichts der Störung der Ordnung, die „coniurationes et colligationes" zwischen Städten und anderen Gemeinden immer wieder hervorriefen, diese Bündnisse (*coniurationes, societates, confederationes, colligationes*) im gesamten Patrimonium („in quibuscumque terris ecclesie") verbot, falls keine ausdrückliche Erlaubnis des Papstes vorläge. Nikolaus bezog sich dabei direkt auf das römische

---

144 „non debeant ... facere aliquod monopolium vel aliquam coniurationem, conspirationem, adunanciam, coligationem, societatem seu legam quocumque nomine censeantur ... absque speciali licentia domini nostri pape vel nostra": Constitutiones Romandiolae, hg. von Colini-Baldeschi, S. 248 f. Vgl. für Norditalien das Urteil Tasinis, wie oben Einleitung, Kap. 4.3, Anm. 133. Die Zusammenführung der *coniuratio* mit dem *monopolium* verweist auf römisch-rechtliche Einflüsse; beide Punkte aus dem justinianischen Corpus wurden von den Rechtsgelehrten häufig verknüpft; vgl. Michaud-Quantin, Universitas, S. 220; zum Monopol als illegaler Einung auch Ullmann, Theory, S. 289. Spätere Konstitutionen für den Dukat Spoleto (1333) formulieren deutlicher, dass das Verbot vor allem Einungen betrifft, die gegen die Herrschaft der Römischen Kirche gerichtet waren; Constitutiones Spoletani, hg. von Schmidt, S. 96; vgl. auch die Einleitung, S. 59.
145 Vgl. etwa die Anweisung Clemens IV. an den Legaten Simone Paltineri: 1266 März 18, Briefe, hg. von Thumser, Nr. 164, S. 112. Ebenso ein Verbot auf einem Parlament in Tolentino 1255; vgl. Urieli, Jesi 2, S. 238. Zum Verhältnis zwischen Konstitutionen und Partikularrecht Ermini, Parlamenti, S. 94; Constitutiones Spoletani, hg. von Schmidt, Einleitung, S. 38 f. So erklärt sich auch, wieso ein Großteil der überlieferten Konstitutionen das Appellations- und Prozessrecht und das Ämterwesen betrifft. Vgl. Schmidt, Kirchenstaatsstatuten, S. 113, und grundlegend Ermini, Diritto.

Recht als Vorbild, das Einungen ebenfalls verbiete und unter Strafe stelle.[146] Diese Anordnung, deren Verbreitung und Wirksamkeit nicht zu verfolgen ist, stellt den einzig bekannten Versuch seitens eines Papstes dar, das Bündniswesen der Kommunen umfassend zu normieren.[147] Er fügt sich in die auch auf anderen Feldern zu beobachtende zunehmende Reglementierung der Herrschaftsordnung des Patrimoniums durch die Päpste des späten 13. Jahrhunderts ein.[148] Nikolaus' Nachfolger, Bonifaz VIII., unterstützte und initiierte interkommunale Bündnisse trotz des Verbots in gleichem Maße wie seine Vorgänger. Dies stand der Konstitution Nikolaus' IV., die ja ebenfalls eine mögliche Autorisation durch den Apostolischen Stuhl vorsah, streng genommen auch nicht entgegen.[149]

Versuche des Papsttums und der Provinzverwaltungen, das autonome Bündniswesen der Kommunen des Patrimoniums zu reglementieren, finden sich somit erst spät im 13. Jahrhundert. Obgleich die Überlieferung eine Beurteilung erschwert, ist somit anzunehmen, dass die Reaktionen der Römischen Kirche auf die kommunalen *societates* weder einer klar umrissenen römisch-kanonischen Rechtsgrundlage noch einem festen Prinzip oder einem im ganzen 13. Jahrhundert aktiven Rechtssatz für das Patrimonium Petri entsprangen. Es handelte sich mehrheitlich um situationsgebundene und oft reaktive Einzelentscheidungen. Dies erklärt auch das ambivalente Gesamtbild, das Verbote von *societates* ebenso verzeichnet wie die stille Duldung oder ausdrückliche Bestärkung von Bündnissen seitens der Päpste und ihrer Vertreter.[150]

4.4 Der theoretische Rahmen: Das „sanfte Joch" der Päpste

Daniel Waley – der größte Kenner der Geschichte des Patrimonium Petri im 13. Jahrhundert – verglich die kommunalen Bündnisse in Umbrien und den Marken mit einem Negativ-Indikator für die Durchdringung der päpstlichen Herrschaft: „In un certo senso la lega, o il fenomeno molto vario che questa parola implica, costituisce un criterio, una pietra di paragone per giudicare la realtà del controllo papale."[151] Dieses Urteil ist an den Entstehungszeitpunkt von Waleys Grundlagenwerk „The Papal State in the Thirteenth Century" im Jahr 1961 gekoppelt, so wie auch die Neubeurteilung,

---

[146] Codex, hg. von Theiner, Nr. 483, S. 313. Nikolaus führt hinsichtlich der ordnungsgefährdenden *coniurationes* und *colligationes* aus: „Hinc talia non improvide sunt imperiali sanctione prohibita, et que processerant, eius auctoritate cassata".
[147] Für die Marken bestreitet Leonhard, Seestadt, S. 174, eine nachhaltige Wirkung.
[148] Vgl. Waley, Papal State, S. 212–251, auch zur besonderen Rolle Nikolaus IV. in dieser Hinsicht.
[149] Siehe unten Kap. II.3.2 und II.4.
[150] Dies entspricht auch dem Umgang der deutschen Herrscher mit Bündnissen im nordalpinen Raum; vgl. Moraw, Funktion.
[151] Waley, Comuni, S. 151.

die in der hier vorliegenden Studie angestrebt ist, sich von aktuellen geschichts- und politikwissenschaftlichen Diskursen und einem zeitgebundenen Interpretationsansatz nicht lösen kann. Waley argumentierte in seiner Beurteilung der päpstlichen Herrschaft aus einer Perspektive heraus, die den modernen Nationalstaat als Folie nicht ganz ausblenden konnte. Eine Perspektive, die im Übrigen bereits 1971 durch Danilo Segoloni scharf kritisiert wurde und die Waley selbst später revidieren sollte, wenn auch nicht in Bezug auf die Bündnisse der Kommunen.[152]

Der heutige geschichtswissenschaftliche Umgang mit mittelalterlichen Herrschaftsstrukturen ist hingegen durch die eigene Lebenswelt geprägt, die den Nationalstaat als Maß aller Dinge wieder aufgeben musste. Die in den 1960er Jahren noch ungeahnte Bedeutung supranationaler Organisationen wie der EU und des Einflusses nicht-politischer Akteure wie Wirtschaftsunternehmen oder NGOs auf die Global-, National- und Lokalpolitik hat auch auf die Beurteilung historischer Herrschaftssysteme rückgewirkt. Viele längst anerkannte Ansätze der neueren Forschung, etwa zu konsensualer Herrschaft oder zur Fragwürdigkeit der Unterscheidung des ‚staatlichen' und ‚privaten' Gebrauchs von Machtressourcen und Gewaltmitteln, spiegeln diese neue Perspektive und erwiesen sich durch neue Fragestellungen in vielerlei Hinsicht als fruchtbar. Eine Zusammenfassung entsprechender Ansätze und Fragestellungen findet sich in einem forschungsgeschichtlichen Abriss von Walter Pohl zu Staat und Herrschaft im Frühmittelalter. Pohl betont hierin auch, dass gerade die autonome und interessenbehaftete Interaktion der Untertanen, die lange als vernachlässigbar oder gar destruktiv für das Funktionieren eines Ordnungssystems beurteilt wurde, möglicherweise zur Konsolidierung von mittelalterlichen Herrschaften beitrug.[153] Diese Perspektive rückt damit in die Nähe neuerer politikwissenschaftlicher Ansätze, die ebenfalls nach alternativen Ordnungssystemen fragen und diese etwa in Konzepten wie „Governance" oder „Steuerung" ausmachen. Die zugrundeliegenden Überlegungen und Begriffe werden zunehmend auch in die historische und mediävistische Forschung einbezogen.[154]

---

152 Segoloni, Storia. Daniel Waley selbst revidierte 1983 sein umstrittenes Urteil der 60er Jahre zur päpstlichen Herrschaft: „L'autorità nelle province pontificie rassomigliò piuttosto a quella della Lega delle Nazioni o all'ONU, alle prese con lo stato-nazione e prive dei mezzi finanziari e del prestigio necessari per dominarlo. Le costituzioni del ducato papale, con provvedimenti contro le leghe tra comuni, contro i comuni che assumono mercenari e che fanno *guerram et seditiones* eccetera, sembrano quasi un codice di diritto internazionale"; Waley, Ducato, S. 202. Sein erst 1988 formuliertes Urteil über die Bündnisse als Gradmesser der päpstlichen Herrschaftsdurchdringung wurde hierdurch jedoch nicht berührt.
153 Pohl, Staat. Die ersten grundlegenden Arbeiten entstanden bereits in den 1970er Jahren; vgl. etwa Moraw, Verfassung.
154 Vgl. exemplarisch für das Spätmittelalter den Tagungsband Pauly (Hg.), Governance, und hierin insbesondere den Beitrag von Widder, Heinrich VII. Für das Frühmittelalter Esders/Schuppert,

Ohne solche Konzepte zu stark machen zu wollen – zu ähnlichen Interpretationsergebnissen kam die Forschung zum Patrimonium Petri in vielen Einzelaspekten bereits früher –, sollen diese theoretischen Neuansätze in der historischen Forschung auch die Untersuchung zu den Bündnissen der Kommunen im Patrimonium Petri leiten. Ausgangshypothese ist, dass die autonome Interaktion der Kommunen und ihr Zusammenschluss in *societates* nicht per se gegenläufig auf die päpstlichen Bemühungen im Aufbau einer eigenen weltlichen Herrschaft wirkten. Auch die Duldung und – wie noch zu zeigen ist – gelegentliche Förderung der Bündnisse durch die Päpste des 13. Jahrhunderts soll somit nicht vorab als Zeichen für die Schwäche der Päpste oder das Scheitern der päpstlichen Herrschaftsansprüche gewertet werden.

Die Arbeit stützt sich damit auf die grundlegenden theoretischen Überlegungen eines Forschungsprojekts, in dessen Umfeld sie hauptsächlich entstand: das an der Freien Universität Berlin unter Leitung von Matthias Thumser durchgeführte DFG-Vorhaben „Das ‚sanfte Joch' der Päpste – Autorität und Autonomie im Patrimonium Petri des 13. Jahrhunderts". Es fragte nach dem Zusammenspiel von Autorität und Autonomie in mittelalterlichen Ordnungsgefügen am Modellfall des Patrimonium Petri. Der Umgang des Papsttums mit dem autonomen Bündniswesen der Kommunen entsprach, so die Projektthese, den Ressourcen und Möglichkeiten, über die eine mittelalterliche Ordnungsinstanz verfügte. Das Papsttum agierte hier, trotz seiner nicht zu unterschätzenden spirituellen Autorität, unter noch schlechteren Bedingungen als etwa die Reichsgewalt. Die Römische Kirche verfügte weder über eigene militärische Kräfte noch über ein auf Lehebeziehungen fußendes militärisches Bindungssystem, das diese Lücke ausgleichen konnte. Da das Papsttum erst zu Beginn des 13. Jahrhunderts mit dem Ausbau eines größeren territorialen Herrschaftsgebiets begann, mussten entsprechende Bindungen erst geschaffen werden. Dass dieser Übergang nicht reibungslos verlief und Innozenz III. nicht einfach ungestört ein durch den Tod Heinrichs VI. entstandenes Machtvakuum ausfüllte, zeigen Beispiele wie die Stadt Città di Castello, deren Kommune in der ersten Jahrhunderthälfte immer wieder die Reichszugehörigkeit suchte. Dieser Punkt war natürlich maßgeblich durch das Vorhandensein eines zweiten „diskursiven Knotenpunkts", so eine gelungene Formulierung aus der Governance-Forschung, bedingt.[155] Die zunächst keineswegs aufgegebenen Ansprüche der deutschen Thronprätendenten auf die mittelitalienischen Reichsgebiete, die Friedrich II. schließlich militärisch und politisch in die Tat umsetzte, erschwerten die Durchsetzung der päpstlichen Herrschaftsansprüche zusätzlich.

In dieser Situation erscheint das Herrschaftsbild, das Innozenz III. im Rahmen seiner Rekuperationspolitik in den Briefen an seine zukünftigen Untertanen skiz-

---

Mittelalterliches Regieren, und Patzold, Human Security. Einen ersten Einstieg in das Governance-Konzept bietet Benz u. a. (Hg.), Handbuch.
155 Den Staat als „diskursiven Knotenpunkt" beschreibt: DFG Sonderforschungsbereich 700 Governance in Räumen begrenzter Staatlichkeit, Grundbegriffe der Governanceforschung.

zierte, als einzige realistische Möglichkeit, die Forderungen des Papsttums nach einem mittelitalienischen *patrimonium sancti beati Petri* zu erfüllen. Das „sanfte Joch", das Innozenz den Kommunen im Gegensatz zur „deutschen Tyrannei" versprach, stellte wohl kaum ein herrschaftstheoretisch durchdachtes Ordnungsmodell des Papstes aus Segni dar, sondern gehörte zur persuasiven Strategie der päpstlichen Kanzlei. Dennoch beschreibt es die Realität der päpstlichen Herrschaft des 13. Jahrhunderts gut. Das päpstliche *iugum suave* ließ den Herrschaftsträgern und politischen Einheiten im Patrimonium nicht nur Raum für die Herrschaft im eigenen *dominium* oder kommunalen Contado, sondern auch für die autonome Interaktion untereinander, solange diese nicht gegen die Römische Kirche gerichtet war oder die Stabilität der päpstlichen Provinzen über die Maßen gefährdete. Damit unterscheidet sich die Herrschaftspaxis der Päpste nicht grundlegend vom Funktionieren anderer mittelalterlicher Herrschaften. Die Päpste und die Kurie fungierten in diesem System als ordnende und steuernde Autorität unter einer Vielzahl an autonomen politischen Akteuren. Erst in der zweiten Hälfte des 13. Jahrhunderts kollidierten der fortschreitende Aufbau von päpstlichen Verwaltungsstrukturen und die damit verbundenen Ordnungsvorstellungen zunehmend mit dem autonomen Agieren der Kommunen.[156] Das „sanfte Joch" der Päpste setzte damit die Rahmenbedingungen für die autonome Organisation von *societates* seitens der Kommunen. Die Bündnisse wiederum, dies wird im Folgenden zu zeigen sein, nahmen in diesem Herrschaftsgefüge wichtige Funktionen ein.

---

156 So auch das Urteil von Francesco Pirani (Papato, S. 539), das Jean-Claude Maire Vigueur als einer der besten Kenner der Geschichte Umbriens, der Marken und Latiums uneingeschränkt teilt: „l'Albornoz ... fu probabilmente il primo rappresentante del papato ad avere, come dice F. Pirani, concepito ‚la sovranità della Chiesa ... sulle realtà cittadine ... in termini di *signoria* e di *dominium*' ..."; Maire Vigueur, Comuni e signorie nelle province, S. 133.

I Kommunale Bündnisse in Umbrien und der Mark Ancona: Praxis und Schriftlichkeit

1 Der Weg zum Bündnisvertrag

1.1 Auf dem Weg zum Bündnis: Ein Beispiel und offene Fragen

Am 30. Oktober 1259 beschworen die Vertreter der Kommunen Todi, Narni und Spoleto in der Kathedrale S. Giovenale in Narni ein Bündnis.[1] Für Todi handelte Gerardus Machabrini. Ausgewiesen als Repräsentant der Kommune war er durch das Instrument eines Notars namens Penalis, das dieser „presente et volente domino Ofreducio Gerardi, capitaneo comunis et populi Tudertini" ausgestellt hatte. Der Vertreter Narnis, der Notar Nicolaus Romacii, wurde durch ein ähnliches Instrument des Notars Angelus Leonardi ausgewiesen, verfasst „presente et consentiente nobili viro domino Nicolao de Antiniano, potestate dicte civitatis Narni, et consilio spetiali et generali et consilio populi dicti comunis". Das Instrument des Richters Phylippus Birri schließlich, Vertreter Spoletos, war durch den Notar Iacobus Iohanis „nomine et vice dicti comunis" ausgestellt. Die Ausweisurkunden der drei Vertreter und ihrer Vollmachten wurden fein säuberlich im Bündnisvertrag festgehalten, dessen überliefertes Exemplar ebenfalls durch Iacobus Iohanis aus Spoleto ausgefertigt wurde und nur abschriftlich im „Memoriale comunis" Spoletos erhalten ist.[2] Dem Bündnisvertrag ist auch zu entnehmen, dass das Bündnis nicht nur durch die drei Repräsentanten unter Berührung des Evangeliums beschworen wurde, sondern auf ebensolche Weise durch den Podestà Narnis und den *capitaneus comunis et populi* Todis.

Schon das Bündnisinstrument macht somit deutlich, dass dem Vertrag selbst weitere Prozessschritte und Schriftstücke vorausgegangen sind, die von Kommune zu Kommune variierten. Auch unter welchen Umständen die Beeidung stattfand, lässt sich erahnen: wohl recht feierlich in Narnis zentralem Kirchengebäude und in Anwesenheit der obersten Repräsentanten von zwei der drei Kommunen. Überliefert sind zu diesem Bündnis noch weitaus mehr Schriftstücke, die dieses Bild vervollstän-

---

[1] Siehe Anhang 1, Nr. 92. Zur Entlastung der Anmerkungen erfolgt der einführende Verweis auf Quellen, Archivorte, Editionen, Regesten und die lokale Literatur hier und im Folgenden gesondert, im Anhang unter der jeweiligen Nummer des Bündnisses. Bei direkten Zitaten aus den Quellentexten wird das benutzte Archivale oder die benutzte Edition angezeigt, für weitere Abschriften, Drucke und Regesten sei ebenfalls auf den Anhang verwiesen. Siehe zu den Inhalten und der Einordnung dieses Bündnisses auch unten Kap. II.5, S. 360–362.

[2] SAS Spoleto, Memoriale comunis I, fol. 37r–38r, 123r–124v. Das „Memoriale comunis" besteht aus zwei später zusammengebundenen *libri iurium*, die jedoch bis auf wenige Ausnahmen die gleichen Stücke, wenn auch in unterschiedlicher Reihenfolge, enthalten und von derselben Hand stammen. Fast alle Abschriften sind daher zweifach vorhanden, Textbelege entstammen im Folgenden immer der ersten Folioangabe, relevante Abweichungen werden vermerkt. Vgl. zur Serie der „Memorialia comunis" und insbesondere zum ersten, seit Achille Sansi auch „Regesto" betitelten Band Bassetti, Serie, und Codice Diplomatico 1, hg. von Bartoli Langeli, Introduzione, S. LXX. Die Formel, mit der die Bevollmächtigungen in der Bündnisurkunde festgehalten werden, lautet einheitlich: „ad hoc spetialiter constitutus sicut apparet per instrumentum scriptum manu … notarii".

digen können. Der Bündnisvertrag selbst wird von einem Instrument flankiert, in dem gesondert das Zusammentreten der Mitglieder des *consilium generale et speciale* und der *antiani* aus Narni protokolliert wird, die ebenfalls in S. Giovenale zum Zwecke des Bündnisabschlusses zusammengekommen waren und das Bündnis zwischen den drei Kommunen durch Handauflegen auf das Evangelium beeideten. Neben den Ratsgremien aus Narni werden in dem Schriftstück auch die Begleiter der offiziellen Vertreter Todis und Spoletos unter den Eidleistenden genannt. Unter diesen befand sich, neben verschiedenen *ambaxatores* der beiden Städte, auch der Vikar des Spoletiner Podestà, was möglicherweise die Tatsache erklärt, dass für Spoleto nur der bevollmächtigte Syndikus den Vertrag vom 30. Oktober beschwor.[3] Ein weiteres Dokument bezeugt, dass die beiden Delegationen aus Spoleto und Todi mindestens seit dem 29. Oktober in Narni weilten. An diesem Tag gaben sie sich, ebenfalls in S. Giovenale, gegenseitig eine weitere Zusicherung. Sie besagte, dass das abzuschließende Bündnis zwischen den drei Kommunen ein älteres Bündnis, das nur zwischen Spoleto und Todi bestand, nicht beeinträchtigen dürfe. Wiederholt wurde dieses Versprechen noch einmal am folgenden Tag im Zuge des feierlichen Bündnisabschlusses in Anwesenheit der Ratsgremien aus Narni.[4]

Erhalten sind auch die drei Bevollmächtigungen, mit denen sich die Stellvertreter der Kommunen auswiesen und die im Vertrag zitiert wurden. Der Syndikus aus Narni wurde erst am Tag des Bündniseids bestellt, ebenfalls in S. Giovenale, und auch diesen Akt darf man somit wohl in den zeremoniellen Ablauf des 30. Oktober einordnen oder zumindest zeitlich nahe verorten. Ernannt wurde Nicolaus Romacii durch den Podestà und eine Reihe von *antiani populi*, versammelt waren das *consilium generale et speciale*, das *consilium populi* und die Vorsteher der Zünfte (*antiani artium*).[5] In Todi hingegen hatte das *consilium comunis et populi* „cum antianis et consulibus artium omnium" gemeinsam mit dem Kapitän der Kommune und des Popolo und dem Vikar des Podestà seinen Abgesandten bereits am 21. Oktober bestellt. Der Spoletiner Vertreter war am 17. Oktober vom Vikar des Podestà, dem Prior des Popolo, dem *consilium* und den *antiani populi* ernannt worden. Beide hatten somit offensichtlich noch Zeit gehabt, um ihre Abreise vorzubereiten.[6]

Ebenfalls überliefert ist das am 29. und 30. Oktober gesondert gesicherte ältere Bündnis zwischen Todi und Spoleto. Abgeschlossen worden war es nur wenige Wochen zuvor, am 3. Oktober 1259. Das Schriftstück bereitete das folgende Dreierbündnis bereits vor. Es hielt ausdrücklich fest, dass eine Aufnahme Narnis und anderer Städte möglich sein sollte, wenn diese dem Bündnis beitreten wollten. Beeidet wurde

---

3 SAS Spoleto, Memoriale comunis I, fol. 38r–39r, 124v–125v.
4 Ebd., fol. 36r–36v, 121v–122r.
5 Ebd., fol. 36v–37r, 122v. In der Zeugenreihe findet sich niemand aus Spoleto oder Todi, möglicherweise fand die Ernennung somit noch ohne die Vertreter der beiden Städte statt.
6 Ebd., fol. 35v–36r, 120v–121r (1259 Oktober 21); 36r, 121r–v (1259 Oktober 17).

dieses erste Bündnis in Spoleto, „in ecclesia Sancti Iohannis maioris", durch *dominus* Gerardus Bonifatii für Todi und Fatius Benentendi, *prior populi*, für Spoleto.[7] Zwei weitere Instrumente bezeugen die darauffolgende Ratifikation des Vertrags vom 3. Oktober in Todi. Am 10. Oktober nahm der Spoletiner Notar Iacobus Iohanis gemeinsam mit einem eigens zu diesem Zweck bestellten Richter, Iohanes Iohanis, die Eide des versammelten generellen und speziellen Rates und des Rates des Popolo der Stadt Todi auf das Bündnis entgegen. Sämtliche Mitglieder der Vollversammlung wurden hierzu namentlich und nach Stadtteilen (*regiones*) geordnet aufgeführt.[8] Eine kleinere Gruppe aus der Tudertiner Führung, bestehend aus Offreduccio di Gerardo als Kapitän der Kommune und des Popolo und sieben *antiani populi*, hatte noch am 3. Oktober in Todi „in balcone palatii dicti domini Ofreducii" den Eid geleistet, so zumindest die Abschrift des zweiten Ratifikationsinstruments im „Memoriale comunis". Auch dieses Dokument wurde von Iacobus Iohanis aus Spoleto beglaubigt. Ob freilich der Spoletiner Notar noch am Tag des Bündnisabschlusses die Strecke von Spoleto nach Todi zurückgelegt hatte, um die Beeidung der obersten Repräsentanten Todis einzuholen, ist fraglich.[9]

Ähnliche Fragen zur Datierung ergeben sich auch aus den weiteren überlieferten Stücken zu dem Anfang Oktober 1259 geschlossenen Bündnis zwischen Todi und Spoleto, den Bevollmächtigungen der kommunalen Vertreter Gerardus Bonifatii und Fatius Benentendi. Ausgestellt sind beide am 2. Oktober in ihren jeweiligen Heimatstädten.[10] Beide Schriftstücke weisen aber bereits namentlich auf den Bevollmächtigten der Gegenseite hin. So ermächtigt die Gesandtenvollmacht des Fatius Benentendi diesen explizit, „cum domino Gerardo Bonifatii" das Bündnis zu vereinbaren, ausgewiesen durch das – erst am gleichen Tag in Todi erstellte – Instrument des Notars Penalis. Es muss also Vorabsprachen gegeben haben, sodass beiden Kommunen noch vor der offiziellen Ernennung der jeweiligen Vertreter deren Name und der für die Verschriftlichung des Rechtsakts verantwortliche Notar bekannt war. Über Vorverhandlungen informiert schließlich auch ein letztes Instrument, das zu diesem Bündnis überliefert ist. Es handelt sich um einen Ratsbeschluss aus Todi, datiert ebenfalls auf den 2. Oktober. In der hier festgehaltenen Ratssitzung unterbreitet der Vorsitzende der Versammlung, der bereits bekannte Capitano Offreduccio di Gerardo, den Ratsmitgliedern den Vorschlag, einen Syndikus zu ernennen, um mit interessierten Städten ein Bündnis zu schließen. Es handele sich dabei insbesondere um Spo-

---

[7] Ebd., fol. 39r–v, 125v–126r; Druck: Documenti, hg. von Sansi, Nr. 52, S. 310–312. Beim Ausstellungsort handelt es sich um die heutige Kirche S. Eufemia, wahrscheinlich auch damals bereits integriert in den Bischofspalast, vgl. Sansi, Storia 1, S. 91, Anm. 1.
[8] SAS Spoleto, Memoriale comunis I, fol. 39v–41r, 126v–128v. Iacobus Iohanis war mit der Ausfertigung aller im „Memoriale" überlieferten Schriftstücke zum Bündnis von 1259 betraut.
[9] Ebd., fol. 39v, 126v.
[10] Ebd., fol. 35r, 119v–120r (Gerardus Bonifatii, Todi), 35r–v, 120r–v (Fatius Benentendi, Spoleto).

leto, mit dessen *prior artium* Offreduccio bereits Verhandlungen geführt habe.[11] Der einzige Redner, Gerardus Machabrini, der später am 30. Oktober für Todi das Dreierbündnis abschließen sollte, plädierte dafür, den Vorschlag anzunehmen und gleich einen Syndikus zu diesem Zweck nach den Wünschen des Capitano zu ernennen. Seinen Vorschlag – „quod societas contrahatur et fiat cum syndico et comuni civitatis Spoleti secundum tractatum habitum inter dominum Ofreducium capitaneum et dominum priorem artium civitatis Spoleti" – nimmt die Versammlung mit nur wenigen Gegenstimmen an und wählt als Syndikus Gerardus Bonifatii, der noch am selben Tag durch die genannte Vollmacht ausgewiesen wird, bereits unter Nennung seines Gegenparts aus Spoleto.[12]

Im Falle des Bündnisses zwischen Todi, Spoleto und Narni ist der Weg zum Bündnisvertrag seit dem ersten Auftreten des Bündnisses in der Dokumentation somit gut sichtbar. Noch vor dem 2. Oktober fanden Verhandlungen zwischen zwei der Führungspersönlichkeiten der Kommunen Todi und Spoleto statt. Ob diese auf eigene Initiative oder in Rücksprache mit den führenden Ratsgremien und Vertretern der *artes* stattfanden, lässt sich nicht mehr erschließen. Noch vor dem 2. Oktober müssen diese Verhandlungen zu einem erfolgreichen Abschluss gekommen sein, denn beide Kommunen bestellten an diesem Tag ihren rechtskräftigen Vertreter in dieser Angelegenheit. Von einer Wahl kann dabei allerdings nicht die Rede sein, da beide Kommunen bereits im Voraus wussten, wen die Gegenseite bestellen würde. Am 3. Oktober fand der Bündnisschwur selbst in Spoleto statt, was bedeutet, dass der Abgesandte Todis wahrscheinlich noch am 2. Oktober den Weg zu der circa 45 Kilometer entfernten Stadt antrat, immer unter der Voraussetzung, dass die Datierungen der Dokumente korrekt sind.[13] Denn tatsächlich lässt die sehr enge Datierung der Bevollmächtigungen (2. Oktober), des Bündnisschwurs (3. Oktober) und der anschließenden Ratifikation durch Offreduccio di Gerardo und die Anzianen in Todi (3. Oktober) die berechtigte Frage aufkommen, ob dieses Bündnis tatsächlich in außergewöhnlicher Eile abgeschlossen wurde oder ob nicht einige dieser Instrumente nachträglich ausgestellt und vordatiert wurden, um etwa die fehlende Legitimation

---

11 Ebd., fol. 34v–35r, 119r–v: „Dominus Ofreducius Gerardi honorabilis capitaneus comunis et populi Tudertini (populo Tudertino ms.) proposuit in dicto conscilio, si placet, quod unus syndicus curari debeat ... ad contrahendum societatem cum hominibus et singulis civitatibus et comunitatibus volentibus contrahere cum comuni (comune ms.) Tuderti, et spetialiter cum comuni (comune ms.) civitatis Spoleti, cum tractatus habitus sit inter ipsum dominum capitaneum et priorem artium civitatis Spoleti de contrahenda societate inter comunia civitatum predictarum".
12 Ebd.
13 Da der Schreiber des „Memoriale I" seine Vorlagen nicht ausweist und seine Abschriften nicht beglaubigt, bleibt unklar, ob nach dem Original oder einer losen Kopie gefertigt wurde. Mögliche Fehlerquellen lassen sich somit nur schwer identifizieren. Zu den Eigenarten des Schreibers, der wohl kein Notar war, vgl. Bassetti, Serie, S. 38–40.

eines der Beteiligten im Nachhinein zu decken.[14] Ratifiziert wurde der Bündnisschwur sieben Tage später, am 10. Oktober, auch durch die Vollversammlung aus Todi. Zu diesem Zeitpunkt dürften bereits Verhandlungen mit Narni erfolgt sein, diese blieben allerdings ohne Eingang in die Dokumentation. Sie müssen aber noch vor dem 17. Oktober zu einem Ergebnis geführt haben, da an diesem Tag Spoleto seinen Vertreter für ein neues Bündnis ernannte, am 21. Oktober gefolgt von Todi. Am 29. und 30. Oktober schließlich erfolgte in einem mehrschrittigen Beeidungsakt die Erweiterung des Bündnisses auf Narni.

Der Bündnisvertrag selbst, das zeigt dieses Beispiel, ist somit nur der Abschluss einer kürzeren oder längeren Reihe von Entscheidungen, Kommunikationsakten, Verschriftlichungen und zeremoniellen Handlungen innerhalb der Kommunen und zwischen ihren Repräsentanten, die dem Bündnisabschluss vorangingen oder ihn begleiteten. Die Überlieferungssituation ist jedoch nicht immer so glücklich wie im Fall des Bündnisses zwischen Narni, Spoleto und Todi. Gerade zu Beginn des 13. Jahrhunderts sind viele der Bündnisverträge Einzeldokumente in einer oft noch sehr lückenhaften kommunalen Überlieferung.[15] Sie lassen somit nur selten Rückschlüsse auf den Prozess zu, der einem Vertragsabschluss vorausging. Aus welchen Motiven heraus entschied sich eine Kommune für ein Bündnis? Wie ging die Kontaktaufnahme und die Abstimmung des Vertragsinhaltes vonstatten? Welche Institutionen und Funktionsträger waren in den Prozess involviert? Wie gestaltete sich schließlich die Ausstellung des Vertrags und die öffentliche Beschwörung des Bündnisses? Auf die wenigsten dieser Fragen können die Bündnisverträge selbst eine Antwort geben. Die Quellenlage verbessert sich in dieser Hinsicht, als mit Beginn der 1220er Jahre die Überlieferung der Bevollmächtigungsinstrumente einsetzt. Diese neue Gattung in der Quellenlandschaft der kommunalen Bündnisse des Patrimoniums erlaubt erste Rückschlüsse auf das formale Prozedere, das dem Rechtsakt des Bündnisabschlusses vorausging, nämlich die Bestellung der rechtmäßigen Stellvertreter mit den nötigen Vollmachten. Indirekt lassen sie über die zeitlichen Abstände oder erneut ausgestellte Bevollmächtigungen bisweilen weitere Verhandlungsschritte erkennen. Diese bleiben im Normalfall aber auch über die Syndikatsurkunden im Dunkeln. Erst in der zweiten Hälfte des Jahrhunderts erhellen sich solche Aspekte punktuell, immer dort, wo

---

14 Zwar war die Wegestrecke zu Pferd wohl problemlos innerhalb eines Tages zurückzulegen, die sehr schnelle Folge von Bevollmächtigung, Abschluss und Ratifizierung entspricht aber nicht unbedingt dem Usus, siehe unten Kap. I.1.4, S. 93. Zur Reisegeschwindigkeit städtischer Gesandtschaften im Spätmittelalter vgl. am Beispiel der Eidgenossenschaft Hübner, Cito quam fas.
15 In Oberitalien setzt die Überlieferung von Schriftstücken, die die Schritte zur Vorbereitung eines Vertrags dokumentieren, bereits gegen Ende des 12. Jahrhunderts ein; vgl. Behrmann, Anmerkungen, S. 277 f. Ob dies der Überlieferung oder der immer wieder betonten Verspätung der Kommunen Umbriens und der Mark Ancona, auch im Einsatz des Schriftgebrauchs, geschuldet ist, muss offen bleiben. Grundlegend zur diachronen Entwicklung und zur Überlieferung kommunaler Schriftlichkeit Cammarosano, Italia, S. 125–193.

über die angewachsene Überlieferung auch andere Quellen, wie etwa Ratsprotokolle, herangezogen werden können oder wo, wie im Fall des Bündnisses von 1259, eine hohe Dichte an vertragsbegleitenden Schriftstücken zusammenkommt. Den anhand dieses Beispiels angerissenen Fragen nach der Vorbereitung eines Bündnisvertrags und deren Eingang in die Schriftlichkeit der Kommunen soll im Folgenden auf der Grundlage des gesammelten Quellenmaterials nachgegangen werden.[16]

1.2 Die Entscheidung für ein Bündnis: Beweggründe, Ziele, Entscheidungsträger

Welche Gründe bewegten eine Kommune dazu, sich zu einem bestimmten Zeitpunkt für ein Bündnis mit einer oder mehreren anderen Kommunen zu entscheiden? Darüber geben die Verträge oft nur mittelbar Auskunft. Zwar sind über die Vertragsbestimmungen die Ziele festgehalten, die die Kommunen mit dem Bündnis gemeinschaftlich vereinbaren, diese sagen jedoch nur bedingt etwas über den konkreten Anlass und die Motive aus, die diese Vereinbarungen vorteilhaft erscheinen ließen. Dies ist auch der Form des Notariatsinstruments geschuldet, die keinen einer Narratio entsprechenden Formularteil kennt, der in erzählender Form auf den realen oder vorgeblichen Anlass der Urkundenausstellung eingeht.[17] Eine direkte Nennung der Gründe, die die Kommunen zum Abschluss eines Bündnisses bewegt haben, erfolgt daher nur in den wenigsten Fällen. Bei diesen handelt es sich vornehmlich um Bündnisse, die mit der Beilegung eines Konflikts einhergehen.[18] Auch die gemeinsame Eroberung eines Kastells kann so ein Anlass sein.[19] Insbesondere die Bündnisse

---

16 Das hier gewählte Vorgehen entspricht damit einer Forderung Paolo Cammarosanos nach einer sowohl typ- als auch prozessorientierten Kontextbestimmung von Schriftstücken: „Ogni tipo di scrittura può essere in effetti situato su due diversi piani di contestualizzazione: uno che colloca il testo in parallelo con testi analoghi, uno che lo colloca nel quadro di un procedimento complesso del quale quel testo scritto è superstite."; Cammarosano, Scrittura, S. 347.
17 Vgl. Härtel, Urkunden, S. 37.
18 So erneuern die Vertreter San Severinos und Tolentinos 1258 ein altes Bündnis, das zugleich eine Aussöhnung darstellt: „reformaverunt et recontraxerunt inter se veterem et antiquam sotietatem et amicitiam legalem et puram, veram et intimam pacem et concordiam facientes ed ad sedationem litium et reconciliationem puro corde et recto animo facientes novam de novo spetialisimam sotietatem et amicitiam contraxerunt", in: Hagemann, Studien: Tolentino 2, Nr. 106, S. 191–195 (Anhang 1, Nr. 90). Ein Vertrag zwischen Orvieto und Bagnorea vom 30. März 1250 vereinbart in einem ersten Schritt die gegenseitige Vergebung („invicem remiserunt omnes iniurias, offensas, malefitia et homicidia") und erst im Folgenden das zukünftige Bündnis („Item dicti scyndici nomine suo et dictarum civitatum contraxerunt sotietatem"): 1250 März 30, SAS Orvieto, Instrumentari 866 (Codice Caffarello), fol. 2r (Anhang 1, Nr. 72).
19 1244 Juni 28, in: Hagemann, Studien: Tolentino 1, Nr. 54, S. 270–277 (Anhang 1, Nr. 64): „Hec est concordia facta ... s(cilicet) quod commune Camerini, Tolentini, et Monticul(i) sint et esse debeant

gegen Friedrich II. zeigen bereits in ihren Formulierungen die Stoßrichtung an.[20] Andere Verträge lassen über ihre Eingangsformeln zumindest mutmaßen, dass lokale Konflikte Auslöser für den Bündnisschluss waren.[21]

Trotz dieser Disposition der Verträge bietet die Überlieferung ausreichend Möglichkeiten, etwas über die Beweggründe der Kommunen zu erfahren. Über einzelne Vereinbarungen der Bündnisurkunde etwa lässt sich häufig ein möglicher Anlass bestimmen. Dies betrifft vor allem Bündnisse, die Hilfe in einem bereits bestehenden Konflikt einer oder aller vertragsschließenden Kommunen vereinbaren.[22] Meist handelt es sich dabei um lokale oder regionale Auseinandersetzungen mit anderen Kommunen, die aus Grenzstreitigkeiten und umstrittenen Besitz- und Rechtsansprüchen resultierten. Auch Bündnisse gegen die kaiserliche Herrschaft, gegen einzelne Rektoren oder innere Parteien wurden konfliktbedingt geschlossen.[23] Die Kommunen versprachen sich in solch einem zweckgebundenen Bündnis Hilfeleistung gegen spezifische Gegner, meist eingebettet in allgemein gehaltene Hilfszusagen. Die vereinbarten Bündnisleistungen betrafen dabei in erster Linie den militärischen Beistand, konnten aber auch Handels- und Nachrichtensperren oder diplomatische Hilfe an der Kurie beinhalten. Dennoch wäre es nicht ganz präzise, diese Bündnisse pauschal mit dem Attribut ‚offensiv‘ zu belegen. So sicherten sich einige Kommunen Hilfe gegen einen bestimmten Gegner vor allem im Defensivfall zu, griffen also einem befürchteten Angriff vor. Viele dieser Abkommen umfassten auch nicht auf den Konflikt ausgerichtete Kapitel, wie ein Schiedsgericht im Falle von Auseinandersetzungen zwischen

---

unum pro facto Petini et de facto Petini". Dieses ungewöhnlich deutlich zweckgebundene Abkommen verzichtet, möglicherweise bewusst, auf den *societas*-Begriff.

20 1250 März 11, in: Hagemann, Fabriano 2, Nr. 4, S. 77–79 (Anhang 1, Nr. 70): „ad honorem et bonum statum et tranquillitatem predictorum civitatum et castrorum superius expressorum et universitatum eorumdem et totius Marchie fidelium Romane ecclesie inierunt et contraxerunt inter se societatem".

21 1292 Juni 10, in: Leonhard, Seestadt, Quellenanhang, Nr. 3, S. 352 (Anhang 1, Nr. 111): „Cum hoc esset, quod inter commune Ancon., Racanat. et Firmi fuisset ab antiquissimis temporibus retroactis maxima amicitia et subsequentibus temporibus servata et, ut ipsa amicitia in posterum observetur et maneatur et ad obviandum omnibus, qui vellent statum et amicitiam ipsarum civitatum turbare, ideo predicte civitates ... promixerunt et convenerunt". Tatsächlich vereinbart der Text im Folgenden eine Handelsbehinderung gegen Osimo, Montecassiano und Civitanova. Auch dieses recht ungewöhnliche Abkommen verzichtet auf den Begriff der *societas*.

22 Circa ein Fünftel der hier untersuchten Bündnisse lassen über eine Vertragsklausel die Rückbindung auf einen bestehenden Konflikt zu.

23 Einzelne Klauseln, die auf den Anlass des Bündnisabschlusses hinweisen, finden sich im Anhang 1 unter den folgenden Nummern. Lokale Konflikte ergeben sich aus Nr. 6, 9, 20, 22, 26, 27, 32, 34, 45, 46, 49, 50, 54, 77, 80, 81, 93, 111. Gegen die staufische Herrschaft wenden sich explizit Nr. 2, 4, 7, 63, 74; gegen die päpstliche Verwaltung Nr. 83, 107. Parteienbündnisse sind die Nr. 42, 43, 54, 95, 103. Grenz- und Besitzstreitigkeiten als häufigsten Anlass eines Bündnisvertrags betont für die Marken auch Leonhard, Seestadt, S. 115, Anm. 175, und mit einer Aufzählung verschiedener Anlässe S. 126–128.

den Bündnispartnern, den Erlass von Wegegeldern oder Handelsvereinbarungen. Bei einigen dieser *societates* ist somit fraglich, ob man in der Hilfsvereinbarung gegen einen bestimmten Gegner das alleinige Bündnisziel ausmachen darf. Gerade wenn es sich dabei nur um eine Klausel in einem weitaus größeren Vertragswerk handelt, ist nicht ausgeschlossen, dass mehrere der vereinbarten Leistungen als Beweggründe für die Entscheidung der Kommunen gleichbedeutend nebeneinander standen.[24] Hinzu kommt die durchaus unterschiedliche Motivation der Vertragspartner, die entweder jeweils eigene Konflikte zu ihrem Vorteil entscheiden wollten oder sich aus vielfältigen Gründen den Konflikt einer anderen Kommune zu eigen machten.[25] Ein gutes Beispiel hierfür ist ein Bündnis zwischen Camerino und Fabriano aus dem Jahr 1214. Die Vertragsbestimmungen sind paritätisch, der Auslöser für das Bündnis ist aber offenbar auf Seiten Fabrianos zu suchen. Das *castrum* ließ zusätzlich zu den allgemeinen Bestimmungen den Schutz einer Reihe an kürzlich erworbenen Besitzungen in den Vertrag schreiben, während Camerino keine spezifischen Rechte aufnehmen ließ. Offenbar sah Fabriano seine Gebietserwerbungen bedroht und suchte Unterstützung in einem Bündnis, Camerino ließ sich wahrscheinlich ohne einen konkreten eigenen Anlass auf die Verbindung ein.[26] Die Grenze zwischen Zweckgebundenheit und Situationsunabhängigkeit eines Bündnisses ist somit fließend.

Solche, zumindest vordergründig situationsunabhängig formulierten Bündnisse stellen die zweite Gruppe an Vertragstexten dar. Sie zeichnen sich durch das Fehlen von auf einen bestimmten Zweck oder Gegner ausgerichteten Vereinbarungen aus. Die Verträge beinhalteten, nicht anders als viele der zweckgebundenen *societates*, Waffenhilfe und friedliche Schlichtung bei Konflikten innerhalb des Bündnisses, und waren offenbar auf Prävention ausgerichtet. Viele dieser Bündnisse zeichneten sich durch ihre Dauerhaftigkeit aus. Sie wurden nach Ablauf der Vertragslaufzeit regelmäßig erneuert und dienten somit vor allem der Erhaltung eines stabilen, berechenbaren Beziehungsstatus zu einzelnen Nachbarn.[27]

---

24 Vgl. beispielsweise das Bündnis zwischen Ancona, Recanati und Fermo (1292 Juni 10, Anhang 1, Nr. 111), das neben einem gemeinsamen Vorgehen gegen Osimo, Montecassiano und Civitanova detailliert die gemeinsame Organisation des Salzhandels mit gemeinschaftlich geführten Lagern und Ämtern vereinbart. Ähnlich vielleicht auch Anhang 1, Nr. 46.
25 Vgl. z. B. das Bündnis zwischen Camerino, Tolentino und Montecchio (1251 Juni 23, Anhang 1, Nr. 80), bei der jede Kommune eigene lokale Ziele festhält; ebenso ein Bündnis zwischen sieben Städten der Marken (1248 März 27, Anhang 1, Nr. 67). Auch im Bündnis zwischen Jesi und Rocca Contrada (1228 Juni 20, Anhang 1, Nr. 46) scheint Jesi ein größeres Gewicht auf Zoll- und Handelsfreiheiten, Rocca Contrada auf Schutz gegen einen Angriff gelegt zu haben. Besonders auffällig ist dies bei Parteienbündnissen, die häufig zwischen einer Außenpartei und einer Kommune abgeschlossen wurden und somit per definitionem unterschiedliche Ziele verfolgten; siehe unten Kap. II.1.3.
26 Anhang 1, Nr. 23.
27 Siehe beispielsweise die Bündnisse zwischen Perugia und Todi (Anhang 1, Nr. 21, 35, 55; siehe auch unten Kap. II.1.2, S. 257–259) sowie zwischen Orvieto, Perugia und Spoleto (ebd., Nr. 77, 88, 105); ähnlich stabil auch die Beziehungen zwischen Orvieto und Siena (ebd., Nr. 19, 37).

Zu welchen Gelegenheiten Bündnishilfe eingefordert oder geleistet wurde, ist bisweilen auch aus Quellen zu erfahren, die mit dem Vertragsschluss nichts zu tun haben. Es sind vor allem päpstliche Schreiben und kommunale Ratsprotokolle, die die verschiedensten Anlässe von Bündnishilfe greifbar machen. Seltener finden sich Hinweise in anderen Schriftstücken, zum Beispiel in kommunalen Schiedssprüchen und Friedensverträgen. Sieht man von den Ratsprotokollen ab, beschäftigen sich die meisten dieser Quellen mit kriegerischen Handlungen, in die verbündete Kommunen verwickelt waren.[28] Diese Verweise sind jedoch problematisch, wenn es darum geht, Motive und Auslöser für eine *societas* zu ermitteln. Es bleibt oft unklar, ob die mit Hilfe der Bündnispartner bestrittenen Konflikte Anlass für das Bündnis waren oder ob sie erst im Folgenden ausbrachen, woraufhin die Kommunen ihre bestehenden Bündnisbeziehungen aktivierten. Dieses Problem wird durch die Überlieferungssituation noch verschärft, da gerade Bündnisse, deren Vertrag nicht überliefert ist, oft nur über Hinweise in den genannten Quellen zu erschließen sind. Diese haben aber naturgemäß fast immer den Bündnisfall zum Gegenstand, also eine Handlung, bei der die Kommunen ihren vereinbarten Verpflichtungen nachkamen. Ob diese Handlungen die ursprüngliche Entscheidung einer Kommune für ein Bündnis begründeten, ist nur zu vermuten, obwohl insbesondere die lokale Forschung dazu neigt, die Ereignisgeschichte in dieser Hinsicht ex post zu deuten.[29]

Mögliche Motive, die eine Kommune dazu bewegten, ein Bündnis mit anderen Kommunen abzuschließen, finden sich über die verschiedensten Quellen somit zahlreich. Sie lassen sich nach Gerhard Dilcher mit der Umschreibung „parallele Interessen und klärungsbedürftige Rechtsfragen" auf den kleinsten gemeinsamen Nenner bringen und erlauben eine grundlegende Typologisierung, auch wenn diese nicht jedem Abkommen gerecht werden kann.[30] So sind im Wesentlichen *societates*, die zur Realisierung eines spezifischen, aktuellen Ziels beziehungsweise in Reaktion auf eine bestehende Situation geschlossen wurden, von solchen zu unterscheiden, die einen gewissen Status zwischen den Kommunen festlegten und Leistungen für nicht

---

28 Für päpstliche und kuriale Schriftstücke als Quellen siehe Anhang 1, Nr. 2, 16, 17, 24, 31, 45, 47, 59, 62, 63, 83, 84, 89, 99, 102, 106, 108, 111, 115; für Friedensverträge Nr. 9, 10, 16, 17, 19, 59, 60. Als Beispiel für einen kommunalen Schiedsspruch, der im Rahmen der Konfliktbeilegung ein Bündnis verordnet, siehe ebd., Nr. 30. Weitere kommunale Schiedssprüche auch unter Nr. 13, 44, 87.
29 Als Beispiel sei hier nur das zu Beginn des Kapitels vorgestellte Bündnis zwischen Todi, Spoleto und Narni von 1259 genannt, das in der Literatur oft als „guelfisches", gegen Manfred geschlossenes Bündnis interpretiert wird (siehe Anhang 1, Nr. 92). Eine entsprechende Zielsetzung ist aus dem Bündnisvertrag jedoch nirgends zu erschließen. Erst drei Jahre später zeugt die Überlieferung von einer Hilfeleistung Narnis an Spoleto gegen das Heer König Manfreds; siehe unten Kap. II.5, S. 360–362. Zu dieser Problematik im Rahmen des staufisch-päpstlichen Konflikts auch unten Kap. II.2.1. Weitere Beispiele finden sich bei Sansi, Storia 1, S. 116–118 (zu Anhang 1, Nr. 105); Hagemann, Studien: Tolentino 1, S. 179 (zu Nr. 15); ebd., S. 201 (zu Nr. 51); Grundman, Popolo, S. 161 f. (zu Nr. 108 und 109).
30 Dilcher, Lega, S. 159.

näher bestimmte Situationen der Zukunft vereinbarten. Die zweck- und situationsgebundenen Bündnisse dienten dabei häufig der zeitnahen Verstärkung der militärischen Kräfte oder der Verhandlungsposition, die zur Durchsetzung und zum Erhalt von Rechts- und Besitzansprüchen und der eigenen Sicherheit vonnöten wurde.[31] Solche Bündnisse lassen sich daher oftmals auf kriegerische Konflikte mit benachbarten Kommunen, auf Expansionsbestrebungen, auf Konflikte mit der päpstlichen Verwaltung und auf die Organisation der Verteidigung im Konflikt zwischen Kaiser und Papst zurückführen. Die präventiven Bündnisse hingegen waren eine Form von Kontingenzbewältigung. Diese zielte zum einen auf die Berechenbarkeit der Beziehungen zum Bündnispartner und den Ausschluss beziehungsweise die friedliche Reglementierung von möglichen Konflikten, zum anderen auf die Sicherheit, die eigenen Angriffs- und Verteidigungsfähigkeiten im Bedarfsfall aufzustocken und auch Militäraktionen somit kalkulierbarer zu machen.[32] Fehlgeleitet wäre es somit, diese Idealtypen als Kriegs- oder Friedensbündnisse beziehungsweise als Angriffs- oder Verteidigungsbündnisse zu klassifizieren oder ihnen einen besondere Ausrichtung nach außen oder innen zu bescheinigen. Fast alle Bündnisse, die gezielt auf einem bestehenden Konflikt aufbauten, organisierten dennoch zwischen den Bündniskommunen – und somit nach innen – Vorgehensweisen zur Sicherung des Friedens, so wie auch die in die Zukunft gerichteten Bündnisse die Möglichkeit zur offensiven wie defensiven militärischen Aktion als einen Hauptbestandteil des Vertrags verankerten.[33] Das Verhältnis zwischen beiden Bündnistypen hält sich unter den untersuchten Verträgen etwa die Waage. Die einzelnen Verträge und Vereinbarungen, die sich unter diesen beiden Bündnisgruppen sammeln, fallen jedoch höchst unterschiedlich aus. Eine weitere Ausdifferenzierung von Typen muss somit unter verschiedenen Gesichtspunkten jeweils neu vorgenommen werden.[34]

Auch über den Entscheidungsprozess, der innerhalb der kommunalen Führungen stattfand, sagt diese Typologie wenig aus. Dieser erschließt sich nur gelegentlich, im Patrimonium Petri vor allem in Beispielen mit Beteiligung Perugias, wo im Jahr 1256 die Überlieferung der Ratsprotokolle der Kommune einsetzt. Im Allgemeinen – und diesen Befund bestärken auch andere Quellen – wurde seit den 1230er Jahren die Entscheidung für ein Bündnis im führenden Ratsgremium der Stadt durch

---

31 Vgl. auch Fasoli, Lega, S. 143, die hierin eine anthropologische Konstante sieht.
32 So auch Voltmer, Formen, S. 114, der in diesen Bündnissen einen Ersatz für den in Italien nicht bekannten Landfrieden erkennt. Allgemein zum Motiv der Sicherheit und Berechenbarkeit bei promissorischen Eiden Kolmer, Eide, S. 360–362.
33 Vgl. auch Naegle, Einleitung, S. 9, die für große Teile des mittelalterlichen Europa ebenfalls die Verbindung zwischen der Bewahrung des Friedens und der Organisation der Verteidigung betont. Ähnlich organisiert zeigt sich im größeren Rahmen auch der Lombardenbund, vgl. Fasoli, Lega, S. 155, und Voltmer, Formen, S. 107 f.
34 Siehe hierzu die folgenden Kapitel.

Mehrheitsentscheid getroffen.[35] Eines der ältesten Beispiele hierfür ist ein Bündnis, das Perugia, Assisi und andere Städte des Dukats im Juli 1228 mit hoher Sicherheit vereinbarten. Die Bündnisurkunde ist nicht erhalten, überliefert sind aber zwei Ratsbeschlüsse aus Assisi, die den Abschluss einer *societas* wahrscheinlich machen.[36] Aus diesen ist zu erfahren, dass es der päpstliche Subdiakon und Notar Pandolfo war, der im Namen Gregors IX. in der Vollversammlung Assisis am 15. Juli 1228 ein Bündnis gegen Friedrich II. vorschlug.[37] Auf den Vorschlag eines Petrus *domine Guilie* hin, dem insgesamt 47 Ratsmitglieder zustimmten, gab der Podestà dem päpstlichen Subdiakon einen positiven Bescheid.[38] Vermutlich aus der gleichen Zeit stammt die Wiedergabe einer Ratsversammlung in Fano, die als Musterbeispiel in das Formelbuch des Martino del Cassero aus Fano (wahrscheinlich 1232) einging. Der Podestà schlägt in dem Musterprotokoll ein Bündnis mit Faenza vor, das Votum des einzigen Sprechers, des Ratsherrn G., fällt jedoch negativ aus. Ob diese Ratsversammlung tatsächlich stattfand oder der didaktischen Phantasie des Martino entstammte, ist dabei wenig relevant. Deutlich wird, dass für den Rechtsgelehrten Martino kein Zweifel an der Entscheidungskompetenz des Rates hinsichtlich der Außenbeziehungen der Kommune bestand.[39] Auch aus Todi ist die ausschließliche Entscheidungsbefugnis der Ratsgremien überliefert. Hier heißt es in den Statuten des Jahres 1275 zur eingangs geschilderten *societas* zwischen dieser Stadt, Spoleto und Narni, dass eine Anfrage über die Erneuerung nur vom Rat ausgehen könne. Der Podestà habe gleich nach seinem Amtsantritt eine entsprechende Abstimmung im *consilium generale* zu

---

35 Nachzuweisen ist dies für folgende Bündnisse: Anhang 1, Nr. 47 (1228), 60 (1237), 80 (1251), 81 (1251), 88 (1256), 92 (1259), 96 (1260), 97 (1260), 98 (1260), 99 (1260), 100 (1263), 105 (1277). Der Beginn der hier angesetzten zeitlichen Einordnung korrespondiert mit dem Einsetzen einer spezifischen Dokumentationskultur der Ratsversammlungen; vgl. Tanzini, Delibere, insb. S. 59–62. Zum Majoritätsprinzip in kommunalen Versammlungen vgl. Gilli, Sources, S. 256–261. Die zentrale Rolle der Ratsversammlungen beim Beschluss der Verträge betont für die Lombardei auch Vallerani, Rapporti, S. 260, 286 f.
36 Zu dieser Einschätzung kommt im Rahmen der Edition der beiden *riformanze* auch Attilio Bartoli Langeli: Codice Diplomatico 1, hg. von Bartoli Langeli, Nr. 94, S. 231–233, Beurteilung S. 232. Siehe auch Anhang 1, Nr. 47, sowie unten Kap. II.2.2.
37 Zur Person des Subdiakon Pandolfo, in der Riformanz aus Assisi ungenau als Diakon betitelt, der häufig mit Aufträgen im Dukat betraut war, vgl. die verschiedenen Belege bei Waley, Papal State, S. 349.
38 Codice Diplomatico 1, hg. von Bartoli Langeli, Nr. 94, S. 231–233, hier S. 232.
39 „Dominus M. potestas F(ani) in consilio generali per campanam more solito congregato concionando proposuit consiliariis, quid ipsis videretur de societate firmanda cum Faventinis ... Dominus G. concionando in eodem consilio respondit, quod nolebat, societatem confirmari cum Faventinis, quia erat longinqua amicitia valida.": Martino del Cassero, Formularium, hg. von Wahrmund, Nr. 48, S. 17 f. („Qualiter proponat potestas in consilio") und Nr. 49 („De consilio dato a consiliariis"), Anhang 1, Nr. 56. Ein Bündnis zwischen Faenza und Fano ist nicht überliefert.

veranlassen.⁴⁰ Bestätigt werden diese Einzelbelege durch eine normative Quelle aus der ersten Hälfte des Jahrhunderts, dem „Liber de regimine civitatum" des Giovanni da Viterbo. Auch er rät dem Podestà, die Entscheidung für ein Bündnis, wie alle weiteren wichtigen Entscheidungen, unbedingt dem großen Rat zu überlassen.⁴¹

Da frühere Belege fehlen, kann für das erste Drittel des 13. Jahrhunderts nur angenommen werden, dass entsprechende Entscheidungen zunächst von den Konsuln, wahrscheinlich mit Zustimmung der Volksversammlung, und dann von den sich ausbildenden Ratsgremien der Stadt getroffen wurden.⁴² Aber erst mit dem Einsetzen der mehr oder minder seriellen Überlieferung von Ratsprotokollen lässt sich für die Kommune Perugia bisweilen auch ein Eindruck über die Diskussion und die unterschiedlichen Positionen innerhalb des Ratsgremiums gewinnen, wenn es um die Entscheidung für oder gegen ein Bündnis ging. Ein Beispiel hierfür ist die Ratssitzung des speziellen Rats „cum adiuncta x bonorum virorum per portam" vom 12. Februar 1260.⁴³ Der Podestà als Vorsitzender der Versammlung stellte zur Diskussion, ob die Kommune ein Bündnis abschließen wolle, nachdem zuvor die Zustimmung des Rates von Orvieto eingeholt worden war, mit der die Stadt sich bereits in einer *societas* befand.⁴⁴ Verknüpft war dieses Ansinnen mit einem bestehenden Konflikt zwischen der Perugia unterstehenden Kommune Bevagna und dem Rektor des Dukats, in dem Perugia von Bevagna um Hilfe ersucht worden war und im Folgenden – offensichtlich nicht immer in Übereinstimmung mit der Einwohnergemeinde Bevagnas – die

---

40 Statuto, hg. von Ceci/Pensi, Nr. 63, S. 46 f. (Anhang 1, Nr. 92). Zu diesem Kapitel der Statuten siehe auch unten Kap. I.3.3, S. 208 f. Auch die Statuten Perugias des Jahres 1279 verfügten, dass ein Bündnis nicht ohne Willen der Vollversammlung abgeschlossen werden durfte: Statuto 1, hg. von Caprioli, Nr. 50, S. 56.
41 Giovanni da Viterbo, Liber de regimine civitatum, hg. von Salvemini, Nr. 137, S. 275 („De coniuratione vel societate non facienda cum aliqua civitate").
42 Entscheidungen über Krieg und Frieden und entsprechend auch über Bündnisse wurden wahrscheinlich in der Vollversammlung abgestimmt. Dies suggerieren zumindest die norditalienischen Quellen; vgl. Tanzini, Consiglio, S. 10; Coleman, Representative Assemblies, S. 203–209; Tanzini, Assemblee, S. 353–358.
43 Der spezielle Rat bestand zu diesem Zeitpunkt aus 50 Mitgliedern, die *adiuncta* mit zehn *sapientes* pro Stadtteil ebenfalls aus 50 Personen; vgl. für das Jahr 1260 Regestum, hg. von Ansidei, Prefazione, S. XI. Zu den methodischen Problemen, die die schematische Niederschrift der Diskussion und die Übersetzung vom Volgare ins Lateinische mit sich bringen, vgl. Cammarosano, Italia, S. 165.
44 „D. Thomaxius de Gorzano Pot. .. proposuit .. audita relatione d. Peri Benecasse pro se et d. Johanne Archipresbiteri presente anbaxatoribus missis ad Urbemveterem qui retulit quod responssum fuit .. per Consilium Urbiveteris quod Perusini .. facerent societatem ad suam voluntatem quia talibus interesse nolebant, quid placet super hiis fieri debere": Regestum, hg. von Ansidei, Nr. 108, S. 119–121, hier S. 120. Die Gesandtschaft nach Orvieto wurde bereits am 30. Januar als Reaktion auf die Bevagna-Angelegenheit („facto Mevanie") beschlossen: „Placuit .. quod mittantur duo ambaxatores ex parte C. P[erusii] ad civit. Urbisveteris secrete pro predictis factis antequam fiat aliquod aliud tractamentum"; ebd., Nr. 98, S. 110.

Position des Städtchens vertrat.⁴⁵ Sechs Ratsherren meldeten sich daraufhin zu Wort, die sehr unterschiedliche Positionen vertraten. Der erste schlug vor, zwei Gesandte zuerst nach Bevagna und dann nach Foligno und Spello zu entsenden, um diesen das geplante Bündnis vorzuschlagen.⁴⁶ Der zweite Ratsherr riet hiervon ab: Man solle lieber die Wünsche und Befehle der Römischen Kirche befolgen.⁴⁷ Der dritte Redner plädierte ebenfalls für das Bündnis, weitete die möglichen Bündnispartner jedoch auf Bevagna, Foligno, Spello, Cascia, Norcia und andere Orte des Dukats aus.⁴⁸ Ein vierter Sprecher wollte die Versöhnung Bevagnas mit dem Rektor vorantreiben und, solange diese Angelegenheit nicht geklärt sei, keine weiteren Bündnisverhandlungen führen.⁴⁹ Der fünfte Redner schlug vor, zunächst weitere Informationen aus Foligno einzuholen.⁵⁰ Die letzte Wortmeldung, die am Ende einstimmig angenommen wurde, plädierte für die Vertagung der Entscheidung auf einen anderen Tag und eventuell auch in ein anderes Ratsgremium.⁵¹

Obwohl die *societas*, die hier verhandelt wurde, angesicht der vorgeschlagenen Bündnispartner eher eine Mobilisierung von Perugia bereits anderweitig verpflichteter Kommunen darstellte, gibt die ausführliche Diskussion dennoch einen Einblick in die Überlegungen und Vorgehensweisen, die in diesem speziellen Fall für oder

---

45 So der zweite Punkt der Tagesordnung: „Quid placet eis fieri super facto Mevanie auditis litteris .. missis a iudice dicte terre d. Merlino suo Pot. quod homines dicte terre videbantur ferre molestum facere guardas de nocte et faciebant coadunationes et tenebant coloquia que sibi suspecta videbantur .. et suspicabatur esse pro compositione facienda cum Duce spolitano."; ebd., S. 120; vgl. auch Prefazione, S. XX, XXIV. In der folgenden Diskussion schlägt einer der Ratsherren, Mafeus Centurarie, in dieser Angelegenheit vor, einen Notar nach Bevagna zu entsenden, der dort öffentlich verlangen solle, dass die Einwohner von einer eventuellen Übereinkunft mit dem Rektor zurücktreten und sich in die Verhandlungen keinesfalls einmischen sollen: „qui .. debeat .. denunciare in pleno arrengo eiusdem ut debeant dimicere concordiam d. Duchi et quod ipsi de dicta concordia se nullatenus intromittant", ebd., S. 120.
46 „D. Thomaxius de Sancto Valentino .. consuluit quod mittantur duo anbaxatores Mevanie et quod illi duo anbaxatores vadant Fulginei et Spelli ad appellandum eas civitates ut faciant societatem cum perusinis.": ebd.
47 „D. Ugo Mafey consuluit quod ad presens non requiratur C. Fulginei ad societatem aliquam faciendam, immo potius C. P[erusii] faciat voluntatem et mandata Ecclesie.": ebd.
48 „Mafeus Centurarie consuluit quod requirantur C. Mevanie, Fulginei et Spelli et Cassie et Norxie et alias terras ducatus ad faciendam societatem cum perusinis": ebd.
49 „D. Ugutio Breti consuluit quod vadant cum Pot. Mevanie duo anbaxatores qui debeant tractare cum D. Duco concordiam inter ipsum et C. Mevanie, et interim nullum requirimentum fiat .. de aliqua societate facienda.": ebd.
50 „D. Bonaparte iudex consuluit ... quod requirantur Fulginatenses per duos ambaxatores quod debeat eis placere stare ad voluntatem C. P[erusii] ut tenentur, et id totum quod anbaxatores .. intelligerint .. in Consilio debeant recitare, et tunc procedatur sicut Consillium decreverit.": ebd., S. 121.
51 „D. Raynerius Benvignatis consuluit quod predicta ad presens differentur hinc ad crastinam diem et plus prout videbitur Pot. et Cap. ponendo predicta ad unum alium Conscilium.": ebd.

gegen ein Bündnis erörtert wurden.⁵² Zudem macht sie deutlich, dass die Entscheidungsträger tatsächlich unter den Mitgliedern der inneren Ratsgremien zu suchen sind, von denen sich diejenigen, die Redebeiträge äußerten, nochmals hervortaten. Zumindest in Perugia handelt es sich bei diesen Diskussionsführern um eine nicht allzu große Gruppe an Personen, deren Namen in den Protokollen der entsprechenden Jahre immer wiederkehren und die zudem oft in weiteren Ämtern und Funktionen auftreten: als Abgesandte und rechtliche Vertreter der Kommune, Podestà in anderen Kommunen, *sapientes* zu verschiedenen Sach- und Rechtsfragen, Vermittler, Richter oder Bürgen.⁵³ Dies konstrastiert in gewisser Weise die an einem norditalienischen Beispiel aufgestellte Rechnung, dass in der späteren Kommune ein Drittel der männlichen Bevölkerung regelmäßig über eine Ratsmitgliedschaft an der politischen Entscheidung teilhatte. Auch wenn die Hochrechnung der häufigen Wahlen, der Verbote von Wiederwahlen in einem bestimmten Zeitraum und der Anzahl der zu besetzenden Plätze sicherlich zutrifft, zeugen die Perusiner Quellen dennoch von einem *inner circle* an Personen, die durch ihre Diskussionsteilnahme die politische Entscheidung maßgeblich beeinflussten.⁵⁴

Obwohl im Fall einer solch günstigen Überlieferung die Entscheidungsfindung innerhalb der Kommune zumindest ansatzweise verfolgt werden kann, bleibt eine entscheidende Frage im Dunkeln. Wo und von wem das ursprüngliche *propositum*, das dann formal vom Podestà zur Abstimmung im Rat präsentiert wurde, erarbeitet wurde, ist aus den Quellen nicht zu ersehen. Denn obschon es die Ratsmitglieder waren, die über ihr Votum die endgültige Entscheidung trafen, bedurften die Ratsversammlungen der italienischen Kommune der Einberufung durch die obersten Instanzen der Gemeinschaft, Podestà und Capitano del Popolo, und von diesen wurde auch die Tagesordnung festgelegt. In der späteren Comune del Popolo übernahmen dann oft die engen Kollegien der *consules*, *priores* oder *rectores artium* die Vorbereitung der *proposita*, auch wenn die Einberufung in vielen Fällen weiterhin den beiden reprä-

---

52 Die genannten Kommunen standen alle, inklusive der erst 1254 eroberten und geschleiften Stadt Foligno, in einem offenen oder versteckten Abhängigkeitsverhältnis zu Perugia. Für Foligno vgl. Lattanzi, Storia, S. 316–319. Diskussionen zu Bündnissen lassen sich auch an anderer Stelle verfolgen, vgl. z. B. die Ratsversammlung vom 24. April 1260: AS Perugia, Consigli e Riformanze 4, fol. 223r–224r; gekürzte Edition: Regestum, hg. von Ansidei, Nr. 153, S. 174 f., dort allerdings nur *propositio* und Beschluss. Zur Entscheidungsfindung in kommunalen Gremien mit ähnlichen Ergebnissen am Beispiel von Florenz Decaluwé, Prozess.
53 Vgl. zu den Rednern der Ratsversammlung vom 12. Februar mitsamt der dort genannten Ämter und Funktionen die Registereinträge „Thomaxius de Sancto Valentino", „Ugo Mafey", „Mafeus Centurarie", „Ugutio Breti", „Bonapars iudex" und „Raynerius Benvignatis" in Regestum, hg. von Ansidei, S. 353, 370, 379 f., 385–387. Zu einem ähnlichen Befund für das Jahr 1262 kommt Ugolino Nicolini: Reformationes, hg. von Nicolini, Introduzione, S. XXXVII. Auch oben Einleitung, Kap. 4.1, Anm. 107.
54 Vgl. Milani, Comuni, S. 112.

sentativen Amtsträgern zustand.⁵⁵ Der persönliche Einfluss von Podestà, Capitano del Popolo und den Vorstehern der popularen Organisationen auf die politische Agenda lässt sich jedoch nur selten erahnen, wie beim eingangs vorgestellten Bündnis zwischen Todi, Spoleto und später Narni aus dem Jahr 1259. Hier beruhten die ersten Verhandlungsschritte möglicherweise auf der Eigeninitiative einflussreicher Persönlichkeiten und Amtsträger der Städte, des Kapitäns Offreduccio di Gerardo aus Todi und des *prior populi* Fatius Benentendi aus Spoleto. Ein ähnliches Vorgehen ist, allerdings unter ganz anderen Vorzeichen, im Frühjahr oder Sommer 1248 in Perugia zu beobachten. Hier war es der erst kürzlich ins Amt gekommene Podestà Zanericus *de Riva* aus Mantua, der in einer Versammlung des generellen und speziellen Rates beantragte, dass ihm selbst oder einem anderen Syndikus Verhandlungsvollmachten erteilt werden sollten, um verschiedene Anhänger des Kaisers – Städte, *castra*, Ortschaften und Personen – zu einer Rückkehr auf die Seite der Kirche und Perugias zu bewegen.⁵⁶ Die gewünschten Vollmachten erhielt er einstimmig, und sie wurden auf seinen Wunsch hin einige Zeit später noch ausgeweitet. Zanericus erlangte die Erlaubnis, nach eigenem Gutdünken für die Kommune Verhandlungen zu führen, Verträge und Bündnisse abzuschließen und alles zu unternehmen, was ihm nützlich erschien.⁵⁷ Eine solch weitgefasste Bevollmächtigung resultierte sicherlich aus der unsicheren Lage, die der schwelende Konflikt zwischen Friedrich II. und dem Papsttum mit sich brachte. Sie mag jedoch auch der energischen Persönlichkeit des Zanericus geschuldet sein, die ihn als möglichen Initiator dieser großangelegten Ver-

---

55 Vgl. Tanzini, Consiglio, S. 28 f., 40–44, der jedoch auch auf die verschiedensten norditalienischen Statutennormen verweist, die jegliche Einflussnahme des Podestà auf die Meinungsbildung in der Diskussion verbieten. Zum späteren 13. Jahrhundert und dem Einfluss der Organisationen des Popolo vgl. für Umbrien und die Marken Tanzini, Delibere, S. 65–68; daneben ders., Assemblee, S. 358–362, 370 f.; ders., Signori, S. 383 f; ders., Consiglio, S. 72 f. Abweichungen von der Tagesordnung waren, zumindest in Orvieto und Perugia, nicht zulässig; vgl. Sbarbaro, Delibere, S. 50 f. Der Normierungsbedarf dieser Frage weist jedoch möglicherweise auch auf den wiederholten Verstoß gegen diese Regelungen hin.
56 1248 August (oder April) 8: „ad tractandum cum inimicis Ecclesie qui detinentur sub dominio imperatoris Federici ad hoc ut redeant ad mandatum Romane Ecclesie et comunis Perusii et fiant amici"; Codice Diplomatico 2, hg. von Bartoli Langeli, Nr. 210, S. 476–478, hier S. 477. Zur fraglichen Datierung des Schriftstücks ebd., S. 475 f. Siehe auch unten Kap. II.2.1, S. 289 f.
57 1248 September 8: „placuit toti consilio ... quod potestas predictus possit et valeat per se solum, auctoritate presentis consilii, facere et tractare unum vel plures syndicos et syndicum comunis et universitatis Perusii et pro ipso comuni ad faciendum sotietatem et sotietates, pacta et promissiones cum pena et sine pena et oblig(ationes), et ad dandum et promittendum de avere comunis Perusii civitatibus, castris, villis et spetialibus personis, ad recuperandum amicos et reaquirendum terram et terras et spetiales personas et singulares, et ad obligandum res et bona comunis Perusii; et quod ipse potestas similiter sit syndicus in predictis; et ad faciendum ... ad eius arbitrium et voluntatem omne illud quod voluerit et fore viderit utile comuni Perusii"; Codice Diplomatico 2, hg. von Bartoli Langeli, Nr. 211, S. 478–480.

handlungsoffensive auszeichnet, obwohl dies über die überlieferten Beschlüsse nicht abschließend zu ersehen ist.[58] Eine Verantwortung des Podestà für die Bündnispolitik der Kommunen sieht auch eine Quelle aus Osimo aus der Blütezeit der podestarilen Verfassung. Es handelt sich um einen im Februar 1216 verhängten Bann über die Brüder Mainetti, der diese enteignete, ihnen das Bürgerrecht Osimos entzog, ihre *homines* von allen Verpflichtungen entband und sie öffentlich als Verräter und Meineidige deklarierte. Der Grund war eine im November des Vorjahres zwischen Ancona, Cingoli und weiteren Städten der Mark Ancona abgeschlossene *societas* gegen Osimo, die der älteste der Brüder, Ramberto, als Podestà von Cingoli mit zu verantworten hatte.[59] Inwieweit Ramberto faktisch die Entscheidung für dieses Bündnis getragen hatte, lässt sich nicht ermitteln, für die bedrohte Kommune stand seine Beteiligung jedoch außer Frage. Im überwiegenden Teil der überlieferten *societates* ist es jedoch nicht möglich, den Anteil einzelner Amtsträger, Ratsmitglieder, Interessengruppen oder sonstiger Persönlichkeiten der Stadt auf die Entscheidungsfindung herauszulesen.[60]

Als Sonderfall sei abschließend auf die Bündnisse verwiesen, die auf einen Vorschlag oder auf Druck der päpstlichen oder kaiserlichen Herrschaft erfolgten, wie es bereits die 1228 im Rat von Assisi verhandelte *societas* zeigte.[61] Ein ähnliches Vorgehen muss hinter den Treueiden vermutet werden, die die Kommunen San Severino, Tolentino und Montemilone im Mai 1263 auf König Manfred und seinen Generalvikar in den Marken, Corrado Capece, leisteten. Die in kurzem Abstand, am 6., 8. und 9. Mai erfolgten Treuebekundungen in den Kommunen schließen ausdrücklich die Bestätigung und Erneuerung eines bereits geschlossenen Bündnisses der kaisertreuen Kommunen mit ein, sind aber aufgrund ihrer Form wohl eher als Reaktion auf eine Initiative der staufischen Herrschaftsträger in den Marken zu verstehen.[62] Immer folgte einem entsprechenden Vorstoß von außen jedoch der formale und rechtsrelevante Beschluss innerhalb der Führung der Kommune, selbst wenn die Situation

---

58 Zur ungewöhnlich umfangreichen Ausstattung des Zanericus mit Vollmachten auch ebd., S. 476. Zu den militärischen Aktionen der kaiserlichen Partei im Dukat vgl. Tenckhoff, Kampf, und Waley, Papal State, S. 148 f.
59 Carte, hg. von Cecconi, Nr. 88 (105), S. 166–168; zum Bündnis siehe Anhang 1, Nr. 27. Die Söhne Mainettos hatten 1204 die Bürgerschaft Osimos angenommen; vgl. Grillantini, Storia, S. 219.
60 Gleiches konstatiert für Oberitalien Voltmer, Formen, S. 115, für Florenz im späteren 13. Jahrhundert Decaluwé, Prozess, S. 92 f.
61 Weitere Beispiele für päpstlich initiierte *societates* oder solche, die eine päpstliche Beteiligung zumindest vermuten lassen: Anhang 1, Nr. 2 (siehe hierzu unten Kap. II.1.1), 32, 44, 51. Siehe auch unten Kap. II.2.2 und II.5, S. 355 f.
62 Siehe Anhang 1, Nr. 91, zur Einordnung insbesondere Hagemann, Studien: Tolentino 2, S. 148 f. Eine andere Form der kaiserlichen Einflussnahme auf ein Bündnis findet sich im Bund zwischen Jesi, Cingoli und Recanati (1259 Dezember 20, Anhang 1, Nr. 94). Hier darf man getrost den königlichen Generalvikar Percivalle Doria, zugleich Podestà in Jesi, als Initiator annehmen; vgl. auch Tenckhoff, Kampf, S. 81 f.

den Entscheidungsträgern wenig Handlungsspielraum gelassen haben mochte. Die Beschlussfassung aber oblag, dies lässt sich festhalten, in fast allen nachvollziehbaren Fällen den Ratsversammlungen der Städte und *castra* und damit dem legitimen Repräsentationsorgan der kommunalen Gemeinschaften.

1.3 Die Kommunikation im Vorfeld: Form und Schriftlichkeit

So wie für die meisten Bündnisse nur wenig über die konkreten Beweggründe, die für das Bündnis verantwortlichen Interessengruppen und die Entscheidungsfindung innerhalb der kommunalen Organe zu erfahren ist, so wenig ist oft über die ersten Verhandlungsschritte und die Vorgespräche bekannt.[63] Oft setzt die Überlieferung erst ein, wenn die Inhalte und die Details der Beeidung bereits verabredet waren. Für die ersten Jahrzehnte des 13. Jahrhunderts erscheint es plausibel, dass die Konsuln und Podestà, möglicherweise auch andere angesehene Bürger, die Bestimmungen der Verträge aushandelten.[64] Da für diesen Zeitraum aber ausschließlich die vollendeten Vertragsdokumente überliefert sind, lässt sich Näheres nicht sagen. Dies ändert sich auch nicht, als in der Überlieferung erstmals Syndikatsurkunden auftauchen, die die Vertreter der Kommunen zum Bündniseid bevollmächtigen. Auch der Großteil dieser Schriftstücke entstand zu einem Zeitpunkt, als man sich auf die Vertragsinhalte bereits geeinigt hatte. Zwar lassen einzelne Bevollmächtigungen offen, ob auch inhaltliche Verhandlungen Teil der Prokuration waren, für den Großteil der überlieferten Urkunden ist dies jedoch ausgeschlossen. Sie erhalten bereits den ausformulierten Text oder zumindest die wichtigsten Punkte des zu beeidenden Abkommens. Andere verweisen auf den bereits verabredeten Vertrag.[65] Da die Bevollmächtigungen der Stellvertreter, die die *societas* im Namen der Kommunen beeideten, rechtserheblich und konstitutiv für die Gültigkeit des Vertrags waren, hatten diese Dokumente eine

---

63 In der Forschung war dieses Thema bisher selten Gegenstand systematischer Untersuchungen. Einzig Walter Heinemeyer versuchte sich 1936 im Rahmen einer diplomatischen Studie zum mittelalterlichen Vertragswesen an einer typologischen Beschreibung der Schriftstücke und Verfahrensformen, die einem Vertragsschluss vorausgingen. Obwohl seine Arbeit vornehmlich auf Herrscher- und Fürstenurkunden aufbaut, sind die drei Stadien, die er auf der Grundlage der Urkundensprache erarbeitet, auch auf die kommunalen Verhältnisse anwendbar. Er unterscheidet die Phase der Verhandlungen (*tractare*) vom eigentlichen Vertragsschluss (*firmare*) und diesen wiederum von der Ratifikation durch die Rechtssubjekte oder deren bestellte Vertreter (*iurare*); vgl. Heinemeyer, Studien, S. 375.
64 Den Einsatz der Konsuln, des Podestà und einzelner Juristen und Kaufleute in Gesandtschaften der konsularen und podestarilen Kommunen konstatiert auch Pini, Città, S. 175.
65 Siehe unten Kap. I.1.4. Ein recht komplexes Bündnis, bei dem jedoch deutlich wird, dass sämtliche Vertragstexte bereits vor der formellen Beeidung fertiggestellt und allen Verantwortlichen bekannt waren, ist die *societas* zwischen Perugia, Todi, Spoleto, Gubbio und Foligno (1237 August 29, Anhang 1, Nr. 60); vgl. vor allem Codice Diplomatico 2, hg. von Bartoli Langeli, S. 363–365. Auf bereits getroffene Vereinbarungen verweisen auch Nr. 33, 38, 71, 80, 95 im Anhang 1.

weitaus höhere Überlieferungschance als Schriftstücke, die die Vorverhandlungen dokumentieren mochten. Die ersten Schritte, die eine Kommune aufnahm, wenn sie ein Bündnis mit anderen Städten suchte, treten somit wiederum vermehrt im späteren 13. Jahrhundert zu Tage, als der Schriftgebrauch und die Archivierung von Schriftstücken in den Kommunen massiv zunahm.

Das Bild, das sich anhand dieser Quellen abzeichnet, bestätigt den Befund, auf den bereits die Vollmachten hinweisen: Die *sindici* und *procuratores*, die zum Abschluss eines Bündnisses im Namen ihrer Kommunen ermächtigt wurden, waren in den meisten Fällen nicht für inhaltliche Abstimmungen verantwortlich. Mit dieser Phase der Verhandlungen beauftragten die Kommunen sogenannte *ambaxatores*, seltener auch *oratores* oder *tractatores* genannt.[66] Der Terminus *ambaxator* tritt im 13. Jahrhundert überwiegend im Kontext der ober- und mittelitalienischen Kommunen auf.[67] Einschlägige Studien zu diesem spezifisch kommunalen Abgesandten fehlen allerdings. Die wenigen Arbeiten, die sich diesem Thema zuwenden, basieren zumeist auf Rechtstraktaten und Quellen aus nichtkommunalen Kontexten oder auf einer kurzen Studie Sergio Angelinis zu Perugia.[68] Da auch die folgenden Ausführungen in erster Linie auf Quellen aus Perugia aufbauen, wäre die Perspektive auf den kommunalen *ambaxator* damit eine vornehmlich perusinische, würden die Ergebnisse nicht durch einige Überlegungen von Victor Crescenzi zu Siena und einem

---

[66] In der Funktion von Stellvertretern der Kommune bei der Eidesleistung finden sich *ambaxatores* nur in einem Vertrag aus dem Jahr 1215, dem ersten überlieferten Vertrag, in dem nicht ausschließlich Podestà oder Konsuln die Kommune vertreten (1215 November 22, Anhang 1, Nr. 27). Eine explizite Unterscheidung zwischen Stellvertretern und Unterhändlern findet sich in einer Syndikatsurkunde aus Gubbio: Zum *sindicus* ernannt wird Ugolinus Petri Boni „ad ... promittendum ... omnia et singula capitula, que tractata sunt et tractabuntur et firmata et firmabuntur inter tractatores societatis utriusque comunis": 1256 März 25, SAS Gubbio, Fondo comunale, Cartulari 1 (Libro rosso), fol. 41v (Anhang 1, Nr. 86). Ähnlich auch eine frühere Syndikatsurkunde aus Gubbio, der ernannte *sindicus*, *procurator* und *nuntius* soll das Bündnis schließen „secundum formas, modos, conventiones et pacta habita inter tractatores terrarum dictarum": 1255 November 10, SAS Gubbio, Diplomatico, Busta VI, Nr. 3 (Anhang 1, Nr. 85). Auch die Editoren der Kopie im „Libro rosso" Fabrianos verweisen im Kommentar auf die mutmaßliche Unterscheidung der beiden Begriffe, vgl. Libro rosso 2, hg. von Bartoli Langeli/Irace/Maiarelli, S. 363.

[67] Vgl., auf Grundlage des MLW-Eintrags „ambasciator", Sp. 541, Broser, Briefstil, S. 270; auch Queller, Office, S. 62, und Behrmann, Anmerkungen, S. 268, Anm. 13.

[68] So die Arbeiten Quellers, die hauptsächlich die Überlieferung europäischer Herrscher, des Papsttums und Venedigs sowie Rechtstraktate heranziehen und ansonsten nur selten auf das kommunale Italien eingehen: Queller, Envoys; ders., Office. Im Rahmen der Kommuneforschung äußern sich Waley, City-Republics, S. 93–97, und Pini, Comune, S. 556–558 (Wiederabdruck in Pini, Città, S. 174–176), in kurzen Abschnitten zur „kommunalen Diplomatie", beziehen sich aber immer auf Angelini, Diplomazia. Waley ergänzt andere Quellen, jedoch ohne terminologische oder rechtliche Differenzierung. Zu Perugia in einer kurzen Anmerkung auch Nico Ottaviani, Registro finanziario, S. 24, Anm. 42. Der entsprechende Eintrag im „Lexikon des Mittelalters" beschäftigt sich nur mit dem karolingischen Ambasciatorenvermerk: Kaminsky, Ambasciator.

neueren Aufsatz von Patrick Gilli zu kommunalen Gesandtschaften und Gesandten in ganz Italien gestützt.[69]

Im gelehrten Recht, bestätigt durch viele Beispiele aus der Praxis, war ein *ambaxator* im Gegensatz zum *sindicus* nicht der rechtliche Stellvertreter einer Gemeinschaft, sondern ganz allgemein eine Person, die mit einem Auftrag entsandt wurde. In vielen Fällen handelte es sich dabei um das Überbringen und Einholen von Informationen ohne spezifische rechtliche Ausstattung. In dieser Funktion ersetzte der *ambaxator* in der Rechtsterminologie des 13. Jahrhunderts zunehmend den Begriff *nuntius*.[70] Eine generische Trennung der Aufgabenfelder, die von Syndizi und solchen, die von *ambaxatores* durchgeführt wurden, wäre allerdings irreführend. Die ersten *ambaxatores* in den Bündnisquellen in Umbrien und den Marken schlossen 1215 einen Vertrag ab, so wie auch Syndizi für Verhandlungen eingesetzt wurden.[71] In vielen Fällen, wie auch im Bündnis zwischen Todi, Spoleto und Narni von 1259 finden sich Gesandtschaften, die aus Syndizi und *ambaxatores* zusammengesetzt waren.[72] 1248 taucht in einem Vertrag in den Marken ein „syndicus et ambaxator" Camerinos auf.[73] Beide Gruppen, dies sei hinzugefügt, wurden nicht nur im Kontext der Außenbeziehungen eingesetzt, sondern in allen Belangen, die die Entsendung eines Gesandten oder eines rechtlichen Stellvertreters erforderten.[74] Das maßgebliche Unterscheidungsmerkmal, zumindest im Kontext der Bündnisse der Kommunen,

---

69 Vgl. Crescenzi, Origini, S. 417–427, meines Wissens bis vor Kurzem die einzige Auseinandersetzung mit der rechtlichen Ausstattung des kommunalen *ambaxator* in der Forschung. Erst 2015 erschien ein Aufsatz von Patrick Gilli zum kommunalen Gesandten in den Statuten des 13. und 14. Jahrhunderts: Gilli, Ambassades. Allerdings geht Gilli nicht explizit auf den Unterschied zwischen *ambaxatores* und rechtlicher Stellvertretung ein.
70 Vgl. grundlegend Queller, Office, S. 60–109. Der Begriff wurde in den in dieser Arbeit untersuchten Quellen, auch noch im späteren 13. Jahrhundert, synonym verwendet, wobei regionale Unterschiede eine Rolle gespielt haben könnten. So bittet der römische Senat 1260 um Entsendung eines *nuntius*, die Perusiner Quellen bezeichnen diesen jedoch als *ambaxator*. Siehe die Belege in Kap. I.1.3, Anm. 106 und 107. Perugia selbst unterscheidet in den Statuten 1279 zwischen „ambasciatores, spias et nuncios"; vgl. Statuto 1, hg. von Caprioli, S. 123.
71 Anhang 1, Nr. 27. Matelica ernennt einen Gesandten, der ein Bündnis nach den durch „syndicos et sapientes" bereits geschlossenen und zu schließenden Verträgen beeiden soll (1269 Februar 14, Anhang 1, Nr. 104). Vgl. auch die Beauftragung von *dominus* Blancus Bonosmeri durch den Perusiner Rat, um Orvieto ein bündnisgemäßes Vorgehen in einem Konflikt nahezulegen: 1278 Januar 14, AS Perugia, Miscellanea 5, fol. 2r (Anhang 1, Nr. 105). Zu dieser Quelle auch unten Kap. I.3.4, S. 213–215. Belege aus Norditalien über die gemeinsame Beeidung von Verträgen durch Podestà und *ambaxatores* bei Queller, Office, S. 62.
72 Anhang 1, Nr. 50, 92, 108. Viele weitere Belege im Anhang bei Lonzini, Notaio 2, wo häufig auch die Ernennung eines Gesandtschaftsmitglieds zum *ambaxator* und *sindicus* zu beobachten ist. Für Siena ähnlich Crescenzi, Origini, S. 422.
73 Anhang 1, Nr. 67.
74 Vgl. die Regesten der *riformanze* in Regestum, hg. von Ansidei, und Lonzini, Notaio 2. So auch Queller, Office, S. 74 f.

blieb jedoch die Vollmacht, einen Vertrag rechtsgültig abzuschließen. Diese Macht hatte in den meisten Fällen nur der bestellte *sindicus*.[75] Der einzige Beleg für den Vollzug eines rechtlich bindenden Eids allein durch *ambaxatores* stammt bezeichnenderweise aus einer sehr frühen Phase der Bündnispraxis und der Vertretung der Kommunen hierbei durch andere Personen als den Podestà oder die Konsuln.[76] In allen späteren Quellen wurden für die Kommune verbindliche rechtliche Handlungen nurmehr durch einen *sindicus* vorgenommen. Die *ambaxatores* mochten über Verhandlungskompetenzen verfügen, die weit über den Austausch von Informationen hinausgingen, juristisch bindend waren die Ergebnisse ihrer Verhandlungen für die Kommunen nicht. Dies erklärt möglicherweise auch die Tatsache, dass kein einziges Beglaubigungs- oder Vollmachtschreiben für einen *ambaxator* überliefert ist, auch wenn es vereinzelte Hinweise in den *riformanze* Perugias auf Ausweisbriefe gibt.[77] Falls solche Briefe ausgefertigt wurden, waren sie offenbar nicht rechtserheblich für den späteren Rechtsakt und wurden daher von den Kommunen nicht aufbewahrt.

Die Ernennung zum *ambaxator* erfolgte ad hoc und immer nur für eine Mission. Es handelte sich demgemäß nicht um ein festes Amt im Magistrat der Kommune. Die Zuständigkeit für die Auswahl der Abgesandten lag in fast allen belegbaren Fällen bei den Ratsgremien. In Perugia war es in der zweiten Hälfte des 13. Jahrhunderts meist der spezielle Rat, dem die Ernennung zukam. Davon zeugen die überlieferten Ratsprotokolle, die die Wahl der *ambaxatores* direkt anschließend an die Ratssitzung festhalten, oft mit dem Zusatz „electi per consilium speciale". Obwohl der spezielle Rat häufig gemeinsam mit dem generellen Rat oder anderen Gremien zusammentrat, wurde an dieser Zuständigkeit festgehalten.[78] Dies zeigt sehr deutlich die Wahl zweier Unterhändler, die laut Beschluss einer Ratssitzung des *consilium speciale et generale*

---

75 Dies bestätigt für Siena auch Crescenzi, Origini, S. 417–427, anhand einer Reihe zeitgenössischer Belege. Auch im Vertrag von 1259 sind es ausschließlich die Syndizi, die das Bündnis beeiden; siehe oben Kap. I.1.1. Aus dem Kontext einer kommunalen Gesandtschaft an die Kurie vgl. anschaulich Codex, hg. von Theiner, Nr. 240, S. 137.
76 In dem sehr ungewöhnlichen Vertrag zwischen Orvieto und Florenz vom 27. Juni 1229 beschwört die gesamte Gesandtschaft (Syndikus, Podestà, *ambaxatores*) gemeinsam den Vertrag (Anhang 1, Nr. 50).
77 Beispiele bei Angelini, Diplomazia, S. 38. Allerdings handelt es sich in den von Angelini angeführten Fällen einmal um einen *nuntius*, einmal um einen offensichtlich gesondert zu versendenden Brief und nicht um ein Dokument, das die *ambaxatores* bei sich trugen. Einen Überblick über Gesandtschaftsbriefe vom frühen bis ins späte Mittelalter gibt Cammarosano, Scrittura. Allerdings werden diese eher in ihren Gebrauchskontext eingeordnet, zur Form der Briefe wie auch zur Form der Gesandtschaften selbst schweigt der Text.
78 Angelini, Diplomazia, S. 27 f. Vgl. im Überblick auch die Regesten der Jahre 1256–1260 in Regestum, hg. von Ansidei. Auch die späteren Protokolle zeugen von dieser Praxis, vgl. beispielsweise AS Perugia, Consigli e Riformanze 10, fol. 229v (1293 September 29). Ein entsprechendes Beispiel aus Siena bei Crescenzi, Origini, S. 422, insb. Anm. 80.

vom 15. Juli 1277 ein Bündnis Perugias mit Orvieto und Spoleto aushandeln sollten.[79] Während die Entscheidung selbst in den Ratsprotokollen der Kommune festgehalten ist, ist die Wahl der beiden Abgesandten in einem gesonderten Verzeichnis niedergeschrieben.[80] Der dort zum 15. Juli vorgenommene Eintrag beschreibt die durch den speziellen Rat erfolgte Wahl, in klarer Abgrenzung zu dem durch das *consilium generale* getroffene Entscheidung.[81] Ob die Wahl in Anwesenheit des generellen Rates stattfand, lässt das Wahlverzeichnis offen. Auch wie die Wahl durchgeführt wurde, geht aus dem Eintrag nicht hervor. Der Auswahlprozess selbst bleibt also im Dunkeln; deutlich vermerkt wird nur, dass die Wahl „secundum formam statutorum" stattfand.[82]

Die Statuten verfügen, in der ältesten überlieferten Fassung von 1279, über die Wahl der *ambaxatores*, dass diese ausschließlich durch den speziellen Rat vorzunehmen seien. Jegliche Einflussnahme durch Podestà, Capitano und Konsuln und – in einem späteren Zusatz – auch des Kämmerers seien nicht statthaft. Genaueres zur Verfahrensform ist jedoch auch diesem Text nicht zu entnehmen.[83] Der Passus, der die obersten Amtsträger der Kommune ausschließt, deutet die starke Position des Pe-

---

79 1277 Juli 15, AS Perugia, Consigli e Riformanze 8, fol. 219 r–v (Beschluss des *consilium speciale et generale*): „In reformationis … placuit maiori parti … quod … non firmetur de societate facienda et firmanda cum comuni Spoleti … sed ante quam … duo ambasatores pro comuni Perusii ad civitatem et comune Urbisveteris transmittantur".

80 AS Perugia, Offici 44, fol. 1r: „Liber continens consiliarios consiliorum specialis et generalis comunis Perusii ac alios officiales in dictis consiliis ad brevia et alias electos secundum formam statutorum comunis et populi tempore regiminis nobilis et famosi militis d. Gerardini de Boschettis dicti comunis et civitatis predicte honorabilis potestatis.". Zur Vorbereitung dieser *societas* in Perugia siehe unten Kap. I.1.6.

81 AS Perugia, Offici 44, fol. 28r (Wahl vom selben Tag): „Infrascripti duo sunt ambassatores secundum formam statutorum comunis per consilium speciale electi et secundum reformationem consilii generalis comunis Urbiveterem (Urbiveterum ms.) pro societate cum comuni Spoleti contrahenda ituri: – d. Arlotucius Oddonis de porta S. Susanne, – Baronçolus d. Uguçionis de porta Eburnea, quorum electio facta fuit die jovis xv jullii".

82 Ob sich der Zusatz „ad brevia" (ein Losverfahren) im Hefttitel nur auf die Ratsmitglieder bezieht, bleibt offen. Ausgelost wurden nicht die Erwählten selbst, sondern nur die Wahlmänner, die für das auf ihrem Los vermerkte Amt jemanden benennen durften; vgl. die Statutennorm von 1279, Statuto 1, hg. von Caprioli, Nr. 86, S. 104–106. Da dort auch ein Vermerk zur Amtsübernahme der *ambaxatores* notiert ist, wurden diese womöglich *ad brevia* gewählt. Zur üblichen Auslosung der Nominatoren, nicht der Amtsträger, auch Blattmann, Wahlen, S. 239; Gilli, Sources, S. 267 f.; Tanzini, Consiglio, S. 75 f.

83 Angelini, Diplomazia, S. 28 f. In Ausnahmefällen konnte auch eine Wahl durch den großen Rat angeordnet werden; vgl. Statuto 1, hg. von Caprioli, S. 420. Explizit mit den kommunalen *ambaxatores* beschäftigen sich in den Statuten von 1279 die Kapitel 70 und 475, ebd., S. 91, 420–422. Aufgearbeitet wurden diese von Angelini, auf dessen Ergebnisse im Folgenden meist verwiesen wird, ohne nochmals die Quelle zu zitieren. Grundsätzlich zu Gesandten und Gesandtschaften in den italienischen Statuten des 13. und 14. Jahrhunderts Gilli, Ambassades.

rusiner Rates in der Kontrolle der kommunalen Außenbeziehungen an, auch wenn diese gegen Ende des Jahrhunderts zugunsten der regierenden *consules artium* aufgeweicht wurde.[84] Auch die Statuten der Stadt Todi des Jahres 1275 halten im Kapitel „De electione ambasciatorum" die Wahl im Rat („in consilio") fest, ohne ein bestimmtes Gremium zu nennen. Nur dort sei es zulässig, den Abgesandten ihren Auftrag zu übergeben. Eine Beauftragung durch den Podestà oder dessen *curia* sei ohne ausdrückliche Genehmigung des Rates nicht erlaubt. Auf diese Weise übertragene Botschaften durften von den *ambaxatores* nicht überbracht werden. Jeder habe zudem höchstens zweimal im Jahr eine Gesandtschaft zu übernehmen, außer gewichtige Gründe sprächen dagegen, wozu etwa Gesandtschaften an Papst, Kaiser oder König und der Wille des Rates zählten. Entsprechende Hinderungsgründe habe der Podestà vor der Wahl auszuschließen.[85] Ein Statutenfragment aus Macerata in den Marken (wahrscheinlich vor 1268) verfügt ebenfalls, dass die Wahl von *ambaxatores* nur durch Wahlmänner zu erfolgen habe und nicht etwa „ad rumorem vel arengando". Allerdings scheint es zur unbestimmten Zeit der Abfassung in Macerata auch noch üblich gewesen zu sein, dass der Podestà selbst und die Mitglieder seiner *familia* auf Gesandtschaft gingen.[86] Die Statuten Spoletos aus dem Jahr 1296 äußern sich zwar nicht zur Wahl, verfügen jedoch, dass die erwählten *ambaxatores* aufs Evangelium beschwören mussten, ihren Auftrag weisungsgemäß auszuführen.[87] Alle genannten Statutenfragmente stammen aus der zweiten Hälfte des 13. Jahrhunderts. Doch auch ein wahrscheinlich früher

---

84 Zur Wahl durch die *consules artium* vgl. AS Perugia, Consigli e Riformanze 10, fol. 71v–72r und 145r (Anhang 1, Nr. 108). Ein lange vor der erhaltenen Statutenfassung verfasstes Ratsprotokoll zeugt von eigenen *ambaxatores*, die vom Capitano und vom Rat des Popolo ernannt werden durften, allerdings wird nicht deutlich, für welche Missionen diese gedacht waren; vgl. Angelini, Diplomazia, S. 30. Eine korrespondierende Praxis ergibt sich aus einem Statutenfragment aus Città di Castello aus dem Jahr 1261, das anhand der überlieferten Inhalte wohl als Statutengesetzgebung des Popolo identifiziert werden muss. Hier wird deutlich, dass die *ambaxatores* spezifisch für die Angelegenheiten des Popolo eingesetzt wurden, in Abgrenzung zu jenen, „qui vadunt pro comuni": Frammenti, hg. von Magherini-Graziani, S. 15 f. („Ut capitaneus possit mittere ambasciatores et nuntios pro facto populi civitatis"). Es handelt sich somit um ein Phänomen, das wohl in die Phase der Emanzipierung des Popolo einzuordnen ist und nach deren Erfolg verschwand.
85 Statuto, hg. von Ceci/Pensi, Nr. 51, S. 41 f. Ähnlich auch eine Norm aus Perugia, Statuto 1, hg. von Caprioli, S. 420.
86 Statuto, hg. von Foglietti, Nr. 10, S. 13 f.: „De ambasscatis offitialium in exercitu et alibi". Pratesi, Paganelli, datiert die Statuten auf 1245. Die Erwähnung einer Statutengesetzgebung in einem Dokument aus diesem Jahr sagt jedoch nur wenig über das Alter der erhaltenen Fassung aus, wie der Autor selbst einräumt. In Spoleto war noch 1296 die Möglichkeit vorgesehen, dass der Podestà eine *ambaxata* übernahm; vgl. Statuti, hg. von Antonelli, Nr. 55, S. 53.
87 Statuti, hg. von Antonelli, Nr. 13, S. 37: „De pena ambassiatorum qui non fecerint ambassiatam secundum formam presentis capituli". So auch die erstmals 1371 überlieferten Statuten Narnis: Statuta, hg. von Bartolucci, Lib. I, Cap. CLVI, S. 178 („Quod ambassiatores mittendi iurent eorum ambassiatam facere bona fide"), und Lib. I, Cap. CXCVI, S. 216 („De electione ambassiatorum"). Vgl. auch Gilli, Ambassades, S. 78 f.

verfasster Text, der Podestà-Ratgeber des Giovanni da Viterbo, rät dem Podestà, die Wahl im Rat nach den üblichen Wahlmechanismen abhalten zu lassen. Einzig bei Gesandtschaften an Papst und Kaiser könne der Podestà auch gemeinsam mit seiner Entourage Gesandte auswählen, da im Rat oft nach Verwandtschaft oder Freundschaft gewählt werde, wodurch die Gefahr bestünde, dass die Ernannten nicht fähig seien, eine Gesandtschaft „honorifice" auszuführen. Dieses Vorgehen scheint in der späteren popularen Kommune ausgeschlossen, die Ausführungen Giovannis machen allerdings deutlich, welche Anforderungen an *ambaxatores* im Idealfalle gestellt wurden. Mitbringen sollten sie, so Giovanni, Redegewandtheit, Klugheit und gute Sitten („eligere debet de maioribus et sapientioribus ..., quorum eloquentia et sapientia et moribus ambaxiaria eius iniuncta honorifice portetur").[88]

Ein soziales Profil der Männer, die in solche Gesandtschaften gewählt wurden, erstellte auf Grundlage der Perusiner *riformanze* Sergio Angelini. Es handelte sich zum größten Teil um Ratsmitglieder und *sapientes*, die oft auch wiederholt als *ambaxatores* eingesetzt wurden. Statuarisch wurde in der popularen Kommune zudem eine gemischte Besetzung der Gesandtschaften aus *milites* und *pedites* angeordnet. In den von Angelini untersuchten Jahren verfügten jedoch alle Abgesandten über ein hohes Vermögen und wahrscheinlich auch einen hohen sozialen Status.[89] Dem entspricht, dass die Gesandten gemäß der Statuten Perugias von 1279 eine Mindestanzahl von zwei Pferden mit sich führen mussten, bei Gesandtschaften an die Kurie, nach Rom, zu Kaisern oder Königen sogar drei.[90] Auch die Gesandten Todis waren nach den Statuten des Jahres 1275 mit bis zu zwei Pferden unterwegs, dies war zumindest die Referenzgröße, an der sich die Bemessung ihrer Entschädigung ausrichtete.[91]

In der zweiten Hälfte des 13. Jahrhunderts tritt in Perugia zunehmend auch der Begriff *orator* in den Ratsprotokollen auf, wobei der Begriff inhaltlich deckungsgleich mit dem des *ambaxator* zu sein scheint. Eine Gesandtschaft des Jahres 1277 wird in den Protokollen mit beiden Begriffen belegt.[92] Der Begriff *tractator* findet

---

88 Giovanni da Viterbo, Liber de regimine civitatum, hg. von Salvemini, Nr. 123, S. 262: „De ambaxiatoribus eligendis". Zur Datierung des Textes in die 1220er–1240er Jahre vgl. Zorzi, Giovanni da Viterbo. Zur Wahl im Rat auch Gilli, Ambassades, S. 67f., 72–77.
89 Angelini, Diplomazia, S. 22–33. Allerdings ist die von Angelini benutzte Quellenbasis recht schmal, sie umfasst nur ein Jahr. Nach Queller ist im sozialen Profil der Abgesandten auch die Erklärung für die Verdrängung des Begriffs *nuntius* durch *ambaxator* oder *orator* zu sehen, da diese Titel vor allem an Gesandte hohen Ranges vergeben wurden; vgl. Queller, Office, S. 25.
90 Vgl. Angelini, Diplomazia, S. 49.
91 Statuto, hg. von Ceci/Pensi, Nr. 51, S. 41. Ausgeschlossen von Gesandtschaften waren auch die Richter und Notare, die durch ihr Amt in der Rechtsprechung verpflichtet waren und daher anwesend sein mussten: ebd., Nr. 57, S. 91. Zur normierten Anzahl der mitgeführten Pferde auch Gilli, Ambassades, S. 77.
92 Das *consilium speciale et generale* entscheidet am 13. Juli 1277 über die Anfrage von *oratores* aus Spoleto, der Rat der *credentia* berät am folgenden Tag „super petitione ambassatorum comunis Spoleti": AS Perugia, Consigli e Riformanze 8, fol. 209r–v, und Consigli e Riformanze 176, fol. 16r–v. Ebenso

sich in den Quellen weniger häufig, was jedoch auch am Übergewicht der Perusiner Überlieferung liegen kann. Beispiele von im Vorfeld durch *tractatores* festgelegten Vertragsinhalten finden sich in Schriftgut aus Gubbio. In den von Queller untersuchten Beispielen aus nichtkommunalen Kontexten wurden *tractatores* vor allem eingesetzt, um vor Ort mit den von anderswo entsandten *ambaxatores* zu verhandeln. Da es sich bei den entsprechenden Quellenbelegen der Kommunen Umbriens und der Marken jedoch ausschließlich um Erwähnungen in Vertragsinstrumenten handelt, ist eine solche Präzisierung nicht möglich. Ohnehin gibt es auf Basis des mageren Quellenmaterials keine Hinweise auf eine andere Funktion des *tractator*.[93]

Die Rolle der *ambaxatores*, *oratores* oder *tractatores*, dies zeigen die disparaten Quellenbelege, ging weit über die eines reinen Nachrichtenüberbringers hinaus.[94] Davon zeugen der Stand der ausgewählten Personen, ihre Ausstattung, das Wahlprozedere, die statuarischen Verfügungen und nicht zuletzt ihr Einsatzbereich: die Kommunikation in politisch relevanten Angelegenheiten mit anderen Kommunen wie auch mit der Kurie und anderen Akteuren.[95] Über die Form, in der diese Verhandlungen geführt wurden, ist hingegen kaum etwas zu erfahren. Über den Empfang fremder *ambaxatores* etwa schweigen die deskriptiven und normativen Quellen der untersuchten Städte. Sichtbar wird aus der Überlieferung nur, dass die Abgesandten ihr Anliegen in den Ratsversammlungen der Kommunen vortrugen. Weitere Informationen finden sich jedoch in den Podestà- und Notarshandbüchern der Zeit. Giovanni da Viterbo führt in seinem „Liber de regimine civitatum" aus, dass es zuerst dem Podestà obliege, die Gesandten freundlich und ehrenhaft zu empfangen, ihr Anliegen anzuhören und gegebenenfalls den Rat einzuberufen. Nach der Rede der Gesandten vor dem Rat solle der Podestà gemeinsam mit der Versammlung zu einer Entscheidung kommen, während die *ambaxatores* an einem anderen angemessenen Ort zu warten hätten.[96] Auch eine Passage zur Protokollierung von Ratsversammlungen in der „Ars notariae" des Raniero da Perugia betont, dass die *ambaxatores* vor der Ent-

---

Consigli e Riformanze 10, fol. 71v–72r, 190r–v (siehe Anhang 1, Nr. 108). Vgl. auch Queller, Office, S. 63. Auch norditalienische Quellen sprechen für eine Austauschbarkeit der Begriffe; vgl. Raccagni, Tra Lega Lombarda, S. 253–259.
93 Queller, Office, S. 101.
94 Hierfür wurden auch in Perugia einfache Boten eingesetzt; vgl. den Verweis bei Angelini, Diplomazia, S. 48.
95 So auch Broser, Briefstil, S. 270.
96 Giovanni da Viterbo, Liber de regimine civitatum, hg. von Salvemini, Nr. 121, S. 261: „De ambaxatoribus honorifice recipiendis". Besondere Aufmerksamkeit schenkt Giovanni dem Empfang von kaiserlichen und päpstlichen Legaten, die bereits vor der Stadt durch die Amtsträger und *milites* zu empfangen seien. Die Betonung dieser Tatsache lässt vermuten, dass für städtische *ambaxatores* nichts dergleichen vorgesehen war. Vgl. auch Angelini, Diplomazia, S. 43 f., Gilli, Ambassades, S. 81–83, und allgemein auch Sbarbaro, Delibere, S. 45.

scheidungsfindung höflich gebeten werden sollten, den Raum zu verlassen.⁹⁷ Der Bescheid verzögerte sich wohl oft auch auf die darauffolgenden Tage, wie mehrere Beispiele aus dem Untersuchungskontext zeigen. Eine Quelle aus Todi eröffnet zudem einen Blick auf die Form der Antwort. Gemäß einer Niederschrift vom 31. Oktober 1237 bat der Podestà Todis in der Versammlung einen anwesenden Richter, den auswärtigen *ambaxatores* die Entscheidung des Rates mitzuteilen. Dieser erhob sich und formulierte den Willen des Rates. Seine Rede – so scheint es – wurde danach vom Podestà und den Ratsmitgliedern noch einmal formal bestätigt.⁹⁸ Giovanni da Viterbo hingegen überlässt es dem Podestà, die Antwort des Rates zu formulieren.⁹⁹ Deutlich wird durch diese Quellenbelege auch, dass die *ambaxatores* ihre Nachrichten fast immer mündlich überbrachten.¹⁰⁰

Der genaue Ablauf der Kommunikation im Vorfeld eines Bündnisvertrags lässt sich nur selten bis ins Detail nachzeichnen. Über die überlieferten Quellen lassen sich in einigen Fällen jedoch durchaus Informationen über einzelne Verhandlungsmomente und -abläufe gewinnen. So sind wir über die Perusiner Ratsprotokolle und vereinzelte andere Quellen relativ gut darüber unterrichtet, wie die erste Kontaktaufnahme mit der oder den Kommunen, mit denen eine Allianz gewünscht war, vonstatten ging. Die Unterbreitung eines solchen Vorschlags erfolgte bevorzugt über den persönlichen Kontakt durch *ambaxatores*.¹⁰¹ Bisweilen finden sich jedoch auch Anhaltspunkte über andere Formen der Kommunikation. Der römische Senat erbat 1260 durch einen Brief an Perugia einen *nuntius*, der dann mit der Bitte um Einschätzung

---

97 Raniero da Perugia, Ars notariae, hg. von Wahrmund, S. 195: „Et post narrationem ambaxatoris vel ambaxatorum potestas surget et dicet ambaxatoribus curialiter, si volunt discedere ... Et consuletur et reformabitur ut supra et fiet eis postea responsio vel in ipso consilio vel alibi ubicunque.".
98 1237 Oktober 31, Codice Diplomatico 2, hg. von Bartoli Langeli, Nr. 177, S. 387 f. (Anhang 1, Nr. 60): „ad quod consilium accesserunt et interfuerunt dominus Bonuscomes Ugonis Vilani et Boniohannes Lombardi ambaxatores comunis Perusii pro responsione recipienda et habenda super ambaxiata quam ipsi proposuerunt in eodem consilio proxima die transacta ...; unde ... potestas precepit domino Girardo iudici ut adsurgeret ad ipsam responsionem faciendam dictis ambaxatoribus. qui dominus Girardus mandato ipsius potestatis surrexit in eodem consilio et ... dixit quod [es folgt die ausführliche Antwort] ... qui potestas et consiliarii predicte responsioni contenti fuerunt, nullo contradicente".
99 Giovanni da Viterbo, Liber de regimine civitatum, hg. von Salvemini, Nr. 121, S. 261: „De ambaxiatoribus honorifice recipiendis".
100 Angelini, Diplomazia, S. 39, vermutet jedoch, dass die Abgesandten auf der Grundlage schriftlicher Notizen vortrugen. Die mündliche Überbringung der Informationen belegen auch päpstliche Quellen; vgl. Broser, Briefstil, S. 270.
101 So eine Gesandtschaft Perugias an Orvieto: 1256 August 22, Regestum, hg. von Ansidei, Nr. 46, S. 58 f. (Anhang 1, Nr. 88); aus Orvieto und Spoleto nach Perugia: 1277 Juli 3, AS Perugia, Consigli e Riformanze 8, fol. 199r, und 1277 Juli 13, ebd., fol. 209r–v (Anhang 1, Nr. 105); aus Rocca Contrada an Fano: 1263 April, Regesti, hg. von Villani, Nr. 503 (Anhang 1, Nr. 100).

eines gemeinsamen Bundes mit Florenz nach Perugia zurückkehrte; das Bündnis hatte zuvor Florenz in Rom vorgeschlagen.[102] Im gleichen Jahr beriet der Perusiner Rat über den Bericht eines *dominus* Perus, Podestà in Gualdo Tadino, der verkündete, dass die Kommune Fabriano ein Bündnis mit Perugia schließen wolle. Das zur Beratung über dieses Anliegen zusammengestellte *consilium sapientum* entschied, dass besagter *dominus* Perus genauere Informationen über die Vorstellungen der Fabrianesen einholen solle.[103] Die Kontaktaufnahme wie auch die weiteren Verhandlungen erfolgten in diesem Fall also über den führenden Amtsträger einer dritten Kommune, die auf halbem Wege zwischen den fraglichen Städten lag und zum Einflussbereich Perugias gehörte. Ob dabei bestehende gute Beziehungen zwischen Fabriano und Gualdo Tadino eine Rolle spielten oder unabhängig von der Kommune die Person des Perus den Ausschlag für die Wahl dieses Kommunikationsweges gegeben hatte, muss offen bleiben. Die Vermittlung von Bündnisbeziehungen über dritte Parteien konnte auch vertraglich festgehalten werden. In einem Bündnis zwischen Gubbio und Sassoferrato vom März 1256 versprach der Vertreter Gubbios ausdrücklich, dass Gubbio sich um eine Aufnahme der Bündniskommune in ein weiteres Bündnis zwischen Gubbio, Jesi, Fabriano und Rocca Contrada bemühen werde.[104] Einer entsprechenden Kontaktaufnahme zuvorzukommen versuchte wohl eine Gesandtschaft aus Todi, die den Rat Amelias von einer kürzlich geschlossenen *societas* zwischen Narni und Orvieto gegen Todi unterrichtete und Amelia bat, diesem Bündnis keinesfalls beizutreten. Eine ähnliche Gesandtschaft erging wohl auch an Orte.[105] Selten einmal lassen vereinzelte Quellen auch die Geheimhaltung der Bündnispläne und Verhandlungen sichtbar werden.[106]

---

102 Beleg wie Kap. I.1.3, Anm. 106 und 107. Siehe auch Anhang 1, Nr. 96.
103 Regestum, hg. von Ansidei, Nr. 134, S. 154 (Anhang 1, Nr. 98): „Quid placet eis super eo quod dicitur per D. Perum Pot. Gualdi qualiter homines de Fabriano volunt contrahere societatem cum hominibus de P[erusio] ... Plac. .. quod D. Perus .. debeat .. scire .. quo modo dictam societatem volunt contrahere cum C. P[erusii]".
104 1256 März 26, SAS Gubbio, Fondo comunale, Cartulari 1 (Libro rosso), fol. 75r–76r, Regest in: Hagemann, Kaiserurkunden 2, Nr. 104, S. 205 f. (Anhang 1, Nr. 86). Bei dem Bündnis zwischen Gubbio, Fabriano, Jesi und Rocca Contrada handelt es sich um Nr. 85.
105 ASC Todi, Registrum vetus, S. 186 (moderne Zählung). Das Datum der Riformanz ist nicht eindeutig zu ermitteln, *terminus ante quem* ist jedoch die Datierung der Abschrift im „Registrum vetus" der Kommune Todi, die vom 10. März 1289 stammt. Überlegungen zur Datierung auch in Anhang 1, Nr. 110. Amelia war Todi des Öfteren unterstellt, das Verhältnis zu Orte ist in den Quellen nicht belegt; vgl. Bassi/Chiuini/Di Lorenzo, Todi, und Zuppante, Leoncini.
106 Ratsprotokoll des speziellen Rats Perugias mit *adiuncta* vom 30. März 1260, Regestum, hg. von Ansidei, Nr. 138, S. 158 (Anhang 1, Nr. 96): „Auditis litteris missis a senatoribus alme Urbis continentes quod mittebant Pot. et Consilio privato ut mitteret eis unum nuncium, cum quo tractare volebant quedam archana". Der Bündnisvertrag zwischen Cagli und Sassoferrato (1217 Mai 14, Anhang 1, Nr. 33) verfügt die Geheimhaltung der Vertragsinhalte im Vertrag selbst; auch etwaige Vorverhandlungen dürften somit wohl ohne Öffentlichkeit stattgefunden haben. Eine ähnliche Klausel findet sich im

Nur selten wurden bei der ersten Sondierung schon inhaltliche Einzelheiten vorgeschlagen. Dies zeigt sehr deutlich die 1260 erfolgte Beauftragung des Perus, Podestà von Gualdo Tadino, weitere Informationen zum *quo modo* in Fabriano zu erfragen. Auch die Anfrage aus Rom im gleichen Jahr forderte weitere Fragen nach dem *quo modo* heraus. Nach Anhörung des Berichts des *nuntius* beschloss der Rat Perugias, zwei *ambaxatores* zu entsenden, die beim Senat erfragen sollten, wie genau die Anfrage aus Florenz ausgesehen habe und wie die Römer selbst sich ein solches Bündnis vorstellten. Zudem wollte man den Senat auf einen älteren Vertrag zwischen Perugia und Florenz hinweisen und eine Bedingung Perugias einbringen: den Wiederaufbau Cortonas. Mit den so gesammelten Informationen sollten die beiden *ambaxatores* zurückkehren und dem speziellen Rat berichten.[107] Ob der Vertrag zustande kam, ist unbekannt, die Abstimmung von Inhalten erscheint in diesem Beispiel jedoch relativ zeitaufwändig, vor allem da die beauftragten Unterhändler nicht mit Entscheidungskompetenzen ausgestattet waren. Wenn, wie es sich hier abzeichnet, jeder Verhandlungsschritt zuerst an den heimischen Rat zurückging, erforderte der Abschluss eines Bündnisses ein höheres Maß an zeitlichem Vorlauf und zurückgelegter Wegstrecke.[108] Beispiele, die die auf diese Weise erlangte Kontrolle der Ratsversammlung über die einzelnen Verhandlungsetappen bezeugen, finden sich in den perusinischen Ratsprotokollen vielfach.[109] Sie bestätigen die eingangs formulierte Hypothese, die auch Victor Crescenzi für Siena aufstellt, dass die *ambaxatores* der Kommunen keine Rechtsbefugnisse hatten. Alles, was sie aushandelten, musste vom Rat bestätigt werden. Dies zeugt von einem stark ausgeprägten Kon-

---

Vertrag zwischen Camerino und Montecchio (1198 Mai 4, Anhang 1, Nr. 6), der auch eine Vorabrede darstellen könnte.
107 „Auditis hiis que in dicto Consilio recitata fuerunt per D. Raynaldum Benvignatis ambaxatorem C. ad Romam ad Senatores dicentes se requisitos a Florentinis facere cum ipsis societatem et se velle prius Perusinorum intelligere voluntatem; ... Plac. quasi toti Consillio quod duo ambaxatores mittantur ad Romam ad inquirendum quomodo petitur societas fieri a Florentinis et quomodo placet Romanis dictam societatem inire, et proponere coram Senatoribus et etiam Romanis, si visum fuerit, qualiter olim societas tractata fuit inter C. Florentie et Perusinos ..., et spetialiter proponant .. super reedificatione Cortone, et quod ibi intellexerint refferant in .. Consillio speciali, et sicut Consillio placuerit, ita .. procedatur.": 1260 April 24, Regestum, hg. von Ansidei, Nr. 153, S. 174 f. (Anhang 1, Nr. 96). Dass es um ein Dreierbündnis geht, geht erst aus der Diskussion hervor, die bei Ansidei fehlt.
108 Nicht von ungefähr wurden die beiden gewählten *ambaxatores* einige Tage später auch noch mit einer anderen Angelegenheit betraut, die in Rom zu klären war; vgl. ebd., S. 175, Anm. 1.
109 Vgl. etwa die Aufgabenbeschreibung einer Gesandtschaft nach Orvieto im Juli 1277, die dort für ein gemeinsames Bündnis mit Spoleto werben sollte: „qui ibidem debeant exponere ea, de quibus comune Perusii requiritur per comune Spoleti de predicta societate firmanda et facienda; et si predicta fieri placuerit dicto comuni Urbiveteris, dictis ambassatoribus reversis, predicta ad simile consilium reducantur et secundum quod tunc dicto placuerit consilio procedatur."; AS Perugia, Consigli e Riformanze 8, fol. 219 r–v (Anhang 1, Nr. 105). Ähnlich auch Angelini, Diplomazia, S. 37. Vergleichbare Beispiele aus italienischen Kontexten auch bei Queller, Office, S. 102.

trollbedürfnis der kommunalen Führungen, die wahrscheinlich weder bereit waren, weitreichende politische Entscheidungen in die Hände Einzelner zu legen noch einen Vertrag ohne vorhergehende juristische Prüfung abzuschließen, obschon viele der *ambaxatores* selbst Juristen waren. Vielleicht steht hinter diesem aufwändigen Prozedere aber auch die Idee der legitimen Repräsentanz der Kommune durch den gewählten Rat und damit die Vorstellung, dass nur dieses Gremium – nicht aber einzelne *ambaxatores* – Entscheidungen für das Gemeinwesen treffen konnten.[110]

Vor allem bei Verhandlungen mit einer Vielzahl an Bündnispartnern muss die Abstimmung einen nicht unerheblichen logistischen Aufwand bedeutet haben, der unweigerlich zu Fehlern und Lücken im Informationsfluss führte. In einem Bündnis zwischen sieben Städten der Mark Ancona, die sukzessive einem am 12. Juli 1250 abgeschlossenen Vertrag beitraten, scheint die Kommune Pesaro, die am 8. Juli als erste einen Syndikus ernannte, noch nichts von der Teilnahme Fanos gewusst zu haben.[111] Dies kann einer der Gründe sein, warum sich immer wieder Kommunen von den Abgesandten anderer Kommunen in den Verhandlungen vertreten ließen. Ein sprechendes Beispiel ist die Antwort der kommunalen Führung Todis an eine Perusiner Gesandtschaft, die vorgeschlagen hatte, ein wenige Monate zuvor abgeschlossenes Bündnis nun auch auf Spoleto zu erweitern. Der mit der Antwort betraute Richter befürwortete dies im Namen seiner Kommune und ermächtigte Perugia, auch im Namen Todis zu verhandeln, „quia comune Tudertinum multum confidebat de comuni Perusino de ipso negotio et aliis". Er versprach zugleich, dass Todi seine Repräsentanten zur Beeidung schicken werde.[112] Eine solche Konstellation ist oft aber auch ein Zeichen von Abhängigkeitsverhältnissen.[113]

Hatte man sich auf die Inhalte des künftigen Bündnisses geeinigt, mussten Zeit und Ort des Zusammentreffens der legitimen Repräsentanten der Kommunen vereinbart werden. Über diesen Vorgang informiert uns nur eine einzige Quelle: die im Kontext der Städtebünde Umbriens und der Marken einzigartige Fixierung des Verhandlungsabschlusses zwischen Perugia und Città di Castello in einem eigenen Schriftstück. Die Überlieferung ist wohl dem Umstand geschuldet, dass es sich bei diesem Bündnis um ein für Città di Castello ausgenommen vorteilhaftes Vertrags-

---

110 Ein auffälliges Bedürfnis nach Kontrolle der Entsandten konstatieren auch Cirier, Diplomazia, S. 202, und Gilli, Ambassades, S. 67. Ein weiteres Beispiel ist der energische Einspruch mehrerer norditalienischer Kommunen gegen den Einsatz ‚ständiger' *ambaxatores* mit Verhandlungs- und Abschlussvollmachten beim päpstlichen Legaten in der Lombardei 1252. Vgl. Raccagni, Tra Lega Lombarda, S. 253.
111 Bestellung vom 8. Juli 1250, Documenti, hg. von Baldetti, Nr. 170, S. 91 (Anhang 1, Nr. 73). Es sei auf das methodische Problem hingewiesen, dass der Fehler ganz simpel auch der überlieferten Abschrift geschuldet sein könnte.
112 Ratsbeschluss 1237 Oktober 31, Codice Diplomatico 2, hg. von Bartoli Langeli, Nr. 177, S. 387 f. (Anhang 1, Nr. 60). Weitere Beispiele unter Nr. 45, 48, 100.
113 Auch Todi hatte zu diesem Zeitpunkt einen Podestà aus Perugia.

werk handelte, das die kleinere Kommune ein einziges Mal in den Vorteil gegenüber der dominanten Nachbarin versetzte.[114] Entsprechend reich ist die Überlieferung in Città di Castello, entsprechend sorgfältig war man aber möglicherweise auch bei der Dokumentation der Vorgänge. In dem Instrument, ausgestellt in einem Privathaus in Perugia, bestätigten sechs Bürger Perugias – darunter zwei Notare, einer davon *sindicus* –, dass sie wie vereinbart zur Beeidung erscheinen würden, zu einem Termin, den die Gesandten oder der Podestà Città di Castellos Perugia noch mitteilen wollten.[115] Das einseitige Diktat aus Città di Castello steht dabei sicherlich nicht für die Regel; bei Bündnissen mit ebenbürtigen Partnern wurde die Terminvereinbarung wahrscheinlich gemeinschaftlich vorgenommen. Abgeschlossen wurde der für Perugia höchst unvorteilhafte Vertrag am 21. Juli im Contado von Città di Castello. Der Ort der Zusammenkunft wurde in diesem Beispiel wie in den meisten Fällen wohl nicht willkürlich gewählt. Der symbolische Gehalt eines Treffpunktes konnte ein Hierarchiegefälle zwischen den Bündnispartnern aufzeigen, auch wenn dies sicher nicht für jedes Bündnis zutrifft, das in einer der Bündnisstädte geschlossen wurde.[116] Auch pragmatische Überlegungen dürften bisweilen eine Rolle gespielt haben. Dies ist beispielsweise unbestreitbar bei einem Bündnis, das bereits im Feld geschlossen wurde, wie bei der *societas*, die Fabriano und San Severino 1199 „in obsidione castri Petini" beeideten.[117] Das Bewusstsein für die Symbolik des Treffpunkts wird allerdings sehr deutlich bei den Bündnissen, die einen neutralen Ausstellungsort aufweisen, häufig auf halber Strecke oder an den Grenzen der Territorien gelegen. Bei dauerhaften Bündnissen mit mehrmaligen Erneuerungen wurde die Symbolik des Treffpunkts durch die Beibehaltung des gewählten Ortes noch verstärkt, wie etwa bei den *societates* zwischen Perugia und Todi, wo das Zusammentreffen immer in Piano dell'Ammeto, einem kleinen Ort etwa an der Grenze der beiden Contadi, stattfand.[118]

Da nur in den wenigsten Fällen der genaue Ablauf der Vorverhandlungen rekonstruierbar ist, lässt sich auch zur Dauer des Abstimmungsprozesses wenig sagen. Im Beispiel der *societas* zwischen Todi, Narni und Spoleto 1259 etwa fehlt trotz guter Überlieferungslage ein Verweis auf den Beginn der Verhandlungen. Die Abstimmung zur Aufnahme Narnis in das zuvor geschlossene Zweierbündnis erforderte wohl nicht mehr als zwei bis drei Wochen. In einem Bündnis zwischen Perugia, Todi, Spoleto und Narni, geschlossen im November 1286, bestellte Todi seinen Repräsentanten

---

[114] Dazu kam es durch die inneren Konflikte Perugias, die zu einem Bündnis der exilierten *milites* mit Città di Castello und zu einer Niederlage der popularen Kommune führten. Siehe unten Kap. II.1.3.
[115] 1230 Juni, Codice Diplomatico 1, hg. von Bartoli Langeli, Nr. 99, S. 242 f. (Anhang 1, Nr. 54).
[116] So für ihren Gegenstand auch Schulte, Scripturae, S. 127–136.
[117] 1199 Juni, Libro rosso 2, hg. von Bartoli Langeli/Irace/Maiarelli, Nr. 227, S. 374–376 (Anhang 1, Nr. 9).
[118] Anhang 1, Nr. 21, 35, 55. Weitere Beispiele für das Zusammentreffen an der Grenze des Contados bzw. auf halbem Wege zwischen beiden Städten Nr. 5, 18, 24, 30, 33, 53, 54, 61, 90, 108.

bereits am 9. August, die drei anderen Städte ließen sich Zeit bis November. Die Bevollmächtigung Todis enthält jedoch bereits alle wichtigen Punkte des späteren Vertrags, teils im Wortlaut. Wie der große Abstand zwischen den Ernennungen zustande kam, lässt sich somit nicht erklären, weitere Verhandlungen waren aber offensichtlich nicht der Grund.[119] Genau nachvollziehbar sind hingegen die Verhandlungen zwischen Perugia, Spoleto und Orvieto im Sommer 1277. Sie dauerten von der ersten Kontaktaufnahme Orvietos bis zur Beeidung des fertigen Vertrags trotz mehrmaliger Gesandtschaften nur 27 Tage.[120]

Zu irgendeinem Zeitpunkt im Laufe dieses Prozesses muss dann auch der Vertragstext ausgehandelt worden sein. Über dieses Vorgehen schweigen die Quellen jedoch meist. Dieser Punkt führt unweigerlich zur Frage der Schriftlichkeit der Verhandlungen. Denn dass die teils komplexen Vertragstexte bereits vor der Beeidung schriftlich fixiert wurden, ist anzunehmen, obschon die Notare des 13. Jahrhunderts geschult darin waren, mündliche Absprachen und Inhalte zügig in rechtsgültige, schriftliche Form zu bringen. Die Existenz von Vorakten beweisen vor allem die insbesondere in der zweiten Hälfte des Jahrhunderts oft wörtlich in die Syndikatsurkunden eingefügten Vertragstexte. Diese mussten dem Notar, der die Vollmacht verfasste, somit vorgelegen haben.[121]

Hinweise auf schriftliche Konzepte finden sich aber auch in anderen Quellen immer wieder, so auch in dem bereits vorgestellten Instrument, das den Verhandlungsabschluss zwischen Perugia und Città di Castello beurkundet. Das Dokument bezeugt unter anderem die Bestätigung der gemeinsam getroffenen Vereinbarungen, die von je einem Notar der beiden Seiten schriftlich festgehalten worden seien: „confitemur et verum est quod quicquid scriptum est per Benvengnatem notarium Perusinum et per Iohannem Ben. notarium Civitatis Castelli de concordia et amicitia atque sotietate inter utramque civitatem facienda, scriptum est de comuni voluntate".[122] Die Stelle macht deutlich, dass wohl gleich zwei Notare mit der Umwandlung der ausgehandelten Inhalte in die schriftliche Rechtsform betraut waren, sicherlich auch, um Parteilichkeiten auszuschließen.[123] Auf schriftliche Entwürfe verweist ferner ein von Podestà und Rat der Stadt Todi ausgestelltes Instrument, das einen Perusiner

---

119 Siehe Anhang 1, Nr. 108.
120 Siehe Anhang 1, Nr. 105, sowie unten Kap. I.1.6.
121 Siehe unten Kap. I.1.4, S. 97. Das Aufsetzen eines detaillierten Texts vor der Beeidung ist im Übrigen seit dem Frühmittelalter in Bündnisbeziehungen zu beobachten; vgl. Kolmer, Eide, S. 168–178. Beispiele aus dem Umfeld der Lega Lombarda auch bei Behrmann, Anmerkungen, S. 271 f.
122 Codice Diplomatico 1, hg. von Bartoli Langeli, Nr. 99, S. 242 f.
123 Freilich handelt es sich bei dem Vertrag zwischen Perugia und Città di Castello nicht um eine Urkunde, die die Versprechungen beider Seiten festhält und somit in zwei identischen Exemplaren ausgefertigt wurde, sondern um zwei korrespondierende Urkunden, die jeweils nur die Versprechungen der Gegenseite aufführen. Eine gemeinsame Abstimmung des Textes ergibt sich somit nicht zwingend. Zu den verschiedenen Vertragsformen siehe unten Kap. I.2.1.

Notar ermächtigte, im Namen Todis ein bereits ausgehandeltes Bündnis mit Foligno zu beeiden. Dies, so der Beschluss, „secundum capitula sive modum ab ipsis Perusinis et Fulginatibus et nobis ipsis inventa, que scripta apparent per manum Egidii notarii".[124] Ein weiteres aussagekräftiges Zeugnis zur Schriftlichkeit der Verhandlungen ergibt sich aus dem Beitritt Gubbios zu ebendiesem Bündnis nur einen Monat später. Der Beitritt führte eine Reihe von Nebenverträgen mit Perugia mit sich, die sich aus der zeitgleichen Beilegung eines längeren Streits zwischen beiden Kommunen um das Kastell Valmarcola ergaben. Über die Form des Vergleichs zwischen beiden Kommunen wurde in einer Perusiner Ratsversammlung abgestimmt. Der Entwurf des Schriftstücks wurde dabei vom Rogatar selbst, dem Notar Sensus, verlesen, der Wortlaut in den Ratsbeschluss inseriert. Die Bündnisbestimmungen wurden nochmals eigens vorgebracht, die Zustimmung des Rates erfolgte nämlich zu den Vereinbarungen mit Gubbio „sicut superius continetur", zum Abschluss des Bündnisses „sicut lecta fuit per Sensum notarium". Vier Tage später wurde der inserierte Text, mit nur wenigen Änderungen, von den Vertretern beider Kommunen beschworen. Ausgefertigt wurde das Instrument ebenfalls durch den Notar Sensus. Er hielt am selben Tag auch die Beeidung der *societas* zwischen Perugia, Todi, Foligno und Gubbio fest.[125] Die Instrumente von der Hand des Sensus zeigen somit nicht nur, dass schriftliche Entwürfe existierten, sondern auch, dass diese vom Rat bestätigt werden mussten. Ob die Verlesung dabei auf Latein erfolgte oder in einer Übersetzung wird nicht deutlich.[126]

---

124 Durch die mehrmalige Beeidung des Bündnisses aufgrund des späteren Beitritts Spoletos handelt es sich um einen anderen Ratsbeschluss als den oben zitierten: 1237 Juli 28, Codice Diplomatico 2, hg. von Bartoli Langeli, Nr. 166, S. 365 f. (Anhang 1, Nr. 60).
125 Siehe Anhang 1, Nr. 60. Der Ratsbeschluss wurde am 22. August 1237 ausgefertigt (Codice Diplomatico 2, hg. von Bartoli Langeli, Nr. 168, S. 367–369), die gegenseitige Beeidung am 26. August (ebd., Nr. 169, S. 369–371). Die Reformatio verfügt Folgendes: „In reformatione consilii placuit maiori parti ... quod finis et refutatio fiat communi Heugubii sicut superius continetur, et sotietas contrahatur cum predicto communi Heugubii sicut lecta fuit per Sensum notarium supradictum." Bereits die *propositio* war entsprechend zweigeteilt gehalten: „Congregari fecit dominus Henricus de Castillione mediolanensis Perusinorum potestas consilium spetiale et generale ... super contrahenda sotietate cum communi Heugubino secundum quod ibidem lecta fuit per infrascriptum Sensum notarium, et super facienda fine et refutatione syndicis communis Heugubii ... secundum hanc formam: [es folgt der Text der perusinischen Versprechungen]". Dass der verlesende Notar Sensus auch Rogatar des inserierten Textes war, zeigt ein Instrument, dass die Versprechungen Perugias für Gubbio im Oktober erneut festhielt, nachdem Gubbio seinen Verpflichtungen nachgekommen war. Der Text wird inseriert „sicut antea facta erant per manum Sensi notarii de Perusio", ebd., Nr. 175, S. 383–386. Sensus war an den verschiedenen Stufen der Vertragsschließung des gesamten Bündnisses maßgeblich beteiligt. Er fertigte nicht nur einen Großteil der Instrumente aus, zwischenzeitlich vertrat er die Kommune auch als Syndikus. Vgl. hierzu ebd., S. 363–365.
126 Passive Grundkenntnisse des Lateinischen, zumindest in den elitär besetzten Räten, konstatiert etwa Hartmann, Ars, S. 170, 245–261. Dort auch zahlreiche weiterführende Literaturbelege. Für eine Verlesung in der Volkssprache argumentiert hingegen Sbarbaro, Delibere, S. 44, auf Grundlage einer

Neben dieser Überlieferung eines Entwurfs als Insert lassen sich einige wenige dieser Minuten auch unter den überlieferten Urkunden und Abschriften vermuten, bei einem Fehlen weiterer Fassungen sind sie als solche jedoch nicht immer erkennbar.[127] Ein interessantes Beispiel ist die zweifache Redaktion einer Vollmachtsurkunde der Kommune Rocca Contrada für ein Bündnis mit Fabriano, überliefert im *liber iurium* Fabrianos. In deren einfacheren Fassung will Attilio Bartoli Langeli einen Entwurf zum internen Gebrauch der Kommune erkennen. Angesichts der inhaltlich nur in wenigen Punkten abweichenden, sprachlich aber weitaus elaborierteren zweiten Fassung wird dies plausibel. Der Entwurf erlaubt somit ebenfalls einen Einblick in die Verhandlungen, die den Verlust einer Klausel der Arbeitsfassung und die Modifizierung weiterer Klauseln nach sich gezogen haben. Darüber hinaus wirft die Überlieferung eines Entwurfs aus Rocca Contrada in Fabriano auch Überlegungen zum Umgang mit der vertragsbegleitenden Schriftlichkeit auf. Die Abschrift des *liber iurium* Fabrianos nennt eine Kopie als Vorlage, anzunehmen ist somit, dass der von Fabriano beauftragte Notar nach Bündnisabschluss oder, wahrscheinlicher, im Zuge der Bündnisverhandlungen eine Kopie der Arbeitsfassung anfertigte. Ob diese die schriftliche Grundlage der weiteren Abstimmung darstellte oder es vornehmlich um eine genaue Dokumentation der Vorgänge ging, ist nicht zu beantworten. All diese Beispiele machen es jedoch wahrscheinlich, dass im Kontext des Vertragsabschlusses eine weitaus größere Anzahl an Schriftstücken produziert wurde, als letzendlich auf uns gekommen ist.[128]

Riformanz aus Siena aus dem Jahr 1322. Aus theoretischen und didaktischen Schriften des 13. Jahrhunderts zum Notariat ist eine Verlesung der schriftlichen Entwurfsfassung des Instruments in der Volkssprache vor der Ausfertigung in Latein bekannt, jedoch betrifft dies das Alltagsgeschäft der Notare, in dem sämtliche sozialen Schichten vertreten waren. Vgl. mit weiteren Belegen Härtel, Urkunden, S. 85.

127 Zur Ausstellung von Vorakten und zur Erstellung des Notariatsinstruments allgemein vgl. Härtel, Urkunden, S. 82–87. Auf die nur sporadische Überlieferung von Minuten weist auch Cammarosano, Italia, S. 150, hin. Ein Beispiel aus dem Kontext der Bündnisschlüsse Cremonas bei Leoni, Notai, S. 251 f.

128 Vgl. Libro rosso 2, hg. von Bartoli Langeli/Irace/Maiarelli, Nr. 169, S. 300. Auch das dort überlieferte Bündnisinstrument ist eine Minute, der kopierende Notar spricht ausdrücklich von einem Protokoll als Vorlage („Hoc est exemplum cuiusdam protocolli"), das Formular kürzt dementsprechend Formeln auch mit „etcetera" ab: ebd., Nr. 167, S. 297 f. (beides Anhang 1, Nr. 69). Einen Entwurf erkennt Bartoli Langeli auch in einem Abkommen zwischen Perugia und Arezzo (1198 Mai, Anhang 1, Nr. 5), vgl. Codice Diplomatico 1, hg. von Bartoli Langeli, Nr. 20, S. 43–46. Ein Konzept ist sicherlich auch das undatierte Schriftstück, das Bündnisversprechungen Alatris an Rom festhält (zwischen 1240 und 1242, Anhang 1, Nr. 63), vgl. Bartoloni, Trattato, dort auch die Edition. Auf ein Konzept als Vorlage verweist die Registerabschrift eines Bündnisses zwischen Camerino und Fabriano von 1214. Von der grundsätzlichen Struktur (synallagmatische Versprechungen) weicht der Notar immer wieder ab, am Ende des Textes werden Präzisierungen zu vorherigen Punkten eingefügt u. ä. (Anhang 1, Nr. 23).

Ob sich die für einen Bündnisschluss ausgestellten Syndikatsurkunden aus Gubbio und Jesi vom 10. und 22. November 1255 auf schriftliche Aufzeichnungen beziehen, lassen die Notare offen: Ernannt werden beide Syndizi, um ein Bündnis zu schließen „secundum formas, modos, conventiones et pacta habita inter tractatores terrarum dictarum".[129] Deutlich machen die beiden Instrumente jedoch, dass die Bevollmächtigungen wohl ebenfalls Gegenstand der Verhandlungen zwischen den genannten *tractatores* waren, denn sie stimmen wörtlich überein. Dies ist häufiger der Fall und zeigt dort, wo die wörtliche Übereinstimmung nicht den eingearbeiteten Vertragstext betrifft, dass die Kommunen offensichtlich auch darauf bedacht waren, Unklarheiten, Verzögerungen oder gar rechtliche Schlupflöcher durch die schriftliche Vorabrede auch der Syndikatsurkunden zu verhindern.[130]

Vergleichsweise einfach fiel das Aufsetzen der endgültigen Bündnisurkunde sicherlich bei den Bündnissen aus, die auf älteren *societates* aufbauten und somit auf vorhandene Verträge zurückgreifen konnten. Dass die Übernahme vorhergehender Vertragstexte mit mehr oder weniger bedeutenden Modifikationen geläufige Praxis war, zeigt eine große Zahl an Beispielen. Teilweise nehmen die Schriftstücke selbst Bezug auf ihre Vorlage, indem sie etwa das Instrument und den ausfertigenden Notar nennen.[131] In einem Fall, der Erneuerung eines Bündnisses zwischen Perugia und Orvieto aus dem Jahr 1277, verraten die Perusiner *riformanze*, dass der alte Vertrag in Perugia von einem eigens einberufenen *consilium* aus fünf *sapientes*, dem Podestà und dem Capitano del Popolo geprüft wurde. Hierzu wurde das eigene Exemplar mit dem von den *ambaxatores* mitgeführten Exemplar verglichen und im eigenen Urkundenbestand überprüft, ob damals noch weitere Dokumente ausgestellt worden waren. Das Gremium entschied daraufhin einstimmig, den neuen Vertrag auf Grundlage des

---

129 Bündnis zwischen Gubbio, Jesi und Fabriano (1255 November 24, Anhang 1, Nr. 85), Regesten der Bevollmächtigungen in: Hagemann, Kaiserurkunden 2, Nr. 98 und 99, S. 202.
130 Dies ist beispielsweise auch der Fall in Anhang 1, Nr. 92 (mit wenigen begrifflichen Abweichungen) und 77.
131 Der Vertrag zwischen Orvieto und Siena (1221 Oktober 27, Anhang 1, Nr. 37) bezieht sich auf ein zuletzt im August 1202 vertraglich fixiertes Bündnis: „secundum formam societatis olim habite et adhuc durantis ... sicut apparet per publicam scripturam per manum Marsuppi iudicis et notarii"; Caleffo 1, hg. von Cecchini, Nr. 174, S. 260. Der Beginn der Erneuerung wird folgerichtig auf August 1222 terminiert. Ebenso die *societas* zwischen Orvieto und Florenz (1251 September 1, Anhang 1, Nr. 81), bei der bereits im Ratsbeschluss der Kommune Orvieto vorgeschlagen wird, die Erneuerung auf Grundlage der alten Verträge vorzunehmen: „secundum tenorem contractuum olim factorum dicte societatis"; SAS Orvieto, Diplomatico comunale, A 46. Diese werden in der Bündnisurkunde mit Nennung des Datums und der ausstellenden Notare auch aufgeführt, so zumindest das Regest: Codice diplomatico, hg. von Fumi, Nr. 312. Die Vertragsurkunde war im SAS Orvieto nicht aufzufinden. Ähnlich auch eine Gesandtenbestellung Fabrianos: „ad confirmandum veterem vel antiquam societatem ... olim contracta [sic] ... prout scriptum reperitur manu Palmerii notarii"; 1255 September 22, Lapidi, hg. von Acquacotta, Nr. 43, S. 96 (Anhang 1, Nr. 84). Ebenso ein Schwurdokument aus Tolentino (1269 Februar 20, Anhang 1, Nr. 104).

älteren aufzusetzen.¹³² Den Rückgriff auf ein gemeinsames Konzept lassen auch die Bündnisurkunden erkennen, die Gubbio in kurzer Abfolge mit Urbino (Februar 1251) und Fabriano (März 1251) beschwor. Die Grundzüge der Verträge sind in den großen Linien bis auf die Formulierungen die gleichen, im Aufbau des Instruments und im Satzbau finden sich jedoch zahlreiche Abweichungen. Es handelte sich somit nicht um eine Kopie, eine gemeinsame Grundlage ist jedoch deutlich erkennbar und in diesem Fall auch unzweifelhaft der Kommune Gubbio zuzuordnen.¹³³ Auch Perugia schloss 1288 mit Camerino einen Vertrag ab, dessen Wortlaut beinahe unverändert aus einem zwei Jahre zuvor getroffenen Abkommen der Stadt mit Spoleto, Todi und Narni übernommen wurde. In der Vollmacht der Stellvertreter Camerinos, die den Vertragstext wörtlich übernimmt, bleibt nur ein einziger Punkt explizit offen: Die Laufzeit des Bündnisses musste durch die ernannten Syndizi noch vereinbart werden.¹³⁴ Die Ausarbeitung eines Entwurfs konnte somit offensichtlich auch nur bei einer Kommune liegen und führte bei Akzeptanz der anderen Kommune sicherlich zu einem zügigen Abschluss. Die Praxis, Bündnisse auf der Grundlage älterer Verträge zu verschriftlichen, führt in der Rückschau zu ganzen Filiationsketten von Bündnisverträgen, die sich miteinander in Verbindung bringen und Neuerungen gut erkennen lassen.¹³⁵ Selbst bei Verträgen, die keine direkte Abhängigkeit zu früheren Schriftstücken aufweisen, ist die Beeinflussung durch ältere Dokumente wahrscheinlich. Nur so lässt sich das im Laufe der Zeit entwickelte spezifische Formular der Bündnisurkunden erklären, das sich in seinen Grundelementen in beiden Regionen und über den Untersuchungszeitraum hinweg oft gleicht.¹³⁶

Neben den Vertragsentwürfen finden sich gelegentlich weitere Überreste einer schriftlichen Fixierung der einzelnen Verhandlungsschritte. Dazu gehört das oben

---

132 Siehe die *riformanze* vom 3., 4. und 5. Juli 1277 (Anhang 1, Nr. 105).
133 Anhang 1, Nr. 76 und 78. Dies ist auch bei den Bündnissen mit Camerino und Montecchio zu beobachten, die Tolentino im November 1201 abschloss; vgl. Nr. 14 und 15.
134 Anhang 1, Nr. 108 und 109. Abzuschließen sei das Bündnis „in tempus et per tempus prout dictis sindicis placuerit": AS Perugia, Diplomatico, Contratti, Nr. 1844. Allerdings enthält der frühere Vertrag deutlich mehr und teils auch detailliertere Klauseln. Er basiert wiederum auf einem Vertrag des Jahres 1230 (Nr. 55). In einem Vertrag zwischen Jesi, Gubbio und Fabriano (1255 November 24, Anhang 1, Nr. 85) ist der Großteil wörtlich aus einem im August 1255 geschlossenen Vertrag zwischen Jesi und Fano übernommen worden, weggelassen wurden nur die spezifischen Bestimmungen gegen den Rektor der Marken (Anhang 1, Nr. 83).
135 Sehr gut sichtbar ist das an einem vermutlich 1198 erstmals geschlossenen Bündnis zwischen Perugia und Todi, dessen dreimalige Erneuerung jedesmal auf Grundlage der alten Verträge geschah. Die immer elaboriertere Ausarbeitung ist in den drei überlieferten Redaktionen somit genau zu verfolgen, siehe Anhang 1, Nr. 3, 21, 35, 55. Der letzte Vertrag diente als Grundlage für zwei weitere Verträge der 1280er Jahre (Nr. 108, 109). Weitere Beispiele unter Nr. 19, 37, 42, 53, 54, 77, 83, 85, 88, 105. Im lombardischen Raum lässt sich diese Praxis im Kontext der Lega bereits im 12. Jahrhundert beobachten, vgl. Behrmann, Anmerkungen, S. 270, und generell Vallerani, Rapporti, S. 233.
136 Siehe unten Kapitel II.2.

genannte Instrument, in dem Città di Castello sich versichern ließ, dass Perugia von den erreichten Verhandlungsergebnissen nicht mehr abweichen werde. Nicht überliefert sind dagegen schriftliche Instruktionen. Ob sie ausgefertigt wurden, fällt in den Bereich der Spekulation.[137] Notizen über die schriftliche Kommunikation der kommunalen Führung mit abwesenden *ambaxatores* scheinen dagegen gelegentlich auf. Ein Ratsprotokoll Perugias vom 10. Dezember 1260 verzeichnet beispielsweise die Verlesung eines Briefes, den die zuvor zwecks eines päpstlich angefragten Bündnisses an die Kurie entsandten *ambaxatores* geschickt hatten. In diesen Brief, so heißt es im Ratsprotokoll, war ein Zettel eingelegt, auf dem die genauen Absichten des Papstes geschildert wurden.[138]

Nach Abschluss der Mission verkündeten die *ambaxatores* die Resultate der Gesandtschaft wiederum vor der Ratsversammlung. Eine Statutennorm aus Todi verfügte 1275, dass der Podestà innerhalb von drei Tagen nach Rückkehr der Gesandten die Ratsversammlung einzuberufen habe, damit die *ambaxatores* dort berichteten.[139] Der Schilderung vor der Ratsversammlung ging also vermutlich die Berichterstattung vor Podestà und Capitano del Popolo voraus, die die Tagesordnung der Versammlungen festlegten. Einige wenige Belege finden sich in der Perusiner Überlieferung.[140] Ein außergewöhnliches Beispiel stellt ein Bericht des Perusiner Abgesandten Mafeus Pelegrini vor dem Podestà Perugias über seine Mission nach Assisi aus dem Jahr 1262 dar. Dieser Bericht, in der Forschung oft gehandelt als erstes schriftliches Zeugnis eines kommunalen Gesandtenberichts, beruht in Teilen auf der Verschriftlichung der Ratssitzung in Assisi, in der Mafeus sein Anliegen vortrug. Mafeus musste eine Abschrift des Ratsprotokolls somit aus Assisi mitgebracht haben.[141] Ähnlich verhält es sich mit der Protokollierung einer bereits mehrfach erwähnten Ratssitzung in Todi im Oktober 1237, in der die Tudertiner Perugia ermächtigten, auch in ihrem Namen

---

137 Angelini, Diplomazia, S. 35, hält eine schriftliche Ausfertigung für wahrscheinlich. Verfügt wird eine solche erst in der überlieferten Statutenfassung von 1342; allerdings finden sich vereinzelt Syndikatsurkunden, die auch Instruktionen für den Syndikus festhalten (vgl. etwa die Bevollmächtigung des Blancus Bonosmeri); siehe unten Kap. I.3.4, S. 213 f. Eine Gesamteinschätzung bei Cammarosano, Scrittura, S. 349 f., der ebenfalls auf das Fehlen von Instruktionen hinweist. Überliefert sind Instruktionen aus Venedig. Ob sich die dortige Situation jedoch ohne Weiteres auf andere Kommunen übertragen lässt, muss bezweifelt werden; vgl. auch Queller, Office, S. 122–126.
138 Regestum, hg. von Ansidei, Nr. 293, S. 326 f. (Anhang 1, Nr. 99): „Quid placet eis super litteris missis ab ambaxatoribus nostris qui sunt Rome lectis in presenti Consilio et super cedula interclusa in dictis litteris .. tenor cuius cedule talis est: ‚Intentio D. Pape est …'".
139 Statuto, hg. von Ceci/Pensi, Nr. 51, S. 41 f.: „et postquam redierint teneatur potestas, infra tres dies, facere consilium in quo ambasciadores teneantur ambasciatam eis impositam referre et quicquid et qualiter invenerunt". Der Bericht vor der Ratsversammlung ist auch aus Bologna belegt; vgl. Raniero da Perugia, Ars notariae, hg. von Wahrmund, S. 195.
140 Vgl. Angelini, Diplomazia, S. 39.
141 Vgl. ebd., S. 41. Edition des Berichts vom 8. Dezember 1262 ebd., Nr. 3, S. 56 f. Zur Einordnung auch Pini, Comune, S. 556–558.

Verhandlungen zu führen. Die von einem Richter namens Girardus vorgetragene Antwort des Rates an die Abgesandten Perugias wurde schriftlich festgehalten und zwar, so ist es in der Unterfertigung des Notars zu lesen, „mandato ipsorum ambaxiatorum". Es waren also die Abgesandten selbst, die mit einer schriftlichen Zusage in Form eines beurkundeten Ratsbeschlusses nach Perugia zurückkehren wollten.[142]

Die seit den 1220er Jahren in den Quellen verstreuten Hinweise über die Niederschrift auch einzelner Verhandlungsschritte erlauben mehrere Rückschlüsse. Zum einen müssen die kommunalen *ambaxatores* in Begleitung von Notaren gereist sein, zumindest wenn man, wie im Fall der Verhandlungen zwischen Perugia und Città di Castello, sich nicht gänzlich auf die Verschriftlichung durch die Gegenseite verlassen wollte. Dies entfiel möglicherweise bei Gesandtschaften, in denen bereits die *ambaxatores* Notare waren. Zusammen mit den *ambaxatores*, die oft selbst einen rechtsgelehrten Hintergrund hatten, waren die Notare durch das Aufsetzen der Konzepte für die schriftliche Rechtsform der Vertragsinhalte verantwortlich.[143] Zum anderen lassen die immer wiederkehrenden Notizen über schriftliche Vorakte, Konzepte und Instrumente, die einzelne Verhandlungsschritte festhielten, vermuten, dass die Überlieferung der Kommunen nur einen Bruchteil der vertragsbegleitenden Schriftlichkeit abbildet.[144] Die Dokumente, die im Zuge der Verhandlungen ausgestellt wurden, hatten nach Abschluss der *societas* für die Kommunen aber wohl nur einen geringen Rechtswert und somit eine schlechte Überlieferungschance. Dies erklärt, warum die schriftliche Dokumentation eines Bündnisschlusses oft nur aus dem Vertrag selbst, möglichen späteren Ratifikationen durch die Stadtgemeinden und den rechtlich ebenfalls relevanten Syndikatsurkunden besteht.

1.4 Das Problem der Stellvertretung: Das Aufkommen der Syndikatsurkunde

Bis in die 20er Jahre des 13. Jahrhunderts war es üblich, dass die Konsuln und Podestà als die gewählten obersten Amtsträger der Kommune die *universitas* bei der Eidesleistung auf eine *societas* vertraten. Nur gelegentlich finden sich bis zu dieser Zeit andere Repräsentanten der Kommune unter den Eidleistenden: Ein *iudex* aus Ravenna beschwor 1198, ein *camerarius* aus Perugia 1201 ein Bündnis.[145] Seltener

---

142 1237 Oktober 31 (Anhang 1, Nr. 60). Ähnliche Verfügungen aus norditalienischen Kommunen bei Torelli, Studi, S. 199 f., Anm. 3.
143 Für Norditalien ebd., S. 198 f. Vgl. zur Praxis, Gesandtschaften einen Notar beizugeben, auch AS Perugia, Consigli e Riformanze 10, fol. 59 r–v und 72 r (Anhang 1, Nr. 108).
144 Zu einem ähnlichen Ergebnis für ihren Untersuchungsraum kommt Mosiici, Documenti di lega, S. 108.
145 Anhang 1, Nr. 4 (1198 Februar 2), 13 (1201 Oktober).

nennt das Instrument die schwörenden Gemeinschaften im Kollektiv: So versprechen sich die *homines* Montecchios und Tolentinos im Jahr 1201 gegenseitige Unterstützung, 1198 leisten sich die Leute von Osimo und Ancona den Eid.[146] 1215 treten in einem Bündnisvertrag in den Marken zwischen Ancona, Recanati, Cingoli, Castelfidardo und Numana erstmals *ambaxatores* als Vertreter ihrer Kommunen auf, einzig Recanati und Castelfidardo lassen sich noch von ihrem Podestà vertreten. In den 1220er Jahren tauchen eigens bestellte Repräsentanten dann in größerer Zahl unter den Begriffen *sindici, procuratores, nuntii* und *actores* in den Quellen auf, bis sie seit etwa 1230 die Führungspersonen der Kommunen beim Bündnisabschluss fast vollständig ersetzen.[147] In diesen ersten Jahren des bevollmächtigten Stellvertreters wurden die Verträge teilweise noch durch einen Syndikus und den Podestà gemeinsam abgeschlossen. Auch diese Praxis ist seit den 1230er Jahren jedoch nicht mehr zu beobachten.[148] Selbst im Beispiel der eingangs geschilderten *societas* zwischen Todi, Spoleto und Narni von 1259, deren Vertrag ebenfalls durch den Podestà Narnis und den anwesenden Capitano Todis beschworen wurde, waren die legitimen, da bevollmächtigten *actores* die ausdrücklich ernannten Syndizi. Sie leisteten den wörtlichen Eid und wurden als Vertreter ihrer Kommunen im Instrument genannt. Die Eidesleistung von Podestà und Capitano wurde hingegen in einem Nachsatz festgehalten.[149] Auch Zanericus, der Podestà Perugias, konnte 1248 nicht mehr Kraft seines Amtes Abkommen schließen und Verhandlungen führen, sondern wurde zusätzlich zum Syndikus der Kommune ernannt.[150]

---

146 Bündnis zwischen Tolentino und Montecchio (1201 November, Anhang 1, Nr. 15); Bündnis zwischen Osimo und Ancona (1198 August 31, Anhang 1, Nr. 7). Ähnlich auch Fano und Rimini im Juni 1207 (1207 Juni 25, Anhang 1, Nr. 20). Patrick Gilli vertritt gar die These, dass die Vereinfachung des Schwurprozederes in zwischenstädtischen Bündnisverträgen – das Ersetzen des Schwurs der gesamten *civitas* durch den Schwur nur der obersten Vertreter – zur Festigung der repräsentativen Institutionen der Kommune (Konsuln und Podestà) beitrug. Vgl. Gilli, Sources, S. 255.
147 Vgl. für Perugia Angelini, Diplomazia, S. 16. Allgemein zur Rolle von Stellvertretern in der Diplomatie des 13. Jahrhunderts mit einer Kritik der älteren Forschung Queller, Envoys; ders., Office, S. 26–59. Spezifisch zur Kommune am Beispiel Sienas Crescenzi, Origini, mit einer ausführlichen Diskussion der rechtlichen Implikation für die Anerkennung der Kommune. Unter dem Begriff *sindicus* werden in vielen Kommunen auch interne Ämter gefasst; vgl. zur Abgrenzung ebd., S. 351, und grundlegend Crescenzi, Sindacato.
148 Beispiele für gemischte Beeidungen Anhang 1, unter Nr. 27, 37, 43, 50.
149 Siehe Anhang 1, Nr. 92 und oben Kap. I.1.1. In einem Bündnis zwischen Perugia, Spoleto und Todi des Jahres 1289 schwören in einem Nachsatz auch die *ambaxatores* und *nuntii* der drei Städte das zuvor durch die Syndizi beschworene Bündnis (Anhang 1, Nr. 108). Eine ganze Reihe weiterer Personen schwört nach den *sindici* im Bündnis zwischen Orvieto und Perugia 1256 (Anhang 1, Nr. 88).
150 Siehe oben Kap. I.1.2, S. 67. Sehr deutlich auch der Bericht in einem Brief Urbans IV.: „Et quanquam comparuissent ... Potestas et aliqui Ambassatores Spoletani in prefato termino coram nobis, quia tamen nullus Syndicus comparuit, qui haberet mandatum sufficiens ad premissa ..., Commune Spoletanum per litteras nostras citavimus"; Codex, hg. von Theiner, Nr. 283, S. 153.

Die ernannten Syndizi waren häufig *domini* und oftmals auch Richter, Notare oder sonstige Rechtsgelehrte.[151] Vielfach wurden die ernannten Personen auch mit anderen Aufgaben oder Ämtern der Kommunen betraut. Die Stellvertreter der Kommunen, so scheint es, wurden somit mehr oder minder aus dem gleichen Pool rekrutiert, aus dem auch die *ambaxatores* gewählt wurden. Im Gegensatz zu diesen wurden Auswahl, Verpflichtungen und Verhaltensnormen der Syndizi jedoch in keiner der überlieferten Statutenfassungen Umbriens und der Marken thematisiert, was möglicherweise mit der Übernahme dieser Figur aus dem Prozessrecht zusammenhängt.[152]

Zeitgleich mit dem Auftreten der *sindici* in den Vertragsinstrumenten erscheint in der Überlieferung auch erstmals die neue Quellengruppe der Syndikatsurkunde, im Kontext eines Bündnisschlusses ist ein solches Schriftstück im Dukat und den Marken erstmals 1221 bezeugt.[153] Das Aufkommen einer Ausweis- und Vollmachtsurkunde steht in engem Zusammenhang mit dem neuen Typus des Stellvertreters *ad hoc specialiter constitutus*, der sich in beidem nicht mehr durch sein Amt legitimieren konnte. Eine ähnliche Entwicklung lässt sich im Übrigen in Norditalien bereits seit Ende des 12. Jahrhunderts beobachten.[154] Die Vollmachtsurkunden stellen unter den für die Kommune ausgestellten Notariatsinstrumenten einen eigenen Urkundentyp dar, der ein spezifisches Formular aufweist. Sie treten jedoch nicht ausschließlich im Kontext politischer Allianzen auf, sondern lassen sich seit den ersten Jahrzehnten des 13. Jahrhunderts vermehrt für jedes Rechtsgeschäft nachweisen, in dem die Kommune als Akteur einen Stellvertreter benötigte.[155] Die Urkunde diente nicht aus-

---

151 Fabriano bestellt 1251 ausdrücklich *iurisperiti* zu den Bündnisschlüssen mit Gubbio (1251 März 9, Anhang 1, Nr. 78) und Urbino (1251 Februar 16, Anhang 1, Nr. 76); vgl. insbesondere Hagemann, Kaiserurkunden 2, S. 195, Anm. 4. Zu Richtern etc. als Stellvertretern vgl. auch Anhang 1, Nr. 45 (Tibertus *iudex*), 60 (Iohannes *de Fracta iudex*, Salomon Terrerie *notarius*, Andreas Montanarii *iudex*, Gariofolus *iudex*), 61 (Almericus *iudex*), 63 (Pierus Egidii *notarius*), 72 (Guido Brunatii *notarius*), 74 (*magister* Iacobus Iunte), 81 (Diomidiede, „giudice e notario"), 90 (*dominus* Munaldus *domini* Vickimanni *iudex*, *dominus* Jacobus Bartholomei *iudex*), 103 (Ranerius *domini* Iohannis Bernardi *iudex*), 105 (Bonaparte Giuafredocci *iudex*), 108 (Guido Ugonis *iudex*), 114 (Guidotto di Corbizzo Canigiani, „giurisperito", Andrea del maestro Salvi, „giurisperito"). Zu Notaren als Syndizi für Norditalien auch Torelli, Studi, S. 204. Für Camerino konstatiert Ilaria Biondi eine hohe soziale Stellung der Syndizi: Libro, hg. von Biondi, Introduzione, S. XXXV.
152 In den Statuten Perugias finden sich in vielen Kapiteln Verweise auf *sindici*, es fehlt jedoch jegliche explizite Regelung; vgl. den Eintrag „sindicatus/sindicus (come procuratio/procurator: rappresentanza legale o negoziale)" in Statuto 2, hg. von Bartoli Langeli, S. 230. In zwei Bündnissen zeigt sich, dass die *sindici* bereits vor der offiziellen Ernennung namentlich bekannt waren, was eine Wahl zumindest in diesen beiden Fällen unwahrscheinlich macht (Anhang 1, Nr. 54, 92).
153 Allgemein zum Urkundentyp der Prokuration im Gesandtschaftswesen Queller, Office, S. 114–122.
154 Behrmann, Anmerkungen, S. 276 f.
155 Eine nicht vollständige Durchsicht der Editionen und Archivbestände Umbriens und der Marken zeigte, dass in größerem Umfang erst seit den 1220er Jahren Syndizi und Prokuratoren eingesetzt wur-

schließlich der Ausweisung der Person des Trägers als rechtmäßiger Repräsentant der Kommune, sondern enthielt zudem seine Vollmachten, die von der *plena potestas* über Mischformen bis hin zu einem genau ausformulierten Mandat reichen konnten. Bedeutend für das Vertragswesen war dabei in erster Linie die Versicherung, dass alles, was der Stellvertreter der Kommune gemäß seiner Vollmachten beschwor, von der ausstellenden Kommune eingehalten werden würde (*ratihabitio*-Klausel).[156] Die Bedeutung dieses Schriftstücks für die Rechtsgültigkeit der Vereinbarungen wurde im Laufe des Jahrhunderts von den Kommunen immer stärker eingeschätzt. Dies zeigt, wie im Beispiel der *societas* von 1259, die seit Mitte des 13. Jahrhunderts gewohnheitsmäßige Nennung der Instrumente im Vertrag selbst. Identifizierbar wurden die Schriftstücke hierbei durch die genaue Benennung des ausfertigenden Notars und teilweise, so auch 1259, der ausstellenden Institution innerhalb der Kommune.[157] Auch die Aufbewahrung der originalen Bevollmächtigungen oder später erstellter Abschriften gemeinsam mit dem Vertragsinstrument scheint in dieser Zeit üblich gewesen zu sein. Als Bündel ging diese Zusammenstellung an Dokumenten meist auch in die Kopialüberlieferung der *libri iurium* ein.

Bevollmächtigt wurden die Stellvertreter der Kommunen in den Ratsversammlungen. Nur die älteste der überlieferten Vollmachten des Patrimoniums weist noch ein anderes Muster der Stellvertreterbestellung auf. Hier sind es Podestà, Kämmerer und

---

den. Frühere Beispiele betreffen oft den Einsatz an der Kurie oder in Prozesssachen; vgl. hierzu auch Post, Studies, S. 86 f. Die Überlieferung der Syndikatsurkunden setzt, so der Eindruck der Stichproben, ebenfalls zu diesem Zeitpunkt ein, ein frühes Beispiel etwa stammt aus dem Jahr 1215: Fondo, hg. von Mariani/Diamanti, Nr. 5, S. 8–10. Die in Orvietos Codice diplomatico, hg. von Fumi, aus dem 12. Jahrhundert edierten Syndikatsurkunden sind mit großer Sicherheit spätere Fälschungen. Bartoli Langeli stellt an einem Beispiel von 1217 die These auf, dass die Ernennung möglicherweise noch nicht verschriftlicht wurde; vgl. Codice Diplomatico 1, hg. von Bartoli Langeli, S. 153, Anm. 1. Auch in Norditalien ist der Einsatz von Prokuratoren und Syndizi in der Vertretung von Stadtgemeinden nicht vor den letzten Jahrzehnten des 12. Jahrhunderts zu beobachten; vgl. Post, Studies, S. 68. Ähnliche Beobachtungen anhand der Darlehensgeschäfte einer Kommune bei Becker, Darlehensverträge, S. 31. Das Problem der Stellvertretung betraf natürlich auch andere verfasste Gemeinschaften, die zu ähnlichen Verfahren führten. Vgl. am Beispiel des Domkapitels von Novara Behrmann, Domkapitel, S. 35–46; anhand der Pariser Universität Post, Studies, S. 39–57; für italienische Handelsgesellschaften Lopez, Proxy. Grundlegend Michaud-Quantin, Universitas, S. 305–326; Hofmann, Repräsentation, S. 148–166. Aus rechtsgeschichtlicher Perspektive Müller, Entwicklung, und Padoa Schioppa, Principio.

156 Vgl. auch Queller, Envoys, S. 209–211.

157 Nur selten wird das Instrument als *instrumentum syndicatus* oder *procurationis* nominal benannt (Anhang 1, Nr. 61, 95). Meist erfolgt die Nennung in Bezug auf den Gesandten in Konstruktionen wie „de cuius sindicatu constat manu" (Nr. 73), „testante publico instrumento scripto manu" (Nr. 77, 88, 109), „ut aparet in instrumento scripto manu" (Nr. 85), „ut patet ex instrumento publico scripto manu" (Nr. 77) und ähnlichen Formulierungen (siehe auch die Verträge unter Nr. 50, 72, 76, 78, 86, 92, 105, 107, 111). Dies entspricht der Rechtsnorm der Zeit; vgl. die ähnlichen Vorgaben bei Guillaume Durand, Speculum iudiciale, lib. IV, partic. I, S. 107.

zwei Richter aus der *familia* des Podestà, die die Prokuratoren der Kommune Orvieto ernennen. Festgehalten wurde auch dieser Akt in einem Notariatsinstrument.[158] Alle folgenden Instrumente protokollieren die Einberufung des Rates nach den gewohnheitsmäßigen Verfahren und den dort beschlossenen dispositiven Akt. Aussteller waren immer der Vorsitzende des Rates, meist der Podestà, und die versammelten Ratsherren. Selten wird die Ratsversammlung nur als Konsentient geführt.[159] Selbst in der Kommune des Popolo wurden die obersten Vertreter des Popolo, wenn überhaupt, meist erst nach dem Podestà als Aussteller genannt. Notwendig war somit offenkundig der Entschluss der Gesamtvertretung der Kommune, die auch in den stark popular geprägten Kommunen in der Theorie vom Podestà und der Vollversammlung oder dem ihm unterstehenden Ratsgremium gebildet wurde. Die Zusammensetzung variiert demgemäß je nach Kommune und Zeit der Ausstellung. Am häufigsten sind der allgemeine und spezielle Rat genannt, oftmals bezeugen die Instrumente jedoch auch die Teilnahme von Spezialistengremien,[160] die Anwesenheit von Vertretern des Popolo (*consilium artium, rectores populi, capitanei artium* und andere) und anderen Personen oder die alleinige Zusammenkunft des *consilium speciale*. Allein dieser Befund zeigt, dass es irreführend wäre, einem bestimmten Ratsgremium die Kompetenz der Ernennung eines Stellverteters zuzuerkennen. Man darf davon ausgehen, dass die große Varianz an ausstellenden Institutionen nicht auf Erfordernisse des Akts der Gesandtenernennung selbst zurückzuführen ist, sondern die relativ flexiblen Ratsstrukturen der Kommunen spiegelt.[161] Umso deutlicher tritt der Podestà als Konstante hervor, dem auch in den populären Regimen weiterhin die Repräsentation des *comune* oblag, das als einen Bestandteil auch den *populus* umfasste. Die Legitimation

---

158 1221 Oktober 22, Caleffo 1, hg. von Cecchini, Nr. 176, S. 265 f. (Anhang 1, Nr. 37). Ebenfalls nur durch den Podestà, in Anwesenheit der Richter und Notare desselben und des Capitano, wird ein Bevollmächtigter Florenz' noch 1251 ernannt (1251 September 1, Anhang 1, Nr. 81).
159 Bei einigen wenigen Verträgen, vor allem aus der ersten Hälfte des 13. Jahrhunderts, wird ein Mandatsgeber oder Konsentient auch im Bündnisinstrument selbst genannt. Die frühesten dieser Verträge nennen dabei allgemein das Volk oder Adel und Popolo: „cum consensu nobilium et popularium", 1191 November, Lapidi, hg. von Acquacotta, Nr. 6, S. 25 f. (Anhang 1, Nr. 1); „cum consensu et voluntate et verbo hominum eiusdem castri", 1199 Juni, Libro rosso 2, hg. von Bartoli Langeli/Irace/Maiarelli, Nr. 227, S. 374–376 (Anhang 1, Nr. 9); „consensu et voluntate totius Camerini populi", 1201 November, in: Santini, Saggio, Appendice di documenti, Nr. 9, S. 27 f. (Anhang 1, Nr. 14). Alle späteren Instrumente, die einen Konsentienten nennen, führen den Rat, selten auch einzelne Amtsträger an; vgl. Anhang 1, Nr. 26, 37, 46, 72. Zur Rolle der Ratsversammlung bei der Bestellung der Bevollmächtigten auch Mosiici, Documenti di lega, S. 107.
160 Als solches ist sicherlich die *juncta* zu verstehen, die gemeinsam mit dem allgemeinen Rat und dem Podestà Fanos 1263 einen Pietro di Taddeo zum Syndikus ernennt (1263 April 14, Anhang 1, Nr. 100).
161 Vgl. hierzu auch Dartmann, Repräsentation, S. 103–108.

der kommunalen Stellvertreter beruhte somit auf klaren juristischen Vorstellungen von der Organisation der *universitas*.[162]

Ausstellungsort der Syndikatsurkunden war folglich immer auch der Versammlungsplatz der Ratsversammlung, wobei diese nicht immer im *palazzo comunale*, auf öffentlichen Plätzen, in Kirchen oder dem Bischofspalast, sondern durchaus auch in Privathäusern stattfinden konnte.[163] Eine große Öffentlichkeit erforderte dieser Akt somit nicht. Ausgestellt wurde das Instrument in vielen Fällen erst kurz vor der Beeidung. In den Städten, in denen die Beeidung stattfand, erfolgte die Ausfertigung meist nur einen Tag zuvor oder gar am Tag des Eidschwurs. Auch die Repräsentanten, die die Anreise auf sich zu nehmen hatten, erhielten ihre schriftliche Vollmacht wohl häufig erst direkt vor der Abreise. Nur so lassen sich die meist sehr kurzen Zeiträume (zwei bis fünf Tage) erklären, die zwischen der Ausstellung der Vollmachtsurkunde und der Beeidung des Vertrags lagen. In nur wenigen Fällen wurde die Bevollmächtigung weit vor der Beeidung ausgestellt. Allerdings besteht kein Zusammenhang mit eventuellen Verhandlungsvollmachten. Viele dieser Instrumente halten bereits die Vertragsbedingungen fest oder verweisen auf diese, die Verhandlungen waren also bereits abgeschlossen.[164] Die Gründe hierfür sind somit in pragmatischen Erfordernissen zu suchen, die sich heute oft nicht mehr erschließen.

Die Form der Urkunden ergibt sich aus der Ausfertigung als Instrument und der formalen Dokumentation der Ratsversammlung, in der der Akt der Ernennung stattfand.[165] Überliefert sind häufiger auch die Originale, die im Rahmen dieser Arbeit jedoch nicht flächendeckend eingesehen werden konnten.[166] Eine Aussage über die äußeren Merkmale lässt sich somit nur auf einer relativ schmalen Quellengrundlage treffen.[167] Diese zeigt jedoch, dass die Instrumente in ihrer äußeren Gestaltung stark variieren. Die meisten sind, wie für das italienische Notariatsinstrument üblich, im Hochformat gehalten, es gibt jedoch auch ins Quadratische oder Querformat ten-

---

162 Ähnlich auch Keller, Veränderung, S. 34 f.
163 Generell zum Versammlungsort Sbarbaro, Delibere, S. 19.
164 Siehe etwa Anhang 1, Nr. 85, 108.
165 Leider untersuchen sowohl Sbarbaro, Delibere, als auch Cammarosano, Italia, S. 159–166, nur die Buchüberlieferung der Ratsbeschlüsse- und protokolle, die von den als Instrument ausgefertigten Beschlüssen abweichen. Es fehlt meines Wissens eine diplomatische Beschreibung der Beurkundung von Ratsbeschlüssen. Einzig Tanzini, Delibere, widmet dem Thema einige Überlegungen. Er behandelt die mundierten Ratsbeschlüsse jedoch vor allem in Hinsicht auf die Entwicklung der Schriftlichkeit der Ratsversammlungen und beurteilt sie somit als noch nicht institutionalisierte Vorstufe zur Buchregistrierung der Protokolle und Beschlüsse. Zusammenfassend zum Notariatsinstrument Härtel, Urkunden, S. 77–92, mit Blick auf die Entwicklung auch Meyer, Notarius, S. 108–118. Zum Aufbau des Instruments im umbrischen Raum Codice Diplomatico 1, hg. von Bartoli Langeli, Introduzione, S. XX f.
166 Die Archive der Mark Ancona wurden, wie oben dargelegt, bis auf wenige Ausnahmen nicht in die Recherche einbezogen.
167 Dies betrifft die Bevollmächtigungen unter Nr. 36, 38, 46, 47, 49, 50, 51, 85 und 106.

dierende Schriftstücke. Das Layout ist fast immer einfach gehalten, abgesetzt vom Textblock ist nur die notarielle Unterfertigung, manchmal die Ortsangabe und selten einmal die Zeugenreihe in Kolumnen. Majuskeln, Unterstreichungen oder andere Gliederungselemente im Text können, müssen aber nicht auftreten. Grafische Elemente sind, abgesehen vom Handzeichen des Notars, höchst selten. Größe, Form und Wertigkeit des Pergaments variieren ebenso wie die Randzugaben stark. Meist eingehalten wurde aber eine Platzreserve unterhalb des Schriftraums. Die äußere Gestaltung macht somit nur deutlich, dass es sich bei den Vollmachtsurkunden um pragmatische Schriftzeugnisse handelt, die ihre Glaubwürdigkeit in erster Linie aus dem Formular des *publicum instrumentum* bezogen. Die äußere Gestaltung scheint darüber hinaus nur selten auf Eindruck ausgelegt gewesen zu sein.[168]

Gemäß dem Usus der notariellen Urkunde war die Vollmacht fast immer in objektiver Form abgefasst.[169] Das Formular der untersuchten Instrumente gleicht sich stark, und dies gilt mit nur kleineren Abweichungen auch für die Reihenfolge der einzelnen Formularbausteine.[170] Der obligatorischen Invocatio folgen das Datum und die Einberufungsformel der Versammlung, die auf die Zusammenkunft der Ratsleute auf die übliche Art und Weise (*more solito congregatis*) verweist.[171] Die Rechtmäßigkeit der Versammlung wird dabei immer durch den Verweis auf das akustische Einberufungssignal durch Glocken, Trompeten oder Ausrufer angezeigt. Selten folgt der Einberufungsformel bereits die namentliche Nennung der Zeugen oder der anwesenden Ratsmitglieder, üblicherweise erfolgt diese jedoch im Eschatokoll.[172] Der Nennung des Ausstellers – Podestà und Ratsversammlung, oft auch formelhaft jedes einzelne Ratsmitglied (*omnes et singuli consiliarii*) – folgt der eigentliche dispositive Akt: die Ernennung einer oder mehrerer Personen zu Stellvertretern der Kommune. Dem Ratsbeschluss ist dabei der gelegentliche Verweis auf die Einhelligkeit des Akts (*nemine discordante, nemine contradicente*) oder die Form der Abstimmung (*ad levandum et sedendum*) geschuldet. Die Ernennung selbst wird immer mit einer Kombination der

---

168 Vgl. generell Härtel, Urkunden, S. 77 f.
169 Eine Ausnahme unter den untersuchten Schriftstücken ist eine Bevollmächtigung Perugias vom 17. Juli 1230, die die Ernennung im Grunde in wörtlicher Rede wiedergibt. Podestà, höhere Amtsträger und Rat als Aussteller sprechen in der ersten Person, der Syndikus wird direkt in der zweiten Person angesprochen: „facimus et constituimus te Benentende notarium ... scindicum", Codice Diplomatico 1, hg. von Bartoli Langeli, Nr. 100, S. 243–246 (Anhang 1, Nr. 54).
170 Abgesehen von der objektiven Abfassung als Instrument gleichen die Urkunden Vollmachtsurkunden von Herrschern des 13. Jahrhunderts; vgl. Heinemeyer, Studien, S. 366–373. Die von Heinemeyer untersuchten Schriftstücke stammen vornehmlich aus dem deutschen und englischen Raum und zeugen somit von der außergewöhnlichen Rolle, die römisch-rechtlichen Einflüssen in der Verschriftlichung von Rechtsinhalten europaweit zukam.
171 Nur ein einziges Instrument führt die Datierung im Eschatokoll (Anhang 1, Nr. 52).
172 Die Nennung von Zeugen oder Namen der anwesenden Ratsherren bereits im Protokoll scheint in den Marken verbreiteter gewesen zu sein, Beispiele finden sich nur aus dieser Region. Siehe etwa Anhang 1, Nr. 26, 28, 92–95, 106, 113, 131. Zur Einberufung vgl. Sbarbaro, Delibere, S. 18–23.

Vokabeln *fecerunt, creaverunt, ordinaverunt* und *constituerunt* meist in Dreier- oder Vierergruppen umschrieben. Dem Namen des so ernannten Repräsentanten werden oft noch Formeln beigestellt, die auf seine An- oder Abwesenheit (*absente / presente*) verweisen oder seine aktive Entgegennahme des Auftrags festhalten (*recipiente, suscipientem mandatum, mandatum in se sumentem*).[173]

Die Terminologie, mit der die Funktion der Repräsentanten beschrieben wurde, erscheint auf den ersten Blick redundant. Die Begriffe *sindicus, procurator, nuntius* oder *actor* stehen dabei zumeist in Zweier- oder Dreiergruppen nebeneinander. Häufiger werden die Termini noch erweitert und spezifiziert in *nuntius specialis, sindicus legitimus* oder Ähnliches. Die Liste der Funktionsbeschreibungen ließe sich auch durch seltener verwendete Begriffe wie *factor* oder *defensor* ergänzen. Die Kombination dieser Begriffe entsprach wohl dem Bedürfnis nach Rechtsgültigkeit der Vollmacht.[174] Fast alle Begriffe stammen ursprünglich aus dem Prozessrecht des klassisch-römischen Rechts und wurden von den Glossatoren und Kommentatoren des späteren 12. und des 13. Jahrhunderts theoretisch neu durchdacht. Erst in der Rezeption des römischen Rechts entstand somit die Rechtsfigur der direkten Stellvertretung. Die Vertretung von Korporationen durch einen Bevollmächtigten in Rechtsangelegenheiten erhielt dadurch ein schärferes Profil, auch wenn die Rechtspraxis der terminologischen Differenzierung in der zeitgenössischen juristischen Literatur nicht immer folgte. So wurde der Begriff des Prokurators bis zum Ende des 12. Jahrhunderts gemäß der Rechtslehre noch hauptsächlich auf den Vertreter einer Einzelperson angewendet. Bereits zu Beginn des 13. Jahrhunderts überdeckte er sich jedoch mit dem des *sindicus*, dem Vertreter einer Gemeinschaft in Rechtssachen.[175] Fast immer wurden in den Bündnisvollmachten beide Begriffe nebeneinander verwendet. Demgegenüber stellte der *nuntius* im 13. Jahrhundert üblicherweise einen Nachrichtenübermittler dar, der jedoch durchaus mit Verhandlungs- oder Abschlussbefugnissen ausgestattet

---

173 Die späten Bevollmächtigungen im Umfeld Perugias thematisieren zudem mit einer festen Rechtsformel das Verhältnis der beiden ernannten Syndizi zueinander (Anhang 1, Nr. 108, 109). Zu den römisch-kanonischen Formeln *in solidum* und *ita quod non sit melior conditio occupantis*, die die Vertretung durch nur einen der beiden genannten Syndizi zulässig machen, vgl. Queller, Office, S. 56 f. Eine ausführliche zeitgenössische Auseinandersetzung mit der Ernennung mehrerer Vertreter, den justinianischen Grundlagen und dem notwendigen Formular findet sich in der „Ars notarie" des Salatiele, Ars notarie, hg. von Orlandelli, S. 289. Im Vergleich zu Salatiele nochmals elaboriertere Formulierungen („quod inceptum fuerit per unum per alterum terminari possit") finden sich auch im Spätwerk Rolandinos, vgl. Rolandino Passaggeri, Contractus, hg. von Ferrara, S. 232 f., hier S. 232.
174 Vgl. auch Härtel, Urkunden, S. 365; Behrmann, Domkapitel, S. 38 f.
175 Vgl. Post, Studies, S. 40 f., 61 f.; Queller, Office, S. 30–33; Michaud-Quantin, Universitas, S. 307 f. Beispiele für seinen Untersuchungsgegenstand auch bei Behrmann, Domkapitel, S. 39. Zum Syndikus im römischen Recht ausführlich Crescenzi, Origini. Vgl. mit Bezug auf die umbrische Quellenlandschaft auch Bartoloni, Trattato, S. 131, Anm. 6. Grundlegend zur Renaissance des römischen Rechts Lange, Recht, und jetzt auch Ascheri, Laws.

sein konnte.[176] In dieser Bedeutung, als Träger eigener Vollmachten, muss der Begriff wohl auch im Kontext der kommunalen Vertragsschriftlichkeit verstanden werden. Dort ist er nämlich am häufigsten in Kombination mit *sindicus* und *procurator* in den Syndikatsurkunden zu finden, im Rahmen der Vorverhandlungen tritt er hingegen nur selten auf.[177] Der ebenfalls häufig beigefügte Terminus *actor* wie auch der seltenere *defensor* sind hingegen klassisch-römische Rechtsinstutionen in der Prozessvertretung. Beide Bezeichnungen grenzen sich, so die geläufigste der Erklärungen der mittelalterlichen Glossatoren, durch ihre Beschränkung auf eine einmalige Aktion ab, im Gegensatz zu den Termini *sindicus* und *procurator*, die in der Rechtstheorie auch mehrmalige oder zeitlich unbegrenzte Stellvertretungen umfassen konnten.[178] Die offenbar als notwendig erachtete Abdeckung jeglichen Aspekts der Stellvertretung durch die Kombination sich überschneidender, aber nicht deckungsgleicher Termini konnte zu Begriffsreihungen wie „sindicus, procurator, actor, compositor, ordinator, tractattor et procurator" führen.[179] Allerdings vermerkte bereits die zeitgenössische römische und kanonische Rechtslehre, dass diese Begriffe ihre rechtliche Differenzierung im gewohnheitsmäßigen Gebrauch längst verloren hätten. Mit welchen Begriffen der Vertreter urkundlich ausgestattet wurde, sei somit nicht relevant, wenn die Intention des Ausstellers klar hervorgehe. Diese Einschätzung spiegelt auch die Praxis der untersuchten Urkunden wider, die die rechtswissenschaftliche Differenzierung durch die Aneinanderreihung der Termini wieder aufhob.[180] Der Rückgriff auf solche Kettungen entsprach somit einem juristischen Sicherheitsbedürfnis oder einem längst standardisierten Reflex; beides erlaubt jedoch mit höchster Wahrscheinlichkeit keinen Rückschluss auf tatsächliche Nuancierungen der Vollmachten.

Der Ernennung folgte üblicherweise die Aufgabenbeschreibung des Repräsentanten. Auch diese bewegte sich in einem großen Begriffsfeld von *tractare, ordinare, componere, promittere, complere, contrahere, firmare, stipulare, facere*. Dem schlie-

---

176 Grundlegend Queller, Office, S. 3–25. Zur Differenzierung und Kombination der Begriffe *procurator* und *nuntius* im Rahmen von Herrscherurkunden auch Heinemeyer, Studien, S. 367–372. Beispiele auch bei Post, Studies, S. 41, Anm. 88.
177 So auch zu einem der wenigen kommunalen Beispiele Queller, Office, S. 36, Anm. 69.
178 Die zeitgenössische Abgrenzung der Termini variiert allerdings; vgl. Crescenzi, Origini, S. 377–385. Allgemein Queller, Office, S. 33 f., und Michaud-Quantin, Universitas, S. 307. Ein seltenes Beispiel für die Bestellung eines *sindicus generalis* für die gesamte Amtszeit des Podestà aus dem Umfeld der Kommunen in Umbrien und den Marken kommt aus Cagli (1218), Codice Diplomatico 1, hg. von Bartoli Langeli, Nr. 76, S. 195 f.
179 So eine Syndikatsurkunde für einen Vertragsschluss zwischen Città di Castello und Cagli vom 16. März 1239 (Anhang 1, Nr. 62). Die Zitation erfolgt nach dem Regest, in dem der Kasus angepasst wurde.
180 Zu den Begrifflichkeiten mit Verweis auf ältere Literatur und zur Beurteilung durch die Rechtsgelehrten des 13. Jahrhunderts vgl. Queller, Office, S. 33 f., 57–59, und Michaud-Quantin, Universitas, S. 308 f. Weitere Beispiele zum nicht konstanten Einsatz der Termini in der Sieneser Überlieferung bei Crescenzi, Origini, S. 388–397.

ßen sich in den meisten Fällen genauere Angaben zur Form der zu leistenden Versprechungen sowie die Ermächtigung, die entsprechenden Beschwörungen auch von der Gegenseite einzuholen (*ad recipiendum simile* und ähnlich), an. Die Bandbreite dieser Details reicht, dies wurde schon erwähnt, von der vollständigen Übernahme des bereits verhandelten Vertragstextes über die Nennung nur einiger Kapitel oder den groben Grundzügen des Vertrags bis hin zum Fehlen jeglicher Spezifikation. Die Bevollmächtigungen der Stellvertreter verweisen dort, wo bereits die genauen Bestimmungen des Vertragstextes aufgenommen wurden, zudem auf den Arbeitsprozess des ausfertigenden Notars. Ihm muss ein Entwurf des späteren Vertragstextes vorgelegen haben, den er nicht einfach inserierte, sondern in die Syndikatsurkunde einflocht: So ersetzte in Camerino der Notar Meliore *quondam Allegrecti* aus Pistoia konsequent diejenigen Vertragsstellen, die die Aktion der Syndizi festhalten („et promiserunt sindici nomine predictarum civitatum se ad invicem") durch die Bevollmächtigung der Stellvertreter („et ad promittendum"). Zudem gestaltete er die gegenseitigen Versprechungen des Vertrags („quod si durante tempore dicte societatis aliqua ex predictis civitatibus petierit") in Versprechungen Camerinos an Perugia um („quod quandocumque durante tempore dicte societatis civitas Perusii petierit a comuni Camerini"). Es verwundert nicht, dass Meliore bei dieser Arbeit um einige Zeilen verspringt, die er unten nachfügen muss.[181]

Nur selten besitzt die Gestaltung der Vollmachten mit oder ohne Übernahme des Vertragstexts oder inhaltlicher Details Aussagekraft in Hinblick auf den Abstimmungsprozess zwischen den Kommunen. Eine zeitliche Entwicklung hingegen zeichnet sich sehr deutlich ab. So verteilen sich die offen gehaltenen Bevollmächtigungen zu großen Teilen auf den Zeitraum zwischen 1228 und den 1250er Jahren. Von da an ging man zunehmend zu Vollmachten mit Nennung der wichtigsten Vertragsinhalte über. Unter diese mischten sich auch schon Instrumente mit der vollständigen Wiedergabe der Vertragsvereinbarungen, die ab 1269 die Überlieferung dominieren. Die Erklärung für diese zeitliche Entwicklung ist auf verschiedenen Feldern zu suchen. Auch hier machte sich sicherlich die zunehmende juristische Schulung der notariellen Schriftlichkeit bemerkbar, die mit der präzisen Formulierung der Vollmachten zum einen deren Rechtsgültigkeit in Bezug auf den folgenden Vertrag absicherte, zum anderen den persönlichen Handlungsspielraum des Repräsentanten einschränkte. Ferner zeichnete sich hier vielleicht auch eine stärkere Ausdifferenzierung diplomatischer Praxis ab. Neben die *ambaxatores* und *tractatores*, die mit der Aushandlung der Vereinbarungen betraut waren, durch ihre Rückbindung an den Rat jedoch keine verbindlichen Zusagen machen konnten, traten die Syndizi, denen durch die Ausformulierung der Vollmachten die Verhandlungsmöglichkeiten entzogen wurden. Im Gesamten wurde der Bündnisabschluss somit möglichst vollständig

---

181 Siehe Anhang 1, Nr. 109 (1288 Januar 29). Eine andere Möglichkeit war der Anschluss mit *videlicet quod*, der es dem Notar wohl erlaubte, die Vorlage ohne Änderungen zu kopieren.

der Ratskontrolle unterworfen.[182] Allerdings, dies muss einschränkend hinzugefügt werden, verfügen beinahe alle Vollmachten über eine Klausel, die den Ernannten berechtigen, alles Weitere, was ihm nützlich und notwendig erscheine, zu vereinbaren (*et ad omnia et singula faciendum que ad omnia predicta essent necessaria faciendum* oder ähnlich).[183] Ersetzt oder ergänzt wird diese Formel manchmal durch die explizite Erteilung eines unbeschränkten Mandats (*dantes ... plenum mandatum et liberam et generalem administrationem* und ähnlich).[184] Die Verleihung der unbeschränkten Vollmacht, der *libera administratio* oder *plena potestas* gilt der Forschung oft als das eigentliche Herzstück der Bevollmächtigung eines Repräsentanten, die die unbedingte Verbindlichkeit seiner Handlungen für den Vollmachtsgeber ausdrückte. Entsprechend prominent wurde ihre Verleihung und die Auseinandersetzung der Rechtsgelehrten mit dieser Frage von der modernen Literatur diskutiert, oft mit dem Ergebnis, dass sie ihrem Träger erlaube, sowohl Verhandlungen zu führen als auch rechtlich bindende Vereinbarungen zu treffen.[185] Dies hätte den ernannten Syndizi die Möglichkeit gegeben, auch bei Syndikatsurkunden mit genauer Festlegung der Vertragstexte Änderungen oder Hinzufügungen vorzunehmen.[186] Den Bevollmächtigten hätte man damit die Möglichkeit eingeräumt, mit einer gewissen Flexibilität auf

---

182 So für Siena auch Crescenzi, Origini, S. 423–427.
183 Auch diese Klausel ließ sich ausdehnen, wie eine Vollmacht von 1277 zeigt, die neben den wichtigsten Bündnispunkten vor allem die Freiheiten des Gesandten betont: „et ad contrahendum omnes et singulas obligationes conventiones seu promissiones et omnia et singula pacta que ipsi sindico videbuntur et placebunt et de quibus concordabit cum sindicis predictarum civitatum ... et super omnibus et singulis que ei videbuntur necessaria utilia oportuna pro contrahenda fatienda confirmanda et renovanda et conservanda ipsa societate ... et generaliter ad omnia et singula fatiendum et libere exercendum que ipsi sindico placebunt et utilia videbunt pro predictis omnibus et occassione predictorum, concedentes ei in predictis ... et super quibus conveniet et concordabit cum sindicis civitatum predictarum liberam et generalem administrationem et libitum, plenum et generale mandatum."; 1277 Juli 25, Codice diplomatico, hg. von Fumi, Nr. 512, S. 315 f. (Anhang 1, Nr. 105). Allerdings handelte es sich um die Erneuerung eines älteren Vertrags, die Inhalte bauten somit wohl auf dem alten Instrument auf.
184 Da nicht alle Urkunden über diese Formel verfügen, ist die eigentliche Rechtshandlung aber im Akt der Ernennung zu suchen. Abweichend Heinemeyer, Studien, S. 366, der in den sehr ähnlich aufgebauten Vollmachten von Herrschern die konstituive Formel *dantes ... plenam potestatem* u. ä. scharf abhebt.
185 Dies wird besonders hervorgehoben bei Queller, Office, S. 26–59. Vgl. grundlegend auch Post, Studies, S. 91–162. Zur begrifflichen Gestaltung der Prokurationen und der rechtsnormativen Auslegung Queller, Office, S. 117–122. Einige der mittelalterlichen Autoren sahen die Vollgewalt hingegen schon durch die *ratihabitio*-Formel gegeben. So im 14. Jahrhundert Francesco Tigrini, zumindest nach einer Erörterung des Bartolo da Sassoferrato; vgl. Post, Studies, S. 94; weitere Urkunden und Rechtstexte bei Queller, Office, S. 119 f.
186 Explizit benannt wird diese Möglichkeit in einer Prokuration, die einen Vergleich in einer Repressalienangelegenheit und zukünftige Handelsvereinbarungen zwischen Ancona und Fabriano betrifft. Dort heißt es: „addendi et minuendi predictis eidem syndico libera et generali administratione concessa"; Libro rosso 2, hg. von Bartoli Langeli/Irace/Maiarelli, Nr. 209. Keine der Syndikatsur-

unvorhergesehene Situationen bei der Beeidung zu reagieren. Die *libera administratio* wird in den untersuchten Bevollmächtigungen jedoch häufig an das zuvor Gesagte gebunden (*circa predicta et quodlibet predictorum, super dictis et circa predicta et quodlibet predictorum* oder ähnlich). Ohnehin, so zumindest die Auslegung maßgeblicher Glossatoren und Kommentatoren des 13. und 14. Jahrhunderts, setzte die *plena potestas* auch immer die Bindung des Empfängers an die Inhalte des Mandats voraus.[187]

Bei diesen Überlegungen handelt es sich jedoch um teils spätere Interpretationen der mittelalterlichen Rechtswissenschaft, oft mit starkem Fokus auf die Vertretung vor Gericht. Welchen spezifischen juristischen Inhalt die Formel in der hier untersuchten Rechtspraxis transportierte, kann wohl nicht abschließend geklärt werden. Schwer zu ersehen ist nämlich auch, ob und in welchem Ausmaß die kommunalen Vertreter von der *libera administratio* Gebrauch machten. Einige Beispiele lassen vermuten, dass noch im letzten Moment Zusatzvereinbarungen in das Bündnis aufgenommen wurden, die in den Vollmachten fehlen.[188] Dennoch muss wohl davon ausgegangen werden, dass die kommunalen Führungen mit ihrem in den übrigen Quellen zu beobachtenden ausgeprägten Sicherungsbedürfnis weitreichende Änderungen ohne erneute Vollmacht nicht akzeptiert haben dürften. Einer Teilung der Verhandlungs- und Abschlussvollmachten kam sicherlich auch die vergleichsweise geringe räumliche Reichweite der meist nur im regionalen Rahmen geschlossenen Bündnisse entgegen. Die genaue Abstimmung durch *ambaxatores* vor der Beeidung durch einen *sindicus* in Rücksprache mit der städtischen Führung stellte durch die in kurzer Zeit zu bewältigenden Distanzen kein Problem dar.[189]

Eine interessante Variante findet sich in der ersten überlieferten Vollmacht von 1221, die nicht als Ratsbeschluss abgefasst ist, sondern den Podestà, dessen Richter und den Kämmerer als Aussteller nennt. Das Mandat wird dem Bevollmächtigten folgerichtig durch den Podestà verliehen.[190] Ergänzt wird dessen Bevollmächtigung jedoch durch eine eigene Versicherung des Kämmerers, der dem Stellvertreter das volle Mandat zuspricht, auch Punkte, die seinen Amtsbereich betreffen, zu beschwö-

---

kunden zu den politischen Bündnissen verfügt über eine ähnlich explizite Aussage, dies kann aber einem Überlieferungszufall geschuldet sein.
187 Vgl. hierzu die Ausführungen von Post, Studies, S. 94 f., anhand der Kommentare von Bartolo und Baldo degli Ubaldi. Bei Azzone findet sich der Zusatz „non enim debet transgredi mandatum", Zitat ebd., S. 95, Anm. 18. Dies hält auch Rolandino in seiner „Summa totius artis notariae" fest: „Syndicus etiam et procurator non debent nec possunt trangsredi fines mandati", Rolandino Passaggeri, Summa, S. 226r. Ähnlich argumentiert auch Padoa Schioppa, Principio, S. 120 f.
188 Beispiele unter Nr. 69, 70, 72, 73.
189 Vgl. Queller, Office, S. 26 f.
190 1221 Oktober 22, Caleffo 1, hg. von Cecchini, Nr. 176, S. 265 f. (Anhang 1, Nr. 37): „et dedit eisdem plenam parabolam iurandi in suam animam predictam societatem pro parte Urbevetanorum".

ren.[191] Ähnliche Differenzierungen wurden durch die Abfassung als Ratsbeschluss offensichtlich hinfällig, da auch die dem Kämmerer obliegende Finanzverwaltung der Kommune letztendlich durch Entscheidungen der *consilia* legitimiert wurde.

Der eigentlichen Vollmacht folgt immer die ebenfalls römisch-rechtliche *ratihabitio*-Klausel, in der die Ausstellenden formelhaft erklären, das durch ihren Stellvertreter Beschworene uneingeschränkt einzuhalten und in keiner Weise dagegen zu verstoßen (*promittentes ratum gratum et firmum habere et inviolabiliter observare quiquid per dictos sindicos vel alteri factum gestum seu promissum fuerit, et nulla ratione contravenire* und ähnlich). Gesichert wird diese Versprechung durch das Vermögen der Kommune als Pfand (*sub ypoteca et obligatione bonorum predicti comunis* oder ähnlich), eine der späteren Vertragsbestimmungen, die fast immer schon in der Vollmacht genannt wird.[192] Abgeschlossen wurde das Instrument auf übliche Weise durch das *Actum*, die Nennung von Zeugen und die notarielle Unterfertigung. In seltenen Fällen wurde der Ratsbeschluss auch durch eine Auflistung der Anwesenden ergänzt.

Vor allem gegen Ende des 13. Jahrhunderts wirkt das Formular der Syndikatsurkunden oft ermüdend repetitiv. Die Kombination sich überschneidender Begrifflichkeiten, die ständige Wiederholung von Texthülsen (*in predictis et circa predicta seu occasione predictorum, vice et nomine comunis et pro ipso comuni*) oder inhaltlich ähnlichen Bestimmungen und die Kombination mehrerer Tempora (*habuisset et possedisset et haberet et possideret*) ist jedoch dem offensichtlich gewachsenen Bedürfnis der Kommunen nach einer Absicherung der Rechtsgültigkeit des Instruments geschuldet.[193] Die Verbindlichkeit des Bündnisvertrags war durch das Aufkommen des bevollmächtigten Stellvertreters von dessen legitimer Beauftragung abhängig. In der unermüdlichen Suche nach Formulierungen, die alle eventuellen Einsprüche abdeckten, zeigt sich vor allem der Einfluss des gelehrten Rechts. Die Möglichkeit, Verträge und Vollmachten aufgrund rechtssprachlicher Mängel anzufechten, muss als Novum des späten 12. und vor allem des 13. Jahrhunderts gelten und führte in der Reaktion zur Entstehung immer dichterer Formulierungen.[194] Der Eingang gelehrter

---

191 Ebd.: „et camerarius predictus concessit et dedit predictis arbitris plenam et liberam parabolam et potestatem in eius animam iurandi quod idem observabit omnia que ad suum officium expectabunt".
192 Vgl. grundlegend Queller, Office, S. 116–122, zu den im kanonischen Recht diskutierten *litterae de rato* auch Padoa Schioppa, Principio, S. 121 f. Zur Pfandformel siehe unten Kap. I.2.1, S. 127–130.
193 Der Generalverdacht, dass der zunehmende Manierismus der Rechtsformeln hauptsächlich der Vergößerung der Gewinnspanne des Notars gedient habe, gilt als überholt, auch wenn dies im Einzelfall nicht ausgeschlossen werden kann. Vgl. mit weiterer Literatur Becker, Darlehensverträge, S. 37, insb. Anm. 59. Generell zum wachsenden Sicherungsbedürfnis der Kommunen durch die Schriftlichkeit und in der Schriftlichkeit auch Behrmann, Sicherheitsdenken.
194 So für den jeweiligen Untersuchungsgegenstand auch Behrmann, Verschriftlichung, S. 400 f.; Behrmann, Domkapitel, S. 22 f.; Becker, Darlehensverträge. Beispiele aus dem norditalienischen Raum für die Anfechtung von Syndikatsurkunden bei Behrmann, Anmerkungen, S. 277, und Keller,

Rechtsfiguren und -formeln auch in das Bündniswesen der Kommunen kann von der allgemeinen Entwicklung kommunaler Schriftlichkeit nicht getrennt werden. Die römisch-rechtliche Prägung des Schriftguts der Kommunen ist dabei eng mit der Ausbildung und dem Berufsalltag der Berufsgruppe verknüpft, die die Rechtsgeschäfte der Kommune in schriftliche Form brachte: das Notariat.[195]

Die gezielte Verwendung römisch-rechtlicher Begriffe ist in größerem Umfang in Italien seit dem späten 11. Jahrhundert zu beobachten und intensivierte sich noch im Laufe des 12. Jahrhunderts.[196] Diese Tendenz dürfte sich durch die Entstehung von Notariatsschulen und Handbüchern zur Notarskunst im 13. Jahrhundert verstetigt haben, wobei, wie in den Rechtswissenschaften, Bologna als wichtigster Standort zu nennen ist.[197] Auch die Syndikatsurkunde, wie sie im umbrisch-märkischen Raum im Kontext politischer Verträge auftritt, lässt sich in die Formularsammlungen dieser Handbuchliteratur einordnen.[198] So zeigt der Vergleich mit einigen der bedeutenderen *artes notariae* und Formularsammlungen aus Bologna sowie den wenigen Werken aus Mittelitalien, dass die Urkunden den formalen Vorgaben der Zeit weitgehend entsprechen. Die wichtigsten Elemente und Formeln der untersuchten Syndikatsurkunden finden sich auch in den Musterbeispielen des Raniero da Perugia (ca. 1226/1233),[199] des Martino del Cassero aus Fano (1232),[200] des im umbrisch-märkischen

---

Veränderung, S. 34. Für den europäischen Raum allgemein auch Post, Studies, S. 107: „For almost every kind of agency or representation, therefore, the Roman formulas were in daily use by the middle of the thirteenth century.".

195 Ein Überblick über die Entwicklung des Notariats kann hier nicht gegeben werden; vgl. grundlegend Meyer, Notarius, sowie die dortige Bibliographie, und zusammenfassend Cammarosano, Italia, S. 267–276. Zum Verhältnis Notar-Kommune grundlegend Fissore, Autonomia, und Fissore, Origini; zur abweichenden Entwicklung in Mittelitalien auch Bartoli Langeli, Notai, S. 112–115, und Tamba/Gibboni, Formazione. Für die früheren Jahrhunderte Pratesi, Sviluppo. Die Rolle des Notars als Vermittler, gar als „fondamento culturale del comune cittadino", betont Francesconi, Potere, S. 148.

196 Vgl. Meyer, Notarius, S. 105–107. Am Beispiel einer anderen Urkundengruppe, den Darlehensverträgen, ausführlich auch Becker, Darlehensverträge, S. 34–38.

197 Zusammenfassend Schulte, Scripturae, S. 23–26, und mit Fokus auf Mittelitalien Formulario, hg. von Scalfati, Introduzione, S. 20–28.

198 Allgemein zum Notariat und zur Schriftproduktion im umbrisch-märkischen Raum vgl. Abbondanza, Notariato; Bartoli Langeli, Notai; Giubbini, Notariato, und den parallelen Ausstellungskatalog Sturba, Notariato (Catalogo).

199 Raniero da Perugia, Ars notariae, hg. von Wahrmund, S. 45: „Carta sindicatus, yconomatus et castaldie; X. capitulum pactorum". Laut Apparat werden in den verschiedenen Handschriften die Termini der Rubrik durch weitere, etwa *actor* oder *procurator*, ersetzt oder ergänzt.

200 Martino del Cassero, Formularium, hg. von Wahrmund, Nr. XLV, S. 17: „De sindico". Ausführlicher ist eine Bevollmächtigung für einen Prozess an der Kurie, ebd., Nr. 191, S. 84. Ein Wiederabdruck der Edition ist auch in einem neueren Tagungsband zu Martino del Cassero zu finden: Piergiovanni, Medioevo.

Raum tätigen Bencivenne (1230er/1240er Jahre),[201] einer anonymen florentinischen Formularsammlung (Mitte des 13. Jahrhunderts)[202] und schließlich beim erfolgreichsten Verfasser eines Kompendiums der Notariatskunst, Rolandino Passaggeri (1255).[203] Auch in diesen Formvorlagen macht sich, wie in den untersuchten Instrumenten, ein stilistischer Wandel gegen Ende des 13. Jahrhunderts bemerkbar. Erst das Spätwerk des Rolandino (nach 1294) schöpft hinsichtlich der Rechts- und Sicherungsformeln so aus dem Vollen, wie es auch die späten Syndikatsurkunden des Dukats und der Mark Ancona gewöhnlich tun.[204]

Noch interessanter ist aber der Vergleich mit dem Werk von Rolandinos Konkurrenten Salatiele (zweite Redaktion 1254), der seine Musterstücke mit ausführlichen Glossierungen versieht.[205] Diese liefern auf Grundlage des „Corpus iuris civilis" eine Art theoretische Basis zur Ernennung eines Prokurators. Grundsätzlich, und dem entsprechen auch die untersuchten Urkunden aus Umbrien und den Marken, bestehe das Instrument immer aus drei Teilen: wer ernennt und wer wird ernannt, wozu erfolgt die Ernennung und schließlich die „promissio de rato".[206] Es folgen längere Ausführungen zur Ernennung mehrerer Personen und den hierzu notwendigen Formeln.[207] Dabei lässt der Bologneser Rechtsgelehrte eine Spitze einfließen, die auch einige der Notare, die die untersuchten Syndikatsurkunden verfassten, in wenig schmeichelhaftem Licht erscheinen lässt: Nur die Rechtsunkundigen würden hier mehrere Verben aneinanderreihen, etwa „creavit et constituit, mandavit et fecit, sollempniter ordinavit", wo doch ein geeignetes ausreiche.[208] Auch zur An- und Abwesenheit

---

201 Bencivenne, Ars notarie, hg. von Bronzino. Die in den Formularen erwähnten Orte verstreuen sich über beide päpstlichen Provinzen und überschneiden sich fast vollständig mit den hier untersuchten Kommunen; vgl. ebd., Introduzione, S. X f. Eine kommunale Syndikatsurkunde, allerdings mit Angabe Bologna, unter der Überschrift „Carta sindicatus yconomatus et castaldarie", ebd., S. 63 f.
202 Formulario, hg. von Scalfati, S. 67–71. Übereinstimmung hauptsächlich mit dem Instrument „De sindaco et procuratore generaliter et specialiter". Zum Werk vgl. die Einleitung zur Edition.
203 Rolandino Passaggeri, Summa, S. 225–229. Deutlich ist die Übereinstimmung in einigen Formeln auch zwischen den hier untersuchten Instrumenten und einigen Musterstücken in der Prozessschriftenlehre des Giovanni da Bologna aus den 1280er Jahren; vgl. Giovanni da Bologna, Summa, hg. von Rockinger, S. 593–712, hier S. 605–620.
204 Rolandino Passaggeri, Contractus, hg. von Ferrara, S. 232–266; vgl. auch die dortige Einleitung zum weniger bekannten Spätwerk des Rolandino.
205 Salatiele, Ars notarie, hg. von Orlandelli.
206 Ebd., S. 289: „in primis nota quod in hoc instrumento tria capitula continetur, scilicet quis constituat et quis constituatur cum verbis aptis, ad quid agendum vel faciendum, promissio de rato".
207 Siehe oben Kap. I.1.4, Anm. 173.
208 Salatiele, Ars notarie, hg. von Orlandelli, S. 289: „item nota quod quidam iuris ignari ut hominibus ydiotis appareant sapire hic plura verba ponunt, scilicet ‚creavit et constituit, mandavit et fecit, sollempniter ordinavit Priscianum', etcetera, sed unum, dum tamen aptum, sufficit, ut ff. mandati. l. .i. (D. 17. I. I), quia non est opus verbis que nullum addunt effectum, ut. C. de donationibus l. ultima (C. 8. 53. 37)". Die Auflösung der Verweise auf Digesten und Codex stammt vom Editor.

des Prokurators äußert sich Salatiele in der Glossierung: Abwesende können ernannt werden, bei Anwesenden sei aber die aktive Entgegennahme des Mandats in den auch aus den untersuchten Quellen bekannten Formeln (*mandatum suscipientem* oder ähnlich) notwendig. Andernfalls sei der Prokurator nicht verpflichtet, sein Mandat auszuführen.[209] Neben einer Reihe weiterer Erläuterungen kommentiert die Glosse schließlich auch die *ypotheca*-Formel („id est obligatione") und fasst die verschiedenen Varianten noch einmal zusammen.[210] Die Glosse zu einem weiteren Musterinstrument, der Bestellung eines Prokurators nicht „ad litem", sondern „ad negotia", verfügt, was auch für die Bündnisschriftlichkeit relevant ist: Im Grunde, so Salatiele, gelte für den Prokurator „ad negotia", was auch für den Vertreter im Gerichtsverfahren gelte.[211]

Die Werke der *ars notariae* der Zeit stellten somit einen Fundus an Formeln und Rechtsüberlegungen bereit – und hatten diesen ihrerseits aus der Praxis übernommen –, der auch in den untersuchten Schriftstücken verwendet wurde. Vor allem die theoretischen Ausführungen Salatieles machen zudem deutlich, dass die meisten der untersuchten Instrumente der auf dem justinianischen Corpus aufbauenden Rechtslehre der Zeit voll entsprechen. Mit der Übertragung der Rechtsfigur des Prokurator/Syndikus aus dem Kontext der Rechtsprechung ins Vertragswesen wurde somit auch die schriftliche Dokumentation der begleitenden Rechtshandlungen übernommen und an die spezifischen Ansprüche des Ereignisses angepasst.[212]

Problematisch bleibt allerdings eine andere mit diesem Prozess zusammenhängende Überlegung. Für die Musterinstrumente in den Notarshandbüchern wie auch für die wissenschaftlichen Auslegungen der gelehrten Juristen an den Rechtsschulen bestand kein Zweifel an der Zielrichtung der Urkundenausgestaltung. Diese sollte den belegten Rechtsakt gegen etwaige Einsprüche vor Gericht möglichst sichern. Konsequenterweise bewegt sich ein Großteil der auf Lehre und Praxis ausgerichteten Schriften der Rechtskultur somit im Feld der gerichtlich aushandelbaren Besitz- und Rechtsfragen.[213] Urkunden, die wie die hier untersuchten Instrumente mehrere

---

209 Ebd.: „et sic nota quod absens potest constitui, ut ff. eodem l. .i. in fine (D. 3. 3. I, 3), si autem est presens dic ‚ibidem presentem consentientem et mandatum suscipientem', aliter enim non tenetur exequi mandatum nisi suscipiat illud, ut ff. mandati. l. si remunerandi. §.i. (D. 17. I. 6, I)".
210 Ebd., S. 289–291.
211 Ebd., S. 291: „item nota quod fere omnia que dicta sunt supra in procuratore ad litem de variationibus possunt hic dici in isto procuratore ad negotia constituto". Im Musterinstrument wird ein Prokurator zum Kauf und zur Verwaltung von Grundbesitz ernannt.
212 Vgl. auch Bartoli Langeli, Notai, S. 113 f. Zur Innovationskraft der (guten) Notare im Dienste der Kommune ebd., S. 15, 109–133. Aufschlussreich ebenfalls Bruschi, Fucina, zur Anwendung der *ars notarie* in der Praxis und zu den Arbeitsweisen der Notare am Beispiel verschiedener Vertragstypen in der Romagna.
213 Vgl. auch Becker, Darlehensverträge, S. 42 f. Zum Übergang vom Zeugen- zum Urkundenbeweis vgl. Behrmann, Domkapitel, S. 11–15, und die dortige Literatur.

rechtliche Hoheitsbereiche berührten, waren jedoch nur schwerlich vor einem Gericht verhandelbar. Zwar galt für die Kommunen des Patrimoniums die oberste Gerichtsbarkeit des Papstes – im Fall einer *societas* nicht nur aufgrund ihrer Zugehörigkeit zu dessen weltlichem Herrschaftsbereich, sondern auch durch die kirchliche Hoheit über den Eid als Sakrament –, in der Praxis ist jedoch eine Anfechtung der Bündnisschriftlichkeit an der Kurie nur schwer vorstellbar. Die Kommunen dürften nur wenig Interesse daran gehabt haben, die dem Papsttum potentiell ungenehme Autonomie in ihren Außenbeziehungen vor die päpstliche Rechtsprechung zu bringen. Aus dem Untersuchungszeitraum ist auch kein solches Vorkommnis bekannt.[214] Die Konzeption der Syndikatsurkunden nach allen Regeln der Notariatskunst zielte somit wahrscheinlich nicht auf eine Verwendung vor Gericht. Dass die entsprechenden Rechtsfiguren und Präventionsformeln auch auf diese Urkunden angewandt wurden, mag bedeuten, dass die Notare zu ihrer erlernten Methode, Rechtsinhalte in schriftliche Formen zu bringen, keine Alternative sahen. Überzeugender erscheint jedoch der Gedanke, dass mit dem Bezug auf das *ius commune*, zu dem das römische Recht im 13. Jahrhundert geworden war, juristische Verbindlichkeit auch zwischen eigenständigen Rechtsräumen geschaffen werden sollte.[215] Auch ohne den Rückgriff auf eine zwar vorhandene, aber in diesem Fall wahrscheinlich nicht genutzte oberste Gerichtsbarkeit schufen die Schriftstücke damit möglicherweise eine Art virtuelle Rechtssicherheit. Dies erklärt auch die sorgfältige Konservierung der nach gelehrten juristischen Prinzipien abgefassten Schriftstücke zu einem Bündnis in den Kommunen, während andere Aufzeichnungen nur selten in die Überlieferung eingingen. Wohl kaum handelte es sich bei dieser Entwicklung um bewusst getroffene Entscheidungen der einzelnen Notare oder der verantwortlichen kommunalen Entscheidungsträger. Vielmehr ist hierin die Durchdringung der kommunalen Gesellschaften mit der Idee eines allgemeingültigen, an die schriftliche Fixierung gebundenen Rechts zu beobachten.[216]

---

214 Zum Eid siehe unten Kap. I.1.5. Eine ähnliche Konstellation skizziert Hermes, Schiedsgerichtsbarkeit, S. 375–377, für Oberitalien nach dem Frieden von Konstanz.
215 Zur Entwicklung eines *ius commune* aus der Rezeption des römischen Rechts grundlegend Ascheri, Laws. Zu einem ähnlichen Urteil kommt für Asti auch Fissore, Procedure, S. 766, für die Toskana Mosiici, Documenti di lega, S. 103 f.
216 Vgl. zu diesem Mentalitätswandel auch Behrmann, Sicherheitsdenken. Vor dem gleichen Problem standen im Übrigen die weltlichen Herrscher, die auf das gleiche Vorgehen zurückgriffen und somit ebenfalls den Gedanken eines *ius commune* förderten, wie die Arbeiten von Heinemeyer, Studien, und Queller, Office, zeigen. Kolmer, Eide, S. 176, spricht (in Bezug auf die Verträge Friedrichs I. mit den italienischen Seestädten) von einer „neue[n] Art der ‚Justifizierung'. Das Bestreben, sicheren rechtlichen Boden unter den Füßen zu haben, im diplomatischen Verkehr einen eigenen Rechtsstandpunkt vertreten zu können, wird in dieser Zeit spürbar." Ähnlich für die frühe Neuzeit auch Lesaffer, Influence, S. 464.

1.5 Beeidung und Ausfertigung der Bündnisurkunde

Der entscheidende Schritt beim Abschluss einer *societas* war schließlich die Beeidung der zuvor getroffenen Vereinbarungen durch die Stellvertreter der Kommunen, ob Konsuln, Podestà oder eigens ernannte Syndizi. Dieser Akt bestand aus zwei Komponenten: dem performativen Schwur und der Beurkundung dieses Schwurs durch das Bündnisinstrument, das zugleich als schriftlicher Vertrag fungierte. Die einzigen Quellen zur Organisation des Schwurprozederes sind fast immer die Verträge selbst, sodass das Bild bruchstückhaft bleibt.

Der Ort der Zusammenkunft ist über die erhaltenen Urkunden recht häufig zu erschließen, auch wenn viele Urkunden nur die Stadt oder das *castrum* nennen. Meist fand die Beeidung im Palast der Kommune, in einem Kirchengebäude oder vor einer Kirche statt. Seltener wurden Verträge in Privathäusern, in den Räumen von Klöstern und Domkapiteln oder an außergewöhnlichen Orten – etwa im Zelt des Podestà bei einer Belagerung – geschlossen.[217] Das Zusammentreffen der Vertreter der Kommunen fand somit in vielen Fällen an Orten mit hoher repräsentativer Wirkung und, im Fall von Kirchengebäuden, hoher Sakralität statt. In einem Fall fand der Schwur an mehreren Orten statt, zum einen weil die Beeidung nicht gemeinsam, sondern in mehreren Etappen in den Bündnisstädten stattfand, zum anderen weil innerhalb der Stadt ein Ortswechsel stattfand.[218] Das Datum, zu dem ein Bündnis geschlossen wurde, wurde hingegen wohl rein pragmatisch gewählt, die untersuchten Urkunden zeigen weder Präferenzen, noch lassen sie den Rückschluss auf eine systematische Wahl von Heiligentagen oder anderen symbolischen Daten zu.[219] Ungewöhnlich ist in dieser Hinsicht ein Bündnis zwischen den Kommunen Ancona, Jesi, Fano, Camerino, Cagli, Sassoferrato, Rocca Contrada und Montecchio im Jahr 1232 und ein Bündnis zwischen Perugia, Todi, Spoleto und Narni aus dem Jahr 1286. Bei beiden scheint es zu einer Verspätung beziehungsweise Verhinderung der Vertreter gekommen zu sein. Dies veranlasste die Kommunen im ersten Fall, den Bündniseid am folgenden Tag erneut zu leisten, nun vollzählig. Im zweiten Fall beeideten die Stellvertreter Todis, Perugias und Spoletos das Bündnis am 28. November ohne den Syndikus aus Narni, obwohl auch dieser seine Vollmachten am 24. November erhalten hatte. Im Vertrag wurde jedoch explizit vermerkt, dass Narni noch beitreten werde, was

---

217 Die Versammlung *in palatio comunis* häuft sich in der zweiten Hälfte des Jahrhunderts, als immer mehr Kommunen ein solches Gebäude hatten erbauen lassen; vgl. auch Paul, Kommunalpaläste, S. 39 f., 82–91, 193–278. In den Marken findet sich gelegentlich der Verweis auf die *curia comunis*. Allgemein zum Ort von Eidesleistungen im Mittelalter Kolmer, Eide, S. 246 f.
218 Beides in Anhang 1, Nr. 19. Zur Ortswahl und zur Beweiskraft der Ortsangabe in der Urkunde auch Schulte, Scripturae, S. 120–136.
219 Auch an das kanonische Verbot, Eide an Sonn- oder Feiertagen abzulegen, hielt man sich nicht. Vgl. Kolmer, Eide, S. 248.

vierzehn Tage später dann auch geschah. Welche Gründe die Anreise des Vertreters aus Narni verhindert hatten, geht aus den Quellen nicht hervor.[220]

Welche Öffentlichkeit dem Ereignis beiwohnte, ist meist kaum zu bestimmen. Einige Urkunden machen deutlich, dass auch die Beeidung in der auf gewohnte Weise einberufenen Ratsversammlung stattfand.[221] Keine oder nur eine geringe Öffentlichkeit hatten wahrscheinlich die Bündnisse, die außerhalb der Städte und *castra* oder in den Räumen eines Privathauses, einer kirchlichen Einrichtung und letztendlich wohl auch im Palast der Kommune geschlossen wurden.[222] Kein einziges der Instrumente berichtet von einem Abschluss in der *contio* oder einer sonstigen Volksversammlung, auch wenn dies nicht ausschließt, dass eine große Menge an Zuschauern zugegen war.[223] Die Instrumente, die überhaupt Rückschlüsse auf diese Fragen zulassen, verweisen somit eher auf einen halböffentlichen Kontext, in dem die Vertreter ihren Schwur leisteten. Immer anwesend war jedoch eine ausgewählte Gruppe an Bürgern, von denen einige in die Zeugenreihe aufgenommen wurden.[224] Wahrscheinlich handelte es sich um prominente Persönlichkeiten im kommunalen Leben, oft finden sich die wichtigsten Amtsträger unter den Zeugen, fast immer Richter oder Notare, häufiger auch Vertreter der Zünfte.[225] In nur wenigen Bündnissen werden Geistliche unter den Zeugen genannt, was bei der hohen Anzahl an in Kirchen abgeschlossenen *societates* erstaunt.[226] Oft führt die Zeugenreihe auch Bürger aller beteiligten

---

220 Anhang 1, Nr. 57 (zur mutmaßlichen Verspätung des Vertreters Pesaros vgl. Leonhard, Seestadt, S. 131, Anm. 292) und Nr. 108.

221 Anhang 1, Nr. 20, 48, 49, 60, 63, 78, 88, 92, 108.

222 Besonders deutlich wird dies bei Bündnissen, die „in claustro domus Bonacursi Rambaldi" (Anhang 1, Nr. 70) oder „in claustro canonicorum" (Nr. 94) geschlossen wurden.

223 Dies lässt sich etwa annehmen bei einem Bündnis mehrerer Städte der Marken, das 1248 in Montemilone „in transanna domus eiusdem communis" geschlossen wurde. Unter *transanna* ist wohl ein überdachter Vorbau in Form einer Loggia zu verstehen; vgl. Ceci/Bartolini, Piazze, S. 10 f.; Statuta, hg. von Bartolucci, S. 52, Anm. 25.

224 Viele der Zeugennennungen schließen mit *et alii plures* o. ä. Eine recht große Gruppe scheint 1207 bei einem Vertragsschluss zwischen Fano und Rimini anwesend gewesen zu sein, was den Notar zu einem „et aliorum plurium scribere fastidium est" verleitete (Anhang 1, Nr. 20). Ausführlich zur Bedeutung der Zeugen für die Authentizität des Instruments und zu den rechtlichen Vorgaben Schulte, Scripturae, S. 137–176.

225 Auf den Versuch einer Identifikation der genannten Personen wurde bewusst verzichtet. Dies verbot sich allein durch den Umfang an Namen und Kommunen, aber auch durch das Fehlen von Literatur, die einen schnellen Zugriff erlauben würde. Dennoch fallen in den besser untersuchten Kommunen Namen ins Auge, die häufig im Kontext der kommunalen Führung zu finden sind, exemplarisch etwa Blancus Bonosmeri aus Perugia (Anhang 1, Nr. 105). Vgl. zu Blancus für die Jahre 1256–1260 Regestum, hg. von Ansidei, S. 359. Zur besonderen Geltungskraft von Richtern in der Zeugenreihe vgl. am Beispiel Comos Schulte, Scripturae, S. 169–176.

226 Anhang 1, Nr. 55 (hier handelt es sich wohl um ein Mitglied der Abtei, in der die Beeidung stattfand), 72, 108. Kolmer, Eide, S. 239, behauptet, dass nur der Klerus im Besitz von Evangeliaren war, der Evangelieneid somit nur in Anwesenheit eines Klerikers erfolgen konnte. Dies darf für die italienischen

Kommunen an, die offenbar in Begleitung des bevollmächtigten Vertreters angereist waren.

Die Zeremonie selbst erschließt sich, abgesehen von diesen Parametern, kaum. Konstitutiv war der Schwur auf die Evangelien durch Handauflegen.[227] Abgesehen davon schweigen die Quellen über symbolische oder ritualhafte Handlungen. Der Abschluss der *societas* zwischen Todi, Narni und Spoleto im November 1259 ließ einen feierlichen Charakter erahnen, wenn der Schwur in Narnis zentraler Kirche in Anwesenheit des *consilium generale et speciale*, der Anzianen und der höchsten Amtsträger und *ambaxatores* der anderen Städte geleistet wurde. Jede Aussage zur Zeremonie bleibt jedoch spekulativ.

Auf den promissorischen Eid auf das Evangeliar soll hier nicht näher eingegangen werden, da er in seiner dualistischen Stellung zwischen säkularem Recht und sakralem Heil ein eigener, bereits vielfach untersuchter Forschungsgegenstand ist.[228] Verwiesen sei einzig auf die Tatsache, dass der Evangelieneid auch ein Institut des justinianischen Rechts darstellte und somit nicht als Überrest älterer Bindungsformen im gänzlich romanisierten und verschriftlichten Vertrag betrachtet werden darf.[229] Gefragt werden soll jedoch nach dem Verhältnis von Schwur und Schriftstück, das in den untersuchten Quellen aufscheint. Für das 12. Jahrhundert und den oberitalienischen Raum hat bereits Thomas Behrmann festgestellt, dass diese älteren Schriftstücke oft formlos den Vollzug des Eides festhielten, um die Erinnerung an den Akt zu gewährleisten oder dessen Wortlaut zu dokumentieren. Viele Eidesleistungen wurden aber wahrscheinlich gar nicht schriftlich fixiert.[230] Analog zu zahlreichen Beispielen aus verschiedensten mittelalterlichen Kontexten war es somit der mündlich geleistete Eid, der aus den getroffenen Vereinbarungen geltendes Recht machte.[231] Dies trifft auch auf die meisten der untersuchten Bündnisverträge aus dem

---

Kommunen angezweifelt werden. Vereinzelt ist die Existenz städtischer Evangelienbücher belegt, auf die auch die Amtseide geschworen wurden; vgl. Thompson, Cities of God, S. 157, 168.
227 Nur sehr wenige Urkunden kommen ohne die Schwurformel *corporaliter tactis sacrosanctis Dei evangeliis* o. ä. aus. Dies lässt darauf schließen, dass dieses Vorgehen so selbstverständlich war, dass auch bei fehlendem Verweis von einem entsprechenden Schwur ausgegangen werden kann. Zum Evangelieneid Kolmer, Eide, S. 238 f.
228 Vgl. mit einer Skizzierung des Problems und der umfangreichen Forschung die grundlegende Untersuchung von Prodi, Sacramento; auch in deutscher Übersetzung: ders., Sakrament. Für das Mittelalter vor allem Kolmer, Eide; für die Kommune auch Prutscher, Eid.
229 Vgl. Kolmer, Eide, S. 238, und Ziegler, Influence, S. 199. Eine Sammlung der Belegstellen bei Sáry, Bibel.
230 Vgl. Behrmann, Anmerkungen, S. 268–275.
231 Vgl. Prodi, Sakrament, und Kolmer, Eide. Zu den Bündnisverträgen deutscher Fürsten Garnier, Amicus, S. 202. Der Eid blieb bis ins 16. Jahrhundert hinein konstituives Element eines Bündnis- oder Friedensvertrages; vgl. Lesaffer, Influence, S. 462. Zu den juristischen Überlegungen zum Verhältnis von Instrument (Schriftstück) und Vertrag (juristischer Akt) mit Quellenbelegen auch Petronio, Stipulazione, S. 62–78.

13. Jahrhundert zu. Kaum einer der Verträge lässt offen, dass es die rechtsetzende Absicherung durch den Eid auf das Evangelium, als *sacramentum* oder zumindest in der Formel *juramus*, war, die die Vereinbarungen in Kraft setzte. Das Instrument bezeugte diesen dispositiven Akt nur.[232] Dennoch lassen sich in den wenigsten Fällen Eid und Beurkundung des Eids so sauber trennen. Denn selbst die frühesten überlieferten Verträge sind oft so detailliert gestaltet, dass der Text, auf den sich der Eid bezieht, zumindest als Konzept schon vor dem Eid existiert haben muss. Ein Beispiel hierfür ist eine *societas* zwischen Siena und Orvieto, die im August 1202 durch den orvietanischen Podestà beeidet wurde. Das Instrument ist das einzige, das den Eidspruch explizit von der schriftlichen Fixierung trennt. Der Notar Marsopius beginnt nach Invocatio und Datierung unvermittelt mit der Schwurformel des Podestà Parentius: „Nos Parentius Urbevetanorum potestas, pro nobis et pro tota civitate et comunitate Urbevetana, vobis Senensium consulibus ... propria et spontanea nostra voluntate promittimus ... et insuper iuramus ad sacrosancta Dei evangelia, omnia capitula inferius scripta tenere, custodire et observare". Es folgen die Klauseln des Vertrags. Ob diese persönlich durch den Podestà vorgetragen oder durch die zitierte Bekräftigungsformel nur bestätigt wurden, macht der Text nicht deutlich. Falls die Bündnisinhalte durch den Podestà oder eine andere Person verlesen oder frei vorgetragen wurden, musste dem Vortragenden aber irgendeine Form der Gedächtnisstütze zur Verfügung gestanden haben. Es handelte sich immerhin um neun, teils sehr ausführliche Vereinbarungen mit detaillierten Regelungen etwa zur Heeresstärke oder zu den Fristen und verschiedenen Finanzierungsmodellen im Zusammenhang mit der militärischen Hilfe. Falls die Abmachungen nur schriftlich aufgeführt wurden, ist ohnehin klar, dass die Beeidung ein Schriftstück zur Grundlage hatte. Der Eid, so führt Marsopius im *Actum* aus, wurde von Parentius „ante domum Iohannis Rainerii Cencii" geleistet; erst danach wurde die Urkunde „in palatio civitatis" ausgefertigt.[233] Wahrscheinlich geschah die Ausfertigung durch Marsopius auf der Grundlage eines zweiten Schriftstücks, einer Minute. Überliefert ist nämlich ein Instrument gleichen Inhalts und Datums, geschrieben und subskribiert von einem Notar Guido, das später durch Einschneiden ungültig gemacht wurde. In dieser Urkunde fehlen im Vergleich zum Exemplar des Notars Marsopius nur das *Actum* und die direkte Beauftragung zur Ausfertigung durch den Podestà und den Rat Orvietos („Ego Parentius, cum toto et comuni consilio, hoc instrumentum fieri rogavi sicut supra legitur"). Marsopius, der Notar Orvietos, fertigte seine Urkunde mit dem geteilten *Actum* somit wahrscheinlich auf Grundlage eines Konzepts von Guido, dem Notar der sienesischen Seite,

---

[232] Sehr deutlich ein Vertrag zwischen Siena und Orvieto aus dem Jahr 1221 (Anhang 1, Nr. 37, ebenso in Nr. 19): „omnia ... capitula ... hinc inde sunt promissa et iuramento corporaliter prestito vallata".
[233] 1202 August 20, Caleffo 1, hg. von Cecchini, Nr. 57, S. 71–73 (Anhang 1, Nr. 19): „Actum est hoc in civitate Urbevetana, ante domum Iohannis Rainerii Cencii, cum dominus Parentius iuravit et postea in palatio civitatis eiusdem, cum hoc instrumentum fuit ab eodem rogatum scribi.".

aus. Ob Guido den Schwur des Podestà vor dem Haus des Iohannes Rainerii Cencii protokollierte oder ob dieser gemeinsam mit den Vertragsinhalten bereits zuvor verschriftlicht war, muss offen bleiben.[234] Die örtliche und zeitliche, vielleicht sogar dokumentarische Trennung von Eid und Beurkundung macht aber das Wechselverhältnis von Schwur und Schriftstück deutlich. Das Dokument ist in erster Linie eine später hergestellte Memorierung des eigentlichen Rechtsakts, der Beeidung. Diese konnte jedoch nur auf der Grundlage bereits verschriftlichter oder für die Schriftform vorgesehener Vereinbarungen vollzogen werden („iuramus ... omnia capitula inferius scripta tenere") und wurde protokolliert. Schriftstück und dispositiver Eid, dies wird möglicherweise bei den späteren Verträgen noch deutlicher, lassen sich somit nicht trennen.[235]

Ob die Vertreter der Kommunen die Abmachungen in der Volkssprache oder auf Latein aufsagten, sei es vollständig, sei es in einer Zusammenfassung, oder ob der Text durch einen Notar verlesen wurde und nur eine Schwurformel durch die Vertreter gesprochen wurde, erschließt sich, wie bereits beim Eid des Orvietaner Podestà zu sehen war, selten.[236] Sehr wahrscheinlich ist die Wiedergabe aller Vereinbarungen bei einem Abkommen zwischen Perugia und Siena aus dem Jahr 1202. Das

---

[234] Das Instrument von Guido, nach Cecchini A¹ in Abgrenzung zur Urkunde des Marsopius A, ist ebenfalls überliefert im AS Siena, Diplomatico delle Riformagioni 93–1202 agosto 20, casella 28. Vgl. Caleffo 1, hg. von Cecchini, S. 71. Die Behauptung Cecchinis, dass außer der Ortsangabe auch der Schwur des Parentius fehle, trifft nicht zu. Das Instrument ist textgleich bis auf kleinste Abweichungen, zu denen auch gehört, dass im Gegensatz zu „iuramento corporaliter prestito vallata" (A) bei Guido (A¹) nur „iuramento vallata" steht. Der Schwur auf die Bibel wurde jedoch zuvor schon festgehalten. Dass Marsopius der Notar der orvietanischen Seite war, geht aus einem späteren Schriftstück hervor, das ein anderer Notar „coram Marsoppo iudice de Urbivieto" ausfertigte: 1202 Oktober 1, ebd., Nr. 60, S. 78 f. (Anhang 1, Nr. 19). Guido hingegen nimmt im August „mandato consulum Senensium" auch den Schwur von 1 000 ausgewählten Orvietanern entgegen, was es wahrscheinlich macht, dass er zur sienesischen Seite gehörte: 1202 August, ebd., Nr. 59, S. 74–78. Ein ähnliches Vorgehen ist in der Beurkundung eines Abkommens zwischen Albi und Alessandria aus dem Jahr 1203 zu beobachten; vgl. Fissore, Origini, S. 49. Ähnlich ist vielleicht auch der Fall bei den Dokumenten in Anhang 1, Nr. 64. Überliefert sind hier in Tolentino zwei Exemplare, beide vom Notar aus Tolentino ausgestellt, nur eines der beiden trägt jedoch die Subskriptionen der anderen zwei Notare. Möglicherweise diente das nicht subskribierte Instrument als Minute. Durch die Parallelüberlieferung in Montecchio (heute Treia) wird deutlich, dass alle Kommunen das Schriftstück des eigenen Notars erhielten.
[235] Besonders deutlich wird dies etwa in Anhang 1, Nr. 28, 108, 109, 111. Hier wird der Schwur nur noch als zusätzliche Sicherung dargestellt, z. B. „Et ad maiorem firmitatem ... tactis sacrosanctis Dei evangeliis corporaliter iuraverunt": Codice Diplomatico 1, hg. von Bartoli Langeli, Nr. 61, S. 147–150, hier S. 149. Zum Verhältnis von Vertragsschluss und Beurkundung in Rechtspraxis und -lehre, allerdings bezogen auf das Alltagsgeschäft der Notare, auch Schulte, Scripturae, S. 100–113, und auf Grundlage der Erörterungen der Glossatoren Petronio, Stipulazione.
[236] Beide Varianten waren bereits seit dem Frühmittelalter verbreitet; vgl. Kolmer, Eide, S. 172. Kolmer geht ebd., S. 266 f., auch davon aus, dass die Eide meist in Volkssprache gegeben wurden. In den untersuchten Quellen findet sich kein diesbezüglicher Anhaltspunkt.

Instrument beginnt mit einem lapidaren „In nomine Domini amen. Sacramentum consulum Perusine civitatis.". Es folgt der in der ersten Person Singular gehaltene wörtliche Schwur. Im Anschluss wird genau entsprechend der Schwur der Sieneser Konsuln festgehalten. Erst danach beschreibt der Notar den Ablauf des Geschehens: „Hoc sacramentum tunc fecerunt Senenses consules ... et iuravit tunc Bartholomeus similiter ... item iuraverunt tunc et fecerunt sacramentum superius dictum consules Perusini".[237] Es ist jedoch fraglich, ob die subjektive Wiedergabe des Eids im Instrument im Allgemeinen auf die mündliche Rede durch die Vetreter der Kommunen hinweist. Bezeichnenderweise handelt es sich bei den subjektiv gefassten Verträgen vor allem um Bündnisse aus den ersten drei Jahrzehnten des 13. Jahrhunderts und somit aus einer Zeit, in der das Instrument vielerorts noch Merkmale der *charta* aufwies.[238] Der Sprechakt scheint aus der Verschriftlichung hier ebenso wenig zwingend durch wie in den Verträgen, die das Geschehen in der dritten Person und im Perfekt wiedergeben. Für viele der langen und komplexen Verträge des 13. Jahrhunderts erscheint jedoch die Form des beschworenen Vertrages wahrscheinlicher, der verlesen und dann mit einer festen Bekräftigungsformel beeidet wurde, auch wenn es für diese These keinen Beleg in den Quellen gibt.[239]

Bereits beim Vertrag zwischen Orvieto und Siena im August 1202 wurde deutlich, dass die Verschriftlichung des Bündnisses durch die Hände mehrerer Notare ging. Während bei dieser Beurkundung der sienesische Notar Guido nur ein Konzept, der orvietanische Notar Marsopius die beiden überlieferten gültigen Exemplare ausstellte, einmal am 20. August in Orvieto, einmal am 4. Oktober in Siena, bürgerte sich in der Folge die Niederschrift durch jeweils eigene Notare ein. Die Ausfertigungen waren gelegentlich noch durch verflochtene Authentizifierungen verbunden.[240]

Ganz allgemein ist davon auszugehen, dass alle Bündnispartner ein eigenes Exemplar erhielten, obwohl sich dies in der Überlieferung nicht in dieser Dichte abzeichnet. Vergleichsweise wenige Urkunden sind im Original oder in einer Kopie

---

[237] Codice Diplomatico 1, hg. von Bartoli Langeli, Nr. 29, S. 63–67 (Anhang 1, Nr. 18).
[238] Dies ist der Fall bei Anhang 1, Nr. 1 (1191), 5 (1198), 6 (1198), 9 (1199), 13 (1201/1202), 15 (1201), 19 (1202), 20 (1207), 22 (1212), 26 (1215), 32 (1216), 34 (1217), 36 (1219), 37 (1221), 45 (1228), 49 (1228), 74 (1250), 92 (1259). Grundlegend zu *charta* und *instrumentum* Härtel, Urkunden, S. 70–81; zu den Mischformen im umbrischen Raum auch Codice Diplomatico 1, hg. von Bartoli Langeli, Introduzione, S. XXI f.
[239] Vgl. auch Kolmer, Eide, S. 270. Wahrscheinlich ist diese Variante etwa für die Beitritte Gubbios und Spoletos zu einem bestehenden Bündnis zwischen Perugia, Todi und Foligno (Anhang 1, Nr. 60). Einer subjektiv gehaltenen Beschwörung, die *societas* immer einhalten zu wollen, folgt der objektive Vertragstext („tenor cuius sotietatis talis est: ...").
[240] Ein Beispiel zu verflochtenen Authentifizierungen bei interkommunalen Verträgen aus dem piemontesischen Raum bei Fissore, Procedure, S. 766–772.

in mehreren Archiven überliefert.²⁴¹ Da aber aus anderen Hinweisen die mehrfache Ausstellung auch für Dokumente ersichtlich ist, die heute singulär überliefert sind, macht dieser Befund nur deutlich, dass auch für die reichen kommunalen Bestände des 13. Jahrhunderts große Überlieferungslücken angenommen werden müssen.²⁴² Dass alle überlieferten Exemplare durch nur einen Notar ausgestellt wurden, ist neben dem Beispiel aus dem Jahr 1202 nur ein weiteres Mal belegt, in einem Bündnis zwischen Rom, Perugia und Narni, bei dem sowohl der Vertreter Perugias als auch der Vertreter Narnis eine Urkunde eines römischen *scrinarius* namens Pandulfus mit nach Hause nahmen.²⁴³ Häufiger wurden wohl durch die Notare aller Seiten Exemplare ausgefertigt, wobei variiert, ob das durch den eigenen Notar ausgefertigte Dokument oder das der Gegenseite im Besitz der Kommunen verblieb.²⁴⁴ Die Ausstellung durch mehrere Notare belegen einige Instrumente, die die Mehrfachausfertigung eigens beurkunden. So vermerkt Bonmartinus Clarimbaldi in einer Urkunde über ein Bündnis zwischen Perugia, Orvieto, Narni, Spoleto und Assisi vom 28. Februar 1251 zu dem in der Zeugenreihe geführten Notar Riccardus aus Assisi: „qui Riccardus fecit inde simile instrumentum". Wie es mit Beurkundungen seitens der anderen Kommunen aussieht, lässt er hingegen offen, obwohl in der Zeugenreihe auch ein Notar aus Perugia genannt wird.²⁴⁵ Ähnliche Vermerke finden sich in der *Subscriptio* eines Notars Scotus („Ego Scotus ... rogatu et parabola utriusque partis hec omnia scripsi et in publicam formam redegi; et Ugolinus iudex Senensis habuit similiter parabolam publicandi")²⁴⁶ und in der des Notars Boncomes („Ego Boncomes ... interfui ... et interfuit Acconçacasa notarius Tuscanelle qui facere debuit simile instrumentum").²⁴⁷ Die Notare Benvenutus und Iacobus aus

---

241 Anhang 1, Nr. 2, 19, 37, 49, 57, 60, 63, 64, 67, 78, 82, 85. Da die Archive der Marken und einige an Umbrien angrenzende Archive nicht gesichtet wurden, ist es möglich, dass Mehrfachüberlieferungen in der Liste fehlen.
242 Dies betrifft neben den genannten auch Anhang 1, Nr. 18, 61, 77.
243 Allerdings ist die Form dieses Bündnisses generell ungewöhnlich; vgl. Anhang 1, Nr. 63.
244 Das eigene Exemplar besitzen teils sicher, teils mutmaßlich (nicht immer lässt sich der Notar einer Seite zuordnen) die Partner in Anhang 1, Nr. 60 (Beitrittsurkunde 1237 November 16), 61, 64, 86. Ein Exemplar der Gegenseite besitzen mutmaßlich die Städte unter Nr. 18 und 78. Nimmt man hier auch Überlieferungen hinzu, wo nur ein Exemplar erhalten ist, fällt das Verhältnis zwischen eigenen Exemplaren (5, 7, 21, 22, 27, 32, 35, 37, 48, 92, 108) und Exemplaren fremder Notare (9, 34, 70, 107, 109) ähnlich aus. Die gleiche Praxis beobachtet Cesare Manaresi für Mailand: Atti, hg. von Manaresi, Introduzione, S. CV; für die gesamte Lombardei Vallerani, Rapporti, S. 233, wo jedoch meist das von der Gegenseite ausgestellte Exemplar mitgenommen wurde.
245 Codice Diplomatico 2, hg. von Bartoli Langeli, Nr. 233, S. 524–528, hier S. 528 (Anhang 1, Nr. 77). Aus dem Dokument erschließt sich nicht, welcher Stadt Bonmartinus zuzuordnen ist.
246 Bündnis zwischen Perugia und Siena 1201 März 4, Codice Diplomatico 1, hg. von Bartoli Langeli, Nr. 29, S. 63–67, hier 66 f. (Anhang 1, Nr. 18).
247 Bündnis zwischen Orvieto und Toscanella 1238 Mai 23, SAS Orvieto, Instrumentari 865 (Codice A Bitolario), fol. 77v (Anhang 1, Nr. 61). Im Vertrag zwischen Perugia, Orvieto und Spoleto vom Juli

Jesi und Fano betonen gar das gemeinsame Werk („Ego Benvenutus ... Esinus ... interfui et una cum Iacobo domini Fani Egidii ... scripsi et publicavi"), der jeweils nicht schreibende Notar subskribiert das Dokument.[248]

Einige Überlieferungssituationen lassen vermuten, dass gelegentlich eine Stadt Ausfertigungen aller beteiligten Notare besaß. Wie sonst lässt sich etwa erklären, dass eine Bündnisurkunde zwischen Ancona, Recanati und Fermo aus dem Jahr 1292 in Fermo dreifach überliefert ist? Es handelt sich um inhaltsgleiche Urkunden, ausgefertigt durch die Notare Marcus Marcellini aus Fermo, Iohannes Thome aus Recanati und Phylippus Dagi aus Ancona. Jedes Exemplar wurde zusätzlich von den anderen beiden Notaren unterzeichnet.[249] Wenn man nicht davon ausgehen will, dass Fermo die Urkunden auch für seine Bündnispartner aufbewahrte oder diese nachträglich zusammentrug, weist das darauf hin, dass jeder Notar drei Exemplare herstellte, insgesamt also neun Originale existierten. Auch Gubbio besaß von einer Bündnisurkunde des Jahres 1237 zwischen dieser Kommune, Perugia, Todi und Foligno mindestens zwei Originale, eines ausgefertigt durch den Perusiner Notar Sensus, eines durch den eigenen Notar Deotaiuti.[250] Die Unterfertigung durch Notare aller Parteien kommt dabei häufiger vor.[251] Sie folgte wahrscheinlich einer Prüfung des unterzeichneten Instruments durch die Notare, sodass gesichert war, dass alle Vertragspartner identische Textfassungen besaßen.[252]

Zu den Schriftstücken, die die Vertreter der Kommunen mit in ihre Heimatstadt nahmen, gehörten neben einem oder mehreren Instrumenten über die Beeidung des Vertrags auch die Syndikatsurkunde ihres Gegenübers. Meist finden sich die Ori-

---

1277 ergibt sich die Ausfertigung durch Notare aller Bündnisstädte erst aus einem Zusatzdokument (Anhang 1, Nr. 105).
248 Bündnis zwischen Jesi und Fano, 1255 August 2, Libro, hg. von Avarucci/Carletti, Nr. 63, S. 102–109, hier S. 109 (Anhang 1, Nr. 83).
249 Anhang 1, Nr. 111. Vgl. zur Überlieferung Leonhard, Seestadt, S. 352.
250 Anhang 1, Nr. 60 (1237 August 26).
251 Ebd., Nr. 64, 82, 83, 85, 86, 111.
252 Der Sicherungsaspekt wird in der *Subscriptio* des Notars Ugutio deutlich: „Et ego Ugutio notarius hiis omnibus presens interfui et ad maiorem cautelam et rei evidentiam et securitatem et perpetuam memoriam subscripsi meoque signo signavi."; SAS Gubbio, Fondo comunale, Cartulari 1 (Libro rosso), fol. 22r (das erhaltene Original im Fondo Armanni wurde nicht eingesehen, zu den Gründen siehe in der Einleitung Kap. 2, Anm. 14). Anschaulich ist auch die Beschreibung in einem Vertrag zwischen Venedig und Fermo aus dem Jahr 1288, auch wenn es sich dabei nicht um ein Bündnis handelt: „Et sic predictus dominus dux Iohannes Dandulo cum suo consilio et predicti frater Thomas et Iohannes Gentilis, syndici, rogaverunt de predictis scribi et fieri duo instrumenta consonantia, videlicet unum per Gusmerium de Madonio notarium, in quo se subscribere debet Iacobus domini Gentilis notarius, et alterum per dictum Iacobum domini Gentili notarium, in quo se subscribere debet dictus Gusmerius de Madonio notarius."; Più antichi trattati, hg. von Luzzatto, Nr. 15, S. 79–82.

ginale oder deren beglaubigte Kopien nämlich in den Archiven der Partnerstädte.²⁵³ Viele Überlieferungskontexte machen jedoch auch deutlich, dass eine weitere Ausfertigung, eine Minute oder eine Imbreviatur bei der ausstellenden Kommune verblieb, sodass die Kommunen auch über die von eigener Seite veranlassten Dokumente verfügen konnten.²⁵⁴

Wo sich aus den Urkunden oder der Überlieferungssituation das Entstehen der Vertragsschriftlichkeit verfolgen lässt, wird deutlich, dass auch durch die dokumentarische Praxis die Vertragsinhalte möglichst weitgehend abgesichert werden sollten. Die Erfordernisse, denen sich die Notare hierbei zu stellen hatten, waren dem Zusammentreffen zweier autonomer Hoheits- und Jurisdiktionsbereiche geschuldet. Im Gegensatz zu Rechtsgeschäften zwischen Einzelpersonen, die durch die Statutengesetzgebung, Normen und Regeln der organisierten Notare innerhalb der Stadt und auch durch die Bekanntheit der aktiven Notare reglementiert waren, mussten in der Produktion von Schriftstücken zwischen zwei Kommunen Modi gefunden werden, die die Authentizität der Dokumente auch ohne diese Voraussetzungen sicherte.²⁵⁵ Dass dennoch verflochtene Authentifizierungen nicht flächendeckend genutzt wurden, zeigt möglicherweise den allgemeinen Glauben an die Verbindlichkeit des Notariatsinstruments, aufgrund dessen einige Kommunen auch im interkommunalen Kontakt ohne den Rückgriff auf zusätzliche Sicherungsmechanismen ihr Rechtsgeschäft als ausreichend beglaubigt sahen.

Abschließend ist auf ein Phänomen einzugehen, das einige der Verträge aufweisen. Es handelt sich um die nicht eigens vorgenommene, sondern in den Akt der Beeidung durch die Stellvertreter der Kommunen integrierte Ratifizierung durch eine größere Gruppe von Personen: den Rat, die Volksversammlung oder eine bestimmte Anzahl von Bürgern. Diese Bestätigung des Stellvertretereids durch Schwur der Gemeinde war eine Forderung fast aller überlieferten Verträge. In den wenigsten Fällen wurde die Ratifizierung jedoch gemeinsam mit dem Eid der Vertreter durchgeführt und beurkundet.²⁵⁶ Allerdings wurde die Bündnisurkunde gelegentlich in die Beurkundung der späteren Ratifizierung miteinbezogen. So setzte der Notar in einem Instrument vom 28. Juni 1216 zwar das *Actum* hinter den in Spoleto geleisteten Eid des Vertreters Rietis, die Unterfertigung fügte er jedoch erst an, nachdem zu einem späteren Zeitpunkt („postea") in Rieti 340 ausgewählte Bürger das Bündnis ebenfalls beschworen hatten. Dies wird auf dem Vertrag vermerkt, mit dem Hinweis, dass

---

253 So in Anhang 1, Nr. 37, 45, 46, 54, 57–59, 62, 65, 69, 73, 76–82, 84–87, 90, 92, 100, 104, 105, 107, 108, 111, 115. Zum üblichen Austausch der Syndikatsurkunden auch Behrmann, Domkapitel, S. 40, Anm. 105.
254 So etwa bei Anhang 1, Nr. 37, 52, 69, 73, 76, 78, 80, 82, 85, 89, 92, 104, 105, 108, 111.
255 Zu dieser Einschätzung kommt auch Fissore, Procedure, S. 766.
256 Hierzu unten Kap. I.2.3.7, S. 190 f., und Kap. I.3.3. Auch im eingangs diskutierten Bündnis von 1259 wurde die Ratifizierung durch den großen Rat Narnis gesondert beurkundet.

die Namen der 340 Schwörenden in einem eigenen Instrument festgehalten worden seien. Formal gültig wurde dieses Instrument somit erst nach der Ratifizierung.[257]

1.6 Das Bündnis in der administrativen Schriftlichkeit der Kommune (Perugia, Juli 1277)

Neben der spezifischen Vertragsschriftlichkeit – Bündnisinstrumente, Syndikatsurkunden, Ratifizierungen, sonstige eigens angefertigte Schriftstücke – gab es in der Kommune des späteren 13. Jahrhunderts viele weitere Stellen, an denen ein Bündnis Spuren in der kommunalen Schriftlichkeit hinterlassen konnte.[258] Die zu dieser Zeit in der Organisation der Kommune omnipräsente ‚Buch-Führung', die umfassende Verschriftlichung und Fixierung von Rechtsakten und Verwaltungsabläufen in Büchern, Faszikeln und Listen, prägt auch die Überlieferung vieler Kommunen Umbriens und der Marken.[259] Mit den Ratsprotokollen und Statuten wurden bereits die bekanntesten dieser Quellen genannt. Daneben findet sich jedoch noch eine Reihe weiterer Verzeichnisse, die die Aktivitäten im Vorfeld eines Bündnisses dokumentierten. Der Weg einer *societas* durch diese Bücher aus der Verwaltung der Kommune soll im

---

[257] Anhang 1, Nr. 32. Ergänzt wird das Schlussprotokoll folglich mit einem nochmaligen *Actum* in Rieti. Möglich ist auch, dass der Schwur in Spoleto nur in Form eines Konzepts oder einer Imbreviatur verschriftlicht wurde und die erhaltene Urkunde auf dieser Grundlage in einem Zug in Rieti angefertigt wurde. Da nur eine Abschrift überliefert ist, lässt sich dies nicht abschließend beurteilen. Vgl. auch Anhang 1, Nr. 45; dort wurde in einem Vertragsschluss zwischen Venedig und mehreren Kommunen der Mark Ancona, in Venedig vertreten durch einen Tibertus aus Osimo und einen Simpricianus aus Recanati, zunächst der Vertragsinhalt schriftlich festgehalten; die eigentliche Beschwörung dieses Schriftstücks erfolgte erst in den Marken (1228 Juli 22, Più antichi trattati, hg. von Luzzatti, Nr. 8, S. 54: „iuravit ... supra cartulam ubi dictum pactum scriptum erat"; 1228 Juli 24, Acta 1, hg. von Winkelmann, Nr. 611, S. 491: „iuraverunt ... super capitula, ubi dictum pactum scriptum erat").

[258] Grundsätzliche Gedanken zum Anwachsen der administrativen Schriftlichkeit in der Kommune des 13. Jahrhunderts bei Keller, Veränderung. Grundlegend weiterhin die Publikationen aus dem Umfeld des Münsteraner Sonderforschungsbereichs 231 zur pragmatischen Schriftlichkeit der oberitalienischen Kommunen; vgl. beispielsweise den Sammelband Keller/Behrmann, Schriftgut. Die Ergebnisse des folgenden Kapitels wurden in überarbeiteter Form bereits publiziert: Abel, Kommunale Bündnisse.

[259] Begriff nach Keller, Vorwort, S. VII. Zur Rolle des Buches in der „explosionsartigen Vermehrung kommunalen Schriftguts im 13. Jahrhundert" Behrmann, Einleitung, S. 8–10, Zitat S. 8, und Koch, Archivierung. Für Umbrien Maire Vigueur, Cavaliers, S. 14 f. Neben Archiven mit reicher Buchüberlieferung stehen allerdings Archive, die für das 13. Jahrhundert über gar keine buchgestützte Überlieferung verfügen. Dies ist wahrscheinlich auf die Überlieferungsbedingungen und nicht auf Faktoren wie die Größe der Kommune zurückzuführen, wie beispielsweise die extrem reichen Bestände einer kleinen Kommune wie Matelica zeigen. Vgl. zu den Beständen im Überblick Mazzatinti, Archivi; Lodolini, Archivi; Soprintendenza archivistica per il Lazio, l'Umbria e le Marche, Archivi.

Folgenden am Beispiel der Vorgespräche zwischen Perugia, Orvieto und Spoleto für ein am 29. Juli 1277 abgeschlossenes Bündnis detailliert nachgezeichnet werden.[260] Sichtbar werden in diesem konkreten Beispiel nicht nur die Kommunikationsetappen zwischen den Kommunen und die Entscheidungswege innerhalb der Kommune, sondern vor allem auch die Institutionen und Personen, die unmittelbar am Abschluss eines Bündnisses beteiligt waren. In gewisser Weise werden hier somit auch die Ergebnisse der vorherigen Kapitel zusammengeführt.

Das Bündnis vom 29. Juli 1277 zwischen drei der größten umbrischen Kommunen weist an sich nur wenige Besonderheiten auf. Es handelte sich um die Erneuerung von Bündnisbeziehungen, die seit 1251 mehr oder minder kontinuierlich gepflegt wurden. Die Bündnisurkunden selbst – bestehend aus dem Vertrag, den Syndikatsurkunden, einer gesondert ausgestellten Vollmacht, die den Vertretern erlaubte, den anderen Parteien das Abschließen von zwei weiteren Bündnissen zuzusichern, und eine über diese Zusage ausgestellte schriftliche Bestätigung – sind zu großen Teilen im „Memoriale comunis" Spoletos abschriftlich überliefert.[261] In Orvieto wurden nur die drei Syndikatsurkunden, im Original oder als Konzept, bewahrt.[262] In Perugia existiert ein fragmentarisch überliefertes Dossier, erstellt vom wichtigsten Notar und Kanzler der späten perusinischen Kommune, Bovicello Vitelli. Es enthält in seiner heutigen Form die Bündnisurkunde, die Syndikatsurkunden Perugias und Spoletos und die Zusatzerlaubnis für Perugia als direkt ins Dossier notierte Originale beziehungsweise als beglaubigte Abschriften. Daneben weist die Überlieferung aus der Administration der Kommune Perugia für das Jahr 1277 eine recht hohe Dichte auf. Das Archivio di Stato bewahrt Material aus diesem Jahr in über einem Dutzend Bänden und Faszikeln unter anderem aus den Reihen Consigli e Riformanze, Offici, Massari und Miscellanea auf.[263]

Die direkte Vorgeschichte des Bündnisses vom 29. Juli 1277 beginnt am 3. Juli, einem Samstag, mit einer Sitzung der Perusiner Ratsgremien.[264] Die in dieser Versammlung getroffene Entscheidung wurde in einem eigenen Verzeichnis festgehalten, einem Beschlussregister, das wohl auf Grundlage der Minuten und somit der voll-

---

260 Anhang 1, Nr. 105.
261 SAS Spoleto, Memoriale comunis II, fol. 42v–45v.
262 SAS Orvieto, Diplomatico comunale, A 91, 92, 96.
263 Archivio di Stato di Perugia, Archivio. Berücksichtigt wurden nur Register, die dort mit der Jahreszahl ausgezeichnet sind. Fragmente des Verwaltungsschriftguts des Jahres 1277 können aus anderen Reihen noch hinzukommen. Nicht eingesehen wurde ein bei Mazzatinti, Archivi 1/2, S. 103, aufgeführter „Liber relationum et preceptorum et aliarum scripturarum factarum in regimine capitanantie Anselmi de Alzate sub. a. Dom. 1277", der möglicherweise Ergänzungen bietet. Hinsichtlich der überlieferten *riformanze* der verschiedenen Ratsgremien handelt es sich um ein außergewöhnlich reiches Jahr; vgl. Menzinger, Giuristi, S. 106, in deren Aufzählung das Fragment Consigli e Riformanze 176 sogar noch fehlt.
264 AS Perugia, Consigli e Riformanze 8, fol. 198r.

ständigen Protokolle der Ratssitzungen erstellt wurde. Aus diesen wurden jedoch nur die Vorschläge der Tagesordnung und die Diskussions- und Abstimmungsergebnisse übernommen, nicht aber die Redebeiträge der Ratsleute.[265] Versammelt war am 3. Juli im Kommunalpalast die Vollversammlung, zu dieser Zeit bestehend aus generellem und speziellem Rat, dem Rat der *centum virorum per portam*, dem *consilium populi* und den Konsuln und Rektoren der Zünfte.[266] Theoretisch umfassten diese Gremien gemeinsam über 700 Mitglieder, wie viele davon tatsächlich anwesend waren, verschweigt die Überlieferung.[267] Der Vorsteher der Versammlung, der Vikar des amtierenden Podestà Girardino de' Boschetti aus Modena, bat mit Konsens des anwesenden Capitano del Popolo die Ratsmitglieder um ihre Meinung zu einem Vorschlag, den *ambaxatores* aus Orvieto am selben Tag unterbreitet hatten.[268] Er betraf die Erneuerung eines Bündnisses zwischen Orvieto und Perugia, welches man, so die Abgesandten, laut der damals erstellten Instrumente alle zehn Jahre erneuern müsse. Der Rat beschloss mit großer Mehrheit, diese Entscheidung an fünf eigens gewählte *sapientes* weiterzugeben, deren Beurteilung dann an das *consilium generale*, die Vollversammlung, zurückgehen sollte. Die Wahl dieser Experten sollte noch an Ort und Stelle durch den anwesenden Vikar, den Capitano del Popolo und die Ratsleute erfolgen.[269]

Das Zusammentreten und die Beurteilungen dieses Ausschusses wurden in dasselbe Register notiert. Die gewählten *sapientes* kamen bereits einen Tag nach ihrer Wahl, am 4. Juli, zusammen, präsidiert wieder vom Vikar des Podestà und dem Capitano del Popolo. Sie berieten neben anderen Tagesordnungspunkten auch die vorgeschlagene Bündniserneuerung. Die *sapientes* stimmten einstimmig dafür, das Bündnis zu erneuern und einen neuen Vertrag aufzusetzen. Hierfür sollte wiederum durch *sapientes* geprüft werden, ob im Vergleich zum alten Bündnisinstrument Weg-

---

265 Vgl. zu diesem Prozedere Sbarbaro, Delibere, S. 69–80, 103–110. Erstellt wurde das Beschlussregister vom Notar Albertinus Ruffi aus Parma aus dem Gefolge des Podestà, vgl. Giorgetti, Podestà, S. 93.

266 Der spezielle Rat bestand, zumindest zur Zeit der Abfassung der Statuten 1279, aus 50, der generelle aus 100 Personen. Einberufen wurden beide – so der Eindruck aus den *riformanze* – immer gemeinsam. Der Rat der *centum virorum* kam bei fünf Stadttoren auf 500 Mitglieder. Die nach sechs Monaten ausscheidenden Mitglieder des speziellen Rates verblieben für weitere sechs Monate „in maiori consilio", wohl gleichzusetzen mit dem *consilium centum virorum per portam*, ohne die Anzahl anderer Räte zu reduzieren. Über Größe und Zusammensetzung des *consilium populi* informieren erst die Statuten des Jahres 1342, die Anzahl bleibt somit für 1277 unbekannt. Vgl. Statuto 1, hg. von Caprioli, Nr. 84, S. 101–103, und Archivio di Stato di Perugia, Archivio, S. XII–XX.

267 Zu den häufig geringeren Anwesenheitsquoten, trotz Strafandrohung, Tanzini, Consiglio, insb. S. 83–91.

268 Bei dem Vikar handelte es sich um den Richter Iacominus Guardoli aus Imola; vgl. Giorgetti, Podestà, S. 93.

269 AS Perugia, Consigli e Riformanze 8, fol. 199r. Dieser und alle folgenden Quellenbelege unter Anhang 1, Nr. 105.

lassungen oder Hinzufügungen erforderlich seien.[270] Einen Tag darauf, am 5. Juli, traten die *sapientes* wieder zusammen.[271] Der Vikar des Podestà als Vorsitzender stellte zur Diskussion, ob man die *societas* auf der Grundlage des alten Bündnisvertrags abschließen wolle, nachdem das Exemplar, das die Gesandten Orvietos mitgebracht hatten, dem eigenen gegenübergestellt worden war. Abweichungen habe man ebensowenig gefunden wie etwaige weitere Dokumente. Von wem die Schriftstücke zwischenzeitlich examiniert worden waren, enthält das Beschlussregister dem Leser vor. Die *sapientes* gaben dem Vorschlag einen positiven Bescheid und verfügten die Rückgabe der Angelegenheit in das *consilium generale*.[272] Die Vollversammlung trat noch am gleichen Tag zusammen und entschied sich nach einer Zusammenfassung der bisherigen Entscheidungsetappen durch den Vorsitzenden für eine Erneuerung des Bündnisses gemäß dem Vorschlag der beiden Expertenrunden und damit auf Grundlage der alten Verträge. Hierfür wollte man einen Syndikus bestellen.[273]

Während die Wahl des Syndikus und mögliche weitere Abreden zwischen den Gesandten aus Orvieto und der kommunalen Führung nicht in die Dokumentation Perugias eingegangen sind, ergibt sich aus einem Eintrag vom 13. Juli in das besagte Beschlussregister der Fortgang der Geschehnisse. In der Vollversammlung sprachen an diesem Datum *oratores* aus Spoleto und baten ebenfalls um die Erneuerung eines Bündnisses. Die Reaktion des Rates entsprach genau dem Vorgehen, das zehn Tage zuvor angesichts der *ambaxata* aus Orvieto gewählt wurde: Man berief ein Expertengremium ein.[274] Dessen Votum wurde jedoch nicht in das Beschlussregister eingetragen, sondern findet sich in einem eigenen „Liber sapientum provisiones et consiliorum credentie reformationes ... continens".[275]

Das *consilium sapientum de credentia* war im Jahr 1277 ein institutionell verankertes Gremium, dessen Teilnehmer für jede Sitzung eigens aus einem jeweils für ein halbes Jahr gewählten Pool an Personen bestimmt wurden.[276] Direkt vor dem Eintrag

---

270 AS Perugia, Consigli e Riformanze 8, fol. 199v.
271 Formal wird aus diesem Beschluss nicht deutlich, ob es sich um das von der Vollversammlung bestimmte Gremium handelt oder um die zur Vertragsprüfung vorgesehenen *sapientes*; der Notar spricht von den „predictis sapientibus". Da der Vikar des Podestà dem Gremium aber das Ergebnis der Prüfung darlegt, handelt es sich wohl um die am 3. Juli gewählten *sapientes*.
272 AS Perugia, Consigli e Riformanze 8, fol. 201v.
273 Ebd., fol. 201v–202v.
274 Ebd., fol. 209r–v. Ganz unerwartet kam die Anfrage aus Spoleto aber möglicherweise nicht: Perugia entsandte bereits im Juni *ambaxatores*, die zur Schlichtung von internen Konflikten in Spoleto beitragen sollten. Vgl. ebd., fol. 198r–v, 218v–219r.
275 AS Perugia, Consigli e Riformanze 176. Der „Liber" umfasst die Sitzungen vom 6. Mai bis zum 1. Dezember 1277. Der ausführende Notar war Bonsegnore Gueçi; vgl. zu ihm Giorgetti, Podestà, S. 93.
276 AS Perugia, Consigli e Riformanze 176, fol. 15r–16r: „Infrascripti sapientes electi per consules arcium venire debent ad consilium credencie usque ad kallendas januarii proximas venturas.". Vgl. auch Menzinger, Giuristi, S. 105–113, die jedoch das Register Consigli e Riformanze 176 nicht berücksichtigt. Zur Rolle der *consules artium* im Stadtregiment des Popolo Bellini, Università, S. XXV.

vom 14. Juli findet sich das Namensverzeichnis der *sapientes* für das zweite Halbjahr des Jahres 1277. Es ergibt, dass durch die *consules artium* pro Stadtteil (*porta*) 24 oder 25 Männer benannt wurden, die dem Aufruf zum *consilium* im folgenden Halbjahr Folge zu leisten hatten. Die Auswahl der Männer, die als *sapientes* eingesetzt wurden, oblag damit der oligarchischen Führung der Stadt im letzten Drittel des 13. Jahrhunderts: den Vorstehern der Zünfte.

Die Versammlung, die auch über die Anfrage Spoletos beriet, tagte am 14. Juli und bestand aus 39 Personen, von denen etwa die Hälfte dem Adel entstammte, wie sich aus den Aufzeichnungen des „Liber sapientum provisiones" ergibt.[277] Der ausführende Notar verzeichnete in diesem Heft nämlich oft nicht nur die Vorschläge und Beschlüsse, sondern auch die Namen der zusammentretenden *sapientes de consilio credentie*. Die Größe des Gremiums, der Verweis auf das *consilium credentie* und der abweichende Dokumentationsort lassen somit vermuten, dass auch in der Qualität des einberufenen Expertengremiums ein Unterschied bestand: Für die Anfrage Orvietos wurden offensichtlich ad hoc fünf Ratgeber benannt, für die Anfrage Spoletos stützte man sich auf ein bestehendes Organ. Möglicherweise war jedoch auch nur die Dokumentationsweise nicht konsistent, was zu unterschiedlichen Registrierungsorten und -formen führte.[278]

Die Entscheidung der 39 *sapientes* fiel grundsätzlich zugunsten einer Erneuerung der *societas* mit Spoleto aus. Einschränkend forderten sie aber, dass man vor einer Antwort an Spoleto die Einschätzung Orvietos einholen müsse. Als Grund nannten die *sapientes* explizit das zehn Tage zuvor vereinbarte Bündnis. Nur im Falle einer Zustimmung solle Perugia die Erneuerung des Bündnisses mit Spoleto vorantreiben.[279] Dieser Vorschlag ging wohl zurück an die Vollversammlung, denn schon am 15. Juli war dieser Rat wieder mit der Sache beschäftigt. Die Registrierungspraxis änderte sich jedoch zwischen dem 13. und dem 15. Juli. Im Gegensatz zu den älteren Einträgen fehlt ab dem 15. Juli im Beschlussregister die Einberufungsformel mit der genauen Bezeichnung der Versammlung und die Tagesordnung. Unter dem Datum

---

277 AS Perugia, Consigli e Riformanze 176, fol. 16r. 20 *domini* standen 19 Personen ohne *dominus*-Bezeichnung gegenüber. Unsicher ist, wie präzise der Notar bei der Zuordnung der Titel war. So wird Arlotucius Oddonis, der hier an erster Stelle der Personen ohne *dominus*-Bezeichnung steht, an anderer Stelle als *dominus* geführt, erscheint oft aber auch ohne die Titulatur bzw. als „Arlotucius domini Oddonis". Die Adelszugehörigkeit ist damit nicht sicher zu erschließen. Zur Person des Arlotucius siehe die folgenden Ausführungen und oben Kap. 4.1, Anm. 107 in der Einleitung.
278 Für Letzteres spricht, dass auch die fünf *sapientes*, die am 4. Juli zusammentraten, mehrere Angelegenheiten berieten. Das Nebeneinander von ad hoc einberufenen Spezialistengremien und einem festen Kollegium konstatiert für 1276 auch Menzinger, Giuristi, S. 106 f., die jedoch ebenfalls die quellenbedingte Vorläufigkeit dieser These betont. Die Vermutung der Autorin, dass bereits im Jahr 1277 die parallele Struktur zugunsten eines institutionalisierten Kollegiums zurücktrat, muss durch die Wahl der fünf *sapientes* zumindest hinterfragt werden; vgl. ebd., S. 111.
279 AS Perugia, Consigli e Riformanze 176, fol. 16r–v.

und dem Stichpunkt „Consilium speciale et generale comunis Perusii" wurde nur noch der eigentliche Beschluss festgehalten. Dieser macht jedoch deutlich, dass die Vollversammlung sich entschloss, *ambaxatores* nach Orvieto zu entsenden, die gemäß dem Wunsch der *sapientes* dort von der Anfrage Spoletos berichten sollten. Das Ergebnis sollte dann wieder der Vollversammlung präsentiert werden.[280]

Die Wahl der beiden *ambaxatores* wurde wohl im Anschluss an die Versammlung vorgenommen, jedoch nur durch den speziellen Rat. Verzeichnet wurde die Wahl in ein eigenes Heft, den „Liber continens consiliarios consiliorum specialis et generalis comunis Perusii ac alios officiales in dictis consiliis ad brevia et alias electos".[281] In diesem Wahlverzeichnis wurde in einem Satz auf den Auftrag der Abgesandten und den zugrundeliegenden Ratsbeschluss verwiesen, gefolgt von den Namen, dem Datum der Wahl und einem Vermerk auf den erteilten Befehl zur Abreise.[282] Die beiden Erwählten, *dominus* Arlotucius Oddonis aus dem Stadtteil Porta S. Susanna und Baronçolus *domini Uguçionis* aus dem Stadtteil Porta Eburnea, begaben sich drei Tage später, am 18. Juli, zu einem gewissen Berardus, der als *marescalcus* im Dienste der Kommune stand. Von diesem ließen beide Abgesandten den Wert der Pferde, die sie nach Orvieto mitnehmen wollten, schätzen.[283] Dies wissen wir aus einem weiteren Verzeichnis, einem „Quaternus ambaxatorum et designationum equorum eorum". Geführt wurde es von einem Notar des Capitano del Popolo, Beltraminus Moronus.[284] Aus diesem ergibt sich, dass Arlotucius Oddonis und Baronçolus Uguçionis dem Berardus am 18. Juli insgesamt fünf Pferde zur Schätzung vorführten. Arlotucius nahm

---

280 AS Perugia, Consigli e Riformanze 8, fol. 219r–v.

281 AS Perugia, Offici 44, fol. 1r: „Liber continens consiliarios consiliorum specialis et generalis comunis Perusii ac alios officiales in dictis consiliis ad brevia et alias electos secundum formam statutorum comunis et populi tempore regiminis nobilis et famosi militis d. Gerardini de Boschettis dicti comunis et civitatis predicte honorabilis potestatis".

282 Ebd., fol. 28r: „Infrascripti duo sunt ambassatores secundum formam statutorum comunis per consilium speciale electi et secundum reformationem consilii generalis comunis Urbiveterem (Urbiveterum ms.) pro societate cum comuni Spoleti contrahenda ituri: – d. Arlotucius Oddonis de porta S. Susanne, – Baronçolus d. Uguçionis de porta Eburnea, quorum electio facta fuit die jovis xv jullii. Nec non preceptum fuit, ut in dictam ambassatam debeant proficisci.".

283 Der Begriff des *marescalcus* bezeichnet im Untersuchungsraum den Hufschmied, aber auch einen Pferdesachverständigen mit veterinärmedizinischen und pflegerischen Kenntnissen; beide Funktionen wurden wohl häufig in Personalunion übernommen. Berardus stand als *marescalcus* nachweislich zwischen 1269 und 1279 im Dienste der Kommune, sein Zuständigkeitsbereich umfasste die medizinische Behandlung von Tieren, die im Dienste der Kommune verletzt wurden, die Schätzung der erlittenen Schäden und die diesbezügliche Kommunikation mit der Kammer; vgl. Maire Vigueur, Cavaliers, S. 155–158. Die Dienste eines eigenen *marescalcus* in Entschädigungssachen nutzte auch Viterbo; vgl. ebd., S. 153, 155.

284 AS Perugia, Offici 41, fol. 5r–44v. Das Verzeichnis ist in zwei Teile unterteilt, einen im Januar 1277 beginnenden „Liber ambaxatorum et designationum equorum eorum" und den im April beginnenden „Quaternus", die sich von der Anlage jedoch nicht unterscheiden. Der Beschreibstoff ist teils Papier, teils Pergament.

ein kastanienbraunes und ein schwarzes Pferd mit sich, die Berardus auf 30 und 23 Pfund schätzte. Baronçolus präsentierte ebenfalls ein kastanienbraunes Pferd mit hellen Abzeichen an drei Beinen, geschätzt auf 35 Pfund, dazu ein schwarzes im Wert von nur 15 Pfund und schließlich ein kastanienbraunes mit einer weißen Blesse, das auf dem rechten Auge blind war und nur auf 13 Pfund kam.[285] Die Gesandten reisten offensichtlich mit je einem besseren Reitpferd und weniger wertvollen Tieren zum Tausch oder als Packtiere. Die Schätzung der Pferde mit Angabe des Aussehens und vorhandener Mängel war eine Konsequenz aus der Gesetzgebung Perugias. Die Kommune versprach, wie die meisten italienischen Kommunen, eine Kompensation für im Dienste der Kommune verletzte oder getötete Pferde. Dieser Grundsatz – in vielen Kommunen einer der wichtigsten Streitpunkte im Konflikt zwischen *milites* und *pedites* – erforderte jedoch Maßnahmen, um betrügerischen Handlungen vorzubeugen. Als solche ist auch die Schätzung der Pferde des Arlotucius und des Baronçolus einzuordnen.[286] Aus der Niederschrift dieses obligatorischen Verwaltungsakts ergibt sich darüber hinaus, dass am gleichen Tag noch zwei weitere Personen ihre Pferde für eine Gesandtschaft nach Orvieto schätzen ließen und somit wohl mit den beiden Unterhändlern in Bündnissachen gemeinsam reisten. Während Blancus Bonosmeri ebenfalls am 18. Juli in der Vollversammlung zum *sindicus* ernannt worden war, um eine Geldsumme in Orvieto zu leihen, ist der Auftrag von Jaconus Ufreducii unbekannt.[287]

Sicher ist jedoch, dass alle vier am folgenden Tag, dem 19. Juli, und somit wahrscheinlich gemeinsam aufbrachen. Die Abreise wurde nämlich in ein weiteres Verzeichnis eingetragen, einen „Liber continens andatas et reditus ambaxatorum comunis Perusii". Geführt wurde dieses Buch ebenfalls von Beltraminus Moronus. Erfasst wurden, so der Titel, die *ambaxatores*, die im Dienste der Kommune die Stadt verließen.[288] Die Einträge bestehen in den meisten Fällen aus dem Abreisedatum, einer

---

285 Ebd., fol. 23r–v.
286 Das Verfahren ist auch in den Statuten festgelegt, jedoch ohne Nennung der zuständigen Amtsträger. Ließen die *ambaxatores* ihre Pferde nicht schätzen, verloren sie ihren Anspruch auf Entschädigung gänzlich: Statuto 1, hg. von Caprioli, S. 421. Vgl. zu diesem Statutengebot auch Behrmann, Einleitung, S. 14 f., Angelini, Diplomazia, S. 49, und Gilli, Ambassades, S. 77 f. Weniger formalisiert war das Verfahren in Todi; vgl. Statuto, hg. von Ceci/Pensi, Nr. 51, S. 41 f. Die schiere Menge an Dokumenten, die im Rahmen solcher Entschädigungsverfahren produziert wurden, zeigt die Überlieferung Rocca Contradas; vgl. Regesti, hg. von Villani. Grundsätzlich zu diesem Problem auch Maire Vigueur, Cavaliers, S. 143–166, zur Schätzung insb. S. 150–152. Der Verfasser zeigt auf, dass die Entschädigung in den Kommunen möglicherweise unabhängig vom Dienst für die Kommune erfolgte, sondern in eingeschränkter Form auch den natürlichen Tod, Krankheit oder Unfall mit einschloss. Der soziale Status der *milites* wurde somit unter allen Umständen gewahrt. Aufschlussreich zur Wertschätzung des Pferdes auch eine Untersuchung aus den Marken: Allevi, Valutazione.
287 Über die breit angelegten Kreditnahmen Perugias in dieser Zeit, notwendig vor allem durch den aufwändigen Bau des Aquädukts, Nico Ottaviani, Registro finanziario.
288 AS Perugia, Offici 41, Titel auf fol. 45r.

kurzen Beschreibung der Mission und des Zielorts und dem Datum der Rückkehr. Die Eintragung erfolgte jedoch nicht in allen Fällen konsequent. So ist für Arlotucius Oddonis, Baronçolus Uguçionis und ihre Begleiter nur ein Abreisedatum notiert.[289] Die Rückkehr aller vier Abgesandten lässt sich aber mit hoher Sicherheit auf den 24. Juli datieren. Dies erschließt sich aus einer weiteren Quelle aus der Verwaltung der Kommune.[290] Es handelt sich um ein Ausgabenverzeichnis des *massarius*, des Kämmerers der Kommune, der bei der ihm obliegenden Verwaltung fast aller finanziellen Angelegenheiten der Stadt von zwei Notaren unterstützt wurde. Diese führten auch die getrennten Einnahmen- und Ausgabenbücher. Für den 24. Juli verzeichnete der Notar dort eine Auszahlung, die er den Herren „Jacono et Blanco et Arlotucio Oddonis et Barunzio domini Uguzonis" aushändigte. Für die insgesamt sechs Tage ihrer Gesandtschaft nach Orvieto erhielten sie 24 Pfund als Spesen und somit wohl ein Pfund pro Person und Tag.[291]

Die nächsten Belege über die *societas* zwischen Perugia, Orvieto und Spoleto tauchen dann erst wieder am 28. Juli und somit einen Tag vor der Beeidung des Bündnisses in Perugia in den Verwaltungsquellen auf. In einer Versammlung des *consilium credentie* hörten die *sapientes*, diesmal ohne Namensliste im „Liber sapientum provisiones et consiliorum credentie reformationes ... continens" registriert, eine Anfrage der *ambaxatores* und des Syndikus aus Orvieto an, die bereits zum Bündnisschluss angereist waren. Die Orvietaner erbaten sich die ausdrückliche Erlaubnis, mit weiteren Kommunen und Orten (*terre*), Bündnisse zu schließen. Danach wurden die Gesandten wohl gebeten, die Versammlung zu verlassen. Die *sapientes* ordneten nämlich zunächst nur eine zusätzliche Befragung der Gesandtschaft aus Orvieto an, um zu erfahren, um welche potentiellen Bündnispartner es sich handelte.[292] Diese Befragung wurde noch am gleichen Tag im Kommunalpalast durch den Vikar des Podestà in Anwesenheit einiger der *sapientes* durchgeführt und in dasselbe Register aufgenommen. Die befragten *ambaxatores* und der *sindicus* erklärten, dass Orvieto sich aktuell nicht in Verhandlungen befinde, man aber vorab gerne die Zustimmung

---

289 Ebd., fol. 47r: „Dominus Blanchus Bonosmeri, Arlotucius domini Oddonis, dominus Jaconus Ufreducii, Baronçius domini Ugucionis, ambaxatores comunis Perusii, iverunt ad civitatem Urbisveteris die lune xviiii mensis iulii". Die Statuten des Jahres 1279 verfügten ebenfalls, dass alle *ambaxatores* ihre Abreise und Rückkehr von einem Notar des Capitano oder des Kämmerers notieren lassen mussten. Andernfalls verloren sie ihren Anspruch auf Bezahlung: Statuto 1, hg. von Caprioli, S. 123 f., 421. Ähnlich auch eine Verfügung aus Narni, überliefert in einer Statutenfassung des Jahres 1371: Statuta, hg. von Bartolucci, Lib. I, Cap. CLVI, S. 178.
290 AS Perugia, Massari 3. Zu dieser Quelle ausführlich Nico Ottaviani, Registro finanziario.
291 Ebd., fol. 74r: „Item dedit dominis Jacono et Blanco et Arlotucio Oddonis et Barunzio domini Uguzonis pro ambaxiata, qua facere debent ad Urbem veterem, pro vi diebus ___ xxiiii lbr.".
292 AS Perugia, Consigli e Riformanze 176, fol. 20r–v. Dass die Gesandten aus Orvieto ihre Anfrage der Versammlung direkt unterbreiteten, macht der Text relativ deutlich: „audita ambassata comunis Urbiveteris per ambassatores comunis predicti narrata in presentia sapientum predicti consilii".

hätte, sich mit Viterbo und Toscanella zu verbünden, falls dies später einmal gewünscht sei. Perugia und das bestehende Bündnis seien dadurch nicht berührt.[293] Dies wurde erst am folgenden Tag, am 29. Juli, dem *consilium credentie* mitgeteilt, das mit dieser Information wohl zufrieden war. Dem Gesuch der Gesandtschaft aus Orvieto stimmte man nämlich zu, allerdings mit der Einschränkung, dass ein Bündnis Orvietos mit Viterbo oder Toscanella sich nicht gegen die Römische Kirche oder die Stadt Rom richten dürfe.[294]

Dieses Gutachten des *consilium credentie* wurde noch am gleichen Tag in die Vollversammlung überführt. Das dort geführte Beschlussverzeichnis registriert für den 29. Juli das Votum dieses Gremiums in der Angelegenheit. Einstimmig beschlossen die Ratsherren, Orvieto die gewünschte Erlaubnis in der von den *sapientes* erarbeiteten Form zu erteilen. Im Gegenzug erbat man sich von den Orvietanern eine gleichlautende Zusage. Schließlich beschloss der Rat nicht einstimmig, aber mehrheitlich, dass auch das Bündnis mit Spoleto nach der Vorlage des Bündnisses mit Orvieto geschlossen werden solle. Dies beinhalte ausdrücklich, dass die Römische Kirche und die Stadt Rom von allen Bündnisleistungen ausgeschlossen werden und keinen Nachteil durch das Bündnis erleiden sollten. Die *societas* solle im Gegenteil zu deren Ehren abgeschlossen werden. Zur Ausführung dieser Beschlüsse ordnete die Versammlung die Ernennung eines *sindicus* mit ausreichenden Vollmachten an.[295] Die plangemäße Umsetzung dieser Entscheidungen wird bezeugt durch die am selben Tag ausgefertigte Vollmacht und das ebenfalls am 29. Juli beschworene Bündnisinstrument zwischen allen drei Parteien.[296]

Über die Vorverhandlungen des Bündnisses mit Spoleto und Orvieto finden sich in der Verwaltungsschriftlichkeit der Kommune Perugia somit fünfzehn direkte Belege in insgesamt sechs Registern. Diese liefern eine ganze Reihe von Erkenntnissen. Aus den verschiedenen Quellen wird der ungefähre Ablauf der Verhandlungen zwischen den drei Städten sichtbar. Zudem erlauben die in den Ratsprotokollen überlieferten Kommunikationssituationen bisweilen einen seltenen, fast mikroskopischen Einblick in die Verhandlungen zwischen den *ambaxatores* einer Stadt und der kommunalen Führung vor Ort, wie besonders die Zusatzanfrage Orvietos zeigte. Sie können auf diese Weise auch in groben Zügen auf die Beweggründe der Kommunen und die Argumentationsstrategien der Gesandten verweisen. So zeigte sich in

---

293 Ebd., fol. 20v.
294 Ebd., fol. 21r.
295 AS Perugia, Consigli e Riformanze 8, fol. 222v.
296 Hinzu kommen weitere Instrumente: die eigens verschriftlichte Antwort an die Gesandtschaft aus Orvieto und die gegenseitigen Versicherungen über ein Bündnis mit jeweils zwei weiteren Kommunen; siehe die Dokumente in Anhang 1, Nr. 105. Der ernannte Syndikus, *dominus* Bonaparte Gualfredocti *iudex*, war 1277 Mitglied des *consilium sapientum* und taucht seit 1259 immer wieder als Rechtsgelehrter in den Quellen der Stadt auf; vgl. Menzinger, Giuristi, S. 200 f.

der Verschriftlichung, dass die Orvietaner bei ihrem Vorschlag zur Erneuerung des Bündnisses auf Bestimmungen des damals geschlossenen Vertrags verwiesen und diesen sogar mit sich führten. Darüber hinaus verdeutlichen die Verwaltungsquellen die Entscheidungsfindung innerhalb der kommunalen Führung. Die grundsätzlichen Strategien – hier die Auslagerung aller Sachentscheidungen an einen kleinen Kreis von *sapientes* – werden genauso greifbar wie das konkrete Vorgehen, in diesem Fall der Rückgriff auf den alten Vertrag und den Vergleich der Ausfertigungen zur Erstellung einer Vertragsvorlage. Einige Belege, wie die Namensliste zur Versammlung der *credentia* am 14. Juli, lassen die Entscheidungsträger sogar namentlich hervortreten. Sehr viel näher lässt sich den Personen, die hinter der anonymem Einheit ‚Kommune' des Bündnisvertrags stehen, nicht kommen.[297] In Perugia handelte es sich dabei im Juli 1277 nicht um die Mitglieder der Vollversammlung, sondern um die *sapientes*, die an den repräsentativen Wahlverfahren der Kommune vorbei durch die Auswahl der Zünfte bestimmt wurden.[298] Daneben zeigen die Verwaltungsquellen andere Institutionen und Ämter auf, die neben den Führungsinstanzen in die Verwaltung des diplomatischen Verkehrs zwischen den Kommunen mit eingebunden waren: Das waren in diesem Fall – wenig bemerkenswert – die Kammer der Kommune, aber auch Amtsträger wie der *marescalcus* und der Notar, der den „Liber continens andatas et reditus" führte und den Gesandten somit als zusätzliche Anlaufstelle gedient haben musste. Der Ämtergang der gewählten Gesandten, der sich in den verschiedenen kommunalen Büchern abzeichnet, erlaubt schließlich bildliche Einblicke in ganz alltagspraktische Fragen: von der formalen Vorbereitung des Aufbruchs der Gesandten, über die sofortige Auszahlung der Tagegelder nach ihrer Rückkehr bis hin zur Farbe und zur Sehkraft der Pferde, auf deren Rücken sie sich bewegten.

All diese Informationen verdankt die Nachwelt der bürokratisch anmutenden Verwaltung der popularen Kommune, die einen Großteil ihrer Amtshandlungen verschriftlichte, verzeichnete und durch weitere Registrierungen aufarbeitete.[299] Dieser Punkt fordert im Gegenzug die Frage heraus, welche Erkenntnisse die Quellen uns vorenthalten. Liefert die umfassende Verschriftlichung in den Kommunen tatsächlich ein genaues Abbild der Vorgänge? Diese Frage lässt sich anhand des Beispiels des Bündnisses vom 29. Juli ebenso leicht verneinen, wie sich die Frage nach der Informationsdichte des Verwaltungsschriftguts über dieses Bündnis zuvor bejahen ließ.

---

[297] Das Problem wird aufgeworfen von Voltmer, Formen, S. 115.
[298] Vgl. zu dieser Problemstellung auch Menzinger, Pareri. Unter den *sapientes* befanden sich zudem auffallend viele *domini* (auch wenn diese durch die *artes* vorsortiert waren), die somit weiterhin die Richtungsentscheidungen der Kommune vorgaben. Dies änderte sich jedoch spätestens in den 80er Jahren des 13. Jahrhunderts, wie dies., Giuristi, S. 117–130, herausarbeitet. Ganz ähnlich zeigen sich die Entscheidungsstrukturen in Florenz zu dieser Zeit; vgl. Decaluwé, Prozess, S. 86–88.
[299] Zur Redundanz kommunalen Schriftguts, den vielfachen Ausfertigungen und Abschriften geschuldet, auch Behrmann, Einleitung, S. 11 f. Zur ‚bürokratischen' Kommune des 13. Jahrhunderts vgl. ebd., S. 16 f., weiterführend Pini, Burocrazia, und Francesconi, Potere.

So fehlen zahlreiche Belege über die Kommunikation zwischen den Kommunen und über die einzelnen Schritte in der kommunalen Verwaltung. Auf welche Weise Spoleto über die Verhandlungen mit Orvieto informiert wurde – vielleicht über Orvieto –, was die Gesandten Arlotucius und Baronçolus von ihrer Mission nach Orvieto zu berichten hatten und wem sie diesen Bericht in Perugia erstatteten, wie die zweimalig angeordnete Wahl eines *sindicus* vonstatten ging: Dies sind alles Etappen der Vorbereitung, die stattgefunden haben müssen, aber nicht überliefert wurden.[300] Auch zur Entscheidungsfindung innerhalb der Kommune fehlen bedeutende Informationen oder erscheinen in der Verschriftlichung nicht eindeutig. Den 39 namentlich genannten *sapientes* zum Beispiel stehen mehrere Sitzungen ohne entsprechende Angaben gegenüber. So tritt das Gremium der fünf Experten, die gemeinsam mit dem Vikar des Podestà und dem Capitano über die Bündniserneuerung mit Orvieto und die Vertragsgrundlagen entschieden, nicht namentlich aus den Quellen hervor. Und auch die 39 Namen einer Kommision sagen noch nichts aus über Interessengruppen, Dynamiken und Beweggründe, die sich hinter dieser Liste verbergen.[301] Ähnlich liegt der Fall bei den Verwaltungsabläufen, etwa bei der am 28. Juli erfolgten Anfrage der Gesandtschaft Orvietos über zwei weitere Bündnisse mit Viterbo und Toscanella, die im Gegensatz zu allen vorhergehenden Anfragen gleich im Rat der *credentia* vorgetragen wurde. Wurde das *consilium generale* gänzlich übergangen? Oder fehlt nur der Eintrag im Beschlussregister? Hinzu kommen Fehlinformationen, die dem Akt der Verschriftlichung komplexer Sachverhalte geschuldet sein müssen. Wären die Bündnisurkunden nicht erhalten, so wäre aus dem Ratsbeschluss vom 29. Juli beispielsweise nicht zu erfahren, dass es sich bei dem abzuschließenden Bündnis um einen gemeinsamen Vertrag zwischen drei Kommunen handelte. Die Rede ist hier von zwei verschiedenen Verträgen: einem Vertrag zwischen Perugia und Spoleto, der nach dem Vorbild eines Vertrages zwischen Orvieto und Perugia abzuschließen sei.

Diese Punkte machen deutlich, dass der Verschriftlichungsprozess in der kommunalen Verwaltung – zumindest im Spiegel der späteren Überlieferung – bei Weitem nicht so konsistent verlief, wie der erste Eindruck suggeriert. Die Registrierung der verschiedenen Amtshandlungen erfolgte in einem immensen Umfang, dennoch sind die Lücken in diesem Schriftgut groß. Das liegt wohl zu Teilen an den großen Überlieferungsverlusten, die sich im Laufe der Jahrhunderte zeitigten, aber nicht alle Lücken

---

300 Hier schlägt insbesondere der fehlende Bericht von Arlotucius und Baronçolus nach ihrer Rückkehr aus Orvieto in der Vollversammlung zu Buche, der doch eigens angeordnet worden war. Sein Fehlen lässt sich kaum aus einem Überlieferungsverlust erklären, da das Beschlussregister ja nachweislich vorhanden ist. Ob dem Bericht kein Beschluss folgte und die Sache somit nicht aus den Protokollen übernommen wurde, ob die Protokolle bereits lückenhaft waren oder ob der Notar des Beschlussregisters den Eintrag einfach vergessen hat, lässt sich nicht mehr nachvollziehen. Zu diesem Problem grundsätzlich auch Keller, Veränderung, S. 28.
301 Zu diesem Ergebnis kommt für die Ratsversammlungen im Allgemeinen auch Tanzini, Consiglio, S. 64 f.

lassen sich auf diese Weise erklären.[302] Einige müssen anderen Faktoren geschuldet sein, etwa der unsystematischen Weiterverarbeitung der Erstnotation, wie vielleicht im Fall des Beschlussregisters anzunehmen ist. Möglicherweise war aber bereits diese Erstverschriftlichung nicht so allumfassend organisiert, wie es die Quellen auf den ersten Blick suggerieren.[303] Die Ratsprotokolle haben zudem den Nachteil, dass sie offenbar die komplexen Gegenstände der Beratungen bisweilen nur unzureichend zu erfassen vermochten, was leicht zu Missdeutungen führen kann. Auch die vermeintlich objektive administrative Schriftlichkeit der Kommunen muss daher methodisch mit Vorsicht behandelt werden. Festzuhalten bleibt dennoch, dass sie höchst wertvolle Informationen auch über die Vorgänge, Institutionen und Personen hinter den untersuchten interkommunalen Beziehungen zu liefern vermag.

---

302 Zu den Verlusten ganzer Gattungen an Geschäftsschriftgut Keller, Veränderung, S. 26 f., und Behrmann, Einleitung, S. 4 f.; zu den Gründen Koch, Archivierung, S. 64 f., und grundsätzlich immer noch Esch, Überlieferungs-Chance.
303 Vgl. für die Ratsprotokolle im Allgemeinen auch Tanzini, Delibere, S. 62, speziell für Perugia Anm. 61.

2 Der Bündnisvertrag

2.1 Das Bündnis als Vertrag

Ein Bündnis zwischen zwei oder mehreren Kommunen stellt im heutigen Verständnis ein Vertragsverhältnis her. Das Bündnis begründet damit ein Rechtsverhältnis, das auf Gegenseitigkeit und freiwilliger Selbstverpflichtung der Vertragspartner beruht. Dem mittelalterlichen Recht hingegen blieb die abstrakte Grunddefinition eines Vertrags – die „erklärte Einigung zweier oder mehrerer Personen über einen angestrebten Rechtserfolg" – weitgehend fremd.[1] Die gelehrten Juristen des 13. Jahrhunderts bezogen ihr Vertragsverständnis vor allem aus der Diskussion der römisch-rechtlichen Vertragstypen, wie sie über das „Corpus iuris civilis" überliefert waren. Diese, nach verschiedenen Aspekten kategorisierbar, entstammten alle aus Bereichen, die heute eindeutig dem Privatrecht zuzuordnen sind.[2] Der politische Vertrag zwischen zwei oder mehreren Herrschaftsträgern war in das System des überlieferten römischen Zivilrechts somit von der Sache her nicht einzuordnen.[3] Dementsprechend finden sich auch in der nach gelehrtem Recht geordneten *ars notarie* der Zeit keine Ausführungen zu politischen Verträgen, wie Attilio Bartoli Langeli bemerkte.[4] Ob dies für die ausführenden Notare eine Diskrepanz darstellte und wie sie damit umgingen – ob sie die Verschriftlichung eines Bündnisses als exzeptionellen Urkundentyp verstanden, ob sie ihre Modelle aus anderen Rechtskreisen bezogen oder ob sie das Bündnis durch

---

[1] Kaser/Knütel, Privatrecht, S. 42. Die Entstehung einer an den Konsens gebunden Vertragsdefinition verfolgt Mayer-Maly, Konsens. Für den (privatrechtlichen) Vertrag im *ius commune* Weimar, Vertrag, und Coing, Privatrecht, S. 398–491. Differenziert auch Petronio, Stipulazione. Dennoch finden sich dem heutigen Verständnis sehr ähnliche Grundüberlegungen auch in den Quellen des 13. Jahrhunderts, vgl. etwa Salatiele, Ars notarie, hg. von Orlandelli, S. 95: „Pactum autem est consensus duorum vel plurium in idem dandum vel faciendum ab uno paciscentium alteri.".
[2] Vgl. zur Kategorisierung von Verträgen im mittelalterlichen Rechtsdenken an einem Beispiel Petronio, Stipulazione, S. 55 f., und grundlegend Dilcher, Typenzwang. Auch Astuti, Contratto.
[3] Zu diesem Problemfeld Ziegler, Grundlagen, insb. S. 6–14, mit einem Katalog aller Digestenstellen, die Erkenntnisse zu ‚völkerrechtlichen' Aspekten des römischen Rechts bieten, und deren Rezeption durch die Glossatoren. Diese betrafen jedoch nicht das Vertragswesen. Ebenso Paradisi, Law, S. 663–670, und Ziegler, Influence, S. 203 f., 206. Zum hier interessierenden politischen oder ‚staatsrechtlichen' Vertrag im römischen Recht grundlegend Ilari, Trattato. Der durch mehrere Verfasser erstellte Artikel „Trattato" der EdD überspringt das Mittelalter gänzlich, dem antiken römischen Recht folgt unmittelbar die frühe Neuzeit und Moderne. Grundlegende Überlegungen zum politischen Vertrag des Mittelalters immer noch in der rechtshistorischen Arbeit von Mitteis, Verträge; zu den Verträgen der italienischen Städte ebd., S. 121–124, aufbauend auf der Studie von Koranyi, Studjów. Daneben Steiger, Vertrag, und Heinig, Vertrag. Zum schriftlichen Vertrag im Bündniskontext vgl. den kurzen Forschungsüberblick von Garnier, Amicus, S. 13–23.
[4] Bartoli Langeli, Notai, S. 113 f. Ähnlich auch Mosiici, Documenti di lega, S. 105 f. Zum Vertrag bei Rolandino vgl. Massetto, Osservazioni. Dies betrifft aus den gleichen Gründen auch eine Vielzahl an weiteren kommunalen Schriftstücken.

Analogieschlüsse in das herrschende System der römischen Vertragstypen einzuordnen versuchten –, kann nur annähernd geklärt werden.[5]

Eine Hypothese soll dennoch gewagt werden. Das Mittel der Wahl, um den interkommunalen Verträgen rechtliche Relevanz zu verschaffen, scheint in vielen Fällen der Rückgriff auf eine spezifische Form des römischen Vertragsschlusses gewesen zu sein, die *stipulatio*. Sie stellte eine einseitige Schuldverpflichtung dar, mit der im Grunde Inhalte jeder Art vereinbart werden konnten, solange sie in der obligatorischen mündlichen Rede- und Antwortform vereinbart wurden. Nachdem im 13. Jahrhundert die schriftliche Fixierung der meisten Rechtshandlungen zur Regel wurde, diskutierten die juristischen Schriften und Notarshandbücher aber vor allem die schriftliche Anzeige der Stipulation, deren Form durch die konsequente Anwendung eines spezifischen Vokabulars gewahrt wurde.[6] Durch den Austausch von einseitigen Schuldversprechen der beiden Bündnispartner wurde somit eine wechselseitige Verbindlichkeit geschaffen, beiden Seiten entstand ein Forderungsrecht (*obligatio*). Auf diese Wechselseitigkeit wird in vielen Schriftstücken explizit hingewiesen, wenn etwa der Stipulation der einen Seite der Vermerk hinzugefügt wird, dass diese Versprechung unter der Voraussetzung geleistet wird, dass auch die Gegenseite eine gleichlautende Versprechung formuliert, die dann meist auch folgt.[7]

Allerdings formulieren die wenigsten Rogatare den gesamten Vertrag deutlich in Form einer *stipulatio*.[8] Die Stipulationsformel findet sich in den meisten Fällen

---

5 Nur die wenigsten Notare bezeichnen den Bündnisvertrag als *contractus*, als klagbaren Vertrag (Anhang 1, Nr. 34, 46, 70, 93, 107–109, 111; in Nr. 9 versieht der spätere Schreiber des *liber iurium* den Vertrag mit dem Titel *contractus*). Wo in den übrigen Verträgen im Text auf den Vertrag verwiesen wird, ist meist von *pacta*, *promissiones* oder *conventiones* die Rede. Wo hingegen explizit auf das Schriftstück Bezug genommen wird, heißt es *carta*, *pagina* oder *instrumentum*.

6 Zum Problem der Schriftlichkeit auch der *stipulatio* schon in nachklassischer Zeit vgl. Astuti, Contratto, S. 761 f.; Kaser/Knütel, Privatrecht, S. 48 f. Grundlegend auch Coing, Privatrecht, S. 398–400, 480, und Weimar, Vertrag; anhand der Werke Rolandinos auch Massetto, Osservazioni. Angezeigt wird die Vertragsform durch Formeln wie *promiserunt stipulatione solempni / promiserunt per stipulationem / stipulantibus*. In der zeitgenössischen Rechtsliteratur wird dies besonders deutlich im „Speculum iudiciale" des Guillaume Durand, lib. IV, partic. III, S. 352: „Stipulatione solenni promissa semper verbum Stipulata, vel simile est apponendum: quia postmodum non vertitur in dubium, an legitime facta sit promissio". Die Mündlichkeit als Grundlage der formgerechten Stipulation wird auch in den Notarshandbüchern betont: Rolandino Passaggeri, Summa, S. 461v. Ob diese eingehalten wurde, ist nicht festzustellen; siehe oben Kap. I.1.5. Ein einziges Mal wird die klassische mündliche Form *spondemus* im Instrument verwendet (Anhang 1, Nr. 42).

7 Siehe etwa Anhang 1, Nr. 60: „quam promissionem et obligationem facimus quia vos tanquam syndici et procuratores comunis Heugubii fecistis nobis tanquam syndicis et procuratorio nomine stipulantibus pro comunibus Tuderti, Perusii et Fulginei similes promissiones et obligationes"; Codice Diplomatico 2, hg. von Bartoli Langeli, Nr. 171, S. 378. Ähnlich auch Anhang 1, Nr. 32, 83. Zur Obligation einführend Kaser/Knütel, Privatrecht, S. 158–162.

8 Coing, Privatrecht, S. 399 und 480, behauptet hingegen, dass allein das Wort *promittere* den Vereinbarungen Klagbarkeit sicherte, demnach wären quasi alle untersuchten Bündnisverträge Stipula-

erst gegen Ende des Textes, in der Vereinbarung einer Konventionalstrafe bei Zuwiderhandlungen gegen den Vertrag oder einzelne Bestimmungen. Die Geldstrafe, ebenfalls ein römisches Instrument, wurde meist auf die Höhe von 1.000 Silbermark festgesetzt und fast immer hypothekarisch mit dem Vermögen der Kommune abgesichert. So gut wie alle Bündnisse bedienen sich spätestens seit den 1220er Jahren dieser Stipulation einer Konventionalstrafe, die meist ganz am Ende des Vertrags eingefügt wurde und den vorhergehenden Bestimmungen – so der Eindruck, den die Texte erwecken – ihren verpflichtenden Charakter gab.[9]

In diesen Fällen, in denen nur die Strafformel als formgerechte Stipulation verfasst war, wurde allerdings nicht das Bündnisabkommen an sich zu einem klagbaren Vertrag, bei dem die Erfüllung der vereinbarten Leistungen, etwa militärische Hilfe, eingeklagt werden konnte. Klagbar wurde nur die Zahlung der Vertragsstrafe, die somit ein präventives rechtliches Sicherungsmittel für die Einhaltung der Bündnisbestimmungen war. Offen bleibt allerdings, wie man sich die Zahlungsklage im Falle eines Bündnisbruchs vorzustellen hat. Es fehlen schlicht Quellen über einen solchen Fall. Da die Anrufung der päpstlichen Kurie als Gerichtsinstanz im Fall der kommunalen Bündnisse, wie oben dargelegt, kaum vorstellbar ist, war wohl das in vielen Verträgen vereinbarte Schiedsgericht die Instanz, vor der eine solche Klage denkbar wäre. Die Strafe mag im Zweifelsfall auch nur als Druckmittel gedient haben, um vor dem Rat der Bündnisstadt die eigenen Forderungen durchzusetzen oder, in letzter Instanz, als rechtliche Grundlage für Repressalien, durch die der Gegenwert

---

tionen. Bestätigung könnte diese These in den Notarshandbüchern finden, die bei der Beschreibung der Stipulation ebenfalls das Verb *promittere* einsetzen; vgl. etwa Rolandino Passaggeri, Summa, S. 444v.

[9] Siehe etwa Anhang 1, Nr. 60: „et hec omnia et singula predictarum civitatum comunia vel comunitates solempni stipulatione ... teneantur facere et observare et contra non venire sub pena mille marcarum puri et legalis argenti vicissim stipulatione solempni dari promissa, qua soluta vel non hec omnia rata sint et firma"; Codice Diplomatico 2, hg. von Bartoli Langeli, Nr. 171, S. 378. Auch Anhang 1, Nr. 46: „Que omnia singula supra scripta ... inter se ad invicem uterque eorum recipientes pro sua comunitate per solempnem stipulationem et vicissim stipulantium in perpetuum promiserunt adtendere et observare et in nullo contra venire sub pena mille marcarum argenti", in: Villani, Rocca Contrada, Appendice documentaria, Documenti storici, Nr. 10, S. 385. In den überlieferten Verträgen wird eine Geldstrafe vor 1200 nur selten vereinbart, in den ersten zwei Jahrzehnten des 13. Jahrhunderts weist etwa die Hälfte der Verträge die Strafe auf, von da ab erscheint die Strafe dann fast zwingend: Nur drei Verträge verzichten auf die zusätzliche Obligation. Das regelmäßige Erscheinen der Konventionalstrafe fällt somit, wie das Aufkommen der Syndikatsurkunde, in eine Phase der kommunalen Schriftlichkeit, die Tanzini, Consiglio, S. 46 als „un momento di eccezionale creatività" beschreibt. Die Akzentuierung dieser Klausel in kommunalen Verträgen bemerkt auch Attilio Bartoli Langeli: Codice Diplomatico 1, hg. von Bartoli Langeli, Introduzione, S. XXII, Anm. 22. In der perusinischen Überlieferung begegnet die Geldstrafe bereits in den Unterwerfungsverträgen des 12. Jahrhunderts, nicht aber in den ersten Bündnissen. Zur Vertragsstrafe einführend Kaser/Knütel, Privatrecht, S. 201 f.

der Konventionalstrafe gewaltsam erpresst werden konnte.[10] Diese Möglichkeit der Durchsetzung würde auch die Verpfändung der kommunalen Güter erklären, die die Geldstrafe in fast jedem Vertrag begleitete, deren Umsetzung zwischen zwei eigenständigen Rechtsinstanzen, wie sie die Kommunen darstellen, jedoch am ehesten über den Weg von Repressalien vorstellbar ist.[11] Aber auch der Möglichkeit, dass die Strafe gar nicht gezahlt wurde, griffen die Verträge vor: In diesem Fall, dies verfügen fast alle Schriftstücke, sollten die Bündnisvereinbarungen dennoch weiter Gültigkeit haben (*soluta vel non hec omnia rata sint et firma* o. ä.).

Dass das rechtstheoretische Konstrukt der Geldstrafe nicht nur für die gelehrten Juristen in Bologna Relevanz besaß, sondern auch im Alltag der lokalen Notare und der kommunalen Führungsschichten eine Rolle spielte, wird durch andere Quellen sichtbar. Dies beginnt mit den Lehr- und Arbeitswerkzeugen der Notare, den Erläuterungen und Musterbeispielen in den Werken der *ars notarie*. Eine Geldstrafe und die Verpfändung des Besitzes zur Sicherung der Strafe beziehungsweise der im Vertrag vereinbarten Werte gehörten zu den klassischen Bausteinen vieler Vertragsformen, sie waren den Notaren somit vertraut.[12] Die besondere rechtliche Bedeutung für die Bündnisverträge scheint zudem in den Bevollmächtigungen der kommunalen Stellvertreter durch, die nur in Ausnahmefällen auf die Einschließung der hypothekarischen Verpfändung der kommunalen Güter in die Vollmachten verzichteten,

---

10 Ein einziger Vertrag (Anhang 1, Nr. 85) verfügt in der Klausel zur Vertragsstrafe, dass auch Prozess- oder andere Kosten, die durch Einforderung der Strafsumme entstehen, durch die verursachende Kommune getragen werden müssen. Ein Quellenbeleg bezeugt den direkten Bezug auf die Vertragsstrafe in der Argumentation vor der Führung der Bündniskommunen: 1288 Juni 10, AS Perugia, Consigli e Riformanze 10, fol. 59r–v (Anhang 1, Nr. 108). Dieselbe grundlegende Frage stellt sich anhand des Vertrags von Neuss L a u f s, Politik, S. 55 f.
11 Relativ deutlich formuliert dies eine Urkunde über Bündnisverpflichtungen der Kommune Città di Castello: „et pro his omnibus servandis et pena solvenda obligamus vobis ... omnia nostra bona"; Codice Diplomatico 1, hg. von B a r t o l i L a n g e l i, S. 208 (Anhang 1, Nr. 42). Vgl. grundlegend B o n f a n t e, Istituzioni, S. 301, 356 f. Zur Übernahme der römisch-rechtlichen Hypothek auch in Friedensverträge vgl. Z i e g l e r, Influence, S. 208.
12 Hierzu genügt der Blick in die Musterbeispiele der *artes notarie*. Eine interessante Überlegung bietet Salatiele. Dort heißt es zur Strafe, dass diese vor allem in Abkommen nötig sei, die keinen Besitz, sondern Handlungen zum Gegenstand haben („quod consistit in fatiendo"), da der Gegenstand des Rechtsgeschäfts hier oft unbestimmt („in incerto") sei. Da es sich hierbei um eine sehr komplizierte juristische Problemstellung handele, empfiehlt Salatiele dem Notar, immer eine Geldstrafe einzufügen, da diese im Gegensatz zur Leistung problemlos zu quantifizieren und somit einzufordern sei; vgl. S a l a t i e l e, Ars notarie, hg. von O r l a n d e l l i, S. 113 f.: „De pactis que cum pena vel sine pena celebrantur", und ebd., S. 102–104. „De pactis que in dando et in faciendo consistunt". Dort heißt es in der Glossierung: „hanc autem materiam ad plenum non prosequor quia longa est et plurimum intricata, tabelliones tamen in pactionibus que consistunt in fatiendo possunt taliter instrumenta conponere, videlicet quod in ipsis penam subiciant certam ne quantitas conventionis in incerto sit". Zu den Grundlagen im klassischen römischen Recht K a s e r / K n ü t e l, Privatrecht, S. 168–170, 201.

selbst wenn die Syndikatsurkunden sonst ganz allgemein gehalten waren.[13] Und auch die bereits mehrfach zitierte Bevollmächtigung des Podestà Zanericus *de Riva* durch den Perusiner Rat vom 8. September 1248 hebt ausdrücklich hervor, dass Zanericus Bündnisse und andere Abkommen mit oder ohne Geldstrafe und Obligation vereinbaren dürfe („cum pena et sine pena et obligationes") und hierfür auch den kommunalen Besitz einsetzen dürfe.[14] Weitere inhaltliche oder formale Einzelheiten zu diesen Bündnissen und Abkommen werden nicht genannt, was die besondere Bedeutung der Klausel hervorhebt. Die explizite Erwähnung mag auch der Tatsache geschuldet sein, dass hierbei das immerwährende Streitthema Finanzen und Besitz der Kommune involviert war; sie zeigt jedoch unzweifelhaft, dass die Strafklausel als Obligation nicht nur eine leere Formel der ausführenden Notare darstellte, sondern in der Wahrnehmung der Verträge eine tragende Rolle spielte. In der Gesamtschau entsteht so der Eindruck, dass in den untersuchten Verträgen sehr bewusst die Stipulation einer Geldstrafe nach römisch-rechtlichem Vorbild gewählt wurde, um der nicht klagbaren Vereinbarungsform des *pactum* rechtliche Relevanz auch im schuldrechtlich geprägten Vertragsverständnis der kommunalen Gesellschaft zu verleihen. Diese Form wurde im gesamten 13. Jahrhundert eingehalten. Ein Einfluss der sich im 13. Jahrhundert durchsetzenden kanonistischen Lehre, dass Vereinbarungen ungeachtet ihrer Form einzuhalten seien (*pacta sunt servanda*), lässt sich bei Bündnisverträgen somit nicht beobachten.[15]

Daneben finden sich in den untersuchten Bündnisabkommen zahlreiche Figuren und Formeln, die zwar nicht klassisch-römisch sind, aber Grundsätze des römischen Vertragsrechts und der Vertragsfähigkeit von natürlichen und juristischen Personen aufgreifen, die etwa in den Werken der *ars notarie* einführend besprochen werden.

---

13 Auch Salatiele, Ars notarie, hg. von Orlandelli, S. 289–291, erklärt die *ypoteca*-Formel in der Vollmacht lapidar mit der Aussage: „id est obligatione". Vgl. zur besonderen Bedeutung der Strafformel und Hypothek exemplarisch die Vollmacht in Nr. 84: Fabriano ernennt seinen Stellvertreter (ohne inhaltliche Punkte zu nennen) „ad jurandum pacta conventiones et conditiones, et penam et penas prout Syndicis videbitur expedire ... et ad obligandum dictum comune Fabriani et ypothecas et res ejusdem pro predictis et occasione predictorum Syndico communis Mathelice"; Lapidi, hg. von Acquacotta, Nr. 43, S. 96.
14 Codice Diplomatico 2, hg. von Bartoli Langeli, Nr. 211, S. 478–480: „placuit toti consilio ... quod potestas predictus possit et valeat per se solum, auctoritate presentis consilii, facere et tractare unum vel plures syndicos et syndicum comunis et universitatis Perusii et pro ipso comuni ad faciendum sotietatem et sotietates, pacta et promisiones cum pena et sine pena et oblig(ationes), et ad dandum et promittendum de avere comunis Perusii civitatibus, castris, villis et spetialibus personis, ad recuperandum amicos et reaquirendum terram et terras et spetiales personas et singulares, et ad obligandum res et bona comunis Perusii". Ähnlich auch Bonifaz VIII. im Jahr 1300, als er ein Bündnis zwischen Perugia, Todi, Narni und Spoleto (Anhang 1, Nr. 108) auflöst, „etiam si fuerint iuramentorum et penarum adiectione vel quovis alio vinculo roborate"; ASC Todi, Confini con Orvieto, Nr. 15.
15 Den Einfluss auf politische Verträge der frühen Neuzeit untersucht erstmals Lesaffer, Influence. Zum (privatrechtlichen) Vertrag im kanonischen Recht vgl. Helmholz, Contracts.

Darunter fällt der häufige Verweis auf den Konsens und freien Willen der Vertragspartner,[16] die Betonung der aktiven Entgegennahme der Versprechungen[17] oder der Verzicht auf Zuwiderhandlungen aufgrund rechtlicher Einreden oder auf Rechtsbeihilfe.[18] Ob allerdings die sehr oft eingefügte Formel „in festem Vertrauen und ohne Täuschung" (*bona fide, sine fraude*) ein Verweis auf das römisch-kanonische Prinzip der *bona fides* war, wie gelegentlich behauptet, ist nur schwer zu klären. Die Formel findet sich so gut wie gar nicht in den Formularien der gelehrten *ars notarie*, dafür umso konstanter in Schriftstücken aus dem Bereich personaler Bindungen, etwa in Treu- und Lehnseiden. Dem entgegen steht die These, dass erst die zunehmende Verrechtlichung des Eids im 12. Jahrhundert eine Übernahme der Wendung *bona fide, sine fraude* aus der römischen, privatrechtlichen Rechtssprache bewirkt habe.[19] Einige Urkunden berücksichtigen zudem die kanonische Hoheit über den Eid und die der Kirche in diesem Zusammenhang zustehende Binde- und Lösegewalt, indem

---

16 Ausgedrückt durch Formulierungen wie *accidente consensu, unanimiter et concorditer, comuni voluntate* und häufiger *plano animo, mera et libera voluntate*. Teils wird auch auf die geistige Vertragsfähigkeit verwiesen, ungeachtet der Tatsache, dass es sich bei der Kommune um eine juristische Person handelt, z. B. „ad bonum et purum intellectum populorum" oder „ad purum et sanum intellectum" (Anhang 1, Nr. 13, 60, 108). Zum *habere intellectum* als Grundlage der Vertragsfähigkeit einer Person vgl. etwa Bencivenne, Ars notarie, hg. von Bronzino, S. 4.
17 Nach römischem Recht wird eine einseitige Versprechung (*promissio*) erst durch die Annahme des Gegenübers rechtlich bindend, vgl. Coing, Privatrecht, S. 181 f. Fast immer wird in den Verträgen daher auf das *recipere* des Gegenüber verwiesen. In gewisser Weise handelt es sich hierbei um die Nachstellung der mündlichen Wortform der *stipulatio* (für diesen Hinweis danke ich Prof. Cosima Möller, Freie Universität Berlin).
18 Üblicherweise durch das Versatzstück *et non contravenire aliqua occasione vel exceptione* bzw. *omni exceptione et occasione remota*. Die Formel findet sich in dieser Form vor allem in der „Ars notarie" des Bencivenne, die regional am nächsten zu verorten ist; vgl. Bencivenne, Ars notarie, hg. von Bronzino; nur im Kontext von Friedensverträgen auch bei Rolandino Passaggeri, Contractus, hg. von Ferrara, S. 217. Zum Begriff der Exzeption vgl. Oestmann, Exceptio, und Kaser/Knütel, Privatrecht, S. 39. Daneben Clavadetscher, Verzicht, S. 106 f. Selten erfolgt die generelle Renuntiationsformel auf „legum et iuris auxilium" (Anhang 1, Nr. 108, 109), oder auf „aliqua ratione vel causa sive ingenio de iure vel de facto" (Anhang 1, Nr. 111); ähnlich auch „omni exceptione remota, omnique iuris auxilio et beneficio nobis in hac parte competemptibus renuntiantes" (Nr. 43). Spezielle Renuntiationen finden sich so gut wie gar nicht, gelegentlich wird die Einrede der Arglist ausgeschlossen: „omni dolo et fraude remotis" bzw. „omni fraude et omni malo ingenio et omni sophysmate remotis" (Anhang 1, Nr. 60, 108).
19 So etwa Ziegler, Influence, S. 207. Grundlegend zum römisch-kanonischen Konzept Puza, Bona fides, und Massetto, Buona fede. Dass ein *in fraude* geschlossenes Abkommen (*pactum*) ungültig ist, betont allerdings Rolandino Passaggeri, Summa, S. 462r. Die lehnsrechtliche Herkunft betont hingegen Koranyi, Studjów, und diesem folgend Mitteis, Verträge, S. 121–123, 129. Entgegengesetzt Weinfurter, Lehnswesen, S. 455 f., der auch bei Leiheverträgen von einer Übernahme aus dem römischen Recht ausgeht.

sie diese vertraglich aushebeln. Die Absolution, insbesondere durch den Papst, die Kardinäle und andere Geistliche, wird hier explizit ausgeschlossen.[20]

Der Rückgriff auf Figuren und Prinzipien des römischen und kanonischen Rechts muss nicht bedeuten, dass jeder einzelne Notar die Problematik des ‚völkerrechtlichen' Bündnisvertrags erkannte und einen Lösungsweg mit den Mitteln des erlernten Systems suchte. Viele der Verträge beruhten auf älteren Vorlagen oder übernahmen Mechanismen aus der Alltagspraxis der Notare möglicherweise unreflektiert. Dennoch wird deutlich, dass auch das Bündniswesen der Kommunen auf den juristischen Grundlagen aufbaute, die das römisch-kanonische Recht einem italienischen Notar im 13. Jahrhundert zur Verfügung stellte. Die Verträge bilden damit grundsätzliche rechtssoziologische Überlegungen ab, die feststellen, dass die Verbindlichkeit von Verträgen nicht der Willenserklärung der Kontrahenten, sondern außervertraglichen Grundlagen entwächst. Erst die Vorstellung einer übergeordneten, für alle vertragsschließenden Parteien verbindlichen Rechtsordnung, die auch die Einhaltung von Verträgen regelt, schafft die Grundlage für vertragliches Handeln und hindert somit die Vertragspartner daran, primär dem eigenen Nutzen zu folgen, sofern sie nicht von praktischen Überlegungen oder moralischen Werten davon abgehalten werden. Dieses Recht suchte man in den Bündnisverträgen des 13. Jahrhunderts in den Institutionen des *ius commune*, das die alltägliche Tätigkeit der Notare bestimmte und somit die Form vorgab, die Rechtssicherheit versprach.[21]

Während solche Überlegungen zur gedanklichen Einordnung der Verträge durch die Beteiligten naturgemäß hypothetisch bleiben müssen, ist Folgendes jedoch mit Sicherheit festzuhalten: Die Notare des 13. Jahrhunderts konnten sich bei der Konzeptionierung von Bündnisverträgen im Gegensatz zur Syndikatsurkunde nicht auf ein konkretes Schulmodell zur Orientierung bei der Verschriftlichung der Rechtsinhalte stützen. Dennoch ähneln sich die erhaltenen Bündnisurkunden des 13. Jahrhunderts stark. Das Formular weist, wenig bemerkenswert, immer die üblichen Bestandteile

---

20 Anhang 1, Nr. 30, 42, 43, 50. Alle Verträge stammen aus den Jahren 1216–1229. Zwei davon beruhen zudem auf der gleichen Vorlage; es handelt sich um die Bündnisse, die die *milites* Perugias mit Assisi und Città di Castello schlossen. Der Vertrag mit Assisi verfügt sogar, dass das Bündnis nach einer Lösung durch den Papst oder seine Vertreter auf Anfrage erneut geschlossen werden muss: „et teneamur refirmare sacramentum et societatem istam post solutionem factam intra mensem postquam requisiti fuerimus per nuntios vel litteras"; Codice Diplomatico 1, hg. von Bartoli Langeli, Nr. 85, S. 214–217, hier S. 216. Vgl. auch Raccagni, Lombard League, S. 59, und allgemeiner Kolmer, Eide, S. 344–350.
21 Vgl. für einen mittelalterlichen Vertrag grundlegend die Überlegungen von Laufs, Politik, S. 55–60. Der Zusammenhang zwischen zivilem Vertragsrecht und politischen Außenbeziehungen wurde auch für die römische Antike diskutiert; vgl. Ilari, Trattato, S. 1339 f. Zum Einfließen römisch-rechtlicher Formeln in Friedensverträge Ziegler, Influence, S. 203, 206–208, der jedoch auch auf das Fehlen eines anwendbaren römischen Vertragsmodells hinweist: „This does not mean that the practice of peace treaties was shaped or modelled in a decisive manner by Roman law. But legal arguments and juristic professional terms were now used, giving more precision and the possibility of rational control to the clauses agreed upon in the peace negotiations."; ebd., S. 203.

des Instruments auf: Invocatio und Datumsformel, Nennung von Zeugen, *Actum* und Unterfertigung des Notars.[22] Auch der Kontext folgt oft ähnlichen Mustern. In die flexible Form des Notariatsinstruments gefasst, vereinten sich hier Elemente aus anderen Vertragsformen und Urkunden und gänzlich eigene Formeln und Klauseln zu einer eigenen Vertragsform, wie im Folgenden zu zeigen ist.[23]

Betrachtet man den Akt der Ausfertigung, lassen sich die Instrumente nochmals in mehrere Urkundentypen unterteilen.[24] Die übliche Variante, zumindest seit dem zweiten Drittel des 13. Jahrhunderts, war die Mehrausfertigung eines gemeinsam ausgestellten Instruments, das die Versprechen der Bündnispartner in objektiv formulierten und jeweils für alle geltenden Bestimmungen festhielt (*promiserunt se ad invicem*). Daneben treten insbesondere in der ersten Hälfte des Jahrhunderts Verträge auf, die ebenfalls in einer Urkunde, aber in zwei Blöcken erst die Zusicherungen der einen, dann diejenigen der anderen Kommune festhielten, selbst wenn diese gleichlautend waren. Vornehmlich im ersten Drittel des 13. Jahrhunderts findet sich die dritte Vertragsvariante, die Doppelbeurkundung. Jede Partei stellte dabei eine eigenständige Urkunde aus, die nur die eigenen Verpflichtungen umfasste. Das Formular beider Urkunden war jedoch streng spiegelbildlich aufgebaut.[25] Nur selten wurden zum Vertragsinstrument noch Ergänzungsdokumente ausgestellt, wie etwa die bereits angeführte wechselseitige Erlaubnis der Bündnispartner des Jahres 1277, zwei weitere Bündnisse abzuschließen, oder die eigens verschriftlichten, ausführlichen Regelungen zum Schiedsverfahren, die einen Vertrag zwischen Siena und Orvieto des Jahres 1221 begleiteten.[26]

Die eingesehenen Ausfertigungen sind meist feierlicher ausgestaltet als die Syndikatsurkunden: Häufiger wurde ein sehr breites Hochformat gewählt, fast alle Stücke weisen zumindest minimal ausgeschmückte Initialen auf, einige gliedern das Instru-

---

22 Wie bereits für die Syndikatsurkunden konstatiert, setzen die Urkunden aus den Marken im Gegensatz zu den umbrischen Instrumenten teils *Actum* und Zeugenliste an den Anfang des Dokuments.
23 Auf die besondere Eigenschaft des Instruments, jeden erdenklichen Inhalt fassen zu können, machen Bartoli Langeli, Notai, S. 113, und für den deutschen Raum Schuler, Vertragsurkunde, S. 36, aufmerksam. Auch die norditalienischen Bündnisverträge des 12. Jahrhunderts weisen ein ähnliches Formular auf, das sich jedoch von den untersuchten Beispielen deutlich unterscheidet; vgl. Fasoli, Lega, S. 148, und Grillo, Origini, S. 161 f. Die älteren Instrumente zeigen gelegentlich noch Merkmale der *charta*; vgl. hierzu auch Codice Diplomatico 1, hg. von Bartoli Langeli, Introduzione, S. XXI, der des Weiteren auf die Anpassung der Struktur des Instruments in Folge der komplexen kommunalen Vertragswerke hinweist. Grundlegend auch Fissore, Autonomia, S. 73–122. Dass Verträge in der kommunalen Diplomatik bisher kaum untersucht wurden, konstatiert etwa Grillo, Origini, S. 161, Anm. 8.
24 Vgl. zur Vertragsurkunde, die in der Diplomatik nur selten als eigene Gattung in den Blick genommen wurde, grundlegend Heinemeyer, Studien, Riedmann, Beurkundung, und zuletzt für das spätmittelalterliche Reich Schuler, Vertragsurkunde, mit einer kritischen Beurteilung des Forschungsstands ebd., S. 13 f.
25 Vgl. auch Schuler, Vertragsurkunde, S. 65–67.
26 Anhang 1, Nr. 37, 105. Siehe auch unten Kap. I.2.3.4, S. 168–172.

ment zudem grafisch nach den einzelnen Bestimmungen des Bündnisvertrags.[27] Wo bereits die Namen der beschwörenden Ratsmitglieder in die Urkunde aufgenommen wurden, sind diese in klar abgesetzte Spalten geordnet.[28] Neben den mundierten Instrumenten wurde eine Handvoll Bündnisse als *originali in registro*, sprich Originale in den kommunalen *libri iurium* oder eigens angelegten Dossiers, überliefert.[29]

2.2 Zur Terminologie der Bündnisse: *Societas, amicitia, concordia*

Abgesondert von der Benennung und juristischen Idee des Vertrags (*pactum, contractus*) als Bündnisgrundlage, zeigt sich häufig die Bezeichnung und die konzeptionelle Fassung des Vertragsgegenstandes.[30] Das durch einen Vertrag vereinbarte Bündnis wird in den meisten der überlieferten Dokumente als *societas* bezeichnet.[31] Auch das administrative und narrative kommunale Schriftgut spricht vornehmlich von *societas*, wo es um ein zwischenstädtisches Bündnis geht. Damit griff die Sprachpraxis einen Begriff auf, der nicht nur Namensgeber des berühmtesten Städtebundes der italienischen Halbinsel, der *societas Lombardie*, war, sondern in den verschiedensten kommunalen und nichtkommunalen Kontexten verbreitet war. So konnte

---

27 Eingesehen wurden die Bündnisurkunden in Anhang 1, Nr. 9, 19 (als Digitalisat), 60, 63, 79, 88, 105 (als Digitalisat), 107, 109. Keine oder kaum Ausschmückungen weisen die Urkunden Nr. 9 (der älteste untersuchte Vertrag), 19 und 79 auf. Nr. 109 wirkt auf den ersten Blick zwar ebenfalls sehr schmucklos, der Vergleich zur Syndikatsurkunde von derselben Hand zeigt jedoch, dass der Notar zumindest die Anfangsinitiale minimal ausgestaltet hat. Sehr feierlich gestaltet ist eines der Originale zum Bündnis zwischen Gubbio, Perugia, Todi und Foligno aus dem Jahr 1237: SAS Gubbio, Fondo Armanni, Pergamene, Busta XVI, perg. X,3. Neben den genannten Merkmalen fällt hier die deutlich verlängerte Schrift in der ersten Zeile, der *Actum*-Zeile und der Nennung der beschwörenden Ratsmitglieder ins Auge.
28 Anhang 1, Nr. 60, 63, 88.
29 Ebd., Nr. 42, 43, 54, 105, möglicherweise auch 37 (vgl. die Anmerkungen in der angegebenen Edition). Zur Imbreviatur direkt in städtische Bücher vgl. für Oberitalien Fissore, Origini, S. 48 f. Für Cremona stellt Leoni, Notai, S. 256 f., fest, dass eine doppelte Ausfertigung als Urkunde und als *originale in registro* seit Ende des 12. Jahrhunderts die vorherrschende Praxis für Bündnisdokumente war.
30 Sehr deutlich macht dies beispielsweise der Rogatar eines Bündnisses zwischen Gubbio und Cagli vom 20. Dezember 1251: „hec sunt conventiones facte ... quod societas esse debeat"; SAS Gubbio, Fondo comunale, Cartulari 1 (Libro rosso), fol. 21r (Anhang 1, Nr. 82). Zur Problematik auch Riedmann, Beurkundung, S. 171 f.
31 Wo dies nicht der Fall ist, wird das Abkommen zumeist gar nicht benannt, häufig handelt es sich um subjektiv gehaltene *promitto / promittimus*-Verträge. Die wenigen Bündnisverträge, die eine andere Bezeichnung verwenden, entsprechen in auffälliger Weise nicht dem üblichen Schema. Entweder handelt es sich um sehr offensive, auf ein bestimmtes militärisches Ziel ausgerichtete Abkommen (Anhang 1, Nr. 64: *concordia*; 50: *promissio, conventio*), um Bündnisse, deren primäres Ziel die Beilegung eines Konflikts darstellte (Nr. 5: *pax, concordia, ordinamentum*) oder um Bündnisse mit sehr unklaren Kräfteverhältnissen (Nr. 14: *compagnia*; dies könnte in diesem Fall jedoch auch der Überlieferung geschuldet sein). Das gleiche terminologische Muster findet sich auch in Oberitalien; vgl. Vasina, Bologna, S. 184.

societas ganz allgemein eine Gruppe, einen Zusammenschluss oder einen Verband von Personen bezeichnen. Neben feststehenden Konzepten wie der *societas* als natürliche Gemeinschaft aller Menschen oder der *societas ecclesiae* beziehungsweise *christianorum* konnten somit auch Gebetsgemeinschaften oder ein Kreis an Studienfreunden mit dem Begriff *societas* belegt werden. Im juristischen Sinne hatte *societas* eine sehr spezifische Bedeutung: Der Ausdruck stand für die römisch-rechtliche Gewinn- und Handelsgesellschaft mit gemeinsamen Einlagen. Gerade im kommunalen Kontext wurde der Terminus häufig zur Bezeichnung von Nachbarschafts-, Waffen- oder Berufsverbänden eingesetzt, seltener wurde die Kommune selbst als *societas* bezeichnet. Auch die spezifische Konnotation der Allianz war dem mittelalterlichen Sprachgebrauch nicht fremd. Ein im Laufe der Zeit immer stärker hervortretendes Merkmal, das die *societas* in Abgrenzung etwa zur *universitas* auszeichnete, war aber der bewusst vollzogene und freiwillige Zusammenschluss oder Beitritt zu einer *societas*, ausgedrückt in der Verbindung mit den Verben *contrahere* oder *coire*.[32]

In diesem Sinne verweist Gianluca Raccagni auf den zusätzlichen Bedeutungsgehalt des Abkommens oder Vertrags, der den Begriff im Kontext von Städtebeziehungen auszeichne.[33] Von diesem Sprachgebrauch hebe sich die *societas Lombardie*, wie später auch die *societas Tuscie*, ab, da beide im Laufe der Zeit zu einer Korporation wurden.[34] Soweit dies überhaupt aus den Quellen erschließbar ist, wird dieser Gedanke Raccagnis durch die untersuchten kommunalen Verträge teilweise bestätigt. Darauf deutet die Begriffsverwendung hin, die *societas* nie eigennamlich verwendet, sondern immer in Beziehung zu den abschließenden Einheiten.[35] Eine Ausnahme bilden die großen Bündnisse in den Marken um 1198, die in Verbindung mit dem Tuskenbund und verschiedenen lombardischen *societates* standen. In diesem Kontext findet sich etwa die Formulierung: „exceptis ... civitatibus et castris que sunt in societate".[36] Dieses Verständnis der *societas*, von der man Teil ist oder werden kann,

---

32 Vgl. zu all diesen Bedeutungsebenen mit einer Sammlung der Quellenbelege Michaud-Quantin, Universitas, S. 64–69. Jean-Claude Maire Vigueur sieht in der Übernahme des *societas*-Begriffs für Städtebündnisse eine Adaption des innerstädtisch weit verbreiteten *societas*-Modells; vgl. Maire Vigueur, Centri, S. 74; Dilcher, Lega, S. 169, geht in Bezug auf den Lombardenbund von einer Übernahme aus dem römischen Recht aus.
33 Raccagni, Lombard League, S. 126 f.
34 Zu Raccagnis These ausführlicher oben Kap. 4.2, S. 39 f. in der Einleitung.
35 Vgl. exemplarisch einen Bündnisvertrag vom 11. August 1230, Codice Diplomatico 1, hg. von Bartoli Langeli, Nr. 104, S. 254–258 (Anhang 1, Nr. 55): „promittimus inter nos ad invicem tenere firmam et puram atque illesam amicitiam et sotietatem"; ein Syndikatsinstrument vom 13. Juli 1250, Documenti, hg. von Baldetti, Nr. 174 (Anhang 1, Nr. 73): „societas cum omnibus Marchianis"; oder ein Ratsprotokoll vom 4. Juli 1277, AS Perugia, Consigli e Riformanze 8, fol. 199v–201r (Anhang 1, Nr. 105): „societas inter comune Perusii et comune Urbisveteris renovetur".
36 Libro, hg. von Carletti/Pirani, Nr. 28, S. 40–43, hier S. 41 (Anhang 1, Nr. 7). Ähnlich auch Anhang 1, Nr. 4: „et non recipient aliquem in ista Societate qui sit extra Marchiam", in: Tonini, Storia 2, Appendice di documenti, Nr. 94, S. 610–614.

steht somit entgegensetzt zu dem sonst üblichen sprachlichen Usus, die *societas* nicht als Zustand, sondern als etwas Objekthaftes zu sehen – sehr deutlich formuliert dies eine Urkunde Bonifaz' VIII. über die „societates ... initas, factas vel habitas inter predicta Communia".[37] Der Lesart Raccagnis widerspricht allerdings, dass die Bündnisinstrumente häufig eben doch begrifflich zwischen dem Vertrag (*contractus, pactum, instrumentum* etc.) und dem Gegenstand des Vertrags (*societas*) unterscheiden. *Societas* stand in den untersuchten Verträgen somit nicht allgemein für ein Abkommen, sondern bezeichnete sehr spezifisch das politische Bündnis. Dies belegen auch andere erhaltene Verträge zwischen zwei oder mehreren Kommunen, etwa Wirtschaftsverträge, Friedensschlüsse und Vergleiche, Unterwerfungen und Schutzverträge oder Regelungen zu Handel und Repressalien, die in der Regel nicht *societas* genannt wurden.[38] Auch Abkommen, die in erster Linie konkrete militärische Ziele verfolgten, verzichteten in auffallender Weise auf den *societas*-Begriff.[39] Welche semantischen Schattierungen der Begriff darüber hinaus transportierte, lässt sich im Nachhinein wohl nicht rekonstruieren.

Kombiniert wurde der Terminus *societas* meist mit weiteren Begriffen, am häufigsten mit *amicitia*, gefolgt von *concordia* und *compagnia*.[40] Die Bedeutungsentwicklung von *amicitia*, die seit der römischen Antike auch das politische Bündnis bezeichnet, wurde mittlerweile für verschiedene Epochen und Aspekte des europäischen Mittelalters untersucht, sodass eine Diskussion hier ausbleiben kann.[41] Auch *compagnia* wurde in erster Linie synonym zu *societas* als Vereinigung oder Genossenschaft oder zu *foedus*, dem Bündnis, verwendet. *Concordia* verwies hingegen generischer auf eine Übereinkunft oder Vereinbarung, vielleicht auch übergeordnet auf die Eintracht der Parteien. Der Ausdruck wurde vermehrt benutzt, um andere Abkommen der Kommunen, etwa Handelsvereinbarungen, zu benennen.[42] Für die Begriffswahl

---

37 1300 Dezember 12, Codex, hg. von Theiner, Nr. 557, S. 380: „omnes confederationes, colligationes, societates vel compagnias et conventiones initas, factas vel habitas inter predicta Communia". Zum Sprachgebrauch der Kurie siehe auch oben Einleitung, Kap. 4.3, S. 41.

38 Eingesehen wurden stichprobenartig Abkommen aus den beiden Regionen, die Aussage muss somit vorläufig bleiben. Häufige Bezeichnungen sind hier aber *concordia, promissio, pactum, stipulatio, conventio* sowie das spezifische Vokabular der Konfliktbeilegung (*pax, treuga, compositio*).

39 Siehe Anhang 1, Nr. 28, 64, 111.

40 Daneben finden sich die Bezeichnungen *pax* – oft angewendet, wenn durch das Bündnis tatsächlich auch ein Konflikt beigelegt wurde –, *fraternitas, federatione* oder *fedus*, und *unitas*. Teilweise wurde auch kombiniert mit Vertragsbegrifflichkeiten wie *promissio* oder *pactum*, was möglicherweise doch auf eine Verwendung von *societas* im Sinne von Vertrag bzw. Abkommen hinweist.

41 Vgl. Lori Sanfilippo/Rigon, Parole, und darin insbesondere Grillo, Origini. Daneben Paradisi, Amicitia; Althoff, Amicitiae; Epp, Amicitia; Garnier, Amicus.

42 Vgl. die Einträge des MLW „compagn(i)a" und „concordia". *Concordia* wurde auch in der Schriftlichkeit des Lombardenbundes häufig bemüht; vgl. Grillo, Origini, S. 166 f.; Raccagni, Lombard League, S. 56. Zur Verwendung in anderen kommunalen Vereinbarungen im Untersuchungsraum sei auf die im Anhang genannten Quelleneditionen verwiesen.

aufschlussreicher als diese allgemeinen Überlegungen erweist sich aber eine Quelle aus dem Untersuchungsraum, die auf eine Differenzierung zwischen den beiden geläufigsten Quellentermini hinweist. Es handelt sich um ein Ratsprotokoll aus Perugia vom 14. Oktober 1260. Versammelt war das *consilium speciale cum adiuncta*, eine der Perusiner Bezeichnungen für das *consilium sapientum*. Das Gremium war von der Vollversammlung beauftragt worden, eine Antwort zu formulieren, die man Gesandten aus Assisi, Spello und Gualdo Tadino geben wollte; alle drei Gesandtschaften hatten um Perugias Meinung zu einem vom päpstlichen Rektor vorgeschlagenen Verteidigungsbündnis gegen Manfred von Sizilien ersucht.[43] Das Ergebnis der Beratung waren drei unterschiedliche Antworten, die man den verschiedenen *ambaxatores* eröffnen wollte.

Assisi solle, da die Stadt mit Perugia in einer *societas* verbunden sei („cum sint socii et societatis vinculo coniuncti"), kein Bündnis abschließen, das zu Perugias Nachteil gereiche oder das zwischen ihnen bestehende Bündnis in irgendeiner Form beeinträchtige; darüber hinaus stehe es der Kommune frei, nach eigenem Gutdünken und zum Besten der Stadt in dieser wie in anderen Verhandlungen zu entscheiden.[44] Spello hingegen sei Perugia durch eine *amicitia* verbunden, was Perugia sehr willkommen sei („cum sint .. amici hominum et C. P[erusii] et eorum amicitia sit grata plurimum comuni Perusii"). Spello solle daher nichts unternehmen, was zu Perugias Nachteil gereiche, angesichts der Tatsache, dass die Kommune aufgrund der *amicitia* wissen müsste, wer Freund und wer Gegner Perugias sei („qui sint amici aut non amici sive odibiles comunis Perusii").[45] Während diese Sentenz Rätsel aufgibt, fällt die Antwort an Gualdo eindeutig aus: Gualdo sei per Treueschwur an Perugia gebunden („ex debito fidelitatis") und könne daher kein Bündnis eingehen, wenn Perugia dies nicht auch tue. Sollte allerdings der Rektor Gualdo mit einer Strafe bedrohen, solle die Kommune so reagieren, wie es ihr am nützlichsten erscheine, immer unter der Voraussetzung, dass die Rechte Perugias und die zwischen ihnen bestehenden Verträge nicht verletzt würden.[46]

---

43 Anhang 1, Nr. 99. Ratsprotokoll Regestum, hg. von Ansidei, Nr. 271, S. 295.
44 Ebd.: „Plac. .. quod respondeatur ambaxatoribus Asisij in hunc modum, quod, cum sint socii et societatis vinculo coniuncti hominibus et C. P[erusii], nullam societatem inire debeant, que .. esse posssit contra C. P[erusii] vel in preiudicium .. predicte societatis ..; alias autem, hiis salvis, provideant sibi tam in societate sive societatibus quam in aliis tractandis .. que honori suo et comodis decreverint convenire.".
45 Ebd.: „ambaxatoribus Spelli respondeatur ... quod, cum sint .. amici hominum et C. P[erusii] et eorum amicitia sit grata plurimum C. P[erusii], provideant tam in societatibus faciendis quam in aliis ne aliquid per eos fiat .., quod nunc vel in futurum possit verti in preiudicium sui vel dicti C. P[erusii], cum ipsa amicitia debeat eos docere qui sint amici aut non amici sive odibiles C. P[erusii]". Eine ähnlich formulierte Antwort gab man am 19. Oktober auch den Gesandten aus Foligno, „speciali dilectione coniuncti ... hominibus et C. P[erusii]"; ebd., Nr. 272, S. 297.
46 Ebd., Nr. 271, S. 295: „ambaxatoribus C. Gualdi respondeatur ... quod, cum ipsi ex debito fidelitatis teneantur C. P[erusii] et ab ipso .. dilligantur sicut ceteri sui comitatus et districtus, nullam aliam velint

Perugias innerer Rat präsentierte auf diese Weise ein abgestuftes System an Beziehungen zu den umliegenden Kommunen, immer unter der Voraussetzung, dass das Ratsprotokoll die Ausführungen terminologisch sauber widergibt. Die Betonung der jeweiligen Verhältnisse (*socii / societas, amici / amicitia*) und die Tatsache, dass es sich um konkrete Argumentationsanweisungen handelt, machen das in diesem Fall jedoch wahrscheinlich. Dieses dreistufige Modell stellt an oberste Stelle die *societas*, die dem Bündnispartner abgesehen von den Bündnisverpflichtungen freie Hand in seinen Entscheidungen lässt. Die *amicitia* hingegen weist auf ein verstecktes Abhängigkeitsverhältnis hin, da Spello gehalten ist, die Freund-Feind-Politik Perugias zu übernehmen. Die unterste Stufe ist demgegenüber ein offenes Abhängigkeitsverhältnis: Gualdo Tadino muss sich der Politik der dominanten Kommune, der sie *fidelitas* geschworen hat, beugen. Das entspricht im Übrigen dem klassisch-römischen Verständnis der außenpolitischen *amicitia*, bei der die *amici* Roms von innerer Unabhängigkeit und dem friedlichen Zusammenleben mit Rom profitierten, zugleich aber der Politik und den Interessen Roms zu folgen hatten. Faktisch schuf dieses völkerrechtliche Konstrukt ein ungleiches Klientelverhältnis.[47] Die 1260 in Perugia vorgenommene Differenzierung lässt sich allerdings nicht in der Terminologie der Verträge wiederfinden, die allem Anschein nach *amicitia* unabhängig von paritätischen oder nicht paritätischen Kräfteverhältnissen einsetzten. Und auch die *societas* mit Assisi kann angesichts des Ungleichgewichts der beiden Kommunen keine vollkommen gleichberechtigte Beziehung begründet haben.[48] Dies zeigt sich bereits im Sachverhalt, dass Assisi das weitere Vorgehen mit Perugia abstimmen wollte. Von einer Anfrage der größeren Kommunen Umbriens – Orvieto, Todi, Spoleto und Narni – ist hingegen nichts bekannt, obwohl auch Orvieto nachweislich in einem Bündnis mit Perugia stand und noch im Mai Bündnisleistungen eingefordert hatte.[49] Die Beziehungshierarchie, die Perugia in der Ratssitzung vom 14. Oktober entwirft, ist somit höchst aufschlussreich für die politischen Vorstellungen, die einzelne Ratsmitglieder und *sapientes* zu diesem Zeitpunkt mit den verschiedenen Begrifflichkeiten verbanden. Das hier durchscheinende Modell lässt sich jedoch weder zeitlich noch sachlich verallgemeinern. Im Allgemeinen muss davon ausgegangen werden, dass die vorgestellten Termini weitgehend synonym verwandt wurden.

---

inire societatem nisi quam C. P[erusii] per se ipsum inierit. Si tamen incomberet eis mandatum Ducis quod absque pena vitare non possent, procedant sicut eis videbitur convenire ad suam utilitatem, ita tamen quod nichil .. faciant, per quod derogetur .. iuri et honori C. P[erusii] aut pactis .. promissis ab ipso C. Gualdi prenominato C. P[erusii]".
47 Diese Bedeutung außenpolitischer *amicitia* dominierte auch noch im Frühmittelalter: Epp, Amicitia, S. 13, 176–233.
48 Obwohl keine Bündnisurkunde überliefert ist, kann davon ausgegangen werden, dass Assisi dem 1256 zwischen Perugia und Orvieto geschlossenen Bündnis beigetreten ist; siehe Anhang 1, Nr. 88.
49 Ebd., Nr. 88.

Zumindest der Begriff *societas* aber bezeichnet, dies bleibt neben allen fraglichen Punkten festzuhalten, in der Außenpolitik der Kommunen des Patrimoniums eine sehr klar umrissene Form des politischen Bündnisses, das trotz vieler Abweichungen im Einzelfall ein spezifisches Set an Vertragsbestimmungen umfasste. In dieser Hinsicht mag *societas* auch für die Kommunen Umbriens und der Marken frei nach Martin Kaufhold zu einem „technischen Begriff" geworden sein.[50]

2.3 *Omnia et singula capitula*: Die Vertragsbestimmungen

2.3.1 Die *ad-honorem*-Formel

Die einzelnen Bestimmungen der Bündnisse werden in den Verträgen oftmals *capitula* genannt. Diese folgen nicht immer, aber oft, einer festgefügten Reihenfolge. Eingeleitet wird das Schriftstück häufig mit einer spezifischen Eingangsformel, der *ad-honorem*-Formel. Diese stellt weder eine Invocatio noch eine Arenga dar, ist mit beiden aber verwandt.[51] In einfacher Form lautet sie etwa „Ad honorem Dei et beate Marie virginis et omnium sanctorum et Romane ecclesie et ad honorem et salutem omnium, qui in hac societate sunt vel fuerint.".[52] Erst im Anschluss beginnt der dispositive Teil des Bündnistexts, entweder in der subjektiven Eidfassung (*nos promittimus* o. ä.) oder in der objektiven Wiedergabe des Geschehens. Mit der soeben zitierten Formel beginnt die Gründungsurkunde der *societas Tuscie* vom 11. November 1197. Dieses Dokument ist auch die erste Bündnisurkunde im Untersuchungsraum, die mit einer Ehrenformel einleitet. Im Folgenden tritt die Formel für etwa 20 Jahre ausschließlich in Verträgen mit Beteiligung Perugias auf und ist dort so auffällig, dass Attilio Bartoli Langeli ihr eine Publikation gewidmet hat. Er erkennt ihren maßgeblichen Urheber in einem Notar, Iacobinus, der zwischen 1198 und 1218 immer wieder für die Kommune tätig war und, so Bartoli Langeli, bald zu einem Spezialisten für die Ehrenformel

---

50 Kaufhold, Interregnum, S. 193. Kaufhold allerdings definiert *societas* als *terminus technicus* vor allem in Hinsicht auf das korporative Element, das in den untersuchten Verträgen in den Hintergrund tritt. Auch Jean-Claude Maire Vigueur, der in einem anderen Kontext vom spezifischen „quadro giuridico di una *societas*" spricht, meint hiermit wohl die Form des korporativ organisierten Schwurverbandes. Diese Bedeutung wohnte dem Begriff jedoch nicht fest inne; vgl. Michaud-Quantin, Universitas, S. 64–69.
51 Vgl. genauer Bartoli Langeli, Notai, S. 119 (überarbeitete und erweiterte Fassung des Aufsatzes Bartoli Langeli, Formula). Als Arenga klassifizieren die Ehrenformel Fissore, Autonomia, und Fichtenau, Arenga, S. 190 f. Nur ganz wenige Stücke unter den untersuchten Verträgen weisen, oft zusätzlich zur Ehrenformel, eine Arenga auf: Anhang 1, Nr. 57 und 77; die Einleitung in Nr. 111 ist so konkret, dass sie wohl eher als Narratio angesprochen werden muss.
52 Forschungen 4, hg. von Ficker, Nr. 196, S. 242 (Anhang 1, Nr. 2). Ein zweites Original ersetzt „societate" durch „securitate".

wurde.⁵³ Tatsächlich brachte es Iacobinus bald zu weitaus elaborierteren Formen der Formel.

So beginnt das Bündnis zwischen Perugia und Todi aus dem Jahr 1218 mit der Formulierung: „Ad honorem Dei et beate Marie semper virginis et beatorum martirum Laurentii et Herculani et beati Fortunati et beatorum apostolorum Petri et Pauli, et ad honorem sancte Romane Ecclesie et alme ac venerande Urbis, et ad honorem et salvamentum comunis Perusii et Tuderti".⁵⁴ Die durchdachte Konzeption dieser Formel zeigte Attilio Bartoli Langeli auf. Durch das dreimalige *ad honorem* schafft der Notar einen dreifachen Referenzrahmen: An erster Stelle steht mit Gott, der Muttergottes, den Schutzheiligen beider Kommunen sowie Petrus und Paulus der hierarchisch geordnete göttliche Bezugsrahmen, in den die folgende Handlung eingeordnet wird; an zweiter Stelle folgt mit der Römischen Kirche und Rom die übergeordnete weltliche Herrschaft; an dritter Stelle schließlich kommen die vertragsschließenden Kommunen selbst.⁵⁵ Diese Ehrenformel des Iacobinus wurde in Perugia in der zweiten Hälfte des Jahrhunderts zur Grundlage für jede weitere Ausgestaltung der Formel.

Die exklusive Überlieferung in Urkunden mit perusinischer Beteiligung wird zwischen 1220 und 1230 allerdings ergänzt durch erste Belege der *ad-honorem*-Formel in Bündnisverträgen anderer Kommunen.⁵⁶ Obgleich die Vermutung naheliegt, ist es unwahrscheinlich, dass sich die Ehrenformel von Perugia aus verbreitete. Sie ist seit dem 12. Jahrhundert in Norditalien belegt, ähnliche Formeln finden sich im Patrimonium Petri in den der Römischen Kirche geleisteten Treueschwüren ebenso wie in Unterwerfungsverträgen zwischen landsässigem Adel und Kommunen. Später taucht sie bisweilen selbst in einfachen Verkaufsgeschäften mit kommunaler Beteiligung auf.⁵⁷ Eine steile Karriere machte die Formel aber in den Bündnisverträgen der

---

53 Bartoli Langeli, Notai, S. 117: „Imparatala, Iacobino ne divenne il maggiore specialista italiano". Iacobinus war jedoch nicht der erste Notar, der die Formel anwendete. In der Perusiner Dokumentation tritt sie in rudimentärer Form („Ad honorem Dei et domini imperatoris, archicancellarii Christiani et ducis") erstmals 1183 auf, Rogatar der Unterwerfung Gubbios an Perugia war ein Notar aus Città di Castello. Im Mai 1198 erscheint sie dann in einem Bündnisvertrag zwischen Perugia und Arezzo (Anhang 1, Nr. 5), diesmal verfasst von Iacobinus („Ad honorem Dei et beate Marie virginis et beati Donati et beati Erculani"). Bis 1218 folgen 14 weitere Belege, die fast alle die Außenbeziehungen der Kommune betreffen, die meisten aus der Feder von Iacobinus. Vgl. Bartoli Langeli, Notai, S. 119–121.
54 Codice Diplomatico 1, hg. von Bartoli Langeli, Nr. 75, S. 193.
55 Bartoli Langeli, Notai, S. 124–126. Die besondere, ideelle Bindung der umbrischen Städte an Rom wird vor allem für die ersten Jahrzehnte des 13. Jahrhunderts in der Forschung immer wieder hervorgehoben.
56 1221 in einem Vertrag zwischen Siena und Orvieto (Anhang 1, Nr. 37), 1228 im Vertrag zwischen Città di Castello und Rimini (Anhang 1, Nr. 49). 1232 findet sie Verwendung – wenn auch in einfacher Form und in den Text integriert – in einem großen, gegen den päpstlichen Rektor Milo von Beauvais gerichteten Bündnis der Städte der Marken (Anhang 1, Nr. 57).
57 Für das 12. Jahrhundert vgl. zu Asti Fissore, Autonomia, S. 100–102, 192–194; zur Formel in der sogenannten zweiten Lega Lombarda Raccagni, Tra Lega Lombarda, S. 252. Aus dem Untersuchungs-

beiden Regionen: Seit etwa 1250 wurde sie in dieser Urkundengruppe zum Standard. Kaum ein Vertrag verzichtete auf den Einsatz einer *ad-honorem*-Formel.[58]

Inhaltlich und kompositorisch wurden diese späteren Formeln allerdings zu einem Experimentierfeld der ausführenden Notare. Sie wurden weiterentwickelt und verändert, teilweise zeigen sie auch deutlich andere Traditionslinien als die von Bartoli Langeli untersuchten Ehrenformeln.[59] So findet sich das *ad honorem* in den Marken häufiger an verschiedensten Stellen in den dispositiven Text integriert, verliert damit aber auch den feierlichen Charakter eines eigenständigen, zwischen Protokoll und Dispositio stehenden Formularteils.[60] Eine regionenübergreifende Entwicklung ist hingegen das Verschwinden der Stadtpatrone aus der *ad-honorem*-Formel, die nach 1228 bis auf eine Ausnahme überall der Gesamtheit der Heiligen weichen müssen (*omnium sanctorum et sanctarum*) oder ganz wegfallen.[61] Auch die zweite Ebene von Iacobinus' Ehrenformel, der Bezug auf den weltlichen Herrschaftsrahmen, erfuhr in vielen Fällen eine Erweiterung: Die Römische Kirche wird in diesen Formeln zur *mater et domina nostra*;[62] zur *ecclesia* gesellen sich der Papst (zunehmend

---

raum vgl. etwa den Vertrag Spoletos mit dem Kloster S. Pietro in Ferentillo (1217 Mai 11, Documenti, hg. von Sansi, Nr. 19, S. 228–230); den Treueschwur der Städte des Dukats und des Patrimonium Petri in Tuszien an die Römische Kirche (1236 Dezember 5, Codice Diplomatico 1, hg. von Bartoli Langeli, Nr. 154, S. 335–337); die bischöfliche Bestätigung des Verkaufs von klösterlichem Besitz an die Kommune Cagli (1251 August 5, Documenti, hg. von Baldetti, Nr. 186, S. 100). In Ansätzen („pro utilitate et honore") auch in den Cittadinanza-Verträgen Jesis (Libro, hg. von Avarucci/Carletti, z. B. Nr. 9, 10 und 19, S. 27–30, 40 f.).

58 Die Feststellung von Bartoli Langeli, Notai, S. 121, dass die Formel nach Iacobinus weitaus seltener vorkomme, trifft somit nur zu, wenn man die gesamte Perusiner Überlieferung als Referenz nimmt. In der spezifischen Urkundensorte des Bündnisvertrags ist in den beiden Untersuchungsregionen das Gegenteil der Fall. Bartoli Langeli verfolgt die Formel zudem nur bis in die 1250er Jahre. In der zweiten Jahrhunderthälfte taucht die Ehrenformel dann auch vermehrt als Eingangsformel in den städtischen Statuten auf, so beispielsweise in Perugia selbst (Statuto 1, hg. von Caprioli), in Spoleto (Statuti, hg. von Antonelli) und in Città di Castello (Frammenti, hg. von Magherini-Graziani). Vgl. auch Bartoli Langeli, Notai, S. 122. Auch in der Valdinievole gehörte die Formel zunächst zum Standardformular des Bündnisvertrags, wurde in den ersten Jahrzehnten des 13. Jahrhunderts aber zunehmend durch andere Einleitungsformeln ersetzt; vgl. Mosiici, Documenti di lega, S. 110.

59 In der Länge wuchsen die Fomeln durch mehr Referenzeinheiten und durch die Reihung von synonymen, wenn auch semantisch schattierten Begriffen und Adjektiven an, z. B. „Ad honorem et laudem et reverentiam ... sanctissime ac gloriosissime virginis Marie", Codice Diplomatico 2, hg. von Bartoli Langeli, S. 376 (Anhang 1, Nr. 60). Hierzu auch Bartoli Langeli, Notai, S. 128.

60 Dies ist der Fall bei Anhang 1, Nr. 57, 64, 70, 79 und 80.

61 Ein Bündnis zwischen Tolentino und San Severino vom 5. Juli 1258 setzt noch die beiden Schutzheiligen Severino und Catervo ein (Anhang 1, Nr. 90).

62 Anhang 1, Nr. 60, 77, 92, 104, 105. Die *mater-nostra*-Metapher wandert interessanterweise zwischen der Kirche, der Jungfrau Maria und der Stadt Rom; vgl. etwa. Nr. 107 (die Jungfrau), 88 und 108 (die Stadt Rom).

auch namentlich genannt),[63] immer häufiger auch die Kardinäle[64] und schließlich deren Vertreter[65] oder einzelne Legaten.[66] Dies gilt auch für die seltenen kaiserlichen *ad-honorem*-Formeln, die im Zuge des päpstlich-staufischen Konflikts in prostaufische Bündnisurkunden inseriert wurden.[67] Die Aktualisierung des politischen Referenzrahmens zeigt somit, dass es sich nicht um eine inhaltsleere oder gedankenlose Übernahme aus alten Verträgen handelte; die Notare fanden hier konkrete Lösungen auch für schwierige Fälle wie eine Vakanz („ad honorem dominorum cardinalium et domini pape venturi").[68] Der bei Iacobinus an dritte Stelle gesetzte Bezugsrahmen der Kommunen selbst – die ihm nachfolgenden Notare komponierten die *ad-honorem*-Formel auch zwei- oder mehrteilig – wurde schließlich immer mehr zum Ort auch für mit dem Bündnis verbundene Wert- und Zielsetzungen. Dem *honor* der Kommunen wurde regelmäßig der *bonus status* und die *tranquillitas* der Bündnispartner beigefügt. Einbezogen wurde auch der Contado, die Diözese oder das Freundschaftsnetzwerk (*amici*) der beteiligten Städte und *castra*. Ergänzt wurden schließlich Formulierungen, die die statische Form der *ad-honorem*-Formel sprengten: „et ut civitates et terre infrascripte in bono et pacifico statu inter se vicissim et comuniter teneantur"; „ut ipsarum iura et honores possint et debeant de bono in melius augmentari et rebellium superbia dogminari valeat iusta votum".[69] Die Formel diente somit auch dazu, das Bündnis programmatisch zu untermauern und zu legitimieren.

Und um ein politisches Programm handelte es sich bei der *ad-honorem*-Formel. Dies trifft bereits auf das erste Aufkommen der Formel in der kommunalen Schrift-

---

63 Meist in der Form „Ad honorem ... sacrosancte Romane Ecclesie matris nostre et summi pontificis domini Gregorii pape noni" o. ä.; Codice Diplomatico 2, hg. von Bartoli Langeli, Nr. 178, S. 390 (Anhang 1, Nr. 60).
64 In der Formulierung *ad honorem ... summi pontificis et suorum fratrum* oder *dominorum cardinalium*.
65 Fast immer in der Formulierung *ad honorem ... suorum nuntiorum*.
66 1250 März 11, in: Hagemann, Fabriano 2, Nr. 4, S. 77–79 (Anhang 1, Nr. 70): „et ad reverentiam domini Innocentii summi pontificis suorumque fratrum et domini Petri sancti Georgii ad Velum Aureum diaconi cardinalis apostolice sedis legati"; 1248 März 14, Regest Pergamene, hg. von Grimaldi, Nr. 89, S. 96 (Anhang 1, Nr. 65): „Ad honorem et reverentiam et fidelitatem Sanctae Romanae Ecclesiae et domini Rainerii cardinalis et Marchiae Legati".
67 So etwa Anhang 1, Nr. 64: „ad honorem et reverentiam domini imperatoris et suorum nuntiorum", in: Hagemann, Studien: Tolentino 1, Nr. 54, S. 274. Auch Nr. 94: „Ad honorem et reverentiam ... domini regis Manfredi serenissimi regis Sicilie et domini Percevallis Marchiae Anconitane, Ducatus Spoleti et Romagnole regii vicarii generalis"; Carte, hg. von Gianandrea, S. 215. Bartoli Langeli, Notai, S. 132, bescheinigt der kaiserlichen Ehrenformel, zumindest im toskanischen Raum, weniger Erfolg als der päpstlichen, sie löst sich dort nur selten vom ursprünglichen Modell „Ad honorem (Dei et) Friderici imperatoris". Eine päpstliche *ad-honorem*-Formel findet sich in der Lombardei 1252 in Urkunden der Lega Lombarda bzw. der *pars Ecclesie*; vgl. Raccagni, Tra Lega Lombarda, S. 252.
68 AS Perugia, Diplomatico, Contratti, Nr. 1846 (Anhang 1, Nr. 109).
69 1259 Dezember 20, Carte, hg. von Gianandrea, Nr. 176, S. 215 (Anhang 1, Nr. 94); 1277 Juli 29, Documenti, hg. von Sansi, Nr. 67, S. 339 (Anhang 1, Nr. 105).

lichkeit zu, sei es in Perugia, sei es in Norditalien und der Toskana unter Bezugnahme auf Kaiser oder Papst. Die Formel ließ keinen Zweifel an der Legitimität der jungen Institution Kommune. Als dritte und kleinste Einheit neben Gott und seinen Heiligen und der Römischen Kirche beziehungsweise dem Reich wurde die Kommune in der Ehrenformel Teil der göttlichen und weltlichen Ordnung und damit legitime Trägerin von Herrschaft. In Perugia, wo die Formel vor allem in den Außenbeziehungen der Kommune auftrat, legitimierte sie neben der Herrschaft im eigenen Contado auch die Autonomie der Kommune, die sich in der Fähigkeit ausdrückte, mit Einheiten außerhalb des eigenen Einflussbereichs Beziehungen einzugehen.[70]

Zudem ist das *ad honorem* ein klares Bekenntnis zur Herrschaftsordnung, in die sich die Kommune einfügte. Deutlich wird dies insbesondere in Umbruchzeiten, dem Beginn der päpstlichen Herrschaft an der Wende vom 12. zum 13. Jahrhundert und in den Jahrzehnten des Konflikts mit Friedrich II. und seinen Nachkommen. War ein Vertrag zwischen Perugia und Gubbio 1183 noch „ad honorem Dei et domini imperatoris, archicancellarii Christiani et ducis" geschlossen worden, verzichtete die nächste überlieferte Perusiner Ehrenformel 1198 bereits auf die Referenz auf das Reich. Im Laufe der nächsten Jahre und somit parallel zur Festigung der päpstlichen Herrschaft wurden dann die Römische Kirche und das Papsttum zu einem festen Element in der perusinischen Formel.[71] Eine Bezugnahme auf den Kaiser findet sich auch außerhalb Perugias nur in Ausnahmefällen. So nennen ein Vertrag zwischen Orvieto und Siena aus dem Jahr 1221 wie auch ein Vertrag zwischen Città di Castello und Rimini aus dem Jahr 1228 beide Universalmächte. Die Notare trugen somit wohl dem Umstand Rechnung, dass die vertragschließenden Städte unterschiedlichen Herrschaftsordnungen angehörten.[72] In den Marken waren es die Bündnisse der umkämpften Jahre zwischen 1239 und 1268, die über die Ehrenformel deutlich ihre politische Ausrichtung präsentierten. „Ad honorem et reverentiam domini imperatoris et suorum nuntiorum" schließen sich Camerino, Tolentino und Montecchio 1244 zusammen; „ad honorem et bonum statum et tranquillitatem ... totius Marchie fidelium Romane ecclesie" verbünden sich Ancona, Fabriano, Jesi und Rocca Contrada 1250; neun Jahre später verbindet sich Jesi mit Cingoli und Recanati dann „ad honorem et reverentiam domini regis Manfredi ... et domini Percevallis Marchie Anconitane ... regii vicarii generalis ... et ut civitates et terre infrascripte ... resistere volentibus".[73] Die Kommune Gubbio, die

---

70 Vgl. Bartoli Langeli, Notai, S. 126–133, und Fissore, Autonomia, S. 100–106, 193 f. In Asti, auf das sich Fissores Untersuchung konzentriert, kommt die Ehrenformel ausschließlich in Leiheurkunden zwischen der Kommune und landsässigen Grundherren vor.
71 Vgl. Bartoli Langeli, Notai, S. 125. Zur Entwicklung einer spezifisch „päpstlichen" Ehrenformel in Abgrenzung zur ursprünglichen Referenz an den Kaiser vgl. ebd., S. 130–132.
72 Anhang 1, Nr. 37, 49. Die Zugehörigkeit Città di Castellos war in diesen Jahren allerdings umstritten; vgl. Stürner, Friedrich II. 2, S. 485.
73 Anhang 1, Nr. 64, 70 und 94.

zwischen Februar 1251 und Dezember 1251 in kurzer Folge drei Bündnisse mit Urbino, Fabriano und Cagli vereinbarte, schloss diese erst im Dezember wieder „ad honorem et reverentiam sacrosancte Romane Ecclesie et summi pontificis", die Verträge zuvor verzichteten ganz auf den weltlichen Referenzrahmen.[74] Gubbio, seit den 1240er Jahren fest ins kaiserliche Lager integriert und auch im Winter und Frühjahr 1251 noch in deutlich gespanntem Verhältnis zur Kurie, suchte somit im Dezember wohl wieder die Annäherung an Innozenz IV., ohne dass diese Bemühungen vom sofortigen Erfolg gekrönt waren.[75]

Auch die Stellung der Bündnispartner zueinander konnte in einer geschickt gestrickten Ehrenformel ausgedrückt werden. So lässt das *ad honorem* in einem im März 1242 geschlossenen Vertrag zwischen Rom, Perugia und Narni keinen Zweifel daran, dass die besondere Stellung Roms eine Gleichstellung mit anderen Kommunen nicht erlaubte. Die in der Formel entworfene Hierarchie reicht von Gott über die Kirche zu den bündnisschließenden Städten, wobei Rom von Narni und Perugia sprachlich deutlich abgesetzt wird: „ad honorem ... alme ac inclite Urbis Rome" wird das Bündnis geschlossen, aber nur ganz lapidar auch „[ad honorem] civitatis Perusii et civitatis Narnie". Dies reicht dem römischen *scriniarius* jedoch noch nicht aus, er fährt fort mit „et [ad honorem] omnium aliarum terrarum, civitatum atque comunium que infrascripto iuramento tenebuntur et facient cum voluntate senatus et populi Romani".[76] Roms universaler Anspruch findet somit durch einige gezielt eingesetzte Formulierungen auch in der Ehrenformel seinen Ausdruck.

Die legitimitätsstiftende Funktion der Ehrenformel wird besonders deutlich in zwei Bündnissen, die den Widerstand gegen einzelne päpstliche Rektoren organisierten und sich zu diesem Zweck neben militärischer Hilfe auch ein gemeinsames diplomatisches Vorgehen an der Kurie versprachen. So schlossen sich eine Vielzahl von Kommunen aus den Marken 1232 „ad honorem Dei et eccclesie Romane et summi pontificis" gegen Milo von Beauvais zusammen.[77] An ihrer generellen Treue zur Römischen Kirche

---

74 Anhang 1, Nr. 82. Ohne Referenz zum Beispiel SAS Gubbio, Fondo comunale, Cartulari 1 (Libro rosso), fol. 37r (Anhang 1, Nr. 76): „Omnibus sit manifestum quod, ad honorem Dei et pacificum statum et exaltationem comunis Eugubii et comunis Urbini, infrascripta sotietas et compagnia ... et pacta ... facta sunt.".

75 Leider fehlen aus diesen Jahren Belege über die endgültige Rückkehr Gubbios in die Herrschaft der Römischen Kirche, die für andere Kommunen mittels Absolutionsurkunden gut belegt ist. Das Verhältnis war jedoch mindestens gespannt. Am 9. Februar 1251 ordnete Innozenz IV. die Zerstörung des durch Gubbio erbauten Kastells Aldobrando an, am 28. Februar verfügte ein Bündnis zwischen Perugia, Orvieto, Spoleto, Narni und Assisi noch, dass ein Beitritt Gubbios erst möglich sei, wenn die Kommune „ad mandata Ecclesie" zurückgekehrt sei. Entscheidungen zum Nachteil Gubbios sind auf päpstlicher Seite bis weit in die 50er Jahre hinein zu beobachten; vgl. Cenci, Relazioni, S. 546–554; Menichetti, Storia, S. 59–61; Casagrande, Comune, S. 101–103.

76 Codice Diplomatico 2, hg. von Bartoli Langeli, Nr. 193, S. 418, sowie ASC Narni, Diplomatico, Pergamene, Nr. 10 (Anhang 1, Nr. 63).

77 Anhang 1, Nr. 57.

wollten sie somit keinen Zweifel aufkommen lassen. Die Kunst, ein Bündnis gegen die päpstliche Verwaltung durch die *ad-honorem*-Formel nicht als Rebellion, sondern als rechtmäßigen und der päpstlichen Herrschaft nützlichen Akt darzustellen, beherrschte aber besser noch der Notar, der 1286 ein Bündnis zwischen Gubbio, Spoleto und Assisi verschriftlichte. Zu Ehren der Römischen Kirche, des Papstes, der Kardinäle, aber vor allem „ad pacificum statum totius provincie ducatus, et ad conservandum homines de ducatu ad fidelitatem et devotionem Sancte Romane Ecclesie et predicti summi pontificis" verbündeten sich die umbrischen Städte gegen den amtierenden Rektor.[78] Die Kommunen akzeptierten in der Formel somit nicht nur grundsätzlich die Herrschaft der Kirche, ihr Handeln sollte darüber hinaus helfen, die Treue und Ergebenheit der Bewohner des Dukats zur Römischen Kirche zu bewahren. Dem Verfasser dieser Ehrenformel gelang dadurch der Drahtseilakt, das Bündnis gegen einen päpstlichen Amtsträger als legitimen und notwendigen widerstandsrechtlichen Akt darzustellen, der den Gefahren, die durch die tyrannische Willkür eines Einzelnen entstehen, begegnen will. Diese Sichtweise war allen Beteiligten so wichtig, dass die Formel bereits in die Syndikatsurkunden eingebracht wurde.[79]

Aber auch die weniger konkreten Beispiele, die die Bündnisse mit den Schlagworten friedliches Zusammenleben (*bonus et pacificus status*; *pax et tranquillitas*; *pax et concordia*) und Allgemeinwohl (*ad incrementum et honorem*; *ad bonum et pacificum statum et augmentum*) überschreiben, formulieren damit ideelle Zielsetzungen, seien diese auch noch so topisch. Die Ehrenformel schafft auch hier Legitimität durch allgemeine moralische, religiöse und herrschaftstheoretische Grundsätze und bedient die „Gefühls- und Willenssphäre" wie den Wunsch nach Wachstum, um ein Schlagwort der modernen Politik zu verwenden.[80] Möglicherweise reagiert sie auch konkret auf eine päpstliche Gesetzgebung, die den kommunalen Bündnissen regelmäßig die Gefährdung der *pax et tranquillitas* unterstellte.[81] Dafür spricht, dass auch die späteren Provinzkonstitutionen zum Teil mit sehr ähnlich gebauten Ehrenformeln eingeleitet wurden, die den *status pacificus et tranquillus*, den Frieden in den Provinzen, zum Ziel hatten. Eine Einleitung der Bündnisse mit derselben Formel, die auch in der rektoralen Gesetzgebung Anwendung fand, rückte die *societas*-Dokumente damit aber in deren Nähe und unterstrich die vorgeblich ordnungsstiftende Funktion der Vereinbarungen.[82]

---

[78] SAS Gubbio, Fondo comunale, Diplomatico, Busta XV, Nr. 1 (Anhang 1, Nr. 107).
[79] SAS Gubbio, Fondo comunale, Diplomatico, Busta XIV, Nr. 6 (Spoleto), und XV, Nr. 2 (Assisi). Die Inserierung der Ehrenformel schon in die Syndikatsurkunden ist im Untersuchungsraum unüblich.
[80] Ausdruck bei Fichtenau, Arenga, S. 84.
[81] Zu *tranquillitas* und *pax* in den Kaiser- und Königsarengen und den damit verbundenen Wertvorstellungen ebd., S. 69–71.
[82] Vgl. etwa die Einleitung der 1283 in Imola publizierten Konstitutionen für die Romagna: Constitutiones Romandiolae, hg. von Colini-Baldeschi, S. 241. Zum „Landfrieden" als Zielsetzung der Konstitutionen Constitutiones, hg. von Schmidt, Einleitung, S. 42.

Die *ad-honorem*-Formel hatte somit eine doppelte Funktion. Zum einen unterstrich sie die besondere Bedeutung von Schriftstücken, denen sie „Feierlichkeit und Monumentalität" verlieh, wie Attilio Bartoli Langeli hervorhebt. Nach einer ersten Erprobungsphase unter Iacobinus sind es, zumindest in der Perusiner Überlieferung, nämlich hauptsächlich politisch herausragende Dokumente – Statuten, das große Steuerregister der Stadt und die wichtigen Verträge mit anderen Herrschaftsträgern –, die mit der Ehrenformel versehen werden.[83] Zum anderen war die Formel in den technischen und nüchtern formulierten Bestimmungen der Bündnisverträge der Ort, wo das Bündnis mit sakralen, ethischen und herrschaftstheoretischen Inhalten ausgefüllt werden konnte.[84] Die Ehrenformel war also nicht nur schmückende Beigabe, sondern das legitimitätsstiftende und programmatische Element der untersuchten Verträge.

2.3.2 *Consilium et auxilium*? Allgemeine Hilfszusagen

Viele der Verträge beginnen mit allgemein gehaltenen Verpflichtungen. Die Städte versichern sich gegenseitig Hilfe, Verteidigung und Schutz sowie aktive Unterstützung bei der Wahrung von Besitz und Rechten und beim Schutz der Einwohner und deren Hab und Gut. Häufig werden dabei dezidiert auch etwaige zukünftige Besitzungen oder die Hilfe bei der Wiedergewinnung verlorener Rechts- und Besitztitel mit eingeschlossen.[85] Seltener wird dies inhaltlich ergänzt durch die Ankündigung, nicht gegen die Bündnisstadt zu handeln („in nostris negotiis inter nos bonum iter

---

83 Bartoli Langeli, Notai, S. 122.
84 Zum gleichen Schluss kommt für die Arenga auch Fichtenau, Arenga, S. 190 f.
85 Exemplarisch etwa 1256 August 26, AS Perugia, Diplomatico, Contratti, Nr. 1332 (Anhang 1, Nr. 88): „ordinaverunt et promiserunt ad invicem iuvare, manutenere et defendere omnes et singulas civitates et districtus et communia (commune ms.) ipsarum, bona fide sine fraude, contra communia (commune ms.), homines et universitates cum quibus haberent guerram aliqua occasione vel modo ...; item ordinaverunt et promiserunt iuvare se ad invicem ad conservandum, manutenendum ac etiam defendendum omnes terras et tenutas, iura et actiones, comoda et honores que et quas habent vel in antea haberent in comitatu, districtu et episcopatu ipsius vel alibi ubicumque, et ad ea que non haberent recuperandum, bona fide sine fraude". Neben dieser ausführlichen Variante finden sich auch einfache und reduzierte Formen, wie „et iuvare inter nos unus alteri contra omnes personas" (Anhang 1, Nr. 55); „iuvare et manutenere unum aliud ad invicem contra omnem hominem de usu et iure suo ... et etiam iuvare ad defendendum et manutenendum omnia que habet et detinet et in futurum acquirere poterit" (Anhang 1, Nr. 60); „et defendere et manutenere adque juvare omnes et universos habitantes et habitaturos in dictis terris, et territoria, et tenutas et possessiones, quas habent et tenent et erunt in posterum habituri, et omnia eorum jura illibata servare" (Anhang 1, Nr. 67); der Schutz der jeweiligen Einwohner wird häufig ausgedrückt durch „salvabimus et custodiemus homines ... in personis et rebus" (Anhang 1, Nr. 93); „iuvare et salvare homines comunis Fabriani pro posse in rebus et personis ubicumque potuerit" (Anhang 1, Nr. 23) o. ä.

faciemus et non malum"; „nec esse unum alteri contrarium") und Schädigungen des Besitzes zu verhindern („et impedire pro posse omnem iacturam et gravamen dictorum").[86]

Die Schlüsselbegriffe, die in beinahe jedem Vertrag diese grundsätzlichen Bündnisleistungen umschreiben, sind *iuvare*, *manutenere* und *defendere*. Dass ihnen, neben weiteren möglichen Bedeutungsebenen, eine klare militärische Konnotation innewohnt, zeigen viele der Texte selbst. Häufiger folgen den allgemeinen Bestimmungen die Klauseln zum präzisen Umfang des Kriegsdienstes und zur Kostenaufteilung und die Aufzählung ausgenommener Personen, Gemeinschaften oder Institutionen.[87] Nur in einigen Fällen wird dieser Komplex an allgemeinen Bestimmungen mit dem Vokabular des vassallitischen Treueids umschrieben (*prestabunt auxilium, consilium et favorem*), auffallenderweise jedoch fast ausschließlich in Verträgen aus den Marken und angrenzenden Gebieten beziehungsweise in einem Fall in einem Bündnis zwischen der *pars militum* Perugias und Città di Castello.[88] Ob möglicherweise die größere Bedeutung von durch Leiheverhältnisse eingebundenen Grundherren in den Kommunen der Marken hier eine Rolle spielte, muss hypothetisch bleiben.

Die Forschung allerdings maß einer möglichen Verbindung der Grundvereinbarungen der italienischen Bündnisverträge und Bünde zum Lehnswesen bisher große Bedeutung bei. Allen voran sei hier Karol Koranyi genannt, der 1936 in einer polnischsprachigen Publikation den Einfluss des Lehnrechts und des Stadtrechts auf das Formular der „internationalen" Verträge, insbesondere der italienischen Kommunen, untersuchte.[89] Ihm folgte in Gänze Heinrich Mitteis.[90] Auch Bruno Paradisi argumentierte in diese Richtung.[91] Koranyi identifizierte die Hilfszusage *contra omnem hominem*, die Zusicherung von *consilium et auxilium*, die Unterlassung jeder Schädigung des Gegenübers, die Garantieleistungen für gemeinsam gemachte Eroberungen, die zeitliche, sachliche und räumliche Präzisierung des zu leistenden Kriegs-

---

86 Anhang 1, Nr. 5, 43, 60.
87 Siehe etwa Anhang 1, Nr. 18, 19, 32, 36, 37, 54, 60.
88 Anhang 1, Nr. 42, 46, 74, 83, 85, 86, 94, 107, 111. Nr. 80 benutzt die Formel, jedoch auf ein sehr konkretes Ziel gerichtet, die Eroberung und Zerstörung eines Kastells. Nr. 7 verwendet die Formel für einen speziellen Anwendungsfall. Nr. 5 verspricht weniger formelhaft gegenseitiges *consilium*, und zwar nach besten Gewissen („consilia quot inter nos petierimus, per sacramentum meliora dabimus que congnoscemus"), ebenso Nr. 28. In Nr. 30 verordnet ein Schiedsrichter im Rahmen einer Konfliktlösung ein Bündnis sowie Rat und Hilfe für die Zukunft. Sehr ungewöhnlich ist die Variante eines Vertrags zwischen Fano und Rimini aus dem Jahr 1207: „esse boni et veraces amici contra omnes homines" (Nr. 20); ähnlich auch Nr. 33 (Cagli und Sassoferrato, 1217 Mai 14). Ähnliche Formeln finden sich, wenn auch selten, in Oberitalien im 12. Jahrhundert; vgl. Grillo, Origini, S. 162 f.
89 Koranyi, Studjów.
90 Mitteis, Verträge.
91 Paradisi, Law, S. 662 und 678–681. So auch Salvatori, Giuramenti, S. 143. Auch für den nordalpinen Raum wurde die Verbindung von Lehns- und Bündniswesen über die gemeinsame Formel des *consilium et auxilium* hervorgehoben, vgl. Garnier, Amicus, S. 163 und die dort angegebene Literatur.

dienstes, die Treuevorbehalte aufgrund von Mehrfachbindungen und den Rückgriff auf das Prinzip der *bona fides* als typische Bestandteile des Vasallen-Treueids, die in die Verträge der italienischen Kommunen übernommen worden seien. Tatsächlich sind dies Elemente, die sich auch in den untersuchten Verträgen wiederfinden. Auf die militärischen Verpflichtungen, den Umgang mit gemeinsamen Eroberungen und Kriegsbeute und von den Bündnisleistungen ausgenommene politische Einheiten wird im Einzelnen noch zu sprechen zu kommen sein. Auch der soeben vorgestellte Grundaufbau der allgemeinen Hilfszusagen *contra omnes et singulas personas et universitates* meist unter Anschluss von Vorbehalten erinnert an das Formular von Treueiden, wie es etwa in den „Consuetudines feudorum" exemplarisch festgehalten ist.[92] Ähnliche Varianten finden sich auch in den unterschiedlichen Verträgen, die die Kommunen im 12. und beginnenden 13. Jahrhundert mit Adeligen und Gemeinschaften des Contados schlossen.[93]

Es gibt jedoch auch Gründe, eine bewusste oder unbewusste Gestaltung der kommunalen Bündnisse nach dem Vorbild des vasallitischen Treueids anzuzweifeln. Bleibt man im Feld der allgemeinen Versprechungen, so ist das klassische Versprechen des *consilium et auxilium* vergleichsweise selten zu finden; auch die Unterlassung schädlichen Verhaltens findet sich nur im Einzelfall. Einzig das *contra omnem hominem* als Ausweitung des Hilfsversprechens auf eine möglichst weite Basis ist eine Konstruktion, die beinahe alle Verträge auszeichnet. Die Verträge nutzten an diesem Punkt möglicherweise rechtliche und gedankliche Figuren und die zugehörigen Formulierungen, die auch in Treueiden vorkommen. Inhaltlich sind die hier versprochenen Leistungen aber zu naheliegend und sprachlich dann doch oft zu abweichend, als dass man spezifische Wurzeln im Lehnswesen suchen dürfte[94] – einem Lehnswesen, dem man in der neueren Forschung zudem nicht mehr die lange und stabile Traditionslinie zuspricht, die Koranyi, Mitteis und Paradisi sicherlich noch vor Augen hatten, sondern das sich ungeachtet älterer Praxis als formalisiertes Rechts- und Ordnungssystem wohl erst im 12. Jahrhundert ausbildete und dessen

---

[92] Libri feudorum, Vulgata, Lib. II, Tit. 6,7, in: Das langobardische Lehnrecht, hg. von Lehmann, S. 120–123. Das Formular findet sich jedoch nur in der Vulgata-Fassung des 13. Jahrhunderts. Eingang in das „Corpus iuris civilis" fand der Text ebenfalls erst im 13. Jahrhundert. Vgl. zum Text Dilcher, Lehnrecht. Zur Spannweite und Austauschbarkeit der Begriffe *homines / persona* und der in Bündnisverträgen oft vorgenommenen Unterscheidung zu Gemeinschaften auch Raccagni, Lombard League, S. 66–68.

[93] Vgl. exemplarisch den Eid des Arloctus *filius comitis Thome* an Jesi, 1201 Juli 14, Carte, hg. von Gianandrea, Nr. 5, S. 10 f.

[94] Koranyi, Studjów, stützt seine Untersuchung hauptsächlich auf die großen Städtebünde (Lega Lombarda, Tuskenbund) und vergleicht sie mit dem Treueidformular der „Libri feudorum" und verschiedenen Lehnsverträgen zwischen dem Papsttum und europäischen Herrschern. Die Übereinstimmungen sind hier größer als in den Verträgen Umbriens und der Marken des 13. Jahrhunderts.

Normen und Formalitäten in den Quellen noch nicht klar definiert erscheinen.[95] Zu diesem Zeitpunkt sind aber auch Bündnisse zwischen Städten, zumindest in Norditalien, schon ein länger belegtes Phänomen.[96] Das gleiche Problem stellt sich für die konkreten Vorbilder, die einem Notar des 12. und 13. Jahrhunderts als Formular für die Verschriftlichung eines Bündnisvertrags gedient haben könnten. Denn wie neuere Untersuchungen gezeigt haben, ist auch das für Italien lange postulierte Modell einer Eroberung des Contado, bei der weltliche Grundherren aus Gründen der Opportunität oder des militärischen Drucks ihren Besitz und ihre Herrschaftsrechte der Kommune überschrieben und diese dann direkt als *feudum* zurückerhielten, im Einzelfall nicht haltbar. So zeigte Jean-Claude Maire Vigueur am Beispiel der Kommune Spoleto, dass die Beziehungen, die die Kommune mit Signori des Umlands einging, auf verschiedenen rechtlichen Konstruktionen aufbaute – gerade die Belehnung wurde jedoch möglichst vermieden.[97] Hinzu kommt das Fehlen schriftlich fixierter Treueide für die Marken und Umbrien vor dem Ende des 12. Jahrhunderts. Ob diese überhaupt schriftlich fixiert und dann aufbewahrt wurden, ist fraglich.[98] In der Überlieferung erscheinen entsprechende Vereinbarungen somit erst zu einem Zeitpunkt, zu dem auch die ersten interkommunalen Verträge sichtbar werden.[99]

Allerdings geben die Notarshandbücher des 13. Jahrhunderts meist Beispiele für die Verleihung eines *feudum*, das Phänomen scheint im alltäglichen Handwerk eines

---

[95] „Einen festen Kanon von Verpflichtungen scheint es nicht gegeben zu haben, sieht man einmal von der allgemeinen Grundbedingung der negativen Treue ab": Deutinger, Lehnswesen, S. 466. Vgl. für Italien auch Menant, Féodalité, S. 365, für den engeren Untersuchungsraum Fiore, Signori, S. 148. Zur Forschungsdebatte seit Susan Reynolds Dendorfer/Deutinger, Lehnswesen, Patzold, Lehnswesen, und Spieß, Ausbildung. Für Italien vgl. außerdem die Sammelbände Structures féodales und Il feudalesimo nell'alto medioevo.

[96] Der früheste tradierte Vertrag stammt aus dem Jahr 1107; vgl. zu den norditalienischen Verträgen des 12. Jahrhunderts Fasoli, Lega.

[97] Maire Vigueur, Féodalité. Verweise auf ein Lehnsverhältnis treten auch in den erhaltenen „Sommissioni" aus Perugia so gut wie gar nicht auf; vgl. Codice Diplomatico 1, hg. von Bartoli Langeli, z. B. S. 67 f., und Cammarosano, Città, S. 309 f. Die Abkommen benutzen auch ein anderes Vokabular als die Bündnisverträge; die *domini* unterwerfen sich und ihre Besitzungen meist zu den Bedingungen *ad hostem et parlamentum, ad pacem et guerram contra omnes personas* und teilweise auch *ad datam et coltam*. *Custodire, salvare* und *defendere* treten in Bezug auf die Verpflichtungen gegenüber den Einwohnern und deren Besitz oft als Umschreibung auf, das in fast allen Bündnisverträgen vorkommende *adiuvare / iuvare* findet sich allerdings nur selten.

[98] Auch in den reichen kirchlichen Überlieferungskomplexen lassen sich feudo-vassallitische Bindungen nicht vor dem 12. Jahrhundert fassen. Zudem wurden Lehnsbindungen wahrscheinlich oft über andere Vertragsformen, etwa den Livellarvertrag, verschriftlicht. Vgl. mit der dort angegebenen Literatur Dartmann, Lehnsbeziehungen, S. 108.

[99] Auch in der Lombardei ersetzten schriftliche Lehnsurkunden erst gegen Ende des 12. Jahrhunderts orale Formen; vgl. Dilcher, Lehnrecht, S. 71, und Menant, Féodalité, S. 361.

Notars somit relevant und auch zu verschriftlichen gewesen zu sein.[100] Mit diesen Überlegungen soll auch nicht grundsätzlich bestritten werden, dass die auch in den Führungsgruppen der mittelitalienischen Kommunen präsenten Verpflichtungen eines vasallitischen Verhältnisses Parallelen zu den Verpflichtungen des Bündnisvertrags aufweisen.[101] Es ist nicht auszuschließen, dass Verträge, die sich Hilfe *contra comunia, universitates et homines* versprachen, diese Hilfe im Folgenden aber zeitlich begrenzten und sachlich präzisierten, von einer gesellschaftlichen Ordnungsform wie dem Lehnswesen geprägt waren. Sie können jedoch genauso gut der einfachen Erkenntnis geschuldet sein, dass eine möglichst weite Formulierung der möglichen Feinde nützlich war, eine fehlende Begrenzung der Militärhilfe aber teuer werden konnte. Beides lässt sich wohl nicht trennen. Hier wie im Folgenden soll jedoch eher dafür plädiert werden, in beiden Beziehungsformen und deren Verschriftlichung eher parallele Entwicklungen zu sehen.[102] Im Gegensatz zu den Elementen des gelehrten Rechts, die bewusst oder aufgrund bestehender Traditionen aus der mittelalterlichen Aufarbeitung eines einzigen Textes, des justinianischen „Corpus iuris civilis", übernommen wurden, lässt sich das Verhältnis von Ursprung und Folge in Hinsicht auf die lehnsrechtlichen Elemente der Bündnisverträge nicht so klar definieren.[103]

Dies gilt nicht für das zweite grundlegende Versprechen, das die Kommunen in der Bündnisurkunde überlicherweise festhielten. In abweichenden Konstruktionen, aber immer bei derselben Grundformel bleibend, sicherten sich die Kommunen zu, *amicos pro amicis habere et inimicos pro inimicis*. Etwa ein Viertel der Verträge ruft diese Formel auf, die außerhalb der kommunalen Schriftlichkeit auf eine lange Tradition zurückblicken kann. Mit der gleichen Formulierung schlossen bereits Papst Stephan II. und Pippin der Jüngere 754 ein Bündnis, sinngemäße Entsprechungen

---

100 Vgl. Salatiele, Ars notarie, hg. von Orlandelli, S. 257–260; Martino del Cassero, Formularium, hg. von Wahrmund, Nr. 166–167, S. 71 f.; Raniero da Perugia, Ars notariae, hg. von Wahrmund, Nr. 31, S. 40 f.
101 Zum Phänomen des „feudalesimo comunale" immer noch Fasoli, Città, und Keller, Adelsherrschaft. Zumindest für Umbrien wurde dieser Befund jedoch eingeschränkt: vgl. Mochi Onory, Ricerche, und Tabacco, Dinamiche.
102 Ähnlich argumentiert für die Lombardei und die Entwicklung des lombardischen Lehnrechts der „Libri feudorum" auch Dilcher, Lehnrecht, S. 80–82. Auch Kolmer, Eide, S. 187, spricht von „Grundvereinbarungen" vieler horizontaler Verträge. Lehnsbeziehungen als nur eine, in Italien nicht dominierende Möglichkeit zur Koordination sozialer und politischer Beziehungen, beschreiben perspektivisch Dartmann, Lehnsbeziehungen, und Menant, Féodalité, S. 371 f.
103 Die Nähe bzw. die Parallelität von Belehnungsakten zum Bündnis in den norditalienischen Kommunen des 12. Jahrhunderts betont auch Dartmann, Lehnsbeziehungen, S. 126 f. Roman Deutinger schlussfolgert in einer neuen, maßgeblichen Publikation zum hochmittelalterlichen Lehnswesen: „Mit dem Verzicht auf Schädigung des Vertragspartners kam die Leistung eines Vasalleneids somit dem Abschluss eines Friedensbündnisses gleich, und vor diesem Hintergrund ist es dann nicht mehr so überraschend, wenn das Eingehen von Lehnsbindungen nicht selten direkt als Mittel zur Konfliktlösung im Adel erscheint"; Deutinger, Lehnswesen, S. 466.

finden sich in griechischen und römischen Quellen und in der Bibel.[104] Das gegenseitige Solidaritätsversprechen gegenüber Dritten wird nur selten konkretisiert. Einige wenige Verträge fügen zumindest organisatorische Aspekte an. Die Freund- und Feindschaften müssen dem Bündnispartner angezeigt werden, heißt es einmal, ein andermal, dass nur durch alle Bündniskommunen oder durch Mehrheitsentscheid das Etikett Freund oder Feind vergeben werden kann.[105] Ansonsten bleibt die Formel, im Grunde wie die Hilfs- und Beistandszusage, allgemein. Beide Regelungen sprechen damit Grundsätze des zukünftigen Verhaltens aus, auf dem die Bündnisbeziehungen ruhen sollen: die gegenseitige Hilfe bei der Wahrung und Vermehrung des Besitzes, der Rechte und des Status der Bündnispartner und beim Schutz der den Gemeinden zugehörigen Personen, sowie Solidarität in den bestehenden und künftigen politischen Beziehungen zu weiteren Parteien. Konkretisiert werden diese beiden Pfeiler des Freundschaftsbundes erst im Anschluss durch die präzise Regelung der Kriegshilfe und des Umgangs miteinander in Bereichen wie Wirtschaft und Handel, Strafverfolgung und Konfliktlösung sowie durch die Nennung der bereits vorhandenen *amici* in den Vorbehalten. In gewisser Weise sind die allgemeinen Hilfszusagen damit auch als ein Überbleibsel in einem Prozess zu sehen, der von der möglicherweise noch nicht schriftlich fixierten, generellen Hilfsverpflichtung zum komplexen Vertragswerk führte, in dem möglichst viele Eventualitäten mitgedacht waren. Auch wenn erste, mündlich vereinbarte Bündnisse nur zu vermuten sind, zeigt sich dieser Wandel an der erhaltenen Vertragsschriftlichkeit, die im Laufe des endenden 12. und beginnenden 13. Jahrhunderts zunehmend präziser wird. Dieser Prozess lässt sich im Übrigen auch in anderen Regionen beobachten, wo Bündnisverträge in ausreichender Zahl überliefert sind.[106]

2.3.3 Militärische und konfliktbezogene Bestimmungen

Vereinbarungen, die die gegenseitige Hilfe im Falle eines bestehenden oder zukünftigen Konflikts mit Dritten regelten, lassen sich als eines der Kernstücke der Verträge identifizieren. Dies zeigt nicht nur die Häufigkeit, in der sich entsprechende Bestimmungen finden, sondern auch die Kreativität und Detailverliebtheit, die diesen ge-

---

104 Vgl. Garnier, Amicus, S. 3, und die dort angegebene ältere Literatur, insbesondere Wallach, Amicus.
105 Anhang 1, Nr. 69 („et amicos habere et tenere pro amicis quos alter eorum sibi amicos nominaverit"), Nr. 111 („et quod amici ... teneantur pro amicis, et quod inimici ... teneantur pro inimicis et illi teneantur pro inimicis, qui ab ipsis civitatibus vel maiori parte ipsarum fuerint approbati inimici"). Ähnlich auch Nr. 4, auch hier müssen die „Feinde" per Brief oder Bote angezeigt werden, die Gegenseite muss ihr Verhalten innerhalb eines Monats anpassen („uno mense transacto, omnimodo teneant pro inimicis").
106 Vgl. für Italien Behrmann, Anmerkungen; für das nordalpine Reich Garnier, Amicus, S. 13–18.

widmet wurden. An erster Stelle stehen dabei die Bestimmungen, die die militärische Hilfe betreffen. Die Präzisierung des allgemeinen Hilfsversprechens war den Kommunen offenbar ein wichtiges Anliegen, denn der größte Teil der überlieferten Verträge legt sehr genau fest, was unter Begriffen wie Hilfe, Verteidigung und Schutz zu verstehen war: die Organisation des *facere vivam guerram* oder *facere exercitum* im Dienste der Bündniskommune. Die militärische Komponente der Bündnisverpflichtung war den Kommunen des 13. Jahrhunderts so selbstverständlich, dass *iuvare / adiuvare* in den Verträgen oft synonym für die Waffenhilfe stand.[107]

Nur in wenigen Verträgen wurde diese Waffenhilfe jedoch ohne weitere Einschränkung versprochen. Die übliche Form war die Hilfe durch das gesamte Aufgebot der Stadt (*exercitus generalis* o. ä.), das einmal jährlich für acht oder auch fünfzehn Tage den Bündniskommunen zur Verfügung stand.[108] Andere Kommunen entschieden sich für begrenzte Kontingente, die im Umfang erheblich variieren konnten.[109] Die Zahlen reichen von kleinen Aufgeboten von zehn *milites* und 300 *pedites* bis hin zu größeren Aufgebotsstärken von beispielsweise 300 *milites* oder 1 500 *pedites*.[110] In einem Bündnis der Kommunen Ancona, Recanati und Cingoli mit dem kleinen Kastell Castelfidardo variieren die vereinbarten Aufgebote aus berittenen Kämpfern von 200 (Ancona), über 100 (Recanati) bis hin zu 40 (Cingoli) und 30 (Castelfidardo) *milites*. Die Abstufung bildet dabei ziemlich gut die Größenverhältnisse und damit die Leistungsfähigkeit der vier Kommunen ab.[111] Bevölkerungszahlen waren jedoch nicht der einzige Schlüssel, der eine Rolle in der Aufteilung der mili-

---

107 Im Rahmen dieser Arbeit kann keine grundsätzliche Auseinandersetzung mit der kommunalen Kriegsführung und ihren gesellschaftlichen Voraussetzungen und Auswirkungen erfolgen, es sei daher einführend auf die größeren Überblickswerke und Sammelbände der letzten Jahre verwiesen, allen voran Maire Vigueur, Cavaliers; daneben Settia, Tecniche; ders., De re militari; Bargigia, Eserciti; Grillo, Cittadini; weiterhin grundlegend Settia, Comuni.
108 Der *exercitus (generalis)* bestand in der Theorie aus der gesamten männlichen Bevölkerung der Kommune im Alter von 14 bis 70 Jahren, im Gegensatz zur *cavalcata*, die nur von kleineren Gruppen und fast ausschließlich von *milites* durchgeführt wurde; vgl. Maire Vigueur, Cavaliers, S. 57–67. Dass beide Formen in der Praxis nicht immer so eindeutig zu unterscheiden sind, zeigt Bargigia, Eserciti, S. 55–73. Kleinere Aufgebote werden in den Verträgen manchmal durch den Zusatz *per quantitatem* gekennzeichnet, in Abgrenzung zur Heereshilfe *per comune*; vgl. beispielsweise Anhang 1, Nr. 69. Ein mutmaßliches Beispiel für die Umsetzung einer solchen Klausel aus Norditalien bei Raccagni, Lombard League, S. 87.
109 Oft haben Bündnisse, die eine beschränkte Anzahl an Kämpfern versprechen, bereits bestimmte Gegner oder Konflikte im Auge.
110 Anhang 1, Nr. 33, 46 und 111. Siehe auch Nr. 4, 18, 48. In einem Bündnis mit Venedig verpflichteten sich mehrere Kommunen der Marken zu einer Gesamtleistung von nur 50 *milites*, aber 8 000 *pedites*, wobei die ungewöhnlich hohe Zahl an Nichtberittenen auch einem Kopierfehler entstammen könnte (Nr. 45).
111 Ebd., Nr. 27. Vgl. zur mutmaßlichen Bevölkerungsstärke Ginatempo/Sandri, Italia, S. 148 f. Zu Castelfidardo existiert keine Hochrechnung.

tärischen Leistungen spielen konnte. Auch Interessengefälle und Machtverhältnisse lassen sich hinter einigen Bündnisvereinbarungen vermuten. So stellte im Jahr 1292 die größte Stadt der Marken, Ancona, in einem Bündnis mit Recanati und Fermo nur 50 Pferde, Recanati hingegen 150 Tiere und Fermo sogar 300 Pferde. Das Bündnis war für die beiden kleineren Kommunen somit wohl deutlich zwingender als für Ancona. Die drei Kommunen der Mark, die ihr Bündnis in Hinsicht auf einen bereits bestehenden Konflikt schlossen, entschieden sich zudem nicht für eine einmalig zu leistende, zeitlich begrenzte Hilfe, sondern für ein ständiges Aufgebot. Die genannten Ritterstärken hatten für den aktuellen Konflikt dauerhaft zur Verfügung zu stehen, ergänzt durch Söldner, die nach Ermessen der Bündnisstädte angeheuert wurden, und durch *pedites* und Armbrustschützen (*balistarii*) nach den jeweiligen Kapazitäten der Kommunen („pro posse").[112]

Sowohl die Entscheidung für ein ständig zur Verfügung stehendes Kontingent als auch der Einsatz von Soldrittern sind in den untersuchten Verträgen selten, aber nicht einzigartig. Ein Bündnis zwischen sieben Kommunen der Marken, das 1248 gegen die Anhänger Friedrichs II. geschlossen wurde, stationierte zusätzlich zur üblichen Hilfeleistung ein gesondertes Kontingent aus Rittern und Schleuderschützen in dem Städtchen Montemilone, das dieses im Auftrag der Bündnisstädte verteidigen sollte, im Bedarfsfall aber auch anderswo eingesetzt werden konnte.[113] Das sehr kleine Kastell Camerano bot in einem Vertrag mit Osimo im Frühjahr 1212 zwar keine aktive militärische Hilfe im Krieg gegen Ancona an, stellte sich aber bei beidseitigem Interesse als Stützpunkt für die Ritter und Fußkämpfer aus Osimo zur Verfügung.[114] Soldritter anstelle eigener Kräfte versprach auch Orvieto im Juni 1265 der guelfischen Partei Sienas, genauer gesagt: deutsche Soldritter mit guten Pferden und guter Ausrüstung. Die exilierten Sienesen versprachen im Gegenzug 100 *milites* aus den eigenen Reihen und das Führungspersonal für den bevorstehenden Konflikt: einen „capitano di parte", dem die Leitung der militärischen Aktionen anvertraut wurde und der sich verpflichtete, bis zum Ende des Krieges mit den orvietanischen Söldnern zu kämpfen.[115] Das Bündnis zwischen Orvieto und den sienesischen Guelfen ist nicht der einzige Vertrag, der auch die Ausrüstung thematisiert. Bereits 1198 verfügt ein großer Städtebund in der Mark Ancona Hilfe durch jeweils 150 Ritter „militari modo

---

[112] Anhang 1, Nr. 111. Die Unterschiede in der Bevölkerungsstärke waren jedoch nicht allzu groß, alle drei Kommunen gehören zu den großen Zentren der Marken; vgl. Ginatempo/Sandri, Italia, S. 148 f.
[113] Anhang 1, Nr. 67.
[114] Ebd., Nr. 22. Auch Città di Castello stellte im Vertrag mit der *pars militum* Perugias der exilierten Partei Stadt und Contado als Aufenthalts- und Rückzugsort für ihre Angriffe auf den Perusiner Popolo zur Verfügung. Im Gegenzug verhielten sich die Perusiner *milites* im Gebiet von Città di Castello friedlich (Nr. 42).
[115] Ebd., Nr. 103. Ein früher Verweis auf den Einsatz von Soldrittern auch in Nr. 7 (1198). Zum Soldrittertum im Dienst der Kommunen, mit Verweisen auf die ältere Literatur, Maire Vigueur, Cavaliers, S. 104–115.

armatos".[116] Als drei Jahrzehnte später mehrere Kommunen der Marken ein Bündnis mit Venedig schlossen, legten die Kommunen ebenfalls Wert auf die Qualität der zu stellenden Aufgebote: Die 50 *milites* sollten angemessen ausgestattet („competenter guarnitos") und die Pferde gut trainiert sein („equos de armis bene preparatos").[117] In einem Bündnis des Jahres 1292 wird der Wert der Ausstattung dann in einem Geldwert beziffert: Die von jeder Kommune zu stellenden Pferde mussten einen Mindestwert von 50 Pfund aufweisen.[118]

Die Möglichkeiten für weitere Präzisierungen waren beinahe unbegrenzt. So legten die Verträge häufig fest, dass die Reisetage des Aufgebots nicht in die zur Verfügung stehende Zeit eingerechnet wurden.[119] Oder es wurde eine Frist verfügt, innerhalb der die angeforderte Kommune auf den Aufruf per Brief oder Bote zu reagieren hatte; sie variierte, auch von den möglichen Entfernungen bestimmt, zwischen drei und zwanzig Tagen.[120] Ein Bündnis zwischen Perugia und Città di Castello differenzierte die Anreisefristen nach Jahreszeiten: Das Heer hatte im Winter innerhalb von acht Tagen zur Verfügung zu stehen, im Sommer bereits vier Tage nach der Anfrage.[121] Bisweilen wurde auch räumlich genau festgelegt, wo Waffenhilfe zu leisten war.[122] So verfügten manche Kommunen, dass Hilfe nur innerhalb von Contado und Diözese der Bündnisstädte zu leisten war.[123] Andere präzisierten den Raum durch die Nennung topographischer Punkte („usque ad flumen Savii ubi descendit in mare"; „a flumine Foliae usque ad flumen Tronctu et Ducatu Spoletanu")[124] oder durch virtuelle Linienziehung („a Perusio et Urbevetere inter versus Narniam et Spoletum et Asisium,

---

116 Anhang 1, Nr. 4.
117 Ebd., Nr. 45.
118 Ebd., Nr. 111. Vgl. zu den Kosten eines Kriegspferdes Maire Vigueur, Cavaliers, S. 82–90.
119 Etwa in der Form *sine itinere eundi et redeundi* oder *ita quod in dictis quindecim diebus accessus et regressus nemine computatur*; siehe Anhang 1, Nr. 19, 37, 48, 49, 61, 77, 88, 105, 108, 109. Diese Einschränkung findet sich gelegentlich auch in Belehnungen; vgl. exemplarisch die Belehnung des Azzo d'Este durch Innozenz III.: Codex, hg. von Theiner, Nr. 56, S. 44.
120 Anhang 1, Nr. 1, 4, 18, 19, 20, 26, 27, 33, 37, 48, 49, 61. Ähnliche Beispiele aus norditalienischen Verträgen auch bei Settia, Tecniche, S. 207–210. Diese berücksichtigen zudem die unterschiedlichen Geschwindigkeiten von berittenen und unberittenen Kämpfern. Dort auch allgemein zu den schwierig zu ermittelnden Reisegeschwindigkeiten der kommunalen Aufgebote.
121 Codice Diplomatico 1, hg. von Bartoli Langeli, S. 247 (Anhang 1, Nr. 54): „et venient in eorum auxilium et iuvamen quandocumque ... fuerint requisiti Perusini vel eorum rector sive vicarius rectoris eorum, infra VIII dies tempore hiemis vel citius si poterunt et tempore estatis infra IIII dies et citius si poterunt". Allgemein zur Rolle der Jahreszeiten in der kommunalen Kriegsführung, in den Verträgen im Übrigen sonst nie thematisiert, Settia, Tecniche, S. 189–194.
122 Zu ähnlichen Einschränkungen in Unterwerfungsverträgen kleinerer Gemeinden und den Auswirkungen solcher „juristischen" Gegebenheiten auf die Kriegsführung ebd., S. 202–204.
123 Anhang 1, Nr. 24, 32.
124 Ebd., Nr. 4 und 49. Ebenso Nr. 22 („a fluvio Potencie usque ad castrum Camerani"). Flüsse waren somit aus ersichtlichen Gründen bevorzugte Grenzindikatoren.

et a Spoleto et Narnia inter versus Asisium et Perusium et Urbemveterem")[125]. In solchen Beschreibungen zeichnet sich sehr deutlich ab, dass die Bündnisse somit oftmals ‚Bündnisräume' schufen, in denen die Bündnishilfe zu gelten hatte. Dieser räumliche Aspekt der *societates* ist nirgends besser ausgedrückt als im Vertrag des Tuskenbundes, der auf jede topographische Beschreibung verzichtete und Bündnishilfe schlicht „infra fines societatis" verordnete. Das Bündnis zeigt sich hier nicht nur als Abkommen oder politischer Zustand, sondern als räumliches Konstrukt mit eigenen Grenzen.[126]

Häufig anzutreffen ist auch eine Differenzierung der militärischen Leistung nach räumlichen Gesichtspunkten. Camerino und Fabriano halfen sich 1214 nämlich nur „de monte in montem" – gemeint ist das beide Kommunen verbindende Tal – mit ihrer ganzen militärischen Leistungsstärke; außerhalb schickte man im Bündnisfall nur 20 Ritter und 200 *pedites*.[127] Auch Fano und Rimini wollten im Sommer 1207 in einem Bündnis gegen Pesaro in den Gebieten Pesaros mit dem vollen Aufgebot kämpfen, an anderen Orten und somit gegen andere Gegner jedoch nur mit einem reduzierten Kontingent von 150 *milites* und 150 *pedites*.[128] Nicht nur geographisch konnte die Bündnishilfe eingeschränkt werden, sondern auch in Voraussicht bestimmter Umstände: So sahen Perugia und Città di Castello 1230 den Eventualfall vor, dass Hilfe angefordert wurde, während man selbst in kriegerische Handlungen mit einem Nachbarn verwickelt war. In diesem Fall konnten die Städte auch nur die Hälfte ihres berittenen Aufgebots und eine reduzierte Anzahl an *pedites* entsenden.[129]

Die Möglichkeit, unter bestimmten Bedingungen die vereinbarte Waffenhilfe zu modifizieren oder auch zusätzliche Leistungen einzufordern, ist eine geläufige Variante der militärischen Bestimmungen in den Verträgen. So konnte anstelle der Waffenhilfe die Zahlung eines Geldbetrages vorgesehen sein;[130] die Bündniskommunen konnten nur spezialisierte Kämpfer (Bogenschützen, Schleuder- und Armbrustschützen oder *speciales persone*) anfordern;[131] bei beidseitigem Einverständnis durfte der

---

[125] Ebd., Nr. 77.
[126] Ebd., Nr. 2. Ähnliche Denkkonstruktionen machen sich vor allem im Lombardenbund bemerkbar, der immer auch eine gemeinsame regionale Identität mitführte; vgl. Raccagni, Lombard League, S. 123–137. Allgemeine Überlegungen für den nordalpinen Raum bei Henn, Städtebünde, und ders., Kommunikations- und Raumstrukturen.
[127] Anhang 1, Nr. 23.
[128] Ebd., Nr. 20.
[129] Ebd., Nr. 54. Es handelt sich um einen doppelbeurkundeten Vertrag, von dem sich nur die perusinischen Versprechungen erhalten haben. Città di Castello übernahm diese Klausel möglicherweise aus einem zwei Jahre zuvor geschlossenen Vertrag mit Rimini; auch hier versprachen sich die Kommunen bei parallelen Konflikten mit angrenzenden Städten ein kleineres Aufgebot von 50 *milites* und 100 Bogen- oder Armbrustschützen (Nr. 49).
[130] Ebd., Nr. 88, 105.
[131] Ebd., Nr. 19, 21, 27, 35, 37, 46, 55, 61, 108, 109.

Zeitraum der Hilfe verlängert werden, zumindest für einen Teil des Heeres;[132] gegen die *signori* des Umlands konnte zur *cavalcata* aufgerufen werden, ohne dass dies Umfang und Fristen der eigentlichen Waffenhilfe durch den *exercitus generalis* berührte, um nur einige der vielen Möglichkeiten zu nennen.[133]

Die Differenzierungen hinsichtlich möglicher Abänderungen, Einschränkungen und Erweiterungen der eigentlich vereinbarten Waffenhilfe betrafen jedoch zumeist einen der wichtigsten Punkte der gegenseitigen militärischen Hilfe: die Finanzierung des Aufgebotes. In den meisten Fällen, auch dies wurde in den Bündnisverträgen schnell zu einer formelhaft erstarrten Klausel, übernahm die leistende Kommune sämtliche durch Sold und Verpflegung entstehenden Kosten wie auch die Ausgaben, die den Kommunen durch die Entschädigung der *milites* entstanden, die im Kampf Schäden an Pferden oder Ausrüstung erlitten hatten (*suis expensis et redditibus*).[134] Wenn nun optionale Möglichkeiten zur grundlegenden Waffenhilfe im Vertrag verankert wurden, so veränderten diese auch meist die Kostenregelung. Zusätzliche Tage etwa mussten von der fordernden Kommune übernommen werden, oder es wurde zwischen Hilfe im Feld (alle Ausgaben übernimmt die Kommune, die das Aufgebot stellt) und Hilfe im Kastell (das hilfebedürftige Kastell übernimmt die Verpflegungskosten) unterschieden.[135] Eine frühe *societas* zwischen Perugia und Siena nimmt es so genau, dass festgelegt wird, dass die leistende Kommune die Kosten für die ersten acht Tage übernimmt, die Laufzeit jedoch erst beginnt, wenn das Heer einen genau festgelegten Punkt überschritten hat. Nach der ersten Woche übernimmt dann die fordernde Stadt alle Unterhaltskosten, mögliche Schäden werden aber weiterhin durch die hilfeleistende Kommune getragen.[136] Die ungewöhnlichste Kostenregelung

---

132 Ebd., Nr. 4, 34.
133 Ebd., Nr. 61.
134 Zu dieser Bedeutung von *redditus* oder *reddita* in Mittelitalien Maire Vigueur, Cavaliers, S. 144; zur Entschädigungspraxis allgemein ebd., S. 143–166. Zum Problem der Besoldung, in vielen Kommunen wahrscheinlich ausgesetzt bei Aufruf des *exercitus generalis*, Bargigia, Eserciti, S. 62–71. Dort auch ein Beispiel für die nicht unerheblichen Kosten (1.900 Pfund allein für Soldzahlungen) einer *cavalcata*, die ca. 250 Bewaffnete aus Siena im Dienste der verbündeten Stadt Florenz durchgeführt hatten. Im Untersuchungsraum lassen sich die Ausgaben der Kommune Todi anführen, die 1288/1289 „in favor de Peroscia" (Cronaca todina 4,11, hg. von Mancini, S. 140) gegen Foligno vorging. Die Hilfe für Perugia führte im November 1288 zu Kriegsschulden in Höhe von 8.889 Pfund; im Mai 1289 wurde erneut ein Heer mit 400 Goldflorin ausgestattet. Siehe Anhang 1, Nr. 108.
135 Nach verschiedenen Kriterien differenzierte Finanzierungsformen finden sich in Anhang 1, Nr. 7, 9, 13, 15, 19–21, 23, 24, 33, 35–37, 46, 48, 49, 55.
136 Codice Diplomatico 1, hg. von Bartoli Langeli, Nr. 29, S. 64 (Anhang 1, Nr. 18): „dabo et mittam ... C milites in eorum servitio ubicumque illos ducere voluerint et ire cum eorum comuni, quibus dabo per octo dies expensas ex quo transierint Clanes, et ab octo diebus in antea Senenses debeant dare illis expensas quantumcumque steterint in eorum servitio; et stare debeant per mensem completum, computatis ibi his octo diebus; et dabo istos milites ad mendum comunis Perusini de omnibus dampnis que tunc illis evenirent".

stammt aus einer Bündnisurkunde zwischen Città di Castello und Rimini, die nicht nur die Kosten der aktiven Kriegsführung bedenkt, sondern auch finanzielle Belastungen aus eventuellen Konsequenzen. Sollten die beiden Städte durch ihre militärische Aktion dem Interdikt oder einzelnen Exkommunikationen verfallen, heißt es hier, so zahlt diejenige Stadt die Lösesumme, die für den Kriegszug verantwortlich war.[137]

Viele Verträge bedachten auch die Begleitumstände militärischer Aktionen. So begann Perugia im Jahre 1218, in seine Bündnisverträge eine Klausel einschreiben zu lassen, die den Transit des befreundeten Heeres durch das eigene Gebiet regelte. Bei ihrem ersten Auftreten in einem Bündnis zwischen Perugia und Todi legte diese Klausel fest, dass der Durchzug friedlich zu erfolgen hatte, zudem durften die Lagerstellen nicht selbst gewählt werden, sondern mussten auf Weisung der betroffenen Kommune genommen werden. Zu diesem Zweck bestellte die fordernde Kommune einige erfahrene Männer („aliquos viros discretos"), die dem Heer als ortskundige Führer dienten. Entstanden dennoch Schäden durch das durchziehende Heer am Besitz der Kommune oder einzelner Personen, musste hierfür eine Entschädigung gezahlt werden.[138] In der Erneuerung des Vertrags zwischen den beiden Städten im August 1230 wurde die Klausel noch einmal grundsätzlich erweitert und tauchte in dieser endgültigen, nur mit wenigen Präzisierungen versehenen Form bis 1288 in Bündnisverträgen mit Beteiligung Perugias auf. Der neue Teil regelte vor allem den Schadensersatz genauer. Ob hinter der Änderung Erfahrungswerte, ein weiteres Durchdenken der Klausel oder der Drang nach juristischer Genauigkeit standen, ist nicht zu rekonstruieren. Verfügt wurde die Festlegung der Höhe des Schadensersatzes durch ein schiedsgerichtliches Urteil, und zwar, zumindest in einer Fassung von 1286, durch den Podestà der anfordernden Kommune. Diesem kam damit die Aufgabe zu, zwischen den Interessen der Stadt, die das Heer angefordert hatte, und einzelner geschädigter Einwohner zu vermitteln. Ausgenommen wurden in dem Zusatz jedoch Schäden, für die Schadensersatz gar nicht erst gefordert werden konnte: Dies waren die Beschädigung von Wiesen, die der Verpflegung der Pferde und anderer Nutztiere dienten, sowie der Verlust von Getreide und Brennholz, das die Köche für die Verpflegung des Heeres benutzten.[139] Die Transitklausel in den Perusiner Verträgen macht in ihrer 70-jährigen Entwicklung somit sehr deutlich, wie die verantwortlichen

---

[137] Documenti, hg. von Franceschini, Nr. 6, S. 19 (Anhang 1, Nr. 49): „Item si apparuerit comunantiam civitatis Arimini vel aliquos cives eiusdem comunantie subiacere sive excomunicationis vel interdicti occasione vel facto Civitatis Castelli, dicta civitas Castelli et comunantia tota eos extrahere teneantur omnibus eorum sumptibus et expensis et idem et eodem modo Ariminenses teneantur castellanis et pro castellanis.".
[138] Anhang 1, Nr. 35.
[139] Ebd., Nr. 55, 108, 109. Zum Begleittross, zur Verpflegung und zur Lagernahme der kommunalen Heere vgl. Bargigia, Eserciti, S. 165–194, 215–230.

Personen in den Kommunen im Laufe des Jahrhunderts immer mehr darauf bedacht waren, komplexe Situationen zu antizipieren und schriftlich und rechtskräftig zu normieren.

Hinzu kommen weitere wichtige Punkte, die im Zusammenhang mit der gemeinsamen Kriegführung regulierungsbedürftig waren: der Umgang mit gemeinsam erkämpftem Besitz und die Frage nach dem Umgang mit Gefangenen. Regelungen zu gemeinsam gemachter Beute finden sich bemerkenswerterweise nur in den Marken in Verträgen zwischen 1191 und 1217 und ähneln sich so auffällig, dass hier von einer spezifischen Tradition gesprochen werden kann, deren Ursprung jedoch nicht zu klären ist. Bereits das erste dieser Bündnisse – zugleich der älteste aller überlieferten Verträge – zwischen Fabriano und Matelica vom November des Jahres 1191 bereitet die Grundlage für diese Klausel. Gewinne und Verluste („adquisiti et perditi"), heißt es da, werden geteilt – eine Vereinbarung, die implizit die Zusammenrechnung der Gewinne und Verluste aller Kämpfenden erfordert.[140] Genau dies ist das Vorgehen, das die folgenden Verträge dann explizit aussprechen. Geteilt werden mögliche Erbeutungen (*lucrum*, *preda*, *presalia*) nach einem Schlüssel, der jedem Mann aus dem Heer der Bündnispartner den gleichen Gewinn zukommen lässt („secundum quantitatem personam"; „tantum habeat persona hominum Tolentini quantum persona hominum Monticuli"), selbst wenn die Gewinne zwar in einem gemeinsamen Kriegszug, aber faktisch nicht gemeinsam gemacht wurden.[141] Hier scheint sehr stark die eigentliche Praxis der kommunalen Kriegführung durch, die begrenzte *cavalcata*, in der eine kleine Gruppe von Rittern den Gegner vor allem durch Plünderungen schädigte.[142] Ein Vertrag zwischen Camerino und Fabriano aus dem Jahr 1214 gibt für das Verfahren sogar ein Rechenbeispiel. Jeder Gewinn („luctum per predam aut per prelium aut per presallam"), so der Vertrag, müsse zur Hälfte an Fabriano, zur Hälfte an Camerino gehen; verantwortlich für die Zusammenlegung und die Wiederaufteilung seien die Rektoren beider Kommunen. Dieses Vorgehen wird anhand einer Beispielsumme von 600 *libri*, von denen die eine Seite 500, die andere nur 100 erbeutet hat, exemplarisch vorgeführt.[143] Während die Teilung somit möglichst genau und anschaulich beschrieben ist, wird die Umrechnung von Kriegsbeute in

---

140 Anhang 1, Nr. 1.
141 Ebd., Nr. 14 (hier heißt es allerdings nur „habeat universitas Tolentini tantum quantum universitas Camerini"), 15, 34. Ein Bündnis zwischen Ancona, Recanati, Castelfidardo, Numana und Cingoli stellt zudem klar, dass der größere Teil den *milites* beider Seiten zukomme (Nr. 27).
142 Maire Vigueur, Cavaliers, S. 58–67, zur Praxis der Plünderungen auch S. 78–90.
143 Anhang 1, Nr. 23. Tatsächlich ist die Rechnung nicht ganz verständlich, was auch der Abschrift des Vertrags im „Libro rosso" Fabrianos geschuldet sein kann. Die angegebenen Werte lassen jedoch nur wenig Interpretationsspielraum: „medietas sit comunis Camerini et alia comunis Fabriani; ita tamen quod, si fuerit mille aut quingentarum librarum comune Camerini habeat ante partem C libras, si vero fuerit a quadringentis inferius per medietatem dividatur; uterque comune tantum habeat"; Libro rosso 2, hg. von Bartoli Langeli/Irace/Maiarelli, Nr. 32, S. 55.

einen Geldwert, die in unseren Augen ebenfalls Fragen aufwirft, nicht weiter thematisiert. Die Klausel zeigt daneben die starke Bedeutung der Geldwirtschaft in allen Aspekten der kommunalen Gesellschaft.[144] Als weitere Besonderheit der Beuteregelungen erweist sich, dass in den meisten dieser Bestimmungen nur ein Beutegut explizit von der gemeinschaftlichen Aufteilung ausgenommen wurde: Pferde, die im Zweikampf mit der Lanze oder dem Schwert gewonnen wurden, verblieben beim jeweiligen Kämpfer.[145] Auf der einen Seite bilden die Regelungen zur Beuteverteilung, denen man nur in den Marken und in einem begrenzten Zeitraum begegnet, damit stärker als viele der umbrischen und späteren Verträge der Mark Ancona die ritterliche Kultur und die praktischen Kampfbedingungen der *milites* ab. Auf der anderen Seite heben sie eines der wichtigsten Elemente dieser Kriegsführung aus: Der persönliche Profit, den vor allem die *milites* aus jedem Kriegszug ziehen konnten, wurde zu einem gemeinschaftlichen Gewinn. Das bei weitem teuerste Beutegut, das ein Ritter direkt im Kampf erwerben konnte, das Kriegspferd, wurde allerdings aus dieser Vergemeinschaftung ausgenommen, die Privilegien des berittenen Kampfes wurden somit zumindest partiell gewahrt.[146]

Eine zweite Gruppe an Vereinbarungen zur Aufteilung gemeinsamer Gewinne betraf den Umgang mit territorialen Eroberungen. Diese variierten zwischen paritätischen Aufteilungen möglicher Eroberungen im Gebiet eines bestimmten Gegners,[147] der genauen Verteilung von Anteilen an einem Kastell inklusive einer gemeinsamen Verwaltung[148] und der Absteckung von Einflussgebieten, wozu der feindliche Contado

---

144 Vgl. auch Maire Vigueur, Cavaliers, S. 17.
145 *Exceptis equis per lanceam vel spatam aquisitis* o. ä.: Anhang 1, Nr. 14, 15, 23, 34. Vgl. auch Allevi, Valutazione, S. 99. Dort ebenfalls zur Bedeutung des in einem Vertrag zu findenden Zusatzes „equum per lanceam acquisitum sive adretinatum quem habeat adquiritor" (Nr. 15). Allevi sieht hierin ein am Zügel eingefangenes Pferd. „Adretinatus" konnte mithilfe der geläufigen Wörterbücher jedoch ebenso wenig nachvollzogen werden wie der in einem anderen Vertrag vorkommende Zusatz „ad accetenaturam" (Nr. 34). Da in den Marken nur gedruckte Quellen ausgewertet wurden, ist es möglich, dass die Klausel auch in späteren Verträgen noch zu finden ist.
146 Vgl. auch Maire Vigueur, Cavaliers, S. 82–90.
147 „Item et ab hac hora in antea quodcunque ... acquisitum alicuius terre vel rei Civitas Castelli faceret vel inter episcopatum Arimini et episcopatum Castelli de civitate Callensi et eius comitatu teneatur comunicare pro parte equali comunantie civitatis Arimini ... et idem et eodem modo Ariminenses teneantur facere castellanis et observare."; Documenti, hg. von Franceschini, Nr. 6, S. 19 (Anhang 1, Nr. 49).
148 1244 Juni 28, in: Hagemann, Studien: Tolentino 1, Nr. 54, S. 271 f. (Anhang 1, Nr. 64): „ipsum castrum et eius curiam, montem et homines ipsius castri Petini communiter habebunt et tenebunt et conservabunt in bono statu ... Et de ipso castro Petini erunt tres sotii ad recuperandum, defendendum, manutenendum pro posse ... Et eo castro Petini recuperato commune Camer(ini) habeat dimidiam et commune Tolent(ini) quartam et commune Monticul(i) aliam quartam". Interessant ist, dass das Bündnis nicht als *societas* bezeichnet wird, in Bezug auf den Umgang mit dem zu erobernden Kastell werden die drei Kommunen jedoch zu *socii*, angelehnt vielleicht an die kaufmännische Handels- und Besitzgesellschaft.

bereits zuvor gedanklich in zwei Teile geschnitten wurde.[149] Diese Regelungen gehen somit ganz pragmatisch auf die jeweiligen Erfordernisse ein und weisen, dies ist der Vorabaufteilung von fremdem Besitz inbegriffen, auf eindeutig offensiv ausgerichtete Bündnisse hin.

Auch *capitula*, die den Austausch von Gefangenen berühren, finden sich bis auf zwei Ausnahmen nur in Bündnisverträgen zwischen Kommunen der Marken und auch nur im Zeitraum zwischen 1198 und 1230.[150] Die Grundstruktur dieser Vereinbarungen ist immer die gleiche: Sollte es im Rahmen eines gemeinsamen Feldzugs geschehen, dass Bürger der Bündniskommunen in Gefangenschaft geraten – immer hinzugefügt wird ein *quod Deus avertat* –, so sind alle Kommunen verpflichtet, diese wieder auszulösen, sofern sie dazu in der Lage sind, weil sie selbst Gefangene gemacht haben und ein Austausch daher möglich ist.[151] Ein Vertrag fügt dem hinzu, dass ein Friedensschluss mit dem Gegner erst möglich ist, wenn die Gefangenen aller Bündnisstädte ausgelöst wurden.[152] Eine *societas* zwischen Città di Castello und Perugia unterschied zudem nach dem Kriegsgegner. So musste Perugia alle überschüssigen Gefangenen, die im Kampf gegen einen Gegner von Città di Castello gemacht worden waren, der Bündnisstadt aushändigen, nachdem die eigenen Bürger ausgetauscht worden waren. Città di Castello behielt sich zudem vor, die eigenen Einwohner zuerst auszutauschen.[153]

---

149 Anhang 1, Nr. 28. Arezzo und Perugia versprechen sich im Vertrag vom März 1216, dass Eroberungen im südlichen Contado Città di Castellos („a Civitate Castelli inferius versus Perusium vel versus Eugubium") an Perugia fallen, im nördlichen Teil („a Civitate Castelli superius versus Aritium vel Massa vel versus Banneum") an Arezzo. Eroberungen an der Stadt selbst („aliqua partium de corpore Civitatis Castelli") werden gemeinsam gehalten.

150 Anhang 1, Nr. 4, 20, 23, 27, 33, 34, 48. Beide Beispiele aus Umbrien (Nr. 49, 54) wurden unter Beteiligung von Città di Castello geschlossen, 1228 mit Rimini, 1230 mit Perugia, wobei bei diesem letzten Bündnis das Diktat des Vertrags eindeutig auf Seiten Città di Castellos lag. Rimini hingegen ist auch an drei weiteren (von insgesamt neun) Bündnissen beteiligt, die den Gefangenenaustausch thematisieren. Denkbar wäre, dass die Klausel ursprünglich auf Initiative Riminis in die Bündnisverträge mit Kommunen der Marken einfloss und dann kopiert wurde, dies ist jedoch keineswegs zwingend.

151 Vgl. beispielsweise 1215 November 22, in: Leonhard, Seestadt, Quellenanhang, Nr. 1, S. 350 (Anhang 1, Nr. 27): „Item, si aliquis vel aliqui de Ancona, Recaneto, Humana et de Castro Ficardi capti fuerint pro facto vel occasione istius sotietatis, quod deus avertat, eos recuperabimus per captivos captos a modo in antea bona fide sine fraude.". Deutlicher zum Prozedere noch Nr. 14: „Item si aliquis vestrum fuerit captus et nos habuerimus aliquem captivum pro quo vestrum recuperare possimus reddendo nostrum vestrum recuperabimus qui secundum eorum qualitatem et possibilitatem recuperentur.", in: Santini, Saggio, Appendice di documenti, Nr. 9, S. 272. Zur Praxis des Gefangenenaustauschs und zum Stellenwert von Gefangennahmen und Lösegeldern grundsätzlich Maire Vigueur, Cavaliers, S. 67–78.

152 Anhang 1, Nr. 33.

153 Codice Diplomatico 1, hg. von Bartoli Langeli, S. 249 (Anhang 1, Nr. 54): „Item si Perusini venirent vel essent in auxilio Civitatis Castelli, et contingeret quod caperent aliquem vel aliquos inimicos Civitatis Castelli, teneantur dare et assignare eum vel eos potestati sive consulibus vel camerario Ci-

Neben dieser unüberschaubaren Palette an Vereinbarungen, die die militärische Hilfe organisierten, finden sich andere konfliktbezogene Bestimmungen weitaus seltener. Diplomatische Hilfe etwa wird nur vereinzelt vereinbart. Üblich ist diese in den Bündnissen gegen einzelne päpstliche Rektoren, die im Gegenzug eher auf die Waffenhilfe verzichten. Diese *societates* vereinbarten beispielsweise die gemeinsame Entsendung von *ambaxatores* an die Kurie, um gegen den amtierenden Rektor zu klagen, oder Rat und Hilfe vor dem Papst und den Kardinälen sowie allen gegenwärtigen und zukünftigen Beauftragten der Römischen Kirche, um ihre alten Gewohnheiten behalten zu können.[154] Ein Vertrag zwischen Jesi und Fano regelte auch für diese Form der Hilfeleistung die finanziellen Verantwortlichkeiten. Kosten, die einer Kommune in gemeinsamer Sache an der Kurie entstehen, heißt es da, werden von der anderen durch eine Entschädigung mitgetragen.[155] Einige der frühen Verträge versprechen sich mit der Formel *facere bonum iter et non malum* auch die gegenseitige Unterstützung bei Verhandlungen mit Papst und Kaiser.[156] Das Unterbinden des diplomatischen Verkehrs mit der Gegenseite ist eine Bestimmung, die sich gelegentlich in den Marken zur Zeit des staufisch-päpstlichen Konflikts antreffen lässt. Jeglicher Kontakt in jedweder Form mit der kaiserlichen oder päpstlichen Kurie und deren Anhängern wird in diesen Verträgen unter drastische Strafen gestellt und somit eine Art Nachrichtensperre errichtet.[157]

Diese Form der Konfliktführung gehört damit im Grunde zur letzten Gruppe an konfliktbezogenen Vereinbarungen in den untersuchten Verträgen. Diese legen Maß-

---

vitatis Castelli; salvo tamen quod possint retinere salvum cambium pro suis civibus recuperandis, si aliqui essent capti, quod Deus avertat; et si cives Castellani aliquos caperent inimicos, primo possint recuperare captivos suos per cambium, et consequenter Perusinos si capti essent, quod Deus avertat.". Da die Urkunde mit den Verpflichtungen von Città di Castello fehlt, ist nur zu vermuten, dass auch Città di Castello nicht benötigte Gegner Perugias auszuhändigen hatte. Denkbar wäre auch, dass die Regelung das damalige Machtgefälle spiegelte und daher einseitig zum Vorteil Castellos gestaltet wurde.

154 Anhang 1, Nr. 57 und 107.

155 Ebd., Nr. 83. Die Lesart ist allerdings nicht ganz gesichert. Es könnte sich auch um Gerichtskosten handeln.

156 Codice Diplomatico 1, hg. von Bartoli Langeli, Nr. 104, S. 255 (Anhang 1, Nr. 55): „promittimus ... iuvare inter nos unus alteri contra omnes personas, preter contra dominum papam et imperatorem et civitatem alme Urbis Rome, et apud istos faciendo bonum iter et non malum, et iuvare precibus quibus poterimus bona fide sine fraude". Ebenso Nr. 20, 21, 35, 54, ähnlich auch 23.

157 Anhang 1, Nr. 73 verbietet den Empfang von Boten, Briefen oder Gesandten Friedrichs II., seiner Vertreter oder Anhänger. Ein ähnlicher Passus auch in Nr. 91, wobei es sich hier nicht um ein klassisches Bündnis, sondern um ein Treueversprechen an König Manfred und seinen Generalvikar handelt, das auch ein Bündnis mit anderen prostaufischen Kommunen beinhaltet: „licteras, nuntios, relationes aliquas non recipient a Manfredo, qui vocari se facit ducem Spoletanum [Manfredo Roberti, Elekt von Verona, belegt als Rektor des Dukats seit 1261; vgl. Waley, Papal State, S. 312], vel ab aliquo alio pro ipso sive quacumque alia persona seculari vel ecclesiastica adversantibus domino nostro Regi"; 1263 Mai 9, Lapidi, hg. von Acquacotta, Nr. 54, S. 111–113, hier S. 111 f.

nahmen fest, die man unter den Oberbegriff des wirtschaftlichen, sozialen oder politischen Druckmittels fassen kann, und kommen höchst selten vor. 1292 errichtete ein Bündnis zwischen Ancona, Jesi, Fermo und Recanati ein Wirtschaftsembargo gegen eine Bündnisgruppe um Osimo, jede Form des Exports in diese Richtung wurde für die eigenen Bürger verboten, der Import mit hohen Zöllen belegt. Fremde, die Lebensmittel oder Waren in Richtung Osimo transportierten oder von dort einführten, mussten ebenfalls den zusätzlichen Zoll errichten.[158] Fano und Rimini setzten 1210 gegen Pesaro hingegen eher auf den politischen und sozialen Boykott. Untersagt wurden der Austausch von Amtsträgern und Notaren, das Eingehen von Bündnis- und Schutzverträgen mit Einwohnern des Contados oder der Stadt sowie die Verleihung des Bürgerrechts an Bürger aus Pesaro ohne Zustimmung des Bündnispartners.[159] Das drastischste Beispiel ist aber ein Vertrag zwischen sieben zu diesem Zeitpunkt päpstlichen Kommunen in den Marken gegen das kaiserliche San Severino. Nicht nur jede Form des Handels mit Mitgliedern dieser Kommune und die Annahme des Bürgerrechts wurde verboten, unter die Embargoregeln fielen auch Kauf und Verkauf von Land, die Annahme oder Stellung von Amtsträgern und sogar Eheschließungen und das Eingehen anderer Verwandtschafts- oder Klientelverhältnisse.[160]

---

158 „Et quod nulla ipsarum civitatum vel singularis persona ipsarum ... debeat recipere in suo districtu mercaciones et res hominum de Auximo et eius districtu, de Monte Sancte Marie in Cassiano, de Civitanova sine dacio seu duana duorum soldorum pro qualibet libra denariorum Ancon. ... et nulla persona ipsarum civitatum ... debeat accedere et ire ad civitatem Auximi [etc.] ... cum aliquibus mercacionibus aut victualibus sub pena L librarum ... Et si aliquis forensis portaret per ipsas terras scilicet civitatem Anc., Racan. et Firmi ... ad ipsas terras scilicet Auximum [etc.] ... aliquas mercaciones aut res vel de dictis terris Auximi [etc.] ... conduceret aliqua victualia seu mercaciones ... solvere debeat duos soldos Anc. pro qualibet libra Anc.", in: Leonhard, Seestadt, Quellenanhang, Nr. 3, S. 353 f. (Anhang 1, Nr. 111). Die Passage ist im Original weitaus ausführlicher. Entsprechende Regelungen finden sich in Oberitalien im ersten Drittel des 13. Jahrhunderts hingegen häufiger; vgl. Grillo, Vie, S. 263 f.
159 1207 Juni 25, in: Amiani, Memorie, Sommario, S. XX–XXII (Anhang 1, Nr. 20): „non dabimus, nec dari sinemus seu ire potestatem, iudicem, tabellionem, seu etiam capitaneum de guerra Pensaurensibus de civitate seu districtu nostro, donec societas vestra et nostra duraverit, sine voluntate et licentia Ariminen. Item promittimus quod nec recipiemus Pensaurenses pro amicis, vel civibus, neque communiter, neque singulariter, neque in nostra protectione seu defensione sine licentia Ariminensium".
160 Lapidi, hg. von Acquacotta, Nr. 30, hier S. 78 f. (Anhang 1, Nr. 67): „Preterea convenit inter eos, quod nullum matrimonium, affinitas sive parentela contrahatur ab aliqua vel aliqua de supradictis terris cum hominibus Sancti Severini ... Item quod nullus de districtu ipsius Sancti Severini sit in offitio aliquo in terris predictis, nec aliquis de terris predictis assumat officium aliquod in castro Sancti Severini pro communi ... Item promixerunt ad invicem ... quod aliquis de unaquaque terra non adsumet vel faciet se castellanum castri Sancti Severini, nec emat terram vel vineam in territorio et districtu Sancti Severini ... et nec vendat terram vel vineam ... Preterea promixerunt ... quod nullus de predictis terris portare audeat vel offerat ad castrum Sancti Severini aliquam blada vel segetem, legumina, carnes, vel caseum vel aliqua victualia ... Nec aliquis de terris predictis accedere debeat ad nundinas generales sive forum Sancti Severini, et ibi contrahere vel mercari".

Viele der Verträge bedachten schließlich auch das Ende von Konflikten. Für Friedensschlüsse sowie alle weiteren Verträge mit explizit genannten oder potentiellen zukünftigen Gegnern galt üblicherweise, dass diese nur gemeinsam geschlossen werden konnten. Ein Separatfrieden mit nur einer der Bündniskommunen wurde explizit ausgeschlossen. In Abwandlung dieser Standardvereinbarung versprachen sich Camerino und Tolentino 1214 eine Gewährleistung, dass der Kommune, die Bündnishilfe geleistet hatte, durch den Gegner keine Schadensersatzforderungen entstanden. Erst unter dieser Bedingung war eine Beilegung des Konflikts möglich.[161] Orvieto und Florenz verlangten 1229 für die Zustimmung zu einem Friedensschluss oder Abkommen mit der Stadt Siena als gemeinsamer Gegnerin zusätzliche Sicherheiten: Gültigkeit besaß die Erlaubnis der anderen Kommune nur in Form eines von einem Notar der Kommune beglaubigten und besiegelten Instruments.[162] Neben dem Verbot des Separatfriedens vereinbarten einige Kommunen zusätzlich das Gegenstück zu dieser Klausel, das Verbot unabgesprochener Kriegshandlungen.[163] Jeder Beginn von Feindseligkeiten musste von den Bündnispartnern zuvor genehmigt werden, andernfalls, so betont ein Vertrag zwischen Fabriano und Rocca Contrada aus dem Jahr 1248, handelte die kriegsbegierige Kommune gänzlich auf eigenes Risiko.[164] Auch ein zwanzig Jahre zuvor geschlossener Vertrag zwischen Rocca Contrada und Jesi verfügte die Abstimmung bei Kriegshandlungen, Jesi behielt sich jedoch Handlungsfreiheit gegenüber einer Liste ausgewählter Gegner vor.[165]

Die verschiedenen Bestimmungen, die sich mit der Bewältigung militärischer und selten auch anderer Konflikte beschäftigen, ergeben insgesamt ein komplexes Regelwerk, das sich als Spiegel der kommunalen Konflikt- und Kriegsführung erweist. Allerdings bleibt das Bild, das sich so ergibt, an vielen Stellen unscharf. Während einzelne Aspekte deutlich hervortreten oder zumindest gelegentlich aufscheinen – etwa die auf Plünderung ausgelegten und der Kampfweise der *milites* entsprechenden Expeditionen in den Beuteregelungen, der zunehmende Einsatz von Söldnern, die Verpflegung des Heeres in der perusinischen Transitklausel –, bleiben andere Gesichtspunkte völlig im Dunkeln. So fanden beispielsweise Einzelheiten über die Bewaffnung der Aufgebote, im Fall der Fußtruppen im 13. Jahrhundert durch wichtige

---

161 Anhang 1, Nr. 14.
162 Codice diplomatico, hg. von Fumi, Nr. 192, S. 122 (Anhang 1, Nr. 50): „ita quod de consensu, licentia et parabola Consili et Comunitatis W. [Urbisveteris] appareat publicum instrumenum, conditum per manum alicuius publici notarii, qui tunc esset notarius eiusdem Comunitatis et sigillo C[omunis] illius terre corroboratum".
163 Anhang 1, Nr. 24, 27, 54, 72, 111.
164 Libro rosso 2, hg. von Bartoli Langeli/Irace/Maiarelli, Nr. 167, S. 298 (Anhang 1, Nr. 69): „item quod nullus incipiat vel frangat guerram ... sine consensu et requisitione alterius; quod si aliqua pars contra faciet, suo gravamine et periculo faciat ... et pars non consentiens nullatenus teneatur".
165 Anhang 1, Nr. 46.

Neuerungen geprägt, keine Erwähnung in den Quellen.¹⁶⁶ Diese Punkte waren für die Verfasser der Verträge wohl zu selbstverständlich, um eigens verschriftlicht zu werden.

Aber was bedeutete dieses Regelwerk für die Kommunen, die sich entschieden, ein Bündnis einzugehen? In erster Linie war ein solches Bündnis eine Absicherung, die versuchte, Bedrohungen handhabbarer zu machen. Insbesondere die Verträge, die sich im Bedarfsfall die Aufstellung des *exercitus generalis* versprachen, wozu möglicherweise auch die Instrumente gehören, die ohne weitere Präzisierung von *facere exercitum* sprechen, warfen ein großes Gewicht in die Waagschale. Das Aufgebot der gesamten männlichen Bevölkerung brachte einen hohen Organisationsaufwand, immense Kosten und nicht zuletzt ein großes Risiko mit sich. Im Gegensatz zur *cavalcata* setzten die Kommunen dieses Instrument der Kriegsführung nicht leichtfertig ein.¹⁶⁷ Eine solche Versicherung im Rücken zu haben, musste erstrebenswert erscheinen, im Gegenzug war die eigene Verpflichtung zum *facere exercitum* ein hoher Preis für diese Sicherheit. Dies erklärt zum einen die vielen Beschränkungen der Bündnishilfe, die die Kommunen in die Verträge einbauen ließen, zum anderen aber auch die Vorsicht so manches Podestà-Ratgebers, der von Bündnisverträgen aus diesen Gründen generell abriet.¹⁶⁸ Die militärischen Bestimmungen sind, wo sie nicht auf einen klar umrissenen Konflikt und ein limitiertes Kontingent begrenzt sind, aber auch ein Zeichen für die Ernsthaftigkeit der Verträge. Unterstellt man den Führungsgruppen der Kommunen nicht bereits im Voraus, dass eine Einhaltung der Verträge nicht vorgesehen war – eine Einschätzung, die durch viele Quellenbelege über die spätere Umsetzung von Verträgen widerlegt wird –, bedeutete die Bereitschaft, die eigenen militärischen Ressourcen in eine Bündnisbeziehung zu investieren, einen recht hohen Grad an Bindungswillen. Dies bestätigen in gewisser Weise auch die Verträge, die in Zeiten großer Unsicherheit geschlossen wurden, namentlich in den Jahrzehnten des staufisch-päpstlichen Konflikts. Diese Bündnisse waren in der Rück-

---

166 Vgl. zu diesem Aspekt der kommunalen Kriegsführung mit einer Zusammenfassung älterer Forschungsdiskussionen Settia, De re militari, S. 203–246. Ein möglicher Reflex der technischen Entwicklung in den kommunalen Heeren ist die Tatsache, dass unter den in den Verträgen genannten Waffengruppen Bogenschützen im Laufe des 13. Jahrhunderts gänzlich zugunsten der Armbrustschützen zurücktraten. Allerdings ist die Anzahl der Nennungen in den Verträgen zu gering, um hieraus signifikante Schlüsse zu ziehen. Zur zunehmenden Bedeutung der Armbrust vgl. etwa Settia, Comuni, S. 140–144, 174–181, wobei *balistarius* auch einen Schleuderer bezeichnen konnte.
167 Grundlegend Maire Vigueur, Cavaliers, S. 59–67.
168 Giovanni da Viterbo, Liber de regimine civitatum, hg. von Salvemini, Nr. 137, S. 275: „De coniuratione vel societate non facienda cum aliqua civitate". Giovanni rät von jeder Form der Versprechung des „iuvando seu exercitum faciendo" ab, da aus einer solchen Bindung unvorhergesehene Bedrohungen entstehen könnten. Die einzige Alternative sei dann ein Treuebruch, „quod grave est". Das Kapitel folgt einem großen thematischen Abschnitt zur Kriegsführung, insbesondere zur Einberufung des *exercitus*, wenn es sich nicht mehr vermeiden lässt. Giovanni macht jedoch sehr deutlich, dass jeder Podestà gehalten ist, Krieg (im Sinne des *exercitus*) unter allen Umständen zu vermeiden.

schau, vor allem in den Marken, durch eine sehr geringe Stabilität gekennzeichnet. Oft zerbrachen sie ebenso schnell, wie sie geschlossen wurden. Bezeichnenderweise sind diese Verträge jedoch durch eine mangelnde Konkretisierung geprägt. Der abstrakten Zusicherung von Hilfe und Beistand wurden auf der Handlungsebene, vor allem im militärischen Bereich, keine konkreten Aktionen zugeordnet.[169]

Eine weitere Beobachtung aus der Gesamtbetrachtung der konfliktbezogenen Vereinbarungen verweist hingegen auf den Entstehungsprozess der Verträge. So zeigen etwa die untersuchten Bestimmungen zum Umgang mit gemeinsamer Beute und Gefangenen nicht nur das weitreichende Regelungsbedürfnis der kommunalen Führungen, sondern sehr deutlich auch die Streuung einzelner Vereinbarungen und Klauseln, die bisweilen in räumlichen und zeitlichen ‚Nestern' auftreten. Dieses Phänomen lässt sich bei den meisten Vertragsgegenständen verfolgen und ermöglicht im Idealfall einen Rückschluss auf Filiationsketten unter den Verträgen, die in irgendeiner Form voneinander beeinflusst wurden: sei es, weil ältere Verträge direkt als Vorlage benutzt wurden; sei es, weil durch den Austausch von Amtseliten auch diesbezügliche Traditionen ausgetauscht wurden; sei es, weil eine Kommune Vorschläge mit einbrachte, die anschließend in Verträgen mit anderen Kommunen benutzt wurden.[170]

2.3.4 Konfliktvermeidung und -bewältigung innerhalb des Bündnisses

Mögliche kriegerische Auseinandersetzungen mit dritten Parteien waren jedoch nicht die einzigen Konflikte, die in Bündnisverträgen geregelt waren. Zwar wurden Verträge zwischen Kommunen wohl immer aus einer Situation guter Beziehungen oder aus dem Bestreben nach Frieden heraus geschlossen, viele der Bündnisse zogen aber auch die Wahrscheinlichkeit zukünftiger Uneinigkeit zwischen den Bündnispartnern von vornherein in Betracht. Ein Teil der Verträge versuchte bereits über die Vertragsbestimmungen, das Konfliktpotential zu vermindern, indem bestimmte Handlungen ausgeschlossen wurden. Dies waren vor allem Baumaßnahmen, insbesondere von Befestigungsanlagen, auf bestimmten Gebieten, die Aufnahme oder erzwungene

---

169 Siehe etwa Anhang 1, Nr. 63, 70, 73, 91, 94. Nr. 74 verspricht zumindest das *facere guerram*, jedoch ohne weitere Konkretisierung (ebenso Nr. 65). Nr. 60 enthält eine Kostenregel für die allgemein formulierte Hilfszusage („iuvare et manutenere unum aliud ad invicem ... de usu et iure suo"), die somit die Waffenhilfe meint. Selbst Nr. 64, ein Bündnis, das exlizit die Rückeroberung eines Kastells zu Ehren des Kaisers als Ziel aufruft, verspricht keine konkreten militärischen Leistungen (ebenso Nr. 80). Ausnahmen sind Nr. 67 und 77.
170 Città di Castello etwa übernimmt 1230 beim Bündnisschluss mit Perugia (Anhang 1, Nr. 54) sichtbar Elemente aus dem zwei Jahre zuvor geschlossenen Vertrag mit Rimini (Nr. 49). Zum Teil handelt es sich dabei um Bestimmungen, die auch in anderen Verträgen Riminis gehäuft auftreten und wohl der Initiative dieser Stadt zuzuordnen sind.

Umsiedlung von Einwohnern des anderen kommunalen Territoriums und Verträge mit Einwohnern des anderen Hoheitsbereichs, die ein *servitium* beinhalteten.[171] Die verbündeten Kommunen sicherten also im Großen und Ganzen die Integrität ihrer Einflussgebiete und griffen aus diesem Punkt resultierenden Konflikten damit vor.

Weitaus mehr Bündnisurkunden beschäftigten sich aber mit dem unerwünschten Fall – oft wurde dem Szenario ein *quod Deus avertat* oder *quod absit* hinzugefügt –, dass nach Bündnisschluss Streitigkeiten offen ausbrachen. Sie legten hierzu ein Verfahren fest, das Konflikte friedlich beilegen sollte. Es handelte sich um die Einsetzung eines Schiedsgerichts, dessen Zusammensetzung bereits in den Verträgen geregelt wurde.[172] Als Schiedsrichter waren entweder ein bis zwei geeignete Männer aus beiden Bündnisstädten vorgesehen oder, bei Bündnissen mit mehr als zwei Kommunen, die Regierungen der unbeteiligten Bündnispartner.[173] In den wenigen Bündnissen der Untersuchung, die Rektoren als ein den Kommunen übergeordnetes Führungsgremium einsetzten, konnten auch diese mit dem Schiedsverfahren betraut werden.[174] Eine weitere Möglichkeit war die Benennung von Kommunen, die dem Bündnis nicht angehörten, aber den Bündnispartnern freundschaftlich verbunden waren. Während ein Vertrag zwischen Perugia und Siena erst im Konfliktfall die gemeinsame Wahl eines solchen *comune amicum* vorsah, legten zwei Verträge aus den Marken bereits im Vertragstext genau fest, welchen Kommunen man ein eventuelles Schiedsgericht anvertraute. Im Bündnis zwischen Camerino und Tolentino vom November 1201 wurden Montemilone und Montecchio als Schiedsinstanzen benannt, in einem im gleichen Monat abgeschlossenen Vertrag zwischen Tolentino und Montecchio waren es die Rektoren aus Montemilone und Camerino, in deren Hände zukünftige Auseinandersetzungen gelegt wurden. Zwischen allen Kommunen scheinen somit enge Beziehungen bestanden zu haben, obwohl die beiden Bündnisse formal bilateral verfasst waren.[175] Ähnliche Beziehungsgruppen zeichnen auch

---

171 Vgl. zur Aufnahme exemplarisch Anhang 1, Nr. 34, 82, 86, 90; zu Bauaktivitäten Nr. 67, 86, 93; zu Vertragsschlüssen Nr. 36, 54. In Nr. 93 wird zudem verfügt, dass die Städte keinem ihrer Einwohner erlauben dürfen, ohne die Zustimmung der dominanten Kommune ein Amt in einer Gemeinschaft des anderen Hoheitsgebietes zu übernehmen.
172 Fast die Hälfte der untersuchten Verträge schreibt die schiedsgerichtliche Einigung in den Vertrag. Der Passus ist oft sehr formelhaft formuliert; fast alle Texte leiten etwa mit *si aliqua discordia oriretur* o. ä. ein. Zur schiedsgerichtlichen Einigung in norditalienischen Städteverträgen auch Tasini, Pactes, S. 84–91; zum Lombardenbund Raccagni, Lombard League, S. 103–11; allgemeiner Storti Storchi, Compromesso; mit einem allgemeinen Forschungsüberblick zum Schiedsgericht auch Hermes, Schiedsgerichtsbarkeit.
173 Gewählte Schiedsrichter, meist beschrieben als *boni homines / viri*, zusätzlich auch durch Attribute wie *apti, sapientes, probi, legales* in Anhang 1, Nr. 5, 13, 23, 30, 34, 37, 46, 53, 82; Bündniskommunen Nr. 7, 27, 57, 60, 77, 85, 88, 93, 105, 108. Zur Schiedsgerichtsbarkeit durch unbeteiligte Partner vgl. für Norditalien Vallerani, Rapporti, S. 243.
174 Anhang 1, Nr. 2 und 67.
175 Ebd., Nr. 14 und 15. Vertrag zwischen Perugia und Siena vom 4. März 1202 (Anhang 1, Nr. 18).

Verträge nach, die die Bündnispartner bei Konflikten mit dritten Städten als Schiedsrichter einsetzten. Meist handelte es sich bei diesen außenstehenden Kommunen um Gemeinden, die auch von den Bündnisleistungen ausgenommen wurden und somit wohl ebenfalls durch eine *societas* oder einen anderen Vertrag verbunden waren.[176]

Die Vorgehensweise der Schiedsgerichte wurde hingegen nur selten näher erläutert. Die häufigste Spezifikation war die Festlegung einer Frist, innerhalb der ein Schiedsspruch gefällt werden musste, meist war dies ein Monat.[177] Ein Bündnisvertrag hielt zudem fest, dass die Schiedsrichter – in diesem Fall die Rektoren der nicht betroffenen Städte – ohne Entgelt schlichten mussten.[178] Die Konfliktparteien wurden im Gegenzug häufig im Voraus verpflichtet, den Schiedsspruch anzunehmen.[179] Weitere Differenzierungen finden sich nur vereinzelt. Die Bündnisurkunden des Tuskenbundes hielten fest, dass das Bündnis vom Gelingen des Schlichtungsversuches nicht abhängig war: Sollte die schiedsgerichtliche Einigung misslingen, blieben dennoch alle Parteien an den Vertrag gebunden.[180] Ein Vertrag zwischen Tolentino und Montecchio weitete das installierte Schiedsgericht explizit auch auf Streitfälle aus, in denen nicht die Kommunen selbst, sondern *castra* des Einflussbereiches involviert waren.[181]

Einige wenige Verträge unter Beteiligung Perugias sahen schließlich einen ganz anderen Fall des Konflikts zur Schlichtung vor. Die dort regulierten Vermittlungsversuche der Bündnispartner betrafen die häufigen Parteienkämpfe innerhalb der Kommunen. Die Bündnisse stammen aus dem Zeitraum 1223 bis 1288, die ausführlichste Form findet sich in einem Bündnis zwischen Perugia, Spoleto, Todi und Narni aus dem Jahr 1286, auch wenn die Grundzüge immer gleich sind. Auch diese Klausel wurde sichtbar aus alten Verträgen übernommen und nach den aktuellen Bedürfnissen modifiziert.[182] Die Städte versprachen sich, im Falle einer gewaltsamen inneren Spaltung keine der Parteien im eigenen Territorium aufzunehmen und dafür zu sorgen, dass niemand, der der eigenen Jurisdiktion unterstand, einer der Parteien

---

176 Ebd., Nr. 7 und 86.
177 Ebd., Nr. 1, 13, 18, 23, 34, 57. Bei Nr. 60 wird die Frist auf zwei Monate festgesetzt, bei Nr. 5 auf 40 Tage.
178 Ebd., Nr. 27.
179 Ebd., Nr. 2, 14, 23, 34, 37, 53, 57, 60, 77, 82, 86, 88, 93, 105, 108.
180 Ebd., Nr. 2.
181 Ebd., Nr. 15.
182 Ebd., Nr. 55 (1230 August 11; Perugia, Todi), 105 (1288 Februar 3; Perugia, Camerino), 108 (1286 November 28; Perugia, Todi, Narni, Spoleto). Der erste Teil der Klausel im Vertrag von 1286 ist bis auf wenige Hinzufügungen oder Abweichungen textidentisch aus dem Vertrag von 1230 übernommen worden. Der Vertrag mit Camerino beschränkt sich hingegen auf die Grundzüge. Ein früherer Vertrag zwischen der *pars que dicitur militum* Perugias mit Assisi (1223) thematisiert ebenfalls den Umgang mit Faktionen: Die *milites* versprechen, sich nicht mit Teilgruppen zu verbünden, eine Einigung zu vermitteln und Vereinnahmungsversuche zu denunzieren (ebd., Nr. 43).

bewaffnet oder unbewaffnet Hilfe leistete. Verhindern sollten die Kommunen auch, dass jemand aus ihrem Hoheitsbereich von einer der Parteien die Signorie oder eine andere Regierungstätigkeit annahm. Die Bündniskommunen waren im Gegenteil angehalten, für einen friedlichen Ausgleich zu sorgen. Sollte eine der Parteien dem vermittelten Frieden nicht nachkommen, galt bis zu einem Friedensschluss jede Unterstützung ausschließlich der kooperativen Partei. War aufgrund der Kämpfe eine kommunale Regierung in der betroffenen Stadt nicht mehr möglich, übernahmen die Bündnisstädte die Interrimsregierung.[183] Die Bündnisstädte agierten in diesen Fällen als übergeordnete Instanz, die regulierend auf innere Probleme der Kommune einwirken und zumindest in der Theorie sogar den kompletten Zusammenbruch des Funktionierens der Kommune durch die Übernahme der Regierungstätigkeit aufhalten konnte. Das Bündnis selbst wurde damit zu einer übergeordneten Bezugsebene, in dieser Funktion vergleichbar mit dem Papsttum, eine Instanz, die ebenfalls häufig Vermittleraufgaben bei innerstädtischen Konflikten wahrnahm. Die Klausel ist damit aber auch ein Zeichen für eine starke Institutionalisierung dieser Bündnisse. Der Aspekt der Institutionalisierung wohnt allen *capitula* zur schiedsgerichtlichen Einigung inne. Sie zeugen durch die vorausschauende Installation einer Schlichtungsinstanz von einer Anlage des Bündnisses als stabile und ausgleichende ‚Klammer' um die Beziehungen der beteiligten Kommunen.

Besonders deutlich wird dies in einem Bündnis zwischen Orvieto und Siena aus dem Jahr 1221, dem aufgrund seiner außergewöhnlichen Anlage des Schiedsgerichts gesonderte Aufmerksamkeit geschenkt werden soll. Das Bündnis, das die beiden Städte am 27. Oktober 1221 schlossen, beruhte auf einer langen Tradition. Es handelte sich um die Erneuerung einer *societas*, die rund zwanzig Jahre zuvor, im Oktober 1202, beschworen worden war. Dieses Bündnis, damals auf 20 Jahre angelegt, lief im Oktober 1222 aus. Ein Jahr zuvor, im Oktober 1221, trafen sich nun die Vertreter beider Kommunen, bestätigten das Bündnis für das verbleibende Jahr und beschlossen eine Erneuerung auf weitere 20 Jahre ab dem 1. September 1222. Die Erneuerung wurde bereits zu diesem Zeitpunkt vertraglich festgehalten, der Vertrag nahm dabei explizit Bezug auf seine Vorlage, das Dokument aus dem Jahr 1202, aus dem auch große Teile des Textes übernommen wurden.[184] Die Neuerungen des Jahres 1221 betrafen zu großen Teilen die Einrichtung eines Schiedsgerichts, dem innerhalb des Bündnisses eine sehr starke Position zukam. Dies beginnt mit der Tatsache,

---

183 ASC Todi, Registrum vetus, S. 221 f. (moderne Zählung).
184 Caleffo 1, hg. von Cecchini, Nr. 174, S. 260 (Anhang 1, Nr. 37): „Que societas est prorogata et confirmata ab hodie usque ad proximas kalendas septembris, et ab inde usque ad viginti annos completos ... secundum formam societatis olim habite et adhuc durantis inter comunitatem Senensem et comunitatem Urbetanam, sicut apparet per publicam scripturam per manum Marsuppi iudicis et notarii". Bei dem von Marsopius ausgefertigten Vertrag aus dem Jahr 1202 handelt es sich um Anhang 1, Nr. 19.

dass es bereits die zukünftigen Schiedsrichter waren, die zum Vertragsabschluss als *arbitri et procuratores* eingesetzt wurden. Der Ernennung vorausgegangen war in beiden Städten wohl eine Wahl, aus der Ugolino della Greca, *ordinarius iudex*, und Ranerius Stefani für Orvieto sowie Guidone Ponzi und ein *iudex* namens Prior für Siena hervorgegangen waren.[185] Die vier Schiedsrichter, zwei davon mit dem Titel eines *iudex*, beschworen stellvertretend für die Podestà beider Städte am 27. Oktober den Bündnisvertrag, der bereits sehr detailliert die Formalitäten des Schiedsgerichts festhielt: Jede neue Regierung musste im ersten Monat des Amtsantritts zwei Männer wählen, die geeignet waren, den Frieden innerhalb des Bündnisses zu wahren. Diese hatten noch im gleichen Monat einen Schwur zu leisten, der sie verpflichtete, alles zu unternehmen, um die Freundschaft und das Bündnis zu wahren; sie durften zu diesem Zweck nach eigenem Ermessen auch Weisungen erteilen und rechtsgültige Beschlüsse fassen („tractare et ordinare et statuere"). Alle Streitfälle, die bis dahin aufgetreten waren oder in Zukunft auftreten würden, sollten innerhalb eines Monats geschlichtet werden gemäß dem Vorgehen, das die Schiedsrichter in Form eines eigenen Instruments zuvor beschworen hatten oder nach einer sonstigen einheitlich beschlossenen Verfahrensweise. Die Podestà beider Kommunen waren verpflichtet, alle Entscheidungen des Schiedsgerichts einzuhalten. Diese mussten in einem Notariatsinstrument veröffentlicht werden und umfassten Streitfälle, Straftaten, Entschädigungen und Vertragssachen. Die Entlohnung der Schiedsrichter und die Kompensation etwaiger Auslagen übernahm jede Kommune für sich und sooft die Schiedsrichter zusammentraten, wobei die Festsetzung des Turnus den Schiedsrichtern selbst oblag. Die Übernahme der Kosten musste zudem von den Kämmerern und anderen Amtsträgern, die mit den Finanzen der Kommunen betraut waren, beschworen werden.[186]

Wahrscheinlich noch am gleichen Tag beeideten die vier aktuellen Schiedsrichter das im Vertragstext genannte Instrument.[187] Das Schriftstück hielt in einer subjekti-

---

[185] Vollmacht vom 14. Okober 1221 (Siena) und vom 22. Oktober 1221 (Orvieto), beide Caleffo 1, hg. von Cecchini, Nr. 175 und 176, S. 265 f. (Anhang 1, Nr. 37). Bezüglich Ranerius ist die Dokumentation uneinheitlich, die Bevollmächtigung ist ausgestellt auf Ranerius Ildibrandini Ranerii. Alle folgenden Dokumente nennen für Orvieto hingegen einen Ranerius Stefani als *arbiter*. Möglicherweise ist die Nennung in der Vollmacht auf einen Zeilensprung oder die Unachtsamkeit des Kopisten zurückzuführen: Im gleichen Satz wird ein Tebalduccius Ildibrandini Ranerii als Konsentient genannt. Zu Ugolino della Greca, einer bedeutenden Persönlichkeit in der kommunalen Führung Orvietos, vgl. Franceschini, Della Greca, Ugolino.
[186] Bündnisvertrag vom 27. Oktober 1221, Caleffo 1, hg. von Cecchini, S. 261 f.
[187] Cecchini, ebd., Nr. 185, S. 271, Anm. 1, datiert das undatierte Schriftstück auf den Zeitraum zwischen dem 22. und 27. Oktober. Das Anfangsdatum ergibt sich aus der Gesandtenbestellung Orvietos, der *terminus ante quem* aus einem Passus des Dokuments, der sich auf den zukünftigen Eid des Bündnisses durch beide Podestà bezieht („postquam utraque potestas iuraverint societatem istam, sacramento corporaliter prestito ab utraque"). Cecchini geht davon aus, dass es sich hierbei um den Bündnisschwur vom 27. Oktober handelt. Am 27. Oktober schworen jedoch, obwohl der Schwurtext im Na-

ven Schwurformel noch einmal die grundsätzlichen Aufgaben der Schiedsrichter fest: die gemeinsame Beschlussfassung zum Besten der beiden Kommunen und zur Wahrung des Bündnisses und der Freundschaft, die Schlichtung bei Streitfällen zwischen den beiden Kommunen oder einzelnen Bürgern, die schriftliche Veröffentlichung aller Entscheidungen und die unbedingte Umsetzung dieser Entscheidungen, worauf die Schiedsrichter bei den Podestà ihrer Kommune hinwirken sollten. Darüber hinaus beschreibt das Instrument detailliert die vorgesehene Arbeitsweise des Schiedsgerichts, gegliedert nach Klagegegenständen. In die Zuständigkeit und Entscheidungsgewalt des Schiedsgerichts fielen demnach die Entwendung von Besitz – und zwar unabhängig davon, ob dies zwischen Angehörigen einer Kommune, beider Kommunen oder den Kommunen selbst geschah –, Streitfälle um Verträge oder rechtsgültige Abkommen und auch alle sonst denkbaren Straftaten sowie Untersuchungen und Petitionen. Klagen mussten schriftlich eingereicht werden und durften von den Schiedsrichtern nicht zurückgewiesen werden. Die Entscheidung musste innerhalb eines Monats, beginnend mit dem Tag des Eingangs der Klageschrift, getroffen werden. Die Grundlage, auf der die *arbitri* ihre Entscheidung trafen – dies wurde in den einzelnen Fällen dargelegt und zum Abschluss noch einmal grundsätzlich formuliert –, bildeten zum einen die „Rechte" und somit wohl das gelehrte Recht, ein Weg der vor allem bei Einspruch des Beklagten zum Tragen kam, zum anderen der freundschaftliche Vergleich und die Statuten beider Städte, wenn sich die Schiedsrichter hierauf einstimmig einigen konnten. Auch jeder andere Lösungsweg war legitim, wenn er einstimmig gewählt wurde und den Schiedsrichtern zur Wahrung des Bündnisses geeignet erschien. In den einzelnen Fällen wurde auch das weitere Vorgehen festgehalten, falls sich der Beklagte weigerte, dem Schiedsspruch zu folgen: Dies zog automatisch die Verbannung durch die kommunalen Autoritäten nach sich. Die Schiedsrichter selbst verpflichteten sich, jederzeit auf Anforderung der Kommunalregierungen oder ihrer Kollegen zusammenzukommen, um anhängige Fragen zu entscheiden. Und auch der erste Schiedsfall wurde im Dokument bereits festgelegt: eine Entscheidung über die Handhabung des *pedagium* und der *securitas viarum*, die offenbar zwischen beiden Kommunen nicht geklärt waren. Die sienesischen Schiedsrichter versprachen ihren orvietanischen Kollegen hier ausdrücklich, gemeinsam zu einem Ergebnis zu

---

men der beiden Podestà verfasst ist, die vier Schiedsrichter stellvertretend: „iuraverunt utraque potestas predictarum comunitatum ... scilicet dominus Ponzus Amati Senensis potestas per Guidonem Ponzi et Priorem iudicem, arbitros pro comunitate Senensi constitutos procuratores et actores a dicto domino Ponzo ... ad ... iurandam predictam societatem in animam dicti domini Ponzi Senensis potestatis ... [es folgt die gleiche Konstruktion für Orvieto]"; ebd., S. 264 f. Da der persönliche Schwur der Podestà somit nach dem 27. Oktober lag und das Bündnisdokument und das Breve dieselben Zeugen nennen, ist eine Ausstellung am 27. Oktober wahrscheinlich.

kommen, das den Orvietanern sichere und zahlungsfreie Durchreise im sienesischen Territorium garantierte.[188]

Das im Oktober 1221 installierte Schiedsgericht zwischen Siena und Orvieto präsentiert sich daher nicht nur als Instrument zur Sicherung des Bündnisses, sondern als übergeordnete Rechtsinstanz. Alle Rechtsstreitigkeiten, die zwischen den Kommunen und ihren einzelnen Mitgliedern, aber in einigen Fällen auch zwischen den Einwohnern nur einer Kommune, auftraten, unterlagen diesem gemeinsamen Gericht. Für die Einwohner der beiden Territorien entstand somit ein gemeinsamer Rechtsraum. Konflikte, die durch den Rechtsstreit eines einzelnen Bürgers vor einem Gericht der Bündnisstadt entstehen konnten, waren durch die paritätische Besetzung des Schiedgerichts theoretisch ausgeschlossen, und auch die Anwendung von Repressalien zur Durchsetzung eines Rechtsanspruchs wurde durch die gemeinsame Rechtsfindung obsolet.[189] Dieser Rolle des Schiedsgerichts entspricht auch die starke Position der Schiedsrichter, die nicht nur die Entscheidungsgewalt in allen interkommunalen Rechtsangelegenheiten für sich beanspruchen konnten, sondern in diesen Fällen explizit auch unabhängig vom kommunalen Führungspersonal agieren sollten und diesem gegenüber sogar mit einem gewissen Kontrollrecht versehen waren. Teilweise kam den *arbitri* des Vertrags vom Oktober 1221 also die Rolle von Bündnisrektoren zu, wie sie im Lombardenbund oder dem Tuskenbund anzutreffen sind. Das Schiedsgericht war somit ein klarer Schritt hin zu einer Institutionalisierung des bilateralen Abkommens, das nunmehr nicht mehr nur gegenseitige Hilfe in Einzelfällen bedeutete, sondern zu einer festen Konstante im Rechtsverkehr der beiden Kommunen und ihrer einzelnen Bürger wurde. Ähnliche Regelungen zur Beilegung von Streitfällen auch zwischen einzelnen Anwohnern finden sich in den Verträgen zwischen Fabriano und Matelica aus dem Jahr 1191,[190] Fano und Rimini aus dem Jahr 1207,[191] zwischen Camerino, San Severino, Matelica und Montemilone 1217,[192]

---

188 Ebd., Nr. 185, S. 271 f. Ein weiteres Schriftstück, überliefert in Siena, beurkundet den Schwur der beiden orvietanischen Schiedsrichter auf das Breve; ebd., Nr. 186, S. 272 f. Es ist davon auszugehen, dass auch die Orvietaner ein gleichlautendes Instrument mit nach Hause nahmen.
189 Rechtsstreitigkeiten einzelner Bürger bzw. ein Verfahren eines Bürgers vor einem fremden Gericht gehörten zu den häufigsten Angelegenheiten, die zur Kommunikation zwischen den Kommunen führten, wie die späteren Ratsprotokolle aus Perugia zeigen. Die Kommune unterstützte dabei meist die Angelegenheit ihrer Angehörigen durch die Entsendung von *ambaxatores* und sonstige diplomatische Hilfe. Siehe hierzu unten Kap. II.3.2, S. 340.
190 Anhang 1, Nr. 1. Die Konsuln beider Seiten übernehmen gemeinsam das Schiedsgericht.
191 Ebd., Nr. 20. In den erhaltenen Versprechungen der Faneser Konsuln geloben diese die Auswahl zweier Bürger Riminis, die als Schiedsgericht für Streitfälle zwischen Fanesern und Riminesen in Rimini fungieren und zwar „contrahentibus vel delinquentibus seu quasi". Mit dieser Formel wird die Grundunterscheidung von Obligationen aus dem römischen Recht aufgenommen (Verträge, Quasi-Verträge, Delikte, Quasi-Delikte).
192 Ebd., Nr. 34.

zwischen Jesi und Rocca Contrada aus dem Jahr 1228[193] sowie zwischen Orvieto und Toscanella 1238,[194] ohne jedoch derart ins Detail zu gehen oder dem Schiedsgericht eine so starke Position zuzusprechen wie der Vertrag zwischen Orvieto und Siena.[195]

Die Installation eines Schiedsgerichts, das auch für den Einzelnen zur Anlaufstelle wurde, griff in die Lebenswelt der Einwohner der Kommunen ein. Entsprechende Bestimmungen in den Verträgen gehörten deshalb nicht nur zu den Regelungen, die die Konfliktführung zwischen den Kommunen normierte, sondern auch zu einer Gruppe an Regelungen, die mit Peter Moraw gesprochen „den ganzen Menschen" betrafen, nicht nur die politische Einheit. Weitere *capitula* dieser Gruppe werden im folgenden Abschnitt zusammengefasst.

2.3.5 „Der ganze Mensch": Regeln für die einzelnen Mitglieder der Kommunen und für den Umgang mit Individuen und Gruppen

Peter Moraw brachte in die in der deutschsprachigen Forschung geführte Diskussion um die Unterscheidung von Bünden und Bündnissen das Kriterium des Eingriffs in die Lebenswelt des Einzelnen und der Gesellschaft ein.[196] Auch wenn zu fragen ist, ob nicht auch Bündnisleistungen wie die militärische Hilfe die Lebenswelt einer bestimmten Gruppe an Individuen – im Fall der kommunalen Bevölkerung die männliche, waffenfähige Einwohnerschaft und in Konsequenz auch deren Angehörige – zumindest zeitweise berührten, gibt es Regelungen in den untersuchten Verträgen, die diesem Kriterium deutlicher entsprechen. Dazu gehörten die bereits behandelten schiedsgerichtlichen Bestimmungen, wenn sie nicht nur den Konflikt zwischen den politischen Einheiten der Kommunen betrafen, sondern auch den Konflikt zwischen Angehörigen dieser Einheiten.

Im Gegensatz zur Etablierung eines Schiedsgerichts, das eine eigene, interkommunale Rechtsinstanz schuf, gründeten viele der Kapitel auf dem Prinzip der Angleichung der Rechte der Einwohner der Bündnisstadt an diejenigen der eigenen Leute im Allgemeinen oder in einzelnen Rechtsfeldern. Dies wird meist auch expli-

---

193 Ebd., Nr. 46.
194 Ebd., Nr. 61. Die Wahl des orvietanischen Schiedsrichters, erhalten sind nur die Versprechungen Orvietos, erfolgt im gleichen Turnus wie die Wahl der kommunalen Amtsträger. Die Entscheidungen erfolgen in Absprache mit beiden Podestà, innerhalb von 15 Tagen bei eindeutigen Fällen („liquida et clara"), innerhalb eines Monats bei zweifelhaften Sachverhalten („dubia").
195 Eine rudimentäre Form eines solchen Schiedsgerichts möglicherweise auch schon in Nr. 6. Das Schiedsgericht in Nr. 30 beschäftigt sich ebenfalls mit Streitfällen zwischen Einzelnen. Nr. 23 verfügt ein Schiedsgericht für Streitigkeiten zwischen den Bündniskommunen und für den Fall, dass ein Einzelner gegen eine der Kommunen klagt. Klagen eines Einzelnen gegen einen Bürger der anderen Stadt unterliegen der dortigen Gerichtsbarkeit.
196 Vgl. Moraw, Funktion, S. 3, auch Einleitung, Kap. 4.2.

zit beschrieben mit Wendungen wie *sicut cive suo* und ähnlichen Formulierungen. Eingeschlossen werden dabei oft nicht nur Bürger und Einwohner der Stadt oder des Kastells, sondern alle *homines* des kommunalen Einflussbereichs, das heißt der Stadt, des Contados und des Distrikts (*cives, comitatenses, districtuales*).[197]

Eine umfassende Integration in die Bürgerrechte der Bündniskommune ist in den Verträgen allerdings fast nie zu beobachten.[198] Einige wenige Verträge legen fest, dass die Einwohner der Bündnisstadt alle Privilegien, Rechte und Gewohnheiten genießen sollen, über die auch die Mitglieder der eigenen Kommune verfügen. Im Folgenden ist jedoch meist spezifisch von Handelsfreiheiten die Rede, sodass bezweifelt werden muss, ob unter dieser Formulierung eine gegenseitige Einsetzung in das jeweilige Stadtrecht zu verstehen ist.[199] Unmissverständlich beschrieben wurde jedoch meist die gegenseitige Gewährung einzelner Privilegien und Rechte. Am häufigsten erließen sich die Städte gegenseitig Durchgangszölle und Handelssteuern.[200] Damit einher ging oftmals die Zusicherung des freien Transits und Aufenthalts und der Sicherheit von Personen und Sachen im Territorium der Bündnisstadt.[201] Ein weiterer wichtiger Punkt war die Handelsfreiheit, die entweder vollständig – als Recht auf den Kauf und Verkauf aller Waren, auf Ein- und Ausfuhr von Lebensmitteln

---

197 Zum Begriff *homines* in den Verträgen des Lombardenbundes Raccagni, Lombard League, S. 66 f.; zur Abgrenzung Contado und *districtus* für Orvieto Maire Vigueur, Comuni e signorie in Umbria, S. 442 f., auch wenn die Begriffe in anderen Kommunen teils anders gehandhabt wurden. Für Norditalien allgemein auch Milani, Comuni, S. 37–39.

198 Zu den Rechten (vor allem Schutz gegen Außenstehende und Anspruch auf Rechtsprechung) und Pflichten (vor allem Heerdienst und Steuerzahlung), die mit dem Status des *civis* verbunden waren, wie auch zu Differenzierungen unter den *cives* vgl. die Synthese von Costa, Civitas, S. 3–50, und Menzinger, Diritti.

199 Deutlich auf den Handel bezogen etwa Anhang 1, Nr. 83: „Item promisit ... quod homines civitatis Fani et eius districtus et comitatus sit et esse debeat [sic] in civitate Esina et eius districtu liberi et exemti sicuti homines civitatis Esine, et gaudeant omni privilegio, usu et consuetudine quo gaudent Esini in Esina civitate et districtu emendo, vendendo, contrahendo ... et omnia et singula alia tamquam ipsi cives Esini faciendo et exercendo atque contrahendo."; Libro, hg. von Avarucci/Carletti, Nr. 63, S. 102–109. Ähnlich Anhang 1, Nr. 82, 85, 86.

200 Anhang 1, Nr. 7, 18, 19, 23, 55, 26, 27, 30, 37, 45, 46, 48, 49, 53–55, 69, 76, 78, 82, 83, 108. Am häufigsten genannt sind *pedagium*, *passadium* und *guida*, neben verschiedensten anderen Zöllen und Abgaben (*dacium, selquaticum, plateaticum, maltolectum* etc.). *Maltolta* o. ä. stand dabei wohl eher für unrechtmäßig erhobene Zölle; vgl. Grillo, Vie, S. 267. Zur Aufschlüsselung der indirekten Steuern ein erster Überblick bei Luzzatto, Storia, S. 259 f., und Pini, Comune, S. 549–552. Nr. 7 und 48 nehmen jedoch die Rechte des Bischofs bzw. des Reichs und der Kirche aus.

201 Ohne einhergehende Zollfreiheit versprechen sich dies auch die Kommunen in Anhang 1, Nr. 2, 4, 42, 60. Ähnliche Sicherheitsgarantien finden sich, gerade im 12. und beginnenden 13. Jahrhundert, vielfach auch in den Verträgen mit Adeligen und Gemeinden des Contados; vgl. grundsätzlich Szabó, Comuni, S. 118–135.

und auf Vertragsfreiheit – oder eingeschränkt gewährt wurde.[202] Sonderregelungen wurden vor allem bezüglich des Getreidehandels in die Verträge geschrieben, eine Klausel, die die ständige Sorge um die Getreideversorgung in den italienischen Kommunen widerspiegelt.[203] In einem Vertrag zwischen Ancona und Osimo aus dem Jahr 1198 versprach die Hafenstadt zusätzlich freien Zugang zum Transport von Waren auf dem Seeweg.[204] Eine außergewöhnliche Form der Wirtschaftskooperation vereinbarten 1292 Ancona, Fermo und Recanati in einem Bündnis, dem einige Zeit später auch Jesi beitrat. Neben militärischen Bestimmungen und der Koordination des gemeinsamen Vorgehens gegen bestimmte Gegner organisierten die drei Kommunen den zukünftigen Salzhandel gemeinschaftlich. Festgelegt wurde die Errichtung dreier Lagerhäuser für Salz („fundica salis"), je eines pro Distrikt. Alle Gewinne und Verluste aus dem Salzgeschäft wurden gemeinschaftlich getragen. Auf den Handel mit Salz reservierten sich die drei Städte in einem festgelegten Gebiet zudem das Monopol. Sie versprachen sich, mit allen Kräften dafür zu sorgen, dass neben den Kommunen keine andere Person, auch nicht aus dem eigenen Hoheitsbereich, Salz verkaufe. Sollten einzelne Angehörige der drei Städte größere Bestände an Salz besitzen und verkaufen wollen, verpflichteten sich die Kommunen, diese aufzukaufen. Der Besitzer konnte zum Verkauf zwar nicht gezwungen werden, er durfte seinen Bestand jedoch ausschließlich an die Bündniskommunen verkaufen. Überwacht wurde der Kauf und Verkauf von insgesamt neun eigens eingesetzten Amstträgern, drei pro Salzlager. Jedes Team war zusammengesetzt aus Bürgern aller drei Städte.[205]

Die Bestimmungen zur Reise-, Zoll- und Marktfreiheit hatten für die Kommunen somit vor allem wirtschaftliche Vorteile, sprich die Stärkung der eigenen Händler und eine Erweiterung des eigenen Marktes. Zudem entstanden durch diese Regelungen gemeinschaftliche Wirtschaftszonen, in denen die Kaufleute und Händler ohne zusätzliche Kosten oder Einschränkungen ihrem Gewerbe nachgehen konnten, wodurch

---

202 Siehe etwa den Vertrag zwischen Fano und Jesi vom 2. August 1255 (Anhang 1, Nr. 83), Beleg wie in Anm. 199 in diesem Kapitel (I.2.3.5): „gaudeant omni privilegio ... emendo, vendendo, contrahendo, res quaslibet apportando, deportando, exportando seu extrahendo et extra portando". Die Klausel wurde wörtlich in einen Vertrag übernommen, den Jesi im November desselben Jahres mit Gubbio und Fabriano schloss (Anhang 1, Nr. 85). Ähnlich auch Nr. 48, 49, 54. Nr. 45 gewährt Venedig in den Bündnisstädten der Marken freien Handel. Zur vertraglichen Zusicherung der Bewegungs-, Markt- und Zollfreiheit am Beispiel des Bündnisnetzes um Mailand auch Grillo, Vie.
203 Anhang 1, Nr. 4, 7, 55.
204 Ebd., Nr. 7. Gewährt wird die Möglichkeit des Ladens und Entladens „in porto ... et eundi per mare".
205 Anhang 1, Nr. 111. Die Regelungen zum gemeinsamen Salzhandel werden beim Beitritt Jesis nicht übernommen. Inwieweit die Kommunen bereits zuvor das Monopol auf das Salzregal beansprucht hatten, geht aus dem Vertrag nicht hervor; einführend zum Salzhandel Hocquet, Salz; zum Salzmonopol der Kommunen auch Pini, Comune, S. 551 f. und die dort genannten weiterführende Literatur.

verstärkte Handelsbeziehungen in diese Richtung attraktiv wurden.²⁰⁶ Bemerkenswerterweise finden sich diese wirtschaftlich bedeutenden Vereinbarungen in erster Linie in Verträgen der ersten Hälfte des 13. Jahrhunderts und somit in einer Zeit, in der sich der Popolo als größter Nutznießer solcher Bestimmungen vielerorts eine Teilhabe an der kommunalen Regierung erst erkämpfte. Nach dem Umschwung zu vornehmlich popular geprägten Regierungsformen in vielen Kommunen Umbriens und der Marken in der zweiten Hälfte des Jahrhunderts finden sich entsprechende Regelungen hingegen kaum noch. Für Perugia ist aus dieser Zeit allerdings eine Reihe selbständiger Handels- und Zollverträge zwischen den Zünften der Städte überliefert. Eine zunehmende Ausdifferenzierung der Verträge könnte, gemeinsam mit einem erstarkten Selbstbewusstsein der *artes* als eigenständige politische Einheiten, als Erklärungsmuster für das Verschwinden wirtschaftlicher Belange aus den *societates* der popularen Kommune dienen.²⁰⁷ Die starke Konzentration von handelsfördernden Bestimmungen in den ersten Jahrzehnten des 13. Jahrhunderts, gerade auch in den Marken, weist hingegen auf einen stärkeren Einfluss der handel- und gewerbetreibenden Schichten hin als bisher für diese Kommunen oft angenommen.²⁰⁸

Ein zweiter Komplex an Bestimmungen, die direkte Auswirkungen auf das Alltagsleben der Einwohner der Bündniskommunen hatten, betraf die Folgen der zuvor genannten *capitula*. Eine Reihe von Verträgen etwa regelte gesondert das gerichtliche Vorgehen, falls es in der Folge von Handels- und Vertragsgeschäften zu Klagen kam. Wo für solche Fälle keine Schiedsrichter bestellt wurden, wurde zumeist festgelegt, dass das Verfahren durch die kommunale Regierung des Beklagten geführt wurde. Die Amtsträger dieser Stadt waren jedoch verpflichtet, das halten viele Verträge ausdrücklich fest, den Kläger wie einen eigenen Bürger zu behandeln und ihm zu seinem Recht zu verhelfen (*reddere iustitiam*).²⁰⁹ In einer der Bündnisurkunden wird gar spezifiziert, dass der mit der Angelegenheit betraute Rektor dem Kläger nicht nur wie einem beliebigen, sondern wie einem besonders geachteten der eigenen Bürger zu begegnen habe.²¹⁰ Ein anderes Schriftstück beschreibt ausführlich das Prozedere, das einer Klage wegen Leistungsunterlassung zu folgen hatte. Der amtierende Podestà oder Rektor musste den Beklagten zur Zahlung veranlassen oder für die Pfändung

---

206 Dies ist, wenn auch in deutlich größerem Umfang, auch für Mailand zu beobachten, in dessen Verträgen öfter auch die bereits vorhandenen Alliierten als Nutznießer der ausgehandelten Wirtschaftsprivilegien mit eingeschlossen wurden, so Grillo, Vie, S. 274, 284–286.
207 Eine Übersicht der Handelsverträge Perugias bei Briganti, Città, S. 214–242. Ähnliche Beobachtungen für Norditalien bei Vasina, Leghe, S. 419.
208 Zum Forschungsparadigma einer späteren Integration des Popolo, vor allem in den Marken, siehe oben Kap. 4.1, S. 25 in der Einleitung.
209 Anhang 1, Nr. 6, 36, 55, 60, 108. Zur Problemstellung des Gerichtsorts in den italienischen Kommunen einführend auch Menzinger, Diritti. Gleichlautende Regelsets finden sich auch in norditalienischen interkommunalen Abkommen; vgl. Tasini, Pactes.
210 Anhang 1, Nr. 23.

seines beweglichen und unbeweglichen Besitzes sorgen. Falls beides nicht zu einer Begleichung der ausstehenden Leistung führte, wurde der Beklagte mit dem Bann belegt, bis er den Gläubiger auslösen konnte. Dieses formalisierte Verfahren sollte vor allem die Anwendung von Repressalien in Folge ausstehender Zahlungen oder Leistungen verhindern, wie der im Text folgende Passus deutlich macht, der die Belastung von unverantwortlichen Dritten infolge des Geschäftsschlusses explizit ausschließt.[211]

Der Vertrag, ein Bündnis zwischen Rimini und Città di Castello aus dem Jahr 1228, trug damit der verbreiteten Praxis der Repressalien Rechnung. Repressalien wurden im 13. Jahrhundert zu einem institutionalisierten, in den Statuten verankerten Rechtsmittel, bei dem die Kommune als Herrschaftsträger einem Untergebenen das Recht verleihen konnte, den Gegenwert einer ausstehenden Verpflichtung oder eines erlittenes Unrechts gewaltsam einzutreiben. Betroffen war dabei nicht nur der Besitz des Schuldners, der Repressalienbrief galt ebenso für das Hab und Gut unbeteiligter Landsleute und auch die Besitzungen der fremden Kommune. Das Repressalienverfahren selbst war stark formalisiert, es verlangte unter anderem den Ausschluss aller anderen Rechtswege, die Inkenntnissetzung der betroffenen Kommune und die fristgerechte Durchführung.[212] Das Bündnis zwischen Rimini und Città di Castello war nicht das einzige, dem die Vermeidung von Repressalien ein Anliegen war. Mehrere Verträge verboten in aller Deutlichkeit die gewaltsame Belangung von unbeteiligten Personen der anderen Kommune zur Erfüllung von ausstehenden Verpflichtungen.[213] Eine Serie an umbrischen Verträgen schreibt hingegen vor, die eigenen Bürger zur Vorsicht bei Vertragsschlüssen anzuhalten, um jeden Grund für Repressalien zu vermeiden.[214] Die wiederholte Beschäftigung der Vertragswerke mit diesem Thema zeigt sehr deutlich die Problematik, die das Rechtsmittel der Repressalien für die Kommunen mit sich brachte. Diese Form der Leistungserzwingung konnte den Frieden zwischen den Kommunen nachhaltig gefährden, denn die Kommunen waren durch

---

211 Ebd., Nr. 49. Generell zum Bannverfahren am Beispiel Bologna Milani, Note.
212 Vgl. Pene Vidari, Rappresaglia, und Vismara, Repressalien(recht), sowie die dort aufgeführte Forschungsliteratur. Auch Torelli, Studi, S. 200–203. Zur komplexen Beantragung eines Repressalienbriefes anhand des Einzelfalls eines Kaufmanns aus Siena, wenn auch aus dem Bereich des Seehandels und zu Beginn des 14. Jahrhunderts, Catoni, Avventura. Ein Beispiel eines Repressalienbriefes aus dem Untersuchungsraum (Ancona), ebenfalls aus der ersten Hälfte des 14. Jahrhunderts, bei Antonelli, Ragioni, S. 159–162. Selbst die Kurie griff bisweilen auf dieses Rechtsmittel zurück, vgl. etwa Fischer, Kardinäle, S. 304–307.
213 Anhang 1, Nr. 53–55, 75. Ähnliche Regelungen finden sich auch in den Verträgen der Lega Lombarda und anderen norditalienischen Bündnissen; vgl. Fasoli, Lega, S. 157; Grillo, Vie, S. 261; Vasina, Studi, S. 237.
214 Anhang 1, Nr. 77, 88, 105. Es handelt sich um das große umbrische Bündnis des Jahres 1251 und die nachfolgenden Verträge der Jahre 1256 und 1277, die die Klausel, wie auch die meisten anderen Bestimmungen, wörtlich übernehmen.

die Ausstellung des Repressalienbriefes aktive Teilhaber an der Unternehmung. Und auch mögliche Gegenaktionen betrafen die gesamte Gemeinde.[215] Dass die kommunalen Führungen nicht immer gewillt waren, in der Vertretung der eigenen Mitglieder dieses Risiko zu tragen, zeigen die Repressalienklauseln in den Bündnisverträgen ebenso wie viele andere Quellen der Zeit. Erwähnt sei hier aus dem Untersuchungsraum eine Vereinbarung zwischen Terni und Rieti aus dem Jahr 1277, die sehr anschaulich die Gefahren des Repressalienrechts für den friedlichen Status zwischen den Kommunen verdeutlicht. Überliefert ist sie in Form eines Ratsbeschlusses aus Rieti, der den Vorschlag einer Gesandtschaft aus Terni widergibt: Aufgrund der vielen Streitigkeiten und Repressalien, die zwischen den Bürgern der beiden Städte als Konsequenz aus Verträgen und anderen Handelsverpflichtungen immer wieder entstünden und die den Frieden zwischen beiden Kommunen maßgeblich gefährdeten, schlugen die *ambaxatores* eine Reihe von Maßnahmen vor. In erster Linie sollte kein Bürger Rietis einen Vertrag mit vereinbartem Zahlungsaufschub („sub credentia") mit einem Angehörigen Ternis schließen. Bei Zuwiderhandlung mochten die Betroffenen die Angelegenheit regeln, ohne die Kommunen einzubeziehen. Forderungen gegen die Kommune und Repressalien wolle man so ausschließen. Diese Abmachung sollte öffentlich ausgerufen und in die Statuten verankert werden.[216] Letzendlich war auch diese Vereinbarung, die von der Sache her Geschäftsbeziehungen zwischen Einzelnen betraf, somit der politische Versuch, Konflikte zwischen den beiden Kommunen zu vermeiden.

Andere Vereinbarungen betrafen den Umgang mit Überfällen, die Angehörige der Bündniskommune auf dem eigenen Gebiet, manchmal auch in fremden Territorien, erlitten. Auch hier verpflichteten sich die kommunalen Regierungen vertraglich, den Betroffenen bei der Wiederbeschaffung des geraubten Besitzes zu helfen oder für eine schnelle Entschädigung zu sorgen. Und auch bei Vorkommnissen dieser Art außerhalb der Territorien der Bündnisstädte sicherten sich manche Kommunen Hilfe zu, ohne diese jedoch zu erläutern.[217] Ein Bündnis zwischen Macerata und Montolmo aus dem Jahr 1219 legte zudem die rechtlichen Folgen für die Schuldigen fest: drei Jahre Exil und eine Geldstrafe, die nach der Zugehörigkeit zur Gruppe der *milites* oder *pedites* gestaffelt war. Dem Beklagten wurde allerdings die Möglichkeit eingeräumt, der Anklage durch einen gerichtlichen Zweikampf zu widersprechen.[218]

In der Theorie schufen die Bestimmungen zum Gerichtsverfahren, zu Repressalien und zur Entschädigung bei Überfällen für den Einzelnen somit eine gewisse

---

215 So Pene Vidari, Rappresaglia.
216 1277 zwischen Mai 20 und November 25, in: Rossi-Passavanti, Interamna, S. 244 f. Die Datierung des Beschlusses ist unvollständig, es fehlen Monat und Tag. Sie verweist aber auf die Vakanz des Jahres 1277, was eine Eingrenzung ermöglicht.
217 Anhang 1, Nr. 2, 19, 33, 37, 43, 49, 54, 55, 108, 114.
218 Ebd., Nr. 36.

Rechtssicherheit auch auf dem Gebiet der Bündnisstadt. Ihm waren durch den politischen Vertrag feste Vorgehensweisen garantiert, die ihm zu seinem Recht gegenüber Angehörigen eines anderen Juristiktionsbereich verhelfen konnten. Er genoss in diesem Punkt somit ein Recht, das üblicherweise nur den *cives* einer Kommune zustand.[219] Für das Individuum entwuchs aus dem Bündnis somit ein erweiterter Rechtsraum, in dem man mit ähnlichen Sicherheiten wie im eigenen Stadtrechtsbereich agieren konnte. Für die Kommunen hingegen verringerten die Regelungen das Risiko unbewaffneter oder bewaffneter Konflikte, indem häufige Streitpunkte zwischen den Untergebenen in vorgegebene Rechtswege kanalisiert wurden, die zum Teil ausdrücklich die Mithaftung oder die ‚Fürsorgepflicht' der Kommunen für ihre Mitglieder ausschlossen.

Eine letzte Gruppe an Vereinbarungen, die seit den 1230er Jahren in Verträgen auftrat, betraf den Umgang mit unwillkommenen Personengruppen, insbesondere Verbannten wie auch Straftätern und Aufrührern. Diese, so der Grundtenor der Klausel, durften in der Bündnisstadt nicht aufgenommen werden.[220] Einige Verträge verfügten darüber hinaus, dass bei Kenntnis des Aufenthaltes einer solchen Person die andere Kommune informiert werden musste oder möglichst die Gefangennahme und Auslieferung organisiert werden sollte.[221] Ein Vertrag berücksichtigte die Eventualität von Wohnsitz und Besitz eines Gebannten auch in der Bundesstadt und verfügte, dass der Betroffene auch aus der Bündniskommune sofort ausgewiesen werden sollte.[222] Auf den Punkt bringt diese Praxis eine Bündnisurkunde zwischen Orvieto und dem Städtchen Bagnorea, die analog zur Formel *inimicos pro inimicis habere* verfügt, dass Gebannte auch für die Bündnisstadt als Gebannte zu gelten haben („tenere exbanditos pro exbanditis").[223] Bei dem hier umschriebenen Personenkreis handelte es sich, dies diktiert allein die Problemstellung, um Personen, die aus ihrer Kommune exiliert wurden. Ob es sich dabei um politische Exilierte im Kontext der innerstädtischen Parteienkämpfe handelte, um Personen, die im Laufe eines Strafverfahrens oder in Folge eines schuldrechtlichen Vergehens mit einem Bann belegt wurden, der ihnen die Residenz in der Stadt verbot, oder ob beide Gruppen gemeint waren, wird in den Quellen nur selten deutlich.[224] Eine Serie von Verträgen mit Beteiligung Perugias allerdings greift das Problem in zwei getrennten Klauseln auf und suggeriert damit eine

---

219 Vgl. hierzu Vallerani, Diritti.
220 Anhang 1, Nr. 67, 77, 93, 109.
221 Ebd., Nr. 55, 108. In den Parlamenten des Patrimoniums wurden seitens des Papstes oder der Rektoren meist analoge Vorgehensweisen gegen Rebellen und Straftäter gegen die Kirche verordnet, vgl. Sella, Costituzioni, S. 23 f.
222 Ebd., Nr. 82.
223 Anhang 1, Nr. 72.
224 Zum Bann als Teil des Rechtsprozesses gundsätzlich Milani, Note, und Vallerani, Diritti. Zur politischen Exilierung Milani, Esclusione, der die Genese aus dem juristischen Instrument des Banns im Rahmen des Strafverfahrens nachzeichnet.

grundsätzliche Unterscheidung: Die Bündnisinstrumente untersagen im Rahmen der Normierung des Umgangs mit Parteienkämpfen die Aufnahme exilierter Parteien (*partes*), in einem weiteren Absatz wird die Aufnahme von *exbanditi* und anderen Feinden der Kommune – die Rede ist von *inimici, malefactores, rebelles* – thematisiert, wobei es sich wohl immer um politische Gegner handelt. Die Grenze in diesen Verträgen verlief somit möglicherweise eher zwischen verurteilten Einzelpersonen und Gruppen, die aus freier Entscheidung oder auf militärischen und politischen Druck die Stadt verlassen hatten.[225] Zumindest für die erste Gruppe, einzelne im Rahmen eines gerichtlichen oder politischen Verfahrens Exilierte, bedeutete der Bann somit nicht nur den Verlust von Privilegien und Bürgerrechten der eigenen Stadt, sondern darüber hinaus auch von Privilegien, die ihnen aufgrund des Bündnisvertrags im Territorium der befreundeten Kommune zustanden. Augenscheinlich wird dies in einem Bündnisvertrag zwischen Perugia, Todi, Foligno, Gubbio und Spoleto aus den 1230er Jahren, der sich nicht zur Aufnahme von Exilierten äußert, aber festlegt, dass das Zugeständnis von Rechten für Angehörige der anderen Kommunen nicht für Verbannte, Fälscher oder Diebe gelte.[226] Auch die Regelungen zum Umgang mit Gebannten und Straftätern schufen somit einen gemeinsamen Rechtsverband, aus dem die entsprechenden Personen ausgeschlossen waren und in dem in einigen Fällen auch eine gemeinsame Strafverfolgung vorgesehen war, wenn etwa Gefangennahme und Auslieferung vereinbart wurden.[227]

Insgesamt hatten die Regelwerke, die die einzelnen Mitglieder der kommunalen Gemeinschaften berührten, wie auch die Installation von Schiedsgerichten, eine stark integrierende Funktion. Die Bündnisse, die entsprechende Vereinbarungen beinhalteten, hatten gemeinsame Durchgangs-, Wirtschafts- und Rechtsräume zur Folge und verzahnten insbesondere den Handel zwischen den Kommunen. Sie organisierten damit, wie Massimo Vallerani für die Bündnisse der Lombardei konstatiert hat, nicht mehr nur die friedliche Koexistenz, sondern eine weit darüber hinausgehende Kooperation zwischen den Kommunen, welche die unterschiedlichen Hoheitsbereiche dank eines Netzes an kontinuierlichen, positiven Beziehungen vereine. Auch Vallerani erkennt als Ergebnis dieser Kooperation „uno spazio politico-economico omogeneo".[228] Dass dies nicht immer gewünscht war, zeigt allerdings eine ganze Reihe von Verträgen, die ohne entsprechende Klauseln auskamen, wobei der größere Teil der Urkunden mindestens eine dieser raumbildenden Regelungen einflocht. Diese Einsicht stellt für die untersuchten Verträge jedoch auch die eingangs aufgegriffene Diskussion um den Charakter von Bünden und Bündnissen in Frage. Die Bündnisse der Kommunen des Patrimonium Petri erfüllen zwar nicht den gesamten Kriterienkatalog, den

---

225 Anhang 1, Nr. 55, 108, 109.
226 Ebd., Nr. 60.
227 So für Norditalien auch Vallerani, Rapporti, S. 227 f.
228 Ebd., S. 226. Ähnlich auch Vasina, Leghe, S. 416 f.

die deutschsprachige Forschung für die Definition eines „Bundes" zusammengestellt hat, dennoch ist ein hoher Grad an Institutionalisierung und Territorialisierung in den Verträgen, die durch einzelne Klauseln das alltägliche Handeln der kommunalen Einwohner und den Umgang miteinander beeinflussten, zu erkennen, selbst wenn die Bündnisräume, die auf diese Weise entstanden, gegen die großen regionalen und überregionalen Bünde des 13. Jahrhunderts unbedeutend erscheinen mögen.[229]

2.3.6 Die Beziehungen zu Dritten

Fand die allgemeine Zusage auf Hilfe und Unterstützung ihr konkretes Äquivalent vor allem in den Bestimmungen zur Militärhilfe, so wurde der zweite Teil der allgemeinen Hilfszusagen, die gemeinsame Freund-und-Feind-Politik, vor allem in Vereinbarungen zum Umgang mit Dritten konkretisiert. Darunter verstanden die Verträge vor allem Kommunen, die nicht im Bündnis waren, und kleinere Gemeinden, einzelne Herrschaftsträger und oft auch die Universalgewalten. Es waren hauptsächlich die freundschaftlichen Beziehungen zu diesen politischen Einheiten, die in den Verträgen normierungsbedürftig erschienen. Der Umgang mit Feinden der Kommunen wurde primär über die militärischen Bestimmungen geregelt. Häufig galt auch die Vorgabe, keinen Separatfrieden mit gemeinsamen Gegnern zu schließen. Nur wenige Verträge definieren darüber hinaus, wer als Feind der Kommunen zu gelten habe, ausgenommen sind hier die offensiven Bündnisse, die bereits einen gemeinsamen Gegner benennen.[230]

Die Nennung der vorhandenen „Freunde" ist hingegen ein wichtiger Bestandteil vieler Verträge. In Form von Ausnehmungen von den vereinbarten Vertragsleistungen berücksichtigten die bündnisschließenden Kommunen bereits bestehende Bündnisse oder andere Abkommen. Die Kommunen schlossen diese Vertragspartner folgerichtig aus, wenn sie sich gegenseitig militärische oder sonstige Hilfe gegen Dritte zusagten.[231] Aber auch andere politische Einheiten, mit denen die Kommunen keinen Konflikt riskieren wollten, wurden oft mit einem Treuevorbehalt versehen. In erster Linie waren dies die Römische Kirche und der Kaiser, in den umbrischen Bündnissen häufig auch die Stadt Rom.[232] Ähnlich wie die *ad-honorem*-Formel transportierten die Ausnehmungen somit häufig politische Inhalte, wenn auch weniger deutlich. So spiegeln

---

[229] Siehe die oben in Kapitel I. 4.2 zusammengestellte Literatur. Den Aspekt des gemeinsamen Wirtschaftsraums der Lega Lombarda hebt auch Grillo, Vie, S. 261 f., hervor.
[230] Zur Anzeige von Feinden (und Freunden) bzw. zum notwendigen Mehrheitsbeschluss zur Bestimmung eines gemeinsamen Feindes siehe oben Kap. I.2.3.2, S. 150 f.
[231] Mehr als ein Drittel der überlieferten Verträge beinhaltet solche Vorbehalte.
[232] Ausnehmungen der Universalgewalten und ihrer Vertreter finden sich in fast der Hälfte aller Verträge.

sich die politischen Orientierungen der beiden Regionen im 13. Jahrhundert nicht nur in den Datierungen der Instrumente, sondern manchmal auch in den Ausnehmungen der Bündnisverträge. So nimmt das älteste erhaltene Bündnis in den Marken aus dem Jahr 1191 nur den Kaiser und den Markgrafen aus, das nächste Bündnis in der Überlieferung, ein Vertrag zwischen Ancona und Osimo vom August 1198, nennt nunmehr die Römische Kirche. Die Werbung der päpstlichen Legaten scheint hier bereits erfolgreich gewesen zu sein.[233] In den Jahren darauf fahren die Kommunen bei den Vorbehalten bis auf wenige Ausnahmen jedoch lieber doppelgleisig, die Hilfe wird meist gegen beide Universalgewalten eingeschränkt, auch wenn die Datierungen und *ad-honorem*-Formeln vornehmlich auf das Papsttum oder auf das Kaisertum bezogen sind.[234] Erst im letzten Drittel des 13. Jahrhunderts fällt das Reich in allen überlieferten Ausnehmungen weg. Dies ist möglicherweise auch ein Hinweis darauf, dass die Salvationsformeln hinsichtlich der Universalgewalten pragmatischen Gründen folgten und weniger legitimatorischen Charakter hatten, wie für die frühen Bündnisse Norditaliens konstatiert worden ist.[235] Eine auffällige Entwicklung in Bezug auf den übergeordneten politischen Rahmen zeigen die Ausnehmungen in der Überlieferung der kleinen Kommune Cagli gegen Ende des Jahrhunderts. Die Kommune schließt nun grundsätzlich jeden potentiellen Machthaber („dominante") in der Provinz „de iure vel de facto, in totum vel quamcumque partem" von Bündnisleistungen aus. Ob diese Vorsicht den Erfahrungen während der wechselnden Machtverhältnisse im staufisch-päpstlichen Konflikt geschuldet ist, muss hypothetisch bleiben.[236]

Neben diesen allgemeinen Ausnehmungen präsentierte jede Kommune oft eine kleinere oder größere Liste an ausgenommenen Gemeinden und Personen, die im besten Fall als Katalog der aktuellen Bündnisse und Verträge der Kommunen zu lesen ist.[237] Während sich manchmal alle zugrundeliegenden Schriftstücke identifizieren lassen, scheinen in den Ausnehmungen in anderen Fällen auch Bündnisse

---

233 Anhang 1, Nr. 1 und 7. Zu diesem Bündnis als Gradmesser für den Erfolg der päpstlichen Rekuperationspolitik vgl. Leonhard, Seestadt, S. 98–100. Das auf Mai 1198 datierte Instrument über ein Bündnis zwischen Camerino und Montecchio (Nr. 6) muss wohl nachträglich ausgefertigt worden sein, die Ausnehmung nennt noch Kaiser Heinrich. Dem entspricht möglicherweise auch die Form des Breve.
234 Nur den Kaiser nehmen die Bündnisse unter Anhang 1, Nr. 14, 22, 33, 36 aus, nur die Kirche Nr. 18, 32, 43, 53, 60.
235 So Fasoli, Lega, S. 144, und dieser folgend auch Vasina, Studi, S. 235.
236 Vgl. die Regesten in Documenti, hg. von Baldetti, z. B. S. 262. Eine ähnliche Konstruktion findet sich bereits zu Beginn des 13. Jahrhunderts in einem Bündnis zwischen Fabriano und San Severino (Anhang 1, Nr. 9), ausgenommen werden Markgraf Markward von Annweiler sowie jeder andere Herr „qui pro Imperio esset dominaturum in terra": Libro rosso 2, hg. von Bartoli Langeli/Irace/Maiarelli, Nr. 227, S. 375.
237 So auch Codice Diplomatico 2, hg. von Bartoli Langeli, S. 376, Anm. 1.

auf, die anderweitig nicht mehr dokumentiert sind.[238] Allerdings wird die Qualität der Beziehungen in den Ausnehmungen nicht immer genannt. So formulieren einige Rogatare klar, dass die genannten Parteien ausgenommen sind, weil mit diesen bereits Bündnisse oder Vertragsbeziehungen bestehen; in anderen Fällen muss dies rekonstruiert werden oder offen bleiben.[239] So gibt es auch Verträge, die explizit oder unausgesprochen unterworfene Kommunen ausnehmen, während bei anderen Urkunden der Contado wohl unter dem Begriff der Kommune subsumiert war.[240]

Die Ausnehmung erfolgte meist formelhaft als eigener Satz (*de predictis omnibus excipimus* oder ähnlich) oder durch die Einleitung *salvo / salvis* oder *excepto / exceptis* im Anschluss an andere Bestimmungen – meist die allgemeinen Hilfszusagen oder das Versprechen, die Bündnisbestimmungen einzuhalten. Nur selten wurde diese Reservationsformel durch Zusätze ergänzt oder abgeändert. So verbanden Ancona und Osimo 1198 die Ausnehmung von Castelfidardo mit der Bedingung, dass das *castrum* zuvor der Kirche die Treue schwor.[241] Spoleto schränkte in einem Bündnis mit Rieti 1216 seine Zusage auf Schutz und Hilfe für alle Bürger Rietis folgendermaßen ein: Aufgrund eines älteren Bündnisses mit den *Macholinenses* – es handelt sich wohl um das Konsortium des Kastells Machilone – könne Spoleto die Person und den Besitz eines gewissen Fortibrachius nicht schützen, ehe dieser nicht zu einer Übereinkunft mit jenem Konsortium gekommen sei, obwohl er das Bürgerrecht Rietis besitze.[242] Auch Siena und Orvieto schränkten einen Treuevorbehalt gegenüber dem Papsttum

---

238 Eine fast vollständige Rückführung auf überlieferte Dokumente ist zum Beispiel möglich in Anhang 1, Nr. 85 und 86. Nur über Ausnehmungen in anderen Verträgen zu erschließen sind etwa ein Bündnis zwischen Gubbio und Sassoferrato (vor 1216 Juni 18, Anhang 1, Nr. 29) oder zwischen Spoleto und Narni (vor 1216 Juni 28, Anhang 1, Nr. 31).
239 Explizit auf *societates* oder *amicitie* beziehen sich beispielsweise die Vorbehalte in Anhang 1, Nr. 9, 30, 32, 37, 77, 82. Andere Urkunden nennen *iuramenta, conventiones, promissiones, pacta* u. a. (Siehe etwa Anhang 1, Nr. 13, 21, 86, 100).
240 So nehmen beispielsweise die Bündnisse zwischen Perugia und Todi (Anhang 1, Nr. 15, 21, 35) nur unterworfene Städte aus, vgl. auch die Anmerkung in der Edition: Codice Diplomatico 1, hg. von Bartoli Langeli, S. 95, Anm. 1. Die Zusicherungen Fanos an Rimini hingegen unterscheiden zwischen Venedig und Senigallia einerseits und Fossombrone, „nobis subiectam", andererseits (Nr. 20). Ein bilateraler Vertrag zwischen Ancona und Osimo, der im Kontext eines der großen Thronstreitbünde in den Marken entstand, schloss hingegen die Bundesmitglieder („exceptis ... civitatibus et castris que sunt in societate") von allen Hilfeleistungen aus (Nr. 7); ein Vertrag zwischen Siena und Perugia die „sacramenta societatis Tuscie" (Nr. 18).
241 Anhang 1, Nr. 7. Die Konsuln Fabrianos nahmen 1199 in einem Bündnis mit San Severino Camerino aus, außer im Falle eines kriegerischen Konflikts zwischen Fabriano und Camerino; ein Zusatz, der nicht unbedingt notwendig erscheint, vor allem da Camerino von San Severino nicht ausgenommen wird (ebd., Nr. 9).
242 Ebd., Nr. 32. Zur möglichen Identifizierung der *Macholinenses* vgl. Leggio, Farfa, S. 295.

sogleich wieder ein: Dieser gelte nicht, sobald der Papst versuche, den Besitz einer der beiden Kommunen zu mindern.²⁴³

Sieht man von solchen komplexeren Ausnehmungen ab, so ergab sich aus den Exzeptionsformeln in den Verträgen schlicht die Neutralität der Kommunen gegenüber genau festgelegten Parteien. Diese konnten entweder aus Gründen der Opportunität in die Ausnehmungen aufgenommen worden sein, etwa weil es sich um Parteien handelte, mit denen ein Konflikt nicht ratsam erschien, oder aufgrund bestehender Treue- und Vertragspflichten. Dazu gehörten sowohl das Papsttum, dem die Kommunen Umbriens und der Marken seit Beginn des 13. Jahrhunderts per Treueid verpflichtet waren, wie auch die Städte und Gemeinden, denen man auf Grundlage eines Bündnisses oder eines Unterwerfungsvertrags Unterstützung schuldete. Bruno Paradisi sah in dieser Konstellation eine Parallele zum Lehnswesen, wo das Problem der Doppel- oder Mehrfachvasallität zu ähnlichen Konstrukten führte.²⁴⁴ Auch hier darf eine bewusste Übernahme jedoch bezweifelt werden.

Während die Ausnehmungen in den Verträgen bestehende Verpflichtungen thematisierten, sahen sich viele Kommunen darüber hinaus bemüßigt, auch zukünftige Beziehungen zu außenstehenden Parteien zu regulieren. Im Normalfall sahen die Bündnisurkunden hierfür vor, dass weitere Bündnisse nur mit Einwilligung der Bündnispartner geschlossen werden durften. Außer in einigen wenigen Verträgen ist hierbei nur von *societates* und, wo dies präzisiert wird, auch nur mit Städten oder Gemeinden die Rede.²⁴⁵ Diese Klausel bedient sich ebenfalls vieler formelhafter Elemente, die fast in jedem Vertrag wiederzufinden sind (*non contrahere / facere aliquam societatem cum aliqua civitate / comunitate / terra sine consensu et voluntate / requisitione et licentia alterius civitatis / comunis* o. ä.).²⁴⁶ Einige der *societates* beschnitten das freie ‚Vertragsrecht' allerdings nicht vollständig, sondern nur für bestimmte mögliche Vertragspartner: Kommunen mit Grenzen zu beiden Bündnispartnern,²⁴⁷ gegnerische Parteien²⁴⁸ oder namentlich genannte Städte und *castra*.²⁴⁹ Andere verfügten nur, dass weitere Bündnisse dem jetzigen nicht entgegenstehen durften, oder dass die Bündniskommune in einer zukünftigen *societas* als Ausnehmung geführt werden musste.²⁵⁰ Ein Bündnis zwischen Jesi und Fano, das gegen den päpstlichen Rektor gerichtet war, erklärte zudem alle älteren Abkommen zwischen diesem und den beiden Kommunen als kassiert, wobei bezüglich der Natur solcher

---

243 Anhang 1, Nr. 37 (Erneuerung 1221) und 19 (1202).
244 Paradisi, Law, S. 662.
245 In einigen Verträgen Perugias ergänzt durch *compagnia, coniuratio* o. ä. (Anhang 1, Nr. 77, 88, 108, 109; alle Verträge basieren auf derselben Vorlage).
246 Siehe etwa ebd., Nr. 14, 15, 20, 21, 34, 35, 55, 77, 79, 90.
247 Ebd., Nr. 76, 70.
248 Ebd., Nr. 36 (hier ist allerdings nur die Rede von Bündnissen mit *homines* und *persone*), 49.
249 Ebd., Nr. 5, 20, 34, 67.
250 Ebd., Nr. 21, 35, 43, 61, 90.

Abkommen kein Schlupfloch gelassen wurde.²⁵¹ Ein einziger Vertrag präzisierte das Verfahren der Zustimmung zu einem weiteren Bündnis genauer: Die Einwilligung galt als gegeben bei einem Mehrheitsbeschluss des Rates.²⁵² In zwei Bündnissen gingen die Kommunen noch einen Schritt weiter. Sie schrieben fest, dass bestimmte Bündnisse nur geschlossen werden durften, wenn auch der Bündnispartner eingeschlossen wurde, oder dass man sich zumindest um die Aufnahme des Partners in ein bereits bestehendes Bündnis bemühen sollte.²⁵³

Auch die Aufnahme weiterer Kommunen in das aktuelle Bündnis wurde bisweilen thematisiert. In einem solchen Fall wurde meist ebenfalls die Zustimmung aller Bündnisstädte vorausgesetzt.²⁵⁴ Oft fand eine potentielle Erweiterung der *societas* jedoch nur Erwähnung, wenn bereits bestimmte Konstellationen vorgesehen oder ausgeschlossen waren. So verfügte ein Bündnis zwischen vier Kommunen der Marken einerseits und Ravenna und Rimini andererseits, dass weitere Parteien „de Marchia" beitreten konnten, wenn sie den entsprechenden Eid leisteten. Der Beitritt von Personen und Gemeinden „extra Marchiam" bedurfte jedoch der Zustimmung Riminis und Ravennas.²⁵⁵ Das große umbrische Bündnis des Jahres 1237 erlaubte zwar grundsätzlich die Aufnahme weiterer Parteien, jede Stadt brachte jedoch eine Liste mit Vorbehalten ein. Die dort aufgeführten Kommunen durften nur mit ausdrücklicher Zustimmung der Stadt, die den Vorbehalt geäußert hatte, aufgenommen werden. Der Vertragstext musste im Falle einer Erweiterung zudem unverändert bleiben.²⁵⁶ Ein Bündnis des Jahres 1217 aus den Marken fügte hinzu, dass auch bei Aufnahme weiterer Parteien die Bindung zwischen den ursprünglichen Bündnisschließenden immer Priorität haben sollte.²⁵⁷ Andere Verträge beschränkten die Erweiterung dagegen auf namentlich genannte Kommunen, manchmal an Bedingungen geknüpft, in der Zeit des staufisch-päpstlichen Konflikts etwa die Rückkehr zur päpstlichen Partei.²⁵⁸

Im besten Fall können die Regelungen zum Umgang mit dritten Kommunen und Parteien das Beziehungsnetz einer oder mehrerer Kommunen oder sogar einer ganzen Region abbilden. Für Norditalien hat dies Massimo Vallerani am Beispiel der Bünd-

---

251 Libro, hg. von Avarucci/Carletti, Nr. 63, S. 104 f. (Anhang 1, Nr. 83): „capitulis seu statutis, bannis, ordinamentis, preceptis et reformationibus, pactis, promissionibus et obligationibus et stipulationibus consiliorum factis et faciendis aliquo tempore ... ex nunc sit vel sint cassa et inrita".
252 Anhang 1, Nr. 49.
253 Ebd., Nr. 27, 86.
254 In dieser einfachen Form ebd., Nr. 7, 8, 83.
255 Ebd., Nr. 4. Dieses Bündnis zeigt generell ein starkes Regionalbewusstsein, denn die vertragsschließenden Städte der Marken werden im Text meist einfach als *Marchisiani* bezeichnet.
256 Ebd., Nr. 60.
257 Ebd., Nr. 34. Der Passus bezieht sich allerdings auf eine Reihe namentlich genannter Gemeinden, die möglicherweise alle in einem Abhängigkeitsverhältnis zur Bündnisstadt San Severino standen.
258 Ebd., Nr. 67, 77, 92, 108.

nisse Cremonas herausgestellt. Diese Kommune benutzte in besonders auffälliger Weise die Ausnehmungen und Erweiterungen in ihren Verträgen, um verschiedene Bündnisachsen zu verbinden.[259] Ein ähnlich komplexes Flechtwerk an Beziehungen findet sich im Untersuchungsraum in einem Bündnis zwischen Perugia, Orvieto, Spoleto, Narni und Assisi, geschlossen am 28. Februar 1251. Dieses Bündnis der wichtigsten propäpstlichen Kommunen Umbriens präsentierte über die Ausnehmungen und Erweiterungsoptionen eine Art Planspiel der verschiedenen Beziehungen in der Region.[260] Grundsätzlich gestattete der Vertrag zukünftige Bündnisse auf die übliche Weise nur mit Zustimmung der Bündnispartner. Diesem Passus wurden jedoch bereits mehrere Szenarien entgegengestellt, die ausdrücklich freigegeben waren. Zunächst hielt der Vertrag eine Beitrittsoption für Rieti fest. Der Stadt stand es frei, dem Bündnis zu den aktuellen Bedingungen beizutreten. Die explizite Nennung Rietis lässt auf geplante oder bereits laufende Beitrittsgespräche mit der heute in Latium gelegenen Kommune schließen. Allerdings war der ausführende Notar gezwungen, die Verfügung gleich wieder einzuschränken: Orvieto und Assisi behielten sich vor, ihre Versprechungen nicht auf Rieti auszuweiten.[261] In diesem hypothetischen Fall wäre das Bündnis des Jahres 1251 in zwei interne, sich überlappende Bündnisse zerfallen. Neben der ursprünglichen Konstellation aus Perugia, Orvieto, Spoleto, Narni und Assisi hätte ein inhaltlich identisches Bündnis aus Perugia, Spoleto, Narni und Rieti existiert.

Des Weiteren erlaubte der Vertrag Orvieto, Perugia und Narni ein gemeinsames Bündnis mit Orte, solange dieses der ursprünglichen *societas* nicht entgegenstand. Betont wird jedoch, dass dies nur für einen gemeinsamen Bündnisschluss aller genannten Städte gelte („coniuti simul et non seperatim"). Spoleto, Perugia, Orvieto und Assisi stand es darüber hinaus frei, auch Gubbio und Camerino in das Bündnis aufzunehmen oder ein neues Bündnis zu schließen, allerdings erst nach einer Rückkehr Gubbios „ad mandata Ecclesie", und unter der üblichen Bedingung, dass ein neues Bündnis dem aktuellen Vertrag nicht entgegenstehen dürfe. Während Narni somit offensichtlich von Beginn an kein Interesse an einer Verbindung mit Gubbio und Camerino hatte, reservierte sich auch Orvieto die Möglichkeit, seine Obligation nicht auf diese beiden Kommunen auszuweiten.[262] Perugia und Orvieto sicherten sich überdies das Recht, mit den Städten der Toskana Abkommen zu schließen, solange

---

259 Vallerani, Rapporti, S. 249 f., 261 f. Cremona schuf auf diese Weise, so Vallerani, S. 261, „un programma di coordinazione delle città padane per mezzo di una catena di fedeltà incrociate ordinate su Cremona".
260 Anhang 1, Nr. 77. Zu diesem Bündnis siehe auch unten Kap. II.2.1, S. 290–293.
261 Codice Diplomatico 2, hg. von Bartoli Langeli, Nr. 233, S. 526 f.
262 Ebd., S. 527. Bei der südlichsten Bündnisstadt Narni waren es möglicherweise vor allem räumliche Gesichtspunkte, die eine Ausweitung ihrer Verpflichtungen auf die deutlich weiter im Norden gelegenen Kommunen nicht ratsam erscheinen ließen.

diese dem Bündnis nicht schadeten.[263] Daneben präsentierte die Bündnisurkunde verschiedene Vorbehalte, die explizit auf bestehende *societates* mit den genannten Städten zurückgeführt wurden. Ausgenommen wurden zunächst die älteren Verträge zwischen einzelnen Bündnisstädten, nämlich eine *societas* „primo contracta" zwischen Orvieto und Perugia, und ein Bündnis „olim contracta" zwischen Spoleto und Narni. Orvieto nahm dann bestehende *societates* mit Florenz und Toscanella von den Bündnispflichten aus.[264]

Ob diese verwirrende Vielzahl an Beitrittsangeboten und Zusatzbündnissen jemals realisiert wurde, ist aus den Quellen nicht zu erschließen. In der Theorie allerdings entstand durch die Ausnehmungen und Erweiterungsoptionen ein Bündniskomplex, der aus verschiedenen internen Bündnissen und Satellitenbündnissen bestand, die jeweils nur für eine Teilgruppe des Kernbündnisses vorgesehen waren. Diese Aufsplitterung, deren Hintergründe im Einzelnen kaum nachzuvollziehen sind, erlaubt zwei Auslegungsweisen. Zum einen lässt sich die Reserviertheit einiger Kommunen, das bestehende Bündnis auch auf weitere Partner auszuweiten, als mangelnder Bindungswille interpretieren, der möglicherweise auch das Kernbündnis wenig stabil machte. Dies ist vor allem für Orvieto wahrscheinlich, denn die Kommune zeigt sich im Vertragsdokument sehr bemüht, ihre Verpflichtungen nur auf die ursprünglichen Partner zu beschränken.[265] Zum anderen ändert diese Tatsache nichts an den Auswirkungen, die die Realisierung aller aufgeworfenen Szenarien mit sich gebracht hätte: Auch wenn immer nur Teilgruppen des Kernbündnisses Bündnisverpflichtungen mit weiteren Städten eingingen, so entstand – zumindest idealiter – ein Sicherheitsnetz aus überkreuzten Verpflichtungen und Neutralitäten. Obwohl sie nicht direkt, sondern nur über den Angelpunkt des Bündnisses vom 28. Februar 1251 miteinander verbunden gewesen wären, wären größere kriegerische Auseinandersetzungen zwischen den umbrischen Städten damit zumindest erschwert gewesen. Obwohl die Realisierung zweifelhaft bleibt, schufen die Ausnahmeregelungen auf dem Pergament somit das, was Vallerani als „catena di fedeltà incrociate"

---

[263] Im Gegensatz zu den anderen Optionen ist hier nicht von *societates* die Rede, die Städte dürfen, so der Text, „aliquid ordinare cum civitatibus Tuscie": ebd., S. 527 f.

[264] Ebd., S. 527. Dort auch zur möglichen Identifizierung der älteren Veträge. Siehe hierzu auch Anhang 1, Nr. 71, 72 und 77.

[265] Dies könnte man als nur lauwarmes Interesse der Kommune an dem Bündnis auslegen. Vgl. auch Annales urbevetani, Cronica potestatum, ad a. 1251, hg. von Fumi, S. 151: „Eodem anno, Perusini, Assisinates, Spoletani et Narnienses contracserunt sotietatem inter se". Die Beteiligung auch Orvietos an dieser *societas* wird somit in den Annalen nicht deutlich hervorgehoben, allerdings ist es möglich, dass der zweite Teil des Satzes, „et Urbevetani fecerunt generalem exercitum contra Montemflasconem", einen Zusammenhang zwischen dem Bündnis und Orvietos Zug gegen Montefiascone herstellt, vor allem da anschließend auch die Unterstützer Montefiascones eigens genannt werden („Cum eis erant in auxilium Viterbienses, Tudertini, Ortani et Veteralla."). Auch in den folgenden Jahrzehnten hielt Orvieto das Bündnis mit Perugia immer aufrecht, siehe unten Kap. II.3.1.

bezeichnete. Ausgeschlossen blieben für den Moment nur diejenigen Kommunen, die im Februar 1251 von staufertreuen Führungsgruppen regiert wurden, vor allem Todi, Terni und Foligno.[266]

Die Bestimmungen zu bestehenden und zukünftigen Bündnissen in den Verträgen erweisen sich für die historische Forschung, dies macht das Beispiel des umbrischen Bündnisses vom 28. Februar 1251 deutlich, als wertvolle Quelle für die interkommunalen Beziehungen einer Region. Sie zeigen jedoch auch, dass die Kommunen ihr bestehendes Bündnisgeflecht und ihre potentiellen Interessen für die Zukunft bei Abschluss eines neuen Vertrages mitdachten. Daraus resultiert nicht nur, dass die Verträge in den wechselnden Führungsgruppen der Kommunen gedanklich und materiell präsent waren – Thomas Behrmann zeigte für Norditalien, dass die Vertreter der Städte bisweilen ihre wichtigsten Verträge mit sich führten, um sie den Vertragspartnern vorzuweisen –, sondern auch, dass ein starkes Bewusstsein für die Verbindlichkeit der Bündnisverbindungen vorhanden war.[267] So sind die Ausnahmeformeln in den Bündnissen immer zugleich ein Zeichen für die Umsetzung älterer Vertragsverpflichtungen.

2.3.7 Klauseln zum Umgang mit dem Vertrag und zur Organisation der *societas*

Fast keines der untersuchten Instrumente kommt ohne Bestimmungen aus, die den Vertrag selbst und seine zukünftige Umsetzung betreffen. Solche auf das Vertragsverhältnis bezogenen Klauseln stellten damit den formalen Rahmen für die konkret getroffenen Vereinbarungen.[268] In den meisten Fällen finden sich entsprechende Vereinbarungen zu Beginn und am Ende des Urkundentextes, seltener sind einzelne Bestimmungen an anderen Stellen eingeflochten.

Ein Teil der Klauseln betraf die Grundbedingungen des Bündnisses, die gewünschte Dauer der Vereinbarungen und die Veränderlichkeit oder Unveränderlichkeit der Bündnisinhalte. Die meisten *societates* beinhalteten die Festlegung einer Laufzeit. Zwar wurde in vielen Urkunden von immerwährenden Vereinbarungen gesprochen, diese verlangten jedoch eine ausdrückliche Verlängerung: Sie mussten innerhalb einer bestimmten Frist erneut beschworen werden. Während die moderne Forschung hierin ein erklärungsbedürftiges Paradox sieht, scheint dieses Konstrukt in der rechtswissenschaftlichen Auseinandersetzung der Zeit keinen Anstoß erregt zu haben.[269] Für Salatiele bedeutete das Attribut „ewig" offenbar nur eine Zählart

---

266 Terni und Foligno kamen erst 1252 zu einem Frieden mit dem Papsttum; vgl. Waley, Papal State, S. 155.
267 Behrmann, Anmerkungen, S. 279.
268 Vgl. auch Kolmer, Eide, S. 172.
269 Schuler, Vertragsurkunde, S. 57–61.

in Zehnerschritten: „Perpetue sunt que durant vel ad.x. vel ad.xx. vel ad.xxx. vel ad.xl. annos". Auch den Rogataren von einigen der untersuchten Verträge scheint diese Lehre bekannt gewesen zu sein.[270] Zudem ist der überwiegende Teil der Bündnisse auf zehn oder zwanzig Jahre ausgelegt, auch wenn der Zusammenhang zwischen Ewigkeitsformel und Zehnjahresfrist nicht explizit gemacht wird. Ein Dutzend Verträge begnügte sich mit fünf Jahren, andere Zeitabstände finden sich nur singulär. Dass nach Ende der Laufzeit die Option auf Erneuerung bestand, machen andere Instrumente deutlich, deren Rogatare festhielten, dass eine Erneuerung auf Wunsch der zukünftigen Magistrate oder auf Anfrage einer der Parteien möglich war.[271] Wie lange ein Bündnis tatsächlich eingehalten wurde, steht auf einem anderen Blatt. Einige Beispiele aus dem Untersuchungsraum verweisen aber auf die fristgerechte Erneuerung der Bündnisse. Während dies bei den meisten Verträgen nur aus den Bündnisurkunden selbst, manchmal auch nur aus dem Datum des erneuten Bündnisschlusses zu ersehen ist, gibt es auch sprechende Beispiele wie eine Riformanz aus Perugia aus dem Jahr 1277. Sie protokolliert die Anfrage orvietanischer Gesandter, die sich in ihrer Rede explizit auf das Ablaufen der im Vertrag festgelegten Laufzeit beziehen und folglich die Erneuerung der *societas* vorschlagen.[272]

Der Umgang mit dem Vertragsgegenstand an sich, den Bündnisvereinbarungen, wurde in einem kleineren Teil der Verträge über eine Klausel geregelt, die Änderungen, Zusätze oder Weglassungen erlaubte, allerdings nur bei einstimmigem Beschluss beider Bündnispartner. Die Festlegung folgte in ihren Grundzügen fast immer einer bestimmten Form, entweder *quicquid de comuni voluntate utriusque civitatis fuerit additum vel diminutum ... utraque civitas observare teneatur* oder *salva copia addendi et minuendi comuni voluntate utriusque partis*.[273] Ergänzt wurde die Formel teils durch genauere Angaben zur Beschlussfassung, die etwa durch die Räte, die Rektoren und Konsuln, durch *sapientes*, zwei *boni homines* jeder Seite, notariell beglaubigt oder, in der präzisesten Form, durch den Mehrheitsentscheid des *consilium generale* beider

---

[270] Salatiele, Ars notarie, hg. von Orlandelli, S. 77. Den Zusammenhang zwischen „ewiger" Dauer und zehnjähriger Laufzeit betonen Anhang 1, Nr. 77 („contraxerunt ... societatem perpetuo, ita quod quolibet decepnio renovetur"; Codice Diplomatico 2, hg. von Bartoli Langeli, Nr. 233, S. 525), Nr. 88 („ordinaverunt ..., quod dicta societas firmiter observetur et, completis x annis, dicta societas debeat renovari et sic in perpetuum observetur"; AS Perugia, Diplomatico, Contratti, Nr. 1332), Nr. 15 („Hec compagnia ... volumus et promittimus quod sit firma perpetuo. Ita tamen sacramenta de decennio in decennium refirmentur"; Santini, Saggio, Appendice di documenti, Nr. 8, S. 271).
[271] Anhang 1, Nr. 4, 18, 33, 46, 55, 108. Nr. 92 verfügt eine Erneuerung auf Anfrage, erfolgt diese nicht, gilt das Bündnis dennoch auf ewig: „Item promittimus renovare ipsam societatem singulis decem annis ad petitionem cujusque predictarum civitatum que hoc peteret, et si neutra peteret, dicta societas nihilominus sit perpetuo valitura"; Documenti, hg. von Sansi, Nr. 52, S. 311.
[272] Anhang 1, Nr. 105. Vgl. etwa die Bündnisse zwischen Perugia und Todi (Nr. 21, 35) und zwischen Siena und Orvieto (Nr. 19, 37).
[273] Ergänzt in beiden Fällen auch durch *illud additum teneantur observare et de diminuto absolvantur* o. ä.

Städte zu erfolgen hatte.[274] Nur zwei Verträge halten im Gegenzug die Unveränderbarkeit des Vertragstextes fest, in einem der beiden schwören die Stellvertreter gar, die Urkunde weder vollständig noch in Teilen zu fälschen.[275]

Die übrigen Bestimmungen betrafen in Gänze die Sicherung der Bündnisvereinbarungen durch verschiedenste Maßnahmen. Die wichtigste hiervon wurde bereits an anderer Stelle behandelt, es handelt sich um die Festlegung einer Vertragsstrafe. Fast alle Verträge bedienten sich dieses Elements der Vertragssicherung. Überwiegend wurde die Strafe auf 1.000 Mark Silber festgelegt, seltener auch auf niedrigere oder höhere Beträge, wobei man bis auf wenige Ausnahmen die Rechnungswährung Silbermark beibehielt.[276] Auch die Festlegung einer Konventionalstrafe geschah fast immer formelhaft und bis auf wenige Ausnahmen am Ende des Kontextes, direkt vor dem Schlussprotokoll. Es handelte sich somit um die Abschlussformel des Vertragstextes, die demgemäß auch aufgebaut war. Sie verspricht, *sub pena mille marcharum argenti* weder in Gänze noch in Teilen gegen die vorgenannten Bestimmungen zu verstoßen. Vereinbart wurde die Vertragsstrafe in fast allen Fällen in Form einer wechselseitigen Stipulation, gefolgt von einem Zusatz, der vorsah, dass das Bündnis unabhängig von der Zahlungsmoral der Bündnispartner weiterbestehen sollte (*soluta-vel-non*-Formel). Abgesichert wurde die Strafe zudem durch die Verpfändung der kommunalen Güter.[277]

Ein weiterer Sicherungsmechanismus war die Verpflichtung, das Bündnis in die Amtseide und Statuten der jeweiligen Kommunen schreiben zu lassen. Teils wurde dabei der Praxis der häufigen Revisionen der Statutengesetzgebung Rechnung getragen, indem der Eintrag für jedes Bündnisjahr gefordert wurde. Ein Vertrag zwischen Perugia und Città di Castello verlangte zusätzlich den Eid der *constituarii* – und damit wohl der Verantwortlichen für die Pflege der städtischen Gesetzestexte –, die

---

274 Anhang 1, Nr. 4, 6, 20, 26, 34, 37, 49, 54, 57, 93.
275 Anhang 1, Nr. 14, 60.
276 Die Spanne reicht von 100 bis hin zu 10.000 Silbermark. In einem von der Kurie verordneten Bündnis werden gar 20.000 Mark Strafe vereinbart, die Hälfte davon habe jedoch an die Römische Kirche zu gehen (Anhang 1, Nr. 115). Auch das Papsttum setzte präventive Strafen oft in Höhe von 1.000 Mark Silber fest, wie beispielsweise eine Durchsicht von Codex, hg. von Theiner, zeigt. Geprägte Währungen kommen in nur drei Verträgen vor (Anhang 1, Nr. 1, 14, 30).
277 Die ‚klassische' Form ist meist ähnlich dieser Formel aus den Marken: „Que omnia et singula supradicta promiserunt inter se syndici nominati … stipulatione solempni adtendere et observare et in nullo contrafacere vel venire occasione aliqua vel exceptione sub pena mille marcharum boni et puri argenti inter eos solenni stipulata vallutatione et obligatione bonorum omnium et syngularum universitatum superius expressarum, qua soluta vel non predicta omnia rata et firma nichilominus perseverent.", in: Hagemann, Fabriano 2, Nr. 4, S. 78 (Anhang 1, Nr. 70). Gerade zu Beginn des Jahrhunderts trifft man dagegen häufig einfachere Formen an. Siehe auch oben Kap. I.1.4, S. 100, und Kap. I.2.1, S. 127–130. Zur *soluta-vel-non*-Formel Storti Storchi, Compromesso, S. 349–353.

entsprechenden Kapitel nicht zu entfernen.²⁷⁸ Auch ein Bündnis zwischen Florenz und Orvieto verbot jede Änderung oder die Tilgung des fraglichen Abschnitts aus den Statuten und überdies die Inserierung entgegenstehender Kapitel.²⁷⁹ Durch die Aufnahme der Bündnisverpflichtungen in die Gesetzgebung der Kommunen entstand, so formulierte es Massimo Vallerani für Norditalien, eine Verflechtung der Außenpolitik mit der Institution Kommune. Die durch die Bündnisse begründeten regionalen Ordnungen wurden damit, zumindest in der Theorie, Teil der rechtlichen Verfassung der Kommune selbst.²⁸⁰ Die Aufnahme der *societas* in die jeweiligen Statuten hatte zudem den Effekt, dass zumindest die Amtsträger zu Beginn ihrer Amtszeit zusammen mit den Statuten auch das Bündnis beschworen, ein Effekt, der ausdrücklich gewünscht war, wie einige Texte deutlich machen.²⁸¹ Der Eid auf das Bündnis durch die nachfolgenden kommunalen Regierungen wurde in anderen Instrumenten eigens festgehalten, meist in der Form, dass die aktuellen Amtsinhaber dafür verantwortlich waren, auch ihre Nachfolger das Bündnis beschwören zu lassen.²⁸²

Schließlich verfügten einige der Instrumente, dass das Bündnis nicht nur durch die rechtlichen Stellvertreter der Kommunen – Syndizi, Konsuln oder Podestà – beeidet werden musste, sondern in einem späteren Schritt auch durch die Bevölkerung. Häufig wurde hierzu bereits die genaue Verfahrensweise beschrieben. Eine Möglichkeit bestand in der Eidesleistung durch die gesamte männliche Bevölkerung, die *cives* oder *homines*, wahlweise auch durch die Einwohner des Contados und Distrikts.²⁸³ Oft wurden aber nur die versammlungs- und waffenfähigen Bürger und Einwohner

---

278 Anhang 1, Nr. 54. Vgl. grundlegend auch Scharff, Sicherung, insbesondere zur Differenzierung und Entwicklung der in den Verträgen genannten Schriftstücke.
279 Codice diplomatico, hg. von Fumi, Nr. 192, S. 122 f. (Anhang 1, Nr. 50): „et scribi facere predicta omnia et singula, sicut superius et inferius continentur, et que addantur ex consilio et voluntate Consilii utriusque Civitatis, tempore renovationis Constituti, quolibet anno in Constituto Civitatis Flor., ita quod mutari vel deleri non possit de ipso Constituto aliquo modo vel ingenio, vel contrarium opponi in totum vel pro aliqua parte seu particola etiam minima, non obstante aliquo alio capitulo seu capitulis ipsius Constituti". Ebenso Anhang 1, Nr. 93.
280 Vallerani, Rapporti, S. 288 f. Sinngemäß auch Kolmer, Eide, S. 177.
281 Siehe exemplarisch Anhang 1, Nr. 18 („et scribi et apponi faciam in constituto et brevi ad quod consules Perusini iurant quod consules et potestates Perusini qui pro tempore fuerint iurent hanc societatem sic firmam tenere de consulatu in consulatum et potestate in potestatem"; Codice Diplomatico 1, hg. von Bartoli Langeli, Nr. 29, S. 64 f.), Nr. 54 („et predictas conventiones teneantur ponere in constituto civitatis Perusii ut perpetuo serventur per eos et omnes eorum successores, in omni generatione et progenie"; ebd., Nr. 101, S. 251) und Nr. 46 („Item quod predicta ponantur in capitulo sive statuto comunis Hesii et comunantie castri Rocce et potestates sive rectores qui pro tempore fuerint in principio sui regiminis debeat iurare predicta observare et facere observari.", in: Villani, Rocca Contrada, Appendice documentaria, Documenti storici, Nr. 10, S. 385).
282 Vgl. exemplarisch 1219 Mai 2, in: Hagemann, Studien: Corridonia, Nr. 1, S. 121 (Anhang 1, Nr. 36): „et omnes rectores, quos pro tempore habebimus, faciemus iurare, quod obervabunt [sic] omnia supradicta et facient osservari".
283 Anhang 1, Nr. 7, 42, 72, 82.

belangt, das waren in den meisten Bündnisverträgen und Kommunen alle Männer zwischen 14 und 70 Jahren.[284] Diese Auswahl entsprach somit wohl auch der Zusammensetzung der ursprünglichen Volksversammlung der Kommunen.[285]

Viele der Bündnisverträge setzten aber auch bei der Ratifikation durch die Bevölkerung auf Stellvertreterverfahren. Repräsentiert wurden die *cives* oder *homines* in diesen Fällen durch die bestehenden Versammlungen und Amtsträger oder durch eine festgelegte Anzahl an Bürgern, oft aus beiden großen Parteien, *milites* und *pedites*, zusammengesetzt. Die festgesetzte Zahl bewegt sich in den untersuchten Verträgen zwischen 100 und 1 000 Eidleistenden.[286] Die Organisation eines solchen kollektiven Schwurs scheint in den Verträgen nur gelegentlich auf. In einem im Mai 1238 geschlossenen Vertrag zwischen Orvieto und Toscanella hielt der ausführende Notar das anzuwendende Vorgehen minutiös fest. Aus jeder Kommune sollten 300 Bürger die *societas* beeiden. Ausgewählt wurden diese, so die Vorgabe, durch die vertragsschließenden *sindici*. Der Eid hatte durch eine Person in Stellvertretung aller zu erfolgen, worüber zusätzlich ein Instrument ausgestellt wurde.[287] Auch in einem Bündnis zwischen Orvieto und Narni, das neben einem Schwur durch 100 *boni homines* aus Adel und Popolo den Eid der Volksversammlung verlangte, wurde spezifiziert, dass in der Versammlung ein Bürger stellvertretend für die durch die Volksversammlung repräsentierte Bevölkerung den Schwur leisten sollte.[288] Weitere Einzelheiten zur Organisation solcher Eidesleistungen lassen sich, wenn überhaupt, nur den eigens darüber ausgestellten Instrumenten entnehmen.[289] Auch ohne eine vertragliche Klausel zur späteren Beeidung durch bestimmte Amtsträger, Ratsgremien oder Einwohnergruppen griffen die Kommunen jedoch bisweilen auf die zusätzliche Ratifizierung zurück. Dies belegen mehrere Dokumente, die solche Beeidungsakte festhalten, ohne dass dies im Vertrag schriftlich gefordert gewesen wäre.[290] Entsprechende Maßnahmen wurden somit entweder informell vereinbart oder die Praxis war zu selbstverständlich, als dass alle Notare eine schriftliche Fixierung für notwendig erachtet hätten.

---

284 Anhang 1, Nr. 43, 49, 54, 83. Im Tuskenbund ist die Altersspanne auf 18 bis 60 Jahre festgesetzt (Nr. 2). In einem Bündnis des Jahres 1198 zwischen Perugia und Arezzo erfolgt die Beeidung durch eine mindestens 18-jährige Person für jeden Haushalt (Nr. 5).
285 Vgl. Tanzini, Consiglio, S. 3–32. Auch Salvatori, Giuramenti, S. 144 f.
286 Anhang 1, Nr. 2, 18, 19, 24, 32, 33, 37, 61. Zum Phänomen des kollektiven Schwurs Salvatori, Giuramenti.
287 Anhang 1, Nr. 61. In einem Bündnis zwischen Rieti und Spoleto, beeidet von 340 *homines* aus Rieti, trafen der Podestà Rietis und der Syndikus Spoletos gemeinsam die Auswahl der Schwörenden (Anhang 1, Nr. 32).
288 Anhang 1, Nr. 24.
289 Siehe unten Kap. I.3.3.
290 Beispielsweise Anhang 1, Nr. 69, 76, 92.

Außer bei der Vereinbarung einer Geldstrafe lässt sich bei den Sicherheitsformeln kaum eine zeitliche Differenzierung vornehmen, verteilt sind sie über Verträge des gesamten 13. Jahrhunderts.[291] Einzig der kollektive Schwur findet sich nur bis zur Mitte des 13. Jahrhunderts in den Urkunden und passt sich damit in das gesamtitalienische Bild ein.[292] Dieser Befund korrespondiert mit anderen Entwicklungslinien, etwa dem Verschwinden der Volksversammlung, und weist damit möglicherweise auf die zunehmende Autonomie der Kommune als Institution hin, die sich vom Schwurverband zu einem repräsentativen, aber von der Gesamtbevölkerung zunehmend abgesonderten Führungs- und Verwaltungsapparat entwickelt hatte. Die hier vorgestellten Sicherungsklauseln sind außerdem nicht spezifisch für das Bündnisinstrument, sondern finden sich auch in anderen notariellen Vertragsdokumenten.[293]

Nicht auf den Vertrag, sondern auf die *societas* als Organisation bezogen waren schließlich die wenigen Vertragsbestimmungen, die sich mit der inneren Koordination des Bündnisses beschäftigten. Dieser Aspekt der Bündnisurkunden nimmt in der Literatur zu den kommunalen Bündnissen Norditaliens großen Raum ein, geschuldet ist dieser Schwerpunkt aber vor allem dem Forschungsübergewicht des Lombardenbundes. Die in der Lega Lombarda etablierte Struktur eines gemeinsamen Führungsgremiums mit weitreichenden Kompetenzen wurde immer wieder herausgestellt und diskutiert.[294] Auch in den Bündnissen Norditaliens ist die Führung durch Rektoren oder andere gemeinsame Amtsträger jedoch eher die Ausnahme als die Regel.[295] Das gleiche Bild ergibt sich aus den Urkunden des Patrimonium Petri. Nur drei Bündnisse beschließen mit Sicherheit die Führung durch ein gemeinsames interkommunales Gremium. Bei zwei weiteren Bündnissen sind die Quellen nicht eindeutig zu interpretieren. Andere im Voraus festgelegte Formen der Handlungskoordination und gemeinsamen Beschlussfindung finden sich dagegen kaum.[296] Auffälligerweise sind die drei *societates*, die sich für Bündnisrektoren entschieden, Allianzen, die – ähnlich dem Lombardenbund – gegen einen hierarchisch übergeordneten Gegner gerichtet waren und vergleichsweise viele Mitglieder umfassten. Der bekannteste ist der 1197 gegründete Tuskenbund, der sich nach dem Tod Heinrichs VI. gegen die Reichsherrschaft zusammenschloss und nicht nur in Verbindung zur Lega Lombarda stand, sondern diesem Bund auch in Aufbau, Organisationsgrad und regionaler Reichweite

---

291 Zum vermehrten Auftreten der Geldstrafe seit den 1220er Jahren siehe oben Kap. I.2.1, S. 128.
292 Vgl. Salvatori, Giuramenti, S. 141.
293 Vgl. beispielsweise das Instrument über die Konzession des eugubinischen Contados an Perugia durch Alexander IV., Codex, hg. von Theiner, Nr. 240, S. 137 f.
294 Zur prägnanten These einer Übertragung der kommunalen Strukturen auf eine interkommunale Ebene grundsätzlich Dilcher, Stadtkommune.
295 Raccagni, Lombard League, S. 22, 61–65, 199. Vgl. auch Bordone, Comuni, S. 48–52.
296 Nicht ganz eindeutig ist die Quellenlage in Anhang 1, Nr. 7 und 46, was grundsätzlich aus dem Problem resultiert, dass auch die kommunalen Regierungsämter unter dem Begriff *rectores* gefasst werden konnten.

ähnelte.²⁹⁷ Daneben etablierten im Untersuchungsraum das im Mai 1232 geschlossene großangelegte Widerstandsbündnis gegen den päpstlichen Rektor der Marken, Milo von Beauvais, mit neun kommunalen Mitgliedern sowie einigen Signori und ein 1248 in den Marken beurkundetes Bündnis gegen Friedrich II. („Friderico deposito") und die kaiserliche Partei mit sieben Mitgliedern die Führung durch eigens ernannte Rektoren.²⁹⁸

Über den Aufbau und die Kompetenzen des Leitungsgremiums des Tuskenbundes wissen wir dank der Bündnisurkunde vom 11. November 1197 sehr gut Bescheid. Ein großer Teil des Vertragstextes widmete sich dem *regimentum* durch Rektoren und *capitanei*. Eine Unterscheidung beider Titel wird nicht vorgenommen, es ist jedoch denkbar, dass den *capitanei* vor allem militärische Aufgaben zukamen.²⁹⁹ Dieses Führungsgremium hatte gemeinsam Richtungsentscheidungen zum Vorteil des Bündnisses zu treffen („teneantur facere ea, que utilia noverint fore societati") und entschied über die zu leistende Waffenhilfe der einzelnen Mitglieder. Auch die Schlichtung bei Konflikten zwischen den Bündnispartnern gehörte zu den Aufgaben der Rektoren. Ausgestattet war das Rektorengremium zudem mit eigenen Finanzen, pro Rektor und Amtszeit war ein Betrag von 20 *solidi denariorum* „Lucanorum vel Pisanorum aut Senensium" vorgesehen. Mögliche Reste dieses Budgets wurden an Nachfolger übergeben, außer die entsendende politische Einheit beschloss, den Rektor mit diesem Geld oder Teilen davon zu vergüten. Regulär waren drei Versammlungen im Jahr vorgesehen, weitere Treffen waren jedoch jederzeit möglich. Einberufen wurde die Versammlung durch einen oder mehrere Rektoren, die innerhalb des Gremiums für jeweils vier Monate zum *prior* oder zu *priores* ernannt worden waren und deren einziges Alleinstellungsmerkmal gegenüber ihren Kollegen in der Ansetzung der Zusammenkünfte bestand. Für die Beschlussfassung galt eigentlich das Majoritätsprinzip. Allerdings wurde in einem späteren Passus des Bündnisdokuments klargestellt, dass in dieser Mehrheit zudem eine *pars sanior* repräsentiert sein musste. Als solche

---

297 Anhang 1, Nr. 2. Vgl. Raccagni, Lombard League, S. 157 f., 199. Generell zum Tuskenbund auch unten Kap. II.1.1.
298 Anhang 1, Nr. 57, 67.
299 Dem würde das im Untersuchungsraum häufig anzutreffende Amt des *capitaneus guerre* entsprechen. Siehe exemplarisch die Belege im Bündnisvertrag unter Anhang 1, Nr. 20, und in den „Annali di Perugia in volgare" unter Nr. 109. Siehe auch das weitaus später geschlossene Bündnis zwischen Orvieto und der guelfischen Partei Sienas, deren bewaffnete Kräfte ebenfalls durch einen *capitaneus* geführt wurden (Anhang 1, Nr. 103). Ebenso ein Bündnis des beginnenden 14. Jahrhunderts zwischen Fabriano, Matelica und San Severino, das ein Mitglied der Montefeltro zum *capitaneus* bestimmte (vgl. Pirani, Lega, S. 146). Als am 4. Dezember 1197 die Zusammensetzung des ersten Rektorenkollegs beurkundet wurde, wurde nur der Bischof von Volterra, Rektor „pro se ipso", zusätzlich als *capitaneus* benannt. Ob ihm dies weitergehende Kompetenzen verlieh, bleibt offen (Forschungen 4, hg. von Ficker, Nr. 196, S. 247). Vgl. zu dieser Figur Fabbri, Principe (Diskussion der fraglichen Textstelle S. 164).

wurden die Rektoren definiert, die für den Bischof von Volterra und die Kommunen Florenz, Lucca, Siena, Prato und San Miniato entsandt waren, im Falle eines späteren Beitritts auch diejenigen der Kommunen Pisa, Pistoia und Poggibonsi.[300] Die Wahl der Rektoren erfolgte, zumindest in der zweiten Runde, durch das amtierende Gremium einen Monat vor Beginn des neuen Turnus. Wer zum Rektor oder Capitano gewählt wurde, hatte die Wahl anzunehmen, einen Schwur auf das Bündnisinstrument zu leisten und während seiner Amtszeit das Bündnis nach bestem Wissen und Gewissen zu regieren („regere et conducere"). Was das Rektorengremium beschloss und persönlich, durch einen Boten oder durch Briefe verlauten ließ, war verbindlich für alle Bundesmitglieder.[301]

Die beiden Bündnisurkunden aus den Marken äußerten sich im Vergleich zu den Bestimmungen des Tuskenbundes weniger ausführlich zu den vereinbarten Rektorengremien. Die Urkunde gegen Milo vom Beauvais vom 15. Mai 1232 legte fest, dass aus jeder Bündniskommune ein *capitaneus* oder *rector* entsandt werden sollte. Auch in diesem Fall wurde keine begriffliche Unterscheidung vorgenommen.[302] Ähnlich dem Tuskenbund oblag auch den Rektoren des Widerstandsbündnisses die Entscheidung über jede militärische Aktion sowie über Friedensschlüsse oder sonstige Abkommen mit Milo von Beauvais. Die einstimmig oder zumindest mehrheitlich gefassten Beschlüsse waren für die Bündniskommunen verpflichtend. Auch diplomatische Aktionen, insbesondere die Entsendung von *ambaxatores* an die Kurie oder zu Abgesandten des Papstes, wurden von den Rektoren koordiniert. Die Schlichtung in Konfliktfällen zwischen den Bündnisstädten wurde von den Rektoren der nicht betroffenen Bündnisstädte übernommen. Zusätze und Änderungen am Vertrag selbst konnten ebenfalls nur durch das Führungsgremium beschlossen werden.[303] Erhalten ist zu diesem Bündnis neben dem Vertrag noch ein eigenes Schwurdokument besagter Rektoren, ausgestellt wurde es einen Tag nach dem Bündnisschluss, am 16. Mai 1232. Es hält in subjektiver Form die Eidesleistung der neun Rektoren fest.[304] Diese schwören auf die Heilige Schrift, die Führung aller Bündnismitglieder

---

300 Anlässlich des geplanten Beitritts Arezzos und weiterer Herren im Dezember wurden der aretinische Rektor und der Rektor für den Grafen Guido Guerra hinzugenommen; Forschungen 4, hg. von Ficker, Nr. 196, S. 246 f.
301 Ebd., S. 243–245.
302 Anhang 1, Nr. 57. Offensichtlich stand den Kommunen auch frei, auf dieses Recht zu verzichten: „Qui capitanei, sive rectores, sit de qualibet terra societatis unus, vel minus, prout videbitur, expedire", in: Antonelli, Ragioni, S. 141. Die Textqualität ist allerdings nicht gesichert, da das Dokument nur über sehr alte Drucke verfügbar war.
303 Ebd., S. 141 f. Zu Milo von Beauvais und dem Bündnis gegen ihn Hagemann, Jesi, S. 166 f.; Waley, Papal State, S. 138 f.; Leonhard, Seestadt, S. 130–133; Villani, Rocca Contrada, S. 332 f. Weitere Literatur im Anhang.
304 1232 Mai 16, in: Antonelli, Ragioni, S. 138–140. Der Rektor für Sassoferrato vertrat zudem die vier Signori, die eigenständige Bündnispartner waren. Beim Bündnisschwur war einer der Herren

zu übernehmen („regere et conducere et guidare"), alle bestehenden und zukünftigen Abkommen und Verträge zu wahren und die Kriegsführung gegen Milo von Beauvais und die gegenseitige Hilfe und Verteidigung zu organisieren. Darüber hinaus wird in diesem Dokument auch die Amtszeit der Rektoren grundsätzlich auf drei Monate festgesetzt, wobei es den einzelnen Kommunen überlassen blieb, diese Zeit für ihren Vertreter zu verlängern oder zu verkürzen. Durch die namentliche Aufführung der Rektoren in diesem Instrument wird deutlich, dass die Kommunen diese bereits vor Bündnisschluss gewählt und gemeinsam mit den Syndizi entsandt hatten. Nur einer der Rektoren fungierte wohl gleichzeitig als Syndikus für seine Kommune.[305]

Das Bündnis des Frühjahres 1248 hingegen, das sich gegen Friedrich II., seine Vertreter und Anhänger sowie alle anderen Rebellen gegen die Römische Kirche, insbesondere aber gegen San Severino, richtete, legte die Wahl von Rektoren wohl erst für die Zukunft fest. Die Urkunde, die über den Schwur der sieben kommunalen Vertreter ausgestellt wurde, legte fest, dass alle Kommunen zwei *boni homines* zu wählen hatten, die die volle Gewalt haben sollten, Entscheidungen zum Besten der *societas* zu treffen. Auch diese Entscheidungen mussten von den Bündnispartnern eingehalten werden. Die Rektoren sollten zudem einen Schwur leisten, immer zum Vorteil des Bündnisses zu handeln. Auch diesen Rektoren oblag die schiedsgerichtliche Vermittlung im Fall interner Konflikte. Zudem waren sie für einige Ausnahmegenehmigungen sowie Strafmaßnahmen für Zuwiderhandlungen im Boykott gegen San Severino verantwortlich und setzten die Größe eines festen Aufgebots fest, das in einer der Bündniskommunen stationiert sein sollte.[306]

In allen drei Fällen ist in der Einrichtung eines gemeinsamen Leitungsgremiums, das gegenüber den Bundesmitgliedern mit Befehlsgewalt ausgestattet war, eine weitere Institutionalisierungsstufe der Bündnisse zu sehen. Die *societates* begründeten damit ein interkommunales Organ, das das Handeln der einzelnen Mitglieder koordinierte und diesen in einigen Feldern hierarchisch übergeordnet war. Gianluca Raccagni verglich die ähnlichen Strukturen des Lombardenbundes nicht von ungefähr mit heutigen internationalen Organisationen wie der NATO oder der Arabischen Liga.[307] Auf dem institutionellen Niveau der Lega Lombarda bewegte sich aber wahrscheinlich nur das Rektorengremium des Tuskenbundes, auch wenn das Führungsorgan des Bündnisses gegen Milo von Beauvais ebenfalls einen hohen Or-

---

selbst anwesend, die anderen drei ließen sich durch einen eigenen Syndikus, „Guilielmus Mutinensis castellanus Sassisferrati", vertreten. Für die Kommune Sassoferrato war ein weiterer Syndikus anwesend.
305 Zumindest ist es wahrscheinlich, dass „d. Amadore syndicus Esii" in der Bündnisurkunde und „d. Amadore Guidonis Raynaldi de Hesii" im Schwurinstrument ein und dieselbe Person sind.
306 Lapidi, hg. von Acquacotta, S. 78–80 (Anhang 1, Nr. 67). Vgl. Benigni, San Ginesio, S. 114 f.; Tenckhoff, Kampf, S. 49; Hagemann, Studien: Tolentino 1, S. 223 f.; Corradini, Svevi, S. 218. Weitere Literatur im Anhang.
307 Raccagni, Lombard League, S. 201.

ganisationsgrad aufwies. Nur für den Tuskenbund lassen sich auch in den folgenden Jahren Aktivitäten der Rektoren nachweisen.[308] Dies mag damit zusammenhängen, dass der Bund trotz der Nennung eines spezifischen Gegners, die Vertreter der Reichsgewalt, weniger konkret auf ein Ziel ausgerichtet war als die beiden späteren *societates*. Milo von Beauvais wurde bereits einige Monate nach Bündnisschluss, im Herbst 1232, vom Papst abgesetzt. Und auch die Situation der 1240er Jahre in den Marken war durch die militärischen Aktivitäten der kaiserlichen Heere und Verbündeten deutlich instabiler als die Situation in der Toskana und Umbrien zu Beginn des 13. Jahrhunderts. Beiden Bündnissen war damit wohl eine deutlich geringere Lebenszeit beschieden als der *societas Tuscie*.[309] Allen drei gemeinsam war jedoch der Umstand, dass die großangelegte, von vielen Parteien getragene Organisation gegen einen bestimmten und zudem höherstehenden Gegner allem Anschein nach eher ein Leitungsorgan erforderte als die Bündnisverpflichtungen in anderen Verträgen. Zudem wurden alle drei Bündnisse in Ausnahmesituationen geschlossen: die *societas Tuscie* in der Umbruchszeit nach dem Tod des Kaisers; das Bündnis gegen Milo von Beauvais als Reaktion auf die Bedrückung durch einen Rektor, die als belastend genug empfunden wurde, eine ganze Region zum Widerstand zu führen; das Bündnis gegen Friedrich II. und San Severino während des offenen Kriegs zwischen Kaiser und Römischer Kirche. Ähnlich wie bei der *societas Lombardie* mögen solche außergewöhnlichen Rahmenbedingungen dazu geführt haben, dass die Kommunen eine straffere Organisation der Bündnisse als notwendig erachteten. Das Nachleben der drei untersuchten Bündnisse zeigt allerdings, dass auch ein solch hoher Organisationsgrad kein Garant für die Dauerhaftigkeit der Beziehungen war. Einige Bündnisse des Untersuchungsraums, die auf entsprechende Maßnahmen verzichteten, lassen sich über deutlich längere Zeiträume in den Quellen verfolgen als die genannten *societates*.[310] Die Lega Lombarda, die ebenfalls zweckbestimmt entstand, dann aber unabhängig vom Konflikt gegen Barbarossa eine feste Rolle in der regionalen politischen Landschaft einnnehmen konnte, ist in dieser Hinsicht, zumindest für die Bündnisse des Untersuchungsraums, nicht paradigmatisch.

---

308 Allerdings wurden die Quellen der Kommunen in den Marken nicht systematisch auf Hinweise zu Aktivitäten der Rektoren geprüft. Die Aussage muss damit vorläufig bleiben.
309 Der Tuskenbund ist bis 1205 in den Quellen nachzuweisen; vgl. Zorzi, Toscana, S. 129. Zu Milo Waley, Papal State, S. 139. Über unmittelbare Erfolge der *societas* gegen San Severino ist nichts bekannt; vgl. Hagemann, Tolentino, S. 46–52.
310 Siehe etwa die Bündnisse zwischen Perugia und Todi (Anhang 1, Nr. 21, 35, 55), Orvieto und Siena (Nr. 19, 37) und Perugia und Orvieto (Nr. 77, 88, 105).

3 Aufbewahrung und Umsetzung der Verträge

3.1 Ihr Pergament nicht wert?

In der Theorie der Verträge, dies zeigt die Gesamtschau der einzelnen Vertragsbestimmungen, konstruierten viele Bündnisse enge Bindungen zwischen den abschließenden Kommunen, die sich auf verschiedenste Bereiche des interkommunalen Zusammenlebens erstreckten. Die Regelungen zur gegenseitigen militärischen Hilfe, zur friedlichen Konfliktlösung, zur Kooperation in wirtschaftlichen Belangen, zur Rechtsprechung sowie gegenüber Dritten erwiesen sich oft als sachlich detailreich und rechtlich vorausschauend. Möglich wurden diese Verträge somit erst durch den Einsatz von sachlicher und juristischer Expertise, einem hohen Aufand an reisendem Personal und entsprechenden Geldmitteln. Zudem waren die Rogatare der Instrumente sichtlich bemüht, die Vereinbarungen auf eine möglichst sichere Rechtsbasis zu stellen.

Dennoch begegnete die Forschung der Verbindlichkeit der italienischen Städtebündnisse häufiger mit Skepsis. Alfred Haverkamp betonte, allerdings für das 12. Jahrhundert, dass es sich bei solchen Zusammenschlüssen nur um „kurzdauernde Interessenverbände gegen einen bestimmten Feind" gehandelt habe. Ähnlich Urteile zur Stabilität der italienischen Städtebündnisse finden sich vielfach.[1] Wo die Forschung sich auf die schriftliche und juristische Ausgestaltung der Verträge mit ihren vielen Sicherheitsklauseln konzentriert, wird oft das Motiv des Misstrauens in den Vordergrund gestellt.[2]

Ernst Voltmer, der für Norditalien, zumindest im 12. Jahrhundert, ebenfalls skeptisch nach der Wirksamkeit der Verträge fragt, verweist dagegen auf das zugrundeliegende Problem.[3] Im Gegensatz zu den Vertragsdokumenten sind Quellen über die Umsetzung der Bündnisvereinbarungen nämlich rar. Urkundliche Belege über die Einforderung und Leistung der Vertragsverpflichtungen existieren nur vereinzelt. Sichtbarer wird das Nachleben eines Bündnisses erst mit dem Einsetzen einer dichteren Überlieferung der verwaltungsinternen Quellen der Kommunen. Die meisten Hinweise auf den Umgang mit einem Bündnis nach Vertragsabschluss stammen im Untersuchungsraum somit aus den Perusiner Ratsprotokollen und aus anderen Ver-

---

[1] Haverkamp, Herrschaftsformen, S. 49. So auch Vallerani, Leghe, S. 392; Behrmann, Anmerkungen, S. 280 f.; Vasina, Leghe, S. 416; Hermes, Schiedsgerichtsbarkeit, S. 438, wobei diese Einschätzung für das 13. Jahrhundert bereits hinterfragt wird. Die ältere Forschung ist in ihrem Urteil oft noch drastischer; vgl. stellvertretend Luchaire, Innocent III, S. 506: „Les ligues se font et se défont avec une telle rapidité de changement et une succession si complexe de batailles, de trèves et de traités que l'historien a peine à suivre." Ähnlich zu Bündnisverträgen im Allgemeinen auch Kolmer, Eide, S. 187 f. Für Perugia so auch Briganti, Città, S. 207.
[2] Behrmann, Sicherheitsdenken. Für Umbrien Sestan, Comune, S. 180.
[3] Voltmer, Formen, S. 115.

waltungsquellen Umbriens und der Marken, etwa Registern der Finanzverwaltungen, oder der narrativen Schriftlichkeit der Kommunen.

Diese Quellen sollen in diesem Kapitel im Mittelpunkt stehen. Ziel ist es dabei nicht, einzelne Bündnisse auf ihre Einhaltung oder ihre Langlebigkeit zu überprüfen, sondern anhand dieser Beispiele die grundlegendere Frage nach der zeitgenössischen Wahrnehmung der Verbindlichkeit einer *societas* zu beantworten. Denn die Skepsis der modernen Forschung gegenüber den auf dem Pergament auf längere Dauer angelegten Vereinbarungen ist nicht unberechtigt. Die italienischen Kommunen waren in langen Phasen des 13. Jahrhunderts durch den schnellen Wechsel der inneren und äußeren Verhältnisse geprägt. Es kann nicht ausgeschlossen werden, dass bei einem Wechsel der inneren Führungsgruppen oder der äußeren Umstände ein Bündnis bereits kurze Zeit nach Abschluss seine politische Zweckmäßigkeit für eine Kommune verlor. Diese Möglichkeit sahen auch die Kommunen durch die Inserierung unterschiedlicher Garantieklauseln und Konfliktbewältigungsstrategien bereits voraus.[4] Dass ein generisches Urteil über die geringe Wirksamkeit von Verträgen unter Verweis auf die schnelllebigen Rahmenbedingungen in den italienischen Kommunen jedoch verfehlt wäre, sollen die folgenden Beispiele zeigen. Gestützt werden sie durch normative Aussagen, beispielsweise in Statuten und Podestà-Handbüchern. Giovanni da Viterbo etwa betont die Schwere des Vergehens eines Bündnisbruchs und scheint davon auszugehen, dass auch die kommunalen Führungen ähnlich empfanden. Denn seine Besorgnis richtet sich vor allem auf das Dilemma, in das eine Kommune geraten konnte, die zwischen dem Vertragsbruch und der Verwicklung in unvorhergesehene und riskante Kriegshandlungen zu wählen hatte.[5] Auch eine überlieferte Statutenfassung aus Todi aus dem Jahr 1275 betont die Verpflichtung des Podestà, die Einhaltung von Verträgen der Kommune zu gewährleisten.[6] Neben diesen seltenen grundsätzlichen zeitgenössischen Einschätzungen, die zudem rein normativ sind, kann die Wahrnehmung der Verbindlichkeit der Verträge nur über Umwege erschlossen werden, die den Umgang mit den Dokumenten und den darin enthaltenen Inhalten beleuchten.

---

[4] So auch Kolmer, Eide, S. 187 f., ähnlich Behrmann, Anmerkungen, S. 281. Den schnellen Wechsel der Führungsgruppen als Hindernis für langanhaltende Bündnisbeziehungen betont für Perugia Briganti, Città, S. 207; allgemeiner auch Starn, Commonwealth, S. 37.
[5] Giovanni da Viterbo, Liber de regimine civitatum, hg. von Salvemini, Nr. 137, S. 275 („De coniuratione vel societate non facienda cum aliqua civitate"): „Ad hoc provideant ... potestates ... ne aliquam coniurationem inieant cum aliqua civitate vel castro ... de iuvando seu exercitum faciendo ... ne aliquando peniteant et cogantur fidem fallere, quod grave est, seu fide servata pericula immineant insperata vel improvisa.".
[6] Statuto, hg. von Ceci/Pensi, Nr. 18, S. 21 f.

3.2 Die Archivierung der Beziehungen: Original und Kopie, Dossier und *liber iurium*

Die Frage nach dem Umgang mit den Schriftzeugen eines Bündnisses wird bereits durch die Überlieferung aufgeworfen. Die große Anzahl der Verträge, die für die Untersuchungsperiode in Umbrien und den Marken überliefert ist, spricht bereits für eine vergleichsweise sorgfältige Aufbewahrung, auch wenn der Überlieferungsverlust im Dunkeln bleibt. Denn ganz unabhängig von der vertragsgemäßen Einhaltung der Bündnisverpflichtungen handelte es sich bei den meisten Instrumenten um Urkunden mit einem Verfallsdatum. Im Gegensatz zu Kaufurkunden, Schenkungen, Besitzbestätigungen und Privilegien waren die meisten Bündnisverträge mit einer Frist versehen, selbst wenn sie rhetorisch auf ewige Dauer geschlossen wurden. Die Praxis zeigt, dass auch bei der fristgemäßen Erneuerung solcher Bündnisse immer ein neues Instrument ausgestellt wurde. Das alte verlor in der Theorie damit seinen Wert. Damit sank jedoch auch seine Überlieferungschance. Dass dennoch eine ganze Reihe dieser Verträge in den kommunalen Archiven überlebt hat, ist mehreren Faktoren geschuldet, etwa der grundsätzlichen Ausstellung von mindestens zwei Exemplaren, die in verschiedenen Städten aufbewahrt wurden. Eine Rolle spielte aber offensichtlich auch die Bedeutung, die man den Bündnisdokumenten zumaß, was insbesondere in der weiteren Archivierungspraxis augenfällig wird.

Denn viele der Verträge sind nicht oder nicht ausschließlich im Original überliefert. Es überwiegt die Überlieferung der Verträge in einer beglaubigten, selten auch unbeglaubigten Abschrift, wobei einige der Dokumente sowohl im Original als auch in einer oder mehreren Kopien vorhanden sind. Der Großteil dieser späteren Abschriften findet sich in den *libri iurium* der Kommunen, lose Kopien sind in der Gesamtüberlieferung eher selten.[7] Noch deutlicher als bei der Anfertigung einer einzelnen Abschrift zur Sicherung der Schriftstücke zeigt sich beim Eintrag in die kommunalen Rechtsbücher die Bedeutung, die man den entsprechenden Urkunden beimaß.[8] Die Bündnisverträge wurden damit, wie päpstliche und kaiserliche Privilegien und Unterwerfungen aus dem Umland, zu den wichtigsten Rechtstiteln der Kommune gezählt.

---

[7] Soweit dies aus den Drucken ersichtlich ist, sind von 35 der untersuchten Bündnisurkunden noch Originale erhalten, 43 sind zusätzlich oder ausschließlich abschriftlich überliefert. Fünf losen Abschriften stehen dabei 41 Abschriften in Kopiaren gegenüber. Bei den Syndikatsurkunden verschiebt sich das Verhältnis, hier sind mehr Originale als Abschriften erhalten. Eingerechnet wurden nur Abschriften des 13. und 14. Jahrhunderts, da deutlich spätere Neuverschriftlichungen, wie die in einigen Kommunen der Mark Ancona im 18. Jahrhundert entstandenen Kopien, gänzlich anderen Interessen geschuldet sind.
[8] Vgl. zu den *libri iurium* Umbriens und der Marken den Sammelband Bartoli Langeli/Scharf, Cartulari. Grundlegend zu den *libri iurium* der italienischen Kommunen weiterhin Rovere, Libri; Cammarosano, Libri; sowie der Sammelband Comuni e memoria storica.

Bei der Übernahme von Bündnisverträgen in die Kopialbücher der Kommunen sind allerdings, wie für viele andere Dokumente auch, grundsätzlich zwei Registrierungskontexte zu unterscheiden. Ein Teil der Urkunden wurde wohl aus aktuellem Interesse kopiert. Dies trifft auf die seltenen Originale zu, die ohne Ausfertigung direkt in einen *liber iurium* eingetragen wurden, wie auch auf Abschriften, die zeitnah oder zumindest noch während der Laufzeit eines Bündnisses in die kommunalen Hefte und Bücher übernommen wurden.[9] Diese Kopien dürften in erster Linie die Funktion von Sicherungskopien erfüllt haben, die vor einem Verlust des Originals schützten und möglicherweise den schnellen Zugriff auf die Dokumente erleichterten.

Ein mindestens ebenso großer Teil ist jedoch anderen Entstehungsumständen und -interessen zuzuordnen. Während sich nämlich die Kopialbücher Umbriens und der Marken in der ersten Jahrhunderthälfte oft als uneinheitliche Sammlungen verschiedener Faszikel, Bifolia und Einzelblätter darstellen, die durch mehrere Notare zu unterschiedlichen Zeiten als Imbreviatur, *originale in registro* oder abschriftlich erstellt wurden, bestanden die jüngeren *libri iurium* meist aus einer systematischen Kompilation des vorhandenen Schriftguts und einer fortlaufenden Neuregistrierung.[10] Auch diese sogenannte zweite Generation der kommunalen *libri iurium* nahm jedoch Bündnisverträge auf, und zwar nicht nur solche, die noch politische Relevanz besaßen, sondern auch deutlich ältere Instrumente. Ein gutes Beispiel hierfür ist der später so betitelte „Libro rosso" des *castrum* Fabriano.[11] Er entstand 1288 aus einem spezifischen Bedürfnis der Kommune heraus, nämlich die Gesamtheit der kommunalen Rechtstitel zu archivieren und greifbar zu machen. Direkter Anlass war ein Rechtsstreit mit dem päpstlichen Rektor der Marken, der die gewohnheitsrechtliche Autonomie und Herrschaftsausübung der Kommune betraf. Die mit der Erstellung betrauten Notare registrierten in diesem Dokumentationsprozess jedoch auch eine ganze Reihe von *societates*, die Fabriano zwischen 1199 und 1255 mit anderen Kommunen geschlossen hatte.[12] Andere Bündnisse des *castrum* fehlen hingegen.[13] Nicht ersichtlich ist, ob diese den im Einzelnen unbekannten Auswahlkriterien der Kompilatoren nicht entsprachen oder ob die betroffenen Urkunden zum Zeitpunkt der Anlage des Registers schlicht nicht mehr vorhanden oder vorübergehend nicht aufzufinden waren.[14]

---

9 Dies betrifft Anhang 1, Nr. 18, 19, 21, 35, 37, 42, 48, 49, 61, 77, 83, 85, 86, 88, 92, 93, 95, 105, 108.
10 Vgl. Bartoli Langeli/Scharf, Introduzione, S. 11–13, und grundlegend Rovere, Tipologie, auch wenn die Autorin eine nochmals strengere Definition anlegt, die für die zweite Generation eine thematische Ordnung vorsieht.
11 Libro, hg. von Bartoli Langeli/Irace/Maiarelli.
12 Anhang 1, Nr. 9, 23, 69, 78, 79, 85.
13 Ebd., Nr. 1, 70.
14 Pirani, Comune, S. 22. Pirani betont ebd., S. 28, auch die sehr bewusste Zusammenstellung der Dokumente: „Il Libro rosso, niente affatto riducibile ad un caotico ammasso documentario, costituisce al contrario un consapevole prodotto della cultura dominante locale". Eine ähnlich bewusste Kompo-

Die Aufnahme des größten Teils der Verträge Fabrianos in den „Libro rosso" dürfte damit vor allem einem Archivierungsinteresse entsprungen sein.[15] Die ältesten kopierten Bündnisvereinbarungen der Jahre 1199 und 1214 besaßen im Jahr 1288 wohl kaum noch rechtlich-politische Relevanz für die Beziehungen zwischen den Kommunen. Dennoch entschieden sich die Kompilatoren für eine Aufnahme in ihr Werk. Möglicherweise erfüllten die Verträge für Fabriano im späten 13. Jahrhundert eine rechtlich-politische Funktion in anderer Hinsicht: Die Bündnisverträge mit anderen Städten, die bis zu den Anfängen der Kommune zurückreichten, belegten die Autonomie Fabrianos auch in den Außenbeziehungen des *castrum*. Sie hatten damit einen gewohnheitsrechtlichen Beweiswert. Ein ähnliches Beispiel findet sich im „Libro rosso" mit der Inserierung einer Serie von politisch und rechtlich im Grunde unbedeutenden Dokumenten, die die Wahl und die Bezahlung verschiedener Podestà Fabrianos in den Jahren 1252–1289 betrafen. Die freie Wahl des obersten Amtsträgers war aber einer der strittigen Punkte, die in den Jahren 1287 und 1288 die Kommune und den päpstlichen Rektor entzweiten.[16]

Die Entstehungsumstände anderer *libri iurium* der zweiten Generation in Umbrien und der Mark Ancona sind meist weniger präzise zu bestimmen, sie folgen jedoch, was die Aufnahme von älteren *societates* betrifft, den gleichen Mechanismen wie im Fall des „Libro rosso" Fabrianos.[17] Nicht immer erfolgte die Abschrift dabei aus dem Original. Vor allem in Kommunen, die über *libri iurium* der ersten und zweiten Generation verfügten, diente häufig auch das ältere Kopialbuchexemplar als Vorlage. In manchen Kommunen, etwa Perugia, wurden viele Bündnisverträge nachweislich

---

sition sehen die Editoren auch im zweiten „Libro rosso" der Kommune Jesi; vgl. Libro, hg. von Avarucci/Carletti, Introduzione, S. XIII.
15 So Pirani, Comune, S. 22 f.
16 Pirani sieht einen solchen doppelten Konservierungszweck auch bei der Registrierung der kaiserlichen und päpstlichen Privilegien. Diese dienten als schriftliche Belege für die autonomen Herrschaftsrechte der Kommune und erfüllten damit in der Dokumentation Fabrianos die Funktion, die in vielen norditalienischen *libri iurium* dem Vertrag von Konstanz zukam. Aus dem Mai 1288 ist belegt, dass der fabrianesische Syndikus dem Rektor diverse Schriftstücke als Beweis über die von der Kommune beanspruchten Rechtstitel vorlegte. Vgl. zu alldem ebd., S. 25 f. Zum Zusammenhang zwischen prekärem Rechtsstatus der Kommune und kommunaler Diplomatie auch Gilli, Ambassades, S. 63 f.
17 Großangelegte Kompilierungsprojekte, die deutlich ältere Bündnisverträge enthalten, sind beispielsweise die „Sommisioni" Perugias des Jahres 1261 (Anhang 1, Nr. 5, 13, 21, 35, 63); vgl. Codice Diplomatico 1, hg. von Bartoli Langeli, Introduzione, S. XCII–CXVIII; das „Registrum vetus" Todis aus den Jahren 1281–1295 (Nr. 55), vgl. ebd., S. LXXI f., und jetzt Cammarosano, Registrum (auch das „Registrum vetus" könnte anhaltenden Rechtsstreitigkeiten mit dem päpstlichen Rektor und der Kurie entsprungen sein, vgl. ebd., S. 752 f.); die ca. 1262 bzw. 1274–1279 entstandenen ersten zwei Bände des „Memoriale comunis" Spoletos (Nr. 24, 32), vgl. Bassetti, Serie; Gubbios „Libro rosso" von 1262 (Nr. 60, 76, 78, 82), vgl. Codice Diplomatico 1, hg. von Bartoli Langeli, Introduzione, S. LXVIII; sowie der zweite Band des „Libro nero" Città di Castellos von 1274 (Nr. 42, 49, 54), vgl. Scharf, Libri. Für die zahlreichen Urkundenbücher Orvietos fehlt eine Untersuchung (Nr. 19, 61, 77).

immer wieder abschriftlich dokumentiert. Bisweilen lässt sich über die verschiedenen Registrierungsstufen somit auch der Wandel der Registrierungsinteressen verfolgen.[18]

Die Anlage der kommunalen *libri iurium* macht gelegentlich auch die Aufbewahrungssituation vor der Übernahme der Bündnisinstrumente in die Urkundenbücher sichtbar. Für viele Kommunen ist von einer gemeinsamen Aufbewahrung der Originale in ‚Bündeln' auszugehen, wie auch immer die einzelne Kommune das Problem der Zusammenheftung der Urkunden löste.[19] Denn obwohl man für viele *libri iurium* im 13. Jahrhundert nicht von einer Vorsortierung der Urkunden ausgehen darf, wurden die Verträge und die zugehörigen Syndikatsurkunden, so wie auch eventuell vorhandene Ergänzungsinstrumente, fast immer in direkter Abfolge niedergeschrieben.[20] Sehr deutlich zeigt sich dies an der zweifachen Abschrift von Bündnisdokumenten im ersten Band des „Memoriale comunis" Spoletos. Dieser später erst zusammengebundene Band besteht aus zwei Kopialbüchern, beide durch den gleichen Schreiber erstellt, der bis auf wenige Abweichungen zweimal denselben Urkundenbestand kopierte. Beide Male benutzte der Schreiber, im Übrigen kein Notar, direkt die Vorlagen und nicht etwa den früher fertiggestellten Schwesterband. Die Reihenfolge der so kopierten Stücke variiert allerdings gewaltig. Massimiliano Bassetti folgerte daraus, dass der unbekannte Schreiber die zu kopierenden Vorlagen in zwei Arbeitsgängen für jedes Exemplar getrennt und in zufälliger Abfolge aus einer ungeordneten archivalischen Sammlung herauszog.[21] Betrachtet man aber die immerhin dreizehn Dokumente, die zu dem Bündnis Spoletos mit Todi und Narni aus dem Jahr 1259 in beiden *libri iurium* überliefert sind, fällt ins Auge, dass nicht nur alle Schriftstücke in beiden Bänden in einem Block kopiert wurden, sondern auch, dass die interne Reihenfolge der Urkunden konstant bleibt.[22] Wie auch immer der Urkundenbestand Spoletos zum Zeitpunkt der Niederschrift organisiert war, deutlich wird, dass die dreizehn Bündnisdokumente in fester Reihenfolge gemeinsam verwahrt wurden.

---

18 Ein exemplarisches Beispiel für die sukzessive Anlage von *libri iurium* der ersten und der zweiten Generation sind die zwei „Libri neri" Città di Castellos. Dort zeigt sich auch sehr gut der Wechsel der Motive, siehe Anhang 1, Nr. 42: Während die erste Registrierung als *secondo originale* durch den Rogatar selbst und zeitnah zur Mundierung 1223 erfolgte, diente die 1274 in den zweiten Band integrierte Kopie sicherlich keinem aktuellen politischen Interesse mehr. Für die Mehrfachregistrierung in Perugia vgl. beispielsweise Nr. 5: Das 1198 mundierte Bündnisinstrument wurde um 1235 nachweislich in ein heute verlorenes Kopialbuch aufgenommen. Die beglaubigte Kopie diente drei weiteren Registrierungen in den Jahren 1236 (Somm. 3) und 1261 (Somm. 2 und 4) als Vorlage, vgl. Codice Diplomatico 1, hg. von Bartoli Langeli, S. 43.
19 Die eingesehenen Originale liegen heute meist einzeln vor und weisen auch keine Spuren ehemaliger Zusammenheftung, etwa durch Vernähung, auf.
20 Vgl. ebd., Introduzione, S. CVII. Rovere, Tipologie, S. 428–436, hingegen schließt sich diesem Urteil nur bedingt an.
21 Vgl. Bassetti, Serie, S. 39.
22 Anhang 1, Nr. 92. Tatsächlich fehlt in dem an zweiter Stelle eingebundenen Kopiar ein Dokument, dies wurde im Kopiervorgang wohl versehentlich übersprungen.

Ein Faszikel im „Registrum vetus" Todis verweist indes auf die Anlage eines eigenen Dossiers, das im Folgenden in den *liber iurium* Todis eingebunden wurde. Es ist auf der Front mit dem Titel „Registrum societatis Perusinorum, Spoletanorum, Narniensium et Tudertinorum" versehen und versammelt alle sechs bekannten Instrumente zu dem Bündnis der genannten Städte des Jahres 1286.[23] Alle beglaubigten Abschriften wurden von dem bereits mit der Bündnisdokumentation betrauten Notar Iacobus *domini Iohanis* am 28. September 1287 angefertigt und zwar nach eigener Angabe aus den Originalen, wo es sich um die Instrumente von Notaren der Bündnisstädte handelte, aus seinem eigenen Protokollbuch („de libro meorum protocollorum"), wo Todi der Aussteller war. Das „Registrum societatis" befindet sich in der von Attilio Bartoli Langeli identifizierten ältesten Sektion des „Registrum vetus", und zwar am Ende eines großen Blocks an Abschriften, die alle durch den hauptverantwortlichen Notar für die Registrierungsaktion, Giannino di Bonifazio da Collazone, erstellt wurden. Auf das Bündnisregister folgen in dieser ältesten Sektion nur noch wenige Blätter, die vereinzelte Kopien des Iacobus Iohanis und des Giannino di Bonifazio umfassen. Diese entsprechen auch wieder, im Gegensatz zum „Registrum societatis", der textorganisatorischen und grafischen Ausgestaltung der ältesten Sektion des „Registrum vetus".[24] Das Bündnisregister wurde offenbar als eigenständiges Heft angelegt und erst zu einem späteren Zeitpunkt dem von Giannino di Bonifazio erstellten Hauptkopiar der Kommune hinzugefügt.[25] Ursprünglich, dies lässt sich zumindest vermuten, diente das Heft aber der Zusammenführung der Einzelurkunden und der Protokolle des Iacobus in einem leicht zugänglichen Format, das von der Kommune aufbewahrt wurde. Gesichert wurde auf diese Weise nicht nur der Urkundenkomplex selbst, sondern auch der Zugriff der kommunalen Amtsträger auf alle zum Bündnis gehörenden Dokumente, falls dies nötig werden sollte. Das „Registrum societatis" gehört somit zur Gruppe der thematischen Dossiers als spezieller Registrierungsform, deren Anlage für andere Überlieferungskontexte besser untersucht

---

23 ASC Todi, Registrum vetus, S. 217–222 (moderne Zählung), wobei die moderne, mit einem mechanischen Zähler aufgebrachte Nummerierung innerhalb dieses Abschnitts, wie auch in anderen Teilen des Kopiars, zwischen Foliierung und Paginierung springt. Die vorhandene Zählung des 14. Jahrhunderts zeigt jedoch, dass das Register vollständig ist, sie ist durchgängig. Vgl. zu den verschiedenen Nummerierungsreihen Cammarosano, Registrum, S. 743, Anm. 1, und Codice Diplomatico 1, hg. von Bartoli Langeli, Introduzione, S. LXXI. Zum Bündnis siehe Anhang 1, Nr. 108.
24 Alle Kopien der ältesten Sektion des „Registrum vetus" sind mit einer grafisch hervorgehobenen Marginalie versehen, die eine kurze Inhaltsangabe umfasst. Die wenigen Kopien des Iacobus Iohanis außerhalb des Bündnisregisters sprechen in ihrer Beglaubigungsformel zudem vom Eintrag in ein „registrum et liber comunis Tuderti": ASC Todi, Registrum vetus, S. 223 (moderne Zählung). Die genaue Zusammensetzung dieser späteren Einträge müsste jedoch im Einzelnen überprüft werden. Giannino di Bonifazio begann 1281 mit der Erstellung des *liber iurium*; vgl. Cammarosano, Registrum, S. 748.
25 Spätestens im 14. Jahrhundert lag der Hauptteil des „Registrum vetus" gebunden vor, inklusive des „Registrum societatis"; vgl. ebd., S. 744.

ist.²⁶ Ein ähnliches Beispiel findet sich aus dem Jahr 1223 in Città di Castello und für ein Bündnis des Jahres 1277 in Perugia.²⁷

Der Umgang mit der Bündnisschriftlichkeit in den Kommunen weist dort, wo er sich aus der vorhandenen Überlieferung abzeichnet, vor allem auf die rechtliche Bedeutung der Verträge hin. Zu unterscheiden sind dabei Archivierungs- und Registrierungskontexte, die durch ein noch aktuelles Interesse am Inhalt der Verträge gekennzeichnet waren, und Überlieferungsstufen, die deutlich später zu verorten sind. In beiden Fällen aber wurden die Verträge als ein Teil der Rechte der Kommune wahrgenommen. Waren die Verträge noch gültig, galt die Aufmerksamkeit einer Aufbewahrung, die den Zugang zu allen zugehörigen Urkunden erleichterte und die Bewahrung der Schriftstücke durch Abschriften sicherstellte. Das Interesse lag hier vor allem an den konkreten Rechten gegenüber den Bündnispartnern, die dem Vertrag selbst entsprangen: etwa das Recht auf militärische Hilfe oder friedliche Konfliktlösung. Dies korrespondiert mit der oben analysierten Abfassung der Verträge in einer Form, die diese Rechte auch formal, auf der Grundlage des gelehrten Rechts, absicherte. Bei den weitaus späteren Abschriften verschob sich die Interessenslage. Zwar konnten die konkreten Bündnisinhalte für die Kommunen nicht mehr relevant sein, die Bündnisverträge dokumentierten jedoch das grundsätzlich beanspruchte Recht der Stadtgemeinden, ihre Außenbeziehungen frei zu gestalten. Die Verträge dienten damit als Beweisurkunden für die gewohnheitsrechtlich legitimierte Autonomie der Kommunen.

Nur bedingt darf aus jeder Überlieferungssituation jedoch auf einen bewussten Umgang mit den fraglichen Urkunden geschlossen werden. So steht ein Beispiel wie das Bündnis zwischen Città di Castello und Perugia des Jahres 1230 – für Città di Castello äußerst vorteilhaft und dort auffällig ausladend dokumentiert, in Perugia hingegen aus der Überlieferung komplett verschwunden – neben einem Archiv wie Gubbio. Dort war es wohl eher die Archivierungspraxis und die glückliche Konservierung der Bestände, die dazu führte, dass der heutige kommunale Bestand von beinahe jedem für Gubbio bekannten Bündnis über mehrere Originale und Abschriften verfügt.²⁸

---

26 Zu thematischen Dossiers vgl. vor allem Carbonetti Vendittelli, Documenti. Grundsätzlich auch Rovere, Tipologie. Aus Todi sind weitere Beispiele aus dem 13. Jahrhundert bekannt: Cammarosano, Registrum, S. 748. Im Untersuchungsraum ist die Anlage thematischer Dossiers auch für Città di Castello anzunehmen; vgl. Scharf, Libri, S. 31–33.
27 Vgl. Codice Diplomatico 1, hg. von Bartoli Langeli, S. 205. Es handelt sich um ein eigenes Dossier im „Libro nero I" aus Città di Castello, das die drei bekannten Dokumente zum Bündnis zwischen dieser Kommune und der *pars militum* Perugias als *secondi originali* in einem eigenen Faszikel festhält (Anhang 1, Nr. 42). Für das Bündnis zwischen Perugia, Spoleto und Orvieto des Jahres 1277 (Nr. 105) legte der *cancellarius* der Kommune, Bovicello Vitelli, im gleichen Jahr ein Dossier an, das fragmentarisch erhalten ist; vgl. Merli/Bartoli Langeli, Notaio, S. 270.
28 In diesem Punkt gegen Codice Diplomatico 1, hg. von Bartoli Langeli, S. 365.

3.3 Die Umsetzung der formalen Bündnisvereinbarungen

Einige der eindrucksvollsten Urkunden über die Umsetzung von Bündnisvereinbarungen werden heute in den Staatsarchiven von Siena und Orvieto aufbewahrt, obwohl nur eines der Schriftstücke im Original überliefert ist. Es handelt sich um ein großformatiges Instrument aus dem sienesischen Bestand, das insgesamt 944 Namen verzeichnet. Diese 944 Personen erschienen zwischen dem 29. Dezember 1221 und dem 5. Januar 1222 vor dem Podestà und zwei Richtern Orvietos, versammelt im *palazzo comunale*. In Gruppen unterschiedlicher Größe aufgeteilt – die größte Gruppe bestand aus 266 Männern, die kleinste aus nur 44 – legten sie einen Schwur auf ein im Oktober geschlossenes Bündnis mit Siena ab. Laut Instrument beeidete jeder Einzelne „corporaliter tactis sacrosanctis evangeliis" eine vorgegebene kurze Eidformel.[29] Sie erfüllten damit eine der Vertragsklauseln, die die Beschwörung der Vereinbarungen durch jeweils 1 000 *homines* der beiden Städte zwischen Allerheiligen und dem 1. Januar vorsah. Das Gegenstück zu diesem kollektiven Schwur findet sich in einer am 21. Dezember 1221 ausgestellten Liste mit 1 021 Namen sienesischer *homines*, abschriftlich in einem der *libri iurium* Orvietos überliefert.[30]

Auch wenn Orvieto den kollektiven Schwur nicht ganz buchstabengetreu organisierte – formal fehlten nicht nur 56 Schwörende, die Urkunde wurde auch einige Tage zu spät ausgestellt –, gehören die beiden Schwurlisten aus Siena und Orvieto zu den Instrumenten, die die in der Bündnisurkunde fast immer geforderte Ratifizierung durch die Bevölkerung der Kommunen oder Teile davon festhielten.[31] Tatsächlich stellen solche Ratifizierungsdokumente die häufigsten urkundlichen Belege für die Erfüllung einzelner Vertragsklauseln dar. Umfangreiche Listen über den kollektiven Schwur einer bestimmten Anzahl von Einwohnern sind allerdings selten, und mit Blick auf die oftmals geforderte Beschwörung durch alle versammlungs- und waffenfähigen Männer ist nur ein Fragment bekannt.[32] Am häufigsten finden sich bei

---

29 AS Siena, Diplomatico Riformagioni 254–1221 gennaio 5, lunga 4. Zum Bündnis Anhang 1, Nr. 37. Der Rogatar betont zweimal, dass die Genannten „per singula" schwörten. Zur Wendung *per singula* Salvatori, Giuramenti, S. 142 f.
30 SAS Orvieto, Instrumentari 865 (Codice A Bitolario), fol. 27v–31r. Welche Möglichkeiten solche Listen zur Erforschung der kommunalen Bevölkerung bieten, zeigt am Beispiel Pisa Salvatori, Popolazione.
31 Es muss davon ausgegangen werden, dass bei der Zahl tausend vor allem der symbolische Wert eine Rolle spielte, wie beide Dokumente zeigen. Zum Zusammenspiel schriftlicher Vereinbarungen und symbolischer Handlungen auch Garnier, Zeichen.
32 Urkunden über einen kollektiven Schwur existieren auch für das ältere Bündnis zwischen Orvieto und Siena aus dem Jahr 1202 (Anhang 1, Nr. 19). Der Vertrag in Nr. 32 macht deutlich, dass eine Liste mit den Namen von 340 Schwörenden ausgestellt wurde, auch wenn diese heute verloren ist. Siehe auch oben Kap. I.2.3.7, S. 190 f. In Florenz erhielt sich die Schwurliste eines Stadtsechstels zum 1197 abgeschlossenen Tuskenbund. Sie umfasst die Namen von über 500 Einwohnern im Alter von 18 bis 60 Jahren; siehe Anhang 1, Nr. 2. Vgl. Davidsohn, Geschichte, S. 618 f.; Santini, Giuramenti, S. 141.

den Bündnisdokumenten Instrumente über die Ratifizierung durch den Podestà und mindestens eine der Ratsversammlungen, auch hier werden die schwörenden Ratsmitglieder meist namentlich verzeichnet.[33]

Die anschaulichsten Schriftstücke über den Ablauf solcher Beeidungsverfahren gehören zu einem Bündnis, das Venedig im Sommer 1228 mit mehreren Kommunen der Mark Ancona abgeschlossen hatte.[34] Einige Wochen nach der Beeidung des Bündnisses durch die Stellvertreter der Kommunen in Venedig reiste ein Legat und *ambaxator* des Dogen namens Petrus Albinus durch die Marken und nahm die Ratifizierungen der Bündniskommunen entgegen. Nachdem der Legat am 21. Juli die Ratifizierung durch die Stadt Osimo eingeholt hatte, befand er sich schon am nächsten Tag in Recanati.[35] Dort nahm er in der Kirche S. Flaviano zuerst den Schwur des Podestà und einiger *connestabiles* auf das Bündnis entgegen. Die zweifelsfreie Zuordnung des Eids zu dem in Venedig geschlossenen Bündnis erfolgte in der darüber erstellten Urkunde durch genaue Angaben zur schriftlichen Ausfertigung des Bündnisinstruments. Daraufhin schworen gesondert sieben Mitglieder des speziellen Rates, gefolgt von über 120 weiteren Eidleistenden, die der Notar unter „alii infrascripti" führte. Am folgenden Tag, immer noch in Recanati, diesmal aber vor der Kirche S. Angelo, trat die Volksversammlung (*contio*) zusammen, die dem anwesenden Podestà die Erlaubnis erteilte, ihr Seelenheil auf das Bündnis zu verpflichten („ut juret super animas eorum"). Der Podestà beeidete für die ihm anvertraute Bevölkerung daraufhin erneut das Bündnis, wobei er mit einer Hand die Bündnisurkunde berührte und mit der anderen Hand ein Evangeliar („ita posita manu supra dicto pacto, tactis sacrosanctis dei evangeliis, supra animas eorum juravit"). Schließlich beschwor auch noch der Notar, der das gesamte Vorgehen protokollierte, alle geleisteten Eide treulich und ohne Täuschung zu verschriftlichen.[36] Am nächsten Tag befand sich der venezianische Legat dann bereits in Castelfidardo, wo sich das Verfahren für die Bevölkerung des dortigen *castrum* wiederholte. Noch am selben Tag nahm er dann den Eid des *castrum* Numana entgegen.[37]

---

33 Anhang 1, Nr. 45, 60, 65, 69, 76, 88, 92, 93, 104. In den Bündnissen der *milites* Perugias mit Città di Castello und Assisi schwören kleinere, ausgewählte Gruppen; für die beiden Kommunen neben dem Podestà auch der Kämmerer (Nr. 42, 43). Vgl. zur Praxis in der Toskana Mosiici, Documenti di lega, S. 107.
34 Anhang 1, Nr. 45.
35 Die Ratifizierung Osimos liegt, ebenso wie die spätere Ratifizierung Numanas, nicht ediert vor. Die Anmerkungen Winkelmanns und die edierten Urkunden lassen aber darauf schließen, dass die Instrumente gleichlautend verfasst waren: Acta 1, hg. von Winkelmann, Nr. 611, S. 491. Überliefert ist allerdings die Beauftragung des Petrus Albinus, die zeigt, dass der Legat wohl nicht allein reiste, sondern durch einen Geistlichen begleitet wurde: Liber communis, hg. von Predelli, Nr. 629, S. 150 f.
36 Più antichi trattati, hg. von Luzzatto, Nr. 8, S. 53–56.
37 Acta 1, hg. von Winkelmann, Nr. 611, S. 491. Zum gleichlautenden Instrument über die Beeidung durch Numana ebd.

Das Ratifizierungsverfahren, davon ist auszugehen, war in diesem Falle durch den Legaten Venedigs vorgegeben. Dies zeigen die Urkunden selbst. Sie sind im Großen und Ganzen gleichlautend und verweisen auch textintern auf die Tatsache, dass der venezianische Legat den Urkundentext diktierte. Sowohl der Notar Recanatis als auch der Notar Castelfidardos wurden, so die Passage über ihren eigenen Schwur, dem Legaten beigegeben („ego ... notarius datus domino Petro Albino a potestate ... et consilio eiusdem terre"), um die Ratifizierungsdokumente nach seinen Anordnungen auszufertigen („scribere omnia sacramenta que fient coram me ... et omnia alia que mihi dominus Petrus Albini pro isto pacto iuste imponet").[38] Auch für andere Bündnisse des Untersuchungsraums lassen sich ähnlich feierliche Verfahren vermuten.[39] Sie zeigen, dass auf die formale Durchführung der Ratifizierung großen Wert gelegt wurde. Die Beeidung wurde so organisiert, dass die repräsentativen Organe oder eine große Öffentlichkeit der jeweiligen Kommunen nicht nur Kenntnis von dem Bündnis hatten, sondern dieses durch den eigenen, auch sakral verpflichtenden Schwur mittrugen.

Es verwundert nicht, dass die späteren Ratifizierungen des zunächst nur durch einen Vertreter der Kommune abgeschlossenen Bündnisses meist die einzigen Urkunden sind, die neben dem Bündnisinstrument selbst und den Bevollmächtigungen überliefert sind. Sie wurden wohl als konstitutiv für die Gültigkeit oder zumindest die Sicherung der Vereinbarungen wahrgenommen und gehörten damit zur eigentlichen Bündnisdokumentation. Die Kommunen hatten somit ein nicht unerhebliches Interesse an der Durchführung und Beurkundung des Schwurs auf der Seite der Bündnispartner. Anders als der eingangs vorgestellte Schwur der 1 000 *homines* aus Siena und Orvieto oder die Reise des Legaten aus Venedig wurden die meisten Ratifizierungen daher auch direkt nach dem Bündnisschluss vorgenommen, entgegengenommen oft durch den vertragsschließenden Syndikus oder einen anderen Vertreter der nun verbündeten Kommune. Die Ratifizierungsurkunden sind dadurch aber nur bedingt aussagekräftig für den späteren Umgang mit einer *societas*.

Dies verhält sich jedoch anders bei einem weiteren Schwurdokument aus dem Staatsarchiv Siena. Es wurde in zwei Etappen, am 30. Oktober und am 1. November 1226, erstellt, also genau fünf Jahre nach dem Bündnisschluss zwischen Siena und Orvieto des Jahres 1221. Auch dieses Instrument umfasst eine Liste von etwa 1 000 *homines* Orvietos, die die Einhaltung des Bündnisses des Jahres 1221 beeideten und damit wiederum eine der Vertragsklauseln umsetzten: die regelmäßige Beeidung des auf zwanzig Jahre geschlossenen Bündnisses im Fünfjahresrhythmus. Diese Urkunde

---

38 Più antichi trattati, hg. von Luzzatto, S. 56. Vgl. Acta 1, hg. von Winkelmann, Nr. 611, S. 491.
39 Vgl. beispielsweise die Ratifizierung der Bündnisse von 1259 zwischen Todi, Spoleto und Narni wie oben, Kap. I.1.1, beschrieben.

ist ein Beispiel für die unveränderte Wahrung der Bündnisbeziehungen auch nach einigem Zeitabstand.[40]

Ebenfalls aussagekräftig für die Umsetzung von Vertragsbestimmungen ist der Schwur des Perusiner Podestà im Juli 1230 an den Syndikus Città di Castellos. Das Dokument ist in vielerlei Hinsicht ungewöhnlich. Es ist nicht nur in der ersten Person verfasst und gibt daher höchstwahrscheinlich den Wortlaut des Eides wieder. Darüber hinaus ist dieser Schwur auch explizit als Stipulation formuliert, was ihm einen formalen, römisch-rechtlichen Rahmen verleiht. Für die Umsetzung der Bündnisverpflichtungen interessanter ist aber die inhaltliche Aussage: Der Podestà versprach seinem Gegenüber, dafür Sorge zu tragen, dass die für die Statuten verantwortlichen Personen die Wahrung des Bündnisses im *constitutum* der Stadt verankerten.[41] Die Aufnahme in die Statuten war eine häufige Sicherheitsklausel in den Bündnisverträgen. Auch die 944 Orvietaner beschworen ein solches *capitulum* in der ihrem Eid zugrundeliegenden *societas*. Über die Durchführung dieser wechselseitigen Verpflichtung fehlen aber im Regelfall Nachweise. In kaum einer der erhaltenen Statutenfassungen finden sich Spuren der untersuchten Bündnisse. Dies hängt primär mit den Entstehungsumständen dieser Textgattung zusammen. Die Statuten, dies ist für Umbrien und die Marken gut belegt, waren regelmäßigen Revisionen unterworfen, in denen die Verfügungen auf Aktualität und Zweckmäßigkeit überprüft wurden.[42] Dies bedeutet aber, dass die wenigen überlieferten Texte – für die meisten Kommunen findet sich aus dem 13. Jahrhundert nur eine Fassung – in gewisser Weise Fragmente sind. Sie stellen kein festes, unveränderliches Grundgesetz dar, sondern eine Momentaufnahme, auch wenn viele der Regelungen wohl über mehrere Jahre und Jahrzehnte Bestand hatten.[43] Es ist aber wahrscheinlich, dass gerade Bestimmungen, die an konkrete politische Situationen gebunden waren, wie eventuelle Einträge über die Wahrung der Bündnisse, dem Revisionsprozedere zum Opfer fielen, sobald sie ihre Aktualität verloren hatten.

Dennoch haben sich aus dem Untersuchungsraum immerhin noch zwei Belege über die Einschreibung der Bündnisbeziehungen in die Statuten gerettet. In den Statuten Todis aus dem Jahr 1275 findet sich ein Kapitel „De societate Spoletanorum et Nargniensium". Es bezieht sich wahrscheinlich auf die 1259 abgeschlossene *societas* zwischen diesen drei Städten, die damals unter der Vorgabe geschlossen wurde, dass man das Bündnis alle fünf Jahre erneuern müsse. Ob das Kapitel in den tudertinischen Statuten des Jahres 1275 auf das Weiterbestehen des Bündnisses verweist oder ob es nur ein Überbleibsel einer älteren Fassung darstellt, ist nicht zu

---

40 Anhang 1, Nr. 37.
41 Codice Diplomatico 1, hg. von Bartoli Langeli, Nr. 103, S. 253 f. (Anhang 1, Nr. 54).
42 Vgl. Segoloni, Annalità; Bartoli Langeli, Notai, S. 217; Tanzini, Consiglio, S. 42 f.
43 Vgl. hierzu die Gesetzgebung Perugias in den erhaltenen Fassungen der Jahre 1279, 1285 und 1342, Statuto 1, hg. von Caprioli.

klären.⁴⁴ Allerdings macht der Eintrag deutlich, wie die Umsetzung der häufig vorkommenden Vertragsklausel aussehen konnte, obwohl die überlieferte Fassung nicht in allen Punkten klar ist. Das Kapitel verordnet die Wahrung des Bündnisses und seiner einzelnen Bestimmungen zu Ehren und zum Vorteil der Bündnisstädte und hält die Option auf Erneuerung bei Anfrage durch *ambaxatores* der Städte fest. Und auch der interne Umgang mit dem Bündnis wird reglementiert. Das entsprechende Statutenkapitel sollte nämlich gleich nach Regierungsantritt jedes neuen Podestà dem generellen Rat vorgelegt werden, dem die Entscheidung oblag, ob Todi selbst eine Erneuerungsanfrage bei den Bündnisstädten stellen wollte.⁴⁵

Der zweite erhaltene Statutenbeleg stammt aus den Statuten Viterbos des Jahres 1251. Er bezieht sich auf eine urkundlich nicht überlieferte *societas* zwischen dieser Kommune und Todi. Wann das Bündnis geschlossen wurde, bleibt im Dunkeln. In einem älteren Statutenfragment aus dem Zeitraum 1237–1238 findet sich kein entsprechendes Kapitel; angesichts des fragmentarischen Zustands ist dieser Umstand aber ebenfalls nicht geeignet, einen sicheren *terminus post quem* zu ermitteln.⁴⁶ Auch dieser Eintrag in die Statuten hält die grundsätzliche Wahrung des Bündnisses gemäß dem Vertrag und „pro bono et utilitate comunitatis Viterbii" fest und organisiert dann die interne Organisation dieser Norm: Verantwortlich für die Bewahrung sind der Podestà, der *balivus* (ein dem Capitano del Popolo ähnliches Amt), der Richter und der Rat der Kommune.⁴⁷

---

44 Belege über das Fortbestehen des Bündnisse finden sich letztmalig 1263 und damit noch vor der ersten geforderten Erneuerung; siehe Anhang 1, Nr. 92 und 93.

45 Der Text erscheint an einigen Stellen korrumpiert: „De societate Spoletanorum et Nargniensium. Item statuimus quod societas facta inter tudertinos et spoletanos et narnienses et alios ipsius societatum [Hg.: „Così nel testo"] debeant esse et sint firma et rata, et omnia ordinamenta habita, facta et accemptata inter ipsas societates [civitates?] debeant omni tempore observari, et hoc sit ad honorem et augmentum ipsarum societatum [civitatum?] et quod omnes civitates in dicta societate contente, debeant requiri per sollempnes ambasciatores civitatis unde dictam societatem refirment secundum formam instrumentorum factorum de ipsa societate, et hoc remaneat arbitrio consilij de requisitione facienda, et potestas teneatur poni et eligi facere hoc capitulum in consilio generali primo (mense) sui regiminis."; Statuto, hg. von Ceci/Pensi, Nr. 63, S. 46 f. Die Verwechslung von *civitas* und *societas* scheint ein häufig vorkommender Flüchtigkeitsfehler zu sein; vgl. auch Codice Diplomatico 1, hg. von Bartoli Langeli, S. 40 f. Möglich wäre auch eine Verwendung von *societas* im Sinne von Gemeinschaft, Kommune; dies stünde aber dem üblichen Sprachgebrauch in der kommunalen Schriftlichkeit des Untersuchungsraums entgegen.

46 Nachdem Viterbo 1251 seine Statuten vollständig überarbeiten ließ, ist das Bündnis eher zeitnah zu verorten. Im September 1263 gebot dann Urban IV. Viterbo, kein Bündnis mit Todi zu schließen bzw. ein bereits geschlossenes Bündnis zu lösen; Codex, hg. von Theiner, Nr. 287, S. 155. Ob hier ein Zusammenhang besteht, etwa in Form einer Erneuerung, lässt sich nicht ermitteln.

47 Statuti, hg. von Egidi, Nr. 179, S. 197 (Anhang 1, Nr. 75): „Quod pacta inter Viterbienses et Tudertinos debeant conservari et (cum) aliis. Pro bono et utilitate comunitatis Viterbii unanimiter duximus statuendum quod potestas, balivus, iudex, Consilium et comune Viterbii teneantur vinculo sacramenti societatem, pacta et conventiones facta et conventa inter Viterbienses et Tudertinos et eorum socios

Beide Einträge, aus den Statuten Todis des Jahres 1275 und aus den Statuten Viterbos des Jahres 1251, geben über die Bündnisse selbst nur wenige zusätzliche Auskünfte. In beiden wird jedoch auf die Bündnisurkunde als Grundlage der Statutennorm und somit auf das zugehörige Schriftstück mit seinen rechtlichen und politischen Inhalten verwiesen. Der Vertrag wird damit für die Laufzeit der Statutennorm faktisch zu einem Zusatzdokument zur städtischen Gesetzgebung. Die Einhaltung der Vertragsinhalte wird zudem institutionell genauer definiert, indem, wenn auch nur generisch (Viterbo) beziehungsweise punktuell (Todi), Verantwortlichkeiten und Verfahrensweisen festgelegt werden. Außerdem machen die beiden Einträge es zumindest wahrscheinlich, dass die Bündnisse auch in anderen Kommunen vertragsgemäß in die Statuten übernommen wurden, auch wenn die entsprechenden Kapitel später der Überarbeitung dieser Texte zum Opfer fielen.

Die Statuten des Jahres 1275 aus Todi verankern mit dem Kapitel zur *societas* mit Spoleto und Narni schließlich noch einen weiteren Punkt zur formalen Umsetzung der Bündnisverträge in ihrer Gesetzgebung. Die in der Bündnisurkunde festgelegte Erneuerung des Bündnisses wird hier explizit als Option genannt und bereits mit einem internen Verfahren versehen. Konkrete Beispiele für fristgemäße Erneuerungsanfragen – wenn in den Verträgen eine Laufzeit festgeschrieben wurde – finden sich etwa in den Ratsprotokollen Perugias. Die oben bereits beschriebene Gesandtschaft Orvietos, die 1277 nach zehn Bündnisjahren eine Erneuerung von Perugia forderte, weil dies im Instrument so festgesetzt sei, und das Schriftstück zur Beweisführung gleich mit sich führte, ist sicherlich eines der aussagekräftigsten Beispiele.[48] Eine ganz ähnliche Konstellation findet sich bereits zwanzig Jahre zuvor in den Perusiner *riformanze*, hier ging die Initiative aber offensichtlich von Perugia aus und, dies ist vielleicht noch wichtiger, erfolgte noch vor Ablauf der Laufzeit. Am 22. August 1256 berichteten Perusiner Abgesandte, die soeben aus Orvieto zurückgekehrt waren, von der Bereitschaft der dortigen Kommune, das alte Bündnis zwischen den beiden Städten und weiteren Bündnispartnern zu erneuern.[49] Es handelt sich um das große umbrische Bündnis des Jahres 1251 zwischen Perugia, Orvieto, Spoleto, Narni und Assisi, damals auf zehn Jahre geschlossen.[50] Warum Perugia bereits fünf Jahre später die Erneuerung betrieb, lässt sich den Quellen nicht entnehmen, möglicherweise war

---

et amicos ... teneantur rata et firma tenere, secundum pacta et instrumenta societatis contracte inter dicta Comunia et omnes alios, qui nobiscum societatem contraxerunt." Das Kapitel nennt als *socii* Orte, Montefiascone, Montalto „et Comunia ipsarum terrarum". Da diese Kommunen jedoch in einer Art zweiter Hierarchiebene gegenüber Todi und Viterbo genannt werden („et eorum socios et amicos", „omnes alios"), ist eher davon auszugehen, dass sie mit dem Bündnis nur sekundär, über Ausnehmungen zum Beispiel, verbunden waren. Zum *balivus comunis* Viterbos vgl. Maire Vigueur, Comuni e signorie in Umbria, S. 470 f.

48 Anhang 1, Nr. 105. Siehe oben Kap. I.1.6.
49 Ebd., Nr. 88.
50 Ebd., Nr. 77.

das alte Bündnis zu diesem Zeitpunkt bereits zerfallen. Aus Orvieto ist ein ähnliches Ratsprotokoll aus dem Jahr 1251 überliefert, auch in diesem beschließt der Rat, die Erneuerung eines Bündnisses mit Florenz voranzutreiben, letztendlich erfolgreich. Auch dieser Vorschlag folgte jedoch wahrscheinlich keiner Frist, das letzte bekannte Bündnis der beiden Kommunen stammt aus dem Jahr 1235.[51]

Abseits der seriell oder einzeln überlieferten *riformanze* lässt sich die Erneuerung von Bündnissen meist nur indirekt erschließen, auch wenn die Verträge hin und wieder auf vorhergehende Beziehungen direkten Bezug nehmen. So ist auch das von den 944 Orvietanern beschworene Bündnis des Jahres 1221 die fristgerechte Erneuerung eines älteren Bündnisses aus dem Jahr 1202.[52] Bei anderen Verträgen lässt sich dies vermuten, wenn etwa ein Bündnis mit einer Laufzeit von zehn Jahren mehrmals in diesem Abstand erneut geschlossen wurde. Solche über Jahrzehnte stabilen Bündnisse sind allerdings selten und finden sich vor allem in Umbrien.[53]

Der eingangs vorgestellte kollektive Schwur der 944 *homines* aus Orvieto wirft eine ganze Reihe von Überlegungen zur formalen Umsetzung der Bündnisverträge auf. Denn die Bestimmungen zur Ratifizierung, zur Aufnahme in die städtische Gesetzgebung und zur Laufzeit bildeten in ihrer Gesamtheit den äußeren Rahmen der eigentlichen Kooperationsverpflichtungen. Die Hinweise über die Realisierung dieser vertragsbezogenen Regelungen sind jedoch unterschiedlich verteilt. Während über die Ratifizierung der Verträge kurz nach dem Bündnisschluss vermehrt Urkunden überliefert sind, finden sich hingegen kaum Belege über den Eingang in die Statuten. Geschuldet ist diese Differenz, wie oben geschildert, vor allem den Überlieferungsumständen. Über die weitere Realisierung der Verträge sagt die Verteilung der Quellen nur wenig aus. Die nähere Betrachtung der einzelnen Quellen wiederum lässt zumindest den Eindruck entstehen, dass durch die Umsetzung der formalen Bedingungen in den Kommunen ein gewisses Bewusstsein für die Verbindlichkeit der Bündnisse geschaffen wurde. In der Liste zum kollektiven Schwur der annähernd 1 000 Orvietaner und in den Ratifizierungen, die der venezianische Legat 1228 entgegennahm, scheint dies auf. In beiden Fällen wurde in einer feierlichen oder doch zumindest eindrucksvollen Inszenierung eine große Anzahl von Einwohnern nicht nur zu Zuschauern des Geschehens, sondern zu persönlichen Garanten der *societates*. Sowohl die über mehrere Tage einzeln schwörenden Orvietaner als auch die in

---

51 Ebd., Nr. 81.
52 Das Bündnis wurde damals auf 20 Jahre geschlossen, im Oktober 1221 bestätigten die Kommunen die restliche Laufzeit und erneuerten das Bündnis ab September 1222 für weitere 20 Jahre (Anhang 1, Nr. 37). Siehe zu weiteren Beispielen auch oben Kap. I.1.2, Anm. 27.
53 Es handelt sich um die Verbindungen zwischen Perugia und Todi (Anhang 1, Nr. 3, 21, 35, 55); Perugia und Orvieto (Nr. 77, 88, 105); Orvieto und Siena (Nr. 19, 37), dann Orvieto und Florenz (Nr. 50, 81); Todi und Viterbo (Nr. 75, 102). Aus den Marken möglicherweise das Bündnis zwischen Cagli und Sassoferrato (Nr. 33, 58). Zu den Marken im Allgemeinen siehe unten Kap. II.5.

der *contio* zustimmenden Einwohner der Kommunen der Mark Ancona verpflichteten immerhin ihr Seelenheil auf die Wahrung der Verträge. Während dieser Effekt bei einem Eid auf das geschlossene Textkorpus der Statuten wohl weniger offensichtlich war, wurde das Bündnis in Todi – wenn die Statutenklausel zur jährlichen Erneuerungsanfrage im Rat denn tatsächlich umgesetzt wurde – der repräsentativen Vollversammlung zumindest regelmäßig in Erinnerung gerufen. Inwieweit diese aufwändigen Mechanismen zu einer Absicherung der Bündnisse ein Bewusstsein für die Bündnisbeziehungen der Kommune bei den einzelnen Einwohnern der Kommunen hervorriefen, ist naturgemäß nicht ersichtlich. Der dennoch immer wieder zu beobachtende Bruch von Bündnissen scheint darauf hinzuweisen, dass auch die sakrale Verpflichtung einer großen Anzahl von Individuen kein Hindernis für einen Eidbruch darstellte, wenn die politische Situation dies erforderte. Ob ein solcher Entschluss die Entscheidungsträger der Kommunen in ein schweres Dilemma brachte, wie Giovanni da Viterbo annahm, sei dahingestellt. Die Beispiele zur aufwändigen formalen Umsetzung der Vertragsbestimmungen zeigen jedenfalls den Willen zur Verbindlichkeit zumindest zu Beginn der Verträge. In den umbrischen Beispielen über die fristgerechten Erneuerungen der Beziehungen ist diese Verbindlichkeit sogar deutlich länger zu konstatieren. Allerdings treffen diese Beobachtungen nur auf einen Teil der untersuchten *societates* zu. Eine Verallgemeinerung würde die Vielfalt der zwischen den Kommunen abgeschlossenen Vertragsbeziehungen und den späteren Umgang damit vernachlässigen, wie die wechselnden Konstellationen in den Marken gut zeigen.[54]

3.4 Die friedliche Beilegung von Konflikten

Am 2. Juli 1266 empfing die Perusiner Vollversammlung eine Gesandtschaft aus Assisi. Deren Wortführer grüßte den Rat im Namen seiner Kommune und berichtete sodann von einem Konflikt, der zwischen den Kommunen Assisi und Orvieto ausgebrochen war. Auslöser, so der Gesandte, sei die Wahl eines aus Orvieto stammenden Capitano del Popolo gewesen. Eine unglückliche Wahl, denn obwohl sich die genauen Abläufe des Geschehens aus dem Ratsprotokoll nicht rekonstruieren lassen, wird doch deutlich, dass der fragliche Amtsträger am Ende weder im Amt bleiben noch ein Schiedsgericht akzeptieren wollte und schließlich der Stadt verwiesen wurde. Auch seine Vergütung behielt die Kommune Assisi wohl ein, denn der aus der Stadt gejagte Capitano forderte und erhielt später von seiner Herkunftsstadt Orvieto einen Repressalienbrief. Mit diesem Schriftstück in der Tasche, so der *ambaxator* weiter, hatte der Orvietaner einem *miles* aus Assisi ein Pferd geraubt und ihn überdies, als dieser sein Eigentum zurückfordern wollte, unter Täuschung auf ein Kastell gelockt und in Ketten gelegt. Die Gesandtschaft Assisis bat aus diesem Grund den Perusiner Rat um die

---

54 Siehe Anhang 2, Karte 3, und Anhang 3, Tabelle 2.

Entsendung zweier *ambaxatores*, die zunächst von Orvieto die Freilassung des Ritters aus Assisi und die Erstattung seiner Güter fordern sollten und danach, falls nötig, beim Papst darum bitten sollten, dasselbe zu tun. Als Grundlage für diese Forderung führte der Gesandte Assisis einen gemeinsamen Bündnisvertrag mit Orvieto sowie die dort enthaltene Klausel an, die in Konfliktfällen zwischen zwei Kommunen die Schlichtung durch die dritte vorsah.[55] Der Gesandte bezog sich damit auf ein Bündnis, das Perugia und Orvieto 1256 abgeschlossen hatten und dem Assisi mit hoher Wahrscheinlichkeit danach beigetreten war. Das überlieferte Instrument vom 27. August 1256 enthält in ähnlicher Form die Klausel, auf die sich der Gesandte aus Assisi zehn Jahre später bezog.[56] Der Perusiner Rat stimmte dem Ansinnen der Gesandten ohne Weiteres zu und verfügte die Wahl der zwei geforderten *ambaxatores*.

Ein ähnlich expliziter Rückbezug auf die vertraglich festgehaltenen Bündnisvereinbarungen zur Schlichtung von Konflikten findet sich in einer in Perugia registrierten Syndikatsurkunde. Das Instrument, ausgestellt am 14. Januar des Jahres 1278, ernannte einen in den Außenbeziehungen der Stadt erfahrenen Bürger, Blancus Bonosmeri, zum Syndikus.[57] Die Urkunde ermächtigte ihn, von der Führung Orvietos zu fordern, gewisse Feindseligkeiten und ein weiteres gerichtliches Vorgehen gegen einen Einwohner des Disktrikts Perugias einzustellen, da dieses Verhalten die Freundschaft zwischen den beiden Kommunen gefährde. Sollte Orvieto diesem Ansinnen widersprechen, müsse die Stadt sich „de iure" an die Kommune Spoleto wenden, die in den gemeinsam abgeschlossenen Verträgen die dritte Partei sei („quod est tertium inter comune Perusii et comune Urbisveteris secundum pacta et promissiones, que sunt iuramento vallata inter ipsa comunia").[58] Alternativ bot man Orvieto die Bestellung von Schiedsrichtern aus beiden Städten an, die den Konflikt lösen sollten. Dem folgte eine weitere Argumentationsanweisung für Blancus Bonosmeri, der – sollte die Führung Orvietos dies alles zurückweisen – darlegen solle, dass Orvieto verpflichtet sei, die Bündnisverpflichtungen zu befolgen, so wie sie im Bündnisinstrument fest-

---

55 AS Perugia, Consigli e Riformanze 6, fol. 57v–58r: „retulit etiam, quod comune Perusii fecerunt iurare societatem cum Orvetanis, et dixit quod in pacto continetur, quod si aliqua discordia appareret in duabus (duas ms.) ex dictis civitatibus, quod tertia deberet concordiam facere".
56 AS Perugia, Diplomatico, Contratti, Nr. 1332: „Item, si aliqua discordia oriretur inter aliquas predictarum civitatum aliqua occasione, quod Deus advertat, alie civitates teneantur ipsam discordiam diffinire et terminare et discordantes ad concordiam revocare". Siehe Anhang 1, Nr. 88.
57 Blancus Bonosmeri wurde in den von Ansidei aufgearbeiteten Ratsprotokollen der Jahre 1256–1260 häufig zum *ambaxator* ernannt, vielfach findet er sich auch in den Ausschüssen der *sapientes*; vgl. den Registereintrag „Blancus Bonosmeri" in Regestum, hg. von Ansidei, und in Reformationes, hg. von Nicolini, S. 133. Registriert ist die Urkunde in einem eigenen kommunalen Register (AS Perugia, Miscellanea 5), im Inventar überschrieben mit „Mandati di procura diversi del 1278".
58 AS Perugia, Miscellanea 5, fol. 2r (ms. iuramenta vallata). Bei dem betroffenen Distriktualen handelt es sich um Franciscus *domini Monachi* aus Città della Pieve.

gehalten seien.⁵⁹ Die *instrumenta societatis* zwischen Perugia, Orvieto und Spoleto, die in der Vollmacht für Blancus Bonosmeri genannt werden, wurden nur kurz zuvor, im Juli 1277, ausgestellt. Sie beruhen größtenteils auf dem zwischen Perugia, Orvieto und Assisi geschlossenen Vertrag des Jahres 1256 und enthalten somit ebenfalls die oben zitierte Klausel zur Konfliktschlichtung durch die dritte Kommune.⁶⁰

Zehn Jahre darauf, im August 1287, beschäftigten sich die Ratsgremien Perugias wiederum mit der Schlichtung eines bündnisinternen Konflikts. Dieser betraf die Kommunen Todi und Narni, die seit dem Winter 1286 mit Perugia und Spoleto in einem Bündnis standen.⁶¹ Die Perusiner Führung beauftragte ein Gremium aus *sapientes iuris* mit der Examinierung der Vertragsdokumente, um herauszufinden, ob Perugia und Spoleto sich in den Konflikt der beiden anderen Bündnisstädte schlichtend einmischen durften.⁶² Die zusammengerufenen Rechtsgelehrten bestätigten dies auf der Grundlage des Vertrags und fügten hinzu, so zumindest das Ratsprotokoll, dass Perugia und Spoleto dazu sogar verpflichtet seien („comune Perusii et Spoleti se posse et debere intromittere ... ob tenorem et vigorem instrumentorum predictorum").⁶³ Man veranlasste daraufhin die Wahl von fünf Unterhändlern „de melioribus et ydoneoribus civitatis Perusii", die sich gemeinsam mit den *ambaxatores* Spoletos der innerbündischen Vermittlung annehmen sollten.⁶⁴

Alle drei Quellenbelege aus der internen perusinischen Überlieferung zeigen die explizite Einforderung oder Leistung der in den Verträgen fixierten friedlichen Konfliktlösung durch die Vermittlung einer dritten Bündnisstadt. Interessanter aber noch ist in allen Fällen der klare Rückgriff auf den Vertrag in der Argumentation der kommunalen Vertreter und Führungsgremien. Sowohl der Gesandte Assisis als auch Blancus Bonosmeri argumentierten – oder wurden zumindest so instruiert – unter Bezug auf die Schriftstücke, die über die Bündnisbeziehungen ausgestellt worden waren. Im letzten Beispiel hingegen ließ die Führung Perugias die vertraglichen Grundlagen für ein Eingreifen durch juristische Sachverständige prüfen. Die Verträge waren in

---

59 Ebd.: „alioquin, si comune et homines Urbisveteris predicta facere renuerent, protestetur eis dictus syndicus nomine comunis Perusii, quod dictum comune et homines Urbisveteris debeant omnia observare que promissa sunt inter ipsos et iurata et ut in instrumento vel instrumentis sotietatis (sotietis ms.) plenius continetur".
60 Die Klausel wurde wörtlich übernommen, Documenti, hg. von Sansi, Nr. 67, S. 339–341 (Anhang 1, Nr. 105).
61 Siehe Anhang 1, Nr. 108, zum Bündnis auch unten Kap. II.3.2. Im Vertrag ist für den Konfliktfall die Schlichtung durch die nicht betroffenen Bündniskommunen vorgesehen, die streitenden Parteien werden verpflichtet, die Vermittlung und den Schiedsspruch anzunehmen.
62 AS Perugia, Consigli e Riformanze 10, fol. 45v: „quod potestas, capitaneus et consules habeant cum eis sapientes iuris, quos ... videant et diligenter examinent instrumenta sotietatis comunium Perusii, Tuderti, Narnie et Spoleti; et vissis et examinatis [instrumentis predictis] afferant, si comune Perusii et comune Spoleti se possunt ... intromittere de discordiis ... inter comunia antedicta ...".
63 Ebd.
64 Ebd., fol. 46r.

allen drei Fällen die rechtliche Basis, auf der die jeweiligen Forderungen beruhten. Sie hatten rechtliche Verbindlichkeiten zwischen den Kommunen geschaffen, wie die Syndikatsurkunde aus Perugia deutlich auf den Punkt bringt: *de iure*, auf Grundlage des beschworenen Vertrags, sei Orvieto zu dem geforderten Verhalten verpflichtet.

Die Bevollmächtigung des Blancus Bonosmeri verweist daneben auf ein anderes Phänomen, das die Überlieferung zur Umsetzung der Bündnisverträge prägt. Die Führung Perugias bot Orvieto eine Alternative, falls sie die Vermittlung Spoletos nicht wünschte, nämlich die Einsetzung von Schiedsrichtern über den umstrittenen Fall. Dieses Vorgehen sah der Bündnisvertrag des Jahres 1277 nicht explizit vor, obschon das Instrument des Schiedsgerichts sicherlich geeignet war, die im Bündnis beschworenen guten Beziehungen zwischen den Kommunen zu wahren. Die Beilegung kommunaler Streitpunkte durch gemeinsame Schiedsgremien kam häufig zum Tragen, auch in den Beziehungen zwischen Perugia und Orvieto.[65] So standen die beiden Kommunen im Mai und im Juni 1266 in Verhandlungen über die Beilegung einiger Konflikte, die nach fortlaufendem Austausch von Briefen und *ambaxatores* in der Ernennung von Schiedsrichtern beider Seiten mündeten. Bereits im Juli kam es zu einem erneuten Konflikt über Repressalien, der zu einer regen Kommunikation führte und spätestens im Dezember, wiederum über ein Schiedsgericht, zu einem Ende gebracht wurde.[66] Die im Jahr 1266 zwischen Orvieto und Perugia zu beobachtende, fast durchgängige Bewältigung von kleineren Auseinandersetzungen durch kontinuierliche Kommunikation und schiedsgerichtliche Einigungen scheint eine Möglichkeit gewesen zu sein, die durch ein Bündnis formalisierten guten Beziehungen zwischen den Städten zu wahren. Allerdings wurde diese Konfliktbewältigungsstrategie, Verhandlungen und Schiedsgericht, unverändert auch bei Streitigkeiten mit Städten eingesetzt, die nicht nachweislich ein Bündnis mit Perugia geschlossen hatten.[67] Die schiedsgerichtliche Einigung allein ist somit noch kein Beleg für die Realisierung der Bündnisverträge, auch wenn beides zusammenfallen konnte.[68]

---

[65] Auf die Einsetzung eines Schiedsgerichts als Konfliktlösungsstrategie kann hier nicht eigens eingegangen werden; vgl. grundsätzlich Storti Storchi, Compromesso, und Hermes, Schiedsgerichtsbarkeit.

[66] Siehe die Einzelbelege in Anhang 1, Nr. 88 zu AS Perugia, Consigli e Riformanze 6, fol. 24r–141r, und Consigli e Riformanze 9, fol. 145r–146v.

[67] So beschließt der Rat im Juni 1266, die Schiedsrichter zwischen Orvieto und Perugia so zu entschädigen wie die Schiedsrichter zwischen Perugia und Arezzo: „Item concordavit consilium, quod arbitri inter comune Perusii et comune Urbisveteris eligantur per consilium speciale, et sint tres silicet unus iudex, unus laicus et unus notarius et habeant pro suo salario tantum, quantum debent habere arbitri electi inter Perusinos et Aritinos"; AS Perugia, Consigli e Riformanze 6, fol. 42v. Ein Bündnis zwischen Arezzo und Perugia ist letztmalig aus dem Jahr 1216 überliefert.

[68] Nachweise schiedsgerichtlicher Einigungen in direkter Folge eines Bündnisvertrags lassen sich nur für den Tuskenbund vermuten; siehe Anhang 1, Nr. 2.

Die besonderen Eigenarten der Quellengattung Ratsprotokoll erschweren die Zuordnung von Verhandlungen und schiedsgerichtlichen Tätigkeiten zu einem Bündnis zusätzlich. Wie bereits dargelegt, nahmen die Schreiber der Protokolle nämlich keineswegs alle inhaltlichen und argumentativen Einzelheiten der in den Sitzungen verhandelten Sachfragen auf. So ließe sich beispielsweise ein Zusammenhang zwischen den Vermittlungssversuchen, die Perugia im Frühsommer 1288 im erneut entbrannten Konflikt zwischen den Bündnisstädten Narni und Todi unternahm, und dem Bündnis von 1286 nur vermuten. Trotz mehrmaliger Versammlungen zu diesem Thema wird eine *societas* als Grundlage der Bemühungen an keiner Stelle erwähnt.[69] Einzig der im Nachgang geäußerte Zusatz eines Ratsherrn zu einem zuvor ausführlich präsentierten Vermittlungsvorschlag macht deutlich, dass der Bündnisvertrag als rechtliche Basis der Mediation der Ratsversammlung präsent war. Der fragliche Ratsherr fügte dem Gesagten in einem eigenen Beitrag nämlich hinzu, dass der mit der Vermittlung betraute Syndikus Perugias bei den zerstrittenen Städten auf die Vertragsstrafe im Bündnisinstrument verweisen sollte („debeat et teneatur protestare penam in instrumentis societatis ... positam, si necesse fuerit").[70] Erst dieser nachträgliche Einfall des Ratsherrn ließ den expliziten Zusammenhang zur *societas* in der Überlieferung sichtbar werden. Diese Unschärfen in der internen Schriftlichkeit der Kommunen führen ebenfalls dazu, dass die Umsetzung von Bündnisvereinbarungen oft nur vermutet, aber nicht sicher belegt werden können. Noch deutlicher zeigt sich dieses Problem bei der Umsetzung der militärischen Bestimmungen, wie im Folgenden gezeigt werden soll.

3.5 Die gemeinsame Kriegsführung

Der bedeutendste Punkt in den meisten der untersuchten Bündnisverträge war die gegenseitige Zusicherung militärischer Hilfe. Diese Gewichtung spiegelt sich jedoch nur bedingt in der Überlieferung zur Erbringung von Bündnisleistungen wider. Nur selten finden sich explizite Quellenbelege wie zwei Instrumente aus dem Archivio Storico Comunale in Narni, die in einer Art Ausgangsbestätigung für die eigene Dokumentation die Entsendung von Briefen an die untergebenen Kommunen Stroncone und Calvi verzeichnen.[71] Der Wortlaut der beiden Briefe, versendet am 6. und 7. Juni

---

69 Siehe die entsprechenden Belege in Anhang 1, Nr. 108, sowie die Ausführungen unten Kap. II.3.2.
70 AS Perugia, Consigli e Riformanze 10, fol. 59v.
71 ASC Narni, Diplomatico, Pergamene, Nr. 15. Es handelt sich um ein Bifolium mit beglaubigten Abschriften, die der Notar Archangelus *magistri Iohanis* im Dezember 1283 erstellte. Die Anlage und die Anzeichen einer ehemaligen Bindung lassen darauf schließen, dass es sich um Registrierungsabschriften handelte, die in einzelnen Faszikeln oder einem gebunden *liber iurium* versammelt werden sollten. Auch den Abschriften des Archangelus lagen jedoch nicht die Briefe selbst vor, sondern die ‚Ausgangsprotokolle' des Matheus Philipi aus Spoleto, „nunc comunis Narnie notarius".

des Jahres 1261, wird in den Instrumenten ebenfalls wiedergegeben. So erfährt man, dass Narni die Amtsträger der untergebenen Orte aufforderte, jeweils vier bewaffnete Reiter zu schicken, die gemeinsam mit dem Aufgebot Narnis gegen das Heer König Manfreds ziehen sollten, da dieser im Territorium der verbündeten Stadt Spoleto stehe („in terram Spoletanorum nostrorum sociorum, quos merito diligimus et amamus"). Die in notarieller Abschrift überlieferten Briefe an Stroncone und Calvi zeigen somit die direkte Umsetzung der Bündnisvereinbarungen, die Narni, Spoleto und Todi 1259 getroffen hatten.[72]

Diese Urkunden aus Narni sind jedoch ein Einzelfall. Zwar finden sich für vereinzelte Bündnisse Schriftstücke, die die militärische Organisation im Umfeld eines Bündnisses betreffen, etwa Söldnerverträge oder Schuldinstrumente, wie auch Quellen päpstlicher Provenienz, die das gemeinsame Vorgehen von Bündnisstädten thematisieren.[73] Allerdings verraten diese nichts über die gemeinsame Organisation kriegerischer Handlungen oder den vorhergehenden Abstimmungsprozess. Umso wertvoller erweist sich das administrative Schriftgut der Kommune. Allerdings besteht auch hier das Problem, dass durch die ausführenden Notare nicht immer explizit vermerkt wurde, auf welcher Grundlage die militärische Hilfe eingefordert oder geleistet wurde.[74] Wie die militärische und in der Folge auch diplomatische Zusammenarbeit aussehen konnte, soll am Beispiel einer 1288 geschlossenen *societas* zwischen Camerino und Perugia gezeigt werden, die in den Ratsprotokollen Perugias und in anderen Quellen ihre Spuren hinterlassen hat.[75]

Perugia und Camerino schlossen am 3. Februar 1288 ein Bündnis, das neben vielen anderen Bestimmungen auch die geläufige Form der gegenseitigen Waffenhilfe beinhaltete. Die Kommunen versprachen sich den *exercitus generalis* für fünfzehn Tage ohne An- und Abreise; falls nur einzelne Waffengruppen (*milites*, *pedites* oder *balistarii*) angefordert wurden, verlängerte sich der Zeitraum auf einen Monat.[76] Ob das Bündnis seitens Perugia bereits in Hinblick auf eine mögliche Offensive gegen Foligno geschlossen wurde, lässt sich nicht erschließen, der Kriegszug gegen diese Stadt in den Jahren 1288/1289 ist es jedoch, der die Zusammenarbeit mit Camerino erstmals hervortreten lässt. Die genauen Umstände des Konflikts und seiner Vorgeschichte sollen hier nicht im Einzelnen referiert werden, Perugia bereitete aber spätestens im Frühjahr 1288 eine weitere Aktion gegen Foligno vor.[77] Am 26. April

---

72 Anhang 1, Nr. 93.
73 Siehe beispielsweise Anhang 1, Nr. 108, 111–113.
74 Zwei Beispiele für einen klaren Bezug auf das zugrundeliegende Bündnisinstrument finden sich im folgenden Kapitel, generell zum Problem der inhaltlichen Verschriftlichung komplexer Sachverhalte, etwa in den Ratsprotokollen, oben Kap. I.1.6.
75 Anhang 1, Nr. 109.
76 AS Perugia, Diplomatico, Contratti, Nr. 1846.
77 Der grobe Ablauf des Geschehens ergibt sich vor allem aus den volkssprachigen Annalen Perugias: Annali e cronaca di Perugia, ad a. 1288–1289, hg. von Ugolini, S. 158–160. Siehe zum Zug gegen Foli-

forderte Nikolaus IV. die Kommune unter Androhung diverser Strafen auf, die Feindseligkeiten gegen Foligno nicht wieder aufzunehmen. Am gleichen Tag erging auch ein Rundbrief an alle Orte des Dukats, Perugia weder offen noch verdeckt Hilfe zu leisten. Eine gesonderte Aufforderung richtete sich an Todi, Spoleto, Città di Castello und Camerino und somit, abgesehen von Città di Castello, an jene Städte, die sich mit Perugia nachweislich in einem Bündnis befanden.[78] Über eine Beteiligung Camerinos an den im Sommer 1288 unternommenen Aktionen gegen Foligno mit einem militärischen Aufgebot fehlen konkrete Informationen; allerdings wurde die Stadt noch im September durch den Rektor der Mark bedrängt, das im Februar geschlossene Bündnis mit Perugia zu lösen und der Erfüllung der Vereinbarungen nicht nachzukommen. Dies zumindest berichteten zwei *ambaxatores* Camerinos vor dem Rat Perugias.[79] Spätestens im folgenden Jahr findet sich Camerino jedoch sicher an der Seite Perugias, die Kommune stellte im Juli mit Berardo I. da Varano den *capitaneus guerre*, der das Perusiner Heer gegen Foligno anführen sollte. Auch wenn die Überlieferung aus Perugia nichts Näheres über ein Aufgebot berichtet, das das perusinische Heer unterstützte, ist schwer vorstellbar, dass sich die Hilfe Camerinos auf die Entsendung eines einzelnen militärischen Führers beschränkte. Bestätigt wird dies indirekt durch das analoge Beispiel Todis. Die zweite große Bündniskommune hatte im Jahr zuvor den *capitaneus guerre* für den Zug gegen Foligno gestellt und sich zugleich mit 800 Bewaffneten beteiligt.[80] Und auch eine Chronik aus Foligno spricht von einem Angriff im Juli 1289 durch ein „exercitus Perusinorum et Camerinensium".[81] Im August, als Foligno sich aufgrund des militärischen Drucks gezwungen sah, sich Perugia erneut zu unterwerfen, befand sich neben dem Vertreter Todis auch ein Gesandter Camerinos unter den Personen, die den Unterwerfungseid

---

gno des Jahres 1288 unten Kap. II.3.1; vgl. auch Pellini, Historia 1, S. 302–305; Morghen, Legazione; Galletti, Considerazioni; Menestò, Esempio, S. 472 f.; Grundman, Popolo, S. 162–165.

78 Reg. Nicolas IV, Nr. 7020–7024, siehe Anhang 1, Nr. 108 und 109.

79 AS Perugia, Consigli e Riformanze 10, fol. 76v–77v. Ob Camerino aus diesem Grund eine Lösung von den Bündnisverpflichtungen erbat, geht aus dem kurzen Protokoll nicht hervor. Auch der diesbezügliche Beschluss der Versammlung hilft hier nicht weiter: Die Angelegenheit wird an *sapientes* weitergegeben und gelangt von dort nicht wieder in die Vollversammlung zurück oder zumindest nicht in deren schriftliche Dokumentation. Die Weitergabe an *sapientes*, deren Beschluss explizit auch ohne spätere Bestätigung der Vollversammlung Gültigkeit haben sollte, ist in den Jahren 1288–1289 häufig zu beobachten.

80 So auch Falaschi, Berardo, S. 30, und Libro, hg. von Biondi, Introduzione, S. LIV. Die Notiz stammt aus den zeitgenössischen Annalen Perugias: Annali e cronaca di Perugia, ad a. 1289, hg. von Ugolini, S. 159 f. Den Annalen ist zu entnehmen, dass Perugia am 9. Juli Camerino als Herkunftsort des zukünftigen „capitanio" wählte, die Stadt entsandte daraufhin Berardo da Varano, der bereits am 12. Juli in Perugia erschien. Das gleiche Prozedere wird in den Annalen auch für Todi beschrieben. Ob die Entscheidung über die Person des zukünftigen *capitaneus guerre* tatsächlich der Bündnisstadt überlassen wurde, ist fraglich.

81 Cronaca di Bonaventura di Benvenuto, ad a. 1289, hg. von Faloci-Pulignani, S. 18.

des Syndikus Folignos entgegennahmen. Möglicherweise handelte es sich sogar um eine größere Delegation, die neben Berardo I. da Varano auch seinen Bruder umfasste und somit zwei Mitglieder der Familie, die im 14. Jahrhundert die Signorie in Camerino ausüben sollte.[82] Endgültig bestätigt wird die militärische Teilhabe Camerinos an Perugias Zug gegen Foligno durch ein Instrument vom 16. Mai 1290, das die feierliche Aufhebung des päpstlichen Interdikts gegen Camerino beurkundete, dem die Kommune verfallen war „pro eo, quod Commune ipsius contra prohibitionem Sedis Apostolicae ad destructionem Civitatis Fulginei in auxilium Perusinorum hostiliter processerat, ac eisdem praestiterat auxilium, consilium et favorem".[83] Die endgültige Beilegung des im Dienste Perugias in Kauf genommenen Konflikts Camerinos mit der Kurie ließ sogar bis 1292 auf sich warten.[84]

Wie die Beteiligung Camerinos an Perugias Unternehmung gegen Foligno im Sommer 1288 zeigt, beschränkte sich die militärische Hilfe in diesem Fall nicht nur auf die Entsendung des vereinbarten Aufgebots. Nachzuweisen sind weitreichendere Formen der Zusammenarbeit. Perugia betraute einen prominenten Vertreter Camerinos mit der Führung der militärischen Expedition, so wie im Jahr zuvor bereits

---

82 Annali e cronaca di Perugia, ad a. 1289, hg. von Ugolini, S. 159 f.: „In quisto millesimo, dì xxij intrante agosto, la podestà e 'l capitanio e 'l scenteco e gl'anbescedore de Folingno vennero a Peroscia a giurare el comandamento del comuno de Peroscia; fo scenteco de Folingno ser Bartolo de ser Bievenuto. Fuorce gl'anbasciadore de Tode, anbasciadore de Camerino e altre ambasciadore.". Auch die Annalen weisen den beiden Vertretern Todis und Camerinos somit offensichtlich eine gesonderte Stellung unter den anwesenden Repräsentanten zu. Lili, Istoria, S. 51, lag offensichtlich eine lateinische Fassung der Perusiner Annalen vor, ohne dass deutlich wird, wie dieser Text zu ihm kam: *„Negli annali di quella Città 1289*: ‚22. Augusti Potens et Magnificus D. Berardus. D. Gentilis de Varano honorabilis Civis Camerinen. Capitaneus Communis Perusiae', *et appresso*: ‚die 25. Octobris 1289. Refutatio generalis facta a Civitate Fulginei mediante persona D. Bausoli D. Benvenuti de Fulgineo coram Prioribus, et Officialibus Civitatis Perusiae, et praecipue à Nobili viro D. Berardo. D. Gentilis Cive Camerinen. et eius socijs, et officialibus'" [Hervorhebung im Original]. Als Quelle zu den Ereignissen nennt Lili kurz zuvor Pellini, Historia 1, S. 304, der jedoch nur eine Synthese der Perusiner Archivquellen gibt. Auch Pellini berichtet jedoch von der Anwesenheit Berardos I. da Varano und von dessen Bruder Rodolfo sowie von „molti di Camerino". Das Werk Camillo Lilis aus dem 17. Jahrhundert gilt weiterhin als die bestdokumentierteste Arbeit zu Camerino, was auch am Fehlen einer modernen Stadtgeschichte liegt; vgl. Libro, hg. von Biondi, Introduzione, S. XXI. Biondis Einführung zum „Libro rosso" ist zugleich der aktuellste Überblick zur Geschichte Camerinos im 13. Jahrhundert. Zur möglichen Existenz einer lateinischen Annalenfassung Perugias auch Annali, hg. von Ugolini, S. 273.
83 Lili, Istoria, S. 52 f. In aller Ausführlichkeit berichtet das Werk auch von einer vorhergehenden Petition Camerinos beim Papst, die das Engagement gegen Foligno auf zwei Gründe zurückführte: die Feindseligkeiten Folignos gegen Camerino und die Tatsache, dass Perugia auch Camerino schon sehr oft zur Hilfe gekommen sei. Der Argumentationsgang wird von Lili so genau beschrieben, dass man den Rückgriff auf die Quelle vermuten darf; woher diese stammt, bleibt aber offen. Bei Lili finden sich auch weitere Einzelheiten zum Aufgebot Camerinos, das Perugia unter Berardo I. da Varano zur Hilfe kam, wiederum ohne genaue Quellenangabe: ebd., S. 50–52.
84 Vgl. Libro, hg. von Biondi, Introduzione, S. LIV.

ein Bürger der Bündnisstadt Todi das Amt des *capitaneus guerre* innehatte. Camerino hingegen unterstützte Perugia trotz des Drucks der Kurie und des Rektors der Marken, der immerhin im Interdikt mündete. Dies führte zur Anwesenheit der Vertreter Camerinos auch bei der Unterwerfung Folignos, die somit faktisch vor allen Bündnisstädten erfolgte.

Die Gründe dafür sind sicherlich nicht nur im Pflichtbewusstsein der kommunalen Führung Camerinos gegenüber dem Bündnisvertrag zu suchen. Es ist wahrscheinlich, dass auch Camerino ein Interesse an der Schwächung Folignos hatte, ob aus wirtschaftlichen oder anderen Gründen, kann hier nicht geklärt werden. Falls die Ausführungen des älteren Geschichtswerks von Lili zutreffen, hatte es bereits vor dem Perusiner Kriegszug auch Feindseligkeiten zwischen Camerino und Foligno gegeben. Dennoch zeugen die verstreuten Quellen zum gemeinsamen Vorgehen gegen Foligno von einer engen Kooperation der beiden Städte gegen einen gemeinsamen Gegner, die über die reine Entsendung von Bewaffneten hinausging und neben einer gemeinsamen Politik auch gemeinsame Risiken mit sich brachte. Ob allerdings die detaillierten Bestimmungen des Bündnisvertrags zu den Modalitäten der militärischen Hilfeleistung eingehalten wurden, bleibt in diesem Fall vollständig im Dunkeln.

Vier Jahre später war es dann die Kommune Camerino, die um militärische Unterstützung bat, wie die *riformanze* Perugias ergeben. Am 27. Mai 1293 forderte eine Gesandtschaft Camerinos vor der Perusiner Vollversammlung die sofortige Entsendung des Perusiner *exercitus* gegen Matelica, um verschiedene Übergriffe dieses Kastells zu rächen („ob iniurias et offensas per Mathelicanos illatas"). Das Ratsprotokoll verschweigt allerdings, ob sich die Anfrage Camerinos explizit als Bitte um Bündnishilfe verstand. Die anwesenden Ratsherren stimmten der Anfrage ohne Umschweife zu und legten alle weiteren Modalitäten in die Hände von *sapientes*.[85] Was diese entschieden, bleibt aufgrund des Fehlens entsprechender Aufzeichnungen verborgen. Erst am 4. Juni beschäftigte sich die Vollversammlung wieder mit der Hilfe für Camerino. Man beriet an diesem Tag über die Wahl eines *capitaneus militum* und die Auswahl geeigneter *milites* mit guten Pferden, die aus freiem Willen an der Expedition teilhaben wollten. Die Auswahl wurde dem Podestà, dem Capitano del Popolo, den Vorstehern der Zünfte und sogenannten *conestabiles militum* überlassen.[86] Das so zusammengestellte Aufgebot muss sogleich aufgebrochen sein, denn am 24. Juni erreichte den Rat bereits ein Brief des fraglichen *capitaneus* mit der Anfrage, ob das Aufgebot über den vereinbarten Zeitraum hinaus im Dienste Camerinos bleiben sollte.[87] Der Rat entschied sich schließlich für eine Verlängerung von fünf

---

[85] AS Perugia, Consigli e Riformanze 10, fol. 186v–187r. Zum bereits länger währenden Konflikt zwischen Camerino und Matelica Libro, hg. von Biondi, Introduzione, S. LIV–LVI. Der Herausgeberin ist jedoch die perusinische Hilfeleistung, in anderen Quellen offenbar unerwähnt, nicht bekannt.
[86] AS Perugia, Consigli e Riformanze 10, fol. 202r–v.
[87] Ebd., fol. 192r–v.

Tagen, genauer bis zum 29. Juni, einem Montag, allerdings wurde diese Entscheidung durch eine weitere Gesandtschaft Camerinos noch einmal revidiert. Diese erschien am Samstag, den 27. Juni, und bat um eine Verlängerung für die ganze kommende Woche, da die Aktion gegen Matelica beinahe beendet sei und man diese mit Hilfe der Ritter aus Perugia gerne abschließen wolle. Dem Gesuch gab der Rat ohne Gegenvorschläge statt. Bereits am 17. August sprachen jedoch erneut *ambaxatores* aus Camerino vor dem Perusiner Rat, die darum baten, Camerino nochmals mit Pferden und Waffen für einen nicht näher bestimmten Heerzug zu unterstützen und zu diesem Zweck auch Fahne und Abzeichen („vexillum et insigna") an Camerino zu entleihen. Die Entscheidung über diese Frage fiel jedoch nicht vor Ort, wie so oft wurde sie an ein eigens gewähltes Gremium von *sapientes* übertragen und entzieht sich damit der Überlieferung. Ob sich das geplante militärische Vorgehen erneut gegen Matelica richtete, lässt sich nicht erschließen. Offensichtlich bat Camerino in diesem Fall aber nicht nur um konkrete militärische Leistungen, sondern auch um die Nutznießung des Prestiges, das die perusinischen Abzeichen wohl innehatten.[88]

Beide Episoden zeigen sehr deutlich, dass die militärische Kooperation zwischen den Kommunen sehr unterschiedliche Formen annehmen konnte, die weit über die reine Waffenhilfe hinausging. Noch deutlicher als der Kriegszug gegen Foligno, über den genaue Informationen zur geleisteten militärischen Hilfe fehlen, zeigt die Unternehmung gegen Matelica allerdings auch, dass die sehr präzisen Bestimmungen des Bündnisvertrags offenbar keine unumstößlichen Vorgaben waren. Am 4. Juni baten die Gesandten Camerinos um den *exercitus* Perugias; gestellt wurden jedoch, wie der folgende Ratsbeschluss vermuten lässt, nur *milites*. Dies ließe sich sehr leicht aus einer terminologischen Ungenauigkeit des protokollierenden Notars erklären oder auch durch die auch anderorts geäußerte Annahme, dass beide Formen der Kriegsführung in der technischen Sprache der Kommunen bei weitem nicht so klar getrennt waren, wie die moderne Forschung dies lange annahm.[89] Da die Anfrage Camerinos in den *riformanze* nur *in summa* wiedergegeben wird, reicht die Quellengrundlage für weiterreichende Schlussfolgerungen nicht aus. Aber selbst wenn Camerino nur die Verstärkung durch berittene Kämpfer gefordert hatte, wurden die Bündnisbestimmungen vermutlich nicht vertragsgetreu erfüllt. Die Bündnisurkunde setzte eindeutig fest, dass bei Unterstützung nur durch einzelne Waffengruppen die Bündnishilfe für einen vollen Monat zu leisten war. Bereits am 24. Juni ereilte den Rat jedoch die erste Verlängerungsanfrage. Auch im unwahrscheinlichen Fall, dass die ausgewählten Ritter noch am Tag der Beschlussfassung und somit am 4. Juni aufgebrochen wären, hätten sie am 24. Juni weniger als 20 Tage im Feld gestanden. Allerdings stimmte die Perusiner Vollversammlung zweimal einer Verlängerung zu und dies wahrscheinlich

---

88 Ebd., fol. 197r. Zur symbolischen Bedeutung von Fahnen als Feld- und Herrschaftszeichen auch im kommunalen Kontext Weber, Zeichen, S. 57–88.
89 Vgl. Bargigia, Eserciti, S. 55–73.

auf eigene Kosten, da in den Protokollen von der Finanzierung dieser Hilfe keine Rede ist. Wie auch immer man die durch die Ratsprotokolle ermöglichten, schlaglichtartigen Einblicke in die Verhandlungen zwischen den Kommunen deuten möchte, es zeichnet sich ab, dass der Vertrag selbst wohl nur Rahmenbedingungen schuf. Die Modalitäten der Militärhilfe wurden für den Einzelfall jeweils neu ausgehandelt. Ob dies nur in diesem Bündnis der Fall war oder eine allgemeine Tendenz nachzeichnet, kann aufgrund der spärlichen Quellenlage nicht beantwortet werden.

Die beiden Beispiele für das gemeinsame politische und militärische Vorgehen Camerinos und Perugias in den letzten Jahrzehnten des 13. Jahrhunderts verweisen damit aber noch auf ein weiteres grundlegendes Problem der Überlieferung. Keine der herangezogenen Quellen bezieht sich explizit auf das Bündnis als Grundlage für die geforderte und geleistete militärische Hilfe. Dass der Bündnisvertrag den Rahmen für die Kooperation der Kommunen darstellte, ist sehr wahrscheinlich, aber letztendlich nur eine Interpretation. Obgleich es vereinzelte Beispiele gibt, in denen dies anders ist, betrifft diese Unschärfe in der Überlieferung viele der Quellen, die die Umsetzung der militärischen Bündnisbestimmungen belegen könnten.[90] Es lässt sich somit im Nachhinein nur selten genau rekonstruieren, ob Waffenhilfe auch geleistet wurde, wenn die Kommunen keine eigenen Interessen an einer militärischen Aktion gegen den benannten Gegner hatten, auch wenn dies bei der dargestellten Unterstützung Perugias gegen Matelica anzunehmen ist.[91] Der Umgang mit den Vertragsverpflichtungen in Situationen, in denen die Bündnishilfe den eigenen Interessen sogar entgegenstand, soll im folgenden Kapitel anhand von zwei Beispielen diskutiert werden und zugleich für eine Synthese der bisherigen Ergebnisse genutzt werden.

---

90 Vgl. die Anfrage Spoletos an Perugia: AS Perugia, Consigli e Riformanze 10, fol. 27v–28r (Anhang 1, Nr. 108), oder, deutlich früher, den Beleg über die militärische Hilfe Todis und Spoletos im Konflikt Perugias mit Gubbio (1217 Dezember 31; Anhang 1, Nr. 11 und 21).
91 Eine militärische oder politische Einmischung in oder besondere wirtschaftliche Interessen an dieser Region der Marken scheinen in der Perusiner Überlieferung, so der erste Eindruck, nicht auf.

4 Bündnisbruch und Rechtsverbindlichkeit der Bündnisse: Ein Zwischenfazit

Ein außergewöhnlich bildliches Beispiel für die Einforderung der vertraglich vereinbarten Waffenhilfe vor dem Rat der Bündnisstadt ist im Staatsarchiv Siena überliefert. Es handelt sich um eine zeitnahe, beglaubigte Kopie eines Instruments, das minutiös die Ansprache des sienesischen Podestà, eines Syndikus und mehrerer sienesischer *ambaxatores* vor der Vollversammlung Orvietos am 8. Juni 1229 festhielt. Orvieto befand sich, wie oben dargelegt, seit 1202 kontinuierlich in einem Bündnis mit Siena; erst 1226 war der Vertrag zuletzt beschworen worden. Die sienesische Delegation legte dem großen Rat der Stadt dar, dass sich Siena im Krieg befinde („habebat discordiam et guerram"). Gegner war die kleine toskanische Kommune Montepulciano, deren Einwohner aufgrund der vielen Feindseligkeiten gegen Siena der Kommune nun als Todfeinde galten („tenebat dictum Castrum Montepulciani ... pro mortalibus inimicis, propter multas et innumerabiles offensas et iniurias"). Orvieto, so die Gesandten weiter, sei in dieser wie in jeder anderen kriegerischen Auseinandersetzung zur Hilfe verpflichtet, so wie es im Bündnisvertrag („in publico instrumento societatis") festgehalten sei. Zur Bekräftigung dieser Aussage boten die Gesandten an, das fragliche Instrument vorzuzeigen, was Orvietos Podestà und Rat jedoch ablehnten: Man wisse sehr gut, was in ihm enthalten sei. Die Abgesandten Sienas präzisierten daraufhin ihre Forderung: Orvieto möge mit allen Kräften aus Stadt und Contado sein Heer aufstellen, und zwar innerhalb von fünfzehn Tagen, so wie der Bündnisvertrag es vorsehe („ad terminum qui continetur in contractu societatis ... qui terminus est a die facte requisitionis ad XV dies"), und auch sonst alle Bestimmungen des Vertrags vollständig erfüllen („et tenor et forma societatis in omnibus servaretur"). Die Antwort von Podestà und Rat Orvietos fiel kurz und positiv aus: Man sei bereit, den Verpflichtungen vertragsgemäß nachzukommen.[1]

Das eigens ausgefertigte Schriftstück, das die Vorgänge im orvietanischen Rat am 8. Juni 1229 dokumentierte und bis heute den Erfolg der Gesandtschaft in Siena belegt, korrespondiert jedoch nicht mit dem Fortgang der Ereignisse. Nur zwei Tage später, am 10. Juni, schlossen Vertreter Orvietos einen Schutzvertrag mit Sienas „Todfeind" Montepulciano; zwanzig Tage darauf folgte ein Abkommen mit Florenz, das die gegenseitige Unterstützung bei einem Kriegszug gegen Siena vorsah.[2] Orvieto brach

---

[1] AS Siena, Diplomatico Riformagioni 338–1229 giugno 8, casella 48, Druck: Codice diplomatico, hg. von Fumi, Nr. 191, S. 119 f. Die beglaubigte Kopie wurde am 16. März 1231 erstellt. Zum Bündnisvertrag, der alle hier genannten Forderungen teils in ähnlichen Formulierungen enthält, siehe Anhang 1, Nr. 37.

[2] 1229 Juni 10, Codice diplomatico, hg. von Fumi, Nr. 192, S. 121; 1229 Juni 27, ebd., Nr. 193, S. 122–125 (Anhang 1, Nr. 50).

damit das seit 27 Jahren währende Bündnis mit Siena zugunsten einer Kooperation mit Florenz. Die neu entstehende Konstellation sollte die Beziehungen dieser drei Kommunen auch in den nächsten Jahrzehnten bestimmen.[3] Die Zusage, die der orvietanische Rat der sienesischen Delegation noch am 8. Juni 1229 machte, entsprach damit wohl politischem Kalkül. Eine Einhaltung der Bündnisvereinbarungen war zu diesem Zeitpunkt sicherlich nicht mehr vorgesehen.

Drei Jahrzehnte später fanden sich zwei *ambaxatores* aus Orvieto in einer ähnlichen Situation wieder wie damals die sienesischen Gesandten. Sie bemühten sich am 29. Mai 1260 vor der Vollversammlung Perugias um Bündnishilfe. Bezeichnenderweise ging es auch in diesem Fall um Montepulciano. Die beiden Gesandten sprachen zunächst vor dem generellen Rat und erbaten, so das Ratsprotokoll, Perusiner *ambaxatores*, die eine Gesandtschaft Orvietos nach Siena begleiten sollten. Die alliierten Abgesandten sollten die dortige Kommune und den ebenfalls in Siena weilenden Vikar König Manfreds auffordern, Feindseligkeiten gegen Montepulciano zu unterlassen. Dem stimmte der Rat grundsätzlich zu, überließ es aber dem speziellen Rat und der *adiuncta*, einen genauen Auftrag für die Perusiner *ambaxatores* zu formulieren.[4] Dass die orvietanischen Abgesandten aber noch um weitaus mehr Engagement seitens Perugia gebeten hatten, ergibt sich erst aus den folgenden Protokollen. Der spezielle Rat musste, nachdem den Gesandten mitgeteilt worden war, dass man in Siena gerne um eine Schonung Montepulcianos bitte, aber darüber hinaus nichts unternehmen wolle, noch am selben Tag erneut zusammentreten. Grund war der Protest der *ambaxatores* aus Orvieto, die mit der Entscheidung des speziellen Rates unzufrieden waren und aus diesem Grund eine Weitergabe an die Vollversammlung verlangten.[5] Diese trat am folgenden Tag zusammen und wurde mit einer Zusammenfassung der bisherigen Ereignisse eröffnet. Aus dieser wird erstmals deutlich, dass die Orvietaner indirekt auch ein militärisches Einstehen Perugias gefordert hatten. Sie verlangten nämlich eine Modifikation des Auftrags der Perusiner Gesandten. Diese sollten nicht nur um eine Einstellung der Aktionen gegen Montepulciano bitten, sondern in Siena deutlich machen, dass Perugia Orvieto durch eine *societas* verbunden und darum ebenfalls zur Verteidigung der orvietanischen Untergebenen bereit sei, wozu Montepulciano gehöre. Jedoch schloss sich auch die Vollversamlung dem Urteil

---

3 Zu den Hintergründen vgl. Waley, Orvieto, S. 24–29, und Mezzanotte, Orvieto, S. 93–98.

4 AS Perugia, Consigli e Riformanze 4, fol. 62v–63r, Druck: Regestum, hg. von Ansidei, Nr. 171, S. 189 f. Zum Konflikt zwischen Siena und Orvieto in den 1250er Jahren vgl. Waley, Orvieto, S. 34–37.

5 AS Perugia, Consigli e Riformanze 4, fol. 227v–228r (1260 Mai 29), Druck: Regestum, hg. von Ansidei, Nr. 172 und 173, S. 190 f. Die Gesandten Orvietos verlangten eine Auftragserteilung an die *ambaxatores* Perugias, die den eigenen Forderungen entsprach: „nolunt quod ambaxatores P[erusii] qui debent ire Senam .. debeant facere ambaxatam illam modo [et forma] quo est eis imposita, sed volunt ut eam faciant ad sui postulationem et ad suam voluntatem, alioquin petunt adhuc Consillium generale sibi dari".

des *consilium speciale* an und verfügte, es in Siena bei einer Bitte zu belassen, ohne militärische Drohungen auszusprechen.[6]

Im Juli waren die Ratsgremien Perugias allerdings wieder mit dem Konflikt zwischen Orvieto und Siena beschäftigt. Diesmal waren es sienesische Gesandte, die um diplomatische Unterstützung in Orvieto baten und Perugia darüber hinaus das Schiedsgericht in der Angelegenheit antrugen. Die schließlich mit der Entscheidung betrauten *sapientes* diskutierten diese Frage intensiv, bis der letzte Redner namens Bonaccursius Parixii den Vorschlag machte, vor einer Entscheidungsfindung die „pacta et instrumenta societatis" nochmals zu studieren. Da das Ratsprotokoll die eigentliche *reformatio* aus unbekannten Gründen nicht beinhaltet, bleibt der Fortgang der Sitzung jedoch ungewiss.[7]

Im Gegensatz zur Episode zwischen Orvieto und Siena des Jahres 1229 führte Perugias Zögern gegenüber Orvieto nicht zu einer längerfristigen Beeinträchtigung der Beziehungen. Das im Jahr 1256 beschworene Bündnis und die grundsätzliche Freundschaft zwischen den Kommunen, so scheint es, wurden auch in den folgenden Jahren gewahrt, auch wenn Perugia seinen Verpflichtungen in diesem Falle nur teilweise nachgekommen war.[8] Die Kommunen verweigerten die eingeforderten Bündnisleistungen somit unter sehr unterschiedlichen Voraussetzungen. Die kommunale Führung Orvietos hatte offensichtlich bereits zuvor den Bruch mit Siena und eine komplette Kehrtwendung in den Außenbeziehungen der Kommune beschlossen. In Perugia hingegen versuchte man, eine Verletzung der Beziehungen zu vermeiden, ohne in einen drohenden Krieg um Montepulciano verwickelt zu werden. Diese Sorge zeigt sich deutlich an den Beiträgen der Ratsherren, die gegenüber beiden Kommunen zu möglichst großer Vorsicht rieten.[9] In beiden Fällen stand jedoch die Rechtsverbind-

---

6 AS Perugia, Consigli e Riformanze 4, fol. 63v (1260 Mai 30), Druck: Regestum, hg. von Ansidei, Nr. 174, S. 191 f.: „et nunc .. ambaxatores Urbiveteris huius ambaxate nolint esse contenti, sed volunt quod addatur .. qualiter C. P[erusii] est coniunctum iuramento et societate C. Urbiveteris et quod opporteat ipsum [sibi servire et] sequi in defensione terrarum sibi subpositarum cum dicant .. terram Montispulzani sibi suppositam ... Plac. maiori parti Consillij quod ambaxiata fiat [per ambaxatores Perusii] ad ... C. Sene rogando eos dumtaxat quod amore C. P[erusii] abstineant a dampnificatione hominum et bonorum Montispulciani ... nichil aliud addendo vel immutando".
7 AS Perugia, Consigli e Riformanze 4, fol. 77r (1260 Juli 22), 236r–v (1260 Juli 23), Druck: Regestum, hg. von Ansidei, Nr. 212 und 213, S. 224–226: „Bonaccursius Parixij consulluit quod debeant pacta et instrumenta societatis ... inter C. P[erusii] et C. Urbiveteris [examinari] et, eis vissis, .. reducatur ad examinandum super petitione ambaxatorum Sene et Comitis Jordani in dicto Consillio." Die Interpolation von „examinari" stammt von Ansidei.
8 Siehe Anhang 1, Nr. 88. Auch nach der Schlacht von Montaperti am 4. September 1260 bemühte sich Perugia um die Freilassung der orvietanischen Gefangenen; vgl. Regestum, hg. von Ansidei, Prefazione, S. XXIII.
9 Gegenüber Siena wollte man betonen, dass die Bitte um Schonung Montepulcianos nicht aus eigener Initiative, sondern auf Orvietos Aufforderung hin erfolgte: AS Perugia, Consigli e Riformanze 4, fol. 227v, Druck: Regestum, hg. von Ansidei, Nr. 172, S. 190 f. In der Diskussion um ein Schiedsgericht

lichkeit der Bündnisinstrumente außer Frage. Beide Gesandtschaften argumentierten auf Grundlage der Verträge und ihrer konkreten Bestimmungen und auch die Entscheidungsträger der beiden in die Pflicht genommenen Kommunen bestritten die aus der *societas* erwachsenen Verpflichtungen nicht. Die Führung Orvietos stimmte der Anfrage zwar nur vorgeblich zu, das Instrument über die Vorgänge des 8. Juni 1229 macht damit aber deutlich, dass sich die kommunalen Magistrate bewusst für einen Vertragsbruch entschieden und aus der Verschleierung dieser Entscheidung sogar einen taktischen Vorteil zu ziehen versuchten. Ein Bewusstsein für die Verbindlichkeit des Bündnisvertrags zeigt sich in Perugia hingegen am deutlichsten im Diskussionsbeitrag des Ratsherrn Bonaccursius Parixii, der vor einer Entscheidung eine Prüfung der Rechtsgrundlagen anhand des Vertragsdokuments vorschlug. Beide Episoden bestätigen damit die in den vorhergehenden Kapiteln diskutierten Beispiele konkreter Quellenbelege für die Einforderung und Erfüllung von Bündnisleistungen. Auch in diesen diente der Vertrag und dessen Verschriftlichung als Grundlage für die Forderungen und die politische Kommunikation: Die Kommunen hatten durch die *societas* neues Recht gesetzt. Verpflichtungen aus dem Bündnisvertrag waren Verpflichtungen *de iure*, wie man dem Syndikus Blancus Bonosmeri mit auf den Weg gab. Die Rechtsverbindlichkeit der kommunalen *societates* wurde jedoch nicht nur in der Kommunikation nach außen als Argument bemüht, auch intern, in den Versammlungen der kommunalen Führungsgremien, wurde sie thematisiert und problematisiert, was Bonaccursius Parixii mit seinem Vorschlag ebenso zeigte wie die 1287 durch Perugia angeordnete Examinierung der vertraglichen Grundlagen durch *sapientes iuris* vor der Aufnahme einer innerbündischen Vermittlungstätigkeit.

Belegt wurde das aus der Bindungsform *societas* entstandene Recht, dies macht die überwiegende Zahl der Quellen deutlich, durch das darüber ausgestellte Schriftstück. Die Verträge, die *instrumenta societatis*, wurden in fast allen untersuchten Kommunikationssituationen explizit genannt und in einigen Fällen sogar mitgeführt, um die daraus resultierenden Ansprüche zu belegen. Sie erfüllten damit die Funktion einer Beweisurkunde, die auch in der Gerichtspraxis des 13. Jahrhunderts zunehmend Gewicht gegenüber dem Zeugenbericht erlangte. Dies erklärt auch die sorgfältige Gestaltungsweise der Verträge und aller zugehörigen Dokumente nach dem gelehrten Recht trotz des Fehlens einer Gerichtsinstanz, die diese Ausgestaltung in einem Rechtsverfahren hätte prüfen können. Die Kommunen als Summe ihrer führenden und ausführenden Mitglieder, so scheint es, übertrugen die Formalitäten und

---

riet einer der Ratsherrn, sich einer Einmischung komplett zu enthalten („nullatenus se valeat inmiscere"); ein anderer plädierte für einen Vermittlungsversuch, forderte jedoch ein vorsichtiges Verhalten der *ambaxatores*, um keinerlei kriegerischen Konflikt zu provozieren („debeant .. sic se gerere contra suos vicinos quod non intrent in guerra"): AS Perugia, Consigli e Riformanze 4, fol. 236r-v, Druck: Regestum, hg. von Ansidei, Nr. 213, S. 225 f. Man entschied schließlich, nichts zu unternehmen: AS Perugia, Consigli e Riformanze 4, fol. 77v-78r, Druck: Regestum, hg. von Ansidei, Nr. 215, S. 227.

Vorgehensweisen des gelehrten Rechts und des Urkundenbeweisprozesses auch auf ihr interkommunales, vertraglich gesetztes Recht. Die Bündnisinstrumente wurden demgemäß abgefasst, aufbewahrt, geprüft und als Beweisurkunden mitgeführt.[10]

Dies ergibt sich zumindest aus den aufgeführten Beispielen, auch wenn entsprechende Quellenbelege in der Gesamtüberlieferung selten sind. Die wenigen sicheren Zeugnisse für den Umgang mit Bündnissen, die einer hohen Anzahl an *societates* gegenüberstehen, über deren Nachleben nichts bekannt ist, verweisen damit auf das grundlegende Überlieferungsproblem, das die Beschäftigung mit kommunalen Bündnissen prägt. Die spätere Umsetzung, aber auch das spätere Nicht-Einhalten der Vereinbarungen hinterließ kaum Niederschlag in den kommunalen Urkunden. Die in dieser Hinsicht reichere interne Schriftlichkeit ist in vielen Fällen heute verloren oder nicht präzise genug, um die Einzelheiten der Ereignisse immer korrekt wiederzugeben, wie der glückliche Zufall einer Perusiner Ratsversammlung zeigte, in der erst der nachträgliche Einfall eines einzelnen Ratsherrn die Verbindung zum Bündnis aufrief. Den wenigen gesicherten Belegen über den Umgang der Kommunen mit den *societates* stehen aus diesem Grund viele Quellen gegenüber, die aus ihrem Kontext einen Zusammenhang zu einem Bündnis wahrscheinlich, aber nicht explizit machen, wie im Fall der gut belegten militärischen Zusammenarbeit zwischen Camerino und Perugia. Weitere Quellenhinweise dieser Art ließen sich zahlreich anführen, sie reichen von der Bitte um Zustimmung bei der verbündeten Stadt bei Abschluss einer weiteren *societas*[11] über die genauen Nachweise der Kosten militärischer Leistungen in Verwaltungsquellen[12] oder die gemeinsam getragene Anheuerung von Söldnern[13] bis hin zu Bürgschaften, die verbündete Kommunen in Vertragssachen und anderen Beziehungen füreinander übernahmen.[14] All diese Beispiele beweisen zwar die guten Beziehungen zwischen Kommunen im zeitlichen Anschluss an ein Bündnis, über die Wahrnehmung der Rechtsverbindlichkeit dieser Verträge sagen sie jedoch nichts aus.

---

10 Vgl. hierzu auch Behrmann, Anmerkungen, S. 280, und grundlegend ders., Domkapitel, S. 11–15, 245–251.
11 Anhang 1, Nr. 40 (1222 August 10) und 41 (1223 Juni 11). Auch bei einem vom Papsttum initiierten Friedensschluss zwischen Siena und Orvieto erfragte Orvieto zunächst die Zustimmung Perugias: ebd., Nr. 88 (1266 Mai 17). Die Beispiele korrespondieren mit der häufigen Klausel, dass weitere Bündnisse, Verträge und Friedensschlüsse nur nach Zustimmung der Bündnispartner erfolgen durften.
12 Ebd., Nr. 108 (1288 November 7), 111 (1292–1293).
13 Ebd., Nr. 113 (1293 Oktober). Der Text ist jedoch so lückenhaft, dass er nur unter Vorbehalt gedeutet werden kann.
14 Anhang 1, Nr. 59 (1235 Februar 17) verweist auf eine Bürgschaft der Bündnispartner vor dem päpstlichen Rektor; ebenso Nr. 92 (1262 Juli 23), hier bürgt Todi mit einer Geldstrafe für Spoleto an der Kurie; Perugia bürgt mit einem Geldbetrag für Orvieto in einem Vertrag mit den *extrinseci* Sienas: Nr. 88 (1265 Juni 9); ähnlich auch Bündnis Nr. 111 (1293), in dem offensichtlich das ganze Bündnis für einen Übergriff zweier Bündnisstädte durch Repressalien belangt wird.

Umso wertvoller für eine Gesamtbeurteilung erweisen sich die dargestellten Episoden, die den konkreten Umgang mit den *societates* zeigen. Denn obwohl diese immer nur Einzelsituationen aus der Überlieferung hervortreten lassen, widerlegen sie doch jedes grundsätzliche Urteil über die unvermeidlich geringe Verbindlichkeit dieser Schriftstücke, die aus den schnell wechselnden inneren und äußeren Verhältnissen der Kommunen resultiere. Dass eine solche Einschätzung der Komplexität der Beziehungen, aber offensichtlich auch dem zeitgenössischen Abstraktionsvermögen hinsichtlich der Idee ‚Kommune' nicht gerecht wird, zeigt ein sehr interessantes Beispiel aus dem Untersuchungsraum, auch wenn es sich bei dem hier zur Debatte stehenden Vertrag nicht um ein Bündnis im engeren Sinne handelt. Die fraglichen Instrumente betreffen einen Vergleich zwischen Gubbio und Cagli aus dem Jahr 1267, der verschiedene offene Streitpunkte klärte und Grundlagen für die zukünftigen friedlichen Beziehungen legte. Er wurde explizit als Erneuerung und Bestätigung eines 1251 geschlossenen Bündnisses der beiden Kommunen verstanden. Ratifiziert wurde dieser Vertrag nur kurz darauf auch durch die außerhalb der Stadt weilenden *extrinseci* Caglis, welche die mit der Innenpartei geschlossenen Obligationen formgerecht, durch einen eigens bestellten *sindicus*, bestätigten.[15] Dieser von den innerstädtischen Konflikten abgelöste Umgang mit den interkommunalen Beziehungen zeigt, dass zumindest die wechselnden Führungsgruppen in den Kommunen nicht per se als Hindernis einer längerfristig ausgelegten Bündnispolitik gewertet werden können.[16]

Praxis und Schriftlichkeit der kommunalen Bündnisse, dies als Zwischenfazit, waren somit ein spezifisches und wichtiges Instrument in der Organisation des interkommunalen Zusammenlebens. Die *societas*-Verträge schufen verbindliche Rechtsbeziehungen zwischen den beteiligten politischen Einheiten. Diese wurden im Ganzen auf die übergeordnete Rechtsordnung, das aus dem römisch-kanonischen Recht hervorgehende *ius commune*, gestellt und formal dementsprechend gestaltet, was einen hohen Aufwand an Vorbereitung, Personal, Schriftlichkeit und juristisch-notariellem Sachwissen erforderte. Die Wahrnehmung der Bündnisse und ihrer Verschriftlichung als rechtsetzendes Instrument zeigt sich, wo die Überlieferung dies erlaubt, im späteren Umgang mit den Verträgen. Die *societates* der Kommunen Umbriens und der Mark Ancona waren, wenn die äußeren Umstände dem nicht entgegenstanden, damit auch die Grundlage für teils langfristige und stabile Beziehungen zwischen den Kommunen, auch wenn die Verträge der Marken zeigen, dass die Rechtskraft einer *societas* allein nicht ausreichte, um dauerhaft die friedliche Koexistenz und Koope-

---

15 Vergleich und Ratifizierungen 1267 April 7–13, Regesten in: Hagemann, Kaiserurkunden 2, Nr. 140–143 (das Bündnis des Jahres 1251 unter Anhang 1, Nr. 82).
16 Zu diesem Ergebnis kommt für Todi Andreani, Todi al tempo di Iacopone, S. 31. Vgl. auch Tabacco, Egemonie, S. 319–321.

ration der Gemeinden zu gewährleisten.[17] In vielen Fällen war dies nicht einmal das vorherrschende Ziel der Bündnisse, wie einige sehr zweckgebundene, gegen spezifische Gegner gerichtete *societates* zeigen. Auch diese schufen jedoch die juristische Grundlage für die Verfolgung der gemeinsamen Interessen und setzten damit den rechtlichen und organisatorischen Rahmen für eine begrenzte oder dauerhafte Zusammenarbeit. Die *societates* der Kommunen des Patrimonium Petri, dies macht der systematische Überblick deutlich, waren somit in erster Linie genau das: ein Rechtsinstrument, das überall da eingesetzt wurde, wo die Organisation des politischen Zusammenlebens und die Realisierung gemeinsamer Ziele auf eine feste juristische Basis gestellt werden sollte.[18]

---

[17] Dies gilt allerdings für jede ‚außenpolitische' Vertragsbeziehung, auch im Kontext moderner Nationalstaaten.
[18] Ähnlich für Norditalien Vallerani, Rapporti, S. 232–234.

II Konkurrenz und Kooperation: Die Bündnisse Perugias und die päpstliche Herrschaft (1198–1304)

1 Rekuperation des Patrimoniums, Konsolidierung des Contados: Perugias Bündnisse unter Innozenz III. und Honorius III. (1198 – ca. 1230)

Es mag auf den ersten Blick willkürlich erscheinen, die Bündnisse Perugias des 13. Jahrhunderts in einzelne Zeitabschnitte zu gliedern, und tatsächlich kann eine entsprechende Einordnung nie mehr als ein heuristisches Hilfsmittel sein. Allerdings erweist sich ein fundamentaler Einschnitt in der Geschichte Umbriens und des Patrimonium Petri des 13. Jahrhunderts auch als Einschnitt in der Bündnispolitik Perugias, soweit sich dies über die Überlieferung verfolgen lässt, und rechtfertigt somit die vorgenommene Dreiteilung. Es handelt sich um den Konflikt zwischen Friedrich II. und der Römischen Kirche, der sich in den 1220er Jahren bereits abzeichnete. In den päpstlichen Gebieten manifestierten sich die päpstlich-kaiserlichen Gegensätze erstmals 1228 mit einer militärischen Aktion Rainalds und Bertholds von Urslingen. 1239 eskalierten sie dann mit dem militärischen Vorstoß Friedrichs und König Enzios in das Patrimonium. Der Konflikt zwischen dem Papsttum und dem staufischen Kaisertum bestimmte die Situation und die Beziehungen der Kommunen Umbriens bis zum Tod des Kaisers und vereinzelt auch noch unter dessen Nachkommen.[1] Die Untersuchung der perusinischen Bündnispolitik untergliedert sich daher in drei große, sich teils überschneidende Zeitabschnitte: den Zeitraum vor dem Konflikt der Päpste mit den Staufern, der mehr oder minder die Pontifikate Innozenz' III. und Honorius' III. umfasst (1197 – ca. 1230); die Jahre des päpstlich-staufischen Konflikts (1228–1266); und schließlich die für Perugias Vormachtstellung in Umbrien zentrale Zeit vom Tod Friedrichs II. bis zum Ende des Untersuchungszeitraums (1250–1304). Betrachtet man die mehr als zwanzig sicher überlieferten Bündnisse, die die Kommune oder politische Gruppen innerhalb der Kommune während dieses Zeitraums mit anderen Städten und *castra* schlossen, zeigt sich, dass die Bündnisse in den drei Zeitabschnitten jeweils unter anderen Vorzeichen geschlossen wurden und andere Ziele verfolgten.

Die ersten Jahrzehnte des 13. Jahrhunderts standen dabei ganz im Zeichen des Umbruchs und der Konsolidierung. Die kommunale Führung Perugias, seit 1139 als solche in den Quellen fassbar, war in diesen Jahren noch damit beschäftigt, den territorialen Einflussbereich der Stadt zu sichern. Zeitgleich suchte man nach einer praktikablen Form der internen Verfassung, eine Suche, die sich, wie in vielen umbrischen Städten, im noch unsicheren Status des Podestà-Amts abbildete, das teils durch Konsuln ergänzt oder ersetzt wurde und noch nicht konstant durch Auswärtige besetzt wurde. Die diesem Wechsel bereits innewohnenden sozialen Spannungen in

---

[1] Vgl. grundlegend Tenckhoff, Kampf; Waley, Papal State, S. 125–175; Lestocquoy, Impero; Nessi, Ducato; Bartoli Langeli, Federico II.

der Stadt zwischen den *milites* und den meist gewerbetreibenden *pedites* entluden sich schließlich in jahrelangen Parteienkämpfen, die auch mit den Mitteln des Bündnisses geführt wurden.[2] Auch das Papsttum sah sich in den ersten Jahrzehnten des 13. Jahrhunderts mit Umbruchs- und Konsolidierungssituationen konfrontiert. Dem Tod Heinrichs VI. folgte ein langwieriger Thronstreit, der Innozenz III. nicht nur als Oberhaupt der Gesamtkirche beschäftigte, sondern auch die Möglichkeit bot, die von ihm beanspruchte weltliche Herrschaft in Mittelitalien zu begründen und zu verfestigen, trotz der Widerstände, die beide Thronprätendenten entgegen ihrer Zusagen dieser territorialen Neuordnung entgegenbrachten. Noch unbeständig waren dabei aber die Vorgehensweisen und Ordnungsvorstellungen, mit denen man die Herrschaft über das Patrimonium Petri organisieren und sichern wollte. Auch nach der von Innozenz forcierten Wahl Friedrichs II. zum römischen König und der anschließenden Kaiserkrönung veränderte sich diese Situation kaum: Mit dem neuen Kaiser mussten die mittelitalienischen Verhältnisse trotz vorheriger Absprachen neu ausgelotet werden, und auch die Beziehungen zu den eigenen Untertanen, insbesondere zu den Kommunen, befanden sich noch in einem Prozess des Verhandelns und Absteckens.[3] Diese politischen Verhältnisse in der Stadt wie im Patrimonium bedingten auch die Bündnisbeziehungen der Kommunen, die in Umbrien gemeinsam mit dem Beginn der päpstlichen Rekuperationen erstmals in der Überlieferung erscheinen.

1.1 Die *societas Tuscie* – ein Thronstreitbündnis (1197–1205)

Das erste Bündnis, dem Perugia nachweislich angehörte, ist zugleich das bekannteste. Die am 11. November 1197 von verschiedenen toskanischen Städten und Herren geschlossene *societas Tuscie* gehört neben dem Lombardenbund zu den großen Städtebünden Italiens und wurde dank ihrer klaren Positionierung gegen die Reichsherrschaft vielfach in der Literatur erwähnt. Eine umfassendere Aufarbeitung dieses Bundes fehlt jedoch. Mehr als einen kurzen Verweis auf die Existenz und die Eckdaten widmeten dem Tuskenbund in der neueren Forschung einzig Ottmar Hageneder 1957

---

[2] Vgl. Belelli, Istituto, S. 23–41; Maire Vigueur, Comuni e signorie in Umbria, S. 383–458; Nicolini, Periodo; Grundman, Popolo, S. 9–97; Giorgetti, Podestà; Cutini/Balzani, Podestà; Bartoli Langeli, Perugia. Trotz einer Vielzahl an Einzeluntersuchungen fehlt ein modernes Überblickswerk zur Geschichte Perugias im 13. Jahrhundert. Dem am nächsten kommt die Studie von Grundman, Popolo, zum Perusiner Popolo, sowie der ausgezeichnete Sammelband Società e istituzioni dell'Italia comunale. Grundmans Studie, 1974 als Dissertation erschienen und lange nur in wenigen maschinenschriftlichen Abschriften im Umlauf, wurde 1992 von der Deputazione di storia patria per l'Umbria in der Reihe „Fonti per la storia dell'Umbria" beinahe unverändert publiziert. Zitiert wird, der Zugänglichkeit zuliebe, nach dieser Ausgabe.
[3] Im Überblick Waley, Papal State, S. 30–134; ders., Stato, S. 243–255; Partner, Lands, S. 228–246; daneben Lackner, Studien; Petrucci, Innocenzo; Stürner, Friedrich II. 1, S. 244–246, und 2, S. 75–78, sowie Paoli, Comuni. Zu Einzelaspekten sei auf den oben dargelegten Forschungsstand verwiesen.

und Manfred Laufs 1980, die beide auf wenigen Seiten die Politik Innozenz' III. dem Bund gegenüber untersuchten.[4] Ergänzt werden diese Arbeiten durch eine kurze Überblicksdarstellung mit neuen Interpretationsansätzen, die Andrea Zorzi in einem Aufsatz des Jahres 2004 vornahm.[5] Grundlegend sind daher immer noch die älteren Studien von Achille Luchaire und Julius Ficker.[6] Nicht nur die Forschung, auch die urkundliche Überlieferung zum Tuskenbund ist deutlich schmaler als die breite Quellengrundlage, die zur Lega Lombarda Auskunft geben kann. Dieses Problem verstärkt sich noch, wenn man die Rolle Perugias in den Blick nimmt. Neben Viterbo war Perugia eine der beiden Städte aus den Gebieten des späteren Patrimonium Petri, die dem Tuskenbund beitraten oder dies zumindest planten. Für beide Kommunen fehlt jedoch jegliche Beurkundung über den Beitritt zum Bündnis, der Ablauf der Ereignisse lässt sich dementsprechend nur annähernd rekonstruieren.[7]

Nachdem am 11. November 1197 die Vertreter der Kommunen Florenz, Lucca, Siena, San Miniato und der Bischof von Volterra eine gemeinsame *societas* beeidet und beurkundet hatten, folgten bald weitere Beitritte. Im Dezember schloss sich Arezzo dem Bündnis an, im Februar 1198 traten die Grafen Guido Guerra und Alberto Notigione der *societas* bei.[8] In diesen Zeitraum lassen sich wohl auch erste Absprachen zwischen dem Bund und den beiden südlicher gelegenen Kommunen Perugia und Viterbo verorten. In einem wahrscheinlich auf Anfang März 1198 zu datierenden Brief Innozenz' III. an Viterbo ist bereits die Rede von Verhandlungen, die die Führungsgruppen Perugias und Viterbos mit den Rektoren des Bündnisses geführt hatten.[9] Aus dem Schreiben geht hervor, dass die Kommune Perugia den Papst hinsichtlich des *tractatus* mit den Rektoren des Tuskenbundes und Viterbo um Rat gebeten hatte. Der Papst habe den Konsuln jedoch beschieden, weitere Schritte bis zu seiner ausdrücklichen Autorisation auszusetzen. Als Grund nannte Innozenz seine Unzufriedenheit mit der Bündnisurkunde selbst, die der Römischen Kirche zu wenig Nutzen bringe und ihren *honor* nicht

---

4 Hageneder, Sonne-Mond-Gleichnis, S. 359–362; Laufs, Politik, S. 19–23 (Anhang 1, Nr. 2, dort auch zur weiteren Literatur).
5 Zorzi, Toscana, S. 126–129. Im selben Sammelband ist ein Aufsatz zum Bischof von Volterra, einem der Bundesmitglieder, erschienen: Fabbri, Principe.
6 Ficker, Forschungen 2, S. 383–386; Luchaire, Innocent III. Aus der älteren Literatur sei daneben auf die ausführliche, wenn auch heute teils nicht mehr haltbare Diskussion von Davidsohn, Geschichte, S. 615–658, den in seinen Bewertungen fragwürdigen Aufsatz von Piranesi, Lega, und, aus Reichsperspektive, auf Winkelmann, Philipp, S. 29–43, 115–117, verwiesen.
7 Für Perugia hat dies Attilio Bartoli Langeli in Codice Diplomatico 1, hg. von Bartoli Langeli, S. 40–48, versucht, auf dessen grundlegende Überlegungen sich die folgenden Ausführungen stützen. Vgl. für Viterbo Winkelmann, Philipp, S. 116, und Lackner, Studien, S. 146 f.
8 Forschungen 4, hg. von Ficker, Nr. 196, S. 242–248.
9 Reg. Innocenz III 1, Nr. 34. Edition des interessierenden Teils mit Überlegungen zur Datierung: Codice Diplomatico 1, hg. von Bartoli Langeli, Nr. 18, S. 41 f. An Viterbo erging die gleiche Weisung.

ausreichend beachte.¹⁰ Diese Verstimmung des Papstes geht bereits aus einem früheren Mandat an die von Cölestin III. in die Toskana entsandten Kardinallegaten Pandolfo von SS. Apostoli und Bernardo von S. Pietro in Vincoli hervor und wird von weiteren Schreiben ähnlichen Inhalts flankiert. Obwohl die *societas* in Anwesenheit und unter Zustimmung der beiden Legaten geschlossen worden war und grundsätzlich die *concordia* zwischen dem Bund und der Römischen Kirche vertraglich festgehalten hatte, sah Innozenz in dem Abkommen die Rechte der Kirche verletzt.¹¹ Seine Ansprüche zielten auf weit mehr als die Kooperation zwischen dem Tuskenbund und dem Papsttum. Innozenz betrachtete zu diesem Zeitpunkt auch die nördlichen toskanischen Gebiete als rechtmäßigen Teil des Patrimoniums der Römischen Kirche, wie ein Brief an die Kardinallegaten in der Toskana deutlich zeigt („cum ducatus Tuscie ad ius et dominium ecclesie Romane pertineat"). Der Anspruch hierauf resultiere, so Innozenz in diesem Mandat, aus den Privilegien, die die Kirche besitze („sicut in privilegiis ecclesie Romane oculata fide perspeximus contineri"). Aus diesem Grund verlangte er mehrmals eine Änderung der Vertragsbestimmungen.¹² Eine weitere Aufforderung an Perugia, den Wünschen des Papsttums hinsichtlich der Verträge mit dem Tuskenbund nachzukommen, folgte wohl im April.¹³

Mit dem Tuskenbund selbst kam Innozenz noch vor dem 30. Oktober 1198 zu einer Übereinkunft, unter Aufgabe seiner Ansprüche auf die weltliche Herrschaft auch über das nördliche Tuszien: Zu diesem Datum versprach er dem Bund seine apostolische Protektion.¹⁴ Im Gegenzug hatten sich die Rektoren der *societas* wohl darauf eingelassen, den Vertragstext zu überarbeiten; dies geht aus einem späteren Schreiben des Papstes hervor. Die modifizierte Urkunde legten sie zu einem nicht näher bestimmten Zeitpunkt, aber wahrscheinlich vor dem 30. Oktober, in Rom persönlich

---

10 Ebd., S. 41: „quia tractatus ille quem rectores inter se inierant minus debito ad honorem, utilitatem et profectum Ecclesie pertinebat".
11 „eorum parabola et mandato" sei das Bündnis beschworen worden, heißt es im *Actum* des Bündnisinstruments zur Anwesenheit der beiden Legaten.
12 Reg. Innozenz III 1, Nr. 15 (1198 Februar Anfang), Nr. 35 (1198 März Anfang), Nr. 88 (1198 April 16), hier sehr deutlich: „Quod autem tractatum illum, quem prefati cardinales vobiscum habuerant, nos et fratres nostri non duximus totaliter approbandum ... Si vero factum vestrum cupitis apostolice protectionis munimine roborari, sine quo validum esse non potest ... cum eisdem cardinalibus tractatum ipsum ad honorem et profectum ecclesie, commodum et defensionem vestram taliter moderemini, ut eum honeste possimus et rationabiliter acceptare". Zu Innozenz' Ansprüchen grundlegend immer noch Ficker, Forschungen 2, S. 383–386; daneben Laufs, Politik, S. 19–23; zu den Abläufen Luchaire, Innocent III, S. 490–498.
13 Dies geht aus einem Brief an die Rektoren des Bundes hervor (Reg. Innozenz III 1, Nr. 88), ohne dass der genaue Inhalt des Schreibens an Perugia rekonstruierbar wäre; vgl. detailliert Codice Diplomatico 1, hg. von Bartoli Langeli, Nr. 19, S. 42 f. Zum Schreiben auch Nicolini, Umbria, S. 198–200.
14 Reg. Innozenz III 1, Nr. 401. Vgl. Ficker, Forschungen 2, S. 385 f. Zum Brief selbst Hageneder, Sonne-Mond-Gleichnis.

vor. Der Tenor der Textänderungen ist über keinen der erhaltenen Papstbriefe zu erschließen.[15] Auch mit Perugia hatte der Papst gut einen Monat zuvor bereits einen Konsens über die zukünftigen Beziehungen erreicht. Am 2. Oktober nahm er die Stadt unter den Schutz des heiligen Petrus und seiner selbst und bestätigte der Kommune ihre Selbstverwaltung und ihre gewohnheitlichen Rechte.[16] Spätestens die formale Aufnahme Perugias in den weltlichen Jurisdiktionsbereich des Heiligen Stuhls und die Beilegung des Konflikts mit dem Tuskenbund machten wohl auch den Weg frei zu einem endgültigen und von Innozenz III. nicht mehr angefochtenen Beitritt Perugias zur *societas Tuscie*. So ist der Brief vom 30. Oktober an die Rektoren des Tuskenbundes bereits an die *rectores* „Tuscie et Ducatus" gerichtet, und auch der Verfasser der „Gesta Innocentii" berichtet von einer ausdrücklichen Erlaubnis zum Zusammenschluss mit dem Bund, sofern das *dominium* der Kirche gewahrt bliebe.[17] Der Beitritt Perugias wird durch die Perusiner Überlieferung bestätigt, die jedoch erst einige Jahre später einsetzt. In einem Vertrag mit Siena aus dem Jahr 1202 nehmen die Konsuln beider Kommunen den eidlich geschlossenen Bund von jeglicher gegenseitiger Hilfeleistung aus („excipio sacramenta societatis Tuscie").[18] 1203 und 1205 ist in Urkunden aus dem Umkreis des Bundes jeweils ein „Perusinus rector" nachzuweisen, Perugia besetzte das Führungskollegium des Bundes somit auch zu dieser Zeit mit einem eigenen Vertreter.[19]

---

15 1199 Februar ca. 5–15, Reg. Innocenz III 1, Nr. 552 (555): „Exinde vero dilecti filii prior et alii civitatum rectores ad nostram presentiam accedentes, tractatum concordie nobis et fratribus nostris pariter obtulerunt, in quo post correctionem adhibitam nichil invenimus, quod in ecclesiastici iuris vel cuiusquam minoris vel maioris persone preiudicium redundaret."; vgl. Hageneder, Sonne-Mond-Gleichnis, S. 360 f., und Ficker, Forschungen 2, S. 385. Eine andere Interpretation der zeitlichen Abläufe bei Luchaire, Innocent III, S. 496.
16 Codice Diplomatico 1, hg. von Bartoli Langeli, Nr. 21, S. 46–48. Vgl. zum Dokument selbst Grundman, Popolo, S. 26–31.
17 Reg. Innocenz III 1, Nr. 401. Vgl. auch Gesta Innocentii, hg. von Gress-Wright, S. 9 f.: „Civitates autem Tuscie que propter importabilem alemannorum tyrannidem quasi gravem incurrerant servitutem societatem ad invicem inierunt ... et obtinuerunt a summo pontifice ut et civitates ecclesie que sunt in Tuscia et ducatu Spoleti se illis in hac societate coniungerent salvo semper in omnibus apostolice sedis dominio et mandato.". Die Edition von Gress-Wright gibt im Gegensatz zur älteren Edition von Migne „civitates ecclesie" anstelle von „civitates et ecclesie", was im Kontext des Bundes plausibler erscheint. Der Verfasser der „Gesta" ist auch über die Vertragsbestimmungen und die Organisation des Rektorengremiums grundlegend informiert; vgl. ebd., S. 10.
18 1202 März 4, Codice Diplomatico 1, hg. von Bartoli Langeli, Nr. 29, S. 63–67 (Anhang 1, Nr. 18). Auch Viterbo hatte das Bündnis wohl beschworen, zumindest verhinderte Innozenz III. im Jahr 1200 mit Mühe die Bündnishilfe für Viterbo durch die Bundesmitglieder gegen Rom; vgl. Luchaire, Innocent III, S. 497; weitere Quellenhinweise Anhang 1, Nr. 2. Für einen Beitritt Perugias erst nach der grundsätzlichen Einigung des Bundes mit Innozenz plädiert auch Grundman, Popolo, S. 27, Anm. 56.
19 Bei den beiden Rektoren handelt sich um einen Amadeus (1203 Juni 4, Documenti, hg. von Santini, Nr. 48, S. 131) und einen *dominus* Gluttus (1205 April 5, Caleffo 1, hg. von Cecchini, Nr. 82, S. 126–131); vgl. Codice Diplomatico 1, hg. von Bartoli Langeli, S. 40 f.

Da von perusinischer Seite keine Quelle zu den ursprünglichen Verhandlungen und zum endgültigen Beitritt zur *societas* überliefert ist, lässt sich nur vermuten, dass für die umbrische Kommune die gleichen Konditionen und Vertragsbestimmungen bestanden, die am 11. November 1197 zwischen den Gründungsmitgliedern vereinbart worden waren. Die Änderungen, die am Vertrag auf Druck Innozenz' III. vorgenommen wurden, gelten – wie dargelegt – in der Forschung als unbekannt. Aus dem Vertrag spricht trotz einiger Grundzüge, die er mit den oben untersuchten Bündnisinstrumenten gemeinsam hat, die besondere Situation, in der die *societas* geschlossen wurde.[20] Die Mitglieder vereinten sich „ad honorem dei et beate Marie virginis et omnium sanctorum et Romane ecclesie et ad honorem et salutem omnium, qui in hac societate sunt vel fuerint", und versprachen grundsätzlich, Frieden und Eintracht untereinander zu halten. Jegliche Störung dieses Zustands sollte vermieden und bei Kenntnisnahme der Bundesführung gemeldet werden. Bei Angriffen durch jedwede Person, ob Fürst oder König oder einen anderen Herrschaftsträger („seu aliqua potestas"), verpflichtete man sich zur militärischen Hilfe und zur Nichtunterstützung des Aggressors. Der genaue Umfang dieser Hilfe wurde in die Hände des Rektorengremiums gelegt, das, wie im ersten Teil der Arbeit dargelegt, mit umfangreichen Kompetenzen ausgestattet war und ein wichtiges distinktives Merkmal des Bündnisses darstellte. Gleiches galt für die festgelegte schiedsgerichtliche Einigung bei Konflikten zwischen den Bundesmitgliedern. Diesem paritätisch besetzten, kollegialen Leitungsgremium galt somit ein nicht unerheblicher Teil der Bündnisvereinbarungen.[21] Daneben verpflichtete man sich, keinen Amtsträger zu wählen, der die Bündnisvereinbarungen nicht beschwor; gegen alle politischen Einheiten und Personen vorzugehen, die trotz Einladung dem Bündnis nicht beitreten wollten oder gegen die Vereinbarungen verstießen; kein *castrum* und keine Person aus dem Jurisdiktionsbereich eines der Mitglieder aufzunehmen und keinerlei Separatabkommen („pacem vel pactum seu treugam") mit einem Kaiser, König oder Fürsten, Herzog oder Markgrafen zu schließen. Mit dieser expliziten Aufzählung aller denkbaren Vertreter der Reichsgewalt machte der Vertrag seine Ausrichtung gegen die bisherige Herrschaftsordnung sehr deutlich. Eigens gesichert und von allen Änderungen ausgenommen wurde hingegen die „concordia statuta inter Romanam curiam et hanc societatem Tuscie". Dem Passus folgen zwei weitere Klauseln zum Prinzip der *pars sanior* innerhalb des Rektorengremiums und zum finanziellen Budget der Rektoren.[22]

An diesen ersten Vertragsteil schließt sich ein Block an, der noch einmal auf das Verhältnis des Bundes zur Römischen Kirche eingeht. Inhaltlich umfasst er folgende Punkte: Die Annahme eines zukünftigen Kaisers oder eines von diesem, einem Kö-

---

20 Alle folgenden Ausführungen folgen der Edition Forschungen 4, hg. von Ficker, Nr. 196, S. 242–248.
21 Siehe oben Kap. I.2.3.7, S. 193–196.
22 Siehe ebenfalls oben Kap. I.2.3.7, S. 193 f.

nig, Fürsten, Herzog oder Markgrafen entsandten Nuntius oder Stellvertreters („alium quemlibet, qui pro eis vel aliquo illorum debeat dominari vel administrare") war nur mit ausdrücklicher Zustimmung der Römischen Kirche zulässig. Die Rektoren des Bundes wurden zudem verpflichtet, der Römischen Kirche bei der Wiedergewinnung und Verteidigung ihrer rechtmäßigen Besitzungen auf Anfrage jederzeit beizustehen, wobei jedoch Besitzungen, die sich zum aktuellen Zeitpunkt im Besitz eines der Bundesmitglieder befanden, ausgenommen wurden. Auch im Falle, dass sich Papst oder Kardinäle in einer der Bundesstädte aufhalten und um bewaffnete Hilfe bitten sollten, wurde diese zugesagt. Gegen einen „princeps", der einträchtig durch die Römische Kirche und die Rektoren des Bundes anerkannt wurde, sich aber dann gegen die Kirche stellen sollte, verpflichteten sich die Bundesmitglieder zum Krieg. Änderungen des Vertrags, die der Papst mit Zustimmung der Rektoren vornahm, sollten gültig sein, solange sie das Bündnis selbst nicht gefährdeten.[23] Dem folgt eine kurze Klausel zur Sicherheit der Straßen im Bundesgebiet („per omnes fines societatis") und zur Entschädigung bei Straßenraub. Der Vertrag endet mit dem bedeutsamen Passus, dass sich die *securitas*, wie im Instrument zu lesen, auch auf die römische Kurie erstrecke, dies jedoch nur unter der Bedingung, dass Papst und Kardinäle ihren Teil der Vereinbarungen ebenfalls erfüllten. Sollte dies nicht bis zum 1. Januar geschehen, galt die Übereinkunft zwischen beiden Instanzen als nichtig.[24]

Dieser zweite Teil des Vertrages, der in erster Linie die genauen Verpflichtungen gegenüber der Römischen Kirche auflistet, unterscheidet sich formal von den vorhergehenden Abschnitten. In der Forschung wurde dies bisher nicht beachtet.[25] Die Abschnitte des ersten Textteils sind in der ersten Person Plural gehalten und geben damit den Akt des Geschehens wieder, nämlich den gemeinsamen Schwur der Vertreter der Kommunen und der anwesenden Herren am 11. November („nos iuramus"; „nos consules vel rectores civitatum ... non recipiemus aliquem consulem"; „et nos comites et nobiles iuramus, quod faciemus"). Einzig die Verfügungen zum zukünftigen Rektorengremium sprechen von den Rektoren in der dritten Person („qui rectores sive capitanei teneantur facere ea, que utilia noverint"). Der zweite Vertragsteil, der das Verhältnis zur Kirche genauer definiert, setzt hingegen unmittelbar in der ersten Person Singular ein: „Et non recipiam aliquem imperatorem ... sine assensu et speciali mandato Romane ecclesie.". Der nächste Satz macht deutlich, dass es sich bei diesem „Ich" um die Rektoren des Bündnisses handelt: „Et ex quo ego rector huius societatis fuero requisitus a Romana ecclesia ... iuvabo et iuvare faciam Romanam ecclesiam, secundum quod mihi et meis sociis rectoribus huius societatis ... melius

---

23 Ein weiter oben stehender Passus verfügt dasselbe für Änderungen durch die Rektoren; hier wird zusätzlich die *concordia* mit der Kirche ausgeschlossen.
24 *Securitas* wird im Vertrag häufiger synonym zu *societas* oder *iuramentum* verwendet.
25 In der Edition von Ficker beginnt dieser zweite Teil auf S. 245.

visum fuerit.".[26] Dieser Personenwechsel inmitten des Instruments ist in der untersuchten Vertragsschriftlichkeit reichlich ungewöhnlich, vor allem, da es keinen einleitenden Passus gibt, der darauf verweisen könnte, dass nun ein zu beschwörender Eidestext der noch zu ernennenden Rektoren folgt. Auch die abschließenden Passagen des Instruments, die Klausel zur Sicherheit der Straßen und die Einschränkung, dass die Vereinbarungen mit der römischen Kurie nur Geltung haben sollten, wenn auch diese bis zum 1. Januar ihren Teil der Absprachen erfüllte, spricht aus der Perspektive der Rektoren in der ersten Person.

Dieser Befund führt zu einigen Überlegungen hinsichtlich der Textgenese, die, obwohl sie ohne tiefergehende Untersuchungen kaum belegbar sind, hier zumindest angeführt werden sollen. Angesichts der oben dargestellten Diskussion der Forschung stellt sich die Frage, ob es sich bei dem zweiten Teil des Instruments nicht um die von Innozenz geforderten Änderungen des Vertrags handeln könnte. Was spricht dafür? Die Vertragsänderungen, dies ergab sich aus den päpstlichen Registern, wurden wahrscheinlich noch vor dem 30. Oktober 1198 dem Papst in Rom durch die Bündnisrektoren vorgelegt. Während die Rektoren des Bündnisses am 11. November 1197 noch nicht formal ernannt und zusammengetreten waren – dies geschah erstmals am 4. Dezember 1197 –, waren sie in den Verhandlungen mit Innozenz seit Beginn des Jahres 1198 die maßgeblichen Akteure.[27] Dem würde auch die abweichende Form entsprechen, die ausschließlich Versprechungen an die Kirche betrifft, sieht man von dem in einem Satz angefügten Zusatz zur Sicherung der Straßen und zur Entschädigung bei Überfällen ab. Sollte es sich bei dem zweiten Teil des Vertrages wirklich um nachträgliche Änderungen handeln, wäre es möglich, dass man die Gelegenheit ergriff, diesen interkommunalen Punkt, vielleicht aus aktuellem Anlass, ebenfalls ins Instrument aufzunehmen. Dass die erst nach Bündnisschluss eingesetzten Rektoren nunmehr den Bund repräsentierten und auch die Verhandlungen mit Innozenz III. führten, könnte den ungewöhnlichen Perspektivwechsel innerhalb der Bündnisurkunde zugunsten der Rektoren erklären.

---

26 In der Edition Documenti, hg. von Santini, Nr. 21, S. 36, wechselt erst in diesem Satz die Person. Zu den zugrundeliegenden Urkunden siehe unten Anhang 1, Nr. 2.
27 Die erstmalige Aufzählung der Rektoren am 4. Dezember wurde im Bündnisinstrument als Zusatz angefügt, in einer der beiden überlieferten Versionen mit der Einleitung „Hii sunt rectores constituti in facto huius societatis". Aus diesem Dokument ergibt sich auch, dass die Rektoren am 4. Dezember ebenfalls einen Schwur leisteten, der, so der Vermerk des Notars, insbesondere ihre Regierungsführung betraf: „Qui omnes ibidem iuraverunt supra evangelia, quicquid continetur in supradicto breve concordie et societatis pro facto regimenti, bona fide sine fraude observare."; Forschungen 4, hg. von Ficker, S. 246 f. Auch Innozenz richtete seine Briefe an den Bund immer an die Rektoren; seine Briefe an Perugia und Viterbo sprechen ebenfalls von den Verträgen dieser Kommunen mit dem Rektorenkolleg als rechtmäßiger Vertretung des Bundes; vgl. die oben aufgeführten Registerstücke zwischen Februar und Oktober 1198.

Auch der abschließende Abschnitt, der auf eine Erfüllung der Gegenversprechungen der römischen Kurie pocht, lässt sich problemlos in die Situation im Herbst des Jahres 1198 einordnen: Die sich über mehrere Monate hinziehenden Verhandlungen zwischen Innozenz III. und den Rektoren des Tuskenbundes betrafen die Gewährung von Anerkennung und apostolischem Schutz durch den Papst in Gegenleistung zu einer Änderung des Vertragstextes. Die formale Approbation des Vertrags und die Versicherung des päpstlichen Schutzes wären somit, denkt man die Neudatierung des zweiten Vertragsteils auf Oktober 1198 weiter, bis zum Ende des Jahres 1198 fällig gewesen. Bereits am 30. Oktober jedoch folgte das gewünschte päpstliche Schreiben dem geänderten Vertrag.[28] Auch die Verpflichtung, dass der Bund ohne Zustimmung des Papstes keinen Kaiser anerkenne oder einen anderen Vertreter der Reichsgewalt empfange, lässt sich besser mit der zwischenzeitlich erfolgten Doppelwahl in Zusammenhang bringen als mit der offenen Nachfolgefrage im November 1197.[29]

Zudem stellen die Verpflichtungen des Bundes gegenüber der Römischen Kirche eine sehr weitreichende Bindung an die päpstliche Politik dar. Zwar erfüllten sie die von Innozenz in einem internen Schreiben an die beiden Kardinallegaten angeführten Ansprüche auf das kirchliche *dominium* in ganz Tuszien nicht, sie banden den Tuskenbund und die Frage zukünftiger Herrschaftsausübung in der Toskana allerdings gänzlich an Innozenz' Politik im Thronstreit und versprachen die volle, auch militärische Unterstützung des Papstes in seiner Rekuperationspolitik gegenüber dem Reich.[30] Dies mag, nach Ficker und den ihm nachfolgenden Autoren, nicht dem Maximalanspruch des Papstes auf eine Eingliederung auch des nördlichen Tuszien in die weltliche Herrschaft der Römischen Kirche entsprochen haben. Dass der Vertrag

---

28 Vgl. Hageneder, Sonne-Mond-Gleichnis, S. 360.

29 „Et non recipiam aliquem imperatorem, vel pro imperatore vel rege, sive principe, duce vel marchione, seu nuntium vel alium quemlibet, qui pro eis vel aliquo illorum debeat dominari vel administrare sine assensu et speciali mandato Romane ecclesie."; Forschungen 4, hg. von Ficker, S. 245. Diesen Punkt, verkürzt auf König oder Kaiser, hebt auch der Verfasser der „Gesta Innocentii" aus den Vertragsbestimmungen hervor, vgl. Gesta Innocentii, hg. von Gress-Wright, S. 10. Tillmann, Papst, S. 89, bemüht sich ebenfalls um eine Interpretation dieser Klausel: Sie vermutet, dass bereits Cölestin die Absicht hatte, einen Nachfolger Heinrichs nur anzuerkennen, wenn er im Gegenzug die päpstlichen Rekuperationen bestätigte. Dies ist zwar denkbar, bleibt aber hypothetisch. Im Herbst 1198 entspricht die Klausel hingegen eindeutig der politischen Situation. Auch Raccagni, Lombard League, S. 157, bringt die Klausel mit dem Thronstreit in Verbindung, er datiert allerdings die Gründung des Bundes irrig auf 1198.

30 Die Einschränkung, dass die Territorien der Bundesmitglieder von der Hilfeleistung bei den päpstlichen Rekuperationen ausgenommen waren, wurde in der Forschung vielfach als Zurückweisung von Innozenz' Ansprüchen gewertet; vgl. Ficker, Forschungen 2, S. 384; Laufs, Politik, S. 19. Allerdings beanspruchten die Päpste auch im Dukat Spoleto und den anderen Provinzen des Patrimoniums nie den Zugriff auf die Territorien der Städte (*terre mediate subiecte*). Diese wurden von den direkten Besitzungen der Kirche (*terre immediate subiecte*) begrifflich und rechtlich stets getrennt; vgl. Ermini, Aspetti; ders., Caratteri; Waley, Papal State, S. 68.

in dieser Form der Kirche nicht von Nutzen sei, wie Innozenz im Februar 1198 den Kardinallegaten vorwarf, trifft auf die Verpflichtungen der Rektoren jedoch ebenfalls nicht zu.[31]

Gegen eine solche Neuinterpretation des zweiten Teils des Instruments spricht hingegen die Überlieferung des Textes, die eine endgültige Beurteilung erschwert: Der Vertrag vom 11. November 1197 liegt nicht im Original, sondern nur in Abschriften vor. Eine der Abschriften befindet sich in einem 1216 angefertigten *liber iurium* der Kommune Florenz, die zweite ist eine lose, beglaubigte Abschrift, die zeitnah verortet wird und sich im Staatsarchiv Siena befindet. Beide Urkunden gleichen sich, bis auf kleinste Textabweichungen, bis zum Ende der eigentlichen Vertragsbestimmungen. Das *Actum* und die nachfolgenden Beschwörungsakte durch weitere Mitglieder hingegen variieren so stark, dass beide von Ficker ediert wurden.[32] Allein der Umstand, dass sich der fragliche Passus in beiden Urkunden befindet, macht die Identifikation mit den innozenzianischen Änderungen schwierig. Darüber hinaus beglaubigt der Notar der sienesischen Abschrift sein Werk auf die übliche Weise, er bestätigt somit, keinerlei Hinzufügungen oder Weglassungen vorgenommen zu haben. Datiert ist die Beglaubigung nicht, allerdings fügt der Notar des sienesischen Exemplars hinzu, dass er die Abschrift mit Erlaubnis und auf Aufforderung des Rogatars Mercatus, Notar, *iudex ordinarius* und Kanzler der Stadt Lucca, anfertigte. Dies lässt auf eine zeitgleiche Anfertigung der Abschrift und der Vorlage schließen, bei der im Zuge der Beeidung am 11. November 1197 die Notare aller Parteien ein eigenes Exemplar erstellten, und zwar anhand der durch den Notar aus Lucca ausgefertigten ‚Originalurkunde'.[33] Eine Identifikation des letzten Textblocks der Bündnisurkunde mit den

---

31 Die Klage gegenüber den Legaten findet sich in Reg. Innocenz III 1, Nr. 15: „non modica sumus admiratione commoti, cum forma colligationis huiusmodi in plerisque capitulis nec utilitatem contineat nec sapiat honestatem. Immo, cum ducatus Tuscie ad ius et dominium ecclesie Romane pertineat, sicut in privilegiis ecclesie Romane oculata fide perspeximus contineri, nullam inter se sub nomine societatis colligationem facere debuissent, nisi salvo per omnia iure pariter et auctoritate sacrosancte Romane sedis". Hier soll vorsichtshalber weiter der Interpretation Fickers und der ihm nachfolgenden Forschung gefolgt werden. Innozenz selbst spricht zwar ausdrücklich vom *dominium* über Tuszien und seine daraus resultierenden Ansprüche auf eine Wahrung der Rechte und der Autorität des Apostolischen Stuhls im Bündnisvertrag, eine explizite Forderung nach Anerkennung des *dominium* der Römischen Kirche im Vertrag findet sich hier jedoch nicht. Allerdings zeigt der Brief, dass die konkreten Anweisungen an die Kardinäle mündlich erfolgten, die Ziele und Vorgehensweisen des Papstes entziehen sich somit der Überlieferung, vgl. Laufs, Politik, S. 19.
32 Forschungen 4, hg. von Ficker, S. 248, Anm. 1. Das Exemplar aus Florenz ist gedruckt in Documenti, hg. von Santini, Nr. 21, S. 33–39. Beide Abschriften wurden in Siena bzw. Florenz nochmals kopiert; diese Kopien stimmen mit der jeweiligen Vorlage aber bis auf kleine Abweichungen überein. Zur zweiten Abschrift in den Florentiner „Libri dei capitoli" ebd., S. 33–39. Druck der Abschrift im „Caleffo vecchio" Sienas: Caleffo 1, hg. von Cecchini, Nr. 68, S. 98–102.
33 So auch Julius Ficker in Forschungen 4, hg. von Ficker, S. 246. Im Exemplar aus Florenz fehlt jeder Vermerk auf den ausfertigenden Notar, nur der zweite Kopist signiert seine Registerabschrift;

innozenzianischen Änderungen wäre somit nur möglich, wenn man davon ausginge, dass die geforderten Änderungen direkt in die Originalinstrumente über den Bündnisschwur nachgetragen wurden oder, technisch wahrscheinlicher, dass eine neue Urkunde ausgestellt wurde, die jedoch die Datierung, die Zeugennennung und das *Actum* vom 11. November beibehielt und wohl auch die späteren Zusätze übernahm. Beides ist angesichts der geläufigen notariellen Praxis nur schwer vorstellbar, auch wenn diese zu Ende des 12. Jahrhunderts noch weniger formalisiert war als im späteren 13. Jahrhundert.[34] Eine solche formal nicht korrekte Neuausstellung der Urkunde ließe sich höchstens auf praktisch-rechtliche Gründe zurückführen: Der rechtlich verbindliche Gründungsakt vom 11. November blieb somit weiterhin die Grundlage des Bundes, an dem die Rektoren, wie es ihnen der Vertrag auch gestattete, Änderungen vornahmen, ohne den eigentlichen Vertrag außer Kraft zu setzen.[35] Ohne weiterreichende Studien in diese Richtung, die eine genaue Untersuchung der vorhandenen Textzeugen einbezieht, oder neue Textfunde bleibt der hier dargelegte Gedankengang somit hypothetisch.

Unabhängig von der Datierung der Verpflichtungen des Tuskenbundes gegenüber der Römischen Kirche waren dies wohl mehr oder minder die Bedingungen, zu denen auch Perugia dem Bund beitrat. Eine Interpretation dieses Beitritts lässt sich allerdings nur aus der dargestellten Überlieferung vornehmen. Sowohl über die internen Verhältnisse der Kommune und somit die möglichen Motive der Führungsgruppen als auch über Perugias weiteres Handeln innerhalb des Bündnisses fehlen Quellenzeugnisse. Einzig die Entsendung eines Rektors als Vertreter Perugias im Leitungskollegium der *societas* ist bis 1205 nachzuweisen. Dieses Jahr stellt auch das faktische Ende des Bundes dar, der aufgrund lokaler Konflikte zerfiel.[36] Für die toskanischen Kommunen wurde in der neueren Forschung vor allem das Motiv der territorialen

---

vgl. Documenti, hg. von Santini, S. 39. Allerdings gibt ein Instrument vom 13. und 15. November 1197, das die Ratifikation durch die florentinischen Konsuln beurkundet, an, dass die beschworene *securitas Tuscie* durch Mercatus *notarius* aus Lucca und Guerius *iudex et notarius* aus Florenz verschriftlicht wurde (ebd., Nr. 22, S. 39 f.). Ebenso spätere Eide (1198 April 10 und Mai 11; ebd., Nr. 24–26, S. 42–47).
34 Dass am ursprünglichen Instrument auch nach dem Eid am 11. November 1197 weitergeschrieben wurde, zeigen die Zusätze in beiden Abschriften, die zwischen Dezember 1197 und Februar 1198 weitere Beitritte verzeichnen und die Zusammensetzung des ersten Rektorengremiums beurkunden. Allerdings wurden diese Zusätze datiert und als solche durch die Einleitung mit „post hec" und „postea" oder durch klare Situationsbeschreibungen wie „Hoc est additum in securitate predicta" gekennzeichnet. Die Ergänzungen erfolgten unabhängig voneinander, was ebenfalls dafür sprechen würde, dass der Vertragstext als Ganzes bereits am 11. November 1197 niedergeschrieben wurde.
35 Im Bündnisschwur heißt es: „Item quicquid pro bono et utilitate societatis additum vel diminutum fuerit in hoc iuramento et securitate ab omnibus rectoribus huius societatis vel maiori parte, de addito teneamur, et de diminuito absolvamur; non tamen quod propterea societas rumpatur vel minuatur; et salva concordia statuta inter Romanam curiam et hanc societatem Tuscie."; Forschungen 4, hg. von Ficker, S. 244.
36 Vgl. Zorzi, Toscana, S. 129.

Erweiterung hervorgehoben: Die Kommunen hätten in erster Linie die vakanten Hoheitsrechte des Reiches im Blick gehabt und damit mit dem Papsttum als einem Prätendenten unter vielen konkurriert.[37] Diese Interpretation ist sicherlich nicht von der Hand zu weisen, betrachtet man die Eroberungspolitik der toskanischen Kommunen der folgenden Jahre.[38] Gerade gegenüber dem Papsttum wurde jedoch, spätestens im Oktober 1198, nur der territoriale Ist-Zustand gesichert. Außerdem scheint der außergewöhnlich hohe Organisationsgrad mit einem extrem starken Führungskollegium, der das Bündnis auszeichnet, auf ein zweites Motiv hinzuweisen: Die Unsicherheit, die der Tod Heinrichs VI. hinsichtlich der zukünftigen politischen Ordnung mit sich brachte und die die Chance bot, sich auch gegenüber einem zukünftigen Herrschaftsträger in eine deutlich stärkere Position zu bringen, darf sicherlich als ein weiterer wichtiger Faktor gewertet werden. Dies zeigt der Vergleich mit den im ersten Teil der Arbeit untersuchten *societates*. Bündnisse mit einem ähnlich hohen Organisationsgrad, dies zeigt erst die Gesamtuntersuchung des Phänomens kommunaler Bündnisse, waren eine Ausnahmeerscheinung in Mittelitalien. Solche „super alleanze", um einen Begriff Andrea Zorzis zu verwenden, zeigen sich in der Überlieferung nur in Zeiten großer Instabilität und im Konflikt mit einem höherstehenden Gegner.[39] Mit dieser Interpretation soll nicht auf ältere Deutungsansätze zurückgegriffen werden, die im Zusammenschluss der toskanischen Städte gut sechs Wochen nach dem Tod Heinrichs VI. eine lang gehegte Verschwörung gegen die kaiserliche Herrschaft oder eine „nationale" Erhebung gegen die deutsche Fremdherrschaft sahen.[40] Der starke Organisationsrahmen, den sich die Bündnispartner gaben, ist aber ein Indiz dafür, dass es nicht nur um eine lokale Umverteilung von Besitz ging. Die Bundesurkunde macht in ihrer klaren Ausrichtung gegen die Reichsgewalt deutlich, dass sich der Zusammenschluss als Widerstandsbewegung gegen eine Praxis der Herrschaftsausübung verstand, die grundsätzlich den kommunalen Autonomie- und Besitzbestrebungen entgegenstand. Erst ein Vorhaben dieser Reichweite erforderte die Bündelung der Kräfte in einer handlungsfähigen Organisationsform, die den Handlungsspielraum der einzelnen Kommunen und Herren einschränkte. Die rechtliche Problematik dieses Widerstands erklärt wiederum die monatelangen Bemühungen

---

37 Vgl. ebd., S. 127–129. Zorzi sieht darin vor allem eine Reaktion auf die agressive Politik Heinrichs VI. gegenüber den vormals kommunalen Besitzungen. Sehr prägnant auch Laufs, Politik, S. 22: „Es ist der Kampf entbrannt um die Neuverteilung der Hinterlassenschaft des zeitweilig handlungsunfähigen Reiches. Dabei tritt die Kurie neben anderen als e i n Bewerber um die ungeschützten Hoheitsrechte auf [Hervorhebung im Original].".
38 Zorzi, Toscana, S. 128 f.
39 Siehe oben Kap. I.2.3.7, S. 192–196. Auch Zorzi, Toscana, S. 126, spricht vom Tuskenbund als „sperimentazione assolutamente nuova nella cultura politica toscana".
40 Vgl. mit Literaturangaben ebd., S. 127. Als Beispiel für das nationale Motiv sei auf Winkelmann, Philipp, verwiesen. Innozenz III. allerdings argumentierte tatsächlich mit einem deutlichen Bezug auf das Motiv der *patria*; vgl. beispielsweise Reg. Innocenz III 1, Nr. 552 (555).

der Bündnispartner, den apostolischen Schutz und damit eine Legitimierung für ihren Zusammenschluss zu erhalten. Diese Ausgangsposition ähnelte somit der Situation, in der sich einige Jahrzehnte zuvor der Lombardenbund gebildet hatte, und es kann angenommen werden, dass dieser als Vorbild für den Zusammenschluss fungierte.[41]

Es ist somit davon auszugehen, dass auch Perugia, wie die toskanischen Städte selbst, in der *societas Tuscie* vor allem eine Versicherung in den 1197 und 1198 schwer absehbaren politischen Umbrüchen nach dem Tod Heinrichs VI. suchte. Die Kommune reagierte damit auf die noch vollkommen offenen Verhältnisse, die die politische Situation in Mittelitalien Ende 1197 und Anfang des Jahres 1198 auszeichneten. Zwar hatte Perugia wohl noch vor Dezember 1197 Cölestin III. einen Treuschwur geleistet, ein stabiles weltliches Herrschaftsgebiet der Päpste in Mittelitalien und der einhergehende Wegfall der Reichsgewalt waren aber zu diesem Zeitpunkt nicht abzusehen.[42] Der Zusammenschluss mit einigen der mächtigsten toskanischen Städte bot in dieser Situation auch für Perugia eine zusätzliche Option auf militärischen Beistand in einer nicht vorhersehbaren politischen Lage. Dem Kurs einer prinzipiellen Bindung an das Papsttum folgte die kommunale Führung auch in ihrer Haltung gegenüber dem Tuskenbund. Zumindest bat Perugia, dies zeigte der Brief Innozenz' III. an Viterbo, noch vor März 1198 um die päpstliche Zustimmung zu den Verträgen mit den Rektoren der *societas*.[43]

Auch für Innozenz III. stellte dieses Vorgehen der Kommune keinen Widerspruch zu seiner Rekuperationspolitik dar.[44] In den überlieferten Briefen sprach der junge Papst zu keinem Zeitpunkt ein generelles Verbot aus, das die Städte seines Herr-

---

41 Aufgrund der Quellenlage kann nur vermutet werden, dass auch die *societas Lombardie* mit einer Erneuerung der Eide auf den Tod des Kaisers reagierte, vgl. Raccagni, Lombard League, S. 150. Zur teilweise brutalen Herrschaftspraxis und Politik der staufischen Amtsträger auf Kosten kommunaler Rechte vgl. Fiore, Signori, S. 54–66; zum Widerstand nach dem Tod des Kaisers, der an verschiedenen Orten zu offenen Erhebungen gegen die Reichsmacht führte, Waley, Papal State, S. 30 f.; Bolton, Celestine, S. 343.

42 Konrad von Urslingen erhob, trotz baldiger Verhandlungen mit Innozenz III., noch bis März 1198 Ansprüche auf den Dukat Spoleto. Vgl. Waley, Papal State, S. 31–33. Hierfür spricht auch, dass Perugia und Foligno noch 1201 in einem Bündnisvertrag Papst und Kaiser ausnahmen (Anhang 1, Nr. 13). Selbst 1214 finden sich noch Spuren der Anerkennung von Reichsrechten in den perusinischen Quellen; vgl. Grundman, Popolo, S. 48. Generell zur langsamen Statusklärung in diesen Gebieten Ficker, Forschungen 2, S. 417 f. Zu Perugias Konflikten mit der kaiserlichen Herrschaft in den letzten Jahren des 12. Jahrhunderts vgl. Grundman, Popolo, S. 28 f., und Fiore, Signori, S. 59.

43 Grundman, Popolo, S. 27, Anm. 56, geht davon aus, dass Perugia mit dem offiziellen Beitritt tatsächlich auf die Zustimmung des Papstes wartete, da etwa im Vertrag mit Arezzo im Mai 1198 noch kein Verweis auf den Bund zu finden ist. Allerdings nimmt auch Arezzo, dessen Beitritt bereits im Dezember 1197 erfolgte, den Tuskenbund nicht aus. Zum Vertrag siehe Anhang 1, Nr. 5, und unten Kap. II.1.2, S. 248–253.

44 Gegen Waley, Papal State, S. 36, der im potentiellen Beitritt von Kommunen Umbriens und Latiums eine klare Rivalität zwischen Papst und Tuskenbund erkennt: „The pope felt some suspicion of the Tuscan League as a rival in southern Tuscany, but the same threat was considered even more serious

schaftsbereiches an einem Beitritt zum Bund hindern sollte. Er pochte ausschließlich auf die zuvor notwendige Modifizierung der Vertragsbestimmungen. Bereits im Brief vom 30. Oktober 1198 erkannte er mit seiner an die Rektoren Tusziens und des Dukats Spoleto gerichteten Anrede den Beitritt umbrischer Städte an, so wie auch sein Biograf in den „Gesta Innocentii" betonte, dass Innozenz den Beitritt der Städte Tusziens und des Dukats gestattet habe.[45] Davon auszugehen, dass das Vorgehen des Papstes einer Resignation gegenüber den faktischen Verhältnissen gleichkam, wie in der älteren Forschungsliteratur bisweilen zu lesen ist, würde der Situation aber kaum gerecht werden.[46] Innozenz III. profitierte von dem 1197 geschlossenen Bündnis ebenso wie die Kommunen selbst. Auch für das Papsttum bedeutete der Bund eine Absicherung in der unsicheren politischen Lage nach dem Tod des Kaisers. Im Frühjahr und Sommer des Jahres 1198 waren nördlich der Alpen Philipp von Schwaben und Otto von Braunschweig zum römischen König gewählt worden, ohne dass der Fortgang dieser Doppelwahl zu erahnen war. Der Thronstreit brachte damit zwei neue Prätendenten auf die Reichsgewalt in Mittelitalien mit sich, deren Ansprüche und Vorgehensweisen noch nicht abzuschätzen waren. Der Bund stellte daher auch für Innozenz eine Option auf die militärische Verteidigung seiner Rekuperationen dar. Bereits Othmar Hageneder hob als wichtigen Grund für die päpstliche Unterstützung des Tuskenbundes die strategische Lage der Toskana als Einfallstor in das Patrimonium hervor, dessen Sicherung Innozenz am Herzen liegen musste.[47] Die *societas Tuscie* bildete aber nicht nur einen gegen die Reichsgewalt gewandten Riegel vor den Kerngebieten der päpstlichen Rekuperationspolitik, sondern sie hatte sich den Schutz und die Wiedergewinnung der päpstlichen Besitzungen spätestens im Oktober 1198 explizit in den Vertrag geschrieben. Perugia und andere Bundesstädte, die der Römischen Kirche den Treuschwur geleistet hatten, traten damit in ein selbstorganisiertes Verteidigungsnetzwerk ein, das die päpstlichen Ziele mittrug und dazu geeignet schien, einen schnellen Abfall dieser Städte zu verhindern, falls es zu militärischem Druck seitens des Reiches kommen sollte. Eine solche Sicherung konnte die Kurie selbst nicht leisten.[48] Für Innozenz stellte die Kooperation mit dem Tuskenbund, trotz möglicher Enttäuschungen hinsichtlich des päpstlichen *dominium* in der Toskana, also das dar, was man heute als Win-win-Situation be-

---

in the duchy of Spoleto, where the important towns of Perugia and Assisi were in particular regarded as potential recruits to the League.".
45 Gesta Innocentii, hg. von Gress-Wright, S. 9 f. (Zitat oben Kap. II.1.1, Anm. 17).
46 Vgl. exemplarisch Winkelmann, Philipp, S. 115 f.
47 Hageneder, Sonne-Mond-Gleichnis, S. 361. In den Verhandlungen mit Otto IV. reservierte sich Innozenz dementsprechend jede Entscheidung über den Umgang mit dem Tuskenbund wie auch mit der Lega Lombarda; vgl. ebd., S. 363. Ähnlich bereits Winkelmann, Philipp, S. 34, 116.
48 Die fehlenden militärischen Ressourcen und politischen Strukturen hebt auch Maccarrone, Studi, S. 10 f., hervor.

zeichnen würde. Der Rückgriff auf die Selbstorganisation der Kommunen bei der Verteidigung des Patrimoniums war eine bewusst oder unbewusst eingesetzte Strategie, auf die auch die Nachfolger Innozenz' III. in der Zeit Friedrichs II. und seiner Söhne wieder zurückgreifen sollten.

Der Tuskenbund mit seinem außergewöhnlichen Organisationsrahmen entsprang einer Ausnahmesituation. Perugia trat im 13. Jahrhundert keiner weiteren *societas* mehr bei, die aufgrund ihrer starken Führungsinstanz, der überregionalen Reichweite und der schnellen Identitätsbildung durch einen eigenen Namen nach Gianluca Raccagni als *corpus*, nach der deutschen Forschung als „Bund" bezeichnet werden kann.[49] Der Tuskenbund fügt sich damit in allgemeine Entwicklungen im gesamten Untersuchungsraum ein. Ähnlich wie in Perugia treten Bündnisse zwischen Kommunen in ganz Umbrien und den Marken erst zum Stichdatum 1197/1198 aus der schriftlichen Überlieferung hervor – nur eine einzige *societas* ist aus dem Zeitraum zuvor überliefert –, dann jedoch gleich in großer Zahl. Und auch in den Marken wurde im Februar 1198 ein ähnlich großangelegtes Widerstandsbündnis gegen Markward von Annweiler und dessen Anhänger vereinbart, das zwar kein Rektorengremium aufwies, aber ein starkes Regionalbewusstsein ausstrahlte. Zwischen diesem Bund, dem Tuskenbund und der Lega Lombarda lassen sich zudem Kontakte und Kooperationsansätze nachweisen.[50] In den folgenden Jahrzehnten bevorzugten die Kommunen hingegen *societates*, die bi- oder multilateral angelegt sein konnten, die Autonomie der kommunalen Führungen aber kaum einschränkten. Die großen Bünde um die Jahrhundertwende sind daher ein Produkt der Umbruchszeit, die der dem Tod Heinrichs VI. folgende Thronstreit mit sich brachte. Als ein solches Thronstreitbündnis ist somit auch die *societas Tuscie* einzuschätzen, obwohl der Bund noch vor der namensgebenden Doppelwahl des Jahres 1198 geschlossen wurde.

1.2 An den Grenzen des Einflusses: Die Contado-Bündnisse (1198–1230)

Während der Tuskenbund aus einer Ausnahmesituation entstanden war, lassen sich viele der Bündnisse, die die Kommune Perugia in den folgenden drei Jahrzehnten schloss, einem politischen Bedürfnis zuordnen: der Konsolidierung des territorialen und politischen Einflussbereichs. Die politische Eingliederung des Umlands der italienischen Städte im 12. und 13. Jahrhundert wurde in der älteren Literatur als

---

49 Zu den genannten Forschungskonzepten Einleitung, Kap. 4.2.
50 Siehe unten Kap. II.5, S. 355 f. Zu den Beziehungen zwischen diesen Thronstreitbünden Raccagni, Lombard League, S. 156–159. Ähnlich großangelegte Bündnisaktivitäten treten dann erst wieder im Umfeld des Italienzugs Heinrichs VII. auf.

"Eroberung des Contados" bezeichnet. In den letzten Jahrzehnten erfuhr dieser Ausdruck jedoch viel Kritik. Hinterfragt wurde sowohl die militärische Konnotation – da große Teile des Contados nicht mit Waffengewalt, sondern auf anderen Wegen dem kommunalen Einflussbereich angegliedert wurden – als auch die mangelnde Reziprozität, die der Ausdruck suggeriert. Die Gemeinden und Personen des kommunalen Umlands waren in diesem Prozess, dies zeigte die jüngere Forschung, nicht nur passive Statisten, sondern wandten sich selbst aus vielerlei Gründen der Kommune zu und gestalteten die Bedingungen des zukünftigen Verhältnisses gemäß ihren Möglichkeiten mit. In den Blick geraten ist durch diese Forschungstendenzen vermehrt auch die Gestaltung der Verträge, die die Beziehungen der Kommune zu ihrem Umland reglementierten.[51] Wie die Bündnisse Perugias in den ersten Jahrzehnten des 13. Jahrhunderts zeigen, gehörten hierzu aber oftmals auch die *societates* mit anderen Kommunen.

Für Perugia betonte das bereits Maria Neri in einem 1978 publizierten Aufsatz. Sie bestimmt in der Zeit von der Mitte des 12. Jahrhunderts bis zur Mitte des 13. Jahrhunderts mehrere Schritte im Aufbau eines zusammenhängenden, territorialen Einflussbereichs Perugias. Der ‚Eroberung' – von der Autorin bereits in Anführungszeichen gesetzt – des fruchtbaren Gebiets um den Lago Trasimeno folgten die Ausweitung der kommunalen Herrschaft auf Kastelle an der Grenze des Contados und Bündnisverträge mit benachbarten Kommunen, die die territorialen Einflusszonen gegeneinander abgrenzten.[52] Diese Bündnisverträge, von Neri nur in einem Satz gestreift, sollen im Folgenden genauer untersucht werden. Es handelt sich um insgesamt acht überlieferte Instrumente, die in den Jahren 1198 bis 1230 die Beziehungen der Perusiner Kommune zu Foligno, Todi, Siena, Arezzo und Cortona regelten. Hinzu kommen weitere Hinweise auf verloren gegangene Verträge.

Die älteste *societas*, deren Vertrag noch erhalten ist, wurde im Mai 1198 zwischen vier Konsuln aus Arezzo und Iohannes Bonicomitis als Podestà Perugias nahe Castiglione Chiugino (heute Castiglione del Lago), im Zelt des Perusiner Podestà,

---

51 Vgl. zur Diskussion etwa die Sammelbände Chiappa Mauri (Hg.), Contado, und Mucciarelli/Piccinni/Pinto (Hg.), Costruzione. Der kommunale Contado als eigener Untersuchungsgegenstand rückte in jüngster Zeit in den Blickpunkt vieler Arbeiten, vgl. exemplarisch zu Mittelitalien Pirillo, Costruzione; Francesconi, Districtus; aus dem Untersuchungsraum Pirani, Costruzione. Nicht zu umgehen ist allerdings die kommunale Perspektive der Überlieferung, die fast immer nur auf städtischer Seite existiert, vgl. hierzu grundlegend und für den Untersuchungsraum Cammarosano, Città, S. 308.
52 Neri, Perugia, S. 494: „Dalla metà del XII secolo alla metà del XIII Perugia è impegnata nella ricostituzione di una unità territoriale che ristabilisca dei legami fra il contado e la città. Gli interessi del comune si concentrano inizialmente a nord-ovest, con la ‚conquista' delle terre del Trasimeno, fertili e quindi economicamente ricche; proseguono con l'estensione del dominio sui castelli di confine e con la stipula di patti di alleanza con le città vicine, come Todi a sud e Arezzo a nord, con le quali definisce i territori di rispettiva competenza.".

beschworen.⁵³ Allein der Ort des Vertragsschlusses verweist damit bereits auf den Hintergrund des Abkommens: Vorausgegangen war ein wahrscheinlich auch militärisch ausgetragener Konflikt zwischen beiden Kommunen, der mit dem fraglichen Vertrag beendet werden sollte.⁵⁴ Konsequenterweise spricht das Instrument von *pax* und *concordia*, nicht von *societas*, auch wenn in dem Abkommen über die Streitpunkte hinausgehende Absprachen getroffen werden. Es ist sogar davon auszugehen, dass der überlieferte Text nur ein vorläufiges Konzept darstellte. Hierfür spricht die mangelnde Strukturierung des Dokuments, viele unklar formulierte Punkte und der textinterne Verweis auf zukünftige Vereinbarungen.⁵⁵

Grundsätzlich einigten sich die beiden Parteien darauf, sich nicht zu schaden, Personen und Besitz der anderen Kommune zu schützen, Übereinkünfte zu wahren und Ratschläge immer nach bestem Gewissen zu erteilen. Konkret wurde für kommende Konfliktsituationen der Einsatz eines Schiedsgerichts festgelegt. Der Großteil der Vertragsbestimmungen betraf jedoch den Umgang mit den in der vorhergehenden Auseinandersetzung umkämpften Gebieten und ganz allgemein mit dem Territorium der zukünftigen Bündnisstädte. So versprach man sich, Contado und Diözese der Bündnisstadt in ihrer Integrität zu wahren („non tollemus inter nos nec minuemus") und gegen Dritte zu verteidigen. Der zwischen beiden Städten liegende Chiugi – ein wirtschaftlich bedeutendes Gebiet westlich des Lago Trasimeno – wurde in zwei Hälften geteilt, deren Grenzziehung genau beschrieben wurde („a Vaiano versus Aritium et Clanis et Lacus"). Beiden Kommunen fiel dabei der Teil zu, der der eigenen Stadt am nächsten war („ita quod medietatem habeat Aritium versus se et Perusium aliam medietatem versus se"), einzig das zerstörte Castiglione Chiugino verblieb inklusive des zugehörigen Territoriums und der *curtis antiqua* bei Perugia.⁵⁶ Die beiden um-

---

53 Codice Diplomatico 1, hg. von Bartoli Langeli, Nr. 20, S. 43–46 (Anhang 1, Nr. 5). Eine Zusammenfassung dieses Bündnisses auch bei Riganelli, Signora, S. 95–97, der jedoch einige der Klauseln abweichend interpretiert.
54 Vgl. zu diesem Konflikt Vallerani, Comunanze, S. 627 und 644, Anm. 14. Riganelli, Signora, S. 95–97, erkennt hier gegen die ältere Forschung (Pellini, Historia 1, S. 213; Grundman, Popolo, S. 9 f., 31) keinen vorhergehenden Konflikt zwischen Perugia und Arezzo. Er interpretiert den Vertrag als Zusammenführung der Kräfte in den Einzelkonflikten der Kommunen, in denen sich Perugia und die Signori von Castiglione del Lago einerseits und Arezzo und Castiglion Aretino andererseits gegenüberstanden. Dem widerspricht der Vertrag selbst, der als *pax* bezeichnet wird und sich von anderen zeitnahen Bündnissen deutlich abhebt, wie im Folgenden zu zeigen ist. Vgl. auch die „Annales Arretinorum maiores": Annales, hg. von Bini/Grazzini, S. 3.
55 Vgl. Codice Diplomatico 1, hg. von Bartoli Langeli, S. 43.
56 Die Grenzziehung entspricht mehr oder minder der heutigen Grenze zwischen den Provinzen Arezzo und Perugia. Hierzu und zur Ausnehmung von Castiglione Chiugino vgl. ebd., S. 45, Anm. 1. Zum Chiugi in der Geschichte Perugias vgl. vor allem Riganelli, Signora, und Mordenti, Pietra; daneben Vallerani, Comunanze. Dort auch eine Karte des zwischen dem Lago Trasimeno und dem Sumpfgebiet Le Chiane gelegenen Gebietes. Zum Phänomen der *curtes* Tiberini, Signorie, S. 163–168, speziell zur *curtis* von Castiglione Chiugino ebd., S. 165.

kämpften Kastelle, Castiglione Chiugino und Castiglione Aretino (heute Castiglion Fiorentino), durften nicht wieder aufgebaut werden. Den Einwohnern des Chiugi, insbesondere der Bevölkerung von Castiglione Chiugino, wurde jede Umsiedlung untersagt. Die Konsuln Arezzos versprachen, die ihrer Jurisdiktion zugehörigen Leute aus diesem Kastell abzuziehen. Hinsichtlich beider Kastelle versprach man sich zudem jede Hilfe für die Zukunft.[57]

Daneben wurden die Beziehungen zu weiteren Parteien ausführlich geregelt. So sollte ein Abkommen mit einem gewissen Panzo nur gemeinschaftlich möglich sein, bezüglich der Gemeinden Borgo San Sepolcro und Città di Castello wollte man zu einer Übereinkunft kommen, und gegen Cortona wurde gegenseitige Hilfe vereinbart, vorbehaltlich einiger alter Verträge, die Arezzo mit der kleinen Kommune verbanden.[58] Perugia hingegen nahm einen Zweig der Adelsfamilie der *marchiones*, die späteren Marchesi di Monte Santa Maria, von der Hilfeleistung aus, es sei denn diese betraf Castiglione Aretino. Schließlich wurden denselben Markgrafen und dem Abt des Klosters Campoleone Entschädigungen versprochen, falls die Rechte, die diese offensichtlich noch an den umstrittenen Kastellen hatten, durch die zukünftigen Vereinbarungen betroffen waren.

Sowohl der Konflikt zwischen den Kommunen Arezzo und Perugia als auch die Vertragsregelungen, die zur Beilegung dieser Auseinandersetzung getroffen wurden, lassen sich somit eindeutig in den Prozess des Ausbaus und der Konsolidierung des kommunalen Contados einordnen. Jean-Claude Maire Vigueur stellte 1987 heraus, dass das „Perusiner Modell" der Herrschaft über den Contado mit Eroberungen nur wenig zu tun hatte – die Stadt verfügte selbst in protokommunaler Zeit über ausgedehnte Herrschaftsrechte im gesamten Diözesangebiet: Sie hatte ihren *comitatus* nicht erobert, sondern geerbt. Diese Einschätzung wurde von der folgenden Forschung immer wieder bestätigt, dennoch kam es auch in Perugia zu Ausgriffen über diese Grenzen hinaus, die in der Literatur oft unter dem Stichwort *sommissioni* gefasst werden. Diese Expansionsbestrebungen – die, so Maire Vigueur, weniger die Eroberung von Neuem als die Konsolidierung und Sicherung des vorhandenen Contados im Sinn hatten – sind im letzten Viertel des 12. Jahrhunderts in den Quellen greifbar.[59] Sie richteten sich zunächst nach Norden und Westen und insbesondere

---

57 Zum heutigen Castiglione del Lago, damals *Castrum Clusini* oder *Castellione Clusini* auch Codice Diplomatico 1, hg. von Bartoli Langeli, Nr. 7, 8, 12, 16. Vgl. Grohmann, Città 2, S. 924 f.; Riganelli, Signora, S. 83–100, und Mordenti, Pietra, S. 17–30.
58 Zu diesen Verträgen Codice Diplomatico 1, hg. von Bartoli Langeli, S. 46, Anm. 1.
59 Maire Vigueur, Comuni e signorie in Umbria, S. 438–441. Zeitgleich kam Cammarosano, Città, zu ähnlichen Ergebnissen. Ausführlich, aber veraltet zum Contado Briganti, Città. Vgl. auch die jüngeren Studien von Tiberini, Signorie, S. 232–242, und Nico Ottaviani, Statuti, S. 23–38. Nico Ottaviani betont nochmals, dass im Gegensatz zu anderen lokalen Realitäten *districtus* und *comitatus* in den Perusiner Quellen nicht unterschieden werden, sodass die Begriffe sich für eine Unterscheidung der verschiedenen Abhängigkeitsstufen des Umlands nicht anbieten; vgl. auch Grohmann, Città 2,

auf das fruchtbare Gebiet um den Lago Trasimeno.[60] Dies zeigt auch der Vertrag mit Arezzo. Die kommunale Führung Perugias war noch im Jahr 1198 mit der Einflusssicherung im wirtschaftlich wichtigen Chiugi beschäftigt. Der Vertrag vom Mai 1198 ist zugleich, nach den Verhandlungen mit den Rektoren der *societas Tuscie*, das erste Bündnis in der perusinischen Überlieferung. Aus dem 12. Jahrhundert existieren vor allem Unterwerfungs-, Schutz- und Kaufverträge mit Einzelpersonen, Adelsfamilien und -konsortien, kleineren Kommunen und Kirchen.[61] Die *concordia* mit Arezzo zeigt somit auch den Moment, in dem die Kommune in ihrer Territorialpolitik auf die Ansprüche einer ähnlich starken Stadtgemeinde stieß. Die Pattsituation, die aus diesem Aufeinandertreffen entstand, führte schließlich zur vertraglichen Einigung über die zukünftigen Besitzverhältnisse und die Aufteilung der kommunalen Einflussbereiche.[62]

Daneben verweist das Instrument, das im Zelt des Perusiner Podestà aufgesetzt wurde, auf die Komplexität dieses Prozesses. Im Vertrag berücksichtigt wurden nicht nur die beiden Kommunen, sondern eine ganze Reihe anderer Personen und Gemeinden, die in Verbindung zu den Konfliktgebieten oder den streitenden Kommunen standen und somit im Vertrag berücksichtigt werden mussten. Die meisten dieser Adeligen und Gemeinschaften (Panzo, Borgo San Sepolcro und Città di Castello, Cortona, die Markgrafen, der Abt von Campoleone) treten auch in der älteren Überlieferung auf, die das Ausgreifen Perugias in den Chiugi zeigt. Die entsprechenden Urkunden verdeutlichen aber bereits die strategische Bedeutung des umstrittenen Castiglione Chiugino für Perugia, das immer wieder Gegenstand auch dieser Dokumente war. So unterstellte Panzo, Sohn des Ugolino di Panzo, der wahrscheinlich *dominus loci* Castigliones war, Perugia im Januar 1193 seine Besitzungen im Süden von Cortona, vergab der Kommune alle Schäden, die ihm anlässlich der Zerstörung von Castiglione Chiugino entstanden waren, versprach, das Kastell nicht wieder aufzubauen und verpflichtete sich zur Hilfe gegen Cortona, bis sich diese Stadt Perugia unterwarf.[63] Città di Castello hatte sich Perugia im Juli 1180 unterworfen. Perugia nahm bereits in diesem Vertrag einen Markgrafen Raniero von den perusinischen

---

S. 586, Anm. 3. Der Begriff *sommissioni* erklärt sich aus den „Codici delle sommissioni" genannten *libri iurium* der Kommune.
60 Vgl. Vallerani, Comunanze, S. 626–628; Riganelli, Signora, S. 59–100.
61 Vgl. im Überblick Codice Diplomatico 1, hg. von Bartoli Langeli, Tavola dei documenti, S. CXXIX, sowie die dort aufgeführten Dokumente im Einzelnen.
62 So auch Vallerani, Comunanze, S. 627, und Bartoli Langeli, Origini, S. 410 f.
63 1193 Januar 31, Codice Diplomatico 1, hg. von Bartoli Langeli, Nr. 12, S. 30–33, auch Vallerani, Comunanze, S. 626 f. Zu den Besitzungen der Familie Panzi oder Panzoni Riganelli, Signora, S. 66–72. Allgemein zu den Adelsfamilien und zur Grundherrschaft im nördlichen Umbrien Tiberini, Signorie.

Gegenverpflichtungen aus.⁶⁴ Die *marchiones* wiederum – eine in der Toskana und in Umbrien weit verzweigte Adelsfamilie, die den Markgrafentitel gleichsam als Familiennamen führte – hatten ihre Besitzungen von Arezzo ausgehend auch in den Contado Perugias und den Contado von Città di Castello ausgeweitet und sind in der frühen Überlieferung Perugias entsprechend häufig anzutreffen. Ein Markgraf Ugolino als Repräsentant des im Vertrag zwischen Arezzo und Perugia ausgenommenen Zweigs hatte sich und seinen gesamten Besitz, wozu wohl auch Castiglione Aretino gehörte, 1189 der Kommune als Gegenleistung für deren Schutz unterstellt.⁶⁵ Der Abt von Campoleone schließlich war als Vorsteher seines Konvents – eines Benediktinerklosters in der Diözese Arezzo – der ursprüngliche Besitzer von Castiglione Chiugino. Er überschrieb den Ort – unter Zustimmung des bereits genannten Panzo und dessen *consortes*, die in anderen Dokumenten als *Cortonenses* bezeichnet werden – im Januar 1184 der Kommune Perugia. Er sicherte sich dabei jedoch das nicht näher definierte Eigentum seiner Kirche an Castiglione („salva proprietate ecclesie Sancti Ianuarii"), was wohl zu seiner Berücksichtigung auch im Vertrag zwischen Perugia und Arezzo führte.⁶⁶ Die Vielfalt dieser Beziehungen, die Kommunen, Adel und kirchliche Einrichtungen sowie verschiedene Bindungsformen umfasste, zeigt damit sehr gut das vielschichtige Beziehungsgeflecht, das diesen Teil des kommunalen Contados gegen Ende des 12. Jahrhunderts ausmachte und das trotz aller Territorialisierungsbestrebungen keine Flächenherrschaft darstellte. Der Vertrag mit Arezzo, der über die anstehende Beilegung der umstrittenen Besitz- und Einflussverhältnisse hinaus die möglichst friedliche Koexistenz und Kooperation für die Zukunft vereinbarte, ist somit nur ein Teil der Koordination dieses Beziehungsgeflechts. Er ergänzte die

---

64 1180 Juli, Codice Diplomatico 1, hg. von Bartoli Langeli, Nr. 5, S. 9–12; vgl. Tiberini, Signorie, S. 236. Bereits im Frühjahr 1199 beklagte sich Città di Castello bei Innozenz III. über Übergriffe Arezzos und der Markgrafen („cum marchionibus confederati") und bat, auch Perugia zur Hilfeleistung aufzufordern; vgl. Reg. Innocenz III 2, Nr. 33, 166 (175). Zu Borgo San Sepolcro, das im Vertrag gemeinsam mit Città di Castello genannt wird, fehlen weitere Quellenbelege.

65 Vgl. Codice Diplomatico 1, hg. von Bartoli Langeli, S. 11, Anm. 1 (siehe auch die dortigen Nr. 8, 11, 30); Tiberini, Origini; ders., Marchesi. Der in allen Zweigen mitgeführte Markgrafentitel ging auf einen Raniero, Markgraf von Tuszien, zurück. Dass es sich bei den ausgenommenen *marchiones* um den später so benannten Zweig der Marchesi di Monte Santa Maria handelte, machen deren Besitzungen im Contado von Arezzo wahrscheinlich, so Codice Diplomatico 1, hg. von Bartoli Langeli, S. 45, Anm. 4. Zur Verknüpfung dieser Familie mit dem Konflikt um Besitzungen und Rechte am Lago Trasimeno auch Reg. Innocenz III 1, Nr. 378.

66 Vgl. Codice Diplomatico 1, hg. von Bartoli Langeli, Nr. 7, S. 15–19. Bartoli Langeli vermutet (ebd., S. 16, Anm. 3), dass Perugia somit nur die Herrschaftsrechte an Castiglione überschrieben wurden, die Besitzverhältnisse aber gewahrt blieben. Zu den *consortes* oder *proceres* aus Cortona, neben Panzo Herren von Castiglione Chiugino, Riganelli, Signora, S. 65–83. Dort auch zu möglichen Beziehungen dieses Konsortiums zu den *marchiones*, die jedoch nicht sicher belegt sind. Vgl. auch Codice Diplomatico 1, hg. von Bartoli Langeli, Nr. 12, S. 30–33; Vallerani, Comunanze, S. 626; Tiberini, Signorie, S. 236. Zur häufigen Praxis des Kastell-Konsortiums, siehe Einleitung, Kap. 4.1, S. 31.

vorhergehenden Beziehungen und Verträge und wurde über die einzelnen Vertragsbestimmungen mit diesen verknüpft.[67]

Die Aufteilung der kommunalen Einflussgebiete, die Perugia und Arezzo im Mai 1198 beschlossen, scheint ein Erfolgsmodell gewesen zu sein. Zumindest griffen beide Kommunen im März 1216 erneut auf dieses Instrument zurück, diesmal allerdings gegen einen gemeinsamen Gegner.[68] Auch dieses Bündnis war jedoch keine klassische *societas* und wurde auch nicht so benannt.[69] Die Podestà beider Kommunen, die wieder in unmittelbarer Nähe des Sees zusammentrafen, versprachen sich sehr konkret Hilfe gegen die Kommune Città di Castello, die sich dem Einfluss Perugias bereits wieder entzogen hatte und 1216 sowohl in den Einflussbereich Arezzos als auch in den Contado Perugias ausgriff. Betroffen waren davon die bereits bekannten *marchiones* als Untergebene Perugias und Matteo di Monte Acuto, Herr von Citerna, der Besitzungen und Herrschaftsrechte in den Diözesen Arezzo und Perugia innehatte und als Zeuge bei der Vereinbarung zugegen war.[70] Aus dieser Situation heraus sicherten sich die beiden Repräsentanten Arezzos und Perugias ein gemeinsames Vorgehen gegen Città di Castello zu. Ein Großteil der Vertragsbedingungen betraf allerdings bereits die Aufteilung möglicher Eroberungen, die im Contado von Città di Castello und an der Stadt selbst gemacht wurden. Der Contado wurde, wie bereits der Chiugi 1198, in zwei imaginäre Hälften geteilt. Besitzgewinne im südlichen, Perugia näher liegenden Teil („a Civitate Castelli inferius versus Perusium vel versus Eugubium") fielen dieser Kommune zu. Eroberungen im nördlichen, an den Contado Arezzos angrenzenden Teil gingen an diese Stadt („a Civitate Castelli superius versus Aritium vel Massa vel versus Banneum"). In Besitz genommene Teile der Stadt selbst sollten von beiden Kommunen gemeinsam gehalten werden („quodcumque aquistum ... de corpore Civitatis Castelli sit comune").

Allerdings stellte das Bündnis des Jahres 1198 sicherlich nicht die direkte Vorlage des Vertrags von 1216 dar, dazu gehen die textlichen und inhaltlichen Bestimmungen zu weit auseinander.[71] Es kann also kaum davon ausgegangen werden, dass die Führungsgruppen des Jahres 1216 bewusst auf Strategien des Jahres 1198 zurückgriffen und somit eine lang angelegte, gezielte Bündnispolitik betrieben. Das Kräftegleichgewicht zwischen beiden Kommunen, das bereits 1198 zu einer vertraglichen Aufteilung der Einflussgebiete geführt hatte, erwies sich aber offensichtlich als Konstante in der umbrisch-toskanischen Grenzregion und demgemäß in der Politik der beiden Kommunen.

---

67 So auch Vallerani, Comunanze, S. 626 f. Einen weiteren Aspekt, die Rolle des Kapitels von S. Lorenzo in dieser Gemengelage, erhellt Bartoli Langeli, Papato, S. 86–90.
68 1216 März, Codice Diplomatico 1, hg. von Bartoli Langeli, Nr. 61, S. 147–150 (Anhang 1, Nr. 28).
69 Das Instrument benennt das Abkommen bzw. das Schriftstück gar nicht.
70 Vgl. ebd., S. 148, Anm. 1, und Magherini-Graziani, Storia, S. 103–105.
71 Vgl. Codice Diplomatico 1, hg. von Bartoli Langeli, S. 148.

Der Verflechtung verschiedener Akteure im Nordwesten Perugias scheint auch das dritte Bündnis entsprungen zu sein, das Perugia aus einer konkreten Konfliktsituation heraus schloss – und dies, obwohl der Vertrag deutlich später, im März 1230, ausgestellt wurde.[72] Darauf verweist die Tatsache, dass der erste Teil des Bündnisvertrags mit Cortona, der diesmal mit den Begriffen *pax*, *amicitia* und *societas* belegt wurde, ausdrücklich auf einer älteren, nicht datierbaren Vorlage beruhte („Hec sunt conventiones et pacta inhita inter comune Peruscinum et comune Cortone, et reformatio et firmamentum pacis antique et amicitie"). Dieses ältere, verlorene Abkommen wurde vom Rogatar wahrscheinlich ohne Änderungen übernommen, bevor im Anschluss die neuen Vertragsteile formuliert wurden. In diesem älteren Formular stehen nun erneut Castiglione Chiugino und Perugias Rechte am See selbst im Mittelpunkt. Cortona versprach, neben allgemeinen militärischen Hilfszusagen und der Sicherheit und Befreiung von Durchgangszöllen auf dem eigenen Gebiet für Perusiner Bürger, den Wiederaufbau des zerstörten Castiglione mit allen Kräften zu verhindern und Perugia bei der Wahrung aller Hoheits- und Besitzrechte am See und an den dortigen Einwohnern zu unterstützen. Attilio Bartoli Langeli ordnet die *pax antiqua* zwischen Cortona und Perugia daher in den Konflikt um Castiglione Chiugino ein, der zwischen 1193 und 1198 immer wieder aus den Quellen hervorscheint und auch danach nicht endgültig beigelegt scheint.[73]

Der neue, in Magione am Ufer des Lago Trasimeno beeidete Vertrag zwischen den beiden Kommunen betraf ebenfalls zu großen Teilen offene Besitzfragen. Die Vertreter Perugias, im März 1230 noch einmal Konsuln, verpflichteten sich zunächst zu den gleichen Leistungen, die im alten Vertrag bereits Cortona versprochen hatte: Waffenhilfe sowie Sicherheit und Zollfreiheit beim Transit des Perusiner Disktrikts.[74] Es folgen beidseitige Versprechungen, die ein allgemeines Verbot von Repressalien beinhalten und ein Schiedsgericht in allen Streitfragen vereinbaren. Schiedsgerichtliche Lösungen wurden daraufhin auch für verschiedene laufende Auseinandersetzungen beschlossen, die die Kastelle Pierle, Gualdo und Castelnuovo betrafen, alle im Grenzgebiet zu Arezzo am Lago Trasimeno gelegen. Diese Kastelle scheinen auch in der Folge immer wieder zu Konflikten zwischen Perugia und Cortona geführt zu haben.[75] Ob und in welchem Umfang der *societas* mit Cortona des Jahres 1230 auch militärische Zusammenstöße vorausgingen, wie beim Vertrag mit Arezzo anzunehmen, ist nicht mit Sicherheit zu bestimmen. Beide Verträge weisen allerdings einen gemeinsamen

---

[72] 1230 März 26, ebd., Nr. 95, S. 233–238 (Anhang 1, Nr. 53).
[73] Ebd., S. 234.
[74] Eine Wiederholung der alten Versprechungen erfolgte offenbar ausschließlich seitens Cortona. Während diese somit eher als Unterwerfung zu werten sind, waren die Konsuln Perugias 1230 gezwungen, das alte Abkommen in ein paritätisches Vertragswerk umzuwandeln. Dies zeigt die vorlagentreue Übernahme des alten Schwurtextes in die Versprechungen der Perusiner.
[75] Vgl. die Anmerkungen ebd., S. 236, und die dortigen Verweise.

Kontext auf: Sie waren Instrumente in den Bemühungen der Kommune Perugia, sich den Zugriff auf den Chiugi zu sichern und die dort beanspruchten Rechte zu wahren. Eingesetzt wurde diese Form der *societas*, so scheint es, immer dort, wo die Entscheidung eines offenen Konflikts auf anderem Wege nicht möglich war. Die Bündnisse mit Arezzo und Cortona verwandelten einen Kompromissfrieden jedoch in eine zukünftige Kooperation. Beigelegt wurden nicht nur aktuelle Streitanlässe. Zumindest auf dem Pergament wurden auch friedliche Lösungsansätze für die Zukunft und gute Beziehungen in Form der für eine *societas et amicitia* grundlegenden Hilfsvereinbarungen beschlossen. Dies mag ein Hinweis darauf sein, dass die kommunale Führung in dieser Situation keine baldige Änderung des Kräftegleichgewichts erwartete und somit einen Ausweg forcierte, der den *status quo* auf längere Zeit wahren konnte. Ob diese Erwartungen zu realisieren waren, lässt sich pauschal kaum beantworten, die Entwicklung der Beziehungen zwischen Perugia und Arezzo weist aber in diese Richtung. Die grundlegende Einigung über die Aufteilung des Chiugi im Jahr 1198 scheint größere Kriegshandlungen im Anschluss verhindert und ein gemeinsames Vorgehen gegen andere Gegner im Jahr 1216 begünstigt zu haben.[76]

Wenn die Überlieferung nicht trügt, trat diese Form des aus dem territorialen Konflikt heraus geschlossenen Bündnisses aber ausschließlich bei der Sicherung des Perusiner Contados nach Norden und Westen auf. Insbesondere der Lago Trasimeno mit dem Chiugi als wichtigster Quelle der perusinischen Versorgung und Einnahmen scheint den Zusammenstoß mit anderen Kommunen herausgefordert zu haben.[77] Eine friedliche Lösung dieser Konflikte wurde aber anscheinend erst dort attraktiv, wo eine Pattsituation keine andere Möglichkeit offen ließ. Diese Besonderheit der perusinischen Bündnisse mit den konkurrierenden Kommunen um den Lago Trasimeno wird durch die übrigen Verträge im gleichen Zeitraum kontrastiert. Die *societates*, die Perugia mit den Kommunen Foligno und Todi im Südosten sowie mit der toskanischen Stadt Siena schloss, weisen vielmehr auf eine konfliktvermeidende, präventive Aufteilung kommunaler Einflussgebiete hin.

Mit Foligno schlossen die Konsuln Perugias im Oktober 1201 eine *societas* und *concordia*, die ein typischer Vertreter der ersten kommunalen Bündnisse ist. Noch wenig ausgearbeitet versprachen sich die beiden Kommunen, vertreten durch Konsuln, gegenseitige Hilfe in all ihren Angelegenheiten („de omnibus negotiis"), prä-

---

[76] Zwar forderte Città di Castello im Frühjahr 1199 Hilfe von Perugia gegen Arezzo, ob diese geleistet wurde, ist aber nicht nachzuvollziehen. Dass Città di Castello auch Innozenz III. bat, Perugia zur Hilfe zu bewegen, zeugt eher vom Gegenteil; vgl. Reg. Innocenz III 2, Nr. 33. Grundman, Popolo, S. 46–48, vermutet auch für das Jahr 1214 einen militärischen Konflikt zwischen beiden Kommunen, seine Interpretation der Quellen ist jedoch keineswegs zwingend und ließe auch den gegenteiligen Schluss zu.
[77] Die Bedeutung des Lago Trasimeno und des Chiugi als Einnahmequelle für die Kommune zeigt sich auch im Konflikt zwischen *milites* und *pedites*, der Perugia im Folgenden erschüttern sollte; vgl. Maire Vigueur, Cavaliers, S. 179 f.

zisiert durch eine minimale Kostenregelung: Die nicht im Umfang geregelte Waffenhilfe erfolgte auf Kosten der leistenden Stadt.[78] Für Konflikte wurde ein Schiedsgericht vereinbart, das Bündnis sollte alle zehn Jahre erneuert werden, und ganz allgemein versprach man sich „bonum iter et non malum facere". Ausgenommen wurden von beiden Seiten Papst und Kaiser sowie Personen und Orte, mit denen bereits *iuramenta* bestanden, wobei Perugia Verpflichtungen gegenüber Spoleto hervorhob. Unmittelbar vorausgegangen war dieser *societas* ein Schiedsspruch, mit dem die Konsuln Perugias von Foligno und Spoleto betraut worden waren.[79] Ein Zusammenhang zwischen den beiden Dokumenten, im Abstand von nur wenigen Monaten ausgestellt, erscheint somit wahrscheinlich. Der Schiedsspruch resultierte aus einem ansonsten nicht in den Quellen belegten Konflikt, der wohl ebenfalls anlässlich von Besitz- und Rechtsansprüchen der beiden benachbarten Kommunen Foligno und Spoleto entstanden war. Die Perusiner Konsuln verfügten als Grundmaßnahme die gemeinsame Errichtung und Besiedlung eines Dorfes im Grenzgebiet der beiden Contadi. Foligno hatte den Bewohnern einen Kanal zur Nutzung zur Verfügung zu stellen, erhielt dafür aber von dem Teil der Bevölkerung, der Spoleto angehörte, eine jährliche Abgabe. Im Hinblick auf eine Verletzung der herrschenden Waffenruhe oder auf zukünftige Konflikte wurden die streitenden Kommunen auf sofortige Entschädigung oder eine schiedsgerichtliche Einigung durch zwei befreundete Kommunen verpflichtet.[80]

Auch wenn sich der Zusammenhang zwischen beiden Instrumenten nicht gänzlich erschließt, wird doch deutlich, dass die Führung Perugias zu einem Zeitpunkt, zu dem sie im Nordwesten mit der Wahrung ihrer Ansprüche auf die Gebiete um den Lago Trasimeno beschäftigt war, im Süden gute Beziehungen mit den größeren Kommunen pflegte. Von Foligno und Spoleto waren die Konsuln mit dem Schiedsspruch betraut worden, was auf ein friedliches Verhältnis zu beiden Kommunen schließen lässt. Im Umfeld oder infolge dieses Schiedsspruchs wurde zudem ein Bündnis mit Foligno geschlossen und ein nicht näher bestimmtes *iuramentum* mit Spoleto vereinbart. Das Bündnis mit Foligno hebt sich von den mit Arezzo und Cortona geschlossenen Verträgen jedoch deutlich ab. Es zeigt keinerlei Anzeichen eines vorhergehenden

---

78 1201 Oktober / 1202 Februar, Codice Diplomatico 1, hg. von Bartoli Langeli, Nr. 28, S. 61–63 (Anhang 1, Nr. 13). Falls man die Kosten teilte – wobei mögliche Motive für solch eine abweichende Finanzierung nicht verschriftlicht wurden –, wurden die allgemeinen Ausgaben von der fordernden, die Entschädigungskosten von der leistenden Kommune übernommen („vestris expensis et nostro reditu").
79 1201 Juni 20, ebd., Nr. 27, S. 58–60.
80 Daneben wurde eine bereits vorgenommene Grenzziehung zwischen Foligno und den *homines* aus Montefalco und Trevi bestätigt. Vgl. zum Konflikt Lattanzi, Storia, S. 272 f.

Konflikts oder umstrittener Gebietsfragen, sondern sichert, wohl präventiv, die friedliche Koexistenz der beiden Kommunen und die Kooperation gegen Dritte.[81]

Nur einige Monate später, im März 1202, schlossen die Konsuln Perugias ein ähnliches Abkommen mit den Konsuln der toskanischen Stadt Siena.[82] Das Instrument über die *amicitia* und *societas* besteht aus zwei gespiegelten Eidformularen in der ersten Person Singular. Die Form ist damit in der Perusiner Überlieferung eher ungewöhnlich. Die Grundvereinbarungen sind jedoch dieselben wie im Bündnis mit Foligno. Man versprach sich den gegenseitigen Schutz aller *homines* und ihres Besitzes, die Befreiung von Durchgangszöllen, die militärische Hilfe – diesmal allerdings mit sehr genauen Regelungen – und ein Schiedsgericht durch eine befreundete Kommune im Konfliktfall. Ausgenommen wurden Papst und Kardinäle, Rom, Florenz, die *societas Tuscie* sowie alle, denen die Kommunen durch weitere Abkommen verbunden waren. Siena fügte dieser Liste noch Orvieto hinzu.[83] Auch dieser Bündnisvertrag, in der Substanz dem Vertrag mit Foligno gleichzusetzen, weist in keiner Weise auf vorhergehende Unstimmigkeiten oder territoriale Konkurrenz hin, sondern scheint dem Bedürfnis nach der präventiven Etablierung guter Beziehungen entsprungen zu sein. Ob hierin das für Norditalien immer wieder bemühte Schachbrettprinzip zum Tragen kam – Perugia und Siena, ohne große Berührungspunkte, was ihren Contado betraf, fanden sich gegen einen gemeinsamen Nachbarn zusammen – ist kaum zu beantworten. Die schachbrettartige Verteilung von Feindschaften und Bündnissen ist in Umbrien allerdings deutlich seltener zu beobachten, wie etwa Perugias Verträge mit Todi zeigen.[84] Dass mit dem Vertrag von 1202 zwischen beiden Kommunen eine Art Zusatzvertrag zum Tuskenbund geschlossen wurde, der im Vertrag explizit von beiden Seiten gewahrt wurde, ist hingegen nicht ungewöhnlich. Diese Form von bilateralen Übereinkünften unterhalb der Bundesebene findet sich zahlreich auch in der Überlieferung zur Lega Lombarda.[85]

Der nächste Bündnisvertrag, der in der perusinischen Überlieferung erscheint, ist eine *societas*, die im Juni 1208 zwischen den Konsuln Perugias und dem Podestà Todis geschlossen wurde.[86] Das Instrument selbst macht aber deutlich, dass es sich

---

81 Ob der Konflikt Perugias mit Assisi, der im selben Jahr ausbrach, im Zusammenhang mit dem Bündnis steht, wie etwa Briganti, Città, S. 204 f., und Grundman, Popolo, S. 32, vermuten, ist nicht zu klären. Assisi liegt auf halber Strecke zwischen Perugia und Foligno.
82 1202 März 4, Codice Diplomatico 1, hg. von Bartoli Langeli, Nr. 29, S. 63–67 (Anhang 1, Nr. 18).
83 Ein formelles Bündnis zwischen beiden Kommunen wurde im August 1202 geschlossen (Anhang 1, Nr. 19).
84 Gegen Grundman, Popolo, S. 32, Anm. 71, der in dem Bündnis ein Schutzbündnis gegen Arezzo sieht. Das in der Forschung immer wieder bemühte Schachbrettprinzip, das von einer natürlichen Feindschaft angrenzender Kommunen und einer daraus ebenso natürlich resultierenden Allianz mit deren Nachbarn ausgeht, formulierte Fasoli, Lega, S. 147.
85 Raccagni, Lombard League, S. 37–40, 55–57; Voltmer, Formen, S. 109.
86 1208 Juni 23, Codice Diplomatico 1, hg. von Bartoli Langeli, Nr. 43, S. 94–96 (Anhang 1, Nr. 21).

bei diesem Bündnis um die Erneuerung eines älteren Vertrags handelt, den Attilio Bartoli Langeli auf das Jahr 1198 datiert („promittimus et refirmamus ... tenere firmam et puram amicitiam adque societatem"). Für diese Datierung spricht, dass das Instrument fast unverändert zehn Jahre später noch einmal beschworen wurde, wie auch die Tatsache, dass sich der Podestà Perugias im Oktober 1198 mit Sicherheit in Todi befand.[87] Die *societas* mit Todi entspricht in ihren Grundzügen ebenfalls den Verträgen mit Foligno und Siena und somit dem Grundmodell der frühen *societates*. Die beiden Parteien versprachen sich Hilfe gegen jedermann, ausgenommen Papst, Kaiser und Rom, militärische Unterstützung mit einer festen Kostenaufteilung und eine gemeinsame Außenpolitik: Weitere Bündnisse sollten die verbündete Stadt mit einschließen. Ausgenommen wurden schließlich noch verschiedene Abkommen, die beide Kommunen innerhalb ihres Jurisdiktionsbereichs geschlossen hatten.

Falls Perugia und Todi tatsächlich ein ähnliches Abkommen bereits im Jahr 1198 geschlossen hatten, zeugen die Verträge mit Todi, Foligno, Spoleto und Siena von einer politischen Richtungsentscheidung der Perusiner Kommune. Um die Jahrhundertwende, zu einem Zeitpunkt, der durch den Ausbau und die Verteidigung der kommunalen Rechte um den Lago Trasimeno geprägt war, war die Kommune offensichtlich bemüht, sich nach Süden, Südosten und Nordwesten durch präventive Freundschaftsverträge gegen weitere Konflikte abzusichern. Implizit teilten auch diese Verträge Einflussbereiche auf, indem der *status quo* zwischen den Kommunen, der zum Zeitpunkt des Bündniseids nicht zur Debatte stand, durch die *societates* bestärkt wurde. Todi und Perugia verfolgten diese Politik auch noch bis weit in das 13. Jahrhundert hinein. Der Erneuerung des Bündnisses im Jahr 1218 folgte eine weitere Erneuerung im August 1230, die immer noch grundlegend auf den Verträgen von 1208 und 1218 beruhte – obwohl das Instrument im Vergleich zu den Vorgängerdokumenten inhaltlich und formal sichtbar elaborierter gearbeitet war.[88] Den ursprünglichen Vereinbarungen hinzugefügt wurden in diesem Bündnisinstrument ausführliche Bestimmungen zum Transit des befreundeten Heeres im Contado,[89] zum Umgang mit innerstädtischen Konflikten, zu Repressalien, zur Entschädigung bei Raubüberfällen, zum Erlass von Zöllen und Wegegeldern, zum Umgang mit *exbanditi* und zum städteübergreifenden Getreide- und Lebensmittelhandel. Während die Bündnisse und *iuramenta* mit Siena, Foligno und Spoleto in der Überlieferung nicht mit Sicherheit weiter zu verfolgen sind, stellte die Freundschaft mit Todi somit eine

---

87 1218 August 20, Codice Diplomatico 1, hg. von Bartoli Langeli, Nr. 75, S. 193 f. (Anhang 1, Nr. 35). Zur Datierung auf 1198 Codice Diplomatico 1, hg. von Bartoli Langeli, S. 94 (Anhang 1, Nr. 3).
88 1230 August 11, Codice Diplomatico 1, hg. von Bartoli Langeli, Nr. 104, S. 254–258 (Anhang 1, Nr. 55).
89 Siehe hierzu oben Kap. I.2.3.3, S. 157 f.

Konstante in der Perusiner Politik des ersten Drittels des 13. Jahrhunderts dar.[90] Die auf die Rechtsgrundlage einer *societas* gestellten friedlichen Beziehungen zwischen den beiden Kommunen wurden 1230 sogar noch ausgebaut. Den Bestimmungen der ersten Verträge, die vor allem auf die friedliche Koexistenz und Hilfe gegen Dritte ausgelegt waren, wurde eine weitergehende Kooperation entgegengestellt, die gemeinsame Wirtschafts- und Rechtsräume schuf und das Bündnis als Instanz selbst bei inneren Konflikten etablierte. Konsequenz der kontinuierlichen Bündnisbeziehungen zwischen Perugia und Todi war, so Laura Andreani, die friedliche Teilung der Herrschaft der beiden Kommunen im Tibertal in der ersten Hälfte des 13. Jahrhunderts.[91]

Perugias Bündnisse des ersten Drittels des 13. Jahrhunderts lassen sich somit alle in den Prozess der Konsolidierung und Sicherung des kommunalen Contados einordnen. Während die Bündnisse mit Arezzo und Cortona aus Konflikten hervorgingen, die der militärischen und politischen Expansion entsprungen waren und zu Zusammenstößen der Kommunen um Besitzungen und Rechte geführt hatten, versuchten die *societates* mit Foligno, Todi und Siena solche Konflikte von Beginn an zu vermeiden. Die Unterschiede in den Verträgen lassen sich somit auch räumlich verorten. Zu konfliktbezogenen Bündnissen kam es, wenn die Überlieferung hier nicht trügt, vor allem mit Kommunen im Nordwesten Perugias, die ebenfalls in den Chiugi und ins Umland des Lago Trasimeno ausgriffen.

Selbst die im Norden und Westen zu beobachtende ‚Eroberung' neuer Gebiete und neuer Abhängigkeitsverhältnisse wurde aber nicht nur mit Waffengewalt geführt. Erst die juristische Fixierung der *sommissioni* in Verträgen schuf die Grundlage für die folgenden Beziehungen, und erst auf diesem Wege gelangten die politischen Verhältnisse in die Überlieferung. Die überlieferten Abkommen zeigen dabei deutlich, dass die *sommissioni* des 12. und beginnenden 13. Jahrhunderts zwischen Unterwerfungen und Allianzen changierten: Der Anerkennung der Jurisdiktion und der

---

90 Neben Todi wird auch Spoleto in einem Schiedsverfahren mit Gubbio im Zeitraum September bis Dezember 1217 unter den Städten genannt, die Perugia Waffenhilfe leisteten („facimus ... finem perpetuam et refutationem ... de omnibus dampnis datis comuni Eugubii ... a Perusinis vel a suis coadiutatoribus pro facto guerre"). Auf welcher Grundlage die militärische Unterstützung erfolgte, lässt sich jedoch nicht erschließen: Codice Diplomatico 1, hg. von Bartoli Langeli, Nr. 64–66, S. 164–177, hier S. 176 f. Anwesend waren auch Vertreter Florenz', Sienas, Arezzos und Orvietos, die nicht direkt am Konflikt beteiligt waren. Dies reicht nicht aus, um auf ein Weiterbestehen der Bündnisbeziehungen zu schließen, zumindest bestanden im Herbst 1217 aber gute Beziehungen zwischen diesen Kommunen. So auch Attilio Bartoli Langeli, ebd., S. 168, Anm. 1, der auf die *societas Tuscie* verweist. Zum grundlegenden Problem der Deutung solcher Hinweise siehe oben Kap. I.2.3.6, S. 181 f.

91 Andreani, Todi nel basso medioevo, S. 57 f., und Andreani, Todi al tempo di Iacopone, S. 28, die hier für Todi wie an anderer Stelle für Narni (Andreani, Narni, S. 161–163) den Zusammenhang zwischen interkommunalen Bündnissen und dem Ausbau des Contados betont. Für Todi so auch Menestò, Umbria, S. 16.

politischen Koordination der dominanten Kommune und der Übergabe einzelner Hoheitsrechte standen Gegenleistungen Perugias und die Wahrung der grundlegenden Besitz- und Herrschaftsverhältnisse gegenüber. Die Verpflichtungen unterlagen zudem vielfältigen Einschränkungen, je nach Position der Unterworfenen. Die *societates* mit anderen Kommunen waren in diesem Prozess ein Instrument unter vielen, das eingesetzt wurde, wo das Kräfteverhältnis oder auch die Interessenlage paritätische Beziehungen erforderten. Dies erklärt einige Elemente, die die Bündnisverträge mit den *sommissioni* gemein hatten, etwa der Erlass von Durchgangszöllen oder gegenseitige Schutz- und Hilfsversprechen.[92] Von einer *societas* lassen sich die *sommissioni* jedoch eindeutig unterscheiden. Sie umfassen immer Bestimmungen, die die Herrschaft Perugias eindeutig sichtbar werden lassen: die Verpflichtung zu Krieg und Frieden nach Maßgabe der dominanten Kommune, die Beteiligung an perusinischen Kriegszügen mit einem Aufgebot und die Verpflichtung zum *parlamentum* (häufig formelhaft ausgedrückt mit *ad hostem et parlamentum*), die Unterwerfung unter die kommunale Besteuerung (Unterwerfung *ad datam et coltam*) beziehungsweise die Zahlung jährlicher Tribute oder die Pflicht zur Gastung der kommunalen Vertreter, um nur einige zu nennen.[93] Paritätischen wie hierarchischen Verträgen gemein war aber, dass ihre Funktion in der Definition der Beziehungen zu den jeweiligen Vertragspartnern bestand und sie somit zugleich den Charakter und die Grenzen des territorialen Einflussbereichs der Kommune definierten.[94]

Die starke Bindung der frühen Bündnisverträge der Kommune an die Konsolidierung des Contados und die Vereinbarung kommunaler Einflussbereiche war dabei wohl der Tatsache geschuldet, dass dies Themen waren, die die Kommune in den ersten Jahren des 13. Jahrhunderts immer wieder beschäftigten. In den Vertragsschlüssen Perugias eine gezielte Bündnispolitik zu erkennen, ist jedoch problematisch. Dies beginnt mit den spärlichen Informationen, die zu den Führungsgruppen jener Zeit vorliegen. Die Verträge, im Wechsel von Podestà oder Konsuln geschlossen, zeigen zwar, welche Personen zu diesem Zeitpunkt der Kommune vorstanden, mehr als ihre adelige Herkunft lässt sich aus den Quellen jedoch meist nicht herauslesen.[95] Zudem zeigen die unterschiedlichen Abkommen, die Perugia zwischen 1174 und 1202

---

[92] Für den Untersuchungsraum so auch Maire Vigueur, Comuni e signorie in Umbria, S. 449 f. Vgl. grundlegend auch Nico Ottaviani, Statuti, S. 30 f., Fiore, Signori, S. 172–182, und Tiberini, Signorie, S. 239–242, der allerdings diese Charakteristika der Contadobildung vor allem für das 13. Jahrhundert betont.
[93] Vgl. die verschiedenen Verträge, die in Codice Diplomatico 1, hg. von Bartoli Langeli, Tavola dei documenti, S. CXXIX–CXXXI, als „sottomissione" geführt werden. Eine quantitative Auswertung und Analyse der einzelnen Klauseln bei Tiberini, Signorie, S. 232–242.
[94] So für Florenz auch Boucheron, Italie, S. 19.
[95] Vgl. hierzu Nicolini, Periodo, S. 28 f., und Grundman, Popolo, S. 9–34. Tabacco, Dinamiche, S. 293 f., hingegen kritisiert die onomastische Herangehensweise Grundmans an die soziale Einordnung der frühen Konsuln.

mit Personen und Gemeinden an den Grenzen des Contados und mit angrenzenden Kommunen schloss, eine gewisse Kontinuität in der Zugehörigkeit einiger Personen zum Konsulat beziehungsweise zur Führungsschicht Perugias.[96] Die beobachtete Absicherung des Contados durch *sommissioni* und *societates* an der Wende vom 12. zum 13. Jahrhundert ist somit in Teilen einer festen Führungsschicht zuzuschreiben. Der Einfluss einzelner Personen oder Gruppen auf die Entscheidungen der Kommune oder darüber hinausgehende Informationen, etwa Verbindungen zwischen den Konsuln des 12. und frühen 13. Jahrhunderts und dem grundherrschaftlichen Adel des Umlands, lassen sich prosopografisch aber nicht nachweisen. Eine zunehmende Verflechtung dieser Gruppen ist erst im fortschreitenden 13. Jahrhundert greifbar.[97] Zudem fehlen parallele Quellen, die die überlieferten Verträge kontextualisieren könnten. Ob und inwieweit die Konsuln Perugias und andere Führungsgruppen mit dem Abschluss interkommunaler *societates* ein politisches Programm verfolgten, ist somit nicht zu beantworten.

Innozenz III. wie auch nach ihm Honorius III. reagierten im Übrigen nicht nachweislich auf die Bündnisaktivitäten Perugias. Dies liegt möglicherweise an der besonderen Ausprägung der Perusiner Bündnisse, die, sieht man vom Angriffsbündnis mit Arezzo gegen Città di Castello ab, eher geeignet waren, den Frieden zwischen den Kommunen wiederherzustellen beziehungsweise zu bewahren.[98] Es handelt sich hier allerdings nicht um ein Charakteristikum, das für die kommunalen Beziehungen in Umbrien zu dieser Zeit prägend war. So dienten etwa die Bündnisse zwischen Todi, Foligno und Terni gegen die ebenfalls in mehreren Verträgen verbündeten Kommunen Narni, Spoleto, Rieti und Orvieto zwischen 1214 und 1220 einem langwierigen und unübersichtlichen militärischen Konflikt dieser Städte um ihre Jurisdiktionsbereiche, der Innozenz III. wie auch Honorius III. zu mehrmaligen Interventionen her-

---

96 Folgende Namen tauchen in mehreren der oben genannten Verträge mit anderen Kommunen oder Personen auf, auch wenn die Identifizierung nicht immer sicher ist: Benvegnate Bernardi Uguitionis (Zeuge 1198, 1201); Guidutius Rainaldi / Guidutius *de Rainaldo* (Konsul 1189, 1201, 1202); Ugolinus *de Masio*/Ugolinus Masioli (Konsul 1193, 1201, 1202), zu Ugolino auch unten Kap. II.1.3, S. 274; Todinus Rolandini / Tudinus Orlandini / Todinus *de Orlandino* (Zeuge 1184, 1193, 1198); Ugolinus Montanarii / Ugolinus *de Montanario* (Konsul 1189, Zeuge 1193, Kämmerer 1201); Bonensingne *de Abbate*/Bonensingna Abbatis (Zeuge 1174, Konsul 1189, 1201).
97 Vgl. Cammarosano, Città, S. 313; Maire Vigueur, Aperçus; Tiberini, Signorie, S. 242–244; Fiore, Signori, S. 170–175.
98 Darauf weist das punktuelle Aufscheinen guter Beziehungen zwischen den alliierten Kommunen auch im Folgenden hin, etwa im Schiedsverfahren Perugias und Gubbios im Jahr 1217, wie oben Kap. II.1.2, Anm. 90. Einen Eingriff in die Außenbeziehungen Perugias durch Gregor IX. beschreibt Cenci, Relazioni, S. 541–543, anlässlich der Hilfe Perugias für Cagli um das Jahr 1235. Ob und wie beide Kommunen durch eine *societas* verbunden waren, ergibt sich nicht eindeutig aus den Quellen, auch wenn Gregor von „coniurationes societatis nomine" spricht. Siehe Anhang 1, Nr. 59 (dort auch weitere Literatur). 1232 verwahrte sich Gregor gegen ein Bündnis Perugias in die Toskana, allerdings aus anderen Gründen; siehe Einleitung, Kap. 4.3, S. 43.

ausforderte. Hier wurden *societates* somit dezidiert zum Zweck einer Eroberung des Contados gegen andere Kommunen eingesetzt und nicht zur Beilegung oder Prävention militärischer Auseinandersetzungen. Der Vergleich der *societates* Perugias mit dieser Episode der umbrischen Geschichte wie auch mit Bündnissen aus den Marken im ersten Drittel des 13. Jahrhunderts zeigt, dass die Bündnisse Perugias in dieser Zeit nicht exemplarisch sind.[99] Die stabilisierende Funktion, die vor allem Perugias *societates* nach Süden übernahmen, war möglicherweise bereits der militärischen und demografischen Stärke der Stadt geschuldet, die in den angrenzenden Kommunen den Wunsch nach friedlichen Beziehungen mit Perugia weckten. Diese wandten sich in ihren Expansionsbestrebungen somit ebenfalls anderen Territorien zu. So richteten sich die Interessen der kommunalen Führung Todis, komplementär zu Perugia, eher nach Süden, wo die Kommune im 13. Jahrhundert ihren Contado auf Kosten des landsässigen Adels und der Kommunen Orvieto, Narni und Spoleto erweiterte.[100] In Hinsicht auf die besondere Stellung Perugias unter den umbrischen Kommunen nahmen die *societates* des ersten Jahrhundertdrittels damit bereits Entwicklungen voraus, die sich in der letzten Hälfte des 13. Jahrhunderts deutlicher manifestieren sollten. Trotz dieser besonderen Charakteristik der Perusiner *societates* im Vergleich zu umbrischen Bündnisschlüssen ohne Beteiligung Perugias bleibt allen überlieferten Bündnissen dieser Zeit eines gemeinsam: Sie lassen sich vornehmlich in den Prozess einordnen, der als „Eroberung des Contados" in die historiographische Aufarbeitung der italienischen Kommunen eingegangen ist.[101]

1.3 Der innere Konflikt nach außen getragen: Die Bündnisse der *pars que dicitur militum* (1223–1230)

Aus den ersten drei Jahrzehnten des 13. Jahrhunderts sind für Perugia nur drei Bündnisverträge bekannt, die sich nicht in das soeben geschilderte Muster einordnen lassen. Es handelt sich um *societates*, die ihren Ursprung in den zwischen 1214 und 1234 virulenten Umbrüchen der sozialen und politischen Verhältnisse im Inneren der Stadt hatten. In dieser Zeit kam es immer wieder zu schweren Konflikten zwischen den organisierten Parteien der *milites* und der *pedites*, die sich schließlich gewaltsam entluden und zeitweise zur Exilierung der *milites* führten. Aus diesem Exil heraus

---

99 Siehe unten Kap. II.5.
100 So Bassi/Chiuini/Di Lorenzo, Todi, S. 152–158. Auch Andreani, Narni, S. 157, und Andreani, Todi al tempo di Iacopone, S. 25. Zur herausragenden Stellung Perugias bereits im 12. Jahrhundert Nicolini, Umbria, S. 195–197. Ein konziser Überblick über die territoriale und politische Entwicklung der großen umbrischen Kommunen Perugia, Todi, Orvieto und Foligno auch bei Menestò, Umbria, S. 12–19.
101 Neben den bereits genannten Bündnissen sind dies Anhang 1, Nr. 12, 29, 49, 50.

schloss die *pars que dicitur militum* eigene Bündnisse mit den Kommunen der Umgebung.

Der Parteienkonflikt, der zugleich ein sozialer Konflikt war, entbrannte im Jahr 1214 aus nicht zu bestimmendem Anlass. Im September 1214 erscheinen die Spannungen und die Protagonisten, „milites et populum", erstmals namentlich in den Quellen, und zwar anlässlich der ersten Beilegung der Auseinandersetzungen: Innozenz III. bestätigte einen kurz zuvor mithilfe des Kardinals Stefano da Ceccano geschlossenen Frieden zwischen den Gruppen.[102] Dreh- und Angelpunkt der Vereinbarungen war die Entschädigung der *milites* bei Verlust eines Kriegspferdes; ausgehend von diesem Problem wurden die Nutzung der kommunalen Besitzungen (*communitates*), die Besteuerung und die legislative Instanz reformiert. Diese Punkte blieben auch in der Folgezeit Gegenstand des Konflikts, der noch mehrmals eskalieren sollte.[103] Im Anschluss an einen größeren Kriegszug gegen Gubbio wandte sich die Kommune im Februar 1218 an Honorius III. und bat um die Auslegung des Friedensvertrages von 1214. Wieder war der Streitpunkt die Besteuerung und Nutzung der *communitates* in Hinsicht auf die Entschädigung der *militia* anlässlich des soeben gewonnenen Krieges. Honorius' Interpretation und eine von ihm unterstützte Reform der Perusiner Finanzen im Juni 1218 gereichte wie bereits der Frieden des Jahres 1214 zum Vorteil der *milites*.[104] Im Jahr darauf führte die Kommune einen Kriegszug gegen Città di Castello. Auch dieser endete Ende 1219 mit einem Sieg der Perusiner. Die Entschädigungen der berittenen Kämpfer führten aber wiederum zu einer finanziellen Belastung der Bevölkerung, ohne dass über die genauen Ereignisse mehr zu erfahren wäre. Ein Friedensvertrag mit Città di Castello wurde im Januar 1221 von Honorius III. bestätigt. 1222 führte der schwelende Konflikt dann zu einer gewaltsamen Machtübernahme des Popolo. Der Ablauf ist nicht rekonstruierbar, bekannt ist nur, dass die *pars peditum* die Türme des Stadtadels besetzte und die Stadt systematisch befestigte; darüber hinaus gab es Übergriffe auf ein Kastell des Umlands.[105] Es ist somit wahrscheinlich, dass die *pars militum* zu diesem Zeitpunkt bereits die Stadt verlassen hatte. Vor diesem Hintergrund sind die beiden Abkommen anzusiedeln, die die Partei im Juni 1223 schloss.

Vier Instrumente informieren uns über das Bündnis, das die *milites* und *pedites* „Peroscine civitatis et comitatus qui sunt ex parte militum seu mangnatum" am

---

102 1214 September 19, Codice Diplomatico 1, hg. von Bartoli Langeli, Nr. 57 und 58, S. 133–136.
103 Eine ausführliche Analyse und Interpretation der Parteienkämpfe und der vorhandenen Dokumentation bei Maire Vigueur, Comune popolare; Grundman, Popolo, S. 33–80; Maire Vigueur, Cavaliers, S. 174–185. Zu den sozialen Aspekten auch Tabacco, Dinamiche; zur Intervention des Papsttums Baietto, Papa, S. 214–221.
104 1218 Februar 22, Codice Diplomatico 1, hg. von Bartoli Langeli, Nr. 67, S. 177–179; 1218 Juni 19 und Juni, ebd., Nr. 73 und 74, S. 188–192. Zum Krieg mit Gubbio auch Cenci, Relazioni, S. 534–541.
105 Dies ergibt sich aus dem von päpstlicher Seite oktroyierten Frieden im Juli 1223, Codice Diplomatico 1, hg. von Bartoli Langeli, Nr. 87, S. 218–224.

23. Juni 1223 mit der Kommune Città di Castello schlossen.[106] Eines der Schriftstücke wurde noch vor Vertragsschluss ausgestellt: Città di Castello, offensichtlich auch mit Gubbio in einem Abkommen verbunden, holte zunächst am 11. Juni 1223 die Erlaubnis zum Vertragsschluss mit den Perusiner *milites* und den *pedites*, „qui nunc de militum parte sunt", von Gubbio ein und erteilte der Kommune eine gleichlautende Zusage. Die Rede ist in diesem in der Ratsversammlung Gubbios ausgestellten Instrument allerdings nicht von einer *societas*, sondern von Friedensverhandlungen („componere pacem et contrahere").[107] Am 23. Juni trafen die zukünftigen Vertragspartner dann nahe Umbertide zusammen. Vertreten wurden die Perusiner *milites* durch zwei *capitanei*, die stellvertretend für ihre Partei und ihre drei Kollegen im Kapitanat (*socii*) mit dem Podestà, dem Kämmerer und einem Richter aus Città di Castello wechselseitige Versprechungen austauschten. Diese wurden in zwei Instrumenten festgehalten, die die Verpflichtungen beider Seiten gesondert festhielten.[108] Datiert waren beide Urkunden nach Friedrich II., ausgestellt wurden sie durch einen Notar der Kommune Città di Castello. Città di Castello versprach der *pars militum* Hilfe und Rat auf eigene Kosten in allen Konflikten („de tota lite et discordia et discessione et guerra"), die die Partei aktuell mit den *populares* Perugias ausfocht und in Zukunft ausfechten mochte. Dies umfasste explizit die Waffenhilfe, den Schutz von Person und Besitz aller Parteiangehörigen und die Bereitstellung der eigenen Stadt und des eigenen Distrikts als Aufenthalts- und Rückzugsort. Diese Verpflichtung sollte nicht nur für den aktuellen Konflikt gelten, sondern auch im Fall eines Wiederauflebens der Auseinandersetzungen wegen Friedensbruch einer der Parteien. Die *milites* Perugias hingegen entbanden Città di Castello im Gegenzug von allen schriftlichen und mündlichen Verträgen und Obligationen („obligationibus, promissionibus, pactis et condictionibus"), die Città di Castello an Perugia banden. Ausdrücklich erwähnt wurden der Friedensvertrag, den Città di Castello nach dem letzten Krieg im Jahr 1219 eingehen musste, sowie alle Versprechungen, die eine Abhängigkeit begründeten („de aliquo dando vel faciendo vel prestando et obediendo").[109] Daneben verpflichteten sich die

---

106 Anhang 1, Nr. 42.
107 1223 Juni 11, in: Magherini-Graziani, Storia, S. 114, Anm. 1 (Anhang 1, Nr. 41). Città di Castello und Gubbio versprechen, dass die zwischen ihnen bestehenden Verträge (*contractus, pacta, sacramenta, promissiones*) von einem Abkommen mit den *milites* nicht berührt werden. Auch Gubbio unterstützte die exilierten *milites* bzw. nutzte die Situation für Übergriffe in den Perusiner Contado; vgl. Cenci, Relazioni, S. 541.
108 Codice Diplomatico 1, hg. von Bartoli Langeli, Nr. 82 und 83, S. 205–212. Zum Vertrag auch Grundman, Popolo, S. 64 f. In einem der Dokumente werden die *capitanei* hingegen „capitales" genannt.
109 Codice Diplomatico 1, hg. von Bartoli Langeli, Nr. 78–80, S. 200–203. Da der Vertrag selbst nicht überliefert ist, möglicherweise aufgrund des hier behandelten Abkommens der *pars militum*, sind die Konditionen nicht bekannt. Zum Zusammenhang zwischen dem Perusiner Kriegszug gegen Città di Castello 1219 und der Eskalation des innerstädtischen Konflikts Grundman, Popolo, S. 60 f.

milites, sich im castellanischen Contado friedlich zu verhalten, auf die Ausübung von Rechten an Personen und *castra* in diesen Gebieten zu verzichten („renuntiando omni iuri vel consuetudini, prestationi et obedientie") und niemanden aus dem castellanischen Jurisdiktionsbereich in die *societas* der *milites* oder ein Schutzverhältnis aufzunehmen.[110] Bei einem Vorgehen der Kommune gegen Personen oder Gemeinden im eigenen Contado versprachen die *milites*, Città di Castello zu unterstützen, insbesondere wenn die *pedites* Perugias dies zu verhindern versuchten. Darüber hinaus wurden die Grenzen zwischen dem castellanischen Contado und den Gebieten Perugias festgelegt, und die *milites* verpflichteten sich zur Hilfe, falls die *pars que dicitur peditum* diese Grenzen anfechten sollte.[111] Zudem wollte man dafür sorgen, dass kein dem entgegenstehendes Kapitel in die Statuten Perugias eingefügt wurde. Ein Frieden zwischen *milites* und *pedites* sollte immer auch Città di Castello einschließen und aus dem Krieg resultierende Schadensersatzansprüche ausschließen. Beide Vertragsparteien definierten zudem ihr Verhältnis zu weiteren Herrschaftsträgern in der Nähe, insbesondere zu den *marchiones*, den späteren Markgrafen di Monte di Santa Maria.[112] Das Bündnis, im Instument nicht substantivisch benannt, wurde auf zehn Jahre geschlossen und bei Bruch unter eine Geldstrafe gestellt. Eine Absolution vom Eid durch die Römische Kirche, den Papst oder einen anderen Kleriker wurde ausgeschlossen. Das vierte Dokument, das ebenfalls am 23. Juni 1223 ausgestellt wurde, verzeichnete schließlich die Namen aller schwörenden Castellani und *milites*.[113]

Nur einen Tag darauf, am 24. Juni 1223, beschworen die beiden *capitanei* der *pars que dicitur militum* an einem unbekannten Ort ein inhaltlich ähnliches Abkommen mit Assisi.[114] Neben einem allgemeinen Hilfsversprechen in Form eines Bündnisses („promittimus ... vobis ... bonam et puram societatem imperpetuum") verzichteten die *milites* auch gegenüber Assisi auf ältere Rechte Perugias in der Stadt und in den Territorien von Assisi und Nocera. Die entsprechenden Verträge galten als kassiert und sollten so schnell wie möglich dem Podestà Assisis übergeben werden, falls die *milites* ihrer habhaft werden konnten. Man einigte sich darüber hinaus auf die Wiederherstellung des territorialen und politischen *status quo*, der 30 Jahre zuvor bestand, und machte damit die Unterwerfungen der beiden Städte unter Perugia rückgängig.

---

110 Ausgenommen wurden hier Rechte einiger Einzelpersonen („salvo iure cuiuslibet specialis persone").
111 Eine Rekonstruktion dieser Grenzziehung in Codice Diplomatico 1, hg. von Bartoli Langeli, S. 210 f., Anm. 4.
112 Diese hatten bisher nicht Partei genommen im Konflikt zwischen *milites* und *populares*: Falls sie die Seite der *milites* unterstützen sollten, versprachen diese, dass diese Parteinahme nicht zum Nachteil Castellos gereichen solle; im gegenteiligen Fall leisteten die *milites* Città di Castello Hilfe gegen die *marchiones*, wobei sich die Kommune zur Neutralität verpflichtete. Daneben wurde das Verhältnis zu Guido di Bagnolo aus der Familie der Spagliagrano und zu Gubbio thematisiert.
113 Ebd., Nr. 84, S. 212 f.
114 Ebd., Nr. 85, S. 214–217 (Anhang 1, Nr. 43).

Ein Frieden mit der Partei der *pedites* sollte auch für Assisi gelten. Bei Angriffen dieser Faktion auf Assisi, ob vor oder nach einem künftigen Frieden, half man der verbündeten Kommune. Auch dieses Bündnis wurde von einer Lösung durch den Papst ausgenommen und unter verschiedene Sicherheiten gestellt.[115] Im Vergleich zu den tags zuvor geleisteten Versprechungen an Città di Castello gab es nur wenige Erweiterungen. Eine Klausel untersagte den *milites* jede Parteinahme mit einer der Faktionen Assisis. Für den Fall, dass jemand aus Assisi sie auf seine Seite ziehen wollte, versprachen die *milites* sofortige Denunziation, beim Ausbruch eines internen Konflikts Vermittlung.[116] Eine andere Bestimmung versprach Entschädigung, falls einem der Bürger oder Distriktualen Assisis ein Schaden durch die *milites* entstehen sollte; zudem bemühte man sich um selbige bei Schädigung durch die *pars peditum*. Der Kämmerer Assisis und ein Syndikus als Vertreter der Kommune sagten der perusinischen Partei in einem generisch gehaltenen Gegenversprechen ebenfalls ihre Unterstützung und die Wahrung aller Vertragsbestimmungen zu.

Der Vertrag mit Assisi wurde, wahrscheinlich von einem Notar Assisis, in einem einzigen Instrument verschriftlicht. Auffallend ist dabei vor allem die starke Akzentuierung des großen politischen Rahmens in der Urkunde, die sich vom Bündnis mit Città di Castello deutlich abhebt. Während der Vertrag mit Città di Castello nach Friedrich II. datiert war und ansonsten keine Rücksicht auf die übergeordneten politischen Verhältnisse nahm, lässt die Urkunde über das Bündnis mit Assisi keinen Zweifel an der Anbindung an die päpstliche Herrschaft. Datiert nach Honorius III., sprach das Schriftstück mehrere Treuevorbehalte gegen die Römische Kirche aus, und die *milites* sagten an prominenter Stelle jedmögliche Unterstützung zu, auf dass Assisi immer in der Herrschaft der Kirche verbleibe und nicht in die Hände eines weltlichen Herrschers falle. Dass nicht die *milites* Perugias Urheber dieser starken Anbindung an die päpstliche Herrschaft waren, macht der einen Tag zuvor geschlossene Vertrag mit Città di Castello sehr deutlich.[117] Trotz ihrem Streben nach Autonomie sah die Kommune Assisi somit im Wegfall der perusinischen Schutzmacht die Gefahr, wieder in die Hände eines Vertreters der Reichsherrschaft zu fallen („ad manus alicuius laici"). Città di Castello hingegen, so scheint es, hoffte Anfang der 1220er Jahre auf eben diese Reichsherrschaft, die einen Gegenpol zur regionalen Dominanz Perugias versprach. Eine Hoffnung, die angesichts der kurz zuvor erfolgten Ausgriffe einiger kaiserlicher Amtsträger in die päpstlichen Herrschaftsgebiete nicht gänzlich unrea-

---

115 Die vereinbarte Geldstrafe wurde zusätzlich durch Bürgschaften aus dem Dukat gesichert („fideiussoribus de Ducatu").
116 Dies mag auch der Erinnerung an die Unterstützung geschuldet sein, die Perugia den exilierten *boni homines* Assisis zu Beginn des Jahrhunderts geleistet hatte; vgl. Bartoli Langeli, Realtà sociale.
117 Gegen Tiberini, Signorie, S. 250, Anm. 89, der in der päpstlichen Ausrichtung des Bündnisses mit Assisi ein weiteres Indiz für die guten Beziehungen zwischen *milites* und Papsttum erkennt.

listisch war.[118] Die *milites* Perugias hingegen scheinen ihre politischen Präferenzen dem jeweiligen Vertragspartner angepasst zu haben.

Dieser Punkt verstärkt weiter den Eindruck, den die Versprechen der *pars que dicitur militum* ohnehin aufwerfen. Die *milites* Perugias waren bereit, für die Unterstützung der beiden Perugia unterworfenen Kommunen enorme territoriale und politische Zugeständnisse zu machen. Als Gegenleistung zur Aufnahme der Exilierten in Città di Castello und der militärischen Unterstützung beider Städte gegen die *pars que dicitur peditum* verzichteten die Perusiner *milites* auf die Verträge und mit Waffengewalt eroberten Herrschaftsrechte, die die Kommune in den Jahrzehnten zuvor gegenüber diesen Gemeinden erworben hatte.[119] Für die beiden Perugia unterlegenen Kommunen bot der interne Konflikt damit die Chance, sich aus der Abhängigkeit von der dominanten Stadt zu lösen. Zwischen Città di Castello und Perugia mögen nach dem Friedensschluss des Jahres 1219 oder 1220 auch weiterhin Spannungen bestanden haben, worauf die Formulierung „componere pacem" in der Einverständniserklärung Gubbios hinweist. Diese Kommune nutzte somit auch die Möglichkeit, den nach dem unvorteilhaften Verlustfrieden möglicherweise weiterhin schwelenden Konflikt zu ihren Gunsten zu entscheiden.[120] Offensichtlich war man in Città di Castello dafür auch bereit, das heute nicht mehr näher bekannte Abkommen mit Gubbio zumindest teilweise auszuhebeln; vielleicht traute man diesem Abkommen jedoch auch nicht: Nachdem Città di Castello noch am 11. Juni besagte Einverständniserklärung eingeholt hatte, versprachen die Stellvertreter der Kommune bereits am 23. Juni Hilfe gegen Gubbio, allerdings nur im eigenen und im Perusiner Contado und somit bei einem Angriff Gubbios. Città di Castello nutzte dann anschließend den Freiraum, den das Abkommen mit der *pars militum* oder generell der Parteienkonflikt in Perugia der Kommune verschaffte, zur Ausweitung des eigenen Contados.[121]

Die beiden im Sommer 1223 mit Città di Castello und Assisi geschlossenen Verträge sind zudem wichtige Quellen für die Organisation und Zusammensetzung der beiden Perusiner Parteien, die jeweils aus *milites* und *pedites* bestanden und eigene Namen führten: beide Punkte sind in den Formulierungen *pars que dicitur militum* und *pars que dicitur peditum* reflektiert. In dieser Hinsicht wurden die Bündnisverträge in der Forschung ausführlich analysiert.[122] Nicht beachtet wurde jedoch bisher die Natur der Instrumente in ihrer Aussage für den Status dieser Parteien. Die Tat-

---

118 So mit Belegen Grundman, Popolo, S. 64. Zur ‚kaiserlichen Partei' in Città di Castello Magherini-Graziani, Storia, S. 108–122. Zu den Aktionen Gunzelins von Wolfenbüttel und Bertholds von Urslingen Waley, Papal State, S. 126.
119 Dies hebt auch Tabacco, Dinamiche, S. 297, hervor.
120 Das ergibt sich auch aus den päpstlichen Interventionen in dieser Frage; vgl. Codice Diplomatico 1, hg. von Bartoli Langeli, S. 201.
121 Vgl. Magherini-Graziani, Storia, S. 118–121.
122 Vgl. Grundman, Popolo, S. 343–356, und Tiberini, Signorie, S. 250–254.

sache, dass die exilierten *milites* Bündnisse mit anderen Kommunen schlossen, und zwar in einer Form, die formal den interkommunalen Bündnissen entspricht, zeigt sehr gut, dass die Parteien nach dem Vorbild der Kommune gestaltet waren und agierten. Als verfasste Gruppe, repräsentiert durch ein eigenes Führungsgremium, den *capitanei*, handelte die *pars militum* als juristische Person, die für ihre Mitglieder Verträge abschließen konnte.[123] Allerdings verfügte diese improvisierte Kommune nicht über alle Mittel, die der Stadtkommune zur Verfügung standen. Das zeigen die beiden Instrumente selbst, die von Notaren aus Assisi und Città di Castello verfasst waren und somit auch die ‚Kanzleigewohnheiten' dieser beiden Städte widerspiegeln. Dies erklärt die sehr unterschiedliche Form, in der die inhaltlich ähnlichen Vereinbarungen gefasst wurden. Die Bündnisse der *pars que dicitur militum* sind in dieser Hinsicht nur das erste Aufscheinen eines Phänomens, das im Laufe des Jahrhunderts noch häufiger zu beobachten ist, wenn auch nicht im gleichen Ausmaß wie in Norditalien: die Verdopplung der politischen Akteure durch die internen Spaltungen der Kommunen, mit denen auch die Bündniskommunen umgehen mussten.[124] Deutlicher noch als an den beiden Verträgen des Jahres 1223 zeigt sich die Institutionalisierung der Parteien in einem 1265 geschlossenen Bündnis zwischen Orvieto und den exilierten Guelfen Sienas. Die ebenfalls von einem *capitaneus partis* geführte Partei bestellte zum Bündnisschluss einen eigenen Syndikus, dessen Syndikatsurkunde formgerecht von einem Notar ausgestellt war, und befolgte somit alle Regeln der interkommunalen Diplomatie.[125] Für die Kommunen, auch die nicht gespaltenen, war diese Verdopplung der politischen Einheiten allerdings nicht nur relevant, wenn, wie im Fall Perugias, Bündnisse durch die exilierte Partei geschlossen wurden. Auch bei Verträgen mit den *intrinseci*, die für sich beanspruchten, die Kommune zu repräsentieren, war es für die Bündnispartner ratsam, die *extrinseci* mit einzubeziehen. Dies zeigt das bereits diskutierte Beispiel eines Vertrags zwischen Gubbio und Cagli, der auch durch die Außenpartei ratifiziert wurde.[126]

---

123 Dies war beispielsweise noch nicht der Fall, als Assisis *boni homines* gemeinsam mit Perugia gegen die Kommune Assisi kämpften; vgl. die Dokumentation in Codice Diplomatico 1, hg. von Bartoli Langeli, Nr. 33, 34 und 36–40, S. 75–79, 81–91, sowie Bartoli Langeli, Realtà sociale, und Tabacco, Dinamiche, S. 289. Zur quasikommunalen Organisation der *partes* auch Starn, Commonwealth, S. 40–47. Zur Partei im Exil grundsätzlich Milani, Esclusione.
124 Zu diesen Bündnissen in Oberitalien Vallerani, Rapporti, S. 251–259, zum „sdoppiamento dei soggetti" S. 256; daneben Waley, City-Republics, S. 166, 215; Voltmer, Formen, S. 114; Vallerani, Leghe, S. 392; Vasina, Leghe, S. 422–424. Allgemeiner auch Tabacco, Egemonie, S. 319–322.
125 1265 Juni 9 (Anhang 1, Nr. 103). Zur diplomatischen Praxis siehe oben Kap. I.1.3. Auch dieses Bündnis greift jedoch, was bei Verträgen zwischen zwei Kommunen ungewöhnlich ist, auf die Bürgschaft Perugias zurück. Zu Parteienbündnissen im Untersuchungsraum auch unten Kap. II.5, S. 357 f.
126 Siehe oben Kap. I.4, S. 228, und Anhang 1, Nr. 82. Zur Gleichsetzung der eigenen Partei mit der Kommune auch Keller, Einwohnergemeinde, S. 576, und Pini, Città, S. 99.

Obwohl die Verträge mit Parteien auf formaler Ebene den zwischenstädtischen *societates* entsprachen, zeigt sich jedoch ein Unterschied bei den vereinbarten Inhalten. Angesichts der Tatsache, dass die exilierten Parteien nicht über die Kapazitäten der gesamten Kommune verfügten – dies beginnt bei ihrer erzwungenen Residenz außerhalb der Stadt, oft auch im Territorium anderer Kommunen –, zeichnen sich die Verträge durch die Heterogenität der Verpflichtungen der Vertragspartner aus. Während viele der *societates* zwischen Kommunen aus gänzlich gleichlautenden Verpflichtungen aller Seiten bestehen, zeigen die Verträge der Perusiner *milites*, dass hier heterogene Gegenleistungen ausgetauscht wurden. Während die ‚Vollkommunen' Città di Castello und Assisi militärische Hilfe und Asyl versprachen, gelobten die *milites* neben der militärischen Unterstützung primär die Rücknahme bestehender Obligationen und die Aufgabe von Rechten. Auch im Vertrag zwischen Orvieto und der guelfischen *pars* aus Siena variieren die Leistungen beider Seiten: Orvieto finanzierte ein Aufgebot an Söldnern, die sienesische *pars* stellte im Gegenzug die militärische Führung für diese Bewaffneten und Ritter aus den eigenen Reihen.

Schließlich zeigen die 1223 mit Assisi und Città di Castello geschlossenen Bündnisse der Perusiner *pars militum*, dass sie trotz ihres Ursprungs in den sozialen Konflikten Perugias in der Substanz ebenfalls stark von der Konsolidierung des Perusiner Contados im ersten Drittel des 13. Jahrhunderts geprägt waren. In ihrer überlieferten Form wurden sie erst durch die Erweiterung des perusinischen Jurisdiktions- und Einflussbereichs in den Jahrzehnten zuvor ermöglicht: Die *milites* erkauften sich die Unterstützung ihrer Partei vor allem durch die Aufgabe der in diesem Prozess erworbenen Rechte. Daneben zeigt beispielsweise die komplizierte Klausel im Vertrag mit Città di Castello, die die Beziehungen zu den Markgrafen regelt, dass auch die Parteienbündnisse sich auf derselben komplexen politischen Landkarte mit ihren vielfältigen Akteuren verorten lassen, die auch die Contado-Bündnisse prägte. Und selbst der auslösende stadtinterne Konflikt zwischen *milites* und *pedites* resultierte aus den Kriegszügen der Kommune, die den territorialen Einflussbereich der Stadt erfolgreich sicherten und erweiterten, aber auch zu einer finanziellen Belastung der Bevölkerung führten. Dies ist sicherlich auch gebunden an die Zusammensetzung der *pars militum*, die, wie Sandro Tiberini herausarbeitete, nicht nur Exponenten der alten stadtaristokratischen Familien umfasste, sondern erstmals auch Adelige des Umlands integrierte. Die Verträge selbst reflektieren dies an einigen Stellen, wenn etwa die Vereinbarung mit Città di Castello ausdrücklich Rechte eines dieser Geschlechter sichert.[127] Aber auch viele der Namen, die nachweisbar einen städtischen

---

127 Es handelt sich um die garantierte Entschädigung im Falle von Schäden für Guido di Bagnolo „sive Spallagrano"; vgl. Tiberini, Signorie, S. 250 f.; Mordenti, Pietra, S. 26. Die Regelung betrifft daneben einen Ugo, der hier in der ersten Person („ego") genannt wird und wohl mit dem Podestà Castellos, Ugo Ugolini Latini, gleichzusetzen ist, der gemeinsam mit weiteren Amtsträgern Akteur der subjektiv gehaltenen Schwurformel ist.

Hintergrund haben, gehörten zu den Familien, die im 13. Jahrhundert durch den Erwerb von Rechten und Besitzungen in den Contado ausgriffen. Obwohl sich die Parteienbündnisse somit auf den ersten Blick nicht in die überlieferten *societates* der Kommune in den ersten Jahrzehnten des Jahrhunderts einordnen lassen, so sind sie grundsätzlich – dies zeigt die genauere Analyse – doch Teil des Prozesses, der in dieser Zeit immer wieder zu einem Aushandeln der territorialen und politischen Verhältnisse der Kommune mit den umliegenden Akteuren führte.[128]

Die Verträge mit Assisi und Città di Castello vom Juni 1223 wurden von den weiteren Ereignissen zunächst allerdings überholt. Bereits im Juli desselben Jahres kam es zu einer erneuten Schlichtung des Konflikts unter Vermittlung des päpstlichen Legaten Giovanni Colonna. Honorius III. bestätigte den oktroyierten Frieden im Oktober. Auch dieser Frieden begünstigte die Position des Stadtadels und führte zur Rückkehr der *pars militum* noch im gleichen Jahr. Im November legitimierte Honorius jedoch zumindest die Existenz der Kaufmannszunft, eingeschränkt auf eine rein wirtschaftliche Zweckbestimmung, die im Oktober mitsamt allen Einungen in der Stadt aufgelöst worden war.[129]

Zwei Jahre darauf, 1225, brach der bewaffnete Parteienkonflikt jedoch erneut aus und führte die *pars militum* bis mindestens 1227 ins Exil.[130] Gleich zu Beginn ihrer Exilierung, am 27. Juli 1225, beschworen elf Perusiner *milites* sowie der Podestà, der Kämmerer und ein Notar Assisis in Deruta nochmals die im Juni 1223 geschlossene *societas*.[131] Der große zeitliche Abstand zwischen dem ursprünglichen Bündnisinstrument und dieser formalen Beeidung führte zu Überlegungen hinsichtlich der Gründe für diese Diskrepanz, die auf eine Aussetzung des Prozesses durch die nur kurz nach dem Bündnisschluss erfolgte Vermittlungsaktion des päpstlichen Legaten zurückgeführt wurde.[132] Allerdings ist es genauso gut möglich, dass es sich bei dem Eid im Juli 1225 um eine Erneuerung der gegenseitigen Verpflichtungen handelte. Dafür spricht das „reconfirmaverunt" des Schwurinstruments wie auch die im ersten Teil der Arbeit untersuchte Bündnispraxis. Zusätzliche Ratifikationen waren zwar nicht ungewöhnlich, für die Rechtsgültigkeit der Urkunde aber auch nicht zwingend. Außerdem, dies zeigte die systematische Untersuchung der Bündnisschriftlichkeit, wurden solche Ratifizierungsakte meist von der Bevölkerung oder repräsentativen

---

128 Vgl. Tiberini, Signorie, S. 243 f., 250–254, der zum selben Ergebnis kommt. Für die durch den ältesten Sohn Bonifacio in der *pars* vertretene Familie der Coppoli existiert eine eigene Studie, die zeigt, dass der Großteil der Besitzungen im Contado zwischen 1217 und 1223 erworben wurde, bereits zuvor bestand allodialer Besitz; vgl. Bartoli Langeli, Famiglia.
129 Die Dokumente, viele als Insert überliefert, chronologisch aufgeschlüsselt in Codice Diplomatico 1, hg. von Bartoli Langeli, Nr. 87–89, S. 218–226; eine ausführliche Analyse bei Grundman, Popolo, S. 65–68. Anwesend beim Friedensschluss waren auch Vertreter Spoletos und Folignos.
130 Annali e cronaca di Perugia, ad a. 1225, hg. von Ugolini, S. 4.
131 Codice Diplomatico 1, hg. von Bartoli Langeli, Nr. 91, S. 228 f.
132 Vgl. ebd., S. 228.

Gruppen durchgeführt. Hier aber sind es neben den elf *milites* Perugias wiederum der Podestà, der Kämmerer und ein Notar als Stellvertreter der Kommune Assisi, die das Bündnis bestätigen.[133] Es handelte sich somit wohl eher um eine gegenseitige Rückbestätigung der damals rechtsgültig geschlossenen Vereinbarungen. Ob allerdings aus der Urkunde vom 24. Juni 1223 nach dem Friedensschluss der Perusiner Parteien irgendeine Aktion resultierte, etwa die versprochene Wiederherstellung der territorialen Grenzen Assisis vor der Unterwerfung unter Perugia, wird aus den Quellen nicht sichtbar.

Dafür scheint der 1223 zwischen Città di Castello und der *pars militum* vereinbarte Vertrag in den Quellen noch einmal auf. Als Città di Castello am 13. Juli 1227 die Unterwerfung Montones entgegennahm – ein *castrum* an der Grenze zwischen Perugia und Città di Castello, das Streitpunkt auch der vorhergehenden und nachfolgenden Kriege und Verträge zwischen beiden Komunen war –, versicherte Città di Castello dem *castrum* in einem Zusatz zur Urkunde, sich auch bei den Perusiner *milites* darum zu bemühen, dass die älteren Unterwerfungsverträge zwischen Montone und Perugia rückgängig gemacht würden. Betont wurde dabei, dass die *milites* Città di Castello durch einen Eid verbunden seien („milites perusini qui sunt iurati cum civibus Castellanis"). Der 1223 geschlossene Vertrag zwischen der *pars militum* und Città di Castello, so scheint es, hatte somit auch im zweiten Exil der *milites* zwischen 1225 und 1227 noch Bestand. Die Bündnispartner erfüllten damit buchstabengetreu die Vertragsbestimmungen, die ein Fortbestehen der wechselseitigen Verpflichtungen auch bei einem Friedensschluss zwischen *milites* und *pedites* vorgesehen hatten.[134]

Die Parteienkämpfe innerhalb der Stadt allerdings fanden zwischen 1228 und 1230 ihr vorläufiges Ende. Offenbar war der neue Papst, Gregor IX., der im Juni 1228 für annähernd zwei Jahre nach Perugia übersiedelte, erfolgreicher in der Versöhnung der politischen und sozialen Gruppen als seine Vorgänger. Auch wenn weder die genauen Vorgänge noch die Ergebnisse des Friedensprozesses überliefert sind, zeichnete sich seit 1230 ein dauerhafter Frieden zwischen der *pars militum* und den *popolani* ab. Er führte zunächst zu einer Reformation der strittigen Fragen der Besteuerung und Nutzung der *communitates* und der Verfassungsstrukturen sowie langfristig zu einer größeren Teilhabe des Popolo an der politischen Macht.

John Grundman sah in dieser Entwicklung einen beinahe vollkommenen Sieg des Popolo: Dessen moderate Ziele und politische Voraussicht hätten jedoch dazu

---

133 Zwar wurde ein ähnliches Eidinstrument auch im Schwurakt mit Città di Castello ausgestellt. Da die diplomatische Praxis jedoch nicht von den *milites*, sondern den verbündeten Kommunen ausging, ist dies kein Argument für eine fehlende Ratifizierung der Bündnisurkunde vom 24. Juni 1223.
134 1227 Juli 14, in: Magherini-Graziani, Storia, S. 119–122, Anm. 4. Montone hatte sich im März 1216 Perugia unterworfen, im gleichen Monat schlossen Perugia und Arezzo das oben behandelte Offensivbündnis gegen Città di Castello: Codice Diplomatico 1, hg. von Bartoli Langeli, Nr. 60, S. 141–147. Vgl. Grundman, Popolo, S. 53 f., 64.

geführt, dass die Opposition weiterhin Einfluss in der Kommune ausübte, ohne ihre dominante Stellung gänzlich wiederzuerlangen. Dies kann in der *longue durée* nicht bezweifelt werden, gerade die Jahre 1230–1232 zeugen jedoch weniger eindeutig von einem „popularen Sieg". Grundman selbst räumt dies für die internen politischen Strukturen ein, die erst ab 1232 endgültig in die Hände eines auswärtigen Podestà übergingen – nach Grundman die vom Popolo bevorzugte Regierungsform. Sichtbar wird die noch offene Situation nach der Rückkehr der *pars militum* in die Stadt auch durch einen Vertrag nach außen, den Grundman – wohl auch weil er in der perusinischen Überlieferung keinerlei Spuren hinterließ – nicht berücksichtigte. Es handelt sich um eine im Juni und Juli 1230 vorbereitete und beeidete *societas* mit Città di Castello, die, obwohl sie formal gänzlich neu aufgebaut wurde, im Grunde eine Bestätigung des Abkommens vom 23. Juni 1223 ist. Rechtlicher Urheber war die Kommune Perugia, repräsentiert durch den römischen Podestà Oddone di Pietro Gregori und den generellen und speziellen Rat.[135]

Der Vertrag zwischen Città di Castello und Perugia war wieder auf zwei Instrumente verteilt, die jeweils die Zusicherungen eines der Bündnispartner festhielten. Unglücklicherweise fehlt das Instrument mit den castellanischen Verpflichtungen, da auf perusinischer Seite keine der Urkunden überliefert wurde. Die erhaltene Dokumentation informiert somit nur über die Perusiner Obligationen.[136] Beeidet wurden die „conventiones concordie, amicitie et sotietatis" am 21. Juli etwa an der Grenze der Contadi der beiden Kommunen durch einen Perusiner Syndikus, der am 17. Juli 1230 formgerecht ernannt worden war.[137] Er versprach seinem castellanischen Gegenüber militärische Hilfe auf eigene Kosten bei der Verteidigung von Bistum, Distrikt und Contado gegen alle angrenzenden Kommunen sowie bei der Wiedergewinnung weiterer Territorien. Im Besonderen betraf dies Borgo San Sepolcro und alle Besitzungen, die Arezzo oder andere benachbarte Kommunen in der Diözese Città di Castellos hielten. Geregelt wurden auch die genauen Modalitäten der Waffenhilfe und der Umgang mit Kriegsgefangenen. Weitere Bestimmungen betrafen die Hilfe bei Schädigungen einzelner Bürger Città di Castellos, den Umgang mit Repressalien und Zoll- und Handelsfreiheiten. Aus dem Dokument ergibt sich zudem, dass Perugia gemeinsam mit Cortona im Krieg mit der ehemaligen Alliierten Arezzo lag. Der Perusiner Syndikus versprach diesbezüglich – auch für Cortona – keinen Frieden ohne Zustimmung der Kommune Città di Castello einzugehen. Dies sollte auch für andere Auseinandersetzungen gelten, in denen Perugia Città di Castello beistand. Zudem wurde Perugia

---

135 1230 Juni – Juli 21, Codice Diplomatico 1, hg. von Bartoli Langeli, Nr. 99–103, S. 242–254 (Anhang 1, Nr. 54). Zum Zusammenhang zwischen Regierungsform und sozialem Konflikt auch Nicolini, Periodo, S. 37–39.
136 Dass ein Instrument mit Gegenversprechungen exisitierte, machen die überlieferten Schriftstücke deutlich; vgl. Codice Diplomatico 1, hg. von Bartoli Langeli, Nr. 102, S. 252 f.
137 Ebd., Nr. 101, S. 246–252; Syndikatsurkunde ebd., Nr. 100, S. 243–246.

versagt, außer im Verteidigungsfall ohne Zustimmung des Bündnispartners neue Kriegszüge gegen Nachbarn zu unternehmen, solange der Krieg zwischen Città di Castello, Arezzo, Cortona und Borgo San Sepolcro oder anderen Nachbarn Castellos anhielt.

Daneben wurden erneut die Grenzen des castellanischen Contados bestimmt. War 1223 im Vertrag der *pars militum* nur die Grenzlinie zwischen Perugia und Città di Castello definiert worden, umfasste die Beschreibung diesmal die gesamte castellanische Diözese, was möglicherweise mit der zuvor versprochenen Waffenhilfe bei der Wiedergewinnung von Besitzungen innerhalb des castellanischen *episcopatus* zu erklären ist. Auch das umstrittene Montone wurde endgültig Città di Castello zugesprochen.[138] Der perusinische Syndikus versprach zudem, dass Perugia auf alle *iura* und *consuetudines* an Città di Castello oder Gemeinschaften des Contados verzichtete und die Kommune aus allen Schuldversprechen, Zusicherungen, Urteilen, Vereinbarungen und Eiden entließ („absolvit et liberat eandem Civitatem Castelli ab omnibus obligationibus, promissionibus, arbitriis, conventionibus et iuramentis"). Die zugehörigen Instrumente, vor allem aber die Urkunde über die Unterwerfung Montones, waren an Città di Castello auszuhändigen und verloren ihren Wert als Beweisurkunden vor weltlichen und geistlichen Gerichten. Auch für die Zukunft wurde Perugia der Erwerb von Besitzungen und schriftlichen Obligationen, die ein *servitium* enthielten, im Territorium Castellos untersagt. Ausgenommen von den Bestimmungen wurden Todi und Rom sowie Kaiser und Papst.

Die einzelnen Punkte der perusinischen Verpflichtungen lassen sich somit, sieht man vom formalen Rahmen ab, in zwei große Blöcke gliedern: Ein Teil betraf die allgemeine Bündnishilfe sowie das spezielle Vorgehen im bestehenden Konflikt mit Arezzo, dessen Frontkonstellationen aus dem Instrument nicht eindeutig hervorgehen. Der zweite Teil versprach analog zu den Zusicherungen der *pars militum* des Jahres 1223 den Verzicht auf alle Rechte, die Perugia seit dem ausgehenden 12. Jahrhundert an Città di Castello und Orten der castellanischen Diözese erworben hatte. Dass die *societas* des Jahres 1230 auf dem Abkommen von 1223 basierte, stellte auch Attilio Bartoli Langeli fest, der jedoch betonte, dass das Instrument so stark angereichert und umgearbeitet wurde, dass keine Textanalogien mehr zu finden seien.[139] Betrachtet man die Gesamtüberlieferung der umbrischen Bündnisse dieser Zeit, wird schnell deutlich, dass einige der Zusätze des neuen Bündnisinstruments einer Bündnisurkunde entstammen, die 1228 zwischen Rimini und Città di Castello beeidet wurde. Dies bestätigt, was bereits die Ausstellung in zwei Instrumenten deutlich machte: dass es, wie im Jahr 1223, die Kommune Città di Castello war, die die Form der Urkunden diktierte.[140]

---

[138] Vgl. ebd., S. 248, Anm. 1, und S. 250, Anm. 1. Vgl. auch Merli, Episcopato.
[139] Codice Diplomatico 1, hg. von Bartoli Langeli, S. 247.
[140] So auch ebd., S. 253. Zum Bündnis zwischen Città di Castello und Rimini Anhang 1, Nr. 49.

Wie die *promissio* der Gegenseite ausgesehen haben könnte, bleibt hingegen im Dunkeln. Es ist mit Bartoli Langeli anzunehmen, dass der protokollarische Teil analog gestaltet war. Denkbar wäre auch, dass die allgemeinen Bündnisbestimmungen, die teilweise dem Vertrag mit Rimini entstammten, paritätisch gehalten waren. Wahrscheinlicher ist jedoch, dass diese für Città di Castello weniger belastend ausfielen, etwa was die Möglichkeit einer eigenständigen Kriegs- und Friedenspolitik betraf.[141] Dafür spricht die aus der gesamten Vertragsschriftlichkeit hervorgehende schwache Verhandlungsposition, in der sich Perugia befand und die dem internen Konflikt geschuldet war.[142] Die Übernahme der für Perugia sehr nachteiligen Vereinbarungen, die die *pars militum* 1223 eingegangen war, ist auch ein Zeichen dafür, dass die *milites* 1230 weiterhin über einen nicht unerheblichen Einfluss in der Stadt verfügten. Trotz der Regierung durch einen auswärtigen Podestà, laut Grundman ein Indikator für ein politisches Übergewicht des Popolo, wurde in der *societas* des Jahres 1230 ein Abkommen umgesetzt, das nur ein Teil der Kommune rechtsverbindlich abgeschlossen hatte. Dies spricht, neben einer möglichen Schwächung und Kriegsmüdigkeit der Perusiner Kommune durch die jahrelangen Parteienkämpfe, jedoch für eine starke Präsenz der *pars militum* in der kommunalen Führung.

Personifiziert wird diese Präsenz durch eine Figur: *dominus* Ugolinus Masioli oder Magioli. Eine Person dieses Namens lässt sich in vielen wichtigen Aktionen der Kommune bis zurück ins ausgehende 12. Jahrhundert fassen. Ugolinus Masioli war zwischen 1193 und 1230 mit großer Sicherheit einer der führenden politischen Köpfe Perugias, er taucht als Konsul mehrmals in der Überlieferung auf. Seine Familie, städtischer Herkunft, gehörte zudem zu den Mitgliedern des Stadtadels, die im Laufe des 13. Jahrhunderts grundherrliche Rechte im Chiugi erwerben sollten. Ugolinos Name erscheint aber nicht nur regelmäßig in den oben untersuchten Unterwerfungs- und Bündnisverträgen Perugias im Contado und mit angrenzenden Kommunen, er war wohl auch maßgeblich für die Politik der *pars militum* und später der Kommune gegenüber Città di Castello verwantwortlich. Im Sommer 1223 beeidete er als als einer der zwei agierenden *capitanei militum* die Verträge mit Città di Castello und Assisi. Im Sommer 1230 war er dann einer der sechs Verhandlungsführer in den Vorverhandlungen mit Città di Castello. Im Instrument über den Abschluss der Gespräche erscheint er unter diesen an erster Stelle. Als Ratsmitglied stimmte er der anschließenden Ernennung des Perusiner Syndikus zu, und auch beim Bündnisschluss selbst war er als Zeuge zugegen. Seinen Einfluss scheint er durch den Frieden zwischen Popolo und *pars militum* somit zunächst nicht verloren zu haben. Diese Kontinuität auf personeller Ebene erklärt möglicherweise auch die Übernahme der Verträge der *pars militum* durch die wiedervereinte Kommune im Sommer 1230 und spricht deutlich

---

141 Auch das Perusiner Aufgebot fällt, wo nicht der *exercitus generalis* verlangt wird, sehr hoch aus.
142 So Codice Diplomatico 1, hg. von Bartoli Langeli, S. 242.

gegen eine Dominanz des Popolo zu diesem Zeitpunkt.[143] Auch auf der castellanischen Seite, dies nebenbei, wurden die Verhandlungen des Jahres 1230 durch Ugo Ugolini Latini geführt, der bereits 1223 als Podestà für Città di Castello den Eid mit den *capitanei militum* austauschte.[144]

Der Bund zwischen der *pars militum* und Città die Castello, daran lässt das Instrument vom 21. Juli 1230 keinen Zweifel, hatte somit auch über den aktuellen Moment des Bündnisschlusses Relevanz. Obwohl kurz nach dem Zusammentreffen des Jahres 1223 ein erster Frieden zwischen *milites* und *pedites* geschlossen worden war, wurden die Bündnisbestimmungen dadurch nicht obsolet. Sie bestanden wohl auch im zweiten Exil der *pars que dicitur militum*, wie die Hinweise aus der Unterwerfung Montones an Città di Castello zeigten, und wurden noch über das Konfliktende hinaus als verbindlich betrachtet. Parteienbündnisse, dies zeigt das perusinische Beispiel, fanden somit nicht unbedingt ein Ende mit der Lösung des Parteienkonflikts. Dies ist wahrscheinlich auch der militärischen und politischen Stärke der Kommune Città di Castello geschuldet, die sich Perugias Einfluss auch zuvor schon entzogen hatte. Über das Nachleben der *societas* mit Assisi ist hingegen nichts bekannt.

Die Bündnisse, die die *pars que dicitur militum* und ihr folgend auch die Kommune Perugia zwischen 1223 und 1230 eingingen, machen darüber hinaus sichtbar, dass sie sich nicht auf den internen Konflikt beschränken lassen. Verknüpft mit dieser Ebene sind die regionalen Konflikte um die territorialen Einflussbereiche der umbrischen Kommunen sowie der sich bereits abzeichnende Konflikt um die päpstlichen und kaiserlichen Ansprüche auf diese Region. Die Parteienbündnisse lassen sich somit weniger scharf als zunächst angenommen von den ‚Contado-Bündnissen' und selbst der großen *societas Tuscie* abgrenzen: Alle diese Bündnisse, die Perugia in den ersten Jahrzehnten des 13. Jahrhunderts geschlossen hatte, lassen sich zurückführen auf die noch nicht konsolidierten Verhältnisse sowohl im Inneren der Kommune als auch in der Aufteilung der kommunalen Einflussbereiche Umbriens und schließlich des päpstlichen *dominium* im Patrimonium Petri.

---

143 Als Konsul erscheint er in der Unterwerfung Panzos 1193 sowie in den Bündnisverträgen mit Foligno und Siena; Codice Diplomatico 1, hg. von Bartoli Langeli, Nr. 12, 28, 29, sowie in einer Vielzahl weiterer Instrumente, die die Außenbeziehungen Perugias betreffen, vgl. mit allen Quellenbelegen Tiberini, Signorie, S. 146 f. („domini di Colcello"), 243 f., 253, und Grundman, Popolo, S. 353. Den Erwerb von Rechten im Contado datiert Tiberini allerdings eher auf die Mitte des Jahrhunderts. Auch Bonifacio Coppoli, Mitglied der *pars militum*, war in den Jahren zuvor ein wichtiger politischer Führer Perugias gewesen, als Kämmerer hatte er Perugia unter anderem in den Friedensverhandlungen mit Gubbio 1217 repräsentiert; vgl. Bartoli Langeli, Famiglia, S. 67 f. 1230 war er ebenfalls Ratsmitglied, wie die Syndikatsurkunde zeigt.
144 Er wird, analog zu Ugolinus Masioli, an erster Stelle der castellanischen Repräsentanten genannt und ist ebenfalls beim Bündnisschluss als Zeuge zugegen.

2 Zu Ehren der Heiligen Römischen Kirche: Die Bündnisse zur Zeit der staufisch-päpstlichen Spannungen (1228–1266)

Sowohl in der Forschung zum Patrimonium Petri als auch in der Literatur zu Umbrien und Perugia gilt der Konflikt zwischen Friedrich II. sowie seinen Nachkommen und der Römischen Kirche als bedeutender Einschnitt in der Geschichte dieser Regionen, da der Kampf zwischen Kaisertum und Papsttum militärisch zu großen Teilen in den Provinzen des Patrimoniums ausgetragen wurde. Dieser Befund führte auch zu einem größeren Interesse der Forschung für die Bündnisse der Kommunen in dieser Zeit. Die Etappen des Konflikts im Patrimonium Petri und insbesondere in Umbrien lassen sich dabei in drei große Zeitabschnitte einteilen, die grob mit den beiden Exkommunikationen des Kaisers und der Regierungszeit Manfreds von Sizilien gleichgesetzt werden können.[1]

Als Friedrich II. 1220 von Papst Honorius III. zum Kaiser gekrönt wurde, gingen dem mehrere Bestätigungen des Patrimonium Petri als weltliches Herrschaftsgebiet der Römischen Kirche voraus. 1221 folgte eine weitere Zusicherung seitens des Kaisers. Trotz dieser Bestätigungen kam es immer wieder zu Spannungen zwischen Friedrich und Honorius, die kaiserliche Eingriffe in Umbrien und den Marken betrafen. So stand zwischen 1217 und 1222 mehrmals die Frage nach den Ansprüchen des ehemaligen Herzogsgeschlechts der Urslingen und des Kaisers selbst auf den Dukat Spoleto zur Debatte; diese wurden begleitet von einzelnen Ausgriffen des kaiserlichen Reichslegaten Gunzelin von Wolfenbüttel, unterstützt von Berthold von Urslingen, in die päpstlichen Gebiete.[2] In den nachfolgenden Jahren provozierte Friedrich den Protest Honorius' III., indem er die Heeresfolge auch von den Einwohnern des Herzogtums Spoleto forderte. Eine wirkliche Eskalation der mittelitalienischen Frage zeichnete sich aber erstmals nach der Exkommunikation des Kaisers im September 1227 ab.[3] Anlässlich des Aufbruchs des Kaisers ins Heilige Land ernannte Friedrich 1228 Rai-

---

1 Grundlegend zu den hier geschilderten Ereignissen immer noch Tenckhoff, Kampf; daneben Waley, Papal State, S. 125, 136, 175; Stürner, Friedrich II. 2. Für Umbrien Nessi, Ducato; Bartoli Langeli, Federico II; Menestò, Umbria, S. 19–35. Zur Rolle der beiden Regionen im Konflikt zwischen Kaiser und Papst Ficker, Forschungen 2, S. 430–434. Das Motiv der Zäsur sehr deutlich bei Grundman, Popolo, S. 95: „we should view the period as a kind of caesura".
2 Zu Gunzelin und Berthold vgl. Stürner, Friedrich II. 2, S. 76–78.
3 Zur Forderung der Heeresfolge Ficker, Forschungen 2, S. 438; Waley, Papal State, S. 127. Die in der Forschung bisweilen zu lesende Nachricht, dass Friedrichs Sohn Enzio noch im gleichen Jahr in Umbrien einzog (so Menestò, Umbria, S. 21 f., und Nessi, Ducato, S. 912), was zu einer kaiserlichen Parteinahme der umbrischen Kommunen Gubbio, Foligno und Città di Castello sowie einiger kleinerer Zentren geführt habe, entstammt wohl einer Verwechslung mit den Ereignissen des Jahres 1239. Die Nachricht stammt aus der älteren Geschichte Perugias von Pellini, Historia 1, S. 247. Ficker, For-

nald von Urslingen zum Reichslegaten in den Marken, im nördlichen Tuszien und im Gebiet um Perugia. Zugleich forderte Friedrich diese Regionen, begründet mit der feindlichen Haltung Gregors IX., für das Reich zurück. Noch im Herbst 1228 unternahmen Rainald von Urslingen und sein Bruder Berthold erste militärische Aktionen in Umbrien und bereiteten einen Angriff auf die Marken vor. Auf diese, auch 1229 teils mit Erfolg geführten Kriegszüge der kaiserlichen Vertreter reagierte Gregor IX. mit der Organisation eines Söldnerheeres unter Führung des exilierten Königs von Jerusalem, Johann von Brienne, und eines weiteren Heeres, das direkt ins sizilianische Regnum vorstoßen sollte. Aufgrund der Rückkehr des Kaisers im Juni 1229 zerstreuten sich die päpstlichen Truppen jedoch trotz anfänglicher Erfolge.[4] Erst der Frieden von San Germano, den Friedrich und Gregor im Sommer 1230 schlossen, beendete fürs Erste auch die kaiserlichen Übergriffe im Patrimonium.

Bis auf wenige Zwischenfälle wurden die in San Germano geleisteten kaiserlichen Versprechen auf Integrität des Patrimonium Petri bis zur nächsten und endgültigen Eskalation des Konflikts im Jahr 1239 gewahrt. Eine Bedrohung der weltlichen Herrschaft der Römischen Kirche sah Gregor IX. jedoch weitaus früher. Nach Friedrichs beachtlichen militärischen Erfolgen gegen die ihm feindlichen, von Gregor aber protektierten Kommunen Oberitaliens im Spätherbst 1236 berief der Papst am 1. November 1236 eine für das Jahresende anberaumte Zusammenkunft der Vertreter der Städte und *castra* Umbriens und des nördlichen Latiums in Todi ein. Diese schworen, die Verteidigung und die Treue der päpstlichen Provinzen zu gewährleisten.[5] Im März 1239 exkommunizierte Gregor IX. dann den Kaiser, nachdem sich das Verhältnis zwischen den Universalmächten in den Jahren zuvor, primär aufgrund der Situation in der Lombardei, zusehends verschlechtert hatte. Friedrich reagierte im August auf die „Undankbarkeit" des Papstes mit dem erneuten Wiedereinzug der päpstlichen Provinzen des Dukats und der Marken, eine Forderung, die er im Spätsommer 1239 auch militärisch umsetzte.[6] Friedrichs Sohn Enzio zog noch im September 1239 in die Marken ein, Friedrich II. erreichte im Januar 1240 das nördliche Umbrien, wo sich ihm in schneller Folge Città di Castello, Foligno und Gubbio ergaben – alles Städte mit schon länger manifesten Sympathien für eine erneute Reichsherrschaft – sowie einige kleinere Kommunen, die oft dem Jurisdiktionsbereich der größeren Städte unterstanden hatten.[7] Diese Situation bedingte, dass sich beide Provinzen bis zum Tod

---

schungen 2, S. 436, betont hingegen die bewusste Zurückhaltung Friedrichs nach der Exkommunikation. Enzio war 1227 mit hoher Wahrscheinlichkeit noch keine zehn Jahre alt.
4 Vgl. zu Rainalds und Bertholds Aktivitäten auch Hagemann, Intervento, und Ficker, Einfall.
5 Vgl. auch Grundman, Popolo, S. 82 f.
6 Die mögliche Rückforderung einer Schenkung aufgrund von Undankbarkeit war ein Prinzip des römischen Rechts; vgl. Tenckhoff, Kampf, S. 7; Stürner, Friedrich II. 2, S. 484; Menestò, Umbria, S. 24. Diese Argumentation hatte Friedrich bereits 1228 genutzt.
7 Bei den kleineren Kommunen handelt es sich unter anderem um Gualdo Tadino, Nocera, Spello, Bevagna, Montefalco, Trevi, Cerreto di Spoleto und Norcia. Die wenigsten dieser Städte wurden militä-

Friedrichs II. Ende des Jahres 1250 in einem andauernden Kriegszustand befanden, der auch die Beziehungen zwischen den Kommunen bestimmte. In Umbrien ergaben sich Spoleto, Terni und Todi zwischen 1240 und 1242 dem Kaiser; Rieti, Narni und Assisi wurden mehrmals belagert. Am 13. März 1246 erlitt ein aus perusinischen und anderen kommunalen Aufgeboten bestehendes päpstliches Heer unter Kardinal Rainer von Viterbo eine schwere militärische Niederlage in einer offenen Feldschlacht bei Spello.[8] Danach jedoch wendete sich das Blatt: Zu Friedrichs Misserfolgen in Norditalien gesellte sich der Abfall vieler Kommunen der Marken und mehrerer umbrischer Städte noch in den drei Jahren vor seinem Tod am 13. Dezember 1250. Das unerwartete Ableben des Kaisers führte zu einer relativ schnellen Wiedererrichtung der päpstlichen Herrschaft in den Provinzen des Patrimoniums. Noch im Jahr 1251 hatten fast alle Kommunen ihren Frieden mit Innozenz IV. gemacht. Bis Mitte der 1250er Jahre folgten in Umbrien auch noch die letzten prostaufisch regierten Städte Foligno, Terni, Todi und Gubbio.

Direkt betroffen von den Auseinandersetzungen zwischen dem Papsttum und Friedrichs Söhnen waren die päpstlichen Gebiete dann erst wieder 1258, als Manfred nach seiner Krönung zum König von Sizilien Ansprüche auf den Dukat und die Mark erhob und diese im Spätsommer durch militärische Aktivitäten in den Marken bekräftigte.[9] Manfreds Generalvikar Percivalle Doria erzielte dort einige schnelle Erfolge, ermöglicht weniger durch eigene Schlagkraft als durch Bündnisse und die militärische Kooperation der zu Manfred übergetretenen Städte. Im Dukat allerdings fiel nur Gubbio noch vor März 1259 zu Manfred ab.[10] Alexander IV. bemühte sich dennoch auch 1260 darum, die Verteidigung dieser Gebiete zu gewährleisten, was sich in einigen außergewöhnlichen Maßnahmen niederschlug: in der Ernennung eines Generalkapitäns für den Dukat und das Patrimonium in Tuszien, in der Einberufung eines Parlaments für diese Provinzen und nicht zuletzt in dem Versuch, eine kommunale *societas* gegen Manfred aufzustellen. Erfolgreiche militärische Übergriffe durch Manfreds Stellvertreter oder Seitenwechsel der Kommunen in Umbrien zeichneten sich aber auch in den folgenden Jahren kaum ab.[11] Betroffen von den Versuchen Manfreds, seine Herrschaft auch auf das Patrimonium auszuweiten, waren somit zunächst nur die Marken, sieht man von einigen wenigen Belegen über Aktivitäten in

---

risch erobert. Vgl. Tenckhoff, Kampf, S. 14 f. Die Zugehörigkeit von Città di Castello war bereits länger zwischen Kaiser und Papst umstritten, vgl. Stürner, Friedrich II. 2, S. 485.
8 Vgl. zur Schlacht in der Chronistik Bartoli Langeli, Federico II, S. 14 f.
9 Erste Kontakte mit den Kommunen der Marken, insbesondere Fermo, sind bereits auf 1257 zu datieren; vgl. Tenckhoff, Kampf, S. 75, 79 f. Zu den Aktionen der Staufer in den Marken auch Zampetti, Federico.
10 Am 7. März erhielt Gubbio ein Privileg von Percivalle Doria, vgl. Tenckhoff, Kampf, S. 76.
11 Nur Todi wurde zwischen 1261 und 1266 von einer ghibellinischen Partei regiert, die zu Manfred tendierte; vgl. Menestò, Esempio, S. 454.

Umbrien ab.¹² Erst 1264 wurden auch Rom, die Campagna-Marittima und der Dukat durch staufische Heere bedroht. Zumindest in Umbrien zerschlugen sich allerdings die Erfolge von Manfreds Anhängern durch den Tod ihres Heerführers Percivalle Doria im Juli. Als im Mai 1265 Karl von Anjou Italien erreichte, gefolgt von einem größeren Heer gegen Ende des Jahres, leitetete dies das Ende der direkten staufischen Intervention im Patrimonium Petri ein. Letztgültig besiegelt wurde das durch Manfreds Tod in der Schlacht von Benevent am 26. Februar 1266. Die bis zu seinem Tod im Oktober 1268 verfolgten Ansprüche Konradins auf die Herrschaft in Italien hatten für den Großteil der päpstlichen Provinzen keine längerfristigen Konsequenzen mehr.¹³

Der in den fast dreißig Jahren zwischen 1239 und 1266 in den Provinzen des Patrimonium Petri ausgetragene Krieg zwischen den letzten staufischen Herrschern und dem Papsttum wurde maßgeblich von den Kommunen getragen. Friedrich II. und seine Vertreter verfügten zwar über nicht unerhebliche eigene militärische Ressourcen, die aus nordalpinen, norditalienischen und sizilischen Aufgeboten zusammengesetzt waren, doch waren diese immer nur punktuell einsetzbar. Erst die Unterstützung der Kommunen vor Ort konnte die staufischen Herrschaftsansprüche kurzzeitig verstärken und längerfristig sichern. Gleiches gilt nur in geringerem Maße für den im Konflikt Partei ergreifenden Adel der beiden mittelitalienischen Regionen. Die wichtigsten Machtzentren blieben die zahlenmäßig und militärisch überlegenen Städte und *castra*. Manfreds Kapazitäten waren noch beschränkter als die seines Vaters. Dieser Befund gilt umso mehr für die Gegenseite. Die Päpste zwischen Honorius III. und Clemens IV. verfügten an eigenen Kontingenten höchstens über Söldner. Ihre militärische Stärke resultierte allein aus den Aufgeboten der Kommunen und der Signori, die dem Papsttum Heerespflicht geschworen hatten.¹⁴ Unabhängig von den seltenen konzertierten Aktionen der Vertreter des Papsttums, die aus diesen Aufgeboten ein päpstliches Heer zusammenstellten, war auch für die Römische Kirche nur die langfristige und autonome Unterstützung der pro-päpstlichen Kommunen ein Garant ihrer Herrschaftsansprüche. Die autonom organisierte Unterstützung und Verteidigung einer der beiden konkurrierenden Herrschaftsordnungen wurde in beiden Provinzen oft über *societates* zwischen den Kommunen eines Lagers koordiniert.¹⁵ Diese sollen im folgenden Kapitel thematisiert werden.

---

12 So stand das Heer König Manfreds 1261 im Territorium Spoletos; siehe unten Kap. II.5, S. 362. In Perugia lassen sich Verbannungen von Anhängern Manfreds verfolgen; vgl. Reformationes, hg. von Nicolini, Introduzione, S. XXXVI.
13 Eine Ausnahme stellte die Situation in Rom dar. Die Stadt sympathisierte seit 1267 offen mit Konradin und empfing diesen am 24. Juli 1268 in der Stadt. Auch Fermo und Città di Castello unterstützten Konradin, vgl. Tenckhoff, Kampf, S. 106 f., und Grundman, Popolo, S. 145 f. In Todi entfachte Konradins Marsch nach Süden erneut den latenten Parteienkonflikt zwischen Guelfen und Ghibellinen; vgl. Menestò, Esempio, S. 456.
14 Vgl. etwa Tenckhoff, Kampf, S. 17, 50 f.
15 Vgl. auch ebd., S. 81.

2.1 Vom Streit um ein Kastell zur „lega guelfa": Die Bündnisse der Jahre 1237, 1242 und 1251 und ihre problematische Beurteilung

In der Literatur fanden die Bündnisse, die während des Konflikts zwischen Friedrich II. und der Kirche geschlossen wurden, mehr Beachtung als frühere oder spätere *societates*. Die vermeintlich alle durch den Krieg der beiden Universalmächte herausgeforderten Bündnisse – in Umbrien ausschließlich propäpstliche „leghe guelfe" – werden in der Forschung immer wieder genannt, meist allerdings ohne eine genauere Analyse der überlieferten Verträge. Die rasche Etikettierung eines Bündnisses als „lega guelfa" hat ihren Ursprung wohl in der dominanten Stellung der Lega Lombarda in der Geschichtsschreibung zu Italien, deren Ursprung im Kampf gegen einen staufischen Kaiser und deren spätere Auseinandersetzung mit Friedrich II. die Forschung zu den italienischen Städtebündnissen lange überlagerte.[16] Aber auch der Kontext, in dem die *societates* geschlossen wurden, der latente Kriegszustand, in dem sich die Kommunen des Patrimoniums durch den Konflikt zwischen Staufern und Päpsten befanden, erleichtert es, sie in diesen Konflikt zu situieren. Nur die Bündnisschriftlichkeit selbst zeigt sich oft weniger eindeutig durch die Auseinandersetzungen zwischen Römischer Kirche und Imperium bestimmt. Diese Ambivalenz soll im Folgenden im Mittelpunkt der Untersuchung stehen.

Vier große Bündnisse sind es, die in Umbrien im fraglichen Zeitraum beeidet wurden, und mit einer Ausnahme war Perugia an all diesen *societates* beteiligt.[17] Das erste dieser Bündnisse wurde in mehreren Schritten zwischen Juli und November 1237 zwischen Perugia, Todi, Foligno, Gubbio und Spoleto geschlossen. Die Bündnisverhandlungen liegen somit noch vor der endgültigen Eskalation des päpstlich-staufischen Konflikts infolge der zweiten Exkommunikation Friedrichs II. Der genaue Ablauf der sich über mehrere Monate hinziehenden Verhandlungen der verschiedenen Bündnisteilnehmer lässt sich trotz der reichen Überlieferung nur rekonstruieren. Attilio Bartoli Langeli arbeitete anhand der erhaltenen Urkunden mehrere Schritte heraus.[18] Am Beginn des Bundes stand ein bilateraler Vertrag zwischen Todi und

---

[16] Geprägt wurde diese Tendenz durch die risorgimentale Geschichtsschreibung, sie zieht sich aber – ohne das nationale Motiv – bis in die moderne Literatur durch; vgl. sehr deutlich Pinzi, Storia 2, S. 85 f., zu einem geplanten Bündnis gegen Manfred (Anhang 1, Nr. 99): „Poiché, se i papi di quei dì avessero potuto stringere in un sol fascio tutte le forze Guelfe dell'Italia di mezzo, e opporre questa lega nazionale alle ambizioni del Re Manfredi, come già, un secolo innanzi, le città Lombarde si strinsero in una per schiacciare Federico I, chi sa, se si sarebbero mai indotti a tirarci addosso quella peste di stranieri, che furono i Francesi; seme di tutte le sciagure italiane d'allora e di poi.".

[17] Hinzu kommt eventuell ein nicht überliefertes Bündnis mit Cagli um 1235, das erstmals in der perusinischen Bündnisreihe eine nachweisliche Gegenreaktion Gregors IX. herausforderte (Anhang 1, Nr. 59). Zum Bündnis des Jahres 1259, ohne Beteiligung Perugias, siehe unten Kap. II.5, S. 360–362.

[18] Vgl. Codice Diplomatico 2, hg. von Bartoli Langeli, S. 363–365.

Perugia, der im ersten erhaltenen Dokument erwähnt wird. In diesem Instrument vom 28. Juli 1237, einer Bevollmächtigung des Perusiner Notars und Prokurators Sensus durch die Kommune Todi, wird eine *societas* „inter nos et Perusinos habitis et contractis" ausdrücklich geschützt. Bartoli Langeli bezweifelt allerdings, dass es sich hierbei um das 1230 geschlossene Bündnis zwischen Todi und Perugia handelt. Er plädiert für ein zeitnäheres Abkommen, das möglicherweise im Kontext des Treueids der umbrischen Kommunen an den Papst im Dezember 1236 geschlossen wurde. Tatsächlich waren bei dem *colloquium* in Todi alle späteren Bündniskommunen vertreten. Triftige Gründe, die eine Identifizierung der fraglichen *societas* mit dem Bündnis des Jahres 1230 ausschließen würden, lassen sich jedoch ebensowenig nennen.[19] Nach Juli 1237 erweiterten Todi und Perugia ihre *societas* dann auf Foligno. Zu diesem Zweck wurde die oben genannte Bevollmächtigung ausgestellt. Mit ihr erteilten Podestà und Rat von Todi dem Vertreter Perugias die Erlaubnis, mit Foligno und anderen Kommunen auch in ihrem Namen ein Bündnis abzuschließen. Der Vertrag über die *societas* war durch alle Beteiligten bereits vorbereitet und verschriftlicht („secundum capitula sive modum ab ipsis Perusinis et Fulginatibus et nobis ipsis inventa, que scripta apparent per manum Egidii notarii").[20] Das Bündnisinstrument zwischen diesen drei Kommunen, beeidet zwischen dem 28. Juli und dem 22. August, ist allerdings verloren. Der 22. August als *terminus ante quem* ergibt sich aus der nächsten Erweiterung des Bündnisses, die an diesem Tag erstmals in der Dokumentation erscheint. Beitrittskandidat war Gubbio, der Aufnahme dieser Kommune gingen jedoch weitere, wahrscheinlich bilaterale Verhandlungen mit Perugia voraus, die die Beilegung eines längeren Streits zwischen beiden Kommunen zum Ziel hatten. Am 22. August waren die Einzelheiten dieser Befriedung offensichtlich geklärt, denn der Perusiner Rat stimmte den getroffenen Konditionen zu und befürwortete auch die im Anschluss zu beeidende *societas*.[21] Perugia verzichtete auf alle Ansprüche, die der Stadt aus alten Urteilen und Urkunden gegenüber Gubbio zustehen könnten, und versprach, diese gerichtlich und außergerichtlich nicht mehr geltend zu machen. Der Verzicht bezog sich somit wohl auf den nach dem letzten Krieg der beiden Kommunen getroffenen Schiedsspruch des Jahres 1217, der für Gubbio sehr nachteilig ausgefallen war. Gubbio versprach im Gegenzug die Zerstörung des Kastells Valmarcola, das in dem kassierten Schiedsspruch des Jahres 1217 Perugia zugesprochen worden, aber offensichtlich weiterhin ein permanenter Anlass zum

---

19 Ebd., S. 363: „Non credo sia l'alleanza ... del 1230 agosto 11: il passo citato sembra suggerire una circostanza più ravvicinata.". Dies erschließt sich aus der Quelle aber nicht zwingend: „salvis iuramentis sotietate inter nos et Perusinos habitis et contractis in omnibus aliis preter quam in sotietate contrahenda predicta, ita quod in ipsa sotietate contrahenda nulla alia capitula apponantur contraria aliis capitulis sotietatis predicte inter nos habite et Perusinos"; ebd., Nr. 166, S. 365 f.
20 Ebd.
21 Ebd., Nr. 168, S. 367–369.

Zwist gewesen war.[22] Die formale Schlichtung zwischen Gubbio und Perugia fand, wie auch die Aufnahme Gubbios in das Bündnis zwischen Perugia, Todi und Foligno, am 26. August 1237 statt. Da die früheren Bündnisurkunden nicht überliefert sind, sind erst aus dem an diesem Tag ausgestellten Instrument die Inhalte der *societas* zu erfahren, auf die noch einzugehen sein wird. Am 31. Oktober 1237 stimmte dann der Rat Todis einer Erweiterung des Bündnisses auch auf Spoleto zu.[23] Beeidet wurde der Beitritt dieser Kommune am 16. November. Dank der unter diesem Datum ausgestellten Urkunde, die sich ebenfalls erhalten hat, existiert eine weitere Fassung der Bündnisvereinbarungen.[24]

Die Vereinbarungen bestanden aus der Zusicherung von gegenseitiger Hilfe auf eigene Kosten und nach den jeweiligen Gewohnheiten („de usu et iure suo"). Eingeschlossen in die militärische Hilfszusage war die Wahrung von bestehendem und zukünftigem Besitz. Versprochen wurde auch der Schutz von Person, Besitz und Rechtssicherheit aller Bündnisbürger nach den jeweiligen Statuten auf den Gebieten der Alliierten. Für gemeinsam geführte Kriege waren nur gemeinsam beschlossene Friedensschlüsse zulässig. Auseinandersetzungen innerhalb des Bündnisses wurden dem Schiedsspruch der Bündnispartner übergeben. Die Aufnahme weiterer Kommunen sollte nur zu exakt den gleichen Bedingungen möglich sein („precise ad hanc cartam iurare teneantur"), gegenüber spezifischen möglichen Beitrittskandidaten verwahrten sich einige der Bündniskommunen allerdings ein Vetorecht. Alle Teilnehmer nahmen zudem eine Reihe von befreundeten oder untergebenen Kommunen von den Verpflichtungen aus.[25] Geschlossen wurde die *societas* mit Festlegung verschiedener Sicherheiten auf zehn Jahre.

Alles in allem weisen die Bündnisvereinbarungen kaum Auffälligkeiten im Vergleich zum Gros der *societates* im Untersuchungsraum auf. Außergewöhnlich ist nur die regionale Reichweite der Vereinbarungen. Es handelt sich um das erste überlieferte Bündnis in Umbrien, das eine so große Zahl an Kommunen umfasste. Die konsequente Ausweitung des Bündnisses auf die wichtigsten Kommunen der *Valle Umbra* und auf Gubbio wurde wahrscheinlich von Perugia betrieben. Dafür sprechen die beiden Bevollmächtigungen aus Todi, wobei insbesondere die zweite Urkunde ganz

---

22 Ebd., Nr. 169–170, S. 369–374, dort auch der Verweis auf weitere Quellen. Die Zerstörung des Kastells erfolgte vor dem 1. Oktober 1237, am 2. Oktober tilgte der Perusiner Podestà den Schiedsspruch von 1217 aus dem „liber comunis" Perugias; vgl. ebd., Nr. 175 und 176, S. 383–387. Vgl. zum Kastell und dem Konflikt der beiden Kommunen auch Cenci, Relazioni, S. 541–545, und Menichetti, Storia, S. 386 f.
23 Codice Diplomatico 2, hg. von Bartoli Langeli, Nr. 177, S. 387 f.
24 Ebd., Nr. 178, S. 389–394.
25 Gubbio erteilte Perugia zudem die Erlaubnis, in Konflikten Gubbios mit Cagli zu schlichten, jedoch unter der Voraussetzung, dass das Kastell Pergola immer im Besitz Gubbios verbleibe. Zur Pergola-Angelegenheit vgl. Gentili, Lettera; Sebastianelli, Castello; Grundman, Popolo, S. 81.

offensichtlich auf eine Perusiner Initiative reagierte.[26] Die Benennung der *societas* in der Forschung als „lega umbra" ist somit gerechtfertigt.[27] Schwieriger erweist sich das Etikett der „lega guelfa", das auch in der modernen Forschung häufig vergeben wurde. Denn unabhängig von dem eingangs thematisierten methodischen Vorbehalt, eine erst deutlich später in den Quellen fassbare Terminologie für ein Bündnis des Jahres 1237 zu verwenden, fällt auch die eindeutige Beurteilung der Vereinbarungen im Hinblick auf ihren Zusammenhang mit dem kaiserlich-päpstlichen Konflikt schwer.[28]

Der am 26. August 1237 zwischen Perugia, Todi, Foligno und Gubbio beschworene Text verweist nur an einer einzigen Stelle auf eine Parteinahme im Zwist zwischen Kaiser und Papst. Die *ad-honorem*-Formel ist sehr auffällig auf die Kurie ausgerichtet: Neben Gott, der Muttergottes und den Aposteln Petrus und Paulus werden explizit die Römische Kirche, Gregor IX. und die Kardinäle genannt („ad honorem ... sacrosancte Romane Ecclesie et summi pontificis domini Gregorii pape noni suorumque fratrum"). Diese Differenzierung in der *ad-honorem*-Formel ist ein Novum in der überlieferten umbrischen Vertragsschriftlichkeit, das in den nachfolgenden Jahren jedoch üblich werden sollte. Die Positionierung verstärkte sich beim Beitritt Spoletos einige Monate später. Der Vertrag, dessen inhaltliche Vereinbarungen wörtlich dem Bündnis vom 26. August 1237 entsprechen, erfuhr nur einige wenige rhetorische und substantielle Modifikationen. So wird bereits in der *ad-honorem*-Formel die Römische Kirche mit der *mater-nostra*-Metapher betitelt. Unter dieser Bezeichnung – „matrem nostram sanctam Ecclesiam Romanam" – wird sie von allen Kommunen in die Ausnehmungen übernommen, die zuvor nur Kommunen umfassten. Dieser angebliche „impulso in senso esplicitamente guelfo", so Bartoli Langeli, ist somit wohl der zuletzt aufgenommenen Stadt Spoleto zuzuschreiben.[29] Abgesehen von dem rhetorischen Bekenntnis der schwörenden Kommunen zur Römischen Kirche als Mutter finden sich in der Bündnisschriftlichkeit allerdings keine konkreten Vereinbarungen, die eine Parteinahme gegen Friedrich II. aufzeigen könnten. Betrachtet man nur die Vertragsschriftlichkeit, bietet es sich somit an, mit Attilio Bartoli Langeli eher von einer „lega umbra di segno papale" zu sprechen als von einer direkt gegen Friedrich II. gerich-

---

26 Dort heißt es: „interfuerunt ... ambaxiatores comunis Perusii pro responsione recipienda et habenda super ambaxiata quam ipsi proposuerunt in eodem consilio proxima die transacta pro sotietate contrahenda et firmanda adque complenda cum Spoletanis", Codice Diplomatico 2, hg. von Bartoli Langeli, S. 388. Todi hatte zudem einen Podestà aus Perugia.
27 So etwa Terrenzi, Narni, S. 38; Bartoli Langeli, Federico II, S. 8.
28 Der Begriff bei Terrenzi, Narni, S. 40; Nessi, Ducato, S. 916; Zuppante, Leoncini, S. 181 f.; Menestò, Umbria, S. 23; ähnlich auch Codice Diplomatico 2, hg. von Bartoli Langeli, S. 363. Zur Problematik des Begriffspaars guelfisch-ghibellinisch Einleitung, Kap. 4.1, S. 25–27.
29 Codice Diplomatico 2, hg. von Bartoli Langeli, S. 364.

teten „lega guelfa".³⁰ Insbesondere die Nebenverträge zwischen Gubbio und Perugia zeugen zudem von einem stark lokal bedingten Kontext, in den die Vertragswerke zwischen diesen beiden Kommunen einzuordnen sind. Die langjährigen Grenzstreitigkeiten und das umstrittene Kastell Valmarcola standen hier im Mittelpunkt. Auch ein Zusammenhang zwischen dem Bündnis und dem päpstlichen *colloquium* im Dezember 1236 lässt sich nur vermuten. Dem entsprechen auch die Ereignisse der Jahre 1236 und 1237, die trotz Friedrichs Aktivitäten in der Lombardei keine direkte kaiserliche Intervention im Patrimonium Petri erwarten ließen. Der Kaiser hatte im Herbst 1236 bedeutende Siege gegen seine oberitalienischen Gegner errungen, wobei der Eroberung Vicenzas Anfang November 1236 weitere Unterwerfungen bis März 1237 folgten. Friedrich selbst war aber noch Anfang Dezember über die Alpen nach Österreich gezogen und kehrte erst Anfang September 1237 nach Italien zurück. Zu diesem Zeitpunkt hatten die umbrischen Städte ihr Bündnis bereits auf eine feste Basis gestellt. Einzig der Beitritt Spoletos erfolgte später. Die in der Forschung immer wieder betonte Tatsache, dass der Eid Spoletos am 16. November nur wenige Tage vor dem kaiserlichen Sieg bei Cortenuova am 27. November erfolgte, ist für sich genommen noch kein Indiz für einen Zusammenhang der Bündnisbemühungen der päpstlichen Kommunen und der Geschehnisse in der Lombardei.³¹ Auch hatten sich Kaiser und Papst zu diesem Zeitpunkt noch nicht endgültig überworfen.

Die Beilegung des Streits um ein Kastell unter Aufgabe älterer Ansprüche Perugias zugunsten einer erweiterten Reichweite eines bereits bestehenden Bündnisses lässt sich allerdings auch entgegengesetzt deuten. Wie die insgesamt ungewöhnliche regionale Ausdehnung des Bündnisses ist die vorausgehende Pazifizierung vielleicht ein Anzeichen für eine bereits empfundene Bedrohung durch den Konflikt des Papsttums mit Friedrich II., der ein möglichst weites Sicherheitsnetz als vorteilhaft erscheinen ließ. Dass in dieses auch vormals feindliche Kommunen wie Gubbio hineingezogen wurden, mag für diese These sprechen. Auch bestand im Spätsommer 1237 kein Zweifel mehr daran, dass die Vermittlungstätigkeiten Gregors IX. zwischen Friedrich und dem Lombardenbund gescheitert waren, was zu nicht unerheblichen Missstimmungen zwischen den beiden Universalgewalten führte. Obwohl eine direkte Invasion des Kaisers in die ehemaligen mittelitalienischen Reichslande in der zweiten Jahreshälfte 1237 nicht zu erwarten war, verspürten sowohl die Kurie als

---

30 Bartoli Langeli, Federico II, S. 8. Die Verteidigungsfunktion gegen Friedrich II. betonen Terrenzi, Narni, S. 38 („Scopo della lega era quello di difendere la libertà dei loro comuni contro qualunque prepotenza di Federico"), Grundman, Popolo, S. 83 („anti-imperial defensive alliance"), Andreani, Todi nel basso medioevo, S. 58 f. („in occasione dell'occupazione dell'Umbria da parte di Federico II [sic]"), Menestò, Umbria, S. 23 („lega guelfa contro Federico II"). Vorsichtiger Nessi, Ducato, S. 916 („costituita, si disse, a comune difesa contro chiunque, salvo il papa e il popolo romano; l'imperatore non vi fu eccettuato").
31 Vgl. etwa Andreani, Todi al tempo di Iacopone, S. 29, und Menestò, Umbria, S. 23.

auch die Kommunen des Patrimoniums offenbar eine latente Bedrohung.[32] Diese Ängste richteten sich möglicherweise mehr gegen interne Gruppierungen und einzelne Kräfte im Patrimonium, die die Erfolge des Kaisers für ihre eigenen Interessen zu nutzen suchten, als gegen die kaiserliche Streitkraft. Eine solche Entwicklung zeichnete sich in Rom im Juli 1237 ab, also ungefähr zu der Zeit, als Todi und Perugia ihr Bündnis erstmals erweiterten. Unterstützt wurden die Friedrich zugeneigten Kräfte in Rom durch die Agitation des Kaisers selbst, der mit mehreren Manifesten und wahrscheinlich auch finanziellen Mitteln für eine Zusammenarbeit warb. Dies geschah in Rom auf der besonderen Grundlage der nie vergessenen universalen Ansprüche der Tiberstadt.[33] Die propagandistischen Aktivitäten des Kaisers in Rom ließen jedoch Auswirkungen, wenn nicht sogar ein ähnliches Vorgehen, auch in den übrigen Gebieten des Patrimoniums erwarten. Die in Rom manifesten prostaufischen Strömungen waren möglicherweise auch in den umbrischen Kommunen spürbar, obwohl über die Existenz staufischer Anhängerschaften in dieser Zeit Belege und nicht zuletzt Studien fehlen.[34] Auch inwieweit die Führungen der umbrischen Kommunen ihre Entscheidungen von den Vorgängen in Norditalien und Rom abhängig machten oder ob bereits die Kurie aktiv versuchte, die ihr untergebenen Orte präventiv gegen potentielle Anhänger Friedrichs II. zu mobilisieren, geht aus den überlieferten Quellen nicht hervor.[35] Die Überlegungen hinsichtlich der Motive, die zum großen umbrischen Bündnis des Jahres 1237 führten, bleiben spekulativ. Angesichts der in Oberitalien und Rom sowie im Umfeld des Papsttums seit 1236 zu beobachtenden angespannten Stimmung, die bereits deutlich zwei diskursive Knotenpunkte – Kaiser und Papst – erkennnen ließ, bekannte sich das Bündnis zwischen Perugia, Todi, Foligno, Gubbio und Spoleto aber klar zu Gregor IX. Obschon die Idee einer „guelfischen" *societas* gegen Friedrich II. und seine Anhänger terminologisch falsch und möglicherweise zu stark von der Blaupause der Lega Lombarda gezeichnet ist, wohnt dem Bund des Jahres 1237 eine grundsätzliche Anlehnung an das Papsttum inne.

Jede darüber hinausgehende Beurteilung wird durch das Fehlen weiterer Zeugnisse erschwert. Über eine Reaktion Gregors IX. auf das Bündnis ist nichts bekannt,

---

32 Zwar kündigte Friedrich noch im August 1237 in Rom an, dass er vorhabe, schnell nach Latium vorzurücken (vgl. Thumser, Rom, S. 289), ob diese Nachricht Verbreitung und Glauben in Mittelitalien fand, lässt sich allerdings nicht nachvollziehen.
33 Vgl. Thumser, Rom, S. 281–294.
34 Vgl. ebd., S. 269–294. Allerdings weist der Bündnisvertrag keine Handhabe zum Eingriff bei inneren Unruhen auf wie etwa der Vertrag zwischen Perugia und Todi des Jahres 1230. Eine direkte Unterstützung der stauferfreundlichen Gruppierungen durch den Kaiser ist 1242 in Perugia denkbar, auch wenn die Zuverlässigkeit der Quellen hier nicht gesichert ist; vgl. Grundman, Popolo, S. 85 f. (anhand der orvietanischen Chronik des Luca di Domenico Manenti).
35 Zu den Ereignissen in Norditalien und den gescheiterten Verhandlungen zwischen Friedrich, Gregor und der *societas Lombardie* Stürner, Friedrich II. 2, S. 326–341.

obgleich Bartoli Langeli eine päpstliche Protektion vermutet.[36] Ebensowenig werden Details der Aktivitäten des Bundes in der Überlieferung greifbar, obwohl Grundman von einer gemeinsamen Aktion gegen Orvieto spricht, die 1238 erfolgreich beendet worden sei.[37] Zudem wandelte sich spätestens mit dem Einzug Friedrichs II. in Umbrien im Januar 1240 das Bündnisgefüge grundsätzlich: Gubbio und Foligno traten unverzüglich auf die kaiserliche Seite über, während Perugia, Todi und Spoleto dem Kaiser fürs Erste trotzten. Ob dies mit internen Veränderungen in den Führungsgruppen der beiden Kommunen verbunden war oder der neuen Situation geschuldet war, lässt sich – nicht zuletzt mangels umfassenderer Studien für diese Städte – nicht rekonstruieren.[38] Das umbrische Bündnis des Jahres 1237 ist somit auch nicht direkt verantwortlich zu machen für die in den folgenden Jahren geführten Kämpfe der päpstlich gesinnten Kommunen gegen Friedrich II., wie in der Forschung gelegentlich zu lesen. Zumindest die überlieferten Quellenbelege geben darüber keine Auskunft.

Die militärischen Erfolge der Kaiserlichen in den 40er Jahren des 13. Jahrhunderts mit den entsprechenden Abfällen der vormals verbündeten Kommunen machten für Perugia neue Konstellationen notwendig.[39] Am 12. März 1242 erlangte der Syndikus der Kommune Perugia, *dominus* Pierus Egidii *notarius*, auf dem Kapitol in Rom ein Versprechen des römischen Senators Matteo Rosso Orsini, beschworen durch das versammelte *consilium Urbis*.[40] Die so vertretene Kommune Rom sagte Pierus Egidii zu, Perugia und die Perusiner zu schützen und zu verteidigen sowie keinen Frieden und kein sonstiges Abkommen mit dem Kaiser oder irgendeinem kaiserlichen Vertreter zu schließen, solange der Krieg zwischen Reich und Kirche andauere – „donec inter Imperium et Ecclesiam guerra duraverit". Die Perusiner als Verbündete („federatos") verhielten sich ebenso.[41] Hinzugefügt wurde die Option, weitere Kommunen in die-

---

36 Codice Diplomatico 2, hg. von Bartoli Langeli, S. 364.
37 Grundman, Popolo, S. 83. Seine Quellen machen den Zusammenhang zum Bündnis jedoch nicht deutlich. Annali e cronaca di Perugia, ad a. 1238, hg. von Ugolini, S. 5: „Fo sconfitto Orvieto."; Annales urbevetani, Cronica potestatum, ad a. 1238, hg. von Fumi, S. 144: „Urbevetani fuerunt debellati ad pontem Sancte Ilhuminate a Perusinis et Tudertinis.".
38 Für Gubbio vgl. zu diesem Problem Tiberini, Signorie, S. 254. Schwerer als das Fehlen von Studien wiegt für Foligno der Verlust des größten Teils der kommunalen Überlieferung für das 13. Jahrhundert.
39 Spätestens im Juni 1241 ging Spoleto zum Kaiser über. Die Informationen zu Todi sind weniger eindeutig: Andreani, Todi nel basso medioevo, S. 58, betont eine nur kurzzeitige Dominanz der filoimperialen Gruppen; Ceci, Todi, S. 134, datiert den Umschwung auf 1241. Beide Kommunen sind im Mai 1241 noch Empfänger eines päpstlichen Aufrufs zur Treue und zum Widerstand gegen die Feinde der Kirche; vgl. Codice Diplomatico 2, hg. von Bartoli Langeli, Appendice III, Nr. 5, S. 710. Vgl. zum detaillierten Ablauf der Eroberungen und Treueumschwünge in Umbrien vor allem Nessi, Ducato.
40 Pierus Egidii spielte auch in den Jahren 1256–1260 noch eine Rolle in der Kommune als Ratsmitglied, Syndikus und *ambaxator*; vgl. den Eintrag „D. Perus Egidij" in Regestum, hg. von Ansidei, S. 376.
41 Codice Diplomatico 2, hg. von Bartoli Langeli, Nr. 193, S. 417–420 (Anhang 1, Nr. 63).

ses Abkommen aufzunehmen – eine Möglichkeit, die kurz darauf Narni wahrnahm.[42] Auffällig ist die ungewöhnliche Form des Vertrags, die zu großen Teilen von den untersuchten Bündnisurkunden abweicht. Festgehalten ist hier ein Versprechen der kommunalen Führung Roms an Perugia, gegeben „ad petitionem" des Perusiner Syndikus. Dass es sich hierbei nicht um ein einseitiges Schutzversprechen handelt, zeigt einzig ein kurzer Satz des Instruments, der das gleiche Verhalten für die Gegenseite festlegt, „predicta guerra durante". Die dortige Ansprache der Perusiner und später der Narnesen als *federati* rechtfertigt dennoch die Klassifizierung des Abkommens als Bündnis. Die ungewöhnliche Form des Instruments ist sicherlich der Sonderstellung Roms geschuldet, die diese Stadt für sich beanspruchte und die auch die umbrischen Kommunen der Tiberstadt zuschrieben. Rom war in dieser Vorstellung keine Kommune wie jede andere, sondern neben Kaiser und Papst die dritte universale Macht des Abendlandes. Die besondere Stellung Roms zeigte sich möglicherweise auch in der Tatsache, dass die Kommune sich den Bündnisaktivitäten der mittelitalienischen Kommunen weitestgehend enthielt.[43] Die umbrischen Kommunen hingegen bezogen Rom als weiteren Referenzpunkt häufig in die *ad-honorem*-Formeln der Bündnisinstrumente und in die Ausnehmungen ein.[44] Dies erklärt vielleicht, wieso das Bündnis des Jahres 1242 formal so wirkt, als gewähre die kommunale Führung Roms den umbrischen Städten ihren Schutz. Faktisch lag das Interesse an gegenseitigem Beistand jedoch auf beiden Seiten.

Gerade im Vergleich zum großen umbrischen Bündnis des Jahres 1237 formuliert das überlieferte Instrument deutlich, aus welcher Situation heraus das Abkommen zwischen Rom, Perugia und Narni geschlossen wurde. Im Patrimonium Petri herrschte Krieg („guerra") zwischen Reich und Kirche, und mit dem auf dem Kapitol beeideten Abkommen organisierten sich die verbleibenden kommunalen Gegner des Kaisers.[45] Die *pars Ecclesie* hatte in den beiden Jahren zuvor, in Umbrien wie auch in Latium, herbe Verluste erlitten: Gubbio und Foligno waren gleich 1240 zu Friedrich übergetreten, Todi und Spoleto folgten auf militärischen Druck in den Jahren darauf. Im März 1242 standen vor allem Narni und Assisi in Umbrien treu zum Papsttum,

---

42 ASC Narni, Diplomatico, Pergamene, Nr. 10. Zum Datum und zur urkundlichen Form des Beitritts, die einige Rätsel aufgibt, Codice Diplomatico 2, hg. von Bartoli Langeli, S. 418.
43 Dies zeigt die Durchsicht von Codice, hg. von Bartoloni, aber auch die umbrische Überlieferung, die die schwierige Überlieferungslage für die Kommune Rom zumindest an einigen Stellen ausgleichen müsste. Bündnisaktivitäten Roms sind für das Jahr 1243 mit Viterbo zu vermuten (Thumser, Rom, S. 319). 1260 sind Verhandlungen zwischen Rom, Perugia und Florenz über eine gemeinsame *societas* überliefert, deren Ausgang ist jedoch ungewiss (Anhang 1, Nr. 96).
44 Vgl. auch Ansidei, Notizie.
45 Wie Waley, Papal State, S. 148 f., insb. Anm. 4, hierin eine Neutralitätserklärung der beiden Kommunen erkennt, erschließt sich nicht. Zwar wäre dies angesichts der kommunalen Führungen der beiden Städte denkbar (siehe im Folgenden), das Instrument selbst ist jedoch klar gegen den Kaiser gerichtet. So auch Grundman, Popolo, S. 84, Anm. 13.

das zudem vakant war. In Latium verblieb unter den großen Kommunen nur Rom unter der zwar sicherlich nicht propäpstlich gesinnten, aber zumindest klar gegen Friedrich gerichteten Führung des Matteo Rosso Orsini. Orvieto bewahrte sich eine gewisse Neutralität.[46]

Problematisch allerdings erweist sich ausgerechnet die Position Perugias in der fraglichen Zeitspanne. Die leider nur spärlich überlieferten Quellen dieser Jahre lassen nämlich vermuten, dass seit der Mitte des Jahres 1241 stauferfreundliche Gruppierungen in der Stadt immer stärker wurden. Dies führte zur Wahl eines Podestà aus dem Umland, Andreas Iacobi, der wohl Friedrich II. deutlich zugeneigt war und noch posthum des Verrats der Stadt an den Kaiser beschuldigt wurde. Er regierte die Stadt vermutlich auch noch 1242. Allerdings war Andreas Iacobi als Podestà Todis 1237 auch für das propäpstliche Bündnis der umbrischen Kommunen mitverantwortlich gewesen. Allein aus seiner Person lassen sich somit noch keine Schlüsse auf die politischen Entscheidungen einer Kommune ziehen.[47] Ob die Wahl des Podestà jedoch mit einer Exilierung der propäpstlichen Partei einherging, in der Gegenreaktion einen Ausschluss der stauferfreundlichen Gruppen bewirkte oder zu nur innerhalb der kommunalen Führung ausgetragenen Spannungen führte, darüber ist sich die Forschung nicht einig. So wurde gelegentlich vermutet, dass der Beistandspakt mit Rom im März 1242 durch eine Exilpartei geschlossen wurde, das Abkommen wurde aber auch als Auslöser für die innere Spaltung oder aber als Indiz für den erfolgten Umschwung der Kommune zurück zur *pars Ecclesie* interpretiert.[48] Die Parteienbündnisse der 1220er Jahre vor Augen, möchte man den Vertrag zwischen Rom und Perugia ungeachtet aller denkbaren inneren Spannungen aber der Gesamtkommune oder zumindest einer eindeutig durch die *pars Ecclesie* regierten Kommune zuschreiben. Der Vertrag wurde im Namen des *comune* beziehungsweise der *civitas* geschlossen und lässt innere Konflikte formal nicht erkennen. Hätte Rom das Abkommen mit einer Exilpartei gesucht, so hätte sich das in irgendeiner Form in der Konzeptionierung

---

46 Vgl. Nessi, Ducato, und Bartoli Langeli, Federico II, S. 11 f. Zu Rom Thumser, Rom, S. 311–318; zu Orvieto Waley, Orvieto, S. 31–33, der die schmale und widersprüchliche Quellenlage für Orvieto betont, und Menestò, Umbria, S. 17.

47 Vgl. Ceci, Potestà, S. 312; Giorgetti, Podestà, S. 69, 76. Zum Prozess gegen die Söhne des Andreas Iacobi und die Exhumierung seines Leichnams Grundman, Popolo, S. 89–92.

48 Ausführlich zu den nur zu erahnenden Ereignissen und den zugrundeliegenden Quellen Grundman, Popolo, S. 84–87. Grundman erkennt im Vertrag mit Rom eine Reaktion des Popolo auf die durch den Adel forcierte Wahl des Andreas Iacobi. Im Anschluss sei es zu einem Exil des Adels gekommen. Grundmans konsequente Gleichsetzung der prostaufischen Partei mit den *milites* stützt sich, abgesehen von langer historiographischer Tradition, auf den 1223 geschlossenen Vertrag der *milites* mit Città di Castello. Der von ihm nicht herangezogene Vertrag mit Assisi zeigt jedoch, dass die politische Haltung der *milites* so strikt nicht war, siehe oben Kap. II.1.3. Bartoli Langeli, Federico II, S. 12–14, plädiert, allerdings unter dem Vorbehalt der schlechten Quellenlage, für die Exilpartei (ihm folgt Menestò, Umbria, S. 25), an anderer Stelle aber für den erneuten Umschwung (Codice Diplomatico 2, hg. von Bartoli Langeli, S. 434, Anm. 1).

des Instruments niedergeschlagen, wie die überlieferten Parteienbündnisse und die rechtssprachliche Präzision zeigen, die die Bündnisschriftlichkeit der Kommunen üblicherweise ausmachte. Offenbar hatten kaiserliche Gruppierungen in Perugia im März 1242 nicht gänzlich die Oberhand gewonnen.[49] Obwohl somit weder die römischen noch die Perusiner kommunalen Führungsgruppen im März 1242 geschlossen der *pars Ecclesie* zuzuordnen sind, diente der Beistandspakt gegen Friedrich II. der Aufrechterhaltung einer antifriderizianischen Partei in Umbrien und in Latium und somit auch der Verteidigung des Patrimoniums. Zu einem Zeitpunkt, in dem die Kurie durch die Vakanz nach dem Tod Gregors IX. und das in der Folge zersplitterte Kardinalskollegium weitestgehend handlungsunfähig war, war dies für die Römische Kirche eine unverzichtbare Stütze im Krieg „inter Imperium et Ecclesiam".[50]

In den Jahren darauf ist über vorhandene und neue Bündnisse Perugias nur wenig zu erfahren. Die Beziehungen zu Rom blieben offenbar konstant, 1243 und 1244 nahm die Kommune einen römischen Podestà.[51] Trotz der vielfältigen Aktivitäten der kaiserlichen und der päpstlichen Partei in Umbrien, die Perugia immer wieder berührten, tritt die Rolle der geschlossenen *societates* aber nicht aus der ohnehin schmalen Überlieferung hervor.[52] Erst im Sommer 1248 scheinen diesbezügliche Aktivitäten der Kommune aus mehreren erhaltenen Ratsbeschlüssen durch. Sie betreffen die Bevollmächtigung des Perusiner Podestà Zanericus *de Riva* durch die Ratsgremien der Stadt, geheime Erkundigungen und Verhandlungen mit den Feinden der Kirche, den „inimicis Ecclesie qui detinentur sub dominio imperatoris Federici", zu führen, auf dass diese zur *pars Ecclesie* zurückkehren mögen: „ad hoc ut redeant ad mandatum Romane Ecclesie et comunis Perusii et fiant amici". Einige Zeit darauf wurde das Mandat erweitert, nun wurde Zanericus ermächtigt, im Namen der Kommune auch „sotietates, pacta et promisiones" abzuschließen „ad recuperandum amicos et reaquirendum terram et terras et spetiales personas et singulares". Der Podestà ernannte daraufhin einen Prokurator „ad recipiendum promisiones et sotietates a castris, civitatibus et universitatibus et eorum sindicis ad hoc ut de inimicis fiant amici, et subditi Frederici imperatoris revertantur ad mandatum Romane Ecclesie et comunis Perusii". Aus Norditalien ist ein ähnliches Vorgehen für das kaiserliche Cremona überliefert, das durch Friedrich II. direkt unterstützt wurde. Er

---

49 Dass die *pars Imperii* in Perugia nie gänzlich an die Macht kam, wird von Grundman, Popolo, S. 87, vertreten.
50 Zur Vakanz und das durch Matteo Rosso erzwungene Konklave mitsamt der nachfolgenden Behandlung der Kardinäle Thumser, Rom, S. 311–326. Paradoxerweise bewirkte der Orsini-Senator somit zugleich die Schwächung wie die Stärkung der Römischen Kirche in dieser Zeit. Wie Nessi, Ducato, S. 922, dazu kommt, das fragliche Bündnis als „lega guelfa più consistente di tutte le precedenti" zu bezeichnen, erschließt sich nicht. Er setzt auf der Grundlage älterer Literatur den römischen Senator allerdings auch mit dem gleichnamigen Kardinal gleich.
51 Giorgetti, Podestà, S. 77 f.
52 Vgl. Nessi, Ducato, S. 922–929; Annali e cronaca di Perugia, hg. von Ugolini, S. 6 f.

ermächtigte die Cremonesen, möglichen Überläufern bereits die kaiserliche Gnade hinsichtlich der begangenen Übergriffe und Beleidigungen zu garantieren. Über eine ähnliche Unterstützung der perusinischen Initiative durch Innozenz IV. ist allerdings nichts bekannt. Der großangelegten Aktion Perugias folgte mit Sicherheit der Übertritt Montones, während Nessi auch den Seitenwechsel Bevagnas und Coccorones mit Zanericus' Bemühungen in Verbindung bringt.[53]

Grundman hingegen vermutet im Auftrag des Perusiner Podestà bereits die Basis für das nächste große Bündnis, das Perugia nachweislich einging.[54] Beschworen wurde es am 28. Februar 1251 in Perugia selbst. Dieses Bündnis erinnert an die *societas* des Jahres 1237. Es handelt sich wieder um ein Großbündnis, das viele der wichtigen umbrischen Kommunen umfasste: Perugia, Orvieto, Narni, Spoleto und Assisi traten ihm bei. Die Möglichkeit einer Erweiterung über Nebenverträge und Satellitenbündnisse wurde zudem für Rieti, Orte, Gubbio und Camerino vereinbart.[55] Auch dieses Bündnis stellte sich klar auf die Seite des Papsttums und zeigte sich in dieser Hinsicht unbeeindruckt vom Tod Friedrichs II. am 13. Dezember 1250. Beeidet wurden die Vereinbarungen „ad honorem sancte Romane Ecclesie domine ac matris nostre". Der Beitritt Gubbios wurde nur unter der Voraussetzung gestattet, dass die Kommune sich zuvor mit der Kirche aussöhne („postquam redierint ad mandata Ecclesie") und eine eigene Klausel wurde dem Umgang mit den „Verrätern" aus Assisi, die zu Friedrich II. übergelaufen waren, gewidmet („proditores Asisinatum qui iverunt ad partem Frederici et fecerunt guerram Asisinatibus").[56] Daneben bestand die *societas* aus dem üblichen Set an Bündnisvereinbarungen: Man versprach sich für zehn Jahre und mit verschiedenen Sicherheiten Hilfe bei der Wahrung und Rückgewinnung von Besitz und Rechten, die befristete und im Umfang begrenzte Waffenhilfe, ein gemeinsames Vorgehen bei Friedensschlüssen, ein Schiedsgericht und die Vermeidung von Repressalien. Ungewöhnlich war die Begrenzung der Waffenhilfe auf einen festen Raum, der zwischen den Bündnispartnern lag. Der Passus fokussierte die Bündnishilfe vor allem auf eine bündnisfremde Stadt, die im Zentrum des beschriebenen Bündnisraums lag: die Kommune Todi, die zu diesem Zeitpunkt noch von einer prostaufischen Partei regiert wurde.

---

53 1248 April/August 8–1248 September 8, Codice Diplomatico 2, hg. von Bartoli Langeli, Nr. 210–212, S. 475–481, dort auch zu Montone und zur unsicheren Datierung. Daneben Nessi, Ducato, S. 929. Zu Cremona Fasoli, Federico, S. 53.
54 Grundman, Popolo, S. 92, Anm. 34. Noch vor März 1250 hatte Perugia zudem ein Abkommen mit Orvieto geschlossen, über dessen Inhalte aus den spärlichen Quellenhinweisen allerdings nichts zu erfahren ist (Anhang 1, Nr. 71).
55 Codice Diplomatico 2, hg. von Bartoli Langeli, Nr. 233, S. 524–528 (Anhang 1, Nr. 77). Zu den komplexen Regelungen zu Beitritten und Ausnehmungen siehe ausführlich oben Kap. I.2.3.6, S. 185–187.
56 Vgl. zur Verschwörung in Assisi auch Nessi, Ducato, S. 925 f.

Die große „lega umbra" des Jahres 1251 war somit eine erneute Versammlung der großen umbrischen Kommunen, die in den letzten Jahren des Konflikts zwischen Kaiser und Kirche auf Seiten des Papsttums gestanden hatten.[57] Nicht in der Liste der Bündnispartner oder der potentiellen Beitrittskandidaten waren vor allem solche Kommunen, die 1250 und 1251 noch durch kaisertreue Parteiungen regiert waren: Todi, Terni, Foligno und Gubbio, wo sich ein Umschwung aber offenbar bereits abzeichnete. Das Bündnis vom Februar 1251, das alle größeren Kommunen Umbriens in irgendeiner Form berücksichtigt, zeichnet somit aber auch eine Landkarte der politischen Verhältnisse zu diesem Zeitpunkt. Diese Landkarte war immer noch deutlich von dem über ein Jahrzehnt andauernden Krieg der Universalgewalten in den Regionen des Patrimoniums geprägt. Sie unterteilte die umbrischen Kommunen auch nach dem Tod des Kaisers in zwei Lager. Einige dieser in der umbrischen *societas* des Jahres 1251 aufscheinenden Konstellationen sollten sich, wie zu zeigen sein wird, auch noch in der zweiten Hälfte des 13. Jahrhunderts fortsetzen.[58] Das Bündnis verdeutlicht darüber hinaus, was bereits das Bündnis des Jahres 1237 vermuten ließ: Die propäpstlichen Bündnisse, die im Umfeld des Konflikts der beiden großen Universalmächte geschlossen wurden, richteten sich weniger gegen die militärische Bedrohung durch die Heere Friedrichs II. und seiner Amtsträger als gegen die Kommunen und Gruppierungen, die, so das Bündnisinstrument 1251, der *pars Friderici* angehörten. Zwar übernahmen die Städte und *castra* des Patrimoniums die Logik des Konflikts zwischen Römischer Kirche und staufischer Dynastie, ausgetragen wurde dieser aber auf interkommunaler und intrakommunaler Ebene. Auf dieser Ebene stellte der Vertrag zwischen Perugia, Orvieto, Spoleto, Narni und Assisi eine Art Reorganisation der Verhältnisse in Umbrien nach dem Tod Friedrichs II. und zugleich ein klares Bekenntnis zur Römischen Kirche dar. Die Kommunen der *pars Ecclesie* bündelten durch die *societas* des Februars 1251 auf regionaler Ebene ihre Kräfte gegen die verbleibenden prostaufischen Kommunen. Dies bekräftigt auch die im Vergleich zu den untersuchten Bündnisverträgen ungewöhnlich feierliche Einleitung durch eine Arenga, die das Band der Freundschaft preist, das die Städte täglich ermächtige, es mit ihren Feinden aufzunehmen.[59]

Dass die Kommunen dabei nicht nur die Sache der Kirche, sondern auch ihre eigenen Interessen verfolgten, zeigt das Beispiel Perugias, deren kommunale Füh-

---

[57] Zum Umschwung Spoletos 1247 und der Parteinahme der umbrischen Städte in diesen Jahren Tenckhoff, Kampf, S. 45–62; Waley, Papal State, S. 149–151.
[58] Zu diesem Ergebnis kommt auch Nessi, Ducato, S. 932. Für die Marken auch Leonhard, Seestadt, S. 129 f. Aus dem Patrimonium Petri in Tuszien ist für die kaisertreue Seite noch Viterbo zu nennen; vgl. Annales Urbevetani, Cronica potestatum, ad a 1251, hg. von Fumi, S. 151.
[59] „Inter cetera que statum cuiuslibet civitatis mangnificant et exaltant, illud est precipue providendum, ut honorabili copula sociali, que virtutem fraternitatis optinet, quelibet civitas muniatur, per quam cotidie recipere valeat incrementum et inimicorum superbiam refrenare.", Codice Diplomatico 2, hg. von Bartoli Langeli, S. 525.

rung ähnlich dem Jahr 1237 wohl maßgeblich für die Organisation des Bündnisses verantwortlich war.[60] So ist wohl der Passus zu Gubbio im Bündnisvertrag, der eine Aufnahme dieser Stadt erst erlaubte, nachdem diese zum Gehorsam gegenüber der Kirche zurückgefunden habe, auch auf die zu diesem Zeitpunkt virulenten Verwicklungen zwischen Perugia, Gubbio und dem Papsttum zurückzuführen. Am 9. Februar und somit nur kurz vor dem Bündnisschluss hatte Papst Innozenz IV. Gubbio befohlen, die Forderungen Perugias zu erfüllen und das Kastell Castiglione Ildebrando, das im Zusammenhang mit dem 1237 verhandelten Kastell Valmarcola stand, zu zerstören. Möglicherweise bezog sich die Bündnisklausel auch hierauf. Auch nach über zehn Jahren des Konflikts zwischen Papst- und Kaisertum war es somit wieder ein Kastell, das die Beziehungen dieser beiden Städte bis in den Bündnisvertrag hinein bestimmte.[61] Daneben hatte die kommunale Führung Perugias, die nach den inneren Spannungen zu Beginn der 40er Jahre konstant an ihrer propäpstlichen Linie festgehalten hatte, nach der Niederlage vor Spello im März 1246 ein erhebliches Interesse an einer Schwächung Folignos. Dies zeigen Quellen spätestens seit 1250, die die Aktivitäten der Kommune gegen die „Fulingnatos Dei et Ecclesie et comunis Perusii proditores" belegen.[62] 1253 griff Perugia Foligno dann offen an. Der vom Papsttum unterstützte Kriegszug führte 1254 schließlich zur Unterwerfung der Stadt. Verstärkt wurde das perusinische Heer dabei durch Aufgebote aus Orvieto und Spoleto und damit von Bündnisstädten des im Februar 1251 geschlossenen Vertrags. Orvietos Interessen richteten sich hingegen vor allem in Richtung Toskana und gegen Siena. Die Stadt ließ sich künftige Abkommen mit Florenz dementsprechend bereits im Vertrag ausdrücklich sichern. Auch mit Todi bestanden seit 1250 wieder Besitzstreitigkeiten; das orvietanische Heer wurde nachweislich 1255 durch ein Aufgebot aus Perugia unterstützt. Orvieto wiederum leistete 1257 Narni Waffenhilfe gegen Terni.[63] Die nach

---

60 Vgl. ebd., S. 527, Anm. 1. Auch Tenckhoff, Kampf, S. 65, Anm. 1, betont die eigennützigen Motive: „Wir finden in dieser Zeit [1251] eine merkwürdige Neigung der Städte des Patrimoniums, untereinander in Bündnissen zusammenzutreten. Dieselbe scheint in der Unsicherheit der Verhältnisse, wie sie nach dem Tod des Kaisers bestanden, ihren Grund zu haben. Die Städte hofften, durch engen Anschluss aneinander einerseits möglichst großen Vorteil aus der Lage der Dinge zu ziehen, anderseits, wenn sie sich schuldig fühlten, nach Möglichkeit Nachteile von sich abzuwenden.".
61 Auch Valmarcola kam wieder zur Sprache, der Papst bestätigte Perugia den Besitz. Die Verträge des Jahres 1237 wurden somit, wahrscheinlich von beiden Seiten, übergangen: Codice Diplomatico 2, hg. von Bartoli Langeli, Nr. 229, S. 520, und Nr. 231, S. 522 f. Vgl. Tenckhoff, Kampf, S. 65; Cenci, Relazioni, S. 548; Grundman, Popolo, S. 93. Allerdings wurde mit der Formulierung *redire ad mandata Ecclesie* bereits 1248 die Rückkehr zur *pars Ecclesie* bezeichnet, ein konkreter Bezug zu den Verhandlungen mit Perugia ist somit nicht sicher.
62 So das Instrument 1251 Februar 14, Codice Diplomatico 2, hg. von Bartoli Langeli, Nr. 232, S. 523 f.
63 Zum Krieg gegen Todi und Terni: Annales urbevetani, Cronica potestatum, ad a. 1255 und 1257, hg. von Fumi, S. 154. Zum Feldzug gegen Foligno unten Kap. II.3.1. Vgl. Ceci, Todi, S. 138–142; Waley, Orvieto, S. 34–42; Menestò, Umbria, S. 27 f.

dem Tod des Kaisers vereinbarte *societas* verflocht also die päpstliche Parteinahme mit den jeweils eigenen, lokalen Interessen der Kommunen. Diese waren aber eng an die durch die letzten Jahre des Konflikts zwischen Kaiser und Papst geprägte politische Landkarte des Jahres 1251 gebunden. Die Aktionen der Bündnismitglieder gegen ehemals kaiserliche Kommunen wurden in diesen Jahren auch vom Papsttum gebilligt, wie etwa die kuriale Unterstützung Perugias gegen Foligno und Gubbio zeigt.

Die Personen und Gruppen, die 1251 und in den Jahren zuvor die Politik der Perusiner Kommune bestimmten, sind kaum dingfest zu machen. Auffällig ist, dass der Syndikus, der Perugia bei sämtlichen Vertragsschlüssen des Jahres 1237 vertreten hatte, *dominus* Giovanni di Fratta, auch 1251 als Zeuge beim Bündniseid zugegen war. *Dominus* Frangnapane Vitalis, im Februar 1251 ebenfalls Zeuge für Perugia, war einer der einflussreichsten Bürger Perugias und gehörte mit Sicherheit der *pars Ecclesie* an. Er hatte wahrscheinlich persönliche Beziehungen zu Gregor IX. gepflegt.[64] Der dritte Perusiner Zeuge, *dominus* Blancus Bonosmeri, tritt in den folgenden Jahren in den Außenbeziehungen der Kommune häufig zu Tage.[65] Im Allgemeinen ist die Überlieferung und die prosopographische Aufarbeitung jedoch zu lückenhaft, um die Politik der Kommune an einzelne Gruppierungen und Personen rückzubinden. Dies zeigte bereits der von der Forschung nicht rekonstruierbare Konflikt zwischen *pars Imperii* und *pars Ecclesie* innerhalb der Kommune zu Beginn der 1240er Jahre. Und auch die Rolle des Andreas Iacobi, als Podestà Todis mitverantwortlich für das Bündnis des Jahres 1237, als Podestà Perugias in den Jahren 1241–1242 als Indiz für eine Übermacht der *pars Imperii* gewertet, zeigt, dass personelle Rückschlüsse auf die Entscheidungen der Kommunen nur bedingt möglich sind. Auch von einer Reaktion des Papstes oder seiner Vertreter auf die erneute Bündnisinitiative ist nichts bekannt, sieht man von der Flut an Gunsterweisen ab, mit der Innozenz IV. Perugia 1252 überschüttete. Diese sind jedoch kaum auf ein einzelnes Bündnis, sondern vielmehr auf die konstante Treue Perugias im Kampf mit Friedrich zurückzuführen.[66]

Zusammenfassend kann gesagt werden, dass die *societates* aus der Zeit des staufisch-päpstlichen Konflikts einige Besonderheiten aufweisen, die sie von den überlieferten Bündnissen der Jahre zuvor und danach abgrenzen. In erster Linie zeichnen sie sich durch ihre regionale Reichweite aus. Die Bündnisse der Jahre 1237 und 1251 umfassten jeweils fünf Kommunen und somit einen Großteil der umbrischen Städte, die nicht der Jurisdiktion anderer Kommunen unterstanden. Und auch das Bündnis zwischen Rom, Perugia und Narni zeugt von einer räumlichen Ausweitung, die weit über die bis dahin üblichen Bündnisregionen der umbrischen Kommunen hinausgeht. Die untersuchten *societates*, die Perugia in den Jahrzehnten zuvor abgeschlossen hatte,

---

64 Vgl. Reformationes, hg. von Nicolini, S. 75 f., Anm. 2.
65 Siehe oben Kap. I.3.4, S. 213 f.
66 Vgl. ausführlich Grundman, Popolo, S. 93–95.

waren – abgesehen von der *societas Tuscie*, die ebenfalls aus dem makropolitischen Kontext der Beziehungen zwischen Reich und Römischer Kirche erwuchs – alle bilateral angelegt. Gleiches gilt für alle anderen erhaltenen Bündnisse der umbrischen Kommunen in dieser Zeit.

Zudem nehmen die Bündnisse in diesen Jahren auf jeweils verschiedene Weise Partei im offenen Streit zwischen Friedrich II. und Gregor IX. beziehungsweise Innozenz IV. Während dies im Bündnis des Jahres 1237, und somit vor dem direkten Eingriff Friedrichs im Patrimonium, nur durch die starke rhetorische Anbindung an die Römische Kirche und den Ausschluss von Aktionen gegen die Mutter Kirche geschah, vereinbarte das Bündnis zwischen Rom, Perugia und Narni im Jahr 1242 eine gemeinsame Politik gegen den Kaiser, obwohl weder die Regierung Roms noch die Regierung Perugias zu diesem Zeitpunkt der *pars Ecclesie* sicher zugerechnet werden dürfen. Das umbrische Bündnis des Jahres 1251 schließlich vereinte in klaren Gruppierungen die der päpstlichen Seite anhängenden Kommunen gegen die staufisch besetzten Städte und kaiserlichen Parteien. Die gedankliche Aufteilung in eine *pars Ecclesie* und eine *pars Friderici* wird im Vertrag deutlich formuliert.

Weitere distinkte Merkmale lassen sich hingegen nicht scharf abgrenzen. Während viele der Bündnisse der Marken sich in ihrer Parteinahme im Konflikt zwischen Päpsten und staufischen Herrschern durch eine hohe Militanz gegen die Anhänger der anderen Partei, aber wenig konkrete Hilfsversprechen auf militärischer Ebene auszeichneten, gilt dies für Umbrien nur bedingt. Zwar formulieren auch die Instrumente der Jahre 1237 und 1242 keine konkreten Hilfeleistungen, im 1237 geschlossenen Bündnis der umbrischen Städte wurde aber zumindest eine Kostenregel getroffen, das heißt militärische Hilfe vorausgesetzt. Die *societas* des Jahres 1251 wiederum regulierte die militärische Hilfe sehr konkret. Es fehlen hingegen radikale Regelungen zum Umgang mit der kaiserlichen Partei, die etwa jeden Kontakt unterbinden oder Zuwiderhandlungen mit Hinrichtung bestrafen. Klauseln solcher Art finden sich hingegen in den Bündnissen der Marken, die zu dieser Zeit geschlossen wurden und die deutlicher als die umbrischen Bündnisse ihre Parteinahme formulierten.[67] Das hängt wohl nicht zuletzt damit zusammen, dass die Mark Ancona von den militärischen Aktionen der kaiserlichen und päpstlichen Vertreter stärker betroffen war. Auch der Eindruck, die gegen Friedrich gerichteten Bündnisse seien weniger durch lokale Konflikte um den territorialen Einflussbereich der Kommunen geprägt gewesen, ist nur bedingt haltbar. Zieht man die Bündnisse Perugias mit den konkurrierenden Kommunen um den Lago Trasimeno als Vergleich heran, mag dies stimmen. Allerdings spielen in den Verträgen der präventiven Bündnisse der Kommune nach Süden territoriale Fragen ebenfalls keine Rolle. Und selbst die Vereinbarungen, die 1237 und 1251 zwischen den umbrischen Kommunen geschlossen wurden, lassen sich von der

---

67 Siehe unten Kap. II.5, S. 358–360 und Anhang 1, Nr. 64, 67, 70, 73, 74. Zum Konflikt in den Marken speziell auch Zampetti, Federico.

Territorialpolitik der Kommunen nicht ganz trennen, denn beide Verträge beziehen die langwierigen Streitigkeiten Gubbios und Perugias um Grenzkastelle mit ein.

Dieser Befund verweist auf ein Phänomen, das in der Forschung bereits des Öfteren angesprochen wurde. Auch wenn die Kommunen durchaus Partei nahmen im Konflikt zwischen Kaiser und Papst, lässt sich diese Parteinahme doch nicht immer von den zwischen- und innerstädtischen Konflikten lösen. Die kommunalen Interessen, die sich oftmals um territoriale Besitzungen und politischen Einfluss drehten, spielten bei der Wahl für die eine oder andere Seite selbstverständlich eine Rolle. Nicht immer waren es die konkreten Ansprüche auf ein Kastell, die hierbei den Ausschlag gaben. Wie bereits die Parteienbündnisse der *pars militum* Perugias zeigten, verbanden sich mit den beiden Universalmächten auch abstraktere Hoffnungen auf eine den eigenen Interessen zuträgliche Politik. So suchte Città di Castello 1223 in der Anlehnung an das Reich auch den Rückhalt gegen die Aggressionen Perugias. Perugia wiederum sah in der geringen Durchdringung der päpstlichen Herrschaft eine Chance, die eigene dominante Rolle in Umbrien zu bewahren.

Dies alles macht es problematisch, bei den untersuchten Bündnissen der Jahre 1237–1251 von „leghe guelfe" zu sprechen. Dies erlaubt weder die Quellenlage – die entsprechenden Begrifflichkeiten setzten sich erst deutlich später durch – noch die verschiedenen Kontexte, denen die Bündnisse entsprangen oder die Form der Verträge. Dennoch unterstützten im Konflikt mit Friedrich II alle drei *societates* die päpstliche Herrschaft im Patrimonium Petri. Durch die autonome Koordinierung der eigenen Interessen oder der militärischen Verteidigung gegen den Kaiser und die kaiserlichen Anhängerschaften verteidigten die Kommunen automatisch auch die Ansprüche des Papsttums in diesem Konflikt. Obwohl aufgrund der schlechten Überlieferungssituation die Umsetzung der Bündnisvereinbarungen in den Quellen nur bedingt greifbar ist, scheint die *societas* für die Kommunen ein probates Instrument gewesen zu sein, diese Ziele zu erreichen. Ohne die Stütze der propäpstlichen, in *societates* organisierten Kommunen wäre die Stellung der römischen Kurie im Streit um die Herrschaft über das Patrimonium Petri wohl weniger erfolgreich gewesen.[68] Dieses Potential sahen auch die damaligen Päpste und Rektoren. Zwar ist auf die soeben untersuchten, von den Kommunen organisierten Bündnisse kaum eine Reaktion der Kurie überliefert, in Krisensituationen bemühten sich die päpstlichen Amtsträger jedoch wiederholt darum, aus eigener Kraft kommunale *societates* anzuregen, wie gleich zu zeigen ist. Die Rolle Perugias sticht in diesem Zusammenhang insofern hervor, als trotz der kurzzeitigen prokaiserlichen Tendenzen in der perusinischen Führung zu Beginn der 40er Jahre keine andere Kommune so konstant die Treue zur Römischen Kirche hielt. Sowohl die untersuchten *societates* als auch die Verhandlungen des Zanericus 1248 zeigen Perugia zudem um die Vergrößerung der päpstlichen

---

68 So auch Andreani, Todi nel basso medioevo, S. 58.

Partei bemüht, was sowohl im Interesse der Kommune als auch im Interesse des Papsttums liegen musste.[69] Innozenz IV. überhäufte die Stadt zum Dank gleich nach dem Tod des Kaisers mit Gunsterweisen. Die im Konflikt zwischen Friedrich II. und der Kirche verankerte grundsätzliche Identifikation Perugias mit der päpstlichen Sache, die sie auch nach außen affirmierte, begründete aber nicht nur ein auch in der zweiten Jahrhunderthälfte zu verfolgendes Selbstverständnis der Stadt, sondern auch die hegemoniale Stellung, die die Kommune in Umbrien einnehmen sollte.[70]

2.2 Päpstlich initiierte Bündnispolitik: Die geglückte *societas* des Jahres 1228 und das gescheiterte Bündnis des Jahres 1260

Nicht nur die Kommunen sahen offenbar in der *societas* ein geeignetes Instrument, um die Verteidigung gegen Friedrich II. und seine Nachfolger zu organisieren. Auch die Päpste versuchten mindestens zweimal, die ihnen untergebenen umbrischen Kommunen zu einem Bündnis gegen die staufischen Herrscher zu bewegen. Weitere Versuche sind denkbar, gehen aber nicht zweifelsfrei aus den Quellen hervor. So sah etwa Attilio Bartoli Langeli auch in der großen *societas* des Jahres 1237 ein päpstlich protektiertes Bündnis und führte seine Entstehung sogar auf das päpstliche *colloquium* im Dezember zuvor zurück.[71]

Diese Annahme ist nicht gänzlich von der Hand zu weisen, wie zwei Instrumente zeigen, die ein ähnliches Vorgehen der Kurie einige Zeit zuvor nahelegen. Es handelt sich um zwei in Assisi überlieferte Ratsbeschlüsse, ausgestellt am 15. und 24. Juli 1228.[72] Das erste Instrument beurkundet einen Vorschlag des päpstlichen Diakons Pandolfo im generellen und speziellen Rat von Assisi.[73] Pandolfo berichtete dem Rat, dass Gregor IX. ein Bündnis zwischen Assisi und Perugia organisieren wolle („sotietatis federe et vinculo alligari"). Hinzuzuziehen seien nach gemeinsamem Willen des Papstes und der Kardinäle sowie der beiden Städte weitere *civitates* und *terre*. Das Bündnis solle sich nicht gegen eine bestimmte Person richten, sondern gegen jeden, gleich welchen Namens oder Ranges, der der Römischen Kirche oder dem Patrimonium Petri und dessen Einwohnern Schaden zufügen wolle („contra omnem universitatem et personam cuiuslibet nominis necnon et dingnitatis que Ecclesiam

---

69 Vgl. Nessi, Ducato, S. 933 f., und Bartoli Langeli, Federico II, S. 12–14.
70 Vgl. Nessi, Ducato, S. 933, und Codice Diplomatico 2, hg. von Bartoli Langeli, S. 519. Ebenso ders., Perugia, S. 1117.
71 Siehe oben Kap. II.2.1, S. 281.
72 Codice Diplomatico 1, hg. von Bartoli Langeli, Nr. 94, S. 231–233 (Anhang 1, Nr. 47).
73 Zur Person des Pandolfo, der entgegen dem Ratsprotokoll aus Assisi wohl nur Subdiakon war, aber häufig mit Aufträgen im Dukat betraut war, vgl. die verschiedenen Belege bei Waley, Papal State, S. 349.

Romanam aut Patrimonium beati Petri et eius habitatores ledere et gravare vellet vel in aliquo molestare"). Diesen Vorschlag nahm der Rat Assisis offensichtlich einstimmig an. Am 24. Juli trat die Versammlung erneut zusammen und beratschlagte über eine weitere Aufforderung Pandolfos, die die für den kommenden Tag vorgeschlagene Abreise des Podestà Assisis nach Perugia zum *parlamentum* betraf: Zur Debatte stand die Frage zum Umgang mit Bürgen oder einer Geldstrafe, falls der oberste Amtsträger Assisis die Kommune auf die *societas* zwischen den Städten des Dukats und des Patrimoniums in Tuszien verpflichten sollte. Auch diesmal nahm der Rat den einzigen überlieferten Redebeitrag eines Petrus Tedaldi an: Der Podestà möge zu dem von Gregor IX. einberufenen Parlament erscheinen und dort alle Wünsche des Papstes befolgen, und zwar unabhängig von den Entscheidungen seiner Amtskollegen.[74] Der Kämmerer solle alle dazu nötigen Zahlungen veranlassen und, wenn nötig, Anleihen bei den *boni homines* Assisis aufnehmen.

Die beiden *riformanze* aus Assisi machen somit mehrere Dinge deutlich: Sie zeigen, dass Gregor IX. im Sommer 1228 offenbar ein größeres Parlament mit den Kommunen Umbriens und Latiums einberufen hatte. Eines der Ziele dieses *colloquium* war die Vereinbarung einer *societas* zwischen Perugia und Assisi und weiteren Städten des Dukats und des Patrimoniums in Tuszien. Diese *societas* wurde in Assisi durch päpstliche Abgesandte vorbereitet, und es ist davon auszugehen, dass in den übrigen betroffenen Städten ähnlich vorgegangen wurde. Auf diese Weise trug man dafür Sorge, dass die kommunalen Vertreter, hier der Podestà, mit einem gültigen Ratsbeschluss und den nötigen Vollmachten über die Obligation in Form einer Geldstrafe oder Bürgschaften ausgestattet waren. Man berücksichtigte somit die rechtlichen Voraussetzungen kommunaler Vertragsschlüsse. Die Ratsbeschlüsse zeigen aber auch, dass die kommunale Führung Assisis auch 1228 unverändert zur Herrschaft der Kirche stand. Die starke Anbindung an das Papsttum, die bereits die *societas* Assisis mit den Perusiner *milites* ausgezeichnet hatte, wird auch in der Ratssitzung des 24. Juli wieder manifest: Der Rat beschließt, den Befehlen des Papstes den Vorzug zu geben, auch vor den Entscheidungen der anderen Kommunen. Und schließlich verweist der Vorschlag des päpstlichen Diakons bereits auf die Ausrichtung des Bündnisses. Zwar wurde Wert darauf gelegt, dass das Bündnis neutral formuliert wurde – es solle sich keinesfalls gegen eine bestimmte Person richten, heißt es da –, aber die Eingrenzung auf mögliche Aggressoren gegen das Patrimonium, die Kirche oder die päpstlichen Untertanen sprach im Juli 1228 eine deutliche Sprache. Im Juni 1228 hatte Friedrich II. Rainald von Urslingen zum Reichslegaten auch für die Gebiete des Patrimoniums er-

---

74 Codice Diplomatico 1, hg. von Bartoli Langeli, Nr. 94, S. 233: „et faciat inde ad mandatum domini pape, et si alii potestates, contrade et alie comunantie facient faciat inde ad mandatum domini pape, et si alie non facerent potestas faciat inde ad mandatum domini pape".

nannt und diesem eine Urkunde über die kaiserliche Rückforderung der ehemaligen Reichsgebiete ausgestellt.[75]

Bestätigt werden die Instrumente aus Assisi durch zwei weitere Quellenbelege. In einem Brief an Siena vom 30. August 1228 ist zu erfahren, dass das einberufene Parlament tatsächlich stattfand, Gregor IX. berichtet da von Entscheidungen, die „in colloquio apud Perusium pro variis Ecclesie negotiis solempniter celebrato" getroffen wurden. Und auch die Motivation des Bündnisses wird in diesem Brief klar formuliert. Der Papst verweist auf die für Rainald ausgestellten Urkunden „ad impugnandum et usurpandum patrimonium apostolice Sedis", das Heer, das Friedrich II. sammeln ließ, die widerrechtliche Besetzung einiger Kastelle der Kirche und die Briefe und Geschenke, mit denen Friedrich unter den Städten des Dukats und des Patrimoniums Aufruhr zu stiften versuche.[76] Nur über die vorbereitete *societas* fehlt jeder weitere Quellenbeleg. Ihr Zustandekommen ist damit sehr wahrscheinlich – es ist davon auszugehen, dass die Kurie Perugia in ein entsprechendes Vorgehen mindestens ebenso früh einbezogen hat wie die weniger bedeutende Stadt Assisi – aber nicht gesichert.[77] Ob und in welcher Form die Kommunen des Dukats und des Patrimoniums das päpstlich initiierte Bündnis abschlossen, ist zunächst auch nicht relevant. Was die beiden Ratsbeschlüsse aus Assisi mit großer Deutlichkeit zeigen, ist der Umgang Gregors IX. und der Kurie mit dem Phänomen der Städtebündnisse. Er sah in dieser Form der interkommunalen Organisation im Sommer 1228 offenbar das geeignetste Instrument, die Verteidigung gegen die Kriegsvorbereitungen der Reichsvertreter zu organisieren. Ohne eigene militärische Ressourcen blieb dem Papst in dieser Situation nur der Rückgriff auf Söldner oder die Aufgebote der Kommunen. Anstatt diese Aufgebote mit Verweis auf die Treupflicht einfach anzufordern, setzte Gregor IX. auf eine andere Lösung. Der Rückgriff auf eine kommunale *societas*, die die beteiligten Kommunen zur gegenseitigen Hilfe verpflichtete, musste dem Papst deutlich flexibler erscheinen als die Aufstellung eines päpstlichen Heeres. Hierzu fehlte im Juni 1228 offensichtlich noch der konkrete Anlass: Die kaiserliche Seite beschränkte sich, so der Brief an Siena, zu diesem Zeitpunkt wohl noch auf kleinere Übergriffe auf einzelne Kastelle, sammelte aber bereits ein größeres Heer. Zu diesem Zeitpunkt, ohne im Feld stehenden Gegner, bereits die Aufgebote der Kommunen zu fordern, die üblicherweise zeitlich begrenzt geleistet wurden, wäre kaum sinnvoll gewesen. Über ein Bündnis hingegen waren im Idealfall die kommunalen Kräfte präventiv genau dann zu mobilisieren, wenn sie gebraucht wurden, und dies ohne

---

75 Vgl. Waley, Papal State, S. 134 f.; Stürner, Friedrich II. 2, S. 140–142.
76 1228 August 30, Historia 3, hg. von Huillard-Bréholles, S. 495 f. Vgl. Codice Diplomatico 2, hg. von Bartoli Langeli, S. 232. Vgl. zum folgenden Einmarsch Rainalds von Urslingen in Umbrien: Vita Gregorii pape noni, hg. von Fabre/Duchesne, S. 21.
77 So auch Codice Diplomatico 2, hg. von Bartoli Langeli, S. 232. Bartoli Langeli hält die Beeidung für „altamente probabile, non matematicamente sicura".

den Zwischenschritt der päpstlichen Organisation. Gregor IX., so scheint es, bediente sich also bewusst eines ureigenen kommunalen Rechtsinstruments, um die Städte in Umbrien und Latium zur Selbsthilfe zu bewegen. Dies zeigt sich möglicherweise auch daran, dass die rechtlichen Formalitäten eines Bündnisschlusses berücksichtigt wurden, wie Pandolfos Vorbereitungen zeigen. Hierin spiegelt sich aber vielleicht auch nur die juristische Ausbildung vieler Kurienmitglieder und der Stellenwert, den das römische Recht dort genoss.

Ob die Kommunen im Bedarfsfalle diesen Plan mitgetragen hätten, steht auf einem anderen Blatt. Denn die Gregor mit diesen Überlegungen unterstellte Vorstellung eines sich selbst tragenden Verteidigungsnetzwerkes bedurfte zuallererst der Kooperation der Kommunen. Waren diese aus eigenem Interesse zu einer solchen Allianz bereit, war die *societas* sicherlich die geeignetste Art und Weise, ein solches Netzwerk zu organisieren, da es die Form aufgriff, in der auch die Kommunen ihre Beziehungen verrechtlichten. Mangels Quellen lässt sich über die tatsächliche Bereitschaft der Kommunen des Dukats und des Patrimoniums in Tuszien, sich in einem Bündnis gegen die Reichsvertreter zu engagieren, nichts sagen. Die kleine Kommune Assisi war zumindest gewillt, unter päpstlicher Herrschaft zu verbleiben. Sie zeigte sich dem für die Stadt vorteilhaften Projekt gegenüber aufgeschlossen und war bereit, sich dafür auch finanziell, notfalls über Kredite, zu verpflichten.[78] Auch für Perugia ist eine Zustimmung vorab anzunehmen: Gregor IX. weilte seit Juni des Jahres in der Stadt und setzte sich dort für die Befriedung zwischen *milites* und *pedites* ein, das Parlament fand in Perugia statt. Es ist davon auszugehen, dass eine entsprechende Initiative zunächst mit der kommunalen Führung Perugias abgesprochen und wohl kaum gegen deren Widerstand durchgeführt wurde.[79] Der Rückgriff Gregors IX. auf eine kommunale *societas* zeigt jedoch vor allem, dass das Papsttum in dieser Form der städtischen Selbstorganisation im Bedarfsfall auch eine Bereicherung der eigenen Möglichkeiten und Ressourcen erkannte.

Zu dieser Erkenntnis kam mehr als dreißig Jahre später auch Alexander IV. Er versuchte ebenfalls, gemeinsam mit dem Rektor des Dukats im Herbst 1260 die Verteidigung gegen Friedrichs Sohn Manfred über den Zusammenschluss der Städte des Dukats und des Patrimoniums in Tuszien in einem Bündnis zu gewährleisten. Über die langen und komplexen Verhandlungen informieren mehrere Ratsbeschlüsse aus Perugia sowie Briefe an Viterbo.[80] Die einzelnen Ereignisse lassen sich folgendermaßen rekonstruieren: Noch vor dem 14. Oktober strengte der Rektor des Dukats eine gegen Manfred und seine Anhänger („sequaces") gerichtete *societas* zwischen den

---

[78] Allerdings ist die Deckung der finanziellen Ausgaben der Kommune durch Kredite Usus im 13. Jahrhundert und weist nicht auf eine Ausnahmesituation hin.
[79] Vgl. auch Grundman, Popolo, S. 72.
[80] Anhang 1, Nr. 99. Siehe dort auch ausführlich zu den einzelnen Quellenbelegen, die hier zusammengefasst werden.

„homines et comunancias Ducatus Spoleti" an, „pro manutenendis iuribus et honoribus Ecclesie Romane". Mit Sicherheit erhielten diese Aufforderung die Kommunen Foligno, Assisi, Spello und Gualdo Tadino, die zu diesem Zeitpunkt alle dem Jurisdiktions- und Einflussbereich Perugias angehörten. Es ist jedoch wahrscheinlich, dass auch die übrigen dominanten Kommunen des Dukats und des Patrimonium Petri in Tuszien zu einem solchen Bündnis aufgerufen wurden; belegt ist dies für Perugia und Viterbo. Die in unterschiedlicher Weise von Perugia abhängigen Kommunen koordinierten ihre Reaktion alle mit der Perusiner Führung.[81] Obwohl ihnen, teils mit Einschränkungen, freigestellt wurde, das Bündnis zu schließen, solange es sich nicht gegen Perugia richtete, ist ein diesbezügliches Engagement später nur für Spello und Foligno bekannt. Da die Führungen Spellos und Folignos aber ihre weiteren Schritte, etwa die Formulierung der Syndikatsurkunden, mit der perusinischen Kommune abstimmten, sind wir nicht nur über den ungefähren Fortgang der Verhandlungen informiert, sondern auch über das Misstrauen, dass Perugia gegenüber diesem Bündnis hegte. Die kommunale Führung befürchtete, dass dieses Bündnis offen oder verdeckt gegen Perugia gerichtet sein könnte. Um dem vorzubeugen, entsandte der Rat am 24. Oktober eigens eine Gesandtschaft an den Rektor sowie entsprechende Anweisungen an die Kommunen ihres Jurisdiktionsbereichs.[82]

Und die Ereignisse gaben der Perusiner Führung hierin nicht ganz unrecht. Im November wurden die Verhandlungen über das Bündnis, möglicherweise aufgrund der spärlichen Erfolge, die der Rektor bis dahin in seiner Organisation einer kommunalen *societas* erzielt hatte, an die Kurie verlegt. Alexander IV. selbst rief nun die Kommunen dazu auf, *ambaxatores* mit ausreichendem Mandat „super societate faci-

---

[81] Die ersten Anfragen aus Assisi, Spello und Gualdo Tadino wurden am 14. Oktober 1260 im speziellen Rat *cum adiuncta* diskutiert, die Anfrage aus Foligno am 19. Oktober in der Vollversammlung; Regestum, hg. von Ansidei, Nr. 271 und 272, S. 295, 297. Siehe zur für die Differenzierung der Beziehungen Perugias aufschlussreiche Antwort oben Kap. I.2.2, S. 136–138. Spello hatte zu diesem Zeitpunkt auch einen Podestà aus Perugia; vgl. Menzinger, Giuristi, S. 207. Die Stoßrichtung der *societas* ergibt sich erst aus der folgenden Sitzung am 24. Oktober: Regestum, hg. von Ansidei, Nr. 275, S. 302–304. Wahrscheinlich handelt es sich bei dem Rektor um Manfredo Roberti, Elekt von Verona, der zugleich Rektor des Patrimoniums in Tuszien war; vgl. Waley, Papal State, S. 312.

[82] Spellos Anfrage bezüglich der Gestaltung der Syndikatsurkunde, deren erste, ebenfalls mit Perugia abgesprochene Fassung, vom Rektor abgelehnt wurde: 1260 Oktober 24, Regestum, hg. von Ansidei, Nr. 275, S. 302–304. Die erste Absprache geht aus einem der von Ansidei nicht edierten Redebeiträge hervor, AS Perugia, Consigli e Riformanze 4, fol. 116v: „Mafeus Centurarie consuluit quod ... debeant facere societatem ... secundum modum instrumenti syndicatus quem alias approbatum fuit per idem (eumdem ms.) consilium". In dieser Sitzung fiel auch die Entscheidung, beim Rektor zu erbitten, keine *societas* zu schließen, die Perugias Beziehungen zu den übrigen Kommunen des Dukats beeinträchtigen könne oder der Stadt zum Nachteil gereiche, und diese Bitte auch an Spello, Assisi, Foligno, Bevagna und Gualdo zu kommunizieren. Auch Foligno ließ eine Syndikatsurkunde vom Perusiner Rat absegnen; 1260 Dezember 16, Regestum, hg. von Ansidei, Nr. 294, S. 329–331.

enda" nach Rom zu schicken.[83] Perugia hingegen erhielt zwar einen entsprechenden Aufruf, aber – wie die Ratsprotokolle trotz aller gattungsbedingten Zweifel vermuten lassen – ohne die Information, zu welchem Zweck die Gesandtschaft anreisen sollte. Zumindest berieten die Ratsherren über verschiedene Möglichkeiten der Informationsbeschaffung, die auch die informelle Anfrage an einige „amicos comunis Perusii exsistentes in curia Romana" umfasste.[84] Durch Spello, wenn nicht auch auf anderen Wegen informiert, beschloss die kommunale Führung kurz darauf, ihre *ambaxatores* ausschließlich mit einer Vollmacht zur Anhörung auszustatten. Den Kommunen des Dukats wollte man erneut mitteilen, dass, falls der Papst wolle, dass sie eine *societas* „pro defendenda libertate Ecclesie contra D. Manfredum regem" schlössen, sie dies in einer Form tun sollten, die nicht gegen Perugia gerichtet sei.[85]

Die von Alexander IV. an der Kurie organisierte Zusammenkunft fand wohl zwischen dem 2. und dem 9. Dezember in Rom statt. Noch am 28. November hatte der Papst auch Viterbo aufgefordert, innerhalb von vier Tagen Gesandte mit ausreichenden Vollmachten an die Kurie zu entsenden, um den Frieden in den unruhigen Regionen der *patria* wiederherzustellen.[86] Das auch hier nur angedeutete Vorhaben des Papstes offenbart sich dann vollständig in einem perusinischen Ratsprotokoll vom 10. Dezember, ergänzt durch einen späteren Brief an Viterbo. Diskutiert wurde in der Ratsversamlung ein Brief der *ambaxatores* in Rom, die in einem eigenen Bericht („cedula interclusa") die Absichten des Papstes darlegten. Alexander IV. plante demzufolge ein großes Friedens- und Verteidigungsbündnis unter den Kommunen Umbriens und des nördlichen Latium. Dieses verbot den päpstlichen Untertanen („omnes de patria") jeden persönlichen oder brieflichen Kontakt zu Manfred, seinen Vertretern oder seinem Heer. Es sah zudem eine gemeinsame Verteidigung mit allen Kräften gegen jede Invasion oder Besatzung der *terra Ecclesie* vor („unus iuvet alium et omnes comuniter adiuvare debeant"). Konkret sollte sie auf der gegenseitigen Waffenhilfe in beiden Provinzen unter der Führung eines *capitaneus Ecclesie* beruhen. Um das zu diesem Vorhaben nötige Vertrauen zwischen den Kommunen herzustellen, sollten zunächst vor dem Papst alle Zwistigkeiten zwischen den Kommunen beige-

---

[83] Belegt für Spello, 1260 November 19, ebd., Nr. 284, S. 314–316. Spello stimmte das Vorgehen wie gewohnt mit Perugia ab. Die Ratsversammlung schlug vor, die Delegation gemeinsam mit den Perusiner Gesandten an die Kurie zu schicken und sich dort bei Gefallen dem perusinischen Vorgehen anzuschließen.
[84] 1260 November 15, AS Perugia, Consigli e Riformanze 4, fol. 122r, Teildruck: Regestum, hg. von Ansidei, Nr. 283, S. 314. Neben dem Vorschlag, offiziell durch *ambaxatores* anzufragen, sollte auch *frater* Bonvicinus, der *cubicularius* des Papstes, eingeschaltet werden. Vgl. zu diesem wichtigen Kontakt der Kommune an der Kurie die unter dem Registereintrag „Bonvicinus (Frater)" aufgeführten Ratsprotokolle; ebd., S. 355.
[85] 1260 November 23, ebd., Nr. 286, S. 318 f.
[86] 1260 November 28, in: Pinzi, Storia 2, S. 79 f., Anm. 1.

legt werden.⁸⁷ Alexander IV. nutzte in seinen Briefen an die Kommunen des Dukats und des Patrimoniums eine rhetorische Strategie, die bereits Innozenz III. 1198 angewandt hatte. Er berief sich mittels des Schlagworts der *patria* auf die gemeinsame Identität der Angesprochenen, die durch die Invasion eines Fremden gefährdet sei.

Der Erfolg dieses Argumentationsmusters fiel im Winter 1260/1261 jedoch bescheidener aus. Bereits in der ersten päpstlichen Versammlung Anfang Dezember waren wohl viele der kommunalen Abgesandten nicht mit Entscheidungskompetenzen ausgestattet gewesen.⁸⁸ In Perugia entschied sich die Ratsversammlung gleich nach der Lektüre des Berichts ihrer *ambaxatores*, diese aus Rom abzuziehen – trotz der drohenden Exkommunikation, die Alexander den Abgesandten im Fall einer Abreise angekündigt hatte. In der internen Diskussion, die über das Ratsprotokoll zu verfolgen ist, zeigte sich der Perusiner Rat bereit, jede Hilfe gegen Manfred bei der Verteidigung des Dukats und der Römischen Kirche zu leisten („per comune Perusii detur omnis opera que dari potest") ein rechtsverbindliches Bündnis („societas nec iura cum aliqua terra seu terris Ducatus") wollte man jedoch auf keinen Fall eingehen.⁸⁹ Alexander IV. sah sich gezwungen, eine zweite Versammlung im Januar anzusetzen. Am 22. Dezember schrieb er an Viterbo, dass viele der Gesandten ohne hinreichende Vollmachten gekommen seien. Damit dies bei der nächsten Zusammenkunft kein Hindernis sei, lege der Papst diesmal die *articuli* des geplanten Eids bei, sodass die Kommunen ihre Syndikatsurkunden dementsprechend konzipieren konnten.⁹⁰ Aber auch diese Strategie hatte offensichtlich nur mäßigen Erfolg, denn am 26. Januar beklagte sich Alexander erneut bei Viterbo, dass ausgerechnet der viterbesische Abgeordnete die Versammlung boykottiere. Obwohl er mit der geforderten Vollmacht ausgestattet sei, wolle er den Passus nicht beschwören, demzufolge seine Kommune auch im Dukat und somit außerhalb der eigenen Provinz Hilfe zu leisten hatte. Der Papst forderte die Stadt auf, ihren Syndikus zum Gehorsam anzuhalten oder auszutauschen. Ob Alexander mit dieser Forderung Erfolg hatte, ist nicht überliefert, man ist jedoch geneigt, nicht von einer spontanen Eigeninitiative des viterbesischen Repräsentanten auszugehen.⁹¹

---

87 1260 Dezember 10, AS Perugia, Consigli e Riformanze 4, fol. 129r–130r, Teildruck Regestum, hg. von Ansidei, Nr. 293, S. 326–329, und 1261 Januar 26, in: Pinzi, Storia 2, S. 84 f., Anm. 1.
88 Dies war eine übliche Praxis der Kommunen gegenüber dem Papsttum, die etwa in Codex, hg. von Theiner, oft zu beobachten ist. Vgl. exemplarisch Nr. 283.
89 1260 Dezember 10, AS Perugia, Consigli e Riformanze 4, fol. 129r–130r, Teildruck Regestum, hg. von Ansidei, Nr. 293, S. 326–329. Die Androhung der Exkommunikation ergibt sich aus dem Ratsprotokoll vom 9. Dezember 1260, AS Perugia, Consigli e Riformanze 4, fol. 258r, Teildruck Regestum, hg. von Ansidei, Nr. 292, S. 325 f.
90 1260 Dezember 22, in: Pinzi, Storia 2, S. 81, Anm. 1.
91 1261 Januar 26, in: ebd., S. 84 f., Anm. 1. Pinzi führt, S. 82 f., jedoch ohne genaue Quellenangabe, einen Ratsbeschluss an, der die Militärhilfe außerhalb der Provinz zurückweist.

Leider findet sich von der alexandrinischen Bündnisinitiative nach dem 26. Januar keine weitere Spur in der Überlieferung. Ihr Zustandekommen bleibt somit offen. Bereits die Vorverhandlungen zeigten jedoch, dass die angefragten Kommunen dem Projekt keine größere Begeisterung entgegenbrachten. Perugia fürchtete sichtlich um eine versteckte Bedrohung seiner Stellung im Dukat. Außerdem wollte die Kommune die Rechtsverbindlichkeit einer *societas* meiden. Auch die Kommunen des perusinischen Einflussbereichs, die ihre Entscheidungen an der dominanten Kommune ausrichteten, reagierten entsprechend verhalten auf die Initiative Alexanders IV., obwohl eine Beteiligung zumindest für Foligno und Spello anzunehmen ist. Daniel Waley, der sich eingehender mit dieser Episode beschäftigt hat, sah in Alexanders Bemühen ein Zeichen für das gänzliche Versagen der päpstlichen Herrschaft, die nicht nur auf das Mittel der *societas* zurückgreifen musste, um ihre Untertanen zur Waffenhilfe zu bewegen, sondern selbst damit nicht sonderlich erfolgreich war. Waley wunderte sich dann auch über die langen Diskussionen in den Perusiner Ratsversammlungen: Die Kommune, so Waleys erstauntes Fazit, erkannte in der Initiative Alexanders offensichtlich ein Zeichen der Stärke, wo diese doch eindeutig die mangelnde Autorität des Papsttums aufzeige.[92]

Tatsächlich aber sind die päpstliche Bündnisinitiative gegen Manfred und die Haltung der Kommunen so eindeutig nicht zu beurteilen. Zum einen kann angesichts der lückenhaften Überlieferung über das tatsächliche Zustandekommen des Verteidigungsbündnisses kein Urteil, auch kein negierendes, getroffen werden. So gibt es keine Belege über die Reaktionen der übrigen Kommunen der beiden Provinzen. Die Briefe Alexanders an Viterbo im Dezember und Januar lassen jedoch erkennen, dass zumindest einige dieser Kommunen ihre Abgesandten geschickt hatten und in der zweiten Runde wohl auch bereit waren, die päpstlichen *articuli* zu beschwören.[93] Dies gilt selbst für Viterbo, deren Syndikus nicht das Bündnis generell, sondern ein Detail in Frage stellte, nämlich die Militärhilfe außerhalb der eigenen Provinz. Selbst wenn dies die Idee einer umfassenden Verteidigungsliga gegen Manfred verwässerte, verweigerte sich die Kommune nicht komplett. Und auch die Diskussionen im Perusiner Rat, die in dieser Form wohl auch an die Kurie kommuniziert wurden, zeigen, dass Perugia sich grundlegend bereit erklärte, gegen Manfred vorzugehen. Dass man diese Bereitschaft allerdings nicht in die juristischen Verpflichtungen einer *societas* gießen wollte, bestätigt hingegen Waleys Misstrauen gegenüber dem Engagement der umbrischen Kommune. Offensichtlich war Perugia im Herbst 1260 nicht gewillt,

---

92 Vgl. Waley, Papal State, S. 164 f., und deutlich Waley, Comuni, S. 151: „In questa strana situazione – il signore, cioè il papa, che cercava di costruire un'alleanza tra i propri sudditi perché gli mancava l'autorità necessaria per costringerli a combattere contro il nemico svevo – i perugini consideravano il fatto come un'affermazione della potenza della Chiesa, non come un indizio di debolezza!".
93 Es darf bezweifelt werden, dass einzig der Protest des viterbesischen Gesandten den erfolgreichen Schwur gestört hat, wie Alexander gegenüber Viterbo behauptet.

größere Kriegshandlungen aufgrund von Bündnispflichten zu riskieren. Damit folgte die Kommune einer Linie, die sich über das ganze Jahr verfolgen lässt. Bereits im März 1260 hatte man sich entschieden, den Durchzug des königlichen Heeres nicht zu behindern, solange der Papst sich nicht zu offenen Kriegshandlungen gegen Manfred entschloss. Auch gegen die der *pars Manfredi* angehörigen Stadt Siena und den dort weilenden königlichen Vikar wahrte man aus Angst vor Kriegshandlungen strikte Neutralität, obwohl damit die Bündnispflicht gegenüber Orvieto verletzt wurde. Der bedeutende Sieg der staufischen Partei bei Montaperti am 4. September 1260 und die politischen Folgen dürften die Perusiner Kommune in ihrer Vorsicht wohl letztgültig bestärkt haben.[94] Möglicherweise war es aber auch der drohende Autonomieverlust, der Perugia wie auch Viterbo von der päpstlichen *societas* Abstand halten ließ. Während die zur Zeit Friedrichs II. in Eigeninitiative gegründeten kommunalen *societates* vom Papsttum höchstens unterstützt wurden, sahen die Bestimmungen des alexandrischen Verteidigungsbündnisses die Führung durch einen *capitaneus Ecclesie* vor. Der Handlungsspielraum der Kommunen wurde durch eine solche Einrichtung jedoch maßgeblich beschränkt. Vielleicht lag hierin auch der Unterschied zur wahrscheinlich besser angenommenen *societas* Gregors IX. des Jahres 1228, auch wenn wir über deren Gestaltung nichts wissen.

Trotz der Bedenken, die Perugia und Viterbo nachweislich gegen das Verteidigungsprojekt Alexanders äußerten, standen beide Kommunen im Herbst 1260 grundsätzlich auf Seiten der Römischen Kirche. In den Diskussionen in den beiden Perusiner Ratsversammlungen wird dies deutlich. Eine Anlehnung an Manfred stand dort in keinem Fall zur Debatte, auch die generelle Bereitschaft zur Verteidigung der Römischen Kirche und des Patrimoniums wurde dort – und nicht etwa offiziell gegenüber der Kurie – erklärt. Die kommunale Führung selbst, dies zeigen die Debatten, war dabei gespalten. Obwohl immer wieder Stimmen aufkamen, den Wünschen Alexanders IV. uneingeschränkt nachzukommen, entschieden sich die Versammlungen jedoch letztendlich immer für einen Kurs der größtmöglichen Vorsicht.[95] Unabsehbare Verwicklungen in einen Krieg gegen Manfred sollten ebenso vermieden werden wie der komplette Bruch mit dem Papsttum. Hieraus erklären sich auch die verschiedenen deeskalierenden Entscheidungen der Kommune: das Vorsprechen beim Rektor, die informelle Informationsbeschaffung an der Kurie vor einem endgültigen Beschluss und die Bereitschaft zur grundlegenden Hilfe gegen Manfred. Im Gegensatz

---

94 Vgl. Regestum, hg. von Ansidei, Prefazione, S. XXXII f.; Reformationes, hg. von Nicolini, Introduzione, S. XXXV; Grundman, Popolo, S. 106 f. Zu Orvieto und Siena auch oben Kap. I.4, S. 224 f.
95 So etwa in der Sitzung am 9. Dezember 1260, AS Perugia, Consigli e Riformanze 4, fol. 258r, Teildruck: Regestum, hg. von Ansidei, Nr. 292, S. 325 f. Einer der Redner, *dominus* Giovanni dell'Arciprete, schlug vor, den Wünschen des Papstes ohne Verzögerung nachzukommen. Ein anderer wollte vor einer Entscheidung die Perusiner Vertrauten an der Kurie, *frater* Bonvicinus und einen päpstlichen Kaplan, konsultieren.

zu allen vorherigen *societates* der Stadt erlaubt die Überlieferung der *riformanze* nun auch eine genauere Idee über die Entscheidungsträger in diesem Fall. Redebeiträge zur angefragten *societas* leistete in beiden bemühten Ratsgremien, der Vollversammlung und dem *consilium speciale cum adiuncta*, der vergleichsweise kleine Kreis an Personen, die in diesen Jahren als aktiver *inner circle* der perusinischen Ratselite anzusehen sind.[96]

Insgesamt betrachtet erscheint es somit verfehlt, das teilweise Scheitern von Alexanders Bündnisprojekt mit einem Scheitern der päpstlichen Herrschaft gleichzusetzen. Weder aus der Reaktion Perugias noch aus derjenigen Viterbos entsteht dieser Eindruck. Die Kommunen loteten ihre Handlungsspielräume soweit wie möglich aus, um ihren eigenen Interessen gerecht zu werden, ohne dabei grundlegend die päpstliche Herrschaft in Frage zu stellen. Das Rechtsinstrument *societas* aber, dies zeigt das alexandrinische Bündnis sehr deutlich, wurde von beiden Seiten, Kommunen und Papst, als relativ mächtiges Mittel zur Koordination der Verteidigung und zur Herstellung von Verbindlichkeiten begriffen. In der Überlieferung Perugias zeigt sich dies an den Vorbehalten, die ausdrücklich dieser Rechtsform – „societas nec iura" heißt es an einer Stelle – entgegenbracht wurden. Die Ergebnisse des ersten Untersuchungsteils zeigen, dass in den vorgebrachten Bedenken der Versammlungsteilnehmer sicherlich auch ein Körnchen Wahrheit lag. Die Rechtsverbindlichkeit einer *societas* stand für die Kommunen außer Frage. Auf Seiten des Papsttums zeigt dies das Vorhaben selbst, das eine Verpflichtung der Kommunen zur gegenseitigen Hilfe zum Ziel hatte und zu diesem Zeitpunkt offensichtlich die realistischste Form einer Absicherung gegen Manfred darstellte. Obwohl in den Briefen an Viterbo – den einzigen Quellen, die aus erster Hand das Agieren Alexanders abbilden – der Begriff *societas* nicht

---

96 Dies sind etwa Mafeus Centurarie, Mafeus Peregrini, *dominus* Bonconte Bonaventure, *dominus* Giovanni dell'Arciprete, *dominus* Raynerius Benvignatis, *dominus* Francipane und *dominus* Sensus de Gluto (siehe auch Einleitung, Kap. 4.1, Anm. 107). Von den 18 Ratsherren und *sapientes*, die ihre Meinung zum Thema äußern, tragen nur vier nicht das ehrende Beiwort *dominus*. Dies zeigt, dass der von Grundman postulierte beinahe uneingeschränkte Sieg des Popolo seit den 1250er Jahren und die einhergehende Unterdrückung des Adels „as an organized force in public life" durch deutlich komplexere Prozesse auf der Ebene der politisch tätigen Personen bestimmt wurde, vgl. Grundman, Popolo, S. 112, 130 f. Dass der Begriff *dominus* in Perugia auch in der zweiten Jahrhunderthälfte als relativ verlässlicher Indikator der Adelszugehörigkeit zu lesen ist (wie auch in Rom, vgl. Thumser, Rom, S. 19–24), vertritt Sara Menziger in einer neueren Studie. Ihre systematische Untersuchung der *consilia sapientum* bestätigt zudem den hier geäußerten Befund einer adeligen Kontinuität in den Ratsgremien; vgl. Menzinger, Giuristi, S. 109, 117–122. Vgl. zu den genannten Persönlichkeiten auch Reformationes, hg. von Nicolini, Introduzione, S. XXXVII; zu Giovanni dell'Arciprete Bartoli Langeli, Nel Duecento, S. 359–363. Einige wenige lassen sich bis 1237 und somit in der gesamten Periode des päpstlich-staufischen Konflikts in der Führung der Kommune zurückverfolgen, so etwa Mafeus Centurarie; vgl. Codice Diplomatico 2, hg. von Bartoli Langeli, S. 381. Giovanni dell'Arciprete ist bereits seit 1217 nachweisbar, oft im Zusammenhang mit den Außenbeziehungen der Kommune, so etwa beim Bündnis mit Todi 1218; vgl. Bartoli Langeli, Nel Duecento, S. 360–363.

genannt wird, sondern vor allem von *pax et concordia* die Rede ist, machen die zu erschließenden inhaltlichen Punkte, wie auch die vielen kommunalen Quellenbelege deutlich, dass es ein Bündnisverhältnis war, das Alexander IV. vorschwebte. Dass dieses nicht in üblicher Form, sondern über einen von oben oktroyierten Eid vor dem Papst abgeschlossen werden sollte, ist – neben der politischen Situation nach dem Sieg der Ghibellinen bei Montaperti – möglicherweise ein wichtiger Grund, warum die Initiative von den Kommunen nur bedingt angenommen wurde.

3 *Perusia augusta*: Perugias Vormachtstellung in Umbrien (1251–1300)

Der Konflikt Friedrichs II. und seiner Nachkommen mit den Päpsten prägte die Situation in den päpstlichen Provinzen nachhaltig. In Umbrien waren durch den Kriegszustand der 1240er Jahre zwar einige Entwicklungen unterbrochen worden, etwa der Ausbau von Perugias bereits in der ersten Jahrhunderthälfte spürbaren Vormachtstellung, andere bildeten sich jedoch erst in dieser Zeit aus. Dies betraf vor allem die Beziehungen zwischen den Kommunen, die durch die Bündnisse und Parteinahmen der Kommunen in der Zeit des staufisch-päpstlichen Konflikts auch in der Folgezeit beeinflusst blieben. So war die zweite Jahrhunderthälfte Umbriens geprägt von einer unversöhnlichen Feindschaft zwischen Perugia und Foligno, die neben wirtschaftlichen und politischen Motiven auch immer die perusinische Niederlage des Jahres 1246 als Hintergrund hatte.[1] Neu war auch die enge Beziehung der Perusiner Kommune zu Orvieto, die sich seit dem umbrischen Bündnis des Jahres 1251 über lange Zeit verfolgen lässt. Mit Todi hingegen, der konstanten Verbündeten im ersten Drittel des 13. Jahrhunderts, nahm Perugia erst 1286 die alten Bündnisbeziehungen wieder auf.[2] Zugleich wurden in diesen Jahren stabile Beziehungen zu Spoleto, Narni und Camerino geknüpft, die Bündnistätigkeit der Kommune konzentrierte sich somit gegen Ende des Jahrhunderts mehr nach Südosten.

Diese Bündnisbeziehungen der Kommune – urkundlich nicht sonderlich zahlreich überliefert, nur vier Bündnisverträge sind aus der zweiten Jahrhunderthälfte erhalten – stehen in den folgenden Kapiteln im Mittelpunkt der Untersuchung. Allerdings ändert sich die Arbeitsgrundlage für die Perusiner Kommune einschneidend. Durch den Wegfall der maßgebenden Edition perusinischer Quellen durch Attilio Bartoli Langeli, die 1254 endet, liegt das zugrundeliegende Material nur vereinzelt im Druck vor. Zugleich setzt zu dieser Zeit die große Masse kommunaler Verwaltungsschriftlichkeit ein. Mit Beginn der 50er Jahre stoßen zum losen und kopialen Urkundenbestand der Kommune lange Reihen an Heften und Büchern, die die Ratssitzungen der Stadt, die Finanzverwaltung, die Gerichtstätigkeit, die Besteuerung und diverse andere Verwaltungstätigkeiten dokumentieren. Obwohl sie nicht lückenlos

---

1 So Menestò, Bonifacio, S. 35; für Foligno auch Bartoli Langeli, Documenti, S. 1–3; Grundman, Popolo, S. 155.
2 Dies heißt jedoch nicht, dass nicht auch zuvor – zumindest zeitweilig – gute Beziehungen zwischen den Kommunen bestanden: 1266 bat Todi beispielsweise um die Verstärkung einer eigenen Gesandtschaft an den Papst durch Perusiner *ambaxatores*; vgl. AS Perugia, Consigli e Riformanze 6, fol. 119r. Weitere Belege ließen sich durch eine systematische Durchsicht der unedierten Ratsprotokolle sicherlich zahlreich finden. Das hier präsentierte Bild könnte dadurch weiter ergänzt und eventuell auch korrigiert werden.

sind, eröffnen sie eine gänzlich andere Perspektive auf die Bündnisse Perugias. Dass diese eigene Probleme mit sich führt, wurde an anderer Stelle bereits thematisiert und wird auch im Folgenden Bestätigung finden. Durch die veränderte Überlieferungssituation ist es nun jedoch möglich, nicht nur die Verträge selbst, sondern in größerem Umfang auch die vorhergehenden und nachfolgenden Beziehungen in der Schriftlichkeit der Kommune zu verfolgen und stadtinterne Aushandlungsprozesse und Motive zu erahnen. Wie in der Forschung zur italienischen Kommune bereits vielfach diskutiert wurde, korrespondiert der dokumentarische Einschnitt mit einem sozialen und institutionellen Einschnitt. Die Kommune des späteren 13. Jahrhunderts war in Perugia wie auch in vielen anderen umbrischen Städten eine Kommune des Popolo.[3] Die Etappen dieser inneren Entwicklung werden im Folgenden jedoch nicht einzeln nachgezeichnet. Verwiesen sei in diesem Zusammenhang auf das nach wie vor grundlegende Werk von John Paul Grundman.[4] Die veränderte Überlieferungslage ließe auch eine genauere Analyse der Personen zu, die in den Ratsgremien der Stadt die Bündnispolitik der Kommunen mitgestalteten. Da trotz dem Vorhandensein einiger Studien zu einzelnen Persönlichkeiten und wichtigen Editionen zur Sozialgeschichte der Stadt breitere prosopographische Aufarbeitungen fehlen, war dies im Rahmen dieser Arbeit jedoch nicht zu leisten.[5] Einzig die von Sara Menzinger erstellte Prosopographie der Perusiner Rechtsgelehrten in den *consilia sapientum* während der 1260er bis 1280er Jahre konnte einige personelle Aspekte erhellen. Die wichtige Rolle dieses Gremiums, das in unterschiedlicher Verfassung und unter variierenden Bezeichnungen die repräsentativen Ratsstrukturen der Stadt in der zweiten Jahrhunderthälfte ergänzte, gehört allerdings zu den Auffälligkeiten in der Untersuchung der perusinischen *societates*.[6] Hinsichtlich der Entscheidungsträger und -strukturen konzentriert sich die Analyse im Folgenden deshalb verstärkt auf institutionelle Aspekte und Kontinuitäten.

Die Bündnisschriftlichkeit selbst lässt sich in zwei Linien unterteilen, was sich auch in der Aufteilung der Kapitel niederschlägt. Während die 1256 und 1277 geschlossenen Verträge mit Orvieto, Spoleto und Assisi auf der Grundlage des umbrischen *societas*-Vertrags von 1251 verfasst wurden, greifen die Verträge der Jahre 1286 und 1288 mit Todi, Spoleto, Narni und Camerino auf die Bündnisurkunde zwischen Perugia und Todi aus dem August 1230 zurück. Die unterschiedlichen Filiationsketten der Verträge hatten dabei offenbar nur bedingt Auswirkungen auf die tatsächlichen Beziehungen der Kommunen. Sie zeigen jedoch eine historische Entwicklung der Ver-

---

3 Vgl. grundlegend Maire Vigueur, Révolution. Weitere Literatur oben Kap. I.1.6, Anm. 258.
4 Grundman, Popolo. Vgl., auch zur Einordnung von Grundmans Arbeit, Maire Vigueur, Comune popolare.
5 Vgl. etwa Grohmann, Imposizione; Bartoli Langeli, Famiglia; Merli/Bartoli Langeli, Notaio.
6 Vgl. Menzinger, Pareri; dies., Giuristi.

bindungen auf, die im Fall der Verträge mit Orvieto aus der gemeinsamen politischen Parteinahme im staufisch-päpstlichen Konflikt resultierten, während die Beziehungen zu Todi in den letzten Jahren des 13. Jahrhunderts bewusst wiederbelebt wurden. Neben diesen beiden Polen der perusinischen Bündnispolitik in der zweiten Hälfte des 13. Jahrhunderts gibt die neue Überlieferungssituation auch einen Einblick in die Ebene unterhalb der formalen Bündnisbeziehungen. Gerade in den Ratsprotokollen zeigen sich die alltäglichen Kontakte und Interaktionen mit anderen Kommunen, die die Bündnisbeziehungen ergänzten oder gänzlich unabhängig von diesen stattfanden.

Die päpstliche Politik hingegen zeichnete sich in diesem Zeitraum vor allem durch den Ausbau einer strafferen Verwaltung und Herrschaftsdurchdringung des Patrimonium Petri aus, was immer wieder mit den Interessen der Kommunen zusammenstieß. Dies zeigt sich insbesondere in Perugias Kriegen mit Foligno, die das Papsttum in höherem Maße als zuvor als Akteur in den Beziehungen zwischen den Kommunen hervortreten lassen. Die bessere Sichtbarkeit des päpstlichen Agierens ist dabei ebenfalls der veränderten Quellenlage zu verdanken und sagt daher nur bedingt etwas über tatsächliche Entwicklungen im Umgang der Päpste mit den kommunalen Bündnissen der Region aus. Mehr noch als in den Jahrzehnten zuvor bestimmte die dominante Rolle, die Perugia in der zweiten Jahrhunderthälfte in Umbrien auch mittels seiner Bündnispolitik einnahm, das Verhältnis der Kommune zum Papsttum. Beide Entwicklungen lassen sich somit nur gemeinsam untersuchen.

3.1 Krieg und Frieden: Perugias Bündnisse mit Orvieto, Perugias Konflikt mit Foligno (1256–1289)

Der erste Bündnisvertrag Perugias, der nach dem Ende des großen Konflikts der Kurie mit Friedrich II. und dessen Anhängern überliefert ist, wurde am 27. August 1256 mit Orvieto geschlossen. Es handelt sich um einen beinahe klassisch zu nennenden *societas*-Vertrag, der gegenseitigen Beistand in Form der üblichen 15-tägigen Militärhilfe, den ausschließlich gemeinsamen Abschluss von Friedens- und Bündnisverträgen, die Vermeidung von Repressalien und ein Schiedsgericht vorsah.[7] Das Schriftstück beruht, abgesehen von den vielen individuellen Sonderregeln, die die politische Situation in Umbrien direkt nach dem Tod des Kaisers mit sich gebracht hatte, auf dem Bündnistext des Jahres 1251. Dass es zumindest seitens der Perusiner Führung auch explizit als Erneuerung dieses Vertrags verstanden wurde, ergibt sich aus einem einige Tage vor Bündnisschluss verfassten Ratsprotokoll, das die Berichterstattung einer aus Orvieto zurückgekehrten Gesandtschaft verzeichnet. Die *ambaxatores* er-

---

7 AS Perugia, Diplomatico, Contratti, Nr. 1332 (Anhang 1, Nr. 88).

klärten, Orvieto sei bereit, das alte Bündnis zu erneuern, woraufhin auch der Perusiner Rat beschloss, „de novo" eine *societas* mit Orvieto abzuschließen, und gleich im Anschluss einen Syndikus zu diesem Zweck ernannte. Die *societas* sollte auch Spoleto und Assisi sowie allen anderen ehemaligen Bündnispartnern offenstehen. Das Bündnis sei zu schließen, „sicut magis et melius videbitur pro Comuni Perusii", nur ein Treuvorbehalt gegen die Römische Kirche und Rom wurde bereits angesprochen.[8] Das nur fünf Tage später in Orvieto beeidete Bündnis entsprang somit wohl einer perusinischen Initiative und zielte ursprünglich auf eine regional angelegte *societas*. Überliefert ist allerdings nur der wechselseitige Eid Perugias und Orvietos. Dieser übernahm freilich die Schlichtungsregel aus dem Vertrag von 1251, bei der das Schiedsgericht im Falle von Konflikten den nicht beteiligten Bündnispartnern übertragen wurde. Nun wäre es denkbar, dass dieser in einem bilateralen Bündnisverhältnis nicht anwendbare Passus aus Nachlässigkeit aus der Vertragsvorlage kopiert wurde. Wahrscheinlicher ist jedoch, dass eine größere Reichweite des Bündnisses gemäß der Entscheidung des Perusiner Rats bereits im Instrument verankert wurde. Vermutlich trat auch Assisi diesem Bündnis oder einem nicht überlieferten Folgebündnis bei. 1260 verwies ein Gremium von *sapientes* auf eine *societas* mit Assisi, während sich Assisi in einem Streit mit Orvieto im Juli 1266 ebenfalls auf eine *societas* zwischen diesen drei Städten bezog und die fragliche Schiedsregelung zitierte. Spätestens im Juli 1266, wahrscheinlich aber deutlich früher, bestand somit ein Vertragsverhältnis zwischen Perugia, Orvieto und Assisi.[9]

Dass die Bündnisbeziehungen zwischen Perugia und Orvieto auch in der Folgezeit nicht abbrachen, obwohl über eine Erneuerung des auf zehn Jahre angelegten Vertrags in den 1260er Jahren Nachweise fehlen, zeigt die nächste Reaktivierung des Bündnistextes der „lega umbra" des Jahres 1251. Im Juli 1277 wurde der Vertrag mehr oder minder unverändert erneut beeidet, diesmal zwischen Perugia, Orvieto und Spoleto. Die Initiative ging 1277 von Orvieto aus, die *ambaxatores* bezogen sich in der Ratsversammlung Perugias dabei auf die abgelaufene Zehn-Jahres-Frist, nach der das Bündnis vertragsgemäß erneuert werden müsse. Das mitgeführte Vertragsinstrument wurde von Rechtsgelehrten geprüft, einer Erneuerung auf Grundlage der alten Urkunde wurde zugestimmt. Es ist daher sehr wahrscheinlich, dass es auch

---

[8] 1256 August 22, Regestum, hg. von A n s i d e i, Nr. 46, S. 58 f. Bereits Ende Juli war Mafeus „Cinturalie" als *ambaxator* nach Orvieto gereist, aus welchem Anlass, ist dem Ratsprotokoll nicht zu entnehmen; vgl. ebd., Nr. 38, S. 51.
[9] 1260 Oktober 14, ebd., Nr. 271, S. 295; siehe oben Kap. I.2.2, S. 137, und Kap. I.3.4, S. 212 f. 1266 Juli 2, AS Perugia, Consigli e Riformanze 6, fol. 57v–58r: „[Ambaxator de Asixio] retulit etiam, quod comune Perusii fecerunt iurare societatem cum Orvetanis, et dixit, quod in pacto continetur, quod si aliqua discordia appareret in duabus (duas ms.) ex dictis civitatibus, quod tertia deberet concordiam facere".

im Zeitraum 1266/1267 zu einer formalen Fortsetzung der Bündnisvereinbarungen gekommen war.[10]

Perugia und Orvieto pflegten somit in wechselnden Konstellationen mit Assisi und Spoleto für mindestens ein Vierteljahrhundert eine formale *amicitia* auf Grundlage eines festen, nur minimal veränderten Vertragstextes. Wie sich diese Verträge auf das Verhältnis der beiden Kommunen auswirkten, wird in der weiteren Überlieferung der Kommune erstmals greifbar. Im Anschluss an den Vertrag des Jahres 1251 sind mehrere gemeinsame Militäraktionen der beiden Kommunen belegt, 1254 gegen Foligno, 1255 gegen Todi.[11] Am 15. September, kurz nach der im August 1256 erfolgten Erneuerung der *societas*, forderten *ambaxatores* Orvietos eine Änderung der Statuten Perugias. Eingefügt werden sollte ein Verbot zur Aufnahme orvietanischer Exilierter in Perugia und die Befreiung der Orvietaner vom Wegegeld, beides Elemente, die nicht Teil des Bündnisvertrags waren, aber in der Gesamtschau als klassische Bestandteile der kommunalen *societates* zu benennen sind. Orvieto war somit gewillt, die Bindung zwischen den Kommunen noch enger zu zurren.[12] Im Oktober 1256 gab es einen Briefaustausch zwischen der kommunalen Führung Perugias und dem *prior artium* Orvietos hinsichtlich einer Repressalienangelegenheit, die vonseiten Perugias kulant geregelt wurde, allerdings mit dem Verweis auf den grundsätzlichen Anspruch auf Rechtshilfe der Perusiner Bürger in Orvieto („quod amore Comunis Perusii ... nostri cives a suis civibus et Comuni iusticie habeant complementum").[13] Ein Jahr nach der Erneuerung des Vertrags fungierte Perugia dann als Schiedsrichterin im Konflikt Orvietos mit Todi, eine erste diesbezügliche Anfrage war im Rat Perugias bereits im Juni 1256 erfolgt.[14]

---

10 Anhang 1, Nr. 105. Siehe zu den Verhandlungen und den Quellenbelegen im Einzelnen auch oben Kap. I.1.6.
11 Annales urbevetani, Cronica potestatum, ad a. 1255, hg. von Fumi, S. 154: „Eodem anno, bandito exercitu per Tudertum, fuerunt ad stipendia Comunis vi centum et cc Perusini". Diverse weitere Details zum Kriegszug gegen Todi im Jahr 1255 finden sich in anderen Chroniken und Annalen Orvietos. Da eine Untersuchung dieses verflochtenen Textkorpus noch aussteht, sind die Informationen nur bedingt verwertbar. Vgl. etwa die deutlich später verfasste Chronik des Luca di Domenico Manenti aus Orvieto, ad a. 1254–55, hg. von Fumi, S. 302 f. Zum Sachverhalt auch Menestò, Esempio, S. 449 f. Auch 1260 leistete Perugia Militärhilfe gegen Todi; vgl. Annales urbevetani, Cronica potestatum, ad a. 1260, hg. von Fumi, S. 153: „venerunt quadringenti milites de Perusio in auxilium Urbevetanorum".
12 1256 September 15, Regestum, hg. von Ansidei, Nr. 53, S. 63 f. Für diese *propositio* fehlt, wie oft in diesen Jahren, der Beschluss, da die Entscheidung an ein anderes Gremium weitergegeben wurde.
13 Ebd., Nr. 60, S. 68.
14 1257 Mai 30 – Juni 4, Codice diplomatico, hg. von Fumi, Nr. 337–339, S. 212–214. Die Anfragen von 1256 Juni 11 und 12, Regestum, hg. von Ansidei, Nr. 28 und 29, S. 38–40. Einbezogen, so zeigt das zweite Ratsprotokoll, wurde auch die Kommune Florenz, mit der Orvieto ebenfalls in einem Bündnis stand. Vgl. auch Grundman, Popolo, S. 107, und Menestò, Esempio, S. 450, der davon ausgeht, dass Florenz ursprünglich den Schiedsspruch fällen sollte, dass dieser aber nicht erfolgte, nicht gefiel oder nicht beachtet wurde, woraufhin Perugia das Schiedsgericht übertragen wurde. Im April 1256 hatte Or-

Das Wiedereinsetzen der *riformanze* im Dezember 1259, nach einer Lücke von drei Jahren, zeigt, dass die guten Beziehungen nicht nur unmittelbar nach dem Bündnisschluss gepflegt wurden. Im Januar bat Perugia in Orvieto um Kriegsgerät und beriet anlässlich einer Streitsache mit dem Rektor des Dukats im Geheimen mit der verbündeten Stadt. Wahrscheinlich ging es um das Bündnis, das Perugia mit mehreren Kommunen aus dem eigenen Einflussbereich in Folge des Konflikts der Kommune mit dem päpstlichen Rektor um das Städtchen Bevagna schließen wollte. Ein solcher Vertrag konnte laut Bündnisvertrag nur mit Zustimmung Orvietos geschlossen werden, eine Klausel, die Perugia befolgte, wie das Ratsprotokoll zur Versammlung am 12. Februar offenbart. Die nach Orvieto abgesandten *ambaxatores* gaben in dieser Sitzung grünes Licht für ein weiteres Bündnis („quod responsum fuit per Pot. Urbevetanum quod Perusini facerent .. societatem ad suam voluntatem quia talibus interesse nolebant").[15] Im März vereinbarten die beiden Kommunen ein Abkommen zum Umgang mit schuldrechtlichen Vergehen zwischen Angehörigen der beiden Jurisdiktionsbereiche und flankierten damit den Bündnisvertrag durch eine spezifische „forma iuris reddendi".[16] Im Frühsommer 1260 verweigerte Perugia zwar die militärische Bündnishilfe gegen Siena und den Vikar König Manfreds, versuchte jedoch einen Bruch der Bündnisbeziehungen zu vermeiden, indem die Stadt der Kommune Orvieto zumindest durch eine Gesandtschaft zur Hilfe kam.[17] Die Stimmung war zunächst aber getrübt, wie ein Ratsbeschluss im Juli 1260 glauben lässt, der eine schnelle Aufklärung der Gerüchte über ein geplantes Bündnis zwischen Orvieto, Todi, Spoleto und Narni ohne Beteiligung Perugias durch den Podestà und den Capitano del Popolo forderte. Ende Juli ist von einem Prozess Orvietos gegen Perugia die Rede, jedoch ohne Angabe von Gründen.[18] Die zeitweilige Missstimmung zwischen den Bündnispartnern hinderte Perugia jedoch nicht daran, unmittelbar nach der Schlacht von Montaperti am 4. September 1260, die mit großen Verlusten Orvietos einhergegangen

---

vieto bereits um militärische Hilfe gegen Todi in Perugia ersucht, zur gleichen Zeit erfolgte seitens der Kurie die Aufforderung, keine Hilfe zu leisten. Der Ausgang beider Petitionen ist wieder nicht überliefert, da die Entscheidung ausgelagert wurde; vgl. Regestum, hg. von Ansidei, Nr. 14, S. 25 und Nr. 16, S. 26.

15 1260 Januar 7: „qualiter volunt requiri Urbivetanos ut dare debeant macinas Perusinis", ebd., Nr. 81, S. 88; 1260 Januar 30, ebd., Nr. 98, S. 110; 1260 Februar 12 und 13, ebd., Nr. 108, S. 120; Nr. 110, S. 122. Zu den einzelnen Schritten der komplexen Bevagna-Angelegenheit sei mangels einer Aufarbeitung auf das Register Ansideis verwiesen.

16 1260 März 18, ebd., Nr. 125, S. 145. Der Text des Abkommens ist inseriert, wird von Ansidei aber nur teilweise publiziert. Ebenfalls im März ging eine Gesandtschaft nach Orvieto, wie auch an viele andere befreundete Orte und Personen, um Getreide zu beschaffen: 1260 März 19, ebd., Nr. 126, S. 146 f.

17 1260 Mai 29 und 30, ebd., Nr. 171–174, S. 189–192. Zur Anfrage Orvietos und zur Reaktion der Perusiner Führung ausführlich oben Kap. I.4, S. 224 f. Zur neutralen Haltung Perugias siehe oben Kap. II.2.2, S. 303 f.

18 1260 Juli 19, Regestum, hg. von Ansidei, Nr. 208, S. 222; 1260 Juli 28, ebd., Nr. 218, S. 230.

war, eine Gesandtschaft nach Orvieto zu entsenden und Hilfe anzubieten „occaxione novarum que nuper acciderunt in Tuscia". Am 17. September beschloss der Perusiner Rat nach dieser ersten Rücksprache mit der verbündeten Kommune, in Siena um die Freilassung der orvietanischen Gefangenen zu ersuchen und die sichere Rückkehr des orvietanischen Heeres durch das Perusiner Gebiet zu organisieren.[19] Über den ganzen durch die ersten Serien an *riformanze* belegten Zeitraum hinweg lassen sich zudem Kontakte beobachten, die Konflikte zwischen einzelnen Angehörigen, kirchlichen Einrichtungen und untergebenen Gemeinden der beiden Jurisdiktionsbereiche zum Gegenstand haben und diese friedlich, auf dem Rechtsweg, per Schiedsgericht oder informell zu lösen versuchten.[20]

Nach dieser ersten durch die Ratsprotokolle gut belegten Zeit versiegen die Quellen über die Beziehungen zwischen Orvieto und Perugia zunächst und setzen erst fünf Jahre später wieder ein. Im Juni 1265 übernahm Perugia im Vertrag der Kommune Orvieto mit der exilierten guelfischen *pars* Sienas die Vertragsbürgschaft für die orvietanische Seite und verpflichtete sich hierzu gegenüber der sienesischen Exilpartei mit 1.000 Mark Silber.[21] Im August desselben Jahres kämpften zweihundert perusinische *milites* an der Seite Orvietos.[22] Neben diesen vereinzelten Hinweisen auf die andauernden guten Beziehungen zwischen beiden Kommunen ist es erst das Wiedereinsetzen der *riformanze* im April 1266, das die Intensität und Qualität der Kontakte auch für diesen Zeitraum belegt.[23] Die nicht mehr edierten Protokolle dieses Jahres aus der Vollversammlung verzeichnen beispielsweise für den Zeitraum zwischen Mai und Dezember 1266 über zwanzig Gesandtschaften und Briefe, die die beiden Kommunen austauschten und deren ständigen Kontakt belegen. Zwei Kommunikationssituationen ragen heraus. Am 17. Mai berichtet ein *ambaxator* Orvietos in der Perusiner Vollversammlung von dem Friedensvertrag, den der Papst zwischen Orvieto und Siena vermittelt habe, den Orvieto aber nicht ohne die Zustimmung Perugias annehmen wolle („cum civitas et comune Urbiveteris proposuerit non facere pacem cum aliquo seu cum dicto comuni Sene sine licentia et voluntate comunis Perusii").[24] Ohne dass dies explizit erwähnt wäre, korrespondiert die Anfrage mit der grundlegenden Vertragsbestimmung, Friedensschlüsse oder Bündnisaktivitäten mit

---

19 1260 September 9, ebd., Nr. 243, S. 260; 1260 September 17, ebd., Nr. 250, S. 267–269. Zur orvietanischen Beteiligung an der Seite der Bündnispartnerin Florenz in der Schlacht von Montaperti Waley, Orvieto, S. 43 f. Weiterführend zur Schlacht von Montaperti Pellegrini, Ricerca; Balestracci, Battaglia.
20 Regestum, hg. von Ansidei, S. 16 f., 19, 178, 220, 233 f., 317.
21 Anhang 1, Nr. 103.
22 Annales urbevetani, Cronica potestatum, ad a. 1265, hg. von Fumi, S. 156. Vgl. Waley, Orvieto, S. 46.
23 Für den Zeitraum zwischen Dezember 1262 und April 1266 sind keine Ratsprotokolle überliefert.
24 1266 Mai 17, AS Perugia, Consigli e Riformanze 6, fol. 19r–20v. Vgl. zu Orvietos Krieg mit Siena und dem vermittelten Frieden Waley, Orvieto, S. 46 f.

den anderen Kommunen abzusprechen, auch wenn dieser spezielle Fall im Vertrag nicht vorgesehen war.[25] Zwei Ratsherren äußerten sich zu der Angelegenheit. *Dominus* Bonaparte *iudex* setzte sich dafür ein, dass Orvieto die Befehle des Papstes befolgen möge, Çacinellus Sinplicie wollte Orvieto vollkommen freie Hand lassen, wofür sich der Rat auch entschied („respondeatur ambaxatoribus ..., quod omnia que placent comuni Urbisveteris super eo, quod requisiti sunt a vicario domini pape ..., placent integre comuni Perusii civitatis"). Der zweite bemerkenswerte Kontakt erfolgte im Juli, als *ambaxatores* aus Assisi um Vermittlung im Streit mit Orvieto ersuchten und sich dabei explizit auf den Bündnisvertrag zwischen den drei Kommunen bezogen, wie oben bereits dargelegt. Auch hier entschied sich die Versammlung, der Bitte der Gesandten um eine *ambaxata* nach Orvieto und eine weitere zum Papst in dieser Sache stattzugeben.[26]

Die übrigen Interaktionen zwischen Perugia und Orvieto zwischen April und Dezember des Jahres 1266 betrafen fast ausschließlich die Beilegung offener Fragen und Konflikte zwischen den Kommunen, ausgelöst oft durch einzelne Bürger. Im April bat Orvieto um ein Vorsprechen Perusiner *ambaxatores* an der Kurie, „in servitium comunis Urbisveteris", der Rat beschied diese Anfrage positiv und übernahm auch die Kosten der Gesandtschaft; im Mai entschied sich die Vollversammlung für die Freilassung eines Orvietaners, der aufgrund einer Frage des Getreidehandels eingekerkert worden war; ebenfalls im Mai ging eine Gesandtschaft nach Orvieto, die verschiedene anhängende Angelegenheiten beilegen sollte; im Juni vereinbarten die Städte ein Schiedsgericht über die „questiones inter utrumque comune"; im Juli und August verhandelten die Kommunen über Repressalien und Händel zwischen einzelnen Bürgern, wozu *sapientes* eingeschaltet wurden und auch eine Zusammenkunft der Podestà und *capitanei* beschlossen wurde; im September und Oktober verhandelte man abermals über Repressalien, wobei gesondert die Sicherheit der *ambaxatores*, die den Konflikt beilegen sollten („tractando statum comodum et honorem"), im jeweils anderen Contado ein größeres Thema war; weitere Kontakte zu dieser und anderen Repressalienangelegenheiten und der schiedsgerichtlichen Beilegung lassen sich schließlich über den ganzen November und Dezember verfolgen. Kurz vor dem 23. Dezember kam es erneut zu einem schriftlichen Urteil des paritätischen Schiedsgerichts „occasione grascie".[27]

---

25 Im Vertrag heißt es einmal, allerdings in Verbindung mit der gegenseitigen Waffenhilfe und somit der gemeinsamen Kriegsführung „nec faciant treguam, concordiam vel pactum aliquod sine aliis civitatibus et hoc intelligatur de pace non facienda cum aliqua civitate". Eine weitere Klausel verspricht „Item nulla dictarum civitatum contrahat vel faciat aliquam sotietatem vel credentiam seu compagniam cum aliqua alia civitate vel comunitate ... sine voluntate et consensu omnium aliarum comunitatum sive civitatum."; AS Perugia, Diplomatico, Contratti, Nr. 1332.
26 1266 Juli 2, AS Perugia, Consigli e Riformanze 6, fol. 57v–58r. Siehe ausführlich oben Kap. I.3.4.
27 Die verhandelten Konflikte betrafen Fragen des Getreidehandels, Raubüberfälle und Repressalien, die berufenen Schiedsgerichte sprachen mehrere Urteile aus. Siehe die Einzelbelege in Anhang 1,

Obwohl der Zusammenhang der Kontakte mit der *societas*, die Perugia und Orvieto 1256 geschlossen hatten, nur in Einzelfällen deutlich wird, zeigen die perusinischen *riformanze* der Jahre 1256–1260 und des Jahres 1266 doch klar, wie intensiv die Interaktion beider Kommunen ausfiel. Dabei stehen Momente der Kooperation und Koordination in der regionalen Politik – der Einbezug Orvietos in Perugias Konflikt mit dem Rektor, die Hilfe nach der Schlacht von Montaperti, die Gesandschaft Perugias an die Kurie „in servitium comunis Urbisveteris", die Absprache bezüglich des päpstlichen Friedensprozesses und die Vermittlungstätigkeiten zwischen Orvieto und Todi sowie Assisi – neben den beinahe alltäglichen Bemühungen um die friedliche Beilegung offener Streitfragen. Diese wurden durch in Form von Gesandtschaften oder Briefen geführte Verhandlungen, Zusammenkünfte des Führungspersonals, Schiedsgerichte und den Einsatz juristischer Sachverständiger möglichst ohne Waffengewalt geklärt, auch wenn dies Perugia im Sommer 1266 beispielsweise nicht daran hinderte, Repressalienbriefe auszugeben.[28] Die schiedsgerichtliche oder informelle friedliche Einigung ist ein Vorgehen, das in den Bündnisverträgen zwischen Orvieto und Perugia nicht explizit aufgeführt ist, die Aushandlungsprozesse um diese Fragen stellen aber wohl die Basis für die durch die *societas* organisierte Kooperation in größeren Entscheidungen dar. Ergänzt wurde der Bündnisvertrag in den ersten Jahren nach dem Bündnisschluss zudem durch weitere rechtliche Abreden, einen Zusatzvertrag zur Rechtsprechung im interkommunalen Handel und die Anpassung der städtischen Gesetzgebung. Es wird deutlich, dass man auf beiden Seiten versuchte, den grundsätzlichen Frieden zwischen beiden Kommunen nicht zu gefährden, ohne dabei die kommunalen Interessen und die der eigenen Bürger zu vernachlässigen. Hier zeigt sich in der Praxis, was die systematische Untersuchung der Verträge auf der normativen Ebene bereits erkennen ließ: Perugia und Orvieto bemühten sich in diesen Jahren um einen gemeinsamen Rechts- und Wirtschaftsraum, dessen Realisierung für die Kommunen wahrscheinlich ebenso bedeutend war wie die Kooperation in regionalen politischen Belangen.

Auch in den darauffolgenden Jahren bestanden konstante Beziehungen zwischen beiden Kommunen. Neben militärischer Hilfeleistung schlichtete Perugia zwischen 1268 und 1272 mehrmals bei den in Orvieto häufigen Faktionenkämpfen.[29] Für das

---

Nr. 88. Regest des Schiedsspruchs von vor 1266 Dezember 23: Codice diplomatico, hg. von Fumi, Nr. 411, S. 256 f., mit Ergänzungen und Korrekturen von 1266 Dezember 31 nach einer Gegenüberstellung der *capitoli* der Schiedsrichter mit den beiden Statutensammlungen. Die Streitfragen zogen sich allerdings bis zu einer erneuten Beilegung im Juni 1269 hin, ebd., Nr. 481, S. 296 f.; vgl. auch AS Perugia, Consigli e Riformanze 6, fol. 151r–152v, 155r–156r, 163r–v, 163v–164v, 177r–178v.
28 Dem Bündnisvertrag widerspricht der Rückgriff auf Repressalien nicht: Dort werden Repressalien nicht grundsätzlich ausgeschlossen; vereinbart ist nur, die eigenen Bürger zur Umsicht bei Geschäftsbeziehungen anzuhalten, um Repressalien zu vermeiden.
29 Vgl. Waley, Orvieto, S. 48–52, und Grundman, Popolo, S. 149. Eine später verfasste Orvietaner Chronik erwähnt das häufige militärische Zusammengehen der beiden Städte, oft in Diensten Karls

Jahr 1269 ist von einer Abkühlung des Verhältnisses auszugehen, da Perugia, so zumindest eine orvietanische Chronik, mit einem Aufgebot von 100 Kämpfern im päpstlichen Heer gegen Orvieto im Konflikt um das Val di Lago vertreten war.[30] 1276 ist in der orvietanischen „Cronaca di Luca di Domenico Manenti" die Rede von einem Bündnis zwischen Florenz, Siena, Lucca, Perugia und Orvieto „ad exaltatione de la Chiesa Romana", möglicherweise auch unter Beteiligung Spoletos.[31] Wahrscheinlich unterzeichneten die kommunalen Führungen Orvietos und Perugias in diesem Jahr zudem einen Handels- und Zollvertrag mit Florenz.[32] Und auch nach der Erneuerung des Bündnisses im Sommer 1277, diesmal gemeinsam mit Spoleto, lässt sich in den Ratsprotokollen ein ständiger Austausch beobachten, der oft weiterhin die alltägliche Konfliktlösung betraf. Anfang 1278 nutzte Perugia dazu auch ausdrücklich die bestehende *societas*, wobei der Rat auf das laut Bündnisvertrag Spoleto zustehende Schiedsgericht in einem Konflikt der beiden Kommunen um den Prozess gegen einen Disktriktualen Perugias verwies.[33] Die Stabilität in den Beziehungen lässt sich bis in die 80er Jahre hinein beobachten und wird erst gegen Ende des Jahrhunderts durch die allmähliche Zuwendung der Perusiner Kommune zu Todi unterbrochen.[34]

Beginnend mit den 60er und 70er Jahren des 13. Jahrhunderts, als Perugia immer häufiger als Schiedsrichter in den inneren Konflikten Orvietos und auch in Auseinandersetzungen mit weiteren Städten berufen wurde, stellt sich jedoch die Frage, wie gleichberechtigt die Beziehungen zwischen beiden Kommunen noch waren. Obwohl Orvieto niemals gänzlich in den Einflussbereich Perugias einbezogen wurde, wie dies für kleinere Kommunen und am Ende des Jahrhunderts auch für Todi zu beobachten ist, scheint auch hier Perugias Vormachtstellung in der Region zunehmend eine Rolle gespielt zu haben. Diese Tendenz bricht sich in den letzten Jahrzehnten des 13. Jahrhunderts dann ganz offen Bahn und kennzeichnet etwa die Beziehungen der Kommune zu Todi, Spoleto und Narni. Das Übergewicht der perusinischen Überlieferung, die über die *riformanze* viele Kontakte erst sichtbar werden lässt, erschwert

---

von Anjou oder der Römischen Kirche: Cronaca di Luca di Domenico Manenti, ad a. 1268–1272, hg. von Fumi, S. 311–313. So berichtet der Chronist für das Jahr 1268, dass Orvietos gesamte „cavalleria" mit Karl von Anjou ins Regno zog, in Orvieto seien jedoch die „cavalli de Peroscia" verblieben.
30 Fischer, Kardinäle, S. 283–293.
31 Cronaca di Luca di Domenico Manenti, ad a. 1276, hg. von Fumi, S. 315. Vgl. Grundman, Popolo, S. 150. Da die unikale Nachricht in der Chronik des 15. Jahrhunderts in den Annalen des 13. Jahrhunderts nicht überliefert ist und auch sonst keinen Widerhall in den Quellen findet, wurde der Beleg nicht mit einer eigenen Nummer im Anhang aufgenommen.
32 Pellini, Historia 1, S. 286; Grundman, Popolo, S. 150.
33 Siehe Anhang 1, Nr. 105. Siehe auch oben Kap. I.3.4, S. 213 f.
34 Für das Jahr 1280 gibt es Hinweise auf einen verlorenen Friedensvertrag zwischen Siena, Pisa, Pistoia, Poggibonsi, Arezzo, Rom, Orvieto und Perugia; vgl. Grundman, Popolo, S. 150; Codice diplomatico, hg. von Fumi, S. 323. Schlichtungsversuche in den immer massiver ausfallenden internen Kämpfen in Orvieto sind auch in den Jahren 1284–1286 nachzuweisen; vgl. Grundman, Popolo, S. 160.

eine Beurteilung jedoch. Die nur stichprobenartig durchgeführte Analyse der Interaktion der beiden Kommunen in den Ratsprotokollen suggeriert, dass Anfragen nach militärischer und diplomatischer Hilfe, nach Vermittlung bei inneren und äußeren Konflikten und nach Koordination politischer Entscheidungen häufiger von Orvieto gestellt wurden als von Perugia. Dieser Eindruck ist ohne eine systematische Durchsicht der perusinischen und orvietanischen Quellen, die im Rahmen dieser Arbeit nicht zu leisten war, allerdings ein vorläufiger.

Ein weiterer Akteur in dieser Konstellation war das Papsttum, obwohl Papst und Kurie nur gelegentlich in der Überlieferung aufscheinen. In der Friedensvermittlung zwischen Siena und Orvieto plädierte ein Ratsherr für die Unterstützung des von Clemens IV. vereinbarten Ausgleichs, auch wenn die Versammlung die Entscheidung am Ende der kommunalen Führung Orvietos überließ. In der Auseinandersetzung zwischen Assisi und Orvieto bezogen die Kommunen das Papsttum als weiteren möglichen Schlichter aktiv mit ein. Dies zeigt, dass sich die Beziehungen zwischen den beteiligten Kommunen weder unabhängig von der päpstlichen Herrschaft noch gegen diese bewegten. Römische Kirche, Papst und Kurie waren die übergeordnete Instanz, die ebenfalls durch Aushandlungsprozesse in das Beziehungsgeflecht der Kommunen einbezogen wurde oder aktiv eingriff. Als die beiden Kommunen 1277 ihr Bündnis unter Beteiligung Spoletos erneuerten und sich in diesem Zuge gegenseitig zusagten, dass jede Stadt mit zwei Kommunen ihrer Wahl weitere Bündnisse schließen durfte, bestanden die Perusiner Gremien explizit und eigeninitiativ darauf, dass diese nicht gegen die Römische Kirche gerichtet sein durften, sondern zu deren Ehren abgeschlossen werden mussten.[35] Perugia diente in diesem Fall als Multiplikator der eigenen politischen Haltung und damit zugleich als Multiplikator für die Herrschaft der Römischen Kirche. Generell, das zeigen die einzelnen Stimmen und Redebeiträge in den Ratsversammlungen, war die Identifikation mit der päpstlichen Sache wohl Teil des Selbstverständnisses und der Außendarstellung der Kommune und ihrer führenden Köpfe, auch wenn dadurch nicht ausgeschlossen war, dass es entgegengesetzte politische Strömungen in der Stadt geben konnte. Diese fanden augenscheinlich jedoch keinen festen Halt in den kommunalen Führungsgremien.[36] Dass die empfundene und dargestellte Identität als besonders treue Tochter der Kirche und wichtigste Unterstützerin der päpstlichen Herrschaft in Umbrien die Kommune im Einzelfall nicht daran hinderte, sich offen gegen die Entscheidungen und Befehle des Papstes zu stellen, wird hingegen anhand der zweiten großen Konstante in den

---

35 Siehe ausführlich oben Kap. I.1.6, S. 121 f.
36 Vgl. zu diesem Aspekt mit Belegen auch Galletti, Considerazioni, S. 328–332; Bartoli Langeli, Situazione, S. 71–74; Grundman, Popolo, S. 134 f., 145–149. Für die Berufung des Papsttums auf Perugias besondere Treue zur Kirche vgl. exemplarisch einen mahnenden Brief Alexanders IV. aus dem Jahr 1258: „Ubi est illa famosa vestra fidelitas que per omnes fines Italie, quin immo per universos quasi orbis terminos resonabat?" (zitiert nach Ansidei, Notizie, S. 598).

perusinischen Außenbeziehungen des späteren 13. Jahrhunderts deutlich: Perugias Konflikt mit Foligno.[37]

Die grundsätzliche Feindschaft Perugias und Folignos in der zweiten Hälfte des 13. Jahrhunderts, die zu mehreren großen Kriegen der beiden Kommunen führte, wird in der Forschung immer wieder als ein wichtiger Faktor für die politische Situation in Umbrien in dieser Zeit genannt. Die Ursprünge, Motive und Ziele dieses Konflikts werden als eine Gemengelage aus wirtschaftlich-politischen und psychologischen Gründen beschrieben: Folignos Lage an einem strategischen Kreuzungspunkt und einer der wenigen landwirtschaftlich ertragreichen Ebenen in Umbrien sowie Perugias Niederlage gegen das kaiserliche Heer und Foligno im Jahr 1246, wahrscheinlich die erste große militärische Niederlage der Kommune im 13. Jahrhundert. Perugia selbst berief sich zudem immer wieder auf die in den 1240er Jahren konstante Parteinahme der Stadt für die Kirche, wohingegen Foligno auf der kaiserlichen Seite gestanden habe.[38] Dieses Gemisch eskalierte seit den 1250er Jahren in mehreren großen Feldzügen, die, wenn auch mit Rückschlägen, Ende der 1280er Jahre zur endgültigen Unterwerfung von Foligno führten.

Der erste große Kriegszug nach dem Tod des Stauferkaisers wurde 1253 begonnen und hinterließ in der Überlieferung keine ausufernden Spuren. Die chronikalischen Quellen zeugen jedoch von der Rolle des im Februar 1251 geschlossenen großen umbrischen Bündnisses in der Kriegsführung. Unterstützt wurde das Perusiner Heer nicht nur durch die Kirche – der Rektor des Dukats Bonifacio da Fogliano führte das Aufgebot –, sondern auch durch die Bündnisstädte Orvieto und Spoleto. In einer Schlacht am Piano dell'Ammeto unterlagen Foligno und Todi. Während die kaiserliche Regierungspartei in Todi unmittelbar darauf durch die bis dahin exilierte *pars Ecclesie* ersetzt wurde, wurde Foligno noch bis 1254 belagert. Im Juni 1254 folgten jedoch die dramatisch inszenierte Unterwerfung und ein vernichtender Verzichtfrieden, der Foligno unter anderem zur Schleifung von Mauern und Verteidigungsanlagen, zur Regierung durch einen Perusiner Amtsträger für die folgenden zehn Jahre und zum uneingeschränkten Kriegsdienst nach den Vorgaben Perugias verpflichtete.[39]

---

37 Vgl. Galletti, Considerazioni, S. 316 f. Auch Orvieto zeigte sich in ähnlicher Konstanz dem Papsttum treu und focht zugleich diverse Interessenskonflikte mit dem Papsttum aus, etwa um das Val di Lago; vgl. Waley, Orvieto, S. 48 f., und Fischer, Kardinäle, S. 283–293.
38 Vgl. Galletti, Considerazioni; Bartoli Langeli, Documents, S. 1–3; Galletti, Società, S. 36–38; Grundman, Popolo, S. 155–157, und Nessi, Bonifacio, S. 178 f. Der Unterwerfungsvertrag 1254 betont etwa „a tempore inceptionis guerre inter Romanam Ecclesiam et Perusium pro ipsa Ecclesia et dominum Fredericum olim imperatorem et Fulgineum pro ipso imperatore"; Codice Diplomatico 2, hg. von Bartoli Langeli, Nr. 268, S. 626–628.
39 Vgl. Cronaca di Luca di Domenico Manenti, ad a. 1254, hg. von Fumi, S. 302, und die 1293 verfasste „Eulistea": Bonifacio Veronese, De rebus, hg. von Bonaini/Fabretti/Polidori, S. 39–41. Zu diesen Quellen Bartoli Langeli, Documents, S. 17, Anm. 31. Zur Unterwerfung und zur urkundlichen

Aufgrund der mageren Quellenlage lässt sich zu diesem ersten erfolgreichen Feldzug der perusinischen Kommune gegen Foligno in Hinsicht auf die Bündnisbeziehungen nicht viel mehr sagen, als dass das 1251 geschlossene Bündnis und dessen entschieden propäpstliche Ausrichtung offensichtlich zum Erfolg der Aktion beitrug. Ob Perugia im Februar 1251 bereits ein konkretes Vorgehen gegen Foligno plante, darf bezweifelt werden, und auch die *societas* wurde somit wohl kaum zur Vorbereitung dieses Feldzugs geschlossen. Wie oben dargelegt, organisierte das Bündnis nach dem Tod Friedrichs II. die päpstlichen Kommunen auf der politischen Landkarte Umbriens gegen die stauferfreundlich regierten Städte, wobei jede Kommune lokale Interessen einbrachte. Diese Landkarte reproduzierte sich noch in den Konstellationen der Schlacht am Piano dell'Ammeto, doch der Konflikt zwischen Perugia und Foligno verselbstständigte sich in den folgenden Jahrzehnten.

Sehr viel reicher gestaltet sich die Quellenlage für die folgenden großen Kriege gegen Foligno, die Perugia in den 1280 er Jahren führte. Dieser Situation ist es zu verdanken, dass die Rolle der Bündnisbeziehungen Perugias in der Organisation dieser Feldzüge zutage tritt. Die kommunale Führung stützte sich nämlich zur Verfolgung ihrer militärischen Ziele maßgeblich auf das Rechtsinstrument der *societas*. Einen erneuten Ausbruch erlebte der bis dahin schwelende Konflikt mit Foligno im Jahr 1282.[40] Anlass war, so zumindest die juristische Begründung Perugias, der vertragswidrige Wiederaufbau der Mauern und Verteidigungsanlagen durch Foligno nach der Schleifung 1254. Und tatsächlich bezeugen einige Quellen den sukzessiven Erwerb und Bau von Kastellen, Wassergräben und Brücken seit den 1260er Jahren und damit Aktivitäten der Kommune Foligno in diese Richtung. Diplomatisch vorbereitet wurde der Feldzug von Perugia bereits gegen Ende des Jahres 1281. Von da an lassen sich die mit hohem Personalaufwand betriebenen Versuche verfolgen, das militärische Vorgehen gegen Foligno juristisch an der Kurie zu legitimieren. Auch mit den späteren Verbündeten und Herkunftsstädten der Aufgebote im Feld – den Kommunen der Valle Spoletina, Città di Castello, Cortona und Montepulciano – nahm die Perusiner Führung bereits Kontakt auf. Parallel erfolgten ab Januar 1282 konkrete Drohungen an die Adresse Folignos und die praktischen Kriegsvorbereitungen. Die Versuche Folignos, das Papsttum und den Rektor des Dukats als Schiedsrichter einzuschalten, scheiterten an der unversöhnlichen Haltung Perugias, die schließlich Anfang Juni, zeitgleich mit Beginn der ersten Expedition gegen Foligno, zum Interdikt führte.[41]

Dokumentation derselben Codice Diplomatico 2, hg. von Bartoli Langeli, S. 621–643; Briganti, Guerra; Bartoli Langeli, Documenti. Vgl. Ceci, Todi, S. 138–142; Menestò, Umbria, S. 27 f.
40 Bereits in den 1270er Jahren war es zu Feindseligkeiten gekommen; vgl. Grundman, Popolo, S. 149.
41 Eine detaillierte Rekonstruktion der Ereignisse auf Grundlage der Quellen und eine überaus dichte Analyse gibt Galletti, Società. Vgl. daneben auch Nessi, Bonifacio, S. 179 f., und Grundman, Po-

Wichtigste Quelle für den Feldzug an sich wie auch für die Existenz einer *societas* ist ein zwischen dem 3. und dem 14. Juni 1282 geführter „Liber consiliorum, bandimentorum et preceptorum factus in exercitu quem comune Perusii supra civitatem Fulginei fecit". Dieses Heft diente der schriftlichen Fixierung verschiedener während des Feldzuges durchgeführter Verwaltungsakte, unter anderem der Protokollierung der Versammlungen des kriegsbedingt reduzierten Rates und der Vertreter alliierter Kommunen.[42] Der erste Eintrag am 3. Juni zeigt, dass sich das Perusiner Heer zu diesem Zeitpunkt bei Spello befand. Am 6. Juni ist erstmals die Anwesenheit der Repräsentanten weiterer Kommunen belegt. Es handelte sich um Assisi, Spoleto, Narni, Spello, Bevagna, Montefalco, Nocera und Bettona und damit, sieht man von Spoleto und Narni und vielleicht auch von Assisi ab, durchweg um kleinere Kommunen, die bereits dem Einflussbereich Perugias angehörten. Diese Differenzierung zeigt sich auch in der Aufzählung der kommunalen Vertreter im „Liber consiliorum". Während für die kleineren Gemeinden nur *sapientes* anwesend waren oder genannt wurden, war Assisi durch den Podestà und den Capitano del Popolo vertreten, Spoleto durch den Capitano und *sapientes*, Narni durch *sapientes* und die *conestabiles militum*. Das Treffen selbst war wohl zunächst nur ein feierlich-konstitutiver Akt zur folgenden gemeinsamen Kriegsführung. Auf die Anfrage des Perusiner Podestà nach dem zukünftigen Vorgehen gegen Foligno erklärten die anwesenden Vertreter ihre grundsätzliche Bereitschaft, die Entscheidungen der perusinischen Führung mitzutragen.[43]

Von einer *societas* unter diesen Kommunen ist erstmals am 11. Juni die Rede. Allerdings sind die Aufzeichnungen im provisorischen „Liber consiliorum" hinsichtlich dieses Bündnisses an einigen Stellen widersprüchlich. Am 11. Juni versammelte sich das *consilium sapientum* gemeinsam mit den Podestà, Capitani und *sapientes* aus den verbündeten Kommunen im Zelt des Podestà. Die Anwesenden berieten über die Aufnahme weiterer Mitglieder in eine *societas* „qua sunt alii de contrata et ducati ... cum conmune Perusii", und zwar zu den gleichen Konditionen und in der gleichen Rechtsform („sub eadem conditione et forma ac modo"). Dass es sich hierbei mit Sicherheit um einen beschworenen Vertrag handelte, wird in der folgenden Diskussion und Beschlussfassung deutlich, die von *pacta*, *conditiones* und *ordina-*

---

polo, S. 155–162, der die Sizilianische Vesper als Anlass für eine Erhebung Folignos hervorhebt – ein Motiv, das in der Forschungsliteratur häufiger zu lesen ist.

42 Druck: Galletti, Società, S. 82–92. Zur Bedeutung des „Liber" ebd., S. 36; zu den Modalitäten der Versammlungen im Feld ebd., S. 48 f.

43 Ebd., S. 87: „in quo quidem consilio vocati et presentes fuerunt potestas et capitaneus civitatis Asisii et capitaneus et sapientes civitatis Spoleti, sapientes et conestabiles militum Nargie et sapientes conmunis Aspelli, Bevangie, Montisfalci, Nuçerie et Vectone". Vgl. auch ebd., S. 49 f. Die Differenzierung ist möglicherweise nur der Protokollierung geschuldet, was jedoch ebenso auf den unterschiedlichen Status der Allierten verweisen könnte. Zumindest am 13. Juni ist nämlich auch der Podestà Montefalcos im Feld, ebd., S. 90 f. Der rechtliche Status von Nocera und Montefalco in Bezug auf Perugia ist für diese Jahre nicht eindeutig zu erkennen; vgl. Grundman, Popolo, S. 149.

menta firmata sprechen; später ist auch die Rede von den „vicini nobiscum iurati".⁴⁴ Identifizieren lässt sich dieser Vertrag wohl recht sicher mit den *instrumenta societatis* „contracte cum certis vicinantiis Perusinis", für die am 25. Mai von der Perusiner Kammer eine Zahlung an den ausstellenden Notar angewiesen worden war.⁴⁵ Es ist somit anzunehmen, dass Perugia spätestens zum 25. Mai einen schriftlichen und rechtlich bindenden Vertrag über eine *societas* mit den Kommunen des Contados und des weiteren Dukats über den folgenden gemeinsamen Heerzug gegen Foligno abgeschlossen hatte.

Mitglied in dieser *societas* waren mit großer Sicherheit die Kommunen, deren Vertreter zwischen dem 3. und dem 14. Juni immer wieder in den provisorischen Ratssitzungen im Feld anwesend waren und deren Kontingente in der militärischen Organisation Erwähnung finden: Spoleto, Narni und Assisi sowie Trevi, Spello, Bevagna, Montefalco, Nocera und Bettona. Nur für Trevi und Narni ist zusätzlich über Datum und Form des Beitritts Näheres zu erfahren, auch wenn an dieser Stelle die ersten Widersprüchlichkeiten der Dokumentation einsetzen. Am 11. Juni lässt eine Anfrage von *ambaxatores* aus Trevi und Narni, die ankündigten, dass ihre Kommunen gerne Teil der *societas* mit Perugia und anderen „de contrata et ducati" werden wollten, die *societas* erstmals deutlich aus der Überlieferung hervortreten. Bezüglich Trevi beschloss der Kriegsrat, die Gemeinde zu den gemeinsamen Konditionen in den Vertrag aufzunehmen, wozu anschließend durch die Vollversammlung ein Syndikus benannt wurde. Narni sollte bezüglich der Vertragsbestimmungen („sub pactis, tenoribus et conditionibus in societate predicta appositis") noch einmal befragt werden. Möglicherweise war Narnis *ambaxator* mit geringeren Vollmachten ausgestattet. Soweit zeichnen sich die Ereignisse noch recht gut ab, obwohl über die Reaktion Narnis im Folgenden nichts mehr verzeichnet ist.⁴⁶ In der Beratung vom 11. Juni ist nun aber in den Diskussionsbeiträgen plötzlich auch die Rede von einem Beitritt Camerinos. So stimmte der Vertreter Spoletos für den geplanten Beitritt Trevis, Narnis und Camerinos, und auch der Vertreter Assisis begrüßte eine sofortige Aufnahme Narnis und Camerinos in das Bündnis, während er bezüglich Trevi Rücksprache mit seiner Kommune halten wollte.⁴⁷ Und tatsächlich wurde in der ersten im Feld protokollierten Versammlung des provisorischen Rates am 3. Juni die Entsendung einer Gesandtschaft nach Camerino beschlossen, Verhandlungen auch mit dieser Kommune sind somit wahrscheinlich.⁴⁸ Im Beschluss des 11. Juni allerdings ist, wie in der *propositio*,

---

44 1282 Juni 11, in: Galletti, Società, S. 88 f. Das Schwurverhältnis ergibt sich aus dem Protokoll vom 13. Juni, ebd., S. 90 f.
45 Vgl. ebd., S. 59, Anm. 32.
46 Narni leistet aber im Herbst noch Waffenhilfe gegen Foligno, siehe Anhang 1, Nr. 106.
47 1282 Juni 11, in: Galletti, Società, S. 88 f. Die Ernennung des Syndikus durch die Vollversammlung erfolgte am 12. Juni, ebd., S. 89 f.
48 Ebd., S. 83 f. Ein Grund für die Gesandtschaft wird im Protokoll nicht genannt.

nur die Rede von Trevi und Narni, und auch in der Folgezeit ist weder von einem Aufgebot noch von einem Repräsentanten Camerinos zu lesen.

Fragen zum Ablauf und zur Organisation der *societas* werfen jedoch auch andere Protokolle auf, wie bereits Anna Imelde Galletti feststellte: So sind am 6. Juni Abgesandte Narnis bei der konstitutiven Versammlung der Verbündeten anwesend, und zwar in der Funktion militärischer Führer (*conestabiles militum*), obwohl noch am 11. desselben Monats der Beitritt dieser Kommune diskutiert wurde. Interessanter ist aber, dass schon am 8. Juni, also noch vor den offiziellen Beitrittsgesprächen mit Trevi und Narni am 11. und 12. Juni, von Aufgeboten aus diesen Städten die Rede ist. Die *homines* aus Trevi und Narni sind Teil der Aufzählung der Aufgebote „in exercitu in servitio comunis Perusii", die über eine Verlagerung des Feldlagers informiert werden sollten.[49] Dabei berieten die Perusiner *sapientes* erst am 9. Juni über eine Gesandtschaft nach Trevi, die formal um Waffenhilfe bitten sollte („quod requiratur commune et homines Trievi per ambasciatores ex parte comunis Perusii quod veniant in exercitu contra Fulgineum, secundum quod alia communia requisita sunt et in exercitu predicto venerunt").[50] In beiden Fällen zeigt sich somit, dass die Kommunen Narni und Trevi möglicherweise noch vor Abschluss einer förmlichen *societas* Aufgebote entsandt hatten.

Form und Inhalte des Bündnisses und das Zusammentreten des Bündnisheeres sind freilich nur schmenhaft zu erkennen. Wie auch immer die Abläufe zu rekonstruieren sind, es waren wohl die im „Liber consiliorum" aufgeführten Städte und *castra*, die Teil der *societas* waren oder werden wollten. Die Repräsentanten dieser Gemeinden – Podestà, Capitani, Militärführer und *sapientes* – wurden zu Versammlungen der Perusiner Führung und der Vollversammlung hinzugerufen und bildeten somit eine Art gemeinsamen Kriegsrat, auch wenn die grundsätzlichen Entscheidungen zum militärischen Vorgehen in erster Linie den Perusiner *sapientes* zukamen.[51] Nicht abschließend zu klären ist dabei, ob alle genannten Stadtgemeinden Teil der *societas* waren oder ob die Kommunen Spello, Nocera, Bettona, Bevagna und Montefalco aufgrund bestehender Abhängigkeitsverhältnisse mit Aufgeboten vertreten waren.[52] Für die zweite Variante spricht, dass diese Kommunen im Feldzug nur durch *sapientes* repräsentiert waren und sie in der Diskussion am 11. Juni zum Beitritt Trevis,

---

49 Ebd., S. 87 f.: „Deliberatum, stabilitum et ordinatum fuit per predictos sapientes quod hoc sero significetur et dicatur hominibus de Spoleto, Asisio, Aspello, Vectone, Montefalco, Trevi, Nargii, Bevangie et aliis existentibus in exercitu in servitio comunis Perusii quod debeant se munire ita quod cras de mane sint muniti, cum campus debeat permutari". Bereits für den 13. Juni war zudem eine militärische Aktion unter Beteiligung Trevis vorgesehen, so ein Protokoll vom 12. Juni: „et ad dictum guastum faciendum conpelletur et intersit comune castri Trievi"; ebd., S. 90. Vgl. auch ebd., S. 50 f.
50 Ebd., S. 88.
51 Belegt ist ihre Anwesenheit für den 11., 12. und 13. Juni, weitere Hinzuziehungen und Beratungen sind möglich, ergeben sich jedoch nicht aus den Protokollen.
52 Vgl. auch ebd., S. 40; Grundman, Popolo, S. 149, 184 f.

Narnis und Camerinos zum Bündnis nicht aktiv beteiligt waren. Für eine *societas* zwischen allen militärisch beteiligten Städten spricht hingegen die Formulierung „in ea societate qua sunt omnes alii de contrata".[53]

Sicher ist jedoch, dass zur Vorbereitung und Organisation des Heeres, das auch aus Aufgeboten befreundeter und unterworfener Städte bestand, auf die Rechtsform *societas* zurückgegriffen wurde, sei es eigenständig oder ergänzend zu bereits bestehenden Verpflichtungen. Mit Spoleto etwa bestand seit 1277 ein eigenes Bündnis. Dennoch war es der kommunalen Führung offenbar wichtig, die Hilfe der Verbündeten und Untergebenen auf eine eigenständige Vertragsbasis zu stellen. Daran zeigt sich, dass die Beteiligung der Bündniskommunen ein wichtiger Bestandteil des Zuges gegen Foligno war, zu dem die Kapazitäten Perugias allein nicht ausreichten. Dies erklärt auch den massiven Rückgriff auf Söldner. Denn trotz der Nennung von Kämpfern aus diesen Städten gehörten zum Bündnis mit hoher Sicherheit nicht die Städte Città di Castello, Montepulciano und Cortona. Zwar gingen auch an diese während der Vorbereitungen des Feldzugs Gesandtschaften, keine dieser Kommunen war jedoch mit eigenen Repräsentanten vor Foligno vertreten. Inhalt und Wortwahl des Protokolls vom 4. Juni, welches die Quelle für die Anwesenheit und Provenienz der Truppen darstellt, weisen darauf hin, dass es sich bei dieser militärischen Verstärkung um Söldner handelte, über die die Perusiner Führung frei verfügte und die im Übrigen am 8. Juni auch nicht gesondert über die Verlagerung des Standpunktes informiert wurden. Bestätigt wird diese Annahme durch andere Quellen zur Anheuerung entsprechender Kontingente im Vorfeld der Expedition.[54] Es waren also vornehmlich Kommunen der Valle Spoletina, die Teil des perusinischen Bündnisses gegen Foligno wurden, und somit Kommunen und kleine Gemeinden, in deren Interessenshorizont der Konflikt zwischen Perugia und Foligno lag. Sie nahmen, aus welchen individuellen Gründen auch immer, mit ihrer Unterstützung Perugias aber auch diverse Risiken auf sich. Sorge bestand wohl um eine Gegenreaktion Folignos nach dem Abzug des Perusiner Haupttheeres, wie ein Beitrag des Podestà von Montefalco in der letzten Sitzung im Feld zeigt. Betroffen waren die Kommunen jedoch auch durch die Strafmaßnahmen der Kurie.[55]

Die Reaktion Martins IV. auf Perugias Vorgehen gegen Foligno – die Verhängung des Interdikts und die spätere, exorbitante Lösesumme von 40.000 Goldflorin – wurde

---

53 1282 Juni 11, in: Galletti, Società, S. 89.
54 1282 Juni 4, in: Galletti, Società, S. 85 f: „cum soldatis de Civitate Castelli et cum illis qui sunt in exercitu de Monte Pulçano et de Cortona". Auch Galletti plädiert für Söldner, obwohl sie an anderer Stelle einen Zusammenhang der Gesandtschaften an diese Städte mit der *societas* andeutet (ebd., S. 39 f., relativiert jedoch in Anm. 31 und auf S. 51 f.; dort in den Anmerkungen auch zu den weiteren Quellen). Zur Größe und Zusammensetzung des Heeres ebd., S. 48. Laut Grundman, Popolo, S. 158, nahmen auch Kämpfer aus Arezzo an der Expedition teil. Die von ihm herangezogenen narrativen Quellen erlauben jedoch keine weitere Einordnung.
55 1282 Juni 13, in: Galletti, Società, S. 90 f.

in der Forschung ebenso hinreichend diskutiert wie die angebliche Empörung der Perusiner auf diese Reaktion, die laut der zeitgenössischen Chronistik Papst- und Kardinalsfiguren aus Stroh verbrannt hätten.[56] Martin IV. beschäftigte sich aber auch explizit mit dem Bündnis, das Perugia organisiert hatte. Bereits im April 1282 wandte sich der Papst in einem Brief an Spello, in dem er zunächst die Positionen der beiden Konfliktparteien und die Weigerung Perugias darlegte, die Angelegenheit in seine Hände zu übergeben, und dann auch Spello jegliche Hilfeleistung gegen Foligno unter Androhung des Interdikts untersagte.[57] Ähnliche Schreiben ergingen mit großer Sicherheit auch an weitere Kommunen des späteren Bündnisses.[58] Der Papst bemühte sich somit bereits im Vorfeld darum, die möglichen Alliierten Perugias von einer Intervention abzubringen. Aus welchen Gründen diese dennoch in das Bündnis mit Perugia eintraten – ob aus eigenen Interessen gegen Foligno oder Furcht vor der Stärke Perugias –, müsste für jede Kommune einzeln untersucht werden.[59] Im November 1282 belegte Martin IV. dann alle Bündniskommunen mit dem Interdikt wegen der Hilfe, die diese entgegen seiner Anordnung Perugia geleistet hatten.[60] Die Kommunen wurden dabei, wie Perugia selbst, mit sehr hohen Geldstrafen belegt. Die Höhe der Strafsummen erklärt möglicherweise, gemeinsam mit noch im Jahr 1283 fortgeführten Feindseligkeiten, wieso Perugia und viele der Verbündeten erst sehr spät absolviert wurden.[61]

---

56 Vgl. Waley, Papal State, S. 206; Galletti, Società; Grundman, Popolo, S. 158 f.; Nessi, Bonifacio, S. 181 f.

57 Bullarium, hg. von Sbaraglia, Nr. 24, S. 486–488. Vgl. Nessi, Bonifacio, S. 180.

58 Vgl. Galletti, Società, S. 62, Anm. 44.

59 Dies ergibt sich aus den späteren Briefen an die Bündniskommunen; ebd., S. 40. Das Motiv der Furcht hebt Nessi, Bonifacio, S. 181, hervor. Die Orientierung politischer Entscheidungen an den ‚Platzhirschen' in der kommunalen Landschaft aus Mangel an Alternativen ist ein Phänomen, das gegen Ende des 13. Jahrhunderts überall in Italien zu beobachten ist. Sehr deutlich formuliert dies etwas später, 1310, die Führung Lodis in einer Antwort an Heinrich VII.; vgl. Somaini, Henri VII, S. 406, Anm. 19.

60 1282 November 18, Reg. Martin IV., Nr. 280–283. Zu diesen waren noch Gualdo, Visso und Cascia gekommen – kleinere Kommunen des perusinischen Einflussbereichs –, die sich an den bis in den Herbst fortsetzenden Feindseligkeiten gegen Foligno beteiligt hatten. Von den Verbündeten des Juni-Feldzugs ist nur für Narni und Spoleto auch die weitere Waffenhilfe belegt. Vgl. zu den weiteren Ereignissen Galletti, Società, S. 48, 53; Grundman, Popolo, S. 158–160; Nessi, Bonifacio, S. 182 f.; entsprechende Quellenbelege in Anhang 1, Nr. 106.

61 Im Mai 1283 hatten sich die Strafen bereits auf 12.000 Silbermark für Perugia und Spoleto, 10.000 für Assisi und 5.000 für die weiteren Verbündeten kumuliert. Vgl. Reg. Martin IV., Nr. 281, 463–465, 470, 484, 485. Spoleto und Narni erlangten im Dezember 1284 die Absolution: Kammerregister, hg. von Rudolph, Nr. 542–544. Trevi wurde erst 1285 absolviert, so eine päpstliche Urkunde Honorius IV. vom 26. Juni 1285 im Archivio Storico Comunale di Trevi, Regest in: Liberati/Pennoni, Archivio, S. 42. Einzelne Bürger aus Assisi erlangten bereits im Herbst 1283 die Lösung aus der Exkommunikation; vgl. Carte, hg. von Bartoli Langeli/Bossa, Nr. 128–130, S. 254–259. Zu den Verhandlungen Perugias

Bei dem Bündnis gegen Foligno handelte es sich um das erste Bündnis Perugias im 13. Jahrhundert, das so radikal das Missfallen des Papstes herausgefordert hatte. War die Bündnispolitik der Kommune bisher immer parallel zu den Interessen der päpstlichen Herrschaft gelaufen oder hatte zumindest, im ersten Jahrhundertdrittel, nicht allzu offensiv gegen die päpstlichen Ordnungsvorstellungen verstoßen, richtete sich die Kommune 1282 mit ihren Bündnisaktivitäten erstmals offen gegen die päpstliche Politik. Dies nahm die Führung der Kommune in Kauf – die Aktion gegen Foligno wurde offensichtlich als dringlich genug erachtet. Die Kommune erlangte für dieses Vorhaben zudem die Unterstützung von den zwei oder drei großen sowie vielen kleinen Kommunen der Valle Spoletina. Auch diese gerieten wegen der *societas* mit Perugia in Konflikt mit dem Papsttum und zahlten die Beilegung teuer.

Der einzige Schritt, den Martin IV. 1282 nicht unternahm, war die Auflösung der *societas* kraft seiner apostolischen Autorität – ob dies seinem Nichtwissen über ein beeidetes Bündnis oder der Form des Vertrags, die wir nicht kennen, geschuldet ist, bleibt offen. Zu diesem Mittel griff dann aber sein Nachfolger, Nikolaus IV., als es 1288/1289 zu einer weiteren und letzten großen Eskalation zwischen Perugia und Foligno kam.[62] Die Bündnisse, die Perugia zu dieser Gelegenheit bemühte oder eigens schloss, werden deutlicher in der Überlieferung greifbar als die *societas* des Jahres 1282. Es handelte sich zum einen um ein bereits 1286 vereinbartes Bündnis mit Todi, Narni und Spoleto, zum anderen um eine auf der gleichen Vertragsvorlage beeidete *societas* mit Camerino aus dem Februar 1288.[63] In den Bündnisverträgen, die eine juristisch elaboriertere Variante der alten Bündnisse zwischen Todi und Perugia aus dem ersten Jahrhundertdrittel darstellten, wurde gegenseitige Waffenhilfe vereinbart und detailliert geregelt.[64] Bei dem Vertrag mit Camerino ist es denkbar, dass dieser gezielt in Vorbereitung auf die Offensive gegen Foligno im Sommer 1288 geschlossen wurde, zumal auch Camerino wahrscheinlich ein Interesse an der Schädigung Folignos hatte.[65] Im Frühjahr begannen die Kriegsvorbereitungen, wiederum begleitet von Schlichtungsversuchen und Drohungen des Papstes Nikolaus IV., der eine Legation nach Perugia entsandte und wohl die Kommune Rom als Schieds-

---

mit Martin IV. vgl. Cecchini, Fra Bevignate, und die Edition einzelner Ratsprotokolle in: Le Pogam, Maîtres, S. 134–159.

62 Vgl. zu dieser letzten Konfliktetappe ausführlich Nessi, Bonifacio, S. 178–188; daneben Pellini, Historia 1, S. 302–305; Morghen, Legazione; Galletti, Considerazioni; Menestò, Esempio, S. 472 f.; Grundman, Popolo, S. 162–165.

63 Anhang 1, Nr. 108 und 109.

64 Grundman, Popolo, S. 161 f., stuft den Vertrag mit Todi, Narni und Spoleto als anti-päpstlich ein, der Vertrag mit Camerino hingegen sei ein klarer „war pact". Diese Interpretation *ex post* entbehrt der Textgrundlage, vor allem da die Verträge auf derselben Vorlage beruhten.

65 Die Quellenlage für Camerino ist dürftig. Aus einem der älteren Geschichtswerke der Stadt ergibt sich jedoch, wahrscheinlich auf Grundlage einer heute verlorenen Quelle, dass es zwischen Foligno und Camerino ebenfalls zu Feindseligkeiten gekommen war; siehe oben Kap. I.3.5, Anm. 83.

richterin einbrachte.⁶⁶ Analog zum Vorgehen des Jahres 1282 richtete sich der Papst am 26. April 1288 in einem Rundbrief an die Orte des Dukats und in gesonderten Schreiben an Perugias Bündnispartner Todi, Spoleto und Camerino, in denen er die Kommunen aufforderte, Perugia weder offen noch verdeckt bei den Feindseligkeiten gegen Foligno zu unterstützen.⁶⁷ Die Städte und Adeligen der Mark Ancona sollten sich für eine mögliche Aktion gegen Perugia rüsten.⁶⁸ Bezüglich der Verbindungen Perugias zu ihren Bündnispartnern verhielt sich Nikolaus IV. eindeutig. Am 27. Mai bevollmächtigte er die beiden mit der Friedensvermittlung beauftragten Legaten, alle *coniurationes*, *societates* und *confederationes* zwischen Perugia und anderen Städten, *castra*, Siedlungen und Einzelpersonen zu lösen.⁶⁹ Auch diesmal trugen die Bemühungen der Kurie keine Früchte, im Juni kam es zur ersten Expedition gegen Foligno. In den folgenden Kriegshandlungen, die sich bis zur Unterwerfung Folignos im Sommer 1289 hinzogen, waren Todi und Camerino mit Aufgeboten und mit der Bereitstellung des militärischen Führungspersonals beteiligt. 1288 wählte Perugia einen tudertinischen *capitaneus guerre*, 1289 übernahm diese Aufgabe Berardo I. da Varano aus Camerino. Todi nahm „in favor del perusino", so eine Chronik aus Todi, Kredite auf, die später durch eine Abgabe gedeckt werden mussten.⁷⁰ Noch im September 1288 hatte der Rektor der Marken versucht, Camerino aus dem Bündnis mit Perugia zu lösen, im April 1289 kassierte Nikolaus IV. erneut alle *confederationes*, *colligationes*, *coniurationes* und *pacta* – „conditionibus quibuslibet" – mit Perugia. Neben Perugia verfielen auch Todi, Camerino und Spello dem Interdikt, das erst im Laufe des Jahres 1290 und gegen erneute hohe Strafzahlungen sukzessive wieder aufgehoben wurde.⁷¹

---

66 Zum Vorschlag Roms Grundman, Popolo, S. 162 f.; zur Legation von Matteo Rosso Orsini und Benedetto Caetani, dem späteren Papst Bonifaz VIII., Morghen, Legazione, und Nessi, Bonifacio, S. 184–188; zu den einzelnen Quellenbelegen Anhang 1, Nr. 108 und 109.
67 Reg. Nicolas IV., Nr. 7020–7024. Das Schreiben an Todi, Spoleto und Camerino war auch an Città di Castello gerichtet. Welche besondere Bindung diese Stadt in den Augen des Papstes an Perugia band, lässt sich nicht klären. An Assisi erging unter demselben Datum eine Aufforderung, dem Rektor des Dukats auf Verlangen gegen Perugia zu Hilfe zu kommen; ebd., Nr. 7019.
68 Ebd., Nr. 7026.
69 Ebd., Nr. 592.
70 Zu den einzelnen Quellenbelegen siehe Anhang 1, Nr. 108 und 109, sowie oben Kap. I.3.5, S. 217–219. Vgl. zur Beteiligung Todis auch Menestò, Esempio, S. 472 f.; ders., Bonifacio, S. 35 f.; Nessi, Bonifacio, S. 186 f.
71 Spello wurde am 11. April, Camerino am 16. Mai, Todi am 30. August und Perugia schließlich am 27. November absolviert, siehe Anhang 1, Nr. 108 und 109. Perugia nahm zur Aufbringung der Strafsumme weitere Kredite bei den toskanischen Bankgesellschaften an der Kurie auf. Vgl. auch Morghen, Legazione, S. 488–490; Grundman, Popolo, S. 164 f. In der Literatur ist häufig von der enormen Summe von 100.000 Goldflorin zu lesen, die Perugia auferlegt wurde. Grundlage dieser Behauptung ist anscheinend das im 18. Jahrhundert erstellte Archivinventar des Giuseppe Belforti, das heute

Die Situation unterschied sich somit auf den ersten Blick nicht grundlegend vom Kriegszug des Jahres 1282. Auch wenn der Vergleich mit 1282 durch das Fehlen der damaligen *instrumenta societatis* nur schwer zu bewerkstelligen ist, fallen dennoch einige Unterschiede ins Auge. Zum einen umfassten die 1288 bemühten *societates* nur größere, dominante Kommunen, die nicht direkt dem Einflussbereich Perugias angehörten, auch wenn Todi in diesen Jahren einen Perusiner Podestà hatte.[72] Zum anderen war der Kriegszug gegen Foligno offensichtlich nicht deren einziger Zweck, obschon für das Bündnis mit Camerino angenommen werden darf, dass ein Feldzug beiden Kommunen bereits vor Augen stand, als sie im Februar 1288 das Bündnis abschlossen. Beide Verträge umfassen jedoch eine Vielzahl an weiteren Bestimmungen und lassen sich auch nach der endgültigen Niederlage Folignos noch über viele Jahre in der Überlieferung verfolgen. Während die *societas* des Jahres 1282 in den Bruchstücken, in denen sie überliefert ist, den Eindruck eines kurzzeitigen Zweckbündnisses erweckt – quasi als juristische Klammer, die die auch aus anderen Verpflichtungen und Interessen resultierende Waffenhilfe zusammenführte –, beinhalteten die *societates* der Jahre 1286 und 1288 grundlegendere Entscheidungen zur Kooperation. Ihre Lebensdauer war nicht nur auf die militärischen Aktionen der Jahre 1288 und 1289 beschränkt. Dies zeigt insbesondere das Bündnis zwischen Perugia, Todi, Narni und Spoleto aus dem Winter 1286, das in den Beziehungen zwischen diesen Kommunen immer wieder aktiviert wurde, mit einer besonderen Rolle für Perugia als Schiedsrichterin. Beide Fälle zeugen aber auch von der Wirkungslosigkeit der päpstlichen Aufhebung der Bündnisse, die von den Kommunen einfach ignoriert wurde, selbst nachdem eine Aussöhnung mit dem Papsttum erreicht wurde.

Im Gesamten zeigen Perugias Kriege gegen Foligno, welche wichtige Rolle die *societates* in der zweiten Jahrhunderthälfte in größeren Kriegszügen der Kommune spielten. Keine der drei großen Aktionen gegen Foligno kam ohne die Zuhilfenahme von Bündnisleistungen zustande. Interessanterweise finden sich aber sowohl 1282 als auch 1288 nur diejenigen Bündnispartner älterer Verträge im Perusiner Heer, die eigene Interessen oder zumindest eine lokale Nähe mit dem Konfliktherd verbanden. So erscheint die Kommune Orvieto, die wie Spoleto seit 1277 mit Perugia verbündet war, 1282 nicht an der Seite Perugias. Auch die seit 1286 mit Perugia eidlich verbundenen Städte Narni und Spoleto hielten sich 1288 gegen Foligno offensichtlich zurück. Den Bündnisbeziehungen dieser Kommunen tat dies – zumindest im zweiten Fall – keinen Abbruch. Möglicherweise agierte die kommunale Führung Perugias hier sehr elastisch und organisierte die gemeinsame Kriegsführung nicht nur auf der juristischen Basis der Verträge, sondern auch nach Überlegungen der politischen Interessensüberschneidungen. Die verschiedenartigen Bündnisse, die Perugia in der

---

noch als Findbuch dient. Nessi, Bonifacio, S. 186 und 200, spricht realistischer und unter Angabe der Quelle von 10.000 Mark Silber.
72 Siehe hierzu auch das folgende Kapitel.

zweiten Hälfte des 13. Jahrhunderts gegen Foligno nutzte, festigten über ihre militärische Bedeutung hinaus auch die zunehmende Vormachtstellung der Kommune in Umbrien, die sich nach der endgültigen Niederlage Folignos 1289 immer deutlicher abzeichnete.[73] Die Bündnisse der Kommune dienten damit – betrachtet man die Beziehungen zu Orvieto und Foligno als die beiden konstanten Faktoren der perusinischen Politik in diesen Jahren – zum einen der Konsolidierung friedlicher Beziehungen zu Nachbarn, mit denen kein Konflikt gewünscht war, zum anderen der Durchsetzung der eigenen Position gegen Städte, die als starke Konkurrenz empfunden wurden. Die *societates* Perugias konnten somit eine stabilisierende Funktion im Herrschaftsgefüge Umbriens einnehmen, aber die Ordnung und den Frieden in den päpstlichen Herrschaftsgebieten auch massiv stören. Dies bedingte die situationsgebundene Haltung der Päpste zu diesem Phänomen, die zwischen Duldung und Verboten schwankte. Die Kommunen wiederum, die in den Bündnissen zwischen Perugia, Orvieto, Assisi und Spoleto bemüht waren, die zwischenstädtische Kooperation im Einklang mit dem Papsttum und der päpstlichen Herrschaft zu gestalten, stellten im Kampf gegen Foligno die Verpflichtungen und Vorteile, die aus den *societates* entstanden, über die Wünsche und Befehle der römischen Kurie. Möglicherweise waren es die Erfahrungen aus den beiden perusinischen Kriegen gegen Foligno der Jahre 1282 und 1288, die zum einzigen bekannten Generalverbot von Bündnissen seitens eines Papstes geführt hatten. Die Verfügung wurde durch Nikolaus IV. im November 1290 und damit zeitgleich mit Abschluss des Prozesses gegen die Kommune Perugia und ihre Bündnispartner wegen der Angriffe auf Foligno erlassen.[74]

3.2 „Comune Perusii quod medicus verus est": Die Kommune Perugia als Schiedsrichterin (1286–1300)

Dass der Kommune Perugia als externer Kraft in Konflikten zwischen anderen umbrischen Städten oder in innerstädtischen Auseinandersetzungen das Schiedsgericht übertragen wurde, ist eine Erscheinung, die sich in der zweiten Jahrhunderthälfte vermehrt in der Überlieferung beobachten lässt. Bereits 1257 schlichtete die Kommune zwischen Orvieto und Todi.[75] Zwischen 1268 und 1272 griff sie mehrmals in die inneren Kämpfe der Bündniskommune Orvieto ein, allerdings nicht schlichtend,

---

[73] Eine kleinere Aktion gegen Foligno ist nochmals für 1293 belegt, Foligno jedoch erscheint deutlich geschwächt. Auch diesmal wurde die Kommune von Todi unterstützt. Vgl. Grundman, Popolo, S. 186 f.
[74] Codex, hg. von Theiner, Nr. 483, S. 313.
[75] 1257 Mai 30 – Juni 4, Codice diplomatico, hg. von Fumi, Nr. 337–339, S. 212–214. Vgl. Grundman, Popolo, S. 107.

sondern mit Waffenhilfe zugunsten der Guelfen.[76] In den 1280er und den 1290er Jahren folgten vermehrt Berufungen als schlichtende Partei seitens der autonomen Kommunen Todi, Narni, Terni, Camerino und Arezzo.[77] John Grundman wies zu Recht darauf hin, dass dies nicht nur der machtvollen Stellung der Kommune in Umbrien geschuldet war, die durch das Ausschalten Folignos noch gestärkt wurde, sondern auch auf das Renommee der perusinischen Rechtsgelehrten zurückzuführen ist. Der Ruf der Perusiner Juristen erfuhr durch die Förderung eines juristischen *studium* seit den 1280er Jahren seitens der kommunalen Führung nochmals einen Aufschwung.[78] Daneben bestand aber mit all diesen Städten, abgesehen von Arezzo, im fraglichen Zeitraum immer auch ein *societas*-Vertrag – ein Fakt, der in der Beurteilung von Perugias Vermittlungsaktivitäten bisher nicht berücksichtigt wurde. Das Zusammenspiel zwischen der Schiedstätigkeit und den *societas*-Verträgen der Kommune lässt sich am Beispiel des 1286 beeideten Bündnisses zwischen Perugia, Todi, Spoleto und Narni besonders gut nachvollziehen. Durch die beinahe lückenlose Überlieferung der *riformanze* der dem Vertrag folgenden Jahre für die Vollversammlung der Kommune lässt sich Perugias Position und Agieren in diesem Bündnis wie unter einem Brennglas beobachten. Handhabbar wird diese umfangreiche Quellensammlung durch von Silvia Lonzini erstellte Kurzregesten zu den einzelnen Sitzungsprotokollen, die den Großteil der *riformanze* dieser Jahre berücksichtigen. Zwei weitere, von Lonzini nicht bearbeitete Faszikel, könnten das hier präsentierte Bild sicherlich noch präzisieren – aber wohl nicht mehr grundlegend korrigieren.[79] Der Befund, den die *riformanze* aufzeigen, ist sehr deutlich: Perugia konnte erst auf Grundlage der *socie-*

---

76 So die Cronaca di Luca di Domenico Manenti, ad a. 1268–1272, hg. von Fumi, S. 311–313. Schiedstätigkeiten übernahm laut dieser Chronik vor allem das Papsttum. Vgl. Waley, Orvieto, S. 48–52; Grundman, Popolo, S. 149; auch Pellini, Historia 1, S. 278–282.
77 Weitere Vermittlungstätigkeiten übernahm die Kommune für Klöster, Einzelpersonen, Adelsfamilien und kleinere Kommunen, die dem perusinischen Einflussbereich angehörten; vgl. die Kurzregesten von Lonzini, Notaio 2.
78 Grundman, Popolo, S. 162, Anm. 27. Zu den Perugia übertragenen Schiedstätigkeiten in den 1290er Jahren ebd., S. 187. Ihm folgt gänzlich Menzinger, Giuristi, S. 193 f. Zum *studium* in Perugia, seit 1276/1285 in den Quellen belegt, 1308 durch Clemens V. als *studium generale* legitimiert, Bellini, Università.
79 Es handelt sich um die unpublizierte *tesi di laurea* der Autorin, zugänglich im AS Perugia: Lonzini, Notaio 2. Da im Mittelpunkt der Arbeit Iohannes Tuschus steht, der Notar, der in diesen Jahren mit einem eigenen Amt für die *riformanze* zuständig war, arbeitet die Autorin nicht mit den Faszikeln AS Perugia, Consigli e Riformanze 5 und 179, die Protokolle aus den Jahren 1291 und 1292 (18. April – 26. Juni) umfassen. Die Vollversammlung bestand 1287 aus mehreren Gremien, man traf sich im „consilio generali, speciali et centum per portam et maiori civitatis, comunis et populi Perusii, rectorum arcium et aliorum qui venire tenentur ad ipsum consilium" (in dieser Formulierung AS Perugia, Consigli e Riformanze 10, fol. 38v, die Benennung ist jedoch immer ähnlich). Später ist die Rede häufig auch nur vom *consilium generale et speciale* oder *maior* o. ä.

tates in den letzten Jahren des 13. Jahrhunderts zum „medicus verus" der umbrischen Kommunen werden, wie die kommunale Führung Todis es einmal formulierte.[80]

Das Bündnis zwischen Perugia, Todi, Spoleto und Narni trat formal am 1. August des Jahres 1287 in Kraft, der Vorlauf war jedoch enorm. Bereits ein Jahr zuvor, im August 1286, müssen die Verhandlungen weitgehend abgeschlossen gewesen sein, denn zu diesem Zeitpunkt ernannte Todi seine Syndizi für den Abschluss des Bündnisses. Der spätere Vertragstext war in die Syndikatsurkunde bereits inseriert. Die Beeidung durch die Vertreter aller vier Städte erfolgte im November und im Dezember 1286 und damit ebenfalls weit vor Beginn der Laufzeit.[81] Der mutmaßliche Austausch erster Bündnisleistungen lässt sich dann auch bereits vor dem offiziellen Inkrafttreten des Vertragswerkes beobachten. Zwischen Mai und August 1287 baten Spoleto und Narni um Waffenhilfe, und am 20. Juli ist in den perusinischen Ratsprotokollen das erste Mal die Rede von einer Vermittlung zwischen Todi und Narni.[82] Die *societas* von 1286/ 1287 beruhte zu großen Teilen auf einem Bündnisinstrument zwischen Perugia und Todi, das im August 1230 zum letzten Mal nachweisbar beeidet worden war.[83] Ob es sich um die erste Reaktivierung dieses Textes seit 1230 handelte, lässt sich nicht mit Sicherheit behaupten, in der vorhandenen Überlieferung beider Kommunen findet sich jedoch kein Hinweis auf ein weiteres Bündnis.[84] Spoleto war, wie oben gezeigt, zuletzt 1277 ein Bündnis mit Perugia eingegangen, allerdings auf Grundlage der orvietanischen Vertragslinie. Zwischen Narni und Perugia ist einzig die Kriegs-*societas* gegen Foligno im Sommer 1282 bezeugt.

Potentiellen Schiedstätigkeiten unter den Bündniskommunen widmete der Vertrag zwei große Kapitel. Bei einem Konflikt zwischen den Bündnisstädten wurde die Vermittlung durch die nicht betroffenen Kommunen festgesetzt, deren Urteil von den Konfliktparteien angenommen werden musste. Bei Konflikten innerhalb einer Kommune waren die Bündnispartner ebenfalls zur Schlichtung angehalten. Dazu gehörte auch, keiner der Parteien juristisch, militärisch oder durch eine Aufnahme in der eigenen Stadt zur Hilfe zu kommen, die Wahl eines Signore aus dem eigenen Juris-

---

[80] So die Formulierung eines Schreibens aus Todi, 1293 Juli 13, AS Perugia, Consigli e Riformanze 10, fol. 193v–194r. Vgl. auch Grundman, Popolo, S. 187.
[81] Anhang 1, Nr. 108. Eine ähnliche Konstruktion, die Beeidung des Vertrags bereits vor dem eigentlichen Vertragsbeginn, findet sich auch in einem Bündnis Orvietos und Sienas aus der ersten Hälfte des 13. Jahrhunderts (Anhang 1, Nr. 37). Die Chronik des Ioan Fabrizio degli Atti datiert das Bündnis formal korrekt auf August 1287; Cronaca todina 4,9–10, ad a. 1287, hg. von Mancini, S. 140.
[82] AS Perugia, Consigli e Riformanze 10, fol. 27v–28r, 31r, 37r, 38v–39r (Anhang 1, Nr. 108).
[83] Dies erkannte auch Menestò, Bonifacio, S. 50, Anm. 117.
[84] Vom 19. Juli 1260 ist ein Vorschlag Todis überliefert, ein Bündnis zu schließen, dessen Schicksal jedoch in der Überlieferung nicht weiter zu verfolgen ist; Regestum, hg. von Ansidei, Nr. 208, S. 222. Im Juni 1260 unterstützte Perugia die Innenpartei Todis gegen die exilierten Guelfen unter Offreduccio di Gerardo. Ob dieses Engagement Perugias Verhältnis zur Kirche trübte, ist nicht ersichtlich; vgl. ebd., Nr. 183 und 184, S. 198–191.

diktionsbereich zu verhindern und bei einem vollständigen Ausfall der kommunalen Führung die Interimsregierung der handlungsunfähigen Kommune zu übernehmen. Im Falle, dass nur eine der Parteien sich dem Schiedsspruch der Bündniskommunen beugen wollte, stand dieser Partei jegliche weitere Unterstützung zu.[85] Neben diversen Anfragen in Perugia wegen Waffenhilfe und anderer Dienste, auf die gleich noch zu sprechen sein wird, sind es vor allem diese beiden Kapitel, die durch die Verbündeten Perugias in den folgenden Jahren bemüht wurden.[86]

Zwei große Konflikte der Bündnispartner beschäftigten den perusinischen Rat in den Jahren 1287 bis 1297 immer wieder. Einmal handelte es sich um eine langwierige Auseinandersetzung zwischen Todi und Narni. Zum anderen schlichtete Perugia in diesen Jahren immer wieder bei virulenten internen Kämpfen in Todi. Der Konflikt zwischen Todi und Narni taucht am 20. Juli 1287 erstmals in den Protokollen der Vollversammlung Perugias auf. Die Beratung macht deutlich, dass es in der Auseinandersetzung um die Stadt Terni ging und dass Perugia bereits zu diesem Zeitpunkt als Schiedsrichterin vorgesehen war. Ob das Eingreifen Perugias einer Anfrage der Bündniskommunen oder perusinischer Eigeninitiative entsprungen war, ist nicht herauszulesen, ebensowenig wie die genaue Konfliktkonstellation.[87] Dies ist, wie so oft, der Ratspraxis dieser Jahre geschuldet. Die Angelegenheit war bereits durch mehrere Gremien gegangen, bevor sie in der überlieferten Schriftlichkeit der Kommune Niederschlag fand: Grundlage für die Abstimmung der Vollversammlung am 20. Juli war ein Entscheid des *consilium sapientum de retocho*, dem maßgeblichen Beschlussgremium dieser Jahre.[88] Die *sapientes* hatten vorgeschlagen, dass der Podestà gemeinsam mit fünf *ambaxatores* „de melioribus et ydoneoribus civitatis" nach Todi, Narni und Terni reisen sollte, um die Anerkennung Perugias als Schiedsrichterin zu erreichen und die Streitpunkte zwischen den Städten beizulegen. Die Vollversammlung schritt so-

---

85 ASC Todi, Registrum vetus, S. 221 f. (moderne Zählung). Siehe auch oben Kap. I.2.3.4.
86 Narni bat im Juli und August 1287 um militärische Hilfe, im Sommer 1293 erfolgten weitere Anfragen durch Todi und Narni, wobei Narni offensichtlich auch die Hilfe Todis angefordert hatte. Im September 1293 wurde die Waffenhilfe für Spoleto diskutiert. Die einzelnen Quellenverweise unter Anhang 1, Nr. 108.
87 Terni gehörte seit Beginn des 13. Jahrhunderts durchgängig oder zumindest wiederholt zum direkten Einflussbereichs Todis; vgl. Bassi/Chiuini/Di Lorenzo, Todi, S. 154, und Menestò, Esempio, S. 428, 471–473; dort auch zum Streitverlauf, der wohl von wiederholten Feindseligkeiten Narnis gegenüber Terni ausging. Bereits für März und Juni 1287 sind zwei Gesandtschaften Todis nach Perugia nachzuweisen. Der Anlass für die Entsendung geht aus den Instrumenten, die im Zuge von Entschädigungsverfahren für während der Gesandtschaften verletzte Pferde ausgestellt wurden, nicht hervor; vgl. ASC Todi, Fondo Archivio Segreto di S. Fortunato, Pergamene, Nr. 31 und 33.
88 Menzinger, Giuristi, die ihre Untersuchung im Jahr 1285 enden lässt, spricht nicht von einem Gremium dieses Namens. Die Einrichtung ist somit auf nach 1285 zu datieren. Offensichtlich gab es sowohl eine reduzierte als auch eine große Zusammensetzung, gelegentlich ist nämlich vom *consilium sapientum de retocho grosso* die Rede. Möglicherweise ist der Begriff *de retocho* auf *reticere* (verschweigen) zurückzuführen und damit im Sinne eines geheimen, inneren Rats zu verstehen.

gleich zur Wahl der *ambaxatores*.[89] Spätestens am 28. Juli war diese Delegation in Todi, wo ihr im August auch noch das Schiedsgericht in internen Konflikten Todis angetragen wurde. Ebenso wurde der zweite führende Amtsträger der Kommune, der Capitano del Popolo, in den folgenden Tagen in die Friedensmission involviert. Aus den Protokollen ergibt sich, dass sich Podestà und Capitano in ihrer Anwesenheit in Todi abwechselten.[90] Am 19. August kam die Vollversammlung wieder auf die Streitigkeiten zwischen Todi und Narni zu sprechen. Diesmal jedoch ging es explizit um das Bündnis als Grundlage für ein Eingreifen Perugias in die Auseinandersetzungen der beiden Bündnispartner. Abgesegnet wurde ein bereits durchgeführter Vorschlag des *consilium sapientum de retocho*, der die Prüfung des Bündnisvertrags („instrumenta sotietatis comunium Perusii, Tuderti, Narnie et Spoleti") durch *sapientes iuris* vorsah. Diese waren zu dem Ergebnis gekommen, dass der Vertrag ein Eingreifen der Bündnispartner Perugia und Spoleto in die Auseinandersetzungen zwischen Narni und Todi erlaube und sogar fordere. Die *sapientes* hatten daraufhin vorgeschlagen, „ambaxatores sapientes" nach Spoleto zu entsenden, um dort für ein gemeinsames Schiedsgericht zu werben. Gemeinsam mit den *ambaxatores* aus Spoleto sollten diese dann nach Narni und Todi weiterziehen. Dort sollten sie beiden Kommunen antragen, die Schlichtung der Streitfragen in die Hände der Bündniskommunen zu legen, so wie es das Bündnisinstrument vorsah.[91] Leider verschwindet die Angelegenheit daraufhin für beinahe ein Jahr gänzlich aus der Überlieferung Perugias.

Im Mai 1288 standen die Streitigkeiten zwischen Narni und Todi, die anlässlich eines nicht spezifizierten Vorfalls um die Kommune Terni („occasione comunis

---

89 AS Perugia, Consigli e Riformanze 10, fol. 37r. Gewählt wurden *dominus* Ugolinus *de Castiano*, *dominus* Ugolinus Nerroli, *dominus* Vençolus Ugucinelli, *dominus* Guido Raynaldi und Çelolus *domini Elimosine*. Mindestens zwei dieser Gesandten hatten einen juristischen Hintergund: Ugolinus Nercolis bzw. Ugolino di Nerolo, *iudex* und *doctor legum*, war einer der wichtigsten Rechtsgelehrten Perugias des ausgehenden 13. Jahrhunderts, der seit den 1280er Jahren auch lehrte; vgl. Menzinger, Giuristi, S. 223 f., und Bartoli Langeli, Nel Duecento, S. 365 f. Guido Rainaldi war ebenfalls Richter und *sapiens iuris* und vertrat Perugia seit den 1260er Jahren kontinuierlich als *ambaxator* und Syndikus in außenpolitischen Belangen. Als häufiges Mitglied des *consilium sapientum* war er auch politisch aktiv; vgl. Menzinger, Giuristi, S. 207 f. Çelolus war wohl ein Sohn von Elemosina (Poppolo) di Conte und gehörte damit dem weiteren Familienverband der Arcipreti an, ebenso wie Ugolino di Nerolo; vgl. Bartoli Langeli, Nel Duecento, S. 369 f.
90 Am 28. Juli entschied die Vollversammlung über eine Anfrage von *ambaxatores* aus Narni um „auxilium ... et sucursum", in welcher Form oder gegen wen bleibt offen. Daneben wollte Narni unter Bürgschaft Perugias Kredite in der Stadt aufnehmen. Unter den Beiträgen sind auch Vorschläge, die Entscheidung an die in Todi weilenden *sapientes* und den Podestà auszulagern oder deren Rückkehr abzuwarten (AS Perugia, Consigli e Riformanze 10, fol. 38v–39r). Die Anfrage über das Schiedsgericht in Todis inneren Kämpfen erreichte die Versammlung am 11. August per Brief, verfasst durch den Rat Todis, die *ambaxatores* und den Capitano; der Podestà saß bereits wieder der Sitzung vor (AS Perugia, Consigli e Riformanze 10, fol. 43v–44r).
91 AS Perugia, Consigli e Riformanze 10, fol. 45v–46r.

Interamnensis") sowie „um ihrer selbst willen" („tam eorum occasione") ausgebrochen waren, dann aber wieder auf der Agenda der Perusiner Vollversammlung. In diesem Monat waren erneut *ambaxatores* aus Todi und Narni in der Stadt, um mit Perugia über ein Schiedsgericht zu verhandeln. Die Kommune erklärte sich nach einer juristischen Prüfung der Syndikatsurkunden bereit, das Schiedsgericht zu übernehmen, allerdings unter der Voraussetzung, dass bis zum Ende der Friedensverhandlungen ein Waffenstillstand eingehalten wurde. Auf wessen Initiative die Verhandlungen geführt wurden, machen die überlieferten *riformanze* nicht deutlich. Da jedoch in der Ratsversammlung auch die Möglichkeit bedacht wurde, dass eine der Delegationen die Schlichtung nicht akzeptierte, ist es möglich, dass nur eine der streitenden Kommunen oder Perugia selbst die Vermittlung vorgeschlagen hatte.[92] Die Mediation blieb jedoch offensichtlich erfolglos, denn schon im Juni berichtete Narni, dass Todi ein Heer ausgehoben habe und versuche, den Disktrikt Narnis zu entvölkern. Die sich zu Wort meldenden Ratsherren agierten im Grunde alle gemäß dem Bündnisvertrag: Ein Vorschlag sah die wiederholte Entsendung von Abgesandten in beide Städte vor, die sich erneut um das Schiedsgericht bemühen und zu verstehen geben sollten, dass Perugia bei einer Zurückweisung ganz auf Seiten der kooperativen Stadt stehe; ein anderer wollte lieber keine Partei ergreifen, aber mit Hilfe von *ambaxatores*, einem *sindicus* und einem Notar ebenfalls die Vermittlung übernehmen sowie fürs Erste einen einmonatigen Waffenstillstand erlangen, „amore comunis Perusii"; der dritte Redner verwies schließlich noch auf die im Bündnisinstrument genannte Vertragsstrafe.[93] Auch diese Initiative verschwindet danach aus den Quellen, sie dürfte jedoch vorerst erfolgreich gewesen sein: Erst im Mai 1290 flammte der Konflikt zwischen Todi und Narni noch einmal auf, und wiederum beriet die Vollversammlung über die Entsendung einer Friedensmission. Dies geschah offensichtlich präventiv und auf Initiative Perugias, um eine größere Störung des mühsam erlangten Friedens zu verhindern. Anlässlich von Gerüchten, dass Bewaffnete aus Perugia die Konfliktparteien aufgrund einer Parteinahme oder aufgrund von Soldzahlungen unterstützen wollten, wurde außerdem ein Ver-

---

92 1288 Mai 12 und 14, AS Perugia, Consigli e Riformanze 10, fol. 51r–52r.
93 1288 Juni 10, AS Perugia, Consigli e Riformanze 10, fol. 59r–v. Das Protokoll lässt erahnen, dass die Widerstände gegen die perusinische Schlichtung eher auf Seiten Todis zu suchen waren. So auch die Interpretation durch Terrenzi, Narni, S. 39 f. Als Vertreter Perugias, „qui debent ire … Tudertum et Narniam", fungierten *dominus* Bartholus Andree *iudex* und *dominus* Firmaxius Benvenuti (der an anderer Stelle ebenfalls als *iudex* bezeichnet wird; vgl. ASC Todi, Confini con Orvieto, Nr. 6a) als *ambaxatores*, Feolus Lebreocti (einer der führenden Köpfe des *popolo minuto*) als *sindicus* und ein Notar. Zu Bartolus *domini Andree* vgl. Menzinger, Giuristi, S. 197. Firmaxius ist vielleicht mit *dominus* Fomasius Benvenuti gleichzusetzen, seit mindestens 1276 aktives Mitglied des *consilium sapientum* und auch später häufig in der Gerichtspraxis als Rechtsverständiger tätig; vgl. ebd., S. 204.

bot ausgesprochen, den Contado mit Waffen und Pferden zu verlassen oder Todi und Narni in sonstiger Weise zu Hilfe zu kommen.[94]

Drei große Vermittlungsversuche lassen sich somit konstatieren. Nicht aus allen Ratsprotokollen geht der Bezug zum Bündnis explizit hervor. Der Bündnisvertrag diente jedoch mit Sicherheit als Grundlage für die Bemühungen Perugias, wie die Prüfung der Instrumente während der ersten Schlichtungsinitiative zeigt. Die Strategie der Perusiner Kommune war dabei immer die gleiche: Mit hohem Personalaufwand – der Entsendung des Führungspersonals und gewählter *ambaxatores* und Rechtsgelehrter – versuchte die Kommune, das Schiedsgericht im Konflikt zu übernehmen, zu Beginn noch ganz vertragsgemäß gemeinsam mit Spoleto. Die kommunale Führung wie auch die einzelnen Stimmen in der Ratsversammlung waren dabei darauf bedacht, Perugias Neutralität zu wahren. Man entschied sich gegen die Parteinahme für eine Seite, selbst wenn sich eine der Konfliktparteien dem Schiedsversuch gegenüber aufgeschlossener zeigen sollte, und untersagte auch Gruppen und Einzelpersonen des eigenen Jurisdiktionsbereichs, in den Konflikt einzugreifen, aus Sorge um mögliche Nachteile für die Kommune. Durchgeführt wurden die Schlichtungsversuche wohl nach formalisiertem Recht. Darauf weist der Einsatz von *sapientes iuris*, die häufige Besetzung der Gesandtschaften durch Richter oder andere Rechtsgelehrte und die sorgfältige Prüfung der Schriftlichkeit – etwa des Vertrags und der Syndikatsurkunden aus Narni und Todi – hin. Leider fehlt jeder Quellenbeleg über das Agieren der Gesandtschaften vor Ort und somit auch über die Art und Weise, wie das Schiedsverfahren geführt wurde und welche inhaltlichen Regelungen die Vermittler trafen. Auch über die Erfolge diese Initiativen erfahren wir nur Mittelbares: Offensichtlich vermochten es selbst erfolgreiche Friedensverhandlungen – wenn es denn solche gab – nicht, den Konflikt auf Dauer zu lösen. Aus den Protokollen ergibt sich aber ebenfalls, dass Perugia die Vermittlungspolitik zwischen Todi und Narni nicht nur auf Anfrage, sondern auch aus eigener Initiative in Angriff nahm.

Die zweite Vermittlungsklausel im Bündnisvertrag, die Schlichtung bei internen Parteienkämpfen, fand ebenfalls ihre Anwendung, und zwar vornehmlich in den Kämpfen zwischen Ghibellinen und Guelfen in Todi.[95] Die erste Benennung Perugias als Schiedsrichterin in diesen Auseinandersetzungen erfolgte bereits im August 1287. Die Kommune und der Rat Todis boten der anlässlich des Konflikts mit Narni in der Stadt weilenden Delegation Perugias auch noch das Schiedsgericht in ihrem

---

94 1290 Juli 1, AS Perugia, Consigli e Riformanze 10, fol. 145r; 1290 Juli 11, AS Perugia, Consigli e Riformanze 10, fol. 147r. Zum erneuten Ausbruch des Konflikts Cronaca todina 4,15, ad a. 1290, hg. von Mancini, S. 141: „A dì IIII de magio el tudino cum grande sforzo fe' hoste sopra ad Nargni". Vgl. Ceci, Todi, S. 191, und Menestò, Esempio, S. 480.

95 Diese werden auch in den Quellen so bezeichnet. Die Bezeichnung hatte sich jedoch vollständig von einer Bindung an die Universalgewalten gelöst. So bekannten sich die *gebelini* und die *pars gebelina* 1296 öffentlich zur *pars Romane Ecclesie*; vgl. mit Angabe der Quellen Menestò, Bonifacio, S. 41.

internen Dissens an. Eine diesbezügliche Rückfrage des Capitano und der *ambaxatores* an den heimischen Rat wurde positiv beschieden. Die Kommune akzeptierte das Schiedsgericht und ernannte unter den bereits in Todi weilenden *ambaxatores* Syndizi, die Frieden und Eintracht in der Stadt und unter den einzelnen Bürgern wiederherstellen sollten.[96] Wie die Vermittlungstätigkeit im Einzelnen vonstatten ging, entzieht sich der Überlieferung. Am 1. November unterzeichneten jedoch beide Parteien Todis einen Friedensvertrag „pro bono et pacifico statu civitatis Tuderti et gratia et amore comunis Perusii".[97] Beide Seiten und deren einzelnen Angehörigen, die in zwei Blöcken aufgeführt wurden, versöhnten sich per Friedenskuss, vergaben sich alle bis dahin zugefügten Schäden und verzichteten auf zukünftige Schädigungen und Auseinandersetzungen. Das Instrument wurde durch den Perusiner Notar Saracenus ausgestellt, in Anwesenheit des Perusiner *capitaneus comunis et populi*, des tudertinischen Bischofs, zweier Minoritenbrüder sowie einer Reihe von *ambaxatores* aus Perugia, die man wohl mit der mit dem Schiedsgericht betrauten Delegation identifizieren darf. Aufgrund von Konservierungsmaßnahmen lassen sich an dieser Stelle im Pergament nicht mehr alle Namen entziffern.[98] Wie der lange Mediationsprozess zwischen August und November vonstatten ging, bleibt ungewiss. Dass die *ambaxatores* in diesem Zeitraum durchgängig in Todi waren, darf aber bezweifelt werden. Während aus dem Friedensvertrag über die eigentliche Schiedstätigkeit dieser Kommision, der möglicherweise auch die beiden Franziskaner angehörten, nichts zu erfahren ist, zeigt ein etwa ein Jahr später verfasstes Ratsprotokoll aus Perugia zumindest weitere Formalia dieser Schiedstätigkeit auf. Am 11. November 1288 baten Abgesandte aus Todi um Aushändigung der im Zuge der innerstädtischen Friedensstiftung durch Saracenus Alenutii Fabri ausgefertigten Instrumente, die die Kom-

---

[96] 1287 August 11, AS Perugia, Consigli e Riformanze 10, fol. 43v–44r. Die Ernennung der Syndizi wurde nur beschlossen, nicht direkt durchgeführt.

[97] ASC Todi, Fondo Archivio Segreto di S. Fortunato, Pergamene, Nr. 37. Möglicherweise handelt es sich um ein Konzept; *Actum*, Zeugenliste und Unterfertigung stehen auf der Rückseite des Pergaments. Ähnlich auch die Cronaca todina 4,9–10, ad a. 1287, hg. von Mancini, S. 140, allerdings zum 5. Dezember: „et forono facte tucte le pace fra li odiati de Tode cum l'aiuto de Peroscia: et fo martedì a dì cinqui de dicembre".

[98] Teil hatten aber mit Sicherheit Oddo *de Oddonibus*, später Podestà in Todi, *dominus* Guido *de Corgna*, *dominus* Pellegrinus Gerardini, *dominus* Angelus *domini Thomassii*, Cellus *domini Elemosine* u. a. und somit einige der führenden Ratsmitglieder und Rechtsgelehrten dieser Jahre. Guido *de Corgna* gehörte zu den politischen Führungspersönlichkeiten der Stadt, die immer wieder in Regierungsämter in anderen Städten berufen wurden; er übernahm aber auch für Perugia wichtige Gesandtschaften, insbesondere an die Kurie, Schiedsmissionen und interne Verwaltungsaufgaben. Maßgeblich beteiligt war er an den diplomatischen Verhandlungen an der Kurie, die die Kriegsführung gegen Foligno begleiteten und ihr nachfolgten; vgl. Menzinger, Giuristi, S. 206 f. Noch 1297 ist er als Zeuge bei einem Bündnis zwischen Perugia und Florenz zugegen; siehe Anhang 1, Nr. 114. Der *iudex* Pellegrinus Gerardini ist ebenfalls seit 1259 in den Ratsgremien der Stadt und im *consilium sapientum* zu verfolgen und wurde einmal auch als *ambaxator* an die Kurie entsandt; vgl. Menzinger, Giuristi, S. 216 f.

mune Todi nun gerne bei sich haben wollte. Aus diesem Protokolleintrag ergibt sich, dass die kommunale Führung Todis die Kosten für die schriftliche Dokumentation des Schiedsprozesses übernahm; der Saracenus noch geschuldete Lohn sollte dabei ebenfalls festgelegt werden.[99] Ob die Instrumente versehentlich oder bewusst erst einmal nach Perugia gelangt waren, ob sie ursprünglich nur als Imbreviatur verschriftlicht wurden oder welche anderen Gründe zur Aufbewahrung in Perugia geführt hatten, ist nicht zu klären.

Der Erfolg der Perusiner Schiedsmission hielt jedoch nicht allzu lange an. Fünf Jahre darauf, im Juli 1293, berieten der spezielle und generelle Rat erneut über die „magna discordia" zwischen „guelfi et ghibellini" in Todi. Beschlossen wurde, wohl ohne eine Anfrage seitens Todi, eine Gesandtschaft auf Kosten der Kommune aus Podestà, Capitano del Popolo, zwei der *consules artium* und einer beliebigen Anzahl *ambaxatores*.[100] Einige Tage später erreichte die Stadt dann eine direkte, schriftliche Anfrage des Podestà Todis mit einem Bittgesuch um Hilfe im Kampf zwischen den Parteien, der bereits die ganze Stadt ergriffen habe. Das Ratsprotokoll gibt den Brief mit einer in der Forschung häufig zitierten Wendung wieder: „quare affectuosse rogant, quod prudenter et sine mora per comune Perusii, quod medicus verus est, hac plaga valeat liberari". Die Versammlung entschied sich, der tudertinischen Regierung mit einem bewaffneten Aufgebot zur Hilfe zu kommen, um die Ruhe in der Stadt zu wahren („et arma et equi baniantur in servitio comunis Tuderti et pro conservatione status Tuderti").[101] Auch 1296 ist wieder von internen Kämpfen zwischen Guelfen und Ghibellinen zu lesen, die diesmal auch eine Intervention des 1294 gewählten Papstes Bonifaz VIII. herausforderten. Das Eingreifen des Caetani-Papstes erklärt sich nicht nur aus der Rolle des Friedensvermittlers, die das Papsttum gegenüber seinen Untertanen generell beanspruchte, sondern auch aus der engen, persönlichen Bindung Bonifaz' zu Todi.[102] Der Pontifex versuchte sich jedoch nicht nur selbst an einer Versöhnung der Konfliktparteien, sondern bezog die Kommune Perugia in die Friedensvermittlung mit ein. Auch er berief sich dabei epplizit auf die *societas* als Grundlage. In einem Brief an Raynerius Ugolini, den Anführer der ghibellinischen *intrinseci*, gab Bonifaz die Anweisung, Perugia den Konflikt schlichten zu lassen, so wie es vertraglich zwischen beiden Kommunen festgehalten sei („volumus, ut vos, prout ex pactione vel confederatione, aut ordinatione inter vos et eos invicem hactenus habitis teneri noscimini, libere permittatis, ut ipsi ad pacem et concordiam inter vos et concives vestros extrinsecos ... studia interponant"). Von dem Vertrag hatte

---

99 1288 November 11, AS Perugia, Consigli e Riformanze 10, fol. 97r–98v.
100 1293 Juli 1, AS Perugia, Consigli e Riformanze 10, fol. 204v–205r.
101 1293 Juli 13, AS Perugia, Consigli e Riformanze 10, fol. 193v–194r.
102 Diese resultierte aus einem mehrjährigen Aufenthalt des zukünftigen Papstes in Todi, der als 16- oder 17-Jähriger seinen zum Bischof gewählten Onkel begleitete und dort eine erste juristische Ausbildung erhielt. Vgl. hierzu Menestò, Bonifacio, und grundlegend Nessi, Bonifacio.

der Papst offensichtlich durch eine Gesandtschaft beider Kommunen an die Kurie erfahren, die ihm dieses Vorgehen vorgeschlagen hatten („Nuper autem ad apostolatus nostri presentiam vestros et Perusinorum Ambaxiatores seu nuntios accedentes libenter vidimus et affectione paterna recepimus, ac ea, que coram nobis proponere voluerunt, intelleximus diligenter"). Während er die Innenpartei Todis anwies, Perugia freie Hand zu lassen („illasque procurent et tractent, prout utilius et efficatius viderint expedire"), reservierte er für sich selbst jedoch die fortlaufende Information über die Friedensverhandlungen und jegliche endgültige Entscheidung („nolumus tamen omnino, quod aliquid in hac parte firmetur vel determinetur per eos absque mandato nostro et licentia speciali, sed cuncta, que super hoc agi et tractari contigerit per eosdem, ad nostram et apostolice sedis notitiam deferri precipimus").[103]

Dieses Schreiben Bonifaz' VIII. erlaubt damit einen wertvollen Einblick in das Vorgehen und Agieren sowohl der beiden Kommunen als auch des Papstes. Die Führungsgruppen Todis und Perugias hatten in diesem Fall wohl entschieden, den Pontifex in ihr Vorhaben mit einzubeziehen und dazu eine Gesandtschaft an die Kurie geschickt, um auch über das zwischen ihnen bestehende Bündnis und die darin enthaltene Schlichtungsklausel zu informieren. Dies war angesichts des bereits erfolgten Eingreifens Bonifaz' VIII. in den Konflikt sicherlich eine opportune Entscheidung, wobei jedoch zugleich auch deutlich wird, dass die Kommunen ihre *societates* trotz des 1290 ausgesprochenen Verbots Nikolaus' IV. nicht als illegal empfanden. Bonifaz VIII. hingegen entschied sich ebenfalls dazu, die zusätzlichen Möglichkeiten zu nutzen, die das Bündnis ihm bot, um sein Ziel – die Befriedung Todis – zu erreichen. Er unterstützte das Vorgehen mit seiner ganzen apostolischen Autorität. Allerdings versuchte er, seinen Einfluss auf das Geschehen zu wahren, indem er sich die endgültige Entscheidung über die Ergebnisse vorbehielt. Der päpstliche Brief vom 13. April 1296 zeigt somit einen Moment der Kooperation zwischen Kommunen und Römischer Kirche, obwohl die Situation auch ein Konkurrenzverhältnis erlaubt hätte. Immerhin beanspruchten Papst und Bündniskommune das gleiche, eigentlich herrscherliche Privileg: die Wiederherstellung des Friedens.[104] Hier zeigt sich möglicherweise die Bonifaz VIII. in der Forschung mehrmals zugesprochene Fähigkeit, die Autonomie der Kommunen gewinnbringend in seine eigenen Ordnungsvorstellungen zu integrieren.[105] Widerlegt werden durch die Vermittlungsversuche des Jahres 1296

---

103 1296 April 13, Codex, hg. von Theiner, Nr. 504, S. 333. Vgl. zum Ablauf des Konflikts und dem mehrmaligen Eingreifen des Papstes Menestò, Bonifacio, S. 40–42, und Nessi, Bonifacio, S. 206.
104 Vgl. etwa Kaufhold, Interregnum, S. 136–138, und Moraw, Funktion, S. 11. Zu den generell guten Beziehungen zwischen Bonifaz VIII. und der Kommune Perugia, die den Papst in seiner Auseinandersetzung mit den Colonna unterstützte, vgl. Nessi, Bonifacio, S. 200–202, 243–247.
105 Vgl. etwa Waley, Papal State, S. 230; Menestò, Bonifacio, S. 42. Allerdings waren auch vorherige Eingriffe Perugias in innerstädtische Konflikte mit Zustimmung des Papsttums erfolgt; vgl. für Orvieto Pellini, Historia 1, S. 278–282.

in jedem Fall Stimmen, die dem Bündnis zwischen Todi und Perugia antipäpstliche Tendenzen unterstellen oder Bonifaz ein generelles Misstrauen gegen kommunale *societates* bescheinigen.[106] Diese Urteile resultieren aus einem deutlich späteren Ereignis, nämlich der Aufhebung des fraglichen Bündnisses durch den Papst im Jahr 1300, über das noch zu sprechen sein wird. Hier zeigt sich konkret, was eingangs bereits thematisiert wurde, dass nämlich eine Generalisierung päpstlicher Einzelentscheidungen in Bezug auf die Bündnisse der Kommunen des Patrimonium Petri oft irreführend ist.

Die Befriedung zwischen den beiden Parteien Todis erfolgte erst im Dezember 1296, ohne dass die weiteren Vermittlungstätigkeiten klar aus der Überlieferung herauszulesen wären. Der Frieden währte jedoch nur kurzzeitig, denn spätestens im Juni 1297 befanden sich die Guelfen wieder außerhalb der Stadt, und die Parteien standen sich in Waffen gegenüber.[107] In diesem Kontext ist wohl auch ein Protokoll aus der Perusiner Vollversammlung vom 15. Juli 1297 einzuordnen, in dem das Gremium über den Umgang mit den Exilierten beriet. Anlass war der Bericht von *ambaxatores* der *pars extrinsecorum*, die zunächst von einer Aufforderung Bonifaz' VIII. berichteten, einen ausreichend instruierten Syndikus und Gesandte zu geplanten Friedensverhandlungen an die Kurie zu senden. Diesbezüglich erbaten sie den Ratschlag Perugias, da sich die *pars* gemäß dem Bündnisvertrag und aus freien Stücken („tam ex pacto societatis quam ab eorum voluntate") dem Willen („votum et beneplacitum") Perugias unterstelle. Damit einher ging die Anfrage, einige Personen der exilierten Partei, die durch Perugia mit „exbandimenta et condempnationes" belegt waren, zeitweise von diesen zu suspendieren, sodass diese den Contado Perugias betreten und zur Wahl des vom Papst geforderten Syndikus schreiten konnten. Die *pars extrinsecorum*, dies geht aus dieser Anfrage hervor, hielt sich somit wahrscheinlich in perusinischem Gebiet auf und war nicht nur bereit, sich Perugias bündischer Friedensvermittlung zu unterwerfen, sondern auch den Befehlen des Papstes. Der einzige Redner, Uguçione, schlug vor, der Partei uneingeschränkt zum Friedensschluss zu raten, da eine Versöhnung der Parteien auch die Perusiner erfreuen würde, „ut decet fratribus et amicis bonissimis", und die Wahl des *sindicus* durch die zeitweilige Suspension der anhängigen Verfahren zu ermöglichen. Diesen Vorschlag nahm die Versammlung an.[108] Auch 1297 war Perugia also weiterhin an einem dauerhaften Frieden der tudertinischen Parteien interessiert und unterstützte zu diesem Zweck die Bemühungen des Papstes. Die 1296 erprobte Kooperation zwischen Perugia und Bonifaz VIII. hielt somit an. Die unterschiedlichen Befugnisse zur Friedensstiftung, die aus der apostolischen und herrschaftlichen Autorität einerseits und den recht-

---

106 So etwa Grundman, Popolo, S. 161, und Menestò, Bonifacio, S. 50.
107 Vgl. mit Quellenverweisen ebd., S. 41 f.
108 1297 Juli 15, AS Perugia, Consigli e Riformanze 10, fol. 290 v.

lichen Bestimmungen des Bündnisvertrags andererseits resultierten, mündeten in gemeinschaftlichem Handeln.

Wie die beiden großen Konflikte zeigen, die Perugias Bündnispartner Todi und Narni in diesen Jahren beschäftigten, agierte die kommunale Führung im Rahmen des Bündnisvertrags und zeitweise in enger Kooperation mit dem Papsttum kontinuierlich als weitestgehend unparteiische Schiedsrichterin.[109] Diese Haltung resultierte wohl aus verschiedenen Motiven. Zum einen wollte die Kommune nach dem langen und extrem kostspieligen Krieg gegen Foligno weitere kriegerische Handlungen vermeiden. Zum anderen lag es vielleicht auch im wirtschaftlichen Interesse der popular geführten Kommune, wenn die sie umgebenden Städte ebenfalls möglichst friedliche Beziehungen untereinander pflegten und damit den Handel begünstigten. Sara Menzinger weist in ihrer Studie zu den unterschiedlich verfassten *consilia sapientum* Perugias in den 1260er bis 1280er Jahren auf einen weiteren Aspekt hin. Die Besetzung dieses Gremiums, das die Arbeit der repräsentativen Ratsversammlungen flankierte und das in außenpolitischen Fragen als einer der maßgeblichen Entscheidungsträger zu identifizieren ist, unterlag nach dem letzten großen Krieg mit Foligno einer Umstrukturierung. Waren es in den Jahrzehnten zuvor juristisch gebildete oder anderweitig erfahrene *domini* gewesen, die rein zahlenmäßig die Versammlungen der *sapientes* dominierten, wurde die Zusammensetzung seit Beginn der 1280er Jahre zugunsten nicht-adeliger Gruppen verändert. Dies leitete eine politische Richtungsänderung ein, die im Inneren zu einem verstärkten Pochen auf die Aufrechterhaltung der öffentlichen Ordnung führte. Vielleicht zeigte sich dieser personelle Wechsel aber auch in den Außenbeziehungen der Kommune, da sich die neuen Führungsgruppen möglicherweise größere Vorteile aus dem friedlichen Status zwischen und in den umbrischen Kommunen versprachen, zumal kriegerische Auseinandersetzungen wohl auch weiterhin in erster Linie den *domini* zugute kamen und deren soziokulturellem Hintergrund entsprachen.[110]

Vor allem aber erlangte und sicherte sich die Kommune durch ihre Position als neutrale Schiedsrichterin die Rolle einer übergeordneten Instanz, die sie nicht zuletzt aufgrund ihrer militärischen und wirtschaftlichen Stärke erlangt hatte. Dies geht

---

109 Der Aufenthalt der guelfischen Außenpartei Todis im Contado Perugias spricht dafür, dass sich Perugia im Konflikt zwischen Guelfen und Ghibellinen nicht gänzlich unparteiisch verhielt. Zudem handelte Perugia hier gegen den Bündnisvertrag, der die Aufnahme einer der Parteien verbot.
110 Vgl. Menzinger, Giuristi, S. 110–113, zur Rolle in den Außenbeziehungen auch S. 134–147. Die personelle Umstrukturierung des Gremiums führte, wie Menzinger betont, auch zu einer Funktionsveränderung und zur politischen Abwertung des *consilium sapientum*, das in der neuen Zusammensetzung eben nicht mehr auf die juristische, militärische und verwaltungstechnische Expertise seiner Mitglieder zurückgreifen konnte und seinen originären Wert im politischen System damit verlor. In Zeiten verstärkter Herausforderungen, Menziger nennt die Jahre 1283 und 1284, die von den Nachwirkungen des Krieges mit Foligno geprägt waren, griff die Kommune bezeichnenderweise auf die ursprüngliche Zusammensetzung zurück.

auch aus einer quantitativen Auswertung der zeitgenössischen Ratsprotokolle hervor. Perugia stand mithilfe von Briefen oder Gesandtschaften in ständigem Kontakt zu den umbrischen Städten, *castra* und Gemeinden, oder genauer formuliert: Diese suchten den ständigen Kontakt zu Perugia und versuchten, die militärische Stärke der Stadt, den politischen Einfluss, die juristische Expertise und das Netzwerk der Kommune zu nutzen. Eine stichprobenartige Auswertung der *riformanze* anhand der Regesten Silvia Lonzinis für die Zeitspannen von Mai 1287 bis Dezember 1288, das ganze Jahr 1290 und von Mai bis Dezember 1293 macht dies deutlich. Außer in vereinzelten Momenten, in denen zumindest in der Vollversammlung keine Briefe oder Gesandtschaften von oder an andere umbrische Kommunen diskutiert wurden, verging kaum ein Monat ohne mindestens einen Kontakt zu diesen Gemeinden. Im Mai 1287 beispielsweise beschäftigte sich die Vollversammlung zwölfmal mit Gesandtschaften und Briefen aus Gubbio, Arezzo, Assisi, Spello, Narni, Cagli, Città di Castello, Spoleto, Camerino, Nocera und Foligno und entsandte selbst mehrmals *ambaxatores*. Die verhandelten Fragen betreffen die Vertretung der eigenen Bürger in Rechts- und Prozessangelegenheiten und Entschädigungsfragen; die Wahl von Perusinern zu Amtsträgern; die diplomatische und militärische Unterstützung durch Perugia gegenüber anderen Kommunen, Herrschaftsträgern und dem Papsttum; die Bitte um Schiedsgericht und Vermittlung in Konflikten mit anderen Kommunen, Klöstern, Adeligen und besonders häufig auch mit dem Rektor und der Kurie sowie strittige Zoll-, Besitz- und Grenzfragen. Auch speziellere Belange wurden im Rat diskutiert: etwa eine Anfrage aus Todi, die um Unterstützung einer eigenen Gesandtschaft nach Rom anlässlich der Kardinalserhebung des Matteo d'Acquasparta durch Perusiner *oratores* bat.[111] Perugia übernahm in diesen Jahren, dies wird durch die Überlieferung der Ratsprotokolle deutlich, die Funktion eines politischen Zentralortes für die umbrischen Kommunen.[112] Die Kommunikation mit Papst, Kurie und Rektor hingegen nahm weitaus weniger Raum in den Sitzungen der Vollversammlung ein, auch wenn dies institutionellen und situationsbedingten Faktoren geschuldet sein kann.[113] So ist durchaus denkbar, dass nicht jede Kommunikationssituation mit der Kurie auch die Vollversammlung erreichte. Zu berücksichtigen sind außerdem die Vakanzen zwischen April 1287 und Februar 1288 und dann zwischen April 1292 und Juli 1294. Auch das Papsttum nutzte gelegentlich Perugias Einfluss zur Verfolgung der eigenen Ziele, wie etwa im September 1293, als die Kardinäle von Perugia eine Gesandtschaft nach Orvieto forderten, um diese Kommune von ihren Übergriffen auf das Val di Lago abzuhalten.[114]

---

111 1288 Mai 30, vgl. das Regest bei Lonzini, Notaio 2, Scheda 10/52.
112 Vgl. zu Konzept und Begrifflichkeit den Sammelband Escher/Haverkamp/Hirschmann, Städtelandschaft; für Italien am Beispiel Mailands Haverkamp, Zentralitätsgefüge.
113 Vgl. Lonzini, Notaio 2.
114 1293 September 5, Regest ebd., Scheda 10/241.

Wie die Ratsprotokolle der letzten Jahre des 13. Jahrhunderts zeigen, waren die bestehenden Verbindungen zu den politischen Akteuren der Region und zum Papsttum ein wichtiges Kapital der Stadt. Dieses Netzwerk wurde auch mithilfe des Rechtsinstruments *societas* gepflegt.[115] Das zeigen sehr deutlich einige *riformanze*, die die Verknüpfung mehrerer Bündnisachsen Perugias thematisieren. So nutzte Todi etwa mehrmals die Bündnisbeziehungen, die Perugia seit 1288 zu Camerino in den Marken unterhielt, um die eigenen Interessen zu stützen. Im August 1288 wandte sich die Führung Todis anlässlich einer Auseinandersetzung der Kommune Camerino mit Raynerius Ugolini – einer der führenden Persönlichkeiten Todis – an Perugia und bat darum, das Schiedsgericht zwischen den Streitparteien zu übernehmen und in Camerino durch geeignete *oratores* hierfür zu werben. Die Kommune gab dem statt, ermächtigte die Delegation Todis, die gewünschten *oratores* unter den Perusiner Bürgern auszuwählen und übernahm auch die Kosten für die *ambaxata*.[116] Im September 1293 bat Todi dann erneut um *oratores*, die in Camerino um die Freilassung eines Tudertiners ersuchen sollten.[117] Beide *riformanze* legen den Bezug zu den vorhandenen Bündnissen Perugias nicht offen und zeigen zudem vor allem die Nutzung der Perusiner Beziehungen durch die Bündniskommune Todi. Aufschlussreicher ist daher eine zweite Angelegenheit, die den perusinischen Rat über einige Jahre beschäftigte und die auch den direkten Umgang der Kommunen mit dem rechtlichen und politischen Instrument *societas* erkennen lässt.

Es handelt sich um den seit 1155 latenten Konflikt zwischen Todi und Orvieto um das Kastell Montemarte, der immer wieder aufbrach und bis zu Ende des 13. Jahrhunderts keine endgültige Lösung fand.[118] Im Oktober 1289 empfing Todi eine Gesandtschaft aus Perugia, die um bevollmächtigte Syndizi bat, um in Perugia Verhandlungen zu führen: Perugia wolle zwischen Orvieto und Todi einen Kompromiss „occasione castri Montis Martis" herbeiführen. Todi akzeptierte, wohl nicht zuletzt eingedenk der guten Beziehungen, die beide Kommunen verbanden und sich in diesem Jahr auch durch zwei Perusiner Podestà in Todi manifestierten.[119] Das Verhältnis zwischen Perugia und Orvieto hingegen, das in den Jahren zuvor eine feste Konstante

---

115 Zu einem ähnlichen Ergebnis kommt für Siena Bowsky, Siena, S. 168.
116 1288 August 13, AS Perugia, Consigli e Riformanze 10, fol. 71v–72r. Raniero di Ugolino dei Baschi (auch di Alviano) war Anführer der ghibellinischen Partei; vgl. den Registereintrag „Alviano Raniero di Ugolino" in Menestò, Esempio, S. 597, und Menestò, Bonifacio, S. 41.
117 1293 September 28, AS Perugia, Consigli e Riformanze 10, fol. 229v. Der Rat gab dem statt und wählte Nicholucius Bonaventure und Ugucionellus Marci.
118 Vgl. Menestò, Esempio, S. 361f., 434f., 446–450, 477–480, 493f.; Menestò, Bonifacio, S. 51–53. Eine ausführliche chronikalische Schilderung des Konflikts um Montemarte findet sich in der deutlich späteren Cronaca del conte Francesco di Montemarte, hg. von Fumi, S. 213–216. Dort, S. 213, Anm. 2, auch zu Fumis Zweifeln an der Echtheit der ältesten Urkunden von 1155, die den Konflikt belegen.
119 ASC Todi, Confini con Orvieto, Nr. 4. Podestà im Herbst war Odo *de Odonibus*, eine der führenden Persönlichkeiten in Perugia gegen Ende des Jahrhunderts. Odo war auch Mitglied der Perusiner De-

in der Perusiner Politik gewesen war, ist für diesen Zeitraum aus der Überlieferung weniger klar zu bestimmen. Eine Erneuerung des 1277 zuletzt beeideten *societas*-Vertrags ist nicht überliefert.[120] Aus dem Ratsprotokoll der Vollversammlung Todis ergibt sich jedoch, dass auch Orvieto zum vorgesehenen Verhandlungstermin Stellvertreter und einen Notar entsenden wollte. Die Verhandlungen begannen wohl plangemäß, zogen sich aber offenbar über den ganzen Dezember und Januar hin. Am 28. Januar hörte der Rat Todis den Bericht eines Notars, vielleicht ein Mitglied der nach Perugia entsandten Mission, der besagte, dass Orvieto die Verhandlungen abbrechen wolle. Der Rat beschloss daraufhin einstimmig, eine neue *ambaxata* nach Perugia zu entsenden, bestehend aus dem Podestà, Odo *de Odonibus* aus Perugia, und sechs Gesandten. Die Instruktionen für ihre Gesandtschaft sollten zuvor von der Delegation selbst und fünfzehn *sapientes* erarbeitet werden.[121]

Die Delegation erreichte spätestens Anfang Februar Perugia, denn am 5. und 6. Februar kam es bezüglich der Montemarte-Angelegenheit zu einer längeren Diskussion in der Perusiner Vollversammlung. Das grundsätzliche Problem, dies brachten mehrere Ratsherren auf den Punkt, bestand darin, dass man Orvieto durch einen Syndikus und somit in rechtsgültiger Form versprochen hatte, keine Schiedstätigkeit zu übernehmen, solange diese nicht auf die Grundlage einer *societas* zwischen Perugia, Orvieto und Todi gestellt war („de non laudando nisi primo fiat ... societas inter comunia Urbisveteris, Perusii, Tuderti et alias civitates societatis"). Der ausführlichste Vorschlag stammte am Ende von *dominus* Henrichus *domini Armani*, der detailliert ein Vorgehen vorschlug, das der Rat dann auch annahm: Zunächst sei die Delegation aus Todi von dem Orvieto gegebenen Versprechen zu informieren.[122] Sodann solle man den *ambaxatores* deutlich machen, dass man, sobald die *societas* beschlossen sei, einen Schiedsspruch formulieren wolle, der ganz zu Gunsten Todis und Perugias ausfalle („qualiter est intentio comunis Perusii, societate facta, mox laudem proferre et dare pro honore et comodo comunium Perusii et Tuderti"). Wenn eine der Streitparteien den Schiedsspruch künftig nicht einhalten sollte, gelte dies als Verstoß gegen die *societas*, der zu einem faktischen Ausschluss dieser Stadt aus der *societas* führe. Sollte Todi dieser Lösung nicht zugeneigt sein und statt des Schiedsverfahrens lieber Tatsachen schaffen wollen („eligere viam facti et obmittere

---

legation, die im November 1287 einen Frieden zwischen den Parteien Todis ausgehandelt hatte. Auch von März bis Juni hatte Todi einen Podestà aus Perugia; vgl. Ceci, Potestà, S. 314.

120 Waley, Orvieto, S. 64, insb. Anm. 1, identifiziert eine nur teilweise leserliche Syndikatsurkunde im SAS Orvieto als Bevollmächtigung zu einer Erneuerung in der ersten Hälfte des Jahres 1294. Das Inventar des SAS Orvieto datiert das Fragment allerdings auf die 1260er Jahre.

121 ASC Todi, Confini con Orvieto, Nr. 5.

122 Enrico di Ermanno ist 1284 einer der Teilnehmer einer Gesandtschaft an die Kurie, die die Aussöhnung Perugias mit Martin IV. betreiben sollte. Vgl. die auszugsweise Edition einiger Perusiner Ratsprotokolle, die auf obskuren Wegen nach Paris gelangten, in: Le Pogam, Maîtres, S. 134, zur Geschichte der Fragmente ebd., S. 5 f.

viam laudi"), seien die Perusiner als treue Bündnispartner zu jeder Hilfe bereit, „tanquam veri et fideles socii et amici".[123] Der Beschluss wurde für die Delegation aus Todi nochmals eigens mundiert und den *ambaxatores* mitgegeben. Er befindet sich heute noch im Archivio Storico Comunale dieser Stadt.[124]

Der Vorschlag einer gemeinsamen *societas*, die den rechtlichen Rahmen für das angestrebte Schiedsverfahren gewähren sollte, stammte, so scheint es, von Orvieto. Erst unter dieser Bedingung war die Kommune wohl bereit, die Verhandlungen fortzuführen. Den orvietanischen Verantwortlichen galt die Verankerung des Schiedsverfahrens und des Ergebnisses in eine *societas* folglich als notwendige Sicherheit für die Einhaltung der erreichten Aussöhnung. Die Führung Perugias favorisierte diese Lösung offensichtlich, machte aber intern deutlich, dass ihre Unterstützung ganz und gar der Bündniskommune Todi gehörte, sowohl in der Ausarbeitung eines Schiedsspruchs als auch im Falle eines bewaffneten Konflikts – denn als solcher ist die *via facti* wohl zu interpretieren. Die Diskussionen vom 5. und 6. Februar zeigen also sehr deutlich die bereits erfolgte Kehrtwende in der Politik Perugias: Die politische Führung war bereit, den jahrzehntelang gehaltenen friedlichen Status mit Orvieto zugunsten der Bündnispartnerschaft mit Todi aufs Spiel zu setzen. Beide Streitparteien, nach Perugia die beiden bedeutendsten kommunalen Zentren der Region, suchten dabei den Schiedsspruch Perugias in der Lösung ihrer Konflikte, und dies auch ohne dass zwischen ihnen ein Bündnis bestand. Die Montemarte-Angelegenheit bezeugt demnach ebenfalls die übergeordnete Rolle, die Perugia in der Wahrnehmung der umbrischen Kommunen in der Region zukam.

Auch das Ergebnis der Perusiner Vermittlung korrespondiert mit dem Eindruck einer stärkeren Begünstigung Todis. Zwar ist von einer *societas* der drei Städte nichts mehr zu lesen, Perugia trat aber im April 1290 in Kaufverhandlungen mit den Besitzern des umstrittenen Kastells, den Grafen von Montemarte, ein und verkaufte das *castrum* dann an Todi – beides unter der Bedingung, dass die Befestigungsanlagen vor dem Verkauf an Todi zerstört wurden. Im Februar 1291 nahm die Kommune Todi offiziell Besitz von der Burg. 1298 bestätigte Bonifaz VIII. den Verkauf.[125] Nur zwei

---

123 1290 Februar 5, AS Perugia, Consigli e Riformanze 10, fol. 116v–117v. Zur Sitzung am 6. Februar wurde auch das *consilium de retocho* hinzugerufen, dort fand dann auch die hitzigere Diskussion statt: AS Perugia, Consigli e Riformanze 10, fol. 117v–118v. Die verschiedenen Redebeiträge schwankten zwischen Forderungen nach weiteren Anhörungen und Prüfungen, der Verlagerung an engere Gremien oder der bedingungslosen Annahme des Schiedsgerichts und diskutierten vor allem die Art und Weise, wie man Todi gegenüber das Orvieto gegebene Versprechen kommunizierte.
124 ASC Todi, Confini con Orvieto, Nr. 6.
125 Vgl. die ausführliche Dokumentation in ASC Todi, Confini con Orvieto, Nr. 6–12. Regesten bei Ceci, Todi, S. 187–191. Daneben Annali e cronaca di Perugia, ad a. 1291, hg. von Ugolini, S. 161: „In quisto millessimo el comuno de Peroscia conparò el casstello de Monte Marte, el quale sta enllo contado de Tode; e quisto fece el comuno de Peroscia en servitio del comuno de Tode, perché el comuno de Orvieto aitava egl conte da Monte Marte, egl quagle guerregiavano con llo comuno de Tode, e 'l comuno

Jahre darauf, im Heiligen Jahr 1300, machte der Caetani-Papst diese Entscheidung jedoch wieder rückgängig und griff tief in die Beziehungen zwischen den umbrischen Kommunen ein, indem er die seit 1286/1287 bestehenden Bündnisvereinbarungen zwischen Perugia und seinen Alliierten löste. Der Grund hierfür ist neben den guten Verbindungen Bonifaz' VIII. zu Orvieto vermutlich auch in dem zunehmenden Misstrauen zu suchen, das Papst und Kurie gegenüber der Position Perugias empfanden. Nicht nur durch militärische und wirtschaftliche Stärke, sondern auch durch ihre Positionierung als übergeordnete Schiedsrichterin, als „medicus verus" Umbriens, hatte sich die Kommune in den letzten anderthalb Jahrzehnten des 13. Jahrhunderts in eine hegemoniale Stellung in der Region gebracht.[126] Wie anhand der untersuchten Beispiele deutlich wird, war die rechtliche Bindung mittels *societates* ein wichtiger Bestandteil für diese Politik. Dafür spricht nicht zuletzt auch die Rhetorik der Ratsprotokolle, die im Gegensatz zu den früheren Jahren auffallend oft die Bündnisbeziehungen der Kommunen durch Formulierungen wie *ut decet fratribus et amicis* oder *tamquam veri socii et amici* und ähnliche Umschreibungen des guten Verhältnisses heraushebt.

---

de Tode de ciò rechiese el comuno de Peroscia."; Annales urbevetani, Cronica potestatum, ad a. 1290, hg. von Fumi, S. 162: „Eodem anno, comites de Montemarte, receptis xxv millibus florenorum auri, reddiderunt castrum Montismartis Tudertinis, mediantibus Perusinis.". Dass der doppelte Verkauf im Rahmen des Schiedsverfahrens stattfand, geht auch aus der späteren Dokumentation hervor; vgl. ASC Todi, Confini con Orvieto, Nr. 18. Der spätere Bericht der Chronik des Grafen Francesco di Montemarte, einem Nachfahren der Verkäufer, fügt hinzu, dass die Mittlerstellung Perugias dazu gedient habe, den Verdacht auf eine Veräußerung unter Zwang auszuräumen: „e volsero i Tudini, acciò la vendita apparisse et valesse meglio, et non paresse che si vendesse loro per forza, che la carta dicesse al commun di Peroscia, e Peroscini rivendessero poi a loro"; Cronaca del conte Francesco di Montemarte, hg. von Fumi, S. 214.

126 Vgl. Grundman, Popolo, S. 187 f., am Beispiel des Jahres 1293, der jedoch die Unparteilichkeit Perugias möglicherweise zu hoch bewertet. Auch der von Grundman hier angeführte Beschluss, dass Perugia keine Amtsträger für angrenzende Kommunen mehr stellen wollte, scheint in der Praxis nur bedingt Anwendung gefunden zu haben, wie das Beispiel Todi zeigt, wo 1293 und 1294 der Capitano del Popolo mehrmals aus Perugia kam; vgl. Ceci, Potestà, S. 316. Grundman zitiert die Statutenfassung von 1315 als Grundlage, es kann jedoch nicht zwingend davon ausgegangen werden, dass das dortige Kapitel bereits Ende des 13. Jahrhunderts Teil der städtischen Gesetzgebung war, siehe oben Kap. I.3.3, S. 208. Schieds- und Vermittlungstätigkeiten als Instrument einer hegemonial orientierten Politik beobachtet für Mailand auch Voltmer, Der sogenannte Zweite Lombardenbund, S. 122 f.

4 Bonifaz VIII. und Perugias regionale Bedeutung im 14. Jahrhundert: Ein Ausblick

Hatte Bonifaz VIII. die Bestimmungen der *societas* zwischen Perugia, Todi, Narni und Spoleto in den 1290er Jahren im Einklang mit seiner eigenen Politik noch aktiv unterstützt, so änderte sich diese Haltung um 1300 grundlegend. Anlass war der Konflikt Todis und Orvietos um das Kastell Montemarte, der 1291 durch eine etwas undurchsichtige Aktion Perugias vorläufig entschieden wurde: Perugia kaufte das Kastell von seinen Besitzern und verkaufte es dann an Todi weiter. Hatte Orvieto diese Lösung zunächst wohl akzeptiert – von weiteren Konflikten ist jedenfalls nicht die Rede –, so scheint es, dass die Kommune gegen Ende des Jahrhunderts ihre Ansprüche erneut geltend machte. 1298 bestätigte Bonifaz VIII. den Verkauf, was möglicherweise als Anzeichen für erneute Forderungen seitens Orvietos gelten kann.[1] Am 12. Dezember 1300 erschienen Vertreter beider Kommunen vor dem Papst und übergaben diesem das unbedingte Schiedsgericht in der Angelegenheit. Bonifaz kassierte zunächst den perusinischen Schiedsspruch des Jahres 1291, dessen Ergebnis er 1298 noch bestätigt hatte, und löste kraft seiner apostolischen Autorität dann auch die *societas* zwischen Perugia, Todi, Spoleto und Narni („Cassavit etiam et irritavit ex tunc eadem auctoritate et potestate omnes confederationes, colligationes, societates vel compagnias et coniurationes initas, factas vel habitas inter Comunia, Universitates et homines Perusine, Tudertine, Spoletane ac Narniensis Civitatum, quocumque tempore quocumque modo sub quocumque nomine vel vocabulo, etiamsi fuissent iuramentorum et penarum adiecte, vel quovis alio vinculo roborate").[2] Zwischen Todi und Orvieto aber verfügte er gemeinsam mit dem vermittelten Frieden auch ein neues Bündnis („pacem, unionem et societatem"). Der seit beinahe 150 Jahren währende Streit um Montemarte wurde durch einen erneuten Verkauf beigelegt, Todi erstand alle Rechte an dem Kastell für 20.000 Pfund, diesmal jedoch von Orvieto. Ausführlich geregelt wurde zudem der Umgang mit bestehenden und zukünftigen Befestigungs- und Baumaßnahmen.[3]

---

1 1298 Mai 2, ASC Todi, Confini con Orvieto, Nr. 12. Vgl. Menestò, Esempio, S. 478 f., 493 f., dort jedoch ohne Jahresangabe, und Nessi, Bonifacio, S. 211. Die Chronik der Grafen von Montemarte spricht freilich – unter Verweis auf entsprechende Urkunden – von Appellationen, wahrscheinlich seitens der Grafenfamilie, direkt im Anschluss an den Verkauf. Diese betrafen allerdings nicht die Transaktion an sich, sondern die durch Perugia im Schiedsverfahren vorgenommene Grenzziehung; vgl. Cronaca del conte Francesco di Montemarte, hg. von Fumi, S 215.
2 Codice diplomatico, hg. von Fumi, Nr. 590, S. 376–379.
3 Anhang 1, Nr. 115. Die zugehörigen Urkunden alle ASC Todi, Confini con Orvieto, Nr. 14, 15, 17, 18, 18bis. Ediert ist nur der Schiedsspruch vom 12. Dezember 1300 (siehe die vorhergehende Anm.). Vgl. Cronaca todina 5,12, ad a. 1300, hg. von Mancini, S. 143: „et fo facta la compagnia da Orvieto et Tode, et facta in Roma: et fo scentico meser Salamone de Todino de Donadeo a l'intrata del mese

Mit der Vermittlung einer *unio et societas* zwischen Todi und Orvieto bediente sich Bonifaz VIII. somit einer originär kommunalen Form zur Sicherung des erreichten Ausgleichs. Bereits 1290 hatte Orvieto in den von Perugia geführten Verhandlungen auf einem Bündnis bestanden. Die päpstlich verordnete *societas* unterschied sich inhaltlich und formal jedoch von den bekannten kommunalen Verträgen. Überliefert ist sie nicht in einem eigenen Bündnisvertrag, sondern in dem über den päpstlichen Schiedsspruch ausgestellten Instrument. Nur die ganz allgemein gehaltenen Bestandteile eines *societas*-Vertrags werden hier als gegenseitige Verpflichtungen übernommen, so das Versprechen, sich nicht zu schaden, die gegenseitige Hilfeleistung gegen alle denkbaren Gegner, ausgenommen die Römische Kirche, und die *amicos-pro-amicis*-Formel. Abgesichert wurden der päpstliche Schiedsspruch und die verordnete *societas* durch eine Geldstrafe über 20.000 Mark Silber, wovon die Hälfte an die Bündniskommune, die andere Hälfte an die Kurie zu zahlen war.[4] Die Annullierung des alten Bündnisses von 1286/1287 und das neue Bündnis wurden zudem in einer päpstlichen Urkunde festgehalten, die in Todi überliefert ist. Ob sie auch den anderen betroffenen Kommunen zur Kenntnis kam, ist nicht zu klären, die sorgsame Aufbewahrung in Todi lässt sich aber leicht erklären. Die päpstliche Verfügung diente Todi als Legitimation des Vertragsbruchs, der mit der Lösung der alten *societas* einherging. Diese *societas*, so die päpstliche Argumentation, verstoße „contra civiles et canonicas sanctiones" und gefährde *honor* und Jurisdiktion der Römischen Kirche sowie den Frieden in der Provinz und den umliegenden Regionen. Sämtliche eidlichen und mit Strafverpflichtung eingegangenen Bündnisverpflichtungen wurden demnach ungültig gemacht und die betroffenen Kommunen davon entbunden.[5]

Wieso agierte Bonifaz VIII. auf diese Weise? Dazu ist zunächst zu fragen, in wessen Interesse der Schiedsspruch, aber auch die Lösung des Bündnisses der Jahre 1286/1287 erfolgt war. Während Enrico Menestò in der päpstlichen Schiedsaktion „il vero capolavoro diplomatico di Bonifacio a vantaggio di Todi" erkennt, waren sicher-

---

de novenbre". Ebenso Annales urbevetani, Cronica potestatum, ad a. 1301, hg. von Fumi, S. 172 f.: „Et fuit facta pax et societas inter comune Urbisveteris et comune Tuderti ad petitionem domini pape ... [C]omune Tuderti solvit comuni Urbisveteris xx milia librarum pro pretio venditionis Montis Martis, de mandato domini pape.". Bonifaz VIII. hatte am 29. November die Vertreter Orvietos einbestellt; Nessi, Bonifacio, S. 211 f., 223. Vgl. auch Codice diplomatico, hg. von Fumi, S. 375; Menestò, Bonifacio, S. 51–53; Andreani, Todi nel basso medioevo, S. 63 f., die jedoch die beiden Vorgänge – die Mediation Perugias und das Eingreifen des Papstes – vermengt.

4 Codice diplomatico, hg. von Fumi, Nr. 590, S. 376–379.

5 1300 Dezember 12, ebd., Nr. 591, S. 379 f., und Codex, hg. von Theiner, Nr. 557, S. 380 f. Bei Fumi ist die Urkunde irrig auf Dezember 13, bei Theiner und in Reg. Boniface VIII, Nr. 4321, ebenso irrig auf das Jahr 1301 datiert. Die Originalausfertigung im ASC Todi, Confini con Orvieto, Nr. 15, gibt zweifelsfrei das sechste Pontifikatsjahr an, ebenso die Registerüberlieferung ASV, Reg. Vat. 50, fol. 106r (für diesen Hinweis danke ich dem mir unbekannten Gutachter der Publikationsreihe, die päpstlichen Register im ASV wurden nicht eingesehen).

lich auch die guten Beziehungen zu Orvieto in den letzten Jahren des 13. Jahrhunderts ein Auslöser.[6] Denn das vom Papst verhandelte Verkaufsgeschäft favorisierte Todi nur bedingt. Zwar gelangte die Kommune endgültig in den Besitz von Montemarte, sie zahlte für diesen Besitz jedoch zweifach und verpflichtete sich erneut, das Kastell nicht zu befestigen.[7] Ob auch die Vermittlung einer *societas* den Wünschen der Kommune Orvietos entsprang, die eine solche bereits 1290 gefordert hatte, ist nicht zu klären. Es wäre denkbar, dass Orvieto in der Auflösung eines Bündnisses, an dem die Stadt selbst nicht beteiligt war, Vorteile erkannte. In einer fragmentarischen, narrativen Quelle aus Orvieto wiederum befindet sich ein Hinweis auf eine bewaffnete Auseinandersetzung zwischen Todi und Perugia im Jahr 1300.[8] War somit möglicherweise auch Todi an einer Annullierung des Bündnisses interessiert? Zeichnete sich hier bereits der große Dissens zwischen den beiden ehemaligen Bündnispartnern ab, der in den darauffolgenden Jahren zu einem größeren Krieg in Umbrien führen sollte?[9] All diese Fragen sind nicht gänzlich zu beantworten, da die Überlieferung zu wenig Anhaltspunkte gibt und eingehendere Forschungen zu den umbrischen Städten um die Jahrhundertwende fehlen.[10]

Die Lösung Todis aus dem Vertrag mit Perugia, Spoleto und Narni mag jedoch auch mit den Befürchtungen des Papstes angesichts einer immer deutlicher hervortretenden Perusiner Vormachtstellung zusammenhängen. Die Kassation des alten Bündnisses zwischen Perugia, Todi, Spoleto und Narni mit der angeführten Argumentation liest sich durchaus nicht nur wie ein Gunstbeweis gegen Todi oder Orvieto, sondern wie ein Akt der Feindseligkeit gegen die Leitstadt dieses Bündnisses, Perugia. Bonifaz versuchte möglicherweise die hegemoniale Stellung der Stadt zu untergraben, in dem er sie von ihren Verbündeten zu lösen versuchte.[11]

---

6 Vgl. Waley, Orvieto, S. 69 f., und Nessi, Bonifacio, S. 213–227.
7 Dass die Zahlungsverpflichtungen an Perugia weiterhin bestanden, ergibt sich aus einer späteren Forderung der Kommune an Todi, die noch 1314 aus dem Verkaufsgeschäft ausstehende 6.000 Pfund reklamierte; vgl. Waley, Orvieto, S. 70, Anm. 2.
8 Cronica Urbevetana, ad a. 1300, hg. von Fumi, S. 202.
9 Zu diesem Grundman, Popolo, S. 239, 242–244, 247, 313–316, 336, und Menestò, Esempio, S. 498–501. Perugia unterstützte seit 1304 die exilierte guelfische Partei Todis und agierte damit gegen die ghibellinisch besetzte kommunale Führung Todis. Das gleiche Bild ergibt sich für Spoleto; auch hier hatte die ghibellinische Partei die Macht ergriffen, Perugia unterstützte die guelfische Außenpartei. Vgl. Annali e cronaca di Perugia, ad a. 1306, hg. von Ugolini, S. 173 f.
10 Vgl. zu Todi Menestò, Esempio, S. 494. Trotz der Schilderung des Montemarte-Prozesses in den genannten Studien wurde meines Wissens in der Forschung bisher kein Versuch unternommen, den plötzlichen Umschwung in Bonifaz' Politik gegenüber Perugia und die für Todi nur bedingt vorteilhafte Entscheidung zu erklären.
11 So auch Menestò, Bonifacio, S. 50. Möglicherweise spielte auch der Misserfolg, den Benedetto Caetani als Kardinallegat in der ihm und Matteo Rosso Orsini übertragenen Vermittlung zwischen Perugia und Foligno im Jahr 1288 erlebte, eine Rolle in der Politik des Papstes. Damals war es nicht mög-

Zumindest in der Rückschau hatte Bonifaz VIII. mit diesem Versuch zunächst Erfolg, auch wenn er diesen nicht mehr in Gänze miterleben konnte. Das umbrische System aus Allianzen und Beziehungen, das in der zweiten Hälfte des 13. Jahrhunderts abgesehen von wenigen Umschwüngen konstant geblieben war, wandelte sich in den Jahren nach dem Tod des Caetani-Papstes im Oktober 1303 umfassend.[12] Eine maßgebliche Veränderung bestand in den nach 1303 ausbrechenden Feindseligkeiten zwischen Perugia und Todi. Die Auseinandersetzungen verdichteten sich erstmals 1306 und dann mit der Präsenz Heinrichs VII. in Italien seit Oktober 1310 zu einem offenen Krieg. Deutlicher als im 13. Jahrhundert wurden nun Parteizugehörigkeiten ausgespielt – Perugia der guelfischen Sache treu, Todi ghibellinisch und Heinrich VII. zugeneigt. In diesem Konflikt, wie auch in vielen anderen zwischenstädtischen Auseinandersetzungen des frühen 14. Jahrhunderts, spielten nun auch die guelfischen oder ghibellinischen Außenparteien eine zunehmend wichtigere Rolle. Ihre eigenständige Bündnispolitik gegen die Innenparteien macht die politischen Konstellationen vielerorts schwer durchschaubar.[13] Auch die übrigen Bündnisbeziehungen Perugias erfuhren eine Umgruppierung. So fragte 1304 der alte Bündnispartner Spoleto nach einer Erneuerung des Bündnisses von 1286/1287 – als weiteres Mitglied war Orvieto im Gespräch, und auch Florenz und Siena waren in die Überlegungen involviert. Abgesehen von den noch für einige Zeit konstanten Beziehungen zu Spoleto – auch diese zerbrachen durch einen Wechsel der internen Führungsgruppen mit der Ankunft Heinrichs VII. in Italien[14] – orientierte sich Perugia somit

---

lich gewesen, Perugia von seinen Verbündeten zu lösen und die gemeinsame Aktion gegen Foligno zu verhindern; vgl. Morghen, Legazione. Siehe auch oben Kap. II.3.1, S. 325 f.

12 So auch Grundman, Popolo, S. 310.

13 Zum genauen Verlauf, soweit rekonstruierbar, und zur guelfischen Parteinahme vgl. ebd., S. 239, 242–244, 247, 313–316, 336, und Menestò, Esempio, S. 509–516. Zur allgemein zu beobachtenden politischen Polarisierung auch Capitani, Assisi, S. 7, am Beispiel Assisi 8–16. Vgl. auch die Cronaca todina 8,10, ad a. 1310, hg. von Mancini, S. 151: „Anche fo potestà Galassino da Tornano ... intrò in kalen. d'agosto et trovò Tode in gran guerra cum Peroscia et cum li usciti ghelfi de Tode.". Es kam neben den gängigen kleineren Kampfhandlungen im September auch zu größeren Schlachten. 1311 machte Todi Heinrich VII. zum Podestà, der sich durch einen Vikar vertreten ließ. Die Kriegshandlungen blieben auch 1311 virulent und verliefen, so zumindest der Eindruck aus der tudertinischen Chronik, ungewohnt brutal. Ebd. 8,10–9,12, S. 150–155.

14 Zur ghibellinischen Machtübernahme in Spoleto und der folgenden Parteinahme für Todi Menestò, Esempio, S. 509–516, 521 f. Spoleto findet sich spätestens im Juli 1312 auch in einem formalen Bündnis mit Todi und Narni, so eine der maßgeblichen Quellen zur umbrischen Geschichte des frühen 14. Jahrhunderts, die Cronaca todina 12,12, ad a. 1312, hg. von Mancini, S. 151–160. Daneben scheint es ein weiteres Bündnis der guelfischen Exilierten dieser Städte mit Perugia gegeben zu haben, ebd. 13,2, ad a. 1312, S. 162, und 13,6, ad a. 1313, S. 163. Vgl. auch einen Brief Perugias an Florenz 1312 März, Untersuchungen, hg. von Schneider, S. 261 f. Es fällt allerdings schwer, die permanenten Wechsel der Innen- und Außenparteien der umbrischen Städte in der Schilderung der „Cronaca todina" nachzuvollziehen, da der Verfasser nicht immer von den Parteien („parte ghelfa", „lo gibillino"

verstärkt wieder zu Orvieto hin und darüber hinaus in die Toskana. Ein erster Schritt in diese Richtung war bereits 1297 durch ein Bündnis mit Florenz vollzogen worden. Auch diese Entwicklung wurde durch den Italienzug Heinrichs VII. verstärkt. Perugia wurde nun auch in der Toskana in die sich dort verhärtende Lagerbildung zwischen Guelfen und Ghibellinen hineingezogen.[15] Dazu gehörte der Beitritt zur wiederbelebten *societas Tuscie*, die sich nun aber explizit als guelfisches Bündnis verstand und mit einem jährlichen Parlament und der Finanzierung eines ständigen Aufgebots sehr starke Organisationsstrukturen aufwies.[16] Die Öffnung nach Norden war, abgesehen von der Teilnahme Perugias am Tuskenbund und den Bündnissen mit Siena und Arezzo ein Jahrhundert zuvor, eine Neuentwicklung in den Bündnissen der Kommune. Trotz wirtschaftlicher Verträge und anderer Beziehungen in die Toskana waren *societates* im 13. Jahrhundert ausschließlich mit den Kommunen Umbriens und der anliegenden Städte der Marken und Latiums geschlossen worden. Diese Konzentration der Bündnisse auf das Patrimonium Petri hatte im 13. Jahrhundert vermutlich ebenfalls zu einer gedanklichen und realen Verfestigung der päpstlichen Ansprüche

---

o. ä.), sondern weiterhin auch von den Kommunen als geschlossenen Einheiten („Peroscia", „Spoliti" bzw. „lo spolitino", „lo perusino" u. ä.) spricht.

15 Zum Bündnis zwischen Perugia und Florenz von 1297 Januar 20 siehe Anhang 1, Nr. 114. Der Vertrag sticht aus der umbrischen Vertragstradition, soweit dies über die eingesehenen Regesten zu beurteilen ist, völlig heraus. Die Kommunen versprechen sich neben der Errichtung eines gemeinsamen Wirtschafts- und Rechtsraums Neutralität in kriegerischen Auseinandersetzungen, die auch für einzelne Angehörige der jeweiligen Jurisdiktionsbereiche gilt. Vgl. Grundman, Popolo, S. 239–241, 310 f., und grundlegend Grundman, Perugia. Daneben auch Somaini, Henri VII, S. 413 f. Bereits 1294 schlossen Perugia und Florenz ein Abkommen, das ihre Angehörigen von allen Wegzöllen entband; vgl. Annales, hg. von Bini/Grazzini, Nr. 36, S. 15. Im Oktober 1313 schloss Perugia dann ein weiteres bilaterales Bündnis mit Orvieto, offenbar flankiert von einem Abkommen über einen gemeinsamen Rechtsraum in zivilrechtlichen Angelegenheiten: Codice diplomatico, hg. von Fumi, Nr. 612 und 613, S. 409–412. Das Bündnis vereinbarte – vielleicht unter toskanischen Einflüssen – auch eine feste jährliche Zusammenkunft der Bündnispartner, ebenfalls ein Novum in der Bündnispraxis der umbrischen Kommunen. Wie genau der Vertrag aussah, der am 13. Oktober 1313 abgeschlossen wurde, und ob mehr als ein Instrument ausgestellt wurde, ist aus dem Regest Fumis nicht zweifelsfrei zu erschließen.

16 Es fehlt eine wissenschaftliche Aufarbeitung der toskanischen *tallie*, die in gewisser Weise die *societas Tuscie* in der zweiten Hälfte des 13. Jahrhunderts beerbten. Es handelte sich um gemeinsam unterhaltene Aufgebote der guelfischen Kommunen aus Söldnern und kommunalen Kämpfern. Juristisch untermauert wurden diese von ‚klassischen' Bündnisverträgen, gesichert sind *societates* aus den Jahren 1281, 1292 und 1299. Diese letzte Erneuerung gewann eine gewisse Bekanntheit durch die Tatsache, dass Dante Alighieri einer der florentinischen *ambaxatores* war, die mit den Vorbereitungen betraut waren. Die Verträge beinhalteten, neben den im Patrimonium geläufigen Vereinbarungen, eine in regelmäßigen Abständen zusammentretende Versammlung der kommunalen Vertreter und die genannten *tallie*, geführt durch einen „capitano generale". Vgl. Lisini, Taglia, und Naldini, Tallia, meines Wissens die beiden einzigen Arbeiten, die sich direkt mit der Thematik beschäftigen. Im Rückgriff auf diese Bündnisstrukturen organisierte Florenz ab 1310 den Widerstand gegen Heinrich VII.; vgl. Bowsky, Henry VII, S. 37 f., 141–144. Zur Beteiligung Perugias Grundman, Perugia.

auf einen festen Herrschaftsraum geführt. Perugias zunehmende Verbindungen in die Toskana um die Jahrhundertwende und im 14. Jahrhundert mögen ein Indiz für ein Nachlassen dieser Integrationskraft sein.[17] Tatsächlich aber bewirkte die neue Durchmischung der Bündnisverhältnisse, ausgelöst vor allem durch den Bruch zwischen Perugia und Todi, eine gewisse Instabilität in den folgenden Jahren, die Perugias Position in Frage stellte. Diese Entwicklung zeigt sehr gut, wie wichtig gerade dieses letzte Bündnis für die regionale Rolle der Kommune gewesen war.[18]

Das Verhältnis Perugias zur Kurie nach dem Tod Bonifaz' VIII. lässt sich ohne eine genauere Aufarbeitung der Überlieferung der umbrischen Kommunen und des Papsttums nur schemenhaft erahnen. Grundman betont, dass die Kommune mehr als zuvor die Konkurrenz der Römischen Kirche fürchtete, die trotz des Umzugs nach Avignon formal durch Legaten und Rektoren weiterhin präsent war. Die Perusiner Führung bewachte demnach eifersüchtig ihre Autonomie, vor allem in ihren Außenbeziehungen, etwa im Krieg mit dem ghibellinisch geführten Todi. Der Auftrag der durch Clemens V. im Jahr 1305 in den Dukat entsandten Nuntien, den Frieden wiederherzustellen, der auch eine Vorgabe enthielt, alle Bündnisse aufzulösen („de sotietatibus dissolvendis"), scheiterte an der unversöhnlichen Haltung der Kommune Perugia und ihrer Verbündeten, die sich auf ihre Bündnisverpflichtungen beriefen.[19] In den folgenden Jahren versuchte Clemens V. weiterhin, durch Mahnungen, Befehle und Strafandrohungen, insbesondere an Perugia, die Region zu befrieden. Die Maßnahmen beinhalteten auch ein weiteres Verbot und die Auflösung aller Bündnisse im Dukat.[20] Folgt man Grundmans Analyse der Situation, hatte Bonifaz VIII. damit

---

17 Vgl. zur Begrifflichkeit der politischen Integration den Sammelband Maleczek, Fragen, und insbesondere die Zusammenfassung von Thumser, Fragen, mit dem Aspekt der „strukturellen Integration". Für das weitere 14. Jahrhundert vgl. zur Orientierung Perugias in die Toskana vor allem Pecugi Fop, Perugia, und die dortige Einführung von Attilio Bartoli Langeli. Ähnlich für Todi auch Andreani, Todi nel basso medioevo, S. 78.
18 So Grundman, Popolo, S. 253 f., 309 f., 331. Auf S. 240 hingegen spricht Grundman, ohne genauere Angaben, von einem weiteren Bündnis mit Spoleto, Foligno und Spello sowie Bettona, Gubbio und Camerino als „backbone of Perugia's diplomatic posture in these years". Während Foligno, Spello und Bettona wohl kaum als ebenbürtige Bündnispartner angesehen werden dürfen, waren die Beziehungen zu Spoleto und Camerino durchaus wechselhaft; vgl. ebd., S. 312, sowie Eitel, Kirchenstaat, S. 136.
19 Vgl. Grundman, Popolo, S. 241 f., 315 f. Zur Situation in den päpstlichen Provinzen unter Clemens V. auch Eitel, Kirchenstaat, S. 122–146, Druck des Berichts der päpstlichen Abgesandten bei Davidsohn, Forschungen 3, S. 287–295. Perugia begründete die Weigerung, die Kriegshandlungen gegen die Ghibellinen aus Todi einzustellen gegenüber den päpstlichen Nuntien mit den Verpflichtungen eines alten Bündnisvertrags: „quia promiserant et juraverant, multi anni erant elapsi, contrahendo societatem cum dicto comuni Tuderti, quod si dicta pars Guelpha expelleretur inde, ipsi suo posse juvarent eam"; ebd., S. 294. Das 1286/1287 geschlossene Bündnis versprach allerdings Neutralität im Parteienkampf.
20 Reg. Clemens V., Nr. 6331 (1310 Juli 17). Zu den verschiedenen Maßnahmen des Papstes Eitel, Kirchenstaat, S. 137–139. Erst 1314 zeitigten diese aber den gewünschten Erfolg.

wohl Weitsicht bewiesen, als er im Dezember 1300 durch die Umkehrung der Bündnisverhältnisse ein Gegengewicht zu Perugia schaffen wollte. Dem entgegen stehen nur historiographisch belegte Episoden wie die Bitte um päpstliche Bestätigung einer „confederazione" zwischen Perugia und den guelfischen Parteien aus Todi, Spoleto, Narni und Orte. Die päpstliche Approbation war den Verbündeten, folgt man der Chronik, so wichtig, dass dem Gesuch durch Zahlung eines größeren Geldbetrags Nachdruck verliehen werden sollte.[21] Das Fehlen von Studien zur Geschichte der umbrischen Kommunen in dieser Zeit macht ein abschließendes Urteil an dieser Stelle unmöglich.

John Grundman sieht die Ursache, zumindest für einige dieser Veränderungen in Perugias Außenbeziehungen, in einem tiefgreifenden Führungswechsel, der ebenfalls um die Jahrhundertwende in Perugia stattgefunden hatte und nun mit dem Priorat, einem mehrheitlich aus den niederen Zünften besetzten oligarchischen Zirkel, eine Regierung des *popolo minuto* repräsentierte. Der neuen Führungsschicht, so Grundman, fehlte es an Erfahrung, aber möglicherweise auch an gewissen Fähigkeiten und einem politischen und diplomatischen Weitblick, den sowohl der Stadtadel als auch die reichen Kaufmannsfamilien des *popolo grasso* mit sich gebracht hatten.[22] An dieser These lässt sich einiges kritisieren, etwa die pauschale Gegenüberstellung des in Grundmans Vorstellung eingeschränkten Blickwinkels der nun führenden *artes* der Handwerker und kleineren Ladenbesitzer und der ebenso hypothetischen politischen Weltläufigkeit der reichen und weitgereisten Kaufmannszünfte und des Adels. Auch die Reziprozität der interkommunalen Beziehungen, die neben den inneren Entwicklungen Perugias auch durch die übrigen beteiligten Akteure bestimmt waren, wird von Grundman venachlässigt. Allerdings findet seine grundlegende These, die den radikalen Führungswechsel innerhalb der Kommune für Perugias geschwächte Position nach außen verantwortlich macht, durch die Analyse der Bündnispolitik der Stadt im 13. Jahrhundert Bestätigung. In Hinblick auf die Entscheidungsträger in der Stadt ließ sich, wo die Quellenlage ein Urteil erlaubte, eine erstaunliche Kontinuität feststellen: Der Stadtadel des frühen 13. Jahrhunderts, exemplarisch personifiziert in der Person des Ugolinus Masioli, repräsentierte die Kommune in ihren Bündnisbeziehungen auch nach dem Sieg des Popolo in den 1230er Jahren. Einige der Personen, die Perugia in den Bündnissen der Stauferzeit vertraten, lassen sich auch in den Jahren und Jahrzehnten danach noch als aktive Persönlichkeiten in der Perusiner Führung und insbesondere in den Außenbeziehungen der Kommune greifen. In der letzten Hälfte des 13. Jahrhunderts ist es hingegen vor allem eine institutionelle Pra-

---

21 Vgl. die Cronaca todina 13,5–9, ad a. 1313, hg. von Mancini, S. 163. Die Zuverlässigkeit der Quelle, generell hoch eingeschätzt, muss für diese Stelle hinterfragt werden: So verortet die Chronik den Papst in Rom. Dieser Fehler kann aber auch der im 15. oder 16. Jahrhundert erfolgten Kompilation geschuldet sein, ein zeitnaher Zeuge der Chronik des 14. Jahrhunderts ist nicht überliefert.
22 Grundman, Popolo, S. 253 f., 264–266, 331; zum Priorat generell ebd., S. 229–331.

xis, die trotz aller Verfassungsänderungen in diesen Jahren eine gewisse Konstanz bewahrte. Sichtbar wurde diese erst durch die Überlieferung der Ratsprotokolle: Die konsequente Auslagerung fast aller außenpolitischen Entscheidungen an *sapientes*, wie auch immer dieses informelle Gremium zum jeweiligen Zeitpunkt verfasst war, gewährte den hohen Einfluss juristisch gebildeter Personen auf die Entscheidungen der Kommune. Das *consilium sapientum*, nicht benannte Ausschüsse von Rechtsgelehrten, das *consilium sapientum de retocho* – all diese kleineren Expertengruppen waren meist involviert, wenn es um ein Bündnis ging. Nicht alle dieser Sachverständigen waren Richter oder Notare, viele trugen jedoch den Titel eines *dominus* und tauchen in den Quellen zu den Bündnisbeziehungen der Kommune über Jahre hinweg immer wieder auf.[23] Auch die Schiedsmissionen, die Perugia in den letzten 15 Jahren des 13. Jahrhunderts nach Todi, Orvieto, Spoleto und Narni entsandte, speisten sich, wo die Überlieferung dies zeigt, aus diesem Kreis. Ein großer Teil der *ambaxatores* in diesen Gesandtschaften konnte zudem auf eine längere politische und diplomatische Karriere zurückblicken, die bis mindestens in die 1270er Jahre, teils bis in die 1250er Jahre zurück reichte.

Erst ab dem zweiten Drittel des 14. Jahrhunderts macht sich der Einfluss eines Einzelnen auf die perusinische Bündnispolitik bemerkbar. Beginnend mit dem Jahr 1327 war es in auffälliger Weise Legerio di Nicoluccio Andreotti, der die Außenbeziehungen der Kommune gestaltete – und damit einer von zwei Führungspersönlichkeiten der Stadt, die in der ersten Hälfte des 14. Jahrhunderts eine Form der persönlichen Herrschaft ausübten, die man als Signoria bezeichnen könnte. Legerio war Teil jeder wichtigen Gesandtschaft und der bevorzugte Ansprechpartner der päpstlichen Verwaltung. Unter ihm gewann die regionale Vormachtstellung der Kommune wieder deutlich an Bedeutung. Um die Mitte des Jahrhunderts verfügte die Kommune dank der Politik Legerios über einen Einflussbereich, der beinahe das gesamte heutige Umbrien mit Ausnahme Orvietos umfasste. Die regionale Ausweitung einer *pax Perusina*, so beschreibt Jean-Claude Maire Vigueur die Situation um die Jahrhundertmitte, war wohl mitverantwortlich für die nur schwache Entwicklung von territorialen Signorien in Umbrien.[24] Begünstigt wurde diese Entwicklung auch durch den Wegfall jeglicher realer Herrschaftsdurchdringung des Patrimoniums seitens der päpstlichen Verwaltung in der ersten Hälfte des 14. Jahrhunderts. Die aus Avignon entsandten Rektoren

---

[23] Vgl. grundlegend Menzinger, Giuristi, S. 95–224, und die Regesten und Ergebnisse von Lonzini, Notaio 1 und 2.

[24] Maire Vigueur, Comuni e signorie nelle province, S. 125 f., dort auch grundlegend zu den Signorien im Patrimonium Petri. Desweiteren Pecugi Fop, Perugia, S. 49–57; zu Legerio auch Sanfilippo, Andreotti, Legerio. Dass sich in Perugia selbst keine dauerhafte Signoria festsetzte, lag zu Beginn des 14. Jahrhunderts wohl auch am Fehlen einer ambitionierten Persönlichkeit, wie das Beispiel des Filippo di Giacomo Bigazzini zeigt. So Grundman, Popolo, S. 233–237, und Maire Vigueur, Comuni e signorie nelle province, S. 156.

und Legaten verfügten nur selten über die Mittel, ihre Ansprüche gegenüber den Kommunen und den wenigen bedeutenden Signorien geltend zu machen. Dies änderte sich erst und auch nicht auf Dauer mit den Legationen des Egidius Albornoz in den Jahren 1353–1367.[25]

Die um die Mitte des 14. Jahrhunderts etablierte *pax Perusina* allerdings erscheint gegen Ende des 13. Jahrhunderts in der *societas* mit Todi, Spoleto und Narni und dem Beziehungsnetz der Kommune bereits in ihren Grundzügen angelegt, auch wenn diese Strukturen durch einen Regierungswechsel und äußere Umstände zwischenzeitlich unterbrochen wurden. Wie die Untersuchung gezeigt hat, gehörten die *societates* der Stadt, die über das ganze 13. Jahrhundert kontinuierlich geschlossen und gepflegt wurden, um die Beziehungen zu den umbrischen Kommunen zu strukturieren, zu den Faktoren, die die hegemoniale Stellung Perugias im 14. Jahrhundert vorbereitet hatten. Ohne dass man den jeweiligen kommunalen Führungen hierin eine gezielte Bündnispolitik unterstellen darf, waren die *societates* der Baustein, um mit benachbarten Kommunen, mit denen kein Konflikt gewünscht war, rechtsverbindliche Beziehungen herzustellen. Sie waren zudem ein ausschlaggebendes Element für die erfolgreichen Kriegszüge der Kommune, wie insbesondere die Kriege gegen Foligno deutlich machten. Gemeinsam mit der militärischen und wirtschaftlichen Stärke Perugias legte dieser Baustein das Fundament zur Vormachtstellung der Stadt in Umbrien.[26] Die herausragende militärische und wirtschaftliche Stellung Perugias in der Region unterscheidet die Bündnisse dieser Kommune allerdings von den Bündnissen ihrer Nachbarn in Umbrien wie in der Mark Ancona. Perugias *societates* zeigen somit sehr deutlich die Rolle von Bündnisbeziehungen in der Geschichte dieser Kommune, jedoch lassen sich die gewonnenen Ergebnisse nur bedingt auf andere Bündnisse und Bündnislandschaften im Patrimonium Petri übertragen.

---

25 Vgl. Capitani, Assisi, S. 7, 16–20; Pecugi Fop, Perugia, S. 57–59; Maire Vigueur, Comuni e signorie nelle province, S. 132; für Narni etwa Andreani, Narni, S. 173–175.
26 Vgl. für das beginnende 14. Jahrhundert auch Grundman, Popolo, S. 249, anhand des Konflikts der Kommune mit Nocera 1304/1305: „This particular situation reveals itself to us very clearly as a typical aspect of broader policies, aiming not only at the control of Nocera, but also over the rest of Umbria. Gualdo and Gaifana were no more than two intersections in a net of diplomatic alliances and military strong points, which overlay all of Umbria, and which constituted the principal instrument of Perugian power.". Ähnlich auch ebd., S. 225 f., 333, und Bartoli Langeli, Perugia, S. 1117.

5 Zum Vergleich: Die Bündnisse anderer Kommunen in Umbrien und den Marken

Von den über 100 in dieser Arbeit untersuchten Bündnissen ist das älteste in den Marken zu situieren: Matelica und Fabriano schlossen im November 1191 ein sehr einfach gehaltenes Bündnis, das vor allem die gegenseitige Waffenhilfe zum Gegenstand hatte. Über den wechselseitigen Eid ließen die beiden Kommunen eine Urkunde ausfertigen und schufen damit den ersten – überlieferten – Bündnisvertrag im Untersuchungsraum. Ob es bereits zuvor mündliche oder schriftliche Verabredungen über zwischenstädtische *societates* gegeben hatte, entzieht sich der Kenntnis der Nachwelt.[1] Die beiden *castra* waren auch in der Folgezeit aktiv in die wechselhafte Bündnislandschaft der Marken involviert. Matelica ging im 13. Jahrhundert nachweislich 14 Bündnisse ein, für Fabriano sind immerhin zehn *societates* überliefert. Die Bündnisse und deren Auswirkungen auf die politische Geschichte der beiden Kommunen und auf die Region unterscheiden sich jedoch grundlegend von dem, was für Perugia herausgearbeitet werden konnte – ein Befund, der nicht nur für Matelica und Fabriano, sondern für die meisten Kommunen der Marken und Umbriens gilt. Die grundlegenden Ergebnisse der Untersuchung der Perusiner *societates* im 13. Jahrhundert sollen daher im Folgenden – summarisch und durch das Heranziehen einiger Beispiele – mit anderen kommunalen Realitäten im Patrimonium Petri verglichen werden.

Die *societas*, die Matelica und Fabriano im November 1191 abschlossen, blieb zunächst ohne schriftliche Nachfolger. Das nächste überlieferte Bündnis des Untersuchungsraums ist der 1197 beeidete Tuskenbund, dem Perugia und Viterbo im Laufe des Jahres 1198 beitraten. Die *societas Tuscie*, dies zeigte die Untersuchung, war ein Produkt der instabilen politischen Lage, die Mittelitalien nach dem Tod Heinrichs VI. auszeichnete. Der zeitweise Ausfall der Reichsgewalt und die nicht absehbaren politischen Veränderungen, die die Doppelwahl von 1198 mit sich brachten, führten aber nicht nur in Perugia zur Entscheidung, einen Teil der eigenen Autonomie zugunsten der Sicherheit, die die Organisation in einer *societas* versprach, aufzugeben. Nach dem vereinzelt stehenden Vertrag zwischen Fabriano und Matelica des

---

[1] Anhang 1, Nr. 1. Es handelt sich um das älteste Bündnis, das über die Drucke aus den Marken und die umbrischen Archive erschlossen werden konnte. Aus dem Jahr 1141 stammt ein älterer Vertrag zwischen Fano und Venedig mit primär wirtschaftlicher Ausrichtung, der aufgrund der hohen Abweichung zu den hier untersuchten Bündnissen nicht in das Quellenkorpus aufgenommen wurde. Vgl. zu diesem Schriftstück Bartoli Langeli, Patto. Es kann nicht ausgeschlossen werden, dass es in Archiven der Marken, für die eine Aufarbeitung fehlt, noch älteres Material gibt. Auf die für das 12. Jahrhundert nicht vorauszusetzende schriftliche Fixierung von Städteeiden weist Behrmann, Anmerkungen, S. 268–275, anhand oberitalienischer Beispiele hin.

Jahres 1191 treten allein zwischen 1197 und 1202 unvermittelt elf Bündnisverträge aus der Überlieferung hervor, sieben Belege weisen auf weitere, nicht im Bündnisinstrument überlieferte *societates* in diesem Zeitraum hin.[2] Dem Tuskenbund vergleichbar kam es auch in den Marken im Februar 1198 zu einem Großbündnis, das offen gegen Markward von Annweiler und dessen Anhänger gerichtet war. Ancona, Fermo, Osimo und Senigallia, in der Bündnisurkunde meist als *marchisiani* bezeichnet, verbanden sich mit Rimini und Ravenna in der Romagna. Neben wirtschaftlichen Vereinbarungen, die als Motiv ebenfalls eine große Rolle bei dieser *societas* spielten, stand die Verpflichtung auf militärische Hilfe „contra Marchoardum et contra quemlibet, qui pro imperio, vel occasione imperii, illos ... voluerit infestare seu molestare" sowie das Verbot eines Separatfriedens mit Markward und anderen Reichsvertretern.[3] Mit hoher Wahrscheinlichkeit wurde dieser Bund sehr bald durch neue Mitglieder und flankierende Verträge erweitert, auch die Bildung eines Rektorengremiums ist nicht ausgeschlossen. Zudem bekannte die *societas* sich offen zu der von Innozenz III. angestrebten päpstlichen Herrschaft in den Marken: Eine Mitgliedschaft wurde an den Treueid an die Römische Kirche gekoppelt und ein im August 1198 geschlossener Vertrag zeigt, dass der Bund mit nicht näher bestimmten Kardinälen in Kontakt stand und deren Urteile in die Bündnisverpflichtungen einbezog.[4]

Die Bildung weiterer *societates*, die teilweise Partei für die vakante Reichsherrschaft ergriffen, vor allem aber konkrete Besitzungen und Rechte im Blick hatten, führte in den Marken schließlich zu einem regionalen Krieg, der erst durch das Eingreifen Innozenz' III. im Frieden von Polverigi im Januar 1202 beigelegt wurde. Wie von der Forschung bereits für die Toskana konstatiert, führte der Wegfall der Reichsgewalt für die Kommunen somit auch zu einer Gelegenheit, eigene Besitz- und Herrschaftsansprüche voranzutreiben und durchzusetzen. Das gehäufte Auftreten eines in der Überlieferung zuvor kaum präsenten Phänomens infolge des Zusammenbruchs der Reichsherrschaft in Mittelitalien und die starke Organisationsform, die auch in den Marken für das Widerstandsbündnis gegen Markward von Annweiler gewählt

---

2 Siehe den tabellarischen Überblick Anhang 3, Tabelle 1. Der gleiche zeitliche Schnitt lässt sich in Norditalien beobachten; vgl. Vallerani, Rapporti, S. 232. Die Bedeutung des Thronstreits als Auslöser für ein „vorsorgliches Sonderbündnis", das im April 1198 in der Lombardei geschlossen wurde, hebt auch Voltmer, Der sogenannte Zweite Lombardenbund, S. 124, hervor.
3 1198 Februar 2, in: Tonini, Storia 2, Appendice di documenti, Nr. 94, S. 610–614 (Anhang 1, Nr. 4). Zur Situation in den Marken nach dem Tod Heinrichs VI. Pirani, Scrittura, S. XXVII–XLI.
4 Siehe Anhang 1, Nr. 7. Der im August 1198 geschlossene Vertrag zwischen Ancona und Osimo nennt eine große Anzahl von Kommunen, die möglicherweise dem Bund beigetreten waren („que sunt in societate", heißt es dort) und spricht, auch wenn die genaue Funktion unsicher bleibt, von Rektoren. In diesem Vertrag auch die Bindung eines Beitritts an den Treueid zur Kirche und die Klausel zu den Kardinälen.

wurde, erlaubt es, zumindest dieses letzte Bündnis analog zur *societas Tuscie* als Thronstreitbündnis zu klassifizieren.⁵

Die Bündnisse der folgenden Jahrzehnte hingegen unterscheiden sich in mancher Hinsicht von den Merkmalen, die Perugias meist auf den Ausgleich ausgerichtete Contado-Bündnisse des ersten Drittels des 13. Jahrhunderts ausgezeichnet hatten. So beeideten die Vertreter der größeren umbrischen Kommunen im Süden von Perugia in einem schwer durchschaubaren territorialen Konflikt zwischen 1214 und 1220 in schneller Folge mehrere *societates*, die teils sehr offensiv das militärische Vorgehen gegen die Gegenpartei organisierten: Narni schloss am 21. März 1214 ein Bündnis mit Orvieto, wohl anlässlich des Interdikts, dem die Stadt wegen eines Angriffs auf Stroncone verfallen war – ein Angriff, der wiederum eine von Innozenz III. geförderte Gegenreaktion Todis herausgefordert hatte. Im Juni 1215 verfügte der Papst in einem Schiedsspruch die Auflösung der Bündnisse, „quas excommunicationis tempore contraxistis", jedoch augenscheinlich ohne längerfristigen Erfolg. Mit Narni verbündet war auch Spoleto, wie ein anderes Bündnis der Spoletiner mit Rieti zeigt, das im Juni 1216 abgeschlossen wurde und explizit gegen Terni gerichtet war. Terni wiederum hatte im April 1215 eine *societas* mit Foligno verabredet, die sich gegen Spoleto richtete. Aus diesen Abkommen geht hervor, dass Foligno bereits mit Todi verbündet war. Gegenseitige Kriegshilfe gegen Todi versprach schließlich ein im Juli 1218 gemeinsam geschlossenes Abkommen Spoletos und Rietis mit einem Bonifatius Ugolini Bonicomitis und dessen *socii*. Die zwei Fronten, die in den bilateralen Bündnisverträgen aufscheinen, werden erst in einem von Honorius III. veranlassten Schiedsverfahren, das im Juli 1220 zum Abschluss kam, als solche benannt, auch wenn hier nun Todi, Foligno und Terni den Kommunen Spoleto, Narni und Montefalco – und nicht etwa Rieti – gegenübergestellt werden. Im Gegensatz zu den Perusiner Bündnissen dieser Zeit macht dieser Konflikt sehr deutlich, dass die *societates* von Narni, Spoleto, Rieti, Todi, Terni und Foligno gezielt zur Organisation der militärischen Eroberung und Sicherung des Contados eingesetzt wurden.⁶

Dieser Befund gilt noch mehr für die Marken, wo im ersten Drittel des Jahrhunderts viele *societates* bereits spezifische Gegner benannten und eindeutig aus dem Konflikt heraus beziehungsweise in Erwartung eines zukünftigen Konflikts geschlossen wurden. In vielen dieser Bündnisse lag der Fokus der Vereinbarungen somit auf

---

5 Vgl. zum Frieden von Polverigi den Jubiläumsband Piccinini (Hg.), Marca. Bezeichnenderweise bildeten sich ähnliche regionale Großbündnisse, abgesehen von den im systematischen Teil der Arbeit analysierten Ausnahmen (Kap. I.2.3.7, S. 192–196), in Umbrien wie in den Marken erst wieder mit dem Romzug Heinrichs VII. zwischen 1310 und 1313. Während Perugia sich dem guelfischen Bund um Florenz anschloss, bildete sich in den Marken die sogenannte „Lega degli Amici della Marca"; vgl. hierzu jetzt Pirani, Lega.
6 Siehe Anhang 1, Nr. 24–26, 31. Zu den Ereignissen und Hintergründen Lanzi, Lodo; Lanzi, Pergamena; Waley, Papal State, S. 65; Menestò, Esempio, S. 427–430; Lattanzi, Storia, S. 280–286; Andreani, Narni, S. 156 f.

der Organisation der gemeinsamen Waffenhilfe. Auch Bündnisse zur Beilegung eines Konflikts lassen sich analog zum Beispiel Perugias vereinzelt finden. *Societates*, die augenscheinlich präventiv geschlossen wurden und auf Konfliktvermeidung zielten, sind in der Überlieferung hingegen kaum vertreten.[7] Dies lag wahrscheinlich auch am Fehlen einer Kommune, die im gleichen Maße wie Perugia im nördlichen Umbrien in der Lage war, eine wirtschaftliche und militärische Vorrangstellung in der Region zu behaupten. Die einzige umbrische Stadtgemeinde, die trotz einiger Konflikte um Grenzkastelle eine ähnlich starke Position aufweisen konnte, war Orvieto. Die Kommune war von ihren Interessen her jedoch mehr in die Toskana orientiert, wie mehrere langfristige Bündnisse mit Siena und der folgende Konflikt um Montepulciano zeigen.[8] Das Fehlen einer in der Region unangefochten dominierenden Kommune führte im südlichen Umbrien und noch mehr in den Marken zu den latenten, kleinteiligen Konflikten, die sich auch in der Gestaltung der *societates* bemerkbar machten. Dies zeigen auch die vergleichenden Karten zu den Bündnisbeziehungen in den beiden Regionen (siehe Anhang 2, Karten 2 und 3). In der Mark war es die Kommune Ancona, die eine solche Position potentiell hätte besetzen können – eine entsprechende Entwicklung wurde wohl hier jedoch durch das Eingreifen Venedigs verhindert. Die Konkurrenz im Seehandel zwischen diesen beiden Städten hatte sich Ende der 1220er Jahre zu einem offenen Seekrieg ausgeweitet, den Venedig auch auf dem Land durch Bündnisse mit den kleinen Kommunen der Marken gegen Ancona für sich gewinnen wollte.[9]

Parteienbündnisse, wie sie für Perugia im Konflikt zwischen *milites* und *pedites* in den 1220er und 1230er Jahren belegt sind, finden sich für diesen Zeitraum in anderen kommunalen Kontexten nicht.[10] Erst aus den 1260er Jahren ist ein ähnliches Bündnis zwischen Orvieto und der guelfischen *pars* Sienas überliefert – einzuordnen somit nicht mehr in die Konflikte zwischen *pedites* und *militia*, sondern in die lokal bedingten, aber makropolitisch eingeordneten Faktionenkämpfe der zweiten Jahrhunderthälfte – sowie ein Vertrag zwischen Spoleto und den *lambardi* genannten Adeligen der kleinen Kommune Trevi.[11] Dieses letzte Bündnis gleicht den Perusiner Parteienverträgen, wobei sich das Ungleichgewicht zwischen Spoleto und Trevi deutlich bemerkbar macht – als Gegenleistung zur Unterstützung Spoletos gegen den Popolo Trevis nahmen die *lambardi*, wenn auch unter vorteilhaften Bedingungen, die

---

7 Siehe Anhang 1.
8 Siehe ebd., Nr. 19, 37, 50, 81, sowie Waley, Orvieto, S. 24–29, und Mezzanotte, Orvieto, S. 93–98.
9 Anhang 1, Nr. 45, 48. Vgl. zur Geschichte Anconas im 13. Jahrhundert, mit einem dem vollständigen Verlust des anconitanischen Archivs geschuldeten, starken Fokus auf die Außenbeziehungen der Kommune Leonhard, Seestadt. Zu den wirtschaftlichen Interessen Venedigs in den Marken Pirani, Multa notabilissima castra, S. 277 f.
10 Einzig in den Marken findet sich ein Hinweis auf ein 1236 geschlossenes Parteienbündnis, ein Vertrag ist allerdings nicht überliefert; vgl. Villani, Rocca Contrada, S. 311.
11 Anhang 1, Nr. 95, 103.

Bürgerschaft Spoletos an. Das herausragende Merkmal der Bündnisse der *pars que dicitur militum* Perugias, die Organisation einer autonomen Exilkommune, lässt sich in diesem Vertrag somit nicht beobachten. Wieso nur aus den inneren Konflikten Perugias Parteienbündnisse entsprangen, obwohl doch viele der Kommunen Umbriens und der Marken mit den sozialen und politischen Konflikten zwischen Stadtadel und gewerbetreibenden Schichten konfrontiert waren, lässt sich nicht erklären. Gerade in der ersten Hälfte des Jahrhunderts könnte aber auch die Überlieferungssituation für dieses Bild verantwortlich sein.

Der Konflikt zwischen Friedrich II. und der Römischen Kirche bildete hingegen nicht nur für Perugia, sondern für die meisten Kommunen des Patrimonium Petri einen Einschnitt in die Gestaltung der Außenbeziehungen. Insgesamt zehn *societates* ergriffen in den Marken zwischen 1244 und 1263 explizit Partei im Kampf der Römischen Kirche gegen die Staufer und in den sich anschließenden Kriegshandlungen.[12] Im Gegensatz zu dem Bild, das die Perusiner Überlieferung zeichnet, wurden in dieser Zeit in den Marken aber auch Bündnisse geschlossen, in der eine Involvierung in den päpstlich-kaiserlichen Konflikt zumindest nicht erkenntlich ist.[13] Stärker noch als in Umbrien weisen auch die prokaiserlichen und propäpstlichen *societates* der Marken eine starke Verankerung in eigentlich lokalen Konflikten auf, bemäntelt oder ergänzt durch eine Lagerzugehörigkeit. Bestes Beispiel hierfür ist ein Bündnis des Jahres 1248 zwischen Camerino, Tolentino, San Ginesio, Montemilone, Montecchio, Cingoli und Matelica, das nach einem Katalog sehr rigoroser Maßnahmen gegen die kaiserlichen Anhänger einen weiteren Katalog präsentierte – fast jede der sieben Kommunen ließ sich hierin die Hilfe bei der Wiedergewinnung oder Bewahrung einzelner Kastelle zusichern.[14] Andere dieser Bündnisse hingegen beinhalteten, abgesehen von der Beteuerung der unbedingten Treue zur gewählten Seite und einem Verbot der Kontaktaufnahme zur gegnerischen Kriegspartei, keinerlei inhaltliche Bestimmungen, zeichneten sich aber teils durch sehr drastische Strafen für einen Verstoß gegen diese Regelungen aus.[15] Diese Bündnisse versuchten demnach in erster Linie, eine rechtliche Absicherung der Zugehörigkeit zur jeweiligen *pars* und damit den Zusammenhalt der zu diesem Zeitpunkt gleichgesinnten Kommunen zu erreichen, und entsprangen damit wohl militärischen Krisensituationen. Diese rein auf eine Lagerzu-

---

12 Ebd., Nr. 64–67, 70, 73, 74, 91, 94, 101.
13 In Umbrien sind bis zum Tod des Kaisers – die Aktionen Manfreds und Konradins betrafen Umbrien, wie dargelegt, kaum – neben den untersuchten Großbündnissen so gut wie keine *societates* überliefert. Nur Orvieto schloss kurz vor oder in diesem Zeitraum zwei *societates* mit den deutlich kleineren Kommunen Toscanella und Bagnorea (ebd., Nr. 61 und 72).
14 Ebd., Nr. 67. Ähnlich auch Nr. 64.
15 So sah eines der Bündnisse (ebd., Nr. 73) für den durch Einzelne aufgenommenen Kontakt zur kaiserlichen Seite die Enthauptung vor, die einzige Erwähnung einer Kapitalstrafe im gesamten Korpus der überlieferten Bündnisinstrumente. Die Androhung einer Leibesstrafe findet sich in Nr. 67, ein Bündnis, das ebenfalls im Rahmen des päpstlich-kaiserlichen Konflikts geschlossen wurde.

gehörigkeit ausgerichteten *societates* standen im Untersuchungsraum alle auf Seiten der *pars Ecclesie* und wurden 1248 und 1250, also in besonders umkämpften Jahren im Konflikt um die Mark Ancona, abgeschlossen.

Ohnehin waren es unter Friedrich II. hauptsächlich die päpstlichen Kommunen, die auf die Bindungsform *societas* zurückgriffen: In dieser Zeit nahm nur ein Bündnis offen Partei für den Kaiser. Dieses Bild mag auch überlieferungsbedingt sein, da die Kommunen nach dem Tod Friedrichs II. und spätestens nach dem Ende des staufischen Hauses vermutlich nur wenig Interesse an der Aufbewahrung eines gegen die Herrschaft der Römischen Kirche gerichteten Bündnisinstruments hatten. Allerdings suggerieren die Beispiele aus der zweiten großen Konfliktphase, dem Einmarsch Manfreds in die Marken, dass sich in dieser Zeit auch die staufische Seite vermehrt über Bündnisse organisierte, auch wenn diese in ihrer Form oft zwischen Bündnis und Treueid an die königlichen Vertreter changierten.[16] Dies macht einen Zusammenhang auch für die Zeit Friedrichs II. zwischen den *societates* und der militärischen Schlagkraft der beiden Universalgewalten im Feld wahrscheinlich. Das Papsttum war wohl mehr noch als der Kaiser und dessen Vertreter mangels eigener militärischer Ressourcen auf die autonom organisierte Kooperation der Kommunen angewiesen. Diese verfolgten dabei naturgemäß immer auch ihre eigenen Interessen. Sehr deutlich zeigt das einer der ungewöhnlichsten Verträge in dieser Zeit: ein Abkommen zwischen der großen Kommune Camerino und dem kleinen Kastell Belforte aus dem Jahr 1250. Belforte, seit 1202 dem Hoheitsbereich Camerinos unterstehend, erlangte seine politische Eigenständigkeit im Tausch gegen die Treue zur *pars Ecclesie* zurück. Konkret verzichtete Camerino auf alle Privilegien, die Rechte an Belforte beinhalteten, während Belforte dafür auf Seiten der Kirche und der päpstlichen Kommunen Camerino und Tolentino kämpfte. Sollte Tolentino jedoch die Seite wechseln, dies war den Vertretern der Kastellgemeinde wichtig, war auch Belforte der *pars Ecclesie* nicht mehr verpflichtet. Der ungewöhnliche Vertrag zeigt somit sehr deutlich, wie sehr die größeren und kleineren Gemeinden der Marken im Kampf der beiden Universalgewalten um ihre Interessen, aber auch um ihr Überleben kämpften. Camerino war bereit, wichtige Privilegien für die militärische Unterstützung der für sich selbst gewählten Seite aufzugeben. Belforte hingegen nutzte die politische Großwetterlage für die Realisierung eigener Ziele, dies jedoch mit größtmöglicher Vorsicht: Bei einem Umschwung Tolentinos wurde dem *castrum* eine Parteinahme offensichtlich zu riskant.[17]

Mehr noch als in Umbrien zeigen die Bündnisse der propäpstlichen Kommunen, wie später die zugunsten Manfreds geschlossenen *societates*, die Präsenz der päpstlichen und staufischen Vertreter in der Mark Ancona. Viele der Bündnisse bezogen sich direkt auf den jeweiligen päpstlichen Legaten oder staufischen Vikar, der zu die-

---

[16] Ebd., Nr. 90, 91, 94.
[17] Ebd., Nr. 74.

sem Zeitpunkt die päpstliche oder kaiserliche Partei der Region führte. Ob dies auch mit einer direkten Beteiligung der päpstlichen und staufischen Stellvertreter an der Bündnisorganisation einherging, ist meist nicht zu erschließen, aber für einige der Bündnisse, die für Manfred Partei nahmen, wahrscheinlich.[18] Ebenso wahrscheinlich ist es, dass den Bündnissen der *pars Ecclesie* und der *pars Imperii* in den umkämpften Gebieten der Mark Ancona nicht immer eine lange Lebensdauer beschieden war. Die militärische Auseinandersetzung zwischen den Staufern und den Päpsten traf die Mark Ancona heftiger als die umbrischen Gebiete, was einen schnellen Wechsel der Kommunen von einem Lager ins andere und einen entsprechenden Austausch der Bündnisbeziehungen mit sich brachte.[19] Wie die *societates* der Konfliktjahre zwischen Staufern und Papsttum deutlich machen, waren sowohl in Umbrien als auch in den Marken die Bündnisse für das Papsttum jedoch eine realistische Option auf die militärische Verteidigung ihrer Herrschaftsansprüche im Patrimonium Petri.

Problematisch ist allerdings der Umgang der Forschung mit diesem Phänomen. Die bereits für Perugias Bündnisse aus der Zeit des staufisch-päpstlichen Konflikts zu beobachtende Tendenz, alle Verträge zwischen 1239 und 1266 mit dem problembehafteten Etikett „guelfisch" oder „ghibellinisch" zu versehen, lässt sich auch für die übrigen umbrischen Kommunen und die Marken beobachten. Besser noch als die Beispiele aus Perugia zeigt dies die angebliche „lega guelfa", die zunächst Todi und Spoleto und kurz darauf auch Narni im Oktober 1259 beschworen. Das am 30. Oktober 1259 erstellte Instrument über die Beeidung durch die Vertreter aller drei Kommunen wurde etwa ein Jahr nach den ersten militärischen Aktionen König Manfreds in der Mark Ancona ausgefertigt.[20] Auch dieses Bündnis wurde zu Ehren der Heiligen Römischen Kirche, *mater et domina nostra*, geschlossen. Während die gleichlautende *ad-honorem*-Formel in den umbrischen Bündnissen bis 1250 mit großer Sicherheit auf eine Parteinahme im Konflikt zwischen Friedrich II. und den damaligen Päpsten hindeutet, ist 1259 mit einer solchen Interpretation Vorsicht geboten. Die päpstliche Herrschaft hatte sich in Umbrien in den fast zehn Jahren nach dem Tod des Kaisers konkurrenzlos festigen können, die differenzierten Ehrenformeln wie auch der *mater-nostra*-Bezug hatten sich dennoch aus dem Konflikt zwischen Kaiser und Papst auch

---

18 Anhang 1, Nr. 91, 94.
19 Vgl. Tenckhoff, Kampf. Ähnlich wie in Umbrien ergeben sich entsprechende Hinweise vor allem aus indirekten Quellenbelegen, da die Überlieferung die Verfolgung der *societates* nicht ermöglicht; siehe etwa Anhang 1, Nr. 70 und 73.
20 1259 Oktober 3, Documenti, hg. von Sansi, Nr. 52, S. 310–312; 1259 Oktober 30, SAS Spoleto, Memoriale comunis I, fol. 37r–38r, 123r–124v (Anhang 1, Nr. 92, 93). Die Ausrichtung gegen Manfred betonen Terrenzi, Narni, S. 57 f. („lega di Guelfi"); Ceci, Todi, S. 148 („lega di guelfi"); Andreani, Todi nel basso medioevo, S. 58 („Nel 1259 Todi strinse un patto di alleanza con Spoleto e Narni, in risposta alle sollecitazioni di Alessandro IV a impegnare le forze per resistere contro Manfredi."), und Menestò, Umbria, S. 31 („Contro Manfredi fu sottoscritta il 3 ottobre 1259 una lega tra Todi, Spoleto e Narni").

in spätere Bündnisse gerettet.[21] Daneben erweist sich der zunächst beeidete Vertrag zwischen Todi und Spoleto als recht einfach gehaltene *societas*, die gegenseitigen Beistand bei Wahrung von Rechten und Besitz und eine gemeinsame Freund- und Feind-Politik vereinbarte. Ohne dies weiter zu spezifizieren, gelobte man zudem, bezüglich Terni zu halten, was durch die Räte und *sapientes* beider Städte vereinbart worden sei. Einzig die Option auf die Aufnahme weiterer Städte, namentlich Narni, Orvieto, Foligno und Assisi, rückt den Pakt in die Nähe der regionalen umbrischen Bündnisse, die zur Zeit Friedrichs II. vereinbart wurden.

Der *societas*-Vertrag, den die beiden Kommunen keine 30 Tage später mit Narni schlossen, lässt eine solche Tendenz nicht mehr erkennen. Im Vergleich zu dem ursprünglichen Bündnis zwischen Spoleto und Todi wurde er grundlegend umgearbeitet und erinnert nunmehr an die Perusiner Contado-Bündnisse des ersten Jahrhundertdrittels. Die drei Kommunen versprachen sich ebenfalls Unterstützung bei der Wahrung und Rückgewinnung von Besitzungen in Contado, Disktrikt und Diözese und den Schutz der Bürger. Daneben wurden sehr konkrete Regelungen zur Aufteilung der jeweiligen Einflusssphären und der Vermeidung von Konflikten getroffen. So sagte jede Stadt zu, keinem ihrer Einwohner zu erlauben, ein Amt in einem Ort anzunehmen, der der Jurisdiktion der anderen Kommunen unterstand. Die Aufnahme von Exilierten wurde ebenso verboten wie Baumaßnahmen auf dem Gebiet der Bündnisstädte. Bei Grenzstreitigkeiten („discordia ... de finibus") unter den Bündnispartnern war die nicht betroffene Stadt zur Vermittlung verpflichtet. Ein weiterer Komplex der Vereinbarungen betraf einen erst kürzlich beendeten Krieg zwischen Narni und Terni: Todi und Spoleto versprachen der Kommune ihre Hilfe, falls Terni die Abkommen mit Narni nicht einhalten, narnesische *castra* und *ville* besetzen oder Bautätigkeiten im Territorium Narnis aufnehmen sollte. Bei einem erneuten Krieg sagten beide Kommunen Vermittlung zu. Falls diese nicht innerhalb von zwei Monaten Früchte tragen werde, versprach Spoleto Hilfe, Todi Neutralität. Man erließ sich zudem gegenseitig das *pedagium*, einen Wegezoll. Von der im ersten Vertrag festgehaltenen Erweiterungsoption findet sich im Vertrag des 30. Oktobers keine Spur mehr.

Der Text der *societas*, die Todi, Narni und Spoleto am 30. Oktober 1259 beeideten, zeigt somit keinen direkten Zusammenhang mit einer Bedrohung durch Manfred oder auch nur eine besondere Affinität zur Herrschaft der Römischen Kirche. In ungewöhnlich deutlicher Ausprägung lag hier der Schwerpunkt auf der territorialen und politischen Integrität der drei Kommunen und dem gemeinsamen Vorgehen in einem lokalen Konflikt mit einer vierten Kommune, Terni.[22] Die recht zahlreich

---

21 Siehe etwa Anhang 1, Nr. 105 (1277), 108 (1286), 109 (1288). Zur Bedeutung der *mater-nostra*-Formel in Perugias Bündnisverträgen oben Kap. II.2.1, S. 283.
22 Der Konflikt mit Terni war hingegen auch durch die abweichende Parteinahme im Kampf um das Patrimonium unter Friedrich II. bedingt; vgl. das Friedensabkommen 1258 Dezember 1, ASC Narni,

überlieferten Vordokumente zu diesem Bündnis, die auch einen Ratsbeschluss aus Todi umfassen, lassen ebenfalls keinen Schluss auf einen Zusammenhang mit dem staufisch-päpstlichen Konflikt zu. Erst zwei Jahre später lässt sich ein gemeinsames Vorgehen gegen Manfred erkennen. Im Juni 1261 mobilisierte Narni Bewaffnete aus den der Kommune unterstehenden *castra*, um der Bündnisstadt Spoleto zu Hilfe zu kommen, die im eigenen Territorium („in terram Spoletanorum nostrorum sociorum") durch ein Heer König Manfreds bedroht wurde.[23] Diese im Untersuchungsraum einmalige urkundliche Überlieferung der konkreten Umsetzung eines Bündnisses zeigt jedoch nur, dass das 1259 geschlossene Bündnis auch 1261 noch Bestand hatte und dass Narni seiner Pflicht zur Bündnishilfe nachkam. In der Konsequenz bedeutet dies zwar auch, dass im Sommer 1261 keine der beiden Kommunen Sympathien für die staufische Sache empfand, eine anti-staufische Zielrichtung des ursprünglichen Vertrags wird hierdurch jedoch nicht belegt. Die Gründe, die die lokale Forschung dazu bewogen haben, das Bündnis als „lega guelfa" zu bezeichnen, lassen sich also eher in einer allgemein vorhandenen Tendenz suchen, die Bündnisse der Kommunen in den großen politischen Rahmen einzuordnen.[24] Im Gegensatz zu vielen der überlieferten Bündnisse der Marken und Umbriens, die während des Konflikts Kaiser Friedrichs II. mit der Römischen Kirche oder kurz danach geschlossen wurden, lässt sich das Bündnis zwischen Todi, Spoleto und Narni in einen lokalen, mikropolitischen Rahmen einordnen. Dies zeigt sich vor allem in der Gestaltung des Vertrags, der einige Unterschiede zu den makropolitisch motivierten oder an den historischen Konflikt zwischen Kaiser und Papst zumindest angelehnten Bündnissen aufweist.

Nach dem Tod Friedrichs II., so scheint es, pflegten die umbrischen Kommunen analog zu Perugia sehr konstante Bündnisbeziehungen. Die Verbindung zwischen Spoleto und Todi lässt sich auch 1263 noch nachweisen und mündete 1286 in die

---

Manoscritti, Fernando Brusoni, Manoscritto sopra la città di Narni (ich danke Raffaello Bartolucci und Roberto Nini für die Bereitstellung einer Transkription). Auch hier zeigt sich das Fortleben der in dieser Zeit begründeten Konstellationen über den Tod des Kaisers hinaus. Andreani, Narni, S. 161–163, kommt in ihrer Studie zu Narni zu einem ähnlichen Ergebnis, während sie das gleiche Bündnis an anderer Stelle als gegen Manfred gerichtet bezeichnet (siehe in diesem Kapitel Anm. 20).

23 ASC Narni, Diplomatico, Pergamene, Nr. 15.

24 Für die Marken konstatiert dies immer wieder Leonhard, Seestadt, S. 115 (Anm. 175), 116 (Anm. 184), 126–128. Gut zu beobachten ist eine solche Tendenz für Umbrien etwa bei Briganti, Città. Die einzigen Indizien, die für eine Parteinahme bei Abschluss des Bündnisses von 1259 sprechen könnten, sind einzelne päpstliche Aufforderungen zur Verteidigung der päpstlichen Sache gegen den Staufer, die 1258 und Anfang 1259 an diverse umbrische Kommunen ergingen. Auch wenn eine Reaktion der drei Kommunen im Süden Umbriens auf die päpstlichen Werbungen nicht ausgeschlossen werden kann, bleibt ein solcher Zusammenhang spekulativ und wird durch das sehr lokal ausgerichtete Bündnisinstrument kontrastiert. So führt Andreani, Todi al tempo di Iacopone, S. 30, einen Aufruf an Perugia vom 9. Januar 1259 heran. Sowohl der zeitliche Abstand als auch der Adressat machen einen direkten Zusammenhang allerdings unwahrscheinlich. Ähnlich, aber ohne direkte Belege, argumentiert auch Terrenzi, Narni, S. 57 f.

societas mit Perugia.²⁵ Leider lässt die Überlieferungsgrundlage keine Einblicke in das Verhältnis der Kommunen in den Zwischenjahren zu. Der Gesamteindruck zeugt jedoch von relativ stabilen und im Großen und Ganzen friedlichen Beziehungen der großen umbrischen Kommunen, auch wenn dies jährliche militärische Aktionen gegen kleinere Kastelle und Kommunen ebenso wenig ausschloss wie einige große Konflikte.²⁶ Neben den Kriegen zwischen Perugia und Foligno ist hier vor allem der jahrelange Konflikt zwischen Todi und Orvieto um Montemarte zu nennen, der in den Bündnisbeziehungen Perugias gegen Ende des Jahrhunderts, wie oben aufgezeigt, eine bedeutende Rolle einnehmen sollte.

Während sich die territorialen und politischen Einflussbereiche der großen umbrischen Kommunen in der zweiten Hälfte des 13. Jahrhunderts im Großen und Ganzen konsolidiert zeigen, ergibt sich für die Marken ein anderes Bild. Bis 1266 war diese Region noch durch den direkten Eingriff Manfreds betroffen. Für die beiden folgenden Jahrzehnte finden sich bemerkenswerterweise keine Hinweise auf Bündnisse. Dafür kam es im letzten Jahrzehnt des 13. Jahrhunderts dann wieder zu größeren Konflikten und Kriegen in verschiedensten Bündniskonstellationen im Südwesten der Provinz.²⁷ Im Gegensatz zu den oft über mehrere Jahrzehnte zu verfolgenden Bündnisbeziehungen in Umbrien, lässt sich in den Marken in der verwirrenden Vielzahl an Kombinationen, die in den oft multilateral geschlossenen Bündnissen auftreten, kaum eine Kontinuität entdecken. Zwar gibt es Kommunen, die sich häufiger gemeinsam in einem Bündnis befinden, oft scheint das ausschlaggebende Kriterium hier jedoch die räumliche Nähe zu sein, die wohl auch gemeinsame Interessen und Konflikte mit sich brachte und zu kleineren ‚Bündnisregionen' führte. Denn ebenso häufig finden sich zwischen den Phasen, in denen Bündnisbeziehungen zwischen diesen Kommunen bestanden, Zeiten, in denen sie sich feindlich gegenüberstanden. Die Bündniskonstellationen innerhalb der kleineren ‚Bündnisregionen' in den Marken waren somit häufigen Wechseln unterworfen. Sehr deutlich ist dieser Unterschied zu Umbrien in einer Kartierung der Bündnisse zu sehen (Anhang 2, Karte 3).²⁸ Hier machte sich

---

25 Noch im Jahr 1268 waren Spoleto und Foligno unter den Städten, die den amtierenden Podestà Todis, Comazzo Galluzzi, mit Bewaffneten bei der Aufrechterhaltung des Friedens in der Stadt unterstützen – ein Unternehmen, das scheiterte, wie der in der Forschung gut aufgearbeitete Sturz des Bologneser Podestà nur kurz darauf zeigt; vgl. Maire Vigueur, Échec, und Weber, Zeichen, S. 181–351.
26 Vgl. exemplarisch etwa die kurze „Cronaca spoletina" der Jahre 1274–1279: Breve cronaca, hg. von Nessi.
27 Siehe Anhang 3, Tabelle 2.
28 In den Marken sind mehrere Schwerpunktregionen zu erkennen, in denen verstärkt Bündnisbeziehungen untereinander unterhalten wurden, besonders deutlich etwa in der Küstenregion oder im Raum zwischen Camerino, Matelica, San Severino, Tolentino, Montemilone und Montecchio. Zu den wechselnden Konstellationen innerhalb dieser Gebiete vgl. exemplarisch die Beziehungen der Kommunen Fabriano, Matelica, Camerino, San Severino, Tolentino und Montemilone: Anhang 3, Tabelle 2.

wohl bemerkbar, dass die Mark Ancona in einer im gesamtitalienischen Vergleich sehr hohen Dichte von kleinen und mittelgroßen Kommunen übersät war, die ihre kommunalen Einflussbereiche auf sehr engem Raum behaupten mussten. Das auf diese Weise entstehende Konfliktpotential und das Fehlen größerer, dominanter Gemeinden führte nicht nur zu einem latent unruhigen Zustand der Region – so auch die zeitgenössische Einschätzung der päpstlichen Verwaltung –, sondern auch zu einer anderen Funktion der Bündnisse.[29] Diese wurden, über das gesamte 13. Jahrhundert betrachtet, deutlich häufiger aus konkreten Konfliktsituationen heraus geschlossen und organisierten weniger das möglichst friedliche Zusammenleben als die konkrete Verfolgung gemeinsamer Interessen mittels militärischer und anderweitiger Hilfe. Nicht ausgeschlossen war, dass auch diese *societates* Kooperationen auf anderen Feldern und die friedliche Konfliktbeilegung innerhalb des Bündnisses beinhalteten – im Ergebnis schufen sie jedoch nicht die langfristigen und stabilen Beziehungen, die sich für die umbrischen Bündnisse der zweiten Jahrhunderthälfte konstatieren ließen.

Abschließend sei noch auf das Phänomen des Widerstandsbündnisses gegen die päpstliche Provinzialverwaltung verwiesen, das in der Geschichte Perugias des 13. Jahrhunderts nicht vorkommt. Dreimal verbündeten sich Kommunen Umbriens und der Marken im 13. Jahrhundert gegen einen päpstlichen Rektor. 1232 arrangierten acht der wichtigsten Kommunen der Mark Ancona ein hochorganisiertes, militärisch und diplomatisch entschlossenes Bündnis gegen Milo von Beauvais.[30] Eingebunden in grundlegende Regelungen zur gegenseitigen Hilfe und zu einem gemeinsamen Handelsraum verbündeten sich Jesi und Fano im August 1255 gegen den Rektor der Mark, Roland *de Campania*, einen päpstlichen Kaplan. Im Zentrum standen dabei die durch Privilegien und Gewohnheit erlangten Rechte der Städte, bei deren Bewahrung sich die Kommunen jedwede Hilfe versprachen.[31] Im Dukat vereinbarten Gubbio, Spoleto und Assisi 1286 „ad pacificum statum totius provincie ducatus, et ad conservandum homines de ducatu ad fidelitatem et devotionem Sancte Romane Ecclesie et predicti summi pontificis" ein gemeinsames Vorgehen vor Honorius IV., den Kardinälen und deren Vertretern gegen den Rektor des Dukats, der offensichtlich gegen Gewohnheitsrechte der Kommunen vorging.[32] Alle diese Bündnisse waren gezielt gegen die Politik des amtierenden Rektors gerichtet, sie ließen jedoch – zumindest in

---

29 Vgl. Cameli, Libri, S. 91–94, auch wenn den Urteilen der Autorin zur päpstlichen Herrschaft und zur generellen Streitbarkeit der Bewohner der Marken (nach Waley) nur bedingt zuzustimmen ist; auch Libro, hg. von Biondi, Introduzione, S. XXIX. Zur päpstlichen Wahrnehmung der *Marchia volubilis* mit Belegen Waley, Papal State, S. 87, 182, 186; weitere Belege auch in Briefe, hg. von Thumser, Nr. 76, 151.
30 Anhang 1, Nr. 57 und oben Kap. I.2.3.7, S. 193–196.
31 Anhang 1, Nr. 83.
32 Ebd., Nr. 107.

der textlichen Gestaltung der Instrumente – keinen Zweifel an ihrer grundsätzlichen Treue zur Römischen Kirche. Dass sich kein Bündnis gegen die weltliche Herrschaft der Päpste im Patrimonium richtet, wird anhand der in den *societates* vereinbarten Mittel deutlich: Sie beinhalteten immer auch die gegenseitige Unterstützung an der Kurie im Protest gegen die rektorale Amtsführung.[33] Die *ad-honorem*-Formeln und das vereinbarte Engagement an der Kurie zeigen in allen Fällen, dass die Kommunen in ihren Zusammenschlüssen eine legitime Form des Widerstands sahen.

Trotz einiger zeitgebundener Überschneidungen unterscheiden sich die Bündnisse der Städte und *castra* in Umbrien, aber vor allem in den Marken somit in vielen Aspekten von den Bündnissen Perugias. Dass dies weniger die Gestaltung der Verträge als ihren Einsatz, ihre Zielsetzung und die Funktion, die die Bündnisse in der Organisation der Koexistenz der Kommunen im Patrimonium Petri übernehmen, betrifft, zeigte bereits die systematische Untersuchung. Für die umbrischen Kommunen gilt dies allerdings vornehmlich für die ersten Jahrzehnte des 13. Jahrhunderts. Nach dem Tod Friedrichs II. lässt sich eine solche Diskrepanz nicht mehr beobachten, was daran liegt, dass kaum mehr Bündnisse ohne eine Beteiligung Perugias geschlossen wurden. Die umbrischen Kommunen integrierten sich mehrheitlich in das Perusiner Bündnisnetz. Diese Entwicklung lässt den Unterschied zu den Marken in der zweiten Hälfte des 13. Jahrhunderts noch stärker hervortreten und ist möglicherweise auch verantwortlich für die Tatsache, dass regionenübergreifende Bündnisse in der Überlieferung so gut wie gar nicht auftreten. Die Bündnislandschaften der Marken und Umbriens blieben weitgehend getrennt[34] – ein Befund, der im Übrigen auch auf das gesamte Patrimonium Petri übertragbar ist: Bis auf sehr wenige Ausgriffe in die Toskana und die Romagna blieben die Kommunen des päpstlichen Herrschaftsbereichs in ihren Bündnisverträgen unter sich. In dieser Hinsicht wohnte den Bündnissen möglicherweise eine gewisse Integrationskraft für das Entstehen eines zusammengehörigen Herrschaftsgebiets inne – wenn auch wohl in erster Linie auf der regionalen Ebene.[35]

---

[33] Eine Syndikatsurkunde der Kommune Macerata zeigt ebenfalls die konzertierte Aktion von zwölf kleineren Kommunen der Marken gegen die päpstlichen Geldforderungen zur Finanzierung des Feldzugs in der Romagna 1281/1282. Ob hierfür die Rechtsform *societas* gewählt wurde, ergibt sich aus dem Instrument jedoch nicht (1282 Januar 30, AS Macerata, Archivio priorale, Fondo pergamenaceo 250). Vgl. auch Waley, Papal State, S. 205, Anm. 3.
[34] Bündnisbeziehungen in beide Regionen unterhielt vor allem Gubbio, in geringerem Maße sind regionenübergreifende *societates* auch für Cagli, Camerino, Città di Castello und Fabriano zu verzeichnen, alle in der Grenzregion zwischen beiden Provinzen gelegen. Siehe Anhang 2, Karten 2 und 3.
[35] Siehe auch oben Kap. II.4, S. 349 f.

Ergebnisse: Die kommunalen *societates* und das Patrimonium Petri

1 Die *societas* als Rechtsinstrument

Der erste Teil der Untersuchung fragte nach der Organisation, den Inhalten sowie der rechtlichen und formalen Ausgestaltung der kommunalen *societates*. Die systematische Analyse der über 70 erhaltenen Bündnisverträge aus den Regionen Umbrien und Marken sowie der schriftlichen Aufzeichnungen, die für beinahe 50 weitere Bündnisse überliefert sind, führte zu sehr klaren Ergebnissen. Ein kommunales Bündnis, eine *societas* in der Sprache der Quellen, stellte für die Kommunen im 13. Jahrhundert keine beliebige oder formfreie Übereinkunft dar, sondern ein klar definiertes, nach formalen juristischen Vorgaben gestaltetes und verschriftlichtes Rechtsinstrument. Es diente zur rechtsgültigen Fixierung gemeinsam vereinbarter Ziele und Interessen, die in vielen Fällen nicht zweckgebunden, sondern allgemein gehalten waren. Die *societas* setzte damit selbst Recht und versprach eine hohe Verbindlichkeit.

Dies zeigt der gesamte Weg von den ersten Gesprächen über ein potentielles Bündnis bis hin zur Ausstellung und Beeidung des Vertragsinstruments. Die Vorbereitung eines Bündnisvertrags wurde mit einem nicht unerheblichen Aufwand an personellen und finanziellen Mitteln durchgeführt und folgte bereits früh im 13. Jahrhundert formalisierten diplomatischen Regeln, die teilweise dem gelehrten Prozessrecht entnommen waren. Hierzu zählt vor allem die klare Abgrenzung des *ambaxator* vom *sindicus*. Während der *ambaxator* als Unterhändler mit einem Verhandlungsauftrag fungierte, der keine bindenden Entscheidungen für die Kommune treffen konnte und dem heimischen Rat für seine Einzelschritte Rechenschaft und Bericht schuldete, war der Syndikus rechtlicher Stellvertreter der verfassten Gemeinschaft, versehen mit den notwendigen Vollmachten in der juristisch korrekten Schriftform, der Syndikatsurkunde. Im Jahrzehnt zwischen 1220 und 1230 wurde ein Prozess abgeschlossen, der nurmehr dieser Figur die Kompetenz zusprach, die *universitas* bei einem Bündnisschluss zu vertreten. Die Rechtsfigur des Syndikus selbst wie auch das Formular der Syndikatsurkunde wurden dabei dem römischem Prozessrecht und dessen Rezeption im späten 12. und 13. Jahrhundert entnommen. Anhand der Syndikatsurkunde zeigt sich der große Einfluss des gelehrten Rechts und seiner praktischen Umsetzung in Form der Urkundenformulare der Notarshandbücher auf die Bündnisschriftlichkeit der Kommunen. Die Formalisierung und Verrechtlichung der Bündnisvorbereitung auf Grundlage des *ius commune* ordnet sich in die in allen Lebensfeldern der kommunalen Gesellschaft zu beobachtenden Strömungen ein, die zu einer zunehmenden Verschriftlichung und Verrechtlichung zwischenmenschlicher Interaktionen führte. Die Tendenz zur umfassenden schriftlichen Dokumentation zeichnet sich ebenso für die Vorbereitungen eines Bündnisses ab, auch wenn der größte Teil dieser Vorakten und Verhandlungsaufzeichnungen heute verloren ist. Die größte Überlieferungschance hatten rechtsrelevante Urkunden: die Syndikatsurkunden, der Vertrag selbst und dessen Ratifizierungen. Hinweise in diesen Instrumenten, die Rekonstruktion der Entstehungsumstände der Verträge und Syndikatsurkunden sowie die vereinzelte Überlieferung schriftlicher Aufzeichnungen aus den Vorverhandlungen zu einer *societas* belegen jedoch die Existenz einer weitaus größeren Masse an vertragsbegleitender Schriftlichkeit. Bürokratischen Umfang nahm die schriftliche Fixierung der Bündnisvorbereitungen dann in der popularen Kommune der zweiten Jahrhunderthälfte an. Über die vielfältige Registrierung von Verwaltungsabläufen in Büchern, Heften und Listen lassen sich die einzelnen Entscheidungsschritte im Ratsgefüge Perugias im Jahr 1277 ebenso verfolgen wie alltagspraktische Fragen, etwa die Reisevorbereitungen der *ambaxatores*. Selbst banalste Details wie die Farbe der Pferde, mit denen die kommunalen Gesandten reisten, sind hierin heute noch ersichtlich. Viele wichtige Fragen, etwa nach den Motiven für das Bündnis oder den eigentlichen Entscheidungsträgern, bleiben dennoch offen. Dieses Problem der nur auf den ersten Blick allumfassenden Verwaltungsschriftlichkeit des späteren 13. Jahrhunderts führt sowohl im systematischen Teil der Arbeit als auch im folgenden Untersuchungsteil zu Perugia immer wieder zu Leerstellen und offenen Fragen in der Interpretation der Überlieferung, die methodisch mitgedacht werden müssen.

Der Bündnisschluss selbst wurde zweifach abgesichert: durch die Ausstellung eines Schriftstücks und die promissorische Beeidung der *societas* auf das Evangelium, wobei sich beide Schritte nicht trennen lassen. Die Untersuchung des späteren Umgangs mit einem Bündnis zeigt, dass beide Aspekte einen wichtigen Stellenwert hatten. Das Instrument über den Bündniseid wurde als Beleg für aus dem Bündnis entstehende Forderungen und Möglichkeiten sorgfältig aufbewahrt, konsultiert, mitgeführt und vorgezeigt. Der Bündnisvertrag diente damit analog zur immer stärker werdenden Bedeutung des Urkundenbeweisprozesses im Rechtswesen des 13. Jahrhunderts als Beweisurkunde. Erst der durch die kommunalen Stellvertreter geleistete Eid aber setzte die Bündnisvereinbarungen in Kraft. Er wurde durch weitere Eide und teils aufwendige Ratifizierungsverfahren der Gesamtkommune oder größerer Gruppen innerhalb der Kommune bestätigt. Und er war es auch, der bei der Auflösung einer *societas* durch das Papsttum als *vinculum* gelöst wurde. Die Ausstellung der Bündnisinstrumente schließlich folgte den Erfordernissen, die aus dem Zusammentreten zweier autonomer Jurisdiktions- und Hoheitsbereiche entsprangen. Der Bündnisschluss wurde wohl fast immer mehrfach beurkundet, sodass jede der Bündnisstädte über einen schriftlichen Beleg verfügen konnte; die Syndikatsurkunden wurden ausgetauscht, und einige Kommunen bedienten sich verflochtener Authentifizierungsverfahren, um die Rechtsgültigkeit der Dokumente zu sichern. Auch dieser Umstand verweist nochmals auf die prozessrechtlich geprägte Beweisfunktion, die den Schriftstücken in der Wahrnehmung der verantwortlichen Notare und Führungspersonen zukam.

In allen Schritten auf dem Weg zu einem Bündnisvertrag zeigt sich zudem die herausragende Stellung der kommunalen Ratsversammlungen in den Entscheidungen über ein Bündnis. Selbst in Fällen, in denen vermutet werden darf, dass die Entscheidungen bereits an anderer Stelle gefällt worden waren, war es die Vollversammlung, die die kommunale *universitas* repräsentierte. Diese war der Ort, wo über jedes Bündnis abgestimmt wurde, die Wahl von *ambaxatores* stattfand, eigene und fremde Gesandte angehört, die Vertragstexte verlesen und bestätigt wurden und wo vor allem die rechtsgültige Bevollmächtigung des Syndikus durchgeführt wurde. Auch spätere Ratifizierungen des Stellvertretereids wurden häufig durch die Ratsgremien vorgenommen. Selbst im späteren 13. Jahrhundert verlor die Vollversammlung ihre Funktion als Legitimierungsinstanz nicht, obschon die eigentlichen Entscheidungsprozesse fast durchgängig an kleinere Gremien von *sapientes* ausgelagert wurden, wie das Beispiel der internen Vorgänge in Perugia 1277 zeigt. Diese formale Verantwortlichkeit der Ratsgremien für jegliche Entscheidung im Rahmen eines Bündnisschlusses zieht sich mit zunehmender Intensität durch die gesamte Überlieferung des 13. Jahrhunderts. Sie zeugt von der klaren, rechtstheoretischen Vorstellung der Repräsentanz der Kommune einzig durch die rechtmäßig gewählten Ratsherren. Die unbedingte Wahrung dieses formalen Rahmens verweist auf die Verankerung der *societates* in einem städteübergreifenden kommunalen Rechtssystem, das sich nicht nur auf das *ius commune* gründete, sondern eigene Normen entwickelte.

Nur für die ersten Jahre des 13. Jahrhunderts darf davon ausgegangen werden, dass möglicherweise noch die Konsuln oder ersten Podestà Entscheidungen ohne die Zustimmung eines gewählten Ratsgremiums treffen konnten. Dies ist überlieferungsbedingt jedoch nur zu vermuten. Der Einfluss einzelner Amtsträger, Führungspersönlichkeiten und Gruppierungen ist hingegen für das gesamte 13. Jahrhundert nur vereinzelt aus den Quellen herauszulesen, wie sowohl die systematische Untersuchung der Bündnisschriftlichkeit als auch die Perusiner Bündnisse zeigten. Dies gilt selbst für die durch die ausufernde Existenz interner Verwaltungsschriftlichkeit gekennzeichnete zweite Jahrhunderthälfte.

Auch die *societas*-Verträge folgten der in den Vorbereitungen eines Bündnisses zu beobachtenden Anlehnung an die Verfahrensformen des römischen Rechts. Obwohl der Vertrag zwischen zwei autonomen Rechtseinheiten, wie sie die italienischen Kommunen darstellten, keinen Einschlag in die überlieferten Rechtstexte des justinianischen „Corpus iuris civilis" gefunden hatte, gestalteten die Notare den Bündnisvertrag nach dem Vorbild des im 13. Jahrhundert rezipierten Zivilvertragsrechts. Das Bündnisinstrument wurde in den meisten Fällen als wechselseitige Stipulation verfasst, wobei der Einfügung einer Geldstrafe als klagbarer Obligation eine besondere Rolle zukam, auf die seit den 1220er Jahren kaum ein Vertrag verzichtete. Abgesichert wurde die Konventionalstrafe durch die Verpfändung kommunaler Güter, die möglicherweise als spätere Rechtsgrundlage für Repressalien im Falle eines Vertragsbruchs dienen konnte. Auch der Vertrag selbst, für den im Gegensatz zur Syndikatsurkunde keine direkten Formularvorbilder in den Notarshandbüchern zur Verfügung standen, fügte sich damit passgenau in einen Großteil der kommunalen Schriftlichkeit ein, die stark von der gelehrten Auseinandersetzung mit dem römischen Recht im 12. und

13. Jahrhunderts geprägt war. Durch die Vertragselemente Konventionalstrafe und Hypothek, so der Eindruck der systematischen Untersuchung der Verträge, wurde auch das eigentlich nicht klagbare *pactum* über ein Bündnis in das herrschende schuldrechtliche Vertragsverständnis des gelehrten Rechts integriert. Für die Inhalte des Bündnisses allerdings mussten eigene Formen gefunden werden, da diese in die Rechts- und Formenlehre des 13. Jahrhunderts keinen Eingang gefunden hatten. Auch diese zeichnen sich durch eine bemerkenswerte Einheitlichkeit aus, die sich weniger durch ihre Anlehnung an andere Rechtssysteme wie das Lehnswesen erklären lässt, sondern wohl eher durch die Weitergabe von Formeln und Klauseln durch ganze Filiationsketten an Bündnisverträgen und die Orientierung an anderen römisch-rechtlichen Vertragsformen. Anhand der allgemein gehaltenen Hilfszusagen konnte deutlich gemacht werden, dass – im Gegensatz zum eindeutig zu bestimmenden direkten Einfluss des gelehrten Rechts – Elemente des Lehnswesens nicht als direkte Vorbilder nachzuweisen sind, sondern wohl eher als parallele Entwicklungen von Bindungsformen betrachtet werden müssen.

Begrifflich abgesetzt vom Vertrag war der Vertragsgegenstand selbst: das Bündnis. Dieses wurde terminologisch häufig sehr sauber von anderen Abkommen durch den Begriff der *societas* abgegrenzt. Dieser erscheint, im Kontext interkommunaler Abkommen, fast ausschließlich als Bezeichnung des politischen Bündnisses, ergänzt durch allgemeinere Begriffe wie *concordia* und *amicitia*. Verträge mit anderen Belangen, etwa Handels- und Zollfragen oder Repressalien, erscheinen nie unter dieser Bezeichnung. *Societas*, dies zeigt die systematische Auswertung, war damit in den Kommunen Umbriens und der Marken ein *terminus technicus* für das politische Bündnis – gekennzeichnet durch das gemeinsame Handeln in militärischen und diplomatischen Belangen und durch Regelungen zur zwischenstädtischen Konfliktlösung. Das Papsttum hingegen pflegte bezüglich der kommunalen Bündnisbeziehungen andere Sprachgewohnheiten: *Societas* erscheint in der kurialen Schriftlichkeit als einer unter vielen Termini, die geeignet waren, Abkommen, Verträge und Vereinbarungen zu bezeichnen. Die häufige Kombination mit negativ konnotierten Begriffen wie der *coniuratio* erklärt sich aus der Situationsgebundenheit der überlieferten päpstlichen Schriftlichkeit, in der Bündnisse oft erst dann in die schriftliche Überlieferung eingingen, wenn sie eine direkte Reaktion der Kurie herausgefordert hatten – meist in Form von Verboten und Einschränkungen.

Die Inhalte des Vertrags lassen sich mit einem Baukastensystem vergleichen, in dem eine in sich sehr variable, aber in ihrer Grundaussage überschaubare Bandbreite an Elementen in unterschiedlichen Kombinationen wiederholt wurde. Diese Elemente waren allgemeine Hilfszusagen, die gegenseitige Unterstützung und eine gemeinsame Freund- und Feindpolitik versprachen; Waffenhilfe zu oft sehr präzise festgelegten Konditionen; der Umgang mit Konfliktsituationen innerhalb des Bündnisses und zwischen Einzelpersonen aus den jeweiligen Jurisdiktionsbereichen; Bestimmungen zum Umgang mit dritten Parteien und schließlich Regelungen, die gemeinsame Rechts- und Wirtschaftszonen schufen. Diese Elemente, auf die hier im

Einzelnen nicht noch einmal eingegangen werden soll, wurden im Laufe des 13. Jahrhunderts immer detaillierter und präziser formuliert und führten damit zu einer erstaunlichen Varianz an Möglichkeiten und Eventualitäten der zwischenstädtischen Zusammenarbeit. Die Komplexität der Vereinbarungen in den verschiedensten Bereichen zeugt insgesamt von der Reichweite und Tiefe der durch das Bündnis organisierten Kooperation und dem Bindungswillen der Kommunen. Die juristisch präzise und inhaltlich ausgearbeitete Gestaltung der Vertragswerke macht deutlich, dass die kommunalen Führungen bereit waren, gesellschaftliche und politische Prozesse und Entscheidungen aufeinander abzustimmen. Die Auswirkungen dieser Vereinbarungen betrafen nicht nur die kommunalen Regierungen, sondern in vielen Fällen auch die einzelnen Bürger und Angehörigen des kommunalen Jurisdiktionsbereichs, die auf dem Gebiet der Bündnisstadt in einigen Aspekten die gleichen Rechte genossen wie die dortigen *cives*. Viele der Bündnisse schufen damit, über kurzfristige und zweckgebundene Interessengemeinschaften hinaus, gemeinsame Bündnisräume, in denen außenpolitisches Handeln, Rechtspflege und Prozesswesen sowie Handel und Wirtschaft zumindest in Teilen einheitlich gehandhabt wurden und in denen die *societas* selbst eine ansatzweise Institutionalisierung durchlief. Dieses Ergebnis der Gesamtuntersuchung des überlieferten Vertragskorpus stellt die in der deutschen Forschung geführte Diskussion um die Unterscheidung von „Bündnissen" und „Bünden" für den Untersuchungsraum in Frage: Zwar sind die häufig bilateral oder mit nur wenigen Teilnehmern angelegten *societates* im Hinblick auf ihre territoriale Reichweite, ihr Selbstverständnis und ihre exekutiven Verfahrensformen nicht mit der Lega Lombarda oder den großen nordalpinen Städtebünden des Spätmittelalters vergleichbar, im regionalen Gefüge übernahmen viele von ihnen jedoch ähnliche Funktionen.

Flankiert wurden diese Vereinbarungen durch Regelungen, die den Umgang mit dem Vertrag, die Absicherung seiner Inhalte und die interne Koordination der Mitglieder der *societas* betrafen. Der letzte Punkt, realisiert fast immer in der Etablierung eines Führungsgremiums aus Bündnisrektoren, nimmt in der Literatur zu den kommunalen Bündnissen Italiens großen Raum ein, bedingt vor allem durch die Organisation der Lega Lombarda. In den untersuchten Verträgen der beiden päpstlichen Provinzen zeigt sich ein solches Führungsgremium jedoch sehr selten und ausschließlich in einem klar eingrenzbaren Kontext: *societates* mit vielen Mitgliedern, die gegen einen hierarchisch höherstehenden Gegner formiert wurden. Die Organisationsform der Lega Lombarda und anderer Großbündnisse darf somit nicht unbesehen verallgemeinert werden. Eine Sonderrolle im Vertragsformular nimmt schließlich die *ad-honorem*-Formel ein, eine für die Bündnisschriftlichkeit des Untersuchungsraums typische Einleitungsformel. Die oft sehr durchdacht und originell gestaltete Formel war in den nüchternen Bündnisverträgen der Platz für sakrale Inhalte, moralische Grundsätze und Werte und politische Vorstellungen. Sie diente damit der Legitimation der *societas* und konnte ein politisches Programm formulieren. Die Ehrenformel verdient daher besonderes Interesse, wenn es um die Beurteilung der Zielsetzung und der politischen Ausrichtung eines Bündnisses geht.

Die systematische Untersuchung des auf den Vertrag folgenden Umgangs mit den *societates*, die nach der Umsetzung der Vertragsvereinbarungen und der Aufbewahrung der Bündnisinstrumente fragte, zeigt hingegen, dass die in der Forschung häufig zu erkennende Skepsis hinsichtlich der Wirkkraft der Bündnisse vor allem den Überlieferungsumständen geschuldet ist. Trotz der schnell wechselnden inneren und äußeren Umstände in den italienischen Kommunen des 13. Jahrhunderts machten die vergleichsweise wenigen spezifischen Belege zum Umgang der Kommunen mit den *societates* und der Vertragsschriftlichkeit deutlich, dass die Dokumente und ihre Inhalte mehr waren als nur ein Stück Pergament. Dies zeigt bereits die sorgfältige Aufbewahrung, Abschrift und spätere Archivierung der Schriftstücke, die in einer ersten Phase – der unmittelbaren Laufzeit der Verträge – über die gebündelte Aufbewahrung aller Schriftstücke und die Anlage leicht zu konsultierender Dossiers organisiert wurde. Sie dienten in dieser ersten Überlieferungsphase somit der Bewahrung und Zugänglichkeit der konkreten Rechte, die der Kommune aus dem Bündnisvertrag gegenüber ihren Bündnispartnern erwachsen waren. In einer zweiten Phase mit der deutlich späteren Abschrift älterer Bündnisverträge und vertragsbegleitender Schriftstücke diente die Registrierung in die *libri iurium* der Kommunen wohl vor allem dem Beleg über die gewohnheitsrechtliche Autonomie auch in den Außenbeziehungen einer Stadt oder eines *castrum*. Sie wurden von den verantwortlichen Notaren und Amtsträgern noch lange Zeit nach ihrer Gültigkeit gemeinsam mit den kaiserlichen und päpstlichen Privilegien, den Unterwerfungen aus dem Umland und Besitzüberschreibungen zu den wichtigen Rechtstiteln der Kommune gezählt.

Die meisten direkten urkundlichen Belege über die Umsetzung von Bündnisvereinbarungen finden sich in der Realisierung des formalen Rahmens der Verträge. Es handelt sich hierbei vor allem um Instrumente über die häufig geforderte Ratifizierung des Stellvertretereides durch die Gesamtkommune oder repräsentative Gruppen und Institutionen. Die überlieferten Dokumente zeigen, dass die meist zeitnah durchgeführte Ratifikation oft große Teile der Bevölkerung mit einbezog und diese ebenfalls sakral auf das Bündnis verpflichtete. Gleiches gilt für die fast immer in den Verträgen geforderte, aber nur vereinzelt überlieferte Aufnahme des Bündnisses in die Statuten der Kommune. Der nur spärliche Erhalt solcher Statutenkapitel ist mit großer Sicherheit gattungsspezifischen Überlieferungsprozessen der kommunalen Gesetzgebungen zuzuschreiben. Die beiden im Untersuchungsraum überlieferten Statuteneinträge zeigen jedoch, dass ein Eintrag in die Statuten sicherstellen sollte, dass das Bündnis in regelmäßigen Abständen von den kommunalen Amtsträgern und den Versammlungen beschworen wurde. Zugleich wurden die Verträge durch den expliziten Verweis in den Statutennormen zu einer Art Ergänzungsdokument zur städtischen Verfassung. Auch die in vielen Bündnisinstrumenten vorgesehene Erneuerung der Verträge nach Ablauf der Laufzeit lässt sich mehrmals nachweisen, wobei sich hier ein deutlicher regionaler Unterschied manifestiert. Die langfristige Anlage von Bündnisbeziehungen mit mehrmaligen Erneuerungen, meist in Zehnjahresabständen, lässt sich nur für Umbrien nachweisen. Die *societates* der Marken präsentieren sich in dieser Hinsicht deutlich unbeständiger.

Als aufschlussreich erweisen sich Quellenbelege über die Umsetzung der konkreten Bündnisvereinbarungen, die zu großen Teilen den Ratsprotokollen Perugias entstammen und damit nicht nur die Einhaltung einzelner Verpflichtungen belegen, sondern auch Einblicke in die Argumentation und die Wahrnehmung der involvierten Gesandten und Ratsmitglieder geben. Die untersuchten Fallbeispiele über die Durchführung eines der wichtigsten Punkte der Verträge, der gegenseitigen Waffenhilfe, zeigen dabei eine sehr enge militärische Kooperation, die über die Bündnisvereinbarungen deutlich hinausging. Diese ist in der Überlieferung allerdings nur selten eindeutig an die *societas* zurückzubinden, da sie als Grundlage für die Hilfeleistung oft nicht genannt wird. Das gilt hingegen nicht für die Quellenbelege zur friedlichen Beilegung von Konflikten. Hier wird der Bündnisvertrag regelmäßig als Grundlage der Verhandlungen angeführt. Mehrere Einzelbeispiele machen deutlich, dass die schriftlichen Regelungen des Bündnisinstruments nicht nur konsultiert, von *sapientes iuris* geprüft, zitiert und argumentativ verwertet wurden, sondern dass mit dem Vertrag in der Einschätzung der Zeitgenossen neues Recht gesetzt worden war. Verpflichtungen aus dem Vertrag, so formulierte es eine Anweisung an einen mit der friedlichen Konfliktlösung betrauten Syndikus, waren Verpflichtungen *de iure*. Die größte Erkenntnis für die Wahrnehmung der Verbindlichkeit der Bündnisse bringen damit nicht die Belege über die Einhaltung an sich, sondern die Verfolgung der internen Diskussion und der Argumentation vor dem fremden Rat, die zeigen, dass den Verträgen eine sehr hohe Rechtsverbindlichkeit zugeprochen wurde. Paradoxerweise wird dies am deutlichsten bei den beiden untersuchten Beispielen über einen Bündnisbruch beziehungsweise die Nichteinhaltung von Bündnisverpflichtungen. Auch in diesen schriftlich belegten Episoden war den Ratsversammlungen die Rechtsverbindlichkeit, die dem Bündnisvertrag erwachsen war, sehr bewusst. Die Entscheidung, die eingeforderten Verpflichtungen dennoch nicht einzuhalten, erfolgte in beiden Fällen trotz einem klaren Bekenntnis zur Rechtskraft der Verträge, deren Verletzung aus Gründen der Opportunität in Kauf genommen wurde.

Die Untersuchung der Umsetzung der *societates* vervollständigt damit nicht nur das Bild, das die gesamte Vertragsschriftlichkeit und -praxis bereits aufgeworfen hatte. Sondern sie erst erklärt, warum die Verträge und die vertragsbegleitende Schriftlichkeit sorgfältig nach den Vorgaben des herrschenden Rechtssystems verfasst wurden, obwohl eine Gerichtsinstanz fehlte, vor der entsprechende Forderungen denkbar gewesen wären. Auch im zwischenstädtischen Rechtsverkehr dienten die Urkunden über ein Bündnis als Beweisurkunden – für ein Recht, das sie selbst erst gesetzt hatten. Das *ius commune*, nach dessen Vorgaben sich Praxis und Schriftlichkeit der Bündnisse richteten, war dabei die außervertragliche Grundlage, die den Verträgen zwischen zwei autonomen Jurisdiktions- und Hoheitsbereichen ihre Gültigkeit verschaffte. Die *societates* selbst, dies macht die systematische Untersuchung von Praxis und Schriftlichkeit der Bündnisbeziehungen der Kommunen Umbriens und der

Marken sichtbar, waren damit spezifische Rechtsinstrumente, die das Zusammenleben der Kommunen und die Realisierung gemeinsamer Ziele auf eine verbindliche juristische Basis stellten.

2 Die *societates* der Kommunen und das „sanfte Joch" der Päpste

Gibt der systematische Teil der Arbeit Antworten auf die grundsätzliche Frage nach der Funktion des Rechtsinstruments *societas* im Zusammenleben der Kommunen des Patrimonium Petri, so fragte der zweite Teil der Arbeit nach der Funktion der Bündnisse in der Politik einer einzelnen Kommune im zeitlichen Längsschnitt. Mit diesem Wechsel der Untersuchungsperspektive kam auch die zweite der eingangs formulierten Fragestellungen ins Spiel. Nun ließen sich auch die Auswirkungen der Bündnisse auf die jeweils zeitgebundene politische Situation in der Region nachvollziehen und, damit verknüpft, die Reaktion der Päpste auf das autonome Bündniswesen der Kommunen. Durch die außergewöhnlich vorteilhafte Überlieferungssituation und die zentrale Stellung der Stadt in der Region bot sich Perugia für eine solche Untersuchung an. Dies führt allerdings zu dem Problem, dass Perugia keinesfalls exemplarisch für die Kommunen Umbriens und der Marken stehen kann. Diese Problematik wäre aber auch bei der Wahl einer anderen Kommune aufgetreten, denn abgesehen von gewissen unveränderlichen Faktoren wie der geographischen Lage der Stadt oder des *castrum* war bereits die Situation in nur einer Kommune ständigen Veränderungen unterworfen. Eine Pauschalisierung fällt somit schon im zeitlichen Längsschnitt schwer, was umso mehr für den Vergleich mit anderen kommunalen Realitäten gilt. Aus diesem Grund wurden den Ergebnissen aus der Untersuchung des Bündniswesens der Kommune Perugia in summarischer Form die *societates* anderer Städte und *castra* in Umbrien und der Mark Ancona gegenübergestellt.

Die Untersuchung zur Wirkung und Wahrnehmung eines spezifischen Rechtsinstruments in der Geschichte einer Kommune über den Zeitraum von etwa einem Jahrhundert hinweg zeigt zeitgebundene Gemeinsamkeiten der Bündnisse, die sich in die allgemeine Geschichte Perugias und Umbriens – manchmal auch des gesamten Patrimoniums – im 13. Jahrhundert einfügen. Ohne von einer geplanten Bündnispolitik der Kommune und ihrer wechselnden Führungsschichten sprechen zu wollen, zeigt sich für einzelne Zeiträume ein gewisses Muster im Einsatz der *societates* zur Strukturierung der Beziehungen mit den umbrischen Nachbarn Perugias. Sie reagierten damit auf die konkreten Bedürfnisse wie auf die inneren und äußeren Umstände der Kommune in einem bestimmten Zeitabschnitt. Die *societas* als Rechtsinstrument schuf in allen durch die Überlieferung ausreichend abgedeckten Fällen die Handlungsgrundlage für die folgende Kooperation beziehungsweise die für das Zusammenleben maßgebliche Bindungsform. Die Analyse der Perusiner Bündnisse des 13. Jahrhunderts bestätigt und ergänzt damit die Ergebnisse des ersten Teils der Arbeit.

Die erste *societas*, die in Perugias Überlieferung sichtbar wird, ist der große Bund der toskanischen und umbrischen Kommunen gegen die durch den Tod Heinrichs VI. brüchig gewordene Reichsgewalt. Die *societas Tuscie* fügte sich ganz in die Umbruchssituation ein, in der sich Mittelitalien an der Wende vom 12. zum 13. Jahrhundert befand. Der zeitweise Wegfall der Reichsgewalt aufgrund der unklaren Nachfolgesituation im Reich und der noch unberechenbare Fortgang der Versuche des Papsttums, in der entstandenen Lücke eine eigene weltliche Herrschaft zu errichten, machten für Perugia den Beitritt zur *societas Tuscie* als zusätzliches Sicherheitsnetz in einer instabilen politischen Lage attraktiv. Darauf verweisen auch der Vergleich mit dem gesamten päpstlichen Herrschaftsgebiet und die Ergebnisse des ersten systematischen Teils der Untersuchung. Dort zeigte sich bereits, dass Großbündnisse mit einer stark institutionalisierten Organisation durch ein Rektorengremium im Untersuchungsraum ausnahmslos in politischen Ausnahmesituationen geschlossen wurden. Und auch in den Marken wurde im Februar 1198, zeitgleich zur *societas Tuscie* ein klar gegen die Reichsherrschaft gerichtetes, regional übergreifendes Bündnis zwischen sechs großen Kommunen der Mark und der Romagna organisiert. Diese ‚Thronstreitbünde' wurden von einer Vielzahl weiterer *societates* flankiert, die im Zeitraum zwischen 1198 und 1202 unvermittelt aus der Überlieferung hervortreten, während zuvor nur ein einzelnes kommunales Bündnis für den gesamten Untersuchungsraum belegt ist. Die unsichere und nicht vorhersehbare politische Situation führte damit offensichtlich zu einer Motivlage, die die Entstehung von Bündnissen favorisierte: *Societates* boten den Kommunen ein Schutzversprechen für die unsichere Zukunft und waren damit eine Form der Kontingenzbewältigung. Sie dienten zugleich der rechtlichen Fixierung eines gemeinsamen Vorgehens hinsichtlich einer Umverteilung von Besitz und Herrschaftsrechten, die durch den Wegfall der Reichsherrschaft ermöglicht wurde. Die gleiche Funktion übernahmen die beiden großen ‚Thronstreitbündnisse' jedoch auch für das Papsttum. Ungeachtet aller Eigeninteressen, die die Kommunen mit ihrem Bundesbeitritt verfolgten, unterstützten die *societates* die Rekuperationspolitik Innozenz' III., indem sie die militärische Verteidigung gegen Vertreter und Anhänger der Reichsherrschaft organisierten und damit die unlängst geleisteten Treueide an den Papst absicherten. Dies erklärt auch die Unterstützung, die Innozenz III., trotz anfänglicher Vorbehalte, dem Tuskenbund und – dies lassen die Quellen zumindest erahnen – dem Bund der Marken zukommen ließ.

Dem Motiv einer Umverteilung von Rechten und Besitzungen entsprangen auch die Bündnisse, die mit Blick auf Perugia als Contado-Bündnisse bezeichnet wurden, auch wenn unter diesen Bündnissen eine Differenzierung vorzunehmen ist. Perugias *societates* im frühen 13. Jahrhundert waren geprägt von der noch nicht erfolgten Konsolidierung der territorialen Einflussbereiche der umbrischen Kommunen. Sie dienten dabei vornehmlich der Wiederherstellung des Friedens und der Festschreibung von Einflussbereichen nach einem Konflikt oder der präventiven Friedenssicherung in eine Richtung, die nicht im Zentrum der kommunalen Interessen stand. Die übrigen Bündnisse Umbriens und der Marken in dieser Zeit organisierten deutlich offensiver den militärischen Konflikt um einzelne Kastelle und Besitzungen, auch wenn solche Tendenzen Perugias kommunaler Führung ebenfalls nicht fremd waren, wie ein gegen Città di Castello gerichteter Vertrag zeigt. Die Bündnisse Perugias stellen somit im gesamten Untersuchungsraum eine Ausnahme dar. Dass die Verträge durch die territorialen Konflikte der Kommunen des Patrimonium Petri geprägt waren, zeichnet sich in Bündnissen in anderen Teilen des Patrimoniums noch weitaus deutlicher ab. Perugia profitierte bereits zu diesem Zeitpunkt offensichtlich von einer militärischen und wirtschaftlichen Überlegenheit der Stadt, die auch aus einer ungebrochenen Serie an militärischen Erfolgen gegen kleinere Kommunen und Adelige hervorgeht. Die im Untersuchungsraum ungewöhnliche Ausrichtung von Perugias Contado-Bündnissen mag auch erklären, wieso eine Reaktion der Kurie auf diese *societates* nicht überliefert ist. Die sehr offensiven Bündnisse der perusinischen Nachbarn Todi, Spoleto, Narni, Rieti und Terni erregten dann auch sehr wohl die Aufmerksamkeit Honorius' III. Die kaum sichtbare Rolle der Päpste und der päpstlichen Verwaltung im ersten Jahrhundertdrittel ist aber möglicherweise noch weiteren Faktoren geschuldet: dem konstanten Bekenntnis der Perusiner Führung zur Herrschaft der Römischen Kirche ebenso wie den noch ungefestigten Strukturen der päpstlichen Verwaltung des Patrimoniums. In diesen ersten Jahrzehnten des 13. Jahrhunderts zeigt sich möglicherweise noch sehr deutlich, was Innozenz III. den Kommunen als *iugum suave* angekündigt hatte: eine Herrschaft, die – auch mangels Alternativen – die Autonomie der Kommunen nur wenig einschränkte, solange diese, wie Perugia, die päpstliche Hoheit anerkannten und den Frieden und die Rechte der Kirche nicht über Gebühr gefährdeten.

Im Untersuchungsraum einmalig ist die Organisation von Parteienbündnissen im Rahmen politisch-sozialer Konflikte zwischen den Perusiner *milites* und *pedites* während der 1220er Jahre. Trotz vergleichbarer Konflikte in vielen Städten und *castra* Umbriens und der Marken sind erst aus der zweiten Hälfte des 13. Jahrhunderts Bündnisse mit Exilparteien für Orvieto und Spoleto überliefert. Die *societates* der *pars militum*, die in beiden überlieferten Fällen Rechtstitel Perugias gegen die Unterstützung der Partei tauschten, prägten die perusinische Politik auch noch nach der endgültigen Beilegung des internen Konflikts. Die für Perugia nachteiligen Bedingungen aus dem Vertrag der *milites* mit Città di Castello wurden 1230 in ein neues Bündnis zwischen dieser Stadt und der Gesamtkommune übernommen – ein Befund, der auf mehrere wichtige Faktoren hindeutet: die politische Schwächung Perugias durch den Parteienkampf; die auch personell belegbare kontinuierliche Präsenz der *milites* in der politischen Entscheidungsfindung; und schließlich das bereits in der systematischen Untersuchung hervorgehobene grundsätzliche Bewusstsein für die Rechtsverbindlichkeit des formgerecht abgeschlossenen Bündnisvertrags. Die Wahrung der anerkannten Rechts- und Schriftform wurde durch das Auftreten der Partei als verfasste Exilkommune, die in den Verträgen analog zur Kommune als juristische Person agierte, gewährleistet. Obschon Honorius III. und Gregor IX. immer wieder als wichtige Akteure in der Friedensstiftung zwischen den Parteien auftraten, ist ein direkter Eingriff des Papsttums in die Bündnisbeziehungen, die die *pars militum* mit umliegenden Kommunen einging, nicht bekannt – trotz der Bereitschaft von Perugias *milites*, im Bündnis mit Città di Castello die Sympathien dieser Stadt für eine Reichsherrschaft zu unterstützen. Dass eine solche Entscheidung nicht in einer grundsätzlichen politischen Haltung der *milites* zu suchen ist, wie in der Forschung häufig angenommen wurde, zeigt das Bündnis mit Assisi, das sich aktiv zur päpstlichen Herrschaft bekannte.

Allen *societates* Perugias im ersten Drittel des 13. Jahrhunderts – der *societas Tuscie*, den Contado-Bündnissen und den Bündnissen der *pars militum* – ist dabei gemeinsam, dass sie durch dieselbe Gemengelage an inneren und äußeren Umständen bestimmt sind. Die noch offen Verhältnisse in der Organisation der weltlichen Herrschaft der Römischen Kirche im Patrimonium Petri, in der Aufteilung der territorialen Einflussbereiche Umbriens und in der internen Verfassung der Stadt zeichnen sich in unterschiedlicher Gewichtung, aber durchaus sichtbar in den untersuchten Verträgen ab. Ein grundlegender Einschnitt im Einsatz von *societates* durch die Perusiner Kommune erfolgte dann durch den Konflikt zwischen Friedrich II. und der Römischen Kirche. Die in der Folgezeit geschlossenen Bündnisse Perugias positionierten sich in unterschiedlicher Ausprägung, aber stets klar zur päpstlichen Seite und gegen die Anhängerschaft der Staufer. Dass sie weiterhin auch durch lokale Konflikte und Gegebenheiten geprägt waren, tut dem keinen Abbruch. Wie auch bei der *societas Tuscie* zu beobachten, wiesen die gegen Friedrich geschlossenen Bündnisse in Umbrien immer eine recht hohe regionale Reichweite auf – ganz im Gegensatz zu den Bündnissen in den Jahren dazwischen, die alle bilateral angelegt waren. In den Marken ist dieses Phänomen nicht mit solcher Ausschließlichkeit zu beobachten, dafür wurden hier deutlich mehr Bündnisse geschlossen, die im Konflikt zwischen Staufern und Papst Partei ergriffen, und zwar – im Gegensatz zu den umbrischen Bündnissen – auch zugunsten Friedrichs oder Manfreds. Ein genauer Blick auf einzelne Vertragsdokumente hat gezeigt, dass eine pauschale Zuordnung aller Verträge dieser Zeit zu dem einen oder anderen Lager aber verfehlt wäre: Es wurden auch *societates* geschlossen, die den makropolitischen Rahmen nicht berücksichtigten, selbst wenn diese in der Forschung teilweise anders bewertet wurden.

Wie bereits ältere Untersuchungen gezeigt haben, war es in Umbrien und in den Marken die selbstorganisierte militärische Unterstützung der Kommunen, die die Herrschaft des einen oder anderen Konkurrenten auf längere Sicht etablieren und stützen konnte. Koordiniert wurden die beiden Lager durch das gewohnte Rechtsinstrument, das eine verbindliche Klammer um die gemeinsame politische Parteinahme und die gegenseitige Hilfeleistung versprach – die *societas*. Dieses kommunale Rechtsmittel wurde im Konflikt mit dem staufischen Herrscherhaus erstmals auch proaktiv vom Papsttum und der päpstlichen Verwaltung eingesetzt. Zweimal versuchte die Kurie eine *societas* zwischen den Städten und *castra* des Dukats Spoleto und des Patrimonium Petri in Tuszien gegen Friedrich II. und Manfred zu organisieren. In den Marken können derartige Vorstöße durch die päpstlichen Legaten nur vermutet werden. Der bewusste Rückgriff auf die autonome Selbstorganisation der Kommunen versprach auch für die Päpste eine effektive Form der Landesverteidigung, die die Kurie mit eigenen Ressourcen nicht hätte bestreiten können. So erklärt sich auch die im Anschluss an diese Bündnisse nachweisbare Kooperation Perugias mit den päpstlichen Rektoren, etwa gegen Foligno und Todi nach dem Tod Friedrichs II. Eine solche Kooperation zeigt sich in den Bündnissen der vom Konflikt stärker gezeichneten Provinz der Mark Ancona noch häufiger. Für die Päpste, dies macht die Gesamtschau deutlich, war die Organisation der militärischen Verteidigung des Patrimonium Petri mithilfe von *societates*, die eigeninitiativ durch die Kommunen oder durch päpstliche Amtsträger initiiert wurden, damit noch wichtiger als für Friedrich II. oder seine Nachfolger.

Für die zweite Hälfte des 13. Jahrhunderts waren hinsichtlich der *societates* Perugias mehrere Aspekte charakteristisch: Zum einen schloss die Kommune, so zumindest der Eindruck der Überlieferung, deutlich weniger Bündnisse ab als in den Jahrzehnten zuvor. Dafür aber zeugen die überlieferten Verträge von einer hohen Konstanz in den Bündnisbeziehungen der Stadt. Zwischen 1251 und 1277, möglicherweise noch länger, bestand durchgehend ein Freundschaftsvertrag mit Orvieto. Seit 1277 befand sich auch Spoleto in festen Bündnisbeziehungen zu Perugia, zunächst gemeinsam mit Orvieto, dann gemeinsam mit Todi und Narni. Dieses 1286 vereinbarte Bündnis sollte für die nächsten 15 Jahre die Beziehungen dieser Kommunen bestimmen. Die Stadt Perugia agierte auf der rechtlichen Grundlage dieses Vertrags als überparteiische Schiedsrichterin in zwischenstädtischen wie internen Konflikten und begründete damit letztgültig ihre Vormacht in der Region. Bereits gegen Ende des 13. Jahrhunderts bestand in Umbrien eine Situation, die Jean-Claude Maire Vigueur für das 14. Jahrhundert als *pax Perusina* bezeichnet hat. Gekennzeichnet war diese *pax Perusina* durch die vergleichsweise friedlichen Beziehungen der umbrischen Kommunen, dirigiert durch die Perusiner Kommune, die ihre Interessen und ihr politisches System exportierte. Aus der Untersuchung der Ratsprotokolle geht hervor, dass diese Politik in den letzten Jahren des 13. Jahrhunderts in besonderem Maße auf der 1286/1287 geschlossenen *societas* als rechtlicher Handlungsgrundlage beruhte – ergänzt durch die weiterhin guten Beziehungen zu Orvieto sowie einem weitgespannten Netz an Beziehungen, das die perusinische Führung pflegte. Hinzu kam die unangefochtene wirtschaftliche und militärische Stärke der *Perusia augusta*, die bereits seit dem späten 12. Jahrhundert spürbar war, jedoch erst nach dem endgültigen Ausschalten der strategisch und landwirtschaftlich günstig gelegenen und florierenden Kommune Foligno ihren Höhepunkt erreichte. In allen großen Kriegszügen gegen Foligno der Jahre 1253/1254, 1282 und 1288/1289 griff Perugia auf die Waffenhilfe von Bündnispartnern zurück. Auch die militärischen Erfolge der Stadt waren somit den kommunalen *societates* zu verdanken. Dieser Effekt des kommunalen Bündniswesens auf die herausragende regionale Stellung Perugias und die politische Situation in Umbrien war jedoch eine Ausnahmeerscheinung: In den Marken ist eine gegenteilige Entwicklung zu beobachten. Die Bündnisse der dortigen Städte und *castra* hatten ihren Ursprung oft in den unüberschaubaren und kleinteiligen Kämpfen um Besitz und Einflussbereiche, die die Region prägten. Im Gegensatz zu Umbrien führten die *societates* hier nicht zu einer Stabilisierung der Region, sondern förderten den Konflikt.

Zu Beginn des 14. Jahrhunderts erlebte Perugias Aufschwung allerdings einen Einbruch. Möglicherweise eingeleitet durch die von Bonifaz VIII. im Dezember 1300 forcierte Auflösung des Bündnisses zwischen Perugia, Todi, Spoleto und Narni verschlechterte sich das ausgenommen gute Verhältnis zwischen Perugia und Todi, das über viele Jahre hinweg bestanden hatte. Zusammen mit einer Reihe an äußeren politischen Faktoren – dem Umzug der Kurie nach Avignon, dem zunehmenden Gewicht der Faktionen auch in den umbrischen Kommunen und schließlich dem Romzug Heinrichs VII. – führte dieser Einschnitt im Beziehungsgeflecht der umbrischen Kommunen zu einer politischen Krise für Perugia und zu ungewohnt heftigen militärischen Auseinandersetzungen in der Region. Der Ausblick ins 14. Jahrhundert zeigt somit sehr gut, wie wichtig Perugias konstante Bündnisbeziehungen im letzten Drittel des 13. Jahrhunderts für die Stadt selbst und für die Region gewesen waren. John Grundmans These, dass für diese Entwicklung ein tiefgreifender Führungswechsel innerhalb der Kommune verantwortlich zu machen sei, wird durch die Ergebnisse der vorliegenden Untersuchung bekräftigt – obwohl diese ohne nähere Studien zu den Perusiner Führungsschichten im 13. und 14. Jahrhundert sicherlich nur bedingt tragfähig sind. Nur selten ist es möglich, den Einfluss einzelner Individuen oder Gruppen auf die Bündnispolitik der Kommune zu beobachten. Dennoch zeigt die Betrachtung der Namen und Gremien, die institutionell an den außenpolitischen Entscheidungen der Kommune Teil hatten, dass es vom frühen Konsulat bis zur Regierung des Popolo selbst in den Umbruchsphasen der kommunalen Verfassung nur selten zu einem kompletten Austausch der Entscheidungsträger gekommen war.

Erst im Vergleich mit den Bündnissen anderer Kommunen im 13. Jahrhundert wird schließlich deutlich, dass für Perugia keine *societas* überliefert ist, die sich gegen einen päpstlichen Amtsträger oder dessen Politik stellte, während dieses Phänomen für andere Kommunen mehrfach belegt ist. Dass Perugia trotz immer wieder bestehender Konflikte mit der Kurie und den Amstträgern in den Provinzen zu keinem Zeitpunkt ein solches Widerstandsbündnis mittrug, resultiert aus zwei Faktoren. Die Verhandlungsposition der Perusiner Kommune an der Kurie scheint stark genug gewesen zu sein, um auf das Mittel des Widerstandsbündnisses zu verzichten. Es waren indes die anderen umbrischen Kommunen, die immer wieder um Verstärkung ihrer eigenen Gesandtschaften an die Kurie durch Perusiner *ambaxatores* baten und die Vermittlung Perugias bei der päpstlichen Verwaltung in Anspruch nahmen. Diese Position erklärt sich jedoch zu einem nicht unerheblichen Teil auch aus der Selbstwahrnehmung und Außendarstellung der Kommune Perugias als besonders treue Unterstützerin der Römischen Kirche. Die nach außen ostentativ betonte Treue zur päpstlichen Herrschaft war bereits in den ersten Jahrzehnten des 13. Jahrhunderts eine Konstante, die sich in den Konfliktjahren mit Friedrich II. noch verstärkte. Selten lässt sich eine Annäherung an die Staufer durch einzelne Gruppierungen innerhalb der Stadt erahnen, waren doch die Vorteile, die die päpstliche Herrschaft der Kommune versprach, insgesamt zu groß, um einen Bruch mit dem Papsttum herbeizuführen. Während sich Perugia in seinen politischen und territorialen Expansionsbestrebungen gegen Ende des 12. Jahrhunderts immer wieder durch die straffere Reichsregierung Heinrichs VI. eingeschränkt sah, erlaubte das von Innozenz III. versprochene „sanfte Joch" der päpstlichen Herrschaft der Kommune tatsächlich den Ausbau ihrer Stellung in der Region und die relativ ungestörte Verfolgung eigener Interessen. Die militärischen und politischen Erfolge des ersten Jahrhundertdrittels erklären damit auch die uneingeschränkte Parteinahme für das Papsttum gegen Friedrich II. Selbst nach dessen Tod profitierte die Kommune weiterhin von der gewählten politischen Haltung im Konflikt zwischen Kaiser und Papst.

Die offene und nach außen getragene Unterstützung der päpstlichen Herrschaft durch die potenteste Kommune des Dukats und, sieht man von Rom ab, des Patrimoniums, war für das Papsttum ein wichtiges Element in seiner Herrschaftsorganisation. Die Stärke der Kommune, ihre politische Zentralität und das Netzwerk, das Perugia durch Bündnisse und andere Beziehungsformen in der zweiten Jahrhunderthälfte in Umbrien unterhielt, schränkten den Handlungsspielraum des Papsttums gegen Perugia aber auch erheblich ein. Die Päpste waren auf Perugia in vielerlei Hinsicht angewiesen, so wie umgekehrt die Stadt aus ihrer besonderen Bindung zur Römischen Kirche unverzichtbare Vorteile zog. Dies führte über lange Jahre seitens der Kurie zu einer Akzeptanz der Autonomie der Kommune hinsichtlich ihrer Bündnisbeziehungen, die, wie am Beispiel der *societas* des Jahres 1277 gut zu sehen, die päpstliche Herrschaft stärken konnte. Auch die Zusammenarbeit Bonifaz' VIII. mit Perugia bei der Befriedung Todis ist ein Beispiel für diese für beide Seiten gewinnbringende Kooperation. Erst gegen Ende des 13. Jahrhunderts begannen die Päpste in die Bündnispolitik der Kommune einzugreifen. In den 1280er Jahren war es der Foligno-Konflikt, in dem sich Martin IV. und Nikolaus IV. erstmals offen gegen Perugia stellten und sich bemühten, Perugias Bindung zu den Bündnispartnern zu untergraben. Die Empörung der Perusiner Bevölkerung, die 1282 laut der zeitgenössischen Chronistik Strohfiguren des Papstes und der Kardinäle verbrannte, erklärt sich sicherlich auch aus der Tatsache, dass das Papsttum mit der Parteinahme für die Bewohner Folignos, „Dei et Ecclesie et comunis Perusii proditores", in der stadtinternen Wahrnehmung die konstante Treue zur Kirche nicht ausreichend belohnte. Die Gründe Martins IV. und Nikolaus' IV. können nur vermutet werden: Die Kriegszüge gegen Foligno gingen in ihren Ausmaßen weit über die üblichen militärischen Scharmützel der Kommunen um kleinere Besitzungen und Grenzen hinaus. Sie mobilisierten eine ganze Region und zielten auf die – im Umfeld der Kommunen des Patrimoniums höchst ungewöhnliche – gänzliche Unterwerfung einer Stadt. Offenkundig wird dies am Hauptstreitpunkt des Konflikts: der Forderung nach einem Verzicht Folignos auf Verteidigungsanlagen. Der Foligno-Konflikt gefährdete offenbar über die Maßen den Frieden in der Region. Zugleich brachten die Erfolge Perugias die Kommune in eine noch stärkere Position – worin die Kurie wohl zusehends eine Gefahr sah. Denn bereits der Misserfolg der päpstlichen Verbote, Drohungen und Strafmaßnahmen im Konflikt mit Foligno auch bei den Verbündeten Perugias macht deutlich, dass die Kommune sich, wenn es ihren Interessen entsprach, der Kontrolle des Papsttums entzog. Dies galt zudem nicht mehr nur für Perugia selbst, sondern auch für die mit ihr aus eigenen Interessen oder Furcht verbundenen Stadtgemeinden und *castra*. Die uneingeschränkte Vormachtstellung Perugias führte, obwohl diese nach der endgültigen Niederlage Folignos nur noch friedlich genutzt wurde, wohl auch zur Auflösung des Bündnisses von 1286 durch Bonifaz VIII. im Dezember 1300.

Zuvor jedoch hatten die *societates*, die die Perusiner Führung im Laufe des 13. Jahrhunderts schloss, im Zusammenspiel mit der militärischen und wirtschaftlichen Stärke der Stadt einen Effekt auf die Region, der sonst nirgends im päpstlichen Herrschaftsgebiet zu beobachten ist. Perugias Bündnisse dienten in vielen Fällen der Stabilität in der päpstlichen Provinz und der Bewahrung der päpstlichen Herrschaft. Sie trugen damit, soweit dies überblickbar ist, auch im gesamtitalienischen Kontext zu einem trotz aller kriegerischen Kleinkonflikte ungewöhnlich friedlichen Zusammenleben der umbrischen Kommunen in der zweiten Hälfte des 13. Jahrhunderts bei. Die um die Mitte des 14. Jahrhunderts noch deutlicher sichtbare *pax Perusina* begründete möglicherweise auch das Ausbleiben größerer Signorien in Umbrien – eine Entwicklung, die im 13. Jahrhundert bereits angelegt erscheint. Dieser Befund erklärt die insgesamt betrachtet neutralen bis positiven Reaktionen der Kurie und der Provinzverwaltungen auf Perugias autonome Außenpolitik, die gegenüber anderen Kommunen oft in Verbote umschlug, wie es insbesondere in den Marken der Fall war. Perugias Bündnisse sind aus diesem Grund allerdings nicht als exemplarisch für das Verhältnis zwischen Kommune, Papst und Bündnis anzusehen. Trotz dieser Einschränkung geben die Ergebnisse aus der Untersuchung der perusinischen *societates* damit auch Antworten auf die letzte der eingangs formulierten Fragestellungen zu den Auswirkungen, die das autonome Bündniswesen der Kommunen auf das entstehende weltliche Herrschaftsgebiet der Päpste, das Patrimonium Petri, hatte.

Ohne eine Übertragung auf den jeweiligen Einzelfall oder unterschiedliche lokale und regionale Realitäten zu forcieren, zeigt die systematische Untersuchung der überlieferten Bündnisurkunden und vor allem die Betrachtung der Bündnisse Perugias, dass die autonome und interessengeleitete Interaktion der Kommunen und ihr Zusammenschluss in *societates* nicht zwangsläufig destabilisierend auf die päpstlichen Bemühungen im Aufbau einer eigenen weltlichen Herrschaft wirkten. In einer Konstellation wie dem nachgezeichneten Verhältnis zwischen Perugia, dem Papsttum und den umbrischen Städten und *castra* konnten die kommunalen Bündnisse diese Herrschaft sogar stärken und zu einer regionalen Stabilisierung beitragen. Dass die Päpste des 13. Jahrhunderts diese Bündnisse somit in vielen Fällen nicht einschränkten, sondern sogar nutzten oder selbst vorantrieben, ist deshalb auch nicht als Zeichen für die Schwäche oder das Scheitern der päpstlichen Herrschaftsansprüche zu werten, sondern entspricht den Ressourcen und Möglichkeiten, über die eine mittelalterliche Ordnungsinstanz verfügte. Das kommunale Bündniswesen war im komplexen Zusammenspiel und Gegeneinander der verschiedenen Kräfte im Patrimonium Petri ein Mittel, in einem klar begrenzten Raum, für eine klar begrenzte Zeit und hinsichtlich genau formulierter Zielsetzungen Verbindlichkeit und Rechtssicherheit herzustellen. Dieses autonom gesetzte Recht zwischen den Kommunen schuf Bindungen und Strukturen, die die päpstliche Autorität nicht gewährleisten konnte. Die kommunalen *societates* stellten damit das genaue Gegenteil des in der Forschung vielmals gezeichneten Bildes der anarchischen Zustände im Patrimonium dar. Sie schufen Rechtsbeziehungen, die die Koexistenz der Kommunen und der in diesen Gemeinschaften lebenden Menschen organisierten und mit einer gewissen Verbindlichkeit und Planungssicherheit versahen. Sie übernahmen auf diese Weise Aufgaben, die heute durch staatliche Strukturen abgedeckt werden, die das *iugum suave* der Päpste aber nicht bereitstellen konnte. Diese Erkenntnis wird erst durch die systematische Analyse der Bündnisschriftlichkeit und -praxis, sprich des Rechtsinstruments *societas* ermöglicht, das bisher in der Forschung nicht als solches untersucht wurde. Die *societates* der Kommunen, die bisher häufig unter den vagen Begriffen Bündnis, *lega* oder *alleanza* ohne inhaltliche Spezifizierung in der Forschung gestreift wurden, verdienen damit auch über das Patrimonium Petri hinaus eine verstärkte Aufmerksamkeit in der Geschichte der italienischen Kommunen im 13. Jahrhundert.

Summary

This study discusses the city leagues, the *societates* in the language used by the sources, in the Patrimony of St Peter during the thirteenth century. The appearance of a written tradition concerning leagues between the communes (municipalities) of central Italy coincides with the beginnings of the so-called "politics of recuperation" of Pope Innocent III and thus with the construction of a secular dominion of the Roman Church. From Umbria and Marche – the most comunal regions within the Patrimony – there are more than one hundred treaties or other sources known that prove leagues in the period concerned, namely from the beginning of the politics of recuperation of Innocent III in around 1198 until the transfer of the Curia to Avignon in about 1304. These documents are the focus of the first part of the study, which is a systematic analysis of the legal and diplomatic practice and the textualisation of the leagues. The second section concentrates on the *societates* of a single commune, Perugia, and examines the role of leagues in the politics of the commune, the effects on the region and how the papacy dealt with this specific comunal phenomenon. The papal position was strongly influenced by the suspected or actual consequences of the leagues in terms of the dominion of the popes in the Patrimony – this aspect therefore is of particular interest for the study. The commune of Perugia provides a good focus for such a study not only because of the extent of the documentation but also because of the particular importance that this city had in the region and for the papacy in the thirteenth century. In a short comparision, the study examines the results of a detailed analysis of the Perugian leagues compared with other league systems, especially those in Marche. As a systematic analysis of the treaties and the documents concerning a league shows, for the thirteenth-century communes this was not an arbitrary or informal agreement. In the contemporary perception, a *societas* was a clearly defined and formally designated legal instrument. It resulted in the legally valid establishment of common aims and interests. The *societas* thereby created its own laws and promised strong engagement. This is shown by the whole process, from the preliminary stages until the conclusion of a treaty, with its formalised diplomatic practices and documents based on Roman procedural law and the particular importance given to the councils of the city as the legitimate representative of the commune. It is also shown by the treaty itself, which displays influences of Roman law. Even the term *societas* is used in the context of comunal agreements exclusively for a political league. Related pacts such as economic accords, peace treaties or reprisal conventions used different terminology. The contents of the treaties resemble a modular system, in which a variable but substantially equal range of elements were repeated in different combinations. These elements were the general promise of help, which contained mutual support and common politics in friend and foe relationships, military aid in precise terms, the handling of conflicts within the league and between individuals from the jurisdiction in question, provisions concerning dealings with third parties, and finally regulations that were able to create joint instruments of justice and economy. The legal force of the leagues manifested itself in the handling of treaties and their terms after the conclusion of the league through the comunes of Umbria and Marche. The careful storage of the documents and – because of the loss of sources – the limited examples for the implementation of obligations demonstrate the substantial liability that the communal leaders attributed to the *societates*. Evidence of this is provided primarily by the council protocols of the communes. Through the narration of the discussions in the council or the arguments presented by foreign envoys, this source type shows the legislative function of the leagues in the perception of contemporaries, a function that the treaties cannot display on their own. As is illustrated even by a breach of agreement, obligations arising from league treaties were obligations *de iure*.

The examination of the *societates* that Perugia was entering into with its neighbours in the thirteenth century completes these results of the systematic section of the study. The hegemonial position of Perugia at the end of the thirteenth century was based, inter alia, on a series of *societates* that were able to create legal commitments with the most important Umbrian communes. This development is visible even in the first half of the century, when Perugia was organising both consolidation and expansion of its *contado* in the north and peaceful relations with the neighbours in the south with the aid of league treaties. In the time of Frederick II, the leagues made the city the most faithful supporter of the Roman Church, a role on which the commune also relied later in the second half of the thirteenth century. The conflict between emperor and popes defined the stable relationships of the following three decades, which were shaped by a constant friendship with Orvieto and a likewise constant hostility towards Foligno – both of which were underpinned by *societates*. In the last two decades of the thirteenth century, the commune increasingly adopted the role of the superior arbiter in the region, authorised by the legal foundation of the league treaties. The interaction of these factors in concert with the military success and the geographically and economically central position of the city gave it a guiding role within the region. This guiding role had existed since the twelfth century, but became stronger only at the end of the following century. The popes accepted the autonomous league politics of Perugia over a lengthy period of time without major restrictions and even benefited on many occasions from the self-organisation of the communes, in terms of the defence of the Patrimony against the representatives of the empire, the transmission of Perugia's political attitude – fealty to the Roman Church – to other communes with the aid of league obligations, and the peacemaking and mediating function played by Perugia in intra- and intercommunal conflicts. It was only when, in the context of the city's conflict with Foligno at the end of the thirteenth century, the leagues of Perugia represented a greater threat to the peace in Umbria that the popes responded with prohibitions and sanctions. Previously, the *societates* concluded by the Perugian leaders, combined with the military strength and the economic force of the city, had had a unique effect in the papal lands. The *societates* of Perugia led in many cases to stability in the papal province and to the conservation of papal rule. Nevertheless, as shown by the final comparision, these results applied only to a limited extent to Marche.

A systematic analysis of the known sources and especially the leagues of the Perugian commune therefore reveals that the autonomous and self-interested interaction of the communes and their coalition by means of *societates* did not necessarily lead to a weakening of papal rule. The leagues of Perugia and the Umbrian communes created structures and ties that could offset the resources lacking within the papacy in the organisation of its secular dominion.

Anhänge

1 Quellen

Die folgende Übersicht umfasst alle ausgewerteten Quellenbelege, die auf *societates* der Kommunen Umbriens und der Marken hinweisen. Ergänzt wird sie durch Verweise in der Literatur. Die Zusammenstellung beruht auf der Sichtung von Editionen, Regesten und Darstellungen sowie in Umbrien auch des archivalischen Materials. Das unpublizierte umbrische Archivmaterial, Editionen und Regestenwerke wurden möglichst vollständig ausgewertet, mit Sicherheit sind jedoch auch hier noch Lücken geblieben. Bei der Auswertung der Literatur wurden alle Hinweise auf ein Bündnis aufgenommen, die im Laufe der Recherchen gefunden wurden; eine systematische Durchsicht der regionalen und lokalen Literatur war aufgrund der Vielzahl an Publikationen nicht zu leisten. Bei einer größeren Anzahl von Drucken oder Regesten zu einer Urkunde wurden nur die maßgebenden Titel verzeichnet. Angaben zur Überlieferung sind bei gedruckten oder über ein Regest verfügbaren Urkunden nur dann aufgenommen, wenn mit den Ausfertigungen und Abschriften gearbeitet wurde (Kollationierung, Überprüfung des Layouts, Ergänzung des Regests). Für die vollständigen Überlieferungsnachweise sei immer auf die angegebenen Drucke und Regesten verwiesen. Detaillierte inhaltliche Zusammenfassungen wurden nur für die Bündnisverträge selbst erstellt, die vertragsbegleitenden Quellen werden mit einem kurzen Betreff angeführt. In den seltenen Fällen, in denen Beitritte weiterer Städte oder Personen, Ratifikationen oder inhaltliche Zusätze nicht in einem eigenen Instrument festgehalten wurden, sondern im originalen Bündnisvertrag hinzugefügt wurden, ist der Nachtrag durch ein + vor dem Datum gekennzeichnet. Verweise in den Quellen auf andere *societates*, die sicher zugeordnet werden können, werden durch die Angabe der entsprechenden Nummern im Anhang ergänzt. Wo ein Zusammenhang nur vermutet werden kann, steht vor der Nummer ein „vgl.".

Nr. 1: 1191 November – Fabriano, Matelica

Literatur: Acquacotta, Memorie, S. 65; Hagemann, Fabriano 1, S. 101.

1191 November

Druck: Lapidi, hg. von Acquacotta, Nr. 6. – Regest: Pergamene, hg. von Grimaldi, Nr. 7.

Die Konsuln der Kommune Matelica und die Rektoren der Kommune Fabriano schließen ein Bündnis (*amicitia*, *societas*) auf zehn Jahre. Es vereinbart:
- die gegenseitige Waffenhilfe innerhalb von 15 Tagen nach Aufruf (außerhalb des Contados ersetzbar durch eine Geldzahlung) und die Teilung der Gewinne und Verluste innerhalb eines bestimmten Raumes;
- die nur gemeinsame Vereinbarung von Friedensschlüssen;
- die Ausnehmung von Kaiser, Markgraf und deren Nuntien;
- eine Geldstrafe von 100 Pfund.

Nr. 2: 1197 November 11 – Arezzo, Florenz, Lucca, Perugia, San Miniato, Siena, Viterbo, Bischof Ildebrando von Volterra, die Grafen Guido Guerra und Alberto Notigione

Literatur: Mariotti, Saggio, S. 59; Bartoli, Storia, S. 270, 274, 277; Winkelmann, Philipp, S. 33f., 115f.; Bonazzi, Storia 1, S. 197–206; Ficker, Forschungen 2, S. 383–386; Davidsohn, Geschichte, S. 615–658; Luchaire, Innocent III; Briganti, Città, S. 185f.; Bernini, Comuni, S. 47 f.; Hageneder, Sonne-Mond-Gleichnis, S. 359–362; Tillmann, Papst, S. 86, Anm. 12 und 13; Waley, Papal State, S. 31, 35–39; Angelini, Diplomazia, S. 15; Partner, Lands, S. 229 f.; Rutenburg, Rolle, S. 172; Nicolini, Umbria, S. 198; Laufs, Politik, S. 19–23; Prutscher, Eid, S. 143 f.; Lackner, Studien, S. 146 f.; Menichetti, Storia, S. 55; Voltmer, Formen, S. 105 f.; Cammarosano, Introduzione, S 48 f.; Bolton, Towns, S. 207; Grundman, Popolo, S. 26, Anm. 56; Walther, Ziele, S. 113; Strothmann, Kaiser, S. 306; Maire Vigueur, Flussi, S. 946; Zorzi, Rettori, S. 492–494; Salvatori, Giuramenti, S. 141; Schütte, Philipp, S. 4; Bolton, Papal Italy, S. 93 f.; Fabbri, Principe, S. 164; Zorzi, Toscana, S. 126–129; Raccagni, Lombard League, S. 73, 157 f.

1197 November 11, Borgo San Ginesio

Druck: Forschungen 4, hg. von Ficker, Nr. 196; Documenti, hg. von Santini, Nr. 21; Caleffo 1, hg. von Cecchini, Nr. 68. – Regest: RI V,2,4, Nr. 12137.

Beschworen wird der Vertrag in Anwesenheit der Kardinallegaten Pandolfo von SS. Apostoli und Bernardo von S. Pietro in Vincoli.

Die Konsuln von Lucca, Florenz, Siena und San Miniato und der Bischof von Volterra schließen ein Bündnis (*societas*) auf fünf Jahre. Sie vereinbaren:
– Frieden und Eintracht unter den Mitgliedern zu halten;
– Waffenhilfe bei Angriffen durch jedwede Person, ob Fürst, König oder einen anderen Herrschaftsträger, zu leisten;
– die Einrichtung eines Rektorengremiums mit eigenem Budget, das regelmäßig zusammentritt, verbindliche Entscheidungen für das Bündnis trifft, die genauen Modalitäten der Waffenhilfe festlegt und Streitfälle zwischen den Bündnispartnern schlichtet;
– die Verpflichtung der städtischen Amtsträger auf das Bündnis;
– *castra* und Personen, die dem Jurisdiktionsbereich eines anderen Bundesmitglieds angehören, nicht aufzunehmen;
– kein separates Abkommen mit einem Vertreter der Reichsgewalt zu schließen;
– die Wahrung und Unabänderlichkeit der getroffenen Übereinkunft (*concordia*) mit der Römischen Kurie;
– die Annahme eines zukünftigen Kaisers oder sonstigen Vertreters der Reichsgewalt nur mit Zustimmung der Römischen Kirche;
– Hilfe für die Römische Kirche bei der Wiedergewinnung (*recuperatio*) ihres Besitzes, ausgenommen Besitzungen, die einem der Bundesmitglieder unterstehen;
– bewaffnete Hilfe für Papst und Kardinäle bei Aufenthalt in einer der Bundesstädte;
– bewaffnete Hilfe gegen jeden zukünftigen Kaiser, der sich nach seiner Anerkennung durch Kirche und Bund gegen die Kirche stellt;
– Regelungen zur Sicherung der Straßen im Bundesgebiet und zur Entschädigung bei Straßenraub;
– die Gültigkeit der Vereinbarungen auch für die Römische Kirche, unter der Bedingung, dass diese ebenfalls bis zum 1. Januar ihren Teil der Vereinbarungen erfüllt.

+ 1197 Dezember 2, Castelfiorentino

Beitritt Arezzos zum Bündnis, verschriftlicht als Zusatz zum Bündnisinstrument in der Überlieferung AS Siena.

+ 1197 Dezember 4, Castelfiorentino

Schwur der Bündnisrektoren und Änderungen am Bündnisvertrag bezüglich der *pars sanior* im Rektorenkolleg: Hinzugenommen werden die Rektoren Arezzos und des Grafen Guido Guerra (dessen offizieller Beitritt jedoch erst im Februar erfolgt) sowie Ildebrando, Bischof von Volterra. Überliefert durch zwei nicht textgleiche Zusätze in den Überlieferungen im AS Siena und im AS Florenz.

+ 1198 Februar 5, Florenz

Beitritt des Grafen Guido Guerra, überliefert als Zusatz in der Überlieferung AS Florenz.

+ 1198 Februar 7, Camaldoli

Beitritt des Grafen Alberto Notigione, überliefert als Zusatz in der Überlieferung AS Florenz.

1197 November 13 und 15

Druck: Documenti, hg. von Santini, Nr. 22.

Ratifikation des Vertrags durch die Florentiner Konsuln und Ratsherrn.

1197 zwischen November 11 und 1198 März 2

Regest: Codice Diplomatico 1, hg. von Bartoli Langeli, Nr. 17–19.

Beitritt Perugias zum Bündnis.

1198 April 10 und April 15, Figline [Valdarno] / April 20, Florenz

Druck: Documenti, hg. von Santini, Nr. 24 und 25.

Podestà und einige Bürger von Figline beeiden gegenüber den Vertretern der Kommune Florenz das Bündnis (*concordia et societas Tuscie*).

1198 zwischen Februar 6 und April 16, Rom

Druck: Reg. Innocenz III 1, Nr. 34; Codice Diplomatico 1, hg. von Bartoli Langeli, Nr. 18 (Teildruck), dort auch zur weiteren Korrespondenz zwischen Innozenz III., dem Tuskenbund und Perugia (Reg. Innocenz III 1, Nr. 15, 35, 88).

Innozenz III. befiehlt Perugia und Viterbo, den Vertrag mit der *societas Tuscie* bis zu seiner ausdrücklichen Autorisation auszusetzen.

1198 Mai 11, Florenz

Druck: Documenti, hg. von Santini, Nr. 26.

Die Kommune Certaldo unterwirft sich Florenz und beeidet das Bündnis (*societas securitas Tuscie*).

1198 Oktober 30, Rom

Druck: Reg. Innocenz III 1, Nr. 401. – Regest: RI V,2,3, Nr. 5652.

Innozenz III. verspricht dem Tuskenbund seine apostolische Protektion.

[1198]

Gesta Innocentii, hg. von Gress-Wright, S. 9 f.

Innozenz III. erlaubt den Städten der Kirche (*civitates ecclesie*) in Tuszien und im Dukat Spoleto, sich in einem Bündnis zu vereinen, das durch Bündnisrektoren und einen Prior geführt wird, *honor*, Rechte und Besitz der Römischen Kirche verteidigt und nur einen durch den Papst approbierten König oder Kaiser anerkennt.

1199 Januar 9–16, Florenz

Druck: Nuovi documenti, hg. von Santini, Nr. 4.

Über 500 namentlich aufgeführte Bürger von Florenz beeiden das Bündnis (*hoc est sacramentum securitatis et societatis Tuscie*).

1202 März 4, Monte Follonico

Druck: Caleffo 1, hg. von Cecchini, Nr. 56 (mit Datierung auf 1201); Codice Diplomatico 1, hg. von Bartoli Langeli, Nr. 29. – Regest: RI V,2,4, Nr. 12234; Regestum, hg. von Schneider, Nr. 398.

Bündnis zwischen Siena und Perugia (Nr. 18) unter Ausnehmung der *societas Tuscie*.

1203 Januar 21, Colle di Val d'Elsa, *apud abbatiam de Spongia*

Druck: Caleffo 1, hg. von Cecchini, Nr. 62, wo jedoch die Datierung nach Florentiner Stil nicht berücksichtigt und somit die Jahresangabe 1202 aus dem Instrument übernommen wird, trotz Nennung der richtigen Indiktion. – Regest: Regestum, hg. von Schneider, Nr. 413; Vermerk Codice diplomatico, hg. von Fumi, Nr. 74, allerdings mit Januar 18.

Bündnis (*amicitia, societas*) zwischen Siena und dem Grafen Ildebrandino Aldobrandeschi (siehe auch Nr. 19), Siena nimmt unter anderem die *societas Tuscie* von den Vereinbarungen aus. Auch Hilfe gegen Viterbo erfolgt nur *salvo sacramento societatis Tuscie*.

1203 Juni 4, Poggibonsi

Druck: Documenti, hg. von Santini, Nr. 48.

Kompromiss zwischen Siena und Florenz, unter den Zeugen auch Amadeus *tunc pro concordia civitatis [sic] Tuscie Perusinus rector*.

1205 April 5, *locum Sancti Quirici de Nosenna*

Druck: Caleffo 1, hg. von Cecchini, Nr. 82.

Zeugenaussagen vor fünf Rektoren des Tuskenbundes bezüglich der Zugehörigkeit Montepulcianos zum Contado der Stadt Siena, anwesend auch *dominus* Gluttus *pro civitate Perusii*.

Nr. 3: [1198 Oktober] – Perugia, Todi

Literatur: Codice Diplomatico 1, hg. von Bartoli Langeli, S. 47.

Erschließt sich mit hoher Wahrscheinlichkeit aus dem Bündnisvertrag zwischen Perugia und Todi des Jahres 1208 (Nr. 21), der von einer Erneuerung spricht. Im Oktober 1198 befand sich der Podestà Perugias nachweislich in Todi, Bartoli Langeli sieht hier einen Zusammenhang und mutmaßt auch eine Beteiligung Papst Innozenz' III.

Nr. 4: 1198 Februar 2 – Ancona, Fermo, Osimo, Ravenna, Rimini, Senigallia

Literatur: Ficker, Forschungen 2, S. 380; Winkelmann, Philipp, S. 109 f.; Prinz, Markward, S. 72 f.; Seeger, Reorganisation, S. 34 f.; Hagemann, Fabriano 1, S. 104, Anm. 3; Natalucci, Vitalità, S. 372 f.; Hagemann, Jesi, S. 146; Manselli, Innocenzo, S. 11; Leonhard, Seestadt, S. 95 f.; Voltmer, Formen, S. 106; Maccarrone, Innocenzo, S. 171–207; Cantarella, Innocenzo, S. 33–72; Villani, Azione, S. 24; Raccagni, Lombard League, S. 157.

1198 Februar 2, Fermo

Druck: Tonini, Storia 2, Appendice di documenti, Nr. 94. – Regest: Sommario, Regesta Firmana, hg. von Tabarrini, Nr. 29; RI V,2,4, Nr. 12143.

In den Bestimmungen zu Handel und Militärhilfe weichen die Versprechungen der Städte der Marken und diejenigen von Ravenna und Rimini leicht voneinander ab. Das Stück ist weder nach Papst noch nach Kaiser bzw. Markgraf oder Vakanz datiert, worin Leonhard ein neues Kommunalbewusstsein erkennen will. Laut Raccagni gibt es Verbindungen zwischen diesem Bündnis, dem Tuskenbund (Nr. 2) und weiteren lombardischen societates, die alle im Rahmen des beginnenden Thronstreites geschlossen wurden. Mit Sicherheit bestehen Verbindungen zum Vertrag unter Nr. 7.

Konsuln und Podestà der *marchissiani* einerseits, Ravenna und Rimini andererseits schließen ein Bündnis (*concordia et societas*) auf fünf Jahre. Es umfasst:
– Handelsbestimmungen und die Sicherheit von Leib und Gut im Bundesgebiet;

- einmal jährlich Waffenhilfe im Umfang von 150 Bewaffneten 20 Tage nach Aufruf auf eigene Kosten, eine Erweiterung ist möglich;
- eine gemeinsame Politik gegen Markward von Annweiler und seine Anhänger, insbesondere ein Separatfrieden wird ausgeschlossen;
- den Austausch von Gefangenen auch für Bündnispartner, falls möglich;
- die Festlegung eines räumlich klar eingegrenzten Gebietes, in denen Feinde der Bündnispartner nach Ankündigung ebenfalls als Feind zu gelten haben;
- eine Nichtaustrittsklausel.

Nr. 5: 1198 Mai – Arezzo, Perugia

Literatur: Pellini, Historia 1, S. 213; Davidsohn, Geschichte, S. 625 f.; Briganti, Città, S. 205 f.; Koranyi, Studjów, S. 24; Grundman, Popolo, S. 9 f., 31; Riganelli, Signora, S. 95–97, 107.

1198 Mai, nahe Castiglione del Lago

Druck: Forschungen 4, hg. von Ficker, Nr. 201; Documenti, hg. von Pasqui, Nr. 429; Codice Diplomatico 1, hg. von Bartoli Langeli, Nr. 20. – Regest: Codici 6, hg. von Ansidei/Giannantoni, Nr. 69; RI V,2,4, Nr. 12156.

Bartoli Langeli geht angesichts der Unstrukturiertheit des Dokuments von einem Entwurf aus.

Die Konsuln Arezzos und der Podestà Perugias schließen ein Bündnis (*pax, concordia, ordinamentum*) auf zehn Jahre. Sie vereinbaren:
- sich nicht zu schaden und Leib und Gut der Bündnispartner zu schützen;
- in Bezug auf die Kastelle Castiglione del Lago und Castiglion Fiorentino auf Anfrage Hilfe zu leisten;
- die Integrität von Contado und Diözese zu wahren und gegen Dritte zu verteidigen;
- die Bevölkerung des Chiugi, insbesondere aber von Castiglione del Lago an jeglicher Umsiedlung zu hindern;
- die genannten Kastelle nicht wieder aufzubauen;
- eine Teilung des Chiugi und des Lago Trasimeno gemäß der im Vertrag festgesetzten Grenzziehung;
- ein paritätisch besetztes Schiedsgericht, das innerhalb von 40 Tagen zu einem Schiedsspruch kommen muss;
- nur gemeinschaftlich ein Abkommen mit Panzo zu schließen;
- eine Übereinkunft bezüglich Borgo San Sepolcro und Città di Castello zu treffen;
- beschworene Vereinbarungen einzuhalten und Ratschläge nur nach bestem Gewissen zu erteilen;
- den Vertrag alle zehn Jahre durch alle Haushalte Arezzos und Perugias beschwören zu lassen;
- Streitigkeiten, die aus diesem Abkommen entstehen könnten, schiedsgerichtlich beizulegen, wobei die Rechte der *marchiones* am Chiugi zu wahren sind;
- sich gegen Cortona gegenseitig zu helfen, ausgenommen einige ältere Verträge Arezzos;
- dass Perugia keine Hilfe gegen die *marchiones* in der Auseinandersetzung um Castiglion Fiorentino leisten muss;
- dass Arezzo seine Leute aus Castiglione del Lago abzieht und Zuwiderhandlungen bestraft;
- für die Rechte des Abtes von Campoleone und der *marchiones* im Bedarfsfall Entschädigung zu leisten.

Nr. 6: 1198 Mai 4 – Camerino, Montecchio (heute Treia)

Literatur: Bonfili, Comune, S. 62–64; Leonhard, Seestadt, S. 100, Anm. 62; Libro, hg. von Biondi, Introduzione, S. XXV f.

1198 Mai 4, Camerino

Druck: Turchius, De Ecclesiae Camerinensis Pontificibus, Appendix documentorum, Nr. 24; Colucci, Treja, Appendice diplomatica cronologica alla parte seconda, Nr. 6. – Regest: RI V,2,4, Nr. 12155.

Der Vertrag ist als Breve überliefert, das möglicherweise mit einigem Abstand nach der Beeidung ausgefertigt wurde (Breve recordationis ad memoriam retinendam de sotietate). Die Beeidung ist damit evtl. auf 1197 zu datieren. Dies würde auch die Nennung Heinrichs VI. in den Ausnehmungen plausibel machen.

Die Konsuln von Camerino und Montecchio schließen ein Bündnis (*societas*) auf zehn Jahre. Sie vereinbaren:
- gegenseitige Hilfe und eine gemeinsame Politik (*facere pacem et guerram communiter*) gegen jedermann außer Markgraf Markward von Annweiler und Kaiser Heinrich [sic];
- einen nur gemeinschaftlichen Friedensschluss mit San Severino oder anderen;
- eine differenzierte Kostenregelung im Falle bewaffneter Hilfe;
- die vorläufige Geheimhaltung des Vertrags;
- eine schiedsgerichtliche Einigung bei Konflikten;
- eine Vertragsstrafe von 100 Silbermark.

Nr. 7: 1198 August 31 – Ancona, Osimo

Literatur: Ficker, Forschungen 2, S. 379–381; van Cleve, Markward, S. 90; Hagemann, Fabriano 1, S. 104, Anm. 3; Grillantini, Storia, S. 215; Natalucci, Ancona, S. 313; Waley, Papal State, S. 37; Allevi, Mainardi, S. 174; Bonfili, Comune, S. 61; Leonhard, Seestadt, S. 98–100; Bernacchia, Civitates, S. 179 f.; Villani, Azione, S. 24; Pirani, Scrittura, S. XXX–XXXV.

1198 August 31

Druck: Carte, hg. von Cecconi, Nr. 27; Cecconi, Storia, Appendice, Nr. 2; Libro, hg. von Colini-Baldeschi, Nr. 27; Libro, hg. von Carletti/Pirani, Nr. 28. – Regest: Martorelli, Memorie, S. 72 f.; RI V,2,4, Nr. 12168.

Bei den ausgenommenen Kommunen in societate handelt es sich womöglich um die Bündnismitglieder des Bundes gegen Markward von Annweiler vom Februar 1198. Hierfür spricht insbesondere der Verweis auf zukünftige Aufnahmen, die nur durch Ancona, Fermo, Osimo, Senigallia und Fano gemeinschaftlich beschlossen werden können. Abgesehen von Fano handelt es sich hierbei um die Gründungsmitglieder des im Februar geschlossenen Thronstreitbündnisses (Nr. 4). Im Vertrag ist immer wieder von Rektoren die Rede, möglicherweise handelt es sich um Bündnisrektoren des zuerst geschlossenen Bundes. Der genaue Zusammenhang zwischen beiden Verträgen wird von der Forschung unterschiedlich interpretiert, vgl. Leonhard, Hagemann und Waley.

Ancona und Osimo schließen ein Bündnis (*sacramentum societatis*) auf zwanzig Jahre. Sie vereinbaren:
- gegenseitige Hilfe und Verteidigung außer gegen die Römische Kirche und die *castra* und Städte, *que sunt in societate*, nämlich Fermo, Civitanova, Macerata, Montelupone, Monte Santo (heute Potenza Picena), Numana, Castelfidardo (jedoch nur, *si homines eiusdem castri fidelitatem et sacramentum Ecclesiae Romanae prestabunt, et hoc sacramentum societatis facere voluerint*), Castelbaldo, Monte Cerno, Offagna, Senigallia, Fano, Rimini und Ravenna u. a. sowie gegen Kommunen, die Ancona, Fermo, Osimo, Senigallia und Fano in Zukunft aufnehmen werden;
- Hilfe bei der Erhebung des *pallium* (Ancona) und des *cereum* (Osimo) in Castelfidardo;
- einen nur gemeinsamen Friedensschluss mit einem Deutschen (*teutonicus*) oder dessen Boten;
- die Verpflichtung zur friedlichen Schlichtung, falls es zwischen Ancona und Osimo und den anderen Bündniskommunen zum Konflikt kommt, und eine notfalls auch bewaffnete Durchsetzung des Urteils der Rektoren oder deren Mehrheit;
- den Ausschluss von Bürgern, die den Eid auf die *societas* nicht leisten wollen;
- eine nur gemeinsame Aufnahme möglicher weiterer Bündnismitglieder, bei Uneinigkeit gilt das Urteil der Rektoren;
- eine Reihe an Handelsvereinbarungen, die die Getreideaus- und einfuhr, Zölle und die Nutzung des Anconitaner Hafens durch Osimo betreffen;
- die Befolgung gewisser Anordnungen der Kardinäle (*Insuper quod de Camurano cardinales statuerunt, illud observetur*);
- die Kostenübernahme bei bewaffneter Hilfe durch die anfordernde Stadt oder die Angehörigen des Contados, zu deren Gunsten die Hilfe geht, Kosten für Söldner werden geteilt;
- eine Aufnahmeoption für einige *castra* (*Paternum, Pulverisium et Galignianum*) des Anconitaner Contados;
- den kollektiven Schwur der Bürger (*concives*) auf den Vertrag.

Nr. 8: vor 1199 Juni – Cingoli, Civitanova, Montemilone (heute Pollenza), Recanati, San Severino, Tolentino, möglicherweise auch Fermo und Macerata

Literatur: Grassi-Coluzi, Annali, S. 37–38; Hagemann, Fabriano 1, S. 105 f.; Leopardi, Annali, S. 6; Hagemann, Studien: Tolentino 1, S. 178; Hagemann, Tolentino, S. 17; Pacini, Fildesmido, S. 189 f.; Bonfili, Comune, S. 62–64, insb. Anm. 26; Maire Vigueur, Comuni e signorie in Umbria, S. 348; Libro, hg. von Biondi, Introduzione, S. XXVI.

Zu erschließen aus Nr. 9, dort erscheinen besagte Städte und die *societas facta cum civitatibus* in den Ausnehmungen. Das Bündnis wird auch in einem Zeugenprozess genannt, der jedoch nicht eingesehen werden konnte. Aus dieser Quelle ergibt sich wohl die Teilnahme Fermos und Maceratas (AC Treia, Processi, Rotolo 1, vgl. Bonfili und die dort genannte Literatur).

Nr. 9: 1199 Juni – Fabriano, San Severino

Literatur: Marangoni, Memorie, S. 249 f.; Acquacotta, Memorie, S. 66; Ficker, Forschungen 2, S. 381; Marcoaldi, Guida, S. 8; Winkelmann, Philipp, S. 111; Miliani, Fabriano, S. 12; Jordan, Origines, S. CXXVII; Sassi, Fabriano, S. 8; Hagemann, Fabriano 1, S. 105 f.

1199 Juni, *in obsedione Castri Petini*

ASC Fabriano, Carte Diplomatiche I/36, Nr. 31. – Druck: Lapidi, hg. von Acquacotta, Nr. 9; Carte, hg. von Zonghi/Ciavarini, Nr. 25; Libro rosso 2, hg. von Bartoli Langeli/Irace/Maiarelli, Nr. 227. – Regest: RI V,2,4, Nr. 12190.

Der im Bündnisvertrag ausgenommene Actone de Guarnerio befindet sich unter den Zeugen beider Abkommen.

Der Podestà von San Severino und die Konsuln Fabrianos schließen einen Vertrag auf fünf Jahre. Sie vereinbaren:
- gegenseitige Hilfe (*promitto vobis ... adiuvare et manutenere vos et omnes homines vestre comunantie*) gegen jedermann, außer den Papst (*dominus apostolicus*), Markgraf Markward oder einen anderen Vertreter der Reichsgewalt in der Region, Tolentino, Montemilone (heute Pollenza), Cingoli, Recanati, Civitanova und das zwischen den Städten geschlossene Bündnis (*societas facta cum civitatibus*, Nr. 8) sowie Actone *de Guarnerio* und dessen Bruder; San Severino nimmt zudem Raynaldus Octaviani mit seinen Söhnen und Untergebenen, Gentile *de Ruberto*, die Herren von *Mons Canpanarii* und die Leute der *Vallis Sancti Clementis* aus, Fabriano die *Aguvinenses*, die *homines Olmatani* und Camerino, solange sich Fabriano und Camerino nicht feindlich gegenüberstehen;
- das gemeinsame militärische Vorgehen gegen Matelica;
- die Notwendigkeit der Zustimmung des Bündnispartners zu einem Friedensschluss, Waffenstillstand, Bündnis oder sonstigen Abkommen mit Matelica;
- eine nach vollem Aufgebot und nur einzelnen Kämpfenden aufgeschlüsselte Kostenregelung für die Waffenhilfe;
- für Fabriano eine Hilfsverpflichtung auch gegen andere Feinde der Kommunen.

1199 August, [San Severino]

Druck: Carte, hg. von Zonghi/Ciavarini, Nr. 28; Libro rosso 2, hg. von Bartoli Langeli/Irace/Maiarelli, Nr. 55.

Das Instrument ist von einem Notar aus San Severino geschrieben, unter den Zeugen findet sich auch ein Vertreter San Severinos.

Die Konsuln Matelicas verpflichten sich gegenüber Fabriano zur Auslieferung von Gefangenen und zur zukünftigen Wahrung von Besitzansprüchen Fabrianos gemäß der Vereinbarungen, die im Frieden zwischen Camerino und Matelica einerseits und San Severino, Fabriano und weiteren Bündnispartnern andererseits getroffen wurden (*in ista fine que est composita inter civitatem Camerinam et nos ex una parte et castrum Sancti Severini et vos et alios eorum sotios ex altera*).

Nr. 10: vor 1199 August – Camerino, Matelica

Literatur: siehe Nr. 8 und 9.

Nur zu erschließen aus den Versprechungen Matelicas an Fabriano (Nr. 9), die einen Friedensvertrag zwischen Fabriano, San Severino und weiteren Verbündeten auf der einen Seite und Matelica und Camerino auf der anderen Seite nennen.

Nr. 11: vor 1201 Oktober – Perugia, Spoleto

Ob es sich bei dem *iuramentum* zwischen Perugia und Spoleto tatsächlich um einen Bündnisvertrag handelt, ist nicht sicher. Hinweise auf ein Fortbestehen oder Wiederaufleben der guten Beziehungen ergeben sich aus dem Schiedsverfahren zwischen Perugia und Gubbio im Dezember 1217.

1201 Oktober, Perugia / 1202 Februar, [Foligno?]

Druck: Bartoli, Storia, S. 286–288; Miscellanea, hg. von Faloci-Pulignani, Nr. 1; Codice Diplomatico 1, hg. von Bartoli Langeli, Nr. 28. – Regest: Codici 6, hg. von Ansidei/Giannantoni, Nr. 74.

Die Konsuln Perugias und Folignos vereinbaren einen Bündnisvertrag (Nr. 13), Perugia nimmt Spoleto jedoch von allen Bündnisleistungen aus (*salvis iuramentis que nos Perusini et Fulginenses tenemur alicui persone vel loco sive civitati et quibus et qualibet nos Perusini tenemur Spoletinis*).

1217 Dezember 30, Perugia

Druck: Codice Diplomatico 1, hg. von Bartoli Langeli, Nr. 65. – Regest: Hagemann, Kaiserurkunden 2, Nr. 17.

Schiedsspruch im Konflikt zwischen Perugia und Gubbio, unter den Unterstützern Perugias (*coadiutores*) findet sich an exponierter Stelle neben Todi, nachweislich in einem Bündnis mit Perugia (Nr. 21), auch Spoleto (*specialiter Tudertinis, Spoletinis*).

1217 Dezember 31, Perugia

Druck: Codice Diplomatico 1, hg. von Bartoli Langeli, Nr. 66. – Regest: Codici 2, hg. von Ansidei/Giannantoni, Nr. 13.

Gubbio verzeiht gemäß dem tags zuvor gefällten Schiedsspruch der Kommune Perugia und ihren Unterstützern (*coadiutatores pro facto guerre*) alle Kriegsschäden, darunter auch Spoleto (*similiter facimus finem perpetuam et refutationem inrevocabilem Tudertinis, Spoletinis*).

Nr. 12: 1201 – Norcia, Spoleto

Literatur: Grappa, Gente, S. 9.

Literaturhinweis, der in der Überlieferung Spoletos nicht belegt ist, das Archiv von Norcia konnte nicht besucht werden: „Subito dopo la ... fondazione [di Accumoli] il paese dovette sostenere una lunga guerra con la vicina Norcia, che, dopo aver stipulato un trattato di amicizia e di mutua assistenza con il potente Comune di Spoleto (1201), aveva intrapreso una politica espansionistica.".

Nr. 13: 1201 Oktober – Foligno, Perugia

Literatur: Bonazzi, Storia 1, S. 202; Sansi, Storia 1, S. 31 f.; Briganti, Città, S. 204 f.; Guidoni, Originalità, S. 390; Pratesi, Documentazione, S. 362; Scharff, Sicherung, S. 18, Anm. 23.

1201 Juni 20, Perugia

Druck: Documenti, hg. von Sansi, Nr. 11; Codice Diplomatico 1, hg. von Bartoli Langeli, Nr. 27.

Schiedsspruch der Konsuln und des Kämmerers von Perugia in einer Auseinandersetzung zwischen Foligno und Spoleto.

1201 Oktober, Perugia / 1202 Februar, [Foligno?]

Druck: Bartoli, Storia, S. 286–288; Miscellanea, hg. von Faloci-Pulignani, Nr. 1; Codice Diplomatico 1, hg. von Bartoli Langeli, Nr. 28. – Regest: Codici 6, hg. von Ansidei/Giannantoni, Nr. 74.

Im Februar 1202 wird das Bündnis durch einige Konsuln Folignos erneut beeidet, was im Instrument nach dem Actum, aber vor der Unterfertigung vermerkt ist.

Die Konsuln Perugias und Folignos schließen ein Bündnis (*sotietas, concordia*), das alle zehn Jahre erneuert werden soll. Es vereinbart:
– gegenseitige Hilfe in allen Angelegenheiten (*de omnibus negotiis*) außer gegen Papst, Kaiser und alle Personen, Orte und Städte, denen man bereits anderweitig eidlich verpflichtet ist (*salvis iuramentis que nos ... tenemur*), seitens Perugias wird Spoleto explizit genannt;
– Militärhilfe mit genauer Regelung der Kostenaufteilung;
– bei Konflikten zwischen den Bündnispartnern ein paritätisch besetztes vierköpfiges Schiedsgericht, das innerhalb von 30 Tagen den Konflikt beilegen soll;
– den Schwur der zukünftigen Konsuln auf das Bündnis.

Nr. 14: 1201 November – Camerino, Tolentino

Literatur: Ficker, Forschungen 2, S. 381; Hagemann, Fabriano 1, S. 105 f.; Hagemann, Studien: Tolentino 1, S. 179; Hagemann, Tolentino, S. 17; Bonfili, Comune, S. 62–64; Allevi, Valutazione, S. 99; Libro, hg. von Biondi, Introduzione, S. XXVIII.

1201 November, Camerino

Druck: Santini, Saggio, Appendice di documenti, Nr. 9. – Regest: RI V,2,4, Nr. 12228; Hagemann, Studien: Tolentino 1, Nr. 10.

Die Versprechungen Tolentinos sind nicht überliefert. Die Bestimmungen entsprechen trotz einiger inhaltlicher und sprachlicher Abweichungen dem zwischen Montecchio und Tolentino vereinbarten Bündnisinstrument (Nr. 15). Für einen gemeinsamen Entstehungskontext spricht auch die zwischen den Bündnissen verflochtene Schiedskompetenz der jeweils außenstehenden Kommunen.

Der Podestà Camerinos verspricht dem Podestà Tolentinos, vermutlich als Teil eines wechselseitigen Vertrags:

- Hilfe und Schutz für Tolentino und seine Einwohner bei der Bewahrung von Rechten und Besitzungen, außer gegen den Kaiser, den Markgrafen oder einen Legaten;
- den nur gemeinsamen Abschluss von Bündnissen und Friedensverträgen;
- die paritätische Verteilung von Ausgaben sowie etwaiger Beute und Eroberungen bei Kriegszügen, ausgenommen im Zweikampf gewonnene Pferde (*per lanceam adquisitum*); von einer Teilung ausgenommen werden auch Festungen, Siedlungen und Güter (*castrum, villa, mansus*), die einen Gebietszugewinn für Tolentino bedeuten (*pro adcrescimento Tolentini*);
- Feinde Tolentinos als eigene Feinde zu betrachten;
- gefangengenommene Tolentiner, wo möglich, gegen eigene Gefangene auszutauschen;
- das Bündnis auch durch zukünftige Rektoren der Stadt beeiden zu lassen;
- etwaige Konflikte zwischen den Bündniskommunen in die Hände der Kommunen Montecchio (heute Treia) und Montemilone (heute Pollenza) zu legen.

Nr. 15: 1201 November – Montecchio (heute Treia), Tolentino

Literatur: Santini, Saggio, S. 101; Hagemann, Studien: Tolentino 1, S. 179.

1201 November, [Montecchio]

Druck: Santini, Saggio, Appendice di documenti Nr. 8. – Regest: Hagemann, Studien: Tolentino 1, Nr. 9; Grassi-Coluzi, Annali, S. 40 f.

Die Versprechungen Tolentinos sind nicht überliefert. Die Bestimmungen entsprechen trotz einiger inhaltlicher und sprachlicher Abweichungen dem Instrument in Nr. 14, für einen gemeinsamen Entstehungskontext spricht auch die zwischen den Bündnissen verflochtene Schiedskompetenz der jeweils außenstehenden Kommunen.

Die Leute von Montecchio versprechen Tolentino, vermutlich als Teil eines wechselseitigen Vertrags, für zwanzig Jahre:
- Hilfe und Schutz für Tolentino und seine Einwohner bei der Bewahrung bestehender und zukünftiger Rechte und Besitzungen, ausgenommen die eigenen Besitzungen;
- Hilfeleistung im *castrum* Tolentino auf Kosten Tolentinos, außerhalb auf eigene Kosten;
- die paritätische Verteilung von Ausgaben sowie etwaiger Beute und Eroberungen bei Kriegszügen außer der im Zweikampf gewonnenen Pferde (*per lanceam acquisitum*); von einer Teilung ausgenommen werden auch Festungen, Siedlungen und Güter (*castrum, villa, mansus*), die einen Gebietszugewinn für Montecchio bedeuten (*pro adcrescimento nostri Castri*);
- weitere Bündnisse und Friedensverträge nur mit Zustimmung Tolentinos zu schließen;
- Feinde Tolentinos als eigene Feinde zu betrachten;
- das Bündnis alle zehn Jahre zu erneuern;
- das Bündnis (*sotietas*) auch durch zukünftige Konsuln und Podestà der Stadt beschwören zu lassen;
- etwaige Konflikte zwischen den Bündniskommunen in die Hände der Kommunen Camerino und Montemilone [heute Pollenza] zu legen.

Nr. 16: nach 1197, vor 1202 Januar 18 – Fano, Fermo, Jesi, Osimo

Literatur: Peruzzi, Storia, S. 352 f.; Winkelmann, Philipp, S. 113 mit irrigem Datum; Ficker, Forschungen 2, S. 252; Tillmann, Papst, S. 117; Hagemann, Jesi, S. 149; Leonhard, Seestadt, S. 104–110; Piccinini, Marca, darin insb. Villani, Azione, und Borri, Trattato; Pirani, Scrittura, S. XXXVIII–XL.

Nur zu erschließen aus den Bedingungen des Friedens von Polverigi, der unter päpstlicher Vermittlung am 18. Januar 1202 geschlossen wurde, und aus einer historiographischen Notiz.

[1201]

Boncompagno da Signa, Liber de obsidione Ancone, hg. von Garbini, S. 157.

Elapsis postmodum aliquot annorum curriculis, post mortem videlicet imperatoris Henrici, qui regnum Sicilie obtinuit, convenerunt Auximani cum Firmanis et Fanenses cum Esinatibus, molientes anchonitanos cives, propter invidiam, guerris continuis lacessire.

1202 Januar 18, Polverigi

Druck: Sommario, Regesta Firmana, hg. von Tabarrini, Appendice, Nr. 2; Borri, Trattato, S. 65, dort auch zu weiteren Editionen. – Regest: RI V,2,4, Nr. 12233.

Der Friedensvertrag besteht aus einer Vielzahl an Einzelbestimmungen, die über die Beschaffenheit des Bündnisses jedoch keine weiteren Informationen liefern. Jesi scheint an der zugrundeliegenden Konfliktkonstellation nicht beteiligt, sondern nur über das Bündnis in die Kriegshandlungen verwickelt gewesen zu sein (so Hagemann und Borri). Das Bündnis war möglicherweise gegen Ancona gerichtet (vgl. Leonhard).

Friedensschluss (*finis et pax*) zwischen Fermo, Osimo und Jesi auf der einen, Ancona und seinen Verbündeten auf der anderen Seite.

Nr. 17: nach 1197, vor 1202 Januar 18 – Ancona, Camerano, Castelfidardo, Civitanova, Montolmo (heute Corridonia), Recanati, Sant'Elpidio, möglicherweise auch Pesaro, Senigallia und die *milites* der *societas de Valle Esina*

Literatur: siehe Nr. 16, zu den *milites* der *societas Valle Esina* Maire Vigueur, Centri.

Nur zu erschließen aus den Bedingungen des Friedens von Polverigi, der unter päpstlicher Vermittlung am 18. Januar 1202 geschlossen wurde. Die Aufzählung der Verbündeten unterscheidet zwischen dem Großteil der Kommunen und den *milites*, Senigallia und Pesaro. Möglicherweise waren diese drei Akteure somit auf andere Weise involviert bzw. durch ein selbstständiges Abkommen verbunden.

1202 Januar 18, Polverigi

Druck: Sommario, Regesta Firmana, hg. von Tabarrini, Appendice, Nr. 2; Borri, Trattato, S. 65, dort auch zu weiteren Editionen. – Regest: RI V,2,4, Nr. 12233.

Der Friedensvertrag besteht aus einer Vielzahl an Einzelbestimmungen, die über die Beschaffenheit des Bündnisses jedoch keine weiteren Informationen liefern.

Friedensschluss (*finis et pax*) zwischen Fermo, Osimo und Jesi auf der einen, Ancona und den Verbündeten (*eorum socii*) Sant'Elpidio, Civitanova, Montolmo, Recanati, Castelfidardo und Camerano sowie den *milites* der *societas de Valle Esina* mit Senigallia und Pesaro auf der anderen Seite.

Nr. 18: 1202 März 4 – Perugia, Siena

Literatur: Scharff, Sicherung, S. 18, Anm. 23; Grundman, Popolo, S. 49, 55.

1202 März 4, Monte Follonico

Druck: Caleffo 1, hg. von Cecchini, Nr. 56 (mit Datierung auf 1201); Codice Diplomatico 1, hg. von Bartoli Langeli, Nr. 29. – Regest: RI V,2,4, Nr. 12234; Regestum, hg. von Schneider, Nr. 398.

Die Konsuln Perugias und Sienas schließen ein Bündnis (*amicitia, societas*) mit zehnjähriger Laufzeit. Es beinhaltet:
- den gegenseitigen Schutz von Personen und Besitz;
- die Befreiung von Wegezöllen (*guida, passagium*), bei Zuwiderhandlung erfolgt schnellstmögliche Restitution;
- Waffenhilfe in Höhe von 100 Rittern für einen Monat, zu leisten innerhalb von acht Tagen nach Aufruf, mit einer differenzierten Kostenregelung (die hilfeleistende Kommune übernimmt, sobald das Aufgebot den Fluss Chiana überquert hat, für acht Tage alle Kosten, danach gehen die Unterhaltskosten zu Lasten der fordernden Kommune, Entschädigungen werden weiter durch die leistende Kommune übernommen), darüber hinausgehende Militärhilfe, auch durch das gesamte Aufgebot, ist nach gemeinsamer Absprache möglich;
- ein Schiedsgericht durch befreundete Kommunen, das Konflikte zwischen den Kommunen oder einzelnen Bürgern innerhalb von 30 Tagen schlichtet;
- die Beschwörung des Vertrags durch 100 Ratsmitglieder, die amtierenden Konsuln und die Bevölkerung;
- die Aufnahme des Vertrags in die Statuten (*constitutum et breve*) und den Schwur der zukünftigen Amtsträger auf diese;
- die Ausnehmung des Papstes und seiner Kardinäle, von Rom und Florenz sowie der *societas Tuscie* (Nr. 2) und anderen, mit denen ein Abkommen besteht; Siena nimmt zudem Orvieto aus.

1203 Januar 21, Colle di Val d'Elsa, *apud abbatiam de Spongia*

Druck: Caleffo 1, hg. von Cecchini, Nr. 62, der jedoch die Datierung nach Florentiner Stil nicht berücksichtigt und somit die Jahresangabe 1202 aus dem Instrument übernimmt trotz Nennung der richtigen Indiktion. – Regest: Regestum, hg. von Schneider, Nr. 413; Vermerk Codice diplomatico, hg. von Fumi, Nr. 74, allerdings mit Januar 18.

Bündnis (*amicitia, societas*) zwischen Siena und dem Grafen Ildebrandino Aldobrandeschi, Siena nimmt Perugia von den Vereinbarungen aus.

1217 September 6, Perugia

Druck: Codice Diplomatico 1, hg. von Bartoli Langeli, Nr. 64.

Die Anwesenheit der Vertreter Sienas ist nicht ausreichend, um ein Fortbestehen des Vertrags zu belegen; sie verweist aber, so auch Bartoli Langeli (S. 168, Anm. 1), zumindest auf gute Beziehungen zwischen Perugia und Siena.

Schiedsspruch zwischen Perugia und Gubbio in Anwesenheit von Vertretern der nicht am Konflikt beteiligten Kommune Siena.

Nr. 19: 1202 August 20 – Oktober 4 – Orvieto, Siena

Literatur: Bizzarri, Trattati, S. 244; Koranyi, Studjów, S. 27; Waley, Orvieto, S. 17 f.; Mezzanotte, Orvieto, S. 93–95.

1202 August 20, Orvieto, *ante domum Iohannis Rainerii Cencii ... et postea in palatio civitatis*

Druck: Caleffo 1, hg. von Cecchini, Nr. 57. – Regest: RI V,2,4, Nr. 12251; Regestum, hg. von Schneider, Nr. 404.

Schwur des Podestà Orvietos, für zwanzig Jahre ein Bündnis (*societas, fraternitas, unitas*) mit Siena einzuhalten, das folgende Bestimmungen beinhaltet:
– den Schutz der Sieneser Bürger mit ihrem Besitz und Entschädigung, falls diese einen Schaden im orvietanischen Gebiet erleiden;
– den Verzicht auf Wegzölle (*guida, passagium*) und andere Abgaben;
– Waffenhilfe gegen jedermann, ausgenommen Kaiser und Papst (solange dieser nicht die Besitzungen Sienas mindern will), mit dem allgemeinen Aufgebot für 15 Tage (ohne An- und Abreise) auf eigene Kosten, zu leisten innerhalb von acht oder 15 Tagen nach Aufruf; falls Siena nur Berittene oder Fußkämpfer benötigt, stellt Orvieto zweimal im Jahr 200 Ritter oder 500 *pedites* für acht Tage auf eigene Kosten, bei längeren Dienstzeiten übernimmt Orvieto nur noch die Entschädigungskosten, Siena den Unterhalt; die Reduktion dieser Zahl durch die sienesischen Konsuln ist möglich;
– das Verbot an die eigenen Untergebenen, im Dienste der Feinde Sienas zu kämpfen;
– die Möglichkeit von Vertragsänderungen bei gemeinsamen Beschluss;
– die Beschwörung des Vertrags durch 1000 *homines de maioritate ... et popularibus* bis Allerheiligen (1. November), ausgenommen jene, die geschworen haben, den Eid nicht zu leisten, solange *dominus* Guinisius *consul* dem Vertrag nicht zugestimmt hat;
– die Aufnahme des Bündnisses in die Statuten.

1202 August, [Orvieto]

Druck: Caleffo 1, hg. von Cecchini, Nr. 59. – Regest: Regestum, hg. von Schneider, Nr. 405.

Beeidung des Bündnisses durch ca. 1 000 *homines* aus Orvieto gemäß der Vertragsbestimmungen.

1202 Oktober 1, Siena

Druck: Caleffo 1, hg. von Cecchini, Nr. 60. – Regest: Regestum, hg. von Schneider, Nr. 407.

Eid Sienas bezüglich des Friedens mit Montepulciano, anwesend ist auch Marsopius *iudex de Urbivieto* und somit der Notar, der den Bündnisschwur vom 20. August verschriftlicht hat.

1202 Oktober 4, Siena

Regest: Codice diplomatico, hg. von Fumi, Nr. 73.

Schwur des Vertreters Sienas, für zwanzig Jahre ein Bündnis (*societas, fraternitas, unitas*) mit Orvieto einzuhalten unter den oben genannten, gespiegelten Bedingungen (die Übereinstimmung beinhaltet selbst die Klausel zur Zustimmung des Konsuls Guinisius).

1202 Oktober

Annales urbevetani, Cronica potestatum, ad a. 1202, hg. von Fumi, S. 141.

Facta est societas inter Urbevetanos et Senenses de mense octubris.

1203 Januar 15, Orvieto

Druck: Caleffo 1, hg. von Cecchini, Nr. 58. – Regest: Codice diplomatico, hg. von Fumi, Nr. 74; Regestum, hg. von Schneider, Nr. 412.

Zustimmung der kommunalen Führung Orvietos zu einem Frieden zwischen Siena und dem Grafen Ildebrandino Aldobrandeschi, unter Vorbehalt des zwischen ihnen bestehenden Bündnisses (*salvis omnibus iuramentis, pactionibus et conditionibus que continentur in carta societatis*); sollte Orvieto aber zukünftig einen Krieg gegen den Grafen um einige aufgeführte Besitzungen führen, ist Siena weiterhin verpflichtet, die im Bündnisvertrag vereinbarte Waffenhilfe zu leisten (*sicut continetur et scriptum est in instrumento nostre societatis*).

1203 Januar 21, Colle di Val d'Elsa, *apud abbatiam de Spongia*

Druck: Caleffo 1, hg. von Cecchini, Nr. 62, der jedoch die Datierung nach Florentiner Stil nicht berücksichtigt und somit die Jahresangabe 1202 aus dem Instrument übernimmt trotz Nennung der richtigen Indiktion. – Regest: Regestum, hg. von Schneider, Nr. 413; Vermerk Codice diplomatico, hg. von Fumi, Nr. 74, allerdings mit Januar 18.

Bündnis (*amicitia, societas*) zwischen Siena und dem Grafen Ildebrandino Aldobrandeschi, Siena nimmt unter anderem Orvieto von den Vereinbarungen aus (*Item excipiunt Urbevetanos et sacramenta omnia quibus eis tenentur*).

1203 Juni 23, nahe des Kastells Pitigliano, *in silva in valle Orticaria*

Regest: Codice diplomatico, hg. von Fumi, Nr. 76.

Kompromiss zwischen Orvieto und dem Grafen Ildebrandino Aldobrandeschi, ausgenommen seitens Orvietos ist Siena, mit dessen Kommune die Stadt verbunden ist. Anwesend sind auch Konsuln und Bürger der Stadt Siena.

Nr. 20: 1207 Juni 25 – Fano, Rimini

Literatur: Leonhard, Seestadt, S. 113, Anm. 157; Bartoli Langeli, Patto, S. 16.

1207 Juni 25, Rimini

Druck: Amiani, Memorie, Sommario, S. XX–XXII.

Die Gegenversprechungen Riminis sind nicht überliefert.

Die Leute aus Fano beeiden einen Freundschaftsvertrag mit Rimini (*pagina pactionis et promissionis, quam facimus nos Fanenses vos Ariminensibus esse boni et veraces amici*; *societas*; *concordia*) auf fünf Jahre. Er beinhaltet:
- Hilfe gegen jedermann, außer die Römische Kirche, den Kaiser und deren Vertreter sowie Venedig, Senigallia und Fossombrone *nobis subiecta*;
- Unterstützung im Krieg gegen Pesaro – aktuell und in Zukunft, im Angriffs- wie auch im Verteidigungsfall – durch die Schädigung von Personen und Besitz dieser Kommune auf dem eigenen Gebiet und im Gebiet Pesaros und das Gebot an alle Untergebenen, sich ebenso zu verhalten;
- den Ausschluss von Hilfe oder Rat für Pesaro vonseiten Fanos oder der Einwohner des Distrikts Fanos;
- militärische Hilfe im Gebiet Pesaros durch das allgemeine Aufgebot innerhalb von 15 Tagen nach Aufruf, einmal jährlich für acht Tage und auf eigene Kosten;
- das Verbot, ohne Zustimmung Riminis irgendeinen Amtsträger (*potestas, iudex, tabellio, capitaneus de guerra*) nach Pesaro zu entsenden;
- das Verbot von Bündnis-, Bürgerschafts- oder Schutzverträgen mit Pesaro und den Bewohnern eines genau definierten Gebiets im Contado Pesaros (*a Folia usque ad Ariminum et usque ad districtum Ariminen.*), außer diese nehmen ihren Wohnsitz in Fano;
- ein Verbot, Schutz-, Bündnis- und Bürgerschaftsverträge mit den *Bandones* oder der Stadt Urbino abzuschließen oder diesen einen *capitaneus de guerra* zu stellen sowie weitere Regelungen zur Aufnahme von Personen aus deren Einflussbereich;
- die Erlaubnis an Rimini, jederzeit einen Frieden mit Pesaro zu schließen, solange Fano von allen Schadensersatzforderungen befreit ist;
- eine modifizierte Waffenhilfe nach Ablauf der Vertragslaufzeit (zweimal jährlich ein Aufgebot von 50 Berittenen und 100 Fußkämpfern unter genau geregelten Bestimmungen zur Kostenaufteilung und zum Einsatzgebiet);
- die Auslösung von Bürgern aus Fano, die im Dienst Riminis in Gefangenschaft geraten sind, falls Rimini über Möglichkeiten zum Gefangenenaustausch verfügt;
- die Wahl von zwei Schiedsrichtern aus Rimini durch Fano, die über definierte Rechtsstreitigkeiten (Verträge, Quasi-Verträge, Delikte, Quasi-Delikte) zwischen den Einwohnern der beiden Kommunen richten;
- den Schwur der zukünftigen Amtsträger auf das Bündnis;

- die Möglichkeit zu Änderungen am Vertrag auf gemeinsamen Wunsch beider Bündnispartner;
- eine Geldstrafe von 1.000 Mark Silber.

Nr. 21: 1208 Juni 23 – Perugia, Todi

Literatur: Bonazzi, Storia 1, S. 202; Briganti, Città, S. 205; Pratesi, Documentazione, S. 363; Scharff, Sicherung, S. 18, Anm. 23; Andreani, Todi al tempo di Iacopone, S. 25.

1208 Juni 23, Piano dell'Ammeto

Druck: Codice Diplomatico 1, hg. von Bartoli Langeli, Nr. 43.

Die Konsuln Perugias und der Podestà Todis erneuern (*refirmamus*) für zehn Jahre einen Bündnisvertrag (*amicitia, societas*) unter folgenden Bedingungen:
- die gegenseitige Hilfe gegen jedermann, ausgenommen Papst, Kaiser und Rom;
- den Abschluss weiterer Bündnisverträge nur mit Zustimmung des Bündnispartners;
- Waffenhilfe auf Anfrage auf eigene Kosten (*suis exspensis et reditibus*); falls nur Berittene oder Bogenschützen gefordert werden, übernimmt die fordernde Stadt die Unterhalts-, die leistende die anfallenden Entschädigungskosten;
- ausgenommen sind die Abkommen, die Todi mit Amelia und Perugia mit Gubbio, Città di Castello, Nocera und Città della Pieve verbinden.

1217 Dezember 30, Perugia

Druck: Codice Diplomatico 1, hg. von Bartoli Langeli, Nr. 65. – Regest: Hagemann, Kaiserurkunden 2, Nr. 17.

Schiedsspruch im Konflikt zwischen Perugia und Gubbio, der Perugias Unterstützer (*coadiutatores de guerra*), darunter Todi, mit einbezieht.

1217 Dezember 31, Perugia

Druck: Codice Diplomatico 1, hg. von Bartoli Langeli, Nr. 66. – Regest:, Codici 2, hg. von Ansidei/Giannantoni, Nr. 13.

Gubbio überträgt, gemäß dem tags zuvor erfolgten Schiedsspruch, Gebietsrechte an Perugia und vergibt der Kommune und ihren Helfern, darunter Todi, alle Kriegsschäden (*similiter facimus finem perpetuam et refutationem inrevocabilem Tudertinis, ... et omnibus aliis qui fuerunt vobiscum de guerra*).

Nr. 22: 1212 Mai 27 – Camerano, Osimo

Literatur: Peruzzi, Storia, S. 358; Donzelli, Memorie, S. 150–153; Leonhard, Seestadt, S. 115, Anm. 175.

1212 Mai 27, Osimo

Druck: Martorelli, Memorie, S. 94 f.; Cecconi, Storia, Appendice, Nr. 3; Libro, hg. von Colini-Baldeschi, Nr. 85; Libro, hg. von Carletti/Pirani, Nr. 86.

Der Podestà Osimos und die Konsuln Cameranos beschwören einen Bündnisvertrag auf zehn Jahre. Folgende Bestimmungen gelten für beide Parteien:
- Hilfe und Schutz für Leib und Gut von Angehörigen der Kommunen;
- Waffenhilfe auf Kosten der leistenden Stadt, solange dem kein kaiserlicher Befehl entgegensteht, die fordernde Stadt übernimmt jedoch die Unterhaltskosten;
- die Möglichkeit, bei gemeinsamem Beschluss Änderungen am Vertrag vorzunehmen;
- eine Geldstrafe von 100 Mark Silber.

Der Podestà Osimos verspricht zudem, das *castrum* Camerano gegen jedermann, insbesondere aber gegen einen Angriff Anconas zu schützen. Camerano hingegen ist zur Hilfe nur in einem genau abgegrenzten Gebiet, insbesondere gegen Recanati und Castelfidardo, verpflichtet. Bei einem Angriff Anconas auf Osimo aus eigenem Antrieb (*non adiuvando alios*) ist Camerano nicht zur Waffenhilfe verpflichtet (außer Camerano ist der Anlass für die Kriegshandlungen), dient den *milites* und *pedites* aus Osimo aber als Stützpunkt, wobei die Größe des stationierten Aufgebots gemeinsam definiert wird.

Nr. 23: 1214 Februar 26 – Camerino, Fabriano

Literatur: Libro, hg. von Biondi, Introduzione, S. XXXI.

1214 Februar 26, im Contado Camerinos, *in Corraimine*

Druck: Carte, hg. von Zonghi/Ciavarini, Nr. 62; Libro rosso 2, hg. von Bartoli Langeli/Irace/Maiarelli, Nr. 32.

Die Unstrukturiertheit des Instruments könnte auf einen Entwurf hinweisen. So wird nicht deutlich, ob es sich bei den Bestimmungen zur Waffenhilfe um gesonderte Eventualfälle (allgemeines Aufgebot; Anforderung kleinerer Kontingente) oder um Ergänzungen handelt.

Der Podestà Camerinos und ein Konsul Fabrianos beschwören ein Bündnis (*societas, amicitia*), das folgende gegenseitige Verpflichtungen enthält:
- Waffenhilfe, falls eine der Kommunen in einem genau festgelegten Gebiet in eine Kriegshandlung verwickelt wird;
- die gemeinsame Entscheidung über den Abschluss von Friedensverträgen oder anderen Abkommen;
- die Aufteilung gemeinsam gemachter Beute nach einem feststehenden Schlüssel (es folgt ein Rechenbeispiel);
- Schutz und Hilfe für Personen und Besitz;
- eine gemeinsame Freund-Feind-Politik (*tenere inimicos ... inimicos*);

- die Gleichbehandlung der Bürger der Bündnisstadt bei einer Klage vor der kommunalen Führung;
- ein Schiedsgericht bei Konflikten zwischen den Kommunen, besetzt aus je einem Schiedsrichter aus beiden Städten, die innerhalb eines Monats einen Schiedsspruch fällen müssen – dieser muss von den Kommunen angenommen werden;
- bei Anforderung von *milites* und *pedites* entsenden die Kommunen 20 Ritter und 200 Fußkämpfer zwei- bis dreimal pro Jahr, die in einem vereinbarten Raum für acht Tage, bei gemeinsamem Beschluss auch länger, zur Verfügung stehen; die Unterhaltskosten übernimmt die fordernde Stadt, anfallende Entschädigungskosten die leistende;
- die Aufhebung von Wegezöllen und Abgaben (*pedagium, salquaticum*);
- die Auslösung von Gefangenen der Bündnisstadt, auch durch den Austausch eigener Gefangener;
- die Ausnehmung von Papst, Kaiser und deren Vertretern von den Bündnisvereinbarungen; gegenüber diesen versprechen sich die Kommunen jedoch, die Sache des anderen bestmöglich zu vertreten;
- die jährliche Beschwörung des Vertrags durch die kommunalen Amtsträger;
- weitere Zusätze zur Waffenhilfe (eine räumliche Präzisierung) und zur Rechtspflege (gesondertes Schiedsgericht bei Klage eines Bürgers gegen die Bündniskommune);
- eine Vertragsstrafe von 100 Mark Silber.

Camerino verspricht Fabriano zudem Hilfe bei der Wahrung der Besitzrechte am Kastell Cerreto, am Kastell *Coldamati* und an weiteren Gütern in dem Zustand, in dem Fabriano sie von den jeweiligen Vorbesitzern erworben hat, ausgenommen sind nur die *castellani Sancte Anatholie*.

Nr. 24: 1214 März 21 – Narni, Orvieto

Literatur: Lanzi, Lodo; Terrenzi, Narni, S. 14–21; Maccarrone, Studi, S. 79–86; Andreani, Narni, S. 161 f.

1214 März 21, nahe Alviano

Regest: Codice diplomatico, hg. von Fumi, Nr. 97.

Erhalten sind nur die Versprechungen Narnis, es bleibt somit ungeklärt, ob der Vertrag paritätisch formuliert war. Die überlieferten Bestimmungen lassen jedoch ein Ungleichgewicht zugunsten Orvietos vermuten. Da nur das Regest eingesehen werden konnte, erfolgt die Zusammenfassung unter Vorbehalt.

Fünf Ratsbürger („cittadini del Consiglio") Narnis beschwören einen Freundschaftsvertrag (*amicitia*) mit Orvieto auf zehn Jahre. Er beinhaltet:
- den Schutz von Personen und Besitz der Bündnisstadt im eigenen Distrikt;
- Waffenhilfe außer gegen den Papst, den Kaiser und Rom;
- die gemeinsame Entscheidung über Friedensverträge und andere Abkommen;
- die gemeinsame Entscheidung über eine Verlängerung des Bündnisses;
- die Entsendung des allgemeinen Aufgebots auf Anforderung für acht Tage in einem genau definierten Raum und für 15 Tage, falls der Angriff von einem Gegner Orvietos ausgeht;
- die Bereitstellung von Pferden, falls Orvieto außerhalb dieses Gebietes Krieg führt, die Kosten übernimmt in diesem Falle Orvieto;
- die notwendige Einholung der Zustimmung Orvietos, falls Narni Kriegshandlungen beginnt;
- die Beschwörung des Abkommens durch 100 ausgewählte Bürger und die Volksversammlung.

+ 1214 April 20, Narni

Die Gesandten Orvietos nehmen den Schwur der Volksversammlung Narnis entgegen.

1215 Juni 7

Druck: Lanzi, Lodo, S. 131–133.

Schiedsspruch durch Innozenz III. im Streit um Stroncone, der auch eine Auflösung des Bündnisses fordert: *Item, societates quas excomunicationis tempore contraxistis, penitus abiuretis nec cum aliquibus de cetero contrahatis sine nostra vel Rectoris Tuscie coscientia et consensu.*

Nr. 25: vor 1215 April 8 – Foligno, Todi

Literatur: siehe Nr. 26, 31, 32.

Nur zu erschließen aus einer Reihe von Dokumenten kommunaler und päpstlicher Provenienz. Obwohl die päpstliche Überlieferung Todi, Terni und Foligno als eine Bündnisgruppe nennt, ist davon auszugehen, dass die Städte in bilateralen Verträgen verbunden waren. Erhalten ist der Vertrag zwischen Foligno und Terni (Nr. 26), der vermuten lässt, dass bereits zuvor ein bilateraler Vertrag zwischen Foligno und Todi bestand.

1215 April 8, [Foligno]

Druck: Lanzi, Pergamena, S. 382 f.; Rossi-Passavanti, Interamna, S. 156 f.

Bündnisvertrag zwischen Foligno und Terni (Nr. 26), Foligno nimmt die Kommune Todi von allen Bündnisleistungen aus.

1220 Juli 11, Orvieto

Druck: Codex, hg. von Theiner, Nr. 80; Reg. Honorius III, Nr. 2551.

Honorius III. befiehlt der Kommune Todi, die durch seinen Subdiakon Pandulfus vermittelten *pacta* zwischen Todi, Foligno und Terni auf der einen Seite und Spoleto, Narni und Montefalco auf der anderen Seite einzuhalten.

1221 Februar 18, Rom

Druck: Theiner, Codex, Nr. 104; Reg. Honorius III, Nr. 3110.

Honorius III. berichtet über seine Erfolge im Dukat Spoleto und verweist dabei auf den Konflikt zwischen Spoleto, Narni und Montefalco einerseits, Terni, Todi und Foligno andererseits (*Deinde cum inter Spoletanos, Narnienses, Cocoionenses et adiutores eorum ex parte una, et Interampnenses, Tudertinos, Fulginates et adiutores eorum ex altera gravi guerra suborta*).

Nr. 26: 1215 April 8 – Foligno, Terni

Literatur: Lanzi, Pergamena; Rossi-Passavanti, Interamna, S. 152; Angeloni, Storia, S. 140; Lattanzi, Storia, S. 280–285; Bartoli Langeli, Notai, S. 172.

1215 April 8, [Foligno]

Druck: Lanzi, Pergamena, S. 382 f.; Rossi-Passavanti, Interamna, S. 156 f.

Es fehlen die Gegenversprechungen Ternis. Bei dem überlieferten Instrument handelt es sich mit großer Wahrscheinlichkeit um eine Fälschung des bekannten Urkundenfälschers Alfonso Ceccarelli (1532–1583), der die Zeugenreihe nutzte, um einen „Senebaldus Nicolai Anastasii Paradisi" einzufügen. Da Ceccarellis Fälschungsmethode den Urkundeninhalt jedoch meist unverändert ließ, ist der so überlieferte Text unter Vorbehalt als authentisch anzusehen.

Der Richter der Kommune, der Vikar des Podestà, der Kämmerer Folignos und das ganze Volk (*et nos totus populus Fulginei*) beschwören gegenüber Terni:
- ohne die Zustimmung Ternis keinen Frieden oder Waffenstillstand mit Spoleto zu schließen;
- gegen Spoleto innerhalb von 15 Tagen nach Aufruf Waffenhilfe zu leisten und Personen und Besitz Spoletos nach Möglichkeit zu schaden;
- beide Klauseln auch einzuhalten, falls zwischenzeitlich ein Friede geschlossen wurde, der dann wieder gebrochen wird;
- die Beeidung des Vertrags durch zukünftige Amtsträger zu gewährleisten;
- den Vertrag alle zehn Jahre, auf Anfrage auch früher, zu erneuern;
- auf Anfrage so schnell wie möglich Ritter und Fußkämpfer zu entsenden, die bis zu 15 Tage auf Kosten Folignos in Terni bleiben können;
- die Angehörigen Ternis und ihren Besitz im eigenen Gebiet zu schützen;
- keine Wegezölle (*passadium*) zu erheben;
- nur den Papst, Rom, den Kaiser und die Kommune Todi von den Bündnisleistungen auszunehmen;
- gemeinsam beschlossene Vertragsänderungen ebenfalls zu beschwören.

1220 Juli 11, Orvieto

Druck: Codex, hg. von Theiner, Nr. 80; Reg. Honorius III, Nr. 2551.

Honorius III. befiehlt der Kommune Todi die durch seinen Subdiakon Pandulfus vermittelten *pacta* zwischen Todi, Foligno und Terni auf der einen Seite und Spoleto, Narni und Montefalco auf der anderen Seite einzuhalten.

1221 Februar 18, Rom

Druck: Theiner, Codex, Nr. 104; Reg. Honorius III, Nr. 3110.

Honorius III. berichtet über seine Erfolge im Dukat Spoleto und verweist dabei auf den Konflikt zwischen Spoleto, Narni und Montefalco einerseits, Terni, Todi und Foligno andererseits (*Deinde cum inter Spoletanos, Narnienses, Cocoionenses et adiutores eorum ex parte una, et Interampnenses, Tudertinos, Fulginates et adiutores eorum ex altera gravi guerra suborta*).

Nr. 27: 1215 November 22 – Ancona, Castelfidardo, Cingoli, Numana, Recanati

Literatur: Cecconi, Storia, S. 34 f.; Pancaldi, Cingoli, S. 64–66; Grillantini, Storia, S. 219 f. (mit falscher Datierung des Bannspruchs auf Februar 2); Leonhard, Seestadt, S. 116.

1215 November 22, Recanati

Druck: Cecconi, Storia, Appendice, Nr. 6; Leonhard, Seestadt, Quellenanhang, Nr. 1.

Die Form des Instruments verweist wahrscheinlich auf einen späteren Beitritt Cingolis, der ursprüngliche Bündnisvertrag wäre dann vorzudatieren. Möglich, wenn auch weniger wahrscheinlich, wäre auch eine ungewöhnliche Vertragsform, die den Versprechungen der Bündnispartner immer die eigenen Versprechungen gegenüberstellt.

Die *ambassiatores* Anconas und Numanas und die Podestà Castelfidardos und Recanatis auf der einen Seite und der Podestà Cingolis auf der anderen Seite schließen ein Bündnis (*sotietas et compagnia*), das Folgendes beinhaltet:
– die Sicherheit von Leib und Gut in den jeweiligen Territorien für Angehörige der Bündnisstädte;
– die Befreiung von verschiedenen Durchgangszöllen (*sine passagio, silgiratico, scalatico et duana et sine aliquo datio*);
– Waffenhilfe gegen Osimo, Senigallia, Jesi und Fano innerhalb von acht Tagen nach Aufruf bis zum Ende der bewaffneten Auseinandersetzung;
– den Einschluss Cingolis in Friedensabkommen mit den genannten Städten zu gleichen Bedingungen;
– die Bereitstellung von Schleuderern und Bogenschützen sowie von bis zu 50 Rittern durch Ancona, falls nötig, gemäß den Vorgaben der Rektoren Recanatis – Cingoli stellt hingegen berittene Kämpfer, Bogenschützen, Schleuderer und Fußkämpfer *pro posse*;
– die Aufnahme Cingolis, falls die Bündniskommunen ein weiteres Bündnis mit Fermo oder Pesaro schließen, falls gewünscht – gleiches gilt für die Bündnispartner, falls Cingoli ein solches Bündnis verhandelt;
– ein unentgeltliches Schiedsgericht durch die nicht beteiligten Kommunen bei Konflikten innerhalb des Bündnisses;
– die Auslösung von Gefangenen, falls diese in Folge des Bündnisses in Gefangenschaft geraten sind;
– die Aufteilung gemeinsam gemachter Beute unter allen Kämpfern, wobei den *milites* mehr zusteht;
– die Aufstellung eines gemeinsamen Kontingents mit 40 Rittern aus Cingoli, 200 aus Ancona, 100 *homines* aus Recanati und 30 aus Castelfidardo;
– eine Vertragsstrafe über 500 Silbermark.
Cingoli verspricht zusätzlich, keine Kriegshandlungen gegen die genannten Gegner ohne Zustimmung Anconas zu beginnen.

1216 Februar 28, Osimo

Druck: Carte, hg. von Cecconi, Nr. 88 (105).

Die Kommune Osimo verhängt den Bann über die Söhne des Mainettus, da der älteste, Rambertus, als Podestà von Cingoli *tempore guerre* den Beitritt dieser Kommune zur *societas* mit Ancona und Recanati herbeigeführt habe.

Nr. 28: 1216 März – Arezzo, Perugia

Literatur: Magherini-Graziani, Storia, S. 103–105.

1216 März, Fercione

Druck: Codice Diplomatico 1, hg. von Bartoli Langeli, Nr. 61.

Die Podestà Arezzos und Perugias vereinbaren für zehn Jahre ein Abkommen, das Folgendes beinhaltet:
- ein gemeinsames Vorgehen gegen Città di Castello;
- einen nur gemeinsamen Friedensschluss oder Waffenstillstand mit Città di Castello bezüglich des Konflikts um die *marchiones*, den Mathey *de Monte Acuto* und die Leute und das *castrum* von Citerna;
- die Aufteilung zukünftiger Eroberungen im Territorium Città di Castellos nach einem festgesetzten räumlichen Schlüssel; Eroberungen an der Stadt selbst werden geteilt;
- die Pflicht zur Wahrung von Anvertrautem und zur Beratung nach bestem Gewissen;
- eine Geldstrafe von 1.000 Silbermark.

1217 September 6, Perugia

Druck: Codice Diplomatico 1, hg. von Bartoli Langeli, Nr. 64.

Schiedsspruch zwischen Perugia und Gubbio, anwesend sind u. a. Vertreter Arezzos.

Nr. 29: vor 1216 Juni 18 – Gubbio, Sassoferrato

Nur zu erschließen aus den Abkommen, die Sassoferrato mit Cagli (Nr. 33) und Rocca Contrada (Nr. 30) vereinbart. In beiden Verträgen wird Gubbio von den Vertragsleistungen ausgenommen, in der Übereinkunft mit Rocca Contrada wird eine bestehende *amicitia* als Grund genannt (*salva ... amicitia facta inter civitatem Eugubii et commune Sassiferrati*).

Nr. 30: 1216 Juni 18 – Sassoferrato, Rocca Contrada (heute Arcevia)

Literatur: Pagnani, Carta; Villani, Rocca Contrada, S. 265–268, 334 f. (dort auch eine Abbildung).

1216 Juni 18, San Donnino

Druck: Pagnani, Carta, S. 277–280; Villani, Rocca Contrada, Appendice documentaria, Documenti storici, Nr. 5. – Regest: Regesti, hg. von Villani, Nr. 7.

Schiedsspruch zwischen Sassoferrato und Rocca Contrada, der neben der Festlegung eines umstrittenen Grenzverlaufes ein Bündnis zwischen beiden Kommunen verordnet (*precipio ... ut amicitia et compagnia et societas ... conservetur*). Dieses beinhaltet:
- die gegenseitige Hilfe in Krieg und Frieden;
- ein Verbot von Separatfrieden;
- ein jährlich zu wählendes Schiedsgericht aus zwei *boni homines*, um Streitigkeiten beizulegen;
- die Aufnahme der *amicitia* in die Statuten;
- das Verbot, eine Auflösung des Bündnisses durch Kaiser oder Papst zu erwirken;
- eine Vertragsstrafe von 1.000 Pfund.

Rocca Contrada verpflichtet sich zudem, keinen Wegzoll von den Angehörigen Sassoferratos zu erheben, Sassoferrato nimmt Gubbio von den Vertragsverpflichtungen aus. Beide Kommunen stimmen einer Änderungsfrist bis Michaeli (29. September) zu.

Nr. 31: vor 1216 Juni 28 – Narni, Spoleto

Literatur: Lanzi, Lodo; Waley, Papal State, S. 132; Sestan, Comune, S. 176; Onofri, Nascita, S. 99; Lattanzi, Storia, S. 280, 286; Andreani, Narni, S. 162.

1216 Juni 28, Spoleto

Druck: Documenti, hg. von Sansi, Nr. 18.

Bündnisvertrag zwischen Spoleto und Rieti (Nr. 32), Spoleto nimmt die *societas* mit Narni von allen Bündnisleistungen aus.

1218 Juli 20

Druck: Documenti, hg. von Sansi, Nr. 21.

Abkommen zwischen Bonifatius Ugolini Bonicomitis und seinen Konsorten einerseits und Narni und Spoleto andererseits. Die Vertragsparteien verpflichten sich unter genau definierten Bedingungen zur gegenseitigen Militärhilfe gegen Todi bis zum Ende des Krieges.

1220 Juli 11, Orvieto

Druck: Codex, hg. von Theiner, Nr. 80; Reg. Honorius III, Nr. 2551.

Honorius III. befiehlt der Kommune Todi die durch seinen Subdiakon Pandulfus vermittelten *pacta* zwischen Todi, Foligno und Terni auf der einen Seite und Spoleto, Narni und Montefalco auf der anderen Seite einzuhalten.

1221 Februar 18, Rom

Druck: Theiner, Codex, Nr. 104; Reg. Honorius III, Nr. 3110.

Honorius III. berichtet über seine Erfolge im Dukat Spoleto und verweist dabei auf den Konflikt zwischen Spoleto, Narni und Montefalco einerseits, Terni, Todi und Foligno andererseits (*Deinde cum inter Spoletanos, Narnienses, Cocoionenses et adiutores eorum ex parte una, et Interampnenses, Tudertinos, Fulginates et adiutores eorum ex altera gravi guerra suborta*).

Nr. 32: 1216 Juni 28 – Spoleto, Rieti

Literatur: Sansi, Storia 1, S. 41; Sestan, Comune, S. 179 f.; Lattanzi, Storia, S. 280; Leggio, Farfa, S. 294 f.

1216 Juni 28, Spoleto

Druck: Documenti, hg. von Sansi, Nr. 18.

Der Vikar des Podestà von Rieti und die Konsuln von Spoleto schließen ein Bündnis (*societas*) mit zehnjähriger Laufzeit, das Folgendes beinhaltet:
- den Schutz von Angehörigen und Besitz der Bündnisstadt, wobei Spoleto aufgrund des älteren Abkommens mit den *Macholinenses* den Reatiner Fortibrachius mit Leuten und Besitz von dieser Verpflichtung ausschließt, solange mit diesem keine Einigung erreicht ist;
- den Erlass von Wegezöllen (*scorta, pedagium*);
- gegenseitige Waffenhilfe auf Kosten des Fordernden, insbesondere gegen Terni (seitens Spoleto) und gegen Berardus und Matheus *de Lavareta* (seitens Rieti); ausgenommen sind der Papst, die Stadt Rom, seitens Rieti zudem das *Castrum Luci*, seitens Spoleto zudem Narni und die *Macholinenses*.

+ *item postea*, Rieti

Das Bündnis wird durch 340 *homines* der Stadt Rieti beschworen.

Nr. 33: 1217 Mai 14 – Cagli, Sassoferrato

1217 Mai 14, *curia Frontonis*, im Contado Caglis

Regest: Documenti, hg. von Baldetti, Nr. 11.

Überliefert sind nur die Versprechungen Sassoferratos, die Regelungen zum Gefangenenaustausch zeigen jedoch eindeutig, dass das Vertragsverhältnis wechselseitig war. Die Erarbeitung erfolgte auf Grundlage eines Regests.

Der Podestà als Vertreter Sassoferratos schließt mit der Kommune Cagli einen fünfjährigen Freundschaftsvertrag (*esse verus amicus*) und gelobt:
- die Angehörigen Caglis mit Leib und Gut zu schützen;

- zweimal jährlich auf Anfrage Waffenhilfe mit zehn Rittern und 300 *pedites* für 15 Tage zu leisten (die Kosten werden die ersten acht Tage von Sassoferrato, danach von Cagli übernommen, lagern die Bewaffneten in Cagli, übernimmt das *castrum* die Verpflegung);
- Hilfe gegen alle außer gegen den Kaiser und Gubbio zu leisten;
- die Feinde Caglis nicht zu unterstützen;
- Gefangene aus Cagli, die im Dienste Sassoferratos in Gefangenschaft geraten, gegen eigene Gefangene einzulösen und vor der Freilassung keinen Frieden mit dem Gegner zu schließen;
- die Beschwörung des Vertrags durch seine Nachfolger und 200 *boni homines*.

Der Vertragstext unterliegt der Geheimhaltung.

Nr. 34: 1217 Oktober 21 – Camerino, Matelica, Montemilone (heute Pollenza), San Severino

Literatur: Santini, Saggio, S. 101; Acquacotta, Memorie, S. 71 f.; Hagemann, Studien: Tolentino 1, S. 190; Bonfili, Comune, S. 67 und Anm. 41; Libro, hg. von Biondi, Introduzione, S. XXXI f.

1217 Oktober 21

Druck: Lapidi, hg. von Acquacotta, Nr. 18. – Regest: Pergamene, hg. von Grimaldi, Nr. 24.

Die Gegenversprechungen San Severinos sind nicht überliefert.

Die Konsuln von Camerino beeiden gegenüber dem Podestà von San Severino, der auch Matelica und Montemilone vertritt, einen Bündnisvertrag (*societas*). Camerino verpflichtet sich:
- Angehörige San Severinos mit Leib und Gut zu schützen;
- eine gemeinsame Freund-Feind-Politik zu betreiben;
- Waffenhilfe für acht Tage auf eigene Kosten zu leisten, die bei beidseitigem Beschluss auch verlängerbar ist (gegebenenfalls mit reduziertem Kontingent von einem Drittel der *milites* und 200 *pedites*);
- den Frieden mit Cingoli (sobald diese zu Unrecht besetzten Besitz an Camerino zurückerstatten), mit den Leuten der *Vallis Sancti Clementi*, mit Matelica und mit Montemilone zu wahren, außer San Severino erklärt einer dieser Gemeinschaften den Krieg;
- diese Gemeinden nur mit Zustimmung San Severinos in das Bündnis aufzunehmen, wobei die Bündnisverpflichtungen gegenüber San Severino immer vorgehen;
- keine Separatabkommen zu schließen;
- keine Hilfe gegen Tolentino zu leisten, auch wenn dies von einem anderen Bündnispartner Camerinos gefordert wird;
- dafür Sorge zu tragen, dass kein Einwohner San Severinos in Pitino siedelt;
- keine weiteren Bündnisse ohne Zustimmung abzuschließen;
- Konflikte zwischen einzelnen Bürgern oder den Kommunen durch ein Schiedsgericht aus jeweils zwei Männern (*probi et discreti et liales, et amatores utriusque communis*) beider Kommunen lösen zu lassen;
- Gefangene San Severinos auszulösen;
- den Bündnisvertrag von den Nachfolgern beschwören zu lassen, in die Statuten aufzunehmen und durch eine Geldstrafe von 1.000 Mark Silber zu sichern.

Nr. 35: 1218 September 3 – Perugia, Todi

Literatur: Briganti, Città, S. 205; Mancini, Todi, S. 63.

1218 September 3, Piano dell'Ammeto

Druck: Codice Diplomatico 1, hg. von Bartoli Langeli, Nr. 75.

Die Podestà Perugias und Todis erneuern (*refirmamus*) für zehn Jahre den Bündnisvertrag vom 23. Juni 1208 (Nr. 21). Die dort genannten Bestimmungen werden vollständig übernommen, ergänzt nur um eine Klausel zum Transit des befreundeten Aufgebots durch das eigene Gebiet. Diese sieht vor, dass der Durchzug friedlich erfolgen muss, die Lagerstätten auf Weisung eigens dafür bestellter Ortskundiger gewählt werden und Schadensersatz für entstandene Schäden geleistet wird.

Nr. 36: 1219 Mai 2 – Macerata, Montolmo (heute Corridonia)

Literatur: Foglietti, Conferenze, S. 177; Bartolazzi, Montolmo, S. 32 f. mit irrigem Datum (1218 Mai 9); Hagemann, Studien: Corridonia, S. 110 f.

1219 Mai 2, im gemeinsamen Rat

Druck: Compagnoni, Reggia, S. 92–93 (Teildruck); Hagemann, Studien: Corridonia, Nr. 1.

Die Leute von Montolmo und Macerata beeiden einen Vertrag, der
- die gegenseitige Waffenhilfe mit dem gesamten Aufgebot auf eigene Kosten (außer bei Einsätzen innerhalb der *castra*) vorsieht;
- die Wasserrechte am Fluss Chienti aufteilt;
- den Umgang mit Straf- und Zivilprozessen und die Strafe für Enteignungen und Überfälle auf Angehörige der Bündnisstadt festlegt;
- bisherige Konflikte zwischen den Kommunen oder ihrer Angehörigen beilegt;
- Abkommen mit Gegnern der Bündniskommune für unzulässig erklärt;
- den Schwur der nachfolgenden Amtsträger auf das Bündnis festschreibt.

Macerata verspricht zudem, von bestimmten *castellani* Montolmos, die in einem genau definierten Gebiet Besitz erwerben oder halten, keinen Gehorsam zu fordern.

Nr. 37: 1221 Oktober 27 – Orvieto, Siena

Literatur: Waley, Orvieto, S. 24; Salvatori, Giuramenti, S. 147 f.; Mezzanotte, Orvieto, S. 93–96.

1221 Oktober 14, Siena

Druck: Caleffo 1, hg. von Cecchini, Nr. 175. – Regest: Regestum, hg. von Schneider, Nr. 603.

Der Podestà Sienas ernennt zwei Stellvertreter (*arbitri et procuratores*), um ein Bündnis mit Orvieto zu beeiden, und zwar in der Form, in der auch der orvietanische Podestà das Bündnis beeiden wird.

Sollte dieser abwesend sein oder nicht persönlich schwören wollen, haben die Stellvertreter die Vollmacht, zu beschwören, dass der Nachfolger des amtierenden Podestà Sienas innerhalb eines Monats das Bündnis ratifizieren wird, wenn die Stellvertreter Orvietos dies ebenfalls gewährleisten.

1221 Oktober 22, Orvieto

Druck: Caleffo 1, hg. von Cecchini, Nr. 176. – Regest: Codice diplomatico, hg. von Fumi, Nr. 141; Regestum, hg. von Schneider, Nr. 606.

Gleichlautende Bestellung zweier Stellvertreter Orvietos. Der Kämmerer Orvietos fügt die Vollmacht hinzu, alles zu beschwören, was seinen Amtsbereich betrifft (*omnia que ad suum officium expectabunt*).

1221 Oktober 27, Siena

Druck: Caleffo 1, hg. von Cecchini, Nr. 174. – Regest: Codice diplomatico, hg. von Fumi, Nr. 142; RI V,2,4, Nr. 12803; Regestum, hg. von Schneider, Nr. 607.

Vier Schiedsrichter (*arbitri*) Sienas und Orvietos bestätigen den bestehenden Bündnisvertrag vom 20. August 1202 (Nr. 19) bis zum 1. September des Folgejahres und erneuern ihn von da an auf weitere 20 Jahre. Die Inhalte des alten Vertrags werden übernommen, ergänzt durch mehrere Bestimmungen zur Installation eines festen Schiedsgremiums, das durch jede neue Regierung im ersten Monat nach Regierungsantritt gewählt werden muss, einen Schwur auf ein Breve mit den genauen Modalitäten der Schiedstätigkeit zu leisten hat und seine Urteile über Auseinandersetzungen, Straftaten, Entschädigungen und Vertragsklagen schriftlich veröffentlicht. Die Entlohnung der Schiedsrichter und die Auslagen übernimmt jede Kommune für sich, die Kämmerer beschwören die Gewährleistung dieser Kostenübernahme. Neu vereinbart werden zudem eine zusätzliche Beschwörung des Bündnisses alle fünf Jahre, eine Vertragsstrafe in Höhe von 1.000 Mark Silber und die Nichtzulässigkeit der Lösung des Bündnisses durch kirchliche oder weltliche Instanzen.

[1221 Oktober 27, Siena]

Druck: Caleffo 1, hg. von Cecchini, Nr. 185 (mit Datierung auf Oktober 22–27). – Regest: Codice diplomatico, hg. von Fumi, Nr. 145; Regestum, hg. von Schneider, Nr. 615.

Es handelt sich um das im Vertrag genannte Breve. Cecchini datiert das undatierte Instrument auf den Zeitraum zwischen dem 22. und dem 27. Oktober, das Anfangsdatum ergibt sich aus der Gesandtenbestellung Orvietos, der terminus ante quem *aus einem Passus des Dokuments, der sich auf das zukünftige* sacramentum corporaliter *des Bündnisses durch beide Podestà bezieht. Cecchini geht davon aus, dass es sich hierbei um den Bündnisschwur vom 27. Oktober handelt. Am 27. Oktober schworen jedoch, obwohl der Schwurtext im Namen der beiden Podestà verfasst ist, die vier Schiedsrichter stellvertretend (*Iuraverunt utraque potestas predictarum comunitatum ... scilicet dominus Ponzus Amati Senensis potestas per Guidonem Ponzi et Priorem iudicem, arbitros pro comunitate Senensis constitutos procuratores et actores a dicto domino Ponzo ... ad ... iurandam predictam societatem in animam dicti domini Ponzi Senensis potestatis ... *[es folgt die gleiche Konstruktion für Orvieto])*. Da der persönliche Schwur der Podestà somit nach dem 27. Oktober lag und das Bündnisdokument und das Breve dieselben Zeugen nennen, ist eine Ausstellung am 27. Oktober wahrscheinlich.*

Schwurformel der Schiedsrichter, die die gemeinsame Beschlussfassung zum Besten beider Kommunen und zur Wahrung der *societas*, die Schlichtung bei Streitfällen zwischen den Kommunen und einzelner Bürger, die schriftliche Veröffentlichung der Urteile und die Pflicht zur Umsetzung dieser Urteile durch die Kommunen festhält, ergänzt durch detaillierte Bestimmungen zum Ablauf des Schiedsprozesses, gegliedert nach Klagegegenständen.

[1221 Oktober 27, Siena]

Druck: Caleffo 1, hg. von Cecchini, Nr. 186 (mit Datierung auf den November). – Regest: Codice diplomatico, hg. von Fumi, Nr. 143; Regestum, hg. von Schneider, Nr. 616.

Es ist davon auszugehen, dass ein gleichlautendes Instrument über den Schwur der sienesischen Schiedsrichter für die Dokumentation Orvietos erstellt wurde, das meines Wissens aber nicht überliefert ist. Cecchinis Datierung des undatierten Instruments resultiert möglicherweise aus der nicht korrigierten Datierung des Bündnisvertrags auf den 2. November durch Schneider.

Beurkundung der Beeidung des im Vertrag genannten Breve durch die Stellvertreter und Schiedsrichter Orvietos.

1221 Dezember 21, Siena

SAS Orvieto, Instrumentari 865 (Codice A Bitolario), fol. 27v–31r.

Beurkundung des Schwurs von ca. 1 020 *homines* aus Siena auf den Bündnisvertrag.

1221 Dezember 29 – 1222 Januar 5, Orvieto

AS Siena, Diplomatico Riformagioni 254 – 1221 gennaio 5, lunga 4. – Druck: Caleffo 1, hg. von Cecchini, Nr. 198. – Regest: Codice diplomatico, hg. von Fumi, Nr. 144; Regestum, hg. von Schneider, Nr. 614.

Beurkundung des Schwurs von ca. 944 *homines* aus Orvieto auf den Bündnisvertrag.

1226 Oktober 30 – November 1, Orvieto

Druck: Caleffo 1, hg. von Cecchini, Nr. 233. – Regest: Regestum, hg. von Schneider, Nr. 706.

Beurkundung des Schwurs von ca. 1 000 *homines* aus Orvieto auf den Bündnisvertrag gemäß der im Vertrag geforderten fünfjährigen Wiederholung.

1229 Juni 8, Orvieto

AS Siena, Diplomatico Riformagioni 338 – 1229 giugno 8, casella 48. – Druck: Codice diplomatico, hg. von Fumi, Nr. 191.

Die Gesandten Sienas fordern in Orvieto die vertragsgemäße militärische Hilfe gegen Montepulciano ein, unter Verweis auf die Vertragsbestimmungen und das mitgeführte Bündnisinstrument.

Nr. 38: vor 1222 August 10 – Macerata, Matelica, San Severino, Tolentino

Literatur: Santini, Saggio, S. 121; Acquacotta, Memorie, S. 72; Foglietti, Conferenze, S. 208; Zampetti, Federico, S. 135; Hagemann, Studien: Tolentino 1, S. 191; Hagemann, Studien: Sant'Elpidio, S. 100 f. und Anm. 119.

1222 August 10, Osimo

Druck: Martorelli, Memorie, S. 113 f.; Marangoni, Memorie, S. 257 f.

Abgesandte Maceratas bitten im Rat von Osimo um das Einverständnis dieser Kommune zu einem Bündnis zwischen Macerata, Civitanova, Sant'Elpidio und Monterubbiano (Nr. 40). Der Rat stimmt dem unter der Voraussetzung zu, dass u. a. die bestehenden Verträge zwischen Macerata, San Severino, Tolentino und Matelica nicht verletzt werden (*salvis omnibus pactis, quietationibus et promissionibus factis ab ipso Communi Maceratae, tam Communi Auximi et Racanati, quam Communi Sancti Severini, Tolentini et Matelicae et omnibus aliis sociis et amicis ipsius Civitatis Auximi*).

Nr. 39: vor 1222 August 10 – Macerata, Osimo, Recanati

Literatur: siehe Nr. 38.

1222 August 10, Osimo

Druck: Martorelli, Memorie, S. 113 f.; Marangoni, Memorie, S. 257 f.

Abgesandte Maceratas bitten im Rat von Osimo um das Einverständnis dieser Kommune zu einem Bündnis zwischen Macerata, Civitanova, Sant'Elpidio und Monterubbiano (Nr. 40). Der Rat stimmt dem unter der Voraussetzung zu, dass u. a. die bestehenden Verträge zwischen Macerata, Osimo und Recanati nicht verletzt werden (*salvis omnibus pactis, quietationibus et promissionibus factis ab ipso Communi Maceratae, tam Communi Auximi et Racanati, quam Communi Sancti Severini, Tolentini et Matelicae et omnibus aliis sociis et amicis ipsius Civitatis Auximi*).

Nr. 40: nach 1222 August 10 – Civitanova, Macerata, Sant'Elpidio, Monterubbiano

Literatur: siehe Nr. 38.

1222 August 10, Osimo

Druck: Martorelli, Memorie, S. 113 f.; Marangoni, Memorie, S. 257 f.

Abgesandte Maceratas bitten im Rat von Osimo um das Einverständnis dieser Kommune zu einem Bündnis zwischen Macerata, Civitanova, Sant'Elpidio und Monterubbiano. Der Rat stimmt dem zu unter den Voraussetzungen, dass die bestehenden Verträge und Bündnisse zwischen Macerata,

Osimo und Recanati (Nr. 39) sowie zwischen Macerata, San Severino, Tolentino und Matelica (Nr. 38) nicht verletzt werden und dass aus dem geplanten Bündnis keine Verpflichtungen Osimos gegenüber den genannten Kommunen entstehen.

Nr. 41: vor 1223 Juni 11 – Città di Castello, Gubbio

Literatur: Magherini-Graziani, Storia, S. 114.

1223 Juni 11, Gubbio

Druck: Magherini-Graziani, Storia, S. 114, Anm. 1.

Die Kommune Gubbio gibt ihr Einverständnis zu einem Vertrag Città di Castellos mit der *pars militum* Perugias (Nr. 42) und erhält eine ebensolche Erlaubnis. Ausgenommen werden die *contractus, pacta, sacramenta* und *promissiones* die zwischen beiden Städten bestehen.

Nr. 42: 1223 Juni 23 – Città di Castello, *pars militum* Perugias

Literatur: Magherini-Graziani, Storia, S. 114–118; Tabacco, Dinamiche, S. 290 f.; Bartoli Langeli, Famiglia, S. 67; Grundman, Popolo, S. 64 f.; Maire Vigueur, Cavaliers, S. 174–185.

1223 Juni 11, Gubbio

Druck: Magherini-Graziani, Storia, S. 114, Anm. 1.

Die Kommune Gubbio gibt ihr Einverständnis zu einem Vertrag Città di Castellos mit der *pars militum* Perugias.

1223 Juni 23, nahe Umbertide

Druck: Magherini-Graziani, Storia, S. 116 f., Anm. 1; Codice Diplomatico 1, hg. von Bartoli Langeli, Nr. 82.

Podestà, Kämmerer und ein Richter aus Città di Castello schließen einen zehnjährigen Vertrag mit der *pars que dicitur militum* Perugias und versprechen:
- unentgeltliche Hilfe im Konflikt der *pars militum* mit den *populares* Perugias, bestehend aus *consilium*, Waffenhilfe, Schutz von Leib und Gut der Parteiangehörigen und der Bereitstellung der Stadt als Aufenthaltsort für die *pars*;
- dass diese Regelungen auch gelten sollen für den Fall, dass der Konflikt nach einer ersten Beilegung erneut ausbricht – ausgenommen sind die *marchiones*, Rainerius von Monte Albano und die Kommune Gubbio;
- die Beschwörung des Vertrags durch die Bevölkerung von Città di Castello;
- eine Vertragsstrafe von 2.000 Mark Silber;
- die Nichtzulässigkeit der Lösung des Eids durch die Römische Kirche, den Papst oder einen anderen Kleriker.

1223 Juni 23, nahe Umbertide

Druck: Cronache 2, hg. von Bonaini u. a., S. 479–482; Magherini-Graziani, Storia, S. 115 f., Anm. 1; Codice Diplomatico 1, hg. von Bartoli Langeli, Nr. 83; Grundman, Popolo, S. 497–500. – Regest: RI V,2,4, Nr. 12864.

Die Sicherungsklauseln (Ratifizierung, Vertragsstrafe, Verzicht auf Lösung des Eids) entsprechen dem Gegenvertrag.

Die *capitanei* der *pars que dicitur militum* Perugias schließen mit den Vertretern der Kommune Città di Castello einen zehnjährigen Vertrag und geloben:
- Città di Castello von allen Verträgen mit Perugia und anderen Obligationen zu entbinden, insbesondere von einem 1219 abgeschlossenen Friedensvertrag;
- sich im Territorium Castellos friedlich zu verhalten;
- keine Rechtsbeziehungen mit Angehörigen des castellanischen Jurisdiktionsbereich einzugehen;
- auf bestehende Rechte in diesem Gebiet zu verzichten;
- Città di Castello bei einem Vorgehen im eigenen Contado zu unterstützen;
- die im Bündnisvertrag neu festgelegten Grenzen gegenüber den *populares* zu verteidigen und dafür Sorge zu tragen, dass kein dem Vertrag entgegenstehendes Kapitel in die Statuten Perugias übernommen wird;
- Angehörige Castellos mit Leib und Gut zu schützen;
- Città di Castello bei einem Frieden mit dem Popolo zu berücksichtigen und vor allem den Verzicht auf Schadensersatz gegenüber der Kommune festschreiben zu lassen.

1223 Juni 23, nahe Umbertide

Druck: Magherini-Graziani, Storia, S. 114 f., Anm. 2; Codice Diplomatico 1, hg. von Bartoli Langeli, Nr. 84.

Liste der Angehörigen Città di Castellos und der Perusiner *pars militum*, die das Bündnis beschwören.

1227 Juli 14

Druck: Magherini-Graziani, Storia, S. 119–122, Anm. 4.

Die Kommune Città di Castello versichert dem Kastell Montone in einem Zusatz zur Unterwerfung des *castrum*, sich bei den *milites Perusini qui sunt iurati cum civibus Castellanis* dafür einzusetzen, dass alle Verträge zwischen Perugia und Montone kassiert werden.

Nr. 43: 1223 Juni 24 – Assisi, *pars militum* Perugias

1223 Juni 23

Druck: Codice Diplomatico 1, hg. von Bartoli Langeli, Nr. 85.

Es ist davon auszugehen, dass Gegenversprechungen Assisis existierten, die möglicherweise den Versprechungen der Kommune Città di Castello (Nr. 42) ähnelten.

Die *capitanei* der *pars que dicitur militum* Perugias beschwören gegenüber dem Podestà, dem Kämmerer und einem Syndikus Assisis ein zehnjähriges Bündnis (*societas*) und versprechen:
- Assisi gegen jedermann außer die Römische Kirche zu unterstützen;
- sich zu bemühen, dass Assisi immer im Besitz der Römischen Kirche verbleibt;
- sich nicht mit Teilgruppen in Assisi zu verbünden oder auf andere Weise die Faktionenbildung zu unterstützen;
- den Contado Assisis und jenen der Stadt Nocera im Zustand von vor 30 Jahren wiederherzustellen und alle Instrumente, die dem widersprechen, zu kassieren;
- Assisi und diesen Vertrag in einen zukünftigen Frieden mit den *pedites* Perugias einzubeziehen;
- Assisi bei einem Angriff der *pedites* Perugias zu unterstützen, auch nach einem Friedensschluss;
- eine mögliche Lösung des Bündnisses durch den Papst oder seine Bevollmächtigten mittels einer Bürgschaftsregelung zu überbrücken und sich an der Kurie für dieses Abkommen einzusetzen;
- das Bündnis durch alle Angehörigen der *pars*, die älter als 14 sind, beeiden zu lassen;
- Assisi innerhalb von 15 Tagen zu entschädigen, wenn jemand aus der *pars* einen Angehörigen Assisis schädigen sollte.

Die Vertreter Assisis versprechen ihrerseits, die Bestimmungen einzuhalten.

1225 Juli 27, Deruta

Druck: Codice Diplomatico 1, hg. von Bartoli Langeli, Nr. 91.

Elf *milites* aus Perugia und drei Stellvertreter der Kommune Assisi bestätigen den Bündnisvertrag.

Nr. 44: vor 1226 November 26 – Cagli, Urbino

Literatur: Documenti, hg. von Baldetti, Introduzione, S. XXII, Anm. 62.

1226 November 26, [Cagli]

Regest: Documenti, hg. von Baldetti, Nr. 44.

Auflistung aller Schriftstücke der Kommune Cagli, die bei Ugolinus Domine verwahrt sind, darunter eine *carta*, die das Bündnis (*societas*) zwischen dieser Stadt und Urbino bezeugt.

Nr. 45: 1228 Juni 9 – Castelfidardo, Cingoli, Numana, Osimo, Recanati, Venedig

Literatur: Martorelli, Memorie, S. 114; Peruzzi, Storia, S. 377; Lenel, Entstehung, S. 49; Più antichi trattati, hg. von Luzzatto, S. 9–12; Hagemann, Jesi, S. 163 f.; Hagemann, Lettere, S. 92; Hagemann, Herzog, S. 439; Leonhard, Seestadt, S. 123–130; Bartoli Langeli, Patto, S. 11.

1228 Mai 7, Recanati

Druck: Più antichi trattati, hg. von Luzzatto, Nr. 6.

Bestellung des Simpricianus aus Recanati zum Syndikus der Kommune Recanati, um die *promissiones et allocamenta* mit dem Dogen von Venedig zu beschwören.

1228 Juni 9, Venedig

Druck: Più antichi trattati, hg. von Luzzatto, Nr. 7. – Regest: RI V,2,4, Nr. 12997.

Die Stellvertreter der Kommunen Osimo und Recanati beschwören für diese beiden Kommunen sowie für Numana und Castelfidardo ein fünfjähriges Bündnis (*fedus, pactum*). Es vereinbart:
- die Sicherheit aller Venezianer in den Territorien Osimos, Recanatis, Numanas und Castelfidardos;
- handels- und zollrechtliche Bestimmungen, die Venedig unbeschränkte und zollfreie Ein- und Ausfuhr von Waren und Lebensmitteln gewähren und den freien Transport gewährleisten;
- die Unterstützung Venedigs auf See und die Bereitstellung eines vor den Anconitanern sicheren Hafens;
- Waffenhilfe und Bann gegen Ancona, falls Ancona die Venezianer in diesem Hafen oder an der Küste angreift, unter Bereitstellung von 500 gut bewaffneten Rittern und 8 000 Fußkämpfern auf eigene Kosten;
- die Ungültigkeit von Friedensschlüssen mit Ancona ohne Zustimmung Venedigs und die unbedingte Einbindung der vier vertragsschließenden Kommunen, falls Venedig zu einem Frieden mit Ancona kommt;
- die Wahrung der Besitzrechte Osimos und Recanatis am Hafen, auch für den Fall, dass es nicht zu einem Krieg mit Ancona kommt;
- eine Vertragsstrafe von 1.000 Mark Silber;
- die jährliche Beeidung des Bündnisses durch die neuen Amsträger zu Beginn ihrer Amtsperiode.

Sollten Numana und Castelfidardo die Ratifizierung dieser Bestimmungen verweigern, ist der Doge diesen Gemeinden nicht verpflichtet.

1228 Juli, Venedig

Regest: Liber communis, hg. von Predelli, Nr. 629.

Beauftragung („commissione") des Pfarrers von S. Maria Zobenigo und des Petrus Albinus, zunächst in Osimo und Recanati die Beeidung des Bündnisses entgegenzunehmen, dann in Fermo die Einschätzung der Stadt und der beiden untergebenen Kommunen zu einem Krieg gegen Ancona einzuholen und evtl. gegen gewisse Zollerleichterungen um Waffenhilfe in Höhe von 200 Rittern und 2 000 Fußkämpfern zu bitten, und schließlich in Rimini gegen gewisse Handelsfreiheiten um 100 Ritter und 1 000 Fußkämpfer zu ersuchen.

1228 Juli 21, Osimo

Die Ratifizierungen Osimos und Numanas sind ungedruckt, die Anmerkungen Winkelmanns zum Druck der Ratifizierungsurkunde von Castelfidardo (1228 Juli 24) und die vorhandenen Drucke lassen aber darauf schließen, dass die Ratifizierungsinstrumente alle gleichlautend verfasst waren.

Ratifizierung und Beeidung des Vertrags durch die Kommune Osimo.

1228 Juli 22, Recanati

Druck: Più antichi trattati, hg. von Luzzatto, Nr. 8.

Ratifizierung und Beeidung des Vertrags durch den gemeinsamen Podestà der Kommunen Recanati und Osimo und durch die *connestabiles*, weitere Personen und die Volksversammlung Recanatis.

1228 Juli 24, [Castelfidardo]

Druck: Acta 1, hg. von Winkelmann, Nr. 611.

Ratifizierung und Beeidung des Vertrags durch die Konsuln, den Kämmerer und andere genannte Personen von Castelfidardo.

1228 Juli 24, [Numana]

Die Ratifizierungen Osimos und Numanas sind ungedruckt, die Anmerkungen Winkelmanns zum Druck der Ratifizierungsurkunde von Castelfidardo (1228 Juli 24) und die vorhandenen Drucke lassen aber darauf schließen, dass die Ratifizierungsinstrumente alle gleichlautend verfasst waren.

Ratifizierung und Beeidung des Vertrags durch den Vikar des Podestà von Numana.

1228 Juli 30, Cingoli

Druck: Più antichi trattati, hg. von Luzzatto, Nr. 9.

Von den sich bereits im Bündnis befindlichen Kommunen wird nur Osimo genannt.

Beitritt der Kommune Cingoli, die ohne erneute Inhaltswidergabe den Vertrag Venedigs mit Osimo beschwört.

1228 September 2, *in exercitu comunis Arim.*

Druck: Tonini, Storia 3, Appendice di documenti, Nr. 47. – Regest: RI V,2,4, Nr. 12998.

Die Bündnisstädte, vertreten durch die Stellvertreter Osimos und Recanatis, beschwören gemeinsam ein weiteres Bündnis mit Rimini, Fano und Senigallia (Nr. 48), das gegen Ancona, Jesi und Pesaro gerichtet ist. Venedigs Rechte sind von den Vertragsleistungen ausgenommen.

1228 Oktober 12, Perugia

Druck: Codex, hg. von Theiner, Nr. 149. – Regest: Reg. Grégoire IX, Nr. 218; RI V,2,3, Nr. 6742.

Gregor IX. rügt Venedig wegen des Eingreifens in die Mark Ancona und löst die zwischen Venedig, Osimo und Recanati geschlossenen Bündnisse, die der Römischen Kirche zum Nachteil gereichen. Die Kommunen der Marken wurden zuvor zur Klärung der Sachlage vorgeladen.

Nr. 46: 1228 Juni 20 – Jesi, Rocca Contrada (heute Arcevia)

Literatur: Hagemann, Jesi, S. 161 f.; Pagnani, Trattato; Leonhard, Seestadt, S. 127; Villani, Rocca Contrada, S. 269 f., 327 f.

1228 Juni 19, Jesi

Regest: Regesti, hg. von Villani, Nr. 45.

Jesi bestellt einen Syndikus, um ein Bündnis mit Rocca Contrada abzuschließen.

1228 Juni 20, Jesi

Druck: Villani, Rocca Contrada, Appendice documentaria, Documenti storici, Nr. 10; Pagnani, Trattato, S. 485–487. – Regest: Regesti, hg. von Villani, Nr. 44 (mit irriger Datierung, die Villani in der Edition korrigiert).

Die Vertreter Jesis und Rocca Contradas schließen ein zehnjähriges Bündnis (*societas*, *concordia*, *amicitia*). Sie vereinbaren:
- gegenseitige Waffenhilfe (Rocca Contrada stellt zweimal jährlich 25 *milites* und 500 Fußkämpfer, danach auf Anforderung zehn *milites* und 200 *pedites*; Jesi stellt zweimal im Jahr 50 *milites* und 1 500 *pedites*, danach auf Anfrage 20 Ritter und 400 Fußkämpfer);
- keine Kriegshandlung ohne Zustimmung des Bündnispartners zu beginnen, wobei sich Jesi Handlungsfreiheit gegenüber Osimo und Recanati reserviert;
- Konflikte durch ein Schiedsgericht aus zwei *boni viri* schlichten zu lassen;
- das Bündnis in die Statuten aufzunehmen und durch jeden neuen Amtsträger beschwören zu lassen;
- eine Vertragsstrafe von 1.000 Mark Silber;
- einen Vorbehalt der Eide, die Jesi Ancona geleistet hat, und der Befehle des Papstes und des Kaisers.

Jesi verspricht zudem, Rocca Contrada in jedem Falle gegen einen Angriff Senigallias zu verteidigen, Rocca Contrada gewährt Jesi dafür Zoll- und Handelsfreiheit im eigenen Territorium.

Nr. 47: nach 1228 Juli 24 – Assisi, Perugia

Literatur: Nessi, Ducato, S. 913 (mit irriger Datierung auf den 5. Juli und ungenau).

1228 Juli 15, Assisi

Druck: Codice Diplomatico 1, hg. von Bartoli Langeli, Nr. 94,1.

Der päpstliche Subdiakon Pandulfus unterbreitet dem generellen und speziellen Rat Assisis den Vorschlag Gregors IX., mit Perugia und anderen Gemeinden des Dukats ein Bündnis (*societas*) zu schließen gegen jeden, der dem Patrimonium und seinen Einwohnern schaden will. Der Rat stimmt dem zu.

1228 Juli 24, Assisi

Druck: Codice Diplomatico 1, hg. von Bartoli Langeli, Nr. 94,2.

Der generelle und spezielle Rat Assisis beschließt, dass der Podestà mit von ihm gewählten Begleitern nach Perugia zum päpstlichen Parlament reisen und dort hinsichtlich der von Gregor IX. vorgeschlagenen *societas* ganz den Wünschen des Papstes folgen soll, unabhängig von der Entscheidung der anderen Kommunen.

Nr. 48: 1228 September 2 – Castelfidardo, Cingoli, Fano, Numana, Osimo, Recanati, Rimini, Senigallia

Literatur: Bartoli Langeli, Patto, S. 16; siehe auch Nr. 45.

1228 September 2, *in exercitu comunis Arim.*

Druck: Tonini, Storia 3, Appendice di documenti, Nr. 47. – Regest: RI V,2,4, Nr. 12998.

*Dass auch zwischen Rimini und Fano ein Vertrag bestand, ergibt sich aus der Ausnehmung dieser Eide (*salvis sacramentis anterioribus sotietatum Arim. et eorum sotiorum sillicet Raven. et Fani*). Warum hier von Ravenna und nicht von Senigallia die Rede ist, ist nicht klar: Es könnte sich um einen Kopierfehler handeln (die Urkunde ist nur abschriftlich überliefert), um einen Fehler des Drucks oder um komplexere, überkreuzte Bündnisverhältnisse (ein bestehendes Bündnis zwischen Rimini, Ravenna und Fano, das ergänzt wird durch ein Bündnis Riminis, Fanos und Senigallias).*

Die Vertreter Osimos und Recanatis schließen für ihre Kommunen sowie für Castelfidardo, Cingoli und Numana, alle seit Juni in einem Bündnis mit Venedig verbunden (Nr. 45), einen weiteren Bündnisvertrag (*concordia, societas*) mit dem Podestà von Rimini in Stellvertretung seiner Kommune sowie der Kommunen Fano und Senigallia, die ebenfalls in einem Bündnisverhältnis stehen. Sie vereinbaren:
– Waffenhilfe mit jeweils 150 Rittern gegen Ancona, Jesi und Pesaro zu leisten, die innerhalb von zehn Tagen nach Anfrage zu entsenden sind und acht Tage auf eigene Kosten im Feld stehen, danach übernimmt die fordernde Stadt die Kosten;
– keine Separatfrieden abzuschließen;
– auch Gefangene der Bündnispartner auszutauschen.

Daneben enthält der Vertrag mehrere Zoll- und Handelsbestimmungen, wovon jedoch die Rechte des Reichs, der Römischen Kirche und der Stadt Venedig ausgenommen werden.

Nr. 49: 1228 November 18 – Città di Castello, Rimini

Literatur: Tonini, Storia 3, S. 48 f.; Magherini-Graziani, Storia, S. 122; Lombardi, Figura, S. 417; Documenti, hg. von Baldetti, Introduzione, S. XXII, Anm. 65; Falcioni, Liber, S. 173.

1228 November 18, Città di Castello

Druck: Tonini, Storia 3, Appendice di documenti, Nr. 50; Documenti, hg. von Franceschini, Nr. 6. – Regest: Turchini, Comune, S. 182.

Urbino und Cagli, gegen die sich dieser Vertrag richtet, befanden sich mindestens seit 1226 in einem Bündnis (Nr. 44).

Die Vertreter von Rimini und Città di Castello schließen ein Bündnis (*societas*), das folgende Bestimmungen vereinbart:
- Schutz und Hilfe für die Bündnisstadt und deren Angehörige;
- den Verzicht auf Zölle und Wegegelder;
- Handelsfreiheit;
- eine gemeinsame Freund- und Feindpolitik nach schriftlicher oder mündlicher Bekanntgabe der „Feinde";
- die Festlegung der Gerichtsinstanz bei Streitfällen zwischen Angehörigen der beiden Jurisdiktionsbereiche;
- Waffenhilfe, insbesondere gegen Urbino und Cagli, einmal jährlich innerhalb von 15 Tagen nach Aufruf und für acht Tage; die Kosten gehen in diesem Zeitraum auf die hilfeleistende Stadt, danach übernimmt die fordernde Kommune; bei Auseinandersetzungen mit einem Nachbarn in einem genau definierten Gebiet ist das Aufgebot auf 50 *milites* und 100 Bogen- oder Armbrustschützen reduziert;
- die Übernahme der Lösesumme durch die fordernde Stadt, sollten die Kommunen oder ihre Angehörigen infolge der Waffenhilfe Interdikt oder Exkommunikation erleiden;
- die Aufteilung der Eroberungen Castellos in einem fest definierten Raum des Territoriums von Cagli;
- die Nichtzulässigkeit von Abkommen und Friedensverträgen mit Feinden ohne Zustimmung der Bündniskommune;
- die notwendige Zustimmung beider Bündnispartner bei Vertragsänderungen;
- die Aufnahme des Bündnisses in die Statuten;
- die regelmäßige Beeidung durch alle Bürger im Alter zwischen 14 und 70 Jahren im Abstand von zehn Jahren;
- eine Vertragsstrafe von 1.000 Mark Silber.

Città di Castello erkennt zudem alle Rechte an, die Rimini an Urbino besitzt, unter der Voraussetzung, dass Rimini keinen Frieden mit Urbino ohne Zustimmung Castellos schließt, und verspricht militärische Hilfe gegen Urbino. Rimini erkennt im Gegenzug alle Rechte Castellos am *castrum Riparum* und einiger Bürger Castellos im Gebiet Urbinos an.

Nr. 50: 1229 Juni 27 – Florenz, Orvieto

Literatur: Davidsohn, Geschichte, S. 166, 216 f.; Waley, Orvieto, S. 25 f.; Mezzanotte, Orvieto, S. 95 f.; Regni, Comune, S. 19.

1229 Juni 8, Orvieto

AS Siena, Diplomatico Riformagioni 0338 – 1229 giugno 8, casella 48. – Druck: Codice diplomatico, hg. von Fumi, Nr. 191.

Die Kommune Siena fordert von Orvieto Bündnishilfe gegen Montepulciano und erhält einen positiven Bescheid.

1229 Juni 10, *ad pedem quercus Monaldi seu Ranierii Stephani apud Petrorium*

Regest: Codice diplomatico, hg. von Fumi, Nr. 192.

Montepulciano unterstellt sich Orvieto und verspricht den Waffendienst nach Maßgaben Orvietos, insbesondere aber gegen alle, die Montepulciano angreifen, die Zollfreiheit für Orvietos Bürger und einen jährlichen Tribut. Ausgenommen werden Papst, Kaiser, Florenz, Arezzo und Rom. Anwesend ist auch ein Richter aus Florenz.

1229 Juni 27, Florenz

Druck: Codice diplomatico, hg. von Fumi, Nr. 192; Documenti, hg. von Santini, Nr. 74. – Regest: Trattati, hg. von Pampaloni, Nr. 43.

In der Ratsversammlung der Kommune Florenz schließen die orvietanischen Stellvertreter einen Vertrag (*promissio, conventio*) mit Florenz. Beide Parteien versprechen:
- Hilfe zu leisten, falls es zu einem Krieg mit Siena anlässlich Montepulcianos kommt oder falls Siena einen anderen Ort angreift, in dem eine der beiden Kommunen Rechte besitzt;
- Abkommen und Friedensverträge mit Siena nur mit Zustimmung der Bündnisstadt in Form eines notariell beglaubigten und besiegelten Instruments abzuschließen;
- den Vertrag in die Statuten aufzunehmen;
- eine Lösung des Vertrags durch weltliche oder kirchliche Personen nicht anzuerkennen;
- Zuwiderhandlungen mit einer Strafe von 2.000 Mark Silber zu ahnden.

[1229]

Annales urbevetani, Cronica antiqua, ad a. [1225?], hg. von Fumi, S. 127.

Unter der von Fumi eingefügten Jahreszählung „[1225?]" finden sich mehrere Ereignisse, die auf andere Jahre zu datieren sind, in der Vorlage folgen sie ohne Jahresnennung auf das Jahr 1225.

Orvieto und Florenz schließen ein Bündnis (*Eodem anno facta est sotietas inter Urbevetanos et Florentinos*).

1229

Annales urbevetani, Cronica potestatum, ad a. 1229, hg. von Fumi, S. 143.

[E]t eodem anno facta est societas inter Urbevetanos et Florentinos.

1235 Juli 4, Florenz

Druck: Documenti, hg. von Santini, Nr. 74. – Regest: Codice diplomatico, hg. von Fumi, Nr. 220; Trattati, hg. von Pampaloni, Nr. 43.

1235 kam es zum Abschluss der Friedensvermittlung seitens des Papsttums, vgl. Mezzanotte.

Zusatz zum Abkommen, der die Bündnishilfe auch für einen erneuten Ausbruchs des Konflikts nach einem Friedensschluss mit Siena vereinbart.

1235

Annales urbevetani, Cronica potestatum, ad a. 1235, hg. von Fumi, S. 149.

Fuit facta pax inter Florentinos et Urbevetanos ex una parte, et Pisanos et Senenses ex altera ...

Nr. 51: vor 1229 September 5 – Fabriano, Matelica, Montemilone (heute Pollenza), San Severino, Tolentino

Literatur: Hagemann, Fabriano 1, S. 120, insb. Anm. 1; Hagemann, Studien: Tolentino 1, S. 201.

1229 September 5, Fabriano

Druck: Carte, hg. von Zonghi/Ciavarini, Nr. 104.

Incastellamento-Vertrag, der neben grundsätzlichen Verpflichtungen der Neubürger Fabrianos Rusticus, Guido, Franciscus, Bonaccursus und ihrer Brüder vorsieht, dass sie die *societas castri Sancti Severini, Matelice, Tolentini et Montis Meloni* wahren.

Nr. 52: 1230 – Jesi, Rocca Contrada (heute Arcevia), Senigallia

Literatur: Hagemann, Jesi, S. 165; Pagnani, Trattato, S. 479.

Einziger Beleg ist die Nennung einer Syndikatsurkunde, ausgestellt durch die Kommune Rocca Contrada, in einem Findbuch des 19. Jahrhunderts des Archivio comunale Arcevia (G. Speranzini, Repertorio delle Pergamene, AC Arcevia 1825). Laut Hagemann ist die Urkunde heute nicht mehr auffindbar.

Nr. 53: 1230 März 26 – Cortona, Perugia

Literatur: Riganelli, Signora, S. 110, Anm. 19.

1230 März 26, Magione

Druck: Codice Diplomatico 1, hg. von Bartoli Langeli, Nr. 95.

Der ältere Vertrag zwischen beiden Kommunen ist nicht überliefert. Die genaue Form und der Zusammenhang mit dem neuen Vertrag sind nur ansatzweise erschließbar, da hier nur die Versprechungen Cortonas übernommen und durch Versprechungen Perugias ergänzt wurden. Es ist denkbar, dass Perugia infolge der geschwächten Position durch die jahrelangen Parteienkämpfe gezwungen war, einen Unterwerfungsvertrag in ein paritätisches Bündnis umzuwandeln, analog zu dem für Perugia sehr nachteiligen Vertrag, den die Kommune im Juli 1230 mit Città di Castello schloss (Nr. 55). Der

Aufbau des Vertrags ist so unstrukturiert, dass man einen Entwurf vermuten möchte, die Nennung von Zeugen wiederum weist darauf hin, dass es sich nicht um ein Konzept handelt, sondern dass das Schriftstück bei der Zusammenkunft der kommunalen Vertreter entstanden ist.

Die Vertreter der Kommunen Cortona und Perugia beeiden ein Bündnis (*pax, amicitia, societas*) und erneuern einen alten Vertrag. Die damaligen Versprechungen Cortonas werden in den Bündnisvertrag inseriert (*hec sunt conventiones et pacta inhita inter comune Peruscinum et comune Cortone, et reformatio et firmamentum pacis antique et amicitie*). Diese beinhalten:

- dass Cortona auf eigene Kosten Hilfe gegen alle Feinde Perugias mit dem gesamten Aufgebot oder einzelnen Kämpfern (*comuniter et divisim*) leistet; bei Kriegszügen außerhalb des Contados stellt Cortona 100 Ritter auf eigene Kosten;
- dass Cortona den Wiederaufbau von Castiglione del Lago weder vorantreibt noch zulässt, dass Dritte dies tun, und Perugia gegebenenfalls auch militärisch in dieser Frage unterstützt;
- dass Cortona die Sicherheit der Perusiner und Zollfreiheit im eigenen Territorium gewährleistet.

Die Perusiner geloben darauffolgend:

- Hilfe für Cortona und Schutz von Personen und Besitz;
- Waffenhilfe auf eigene Kosten;
- Sicherheit und Zollfreiheit für die Angehörigen des Jurisdiktionsbereichs Cortonas;
- den Ausschluss von Repressalien und in Konfliktfällen die Einrichtung eines Schiedsgerichts aus jeweils einem Bürger der beiden Kommunen; ein Schiedsgericht wird ebenfalls für die strittigen Besitzverhältnisse der *castra* Pierle, Gualdo und Castelnuovo vereinbart;
- die Aufnahme des Bündnisses in die Statuten;
- eine Vertragsstrafe von 1.000 Mark Silber;
- die Ausnehmung des Papstes und der Römer (*preter contra dominum papam et Romanos*).

Nr. 54: 1230 Juli 21 – Città di Castello, Perugia

Literatur: Magherini-Graziani, Storia, S. 122–126; Briganti, Città, S. 206 f.

1230 Juni, Perugia

Druck: Magherini-Graziani, Storia, S. 123, Anm. 1; Codice Diplomatico 1, hg. von Bartoli Langeli, Nr. 99.

Die Vertreter der Kommunen Perugia und Città di Castello bestätigen, dass die getroffenen Abmachungen *de concordia et amicitia atque sotietate inter utramque civitatem facienda*, schriftlich festgehalten durch Notare beider Seiten, ihrem gemeinsamen Wille entsprechen. Die Perusiner verpflichten sich zudem, dass sie, wie vereinbart, zu dem Termin, den ihnen der Podestà Castellos noch mitteilen wird, erscheinen werden *ad complendum omnia que per dictos notarios scripta sunt de iam dicta concordia et amicitia atque sotietate*.

1230 Juli 17, Perugia

Druck: Magherini-Graziani, Storia, S. 123–126, Anm. 1, hier S. 126; Codice Diplomatico 1, hg. von Bartoli Langeli, Nr. 100.

Die Kommune Perugia ernennt ihren Syndikus zum Vertragsschluss mit Città di Castello.

1230 Juli 21, Santa Maria di Sette (im Contado Città di Castellos)

Druck: Muzi, Memorie, S. 51 f. mit irrigem Datum Juli 20; Documenti, hg. von Pasqui, Nr. 510; Magherini-Graziani, Storia, S. 123–126, Anm. 1; Codice Diplomatico 1, hg. von Bartoli Langeli, Nr. 101. – Regest: RI V,2,4, Nr. 13054 (nach Muzi, entsprechend mit irrigem Datum).

Alle Instrumente sind in Città di Castello vielfach, in Perugia hingegen gar nicht überliefert; vgl. die Angaben in der Edition von Bartoli Langeli. Aus diesem Grund fehlen heute auch die Versprechungen der castellanischen Seite.

Der Syndikus Perugias verspricht für seine Kommune:
- Hilfe mit allen Kräften und auf eigene Kosten gegen alle an die Diözese Castellos angrenzenden Kommunen zu leisten;
- sämtliche Rechte und Besitztümer Castellos zu wahren und bei der Rückgewinnung verlorengegangener Titel zu helfen, gesondert genannt sind San Sepolcro und Besitz, den Arezzo im Contado Castellos hält;
- unbegrenzt oft Waffenhilfe für 15 Tage unter der Befehlsgewalt des castellanischen Podestà und des Rates zu leisten, innerhalb von acht Tagen nach Aufruf im Winter, innerhalb von vier Tagen im Sommer; solange jedoch der Krieg mit Arezzo anhält, ist Perugia von der Waffenhilfe entbunden; falls Perugia in dieser Zeit Kriegszüge gegen andere Parteien führt, ist die Stadt Castello mit nur der Hälfte der *milites* und 2000 *pedites* verpflichtet;
- das Territorium Castellos, wie im Vertrag mittels einer Beschreibung der Pfarreien entlang der angrenzenden Diözesen (Perugia, Gubbio, Cagli, Urbino u. a.) festgelegt, zu wahren;
- Castello im bestehenden Krieg zwischen Arezzo einerseits, Perugia und Cortona andererseits (vgl. Nr. 53) zu unterstützen und zu gewährleisten, dass Cortona dasselbe tut und keinen Separatfrieden mit Arezzo schließt;
- Castello zu helfen, falls die Kommune einen Krieg mit einer Entität außerhalb oder innerhalb der Grenzen der Diözese beginnt und ohne Zustimmung des castellanischen Rates keinen Separatfrieden zu schließen;
- Gefangene, die Perugia bei solchen Gelegenheiten macht, Città di Castello auszuhändigen, außer sie werden für einen Austausch benötigt; Castello tauscht Gefangene zunächst gegen eigene Bürger, dann erst gegen Perusiner aus;
- auf alle Rechte und Ansprüche gegenüber Castello oder Gemeinschaften innerhalb der castellanischen Diözese, die sich aus älteren Verträgen ergeben, zu verzichten;
- Castello aus allen früheren, rechtlich bindenden Vereinbarungen zu lösen und alle hierüber ausgestellten Instrumente auszuhändigen; die fraglichen Rechte nicht an Dritte zu übertragen und auch in Zukunft keine Verträge mit Angehörigen des castellanischen Jurisdiktionsbereich zu schließen, die ein *servitium* enthalten; keine Erwerbungen im Territorium Castellos zu tätigen;
- bei Überfällen auf Angehörige Castellos Hilfe zu leisten, außer gegen Todi und Rom;
- keine Repressalien anzuwenden;
- Zoll- und Handelsfreiheit zu gewähren;
- keine Ausfuhrverbote nach Castello auszusprechen;
- keine neuen Kriege ohne Zustimmung Castellos zu beginnen, solange der bestehende Konflikt mit Arezzo, Cortona, Borgo San Sepolcro und anderen anhält;
- das Bündnis nicht durch geistliche oder weltliche Personen lösen zu lassen;
- das Bündnis durch alle Perusiner im Alter von 15 bis 70 Jahren beschwören zu lassen, alle zehn Jahre zu erneuern, in die Statuten aufzunehmen und nur bei gemeinschaftlichem Beschluss zu modifizieren – ausgenommen von allen Bestimmungen sind Papst, Kaiser und Rom;
- die Bestimmungen unter Vertragsstrafe von 5.000 Mark Silber einzuhalten.

1230 Juli 21, Santa Maria di Sette

Druck: Magherini-Graziani, Storia, S. 123, Anm. 1; Codice Diplomatico 1, hg. von Bartoli Langeli, Nr. 103.

Der Podestà Perugias beeidet die Einhaltung des Vertrags und die vereinbarte Verankerung in die Statuten Perugias.

Nr. 55: 1230 August 11 – Perugia, Todi

Literatur: Ceci, Todi, S. 121 f.; Tabacco, Dinamiche, S. 292.

1230 August 11, San Sigismondo, [Piano dell'Ammeto]

Druck: Codice Diplomatico 1, hg. von Bartoli Langeli, Nr. 104.

Sowohl die Tatsache, dass der Vertrag erst zwei Jahre nach Ablauf des alten Vertrags (1228) erneuert wurde, als auch die hinzugenommenen Bestimmungen zu innerstädtischen Auseinandersetzungen lassen sich möglicherweise auf den jahrelangen Parteienkonflikt in Perugia zurückführen, der erst um 1230 zur Aussöhnung gelangte.

Die Podestà Perugias und Todis erneuern für zehn Jahre den Bündnisvertrag vom 3. September 1218 (Nr. 35), der seinerseits eine Erneuerung des Vertrags vom 23. Juni 1208 ist (Nr. 21). Die dort genannten Bestimmungen werden vollständig übernommen, ergänzt durch:
- eine Klausel zur Schlichtung bei innerstädtischen Konflikten, die für die Bündnisstadt Unparteilichkeit, Vermittlungstätigkeit und – im Falle eines Ausfalls der kommunalen Regierung – die Übernahme der Interimsregierung vorsieht;
- Bestimmungen zur gegenseitigen Befreiung vom *pedagium* und zur Freiheit des Handels und der Getreideausfuhr;
- die Regelung der Rechtsinstanzen bei Konflikten einzelner Bürger;
- ein Verbot von Repressalien;
- eine Auslieferungsvereinbarung für Gebannte, Straftäter und Feinde der Städte;
- eine Erweiterung der Transitklausel des alten Vertrags um die Benennung eines Schiedsgerichts bei anfallenden Schäden im Rahmen des Durchzugs des befreundeten Heeres und um eine Aufzählung von Schäden, die von solchen Entschädigungsforderungen ausgeschlossen sind;
- eine Erweiterung der Vorbehalte vonseiten Perugias um Cortona (Nr. 53);
- eine Sicherung des Vetrags durch die Aufnahme in die Statuten, den erneuten Schwur bei jedem Wechsel der Amtsträger und eine Geldstrafe von 1.000 Mark Silber.

Nr. 56: vor 1232 – Faenza, Fano

Martino del Cassero (Martinus de Fano), Formularium, hg. von Wahrmund, Nr. 48 und 49.

Ob die im Formelbuch des Martino del Cassero wiedergegebene Diskussion fiktiv oder einem realen Vorbild nachgebildet ist, lässt sich nicht mehr erschließen.

In einem als Beispiel für die Verschriftlichung eines Ratsbeschlusses herangezogenen Ratsprotokoll berät das *consilium generale* Fanos über ein Bündnis mit Faenza: *Dominus M. potestas F(ani) in consilio generali per campanam more solito congregato concionando proposuit consiliariis, quid ipsis videretur de societate firmanda cum Faventinis ... Dominus G. concionando in eodem consilio respondit, quod nolebat societatem confirmari cum Faventinis, quia erat longinqua amicitia valida.*

Nr. 57: 1232 Mai 15 − Ancona, Cagli, Camerino, Fano, Jesi, Montecchio (heute Treia), Pesaro, Rocca Contrada (heute Arcevia), Sassoferrato, Serralta, *dominus* Gilius *Roccae Appenini*, u. a.

Literatur: Peruzzi, Storia, S. 378; Felten, Papst, S. 151; Winkelmann, Kaiser, S. 381; Zimmermann, Legation, S. 156 f.; Hagemann, Jesi, S. 166 f.; Waley, Papal State, S. 139; Leonhard, Seestadt, S. 130–133; Carile, Pesaro, S. 37; Frenquellucci, Pesaro, S. 131; Documenti, hg. von Baldetti, Introduzione, S. XXII, Anm. 66; Villani, Rocca Contrada, S. 332 f.; Libro, hg. von Biondi, Introduzione, S. XXIV.

1232 April 26, Jesi

Regest: Regesti, hg. von Villani, Nr. 80.

Die Kommune Jesi ernennt einen Syndikus, um ein Bündnis mit Ancona, Fano, Pesaro, Cagli und anderen beitrittswilligen Städten zu schließen.

1232 April 27, Camerino

Regest: Regesti, hg. von Villani, Nr. 81.

Die Kommune Camerino ernennt einen Syndikus, um ein Bündnis mit Jesi, Ancona, Fano, Pesaro, Cagli und anderen beitrittswilligen Städten zu schließen.

1232 Mai 8, Rocca Contrada

Regest: Regesti, hg. von Villani, Nr. 82.

Die Kommune Rocca Contrada ernennt einen Syndikus, um ein Bündnis mit Ancona, Jesi und anderen beitrittswilligen Städten zu schließen.

1232 Mai 15, Jesi

Druck: Antonelli, Ragioni, S. 140–142; Colucci, Treja, Appendice diplomatica cronologica alla parte seconda, Nr. 14 (Teildruck). – Regest: RI V,2,4, Nr. 13097; Regesti, hg. von Villani, Nr. 83.

Leonhard vermutet, dass sich der Vertreter Pesaros verspätete, weswegen das Bündnis am 16. Mai erneut abgeschlossen wurde. Allerdings handelt es sich bei dem zweiten Rechtsakt nicht um eine Bekräftigung des tags zuvor beeideten Bündnisses, sondern um den Schwur der Rektoren. An der Beteiligung Pesaros und auch Serraltas besteht jedoch aufgrund der Anwesenheit von Rektoren der beiden Kommunen kein Zweifel. Milo von Beauvais wurde noch vor Oktober 1232 als Rektor der Marken und des Dukats abgesetzt. Ob dieser Schritt, wie in der Literatur oft zu lesen, tatsächlich als Erfolg des Bundes zu werten ist, wird durch die spätere päpstliche Verurteilung in Frage gestellt.

Die Stellvertreter der Kommunen Ancona, Cagli, Camerino, Fano, Montecchio, Rocca Contrada und Sassoferrato, *dominus* Gilius *Roccae Appenini* und ein weiterer Herr, vertreten durch Guilielmus *Mutinensis*, Kastellan von Sassoferrato, schließen ein Bündnis (*societas*). Sie versprechen sich darin:
- die gegenseitige Hilfe gegen den päpstlichen Rektor Milo von Beauvais und dessen Vertreter und Anhänger, *volentes inhoneste, ac contra jus opprimere aliquem praedictarum*;
- die Einrichtung eines Rektorengremiums aus je einem Vertreter (*capitaneus, rector*) pro Kommune, das über militärische Aktionen entscheidet und dessen Beschlüsse für die Bündnispartner bindend sind;
- keine Sonderabkommen mit Milo zu schließen und die Entscheidung über einen Friedensschluss den Rektoren zu übertragen;
- wann immer nötig, *ambasciatores* auszutauschen oder an die Kurie zu entsenden; die Koordination obliegt dem Rektorengremium;
- Konflikte zwischen den Bündnispartnern durch die nicht betroffenen Mitglieder des Rektorengremiums schlichten zu lassen;
- Vertragszusätze und Änderungen am Vertrag durch die Rektoren anzuerkennen;
- bei Nichteinhaltung eine Geldstrafe von 1.000 Mark Silber zu zahlen.

1232 Mai 16

Druck: Antonelli, Ragioni, S. 138–140.

Die Rektoren der Bündnisstädte und der Kommunen Pesaro und Serralta leisten einen Amtseid, der Rektor Sassoferratos vertritt zudem die beteiligten Signori. Sie schwören, das Bündnis zu führen, die aktuellen und mögliche zukünftige Vereinbarungen zu wahren, für die Verteidigung der Bundesmitglieder zu sorgen, eine gemeinsame Freund-Feind-Politik zu verfolgen, kriegerische Aktionen gegen Milo von Beauvais und den Friedensprozess mit diesem zu organisieren und sich untereinander nicht zu schaden. Die Amtszeit wird auf drei Monate festgelegt, den Kommunen steht es frei, diese Amtszeit zu verlängern oder zu kürzen.

1234 November 22, Rom

Druck: Codex, hg. von Theiner, Nr. 172.

Gregor IX. mahnt gegenüber der Kommune Ancona vielfache Vergehen an, darunter auch die *conspirationes et coniurationes cum quibusdam sequacibus vestris contra venerabilem fratrem nostrum Belvacensem Episcopum, tunc Rectorem Marchie*.

Nr. 58: nach 1233 Februar 25 – Cagli, Sassoferrato

1233 Februar 25, Sassoferrato

Regest: Documenti, hg. von Baldetti, Nr. 94.

Die Kommune Sassoferrato ernennt einen Syndikus, um ein Bündnis mit den Vertretern der Kommune Cagli abzuschließen.

Nr. 59: vor 1235 Februar 10 – Cagli, Perugia, möglicherweise auch Ancona, Fano, Jesi, Pesaro, Urbino

Literatur: Gentili, Lettera; Amiani, Memorie, S. 169; Arduini, Inventario, S. 412, Anm. 169 und S. 415, Anm. 240; Lucarelli, Memorie, S. 62 f.; Cenci, Relazioni, S. 543; Giovagnoli, Gubbio, S. 70; Hagemann, Jesi, S. 168–170, Anm. 163; Sebastianelli, Castello, S. 288; Grundman, Popolo, S. 98 f.; Lombardi, Figura, S. 415, 418; Casagrande, Gubbio, S. 98 f.; Documenti, hg. von Baldetti, Introduzione, S. XXII f.

1235 Februar 10, Perugia

Druck: Gentili, Lettera, Appendice, Nr. 11; Amiani, Memorie, Sommario, S. XLVI. – Regest: Hagemann, Kaiserurkunden 2, Nr. 29.

Die Reaktion Gregors IX. wurde durch einen langwierigen und komplizierten Konflikt zwischen Gubbio und Cagli um den Neubau des Kastells Pergola ausgelöst, der sich bis 1248 hinziehen sollte. In dessen Rahmen traf Cagli nicht überlieferte Vereinbarungen mit den genannten Kommunen, wobei nicht deutlich wird, ob es sich um ein Großbündnis oder um eine Serie an bilateralen Verträgen handelt, Bartoli Langeli plädiert für letzteres. Der gesamte Konflikt-Verlauf lässt sich über die von Wolfgang Hagemann gesammelten Regesten verfolgen. Hier wurden nur die Stücke wiedergegeben, die konkret das Bündnis oder die Bündnisse betreffen.

Gregor IX. befiehlt den Kommunen Ancona, Fano, Jesi, Urbino und Pesaro, das mit Cagli und Perugia geschlossene Bündnis aufzulösen, widrigenfalls werde der Bischof von Assisi mit der Lösung beauftragt. Der gleiche Befehl sei auch an Cagli ergangen.

1235 Februar 10, Perugia

Druck: Gentili, Lettera, Appendice, Nr. 10; Amiani, Memorie, Sommario, S. XLV.

Gregor IX. an den Bischof von Assisi mit den entsprechenden Anweisungen.

1235 Februar 17, Cagli

Druck: Gentili, Lettera, Appendice, Nr. 12; Amiani, Memorie, Sommario, S. XLVII. – Regest: Documenti, hg. von Baldetti, Nr. 110.

Die Kommune Cagli ernennt einen Syndikus, der gemeinsam mit dem Rektor der Marken einen Kompromiss zwischen der Kommune und den verbannten *milites* der Stadt, die sich im *castrum* Pergola aufhalten, vereinbaren soll. Gegenstand der Vereinbarung ist die Unversehrtheit der Abgesandten Fanos, Anconas und Jesis oder anderer Städte, die für Cagli bürgen sollen.

1235 November 13, Viterbo

Druck: Gentili, Lettera, Appendice, Nr. 23. – Regest: Hagemann, Kaiserurkunden 2, Nr. 38.

Gregor IX. wiederholt den am 10. Februar an Ancona, Fano, Jesi, Urbino und Pesaro ergangenen Befehl.

1235 November 13, Viterbo

Druck: Gentili, Lettera, Appendice, Nr. 24; Codice Diplomatico 1, hg. von Bartoli Langeli, Nr. 152. – Regest: Hagemann, Kaiserurkunden 2, Nr. 37.

Gregor IX. richtet das am 10. Februar und 13. November 1235 formulierte Mandat nun auch an Perugia, mit der Durchführung der angedrohten Sanktionen wird Alatrinus, der Rektor des Dukats, betraut.

1235 November 13, Viterbo

Druck: Gentili, Lettera, Appendice, Nr. 23. – Regest: Hagemann, Kaiserurkunden 2, Nr. 38.

Gregor IX. betraut Alatrinus, den Rektor des Dukats mit der Durchführung kirchlicher Sanktionen. Interdikt und Exkommunikation bedürfen jedoch der päpstlichen Anordnung.

1235 November 13, Viterbo

Druck: Gentili, Lettera, Appendice, Nr. 23. – Regest: Hagemann, Kaiserurkunden 2, Nr. 38.

Gregor IX. informiert den Bischof von Assisi über die neu ergangenen Befehle und betraut ihn mit der Durchführung der Sanktionen gegenüber allen Beteiligten außer Perugia, wobei Interdikt und Exkommunikation nur mit päpstlicher Zustimmung verhängt werden dürfen.

Nr. 60: 1237 August 26 – Foligno, Gubbio, Perugia, Spoleto, Todi

Literatur: Gregorovius, Geschichte, S. 185 f.; Bonazzi, Storia 1, S. 226; Sansi, Storia 1, S. 61 f.; Arduini, Inventario, S. 413, 426–428; Ceci, Todi, S. 129 f.; Magherini-Graziani, Storia, S. 134; Briganti, Città, S. 186 f.; Hagemann, Kaiserurkunden 2, S. 168–177; Menestò, Esempio, S. 439; Nessi, Ducato, S. 916; Scharff, Sicherung, S. 18, Anm. 24; Bartoli Langeli, Federico II, S. 8; Maire Vigueur, Flussi, S. 946; Casagrande, Gubbio, S. 97–101; Andreani, Todi al tempo di Iacopone, S. 29; Documenti, hg. von Baldetti, Introduzione, S. XXIII.

1237 Juli 28, Todi

Druck: Miscellanea, hg. von Faloci-Pulignani, Nr. 3; Codice Diplomatico 2, hg. von Bartoli Langeli, Nr. 166. – Regest: Codici 8, hg. von Ansidei/Giannantoni, Nr. 113.

Podestà und Rat von Todi bevollmächtigen den Prokurator der Kommune Perugia, den Notar Sensus, auch in ihrem Namen ein bereits verschriftlichtes Bündnis mit Foligno und anderen Kommunen abzuschließen, vorbehaltlich des bereits bestehenden Bündnisses (*sotietas*) zwischen Perugia und Todi.

1237 Juli 28 – August 22

Deperditum. – Regest: Codice Diplomatico 2, hg. von Bartoli Langeli, Nr. 167.

Die Kommunen Perugia und Todi nehmen Foligno in ihr gemeinsames Bündnis (*sotietas*) auf.

1237 August 22, Perugia

Druck: Codice Diplomatico 2, hg. von Bartoli Langeli, Nr. 168. – Regest: Hagemann, Kaiserurkunden 2, Nr. 42.

Die Ratsversammlung der Kommune Perugia stimmt einem bereits vorbereiteten und verschriftlichten Kompromissfrieden zwischen Perugia und Gubbio sowie einem Bündnis (*sotietas*) zwischen diesen beiden Kommunen zu.

1237 August 26, Perugia

Druck: Codice Diplomatico 2, hg. von Bartoli Langeli, Nr. 169. – Regest: Hagemann, Kaiserurkunden 2, Nr. 47.

Die Kommune Perugia vergibt Gubbio alle Kriegsschäden und kassiert alle älteren Instrumente zwischen beiden Kommunen, ausgenommen nur der aktuelle Bündnisvertrag (*instrumentum sotietatis*) und die Gegenversprechungen Gubbios. Anwesend sind auch die Vertreter Folignos und Todis.

1237 August 26, Perugia

Druck: Codice Diplomatico 2, hg. von Bartoli Langeli, Nr. 170. – Regest: Codici 8, hg. von Ansidei/Giannantoni, Nr. 114; Regesto, hg. von Cenci, Nr. 46; Hagemann, Kaiserurkunden 2, Nr. 45.

Die Kommune Gubbio verspricht, das Kastell Valmarcola zu zerstören.

1237 August 26, Perugia

SAS Gubbio, Fondo Armanni, Pergamene, Busta XVI, perg. X,3. – Druck: Codice Diplomatico 2, hg. von Bartoli Langeli, Nr. 171–174. – Regest: RI V,2,4, Nr. 13240 (mit falscher Datierung nach Sansi, Storia 1, S. 61 f.); Regesto, hg. von Cenci, Nr. 47; Hagemann, Kaiserurkunden 2, Nr. 43 und 44, 46, 48–52.

Die wechselseitigen Verpflichtungen wurden in zwei gespiegelten Instrumenten verschriftlicht. Das Instrument über Gubbios Versprechungen ist heute allerdings verloren. Beide Instrumente wurden wahrscheinlich dreifach ausgefertigt durch die Notare Sensus aus Perugia, Deotaiuti aus Gubbio und Beneventias aus Foligno. Beeidet wurde der Vertrag nicht nur durch die Syndizi, sondern in den erhaltenen Exemplaren auch durch die Ratsmitglieder aus Perugia und Gubbio, die namentlich aufgeführt sind.

Die Syndizi der Kommunen Perugia, Todi und Foligno versprechen den Syndizi der Kommune Gubbio das bereits früher vereinbarte und nun inserierte Bündnis (*societas et concordia*) mit einer Laufzeit von zehn Jahren zu respektieren. Es beinhaltet:
- gegenseitige Hilfe beim Schutz der Kommunen und deren jeweiligem Contado auf eigene Kosten, vorbehaltlich der genannten Ausnehmungen Perugias (Rom, Nocera, Città di Castello, Cortona, Gualdo Tadino und Cagli), Todis (Rom, Amelia, Terni und Trevi), Folignos (Terni, Camerino und Trevi) und Gubbios (Assisi, Fano und Città di Castello);
- die Wahrung guter Beziehungen untereinander;
- die Unveränderlichkeit des Vertrags auch beim Beitritt weiterer Städte;
- den gegenseitigen Schutz von Personen und Besitz;

- Rechtssicherheit für einzelne Bürger und die Gemeinschaften, ausgenommen Fälscher, Diebe und Verbannte;
- die Unzulässigkeit von Separatfrieden bei gemeinsamer Kriegsführung;
- ein Schiedsgericht, bestehend aus den nicht beteiligten Bündniskommunen, die innerhalb von zwei Monaten ein Urteil fällen müssen; dieses muss von den Konfliktparteien angenommen werden;
- das Versprechen, Kommunen, die vorab von einer Teilnahme am Bund ausgeschlossen sind, nicht aufzunehmen außer auf Wunsch der Städte, die die Ablehnung ausgesprochen haben – es handelt sich um Orvieto, Narni und San Gemini (für Perugia, Todi und Foligno) und Cagli (für Perugia und Gubbio);
- die jährliche Aufnahme des Vertrags in die Statuten und eine Vertragsstrafe von 1.000 Mark Silber.

48 Ratsmitglieder der Kommune Perugia und 45 Ratsmitglieder der Kommune Gubbio beschwören die beeideten Verträge.

+ 1237 August 31

Eid eines weiteren Ratsmitgliedes aus Gubbio.

1237 Oktober 2, Perugia

Druck: Codice Diplomatico 2, hg. von Bartoli Langeli, Nr. 176. – Regest: Hagemann, Kaiserurkunden 2, Nr. 54.

Auf Bitten der Gesandten Gubbios lässt der Podestà Perugias den Schiedsspruch des Pandolfus (wahrscheinlich 1217) aus einem *liber comunis* löschen, da das Kastell Valmarcola zerstört wurde, wie es *tempore contrahende sotietatis* vereinbart wurde.

1237 Oktober 31, Todi

Druck: Codice Diplomatico 2, hg. von Bartoli Langeli, Nr. 177.

Der Richter Girardus stimmt im Namen des Rats und des Podestà der Stadt Todi dem tags zuvor in der Ratsversammlung durch zwei Abgesandte aus Perugia vorgetragenen Vorschlag zu, Spoleto in das Bündnis aufzunehmen, da Todi volles Vertrauen zu Perugia habe (*alioquin recipientur ad velle et voluntatem comunis Perusii et sicut eis placebit, quia comune Tudertinum multum confidebat de comuni Perusino de ipso negotio et aliis*). Die Kommune Todi verspricht zudem, ihre Syndizi zur Beeidung zu entsenden.

1237 November 11, Gubbio

Druck: Gentili, Lettera, Appendice, Nr. 26 (Teildruck). – Regest: Hagemann, Kaiserurkunden 2, Nr. 55.

Die Vertreter der Kommunen Gubbio und Rocca Contrada (heute Arcevia) schließen ein Abkommen, das auch die gegenseitige Waffenhilfe vorsieht; Gubbio nimmt von dieser Verpflichtung aber unter anderem Perugia, Spoleto, Todi und Foligno aus.

1237 November 16, Perugia

Druck: Bartoli, Storia, S. 372–377; Miscellanea, hg. von Faloci-Pulignani, Nr. 4; Codice Diplomatico 2, hg. von Bartoli Langeli, Nr. 178 und 179. – Regest: RI V,2,4, Nr. 13243 (mit falscher Datierung nach Sansi, Storia 1, S. 62); Codici 8, hg. von Ansidei/Giannantoni, Nr. 115; Hagemann, Kaiserurkunden 2, Nr. 56.

Der Vertragstext bleibt unverändert, abgesehen von einem Einschub in der ad-honorem-Formel, die nun von der Heiligen Römischen Kirche, mater nostra, spricht; diese wird auch in die Ausnehmungen aufgenommen. Das Fehlen der Syndizi aus Foligno interpretiert Bartoli Langeli als Zeichen für das abgekühlte Interesse der Stadt am Bündnis. Die vielen Ausnehmungen Spoletos zeugen, so Bartoli Langeli, von der instabilen politischen Lage der Stadt.

Der Syndikus der Kommune Spoleto verspricht den Syndizi der Kommunen Perugia, Todi und Gubbio, die auch im Namen Folignos handeln, die inserierten Bedingungen ihres Bündnisses (wie oben) zu respektieren. Spoleto nimmt Rom, Narni, San Gemini, Amelia, Rieti, Nocera, Camerino, die *domini de Pustignano* sowie Terni und Trevi von den Bündnisverpflichtungen aus.

Nr. 61: 1238 Mai 3 – Orvieto, Toscanella (heute Tuscania)

Literatur: Zug Tucci, Guerra, S. 141.

1238 Mai 3, Borgo di Bolsena

SAS Orvieto, Instrumentari 865 (Codice A Bitolario), fol. 77v. – Regest: Codice diplomatico, hg. von Fumi, Nr. 234 (mit Datierung auf Mai 23).

Aus der Unterfertigung wird deutlich, dass ein Notar aus Toscanella ein vergleichbares Instrument, wahrscheinlich über den Eid des Syndikus dieser Kommune, ausstellte (et interfuit Acconçacasa notarius Tuscanelle qui facere debuit simile instrumentum). Die Identifizierung von civitas Castri ist nicht ganz sicher: Wahrscheinlich handelt es sich um die im 17. Jahrhundert zerstörte Stadt Castro im heutigen Territorium von Ischia del Castro, westsüdwestlich vom Lago di Bolsena.

Bündnis (*societas*) zwischen Orvieto und Toscanella mit einer Laufzeit von 25 Jahren. Der Syndikus der Kommune Orvieto verspricht dem Syndikus der Kommune Toscanella:
– dass die Bürger Orvietos und die Bewohner der Kastelle Rochetta, Flaiano, Giunigi und Castel Vecchio aus dem Distrikt Orvietos Angehörige Toscanellas nicht belästigen, sondern sie verteidigen;
– keine Wegegelder (*guida vel scorta*) von Angehörigen Toscanellas zu erheben;
– einmal jährlich, innerhalb von vier Tagen nach Anfrage, Waffenhilfe für acht Tage (ohne An-und Abreise) auf eigene Kosten zu leisten – werden nur Teilaufgebote (Berittene, Bogenschützen) angefordert, sind diese zweimal jährlich innerhalb von drei Tagen für jeweils 15 Tage zu stellen;
– einmal jährlich, gemeinsam mit der Wahl der kommunalen Amtsträger (in diesem Jahr alternativ innerhalb von acht Tagen) einen Schiedsrichter zu ernennen, der gemeinsam mit dem Schiedsrichter Toscanellas und in Zusammenarbeit mit den Podestà beider Kommunen über Entschädigungen, Straftaten und unrechtmäßig erhobene Abgaben urteilt – eindeutige Fälle (*liquida et clara*) müssen innerhalb von 15 Tagen, schwierige Fälle (*dubia*) innerhalb von einem Monat erledigt werden;

- militärische und rechtliche Hilfe (Verbannung) für den Fall, dass die Angehörigen Orvietos oder die Herren der oben genannten Kastelle diese Urteile nicht anerkennen und stattdessen die Angehörigen Toscanellas schädigen – zweimal im Jahr unternimmt Orvieto eine *cavalcata* gegen solche Übeltäter und gegen jeden, der Verbannte aufnimmt (ausgenommen ist ein *dominus* Raneri);
- dass alle bisher zu Unrecht erhobenen Abgaben (*male accepti et ablati*) dem Urteil der beiden Podestà unterliegen, ausgenommen einiger Zölle (*herbaticum, pedagium*), die Orvieto noch für zwei Jahre und neun Monate an Toscanella entrichtet; danach steht beiden Kommunen frei, sich gegenseitig Abgaben zu erlassen;
- Verträge mit Dritten dem vorliegenden Vertrag anzupassen (bei solchen Vertragsschlüssen darf der Besitz der Bündniskommune nicht verpflichtet werden);
- den vorliegenden Vertrag von 300 *boni viri* beider Städte beschwören zu lassen; die Auswahl erfolgt durch die Syndizi der Bündniskommune, der zuvor gemeinsam mit den Namen der Schwörenden durch einen Notar verschriftlichte Eid wird dann von einer Person in der Volksversammlung öffentlich vorgetragen, auch dieser Akt wird in einem eigenen Instrument festgehalten;
- die *societas* jedes Jahr in die Statuten aufzunehmen;
- keinen *servus* oder *manens* des anderen Jurisdiktionsbereich aufzunehmen (falls dies doch geschieht, wird ein genaues Verfahren vereinbart);
- die getroffenen Vereinbarungen unter einer Strafe von 1.000 Mark Silber einzuhalten, außer beide Kommunen beschließen gemeinsam Änderungen;
- den Papst, die Römische Kirche, den Kaiser sowie Rom, Florenz und *civitas Castri* von den Bündnisverpflichtungen auszunehmen.

Nr. 62: nach 1239 März 16 – Cagli, Città di Castello

Literatur: Gentili, Lettera, S. 34; Documenti, hg. von Franceschini, S. 251; Lombardi, Figura, S. 417.

1239 März 16, Città di Castello

Druck: Documenti, hg. von Franceschini, Nr. 15. – Regest: Documenti, hg. von Baldetti, Nr. 128.

Podestà und Rat von Città di Castello ernennen einen Syndikus, um mit Cagli ein Bündnis (*amicitia, compania, societas*) zu vereinbaren.

1239 April 13, *apud Collem*

Regest: Documenti, hg. von Baldetti, Nr. 129.

Ob es sich bei Tancredus de Rosano, Marchie Anconitane vicarius, um einen päpstlichen oder kaiserlichen Amtsträger handelt, wird, zumindest aus dem Regest, nicht ersichtlich. Zu diesem Zeitpunkt wurden die päpstlichen Rektoren der Mark Ancona aber bereits regelmäßig durch Vikare vertreten (vgl. Maire Vigueur, Impero, S. 390).

Tancredus *de Rosano*, Vikar der Marken, widerruft einen Befehl, der der Kommune Cagli verboten hatte, mit Città di Castello und anderen ein Bündnis zu schließen; Cagli erhält stattdessen *plenam licentiam et potestatem pro vestro bono et utilitate societatem facere cum Castello*.

1239 April 16, Cagli

Regest: Documenti, hg. von Baldetti, Nr. 130.

Ein Vertreter des Vikars Tancredus *de Rosano* händigt der Kommune Cagli den gesiegelten Brief vom 13. April 1239 aus.

Nr. 63: 1242 März 12 – Narni, Perugia, Rom

Literatur: Narducci, Lega; Bonazzi, Storia 1, S. 228; Tenckhoff, Kampf, S. 29; Briganti, Città, S. 187, 210 f.; Falco, Documenti, S. 3; Dupré-Theseider, Idea, S. 56; Brezzi, Roma, S. 448 f.; Sacchetti Sassetti, Storia, S. 50; Bartoloni, Trattato; Waley, Papal State, S. 148 f.; Nessi, Ducato, S. 922; Grundman, Popolo, S. 103–107; Thumser, Rom, S. 315 f.; Stürner, Friedrich II. 2, S. 512; Riganelli, Signora, S. 111; Andreani, Narni, S. 168.

1242 März 12, Rom

Druck: Bartoli, Storia, S. 388 f.; Narducci, Lega, S. 183–187; Forschungen 4, hg. von Ficker, Nr. 377; Codice, hg. von Bartoloni, Nr. 99; Codice Diplomatico 2, hg. von Bartoli Langeli, Nr. 193. – Regest: RI V,2,4 Nr. 13406.

Der römische Senator Matteo Rosso Orsini und die versammelten Ratsmitglieder des *consilium Urbis* beeiden, auf Bitten des Perusiner Syndikus:
- die Stadt Perugia und die Perusiner sowie alle Orte, Städte und Gemeinden, denen man durch einen ähnlichen Eid verbunden ist, zu schützen;
- solange der Krieg zwischen Reich und Kirche andauert (*donec inter Imperium et Ecclesiam guerra duraverit*) keinen Frieden und kein sonstiges Abkommen mit dem Kaiser oder einem Reichsvertreter ohne Perugia und die anderen eidlich verbundenen Gemeinden zu schließen – auf gleiche Weise haben sich die Verbündeten (*federati*) zu verhalten.

1242 März 12, Rom

ASC Narni, Diplomatico, Pergamene, Nr. 10. – Regest: Fondo, hg. von Mariani/Diamanti, Nr. 10.

Die Ausfertigung für Narni ist, abgesehen vom Einschub Narnis, textgleich mit der Ausfertigung für Perugia: Auch hier sind die Akteure des Vertrags der Senator Matteo Rosso Orsini und der Syndikus Perugias. Die Kommune Narni oder ein Vertreter werden nicht genannt – zur Interpretation vgl. die Ausführungen Bartoli Langelis zur Edition der Ausfertigung für Perugia.

Identische Ausfertigung für Narni, die neben Perugia auch Narni nennt (*iuraverunt ... defendere civitatem Perusii et Perusinos et civitatem Narnie et Narnienses*).

1242 Juni 14, Rom

Druck: Codice, hg. von Bartoloni, Nr. 100.

Zwischen Rom und Alatri existiert ein undatierter Vertrag, den Bartoloni, Trattato u. a. aufgrund dieses Briefes mit dem Bündnis zwischen Rom, Perugia und Narni in Verbindung bringt. Formal und inhaltlich haben die beiden überlieferten Verträge allerdings nichts gemein.

Der römische Senator Matteo Rosso Orsini fordert die Kommune Alatri auf, die Stadt Rom mit ihrem gesamten Aufgebot im Kampf gegen das kaiserliche Heer zu unterstützen – einen Kampf, den Rom auch für die Freiheit seiner Verbündeten, u. a. Narni, führe (*pro tuenda Dei Ecclesie libertate Narniensumque ac vestrum et omnium cum quibus tenemur federe unitatis*).

Nr. 64: 1244 Juni 28 – Camerino, Montecchio (heute Treia), Tolentino

Literatur: Tenckhoff, Kampf, S. 31 und 41, Anm. 3; Hagemann, Studien: Tolentino 1, S. 191–193, 214–225; Leonhard, Seestadt, S. 141, Anm. 377; Libro, hg. von Biondi, Introduzione, S. XXXVIII f.

1244 Juni 28, Tolentino

Druck: Santini, Saggio, Appendice di documenti, Nr. 14; Hagemann, Studien: Tolentino 1, Nr. 54.

Der Vertrag ist in dreifacher Ausfertigung überliefert, jedes Exemplar ist vom Notar einer der Kommunen ausgefertigt und von den anderen beiden Notaren unterzeichnet. Eine Referenz auf diesen Vertrag findet sich im Bündnisvertrag unter Nr. 67.

Die Syndizi der Kommunen Camerino, Tolentino und Montecchio schließen ein Abkommen (*concordia*). Es beinhaltet:
- ein gemeinsames Vorgehen bei der Wiedergewinnung des Kastells Pitino mitsamt der *curia* und beim Vertragsschluss mit Jacobus *de Petino*, wobei Camerino die Hälfte, Tolentino und Montecchio je ein Viertel aller möglichen entstehenden Kosten tragen;
- das Verbot, Teile des Kastells oder Rechte an diesem zu veräußern, insbesondere an San Severino;
- ein Verbot aller Transaktionen und Verträge (*transactio, locatio, conpositio, datio, permutatio, concessio, pactio, pactum*) mit Kommune und Angehörigen von San Severino und Pitino;
- das Verbot der Aufnahme von Angehörigen des *castrum* Pitino ohne Zustimmung der Bündnispartner;
- die gemeinsame Verwaltung des Kastells Pitino nach erfolgter Rückgewinnung zu Ehren des Kaisers und seiner Nuntien, wobei Camerino wiederum die Hälfte, Tolentino und Montecchio je ein Viertel übernehmen;
- die Übernahme durch die Bündnispartner, falls eine der drei Kommunen vertragswidrig einen Teil des Kastells an San Severino veräußert;
- das Verbot an alle Kommunen und einzelne Personen, zu Pitino gehörige Besitzungen durch Schenkung oder andere Mittel ohne Zustimmung der Vertragspartner zu erwerben;
- das Verbot, ein Bündnis oder andere Verträge (*societas, convenientia, pactum*), die der Rückgewinnung Pitinos und diesem Vertrag entgegenstehen könnten, mit San Severino abzuschließen;
- die Absicherung des Vertrags durch eine Vertragsstrafe von 1.000 Mark Silber und Hypothek des kommunalen Besitzes;
- die Aussetzung der Vertragsverpflichtungen bei entgegenstehenden Befehlen des Kaisers, des Vikars der Marken oder seiner Nuntien.

Nr. 65: 1248 März 14 – Camerino, Matelica

Literatur: Acquacotta, Memorie, S. 77 f.; Hagemann, Studien: Tolentino 1, S. 222; Corradini, Svevi, S. 218; Libro, hg. von Biondi, Introduzione, S. XL.

1248 März 9, Camerino

Regest: Pergamene, hg. von Grimaldi, Nr. 88.

Der Rat von Camerino und ein Richter der Kommune ernennen einen Syndikus, um mit Matelica ein Bündnis (*societas*) zu schließen.

1248 März 14, Matelica

Regest: Pergamene, hg. von Grimaldi, Nr. 89.

Wechselseitiger Eid der Syndizi der Kommunen Camerino und Matelica. Der Syndikus Camerinos verspricht, da der Syndikus Matelicas dasselbe beschwört:
– das *castrum* Matelica und seine Einwohner mit all seinen Rechten in gutem und friedlichem Zustand zu bewahren, zu mehren (*augmentare et non minuere*) und Verlorenes (*amissa*) wiederzugewinnen;
– gemeinsam mit Matelica Krieg zu führen und Frieden zu schließen (*pacem et guerram facere*);
– Freunde Matelicas zu Freunden zu nehmen, Feinde zu Feinden;
– dafür Sorge zu tragen, dass der Podestà oder Rektor Camerinos diesen Vertrag jährlich beeidet und unter Vertragsstrafe von 1.000 Mark Silber und Hypothek der kommunalen Güter einhält.

1248 März 14, Matelica

Druck: Lapidi, hg. von Acquacotta, Nr. 28. – Regest: RI V,2,4, Nr. 13656; Pergamene, hg. von Grimaldi, Nr. 90.

Der Podestà Matelicas beschwört gemeinsam mit der Ratsversammlung der Kommune, die Treue zur Römischen Kirche und zum Kardinallegaten der Marken, Rainer, zu wahren, wie es in den *capituli fidelitatis* festgehalten sei, und das Bündnis (*societas et compagnia*) mit Camerino zu wahren.

1248 März 16, Camerino

Regest: Pergamene, hg. von Grimaldi, Nr. 91.

Der Syndikus Camerinos beeidet noch einmal das Bündnis.

1248 März 17, Camerino

Druck: Lapidi, hg. von Acquacotta, Nr. 29. – Regest: Pergamene, hg. von Grimaldi, Nr. 92.

Der *judex et vicarius* der Kommune Camerino beschwört gemeinsam mit der Ratsversammlung, die Treue zur Römischen Kirche und zum Kardinallegaten der Marken, Rainer, zu wahren, wie es in den *capituli fidelitatis* festgehalten sei, und das Bündnis (*societas et compagnia*) mit Matelica zu wahren, *ut in instrumento promissionis et societatis … continetur*.

Nr. 66: vor 1248 März 27 – Osimo, San Severino

Nur zu erschließen aus einem Bündnisvertrag zwischen Camerino, Cingoli, Matelica, Montecchio (heute Treia), Montemilone (heute Pollenza), San Ginesio und Tolentino (Nr. 67), der u. a. vereinbart, die Kommune Osimo zu gleichen Konditionen aufzunehmen, falls sie zur Römischen Kirche zurückkehrt und ihr Bündnis (*amicitia*) mit San Severino beendet.

Nr. 67: 1248 März 27 – Camerino, Cingoli, Matelica, Montecchio (heute Treia), Montemilone (heute Pollenza), San Ginesio, Tolentino

Literatur: Benigni, San Ginesio, S. 114 f.; Acquacotta, Memorie, S. 77 f.; Salvi, Memorie, S. 120 f. (mit irriger Datierung auf März 5); Tenckhoff, Kampf, S. 49; Hagemann, Studien: Tolentino 1, S. 223 f.; Corradini, Svevi, S. 218; Libro, hg. von Biondi, Introduzione, S. XL.

1248 März 27, Montemilone

Druck: Benigni, San Ginesio, Appendice diplomatica, Nr. 22; Lapidi, hg. von Acquacotta, Nr. 30. – Regest: RI V,2,4, Nr. 13658; Pergamene, hg. von Grimaldi, Nr. 93.

Es handelt sich mit großer Wahrscheinlichkeit um eine Erweiterung des Bündnisses zwischen Camerino und Matelica (Nr. 65). Hierfür spricht – neben den Entstehungsumständen – der Passus zu Matelica, der in diesem sehr komplexen Vertragswerk wie ein Relikt aus dem sehr einfach gehaltenen und nur um wenige Tage älteren Bündnis wirkt.

Die Syndizi der Kommunen Camerino, Tolentino, San Ginesio, Montemilone, Montecchio, Cingoli und Matelica schließen ein Bündnis (*amicitia et societas*) und versprechen sich:
- gegen alle, die sich ihnen widersetzen, in Krieg und Frieden gemeinsam vorzugehen (*facere pacem et guerram*);
- den Einwohnern (*habitantes*) der Bündniskommunen zu helfen, den jetzigen und zukünftigen Besitz aller Kommunen zu schützen und zu bewahren und für ihre Rechte einzutreten;
- militärischen Beistand auf eigene Kosten für den Fall, dass eine der Kommunen Krieg führt;
- Feinde der Vertragspartner zu Feinden, Freunde zu Freunden zu nehmen und vor allem Exilierte nicht ohne Erlaubnis der exilierenden Kommune aufzunehmen;
- ohne Zustimmung der Bündnispartner keine Kriegszüge zu führen und keine Friedensabkommen (*pax, tregua, concordia*) zu schließen;
- gegenseitige Unterstützung *pro posse* und den nur gemeinsamen Abschluss von Abkommen, falls die Kommunen gemeinsame Feinde haben (*haberent generalem vel generales inimicos vel inimicum*); dies gilt im Besonderen für *Fridericus depositus* und seine Nuntien, Amtsträger und Anhänger und für alle Gegner der Römische Kirche;
- vor allem mit San Severino keinerlei Abkommen ohne Zustimmung aller Bündnispartner zu schließen;
- die Wahl zweier Männer pro Kommune, die als Rektoren Entscheidungen zum Besten für das Bündnis treffen dürfen (*habeant potestatem addendi, considerandi, ac faciendi quidquid melius et utilius societati expedire*) – diese Entscheidungen sind bindend für die Kommunen;
- Auseinandersetzungen innerhalb des Bündnisses an die genannten Rektoren zu übergeben;
- keine Eheschließungen oder andere Verwandtschaftsbeziehungen von Angehörigen der Bündnispartner mit Angehörigen San Severinos zuzulassen;

- keine Amtsträger von San Severino zu empfangen oder nach San Severino zu entsenden; sollte jemand eine Wahl aus San Severino annehmen, wird dies mit einer Strafsumme von 100 Ravennatischen oder Anconitanischen Pfund geahndet;
- nicht zuzulassen, dass Personen aus den Jurisdiktionsbereichen der Bündnispartner ohne Genehmigung der Bündnisrektoren Land oder Weinberge im Territorium Severinos kaufen oder verkaufen, Lebensmittel nach San Severino ausführen oder Märkte und Messen in San Severino besuchen; Zuwiderhandlungen können durch die Rektoren mit Leibesstrafen bestraft werden (*membrum ei absidatur*);
- San Ginesio *de facto castri Plece* mit allen Mitteln zu unterstützen und keine Abkommen mit den Gegnern Ginesios zu treffen, vor allem nicht mit Fildesmido [da Mogliano] und den Herren *de Fallaronis*;
- Tolentino gegen einen Wiederaufbau des *castrum Carpignani* durch San Severino mit Rat und Tat zu helfen und auch keinen weiteren Festungsbau zwischen den Flüssen Potenza und *Clenti* gegen den Willen Tolentinos zuzulassen;
- eine gewisse Anzahl Bewaffneter, deren Höhe durch die Rektoren festzulegen ist, dauerhaft in Montemilone oder wo immer es den *homines* dieser Kommune und den Bündnismitgliedern nützlich erscheint, zu stationieren;
- Matelica in allen Rechten (*cum suis juribus et jurisdictione*) und Grenzen zu schützen, zu mehren (*augere*), Verlorenes (*admissa*) zurückzubeschaffen und Feinde der Kommune als Feinde, Freunde als Freunde zu betrachten (vgl. Nr. 65);
- Camerino bei der Wiedergewinnung des Kastells Petino zu helfen, zum Vorteil dieser Kommune und der Kommunen Tolentino und Montecchio *et eorum amicorum* (vgl. Nr. 64), und nach Wiedereroberung gegen San Severino zu verteidigen;
- San Ginesio bei der Verteidigung des *castrum Seralie* zu unterstützen und einen Wiederaufbau zu verhindern sowie bei der Wiedereroberung des *castrum Civitelle* zu helfen;
- die Kommune Osimo, falls sie zur Römischen Kirche zurückkehrt und ihr Bündnis (*amicitia*) mit San Severino (Nr. 66) beendet, zu gleichen Konditionen aufzunehmen;
- sich zu bemühen, dass kein *castrum* auf dem Gebiet San Severinos erbaut wird, das *castrum Gallie* aber zurückerobert und Camerino zu Nutzen überlassen wird;
- den Rechtsstatus des *castrum Lornani* zu bewahren, sobald es zur Römischen Kirche zurückgekehrt ist – Gleiches gilt für die *castra Collis Buccoli* und Urbisaglia unter Vorbehalt der Rechte Tolentinos;
- Montecchio bei der Wahrung der Grenzen und des Jurisdiktionsbereichs zu helfen;
- die Bestimmungen unter Strafe von 1.000 Mark Silber, hypothekarisch abgesichert durch den Besitz der Kommunen, einzuhalten.

Nr. 68: vor 1248 August 27 – Cagli, Sassoferrato, Urbino

Ob ein formales Bündnis geschlossen wurde, ist nicht gesichert. Einen Hinweis geben nur die späteren Friedensverhandlungen zwischen Gubbio und Cagli. Die umstrittenen Kastelle waren bereits früher Anlass für eine Reihe von *societates* der Kommune Cagli (vgl. Nr. 28).

1248 August 27, Gubbio

Regest: Documenti, hg. von Baldetti, Nr. 162.

Die Kommune Gubbio ernennt einen Syndikus, um eine Übereinkunft mit Cagli bezüglich der *castra* Monte Episcopale und Pergola zu erzielen. Die Vereinbarung soll auch für die *adiutores* Caglis, Sassoferrato und Urbino, gelten, sofern sie diese innerhalb von 15 Tagen ratifizieren.

Nr. 69: 1248 November 12 – Fabriano, Rocca Contrada (heute Arcevia)

Literatur: Villani, Rocca Contrada, S. 311, 348.

1248 November 8, Rocca Contrada

Regest: Regesti, hg. von Villani, Nr. 338.

Der *capitaneus* und Richter der Kommune Rocca Contrada ernennt gemeinsam mit dem Rat einen Syndikus, um ein Bündnis mit Fabriano zu schließen.

1248 November 10, Fabriano

Druck: Carte, hg. von Zonghi/Ciavarini, Nr. 141; Libro rosso 2, hg. von Bartoli Langeli/Irace/Maiarelli, Nr. 166.

Der Vikar und Richter der Kommune Fabriano ernennt gemeinsam mit der Ratsversammlung einen Syndikus, um ein Bündnis (*societas*) mit Rocca Contrada zu schließen. Die zu beeidenden Bestimmungen werden bereits genannt.

1248 November 11, Rocca Contrada

Druck: Libro rosso 2, hg. von Bartoli Langeli/Irace/Maiarelli, Nr. 169 und 229.

Die Syndikatsurkunde ist unter diesem Datum zweifach und mit erheblichen Varianten im „Libro rosso" Fabrianos überliefert. Während die unter Nr. 169 edierte Version die Struktur der Syndikatsurkunde Fabrianos wiederholt, sieht Bartoli Langeli in der Version unter Nr. 229 eine interne Arbeitsfassung, die sich formal und inhaltlich sowohl von den anderen Syndikatsurkunden als auch vom Bündnisvertrag unterscheidet. Ob ein Abgleich mit der in Arcevia überlieferten Ausfertigung, von der nur ein Regest vorliegt, geschah, geht aus der Edition nicht hervor.

Richter und *capitanei* der Kommune Rocca Contrada ernennen gemeinsam mit dem Rat einen Syndikus, um ein Bündnis mit Fabriano zu schließen. Die zu beeidenden Bestimmungen werden bereits genannt.

1248 November 12, Fabriano (?), *in turre filiorum Grunde*

Druck: Libro rosso 2, hg. von Bartoli Langeli/Irace/Maiarelli, Nr. 167.

Die Abschrift im Libro rosso Fabrianos ist an einigen Stellen protokollarisch. Wahrscheinlich war bereits die Vorlage keine vollständige Ausfertigung, in der Rubrik heißt es: Hoc est exemplum cuisdam protocolli.

Die Syndizi der Kommunen Fabriano und Rocca Contrada versprechen:
- sich gegenseitig gegen alle Feinde, eigene und vom Bündnispartner genannte, zu helfen und zu schützen und Freunde des Partners wie Freunde, Feinde wie Feinde zu behandeln;
- militärische Unterstützung mit vollem oder reduziertem Aufgebot (*tam ... per comune vel per quantitatem*) auf eigene Kosten zu leisten;
- keinen Krieg zu beginnen, kein Bündnis zu schließen und nach Ausbruch eines Krieges keinen Frieden zu vereinbaren ohne Zustimmung des Bündnispartners – bei Zuwiderhandlung geschieht dies auf eigene Gefahr und ohne Verpflichtung der Bündniskommune;
- keine Wegegelder zu erheben (*pedagium, selquaticum*);
- die jeweiligen Statuten zu respektieren, außer sie widersprechen diesem Bündnis;
- die Bestimmungen unter Strafe von 1.000 Mark Silber einzuhalten.

1248 November 19, Rocca Contrada

Druck: Libro rosso 2, hg. von Bartoli Langeli/Irace/Maiarelli, Nr. 168.

Liste der 78 Ratsherren, die als Mitglieder des *consilium generale* das Bündnis mit Fabriano beschwören (*societatem et conventiones super ipsa societate initias inter ... syndicum comunis Fabriani ex parte una et ... syndicum comunis Rocce Contrade ex altera*).

Nr. 70: 1250 März 11 – Ancona, Fabriano, Jesi, Rocca Contrada (heute Arcevia)

Literatur: Hagemann, Fabriano 1, S. 132 f.; Hagemann, Jesi, S. 184; Leonhard, Seestadt, S. 149; Villani, Rocca Contrada, S. 348.

1250 März 11, Fabriano

Druck: Hagemann, Fabriano 2, Nr. 4. – Regest: Regesti, hg. von Villani, Nr. 364.

Die Syndizi der Kommunen Ancona, Jesi, Rocca Contrada und Fabriano schließen zu Ehren und zum Wohle ihrer Städte und *castra* und aller Getreuen der Kirche in den Marken ein Bündnis (*societas*), das sie verpflichtet:
- die Treue zur Römischen Kirche, zum Papst, zu den Kardinälen und zu Kardinal Petrus [Capoccio] zu wahren;
- sich gegenseitig bei der Bewahrung dieser Treue gegen alle Rebellen und Gegner der Römischen Kirche bestmöglich zu helfen und im Besonderen keine Verträge oder Friedensabkommen (*pactum, tregua, concordia, pax*) mit Feinden der Kirche ohne Zustimmung aller Bündnispartner zu schließen;
- diese Bestimmungen unter Strafe von 1.000 Mark Silber und unter Hypothek des kommunalen Besitzes einzuhalten.

Nr. 71: vor 1250 März 30 – Orvieto, Perugia

Nur zu erschließen aus Nr. 72 und Nr. 77.

1250 März 30, Orvieto

SAS Orvieto, Istrumentari 866 (Codice Caffarello), fol. 2r. – Regest: Codice diplomatico, hg. von Fumi, Nr. 282.

Die Syndizi der Kommunen Orvieto und Bagnorea schließen ein Bündnis (Nr. 72), Orvieto nimmt u. a. Perugia von den Bündnisleistungen aus.

1251 Februar 28, Perugia

Druck: Codice Diplomatico 2, hg. von Bartoli Langeli, Nr. 233. – Regest: Codice diplomatico, hg. von Fumi, Nr. 295; RI V,2,4, Nr. 13795.

Die Syndizi der Kommunen Perugia, Orvieto, Narni, Spoleto und Assisi schließen ein Bündnis (Nr. 77), nehmen von den Bündnisverpflichtungen aber u. a. eine *societas primo contracta inter Urbevetanos et Perusinos* aus.

Nr. 72: 1250 März 30 – Bagnorea (heute Bagnoregio), Orvieto

1250 März 30, Orvieto

SAS Orvieto, Istrumentari 866 (Codice Caffarello), fol. 2r. – Regest: Codice diplomatico, hg. von Fumi, Nr. 282.

Die Datierung der Abschrift ist nicht ganz eindeutig, es heißt die mercurii tertio secundo exeunte mensis martii. *„Tertio" ist allerdings durch Punkte als Fehler gekennzeichnet, was auch dem Wochentag entspricht: Der 30. März war ein Mittwoch.*

Die Syndizi der Kommunen Orvieto und Bagnorea versprechen sich, Frieden zwischen beiden Städten und ihren Angehörigen zu schließen, sich jedes Unrecht sowie alle Vergehen, Straftaten und Todesfälle zu vergeben und dies durch Stipulation und Friedenskuss zu besiegeln. Darüber hinaus schließen sie ein Bündnis (*societas*) mit 20-jähriger Laufzeit und folgenden Bestimmungen:
- Bagnorea unterstützt Orvieto gegen jedermann mit dem allgemeinen Aufgebot oder mit einzelnen Kämpfern (*per comune et divisim*), behandelt Freunde Orvietos wie eigene Freunde, Feinde wie eigene Feinde und Exilierte wie eigene Exilierte, ausgenommen die Römische Kirche und das Reich sowie Toscanella;
- ebenso verhält sich Orvieto gegenüber Bagnorea, ausgenommen die Kirche, das Reich, Florenz (vgl. Nr. 50), Perugia (Nr. 71) und Toscanella (Nr. 61);
- Bagnorea beginnt keinen Krieg ohne Zustimmung Orvietos in Form eines formalen Ratsbeschlusses (*sine consilio generali comunis Urbisveteris deliberato in consilio generali*), bei Zuwiderhandlung ist Orvieto nicht zur Bündnishilfe verpflichtet;
- wenn nötig, empfängt Bagnorea die Orvietaner *comuniter et separatim*, die Entscheidung über die Notwendigkeit obliegt Bagnorea – ebenso verfährt Orvieto mit den Bewohnern Bagnoreas;
- die Einhaltung der Bestimmungen unter Strafe von 1.000 Mark Silber [bei Fumi irrig: 10.000].

Der Syndikus Bagnoreas verspricht zudem, dafür zu sorgen, dass jeder Einwohner Bagnoreas das Bündnis alle zehn Jahre beeidet. Für Orvieto wird die Zustimmung der anwesenden Ratsversammlung festgehalten.

1250

Annales urbevetanae, Cronica potestatum, ad a. 1250, hg. von Fumi, S. 151.

Fuit potestas dominus Ruffinus de Mediolano, et Urbevetani miserunt exercitum contra Balneoregium; et post multa dapna recepta, Balneoregienses fecerunt pacem et societatem cum Urbevetanis.

Nr. 73: 1250 Juli 12 – Ancona, Cagli, Fano, Fossombrone, Jesi, Pesaro, Senigallia

Literatur: Siena, Storia, S. 100; Tenckhoff, Kampf, S. 59; Hagemann, Jesi, S. 190; Bricchi, Annali, S. 106 f.; Leonhard, Seestadt, S. 149 f.; Lombardi, Figura, S. 422.

Alle Urkunden finden sich heute abschriftlich in Cagli. Die meisten der Syndikatsurkunden wurden, so die Unterfertigungen, am 16. Juli 1250 auf Befehl der versammelten Syndizi, aber durch unterschiedliche Notare, in Cagli kopiert. Dies lässt Rückschlüsse auf das Prozedere des Bündnisschlusses zu: Die Syndizi, die am 12. Juli in Ancona ein erstes Mal das Bündnis beeideten, befanden sich am 16. Juli in Cagli, um auch diese Kommune aufzunehmen (vgl. auch Hagemann). Außerdem zeugen die unterschiedlichen Formen der Syndikatsurkunden (die oft nur einen Teil der späteren Bündnispartner nennen) und die Irregularitäten im Ablauf (die doppelte Syndikatsurkunde Pesaros, die nachträgliche Bevollmächtigung des Vertreters Fanos) von der Eile, in der das Bündnis geschlossen wurde, der Aushandlungs- und Beeidungsprozess fand wahrscheinlich parallel statt.

1250 Juli 8, Pesaro

Regest: Documenti, hg. von Baldetti, Nr. 170.

Die Urkunde wurde auf Befehl des hier ernannten Syndikus in Cagli am 16. Juli kopiert.

Podestà und Rat von Pesaro ernennen einen Syndikus, um ein Bündnis (*societas*) mit Jesi, Ancona, Senigallia, Fossombrone und Cagli zu schließen, das Versprechen zu geben und entgegenzunehmen, dass alle Kommunen treu und ergeben zur Römischen Kirche stehen und alles weitere Nötige zu unternehmen, wie gemeinsam bereits vereinbart.

1250 Juli 10, Senigallia

Druck: Antonelli, Ragioni, S. 143. – Regest: Documenti, hg. von Baldetti, Nr. 171.

Die Urkunde wurde auf Befehl der Syndizi in Cagli am 16. Juli kopiert. Eine weitere Abschrift wurde am 18. Juli in Senigallia angefertigt.

Der Vikar des Podestà ernennt mit Zustimmung des Rats der Kommune Senigallia einen Syndikus, um ein Bündnis (*societas, amicitia, compagnia*) mit Fano, Jesi, Ancona, Pesaro, Fossombrone, Cagli und anderen Anhängern der Römischen Kirche zu schließen, zu bestätigen, dass Senigallia wie die anderen Städte der Römischen Kirche und dem Herrn Kardinal ergeben bleibt und keine Übereinkunft mit Friedrich oder seinen Nuntien trifft oder mit diesem Frieden schließt.

1250 Juli 11, Ancona

Regest: Documenti, hg. von Baldetti, Nr. 172.

Die Urkunde wurde auf Befehl des hier ernannten Syndikus in Cagli am 16. Juli kopiert, dort befindet sich auch ein Original.

Ein Richter der Kommune Ancona, *assessor* des Podestà, ernennt gemeinsam mit dem Rat einen Syndikus, um ein Bündnis (*societas*) mit Pesaro, Fano, Senigallia und Jesi zu schließen und mit diesen das Versprechen zu tauschen, im Dienst der Römischen Kirche zu bleiben, Zuwiderhandlungen mit Tod oder Konfiskation der Güter zu bestrafen, sich gegenseitig bei der Bewahrung der jeweiligen Privilegien zu unterstützen und Bündnisse mit allen zu schließen, die in den Marken der Kirche die Treue halten.

1250 Juli 12, Ancona

Regest: Documenti, hg. von Baldetti, Nr. 173.

Die Urkunde ist als Ausfertigung in Cagli vorhanden. Wahrscheinlich wurde sie beim Beitritt der Kommune am 16. Juli erneut ausgefertigt, ohne Änderungen am Text vorzunehmen. So erscheinen Cagli und Fossombrone nicht unter den Bündnispartnern.

Die Syndizi der Kommunen Ancona, Jesi, Senigallia, Fano und Pesaro versprechen sich:
– die Treue und Ergebenheit zur Römischen Kirche zu wahren;
– kein Abkommen (*pactum, tractatus, concordia*) mit Feinden der Kirche einzugehen;
– keine Boten, Briefe oder Gesandte des ehemaligen Kaisers Friedrich oder seiner Vertreter oder Anhänger zu empfangen;
– mit den Nuntien und Anhängern Friedrichs keine verschwörerische Verbindung einzugehen (*conspiratio, conventicula, amicitia*);
– diesen Vertrag nicht zu lösen;
– Zuwiderhandlungen mit Enthauptung und Enteignung zu bestrafen.

1250 Juli 13, Fano

Regest: Documenti, hg. von Baldetti, Nr. 174.

Die Urkunde wurde in Cagli am 16. Juli kopiert. Der Syndikus beeidete bereits am Tag vor der Ausfertigung das Bündnis in Ancona unter Nennung dieser (oder einer vom selben Notar ausgefertigten) Bevollmächtigung.

Der Podestà Fanos ernennt mit Zustimmung des Rates einen Syndikus, um mit Ancona, Jesi, Senigallia und Pesaro zu vereinbaren, im Dienste der Römischen Kirche zu bleiben, Enthauptung und Güterbeschlagnahmung als Strafen für Zuwiderhandlungen festzusetzen und in ein Bündnis (*societas*) mit allen kirchentreuen *Marchiani* einzutreten.

1250 Juli 14, Jesi

Regest: Documenti, hg. von Baldetti, Nr. 175.

Die Urkunde befindet sich in Cagli, die Abschrift wurde aber in Jesi am 21. Juli erstellt. Weder der hier bevollmächtigte Syndikus noch der ausstellende Notar stimmen mit den im Bündnisinstrument vom 12. Juli für Jesi genannten Personen überein. Die Syndikatsurkunde wurde demnach nicht nachträglich (wie im Fall Pesaros zu vermuten), sondern wohl in Hinblick auf weitere Beeidungen ausgefertigt.

Der Podestà Jesis ernennt mit Zustimmung des Rates einen Syndikus, um mit Ancona, Senigallia, Fano und Pesaro sowie allen, die beitreten wollen, ein Bündnis (*societas*) zu schließen *ad onorem et servicium Ecclesie Romane et bonum statum provincie*.

1250 Juli 16, Cagli

Regest: Documenti, hg. von Baldetti, Nr. 176.

Die Urkunde befindet sich als beglaubigte Kopie (ohne Datum) in Cagli.

Der Podestà Caglis ernennt mit Zustimmung des Rates einen Syndikus, um mit Ancona, Fano, Jesi, Senigallia, Pesaro, Fossombrone und anderen Kommunen, die beitreten wollen, ein Bündnis (*societas*) zu schließen unter wechselseitiger Zusicherung der Treue zur Kirche, der Bestrafung durch Enthauptung und Güterkonfiszierung bei Zuwiderhandlung, militärischer Hilfe und des Zusammenschlusses mit allen kirchentreuen *Marchiani*.

1250 Juli 17, Pesaro

Regest: Documenti, hg. von Baldetti, Nr. 177.

Die Urkunde befindet sich als Originalausfertigung in Cagli. Warum die Vollmacht neu ausgestellt wurde, ist nicht ersichtlich – zwar fehlte in der ersten Vollmacht vom 8. Juli Fano, die Bevollmächtigungen der anderen Kommunen sind im Hinblick auf die Teilnehmer jedoch auch nicht vollständig, ohne dass dies eine Neuausfertigung provoziert hätte.

Podestà und Rat von Pesaro ernennen einen Syndikus, um ein Bündnis (*societas*) mit Fano, Senigallia, Jesi, Ancona, Cagli und Fossombrone zu schließen und sich gegenseitig zu versprechen, treu zur Römischen Kirche zu stehen, Enthauptung und Beschlagnahmung der Güter als Strafe bei Zuwiderhandlung zu vereinbaren und alles weitere Nötige zum Nutzen dieser Bündnisse und der Kirche gemäß der gemeinsamen Vereinbarungen auszuführen.

Nr. 74: 1250 September 11 – Belforte, Camerino

Literatur: Tenckhoff, Kampf, S. 61; Zampetti, Federico, S. 148 (allerdings mit Juni 23); Hagemann, Studien: Tolentino 1, S. 226 f.; Hagemann, Studien: Tolentino 2, S. 98; Natalucci, Imperatori, S. 28; Corradini, Svevi, S. 219; Leonhard, Seestadt, S. 149 f.; Libro, hg. von Biondi, Introduzione, S. XLI.

Belforte hatte sich 1207 Camerino unterworfen, bekräftigt wurde diese Unterwerfung durch ein Privileg des Kardinals Sinibaldo Fieschi aus dem Jahr 1240, bestätigt kurz darauf durch Gregor IX.

1250 September 7, Camerino

Regest: Hagemann, Studien: Tolentino 1, Nr. 57.

Der Vikar des Podestà von Camerino ernennt gemeinsam mit dem Rat einen Syndikus, um mit Belforte ein bereits verabredetes Abkommen zu beeiden.

1250 September 9, [Belforte]

Regest: Hagemann, Studien: Tolentino 1, Nr. 58.

Podestà und Rat von Belforte ernennen einen Syndikus, um ein bereits verabredetes Abkommen mit Camerino abzuschließen, das seitens Camerino die Aufgabe aller Privilegien, die Belforte betreffen, vorsieht, seitens Belforte Parteinahme und militärische Unterstützung für die Römische Kirche, solange auch Tolentino der Kirche treu bleibt.

1250 September 10, [Camerino]

Regest: Hagemann, Studien: Tolentino 1, Nr. 59.

Der Podestà Camerinos bestätigt die durch seinen Vikar vorgenommene Ernennung eines Syndikus.

1250 September 11, Belforte

Druck: Santini, Saggio, Appendice di documenti, Nr. 27. – Regest: Hagemann, Studien: Tolentino 1, Nr. 60.

Die Syndizi der Kommunen Camerino und Belforte vereinbaren:
– den Verzicht Camerinos auf alle Rechte an Belforte, die aus Privilegien des Papstes und der Kardinäle bzw. des Kaisers und dessen Nuntien resultieren, und dass Camerino auch in Zukunft keine solchen Privilegien von der Kirche oder dem Reich erwerben wird;
– den Verzicht Camerinos auf Rechte an Belforte, die aus Schenkungen und Konzessionen entstehen – zukünftige Schenkungen werden kassiert;
– die Unterstützung Belfortes durch Camerino im bestehenden Krieg *pro Ecclesia* mit Rat und Waffenhilfe (*consilium et iuvamen et guarnimentum opportunum*) auf eigene Kosten nach den Anforderungen Belfortes;
– vonseiten Belfortes die Wahrung der Treue zur Römischen Kirche, die Bekämpfung der Feinde der Kirche und die militärische Unterstützung Camerinos und Tolentinos im bestehenden Krieg (*in ista guerra*), all das jedoch nur, solange Tolentino auf Seiten der Kirche steht;
– die Wahrung dieser Vereinbarungen von beiden Seiten unter Strafe von 500 Silbermark.

1252 Juli 6, Perugia

Druck: Libro, hg. von Biondi, Nr. 21.

Biondi vermutet (Introduzione, S. XLI), dass Belforte die Abmachung nicht erfüllt habe, weswegen Camerino die Rechte am Kastell wieder einfordern konnte. Dem Papst wurden allerdings, so scheint es, keine päpstlichen Privilegien vorgelegt – zudem ist nicht auszuschließen, dass Camerino auch ohne ein Fehlverhalten Belfortes den Vertrag vom 11. September 1250 brach.

Innozenz IV. befiehlt dem Rektor der Marken, dafür Sorge zu tragen, dass Belforte die rechtmäßigen Verträge mit Camerino wahre, da Camerino habe zeigen können, dass Belforte der Stadt rechtmäßig unterstellt sei (*mostrarunt quod cum castrum Belfortis Camereni diocesis iurisdictioni eorum in pluribus sit subiectum prout in instrumentis publicis confectis exinde plenius dicitur contineri*).

Nr. 75: vor 1251 – Todi, Viterbo

Literatur: Ceci, Todi, S. 141; Zuppante, Leoncini, S. 181 f.

1251–1252

Statuten Viterbos, Statuti, hg. von Egidi, Nr. 179, S. 197.

Pro bono et utilitate comunitatis Viterbii sind Podestà, *balivus*, Richter, Rat und Kommune von Viterbo gehalten, das Bündnis zwischen Viterbo und Todi und weiteren Verbündeten, namentlich Orte, Montefiascone und Montalto, gemäß der Bündnisverträge zu wahren (*vinculo sacramenti societatem, pacta et conventiones facta et conventa inter Viterbienses et Tudertinos et eorum socios et amicos, Ortanos, Monteflasconenses et Montaltenses ... rata et firma tenere, secundum pacta et instrumenta societatis contracte inter dicta Comunia et omnes alios, qui nobiscum societatem contraxerunt*).

1251

Annales urbevetanae, Cronica potestatum, ad a. 1251, hg. von Fumi, S. 151.

Eodem anno, Perusini, Assisinates, Spoletani et Narnienses contracserunt sotietatem inter se, et Urbevetani fecerunt generalem exercitum contra Montemflasconem et destruxerunt omnia usque ad portas. Cum eis erant in auxilium Viterbienses, Tudertini, Ortani et Veteralla.

Nr. 76: 1251 Februar 16 – Gubbio, Urbino

Literatur: Arduini, Inventario, S. 428; Cenci, Relazioni, S. 547.

1251 Februar 12, Urbino

SAS Gubbio, Fondo comunale, Cartulari 1 (Libro rosso), fol. 35v–36r. – Regest: Hagemann, Kaiserurkunden 2, Nr. 85.

Die genannten Bestimmungen weichen nur in kleineren Punkten von der Bündnisurkunde ab.

Podestà und Rat von Urbino ernennen einen Syndikus, um ein Bündnis (*societas*) mit Gubbio zu den inserierten Bedingungen abzuschließen.

1251 Februar 15, Gubbio

SAS Gubbio, Fondo comunale, Cartulari 1 (Libro rosso), fol. 36r–37r. – Regest: Hagemann, Kaiserurkunden 2, Nr. 86.

Vgl. zu den geringen Abweichungen zum Bündnisvertrag die Anmerkungen zum Regest.

Die beiden Rektoren und der Rat von Gubbio ernennen einen Syndikus, um ein Bündnis (*societas*) zu den genannten Bedingungen abzuschließen.

1251 Februar 16, Gubbio

SAS Gubbio, Fondo comunale, Cartulari 1 (Libro rosso), fol. 37r–38r. – Regest: RI V,2,4, Nr. 13793; Regesto, hg. von Cenci, Nr. 67; Hagemann, Kaiserurkunden 2, Nr. 87.

Die Syndizi der Kommunen Gubbio und Urbino schließen ein Bündnis (*societas, compagnia*) und vereinbaren:
- gegenseitige Unterstützung und Verteidigung, wenn nötig auch Hilfe bei der Wiedergewinnung von Besitz, *tanquam fidelis sotius et amicus*;
- Freunde der Bündniskommune wie Freunde, Feinde wie Feinde zu behandeln;
- dem Vertragspartner mit Rittern, Fußkämpfern und Schützen auf eigene Kosten zu helfen, außer gegen befreundete Kommunen (seitens Urbino Fossombrone, seitens Gubbio Rocca Contrada) – allerdings können *terre, homines* und Kommunen, zu deren Territorium beide Kommunen Grenzen haben, ohne Zustimmung des anderen nicht als Freunde gelten (*amici*);
- keine Wegegelder und Zölle zu erheben (*pedagium, plateaticum*);
- das Bündnis alle zehn Jahre durch Syndizi erneuern zu lassen;
- bei Zuwiderhandlung eine Vertragsstrafe von 500 Mark Silber zu zahlen.

1251 Februar 22, Urbino

SAS Gubbio, Fondo comunale, Diplomatico, Busta IX, Nr. 1; ebd., Fondo comunale, Cartulari 1 (Libro rosso), fol. 38r–v. – Regest: Hagemann, Kaiserurkunden 2, Nr. 88.

Der Podestà, ein Syndikus und 104 Ratsmitglieder Urbinos ratifizieren das Bündnis durch Eid.

Nr. 77: 1251 Februar 28 – Assisi, Narni, Orvieto, Perugia, Spoleto

Literatur: Terrenzi, Narni, S. 48; Waley, Orvieto, S. 35; Sestan, Comune, S. 179 f.; Nessi, Ducato, S. 932; Bartoli Langeli, Situazione, S. 69 f.; Scharff, Sicherung, S. 18, Anm. 23; Grundman, Popolo, S. 114; Zuppante, Leoncini, S. 182.

1251 Februar 17, Narni

SAS Orvieto, Istrumentari 868 (Codice Galluzzo), fol. 43v. – Regest: Codice diplomatico, hg. von Fumi, Nr. 292.

Der Vikar des Podestà und der Rat von Narni bestellen einen Syndikus, um ein Bündnis (*societas*) mit Perugia, Orvieto, Spoleto, Assisi und anderen beitrittswilligen Kommunen abzuschließen und Narni mittels einer Geldstrafe und Hypothek auf das Bündnis zu verpflichten.

1251 Februar 28, Assisi

SAS Orvieto, Istrumentari 868 (Codice Galluzzo), fol. 44r. – Regest: Codice diplomatico, hg. von Fumi, Nr. 294.

Podestà, *capitanei guerre* und *capitanei populi* bestellen gemeinsam mit dem Rat Assisis einen Syndikus, um ein Bündnis (*societas*) mit Perugia, Orvieto, Narni, Spoleto und anderen beitrittswilligen Kommunen zu beschwören und Assisi mittels einer Geldstrafe und Hypothek auf das Bündnis zu verpflichten.

1251 Februar 28, Perugia

Druck: Codice Diplomatico 2, hg. von Bartoli Langeli, Nr. 233. – Regest: Codice diplomatico, hg. von Fumi, Nr. 295; RI V,2,4, Nr. 13795.

Die Syndizi der Kommunen Perugia, Orvieto, Narni, Spoleto und Assisi schließen ein Bündnis (*societas*). Sie verpflichten sich:
– dieses Bündnis alle zehn Jahre zu erneuern;
– sich gegenseitig zu helfen, Stadt und Distrikt zu schützen und zu verteidigen;
– sich bei der Wahrung und Wiedergewinnung aller bestehenden und zukünftigen Rechte und Besitztümer in Contado, Distrikt und Diözese oder anderswo zu unterstützen;
– den Bündniskommunen zweimal im Jahr nach Aufforderung mit dem allgemeinen Aufgebot (bzw. mit Rittern und Bogenschützen) für 15 Tage auf eigene Kosten zu Hilfe zu kommen, An- und Abreise herausgerechnet; die Waffenhilfe erfolgt in einem festgelegten Raum (*a Perusio [et] Urbevetere inter versus Narniam et Spoletum et Asisium, et a Spoleto et Narnia inter versus Asisium et Perusium et Urbemveterem*), der jedoch bei gemeinsamem Beschluss der Vertragspartner erweitert werden kann;
– Friedensabkommen (*pax, concordia, tregua, pactum*) nur gemeinsam abzuschließen;
– keine weiteren Bündnisse (*societas, compangia, credentia*) mit anderen Kommunen zu schließen oder diese in ein Schutzverhältnis aufzunehmen (*accomanditia seu defensio*); ausgenommen hiervon ist die Stadt Rieti, die dem Bündnis zu gleichen Konditionen beitreten darf (allerdings steht es Orvieto und Assisi frei, ihren Eid nicht auf Rieti zu erweitern);
– Konflikte zwischen den Bündnispartnern zu schlichten und als Konfliktpartei die Schiedssprüche der Bündnispartner anzuerkennen;
– Änderungen an diesem Vertragswerk bei gemeinsamem Beschluss anzunehmen, immer ausgenommen sind jedoch die bereits bestehenden *societates* zwischen Perugia und Orvieto (Nr. 71); Orvieto und Florenz (vgl. Nr. 50); Orvieto und Toscanella (Nr. 61) sowie Spoleto und Narni (vgl. Nr. 31);
– eine weitere *societas* der Kommunen Perugia, Orvieto und Narni mit Orte zuzulassen, sofern diese durch alle Kommunen gemeinsam geschlossen wird und diesem Bündnis nicht entgegensteht;
– dass Spoleto und Perugia, Orvieto und Assisi die Kommunen Gubbio, sobald die Stadt zur Kirche zurückgekehrt ist (*postquam redierint ad mandata Ecclesie*), und Camerino in das Bündnis aufnehmen oder weitere Abkommen schließen dürfen, sofern sie diesem Bündnis nicht entgegenstehen – Orvieto ist jedoch nicht verpflichtet, seinen Eid auf diese beiden Kommunen auszuweiten;
– die Anhänger der *pars Frederici* aus Assisi (*proditores Asisinatum qui iverunt ad partem Frederici et fecerunt guerram Asisinatibus*) nicht in Perugia oder Orvieto als Bürger oder in anderer Form aufzunehmen;
– alle Angehörigen der Bündnisstädte zur Vorsicht bei Geschäftsbeziehungen anzuhalten, um Repressalien zu vermeiden;

- das Bündnis jährlich in die Statuten aufzunehmen;
- Perugia und Orvieto Vereinbarungen mit den toskanischen Städten zu gestatten (*voluerit aliquid ordinare cum civitatibus Tuscie*), solange diese dem Bündnis nicht entgegenstehen;
- die Bestimmungen unter Strafe von 1.000 Mark Silber, hypothekarisch abgesichert, einzuhalten.

1251

Annales urbevetanae, Cronica potestatum, ad a. 1251, hg. von Fumi, S. 151.

Eodem anno, Perusini, Assisinates, Spoletani et Narnienses contracserunt sotietatem inter se ...

1257

Annales urbevetanae, Cronica potestatum, ad a. 1257, hg. von Fumi, S. 154.

Ob die Militärhilfe mit diesem oder einem nicht überlieferten späteren Bündnis zwischen Narni und Orvieto in Verbindung zu bringen ist, lässt sich nicht sicher behaupten. Auch in den Verhandlungen zwischen Orvieto und Perugia, die das Bündnis 1256 erneuerten (Nr. 88), ist von einer Beitrittsoption für die Mitglieder des Bündnisses von 1251, und damit auch für Narni, die Rede.

Orvieto entsendet 200 Ritter, die Narni gegen Terni unterstützen sollen (*Item Urbevetani miserunt cc milites in servitium Narniensium contra Interamne*).

Nr. 78: 1251 März 9 – Fabriano, Gubbio

Literatur: Lucarelli, Memorie, S. 65; Arduini, Inventario, S. 415, 428; Cenci, Relazioni, S. 547; Zampetti, Federico, S. 148.

1251 März 7, Fabriano

SAS Gubbio, Fondo comunale, Cartulari 1 (Libro rosso), fol. 27r–v. – Regest: Hagemann, Kaiserurkunden 2, Nr. 89.

Die genannten Bestimmungen weichen nur geringfügig von der Bündnisurkunde ab.

Die *capitanei* der Kommune Fabriano bestellen gemeinsam mit dem Rat einen Syndikus, um mit Gubbio ein Bündnis (*societas*) zu den inserierten Bedingungen zu schließen.

1251 März 8, Gubbio

SAS Gubbio, Fondo comunale, Cartulari 1 (Libro rosso), fol. 27v–29v. – Regest: Hagemann, Kaiserurkunden 2, Nr. 90.

Die genannten Bestimmungen weichen nur geringfügig von der Bündnisurkunde ab.

Die beiden Rektoren und der Rat von Gubbio ernennen einen Syndikus, um mit Fabriano ein Bündnis (*societas*) zu den inserierten Bedingungen abzuschließen.

1251 März 9, Gubbio

Druck: Carte, hg. von Zonghi/Ciavarini, Nr. 158; Libro rosso 2, hg. von Bartoli Langeli/Irace/Maiarelli, Nr. 224. – Regest: Hagemann, Kaiserurkunden 2, Nr. 91.

Die Bündnisvereinbarungen entsprechen ohne größere inhaltliche Abweichungen dem am 16. Februar 1251 geschlossenen Bündnis zwischen Gubbio und Urbino (Nr. 76).

Die Syndizi der Kommunen Gubbio und Fabriano schließen ein Bündnis (*societas generalis*). Sie vereinbaren:
- gegenseitige Unterstützung und Verteidigung, wenn nötig auch Hilfe bei der Wiedergewinnung von Besitz, *tamquam fidelis socius et amicus*;
- Freunde der Bündniskommune wie Freunde, Feinde wie Feinde zu behandeln;
- dem Vertragspartner mit Rittern, Fußkämpfern und Schützen auf eigene Kosten zu helfen, außer gegen befreundete Kommunen (beide Seiten nennen Rocca Contrada); allerdings können *terre*, *homines* und Kommunen, zu deren Territorium beide Bündnispartner Grenzen haben, ohne Zustimmung der Bündniskommune nicht als Freunde gelten (*amici*);
- keine Wegegelder und Zölle zu erheben (*pedagium, plateaticum, selquaticum*);
- das Bündnis alle zehn Jahre durch Syndizi zu erneuern und in die Statuten aufzunehmen;
- bei Zuwiderhandlung eine Vertragsstrafe von 500 Mark Silber zu zahlen.

Nr. 79: 1251 März 19 – Fabriano, Matelica

Literatur: Marcoaldi, Guida, S. 8; Jordan, Origines, S. 233; Zampetti, Federico, S. 148; Hagemann, Fabriano 2, S. 53.

1251 März 19, Matelica

ASC Fabriano, Carte diplomatiche III/121, Nr. 1. – Druck: Carte, hg. von Zonghi/Ciavarini, Nr. 160; Libro rosso 2, hg. von Bartoli Langeli/Irace/Maiarelli, Nr. 230.

Der Rat und die Volksversammlung (*parlamentum*) Matelicas ernennen *ad honorem et fidelitatem et servitium sacrosancte romane Ecclesie et domini pape predicti et domini cardinalis* einen Syndikus, um ein Bündnis (*pax, concordia, societas*) mit Fabriano abzuschließen.

1251 März 19, Matelica

ASC Fabriano, Carte diplomatiche III/121, Nr. 2. – Druck: Carte, hg. von Zonghi/Ciavarini, Nr. 161; Libro rosso 2, hg. von Bartoli Langeli/Irace/Maiarelli, Nr. 231.

Die Syndizi der Kommunen Fabriano und Matelica schließen *ad honorem et reverentiam romane Ecclesie et domini pape et domini cardinalis* ein Bündnis (*pax, concordia, societas*). Sie vereinbaren:
- nach Anfrage durch Briefe oder Boten gegen alle, die die Kommunen in ihrem Besitz und ihren Rechten angreifen, mit dem allgemeinen Aufgebot oder einzelnen Waffenarten (*comuniter vel divisim*) auf eigene Kosten Hilfe und Verteidigung zu leisten;
- keine weiteren Bündnisse ohne Zustimmung der Bündniskommune zu schließen;
- die Beschwörung durch jeden neuen Podestà oder Rektor in die Statuten einschreiben zu lassen;
- Freunde der Bündniskommune wie Freunde, Feinde wie Feinde zu behandeln;
- das Bündnis alle zehn Jahre zu erneuern;
- bei Zuwiderhandlung eine Vertragsstrafe von 100 Mark Silber zu zahlen.

Nr. 80: 1251 Juni 23 – Camerino, Montecchio (heute Treia), Tolentino

Literatur: Santini, Saggio, S. 102 (mit Datum 1251 Juni 8); Hagemann, Studien: Tolentino 2, S. 97–99; Libro, hg. von Biondi, Introduzione, S. XLI.

1251 Juni 4, San Ginesio

Verweis: Hagemann, Studien: Tolentino 2, S. 97, insb. Anm. 22, aus den im ASC San Ginesio überlieferten Ratsprotokollen.

Die päpstliche Verwaltung der Marken, vertreten durch einen Petrus *de Medicina*, plant eine treuhänderische Bewachung des Kastells Castro Vetulo – dessen Besitz zwischen der päpstlichen Verwaltung und der Kommune San Ginesio umstritten ist –, durch Camerino, Tolentino und Montecchio.

1251 Juni 20, San Ginesio

Verweis: Hagemann, Studien: Tolentino 2, S. 97, Anm. 25, aus den Ratsprotokollen von San Ginesio.

Auf den Beitritt San Ginesios verzichteten die Bündnispartner letztendlich, möglicherweise aufgrund des bestehenden Konflikts zwischen dieser Kommune und der Römischen Kirche; vgl. Hagemann.

Die Kommune San Ginesio beschließt auf Bitten Camerinos, zwei Abgesandte nach Montecchio zu senden, um über ein Bündnis zu verhandeln.

1251 Juni 21, Camerino

Regest: Hagemann, Studien: Tolentino 2, Nr. 73.

Podestà und Rat der Kommune Camerino ernennen einen Syndikus, um ein Bündnis mit Montecchio und Tolentino zu den inserierten Bedingungen abzuschließen.

1251 Juni 22, Tolentino

Regest: Hagemann, Studien: Tolentino 2, Nr. 74.

Der Vikar des Podestà ernennt gemeinsam mit dem Rat Tolentinos einen Syndikus, um ein Bündnis mit Camerino und Montecchio zu den inserierten Bedingungen abzuschließen.

1251 Juni 23, Tolentino

Druck: Santini, Saggio, Appendice di documenti, Nr. 15; Hagemann, Studien: Tolentino 2, Nr. 75.

Die Syndizi der Kommunen Camerino, Tolentino und Montecchio schließen *ad honorem et reverentiam Romane ecclesie* ein Bündnis (*amicitia et societas*). Sie vereinbaren:

- sich gegenseitig beim Schutz von Besitz und Personen zu unterstützen und sich gegen jeden zu verteidigen, der die Kommunen schädigt oder ihre Rechte bestreitet;
- alle Rechtstitel, Besitzungen, Grenzen, *castra* und *homines*, die ihnen aufgrund von päpstlichen und kirchlichen Privilegien oder aus anderen Gründen (*vel alio quocumque modo, conditione, datione, cessione, iure vel causa adquisitis*) zustehen, gegen jedermann zu verteidigen, zu bewahren, zu erweitern und notfalls wiederzugewinnen;
- auf Anfrage gegen San Severino zur Wiedergewinnung des Kastells Pitino vorzugehen;
- Tolentino bei der Wahrung der Kastelle Carpignano, Urbisaglia, Monte Nereto und Colmurano zu unterstützen und ohne Zustimmung Tolentinos den Neu- oder Wiederaufbau von Kastellen zu verhindern;
- Montecchio bei der Eroberung und Zerstörung des Kastells Appignano und der Überführung der Einwohner nach Montecchio zu helfen;
- diese Bestimmungen unter Strafandrohung von 1.000 Mark Silber einzuhalten.

Montecchio verspricht zudem, Camerino bei der Bewahrung seiner Rechte am Kastell Belforte zu unterstützen (vgl. Nr. 74).

Nr. 81: 1251 September 1 – Florenz, Orvieto

Literatur: Davidsohn, Geschichte, S. 389.

1251 August 17, Orvieto

SAS Orvieto, Diplomatico comunale, A 46. – Regest: Codice diplomatico, hg. von Fumi, Nr. 310.

In der Ratsversammlung Orvietos schlägt Jacobus, Richter und *assessor* Orvietos, vor, das Bündnis (*societas*) mit Florenz auf Grundlage der alten Verträge (*secundum tenorem contractuum olim factorum*) zu erneuern. Die Versammlung stimmt dem zu unter der Voraussetzung, dass dem Vertrag eine Klausel zur gegenseitigen Hilfe gegen Siena bei einem Wiederausbruch der Feindseligkeiten und eine Option auf spätere Veränderungen des Vertrags bei gemeinsamem Entschluss hinzugefügt wird.

1251 September 1, Florenz

SAS Orvieto, Diplomatico comunale, A 47; Abschriften ebd., A 48, und Istrumentari 868 (Codice Galluzzo), fol. 40r. – Regest: Codice diplomatico, hg. von Fumi, Nr. 311.

Die Ratsversammlung, Podestà und Capitano del Popolo der Kommune Florenz bestellen einen Syndikus, der ein Bündnis (*societas*) mit Orvieto beeiden soll, das unter anderem ein gemeinsames Vorgehen gegen Siena vereinbart.

1251 September 1, Florenz

Im SAS Orvieto heute nicht mehr auffindbar. – Regest: Codice diplomatico, hg. von Fumi, Nr. 312; Trattati, hg. von Pampaloni, Nr. 51.

Der Vertrag ist in zweifacher Abschrift auch im AS Florenz überliefert (vgl. die Angaben bei Pampaloni); diese Überlieferung wurde nicht eingesehen. Die bei Pampaloni genannte Edition konnte nicht identifiziert werden.

Die Syndizi der Kommunen Orvieto und Florenz erneuern unter Bezugnahme auf die Bündnisverträge und -zusätze vom 27. Juni 1229 und vom 4. Juli 1235 (Nr. 50) das zwischen ihnen bestehende Bündnis. Sie vereinbaren:
- die gegenseitige Hilfe gegen Siena;
- zukünftige Hinzufügungen zu diesem Vertrag, die beiden Kommunen zum Vorteil gereichen, ebenfalls einzuhalten;
- eine Strafe von 2.000 Mark Gold bei Zuwiderhandlung.

Nr. 82: 1251 Dezember 20 – Cagli, Gubbio

Literatur: Gentili, Lettera, S. 34, 62 f.; Arduini, Inventario, S. 414, 427; Cenci, Relazioni, S. 547; Tiberini, Borghi, S. 220.

1251 Dezember 13, Cagli

SAS Gubbio, Fondo comunale, Cartulari 1 (Libro rosso), fol. 20 r–v. – Regest: Hagemann, Kaiserurkunden 2, Nr. 92.

Podestà und Rat von Cagli ernennen einen Syndikus, um mit Gubbio ein Bündnis (*societas, compagnia*) zu den bereits vereinbarten Konditionen abzuschließen.

1251 Dezember 19, Gubbio

SAS Gubbio, Fondo comunale, Cartulari 1 (Libro rosso), fol. 20v–21r. – Regest: Regesto, hg. von Cenci, Nr. 69 (mit falscher Datierung auf Dezember 17); Hagemann, Kaiserurkunden 2, Nr. 93.

Rektoren und Rat von Gubbio ernennen einen Syndikus, um mit Cagli ein Bündnis (*societas, compagnia*) zu den bereits vereinbarten Konditionen abzuschließen.

1251 Dezember 20, Gubbio

SAS Gubbio, Fondo comunale, Cartulari 1 (Libro rosso), fol. 21r–22r. – Druck: Gentili, Lettera, Nr. 33 (Teildruck mit fehlerhafter Datierung auf Dezember 12). – Regest: Regesto, hg. von Cenci, Nr. 70; Hagemann, Kaiserurkunden 2, Nr. 94; Documenti, hg. von Baldetti, Nr. 187.

Ein Vertrag zwischen Gubbio und der in diesem Bündnis ausgenommenen Kommune Rocca Contrada ist zuletzt aus dem Jahr 1237 überliefert. Da es sich nicht um einen klassischen Bündnisvertrag handelt, wurde er hier nicht aufgenommen; vgl. Hagemann, Kaiserurkunden 2, Nr. 55.

Die Syndizi der Kommunen Gubbio und Cagli vereinbaren ein Bündnis (*societas*). Sie vereinbaren:
- das Bündnis durch die Bevölkerung ratifizieren zu lassen, alle fünf Jahre zu erneuern und jährlich in die Statuten einzuschreiben;
- Freunde und Feinde der Bündniskommune als eigene Freunde oder Feinde zu betrachten; bereits als mögliche Feinde benannt werden an beide Kommunen angrenzende Herrschaftsträger und

Prozessgegner, ausgenommen werden die mit Gubbio verbündeten Kommunen (*cum sint amici comunis Eugubii*) Rocca Contrada, Urbino (Nr. 76) und Fabriano (Nr. 78);
- von ihren Angehörigen keine Durchgangszölle (*pedagium, guida*) zu verlangen;
- Personen, die durch die Bündniskommune mit dem Bann belegt wurden, den Aufenthalt zu verwehren, sobald die Bündniskommune dies wünscht;
- Streitfälle zwischen den Kommunen durch ein Schiedsgericht aus zwei *boni homines* beider Städte schlichten zu lassen; Streitfälle zwischen Privaten folgen den üblichen Gerichtsstandregelungen (*actor sequitur forum rei*);
- eine Besteuerung von Angehörigen der Kommunen, die Besitz auf dem Gebiet der Bündniskommune halten, mit jährlich 10 *solidi* pro Herd;
- Gebannten, die Bürgerrechte beider Städte besitzen, ihren Besitz und ihren Wohnsitz in der anderen Stadt zu belassen, solange sie diesen nicht nutzen, um der bannenden Stadt zu schaden; die Podestà beider Städte müssen bei Zuwiderhandlung für eine Wiedergutmachung Sorge tragen;
- bei Personen, die das Bürgerrecht beider Städte besitzen, den in den Statuten festgehaltenen Wohn- und Gerichtssitz zu wahren;
- gegenseitige militärische Hilfe auf Anfrage mit dem gesamten oder einem reduzierten Aufgebot (*tam pro comuni tam pro quantitate*) auf eigene Kosten;
- die vereinbarten Bestimmungen unter Strafe von 1.000 Mark Silber für jede Verpflichtung einzuhalten.

Gubbio verspricht zudem, die Kommune Urbino aufzufordern, dem Belabranca und anderen Einwohnern Caglis keine Unterstützung zukommen zu lassen, alle *homines* aus Cagli freizulassen und der Kommune Cagli alle erlittenen Schäden zu vergeben. Cagli verspricht, im Territorium von Monte Episcopale keine Befestigungen oder sonstigen Bauwerke zu errichten oder errichten zu lassen (ausgenommen nur die Gebiete, die dem Kastell Pergola entzogen wurden) und die *homines* von Monte Episcopale, die nun im Kastell Pergola angesiedelt sind, zurückzugeben. Außerdem vergibt Cagli der Kommune Gubbio alle anlässlich von Monte Episcopale erlittenen Schäden und Rechtsverletzungen – unangetastet bleibt jedoch die vereinbarte Herdabgabe von 10 *solidi*.

Nr. 83: 1255 August 2 – Jesi, Fano

Literatur: Amiani, Memorie, S. 206; Baldassini, Memorie, S. 64; Tenckhoff, Kampf, S. 70; Annibaldi, Podestà, S. 109 f.; Zampetti, Federico, S. 153; Urieli, Jesi 2, S. 240–242, 256, 428; Libro, hg. von Avarucci/Carletti, Introduzione, S. XL f.; Vasina, Leghe, S. 425.

Das Bündnis war unter anderem einem seit mindestens März 1255 schwelenden Rechtsstreit zwischen Jesi und dem Rektor der Marken um dessen Geldforderungen in Höhe von 10.000 Pfund entsprungen; vgl. die zugehörigen Überlieferungen (Druck: Libro, hg. von Avarucci/Carletti, Nr. 79–84, 86, 88, 89, 94, 95). Auch gegen Fano bestanden offenbar Geldforderungen; vgl. Amiani, Memorie, S. LII. Die Sache wurde im Herbst 1255 vom Generalrichter der Marken, zumindest für Jesi, zugunsten der Kommune entschieden.

1255 August 2, Jesi

Druck: Carte, hg. von Gianandrea, S. 175–178; Libro, hg. von Avarucci/Carletti, Nr. 63.

Das Instrument wurde durch die Notare beider Kommunen gemeinsam ausgefertigt und subskribiert.

Die Syndizi der Kommunen Jesi und Fano schließen ein Bündnis (*societas seu compagnia*). Sie vereinbaren:
- beide Städte mit ihrem Contado und ihren Bewohnern zu schützen sowie alle jetzigen und künftigen Besitzungen und Rechte zu wahren und notfalls zurückzugewinnen;
- sich auf Verlangen gegenseitig bei der Einhaltung aller Verträge, Privilegien, Schenkungen und Konzessionen, die den Städten durch andere Gemeinden, Personen, Herrschafts- und Amtsträger (*aliquo domino vel rectore vel aliquo nuntio cuiuslibet Curie*) konzediert wurden, mit Rat und Hilfe gegen jedermann zu unterstützen;
- auf Anfrage militärische Hilfe gegen jeden zu leisten, der die vorgenannten Besitzungen und Rechtstitel angreift;
- ohne Zustimmung des Bündnispartners keine weiteren Städte, Gemeinden und Personen in das Bündnis aufzunehmen;
- Feinde der anderen Stadt wie eigene Feinde zu behandeln;
- die Angehörigen beider Jurisdiktionsbereiche von allen Abgaben zu befreien und ihnen die gleichen Rechte wie den eigenen Bürgern im Handel, bei der Ein- und Ausfuhr von Waren und im Vertragswesen zu gewähren (*gaudeant omni privilegio, usu et consuetudine ... emendo, vendendo, contrahendo, res quaslibet apportando, deportando, exportando seu extrahendo et extra portando*);
- der Bündnisstadt zu helfen, falls der gegenwärtige oder ein zukünftiger Rektor oder Herr der Marken, eine Stadt, eine Kommune, ein Adeliger oder irgendein anderer die Rechte, Gewohnheiten und Besitzungen der Kommune bestreitet;
- kein Abkommen mit dem aktuellen oder einem künftigen Rektor oder einem anderen, der eine der Kommunen auf vorgenannte Weise behelligt, ohne Zustimmung der Bündniskommune zu schließen; dem entgegenstehende Rechtssetzungen, Mandate, Beschlüsse und Verträge werden kassiert und verlieren ihre Gültigkeit;
- die einzelnen Vertragsbestimmungen unter Androhung einer Strafe von 2.000 Mark Silber einzuhalten, abgesichert durch den Besitz der Kommunen;
- Ausgaben, die den Kommunen in Einhaltung der Bündnisverpflichtungen an der Kurie [oder vor Gericht?] (*in Curia*) oder außerhalb (*vel extra*) entstehen, unter Androhung genannter Vertragsstrafe zu erstatten;
- den Vertrag durch alle Bewohner der Bündnisstädte und deren Territorien zwischen 14 und 70 Jahren beschwören zu lassen.

Nr. 84: nach 1255 September 22 – Fabriano, Matelica

Literatur: Acquacotta, Memorie, S. 82; Hagemann, Fabriano 2, S. 58 f. und insb. Anm. 1.

Das Bündnis richtete sich gegen Camerino. Anlass war der Bau eines Kastells durch Camerino, gegen den Matelica Beschwerde eingereicht hatte. Matelica wurde in der Folge von den Rektoren der Marken, Gerard Coxadoca und Roland *de Campania*, wie auch von Alexander IV. unterstützt. Im Januar 1256 verfasste Roland anlässlich eines Angriffs der Bündnisstädte auf Camerino einen Rundbrief, in dem er seine Zustimmung zu dieser Aktion unterstrich und zur Unterstützung der Unternehmung aufrief (Libro rosso 2, hg. von Bartoli Langeli/Irace/Maiarelli, Nr. 18). Vgl. auch Lapidi, hg. von Acquacotta, Nr. 36 und 38. Fabriano und Matelica hatten bereits 1251 einen Bündnisvertrag geschlossen (Nr. 79).

1255 September 22, Fabriano

Druck: Lapidi, hg. von Acquacotta, Nr. 43 (mit Datierung auf den 23. September). – Regest: Pergamene, hg. von Grimaldi, Nr. 127.

In Vertretung des Podestà ernennen die beiden Richter und Vikare Fabrianos mit Zustimmung des Rates einen Syndikus, um mit der Kommune Matelica ein Bündnis (*societas*) zu schließen, *ad sensum et voluntatem et ad tempus secundum quod placuerit communi Mathelice*, und dabei ein altes Bündnis zu erneuern (*ad confirmandum veterem vel antiquam societatem inter ipsa communia olim contracta*).

Nr. 85: 1255 November 24 – Fabriano, Gubbio, Jesi, Rocca Contrada (heute Arcevia)

Literatur: Cenci, Relazioni, S. 547; Hagemann, Kaiserurkunden 1, S. 241; Hagemann, Fabriano 2, S. 59; Menichetti, Storia, S. 60; Villani, Comune, S. 473; Casagrande, Gubbio, S. 101.

1255 November 10, Gubbio

SAS Gubbio, Fondo comunale, Diplomatico, Busta VI, Nr. 3. – Druck: Carte, hg. von Zonghi/Ciavarini, Nr. 183; Libro rosso 2, hg. von Bartoli Langeli/Irace/Maiarelli, Nr. 221. – Regest: Hagemann, Kaiserurkunden 2, Nr. 98.

Podestà und Rat von Gubbio ernennen einen Syndikus, um mit Fabriano und Jesi ein Bündnis (*societas et conpagnia*) zu den schon vereinbarten Bedingungen und zu eventuell von den Syndizi noch zu verhandelnden Zusätzen zu schließen (*secundum formas, modos, conventiones et pacta habita inter tractatores terrarum dictarum*).

1255 November 22, Jesi

SAS Gubbio, Fondo comunale, Diplomatico, Busta VI, Nr. 2 (im Inventar irrig unter November 9). – Druck: Carte, hg. von Zonghi/Ciavarini, Nr. 182; Libro rosso 2, hg. von Bartoli Langeli/Irace/Maiarelli, Nr. 222. – Regest: Hagemann, Kaiserurkunden 2, Nr. 99.

Die Syndikatsurkunde ist, bis auf die notwendigen Anpassungen, identisch mit der von Gubbio ausgestellten Bevollmächtigung vom 10. November.

Podestà und Rat von Jesi ernennen einen Syndikus, um mit Fabriano und Gubbio ein Bündnis zu schließen.

1255 November 24, Fabriano

SAS Gubbio, Fondo comunale, Diplomatico, Busta VI, Nr. 4. – Regest: Hagemann, Kaiserurkunden 2, Nr. 100.

Die Syndikatsurkunde ist, bis auf die notwendigen Anpassungen, identisch mit den durch Gubbio und Jesi ausgestellten Bevollmächtigungen.

Der Vikar des Podestà und der Rat von Fabriano ernennen einen Syndikus, um mit Jesi und Gubbio ein Bündnis zu schließen.

1255 November 24, Fabriano

Druck: Carte, hg. von Zonghi/Ciavarini, Nr. 184; Libro rosso 2, hg. von Bartoli Langeli/Irace/Maiarelli, Nr. 223. – Regest: RI V,2,4, Nr. 13979 (Nr. 13958 und 13974, die weitere Bündnisse dieser Städte für das Jahr 1255 verzeichnen, beruhen auf Verwechslungen und fehlerhaften Literaturangaben; vgl. auch Hagemann, Kaiserurkunden 2, S. 204, Anm. 1); Hagemann, Kaiserurkunden 2, Nr. 101.

Der Bündnisvertrag beruht zu großen Teilen auf dem Text eines Bündnisses zwischen Jesi und Fano aus demselben Jahr (Nr. 83). Die Ausfertigungen wurden von allen drei Notaren subskribiert.

Die Syndizi der Kommunen Gubbio und Fabriano einerseits (*ex parte una*) und Jesi andererseits (*ex allia*) schließen ein Bündnis (*societas, amicitia*). Sie vereinbaren:
- alle Bündnisstädte mit ihren Jurisdiktionsbereichen und deren Bewohnern zu schützen;
- alle jetzigen und künftigen Besitzungen zu verteidigen und notfalls zurückzugewinnen;
- die Bündnispartner mit Rat und Hilfe bei der Einhaltung aller Verträge, Privilegien, Schenkungen und Konzessionen, die den Städten durch andere Gemeinden, Personen, Herrschafts- und Amtsträger (*alliquo domino vel rectore vel ab allico nuntio cuiuslibet curie*) konzediert wurden, zu unterstützen;
- auf Anfrage militärische Hilfe gegen jeden zu leisten, der die vorgenannten Besitzungen und Rechtstitel angreift;
- ohne Zustimmung aller Bündnispartner keine weiteren Städte, Gemeinden und Personen in das Bündnis aufzunehmen;
- Feinde der Bündnisstädte auf Verlangen möglichst zu schaden und sie wie eigene Feinde zu behandeln; Freunde sollen hingegen wie eigene Freunde behandelt werden;
- die Angehörigen aller Jurisdiktionsbereiche von allen Abgaben zu befreien und ihnen die gleichen Rechte wie den eigenen Bürgern im Handel, bei der Ein- und Ausfuhr von Waren und im Vertragswesen zu gewähren (*gaudeant omni privilegio, usu et consuetudine ... emendo, vendendo, contraendo, res quaslibet aportando, deportando, extrahendo seu exportando*);
- Streitfälle zwischen zwei der Bündniskommunen durch die dritte schlichten zu lassen;
- das Bündnis alle fünf Jahre durch Syndizi erneut beschwören zu lassen;
- die Verpflichtung zur Einhaltung der *societas* jährlich in die Statuten aufzunehmen;
- die folgenden Kommunen auszunehmen – seitens Gubbio Cagli (Nr. 82), Urbino (Nr. 76) und Rocca Contrada, seitens Fabriano Rocca Contrada (vgl. zuletzt Nr. 69) und Matelica (Nr. 84) und seitens Jesi Fano (Nr. 83) – bei Konflikten zwischen Jesi und Rocca Contrada sind die Bündnisstädte jedoch gehalten einzugreifen (*debeant se interponere*);
- die einzelnen Vertragsbestimmungen unter Androhung einer Strafe von 1.000 Mark Silber einzuhalten, abgesichert durch den Besitz der Kommunen, und auch mögliche Prozesskosten und Ausgaben, die aus der Einforderung der Strafzahlung entstehen, zu erstatten.

1256 März 26, Gubbio

SAS Gubbio, Fondo comunale, Cartulari 1 (Libro rosso), fol. 75r–76r. – Regest: Hagemann, Kaiserurkunden 2, Nr. 104.

Eine Urkunde über den Beitritt der Kommune Rocca Contrada fehlt, er wird aber wahrscheinlich durch einen Passus in einem Vertrag zwischen Gubbio und Sassoferrato (Nr. 86).

Die Syndizi der Kommunen Gubbio und Sassoferrato schließen ein Bündnis (Nr. 86). Die Kommune Gubbio verpflichtet sich unter anderem, sich um eine Aufnahme Sassoferratos in das bestehende Bündnis mit Jesi, Fabriano und Rocca Contrada zu bemühen.

1256 Juni 30, Sassoferrato

Regest: Regesti, hg. von Villani, Nr. 445.

Der Rektor der Kommune Sassoferrato ernennt gemeinsam mit dem Rat einen Syndikus, der ein Bündnis mit Gubbio, Fabriano und Rocca Contrada zu den von Gubbio vorgeschlagenen Bedingungen schließen und die Auseinandersetzungen zwischen Sassoferrato einerseits, Fabriano und Rocca Contrada andererseits beilegen soll.

1256 Juli 3, Gubbio

Regest: Regesti, hg. von Villani, Nr. 447.

Der Podestà Gubbios bittet die Syndizi der Kommunen Sassoferrato, Rocca Contrada und Fabriano, die Schlichtung ihres Konflikts in seine Hände zu legen.

1256 Juli 6, Rocca Contrada

Regest: Regesti, hg. von Villani, Nr. 448.

Der Rat der Kommune Rocca Contrada ratifiziert den Bündnis- und Friedensvertrag, den der Syndikus der Kommune mit dem Syndikus aus Sassoferrato gemäß dem Schiedsspruch des Podestà von Gubbio beeidet hatte (Nr. 87).

Nr. 86: 1256 März 26 – Gubbio, Sassoferrato

Literatur: Cenci, Relazioni, S. 549 f.; Giovagnoli, Gubbio, S. 70 f.

1256 März 25, Gubbio

SAS Gubbio, Fondo comunale, Cartulari 1 (Libro rosso), fol. 41v–42v. – Regest: Hagemann, Kaiserurkunden 2, Nr. 102.

Der Podestà Gubbios ernennt gemeinsam mit dem Rat der Stadt einen Syndikus, um mit der Kommune Sassoferrato ein Friedens- und Verzichtabkommen und ein Bündnis (*pax, societas, amicitia*) zu den bereits inserierten Bedingungen zu schließen.

1256 März 26, Gubbio

SAS Gubbio, Fondo comunale, Cartulari 1 (Libro rosso), fol. 75r–76r. – Regest: RI V,2,4, Nr. 13994 (mit Datierung 1256 März 6); Hagemann, Kaiserurkunden 2, Nr. 104.

Das in der Syndikatsurkunde angekündigte Abkommen über den gegenseitigen Verzicht auf Schadensersatz für im vorhergehenden Konflikt entstandene Schäden wurde eigens beurkundet; vgl. Hagemann, Kaiserurkunden 2, Nr. 103.

Die Syndizi der Kommunen Gubbio und Sassoferrato schließen ein Bündnis (*societas, amicitia*). Sie vereinbaren:
— Waffenhilfe im Verteidigungs- wie im Angriffsfall gegen alle Personen und Gemeinschaften zu leisten;
— der Bündniskommune auf Anforderung mit Rat und Tat bei der Wahrung und Wiedergewinnung des *bonus status* der Kommunen und jetziger und künftiger Besitzungen und Rechte beizustehen;
— Freunde des Bündnispartners zu Freunden, Feinde zu Feinde zu nehmen;
— die Angehörigen der Bündniskommune in den Genuss der Rechte und Freiheiten der eigenen Bürger kommen zu lassen;
— das Kastell Doglio nicht wieder aufzubauen oder anderweitig zu befestigen und nicht zuzulassen, dass Dritte dies tun;
— an niemanden Rechte an Doglio zu veräußern;
— Angehörige der Bündniskommune ohne die Zustimmung der Kommune nicht als Bürger oder Einwohner aufzunehmen;
— im eigenen Territorium keine Abgaben auf Grundbesitz von Angehörigen der Bündniskommune zu erheben;
— den Schiedsspruch über die Familien von Doglio dem Podestà Gubbios zu übertragen;
— die Bestimmungen einzuhalten und Zuwiderhandlungen mit einer Geldstrafe von 1.000 Mark Silber zu belegen, abgesichert durch das Vermögen der Kommune;
— das Bündnis alle fünf Jahre durch Syndizi erneuern zu lassen;
— die Unverletzlichkeit des Bündnisses jährlich in die Statuten einschreiben zu lassen.

Gubbio verspricht zudem, sich um die Aufnahme Sassoferratos in das Bündnis zwischen Gubbio, Jesi, Fabriano und Rocca Contrada (Nr. 85) zu bemühen und zu schlichten, falls es zu einem Konflikt zwischen Sassoferrato und Fabriano oder Rocca Contrada kommt; die Konfliktparteien sind dann verpflichtet, den Schiedsspruch anzunehmen. Von den Bündnisleistungen ausgenommen werden Gubbios Verpflichtungen gegenüber Jesi, Fabriano und Rocca Contrada (Nr. 85), Cagli (Nr. 82) und Urbino (Nr. 71).

1256 Juni 30, Sassoferrato

Regest: Regesti, hg. von Villani, Nr. 445.

Der Rektor der Kommune Sassoferrato ernennt gemeinsam mit dem Rat einen Syndikus, der ein Bündnis mit Gubbio, Fabriano und Rocca Contrada (vgl. Nr. 85) zu den von Gubbio vorgeschlagenen Bedingungen schließen und die Auseinandersetzungen zwischen Sassoferrato einerseits, Fabriano und Rocca Contrada andererseits beilegen soll.

1256 Juli 3, Gubbio

Regest: Regesti, hg. von Villani, Nr. 447.

Der Podestà Gubbios bittet die Syndizi der Kommunen Sassoferrato, Rocca Contrada und Fabriano, die Schlichtung ihres Konflikts in seine Hände zu legen.

1256 Juli 6, Rocca Contrada

Regest: Regesti, hg. von Villani, Nr. 448.

Der Rat der Kommune Rocca Contrada ratifiziert den Bündnis- und Friedensvertrag, den der Syndikus der Kommune mit dem Syndikus aus Sassoferrato gemäß dem Schiedsspruch des Podestà von Gubbio beeidet hatte (Nr. 87).

Nr. 87: vor 1256 Juli 6 – Rocca Contrada (heute Arcevia), Sassoferrato

Literatur: siehe Nr. 85 und 86.

1256 März 26, Gubbio

SAS Gubbio, Fondo comunale, Cartulari 1 (Libro rosso), fol. 75r–76r. – Regest: RI V,2,4, Nr. 13994 (mit Datierung 1256 März 6); Hagemann, Kaiserurkunden 2, Nr. 104.

Die Syndizi der Kommunen Gubbio und Sassoferrato schließen ein Bündnis (Nr. 86); der Vertreter Gubbios verspricht unter anderem, sich um die Aufnahme Sassoferratos in das Bündnis Gubbios mit Jesi, Fabriano und Rocca Contrada (Nr. 85) zu bemühen sowie eventuelle Auseinandersetzungen Sassoferratos mit Fabriano und Rocca Contrada zu schlichten.

1256 Juni 30, Sassoferrato

Regest: Regesti, hg. von Villani, Nr. 445.

Der Rektor der Kommune Sassoferrato ernennt gemeinsam mit dem Rat einen Syndikus, der ein Bündnis mit Gubbio, Fabriano und Rocca Contrada (vgl. Nr. 85 und 86) zu den von Gubbio vorgeschlagenen Bedingungen schließen und die Auseinandersetzungen zwischen Sassoferrato einerseits, Fabriano und Rocca Contrada andererseits beilegen soll.

1256 Juli 3, Gubbio

Regest: Regesti, hg. von Villani, Nr. 447.

Der Podestà Gubbios bittet die Syndizi der Kommunen Sassoferrato, Rocca Contrada und Fabriano, die Schlichtung ihres Konflikts in seine Hände zu legen.

1256 Juli 6, Rocca Contrada

Regest: Regesti, hg. von Villani, Nr. 448.

Der Rat der Kommune Rocca Contrada ratifiziert den Bündnis- und Friedensvertrag, den der Syndikus der Kommune gemeinsam mit dem Syndikus aus Sassoferrato gemäß dem Schiedsspruch des Podestà von Gubbio beeidet hatte.

Nr. 88: 1256 August 26 – Assisi (?), Orvieto, Perugia

Literatur: Codice diplomatico, hg. von Fumi, S. 256 f.; Briganti, Città, S. 207 f.; Regestum, hg. von Ansidei, Prefazione, S. XXII; Grundman, Popolo, S. 107 f.

1256 August 22, Perugia

Druck: Regestum, hg. von Ansidei, Nr. 46 (Teildruck).

In der Ratsversammlung Perugias berichten die aus Orvieto zurückgekehrten Perusiner *ambaxatores* von der Bereitschaft der Kommune Orvieto, das alte Bündnis (*societas antiqua*) zwischen beiden Städten zu erneuern. Der Rat nimmt den Vorschlag eines der Ratsherrn, das Bündnis gegen jedermann abzuschließen und nur die Römische Kirche und Rom auszunehmen (*salvis preceptis Ecclesie et romanis*), an und verordnet die Wahl eines Syndikus, der das Bündnis zwischen Perugia und Orvieto in einer Form abschließen soll, die den Beitritt Spoletos, Assisis und anderer Mitglieder des alten Bündnisses erlaube (*ita tamen quod Spoletani et Assisinates et alij qui fuerunt in antiqua societate ad ipsam societatem possint et debeant pervenire*).

1256 August 27, Orvieto

AS Perugia, Diplomatico, Contratti, Nr. 1332. – Regest: Codice diplomatico, hg. von Fumi, Nr. 331.

Der Vertrag ist zu großen Teilen identisch mit dem 1251 geschlossenen Vertrag der umbrischen Städte (Nr. 77). Diesem Text entstammt auch die Klausel zur Streitschlichtung, die auf ein multilaterales Bündnis ausgelegt ist. Möglicherweise wurde hier schon an spätere Erweiterungen gedacht. Beeidet und verschriftlicht wurde das Bündnis in der Ratsversammlung Orvietos, deren Mitglieder das Bündnis im Anschluss ebenfalls beschworen, die Namen der Eidleistenden sind in Kolumnen angefügt.

Die Syndizi der Kommunen Perugia und Orvieto schließen ein Bündnis (*societas*) und verpflichten sich:
— dieses Bündnis alle zehn Jahre zu erneuern;
— der Bündniskommune zu helfen, Stadt und Distrikt gegen alle Personen und Gemeinschaften zu schützen und zu verteidigen, mit denen Krieg geführt wird;
— die Bündnisstadt bei der Wahrung und Wiedergewinnung aller bestehenden und zukünftigen Rechte und Besitztümer in Contado, Distrikt und Diözese oder anderswo zu unterstützen;
— der Bündniskommune zweimal im Jahr nach Aufforderung mit dem allgemeinen Aufgebot für 15 Tage auf eigene Kosten zu Hilfe zu kommen, An- und Abreise herausgerechnet; falls die kriegsführende Stadt das allgemeine Aufgebot nicht benötigt, kann die Waffenhilfe alternativ durch eine Geldzahlung (*tallia*) oder die Entsendung nur von Rittern oder Bogenschützen abgeleistet werden;

- Friedensabkommen (*tregua, concordia, pax*) nur gemeinsam abzuschließen;
- keine weiteren Bündnisse (*societas, credentia, compagnia*) mit anderen Kommunen zu schließen oder diese in ein Schutzverhältnis aufzunehmen (*accomanditia vel defensio*);
- Konflikte zweier Bündnispartner durch die anderen Mitglieder schlichten zu lassen und als Konfliktpartei die Schiedssprüche der Bündnispartner anzuerkennen;
- die Angehörigen der Bündnisstädte zur Vorsicht bei Geschäftsbeziehungen anzuhalten, um Repressalien zu vermeiden;
- das Bündnis jährlich in die Statuten aufzunehmen und alle zehn Jahre zu erneuern;
- die Bestimmungen unter Strafe von 1.000 Mark Silber, hypothekarisch abgesichert, einzuhalten.

1256 September 15, Perugia

Druck: Regestum, hg. von Ansidei, Nr. 53 (Teildruck).

Ambaxatores aus Orvieto bitten im Rat von Perugia um eine Anpassung der Statuten: Ergänzt werden sollen ein Verbot, Gebannte aus Orvieto in der Stadt oder im Contado aufzunehmen, sowie eine Regelung zur Befreiung der Orvietaner vom *pedalium*, da die Statuten Orvietos ebenfalls die Befreiung der Perusiner vom Wegegeld vorsähen.

1260 Februar 12, Perugia

Druck: Regestum, hg. von Ansidei, Nr. 108 (Teildruck).

Zwei aus Orvieto zurückgekehrte *ambaxatores* berichten im Rat von Perugia von Orvietos Zustimmung zu einem weiteren Bündnis Perugias, dem Orvieto jedoch nicht beitreten wolle (*quod responssum fuit .. per Consillium Urbiveteris quod Perusini .. facerent societatem ad suam voluntatem quia talibus interesse nolebant*).

1260 März 18, Perugia

Druck: Regestum, hg. von Ansidei, Nr. 125 (Teildruck).

Der Rat Perugias verabschiedet ein zwischen *sapientes* aus Orvieto und Perugia ausgehandeltes Abkommen über das anzuwendende Verfahren bei Schuldklagen zwischen Angehörigen der beiden Städte (*forma iuris reddendi*).

1260 Mai 29–30, Perugia

AS Perugia, Consigli e Riformanze 4, fol. 62v–63v, 227v–228r. – Druck: Regestum, hg. von Ansidei, Nr. 171–174 (Teildruck).

Zwei *ambaxatores* Orvietos bitten anlässlich eines Konflikts um Montepulciano im Perusiner Rat um Bündnishilfe gegen Siena und den Vikar König Manfreds in Form von diplomatischer Unterstützung und Waffenhilfe, wozu Perugia durch ihr gemeinsames Bündnis verpflichtet sei (*qualiter C. P[erusii] est coniunctum iuramento et societate C. Urbiveteris et quod opporteat ipsum [sibi servire et] sequi in defensione terrarum sibi subpositarum*).

1260 Juli 22–23, Perugia

AS Perugia, Consigli e Riformanze 4, fol. 77r, 236r–v. – Druck: Regestum, hg. von Ansidei, Nr. 212 und 213 (Teildruck).

Die *ambaxatores* des Grafen Jordanus und der Kommune Siena bitten im Rat Perugias um Fürsprache in Orvieto, um einen Angriff auf Montepulciano abzuwenden, und schlagen vor, Perugia das Schiedsgericht in der Auseinandersetzung zwischen Siena und Orvieto zu übertragen. In der anschließenden Diskussion der mit der Entscheidung betrauten *sapientes* fällt auch der Vorschlag, die *pacta et instrumenta societatis* zwischen Perugia und Orvieto nochmals zu konsultieren.

1260 Oktober 14, Perugia

AS Perugia, Consigli e Riformanze 4, fol. 77r, 236r–v. – Druck: Regestum, hg. von Ansidei, Nr. 271 (Teildruck).

Der Rat Perugias beschließt, den *ambaxatores* Assisis auf ihre Anfrage, wie man hinsichtlich eines durch den päpstlichen Rektor vorgeschlagenen Verteidigungsbündnisses zwischen den umbrischen Kommunen verfahren wolle, folgende Antwort zu erteilen: Da zwischen Perugia und Assisi eine *societas* bestehe (*cum sint socii et societatis vinculo coniuncti*), dürfe Assisi kein weiteres Bündnis schließen, das Perugia oder dem gemeinsamen Bündnis zum Nachteil gereiche.

1260

Annales urbevetani, Cronica potestatum, ad a. 1260, hg. von Fumi, S. 153.

[E]t dum starent ibi [in contratam Collazonis], venerunt quadringenti milites de Perusio in auxilium Urbevetanorum ...

1265 Juni 9, Orvieto

SAS Orvieto, Diplomatico comunale, A 71. – Regest: Codice diplomatico, hg. von Fumi, Nr. 400.

Perugia übernimmt die Bürgschaft für Orvieto in einem Vertrag zwischen dieser Kommune und der guelfischen *pars* aus Siena (Nr. 103), dies wird durch einen Syndikus rechtskräftig bestätigt.

1265 August 14

Annales urbevetani, Cronica potestatum, ad a. 1265, hg. von Fumi, S. 156.

Et die xiiij augusti ivit exercitus urbevetanus Scetonium cum quingentis militibus stipendiariis et ducentis militibus Perusinorum ...

1266 April 14, Perugia

AS Perugia, Consigli e Riformanze 6, fol. 186r–v.

Zwei Gesandte Orvietos bitten um Perusiner *ambaxatores*, die *in servitium comunis Urbisveteris* an der päpstlichen Kurie vorstellig werden sollen; der Rat stimmt der Entsendung auf eigene Kosten zu.

1266 Mai 17, Perugia

AS Perugia, Consigli e Riformanze 6, fol. 19r–20v.

Ein Gesandter Orvietos berichtet in der Perusiner Ratsversammlung von einem durch den Papst vermittelten Friedensvertrag zwischen Orvieto und Siena und bittet Perugia um Zustimmung (*cum civitas et comune Urbiveteris proposuerit non facere pacem cum aliquo seu cum dicto comuni Sene sine licentia et voluntate comunis Perusii*).

1266 Mai 21, Perugia

AS Perugia, Consigli e Riformanze 6, fol. 24r–25v.

Der Perusiner Rat beschließt die Freilassung eines Orvietaners, der wegen eines Vergehens im Zusammenhang mit der Getreideversorgung (*occasione blavie*) eingekerkert wurde.

1266 Mai 22, Perugia

AS Perugia, Consigli e Riformanze 6, fol. 25v–27r.

Der Perusiner Rat setzt eine geplante Gesandtschaft nach Orvieto aus, da keine Notwendigkeit für die *ambaxata* bestehe.

1266 Mai 27, Perugia

AS Perugia, Consigli e Riformanze 6, fol. 30r–32r.

Der Perusiner Rat beschließt in Reaktion auf Briefe aus Orvieto, eine Gesandtschaft aus zwei *ambaxatores* zu entsenden, die verschiedene offene Streitfragen zwischen den Kommunen beilegen sollen.

1266 Juni 4, Perugia

AS Perugia, Consigli e Riformanze 6, fol. 38v–40v.

Im Rat von Perugia wird ein Brief verlesen, der Orvietos Bereitschaft ausdrückt, Schiedsrichter zu benennen, die die bestehenden Auseinandersetzungen beilegen mögen.

1266 Juni 6, Perugia

AS Perugia, Consigli e Riformanze 6, fol. 41v–42v.

Ein Perusiner Gremium entscheidet über die Wahlmodalitäten, die Besetzung und die Bezahlung der Schiedsrichter, die *in terra Marçane* zu einem noch festzulegenden Zeitpunkt mit den Schiedsrichtern aus Orvieto zusammentreffen sollen.

1266 Juni 18, Perugia

AS Perugia, Consigli e Riformanze 6, fol. 49 r–v.

Nach Verlesung der von Orvieto gesandten *capitula* zur Schiedssache zwischen Orvieto und Perugia entscheidet der Rat, dass die gewählten Perusiner Schiedsrichter am 25. Juni (*die sequente festa Sancti Iohannis Batiste proxima*) mit den Orvietaner Schiedsrichtern über die von Orvieto vorgeschlagenen Bestimmungen verhandeln sollen, die Ergebnisse müssen danach jedoch vom Rat bestätigt werden.

1266 Juli 2, Perugia

AS Perugia, Consigli e Riformanze 6, fol. 57 v–58 r.

Die Anfrage zweier *ambaxatores* aus Assisi, die über einen Konflikt zwischen dieser Stadt und Orvieto berichten und mit Verweis auf die Bündnisverpflichtungen um Vermittlung bitten (*dixit quod in pacto [societatis] continetur, quod si aliqua discordia appareret in duabus (duas ms.) ex dictis civitatibus, quod tertia deberet concordiam facere*), bescheidet der Rat Perugias positiv.

1266 Juli 21, Perugia

AS Perugia, Consigli e Riformanze 6, fol. 66 v–67 v.

Der Perusiner Rat beschließt die Entsendung von *ambaxatores* nach Orvieto in Vertretung eines Perusiner Bürgers, der Opfer eines Raubs wurde.

1266 Juli 31, Perugia

AS Perugia, Consigli e Riformanze 6, fol. 72 r–73 v.

Der Rat Perugias berät nach dem Bericht der nach Orvieto wegen eines Raubfalls entsandten *ambaxatores* über die Vergabe eines Repressalienbriefs.

1266 August 24, Perugia

AS Perugia, Consigli e Riformanze 6, fol. 85 v–86 v.

Ambaxatores aus Orvieto schlagen ein Treffen zwischen dem Podestà Orvietos und dem Podestà und dem Capitano del Popolo aus Perugia vor, um über den anhängigen Repressalienfall zu verhandeln und zu einer Übereinstimmung zu kommen. Der Rat beschließt, die verhängten Repressalien zunächst nicht zurückzunehmen, stimmt dem Treffen aber zu.

1266 September 3, Perugia

AS Perugia, Consigli e Riformanze 6, fol. 89 r–90 v.

Der Rat berät über Briefe aus Orvieto, die anlässlich eines Raubfalls um Sicherheiten für die Orvietaner *ambaxatores* bitten, die der Rat schließlich erteilt.

1266 September 8, Perugia

AS Perugia, Consigli e Riformanze 6, fol. 90 r–91 v.

Eine Gesandtschaft aus Orvieto schlägt erneut ein Treffen der Podestà und Capitani der beiden Kommunen vor, um die bestehenden Auseinandersetzungen zwischen Bürgern der beiden Städte beizulegen. Der Rat beschließt den Podestà mit einigen *sapientes* seiner Wahl zu entsenden.

1266 Oktober 5, Perugia

AS Perugia, Consigli e Riformanze 6, fol. 102 r–v.

Der Rat Perugias beschließt nach der Anhörung von Briefen aus Orvieto eine Ausweitung des sicheren Geleits für Podestà, Capitano und *ambaxatores* aus Orvieto, die zu einer Ausgleichsfindung nach Perugia kommen wollen.

1266 Oktober 14, Perugia

AS Perugia, Consigli e Riformanze 6, fol. 106 r–v.

Der Rat Perugias beschließt die Aufhebung der Repressalien, die zwischen Perugia und Orvieto bzw. einzelnen Bürgern dieser Städte bestehen, da Orvieto das Gleiche tun wolle.

1266 November 12, Perugia

AS Perugia, Consigli e Riformanze 6, fol. 117 r–v.

Der Rat Perugias beschließt, den Capitano del Popolo oder jemanden aus seiner *familia* zu einem Treffen mit dem orvietanischen Podestà zu entsenden, um die zwischen beiden Kommunen anhängigen Repressalienangelegenheiten beizulegen.

1266 November 22, Perugia

AS Perugia, Consigli e Riformanze 6, fol. 123 r–v.

Der Rat Perugias berät über Einzelheiten des von *sapientes* beider Seiten ausgearbeiteten Schiedsurteils zwischen Perugia und Orvieto und beschließt, diesbezüglich einen Rechtsgelehrten nach Orvieto zu entsenden.

1266 November 29, Perugia

AS Perugia, Consigli e Riformanze 6, fol. 126 r–127 r.

Der Rat Perugias gibt sein Einverständnis zu den von Orvieto bereits abgesegneten Zusätzen zum Schiedsurteil zwischen Perugia und Orvieto, die im Rat zuvor verlesen wurden und in die *reformatio* inseriert sind.

1266 Dezember 9, Perugia

AS Perugia, Consigli e Riformanze 6, fol. 131r–133r.

Der Rat Perugias stimmt der Wahl eines Syndikus zu, der Perugia gegen die Kommune Orvieto und einzelne Bürger vor einem gemeinsamen Schiedsgericht vertreten soll.

1266 Dezember 17, Perugia

AS Perugia, Consigli e Riformanze 6, fol. 135v–136v.

Der Rat Perugias berät über das Vorgehen in der vorgesehenen schiedsgerichtlichen Einigung zwischen Orvieto und Perugia bezüglich Fragen der Getreideausfuhr.

1266 Dezember 23, Perugia

AS Perugia, Consigli e Riformanze 6, fol. 140r–141r. – Regest: Codice diplomatico, hg. von Fumi, Nr. 411.

Der Rat Perugias ordnet die Prüfung der im Schiedsgericht zwischen Perugia und Orvieto erarbeiteten Kapitel *occasione grasie* durch Podestà, Capitano del Popolo, *consules mercatorum* und *sapientes* an.

1266 Dezember 31, Perugia

AS Perugia, Consigli e Riformanze 6, fol. 145r–146v.

Der Rat Perugias beschließt nach Überprüfung des Schiedsurteils einige Korrekturen und stellt den Schiedsrichtern zwei *ambaxatores* zur Seite.

1279

Statuten Perugias, Statuto 1, hg. von Caprioli, Nr. 74.

Befreiung aller den Jurisdiktionsbereichen Orvietos, Assisis und Spoletos zugehörigen Personen von bestimmten Zöllen (*guida, pedagium, siluaticum*), unter der Voraussetzung, dass dies im Gegenzug auch für die Einwohner Perugias und des Perusiner Contados gilt. Podestà und Capitano Perugias haben dies zu Beginn ihrer Amtszeit mit den genannten Kommunen schriftlich abzustimmen.

Nr. 89: nach 1257 Dezember 16 – Camerino (?), Matelica, San Severino

Literatur: Acquacotta, Memorie, S. 83; Tenckhoff, Kampf, S. 73; Zampetti, Federico, S. 155; Corradini, Svevi, S. 221 f.; Libro, hg. von Biondi, Introduzione, S. XLIII.

Das Zustandekommen dieses Bündnisses ist unsicher. Matelica und San Severino schlossen nachweislich im Juli 1258 einen weiteren *societas*-Vertrag, der jedoch eine klare Unterwerfung Matelicas bedeutete: Der Vertrag beinhaltet Abgaben an San Severino, die verpflichtende Ansiedlung von 40 Männern aus Matelica in San Severino und ein Vetorecht San Severinos bei der Wahl des Podestà von Matelica (Lapidi, hg. von Acquacotta, Nr. 49). Die Formulierung in der untenstehenden Sentenz des Rektors der Marken (*pacta et convenctiones noviter factas et initas et facta et inita*) könnte durchaus für die Existenz einer vorhergehenden *societas* mit Camerino sprechen. Allerdings befanden sich Camerino und Matelica bereits in einem länger andauernden Konflikt, der im Februar 1258 neu entflammte; vgl. Libro, hg. von Biondi, Introduzione, S. XLIII.

1257 Dezember 16, Matelica

Druck: Lapidi, hg. von Acquacotta, Nr. 46. – Regest: Pergamene, hg. von Grimaldi, Nr. 146.

Podestà und Rat von Matelica ernennen einen Syndikus, um ein Bündnis (*societas et conpangniam*) mit Camerino und San Severino zu schließen.

1258 Oktober 5, Montecchio

Druck: Libro, hg. von Biondi, Nr. 43.

Der Rektor der Marken, Annibaldo di Trasmondo, vergibt Camerino, Fabriano und San Ginesio alle Matelica zugefügten Schädigungen und verfügt unter anderem die Auflösung der erneut abgeschlossenen Verträge (*pacta et convenctiones noviter factas et initas et facta et inita*) zwischen Matelica und San Severino.

Nr. 90: 1258 Juli 5 – San Severino, Tolentino

Literatur: Santini, Saggio, S. 106, 124; Tenckhoff, Kampf, S. 74, 79; Zampetti, Federico, S. 158; Hagemann, Studien: Tolentino 2, S. 137–139.

1258 Juli 3, San Severino

Regest: Hagemann, Studien: Tolentino 2, Nr. 105.

Podestà und Rat von San Severino ernennen einen Syndikus, um das alte Bündnis mit Tolentino zu den inserierten Vertragsbedingungen wieder zu erneuern.

1258 Juli 5, Folognano

Druck: Santini, Saggio, Appendice di documenti, Nr. 24; Hagemann, Studien: Tolentino 2, Nr. 106.

Die Syndizi der Kommunen San Severino und Tolentino erneuern ein altes Bündnis (*reformaverunt et recontraxerunt inter se veterem et antiquam sotietatem*) und legen ihre Streitigkeiten bei, indem sie sich verpflichten:
– Freunde der anderen Kommune zu Freunden, Feinde zu Feinden zu nehmen;
– gemeinschaftlich mit dem Bündnispartner Frieden zu halten und gemeinsam Krieg gegen jedwede Person oder Gemeinschaft zu führen;
– keine weiteren Bündnisse zu schließen, die diesem Bündnis entgegenstehen könnten;
– zum Vorteil beider Kommunen zu handeln;

- Rechte und Besitz der Bündniskommune zu verteidigen, zu bewahren und zu vergrößern sowie auf dem Rechtswege oder gewaltsam (*per ius et factum, per vim et rationem*) Verlorenes wiederzubeschaffen, die Verminderung von Rechten und Besitz nicht zuzulassen und Personen und Sachen zu schützen;
- keine weiteren Bündnisse ohne Zustimmung des Bündnispartners zu schließen;
- ihre jeweiligen Besitzungen und Rechte wechselseitig zu bestätigen und auf weitere Forderungen zu verzichten, ausgenommen nur die Ansprüche San Severinos an den Leuten von Carpignano, die nach der Zerstörung des gleichnamigen Kastells zu Zeiten des Kardinals Rainer nach Tolentino übersiedelt wurden und deren Restitution innerhalb eines Monats Tolentino nun verspricht;
- keine Bewohner des anderen Jurisdiktionsbereichs als Bürger oder Einwohner (*in castellanum vel abitatorem*) aufzunehmen, insbesondere nicht aus Carpignano;
- die hier getroffenen Bestimmungen einzuhalten und umzusetzen;
- den Vertragsbestimmungen nicht entgegenzuwirken, wobei jeder Verstoß mit einer Strafe von 3.000 Mark Silber unter Obligation der kommunalen Güter bestraft wird.

1259 März 2, Matelica

Druck: Santini, Saggio, Appendice di documenti, Nr. 70; Hagemann, Studien: Tolentino 2, Nr. 107. – Regest: RI V,2,4, Nr. 14081.

Der Text macht nicht deutlich, ob es sich bei den genannten societates *um mehrere Bündnisse handelt oder ob Matelica und Montemilone dem Bündnis zwischen Tolentino und San Severino beigetreten sind (auch zwischen Matelica und San Severino bestand seit 1258 Juli 24 ein Schutzvertrag; vgl. die Anmerkung unter Nr. 89). Ein Bündnis zwischen diesen vier Kommunen ist auch für die Jahre 1263 und 1269 belegt, da ein Zusammenhang mit diesem Bündnis aber nicht gesichert ist, werden die Belege vorsichtshalber unter einer eigenen Nummer erfasst (Nr. 91).*

Der königliche Generalvikar der Mark Ancona, Percivalle Doria, verspricht Tolentino für die kürzlich erfolgte Rückkehr zur Treue zu König Manfred unter anderem, die Bündnisse (*societates et promissiones*) zwischen dieser Kommune sowie San Severino, Montemilone und Matelica unangetastet zu lassen, da sie zu Ehren der königlichen Majestät abgeschlossen seien (*dummodo sint ad honorem et fidelitatem regie magestatis*).

Nr. 91: vor 1259 März 2 – Matelica, Montemilone (heute Pollenza), San Severino, Tolentino

Literatur: Acquacotta, Memorie, S. 85; Tenckhoff, Kampf, S. 79, 88; Hagemann, Studien: Tolentino 2, S. 148 f.

1259 März 2, Matelica

Druck: Santini, Saggio, Appendice di documenti, Nr. 70; Hagemann, Studien: Tolentino 2, Nr. 107. – Regest: RI V,2,4, Nr. 14081.

Der königliche Generalvikar der Mark Ancona, Percivalle Doria, verspricht Tolentino für seine kürzlich erfolgte Rückkehr zur Treue zu König Manfred unter anderem, die Bündnisse (*societates et promissiones*) zwischen dieser Kommune sowie San Severino, Montemilone und Matelica unangetastet zu lassen, da sie zu Ehren der königlichen Majestät abgeschlossen seien (*dummodo sint ad honorem et fidelitatem regie magestatis*).

1263 Mai 6, San Severino

Druck: Lapidi, hg. von Acquacotta, Nr. 52. – Regest: RI V,2,4, Nr. 14199; Pergamene, hg. von Grimaldi, Nr. 182.

Der Rat und die Volksversammlung von San Severino erneuern ihren Treueid gegenüber König Manfred und dem Generalvikar der Mark Ancona, verpflichten sich zu verschiedenen Maßnahmen gegen die Gegner König Manfreds, erneuern das bestehende Bündnis zwischen dieser Kommune, Tolentino, Matelica und Montemilone mit all seinen Bestimmungen und versprechen, dieses Bündnis niemals zu brechen (*Item societatem sive pacta et conventiones societatis habite et facte ... in omnibus que spectant ad honorem fidelitatem et servitium Majestatis domini nostri Regis cum omnibus Capitulis in ipsa societate contentis ... promiserunt eodem modo conservare, et ex nunc renovaverunt eandem, ... promittentes ipsam societatem nullo tempore frangere, rumpere vel infrangere*).

1263 Mai 8, Tolentino

Druck: Lapidi, hg. von Acquacotta, Nr. 53. – Regest: RI V,2,4, Nr. 14200; Pergamene, hg. von Grimaldi, Nr. 183.

Recanati ist als Bündnispartner nur hier genannt, möglicherweise bestand somit ein weiterer Vertrag nur zwischen Tolentino und dieser Kommune. Das Instrument folgt im letzten Teil wörtlich dem Formular des Instruments aus San Severino, die Erneuerung des Bündnisses allerdings steht an anderer Stelle und ist abweichend formuliert. Dennoch ist anzunehmen, dass die Vorlage der Kanzlei des Generalvikars entstammte, dafür spricht auch ein Nachsatz in der Urkunde aus San Severino, in dem die Beeidung durch die Einwohner des Distrikts thematisiert wird, prout in nota domini nostri Vicarii plenius continetur.

Der Vikar, ein Richter und mehrere Notare der Kommune Tolentino erneuern ihren Treueid an König Manfred und den Generalvikar der Mark Ancona, erneuern zugleich ihr Bündnis mit San Severino, Montemilone, Matelica und Recanati (*juraverunt et renovaverunt et readfirmaverunt, et firmam et ratam habere et tenere Societatem habitam et contractam*) und verpflichten sich zu verschiedenen Maßnahmen gegen die Gegner König Manfreds.

1263 Mai 9, Montemilone

Druck: Lapidi, hg. von Acquacotta, Nr. 54; Forschungen 4, hg. von Ficker, Nr. 441. – Regest: RI V,2,4, Nr. 14201; Pergamene, hg. von Grimaldi, Nr. 184.

Das Instrument folgt, abgesehen von der individuellen Einleitung des Ratsbeschlusses, wörtlich dem Formular des Instruments aus San Severino. Es ist somit anzunehmen, dass die Vorlage der Kanzlei des Generalvikars entstammte; dafür spricht auch ein Nachsatz in der Urkunde aus San Severino, in dem die Beeidung durch die Einwohner des Distrikts thematisiert wird, prout in nota domini nostri Vicarii plenius continetur.

Der Rat von Montemilone erneuert den Treueid an König Manfred und den Generalvikar der Mark Ancona, verpflichtet sich zu verschiedenen Maßnahmen gegen die Gegner König Manfreds, erneuert das bestehende Bündnis zwischen dieser Kommune, Tolentino, San Severino und Matelica mit all seinen Bestimmungen und verspricht, dieses Bündnis niemals zu brechen (*Item societatem sive pacta et conventiones societatis habite et facte ... in omnibus, que spectant ad honorem, fidelitatem et servitium maiestatis d. nostri regis, cum omnibus capitulis in ipsa societate contentis ... promiserunt eodem modo conservare; et ex nunc renovaverunt eandem ... promittentes ipsam societatem nullo tempore frangere rumpere vel infrangere*).

Nr. 92: 1259 Oktober 3 – Spoleto, Todi

Literatur: Sansi, Storia 1, S. 91 f.; Terrenzi, Narni, S. 57 f.; Ceci, Todi, S. 147–150; Regestum, hg. von Ansidei, S. 198, Anm. 1; Menestò, Esempio, S. 452 f.; Sestan, Comune, S. 181; Andreani, Todi al tempo di Iacopone, S. 30; Andreani, Narni, S. 162; Andreani, Todi nel basso medioevo, S. 58.

1259 Oktober 2, Todi

SAS Spoleto, Memoriale comunis I, fol. 34v–35r, 119r–v.

Der Rat der Kommune Todi berät über den Vorschlag des Capitano del Popolo, einen Syndikus zu ernennen, der ein von ihm und dem *prior artium* Spoletos bereits ausgehandeltes Bündnis (*societas*) zwischen Todi und Spoleto sowie weiteren interessierten Städten beeiden soll. Der Rat stimmt dem zu.

1259 Oktober 2, Todi

SAS Spoleto, Memoriale comunis I, fol. 35r, 119v–120r.

Das Instrument ist weitestgehend identisch mit der Syndikatsurkunde Spoletos.

Podestà, Capitano und Rat der Kommune Todi ernennen einen Syndikus, um mit dem namentlich genannten Syndikus der Kommune Spoleto und anderen interessierten Kommunen ein Bündnis (*societas et amicitia*) zu schließen.

1259 Oktober 2, Spoleto

SAS Spoleto, Memoriale comunis I, fol. 35r–v, 120r–v.

Podestà und Rat der Kommune Spoleto ernennen einen Syndikus, um mit dem namentlich genannten Syndikus der Kommune Todi und anderen interessierten Kommunen ein Bündnis (*societas et amicitia*) zu schließen.

1259 Oktober 3, Spoleto

SAS Spoleto, Memoriale comunis I, fol. 39r–v, 125v–126r. – Druck: Documenti, hg. von Sansi, Nr. 52.

Die Syndizi der Kommunen Todi und Spoleto schließen ein Bündnis (*societas, conpangia et amicitia*). Sie vereinbaren:
– Stadt, Distrikt und Bistum der Bündnisstadt zu wahren und zu verteidigen;

- alle Rechte, die die Städte in ihrer Diözese halten, wiederzugewinnen, zu bewahren und zu verteidigen;
- Freunde der anderen Kommune zu Freunden, Feinde zu Feinden zu nehmen;
- alle Verträge, Abkommen und Verfügungen (*pacta, conventiones, ordinamenta, constitutiones*), die mit ihrer beider Zustimmung geschlossen wurden und werden, einzuhalten;
- bezüglich Terni einzuhalten, was von den Räten und *sapientes* beider Städte beschlossen wurde;
- das Bündnis alle zehn Jahre auf Anfrage einer der beiden Städte zu erneuern – sollte eine Erneuerungsanfrage ausbleiben, ist es dennoch auf ewig gültig;
- die Einhaltung des Bündnisses gemäß der hier formulierten Bedingungen in die jeweiligen Statuten schreiben zu lassen;
- Narni, Orvieto, Assisi und Foligno auf ihren Wunsch in die *societas* aufzunehmen, andere Städte nur bei gemeinsamem Beschluss Todis und Spoletos;
- die Vertragsbestimmungen einzuhalten und Zuwiderhandlungen mit einer Strafe von 2.000 Mark Silber zu ahnden, abgesichert durch den kommunalen Besitz.

1259 Oktober 3, Todi

SAS Spoleto, Memoriale comunis I, fol. 39v, 126v.

Auf dem Balkon des Palasts von Offreduccio di Gerardo, *capitaneus comunis et populi* von Todi, beschwören dieser selbst und sieben *antiani populi* die Einhaltung des Bündnisvertrags auf das Evangelium.

1259 Oktober 10, Todi

SAS Spoleto, Memoriale comunis I, fol. 39v–41r, 126v–128r.

Das Instrument verzeichnet die Namen aller Eidleistenden, geordnet nach Stadtteilen.

Die Vollversammlung Todis beschwört die Einhaltung des Bündnisvertrags auf das Evangelium.

1259 Oktober 29 und 30, Narni

SAS Spoleto, Memoriale comunis I, fol. 36r-v, 121v-r.

Der Bündnisvertrag zwischen Todi, Spoleto und Narni (Nr. 93) weicht so massiv vom Vertrag vom 3. Oktober 1259 ab, dass er – trotz der im alten Vertrag festgehaltenen Erweiterungsoption – als eigene Nummer aufgenommen wurde. Dem entspricht auch dieses Instrument, das explizit zwischen dem neuen Vertrag mit Narni und dem alten Bündnis unterscheidet.

Ein Syndikus, der Vikar des Podestà und drei *ambaxatores* der Kommune Spoleto einerseits, der Syndikus, der Kapitän der Kommune und des Popolo und zwei *ambaxatores* der Kommune Todi andererseits, beteuern feierlich, dass das zwischen ihnen und Narni abzuschließende Bündnis (Nr. 93) das bestehende Bündnis zwischen Todi und Spoleto nicht beinträchtigen wird.

1262 Juli 23, Orvieto

Druck: Codex, hg. von Theiner, Nr. 283.

Urban IV. berichtet von den Versprechungen des Syndikus der Kommune Spoleto, den päpstlichen Befehlen in der Auseinandersetzung zwischen Spoleto und der Römischen Kirche um die *terre Arnolphorum* Folge zu leisten, für deren Einhaltung ein Syndikus der Kommune Todi mit 3.000 Mark Silber gebürgt habe.

1263 September 8, Orvieto

Druck: Codex, hg. von Theiner, Nr. 287.

Urban IV. ordnet an, dass Viterbo kein Bündnis mit Todi *et per consequens cum perfidis Spoletanis* schließen dürfe.

Nr. 93: 1259 Oktober 30 – Narni, Spoleto, Todi

Literatur: Sansi, Storia 1, S. 91 f.; Terrenzi, Narni, S. 57 f.; Ceci, Todi, S. 147–150; Regestum, hg. von Ansidei, S. 198, Anm. 1; Menestò, Esempio, S. 452 f.; Sestan, Comune, S. 181; Andreani, Todi al tempo di Iacopone, S. 30; Andreani, Narni, S. 162; Andreani, Todi nel basso medioevo, S. 58.

1259 Oktober 3, Spoleto

SAS Spoleto, Memoriale comunis I, fol. 39r–v, 125v–126r. – Druck: Documenti, hg. von Sansi, Nr. 52.

Die Syndizi der Kommunen Todi und Spoleto schließen ein Bündnis (Nr. 92), das auch anderen interessierten Städten, unter anderem Narni, offen stehen soll.

1259 Oktober 17, Spoleto

SAS Spoleto, Memoriale comunis I, fol. 36r, 121r–v.

Der Vikar des Podestà und der *prior populi* Spoletos ernennen gemeinsam mit dem versammelten Rat einen Syndikus, um mit Narni und Todi ein Bündnis (*societas, conpangia, amicitia*) zu schließen.

1259 Oktober 21, Todi

SAS Spoleto, Memoriale comunis I, fol. 35v–36r, 120v–121r.

Offreduccio di Gerardo, *capitaneus comuni et populi*, der Vikar des Podestà und der Rat Todis ernennen einen Syndikus, um mit Spoleto und Narni ein Bündnis (*pax, concordia, societas, conpangnia*) zu schließen.

1259 Oktober 29 und 30, Narni

SAS Spoleto, Memoriale comunis I, fol. 36r–v, 121v–122r.

Das Versprechen, dass sich die Vertreter der beiden Kommunen am 29. Oktober zunächst im kleinen Rahmen gaben, wurde am folgenden Tag, im Rahmen des Bündnisschlusses, vor der Vollversammlung Narnis wiederholt. Festgehalten wurden beide Beeidungen aber in einem Instrument.

Ein Syndikus, der Vikar des Podestà und drei *ambaxatores* der Kommune Spoleto einerseits sowie der Syndikus, der Kapitän der Kommune und des Popolo und zwei *ambaxatores* der Kommune Todi andererseits beteuern feierlich, dass das zwischen ihnen und Narni abzuschließende Bündnis das bestehende Bündnis zwischen Todi und Spoleto (Nr. 92) nicht beinträchtigen wird.

1259 Oktober 30, Narni

SAS Spoleto, Memoriale comunis I, fol. 36v–37r, 122v.

Podestà, *antiani populi* und Rat von Narni ernennen einen Syndikus, um mit Todi und Spoleto ein Bündnis (*societas, pax, conpangia, amicitia*) zu schließen.

1259 Oktober 30, Narni

SAS Spoleto, Memoriale comunis I, fol. 37r–38r, 123r–124v.

Das Bündnis wurde nach dem Schwur der Syndizi auch durch den Capitano Todis, Offreduccio di Gerardo, und den Podestà Narnis beeidet.

Die Syndizi der Kommunen Todi, Narni und Spoleto schließen ein Bündnis (*societas, pax, concordia*): Sie geloben:
– Stadt, Contado, Diözese und Distrikt der Bündniskommunen mit allen zugehörigen Rechten und Besitzungen auf dem Rechtsweg und militärisch zu bewahren und zu verteidigen;
– Person und Besitz aller Angehörigen der Bündniskommunen wie die eigenen Bürger und Einwohner zu schützen;
– nicht zuzulassen, dass ein Bürger der Bündniskommunen ohne Zustimmung der betroffenen Stadt das Amt des Podestà oder ein anderes Regierungsamt in den *castra* und *villa* der Bündnispartner annimmt;
– keine neuen Bündnisse ohne Zustimmung der Bündnispartner zu schließen;
– keine Exilierten oder anderen Personen, die gegen die Bündniskommunen oder einzelne Angehörige gehandelt haben, aufzunehmen, sobald die Vertragspartner durch die betroffene Kommune informiert wurden;
– keine Bautätigkeiten im Gebiet der Bündniskommunen durchzuführen oder zuzulassen;
– möglichst für eine Einhaltung des vereinbarten Schiedsurteils zwischen Narni und Terni zu sorgen und Narni bei Zuwiderhandlungen Ternis zu unterstützen;
– Narni auf Anfrage zu helfen, falls Terni Besitzungen Narnis besetzt oder auf dem Territorium Narnis baut;
– bei einem erneuten Ausbruch des Krieges zwischen Narni und Terni innerhalb von zwei Monaten einen Ausgleich herbeizuführen und, falls dies misslingt, Narni entweder zu helfen (Spoleto) oder Neutralität zu wahren (Todi);
– von Angehörigen der Bündniskommunen keine Wegegelder zu erheben oder die Erhebung durch andere zuzulassen;
– Grenzstreitigkeiten oder Auseinandersetzungen anderer Art zwischen zweien der Bündniskommunen durch die dritte schlichten zu lassen und deren Urteil anzunehmen;
– alle Beschlüsse, die durch *sapientes* aller drei Kommunen gemeinsam getroffen werden, einzuhalten;

- die Einhaltung des Vertrags jährlich in die Statuten aufzunehmen und entgegenstehende Kapitel zu verhindern oder zu kassieren;
- das Bündnis alle fünf Jahre durch die Bevölkerung und zu Beginn jeder neuen Amtszeit durch den Podestà, den Capitano oder Prior und die Antianen erneut beeiden zu lassen;
- diese Bestimmungen unter Strafe von 1.000 Mark Gold bei Zuwiderhandlungen, abgesichert durch den kommunalen Besitz, einzuhalten.

1259 Oktober 30, Narni

SAS Spoleto, Memoriale comunis I, fol. 38r–39r, 124v–125v.

Die Namen der schwörenden Ratsmitglieder und Vertreter der Kommunen werden einzeln aufgeführt.

Der versammelte Rat der Kommune Narni und mehrere *ambaxatores* und Personen aus Spoleto und Todi beschwören das soeben in der Ratsversammlung durch die Syndizi der Kommunen beeidete Bündnis.

1260 Juli 19, Perugia

Druck: Regestum, hg. von Ansidei, Nr. 208.

In der Ratsversammlung Perugias wird durch *ore ad os* zusammengerufene *sapientes* eine genaue Prüfung des Gerüchts beschlossen, dass Orvieto ohne Perugia eine *societas* mit Todi, Spoleto und Narni schließen wolle.

1261 Juni 6 und 7, Narni

ASC Narni, Diplomatico, Pergamene, Nr. 15.

Die Kommune Narni fordert die ihr untergebenen Kommunen Stroncone und Calvi auf, jeweils vier Ritter zu entsenden, die mit dem eigenen Aufgebot gegen das Heer König Manfreds (*exercitus regis*) ziehen sollen, das im Territorium der Bündnisstadt Spoleto stehe (*in terram Spoletanorum nostrorum sociorum, quos merito diligimus et amamus*).

1275

Statuto di Todi, hg. von Ceci/Pensi, Nr. 63.

De societate Spoletanorum et Nargniensium: Zu Ehren und zum Wohle der Mitglieder sind das zwischen Todi, Spoleto und Narni geschlossene Bündnis (*societas*) und dessen einzelne Bestimmungen (*ordinamenta*) einzuhalten und auf Anfrage der Bündnisstädte zu erneuern, wie im Bündnisvertrag festgehalten (*secundum formam instrumentorum factorum de ipsa societate*). Die Entscheidung über eine eigene Erneuerungsanfrage obliegt dem Rat (*et hoc remaneat arbitrio consilij de requisitione facienda*), jeder neue Podestà ist zudem verpflichtet, dieses Kapitel zu Beginn seiner Amtszeit dem Rat zur Abstimmung vorzulegen (*et potestas teneatur poni et eligi facere hoc capitulum in consilio generali primo (mense) sui regiminis*).

Nr. 94: 1259 Dezember 20 – Cingoli, Jesi, Recanati

Literatur: Tenckhoff, Kampf, S. 81; Bettini, Storia, S. 43; Leonhard, Seestadt, S. 154, Anm. 488; Foschi, Federico, S. 170; Vasina, Leghe, S. 425.

1259 Dezember 18, Jesi

Druck: Carte, hg. von Gianandrea, Nr. 175.

Der Vikar des Podestà ernennt gemeinsam mit dem Rat von Jesi einen Syndikus, um ein Bündnis (*societas et unitas*) mit Recanati und Cingoli *ad fidelitatem et servitia domini nostri regis* abzuschließen, alle diesbezüglichen Bestimmungen zu beeiden, solange sie nicht gegen König Manfred gerichtet sind (*dummodo non sint in obtrectatione regii nominis et honoris*) und auch sonst alles zu unternehmen, was ihm geeignet erscheint.

1259 Dezember 20, Jesi

Druck: Carte, hg. von Gianandrea, Nr. 176. – Regest: RI V,2,4, Nr. 14074 (mit Datierung auf 1258).

Da die ad-honorem-Formel ungewöhnlich konkrete Ziele formuliert, die keine genauen Entsprechungen im dispositiven Teil finden, wurden diese hier aufgenommen. Das Regest datiert auf 1258 mit Verweis auf eine falsche Indiktion, die jedoch in der Urkunde korrekt ist. Der irrigen Datierung folgt Leonhard.

In Anwesenheit des königlichen Generalrichters der Mark Ancona, Bartholomeus, schließen die Syndizi der Kommunen Jesi, Cingoli und Recanati ein Bündnis (*amicitia atque societas*). Sie geloben:
- zu Ehren König Manfreds und seines Generalvikars untereinander Frieden zu halten und jenen zu widerstehen, die Rechte und Besitz der Kommunen angreifen [*ad-honorem*-Formel];
- den Bündniskommunen nach besten Kräften zu helfen und Beistand mit Rat und Hilfe zu leisten (*dabunt fortiam, adiutorium, auxilium, consilium et favorem*);
- alle bestehenden und zukünftigen Besitzungen und Rechte der Bündnisstädte zu wahren und zu verteidigen;
- diese Bestimmungen einzuhalten und sich für Zuwiderhandlungen mit einer Strafe von 1.000 Mark Silber zu verpflichten;
- die Weisungen König Manfreds und seines Generalvikars in der Mark Ancona ungeachtet dieser Bestimmungen immer einzuhalten.

Nr. 95: 1260 März 25 – Spoleto, *capitanei lambardi* Trevis

Literatur: Sansi, Storia 1, S. 93; Nessi/Ceccaroni, Spoleto, S. 91; Maire Vigueur, Comuni e signorie in Umbria, S. 356 f.; Cattanei Lombardi.

Bei den „Cattanei Lombardi" handelte es sich in Trevi wie anderswo um möglicherweise noch aus langobardischen Strukturen entstammende adelige Kastellgemeinschaften, die auch bei einer Integration in die Kommune einen Großteil ihrer grundherrschaftlichen Rechte bewahren konnten (vgl. Maire Vigueur). Zu Trevis *lambardi* beruhen die wenigen Erwähnungen in der Forschung allerdings fast ausschließlich auf den hier aufgeführten Urkunden. Die Bezeichnung der Partei wird aus den überlieferten Schriftstücken nicht ganz klar. In der von den *capitanei* ausgestellten Syndikatsurkunde heißt es einmal *capitanei et naturales capitanei*, ein andermal *capitanei et naturalium capitanei*. In der Syndikatsurkunde Spoletos steht *capitanei lambardorum et naturalium filiorum ipsorum*, im Vertrag wechselt die Bezeichnung zwischen *capitanei, lambardi et naturales capitanei* und *capitanei lambardi et naturales eorum* u. a. Die Namen der zustimmenden *capitanei* sind einzeln aufgeführt.

1260 März 25, Spoleto

SAS Spoleto, Memoriale comunis I, fol. 48r–v.

Podestà und *prior populi* Spoletos ernennen gemeinsam mit dem Rat und den Antianen der Kommune einen Syndikus, um Versprechungen (*promissiones*) über bereits inserierte *capitula* mit den *capitanei* und *lanbadi* des *castrum* Trevi auszutauschen.

1260 März 25, Trevi

SAS Spoleto, Memoriale comunis I, fol. 48v–49v.

Die Konsuln der *capitanei lambardorum et naturales capitanei* ernennen mit der Zustimmung der aufgeführten Personen einen Syndikus, um Versprechungen (*promissiones*) über bereits inserierte *capitula* mit Spoleto auszutauschen.

1260 März 25, Trevi

Druck: Documenti, hg. von Sansi, Nr. 53.

Der Syndikus der Kommune Spoleto und der Syndikus der einzeln aufgeführten *capitanei Lambardi et naturales capitanei* des *castrum* Trevi vereinbaren:
- Freunde zu Freunden, Feinde zu Feinden zu nehmen;
- ohne Zustimmung der Bündnispartei kein Abkommen und keinen Frieden mit den *homines de populo* Trevis zu schließen;
- diese Bestimmungen unter Strafe von 1.000 Mark Silber, abgesichert durch Obligation der kommunalen Güter bzw. der Güter der *capitanei*, einzuhalten;

Spoleto verspricht zudem, den *lambardi* und ihren Nachkommen Hilfe und Unterstützung bei der Bewahrung ihrer Rechte und Gewohnheiten zu leisten und eine neue Gemeinschaft (*conmunantia*) der *homines de populo* Trevis nicht zuzulassen. Die *capitanei* versprechen, Krieg und Frieden nach den Vorgaben Spoletos zu führen, die Bürgerschaft Spoletos anzunehmen – allerdings ohne Verpflichtung zur Wohnungsnahme, Besteuerung oder Anerkennung der Gerichtshoheit – und Rat und militärische Hilfe (*facere hostem et parlamentum*) gemeinsam mit der Kommune Trevi oder *in quantitate* zu leisten.

Nr. 96: nach 1260 April 24 – Florenz, Perugia, Rom

1260 März 25, Perugia

Druck: Regestum, hg. von Ansidei, Nr. 138 (Teildruck).

In Reaktion auf einen Brief des römischen Senats, der um einen Perusiner *nuncius* bittet, um im Geheimen zu verhandeln (*cum quo tractare volebant quedam archana*), beschließt der Rat Perugias die Entsendung eines *bonus homo et sapiens*.

1260 April 24, Perugia

AS Perugia, Consigli e Riformanze 4, fol. 223r–224r. – Druck: Regestum, hg. von Ansidei, Nr. 153 (Teildruck).

Ansidei identifiziert den hier genannten älteren Vertrag mit einem Handelsvertrag des Jahres 1234 (Bartoli, Storia, S. 414 f.). Diese Gleichsetzung ist jedoch zumindest zu hinterfragen: Aussteller waren 1234 nicht die Kommunen, sondern die Zünfte, inhaltlich wurden nur Belange des Handels thematisiert.

Der Rat Perugias hört den Bericht eines aus Rom zurückgekehrten *ambaxator* an, der berichtet, dass Florenz in Rom ein gemeinsames Bündnis (*societas*) vorgeschlagen habe, Rom jedoch zunächst um Perugias Einschätzung bitte. Der Rat beschließt die Entsendung zweier *ambaxatores*, die weitere Informationen einholen, den Senat auf einen älteren Vertrag zwischen Perugia und Florenz hinweisen (*qualiter olim societas tractata fuit inter C. Florentie et Perusinos*) und seitens Perugia den Wiederaufbau Cortonas als Bedingung einbringen sollen.

Nr. 97: nach 1260 Juli 19 – Perugia, Todi

1260 Juli 19, Perugia

Druck: Regestum, hg. von Ansidei, Nr. 208 (Teildruck).

Ein Gremium von *sapientes* berät über eine Aussage des Oddo *de Aquasparta* über ein zu schließendes Bündnis zwischen Todi und Perugia (*super ea que per D. Oddonem de Aquasparta dicuntur de societate .. facienda inter C. P[erusii] et C. Todi*). Beschlossen wird die genaue Prüfung des Gerüchts, dass Orvieto ohne Perugia eine *societas* mit Todi, Spoleto und Narni (vgl. Nr. 93) schließen wolle (*quod .. tractamentum, quod dicitur fieri per homines de Urbeveteri de tractanda societate cum hominibus de Tuderto, Spoleto et Narnia sine hominibus de P[erusio], Pot. et Cap. mittant ad inquirendum et dilligenter inquirant*).

Nr. 98: nach 1260 Juli 24 – Fabriano, Perugia

Literatur: Morosin, Documenti, S. 20 f.

1260 März 25, Perugia

Druck: Regestum, hg. von Ansidei, Nr. 134 (Teildruck).

Ein eigens gewähltes Gremium aus 20 *sapientes* berät über die Nachricht eines *dominus* Perus, Podestà von Gualdo Tadino, dass Fabriano ein Bündnis mit Perugia schließen wolle (*qualiter homines de Fabriano volunt contrahere societatem cum hominibus de P[erusio]*) und beschließt, dass Perus weitere Informationen zur Ausgestaltung dieses Bündnisses einholen soll (*debeat .. scire .. quo modo dictam societatem volunt contrahere*).

1260 Juni 6, Perugia

Druck: Regestum, hg. von Ansidei, Nr. 180 und 181 (Teildruck).

Der Rat Perugias beschließt, einen Syndikus nach Gualdo Tadino und Nocera zu entsenden, um gegen eine Kaution Schleudern (*baliste*) anzufordern, die dann Fabriano für die Belagerung des Kastells *Roche de Apinino* ebenfalls gegen Kaution zur Verfügung gestellt werden sollen.

1260 Juli 23 und 24, Perugia

Druck: Regestum, hg. von Ansidei, Nr. 212–214 (Teildruck).

Der Rat Perugias berät in mehreren Sitzungen über den Bericht einer Gesandtschaft Fabrianos *super facto Roche Apinini*. Er beschließt, die Gesandtschaft um die Rückerstattung des Kastells zu ersuchen und, im Falle einer Ablehnung, vor weiteren Verhandlungen über ein Bündnis (*societas, concordia*) auf eine Rückerstattung zu bestehen (*quod antequam tractetur aliqua concordia inter C. P[erusii] et Fabriani .. Rocham Appenini debeant .. restituere*).

Nr. 99: nach 1261 Januar 26 – Foligno, Viterbo und weitere Kommunen des Patrimonium Petri in Tuszien und des Dukat Spoleto

Literatur: Pinzi, Storia 2, S. 79–85; Regestum, hg. von Ansidei, Prefazione, S. XXIII–XXV; Waley, Papal State, S. 164; Waley, Comuni, S. 150–152.

1260 Oktober 14, Perugia

AS Perugia, Consigli e Riformanze 4, fol. 253r–v. – Druck: Regestum, hg. von Ansidei, Nr. 271 (Teildruck).

Der spezielle Rat *cum adiuncta* der Kommune Perugia entscheidet nach Delegation durch die Vollversammlung über die Antworten, die man Assisi, Spello und Gualdo Tadino hinsichtlich des durch den päpstlichen Rektor vorgeschlagenen Bündnisses (*super societate quam petit D. Dux fieri inter homines et comunancias Ducatus Spoleti*) geben wolle. Man kommt zu der Entscheidung,

Assisi als Bündnispartner (*cum sint socii et societatis vinculo coniuncti*) ein weiteres Bündnis gänzlich freizustellen, solange Perugia daraus kein Nachteil entstehe; Spello auf die zwischen ihnen bestehende *amicitia* hinzuweisen und Gualdo, Perugia *ex debito fidelitatis* verbunden, ein Bündnis nur zu gestatten, wenn Perugia ebenfalls daran teilnimmt oder die Teilnahme unablässlich ist, um einer Strafe des Rektors zu entgehen.

1260 Oktober 14, Perugia

AS Perugia, Consigli e Riformanze 4, fol. 113v–114r. – Druck: Regestum, hg. von Ansidei, Nr. 272 (Teildruck).

Die Vollversammlung Perugias entscheidet über die Antwort, die man Foligno hinsichtlich des durch den päpstlichen Rektor vorgeschlagenen Bündnisses geben wolle. Man beschließt, den *ambaxatores* aus Foligno zu antworten, dass sie, nachdem sie bedacht haben, wer zu den Freunden Perugias gehöre und wer nicht (*et ab ea qui sint amici Perusinorum vel non .. debeant edoceri*), nichts unternehmen möchten, woraus Perugia Nachteile entstehen könnten.

1260 Oktober 24, Perugia

AS Perugia, Consigli e Riformanze 4, fol. 116v–117r. – Druck: Regestum, hg. von Ansidei, Nr. 275 (Teildruck).

Die Vollversammlung Perugias hört einen Abgesandten aus Spello an, der berichtet, dass der Rektor des Dukats die Syndikatsurkunde Spellos *pro societate facienda cum aliis terris Ducatus* zurückgewiesen und ein anderes Formular vorgeschlagen habe, das in der Versammlung verlesen wird. Die Ratsherren beschließen daraufhin, zwei *ambaxatores* zum Rektor zu entsenden, um ihn zu bitten, keine *societas* unter den Kommunen und *homines* des Dukats voranzutreiben, die offen oder verdeckt die Rechte Perugias oder die Bündnisse der Stadt mit anderen Kommunen (*iuris aut societatis vel amicitie*) beinträchtigen könnte. Falls er eine *societas* zwischen den Kommunen des Dukats zur Verteidigung der Rechte der Römischen Kirche gegen Manfred und seine Anhänger veranlassen wolle, möge er diese so gestalten, dass Perugia daraus kein Nachteil entstehe. Auch die Kommunen Spello, Assisi, Foligno, Bevagna, Gualdo und *alii amici* sollen durch die *ambaxatores* entsprechend instruiert werden.

1260 November 15, Perugia

AS Perugia, Consigli e Riformanze 4, fol. 122r. – Druck: Regestum, hg. von Ansidei, Nr. 283 (Teildruck).

Die Vollversammlung Perugias berät über die Briefe des Papstes, der die Kommune auffordert, *ambaxatores* an die Kurie zu entsenden. Trotz mehrerer Redebeiträge, die dafür plädieren durch *ambaxatores* oder durch *frater* Bonvicinus, *cubicularius* des Papstes, und andere *amici comunis Perusii exsistentes in curia Romana* nähere Informationen einzuholen, wird die Entscheidung in dieser Sache vertagt.

1260 November 19, Perugia

AS Perugia, Consigli e Riformanze 4, fol. 122v–123v. – Druck: Regestum, hg. von Ansidei, Nr. 284 (Teildruck).

In der Vollversammlung Perugias berichten *ambaxatores* aus Spello von Mandaten des Papstes, der fordert, dass Spello *ambaxatores* mit ausreichender Vollmacht an die Kurie entsende, um die *societas* mit anderen Orten des Dukats abzuschließen und erbitten diesbezüglich Anweisungen von Perugia. Der Rat schlägt vor, dass Spello die eigenen *ambaxatores* gemeinsam mit jenen aus Perugia an die Kurie entsenden möge, die sich dort, wenn es ihnen gefalle, dem Vorgehen der Perusiner anschließen können.

1260 November 23, Perugia

Druck: Regestum, hg. von Ansidei, Nr. 286 (Teildruck).

Der spezielle Rat mit *adiuncta* wird befragt, wie die Gesandtschaft an die Kurie instruiert werden soll und welche Antwort man diesbezüglich (*super dicto negotio*) den Orten des Dukats (*terre Ducatus*) geben wolle. Die Versammlung stimmt dem Redebeitrag eines Ratsherrn zu, der vorschlägt, die *ambaxatores* nur mit einer Vollmacht zur Anhörung auszustatten: danach möchten sie sich beim Papst entschuldigen und dem heimischen Rat Bericht erstatten (*et super hiis que audiverint sapienter excusent C. P[erusii], et postea .. reddire debeant domum et dictam ambaxatam enerare*). Den anderen Kommunen teilt man mit, dass sie, falls der Papst eine *societas pro defendenda libertate Ecclesie contra D. Manfredum regem* vorschlägt, diese abschließen können, insofern sie nicht gegen Perugia gerichtet sei.

1260 November 28, Rom

Druck: Pinzi, Storia 2, S. 79 f., Anm. 1.

Alexander IV. fordert die Kommune Viterbo auf, innerhalb von vier Tagen *solempnes ambassadores* mit vollem Mandat *super compositione ac reformatione pacis et concordie* an die Kurie zu entsenden, um bestehende Konflikte in der Region beizulegen und allem anderen nachzukommen, was Alexander gemeinsam mit seinen Kardinälen *pro bono statu ipsius patrie* anordnet.

1260 Dezember 9, Perugia

AS Perugia, Consigli e Riformanze 4, fol. 258r. – Druck: Regestum, hg. von Ansidei, Nr. 292 (Teildruck).

Der spezielle Rat mit *adiuncta* Perugias berät über den Bericht der Perusiner *ambaxatores* in Rom, dass Alexander IV. ihnen unter Androhung der Exkommunikation untersagt habe, die Stadt ohne seine Zustimmung zu verlassen. Nach Darlegung unterschiedlicher Positionen der Ratsherrn, die eine unverzügliche Rückkehr, die bedingungslose Befolgung der päpstlichen Befehle, weitere Beratungen mit dem neuen Podestà, *frater* Bonvicinus und dem päpstlichen Kaplan *dominus* Bartholomeus Saraceno oder die Delegation an ein anderes Gremium vorschlagen, entscheidet der Rat, dass die Gesandten gemäß ihrem ursprünglichen Mandat nach Perugia zurückkehren sollen.

1260 Dezember 10, Perugia

AS Perugia, Consigli e Riformanze 4, fol. 129r–130r. – Druck: Regestum, hg. von Ansidei, Nr. 293 (Teildruck).

Die Vollversammlung Perugias berät über die verlesenen Briefe der Perusiner Gesandtschaft an der Kurie, die einen eigens verschriftlichten Bericht (*cedula interclusa*) über Alexanders Absichten enthalten. Der Papst wolle von allen *ambaxatores* mit ausreichenden Vollmachten folgende Zusicherungen einholen: dass niemand Manfred, seine Boten und Briefe oder sein Heer empfange; dass alle einer Besatzung der *terra Ecclesie* durch Manfred oder sein Heer Widerstand leisten und sich bei der Verteidigung gegenseitig zu Hilfe kommen (*circa huiusmodi defensionem unus iuvet alium et omnes comuniter adiuvare debeant*) und dass zwischen den *castra* und Städten *in discordia* zu diesem Zweck Frieden und Eintracht wiederhergestellt werde. Der Rat nimmt die in zwei Redebeiträgen geäußerten Vorschläge an und beschließt, dass Perugia jede Hilfe bei der Verteidigung der Römischen Kirche und des Dukats leisten wolle, jedoch ohne ein Bündnis oder eine rechtliche Bindung (*societas nec iura*) mit den anderen Gemeinden des Dukats einzugehen; die *ambaxatores* in Rom wolle man gemäß ihrem Mandat unverzüglich abziehen.

1260 Dezember 16, Perugia

AS Perugia, Consigli e Riformanze 4, fol. 130v. – Druck: Regestum, hg. von Ansidei, Nr. 294 (Teildruck).

Die Vollversammlung Perugias hört eine Gesandtschaft aus Foligno an, die um Perugias Genehmigung der vom Papst vorgeschlagenen Syndikatsurkunde *ad iniendam societatem cum terris Ducatus in Curia D. Pape* bittet. Der Rat gibt zur Antwort, dass Foligno die Syndikatsurkunde ganz nach den päpstlichen Vorgaben gestalten könne (*ut libere faciant instrumentum syndicatus ad voluntatem D. Pape*), da in der Vorlage (*in cedula*) nichts enthalten sei, was Perugia schade, solange sie nur kein gegen Perugia gerichtetes Bündnis abschlössen (*et dummodo non faciant aliquam societatem que posset esse .. contra C. P[erusii]*).

1260 Dezember 22, Rom

Druck: Pinzi, Storia 2, S. 81, Anm. 1.

Alexander IV. beklagt bei Viterbo, dass viele der *ambaxatores* nicht mit ausreichenden Vollmachten ausgestattet seien, weswegen er eine neue Versammlung für den 13. Januar einberufe und die zu beschwörenden *articuli* bezüglich des friedlichen Status in der Provinz bereits beilege, sodass die Kommune ihren Stellvertreter gemäß dieser *articuli* mit den geforderten Vollmachten ausstatten könne.

1260 Januar 26, Rom

Druck: Pinzi, Storia 2, S. 84 f., Anm. 1.

Alexander IV. berichtet der Kommune Viterbo, dass ihr Syndikus, obwohl er mit allen erforderlichen Vollmachten ausgestattet sei, sich in Anwesenheit fast aller *ambaxatores* des Patrimonium in Tuszien und des Dukats geweigert habe, die vorab mitgeteilten *articuli* zu beeiden, da Viterbo keine militärische Hilfe im Dukat leisten wolle. Aus den Viterbo übersandten *articuli* gehe jedoch explizit hervor, dass alle *de terra Ecclesie* bei einem Angriff Manfreds, seiner Vertreter oder seines

Heeres zu gemeinsamer militärischer Hilfe verpflichtet sind, wo auch immer der *capitaneus* oder die *capitanei Ecclesie* dies anordneten. Da das gesamte Vorhaben durch das Verhalten des Viterbeser Abgeordneten gefährdet sei, hält Alexander Viterbo an, seinen Syndikus durch einen Brief zum Gehorsam gemäß seiner Vollmachten (*secundum tenorem mandati procuratorii quod tradidistis eidem*) aufzufordern oder ihn auszutauschen.

Nr. 100: nach 1263 April 14 – Fano, Rocca Contrada (heute Arcevia)

Literatur: Villani, Serra, S. 255; Villani, Lotte, S. 19.

1263 April, Fano

Regest: Regesti, hg. von Villani, Nr. 503.

Podestà und Rat der Kommune Fano stimmen der Anfrage eines Syndikus der Kommune Rocca Contrada zu, ein gemeinsames Bündnis abzuschließen, nehmen jedoch die Verträge mit Senigallia aus. Für den Fall, dass Senigallia dem Bündnis beitreten wolle, wird die Wahl eines gemeinsamen Syndikus verfügt.

1263 April 14, Fano

Druck: Villani, Serra, Appendice 1: Documenti, Nr. 8. – Regest: Regesti, hg. von Villani, Nr. 504.

Podestà und Rat der Kommune Fano ernennen einen Syndikus, um ein Bündnis (*societas, compagnia, amicitia*) mit Rocca Contrada zu schließen, das die gegenseitige militärische Hilfe gegen Jesi, Serra de' Conti und Sassoferrato, den Verzicht auf Sonderabkommen mit diesen, eine Strafe von 1.000 Mark Silber und die Obligation des kommunalen Besitzes vorsieht, ausgenommen nur die Verträge (*pacta, promissiones, condictiones*) mit Senigallia.

Nr. 101: vor 1263 Mai 8 – Recanati, Tolentino

Literatur: siehe Nr. 91.

1263 Mai 8, Tolentino

Druck: Lapidi, hg. von Acquacotta, Nr. 53. – Regest: RI V,2,4, Nr. 14200; Pergamene, hg. von Grimaldi, Nr. 183.

In den beiden zugehörigen Treueiden der Kommunen San Severino und Montemilone (vgl. Nr. 91) wird Recanati nicht als Bündnispartner genannt, was darauf schließen lässt, dass ein weiteres Bündnis Tolentinos nur mit Recanati bestand. Da der Vertrag nicht überliefert ist, muss offen bleiben, ob es sich wirklich um einen societas-*Vertrag handelt.*

Der Vikar, ein Richter und mehrere Notare der Kommune Tolentino wiederholen ihren Treueid an König Manfred und den Generalvikar der Mark Ancona, erneuern zugleich ihr Bündnis mit San Severino, Montemilone, Matelica und Recanati (*juraverunt et renovaverunt et readfirmaverunt, et firmam et ratam habere et tenere Societatem habitam et contractam*) und verpflichten sich zu verschiedenen Maßnahmen gegen die Gegner König Manfreds.

Nr. 102: vor 1263 September 8 – Todi, Viterbo, (Spoleto)

1263 September 8, Orvieto

Druck: Codex, hg. von Theiner, Nr. 287.

Urban IV. schreibt an den päpstlichen Kaplan Rainer, er habe gehört, dass Viterbo sich mit Todi *et per consequens cum perfidis Spoletanis* verbündet habe (*coniurationis inire federa presumpserunt*) und ordnet an, dass Rainer die Kommune ermahnen soll, diese Verbindung (*confederatio, colligatio, societas*) unter Strafe von 1.000 Mark Silber zu lösen, wozu Urban die Stadt von allen geleisteten Eiden entbinde.

Nr. 103: 1265 Juni 9 – Orvieto, guelfische *pars* Sienas

Literatur: Waley, Papal State, S. 174.

1265 Juni 9, Orvieto

Regest: Codice diplomatico, hg. von Fumi, Nr. 400.

Die Syndizi der Kommune Orvieto und der guelfischen Partei aus Siena schließen ein Bündnis (*societas, jura, compagnia*). Sie geloben:
– Freunde des Bündnispartners zu Freunden, Feinde zu Feinden zu nehmen und sich gegenseitig zu helfen;
– seitens Orvieto innerhalb von 15 Tagen 200 gute deutsche Reiter mit guten Pferden und Waffen zu stellen oder andere, mit denen sich die *pars* zufrieden erklärt, und bis zum Ende der Auseinandersetzungen die Kosten hierfür zu übernehmen;
– diese Soldritter ständig im Dienst der guelfischen *pars* und unter dem Befehl des „capitano di parte" zu belassen, um gegen die Feinde Orvietos und der *pars* zu kämpfen, im Contado Sienas oder wo auch immer der Capitano dies will;
– seitens der *pars* dem Capitano di parte innerhalb von zwei Monaten 100 Ritter aus den eigenen Reihen oder andere, mit denen Orvieto sich zufrieden erklärt, beizustellen und den Capitano bis zum Ende der Auseinandersetzungen zum Kampf an der Spitze der orvietanischen Soldritter zu verpflichten;
– diese Verpflichtungen von Orvieto durch eine Bürgschaft Perugias über 1.000 Mark Silber absichern und die Bürgschaft innerhalb von 15 Tagen durch einen von der Kommune Perugia ernannten Syndikus beeiden zu lassen.

1266 Mai 24, Viterbo

Druck: Briefe, hg. von Thumser, Nr. 203.

Clemens IV. ordnet an, den Frieden in Siena wiederherzustellen, und inseriert zwei Entwürfe zu Abkommen zwischen der Innen- und Außenpartei Sienas einerseits, Siena und Orvieto andererseits.

Nr. 104: 1269 zwischen Februar 15 und Februar 20 – Matelica, Montemilone (heute Pollenza), San Severino, Tolentino

Literatur: Santini, Saggio, S. 125 f.; Acquacotta, Memorie, S. 89.

1269 Februar 14, Matelica

Druck: Lapidi, hg. von Acquacotta, Nr. 62. – Regest: Pergamene, hg. von Grimaldi, Nr. 279.

Das letzte überlieferte Bündnis zwischen diesen Kommunen wurde noch vor 1259 geschlossen, bestand aber nachweislich auch noch im Jahr 1263 (Nr. 91).

Der Vikar des Podestà ernennt gemeinsam mit dem Rat der Kommune Matelica einen Syndikus, um ein Bündnis (*societas*) mit San Severino, Tolentino und Montemilone zu erneuern und abzuschließen (*reaffirmandum et jurandum et contrahendum*).

1269 Februar 15, San Severino

Regest: Pergamene, hg. von Grimaldi, Nr. 280.

Der Vikar des Podestà ernennt gemeinsam mit dem Rat der Kommune San Severino einen Syndikus, um ein vor langer Zeit geschlossenes Bündnis (*societas, vinculum fraternitatis, amicitia*) zwischen San Severino, Tolentino und Matelica zu erneuern und die damals vereinbarten Verpflichtungen einzuhalten.

1269 Februar 20, Tolentino

Regest: Pergamene, hg. von Grimaldi, Nr. 281.

In der Ratsversammlung Tolentinos schwören die namentlich aufgeführten 93 Ratsherren und andere *homines* Tolentinos auf das Evangelium, das alte Bündnis (*antiqua societas*) zwischen San Severino, Matelica und Tolentino, wie es in den alten Verträgen festgehalten ist (*ut reperitur in antiquis instrumentis et capitulis*) und das neue Bündnis (*nova societas*) einzuhalten.

1270 Januar 10, Matelica

Regest: Pergamene, hg. von Grimaldi, Nr. 290.

Podestà und Rat von Matelica ernennen einen Syndikus, um das Bündnis (*societas*) mit San Severino, Tolentino und Montemilone nochmals zu bestätigen (*reaffirmandum et jurandum*).

Nr. 105: 1277 Juli 29 – Orvieto, Perugia, Spoleto

Literatur: Sansi, Storia 1, S. 116–118; Briganti, Città, S. 208; Breve cronaca, hg. von Nessi, S. 225; Sestan, Comune, S. 180.

1277 Juli 3, Perugia

AS Perugia, Consigli e Riformanze 8, fol. 199r.

Die Vollversammlung Perugias berät über den Vorschlag einer Gesandtschaft aus Orvieto, das gemeinsame Bündnis (*societas*) zu erneuern, da dies laut der damals ausgestellten Vertragsinstrumente nach Ablauf von zehn Jahren erforderlich sei (*que debet renovari incapite x annorum secundum tenorem instrumentorum inde confectorum*). Der Rat beschließt die Wahl von fünf *sapientes*, die dieses Anliegen gemeinsam mit dem Vikar des Podestà und dem Capitano del Popolo prüfen sollen.

1277 Juli 4, Perugia

AS Perugia, Consigli e Riformanze 8, fol. 199v–201r.

Die tags zuvor durch die Vollversammlung gewählten *sapientes* beschließen, den Bündnisvertrag mit Orvieto zu erneuern (*quod societas ... renovetur et quod habeatur aliud contractum*) und hierfür den alten Vertrag auf die Notwendigkeit von Hinzufügungen oder Weglassungen durch *sapientes* prüfen zu lassen (*et iterum examinetur per sapientes, si vero minus vel plus, quam in presenti instrumento contineatur*).

1277 Juli 5, Perugia

AS Perugia, Consigli e Riformanze 8, fol. 201v.

Die versammelten *sapientes* beschließen die Erneuerung der *societas* zwischen Perugia und Orvieto auf Grundlage des alten Bündnisvertrags (*secundum tenorem instrumentorum inde confectorum*), nachdem der Vikar ihnen dargelegt hat, dass beim Vergleich der eigenen Ausfertigung mit der von den *ambaxatores* mitgeführten Ausfertigung Orvietos keine Abweichungen gefunden wurden und auch keine weiteren Dokumente zu finden waren (*cum habita sint instrumenta ambaxate comunis Urbeveteris, et examinata sint cum nostro instrumento et sint in uno tenore et alia instrumenta invenire non possint*).

1277 Juli 5, Perugia

AS Perugia, Consigli e Riformanze 8, fol. 201v–202v.

Die Vollversammlung Perugias beschließt nach einer Anhörung des Gutachtens der *sapientes* die Erneuerung der *societas* mit Orvieto auf Grundlage des alten Vertrags und verfügt diesbezüglich die Wahl eines Syndikus.

1277 Juli 13, Perugia

AS Perugia, Consigli e Riformanze 8, fol. 209 r–v.

Die Vollversammlung Perugias hört *oratores* aus Spoleto an, die die Erneuerung der zwischen beiden Städten bestehenden *societas* vorschlagen, und beschließt, die Anfrage durch *sapientes* prüfen zu lassen.

1277 Juli 14, Perugia

AS Perugia, Consigli e Riformanze 176, fol. 16 r–v.

Die *sapientes de consilio credentie* beratschlagen über den tags zuvor in der Vollversammlung geäußerten Vorschlag der Gesandtschaft aus Spoleto, die *societas* zwischen beiden Kommunen zu erneuern, um die guten Beziehungen (*verus amor*) zwischen beiden Städten zu wahren. Man beschließt, das Bündnis erneuern zu wollen, zuvor jedoch das Einverständnis Orvietos zu erbitten, wozu man aufgrund des neulich geschlossenen Bündnisses (*propter societatem et promissiones nuper factas*) verpflichtet sei.

1277 Juli 15, Perugia

AS Perugia, Consigli e Riformanze 8, fol. 219 r–v.

Die Vollversammlung Perugias beschließt, die Entscheidung über ein Bündnis mit Spoleto zu vertagen (*quod per presens consilium non firmetur de societate facienda et firmanda cum comuni Spoleti*), solange Orvieto einem solchen nicht zugestimmt hat, und daher zunächst zwei *ambaxatores* nach Orvieto zu entsenden, die die Angelegenheit dort vortragen sollen (*qui ibidem debeant exponere ea de quibus comune Perusii requiritur per comune Spoleti de predicta societate firmanda et facienda*).

1277 Juli 15, Perugia

AS Perugia, Offici 44, fol. 28 r.

Eintrag über die gemäß der Statuten durchgeführte Wahl des *dominus* Arlotucius Oddonis *de porta S. Susanne* und des Baronçolus *domini Uguçionis de porta Eburnea* durch das *consilium speciale*, die gemäß Beschluss der Vollversammlung als *ambaxatores* nach Orvieto entsandt werden, *pro societate cum comuni Spoleti contrahenda*.

1277 Juli 18, Perugia

AS Perugia, Offici 41, fol. 23 r–v.

Die beiden nach Orvieto abgesandten *ambaxatores* präsentieren einem Notar und Berardus *marescalcus* gemeinsam mit zwei weiteren nach Orvieto reisenden *ambaxatores* die mitgeführten Pferde, die durch Berardus einzeln geschätzt werden.

1277 Juli 19, Perugia

AS Perugia, Offici 41, fol. 47r.

Eintrag über die Abreise der vier nach Orvieto entsandten *ambaxatores* im „Liber continens andatas et reditus ambaxatorum" (*ambaxatores ... iverunt ad civitatem Urbisveteris die lune xviiii. mensis iulii*).

1277 Juli 24, Perugia

AS Perugia, Massari 3, fol. 74r.

Eintrag über die Auszahlung von 24 Pfund an die vier Gesandten *pro ambaxiata, qua facere debent ad Urbem veterem pro vi diebus* durch dem *massarius* der Kommune.

1277 Juli 25, Orvieto

SAS Orvieto, Diplomatico comunale, A 96; SAS Spoleto, Memoriale comunis II, fol. 43v–44r.

Die Syndikatsurkunden der drei Kommunen sind weitgehend identisch.

Der Vikar des Podestà und der Rat Orvietos ernennen gemeinsam einen Syndikus, um mit Perugia und Spoleto ein Bündnis (*societas*) gegen alle, mit denen die Kommunen Krieg führen, ausgenommen die Römische Kirche und Rom, abzuschließen und zu erneuern sowie alles weitere zu vereinbaren, was notwendig sein wird, um das Bündnis zu schließen.

1277 Juli 25, Orvieto

SAS Spoleto, Memoriale comunis II, fol. 45r–v.

Der Vikar des Podestà und der Rat Orvietos ernennen einen Syndikus, um Perugia und Spoleto die Erlaubnis zu erteilen, mit zwei weiteren Städten, möglicherweise auch einer dritten, ein Bündnis (*societas*) zu schließen unter der Voraussetzung, dass diese Orvieto zugestehen, ein Bündnis mit Viterbo und Toscanella (*civitas Tuschane seu Toschanelle*) zu schließen.

1277 Juli 25, Spoleto

SAS Orvieto, Diplomatico comunale, A 91; AS Perugia, Diplomatico, Contratti, Nr. 2670, fol. 1v–2r; SAS Spoleto, Memoriale comunis II, fol. 43r–v. – Druck: Codice diplomatico, hg. von Fumi, Nr. 512.

Die Syndikatsurkunden der drei Kommunen sind weitgehend identisch.

Der Podestà ernennt gemeinsam mit dem *consul et exgravator* und den Mitgliedern des Rats der Kommune Spoleto einen Syndikus, um mit Perugia und Orvieto ein Bündnis (*societas*) gegen alle, mit denen die Kommunen Krieg führen, ausgenommen die Römische Kirche und Rom, abzuschließen und zu erneuern und alles Weitere zu vereinbaren, was notwendig sein wird, um das Bündnis zu schließen.

1277 Juli 25, Spoleto

AS Perugia, Diplomatico, Contratti, Nr. 2670, fol. 2v–3r; SAS Spoleto, Memoriale comunis II, fol. 42v–43r.

Der Podestà ernennt gemeinsam mit dem *consul et exgravator* und den Mitgliedern des Rats der Kommune Spoleto einen Syndikus, um Orvieto ein Bündnis mit Viterbo und Toscanella und der Kommune Perugia ein Bündnis mit zwei Städten und gegebenenfalls einer dritten Stadt ihrer Wahl zu erlauben.

1277 Juli 28, Perugia

AS Perugia, Consigli e Riformanze 176, fol. 20r–v.

Das *consilium credentie* hört *ambaxatores* und einen Syndikus aus Orvieto an, die um eine gesonderte Erlaubnis bitten, dass die Kommune Orvieto mit einigen Kommunen und Ortschaften (*terre*) ihrer Wahl ein weiteres Bündnis (*societas*) schließen dürfe *secundum formam societatis hinc inde contracte*. Die *sapientes* entscheiden, vor einem Entschluss bei der Gesandtschaft zu erfragen, um welche Kommunen und Orte es sich handele.

1277 Juli 28, Perugia

AS Perugia, Consigli e Riformanze 176, fol. 20v.

Im Protokoll ist eine Leerstelle verblieben, offenbar um die Namen der Orvietaner Abgesandten nachzutragen.

Der Vikar des Podestà und der Capitano del Popolo befragen in Anwesenheit einiger *sapientes* die Gesandtschaft aus Orvieto, mit welchen Kommunen Orvieto ein Bündnis schließen wolle. Der Syndikus und die *ambaxatores* geben zur Antwort, dass sich Orvieto aktuell nicht in Verhandlungen befinde, die zusätzliche Erlaubnis aber für den Fall erbitte, dass die Kommune zukünftig ein Bündnis mit Viterbo und Toscanella oder einer der beiden Kommunen schließen wolle. Sie betonen, dass sich die Genehmigung nicht auf weitere Bündnisse erstrecke, die vertragsgemäß weiterhin mit Perugia abgesprochen werden müssen.

1277 Juli 29, Perugia

AS Perugia, Consigli e Riformanze 176, fol. 21r.

Der Vikar des Podestà gibt das Ergebnis der Befragung im *consilium credentie* bekannt, woraufhin die *sapientes* entscheiden, Orvieto die gewünschte Zusicherung zu erteilen unter der Bedingung, dass das Bündnis nicht gegen die Römische Kirche, die Stadt Rom oder die Vereinbarungen ihres gemeinsamen Bündnisvertrags gerichtet sein darf (*ipsa societas non sit nec esse possit contra Ecclesiam Romanam, nec contra civitatem Rome vel contra pacta et promissiones contenta et contentas in instrumento societatis*).

1277 Juli 29, Perugia

AS Perugia, Consigli e Riformanze 8, fol. 222v.

Die Vollversammlung Perugias beschließt, Orvieto die gewünschte Erlaubnis zu einem Bündnis mit den zwei genannten Kommunen zu erteilen, im Gegenzug eine gleichlautende Erlaubnis für eine eigene *societas* mit zwei weiteren Kommunen zu verlangen und zu gleichen Bedingungen (*ad pactam et conditiones que in societate contracta cum comuni Urbisveteris continentur*) auch mit Spoleto ein Bündnis zu schließen und hierfür einen Syndikus zu ernennen – immer unter der Voraussetzung, dass das abzuschließende Bündnis nicht gegen die Römische Kirche oder die Stadt Rom oder zu deren Nachteil geschlossen werde, sondern diesen zu Ehren gereichen wird (*hoc semper intelecto, quod expresse in dicta societate contrahenda Romana Ecclesia ac comune alme Urbis totaliter excludatur, in quod per hanc societatem vel eius occasione ipsa Romana Ecclesia seu alme Urbis comune nullum possit dampnum vel preiudicium ... habere, immo ad eorum honorem talis debeat societas celebrari*).

1277 Juli 29, Perugia

SAS Orvieto, Diplomatico comunale, A 92; AS Perugia, Diplomatico, Contratti, Nr. 2670, fol. 3v–4r; SAS Spoleto, Memoriale comunis II, fol. 44v–45r.

Die Syndikatsurkunden der drei Kommunen sind weitgehend identisch.

Der Vikar des Podestà und der Capitano del Popolo ernennen gemeinsam mit der Vollversammlung der Kommune Perugia einen Syndikus, um mit Orvieto und Spoleto ein Bündnis (*societas*) gegen alle, mit denen die Kommunen Krieg führen, ausgenommen die Römische Kirche und Rom, abzuschließen und zu erneuern und alles weitere zu vereinbaren, was notwendig sein wird, um das Bündnis zu schließen.

1277 Juli 29, Spoleto

AS Perugia, Diplomatico, Contratti, Nr. 2670, fol. 4v–5r.

Der Vikar des Podestà und der Capitano del Popolo ernennen gemeinsam mit der Vollversammlung der Kommune Perugia einen Syndikus, um Orvieto ein Bündnis mit Viterbo und Toscanella und der Kommune Spoleto ein Bündnis mit zwei Städten und gegebenenfalls einer dritten ihrer Wahl zu erlauben.

1277 Juli 29, Perugia

AS Perugia, Diplomatico, Contratti, Nr. 2670, fol. 5r–6r.

Der Syndikus der Kommune Perugia antwortet dem Syndikus der Kommune Orvieto in Anwesenheit des Vikars des Podestà und des Capitano del Popolo und mit Zustimmung des *consilium credentie* und der Vollversammlung auf dessen Bitte, einer *societas* mit Viterbo und Toscanella zuzustimmen, da Orvieto gemäß dem Bündnisvertrag ohne ausdrückliche Zustimmung Perugias keine weiteren Bündnisse abschließen dürfe: Perugia stimme einem Bündnis zwischen Orvieto, Viterbo und Toscanella zu, solange der Römischen Kirche, der Stadt Rom oder dem zwischen ihnen bestehenden Bündnis daraus keine Nachteile und Perugia aus dieser *societas* keine Verpflichtungen entstünden.

1277 Juli 29, Perugia

AS Perugia, Diplomatico, Contratti, Nr. 2670, fol. 6r–7v; SAS Spoleto, Memoriale comunis II, fol. 44r–v. – Druck: Documenti, hg. von Sansi, Nr. 67.

Der Bündnisvertrag ist weitgehend identisch mit dem Vertrag zwischen Perugia und Orvieto des Jahres 1256 (Nr. 88) und damit auch mit dessen Vorlage, dem Vertrag der umbrischen Kommunen aus dem Januar 1251 (Nr. 77). Das Instrument wurde dreifach ausgestellt, jeweils durch einen Notar jeder Kommune.

Die Syndizi der Kommunen Perugia, Orvieto und Spoleto schließen ein Bündnis (*societas*). Sie verpflichten sich:
- dieses Bündnis alle zehn Jahre zu erneuern;
- den Bündniskommunen zu helfen, Stadt und Distrikt gegen alle Personen und Gemeinschaften, mit denen Krieg geführt wird, zu schützen und zu verteidigen – ausgenommen die Römische Kirche und die Stadt Rom *contra quas hec societas fieri non intelligatur*;
- die Bündnisstädte bei der Wahrung und Wiedergewinnung aller bestehenden und zukünftigen Rechte und Besitztümer in Contado, Distrikt und Diözese oder anderswo zu unterstützen;
- den Bündniskommunen zweimal im Jahr nach Aufforderung mit dem allgemeinen Aufgebot für 15 Tage auf eigene Kosten zu Hilfe zu kommen, An- und Abreise herausgerechnet;
- der Bündnisstadt alternativ mit einer Geldzahlung (*talia*), Rittern oder Bogenschützen zu Hilfe zu kommen, falls die kriegsführende Stadt das allgemeine Aufgebot nicht benötigt – ausgenommen sind, wie oben festgehalten, die Römische Kirche und Rom;
- Friedensabkommen (*treuga, pax, concordia, pactum*) nur gemeinsam abzuschließen;
- keine weiteren Bündnisse (*societas, credentia, compagnia*) mit anderen Kommunen zu schließen oder diese in ein Schutzverhältnis aufzunehmen (*adcomanditia vel defensio*);
- Konflikte zweier Bündnispartner durch die übrigen Mitglieder schlichten zu lassen und als Konfliktpartei die Schiedssprüche der Bündnispartner anzuerkennen;
- alle Angehörigen der Bündnisstädte (*quelibet persona dictaruṃ civitatum*) zur Vorsicht bei Geschäftsbeziehungen anzuhalten, um Repressalien zu vermeiden;
- das Bündnis jährlich in die Statuten aufzunehmen und alle zehn Jahre zu erneuern;
- die Bestimmungen unter Strafe von 1.000 Mark Silber, hypothekarisch abgesichert, einzuhalten.

1277 Juli 29, Perugia

AS Perugia, Diplomatico, Contratti, Nr. 2670, fol. 8r–v.

Die Syndizi der Kommunen Orvieto und Spoleto erteilen der Kommune Perugia die ausdrückliche Erlaubnis, mit zwei Städten ihrer Wahl ein weiteres Bündnis abzuschließen, allerdings mit einer genauen Absteckung des Raums, in dem diese Kommunen gelegen sein müssen (*non stet a civitate Perusina inferius versus Urbemveterem, sed stet tantum versus civitatem Asisii ed usque ad ipsam civitatem, et ab ipsa civitate sursum versus Marchiam, et a civitate Perusina sursum versus Eugubium et versus Civitatem Castelli et versus Tusciam a castro Plebis sursum*) und mit der Einschränkung, dass das zukünftige Bündnis nicht zum Nachteil der Römischen Kirche, der Stadt Rom und des bestehenden Bündnisses zwischen Perugia, Orvieto und Spoleto geschlossen werden darf, die Bündnispartner auf ein etwaiges zukünftiges Bündnis aber auch nicht verpflichtet sind.

1277 Juli 29, Perugia

SAS Spoleto, Memoriale comunis II, fol. 44r–v.

Die Zusicherung Orvietos an Spoleto ist weitgehend identisch mit der Zustimmung Orvietos und Spoletos an Perugia.

Der Syndikus der Kommune Orvieto erteilt der Kommune Spoleto die ausdrückliche Erlaubnis, mit zwei oder drei Städten ihrer Wahl ein weiteres Bündnis abzuschließen, allerdings mit einer genauen Absteckung des Raumes, in dem diese Kommunen situiert sein müssen (*stet a civitate Spoleti ultra versus Reate et versus Marchiam*) und mit der Einschränkung, dass das zukünftige Bündnis nicht zum Nachteil der Römischen Kirche, der Stadt Rom und des bestehenden Bündnisses zwischen Perugia, Orvieto und Spoleto geschlossen werden darf, die Bündnispartner auf ein etwaiges zukünftiges Bündnis aber auch nicht verpflichtet sind.

1278 Januar 14, Perugia

AS Perugia, Miscellanea 5, fol. 2r.

Podestà und Capitano del Popolo ernennen gemeinsam mit der Vollversammlung der Kommune Perugia einen Syndikus, um Orvieto zu bitten, die Feindseligkeiten gegen einen Einwohner des Distrikts einzustellen, die die Freundschaft (*amicitia*) zwischen den Kommunen gefährdeten und, falls Orvieto dem widerspreche, auf die Bündnisverpflichtungen – *omnia ... que promissa sunt inter ipsos ..., ut in instrumento vel instrumentis sotietatis (sotietis ms.) plenius continetur* – und Spoleto als schlichtende Instanz zu verweisen (*quod videatur de iure per comune Spoleti, quod est tertium inter comune Perusii et comune Urbisveteris secundum pacta et promissiones que sunt iuramento (iuramenta ms.) vallata inter ipsa comunia*).

1279

Statuten Perugias, Statuto 1, hg. von Caprioli, Nr. 74.

Befreiung aller den Jurisdiktionsbereichen Orvietos, Assisis und Spoletos zugehörigen Personen von bestimmten Zöllen (*guida, pedagium, siluaticum*), unter der Voraussetzung, dass dies im Gegenzug auch für die Einwohner Perugias und des Perusiner Contados gilt. Podestà und Capitano Perugias haben dies zu Beginn ihrer Amtszeit mit den genannten Kommunen schriftlich zu vereinbaren.

Nr. 106: um 1282 Mai 25 – Assisi, Bettona (?), Bevagna (?), Camerino (?), Montefalco (?), Narni, Nocera (?), Perugia, Spello (?), Spoleto, Trevi

Literatur: Waley, Papal State, S. 205 f.; Galletti, Società; Sestan, Comune, S. 181 f.

1282 April 16, Orvieto

Druck: Bullarium, hg. von Sbaraglia, Nr. 24.

Martin IV. legt der Kommune Spello die Etappen der Auseinandersetzung zwischen Perugia und Foligno dar und verbietet der Kommune unter Androhung des Interdikts, Perugia gegen Foligno zu Hilfe zu kommen.

1282 Mai 25, Perugia

Verweis: Galletti, Società, S. 59, Anm. 32.

Der Kämmerer der Kommune Perugia weist eine Zahlung an *pro exemplatura quorundam strumentorum societatis contracte cum certis vicinantiis Perusinis et ipso comuni Perusii*.

1282 Juni 6, bei Spello

Druck: Galletti, Società, S. 87.

Die Vertreter aus Assisi, Spoleto und Narni sind sprachlich von den Vertretern der folgenden Kommunen klar abgetrennt, was auf unterschiedliche Rechtsbeziehungen hinweisen könnte.

Die Vertreter der Kommunen Assisi, Spoleto, Narni, Spello, Bevagna, Montefalco, Nocera und Bettona erklären, dass sie im kommenden Heerzug gegen Foligno nach den Entscheidungen Perugias handeln wollen.

1282 Juni 11, bei Spello

Druck: Galletti, Società, S. 88 f.

Die reduzierte Vollversammlung Perugias und die Vertreter der befreundeten Kommunen beraten anlässlich zweier Gesandtschaften aus Trevi und Narni über die Aufnahme weiterer Mitglieder *in ea societati qua sunt alii de contrata et ducati ... cum conmune Perusii* zu den gleichen Bedingungen und in der gleichen Form (*sub eadem conditione et forma ac modo*). Sie beschließen, für die Aufnahme Trevis einen Syndikus zu bestellen, Narni hinsichtlich der Vertragsgestaltung (*sub pactis, tenoribus et conditionibus in societate predicta appositis*) noch einmal zu befragen und diskutieren weiterhin über eine Aufnahme Camerinos.

1282 August, Perugia

Verweis: Galletti, Società, S. 76, Anm. 110.

Die Perusiner Kammer bezahlt *baiulos* nach Narni *pro militibus quos mittere debebant in exsercitum contra Fulgineum*.

1282 November 18, Montefiascone

Druck: Reg. Martin IV., Nr. 280–283.

Der Fortgang der verschiedenen Prozesse der Kurie gegen Perugia und die verbündeten Kommunen wurde hier nicht weiter verzeichnet, da sich die päpstlichen Schriftstücke nie explizit auf ein Bündnis beziehen; vgl. zu weiteren Quellenbelegen oben Kap. II.3.1, Anm. 61.

Martin IV. belegt die Kommunen Perugia, Spoleto, Assisi, Nocera, Spello, Visso, Cascia, *Gualdo Nucerie* und Bevagna mit dem Interdikt, da sie trotz seiner Verbote gegen Foligno vorgegangen seien.

1284 Mai 30, Orvieto

Druck: Kammerregister, hg. von Rudolph, Nr. 472, 473.

Martin IV. befiehlt der Kommune Spoleto die Freilassung von Gefangenen aus Foligno und beauftragt den Rektor des Dukats Spoleto, diese notfalls zu erzwingen.

Nr. 107: 1286 Oktober 23 – Assisi, Gubbio, Spoleto

Literatur: Waley, Papal State, S. 210; Casagrande, Gubbio, S. 120; Capitani, Assisi, S. 5.

1286 Oktober 18, Spoleto

SAS Gubbio, Fondo comunale, Diplomatico, Busta XIV, Nr. 6.

Der Podestà ernennt gemeinsam mit dem *consul civitatis* und dem Rat Spoletos einen Syndikus, um mit den Kommunen Gubbio und Assisi einen Vertrag zu den bereits inserierten Konditionen abzuschließen.

1286 Oktober 23, Assisi

SAS Gubbio, Fondo comunale, Diplomatico, Busta XV, Nr. 2.

Die Syndikatsurkunde ist weitgehend identisch mit der Urkunde aus Spoleto.

Podestà, Capitano und Rat der Kommune Assisi ernennen einen Syndikus, um mit den Kommunen Spoleto und Gubbio einen Vertrag zu den bereits inserierten Konditionen abzuschließen.

1286 Oktober 23, Assisi

SAS Gubbio, Fondo comunale, Diplomatico, Busta XV, Nr. 1. – Regest: Hagemann, Kaiserurkunden 3, Nr. 149

Die Syndizi der Kommunen Spoleto, Gubbio und Assisi vereinbaren zu Ehren der Kirche, des Papstes, der Kardinäle und *ad pacificum statum totius provinicie ducatus, et ad conservandum homines de ducatu ad fidelitatem et devotionem Sancte Romane Ecclesie et predicti summi pontificis*:
– Hilfe und Rat vor dem jetzigen und zukünftigen Papst, den Kardinälen oder einem ihrer Vertreter (*domini trasmissi*) zu leisten, um die Rechte und Gewohnheiten des Dukats und der Kommunen beizubehalten;
– den Konflikt nur mit Zustimmung der Bündnispartner beizulegen, falls es, *quod absit*, zu einer Auseinandersetzung zwischen dem Rektor und einer der Bündniskommunen kommen sollte, weil dieser die Kommunen unrechtmäßig belastet;
– diese Bestimmungen unter Strafe von 1.000 Mark Silber für einen Zeitraum von 20 Jahren einzuhalten.

Nr. 108: 1286 November 28 / 1287 August 1 – Narni, Perugia, Spoleto, Todi

Literatur: Terrenzi, Narni, S. 77; Ceci, Todi, S. 176, 181; Briganti, Città, S. 208 f.; Waley, Papal State, S. 210; Menestò, Esempio, S. 470 f.; Menestò, Bonifacio, S. 50 f.

1286 August 9, Todi

AS Perugia, Diplomatico, Contratti, Nr. 1821; ASC Todi, Registrum vetus, S. 220 (moderne Zählung).

Der Podestà und die Ratsversammlung Todis ernennen zwei Syndizi, um ab dem kommenden 1. August mit Perugia, Spoleto und Narni ein Bündnis (*societas, fraternitas*) zu den bereits inserierten Vertragsbestimmungen zu schließen.

1286 November 21, Perugia

ASC Todi, Fondo Archivio Segreto di S. Fortunato, Pergamene, Nr. 28; ebd., Registrum vetus, S. 217 bis (moderne Zählung).

Die Syndikatsurkunde ist weitgehend identisch mit dem Instrument aus Todi. Die moderne, mit einem mechanischen Zähler aufgebrachte Nummerierung im „Registrum vetus", die zuvor und danach die Seiten zählt, zählt an dieser Stelle nur das Folium. Auf fol. 217r und v folgt S. 218. Danach ist die Paginierung wieder regulär. Diese Eigenart begegnet mehrmals im „Registrum vetus", oft an Stellen, an denen ein Dossier mit einem eigenen Titel eingebunden ist, wie hier, ab fol. 217, das „Registrum societatis Perusinorum, Spoletanorum, Narniensium et Tudertinorum".

Der Podestà, der Capitano del Popolo und die Ratsversammlung Perugias ernennen einen Syndikus, um ab dem kommenden 1. August mit Spoleto, Todi und Narni ein Bündnis (*societas, fraternitas*) zu den bereits inserierten Vertragsbestimmungen zu schließen.

1286 November 24, Narni

AS Perugia, Diplomatico, Contratti, Nr. 1826; ASC Todi, Fondo Archivio Segreto di S. Fortunato, Pergamene, Nr. 29; ebd., Registrum vetus, S. 219 (moderne Zählung).

Die Syndikatsurkunde ist weitgehend identisch mit dem Instrument aus Todi.

Podestà, Capitano und Ratsversammlung Narnis ernennen einen Syndikus, um ab dem kommenden 1. August mit Perugia, Todi und Spoleto ein Bündnis (*societas, fraternitas*) zu den bereits inserierten Vertragsbestimmungen zu schließen.

1286 November 25, Spoleto

AS Perugia, Diplomatico, Contratti, Nr. 1473 (im Inventar irrig auf 1276, online auf 1285 datiert); ASC Todi, Fondo Archivio Segreto di S. Fortunato, Pergamene, Nr. 30; ebd., Registrum vetus, S. 218 (moderne Zählung).

Die Syndikatsurkunde ist weitgehend identisch mit dem Instrument aus Todi.

Der Vikar des Podestà und die Ratsversammlung Spoletos ernennen einen Syndikus, um ab dem kommenden 1. August mit Perugia, Todi und Narni ein Bündnis (*societas, fraternitas*) zu den bereits inserierten Vertragsbestimmungen zu schließen.

1286 November 28, Casalina

ASC Todi, Registrum vetus, S. 221 (moderne Zählung).

Der Vertrag beruht auf der Bündnisurkunde zwischen Perugia und Todi aus dem Jahr 1230 (Nr. 55), in der das 1208 erstmals geschlossene und 1218 erneuerte Bündnis zwischen beiden Kommunen ein weiteres Mal erneuert wurde (Nr. 21 und 35).

Die Syndizi der Kommunen Perugia, Spoleto und Todi schließen ein Bündnis (*pura et fidelis societas, vera et sincera fraternitas*), das ab dem kommenden 1. August für 40 Jahre in Kraft treten soll. Sie vereinbaren:
- gegenseitige Hilfe bei der Bewahrung, Verteidigung und Rekuperation aller Besitzungen und Rechte gegen jedermann, außer gegen die Römische Kirche, den Papst und die Stadt Rom;
- keine weiteren Bündnisverträge ohne Zustimmung der Bündnispartner abzuschließen, ausgenommen die Kommune Narni, mit der ein Bündnisvertrag zu den gleichen Konditionen abgeschlossen werden soll, sobald Narni dies erbittet;
- auf Anfrage für 15 Tage Waffenhilfe auf eigene Kosten (*suis redditibus et expensis*) zu leisten, An- und Abreise herausgerechnet; falls nur einzelne Waffengruppen gefordert werden, erweitert sich der Zeitraum auf einen Monat;
- den friedlichen Transit der Aufgebote durch das Gebiet der Bündnisstädte zu gewährleisten, Lagerstätten nur auf Weisung eigens dafür bestellter Ortskundiger zu wählen und bei entstandenen Schäden Schadensersatz gemäß dem Schiedsurteil des Podestà oder der *rectores* der betroffenen Kommune zu leisten, außer für Wiesen, die der Verpflegung der Pferde und anderer Nutztiere dienen, sowie für Stroh und Brennholz;
- bei innerstädtischen Konflikten keine der Parteien durch die Aufnahme im eigenen Jurisdiktionsbereich zu unterstützen, Angehörigen des eigenen Jurisdiktionsbereichs die Waffenhilfe oder die Übernahme einer Signorie oder Regierungstätigkeit für eine der Parteien zu untersagen und, im Falle des Ausfalls der kommunalen Regierung, eine Interimsregierung zu übernehmen;
- Parteienkonflikte zu schlichten und bei Nichtannahme des Schiedsspruchs durch eine der Parteien die kooperierende Partei zu unterstützen, die nicht kooperierende Partei zum Gehorsam zu drängen;
- bei Verträgen zwischen Angehörigen verschiedener Jurisdiktionsbereiche die Vertragsschließenden anzuhalten, nur die Vertragspartner mit Forderungen zu belangen, den Regierenden hingegen aufzuerlegen, dem Bürger der anderen Stadt wie einem eigenen Bürger zu seinem Recht zu verhelfen;
- bei Raub- und Enteignungsfällen im Territorium der Bündnisstädte für Entschädigung zu sorgen;
- bei Gefangennahme oder Enteignung eines Angehörigen der Bündnisstädte außerhalb des Bündnisterritoriums dem Geschädigten wie einem eigenen Bürger zu Hilfe zu kommen;
- Verbannte, des Verrats Beschuldigte und andere Feinde der Bündniskommunen oder Aufrührer nicht aufzunehmen, sondern diese nach Bekanntmachung durch die betroffene Kommune möglichst gefangen zu nehmen und nach Wünschen dieser Kommune mit ihnen zu verfahren;
- Bestimmungen zur gegenseitigen Befreiung vom *pedagium* und zur Freiheit des Handels und der Getreideausfuhr;
- keine Friedensabkommen, Waffenstillstände oder andere Abkommen ohne Zustimmung der Bündnispartner einzugehen;

- die Erhebung von Wegegeldern und Zöllen (*scorta, pedagium, gabella*) von Angehörigen der Bündnisstädte zu unterbinden, ausgenommen auf Verkaufsgeschäfte;
- bei Konflikten unter den Bündnisstädten das Schiedsgericht den nicht betroffenen Kommunen zu übergeben und deren Urteil anzunehmen;
- auf Anfrage einer der Bündnispartner das Bündnis alle zehn Jahre erneuern zu lassen;
- die Einhaltung des Bündnisses und den Vertrag selbst in die Statuten aufzunehmen und von den Regierenden (*rectores*) und ihren Nachfolgern beschwören zu lassen;
- diese Bestimmungen unter Strafe von 10.000 Mark Silber, abgesichert durch den kommunalen Besitz, einzuhalten.

1286 Dezember 12, Narni

ASC Todi, Registrum vetus, S. 222 (moderne Zählung).

Der Syndikus der Kommune Narni und die Syndizi der Kommunen Perugia, Spoleto und Todi schließen ein Bündnis zu den Bedingungen des Vertrags, der zwischen Perugia, Spoleto und Todi geschlossen wurde.

1286

Cronaca todina 4,9–10, ad a. 1286, hg. von Mancini, S. 140.

Die Angaben des Chronisten zu den Syndizi stimmen mit dem Bündnisvertrag überein.

Eintrag über ein Bündnis zwischen Perugia und Todi (*et fo facta la compagnia da Peroscia ad Tode et fonne scendico Lanberto de Pietro de Berarduccio et Giliuccio de Herrigo: et fo notario ser Iaco de ser Iohanni*).

1287 Mai 26, Perugia

AS Perugia, Consigli e Riformanze 10, fol. 27v–28r. – Regest: Lonzini, Notaio 2, Scheda 10/15.

Die Ratsversammlung Perugias entscheidet über die Anfrage einer Gesandtschaft aus Spoleto, die *in summa* um die Entsendung von 1000 Perusiner *milites* zur Verstärkung des Spoletiner Aufgebots bittet. Der Rat stimmt dem zu und überlässt die Modalitäten (*quantitate, modo*) dem Führungspersonal und den *sapientes de retocho*.

1287 Juni 8, Perugia

AS Perugia, Consigli e Riformanze 10, fol. 31r. – Regest: Lonzini, Notaio 2, Scheda 10/20.

Die Ratsversammlung Perugias berät über einen im Rat verlesenen Brief der Kommune Spoleto, die unter anderem um die Entsendung weiterer *milites* bittet, da das Heer Spoletos am folgenden Samstag die Stadt verlassen wolle. Die Versammlung übergibt die Entscheidung an das *consilium sapientum*.

1287 Juli 20, Perugia

AS Perugia, Consigli e Riformanze 10, fol. 37r. – Regest: Lonzini, Notaio 2, Scheda 10/29.

Die Ratsversammlung Perugias nimmt den vom *consilium sapientum de retocho* ausgearbeiteten Vorschlag an, den Podestà gemeinsam mit fünf *ambaxatores de melioribus et ydoneoribus civitatis* nach Todi, Narni und Terni zu entsenden, um die Konflikte zwischen Narni und Terni beizulegen und um die Anerkennung des Perusiner Schiedsspruchs zu werben.

1287 Juli 28, Perugia

AS Perugia, Consigli e Riformanze 10, fol. 38v–39r. – Regest: Lonzini, Notaio 2, Scheda 10/30.

Die Ratsversammlung Perugias berät über Narnis Bitte um *auxilium ... et sucursum*. Vorgeschlagen wird unter anderem die Entsendung der in Todi weilenden *ambaxata* nach Narni und die konkrete militärische Hilfe durch 200 *milites* mit jeweils drei Pferden und 50 berittenen Bogenschützen auf Kosten Perugias. Der Rat beschließt, die Entscheidung an das *consilium de retocho* weiterzureichen.

1287 August 1

Cronaca todina 4,9–10, ad a. 1287, hg. von Mancini, S. 140.

Das Bündnis zwischen Perugia, Todi, Spoleto und Narni tritt in Kraft (*et fo ferma la compagnia de Peroscia ad Tode, Spuliti et Nargni, et fo in kal. d'agosto*).

1287 August 11, Perugia

AS Perugia, Consigli e Riformanze 10, fol. 43v–44r. – Regest: Lonzini, Notaio 2, Scheda 10/37.

Die Ratsversammlung Perugias berät über einen Brief des Capitano und der *ambaxatores*, die in Todi weilen, in dem diese berichten, dass man ihnen das Schiedsgericht in den internen Auseinandersetzungen Todis angetragen habe und fragen, ob sie dieses *vice et nomine comunis Perusii* annehmen sollen. Für diesen Fall bitten sie um Ernennung von *sindici* unter den *ambaxatores*. Die Versammlung gibt dem Gesuch statt.

1287 August 17, Perugia

AS Perugia, Consigli e Riformanze 10, fol. 45r. – Regest: Lonzini, Notaio 2, Scheda 10/39.

Die Ratsversammlung Perugias entscheidet über die in der Versammlung vorgetragenen Bitten des Podestà und der *ambaxatores* aus Narni um *auxilium*, verlagert die Entscheidung aber an die *sapientes*.

1287 August 19, Perugia

AS Perugia, Consigli e Riformanze 10, fol. 45v–46r. – Regest: Lonzini, Notaio 2, Scheda 10/40.

Die Ratsversammlung Perugias billigt die Entscheidung des *consilium sapientum de retocho*, das nach einer Prüfung des Bündnisvertrags (*instrumenta societatis*) durch *sapientes iuris*, die die Rechtsgrundlage bestätigt haben, vorgeschlagen hat, gemeinsam mit Spoleto im Konflikt zwischen

Todi und Narni zu schlichten und zu diesem Zweck zunächst *ambaxatores* nach Spoleto, dann nach Narni und Todi zu entsenden.

1287 November 1, Todi

ASC Todi, Fondo Archivio Segreto di S. Fortunato, Pergamene, Nr. 37.

Möglicherweise handelt es sich um ein Konzept; Actum, Zeugenliste und Unterfertigung stehen auf der Rückseite des Pergaments.

Die Parteien Todis schließen *pro bono et pacifico statu civitatis Tuderti et gratia et amore comunis Perusii* einen Frieden (*pax, compositio et concordia*), tauschen den Friedenskuss, vergeben sich alle bis dahin zugefügten Schäden und verzichten auf zukünftige Auseinandersetzungen.

1287 Dezember 5, Todi

Cronaca todina 4,9–10, ad a. 1287, hg. von Mancini, S. 140.

Die Parteien Todis versöhnen sich mithilfe Perugias (*et forono facte tucte le pace fra li odiati de Tode cum l'aiuto de Peroscia: et fo de martedì a dì cinqui de dicenbre*).

1288 Mai 12, Perugia

AS Perugia, Consigli e Riformanze 10, fol. 51r. – Regest: Lonzini, Notaio 2, Scheda 10/47.

Der Begriff screzio *steht im Italienischen für einen Dissens zwischen zuvor befreundeten Parteien.*

Die Ratsversammlung Perugias berät über die Anfrage von *ambaxatores* aus Todi, die den Dissens (*screcium*) zwischen dieser Stadt und Narni in die Hände Perugias legen möchten. Der Rat nimmt den Vorschlag des Guido *de Corgnia* an, die Angelegenheit an Podestà, Capitano, die *consules [artium]* und *sapientes iuris* zu übergeben, die auch die Syndikatsurkunden Todis und Narnis überprüfen sollen.

1288 Mai 14, Perugia

AS Perugia, Consigli e Riformanze 10, fol. 51r–52r. – Regest: Lonzini, Notaio 2, Scheda 10/48.

Die Ratsversammlung Perugias beschließt die Übernahme des Schiedsgerichts im Streit zwischen Todi und Narni *occasione .. comunis Iteramnensis*, wie es die Syndikatsurkunden aus Narni und Todi vorschlagen, allerdings unter der Voraussetzung, dass bis zum Ende des Friedensprozesses ein Waffenstillstand eingehalten werde. Diese Entscheidung soll beiden Gesandtschaften in der Vollversammlung kommuniziert werden, bei einer Zurückweisung will man sie bitten, eiligst einen Teil der Gesandtschaft mit Briefen an ihre Heimatkommunen zu entsenden, um weitere Weisungen einzuholen.

1288 Juni 10, Perugia

AS Perugia, Consigli e Riformanze 10, fol. 59r–v. – Regest: Lonzini, Notaio 2, Scheda 10/59.

Die Ratsversammlung Perugias berät über den im Rat vorgetragenen Bericht einer Gesandtschaft aus Narni über militärische Aktionen Todis im Distrikt von Narni und die Bitte um Unterstützung durch Perugia. Mehrere Ratsherren raten zu erneuten Vermittlungsversuchen, unter Verweis auf die Bündnisvereinbarungen (*debeat et teneatur protestare penam in instrumentis societatis ... positam, si necesse fuerit*). Der Rat beschließt daraufhin die Aufstellung einer Gesandtschaft aus zwei *ambaxatores*, einem Syndikus und einem Notar, die bei beiden Kommunen einen Waffenstillstand und die Akzeptanz eines Perusiner Schiedsgerichts erwirken sollen.

1288 August 13, Perugia

AS Perugia, Consigli e Riformanze 10, fol. 71v–72r. – Regest: Lonzini, Notaio 2, Scheda 10/78.

Die Ratsversammlung Perugias gibt dem Gesuch einer Gesandtschaft aus Todi statt, die um fähige *oratores* bittet, die in Camerino um das Schiedsgericht im Konflikt zwischen Camerino und einem Bürger aus Todi bitten sollen. Die Versammlung ermächtigt die Tudertiner *ambaxatores* dazu, geeignete Personen auszuwählen oder die Wahl den *consules artium* zu überlassen.

1288 September 9

Annali e cronaca di Perugia, ad a. 1288–1289, hg. von Ugolini, S. 159 f.

Todi stellt einen *capitaneus guerre* für Perugia in der Person des Pietro da Sosinano (*In quisto millesimo chiammò per capitanio de guerra, dì viiij de settembre, el comuno de Tode. Esse ne mandaro Pietro da Sosinano.*).

1288 November 7, Todi

ASC Todi, Fondo Archivio Segreto di S. Fortunato, Pergamene, Nr. 38.

Der Rat der Kommune Todi beschließt, eine Abgabe erheben zu lassen, um die Kriegsschulden gegen Foligno in Höhe von 8.889 Pfund zu begleichen.

1288 November 11, Perugia

AS Perugia, Consigli e Riformanze 10, fol. 97r–98v. – Regest: Lonzini, Notaio 2, Scheda 10/100.

In der Ratsversammlung Perugias bitten *ambaxatores* aus Todi um Aushändigung der Dokumente, die der Notar Saracenus Alenutii Fabri im Zuge des innerstädtischen Friedensprozesses ausgefertigt hat, und um Festlegung einer angemessenen Entschädigung, die Todi dem Notar für diese Dienste auszahlen will. Der Rat beschließt, die Instrumente von den *consules artium* prüfen und registrieren zu lassen und sie dann auszuhändigen und den *consules* auch die Entscheidung über den Lohn für Saracenus zu übertragen.

1288 November 7, Todi

ASC Todi, Riformanze o Decretali 3, fol. 55v–57r.

Der Rat der Kommune Todi wird durch einen Gesandten Perugias informiert, dass man die Angriffe auf Foligno wiederaufnehme. Die Versammlung beschließt die Aufstellung eines Aufgebots und die Ausstattung mit 400 Goldfloren.

1289 August 12

Annali e cronaca di Perugia, ad a. 1288–1289, hg. von Ugolini, S. 159 f.

Foligno unterwirft sich Perugia, anwesend ist auch ein Abgesandter Todis (*Fuorce gl' anbasciadore de Tode, anbasciadore de Camerino e altre ambasciadore*).

1289 Oktober 2, Todi

ASC Todi, Confini con Orvieto, Nr. 4.

Der Rat der Kommune Todi gibt einer Bitte der Perusiner Kommune statt, bis zum kommenden Freitag (1289 Oktober 7) Syndizi nach Perugia zu entsenden, damit Perugia zwischen Todi und Orvieto einen Kompromiss *occasione castri Montis Martis* herbeiführen könne, und den Syndizi einen Notar beizugeben, der bevollmächtigt ist, die Syndikatsurkunden nach den Vorgaben der Perusiner *sapientes* auszustellen.

1290 Januar 28, Todi

ASC Todi, Confini con Orvieto, Nr. 5.

Im Rat der Kommune Todi berichtet ein Notar, dass Orvieto die Verhandlungen mit Todi abbrechen wolle, woraufhin die Versammlung die Entsendung einer neuen Gesandtschaft, bestehend aus dem Podestà und sechs *ambaxatores*, nach Perugia beschließt und die Erarbeitung ihrer Instruktion in die Hände der Gesandtschaft selbst und weiterer 15 *sapientes* übergibt.

1290 Februar 5, Perugia

AS Perugia, Consigli e Riformanze 10, fol. 116 v–117 v. – Regest: Lonzini, Notaio 2, Scheda 10/119.

Die Ratsversammlung Perugias berät über die Bitte des Podestà und einiger *ambaxatores* aus Todi um die Übernahme des Schiedsgerichts im Konflikt der Kommune mit Orvieto. Einer der Ratsherrn schlägt vor, der Gesandtschaft durch das *consilium de retocho* mitteilen zu lassen, dass man Orvieto versprochen habe, kein Schiedsurteil zu fällen, solange nicht ein Bündnis (*societas*) zwischen Perugia, Orvieto und Todi geschlossen sei, dass man aber weiter so verfahren wolle, wie es für Todi und Perugia am nützlichsten sei.

1290 Februar 6, Perugia

AS Perugia, Consigli e Riformanze 10, fol. 117 v–118 v; ASC Todi, Confini con Orvieto, Nr. 6. – Regest: Lonzini, Notaio 2, Scheda 10/120.

Die Ratsversammlung Perugias und das *consilium de retocho* diskutieren über das ihnen angetragene Schiedsgericht zwischen Todi und Orvieto und das Orvieto durch einen Syndikus gegebene Versprechen, eine Schiedstätigkeit nur auf Grundlage einer *societas* auszuüben. Sie beschließen schließlich, die *ambaxatores* aus Todi über das Orvieto gegebene Versprechen zu informieren, ihnen aber zuzusichern, dass ein im Rahmen einer *societas* gefälltes Urteil zu Gunsten Todis ausfallen werde, und ihnen alternativ die Bündnishilfe (*eligere viam facti et obmittere viam laudi*) gegen Orvieto in Aussicht zu stellen, *tanquam veri et fideles socii et amici*.

1290 Juli 1, Perugia

AS Perugia, Consigli e Riformanze 10, fol. 145r. – Regest: Lonzini, Notaio 2, Scheda 10/144.

Die Ratsversammlung Perugias beschließt anlässlich des erneut aufgeflammten Konflikts zwischen Todi und Narni *ambaxatores* zur Befriedung zu entsenden.

1290 Juli 11, Perugia

AS Perugia, Consigli e Riformanze 10, fol. 147r. – Regest: Lonzini, Notaio 2, Scheda 10/147.

Die Ratsversammlung Perugias beschließt in Reaktion auf Gerüchte, dass Angehörige des Perusiner Jurisdiktionsbereichs *ob amorem* bzw. gegen Sold Todi oder Narni mit Waffen und Pferden zu Hilfe kommen wollen, ein öffentliches Verbot, den Contado bewaffnet zu verlassen oder Todi und Narni anderweitig zu Diensten zu sein.

1291

Annali e cronaca di Perugia, ad a. 1291, hg. von Ugolini, S. 161.

Perugia kauft auf Anfrage und *en servitio del comuno de Tode* das Kastell Montemarte, weil Orvieto die dortigen Grafen gegen Todi unterstütze (*perché el comuno de Orvieto aitava egl conte da Monte Marte, egl quagle guerregiavano con llo comuno de Tode*).

1293 Mai 18, Perugia

AS Perugia, Consigli e Riformanze 10, fol. 185r–186r. – Regest: Lonzini, Notaio 2, Scheda 10/190.

24 von der Ratsversammlung Perugias gewählte *sapientes* formulieren eine Antwort an eine Gesandtschaft aus Todi bezüglich deren Bitte um *auxilium et suscidium* gegen *castrum Lugnani*: Man möge die *affectio* Perugias für die Angelegenheiten Todis unterstreichen, dann aber mit Verweis auf einen Mangel an Pferden und Bögen eine Teilnahme absagen.

1293 Juni 1, Perugia

AS Perugia, Consigli e Riformanze 10, fol. 187v–188r. – Regest: Lonzini, Notaio 2, Scheda 10/192.

Narni bittet in der Ratsversammlung von Perugia um Waffenhilfe gegen Stroncone.

1293 Juni 19, Perugia

AS Perugia, Consigli e Riformanze 10, fol. 190r–v. – Regest: Lonzini, Notaio 2, Scheda 10/196.

Eine *ambaxata* aus Narni trägt in der Ratsversammlung Perugias vor, dass Narni bisher keine Neuigkeiten aus Todi habe, obwohl Narni das Heer gegen Stroncone bereits zusammengezogen habe und bittet daher um Perusiner *oratores*, die in Todi um Unterstützung bitten sollen. Der Rat stimmt diesem Ansinnen zu.

1293 Juni 27, Perugia

AS Perugia, Consigli e Riformanze 10, fol. 192v–193v. – Regest: Lonzini, Notaio 2, Scheda 10/199.

Narni bittet in der Ratsversammlung Perugias erneut um Waffenhilfe gegen Stroncone, die Entscheidung wird an ein anderes Gremium verlagert.

1293 Juli 1, Perugia

AS Perugia, Consigli e Riformanze 10, fol. 204v–205r. – Regest: Lonzini, Notaio 2, Scheda 10/214.

Der Capitano del Popolo bittet die Ratsversammlung Perugias um die Entscheidung, ob man in der Auseinandersetzung (*magna discordia*) zwischen Guelfen und Ghibellinen in Todi etwas unternehmen wolle. Der Rat beschließt die Entsendung einer Gesandtschaft, bestehend aus Podestà, Capitano del Popolo, zwei *consules*, einem Notar und einer beliebigen Anzahl *ambaxatores*.

1293 Juli 13, Perugia

AS Perugia, Consigli e Riformanze 10, fol. 193v–194r. – Regest: Lonzini, Notaio 2, Scheda 10/200

In der Ratsversammlung Perugias wird ein Brief der kommunalen Führung Todis verlesen, der von der bewaffneten Spaltung der Stadt in Guelfen und Ghibellinen berichtet, und Perugia, *quod medicus verus est*, bittet, Todi von diesem Übel zu befreien. Der Rat entschließt die Aufstellung eines bewaffneten Aufgebots, das im Dienste Todis für Frieden sorgen möge.

1293 September 13, Perugia

AS Perugia, Consigli e Riformanze 10, fol. 229r. – Regest: Lonzini, Notaio 2, Scheda 10/243 (mit Datierung auf September 12).

In der Ratsversammlung Perugias bittet eine Gesandtschaft aus Spoleto um Waffenhilfe und verweist auf die freundschaftlichen Beziehungen der Städte (*sodalicius amor, fraternitas*). Der Rat beschließt, Spoleto abschlägig, aber freundschaftlich zu antworten.

1293 September 28, Perugia

AS Perugia, Consigli e Riformanze 10, fol. 229v. – Regest: Lonzini, Notaio 2, Scheda 10/244.

In der Ratsversammlung Perugias bittet eine Gesandtschaft aus Todi um Unterstützung der Kommune durch Entsendung von *ambaxatores* nach Camerino, die dort um Freilassung eines Bürgers aus Todi bitten sollen. Der Rat gibt dem statt.

1296 April 13, Rom

Druck: Codex, hg. von Theiner, Nr. 504.

Bonifaz VIII. weist den Raynerius Ugolini, Anführer der Tudertiner Ghibellinen, an, Perugia bündniskonform den Parteienkonflikt in Todi schlichten zu lassen, wie es sich aus den Verträgen zwischen beiden Kommunen (*ex pactione vel confederatione, aut ordinatione inter vos et eos*) ergebe.

1297 Juli 15, Perugia

AS Perugia, Consigli e Riformanze 10, fol. 290v. – Regest: Lonzini, Notaio 2, Scheda 10/301.

In der Ratsversammlung Perugias berichten *ambaxatores* der *pars extrinsecorum* Todis von einer Aufforderung Bonifaz' VIII., einen Syndikus zu Friedensverhandlungen an die Kurie zu entsenden, und erbitten Perugias Zustimmung, wie durch das Bündnis und ihren freien Willen gefordert (*tam ex pacto societatis quam ab eorum voluntate*); des Weiteren bitten sie um zeitweilige Suspension der Urteile gegen einige der Mitglieder der *pars*, damit diese im Contado von Perugia an der Wahl des Syndikus teilhaben können. Der Rat rät den *ambaxatores* zur uneingeschränkten Annahme des päpstlichen Friedensprozesses und genehmigt die geforderte Aussetzung der *exbandimenta et condempnationes*.

1298 Januar 16, Perugia

AS Perugia, Consigli e Riformanze 10, fol. 321r-v. – Regest: Lonzini, Notaio 2, Scheda 10/342.

Der Rat Perugias berät über eine Anfrage der Kommune Spoleto, die um *oratores* bittet, die gemeinsam mit den Gesandten Spoletos in Assisi um die ausstehende Lohnzahlung des ehemaligen Podestà Assisis, Petrus Furlanus, bitten mögen.

1300 Dezember 12, Rom

ASC Todi, Fondo Archivio Segreto di S. Fortunato, Pergamene, Nr. 129, fol. 23v-24r. – Druck: Codice diplomatico, hg. von Fumi, Nr. 590.

Bonifaz VIII. spricht ein Schiedsurteil im Konflikt zwischen Todi und Orvieto und kassiert das Bündnis zwischen Perugia, Todi, Spoleto und Narni (*cassavit etiam et irritavit ex tunc eadem auctoritate et potestate omnes confederationes, colligationes, societates vel compagnias et coniurationes initas, factas vel habitas inter Comunia, Universitates et homines Perusine, Tudertine, Spoletane ac Narniensis Civitatum, quocumque tempore, quocumquo modo, sub quocumque nomine vel vocabulo*).

1300 Dezember 12, Rom

ASC Todi, Confini con Orvieto, Nr. 15. – Druck: Codex, hg. von Theiner, Nr. 557 (mit Datierung auf 1301); Codice diplomatico, hg. von Fumi, Nr. 591 (mit Datierung auf Dezember 13). – Regest: Reg. Boniface VIII, Nr. 4321 (mit Datierung auf 1301).

Theiner nennt das siebte Pontifikatsjahr in der Datierung, was seine Datierung auf 1301 erklärt. Das Original in Todi, wie auch die Registerüberlieferung, ist hingegen auf das sechste Pontifikatsjahr ausgestellt; siehe oben Kap. II.4, Anm. 5.

Bonifaz VIII. löst das Bündnis zwischen Perugia, Todi, Spoleto und Narni sowie alle zugehörigen Eide, Strafen und Bindungen (*omnes confederationes, colligationes, societates vel compangnias et conventiones initas, factas vel habitas inter predicta communia, universitates et homines quocumque tempore, quocumquo modo, sub quocumque nomine vel vocabulo seu sub quacumque verborum expressione processerint, etiam si fuerint iuramentorum et penarum adiectione vel quovis alio vinculo roborate, omnino dissolvimus et carere decernimus omni robore firmitatis*), da es den Frieden in der Provinz gefährde und gegen die Rechte der Römischen Kirche verstoße.

Nr. 109: 1288 Februar 3 – Camerino, Perugia

Literatur: Lili, Istoria, S. 50–53; Pellini, Historia 1, S. 303; Briganti, Città, S. 209; Falaschi, Berardo, S. 30 f.

1288 Januar 29, Camerino

AS Perugia, Diplomatico, Contratti, Nr. 1844.

Podestà, Capitano, *consules artium* und Rat von Camerino ernennen zwei Syndizi, um mit Perugia ein Bündnis (*societas, fraternitas*) zu den bereits inserierten Konditionen zu schließen, nur die Laufzeit muss durch den Syndikus noch ausgehandelt werden.

1288 Februar 3, Perugia

AS Perugia, Diplomatico, Contratti, Nr. 1846.

Einzelne Passagen des Vertrags sind dem kurz zuvor geschlossenen Vertrag zwischen Perugia, Todi, Spoleto und Narni entnommen (Nr. 108).

Die Syndizi der Kommunen Perugia und Camerino schließen ein Bündnis (*pura et fidelis societas, libera et sincera fraternitas*) mit einer Laufzeit von 50 Jahren. Sie vereinbaren:
- Hilfe bei der Bewahrung von Territorium und Distrikt gegen jede Person und Gemeinschaft, mit der die Bündniskommune einen Konflikt austrägt oder Krieg führt, zu leisten;
- Hilfe bei der Bewahrung, Verteidigung und Rekuperation aller Besitzungen und Rechte gegen jedermann zu erbringen;
- keine weiteren Bündnisverträge (*societates, coniurationes*) ohne Zustimmung des Bündnispartners abzuschließen;
- keine Verträge und Friedensabkommen mit Rebellen oder Feinden der Bündniskommune einzugehen;
- ohne Zustimmung der Bündnisstadt weder offen noch im Geheimen mit Feinden dieser Stadt zu verhandeln, Verträge zu schließen oder Eide zu leisten;
- auf Anfrage für 15 Tage Waffenhilfe auf eigene Kosten (*suis redditibus et expensis*) zu leisten, An- und Abreise herausgerechnet; falls nur einzelne Waffengruppen gefordert werden, erweitert sich der Zeitraum auf einen Monat;
- den friedlichen Transit der Aufgebote durch das Gebiet der Bündnisstädte zu gewährleisten und Lagerstätten nur auf Weisung der verbündeten Kommune zu wählen;
- bei innerstädtischen Konflikten keine der Parteien durch die Aufnahme im eigenen Jurisdiktionsbereich zu unterstützen oder Angehörigen des eigenen Jurisdiktionsbereichs die Waffenhilfe zu erlauben; die Parteien sollen nach Möglichkeit befriedet werden;

- Exilierte und Feinde der Bündniskommune nicht aufzunehmen und mit diesen auch keine Abkommen ohne Zustimmung des Vertragspartners zu schließen;
- die Einhaltung des Bündnisses und den Vertrag selbst in die Statuten aufzunehmen und von den Regierenden (*rectores*) und ihren Nachfolgern beschwören zu lassen;
- diese Bestimmungen unter Strafe von 10.000 Mark Silber, abgesichert durch den kommunalen Besitz, einzuhalten;
- die Befehle der Römischen Kirche (*mandata sacrosancte Romane Ecclesie*) von diesen Verpflichtungen auszunehmen.

1288 April 26, Rom

Regest: Reg. Nicolas IV, Nr. 7020–7024.

Nikolaus IV. fordert Camerino auf, Perugia weder offen noch verdeckt Hilfe gegen Foligno zu leisten.

1288 September 16, Perugia

AS Perugia, Consigli e Riformanze 10, fol. 76v–77v. – Regest: Lonzini, Notaio 2, Scheda 10/83.

Die Ratsversammlung Perugias berät über den Bericht einer Gesandtschaft aus Camerino, die anlässlich der Forderung des Rektors der Mark Ancona, das Bündnis mit Perugia zu widerrufen, entsandt wurde. Die Versammlung beschließt, eine Antwort durch gewählte *sapientes* formulieren zu lassen.

1289 Juli 9 und Juli 12

Annali e cronaca di Perugia, ad a. 1288–1289, hg. von Ugolini, S. 159 f.

Camerino stellt einen *capitaneus guerre* für Perugia in der Person des Berardo [I.] da Varano (*A dì viiij de luglo fecemmo capitanio de guerra el comuno de Camerino. El comuno de Camerino ne diero Berardello de messer Gentile da Marano*). Dieser erreicht die Stadt am 12. Juli.

1289 Juli

Cronaca di Bonaventura di Benvenuto, ad a. 1289, hg. von Faloci-Pulignani, S. 18.

Foligno wird durch ein gemeinsames Heer aus Perugia und Camerino (*exercitus Perusinorum et Camerinensium*) angegriffen.

1289 August 12

Annali e cronaca di Perugia, ad a. 1288–1289, hg. von Ugolini, S. 159 f.

Foligno unterwirft sich Perugia, anwesend ist auch ein Abgesandter Camerinos (*Fuorce gl' anbasciadore de Tode, anbasciadore de Camerino e altre ambasciadore*).

1290 Mai 16, Camerino

Druck: Lili, Istoria, S. 52 f. (Teildruck).

Instrument über die Aufhebung des Interdikts, dem die Kommune Camerino aufgrund ihrer Hilfe für Perugia gegen Foligno verfallen war (*pro eo, quod Commune ipsius contra prohibitionem Sedis Apostolicae ad destructionem Civitatis Fulginei in auxilium Perusinorum hostiliter processerat, ac eisdem praestiterat auxilium, consilium et favorem*).

1293 Mai 27, Perugia

AS Perugia, Consigli e Riformanze 10, fol. 186v–187r. – Regest: Lonzini, Notaio 2, Scheda 10/191.

Eine Gesandtschaft Camerinos bittet in der Ratsversammlung Perugias um Waffenhilfe gegen Matelica; der Rat gibt dem statt und verfügt die Wahl von *sapientes*, um die genauen Modalitäten festzulegen.

1293 Juni 4, Perugia

AS Perugia, Consigli e Riformanze 10, fol. 202r–v. – Regest: Lonzini, Notaio 2, Scheda 10/211.

Die Ratsversammlung Perugias berät über die Wahl eines *capitaneus militum* und die Aufstellung eines Aufgebots durch die *conestabiles militum*, bestehend aus *milites* mit guten Pferden, *pro servicio comunis Camerini*.

1293 Juni 24, Perugia

AS Perugia, Consigli e Riformanze 10, fol. 192r–v. – Regest: Lonzini, Notaio 2, Scheda 10/198.

Die Ratsversammlung Perugias beschließt in Reaktion auf einen Brief des *capitaneus militum* im Dienste Camerinos, das Aufgebot für fünf weitere Tage im Feld zu lassen. In der Diskussion fällt auch der Vorschlag, dass die *milites*, falls sie über den verlängerten Termin hinaus bleiben wollen, die Kosten selbst zu tragen haben.

1293 Juni 27, Perugia

AS Perugia, Consigli e Riformanze 10, fol. 192v–193v. – Regest: Lonzini, Notaio 2, Scheda 10/199.

Auf Anfrage einer Gesandtschaft aus Camerino beschließt die Ratsversammlung Perugias, dass das Perusiner Aufgebot eine weitere Woche in den Diensten Camerinos bleiben kann, sodass die Aktion gegen Matelica abgeschlossen werden kann.

1293 August 17, Perugia

AS Perugia, Consigli e Riformanze 10, fol. 197r. – Regest: Lonzini, Notaio 2, Scheda 10/205.

Ambaxatores aus Camerino erbitten von der Ratsversammlung Perugias Pferde und Waffen sowie Fahne und Abzeichen (*vexillum et insigna*) für einen nicht näher bestimmten Kriegszug. Der Rat verlagert die Entscheidung an *sapientes*.

1293 September 28, Perugia

AS Perugia, Consigli e Riformanze 10, fol. 229v. – Regest: Lonzini, Notaio 2, Scheda 10/244.

In der Ratsversammlung Perugias bittet eine Gesandtschaft aus Todi um Unterstützung der Kommune durch Entsendung von *ambaxatores* nach Camerino, die dort um Freilassung eines Bürgers aus Todi bitten sollen. Der Rat gibt dem statt.

1297 Juli 28, Perugia

AS Perugia, Consigli e Riformanze 10, fol. 292r-v. – Regest: Lonzini, Notaio 2, Scheda 10/304.

In der Ratsversammlung Perugias bittet eine Gesandtschaft aus Camerino um die Stellung von *ambaxatores*, die die eigenen Gesandten und weitere *ambaxatores* aus den Kommunen der Marken an die Kurie begleiten mögen, um dort beim Papst um die Wahrung von Camerinos Rechten zu bitten (*ad requirendum [requiandum ms.] et supplicandum dominum papam quod iura comunis Camerini debeat manutenere ac conservare*). Der Rat bewilligt die Wahl von *ambaxatores*.

Nr. 110: vor 1289 März 10 – Narni, Orvieto

Literatur: Ceci, Todi, S. 179.

[vor 1289 März 10], Amelia

ASC Todi, Registrum vetus, S. 186 (moderne Zählung).

Der Ratsbeschluss ist ohne Datum überliefert, der terminus ante quem ergibt sich aus der Erstellung der beglaubigten Kopie im „Registrum vetus". Zur Datierung vgl. die Überlegungen von Getulio Ceci.

Der Rat Amelias berät über den Bericht einer Gesandtschaft aus Todi, die Amelia über Bündnisverhandlungen zwischen Orvieto und Narni zum Nachteil Todis (*tractatur nova societas et sit tractata, ut dicitur, in preiudicium et gravamen comunis Tuderti*) informiert hatte. Die Ratsversammlung beschließt, weiterhin treu zu Todi zu stehen, da sie deren Freunde als Freunde, deren Feinde als Feinde betrachtet.

Nr. 111: 1292 Juni 10 – Ancona, Fermo, Jesi, Recanati

Literatur: Marangoni, Memorie, S. 289–293; Leonhard, Seestadt, S. 174–177.

1292 April 22, Ancona

Regest: Sommario, Regesta Firmana, hg. von Tabarrini, Nr. 505.

Der Zusammenfassung lag nur das Regest zugrunde, ob die Abweichungen der drei Syndikatsurkunden den Instrumenten selbst entstammen oder der Regestierung geschuldet sind, muss offen bleiben.

Kommune und Leute von Ancona ernennen einen Syndikus, um das alte Bündnis (*antiqua amicitia*) mit Fermo zu erneuern.

1292 Mai 7, Fermo

Regest: Sommario, Regesta Firmana, hg. von Tabarrini, Nr. 503.

Der Zusammenfassung lag nur das Regest zugrunde, ob die Abweichungen der drei Syndikatsurkunden den Instrumenten selbst entstammen oder der Regestierung geschuldet sind, muss offen bleiben.

Kommune und Leute von Fermo ernennen einen Syndikus, um Ancona und Recanati Militärhilfe und weitere Leistungen zuzusichern und entsprechende Zusicherungen entgegenzunehmen.

1292 Mai 28, Recanati

Regest: Sommario, Regesta Firmana, hg. von Tabarrini, Nr. 504 (mit Mai 18).

Der Zusammenfassung lag nur das Regest zugrunde, ob die Abweichungen der drei Syndikatsurkunden den Instrumenten selbst entstammen oder der Regestierung geschuldet sind, muss offen bleiben.

Kommune und Leute von Recanati ernennen einen Syndikus, um das alte Bündnis (*antiqua amicitia, pacta, concordia, conventio*) mit Ancona und Fermo zu erneuern.

1292 Juni 10, Recanati

Druck: Leonhard, Seestadt, Quellenanhang, Nr. 3. – Regest: Sommario, Regesta Firmana, hg. von Tabarrini, Nr. 503.

Der Vertrag ist in Fermo in dreifacher Ausfertigung überliefert, jede durch einen Notar der drei Bündniskommunen erstellt; vgl. die Angaben in der Edition.

Die Syndizi der Kommunen Ancona, Recanati und Fermo erneuern ein Bündnis (*Cum hoc esset, quod ... fuisset ab antiquissimis temporibus retroactis maxima amicitia ... et, ut ipsa amicitia in posterum observetur et manuteneatur ... predicti syndici ... promixerunt ...*) mit einer Laufzeit von fünf Jahren. Sie geloben:
- in diesen fünf Jahren ein ständiges Aufgebot von Pferden im Wert von mindestens 50 Pfund bereitzuhalten (*habebit et retinebit continue per dictum tempus V annorum*), in Höhe von 200 Pferden für Ancona, 125 Pferden für Recanati und 300 Pferden für Fermo, und eine durch alle oder zwei der Bündnisstädte festzulegende Anzahl an Söldnern zu finanzieren; die Kosten werden anteilig berechnet (*commune Ancon. solvat partem pro rata ducentorum equorum, commune Racanati pro centum et commune Firmi pro trecentis equis*) und an verschiedene Einzelfälle angepasst;
- keine Kriegshandlung ohne Zustimmung mindestens einer der Bündnisstädte zu beginnen und bei Zuwiderhandlung auf die Hilfe der Bündniskommunen zu verzichten;
- sich an einer Kriegshandlung mit den festgelegten Aufgeboten und Söldnern, mit weiteren *pedites* und Bogenschützen nach Möglichkeit, zu beteiligen, sobald zwei der drei Städte dies beschließen;

- falls eine der Bündniskommunen oder ihre Angehörigen angegriffen werden, *consilium, auxilium et favor* zu den festgelegten Konditionen zu leisten;
- Freunde der Bündnispartner zu Freunden, Feinde zu Feinden zu nehmen und als Feinde auch jene zu betrachten, die durch Mehrheitsbeschluss dazu bestimmt werden;
- keine Waren von Leuten aus Osimo, Monte Santa Maria *in Cassiano* oder Civitanova zu handeln, ohne einen Zoll in Höhe von 2 *solidi* pro Pfund oder mehr zu verlangen;
- Angehörigen des eigenen Jurisdiktionsbereichs jeden Handel in den Territorien dieser drei Städte und den Export von Lebensmitteln unter Strafe von 50 Pfund zu verbieten;
- Fremde, die Waren nach Osimo, Monte Santa Maria oder Civitanova bringen oder von dort exportieren, bei Durchgang durch die Territorien der Bündnisstädte mit einem zusätzlichen Zoll von zwei *soldi* pro Pfund oder mehr zu belegen; Gleiches gilt für Angehörige dieser drei Städte;
- diese Regelungen in die Statuten aufzunehmen;
- drei Salzlager (*fundica salis*) oder mehr, je eines in jedem der drei Bündnisterritorien, zu gründen und Gewinne und Verluste gemeinsam zu tragen;
- dafür zu sorgen, dass in einem festgelegten Gebiet (*a Tronto usque in districtum Senogalie*) niemand sonst, auch kein Angehöriger der Bündniskommunen, Salz verkauft;
- für jedes der drei Lager drei Amtsträger (*officiales*), einen aus jeder Kommune, zu bestimmen;
- falls Angehörige des eigenen Jurisdiktionsbereichs Salz besitzen, dieses nach Möglichkeit anzukaufen und, falls die Besitzer nicht verkaufen wollen, den Kauf an andere zu verbieten;
- im Krieg zwischen Civitanova und den Bündnisstädten und in jedem zukünftigen Krieg keine Sonderabkommen zu schließen;
- diese Bestimmungen einzuhalten und sich bei Zuwiderhandlungen mit 1.000 Mark Silber unter Obligation des kommunalen Besitzes zu verpflichten.

1292 September 3, Jesi

Regest: Sommario, Regesta Firmana, hg. von Tabarrini, Nr. 506.

Kommune und Leute von Jesi ernennen einen Syndikus, um das alte Bündnis (*amicitia*) mit Fermo, Ancona und Recanati zu erneuern.

1292 September 5, Ancona

Druck: Leonhard, Seestadt, Quellenanhang, Nr. 4. – Regest: Sommario, Regesta Firmana, hg. von Tabarrini, Nr. 508.

Die Syndizi der Kommunen Fermo, Recanati, Jesi und Ancona erweitern das Bündnis vom 10. Juni auf Jesi, legen für diese Kommune ein ständiges Aufgebot von 100 Pferden und eine anteilige Kostenregelung fest und vereinbaren, dass ein Krieg Jesis gegen Staffolo nicht als Angriff auf Osimo verstanden wird. Die Regelungen zum Salzhandel hingegen werden nicht auf Jesi ausgeweitet.

1293 September 13, Cingoli

Druck: Carte, hg. von Gianandrea, Nr. 252, 253.

Die Kommune Staffolo beeidet durch ihren bestellten Syndikus einen Schutzvertrg mit Jesi und erklärt den Verzicht auf Schadensersatzforderungen auch gegenüber Ancona, Fermo und Recanati.

1293

Regest: Sommario, Regesta Firmana, hg. von Tabarrini, Nr. 518.

Vier Senatoren Roms vergeben einen Repressalienbrief an Orsello Orsini gegen die Städte Ancona, Jesi, Recanati und Fermo über eine ausstehende Schuld von 5.000 Mark Silber.

1293

Regest: Sommario, Regesta Firmana, hg. von Tabarrini, Nr. 528.

Der Generalrichter der Mark Ancona verurteilt Jesi und Fermo wegen eines Angriffs auf *Urso domini Mathei Ursi de filiis Ursi, capitaneus generalis* der Stadt Osimo, zu einer Strafe von 1.000 Mark Silber und ordnet Repressalien an.

1295 Mai 4, Rom

Regest: Reg. Boniface VIII, Nr. 5409–5412.

Bonifaz VIII. trägt dem Rektor der Mark Ancona auf, Ancona, Jesi, Fermo und Recanati vom Interdikt zu absolvieren, dem diese wegen ihrer Angriffe auf Osimo, Civitanova, Montecassiano, Offagna und Staffolo verfallen waren.

Nr. 112: vor 1293 Juli 1 – Camerino, San Ginesio, Sarnano

Literatur: Waley, Papal State, S. 227; Allevi, Valutazione, S. 106 f.

1293 Juli 1, Macerata

Druck: Lapidi, hg. von Acquacotta, Nr. 83.

In einem Prozess vor dem Generalrichter der Marken gegen Camerino wird die Kommune unter anderem angeklagt, sich mit den Städten, Gemeinschaften, Baronen und Rittern der Mark Ancona und insbesondere mit San Ginesio und Sarnano gegen Matelica verbündet (*et fecerunt societates et conventiculas cum eisdem*) und gemeinsam Angriffe geführt zu haben (vgl. Nr. 113).

Nr. 113: 1294 Januar – Matelica, San Severino, Tolentino

Literatur: siehe Nr. 112.

1293 Oktober 1, Tolentino

Druck: Lapidi, hg. von Acquacotta, Nr. 84.

Podestà und Rat von Tolentino ernennen einen Syndikus, um ein Friedensabkommen (*pax et concordia*) mit Matelica zu schließen, sich alle zugefügten Schädigungen zu vergeben und dem Rektor der Mark Ancona Gehorsam zu geloben sowie gleichlautende Versprechungen mit den Syndizi der

Kommunen San Severino und Montemilone auszutauschen: Die Einhaltung aller Versprechungen wird mit einer Strafe von 10.000 Mark Silber abgesichert.

1293 Oktober

Druck: Lapidi, hg. von Acquacotta, Nr. 86.

Ein Syndikus Matelicas schließt mit dem Söldnerführer Johannes einen gegen Camerino gerichteten Dienstvertrag, der unter anderem eine Regelung für Schuldsachen der Söldner in Matelica und San Severino enthält.

1294 August 7, Montolmo

Druck: Lapidi, hg. von Acquacotta, Nr. 85.

Der Rektor der Marken absolviert Matelica von den Anklagen, die gegen die Kommune wegen ihrer im Januar geschlossenen Bündnisse mit San Severino und Tolentino und der darauffolgenden militärischen Aktionen gegen Camerino (vgl. Nr. 112) erhoben wurden (*Item ab inquisitione et processu et ab eo quod contra formam constitutionum curie dictum commune et homines de Mathellica hoc anno de mense Januar. vel alio fecerunt societatem, conventiculam et conjurationem cum communi et hominibus de Sancto Severino et de Tolentino et ab eo quod post dictam societatem fecerunt cavalcatam, et iverunt equester et pedester modo hostili una cum illis de Sancto Severino et de Tolentino ad castrum Borciani et ad castrum Caldajole districtus Camerin.*).

Nr. 114: 1297 Januar 20 – Florenz, Perugia

1296 Oktober 25, Florenz

Regest: Relazioni, hg. von Degli Azzi, Nr. 43.

Die „Signoria" von Florenz erhält die Erlaubnis, ein Bündnis („società, unione e compagnia") mit Perugia zu schließen zu den Bedingungen, die durch die Prioren, den „Gonfaloniere di Giustizia" und bestimmte „Savî" noch festzulegen sind.

1296 Dezember 10, Florenz

Regest: Relazioni, hg. von Degli Azzi, Nr. 45.

Auszahlung von jeweils drei Pfund pro Tag an zwei Gesandte, die im Dienste der Kommune Florenz in Perugia waren.

1297 Januar 9, Florenz

Regest: Relazioni, hg. von Degli Azzi, Nr. 48.

Das durch die Florentiner Gesandten ausgehandelte Bündnis zwischen Florenz und Perugia wird in Florenz abgesegnet, die Bestimmungen des Bündnisses werden bereits aufgeführt.

1297 Januar 13

Annali e cronaca di Perugia, ad a. 1297, hg. von Ugolini, S. 164.

Maffeus Andree aus Perugia war einer der drei Notare, die den Bündnisschluss vom 20. Januar beurkundeten.

Perugia vereinbart ein Abkommen mit Florenz (*In quisto millesimo, dì xiij de genaio, el comuno de Peroscia fece conpagnia con llo comuno de Fiorença. La carta de la conpagnia fo scriptta per mano de Maffeo d'Andrea.*).

1297 Januar 20, Perugia

Druck: Trattati, hg. von Arias, Nr. 32 (Teildruck). – Regest: Relazioni, hg. von Degli Azzi, Nr. 50; Trattati, hg. von Pampaloni, Nr. 107.

Die Zusammenfassung konnte nur auf Grundlage der Regesten und der Teiledition der wirtschaftlichen Passagen durch Arias erstellt werden, die Überlieferung des Vertrags in den Capitoli *im AS Florenz konnte nicht berücksichtigt werden.*

Die Syndizi der Kommunen Florenz und Perugia schließen ein fünfjähriges Bündnis (*societas et unio*). Sie vereinbaren:
- gegenseitige Hilfe;
- auch die benachbarten Kommunen zum Frieden anzuhalten, bei kriegerischen Konflikten zwischen diesen zu vermitteln und deutlich zu machen, dass während der Bündnislaufzeit die Bürger der Bündnisstadt wie eigene Bürger behandelt werden;
- eine vertrags- und handelsrechtliche Gleichstellung (*in omnibus et singulis eorum contractibus et quasi contractibus, mercanciis, negotiis seu negotiationibus*) der Bürger der jeweils anderen Kommune in der eigenen Stadt;
- dass den Kommunen durch das Bündnis keine Verpflichtung entsteht, sich an Kriegskosten („spese di guerra o di taglia") des Bündnispartners zu beteiligen;
- dass die Statuten der Bündniskommunen sowie die jeweiligen Verbote der Lebensmittelausfuhr durch das Bündnis nicht beeinträchtigt werden;
- eine jährliche Zusammenkunft von Vertretern der Kommune („ambasciatori"), um gemeinsame Vorkehrungen („provvedimenti") zu treffen bzw. gemeinsame Angelegenheiten zu regeln („per discutere de' comuni affari");
- die Freunde der Bündnisstadt zu Freunden, die Feinde zu Feinden zu nehmen;
- während kriegerischer Auseinandersetzungen der Bündnisstadt die eigenen Bürger dazu zu zwingen, Neutralität zu bewahren, und diese bei Zuwiderhandlungen wegen Verrats zu bestrafen (*ut rebellis et proditor puniatur*);
- keine Verräter (*proditores*) oder säumigen Kaufleute (*mercatores cessantes vel fugitivi*) der Bündnisstadt aufzunehmen, sondern diese auf Aufforderung auszuliefern;
- Zuwiderhandlungen mit einer Geldstrafe von 2.000 Mark Silber zu ahnden;
- das Bündnis nicht gegen den Papst oder die Römische Kirche zu richten;
- die dreifache Ausfertigung eines Instruments über diese Vereinbarungen „a reciproca garanzia del presente contratto".

Nr. 115: 1300 Dezember 12 – Orvieto, Todi

Literatur: Briganti, Città, S. 208 f.; Menestò, Esempio, S. 493 f.; Menestò, Bonifacio, S. 50–53; Andreani, Todi nel basso medioevo, S. 63 f.

1300 Dezember 7, Orvieto

ASC Todi, Confini con Orvieto, Nr. 14; ebd., Fondo Archivio Segreto di S. Fortunato, Pergamene, Nr. 129, fol. 20r; ebd., Registrum vetus, fol. 240v (moderne Zählung). – Regest: Codice diplomatico, hg. von Fumi, Nr. 588.

Podestà, *consules artium* und der Rat von Orvieto ernennen zwei Syndizi, um vor Bonifaz VIII. den Konflikt mit Todi beizulegen und einen Bund zu schließen (*ad tractandum ... et firmandum concordiam, compositionem et pacem ac perpetuam unionem*).

1300 Dezember 12, Rom

ASC Todi, Confini con Orvieto, Nr. 14a; ebd., Fondo Archivio Segreto di S. Fortunato, Pergamene, Nr. 129, fol. 21v–22r; ebd., Registrum vetus, S. 240bis–241 (moderne Zählung). – Regest: Codice diplomatico, hg. von Fumi, Nr. 589 (mit Datierung auf Dezember 10).

Der Zusatz „bis" bei der Seitenzählung im „Registrum vetus" resultiert aus der uneinheitlichen Anbringung der modernen Zählung: Die mit einem mechanischen Zähler aufgebrachte Nummerierung, die zuvor und danach die Seiten zählt, zählt an dieser Stelle nur das Folium. Auf fol. 240r (nummeriert) und fol. 240v (unnummeriert) folgt S. 241 (nummeriert). Danach ist die Paginierung wieder regulär. Diese Eigenart begegnet mehrmals im „Registrum vetus", oft an Stellen, an denen ein Dossier mit einem eigenen Titel eingebunden ist, wie hier, ab fol. 240, das „Registrum instrumentorum de facto Montis Marte".

Die Syndizi der Kommunen Todi und Orvieto geloben, nach den Wünschen des Papstes Frieden zu schließen, ihre Unstimmigkeiten um Montemarte beizulegen und das Schiedsurteil des Papstes in dieser Angelegenheit unter Strafe von 20.000 Mark Silber uneingeschränkt zu befolgen.

1300 Dezember 12, Rom

ASC Todi, Confini con Orvieto, Nr. 14 (inliegend); ebd., Fondo Archivio Segreto di S. Fortunato, Pergamene, Nr. 129, fol. 23v–24r; ebd., Registrum vetus, S. 242 (moderne Zählung). – Druck: Codice diplomatico, hg. von Fumi, Nr. 590.

Bonifaz VIII. spricht ein Schiedsurteil im Konflikt zwischen Todi und Orvieto um das Kastell Montemarte, kassiert das Bündnis zwischen Perugia, Todi, Spoleto und Narni und verfügt ein neues Bündnis (*pax, unio, societas*) zwischen Todi und Orvieto. Dieses verpflichtet die Kommunen:
– Personen und Besitz der anderen Kommune nicht zu schaden;
– sich gegen alle Personen und Gemeinschaften, außer gegen die Römische Kirche, wann immer es nötig sein sollte und eine der Kommunen dies erbittet, zu helfen;
– Freunde der Bündniskommune zu Freunden, Feinde zu Feinden zu nehmen;
– diese Bestimmungen, wie auch das päpstliche Schiedsurteil, zu befolgen, unter Strafandrohung von 20.000 Mark Silber, wovon die Hälfte an die Kurie, die Hälfte an die Bündniskommune zu zahlen sind.

1300 Dezember 12, Rom

ASC Todi, Confini con Orvieto, Nr. 15. – Druck: Codex, hg. von Theiner, Nr. 557 (mit Datierung auf 1301); Codice diplomatico, hg. von Fumi, Nr. 591 (mit Datierung auf Dezember 13). – Regest: Reg. Boniface VIII, Nr. 4321 (mit Datierung auf 1301).

Theiner nennt, wie auch die Reg. Boniface VIII, das siebte Pontifikatsjahr in der Datierung, was die Datierung auf 1301 erklärt. Die erhaltene Ausfertigung in Todi wie auch die Registerüberlieferung sind hingegen auf das sechste Pontifikatsjahr ausgestellt; vgl. oben Kap. II.4, Anm. 5.

Bonifaz VIII. löst das Bündnis zwischen Perugia, Todi, Spoleto und Narni sowie alle zugehörigen Eide, Strafen und Bindungen und trifft weitere Verfügungen, um das Bündnis, das er zwischen Todi und Orvieto schließen lassen will, nicht zu behindern (*Nosque inter ipsa Urbisveteris et Tuderti communia perpetuam pacem, unionem et societatem fieri fecerimus per Dei gratiam et firmari, et propterea volentes omne submovere obstaculum*).

1300 November [sic]

Cronaca todina 5,12, ad a. 1300, hg. von Mancini, S. 143.

Bei dem genannten Syndikus handelt es sich um den Syndikus, der Todi am 12. Dezember in Rom vertrat.

Orvieto und Todi schließen in Rom ein Bündnis (*et fo facta la compagnia da Orvieto et Tode, et facta in Roma: et fo scentico meser Salamone de Todino de Donadeo a l'intrata del mese de novenbre*).

1301 [sic]

Annales urbevetani, Cronica potestatum, ad a. 1301, hg. von Fumi, S. 172 f.

Orvieto und Todi schließen auf Weisung des Papstes ein Bündnis (*Et fuit facta pax et societas inter comune Urbisveteris et comune Tuderti ad petitionem domini pape.*).

2 Karten

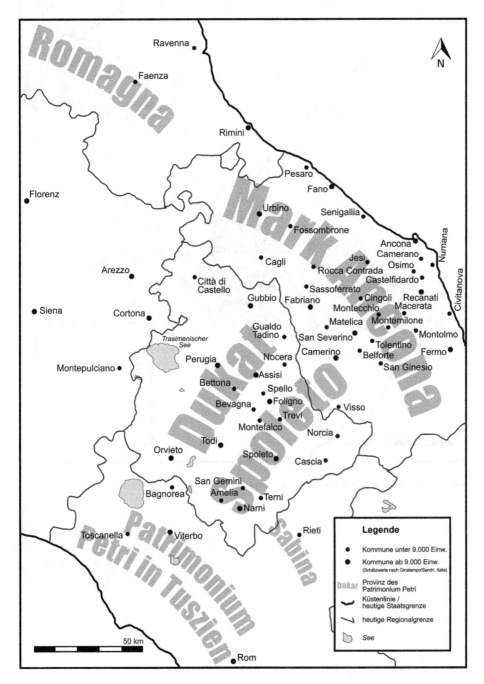

Karte 1: Kommunen und Provinzen des Patrimonium Petri im 13. Jahrhundert (© Thomas Abel).

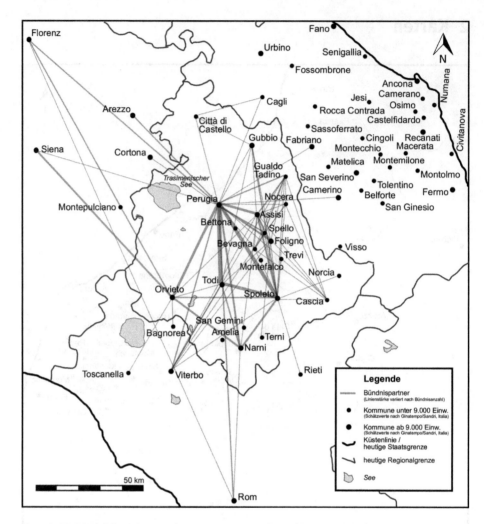

Karte 2: Die Bündnisbeziehungen der Kommunen in Umbrien (© Thomas Abel).

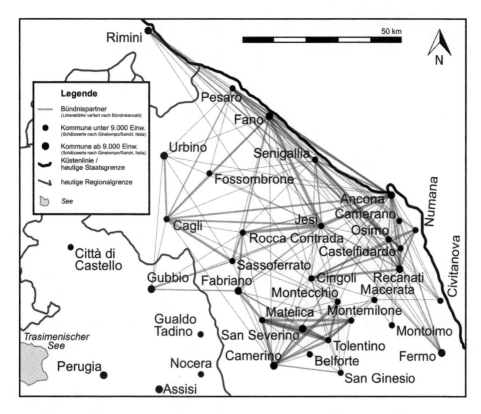

Karte 3: Die Bündnisbeziehungen der Kommunen in der Mark Ancona (© Thomas Abel).

3 Tabellen

Tabelle 1: Tabellarische Übersicht über die kommunalen Bündnisse in Umbrien und der Mark Ancona im 13. Jahrhundert
L = Latium; M = Marken; U = Umbrien. Bei kursiv gesetzten Bündnissen ist kein Bündnisvertrag überliefert.

Nr.	Datum	Region	Teilnehmer
1	1191 November	M	Fabriano, Matelica
2	1197 November 11	L, U, Toskana	Arezzo, Florenz, Lucca, Perugia, San Miniato, Siena, Viterbo u. a.
3	*1198*	*U*	*Perugia, Todi*
4	1198 Februar 2	M, Romagna	Ancona, Fermo, Osimo, Ravenna, Rimini, Senigallia
5	1198 Mai	U, Toskana	Arezzo, Perugia
6	1198 Mai 4	M	Camerino, Montecchio
7	1198 August	M	Ancona, Osimo
8	*vor 1199 Juni*	*M*	*Cingoli, Civitanova, Montemilone, Recanati, San Severino, Tolentino, (Fermo, Macerata)*
9	1199 Juni	M	Fabriano, San Severino
10	*vor 1199 August*	*M*	*Camerino, Matelica*
11	*1201*	*U*	*Perugia, Spoleto*
12	*1201*	*U*	*Norcia, Spoleto*
13	1201 Oktober	U	Foligno, Perugia
14	1201 November	M	Camerino, Tolentino
15	1201 November	M	Montecchio, Tolentino
16	*vor 1202 Januar 18*	*M*	*Fano, Fermo, Jesi, Osimo*
17	*vor 1202 Januar 18*	*M*	*Ancona, Camerano, Castelfidardo, Civitanova, Montolmo, Pesaro, Recanati, Sant'Elpidio, Senigallia u. a.*
18	1202 März 4	U, Toskana	Perugia, Siena
19	1202 Oktober 4	U, Toskana	Orvieto, Siena
20	1207 Juni 25	M, Romagna	Fano, Rimini
21	1208 Juni 23	U	Perugia, Todi
22	1212 Mai 5	M	Camerano, Osimo
23	1214 Februar 26	M	Camerino, Fabriano

Nr.	Datum	Region	Teilnehmer
24	1214 März 21	U	Narni, Orvieto
25	vor 1215 April 8	U	Foligno, Todi
26	1215 April 8	U	Foligno, Terni
27	1215 November 22	M	Ancona, Castelfidardo, Cingoli, Numana, Recanati
28	1216 März	U	Arezzo, Perugia
29	vor 1216 März 18	M, U	Gubbio, Sassoferrato
30	1216 März 18	M	Sassoferrato, Rocca Contrada
31	vor 1216 Juni 28	U	Narni, Spoleto
32	1216 Juni 28	U	Spoleto, Rieti
33	1217 Mai 14	M	Cagli, Sassoferrato
34	1217 Oktober 21	M	Camerino, Matelica, Montemilone, San Severino
35	1218 September 3	U	Perugia, Todi
36	1219 Mai 2	M	Macerata, Montolmo
37	1221 Oktober 27	U, Toskana	Orvieto, Siena
38	vor 1222 August 10	M	Macerata, Matelica, San Severino, Tolentino
39	vor 1222 August 10	M	Macerata, Osimo, Recanati
40	nach 1222 August 10	M	Civitanova, Macerata, Sant'Elpidio, Monterubbiano
41	vor 1223 Juni 11	U	Città di Castello, Gubbio
42	1223 Juni 23	U	Città di Castello, *pars militum* Perugias
43	1223 Juni 24	U	Assisi, *pars militum* Perugias
44	1226	M	Cagli, Urbino
45	1228 Juni 9	M, Venetien	Castelfidardo, Cingoli, Numana, Osimo, Recanati, Venedig
46	1228 Juni 20	M	Jesi, Rocca Contrada
47	nach 1228 Juli 24	U	Assisi, Perugia
48	1228 September 2	M, Romagna	Castelfidardo, Cingoli, Fano, Numana, Osimo, Recanati, Rimini, Senigallia
49	1228 November 18	U, Romagna	Città di Castello, Rimini
50	1229 Juni 27	U, Toskana	Florenz, Orvieto

Nr.	Datum	Region	Teilnehmer
51	vor 1229 September 5	M	Fabriano, Matelica, Montemilone, San Severino, Tolentino
52	1230	M	Jesi, Rocca Contrada, Senigallia
53	1230 März 26	U	Cortona, Perugia
54	1230 Juli 21	U	Città di Castello, Perugia
55	1230 August 11	U	Perugia, Todi
56	vor 1232	M, Romagna	Faenza, Fano
57	1232 Mai 15	M	Ancona, Cagli, Camerino, Fano, Jesi, Montecchio, Pesaro, Rocca Contrada, Sassoferrato, Serralta u.a.
58	nach 1233 Februar 25	M	Cagli, Sassoferrato
59	vor 1235 Februar 10	M, U	Cagli, Perugia, (Ancona, Fano, Jesi, Pesaro, Urbino)
60	1237 August 26	U	Foligno, Gubbio, Perugia, Spoleto, Todi
61	1238 Mai 23	L, U	Orvieto, Toscanella
62	nach 1239 März 16	M, U	Cagli, Città di Castello
63	1242 März 12	L, U	Narni, Perugia, Rom
64	1244 Juni 27	M	Camerino, Montecchio, Tolentino
65	1248 März 14	M	Camerino, Matelica
66	vor 1248 März 27	M	Osimo, San Severino
67	1248 März 27	M	Camerino, Cingoli, Matelica, Montecchio, Montemilone, San Ginesio, Tolentino
68	vor 1248 August 27	M	Cagli, Sassoferrato, Urbino
69	1248 November 12	M	Fabriano, Rocca Contrada
70	1250 März 11	M	Ancona, Fabriano, Jesi, Rocca Contrada
71	1250	U	Orvieto, Perugia
72	1250 März 30	L, U	Bagnorea, Orvieto
73	1250 Juli 12	M	Ancona, Cagli, Fano, Fossombrone, Jesi, Pesaro, Senigallia
74	1250 September 11	M	Belforte, Camerino
75	1251	L, U	Todi, Viterbo
76	1251 Februar 16	M, U	Gubbio, Urbino

Nr.	Datum	Region	Teilnehmer
77	1251 Februar 28	U	Assisi, Narni, Orvieto, Perugia, Spoleto
78	1251 März 9	M, U	Fabriano, Gubbio
79	1251 März 19	M	Fabriano, Matelica
80	1251 Juni 23	M	Camerino, Montecchio, Tolentino
81	1251 September 1	U, Toskana	Florenz, Orvieto
82	1251 Dezember 20	M, U	Cagli, Gubbio
83	1255 August 2	M	Jesi, Fano
84	*nach 1255 September 22*	M	*Fabriano, Matelica*
85	1255 November 24	M, U	Fabriano, Gubbio, Jesi, Rocca Contrada
86	1256 März 26	M, U	Gubbio, Sassoferrato
87	*vor 1256 Juli 6*	U	*Rocca Contrada, Sassoferrato*
88	1256 August 26	U	Assisi (?), Orvieto, Perugia
89	*nach 1257 Dezember 16*	M	*Camerino (?), Matelica, San Severino*
90	1258 Juli 5	M	San Severino, Tolentino
91	*vor 1259 März 2*	M	*Matelica, Montemilone, San Severino, Tolentino*
92	1259 Oktober 3	U	Spoleto, Todi
93	1259 Oktober 30	U	Narni, Spoleto, Todi
94	1259 Dezember 20	M	Cingoli, Jesi, Recanati
95	1260 März 25	U	Spoleto, *capitanei lambardi* Trevis
96	*nach 1260 April 24*	L, U, Toskana	*Florenz, Perugia, Rom*
97	*nach 1260 Juli 19*	U	*Perugia, Todi*
98	*nach 1260 Juli 24*	M, U	*Fabriano, Perugia*
99	*nach 1261 Januar 26*	L, U	*Foligno, Viterbo, weitere Kommunen des Patrimonim Petri in Tuszien und des Dukat Spoleto*
100	*nach 1263 April 14*	M	*Fano, Rocca Contrada*
101	*vor 1263 Mai 8*	M	*Recanati, Tolentino*
102	*vor 1263 September*	L, U	*Todi, Viterbo, (Spoleto)*
103	1265 Juni 9	U, Toskana	Orvieto, guelfische *pars* Sienas
104	1269 Februar	M	Matelica, Montemilone, San Severino, Tolentino
105	1277 Juli 29	U	Orvieto, Perugia, Spoleto

Nr.	Datum	Region	Teilnehmer
106	1282 April 16	U	Assisi, Bettona (?), Bevagna (?), Camerino (?), Montefalco (?), Narni, Nocera (?), Perugia, Spello (?), Spoleto, Trevi
107	1286 Oktober 23	U	Assisi, Gubbio, Spoleto
108	1286 November 28	U	Narni, Perugia, Spoleto, Todi
109	1288 Februar 3	M, U	Camerino, Perugia
110	*vor 1289*	*U*	*Narni, Orvieto*
111	1292 Juni 10	M	Ancona, Fermo, Jesi, Recanati
112	*vor 1293 Juli 1*	*M*	*Camerino, San Ginesio, Sarnano*
113	*1294 Januar*	*M*	*Matelica, San Severino, Tolentino*
114	1297 Januar 20	U, Toskana	Florenz, Perugia
115	1300 Dezember 12	U	Orvieto, Todi

Tabelle 2: Kommunale Bündnisse in den Marken im 13. Jahrhundert
Bei kursiv gesetzten Bündnissen ist kein Bündnisvertrag überliefert.

Nr.	Datum	Teilnehmer	Gegner
1	1191 November	Fabriano, Matelica	
4	1198 Februar 2	Ancona, Fermo, Osimo, Ravenna, Rimini, Senigallia	
6	1198 Mai 4	Camerino, Montecchio	San Severino
7	1198 August	Ancona, Osimo	
8	*vor 1199 Juni*	*Cingoli, Civitanova, Montemilone, Recanati, San Severino, Tolentino, (Fermo, Macerata)*	
9	1199 Juni	Fabriano, San Severino	Matelica
10	*vor 1199 August*	*Camerino, Matelica*	*Fabriano, San Severino*
14	1201 November	Camerino, Tolentino	
15	1201 November	Montecchio, Tolentino	
16	*vor 1202 Januar 18*	*Fano, Fermo, Jesi, Osimo*	*Nr. 17*
17	*vor 1202 Januar 18*	*Ancona, Camerano, Castelfidardo, Civitanova, Montolmo, Pesaro, Recanati, Sant'Elpidio, Senigallia u. a.*	*Nr. 16*
20	1207 Juni 25	Fano, Rimini	Pesaro
22	1212 Mai 5	Camerano, Osimo	Ancona, Castelfidardo, Recanati
23	1214 Februar 26	Camerino, Fabriano	
27	1215 November 22	Ancona, Castelfidardo, Cingoli, Numana, Recanati	Fano, Jesi, Osimo, Senigallia
29	*vor 1216 Juni 18*	*Gubbio, Sassoferrato*	
30	1216 Juni 18	Sassoferrato, Rocca Contrada	
33	1217 Mai 14	Cagli, Sassoferrato	
34	1217 Oktober 21	Camerino, Matelica, Montemilone, San Severino	
36	1219 Mai 2	Macerata, Montolmo	
38	*vor 1222 August 10*	*Macerata, Matelica, San Severino, Tolentino*	
39	*vor 1222 August 10*	*Macerata, Osimo, Recanati*	
40	*nach 1222 August 10*	*Civitanova, Macerata, Sant'Elpidio, Monterubbiano*	

Nr.	Datum	Teilnehmer	Gegner
44	1226	Cagli, Urbino	
45	1228 Juni 9	Castelfidardo, Cingoli, Numana, Osimo, Recanati, Venedig	Ancona
46	1228 Juni 20	Jesi, Rocca Contrada	Senigallia
48	1228 September 2	Castelfidardo, Cingoli, Fano, Numana, Osimo, Recanati, Rimini, Senigallia	Ancona, Jesi, Pesaro
51	vor 1229 September 5	Fabriano, Matelica, Montemilone, San Severino, Tolentino	
52	1230	Jesi, Rocca Contrada, Senigallia	
56	vor 1232	Faenza, Fano	
57	1232 Mai 15	Ancona, Cagli, Camerino, Fano, Jesi, Montecchio, Pesaro, Rocca Contrada, Sassoferrato, Serralta u.a.	
58	nach 1233 Februar 25	Cagli, Sassoferrato	
59	vor 1235 Februar 10	Cagli, Perugia, (Ancona, Fano, Jesi, Pesaro, Urbino)	Gubbio
62	nach 1239 März 16	Cagli, Città di Castello	
64	1244 Juni 27	Camerino, Montecchio, Tolentino	San Severino
65	1248 März 14	Camerino, Matelica	
66	vor 1248 März 27	Osimo, San Severino	
67	1248 März 27	Camerino, Cingoli, Matelica, Montecchio, Montemilone, San Ginesio, Tolentino	San Severino
68	vor 1248 August 27	Cagli, Sassoferrato, Urbino	Gubbio
69	1248 November 12	Fabriano, Rocca Contrada	
70	1250 März 11	Ancona, Fabriano, Jesi, Rocca Contrada	
73	1250 Juli 12	Ancona, Cagli, Fano, Fossombrone, Jesi, Pesaro, Senigallia	
74	1250 September 11	Belforte, Camerino	
76	1251 Februar 16	Gubbio, Urbino	
78	1251 März 9	Fabriano, Gubbio	
79	1251 März 19	Fabriano, Matelica	

Nr.	Datum	Teilnehmer	Gegner
80	1251 Juni 23	Camerino, Montecchio, Tolentino	San Severino
82	1251 Dezember 20	Cagli, Gubbio	
83	1255 August 2	Jesi, Fano	
84	nach 1255 September 22	Fabriano, Matelica	Camerino
85	1255 November 24	Fabriano, Gubbio, Jesi, Rocca Contrada	
86	1256 März 26	Gubbio, Sassoferrato	
89	nach 1257 Dezember 16	Camerino (?), Matelica, San Severino	
90	1258 Juli 5	San Severino, Tolentino	
91	vor 1259 März 2	Matelica, Montemilone, San Severino, Tolentino	
94	1259 Dezember 20	Cingoli, Jesi, Recanati	
98	nach 1260 Juli 24	Fabriano, Perugia	
100	nach 1263 April 14	Fano, Rocca Contrada	Jesi, Serra de' Conti, Sassoferrato
101	vor 1263 Mai 8	Recanati, Tolentino	
104	1269 Februar	Matelica, Montemilone, San Severino, Tolentino	
109	1288 Februar 3	Camerino, Perugia	
111	1292 Juni 10	Ancona, Fermo, Jesi, Recanati	Civitanova, Montecassiano, Osimo, Staffolo
112	vor 1293 Juli 1	Camerino, San Ginesio, Sarnano	Matelica
113	1294 Januar	Matelica, San Severino, Tolentino	Camerino

Abkürzungen

ad a.	ad annum
AC	Archivio Comunale
AS	Archivio di Stato
ASC	Archivio Storico Comunale
ASI	Archivio Storico Italiano
ASRSP	Archivio della (Reale) Società Romana di Storia Patria
ASV	Archivio Segreto Vaticano
BDU	Bollettino della Deputazione di Storia Patria per l'Umbria
BISI	Bullettino dell'Istituto Storico Italiano per il Medio Evo
DA	Deutsches Archiv für Erforschung des Mittelalters
DBI	Dizionario Biografico degli Italiani
DDR	Deutsche Demokratische Republik
DFG	Deutsche Forschungsgemeinschaft
EdD	Enciclopedia del Diritto
HRG	Handwörterbuch zur Deutschen Rechtsgeschichte
HZ	Historische Zeitschrift
LexMA	Lexikon des Mittelalters
MEFRM	Mélanges de l'École Française de Rome – Moyen-Âge
MIÖG	Mitteilungen des Instituts für Österreichische Geschichtsforschung
MLW	Mittellateinisches Wörterbuch
QFIAB	Quellen und Forschungen aus Italienischen Archiven und Bibliotheken
Reg.	Register, Registre(s)
RHM	Römische Historische Mitteilungen
RI	Regesta Imperii Online
RIS²	Rerum Italicarum Scriptores. Nuova edizione riveduta, ampliata e corretta
SAS	Sezione di Archivio di Stato
ZRG	Zeitschrift der Savigny-Stiftung für Rechtsgeschichte
germ. Abt.	germanistische Abteilung
kan. Abt.	kanonistische Abteilung
rom. Abt.	romanistische Abteilung

Quellen- und Literaturverzeichnis

1 Ungedruckte Quellen

Fabriano

Archivio Storico Comunale
Carte Diplomatiche I/36, Nr. 31
Carte Diplomatiche III/121, Nr. 1–2

Gubbio

Sezione di Archivio di Stato
Fondo Armanni, Pergamene, Busta XVI, perg. X,3
Fondo comunale, Cartulari 1 (Libro rosso)
Fondo comunale, Diplomatico, Busta VI, Nr. 2–4
Fondo comunale, Diplomatico, Busta IX, Nr. 1
Fondo comunale, Diplomatico, Busta XIV, Nr. 6
Fondo comunale, Diplomatico, Busta XV, Nr. 1–2

Macerata

Archivio di Stato
Archivio priorale, Fondo pergamenaceo 250

Narni

Archivio Storico Comunale
Diplomatico, Pergamene, Nr. 10, 15
Manoscritti, Fernando Brusoni, Manoscritto sopra la città di Narni

Orvieto

Sezione di Archivio di Stato
Diplomatico comunale, A 46–48, 71, 91, 92, 96
Instrumentari 865 (Codice A Bitolario)
Instrumentari 866 (Codice Caffarello)
Instrumentari 868 (Codice Galluzzo)

Perugia

Archivio di Stato, Archivio Storico Comunale
Consigli e Riformanze 4
Consigli e Riformanze 6
Consigli e Riformanze 8
Consigli e Riformanze 10
Consigli e Riformanze 176
Diplomatico, Contratti, Nr. 1332, 1473, 1821, 1826, 1844, 1846, 2670
Massari 3
Miscellanea 5
Offici 41
Offici 44

Siena

Archivio di Stato[1]

Diplomatico Riformagioni 93–1202 agosto 20, casella 28
Diplomatico Riformagioni 254–1221 gennaio 5, lunga 4
Diplomatico Riformagioni 338–1229 giugno 8, casella 48

Spoleto

Sezione di Archivio di Stato

Archivi dei comuni, Spoleto, Memoriale comunis I
Archivi dei comuni, Spoleto, Memoriale comunis II

Todi

Archivio Storico Comunale

Confini con Orvieto, Nr. 4–12, 14–15, 17–18 bis
Fondo Archivio Segreto di S. Fortunato, Pergamene, Nr. 28–31, 33, 37, 38, 129
Registrum vetus instrumentorum communis Tuderti
Riformanze o Decretali 3

2 Gedruckte Quellen und Regestenwerke

Acta imperii inedita saeculi XIII et XIV. Urkunden und Briefe zur Geschichte des Kaiserreichs und des Königreichs Sizilien, hg. von Eduard Winkelmann, 2 Bde., Innsbruck 1880–1885, Ndr. Aalen 1964.

Annales Arretinorum maiores et minores (1192–1343). Con appendice di altre croniche e di documenti, hg. von Arturo Bini/Giovanni Grazzini, RIS², Bd. 24,1, Città di Castello 1909.

Annales urbevetani, in: Ephemerides, hg. von Fumi, S. 125–198.

Annali e cronaca di Perugia in volgare dal 1191 al 1336. Testo, commentario, annotazioni linguistiche, hg. von Francesco Ugolini, in: Annali della Facoltà di lettere e filosofia dell'Università degli Studi di Perugia 1 (1964), S. 144–336.

Archivio di Stato di Perugia, Archivio storico del comune di Perugia. Inventario, Roma 1956 (Pubblicazioni degli Archivi di Stato 21).

Arduini, Francesco, Inventario dell'archivio comunale di Gubbio, in: Archivio storico per le Marche e per l'Umbria 4 (1888), S. 401–466.

Gli atti del comune di Milano fino all'anno MCCXVI, hg. von Cesare Manaresi, Milano 1919.

Bencivenne, Ars notarie, hg. von Giovanni Bronzino, Bologna 1965 (Università degli Studi di Bologna, Facoltà di lettere e filosofia, Studi e ricerche, n. s. 14).

---

[1] Die Urkunden im AS Siena wurden letztmals im Januar 2017 als Digitalisate konsultiert, URL: http://www.archiviodistato.siena.it/risorse-digitali/. Da die zugrundeliegende Plattform des Sistema informativo degli Archivi di Stato (SIAS) am 24. April 2019 in eine neue Struktur überführt wurde, bislang aber nicht alle Inhalte der alten Seite übernommen wurden, waren die Digitalisate zum Zeitpunkt der Drucklegung nicht zugänglich. Vgl. URL: http://sias.archivi.beniculturali.it/cgi-bin/pagina.pl (9.7.2019).

Boncompagno da Signa, L'assedio di Ancona. Liber de obsidione Ancone, hg. von Paolo Garbini, Roma 1999 (I libri di Viella 19).

Bonifacio Veronese, De rebus a Perusinis gestis ann. MCL–MCCXCIII. Historia metrica quae vocatur *Eulistea*, in: Cronache e storie inedite della città di Perugia dal MCL al MDLXIII seguite da inediti documenti tratti dagli archivi di Perugia, Firenze e di Siena. Parte I, hg. von Francesco Bonaini/Ariodante Fabretti/Filippo-Luigi Polidori = ASI 16,1 (1850), S. 1–52.

Una breve cronaca spoletina inedita del Duecento e il Memoriale communis, hg. von Silvestro Nessi in: BDU 80 (1983), S. 219–266.

Die Briefe Papst Clemens IV. (1265–1268). Vorläufige Edition 2015, hg. von Matthias Thumser (URL: http://www.mgh.de/datenbanken/epistolae/clemens-iv/; 24. 5. 2019).

Eine Briefsammlung für Rektoren des Kirchenstaates (1250–1320), hg. von Agostino Paravicini Bagliani, in: DA 35 (1979), S. 138–208.

Bullarium franciscanum Romanorum pontificum constitutiones, epistolas ac diplomata continens tribus ordinibus Minorum, Clarissarum et Poenitentium, Bd. 3: A Clemente IIII. ad Honorium IIII., hg. von Giovanni Giacinto Sbaraglia, Roma 1765.

Bullarium Romanum. Bullarum diplomatum et privilegiorum sanctorum Romanorum Pontificum Taurinensis editio, hg. von Aloysio Tomassetti, Bd. 3, Torino 1858.

Il Caleffo vecchio del comune di Siena, hg. von Giovanni Cecchini, Bd. 1, Firenze 1932 (Fonti di storia senese).

Carte diplomatiche Fabrianesi, hg. von Aurelio Zonghi, Ancona 1872 (Collezione di documenti storici antichi inediti ed editi rari delle città e terre Marchgiane 2).

Carte diplomatiche Jesine, hg. von Antonio Gianandrea, Ancona 1884 (Collezione di documenti storici antichi inediti ed editi rari delle città e terre marchigiane 5).

Carte diplomatiche Osimane, hg. von Giosuè Cecconi, Ancona 1878 (Collezione di documenti storici antichi inediti ed editi rari delle città e terre marchigiane 4).

Le carte duecentesche del Sacro Convento di Assisi. Istrumenti, 1168–1300, hg. von Attilio Bartoli Langeli/Maria Immacolata Bossa, Padova 1997 (Fonti e studi francescani 5 / Inventari 4).

Codex diplomaticus dominii temporalis Santae Sedis, Bd. 1: 756–1334, hg. von Augustin Theiner, Roma 1861.

Codice diplomatico del comune di Perugia. Periodo consolare e podestarile (1139–1254), 3 Bde., hg. von Attilio Bartoli Langeli, Perugia 1983–1991 (Fonti per la storia dell'Umbria 15, 17, 19).

Codice diplomatico del Senato Romano dal MCXLIV al MCCCXLVII., hg. von Franco Bartoloni, Bd. 1, Roma 1948 (Fonti per la storia d'Italia 87).

Codice diplomatico della città d'Orvieto. Documenti e regesti dal secolo XI al XV, la Carta del Popolo, codice statutario del comune di Orvieto, hg. von Luigi Fumi, Firenze 1884 (Documenti di storia italiana 8).

I Codici delle Sommissioni al Comune di Perugia II, hg. von Vincenzo Ansidei/Luigi Giannantoni, in: BDU 2 (1896), S. 131–146.

I Codici delle Sommissioni al Comune di Perugia VI, hg. von Vincenzo Ansidei/Luigi Giannantoni, in: BDU 6 (1900), S. 317–328.

I Codici delle Sommissioni al Comune di Perugia VIII, hg. von Vincenzo Ansidei/Luigi Giannantoni, in: BDU 9 (1903), S. 115–133.

I Codici delle Sommissioni al Comune di Perugia IX, hg. von Vincenzo Ansidei/Luigi Giannantoni, in: BDU 10 (1904), S. 61–88.

Comune di Rimini e famiglia Malatesta. Gli archivi antichi, il Liber instrumentorum del Comune e dei Malatesta, e scritture in Archivio segreto Vaticano, hg. von Angelo Turchini, Cesena 2009 (Per la memoria di Rimini e del suo territorio 2).

Le „Constitutiones Romandiolae" di Giovanni d'Appia, hg. von Luigi Colini-Baldeschi, in: Nuovi studi medievali 2 (1925/1926), S. 221–252.
Constitutiones Spoletani ducatus a Petro de Castaneto edite (a. 1333), hg. von Tilmann Schmidt, Roma 1990 (Fonti per la storia d'Italia 113).
Constitutions of the Cardinal-legate Peter Capocci, July 1249, hg. von Daniel Waley, in: English Historical Review 75 (1960), S. 660–664.
Una costituzione inedita per la Romagna (1295), hg. von Pietro Sella, in: Rivista di storia del diritto italiano 6 (1933), S. 144–146.
Costituzioni per la provincia della Marca Anconitana del 1301, hg. von Giuseppe Ermini, in: Rivista di storia del diritto italiano 5 (1932), S. 180–184.
Costituzioni per la Romagna pubblicate nel parlamento di Cesena dell'anno 1289, hg. von Pietro Sella, in: ASI 83 (1925), S. 243–250.
Costituzioni preegidiane per la Tuscia e per la Campagna e Marittima, hg. von Giorgio Falco, in: ASRSP 50 (1927), S. 213–229.
Costituzioni promulgate nel parlamento di Macerata dell'anno 1272, hg. von Pietro Sella, in: Rivista di storia del diritto italiano 2 (1929), S. 297–305.
Cronaca del conte Francesco di Montemarte e Corbara, in: Ephemerides, hg. von Fumi, S. 211–268.
Cronaca di Bonaventura di Benvenuto, in: Fragmenta Fulginatis historiae, hg. von Michele Faloci-Pulignani, RIS², Bd. 26,2, Bologna 1933, S. 3–26.
Cronaca di Luca di Domenico Manenti, in: Ephemerides, hg. von Fumi, S. 269–414.
Cronaca todina di Ioan Fabrizio degli Atti, hg. von Franco Mancini, in: Cronache, hg. von Italiani u. a., S. 125–214.
Cronache della città di Fermo, hg. von Gaetano de Minicis, Firenze 1870 (Documenti di storia italiana 4).
Le cronache di Todi (secoli XIII–XVI), hg. von Giuliana Italiani u. a., Firenze 1979 (Quaderni del Centro per il Collegamento degli Studi Medievali e Umanistici nell'Università di Perugia 4 / Cronache umbre in latino e volgare 1).
Cronache e storie inedite della città di Perugia dal MCL al MDLXIII seguite da inediti documenti tratti dagli archivi di Perugia, Firenze e di Siena. Parte II, hg. von Francesco Bonaini u. a. = ASI 16,2 (1851).
Cronica urbevetana, in: Ephemerides, hg. von Fumi, S. 199–210.

Documenti dell'antica costituzione del comune di Firenze, hg. von Pietro Santini, Firenze 1895 (Documenti di storia italiana 10).
Documenti del Comune di Cagli – Regesti, Bd. I,1: La „Città Antica" (1115–1287), hg. von Ettore Baldetti, Ancona 2006 (Fonti dagli archivi storici marchigiani 1).
Documenti e regesti per servire alla storia dello stato d'Urbino e dei conti di Montefeltro, Bd. 1: 1202–1375, hg. von Gino Franceschini, Urbino 1982.
Documenti per la storia della città di Arezzo nel medio evo. Codice diplomatico 1180–1337, hg. von Ubaldo Pasqui, Firenze 1899 (Documenti di storia italiana 14).
Documenti storici inediti in sussidio allo studio delle memorie umbre. Parte I e II, hg. von Achille Sansi, Foligno 1879 (Accademia Spoletina Anno 1878).
Durand, Guillaume, Speculum iudiciale. Illustratum et repurgatum a Giovanni Andrea et Baldo degli Ubaldi. 4 partes in 2 tomis. Tomus 2, pars III et IV, Ndr. der Ausgabe Basel 1574, Aalen 1975.

Ephemerides Urbevetanae. Dal Cod. Vaticano Urbinate 1745, hg. von Luigi Fumi, RIS², Bd. 15,5, Città di Castello 1922.

Il fondo diplomatico dell'Archivio Storico Comunale di Narni, hg. von Carla Mariani/Annamaria Diamanti, Foligno 1986.
Un formulario notarile fiorentino della metà del Dugento, hg. von Silio Pietro Paolo Scalfati, Firenze 1997 (Archivio di Stato di Firenze, Scuola di archivistica, paleografia e diplomatica 5).
Forschungen zur Reichs- und Rechtsgeschichte Italiens, Bd. 4: Urkunden zur Reichs-und Rechtsgeschichte Italiens, hg. von Julius Ficker, Innsbruck 1874.
Frammenti di riformanze del comune di Perugia dell'anno 1278, hg. von Clara Cutini, in: Studi in Onore di Leopoldi Sandri, Bd. 1, Roma 1983, S. 317–346.
Frammenti di Statuti di Città di Castello (1261–1273), hg. von Giovanni Magherini-Graziani, in: BDU 15 (1909), S. 3–107.

The „Gesta Innocentii III": Text, introduction and commentary, hg. von David Richard Gress-Wright, Phil. Diss., Ann Arbor 1993.
Giovanni da Bologna, Summa notarie de hiis que in foro ecclesiastico coram quibuscumque iudicibus occurrunt notariis conscribenda, hg. von Ludwig Rockinger, in: ders. (Hg.), Briefsteller und Formelbücher des elften bis vierzehnten Jahrhunderts, München 1864 (Quellen zur bayrischen und deutschen Geschichte 9,2).
Giovanni da Viterbo, Liber de regimine civitatum = Iohannes Viterbiensis, Liber de regimine civitatum, hg. von Gaetano Salvemini, in: Scripta anecdota glossatorum vel glossatorum aetate composita, Bologna 1901 (Bibliotheca iuridica medii aevi 3), S. 213–280.

Historia diplomatica Friderici Secundi sive constitutiones, privilegia, mandata, instrumenta quae supersunt istius imperatoris et filiorum ejus, hg. von Jean Louis Alphonse Huillard-Bréholles, Bd. 3, Paris 1852.

Das Kammerregister Papst Martins IV. (Reg. Vat. 42), hg. von Gerald Rudolph, Città del Vaticano 2007 (Littera antiqua 14).

Das langobardische Lehnrecht (Handschriften, Textentwicklung, ältester Text und Vulgatatext nebst den capitula extraordinaria), hg. von Karl Lehmann, Göttingen 1896.
Lapidi e documenti alle memorie di Matelica raccolte ed ordinate, hg. von Camillo Acquacotta, Ancona 1839.
Il Liber communis detto anche Plegiorum del R. Archivio generale di Venezia, Regesti, hg. von Riccardo Predelli, Venezia 1872 = Archivio Veneto 2 (1872).
Liberati, Adalgiso / Pennoni, Laura, L'archivio storico comunale preunitario e del convento della Madonna delle Lacrime di Trevi 1277–1862. Inventari, Perugia 2005 (Segni di civiltà / Quaderni della Soprintendenza archivistica per l'Umbria 19).
Il Libro rosso del comune di Camerino, hg. von Ilaria Biondi, Spoleto 2014 (Fonti documentarie della Marca medievale 7).
Il libro rosso del comune di Fabriano, hg. von Attilio Bartoli Langeli/Erminia Irace/Andrea Maiarelli, 2 Bde., Fabriano 1998 (Fonti per la storia delle Marche, n. s. II,1–2).
Il libro rosso del comune di Iesi. Codice 2 dell'Archivio storico comunale di Iesi, hg. von Giuseppe Avarucci/Maela Carletti, Spoleto 2007 (Fonti documentarie della Marca medievale 1).
Il libro rosso del comune di Osimo, hg. von Maela Carletti/Francesco Pirani, Spoleto 2017 (Fonti documentarie della Marca medievale 8).
Libro rosso del comune di Osimo. Documenti dei secc. XII–XIII, hg. von Luigi Colini-Baldeschi, Macerata 1909.

Martino del Cassero, Formularium = Das Formularium des Martinus de Fano, hg. von Ludwig Wahrmund, Aalen 1962 (Quellen zur Geschichte des römisch-kanonischen Prozesses im Mittelalter 1,8).

Miscellanea di documenti vari dal sec. XIII al XVIII, hg. von Michele Faloci-Pulignani, in: Archivio storico per le Marche e per l'Umbria 3 (1886), S. 591–608.

Nuovi documenti dell'antica costituzione del comune di Firenze, hg. von Pietro Santini, in: ASI 19 (1897), S. 276–325.

Papsturkunden in der Romagna und den Marken, hg. von Paul Fridolin Kehr, in: Nachrichten von der Königlichen Gesellschaft der Wissenschaften zu Göttingen. Philologisch-historische Klasse (1898), S. 6–44.

I patti tra Cremona e le città della regione padana (1183–1214), hg. von Valeria Leoni, Cremona 1999 (Bolletino storico cremonese, n. s. 5).

Il patto con Fano 1141, hg. von Attilio Bartoli Langeli, Venezia 1993 (Pacta veneta 3).

Le pergamene di Matelica. Regesto, hg. von Giulio Grimaldi, Ancona 1915 (Fonti per la storia delle Marche 2).

I più antichi trattati tra Venezia e le città marchigiane (1141–1345), hg. von Gino Luzzatto, in: Nuovo Archivio Veneto 11 (1906), S. 5–91.

Raniero da Perugia, Ars notariae = Die Ars notariae des Rainerius Perusinus, hg. von Ludwig Wahrmund, Aalen 1962 (Quellen zur Geschichte des römisch-kanonischen Prozesses im Mittelalter 3,2).

Reformationes Comunis Perusii quae extant anni MCCLXII, hg. von Ugolino Nicolini, Perugia 1969 (Fonti per la storia dell'Umbria 5).

Regesta Honorii Papae III iussu et munificentia Leonis XIII pontificis maximi ex Vaticanis archetypis aliisque fontibus, hg. von Pietro Pressutti, Roma 1888–1895.

Regesti di Rocca Contrada, Spoglio delle pergamene dell'Archivio Storico Comunale di Arcevia, Sec. XIII, hg. von Virginio Villani, Urbisaglia 1988 (Deputazione di Storia Patria per le Marche, Studi e testi 15).

Regesto delle pergamene della Sperelliana di Gubbio, hg. von Pio Cenci, in: BDU 25 (1922), S. 1–64.

Regestum Clementis Papae V ex Vaticanis archetypis sanctissimi domini nostri Leonis XIII pontificis maximi iussu et munificentia, nunc primum editum cura et studio monachorum ordinis sancti Benedicti, 9 Bde., Roma 1885–1892.

Regestum reformationum comunis Perusii ab anno MCCLVI ad annum MCCC. Volume primo, hg. von Vincenzo Ansidei, Perugia 1935 (Fonti per la storia dell'Umbria).

Regestum Senense. Regesten der Urkunden von Siena, hg. von Fedor Schneider, Roma 1911 (Regesta chartarum Italiae 8).

Die Register Innocenz' III., 1. Pontifikatsjahr 1198/99, Texte, hg. von Othmar Hageneder/Anton Haidacher, Graz-Köln 1964 (Publikationen der Abteilung für Historische Studien des Österreichischen Kulturinstituts in Rom, II. Abteilung, Quellen I,1).

Die Register Innocenz' III., 2. Pontifikatsjahr, 1199/1200, Texte, hg. von Othmar Hageneder/Werner Maleczek/Alfred A. Strnad, Rom-Wien 1979 (Publikationen des Österreichischen Kulturinstituts in Rom, II. Abteilung, Quellen I,2).

Les registres de Boniface VIII. Recueil des bulles de ce pape publiées ou analysées d'après les manuscrits originaux des Archives du Vatican, hg. von Georges Digard u. a., 4 Bde., Paris 1884–1939 (Bibliothèque des Écoles françaises d'Athènes et de Rome, 2ᵉ série IV).

Les registres de Grégoire IX. Recueil des bulles de ce pape publiées ou analysées d'après les manuscrits originaux des Archives du Vatican, hg. von Lucien Auvray, 4 Bde., Paris 1890–1955 (Bibliothèque des Écoles françaises d'Athènes et de Rome, 2ᵉ série IX).

Les registres de Martin IV. Recueil des bulles de ce pape publiées ou analysées d'après les manuscrits originaux des Archives du Vatican, hg. von François Olivier-Martin, Paris 1901–1935 (Bibliothèque des Écoles françaises d'Athènes et de Rome, 2ᵉ série XVI).

Les registres de Nicolas IV. Recueil des bulles de ce pape publiées ou analysées d'après les manuscrits originaux des Archives du Vatican, hg. von Ernest Langlois, 2 Bde., Paris 1887–1893 (Bibliothèque des Écoles françaises d'Athènes et de Rome, 2ᵉ série V).

Les registres d'Urbain IV. Recueil des bulles de ce pape publiées ou analysées d'après les manuscrits originaux des Archives du Vatican, hg. von Jean Guiraud/Suzanne Clémencet, 4 Bde., Paris 1899–1958 (Bibliothèque des Écoles françaises d'Athènes et de Rome, 2ᵉ série XIII).

Le relazioni tra la repubblica di Firenze e l'Umbria nei secoli XIII e XIV. Secondo i documenti del R. Archivio di Stato di Firenze, Bd. 2: Dai Registri, hg. von Giustiniano Degli Azzi, Perugia 1909 (Appendice al vol. XV del Bolletino della R. Deputazione di Storia Patria per l'Umbria).

Rolandino Passaggeri, Contractus = Rolandini Passagerii Contractus, hg. von Roberto Ferrara, Roma 1983 (Fonti e strumenti per la storia del notariato italiano 5).

Rolandino Passaggeri, Summa = Summa totius artis notariae Rolandini Rodulphini Bononienses. Ristampa anastatica a cura del Consiglio nazionale del notariato, Bologna 1977.

Salatiele, Ars notarie. Volume secondo, La seconda stesura dai codici della Biblioteca Nazionale di Parigi Lat. 4593 e Lat. 14622, hg. von Gianfranco Orlandelli, Milano 1961 (Istituto per la storia dell'Università di Bologna, Opere dei maestri 2).

Sommario cronologico di carte Fermane anteriori al secolo XIV con alcuni documenti relativi alla storia della città di Fermo e del suo distretto riferiti per estero, hg. von Marco Tabarrini, in: Cronache, hg. von De Minicis, S. 291–580.

Statuta Illustrissimae Civitatis Narniae, hg. von Raffaello Bartolucci, Terni 2016 (Collana di studi e ricerche locali 17).

Statuti di Spoleto del 1296, hg. von Giovanni Antonelli, Firenze 1962 (Studi dell'Accademia Spoletina).

Gli statuti Viterbesi del MCCXXXVII–VIII, MCLI–II e MCCCLVI, hg. von Pietro Egidi, in: Federici, Vincenzo (Hg.), Statuti della Provincia Romana, Bd. 2, Roma 1930 (Fonti della storia d'Italia 69), S. 27–282.

Statuto del comune di Macerata del secolo XIII, hg. von Raffaele Foglietti, Macerata 1885.

Statuto del Comune di Perugia del 1279, Bd. 1: Testo, hg. von Severino Caprioli, unter Mitarbeit von Attilio Bartoli Langeli, Cinzia Cardinali, Andrea Maiarelli, Sonia Merli, Perugia 1996 (Fonti per la storia dell'Umbria 21).

Statuto del Comune di Perugia del 1279, Bd. 2: Descrizioni e indici, hg. von Attilio Bartoli Langeli, unter Mitarbeit von Severino Caprioli, Cinzia Cardinali, Andrea Maiarelli, Sonia Merli, Perugia 1996 (Fonti per la storia dell'Umbria 22).

Statuto di Todi del 1275, hg. von Getulio Ceci/Giulio Pensi, Todi 1897.

Trattati commerciali del comune di Siena, hg. von Dina Bizzarri, in: Bullettino senese di storia patria 30 (1923), S. 199–216.

I trattati commerciali della Repubblica fiorentina, hg. von Gino Arias, Firenze 1901.

I trattati stipulati dal comune di Firenze nei secoli XII e XIII, hg. von Guido Pampaloni, in: ASI 123 (1965), S. 480–523.

L'Università a Perugia negli statuti cittadini (secoli XII–XVI), hg. von Erika Bellini, Perugia 2007 (Fonti per la storia dello Studium Perusinum 1).

Untersuchungen zur italienischen Verfassungsgeschichte II. Staufisches aus der Formelsammlung des Petrus de Boateriis, hg. von Fedor Schneider, in: QFIAB 18 (1926), S. 191–273.

Vita Gregorii pape noni, in: Le Liber censuum de l'Église Romaine, hg. von Paul Fabre/Louis Duchesne, Bd. 2, Paris 1905 (Bibliothèque des Écoles françaises d'Athènes et de Rome, 2ᵉ série VI), S. 18–36.

3 Literatur

Abbondanza, Roberto (Hg.), Il notariato a Perugia. Mostra documentaria e iconografica per il XVI Congresso nazionale del notariato, Roma 1973 (Fonti e strumenti per la storia del notariato italiano 1).

Abel, Christina, Kommunale Bündnisse in Mittelitalien im späteren 13. Jahrhundert. Praxis, Schriftlichkeit und Recht im Spiegel administrativer Quellen, in: Deigendesch, Roland/Jörg, Christian (Hg.), Städtebünde und städtische Außenpolitik – Träger, Instrumentarien und Konflikte während des hohen und späten Mittelalters, 55. Arbeitstagung in Reutlingen, 18.–20. November 2016, Ostfildern 2019 (Stadt in der Geschichte 44), S. 67–85.

Abulafia, David, Introduction, in: ders. (Hg.), Italy, S. 1–23.

Abulafia, David (Hg.), Italy in the Central Middle Ages 1000–1300, Oxford 2004 (The Short Oxford History of Italy).

Acquacotta, Camillo, Memorie di Matelica raccolte ed ordinate, Ancona 1838.

Airaldi, Gabriella, La „carta Novarum" del 1192 nella prassi diplomatica dei trattati intercomunali, in: Bolletino storico-bibliografico subalpino 70 (1972), S. 205–216.

Allegrezza, Franca, I rapporti di Innocenzo III con gli episcopati dello Stato pontificio tra esigenze politiche e legami personali, in: Sommerlechner (Hg.), Innocenzo III, Bd. 2, S. 749–777.

Allevi, Fabia Domitilla, Mainardi ed Offoni, in: Studi Maceratesi 6 (1971), S. 122–184.

Allevi, Fabia Domitilla, Per la valutazione del cavallo fra l'alto e il basso Medioevo nelle Marche, in: La Società rurale marchigiana dal Medioevo al Novecento (parte prima). Atti del convegno, Ancona, 7–8 dicembre 1974, Ancona 1976 = Atti e memorie della Deputazione di Storia Patria per le Marche, Serie 8 9 (1975), S. 55–117.

Althoff, Gerd, Amicitiae und pacta. Bündnis, Einung, Politik und Gebetsgedenken im beginnenden 10. Jahrhundert, Hannover 1992 (MGH Schriften 37).

Amiani, Pietro Maria, Memorie istoriche della città di Fano, Fano 1751.

Andreani, Laura, Narni nel basso medioevo. Aspetti di storia politico-istituzionale, in: Andreani, Laura/Ermini Pani, Letizia/Menestò, Enrico (Hg.), Narni e i suoi statuti medievali. Atti del Convegno di studio, Spoleto 2007 (Quaderni del Centro per il Collegamento degli Studi Medievali e Umanistici in Umbria 47), S. 147–181.

Andreani, Laura, Todi al tempo di Iacopone, in: Iacopone da Todi. Atti del XXXVII Convegno storico internazionale, Spoleto 2001 (Atti dei Convegni del Centro italiano di studi sul basso medioevo – Accademia Tudertina e del Centro di studi sulla spiritualità medievale, n. s. 14), S. 21–45.

Andreani, Laura, Todi nel basso medioevo (secoli XIII–XV). Aspetti di vita politico-istituzionale, in: Todi nel medioevo, Bd. 1, S. 51–87.

Angelini, Sergio, La diplomazia comunale a Perugia nei secoli XIII e XIV, Firenze 1965 (Biblioteca dell'Archivio storico italiano 16).

Angeloni, Francesco, Storia di Terni, Bologna 1986.

Angiolini, Enrico, „Laudabiles consuetudines, que tamen non sint a iure prohibite". Gli stretti margini di libertà delle comunità romagnole, in: Dondarini (Hg.), Libertà, S. 155–183.

Angiolini, Enrico, I parlamenti provinciali dei rettori papali nella Romagna tra Due e Trecento, Cesena 2008 (Quaderni degli Studi Romagnoli 24).

Annibaldi, Cesare, Podestà di Jesi dal 1197 al 1447, in: Atti e memorie della Deputazione di Storia Patria per le Marche, Serie 3 2 (1916–1917), S. 91–168.

Ansidei, Vincenzo, Alcune notizie sui rapporti fra Roma e Perugia nel secolo XIII, in: BDU 1 (1895), S. 591–599.

Antonelli, Nicolò Maria, Ragioni della Sede Apostolica sopra il ducato di Parma e Piacenza. Esposte a Sovrani, e Prencipi Cattolici d'Europa, Bd. 6, Roma 1742.

Arnaldi, Girolamo, Le origini del Patrimonio di S. Pietro, in: Galasso (Hg.), Storia d'Italia 7,2, S. 1–151.

Artifoni, Enrico, La „coniunctio et unitas" astigiano-albese del 1223–1224. Un esperimento politico e la sua efficacia nella circolazione di modelli istituzionali, in: Bollettino storico-bibliografico subalpino 78 (1980), S. 105–126.

Artifoni, Enrico, I podestà professionali e la fondazione retorica della politica comunale, in: Quaderni storici 63 (1986), S. 687–719.

Ascheri, Mario, Beyond the *Comune*. The Italian City-State and its Inheritance, in: Linehan, Peter / Nelson, Janet L. (Hg.), The Medieval World, London-New York 2001, S. 451–468.

Ascheri, Mario, The Laws of Late Medieval Italy (1000–1500). Foundations for a European Legal System, Leiden-Boston 2013.

Astuti, Guido, Contratto. I. Storia: b) Diritto intermedio, in: EdD 9 (1961), S. 759–781.

Avarucci, Giuseppe (Hg.), Santità femminile nel Duecento. Sperandia patrona di Cingoli. Atti del convegno di studi, Cingoli, 23–24 ottobre 1999, Ancona 2001 (Fonti e studi 9).

Baietto, Laura, Il papa e le città. Papato e comuni in Italia centro-settentrionale durante la prima metà del secolo XIII, Spoleto 2007 (Istituzioni e società 9).

Baldassini, Girolamo, Memorie istoriche dell'antichissima e regia città di Jesi, Jesi 1765.

Balestracci, Duccio, La battaglia di Montaperti, Bari-Roma 2017 (Storia e società).

Banti, Ottavio, „Civitas" e „Commune" nelle fonti italiane dei secoli XI e XII, in: Critica storica 4 (1972), S. 568–584.

Bargigia, Fabio, Gli eserciti nell'Italia comunale. Organizzazione e logistica (1180–1320), Milano 2010 (Studi di Storia, Collana del Dipartimento di Scienze Storiche e Geografiche „Carlo M. Cipolla" dell'Università degli Studi di Pavia 6).

Bartola, Alberto, Aristocrazia romana a Todi nel Duecento. Il reclutamento dei podestà, in: Todi nel medioevo, Bd. 1, S. 377–439.

Bartolazzi, Putzo Pa, Montolmo, oggi città di Pausola. Sua origine, incrementi e decadenza nel Medio evo e nel Cinquecento, Pausula 1887.

Bartoli, Francesco, Storia della città di Perugia. Sopra memorie raccolte e compilate da Luigi Belforti, Bd. 1, Perugia 1843.

Bartoli Langeli, Attilio, I documenti sulla guerra tra Perugia e Foligno del 1253–54, in: BDU 69 (1972), S. 1–44.

Bartoli Langeli, Attilio, La famiglia Coppoli nella società perugina del Duecento, in: Nicolini, Ugolino (Hg.), Francescanesimo e società cittadina. L'esempio di Perugia. Prefazione alla ristampa di Franco Cardini, Perugia ²1992 (Quaderni del Centro per il Collegamento degli Studi Medievali e Umanistici nell'Università di Perugia 21), S. 45–112.

Bartoli Langeli, Attilio, Federico II e il Ducato di Spoleto, in: Santucci, Francesco (Hg.), Assisi al tempo di Federico II, Assisi 1995 (Atti dell'Accademia Properziana del Subasio, Serie 6, 23), S. 5–17.
Bartoli Langeli, Attilio, La formula d'onore. Un esperimento notarile per il Comune di Perugia, in: Il pensiero politico 20 (1987), S. 121–135.
Bartoli Langeli, Attilio, Nel Duecento: Giovanni dell'Arciprete e i suoi parenti. Una storia di nomi, in: ders., Studi, S. 263–99.
Bartoli Langeli, Attilio, Notai. Scrivere documenti nell'Italia medievale, Roma 2006 (I libri di Viella 56).
Bartoli Langeli, Attilio, Le origini del Comune di Perugia. I consoli, in: ders., Studi, S. 399–412.
Bartoli Langeli, Attilio, Papato, vescovi, comune, in: ders., Studi, S. 263–277.
Bartoli Langeli, Attilio, Perugia, in: Encyclopedia of the Middle Ages 2 (2000), S. 1117 f.
Bartoli Langeli, Attilio, La realtà sociale assisana e il patto del 1210, in: Assisi al tempo di San Francesco, Atti del V Convegno Internazionale, Assisi 1978, S. 271–336.
Bartoli Langeli, Attilio, La situazione politica in Umbria e Perugia, in: Settimo centenario della morte di Raniero Fasani, Atti del convegno storico. In memoria di Giovanni Cecchini, Perugia 1984, S. 69–81.
Bartoli Langeli, Attilio, Spoleto, in: Encyclopedia of the Middle Ages 2 (2000), S. 1378.
Bartoli Langeli, Attilio, Studi sull'Umbria medievale, hg. von Massimiliano Bassetti/Enrico Menestò, Spoleto 2015 (Biblioteca del Centro per il Collegamento degli Studi Medievali e Umanistici in Umbria 29).
Bartoli Langeli, Attilio/Scharf, Gian Paolo Giuseppe, Introduzione, in: ders./Scharf (Hg.), Cartulari comunali, S. 7–16.
Bartoli Langeli, Attilio/Scharf, Gian Paolo Giuseppe (Hg.), Cartulari comunali. Umbria e regioni contermini (secolo XIII), Perugia 2007 (Deputazione di Storia Patria per l'Umbria, Appendici al Bollettino 26).
Bartoloni, Franco, Un trattato d'alleanza del secolo XIII tra Roma e Alatri, in: BISI 61 (1949), S. 125–161.
Bassetti, Massimiliano, La serie dei *Memorialia communis* di Spoleto, in: Bartoli Langeli/Scharf (Hg.), Cartulari comunali, S. 35–56.
Bassi, Giovanna/Chiuini, Giovanna/Di Lorenzo, Antonella, Todi. L'organizzazione del contado tra espansione comunale e „periferie" feudali, in: Guidoni, Enrico (Hg.), Città, contado e feudi nell'urbanistica medievale. Padova, La Valdelsa, Il Casentino, Gubbio, Todi, Ascoli Piceno, L'Aquila, Ferentino, Roma 1974 (Biblioteca di storia della cultura urbana, Saggi 2), S. 149–180.
Becker, Claudia, Sub gravioribus usuris. Darlehensverträge der Kommune Chiavenna im 12. und 13. Jahrhundert, in: Scharff, Thomas/Behrmann, Thomas (Hg.), Bene vivere in communitate. Beiträge zum italienischen und deutschen Mittelalter. Hagen Keller zum 60. Geburtstag überreicht von seinen Schülerinnen und Schülern, Münster u. a. 1997, S. 25–48.
Becker, Hans-Jürgen, Städtebund, in: HRG 4 (1990), Sp. 1851–1857.
Behrmann, Thomas, „Ad maiorem cautelam". Sicherheitsdenken, Zukunftsbewußtsein und schriftliche Fixierung im Rechtsleben der italienischen Kommunen, in: QFIAB 72 (1992), S. 26–53.
Behrmann, Thomas, Anmerkungen zum Schriftgebrauch in der kommunalen Diplomatie des 12. und frühen 13. Jahrhunderts, in: Keller/Behrmann (Hg.), Kommunales Schriftgut, S. 265–281.
Behrmann, Thomas, Domkapitel und Schriftlichkeit in Novara (11.–13. Jahrhundert). Sozial- und Wirtschaftsgeschichte von S. Maria und S. Gaudenzio im Spiegel der urkundlichen Überlieferung, Tübingen 1994 (Bibliothek des Deutschen Historischen Instituts in Rom 77).

Behrmann, Thomas, Einleitung: Ein neuer Zugang zum Schriftgut der oberitalienischen Kommunen, in: Keller/Behrmann (Hg.), Kommunales Schriftgut, S. 1-18.

Behrmann, Thomas, Verschriftlichung als Lernprozeß. Urkunden und Statuten in den lombardischen Stadtkommunen, in: Historisches Jahrbuch 111 (1991), S. 385-402.

Belelli, Giovanni, L'istituto del podestà in Perugia nel secolo XIII, Bologna 1936.

Benigni, Telesforo, San Ginesio. Illustrata con antiche lapidi ed aneddoti documenti, Fermo 1793.

Benz, Arthur u. a. (Hg.), Handbuch Governance. Theoretische Grundlagen und empirische Anwendungsfelder, Wiesbaden 2007.

Bernacchia, Roberto, *Civitates* e *castra* nella Marca di Ancona in età comunale, in: Piccinini (Hg.), La Marca d'Ancona, S. 157-209.

Bernini, Ferdinando, I comuni italiani e Federico II di Svevia. Gli inizi (1212-1219), Torino 1950.

Bernini, Ferdinando, Federico II e la „Societas Lombardie, Marchie et Romanie" nel 1226, in: RSI 65 (1953), S. 496-513.

Bettini, Armando, Storia di Recanati, Recanati 1961.

Blattmann, Marita, Wahlen und Schrifteinsatz in Bergamo im 13. Jahrhundert, in: Keller/Behrmann (Hg.), Kommunales Schriftgut, S. 217-264.

Blickle, Peter (Hg.), Theorien kommunaler Ordnung in Europa, München 1996 (Schriften des Historischen Kollegs, Kolloquien 36).

Boespflug, Thérèse, Amministrazione pontificia e magistrature comunali. I scambi di personale nel Duecento, in: Maire Vigueur (Hg.), Podestà, Bd. 2, S. 877-894.

Bolton, Brenda, Celestine III and the Defence of the Patrimony, in: Doran, John/Smith, Damian J. (Hg.), Pope Celestine III (1191-1198). Diplomat and Pastor, Farnham u. a. 2008 (Church, faith and culture in the Medieval West), S. 317-353.

Bolton, Brenda, „Except the Lord keeps the city". Towns in the Papal States at the Turn of the Twelfth Century, in: Abulafia, David/Franklin, Michael/Rubin, Miri (Hg.), Church and City 1000-1500. Essays in Honour of Christopher Brooke, Cambridge u. a. 1992, S. 199-218.

Bolton, Brenda, Papal Italy, in: Abulafia (Hg.), Italy, S. 82-103.

Bonazzi, Luigi, Storia di Perugia dalle origini al 1860, Bd. 1: Dalle Origini al 1494, Perugia 1875.

Bonfante, Pietro, Istituzioni di diritto romano. Ristampa corretta della X edizione, Milano 1987 (Opere complete di Pietro Bonfante 10).

Bonfili, Andreina, Il comune di Camerino. Costituzione e vicende fino al 1240, in: La Città medievale nella Marca. Problemi di storia e di urbanistica. Atti del VII Convegno di studi maceratesi, Macerata 1973 (Studi Maceratesi 7), S. 57-72.

Bonifacio VIII, Atti del XXXIX Convegno storico internazionale, Spoleto 2003 (Atti dei Convegni del Centro italiano di studi sul basso medioevo – Accademia Tudertina e del Centro di studi sulla spiritualità medievale, n. s. 16).

Bordone, Renato, I comuni italiani nella prima Lega Lombarda. Confronto di modelli istituzionali in un'esperienza politico-diplomatica, in: Maurer (Hg.), Kommunale Bündnisse, S. 45-61.

Bordone, Renato, Le „élites" cittadine nell'Italia comunale (XI-XII secolo), in: MEFRM 100 (1988), S. 47-53.

Bordone, Renato, La storiografia recente sui comuni italiani delle origini, in: Jarnut, Jörg/Johanek, Peter (Hg.), Die Frühgeschichte der europäischen Stadt im 11 Jahrhundert, Köln-Weimar-Wien 1998 (Städteforschung Reihe A, Darstellungen 43), S. 45-61.

Bordone, Renato/Guglielmotti, Paola/Vallerani, Massimo, Definizione del territorio e reti di relazione nei comuni piemontesi dei secoli XII e XIII, in: Escher/Haverkamp/Hirschmann (Hg.), Städtelandschaft, S. 191-232.

Borri, Giammario, Il Trattato di Polverigi. Analisi e vicenda storiografica, in: Piccinini (Hg.), La Marca d'Ancona, S. 39-70.

Boucheron, Patrick, L'Italie, terre de contrats, in: Foronda, François (Hg.), Avant le contrat social. Le contrat politique dans L'Occident médiéval XIIIe–XVe siècle. Colloque international de Madrid (2008), Paris 2011 (Histoire ancienne et médiévale 107), S. 17–23.

Bowsky, William Marvin, Henry VII in Italy. The Conflict of Empire and City-State, 1310–1313, Lincoln 1960.

Bowsky, William Marvin, Italian Diplomatic History. A Case for the Smaller Commune, in: Jordan/McNab/Ruiz (Hg.), Order and Innovation, S. 55–74, 437–444.

Bowsky, William Marvin, A Medieval Italian Commune. Siena under the Nine, 1287–1355, Berkeley-Los Angeles-London 1981.

Brezzi, Paolo, Roma e l'Impero medioevale (774–1252), Bologna 1947 (Istituto Nazionale di Studi Romani, Storia di Roma).

Brezzi, Paolo, Gli uomini che hanno creato la Lega Lombarda, in: Popolo e stato, S. 247–261.

Bricchi, Francesco, Annali di Cagli antica, Urbino 1981.

Briganti, Francesco, Città dominanti e comuni minori nel medio evo. Con speciale riguardo alla repubblica Perugina, Perugia 1906.

Briganti, Francesco, Della guerra tra Perugia e Foligno nel 1254, in: BDU 10 (1904), S. 479–484.

Broser, Tanja, Der päpstliche Briefstil im 13. Jahrhundert. Eine stylistische Analyse der Epistole et dictamina Clementis pape quarti, Wien-Köln-Weimar 2018 (Archiv für Diplomatik, Schriftgeschichte, Siegel- und Wappenkunde, Beiheft 17).

Bruschi, Ugo, Nella fucina dei notai. L'Ars Notaria tra scienza e prassi a Bologna e in Romagna (fine XII – metà XIII secolo), Bologna 2006 (Studi e memorie per la storia dell'Università di Bologna, n. s. 1).

Buchholzer-Rémy, Laurence, Une ville en ses réseaux. Nuremberg à la fin du Moyen Âge, Paris 2006 (Histoire et société. Europes centrales).

Caciorgna, Maria Teresa, Aspetti della politica di Innocenzo III verso i comuni delle Marche, in: Piccinini (Hg.), La Marca d'Ancona, S. 135–156.

Caciorgna, Maria Teresa, Il governo di Campagna e Marittima. Elementi per lo studio del rettorato provinciale a Ferentino nel XIII secolo, in: Statuti e ricerca storica. Atti del convegno, Ferentino 1991 (Quaderni di storia 8), S. 143–160.

Caciorgna, Maria Teresa, La politica di Innocenzo III nel Lazio, in: Sommerlechner (Hg.), Innocenzo III, Bd. 1, S. 691–726.

Caciorgna, Maria Teresa, Le relazioni di Bonifacio VIII. con i comuni dello Stato della Chiesa, in: Bonifacio VIII. Ideologia e azione politica. Atti del Convegno organizzato nell'ambito delle Celebrazioni per il VII Centenario della morte, Roma 2006 (Bonifaciana 2), S. 379–398.

Caciorgna, Maria Teresa / Carocci, Sandro / Zorzi, Andrea (Hg.), I comuni di Jean-Claude Maire Vigueur. Percorsi storiografici, Roma 2014 (I libri di Viella 172).

Cameli, Martina, I *libri iurium* dei comuni delle Marche, in: Bartoli Langeli/Scharf (Hg.), Cartulari comunali, S. 91–108.

Cammarosano, Paolo, Città e campagna. Rapporti politici ed economici, in: Società e istituzioni, Bd. 1, S. 303–349.

Cammarosano, Paolo, Introduzione, in: Il Caleffo vecchio del comune di Siena, Bd. 5, Siena 1991 (Fonti di storia senese), S. 5–81.

Cammarosano, Paolo, Italia medievale. Struttura e geografia delle fonti scritte, Roma 1991 (Studi superiori NIS, Storia 109).

Cammarosano, Paolo, I „libri iurium" e la memoria storica delle città comunali, in: Il senso della storia nella cultura medievale italiana (1100–1350). Atti del 14° convegno internazionale di studio, Pistoia, 14–17 maggio 1993, Pistoia 1995, S. 309–325.

Cammarosano, Paolo, Il *Registrum vetus instrumentorum* del Comune di Todi, in: Todi nel medioevo, Bd. 2, S. 743–757.
Cammarosano, Paolo, Il ricambio e l'evoluzione dei ceti dirigenti nel corso del XIII secolo, in: Magnati e popolani, S. 17–40.
Cammarosano, Paolo, Scrittura, parola e ritualità nelle ambascerie medievali, in: Frühmittelalterliche Studien 38 (2005), S. 347–353.
Canaccini, Federico, Ghibellini e ghibellinismo in Toscana da Montaperti a Campaldino (1260–1289), Roma 2009 (Nuovi Studi Storici 79).
Cantarella, Glauco Maria, Innocenzo III e la Romagna, in: Rivista di Storia della Chiesa in Italia 52 (1998), S. 33–72.
Capitani, Ovidio, Assisi. Istituzioni comunali e politiche, in: Brufani, Stefano / Menestò, Enrico (Hg.), Assisi anno 1300, Assisi 2002 (Società internazionale di studi francescani, Saggi 6), S. 1–22.
Carbonetti Vendittelli, Cristina, Documenti su libro. L'attività documentaria del Comune di Viterbo nel Duecento, Roma 1996 (Fonti per la Storia dell'Italia medievale, Subsidia 4).
Carile, Antonio, Pesaro nel Medioevo. Problemi di storia delle istituzioni e della società, in: Pesaro tra Medioevo e Rinascimento, Venezia 1989 (Historica pisaurensia 2), S. 3–54.
Carocci, Sandro, Barone e podestà. L'aristocrazia romana e gli uffici comunali nel Due-Trecento, in: Maire Vigueur (Hg.), Podestà, Bd. 2, S. 847–875.
Carocci, Sandro, La celebrazione aristocratica nello Stato della Chiesa, in: Cammarosano, Paolo (Hg.), Le forme della propaganda politica nel Due e nel Trecento. Relazioni tenute al Convegno Internazionale organizzato dal Comitato di studi storici di Trieste, dall'École française de Rome e dal Dipartimento di storia dell'Università degli Studi di Trieste, Roma 1994 (Collection de l'École française de Rome 201), S. 345–367.
Carocci, Sandro, Comuni, nobiltà e papato nel Lazio, in: Magnati e popolani, S. 213–241.
Carocci, Sandro, Feudo, vassallaggi e potere papale nello Stato della Chiesa (metà XI sec. – inizio XIII sec.), in: Bonnassie, Pierre (Hg.), Fiefs et féodalité dans l'Europe méridionale (Italie, France du Midi, Péninsule ibérique) du Xe au XIIIe siècle, Toulouse 2002 (Méridiennes), S. 43–73.
Carocci, Sandro, „Patrimonium beati Petri" e „fidelitas". Continuità e innovazione nella concezione innocenziana dei dominii pontifici, in: Sommerlechner (Hg.), Innocenzo III, Bd. 1, S. 668–690.
Carocci, Sandro, La signoria rurale nel Lazio (secoli XII e XIII), in: Spicciani, Amleto / Violante, Cinzio (Hg.), La signoria rurale nel medioevo italiano. Atti del Seminario tenuto nel Dipartimento di Medievistica dell'Università di Pisa e nella Scuola Normale Superiore di Pisa, Bd. 1, Pisa 1997 (Studi Medioevali 3), S. 167–198.
Carocci, Sandro, Vassalli del papa. Potere pontificio, aristocrazie e città nello Stato della Chiesa (XII–XV sec.), Roma 2010 (I libri di Viella 115).
Casagrande, Giovanna, Il comune di Gubbio nel secolo XII, in: Brufani, Stefano (Hg.), Nel segno del santo protettore. Ubaldo vescovo, taumaturgo, santo. Atti del Convegno internazionale di studi, Spoleto 1992 (Quaderni del Centro per il Collegamento degli Studi Medievali e Umanistici nell'Università di Perugia 22), S. 23–50.
Casagrande, Giovanna, Gubbio nel Duecento, in: Avarucci (Hg.), Santità femminile, S. 77–135.
I Cattanei Lombardi di Trevi da una ricerca del Dott. Leonardo Dialti (1925–2007) (URL: http://www.protrevi.com/protrevi/Lambar10.asp, 24. 5. 2019).
Catoni, Giuliano, La brutta avventura di un mercante senese nel 1309 e una questione di rappresaglia, in: ASI 132 (1974), S. 65–77.
Cecchini, Giovanni, Fra Bevignate e la guerra perugina contro Foligno, in: Storia e arte, Bd. 2, S. 353–362.

Cecconi, Giosuè, La Storia di Castelfidardo dalla prima origine del castello a tutta la prima metà del secolo XVI, aggiunta un appendice di documenti inediti ed editi rarissimi, Osimo 1879.
Ceci, Getulio, Potestà, capitani e giudici di Todi nel secolo XIII, in: BDU 3 (1897), S. 303–317.
Ceci, Getulio, Todi nel Medio Evo (487–1303), Todi 1897.
Ceci, Getulio / Bartolini, Umberto, Piazze e Palazzi comunali di Todi. Opera postuma a cura del Sac. Mario Pericoli, Todi 1979 (Res Tudertinae 13).
Cenci, Pio, Le relazioni fra Gubbio e Perugia nel periodo comunale, in: BDU 13 (1907), S. 521–571.
Chiappa Mauri, Luisa (Hg.), Contado e città in dialogo. Comuni urbani e comunità rurali nella Lombardia medievale, Milano 2003 (Quaderni di Acme 62).
Chiodi, Giovanni, Istituzioni e attività della seconda Lega lombarda (1226–1235), in: Fonseca / Crotti (Hg.), Federico II, S. 235–382.
Chittolini, Giorgio, Le città italiane del Centro e del Nord. Un'identità territoriale e „statale", in: Sabaté, Flocel / Pedrol, Maite (Hg.), Identitats. Reunió científica, XIV Curs d'estiu Comtat d'Urgell celebrat a Balaguer els dies 1,2 i 3 de juliol de 2009, Lleida 2012, S. 207–224.
Chittolini, Giorgio, „Quasi-città". Borghi e terre in area lombarda nel tardo medioevo, in: Società e storia 47 (1990), S. 3–26.
Chittolini, Giorgio, Stadt, C. Italien, in: LexMA 7 (1995), Sp. 2180–2182.
Cirier, Aude, Diplomazia e retorica comunale. La comunicazione attraverso lo spionaggio politico nell'Italia medievale (secc. XII–XIII), in: Castano, Rossana / Latella, Fortunata / Sorrenti, Tania (Hg.), Comunicazione e propaganda nei secoli XII e XIII. Atti del convegno internazionale, Messina, 24–26 maggio 2007, Roma 2007, S. 199–215.
Civiltà Comunale. Libro, Scrittura, Documento. Atti del Convegno, Genova, 8–11 novembre 1988, Genova 1989 (Atti della Società Ligure di Storia Patria 103,2).
Clavadetscher, Otto P., Der Verzicht (renuntiatio) auf Exceptionen in den bündnerischen Urkunden des Mittelalters. Die Gebiete südlich der Alpen, in: Zeitschrift für Schweizerisches Recht, N. F. 77 (1958), S. 101–138.
Cleve, Thomas Curtis van, Markward of Anweiler and the Sicilian regency, Princeton u. a. 1937.
Coing, Helmut, Europäisches Privatrecht, Bd. 1: Älteres Gemeines Recht (1500 bis 1800), München 1985.
Coleman, Edward, The Italian communes. Recent works and current trends, in: Journal of Medieval History 25 (1999), S. 373–397.
Coleman, Edward, Representative Assemblies in Communal Italy, in: Barnwell, Paul S. / Mostert, Marco (Hg.), Political Assemblies in the Earlier Middle Ages, Turnhout 2003 (Studies in the Early Middle Ages 7), S. 193–210.
Colucci, Giuseppe, Treja antica città Picena oggi Montecchio illustrata, Macerata 1780.
Compagnoni, Pompeo, La Reggia Picena ovvero de' presidi della Marca, Macerata 1980 (Historiae urbium et regionum Italiae rariores 153, n. s. 69).
Comuni e memoria storica. Alle origini del comune di Genova. Atti del convegno di studi, Genova, 24–26 settembre 2001, Genova 2001 (Atti della Società Ligure di Storia Patria, n. s. 42,1).
Corradini, Sandro, Gli Svevi ed il triste epilogo della politica del comune di Camerino, in: Le Marche, S. 215–227.
Costa, Pietro, *Bonum commune* e *partialitates*. il problema del conflitto nella cultura politico-giuridica medievale, in: Il bene comune. Forme di governo e gerarchie sociali nel basso medioevo. Atti del XLVIII Convegno storico internazionale, Spoleto 2012 (Atti dei Convegni del Centro italiano di studi sul basso medioevo – Accademia Tudertina, n. s. 25), S. 193–216.
Costa, Pietro, Civitas. Storia della cittadinanza in Europa, Bd. 1: Dalla civiltà comunale al Settecento, Roma-Bari 1999 (Collezione Storica).
Crescenzi, Victor, Le origini del *Sindicus-procurator* a Siena (secc. XII–XIII), in: ASI 131 (1973), S. 351–438.

Crescenzi, Victor, Il sindacato degli ufficiali nei comuni medievali italiani, in: Università degli Studi di Perugia / Consiglio Nazionale delle Ricerche (Hg.), L'educazione giuridica IV. Il pubblico funzionario. modelli storici e comparativi, Bd. 1: Profili storici. La tradizione italiana, Perugia 1981, S. 383–529.

Cutini, Clara / Balzani, Serena, Podestà e capitani del popolo a Perugia e da Perugia (1199–1350), in: Maire Vigueur (Hg.), Podestà, Bd. 2, S. 693–739.

Dartmann, Christoph, Lehnsbeziehungen im kommunalen Italien des 11. und 12. Jahrhunderts, in: Spieß (Hg.), Ausbildung, S. 105–132.

Dartmann, Christoph, Die Repräsentation der Stadtgemeinde in der Bürgerversammlung der italienischen Kommune, in: Oberste, Jörg (Hg.), Repräsentationen der mittelalterlichen Stadt, Regensburg 2008 (Forum Mittelalter, Studien 4), S. 95–108.

Davidsohn, Robert, Forschungen zur Geschichte von Florenz, Bd. 3: 13. und 14. Jahrhundert, Berlin 1901.

Davidsohn, Robert, Geschichte von Florenz, Bd. 1: Ältere Geschichte, Berlin 1896.

Decaluwé, Michiel, Der gedankliche Prozess der Entscheidungsfindung. Florenz im späten 13. Jahrhundert, in: QFIAB 90 (2010), S. 73–106.

Della Fina, Giuseppe M. (Hg.), Storia di Orvieto. Il Medioevo, Ponte San Giovanni (Perugia) 2007.

Dendorfer, Jürgen / Deutinger, Roman (Hg.), Das Lehnswesen im Hochmittelalter. Forschungskonstrukte – Quellenbefunde – Deutungsrelevanz, Ostfildern 2010 (Mittelalter-Forschungen 34).

Desplanques, Henri, Campagnes ombriennes. Contribution à l'étude des paysages ruraux en Italie centrale, Paris 1969.

Dessì, Rosa Maria, I nomi dei guelfi e ghibellini da Carlo I d'Angiò a Petrarca, in: Gentile, Marco (Hg.), Guelfi e ghibellini nell'Italia del Rinascimento, Roma 2005 (I libri di Viella 52), S. 2–78.

Deutinger, Roman, Das hochmittelalterliche Lehnswesen. Ergebnisse und Perspektiven, in: Dendorfer / Deutinger (Hg.), Lehnswesen, S. 463–473.

DFG Sonderforschungsbereich 700 Governance in Räumen begrenzter Staatlichkeit, Grundbegriffe der Governanceforschung, Berlin 2009 (SFB-Governance Working Paper Series 36) (URL: http://www.sfb-governance.de/publikationen/sfb-700-working_papers/wp36/index.html; 25.5.2019).

Diago Hernando, Máximo, Die politische Rolle der Städtebünde im spätmittelalterlichen Kastilien (13.–16. Jahrhundert). Selbstverteidigung, Herrschaftsstabilisierung und Friedenssicherung, in: Naegle (Hg.), Frieden, S. 139–159.

Diestelkamp, Bernhard (Hg.), Beiträge zum hochmittelalterlichen Städtewesen, Köln-Wien 1982 (Städteforschung Reihe A, Darstellungen 11).

Diestelkamp, Bernhard, Einführung, in: ders. (Hg.), Beiträge zum hochmittelalterlichen Städtewesen, S. VII–XVII.

Dilcher, Gerhard, Lega Lombarda und Rheinischer Städtebund. Ein Vergleich von Form und Funktion mittelalterlicher Städtebünde südlich und nördlich der Alpen, in: Europa e Italia. Studi in onore di Giorgio Chittolini / Europe and Italy. Studies in Honour of Giorgio Chittolini, Firenze 2011 (Reti medievali E-Book 15), S. 155–180 (URL: http://www.rm.unina.it/rmebook/index.php?mod=none_Europa_Italia; 24.5.2019).

Dilcher, Gerhard, Das lombardische Lehnrecht der Libri Feudorum. Entstehung – zentrale Probleme – Wirkungen, in: Spieß (Hg.), Ausbildung, S. 41–91.

Dilcher, Gerhard, Mittelalterliche Stadtkommune, Städtebünde und Staatsbildung. Ein Vergleich Oberitalien – Deutschland, in: Lück, Heiner / Schildt, Bernd (Hg.), Recht – Idee – Geschichte. Beiträge zur Rechts- und Ideengeschichte für Rolf Lieberwirth anläßlich seines 80. Geburtstages, Köln u. a. 2000, S. 453–467.

Dilcher, Hermann, Der Typenzwang im mittelalterlichen Vertragsrecht, in: ZRG rom. Abt. 77 (1960), S. 270–303.
Distler, Eva-Marie, Städtebünde im deutschen Spätmittelalter. Eine rechtshistorische Untersuchung zu Begriff, Verfassung und Funktion, Frankfurt a. M. 2006 (Studien zur europäischen Rechtsgeschichte 207).
Dondarini, Rolando (Hg.), La libertà di decidere. Realtà e parvenze di autonomia nella normativa locale del medioevo. Atti del Convegno Nazionale di Studi, Cento 1995.
Donzelli, Nicomede, Memorie storiche del comune di Camerano (Ancona), in: Studia Picena 16 (1941), S. 145–155.
Il Ducato di Spoleto. Atti del IX Congresso Internazionale di Studi sull'Alto Medioevo, 2 Bde., Spoleto 1983.
DupréTheseider, Eugenio, L'idea imperiale di Roma nella tradizione del medioevo, Milano 1942 (Documenti di storia e di pensiero politico 17).

Eitel, Anton, Der Kirchenstaat unter Klemens V., Berlin-Leipzig 1907 (Abhandlungen zur Mittleren und Neueren Geschichte 1).
Epp, Verena, Amicitia. Zur Geschichte personaler, sozialer, politischer und geistlicher Beziehungen im frühen Mittelalter, Stuttgart 1999 (Monographien zur Geschichte des Mittelalters 44).
Ermini, Giuseppe, Aspetti giuridici della sovranità pontificia nell'Umbria del secolo XIII, in: BDU 34 (1937), S. 5–28.
Ermini, Giuseppe, Caratteri della sovranità temporale dei papi nei secoli XIII e XIV, in: ZRG kan. Abt. 27 (1938), S. 315–347.
Ermini, Giuseppe, Diritto romano comune e diritti particolari nelle terre della Chiesa, in: Ius Romanum Medii Aevi 5 (1975), S. 1–67.
Ermini, Giuseppe, La libertà comunale nello Stato della Chiesa da Innocenzo III all'Albornoz (1198–1367), Teil 1: Il governo e la costituzione del Comune, in: ASRSP 49 (1926), S. 5–126.
Ermini, Giuseppe, I parlamenti dello Stato della Chiesa dalle origini al periodo albornoziano, Roma 1930 (Biblioteca della Rivista di Storia del Diritto Italiano 5).
Ermini, Giuseppe, Le relazioni fra la Chiesa e i Comuni della Campagna e Marittima in un documento del secolo XIV, in: ASRSP 48 (1925), S. 171–200.
Ermini, Giuseppe, I rettori provinciali dello Stato della Chiesa da Innocenzo III all'Albornoz. Ricerche storico-giuridiche, in: Rivista di storia del diritto italiano 4 (1931), S. 29–104.
Ermini, Giuseppe, Scritti storico-giuridici, hg. von Ovidio Capitani/Enrico Menestò, Spoleto 1997 (Centro Italiano di Studi sull'Alto Medioevo Spoleto, Collectanea 9).
Ermini, Giuseppe, Validità della legislazione albornoziana nelle terre della Chiesa dal Trecento alla codificazione del secolo XIX, in: ders., Scritti, S. 713–734.
Esch, Arnold, Überlieferungs-Chance und Überlieferungs-Zufall als methodisches Problem des Historikers, in: HZ 240 (1985), S. 529–570.
Escher, Monika/Haverkamp, Alfred/Hirschmann, Frank G. (Hg.), Städtelandschaft – Städtenetz – zentralörtliches Gefüge. Ansätze und Befunde zur Geschichte der Städte im hohen und späten Mittelalter, Mainz 2000 (Trierer Historische Forschungen 43).
Esders, Stefan/Schuppert, Gunnar Folke, Mittelalterliches Regieren in der Moderne oder Modernes Regieren im Mittelalter?, Baden-Baden 2015 (Schriften zur Governance-Forschung 27).

Fabbri, Lorenzo, Un principe dell'Impero alla guida della Lega Toscana. Il vescovo Ildebrando di Volterra e la guerra di Semifonte, in: Pirillo (Hg.), Semifonte, S. 155–166.
Fahlbusch, Friedrich Bernward, Städtebund, in: LexMA 8 (1997), Sp. 17 f.

Falaschi, Pier Luigi, Berardo I da Varano Signore di Camerino, in: Camerino e il suo territorio fino al tramonto della signoria. Atti del XVIII Convegno di Studi Maceratesi, Macerata 1983 (Studi Maceratesi 18), S. 9–76.

Falcioni, Anna, Il *Liber instrumentorum comunis Arimini* (1230–1250), in: Bartoli Langeli / Scharf (Hg.), Cartulari comunali, S. 171–180.

Falco, Giorgio, I comuni della Campagna e della Marittima nel medio evo, Teil 2: La maturità del comune (sec. XIII), La Campagna e Marittima nella storia politica del sec. XIII – La Chiesa, la provincia, i comuni, in: ASRSP 47 (1924), S. 117–187.

Falco, Giorgio, I comuni della Campagna e della Marittima nel medio evo, II. La maturità del comune (sec. XIII), I Comuni nel Dugento (Continuazione), in: ASRSP 48 (1925), S. 5–94.

Falco, Giorgio, Documenti guerreschi di Roma medievale, in: BISI 40 (1921).

Fasoli, Gina, Città e feudalità. Rapport, in: Structures féodales, S. 365–385.

Fasoli, Gina, Federico II e la Lega Lombarda. Linee di ricerca, in: Annali dell'Istituto storico Italo-Germanico in Trento 2 (1977), S. 39–74.

Fasoli, Gina, La Lega Lombarda – Antecedenti, formazione, struttura, in: Schmale, Franz-Josef (Hg.), Probleme des 12. Jahrhunderts. Reichenau-Vorträge 1965–1967, Konstanz-Stuttgart 1968 (Vorträge und Forschungen 12), S. 143–160.

Felten, Joseph, Papst Gregor IX., Freiburg i. Br. 1886.

Il feudalesimo nell'alto medioevo, 8–12 aprile 1999, 2 Bde., Spoleto 2000 (Settimane di studio del Centro Italiano di Studi sull'Alto Medioevo 47).

Fichtenau, Heinrich, Arenga. Spätantike und Mittelalter im Spiegel von Urkundenformeln, Graz-Köln 1957 (Mitteilungen des Instituts für Österreichische Geschichtsforschung, Ergänzungsband 18).

Ficker, Julius, Der Einfall Reinalds von Spoleto in den Kirchenstaat, in: MIÖG 4 (1883), S. 351–379.

Ficker, Julius, Forschungen zur Reichs- und Rechtsgeschichte Italiens, Bd. 2, Innsbruck 1869.

Fiore, Alessio, Signori e sudditi. Strutture e pratiche del potere signorile in area umbro-marchigiana (secoli XI–XIII), Spoleto 2010 (Istituzioni e società 13).

Fischer, Andreas, Kardinäle im Konklave. Die lange Sedisvakanz der Jahre 1268 bis 1271, Tübingen 2008 (Bibliothek des Deutschen Historischen Instituts in Rom 118).

Fissore, Gian Giacomo, Alle origini del documento comunale. I rapporti fra i notai e l'istituzione, in: Albini, Giuliana (Hg.), Le scritture del comune. Amministrazione e memoria nelle città dei secoli XII e XIII, Torino 1998 (I florilegi 12), S. 43–64.

Fissore, Gian Giacomo, Autonomia notarile e organizzazione cancelleresca nel comune di Asti. I modi e le forme dell'intervento notarile nella costituzione del documento comunale, Spoleto 1977 (Biblioteca degli Studi medievali 9).

Fissore, Gian Giacomo, Procedure di autenticazione del secolo XIII in area comunale ad Asti. Verso un'organizzazione burocratica della documentazione, in: Bollettino storico-bibliografico subalpino 81 (1983), S. 763–784.

Foglietti, Raffaele, Conferenze sulla storia di Macerata, Torino 1885.

Foglietti, Raffaele, Le Marche dal 568 al 1230, Macerata 1907.

Fonseca, Cosimo Damiano (Hg.), Federico II e le Marche. Atti del convegno di studi con il patrocinio del Comune di Jesi – Assessorato alla Cultura promosso dalla Biblioteca Planettiana con coordinamento scientifico della Deputazione di Storia Patria per le Marche, Roma 2000 (Comitato Nazionale per le Celebrazione dell'VIII Centenario della Nascita di Federico II, Atti di convegni 5).

Fonseca, Cosimo Damiano / Crotti, Renata (Hg.), Federico II e la civiltà comunale nell'Italia del Nord. Atti del Convegno internazionale promosso in occasione dell'VIII centenario della nascita di Federico II di Svevia, Roma 1999 (Comitato Nazionale per le Celebrazioni dell'VIII Centenario della Nascita di Federico II, Atti di convegni 8).

Fonte Avellana nella società dei secoli XI e XII. Atti del II convegno del Centro di Studi Avellaniti, Fonte Avellana 1978.
Foschi, Franco, Federico II di Svevia e il Porto di Recanati, in: Fonseca (Hg.), Federico II e le Marche, S. 159–180.
Friedrich II. Tagung des Deutschen Historischen Instituts in Rom im Gedenkjahr 1994, Tübingen 1996 (Bibliothek des Deutschen Historischen Instituts in Rom 85).
Franceschini, Michele, Della Greca, Ugolino, in: DBI 37 (1989), S. 64–66.
Francesconi, Giampaolo, Districtus civitatis Pistorii. Strutture e trasformazioni del potere in un contado toscano (secoli XI–XIV), Pistoia 2007 (Biblioteca storica pistoiese 13).
Francesconi, Giampaolo, Potere della scrittura e scritture del potere. Vent'anni dopo la *Révolution documentaire* di J.C. Maire Vigueur, in: Caciorgna / Carocci / Zorzi (Hg.), Comuni, S. 135–155.
Frenquellucci, Massimo, Pesaro e l'alta Marca dall'Impero al nascente Stato Papale, in: Piccinini (Hg.), La Marca d'Ancona, S. 229–269.
Fritze, Konrad / Müller-Mertens, Eckhard / Schildhauer, Johannes (Hg.), Hansische Studien, Bd. 3: Bürgertum – Handelskapital – Städtebünde, Weimar 1975 (Abhandlungen zur Handels- und Sozialgeschichte 15).

Galasso, Giuseppe (Hg.), Storia d'Italia, Bd. 7,2: Comuni e signorie nell'Italia nordorientale e centrale. Lazio, Umbria e Marche, Lucca, Torino 1987.
Galletti, Anna Imelde, Considerazioni per una interpretazione dell'Eulistea, in: ASI 128 (1970), S. 305–334.
Galletti, Anna Imelde, Note sulla mobilità d'élite nell'Umbria comunale. Le magistrature forestiere, in: Orientamenti, S. 567–574.
Galletti, Anna Imelde, La società comunale di fronte alla guerra nelle fonti perugini del 1282, in: BDU 71 (1974), S. 35–98.
Garnier, Claudia, Amicus amicis, inimicus inimicis. Politische Freundschaft und fürstliche Netzwerke im 13. Jahrhundert, Stuttgart 2000 (Monographien zur Geschichte des Mittelalters 46).
Garnier, Claudia, Zeichen und Schrift. Symbolische Handlungen und literale Fixierung am Beispiel von Friedensschlüssen des 13. Jahrhunderts, in: Frühmittelalterliche Studien 32 (1998), S. 263–287.
Gasparri, Stefano, Spoleto, in: LexMA 7 (1995), Sp. 2128 f.
Gentili, Luca Antonio, Lettera contenente la Disamina delle Memorie Istoriche di Pergola e diffesa della prefata Disamina del Sig. N.N. Cittadino di Gubbio. Aggiuntovi un Compendio Cronologico degli avvenimenti della Terra di Pergola, ed un'Appendice di Documenti Antichi, Venezia 1737.
Gilli, Patrick, Ambassades et ambassadeurs dans la législation statutaire italienne (XIIIe–XIVe siècle), in: Andretta, Stefano / Péquinot, Stéphane / Waquet, Jean-Claude (Hg.), De l'ambassadeur. Les écrits relatifs à l'ambassadeur et à l'art de négocier du moyen âge au début du XIXe siècle, Rome 2015 (Collection de l'École française de Rome 504), S. 57–85.
Gilli, Patrick, Aux sources de l'espace politique. Techniques électorales et pratiques délibératives dans les cités italiennes (XIIe–XIVe siècles), in: Rivista Internazionale di Diritto Comune 18 (2007), S. 253–270.
Gilli, Patrick / Théry, Julien (Hg.), Le gouvernement pontifical et l'Italie des villes au temps de la théocratie (fin XIIe – mi-XIVe s.), Montpellier 2010 (Monspeliensia medievalia).
Ginatempo, Maria / Sandri, Lucia, L'Italia delle città. Il popolamento urbano tra Medioevo e Rinascimento (secoli XIII–XVI), Firenze 1990 (Le vie della storia 3).
Giorgetti, Vittorio, Podestà, capitani del popolo e loro ufficiali a Perugia (1195–1500). Prefazione di Ovidio Capitani ed Enrico Menestò, Spoleto 1993 (Quaderni del Centro per il Collegamento degli Studi Medievali e Umanistici in Umbria 30).
Giovagnoli, Enrico, Gubbio nella storia e nell'arte, Città di Castello 1932.

Giubbini, Giovanna (Hg.), Il notariato in area umbro-marchigiana. Esperienze professionali e produzione documentaria. Secoli X–XVIII. Atti del Convegno, Perugia 2011.

Grappa, Carlo, Gente sabina. Storia dei paesi della provincia di Rieti, Poggibonsi 1994 (Linee storiche).

Gregorovius, Ferdinand, Geschichte der Stadt Rom im Mittelalter. Vom fünften Jahrhundert bis zum sechzehnten Jahrhundert, Bd. 5, Stuttgart 1865.

Grillantini, Carlo, Storia di Osimo. Vetus Auximon, Bd. 1: Dagli inizi al 1800, Pinerolo 1957.

Grillo, Paolo, Alle origini della diplomazia comunale. Amicizia e concordia nei rapporti fra i comuni italiani nell'epoca della Lega Lombarda, in: Lori Sanfilippo/Rigon (Hg.), Parole, Roma 2012, S. 157–167.

Grillo, Paolo, Cavalieri, cittadini e comune consolare, in: Caciorgna/Carocci/Zorzi (Hg.), Comuni, S. 157–176.

Grillo, Paolo, La frattura inesistente. L'età del comune consolare nella recente storiografia, in: ASI 168 (2009), S. 673–699.

Grillo, Paolo, Vie di comunicazione, traffici e mercati nella politica intercittadina milanese fra XII e XIII secolo, in: ASI 159 (2001), S. 259–288.

Grillo, Paolo (Hg.), Cittadini in armi. Eserciti e guerre nell'Italia comunale, Seminario di studi, Milano, 11 giugno 2009, Soveria Mannelli 2011 (Stato, esercito e controllo del territorio 12).

Grohmann, Alberto, Città e territorio tra medioevo ed età moderna (Perugia, secc. XIII–XVI), Bd. 2: Il territorio, Perugia 1981.

Grohmann, Alberto, L'imposizione diretta nei comuni dell'Italia centrale nel XIII secolo. La *Libra* di Perugia del 1285, Perugia 1986 (Collection de l'École française de Rome 91).

Grundman, John Paul, Perugia and Henry VII, in: BDU 105 (2008), S. 277–411.

Grundman, John Paul, The *Popolo* at Perugia 1139–1309, Perugia 1992 (Fonti per la storia dell'Umbria 20).

Günther, Kai-Henrik, Sizilianer, Flamen, Eidgenossen. Regionale Kommunen und das soziale Wissen um kommunale Conjuratio im Spätmittelalter, Stuttgart-Göttingen 2013 (Quellen und Forschungen zur Agrargeschichte 57).

Guidoni, Enrico, Originalità e derivazioni nella formazione delle strutture urbanistiche umbre, in: Orientamenti, S. 387–409.

Hagemann, Wolfgang, Fabriano im Kampf zwischen Kaisertum und Papsttum bis 1272, Teil 1, in: QFIAB 30 (1940), S. 88–136.

Hagemann, Wolfgang, Fabriano im Kampf zwischen Kaisertum und Papsttum bis 1272, Teil 2, in: QFIAB 32 (1942), S. 51–109.

Hagemann, Wolfgang, Fondi documentari sconosciuti nelle Marche, in: Studia Picena 29 (1961).

Hagemann, Wolfgang, Herzog Rainald von Spoleto und die Marken in den Jahren 1228/1229, in: Fleckenstein, Josef/Schmid, Karl (Hg.), Adel und Kirche. Gerd Tellenbach zum 65. Geburtstag dargebracht von Freunden und Schülern, Freiburg-Basel-Wien 1968, S. 436–457.

Hagemann, Wolfgang, L'intervento del duca Rainaldo di Spoleto nelle Marche nel 1228/1229, in: Le Marche, S. 27–44.

Hagemann, Wolfgang, Jesi im Zeitalter Friedrichs II., in: QFIAB 36 (1956), S. 138–187.

Hagemann, Wolfgang, Kaiserurkunden und Reichssachen im Archivio Storico von Gubbio, Teil 1, in: QFIAB 28 (1937–1938), S. 235–267.

Hagemann, Wolfgang, Kaiserurkunden und Reichssachen im Archivio Storico von Gubbio, Teil 1, in: QFIAB 29 (1938–1939), S. 135–232.

Hagemann, Wolfgang, Kaiserurkunden und Reichssachen im Archivio Storico von Gubbio, Teil 3, in: QFIAB 34 (1954), S. 109–158.

Hagemann, Wolfgang, Le lettere originali dei dogi Ranieri Zeno (1253–1268) e Lorenzo Tiepolo (1268–1275) conservate nell'Archivio Diplomatico di Fermo, in: Studia Picena 25 (1957), S. 1–27.

Hagemann, Wolfgang, Studien und Dokumente zur Geschichte der Marken im Zeitalter der Staufer, Teil. 1: Corridonia (Montolmo), in: QFIAB 37 (1957), S. 103–135.

Hagemann, Wolfgang, Studien und Dokumente zur Geschichte der Marken im Zeitalter der Staufer, Teil 3: Sant'Elpidio a Mare, in: QFIAB 44 (1964), S. 72–151.

Hagemann, Wolfgang, Studien und Dokumente zur Geschichte der Marken im Zeitalter der Staufer, Teil 4: Tolentino [1], in: QFIAB 44 (1964), S. 152–288.

Hagemann, Wolfgang, Studien und Dokumente zur Geschichte der Marken im Zeitalter der Staufer, Teil 4: Tolentino [2], in: QFIAB 46 (1966), S. 91–218.

Hagemann, Wolfgang, Tolentino nel periodo svevo (I.), in: Studia Picena 35 (1967), S. 1–52.

Hageneder, Othmar, Das Sonne-Mond-Gleichnis bei Innocenz III. Versuch einer teilweisen Neuinterpretation, in: MIÖG 65 (1957), S. 340–368.

Härtel, Reinhard, Notarielle und kirchliche Urkunden im frühen und hohen Mittelalter, Köln-Weimar-Wien 2011 (Historische Hilfswissenschaften).

Hartmann, Florian, Ars dictaminis. Briefsteller und verbale Kommunikation in den italienischen Stadtkommunen des 11. bis 13. Jahrhunderts, Ostfildern 2013 (Mittelalter-Forschungen 44).

Haverkamp, Alfred, Herrschaftsformen der Frühstaufer in Reichsitalien, Teil 1, Stuttgart 1970 (Monographien zur Geschichte des Mittelalters 1).

Haverkamp, Alfred, Das Zentralitätsgefüge Mailands im hohen Mittelalter, in: Meynen, Emil (Hg.), Zentralität als Problem der mittelalterlichen Stadtgeschichtsforschung, Köln u. a. 1979 (Städteforschung Reihe A, Darstellungen 8), S. 48–78.

Heinemeyer, Walter, Studien zur Diplomatik mittelalterlicher Verträge vornehmlich des 13. Jahrhunderts, in: Archiv für Urkundenforschung 14 (1936), S. 357–400.

Heinig, Paul-Joachim, Vertrag. A. Westlicher Bereich. III. Staatsrechtlich, in: LexMA 8 (1997), Sp. 1590–1592.

Helmholz, Richard Henry, Contracts and the Canon Law, in: Barton, John (Hg.), Towards a General Law of Contract, Berlin 1990 (Comparative Studies in Continental and Anglo-American Legal History / Vergleichende Untersuchungen zur kontinentalgeschichtlichen und anglo-amerikanischen Rechtsgeschichte 8), S. 49–65.

Henn, Volker, Aus rheinischer, westfälischer und hansischer Geschichte, hg. von Franz Irsigler/Helga Irsigler/Rolf Häfele, Trier 2009.

Henn, Volker, Innerhansische Kommunikations- und Raumstrukturen. Umrisse einer neuen Forschungsaufgabe?, in: ders., Geschichte, S. 233–244.

Henn, Volker, Städtebünde und regionale Identitäten im hansischen Raum, in: ders., Geschichte, S. 211–232.

Herde, Peter, Guelfen und Gibellinen, in: Friedrich II., S. 50–66.

Herde, Peter, Guelfen und Neoguelfen. Zur Geschichte einer nationalen Ideologie vom Mittelalter zum Risorgimento, Stuttgart 1986 (Sitzungsberichte der Wissenschaftlichen Gesellschaft an der Johann Wolfgang Goethe-Universität Frankfurt am Main 22,2).

Hermes, Raimund, Interkommunale Schiedsgerichtsbarkeit im frühen 13. Jahrhundert. Beobachtungen zu Verfahren und Schrifteinsatz anhand eines Konfliktbündels in Südpiemont, in: Keller, Hagen / Blattmann, Marita (Hg.), Träger der Verschriftlichung und Strukturen der Überlieferung in oberitalienischen Kommunen des 12. und 13. Jahrhunderts, Münster 2016 (Wissenschaftliche Schriften der WWU Münster X,25), S. 371–438.

Hocquet, Jean-Claude, Salz. I. Allgemein und Westen, in: LexMA 7 (1995), Sp. 1326 f.

Hofmann, Hasso, Repräsentation. Studien zur Wort- und Begriffsgeschichte von der Antike bis ins 19. Jahrhundert, Berlin ³1998 (Schriften zur Verfassungsgeschichte 22).

Hübner, Klara, „Cito quam fas" – so schnell als nötig. Zur Geschwindigkeit von Gesandten und Nachrichtenübermittlern in den Städten des eidgenössischen Raums, in: Schiedt, Hans-Ulrich u. a. (Hg.), Verkehrsgeschichte. Histoire des transports, Zürich 2010 (Schweizerische Gesellschaft für Wirtschafts- und Sozialgeschichte 25), S. 83–95.

Ilari, Virgilio, Trattato. I. Trattato internazionale. a) Diritto romano, in: EdD 44 (1992), S. 1335–1351.

Jamme, Armand, Forteresses, centres urbains et territoire dans l'Etat pontifical. Logiques et méthodes de la domination à l'âge albornozien, in: Crouzet-Pavan, Élisabeth (Hg.), Pouvoir et édilité. Les grands chantiers dans l'Italie communale et seigneuriale, Rome 2003 (Collection de l'École française de Rome 302), S. 375–417.
Johanek, Peter, Städtebünde, Städteverbände und Städteassoziationen in der europäischen Geschichte. Vom politischen Instrument zur kommunalen Interessenvertretung, in: Opll/Weigl (Hg.), Städtebünde, S. 23–49.
Jones, Philip, Introduzione. Economia e società nell'Italia medievale: il mito della borghesia, in: ders., Economia e società nell'Italia medievale, übers. von Carla Susini Jones und Aldo Serafini, Torino 1980 (Biblioteca di cultura storica 141), S. 3–189.
Jordan, Édouard, Les origines de la domination angevine en Italie, Paris 1909.
Jordan, William C./McNab, Bruce/Ruiz, Teofilo F. (Hg.), Order and Innovation in the Middle Ages. Essays in Honor of Joseph R. Strayer, Princeton-New Jersey 1976.

Kaminsky, Hans H., Ambasciator, in: LexMA 1 (1980), Sp. 515.
Kaser, Max/Knütel, Rolf, Römisches Privatrecht. Ein Studienbuch, München ¹⁸2005 (Kurzlehrbücher für das juristische Studium).
Kaufhold, Martin, Deutsches Interregnum und europäische Politik. Konfliktlösungen und Entscheidungsstrukturen 1230–1280, Hannover 2000 (MGH Schriften 49).
Keller, Hagen, Adelsherrschaft und städtische Gesellschaft in Oberitalien. 9. bis 12. Jahrhundert, Tübingen 1979 (Bibliothek des Deutschen Historischen Instituts in Rom 52).
Keller, Hagen, La civiltà comunale italiana nella storiografia tedesca, in: Zorzi (Hg.), Civiltà comunale, S. 19–64.
Keller, Hagen, Einwohnergemeinde und Kommune. Probleme der italienischen Stadtverfassung im 11. Jahrhundert, in: HZ 224 (1977), S. 561–579.
Keller, Hagen, Die Entstehung der italienischen Stadtkommunen als Problem der Sozialgeschichte, in: Frühmittelalterliche Studien 10 (1976), S. 169–211.
Keller, Hagen, Gli inizi del comune in Lombardia. Limiti della documentazione e metodi di ricerca, in: Bordone, Renato/Jarnut, Jörg (Hg.), L'evoluzione delle città italiane nell'XI secolo, Bologna 1988 (Annali dell'Istituto storico italo-germanico, Quaderni 25), S. 45–70.
Keller, Hagen, „Kommune". Städtische Selbstregierung und mittelalterliche „Volksherrschaft" im Spiegel italienischer Wahlverfahren des 12. und 14. Jahrhunderts, in: Althoff, Gerd u. a. (Hg.), Person und Gemeinschaft im Mittelalter. Karl Schmid zum fünfundsechzigsten Geburtstag, Sigmaringen 1988, S. 573–616.
Keller, Hagen, Der Übergang zur Kommune. Zur Entwicklung der italienischen Stadtverfassung im 11. Jahrhundert, in: Diestelkamp (Hg.), Beiträge, S. 55–72.
Keller, Hagen, Die Veränderung gesellschaftlichen Handelns und die Verschriftlichung der Administration in den italienischen Stadtkommunen, in: Keller, Hagen/Grubmüller, Klaus/Staubach, Nikolaus (Hg.), Pragmatische Schriftlichkeit im Mittelalter. Erscheinungsformen und Entwicklungsstufen. Akten des internationalen Kolloquiums, 17.–19. Mai 1989, München 1992 (Münstersche Mittelalter-Schriften 65), S. 21–36.
Keller, Hagen, Vorwort, in: Keller/Behrmann (Hg.), Kommunales Schriftgut, S. VII–XIV.

Keller, Hagen / Behrmann, Thomas (Hg.), Kommunales Schriftgut in Oberitalien. Formen, Funktionen, Überlieferung, München 1995 (Münstersche Mittelalter-Schriften 68).
Koch, Petra, Die Archivierung kommunaler Bücher in den ober- und mittelitalienischen Städten im 13. und frühen 14. Jahrhundert, in: Keller/Behrmann (Hg.), Kommunales Schriftgut, S. 19–69.
Kolmer, Lothar, Promissorische Eide im Mittelalter, Kallmünz 1989 (Regensburger Historische Forschungen 12).
Koranyi, Karol, Ze studjów nad międzynarodowemi traktatami w średniowieczu [mit italienischer Zusammenfassung], Lwowie 1936 (Archiwum Towarzystwa naukowego we Lwowie Dział II 19,1).
Koselleck, Reinhart, Bund, Bündnis, Föderalismus, Bundesstaat, in: Brunner, Otto / Conze, Werner / Koselleck, Reinhart (Hg.), Geschichtliche Grundbegriffe. Historisches Lexikon zur politisch-sozialen Sprache in Deutschland, Bd. 1, Stuttgart 1972, S. 582–671.
Kreutz, Bernhard, Städtebünde und Städtenetz am Mittelrhein im 13. und 14. Jahrhundert, Trier 2005 (Trierer Historische Forschungen 54).

Lackner, Christian, Studien zur Verwaltung des Kirchenstaates unter Papst Innocenz III., in: Römische Historische Mitteilungen 29 (1987), S. 127–215.
Lanconelli, Angela, Autonomie comunali e potere centrale nel Lazio dei secoli XIII–XIV, in: Dondarini (Hg.), Libertà, S. 83–101.
Lange, Hermann, Römisches Recht im Mittelalter, Bd. 1: Die Glossatoren, München 1997.
Lanzi, Luigi, Di una pergamena apocrifa sulla lega del 1215 fra Terni e Foligno, in: BDU 10 (1904), S. 373–383.
Lanzi, Luigi, Un lodo d'Innocenzo III ai narnesi specialmente per la terra di Stroncone, in: BDU 1 (1895), S. 126–135.
Lattanzi, Bernardino, Storia di Foligno, Bd. 1: Dalle origini al 1305, Roma 1994.
Laufs, Manfred, Politik und Recht bei Innozenz III. Kaiserprivilegien, Thronstreitregister und Egerer Goldbulle in der Reichs- und Rekuperationspolitik Papst Innozenz' III., Köln-Wien 1980 (Kölner historische Abhandlungen 26).
Leggio, Tersilio, Farfa, Rieti e Federico II, in: Enrico Menestò (Hg.), Esculum e Federico II. L'imperatore e la città. Per una rilettura dei percorsi della memoria. Atti del Convegno di studio svoltosi in occasione della nona edizione del „Premio internazionale Ascoli Piceno", Spoleto 1998 (Atti del Premio internazionale Ascoli Piceno / Collana dell'Istituto superiore di studi medievali „Cecco d'Ascoli" di Ascoli Piceno, n. s. 6), S. 283–306.
Lenel, Walter, Die Entstehung der Vorherrschaft Venedigs an der Adria, Strassburg 1897.
Le Pogam, Pierre-Yves, Les maîtres d'œuvre au service de la papauté dans la seconde moitié du XIIIe siècle, Rome 2004 (Collection de l'École française de Rome 337).
Leonhard, Joachim-Felix, Die Seestadt Ancona im Spätmittelalter. Politik und Handel, Tübingen 1983 (Bibliothek des Deutschen Historischen Instituts in Rom 55).
Leoni, Valeria, Notai e comune a Cremona tra XII e XIII secolo. Note sui documenti pattizi tra il comune cremonese e le città della regione padana (1183–1214), in: Lazzarini, Isabella / Gardoni, Giuseppe (Hg.), Notariato e medievistica. Per i cento anni di *Studi e ricerche di diplomatica comunale* di Pietro Torelli. Atti delle giornate di studi (Mantova, Accademia Nazionale Virgiliana, 2–3 dicembre 2011), Roma 2013 (Nuovi Studi Storici 93), S. 248–260.
Leopardi, Monaldo, Annali di Recanati con le leggi e costumi degli antichi Recanatesi, Varese 1945.
Lesaffer, Randall, The Influence of the Medieval Canon Law of Contract on Early Modern Treaty Law, in: Bellomo, Manlio / Condorelli, Orazio (Hg.), Proceedings of the Eleventh International Congress of Medieval Canon Law. Catania, 30 July – 6 August 2000, Città del Vaticano 2006 (Monumenta Iuris Canonici, Series C, Subsidia 12), S. 449–467.
Lestocquoy, Jean François, L'Impero e l'Umbria comunale, in: Storia e arte, Bd. 2, S. 397–412.

Lili, Istoria = Istoria della città di Camerino di Camillo Lilii, istoriografo di Luigi XIV il Grande, re di Francia, supplita da Filippo Camerini, Bd. 2, Camerino 1835.

Lisini, Alessandro, La taglia toscana concordata a Castelfiorentino nel 1299, in: Miscellanea storica della Valdelsa 7 (1899), S. 34–39.

Lodolini, Elio (Hg.), Gli archivi storici dei comuni delle Marche, Roma 1960 (Quaderni della Rassegna degli Archivi di Stato 6).

Lombardi, Francesco Vittorio, La figura di Federico II fra la nobiltà e le città dell'alta Marca, in: Fonseca (Hg.), Federico II e le Marche, S. 403–422.

Londei, Luigi, Confini e circoscrizioni dell'Umbria dall'antico regime all'unificazione nazionale, in: Archivi in Valle Umbra 2 (2001), S. 87–116.

Lonzini, Silvia, Il notaio Iohannes Tuschus e le riformanze del comune di Perugia dal 1287 al 1301, Bd. 1: Testo, Tesi di laurea, Università degli Studi di Perugia, Anno accademico 1996/97.

Lonzini, Silvia, Il notaio Iohannes Tuschus e le riformanze del comune di Perugia dal 1287 al 1301, Bd. 2: Apparato, Tesi di laurea, Università degli Studi di Perugia, Anno accademico 1996/97.

Lopez, Robert S., Proxy in Medieval Trade, in: Jordan/McNab/Ruiz (Hg.), Order and Innovation, S. 187–194.

Lori Sanfilippo, Isa/Rigon, Antonio (Hg.), Parole e realtà dell'amicizia medievale. Atti del convegno di studio svoltosi in occasione della XXII edizione del Premio internazionale Ascoli Piceno, Ascoli Piceno, Palazzo dei Capitani, 2–4 dicembre 2010, Roma 2012.

Lucarelli, Oderigi, Memorie e guida storica di Gubbio, Città di Castello 1888.

Luchaire, Achille, Innocent III et les ligues de Toscane et de Lombardie, in: Séances et travaux de l'Académie des sciences morales et politiques, Compte rendu, n. s. 61 (1904), S. 490–514.

Luzzatto, Gino, Le sottomissioni dei feudatori e le classi sociali in alcuni comuni marchigiani (sec. XII e XIII), in: Le Marche 6 (1906).

Luzzatto, Gino, Storia economica d'Italia. Il medioevo, Firenze ²1963 (Biblioteca Sansoni).

Maccarrone, Michele, Innocenzo III e gli avvenimenti di Romagna del 1198, in: Lambertini, Roberto (Hg.), Nuovi studi su Innocenzo III, Roma 1995 (Nuovi Studi Storici 25), S. 156–187.

Maccarrone, Michele, Studi su Innocenzo III, Padova 1972 (Italia sacra. Studi e documenti di storia ecclesiastica 17).

Magherini-Graziani, Giovanni, Storia di Città di Castello, Bd. 2, Città di Castello 1907.

Magnati e popolani nell'Italia comunale. Pistoia, 15–18 maggio 1995, Pistoia 1997 (Centro Italiano di Studi di Storia e d'Arte, Pistoia, Convegni di studi 15), S. 17–40.

Maire Vigueur, Jean-Claude, Aperçus sur la noblesse seigneuriale à Pérouse au XIIIe siècle, in: Bourlet, Caroline/Dufour, Annie (Hg.), L'écrit dans la société médiévale. Divers aspects de sa pratique du XIe au XVe siècle. Textes en hommage à Lucie Fossier, Paris 1993, S. 233–250.

Maire Vigueur, Jean-Claude, Cavaliers et citoyens. Guerre, conflits et société dans l'Italie communale, XIIe–XIIIe siècles, Paris 2003 (Civilisations et Sociétés 114).

Maire Vigueur, Jean-Claude, Centri di nuova fondazione e comuni di castello. Riflessioni sulle strategie della piccola nobiltà signorile, in: Piccinini (Hg.), La Marca d'Ancona, S. 71–92.

Maire Vigueur, Jean-Claude, Il Comune popolare, in: Società e istituzioni, Bd. 1, S. 41–56.

Maire Vigueur, Jean-Claude, Comuni e signorie in Umbria, Marche e Lazio, in: Galasso (Hg.), Storia d'Italia 7,2, S. 321–606.

Maire Vigueur, Jean-Claude, Comuni e signorie nelle province dello Stato della Chiesa, in: ders. (Hg.), Signorie cittadine, S. 105–172.

Maire Vigueur, Jean-Claude, Échec au podestat. L'expulsion de Comaccio Galluzzi podestat de Todi (17 juillet 1268), in: BDU 92 (1995), S. 5–41.

Maire Vigueur, Jean-Claude, Féodalité montagnarde et expansion communale. Le cas de Spolète au XIIIe siècle, in: Structures féodales, S. 429–438.

Maire Vigueur, Jean-Claude, Flussi, circuiti e profili, in: ders. (Hg.), Podestà, Bd. 2, S. 897–1099.
Maire Vigueur, Jean-Claude, Forme minori di organizzazione del territorio nell'Italia dei comuni. I comitatus e altri distretti dello Stato della Chiesa, in: Allegretti, Girolamo (Hg.), La provincia feretrana (secoli XIV–XIX). Atti del convegno di studi, Montecerignone – San Leo, 30–31 ottobre 1999, San Leo 2000 (Studi montefeltrani, Atti convegni 7), S. 11–28.
Maire Vigueur, Jean-Claude, Impero e papato nelle Marche. Due sistemi di dominazione a confronto, in: Friedrich II, S. 381–403.
Maire Vigueur, Jean-Claude, Nello stato della Chiesa. Da una pluralità di circuiti al trionfo del guelfismo, in: ders. (Hg.), Podestà, Bd. 2, S. 741–814.
Maire Vigueur, Jean-Claude, I rettori forestieri nei comuni marchigiani, in: Stranieri e forestieri nella Marca dei secc. XIV–XVI. Atti del XXX Convegno di Studi Maceratesi, Macerata 1996 (Studi Maceratesi 30), S. 129–161.
Maire Vigueur, Jean-Claude, Révolution documentaire et révolution scripturaire. Le cas de l'Italie médiévale, in: Bibliothèque de l'École des Chartes 153 (1995), S. 177–185.
Maire Vigueur, Jean-Claude / Faini, Enrico, Il sistema politico dei comuni italiani (secoli XII–XIV), Milano-Torino 2010.
Maire Vigueur, Jean-Claude (Hg.), I podestà dell'Italia comunale, parte I: Reclutamento e circolazione degli ufficiali forestieri (fine XII sec. – metà XIV sec.), 2 Bde., Roma 2000 (Collection de l'École française de Rome 268 / Nuovi studi storici 51).
Maire Vigueur, Jean-Claude (Hg.), Signorie cittadine nell'Italia comunale, Roma 2013 (Italia comunale e signorile 1).
Maleczek, Werner (Hg.), Fragen der politischen Integration im mittelalterlichen Europa, Ostfildern 2005 (Vorträge und Forschungen 63).
Mancini, Franco, Todi e i suoi castelli. Pagine di storia e d'arte, Perugia ²1986.
Manselli, Raoul, Innocenzo III e le Marche, in: Le Marche, S. 9–20.
Marangoni, Giovanni, Delle memorie sagre, e civili dell'antica città di Novana, oggi Civitanova nella Provincia del Piceno libri tre, Roma 1743.
Le Marche nei secoli XII e XIII. Problemi e ricerche. Atti del VI Convegno del Centro di studi storici maceratesi, Macerata 1972 (Studi Maceratesi 6).
Marcoaldi, Oreste, Guida e statistica della città e comune di Fabriano, Fabriano 1873.
Mariotti, Annibale Baduel Carlo, Saggio di memorie istoriche, civili ed ecclesiastiche della città di Perugia e suo contado, Perugia 1806.
Martorelli, Luigi, Memorie historiche dell'antichissima e nobile città d'Osimo, Venezia 1705.
Massetto, Gian Paolo, Buona fede nel diritto medievale e moderno, in: Digesto delle Discipline Privatistiche, Sezione Civile 2 (1988), S. 133–154.
Massetto, Gian Paolo, Osservazioni in materia di contratti nella *Summa totius artis notariae*, in: Tamba (Hg.), Rolandino, S. 249–327.
Maurer, Helmut (Hg.), Kommunale Bündnisse Oberitaliens und Oberdeutschlands im Vergleich, Sigmaringen 1987 (Vorträge und Forschungen 33).
Mayer-Maly, Theodor, Der Konsens als Grundlage des Vertrages, in: Hübner, Heinz / Klingmüller, Ernst / Wacke, Andreas (Hg.), Festschrift für Erwin Seidl zum 70. Geburtstag, Köln 1975, S. 118–129.
Mazzatinti, Giuseppe (Hg.), Gli archivi della storia d'Italia, 9 Bde., Rocca S. Casciano 1897–1915, Ndr. Hildesheim 1988.
Menant, François, La féodalité italienne entre XIe et XIIe siècles, in: Feudalesimo, Bd. 1, S. 347–383.
Menestò, Enrico, Bonifacio VIII e Todi, in: Bonifacio VIII, S. 21–57.
Menestò, Enrico, Un esempio di storiografia e cultura letteraria tra Medioevo e Umanesimo, in: Cronache, hg. von Italiani u. a., S. 329–629.

Menestò, Enrico (Hg.), Dal Patrimonio di San Pietro allo Stato pontificio. La Marca nel contesto del potere temporale. Atti del Convegno di studio svoltosi in occasione della quarta edizione del „Premio internazionale Ascoli Piceno", Spoleto 2000 (Atti del Premio internazionale Ascoli Piceno, n. s. 4).

Menestò, Enrico (Hg.), L'Umbria nel XIII secolo, Spoleto 2011 (Uomini e mondi medievali 30).

Menestò, Enrico, L'Umbria nel XIII secolo, in: ders. (Hg.), Umbria, S. 1–43.

Menichetti, Piero Luigi, Storia di Gubbio dalle origini all'Unità d'Italia, [Città di Castello] 1987.

Menzinger, Sara, Diritti di cittadinanza nelle *quaestiones* giuridiche duecentesche e iniziotrecentesche (I), in: MEFRM (en ligne) 125,2 (2013), mis en ligne le 09 décembre 2013 (URL: http://journals.openedition.org/mefrm/1468; 24. 5. 2019).

Menzinger, Sara, Giuristi e politica nei comuni di popolo. Siena, Perugia e Bologna, tre governi a confronto, Roma 2006 (Ius nostrum 34).

Menzinger, Sara, Pareri eccezionali. Procedure decisionali e straordinarie nella politica comunale del XIII secolo, in: Quaderni storici 131 (2009), S. 399–410.

Merli, Sonia, „Qui seminat spiritualia debet recipere temporalia". L'episcopato di Città di Castello nella prima metà del Duecento, in: MEFRM 109 (1997), S. 269–301.

Merli, Sonia / Bartoli Langeli, Attilio, Un notaio e il Popolo. Notizie su Bovicello Vitelli cancelliere duecentesco del Comune di Perugia, in: BISI 101 (1997/1998), S. 199–304.

Meyer, Andreas, *Felix et inclitus notarius*. Studien zum italienischen Notariat vom 7. bis zum 13. Jahrhundert, Tübingen 2000 (Bibliothek des Deutschen Historischen Instituts in Rom 92).

Mezzanotte, Franco, Orvieto e le città vicine nel Medioevo, in: Della Fina (Hg.), Storia, S. 89–102.

Michaeli, Michele, Memorie storiche della città di Rieti e dei paesi circostanti dall'origine all'anno 1560, Rieti 1897–98.

Michaud-Quantin, Pierre, Universitas. Expressions du mouvement communautaire dans le moyen-âge latin, Paris 1970 (L'église et l'état au moyen âge 13).

Milani, Giuliano, I comuni italiani. Secoli XII–XIV, Roma ^{4}2009 (Quadrante Laterza 126).

Milani, Giuliano, L'esclusione dal comune. Conflitti e bandi politici a Bologna e in altre città italiane tra XII e XIV secolo, Roma 2003 (Nuovi Studi Storici 63).

Milani, Giuliano, Podestà, popolo e parti a Todi tra Due e Trecento. Per una revisione del „paradigma tudertino", in: Todi nel medioevo, Bd. 1, S. 351–376.

Milani, Giuliano, Prime note su disciplina e pratica del bando a Bologna attorno alla metà del XIII secolo, in: MEFRM 109 (1997), S. 501–523.

Miliani, Giovanni Battista, Fabriano e dintorni. Ricordo alla Società Geologica Italiana, Fabriano 1883.

Mitteis, Heinrich, Politische Verträge im Mittelalter, in: ZRG germ. Abt. 67 (1950), S. 76–140.

Mochi Onory, Sergio, Ricerche sui poteri civili dei vescovi nelle città umbre durante l'alto medio evo, Roma 1930 (Biblioteca della Rivista di Storia del Diritto Italiano 2).

Moraw, Peter, Die Funktion von Einungen und Bünden im spätmittelalterlichen Reich, in: Press, Volker (Hg.), Alternativen zur Reichsverfassung in der frühen Neuzeit?, München 1995 (Schriften des Historischen Kollegs, Kolloquien 23), S. 1–21.

Moraw, Peter, Von offener Verfassung zu gestalteter Verdichtung. Das Reich im späten Mittelalter 1250 bis 1490, Berlin 1985 (Propyläen-Geschichte Deutschlands 3).

Mordenti, Jacopo, Di pietra e d'acqua dolce. Storia minima del Trasimeno medievale, Perugia 2018.

Morghen, Raffaello, Una legazione di Benedetto Caetani nell'Umbria e la guerra tra Perugia e Foligno del 1288, in: ASRSP 52 (1929), S. 485–490.

Morosin, Manuela, I documenti dell'Archivio storico comunale di Fabriano, in: Sturba (Hg.), Notariato, S. 17–21.

Mosiici, Luciana, Documenti di lega, patti e convenzioni stipulati da comuni della Valdinievole nel secolo XIII. Note diplomatiche, in: Violante, Cinzio / Spicciani, Amleto (Hg.), Pescia e

la Valdinievole nell'età dei Comuni. Atti del Convegno, Pescia, 23–25 ottobre 1986, Pisa 1995 (Studi medioevali 1), S. 101–138.
Mucciarelli, Roberta / Piccinni, Gabriella / Pinto, Giuliano (Hg.), La costruzione del dominio cittadino sulle campagne. Italia centro-settentrionale, secoli XII–XIV, Siena 2009.
Müller, Mario, Besiegelte Freundschaft. Die brandenburgischen Erbeinungen und Erbverbrüderungen im späten Mittelalter, Göttingen 2010 (Schriften zur politischen Kommunikation 8).
Müller, Ulrich, Die Entwicklung der direkten Stellvertretung und des Vertrages zugunsten Dritter. Ein dogmengeschichtlicher Beitrag zur Lehre von der unmittelbaren Drittberechtigung und Drittverpflichtung, Berlin-Köln-Mainz 1969 (Beiträge zur neueren Privatrechtsgeschichte 3).
Müller, Wolfgang, Das Aufkommen der Rechtsverzichtsformeln in den mittellateinischen Urkunden, Bd. 1: Text, Phil. Diss., München 1948.
Muratori, Lodovico Antonio, Antiquitates Italicae Medii Aevi, Bd. 4, Milano 1741.
Muzi, Giovanni, Memorie ecclesiastiche e civili di Città di Castello. Con dissertazione preliminare sull'antichità ed antiche denominazioni di detta città, Città di Castello 1842–1844.

Naegle, Gisela, Einleitung, in: dies. (Hg.), Frieden, S. 9–48.
Naegle, Gisela, „Omne regnum in se divisum desolabitur"? Coopération urbaine en France et dans l'Empire médiéval, in: Buchholzer-Rémy, Laurence (Hg.), Ligues urbaines et espaces à la fin du Moyen-Age / Städtebünde und Raum im Spätmittelalter, Strasbourg 2012 (Sciences de l'histoire), S. 53–70.
Naegle, Gisela (Hg.), Frieden schaffen und sich verteidigen im Spätmittelalter. Faire la paix et se défendre à la fin du Moyen âge, München 2012 (Pariser Historische Studien 98).
Naldini, Lamberto, La „tallia militum societatis tallie Tuscie" nella 2ª metà del secolo XIII, in: ASI 78 (1920), S. 75–113.
Narducci, Enrico, La lega romana con Perugia e con Narni contro Federico II. Episodio del secolo XIII, illustrato con un documento originale, e seguito da alcuni cenni intorno alla vita di Matteo Orsini, in: Giornale arcadico di scienze, lettere ed arti 142 (1856), S. 138–198.
Natalucci, Mario, Ancona attraverso i secoli, Ancona ²1960.
Natalucci, Mario, Gli imperatori della casa sveva e la Marca d'Ancona. Un documento dell'Archivio Capitolare d'Ancona, in: Studia Picena 31 (1967), S. 8–33.
Natalucci, Mario, La vitalità dei comuni della Marca di Ancona nel pontificato di Innocenzo III., in: Nova Historia 9 (1950), S. 372–375.
Neri, Maria, Perugia e il suo contado nei secoli XIII e XIV. Interventi urbanistici e legislazione statutaria, in: Orientamenti, S. 493–506.
Nessi, Silvestro, Bonifacio VIII e i suoi rapporti con l'Umbria, in: BDU 105 (2008), S. 161–275.
Nessi, Silvestro, Il ducato di Spoleto tra Papato e Impero al tempo di Federico II (con elenchi dei rettori pontifici e vicari imperiali), in: Ducato, Bd. 2, S. 909–954.
Nessi, Silvestro, I Trinci. Signori di Foligno, Foligno 2006.
Nessi, Silvestro, Umbrien, in: LexMA 8 (1997), Sp. 1208–1210.
Nessi, Silvestro / Ceccaroni, Sandro, Da Spoleto a Trevi lungo la Flaminia, Spoleto 1979 (Itinerari spoletini 5).
Nicolini, Ugolino, Il periodo consolare e podestarile, in: Società e istituzioni, Bd. 1, S. 25–39.
Nicolini, Ugolino, L'Umbria nella frammentazione comunale e signorile. Dipendenze politiche, potestà locali, passaggi di dominio fino al Cinquecento, in: Orientamenti, S. 193–206.
Nico Ottaviani, Maria Grazia, Il registro finanziario del comune di Perugia „Massari, 3" come fonte storica, in: Ricerche su Perugia tra Due e Quattrocento, Perugia 1981 (Pubblicazioni degli Istituti di Storia della Facoltà di Lettere e Filosofia), S. 9–58.

Nico Ottaviani, Maria Grazia, Statuti, territorio e acque nel medioevo. Perugia e Marsciano, Tevere e Nestóre, Spoleto 2008 (Quaderni del Centro per il Collegamento degli Studi Medievali e Umanistici in Umbria 44).
Nico, Maria Grazia / Bianciardi, Patrizia, L'Umbria tra potere pontificio e autonomie locali. Perugia e Spoleto nella normativa due-trecentesca, in: Dondarini (Hg.), Libertà, S. 103–130.
Noble, Thomas F. X., The Republic of St. Peter. The Birth of the Papal State, 680–825, Philadelphia 1984 (The Middle Ages).

Oestmann, Peter, Exception, in: ²HRG 1 (2008), Sp. 1450–1451.
Oexle, Otto Gerhard, Gilde und Kommune. Über die Entstehung von „Einung" und „Gemeinde" als Grundformen des Zusammenlebens in Europa, in: Blickle (Hg.), Theorien, S. 75–97.
Onofri, Azelio, La nascita del Comune di Narni e le sue istituzioni, Terni 1993.
Opll, Ferdinand, Lega Veronese und Lega Lombarda – die ältesten Städtebünde des Mittelalters. Anfänge, Konfrontation und Ausgleich mit dem Reich (1164/67–1183/86), in: ders. / Weigl (Hg.), Städtebünde, S. 79–114.
Opll, Ferdinand / Weigl, Andreas (Hg.), Städtebünde. Zum Phänomen interstädtischer Vergemeinschaftung von Antike bis Gegenwart, Innsbruck-Wien-Bozen 2017 (Beiträge zur Geschichte der Städte Mitteleuropas 27).
Orientamenti di una regione attraverso i secoli. Scambi, rapporti, influssi storici nella struttura dell'Umbria. Atti del X Convegno di studi umbri, Perugia 1978.

Pacini, Delio, Fildesmido da Mogliano. Un signore del secolo XIII nella Marca, in: Le Marche, S. 185–214.
Padoa Schioppa, Antonio, Sul principio della rappresentanza diretta nel Diritto canonico classico, in: Kuttner, Stephan (Hg.), Proceedings of the Fourth International Congress of Medieval Canon Law, Città del Vaticano 1976 (Monumenta Iuris Canonici, Series C, Subsidia 5), S. 107–131.
Pagnani, Giacinto, Una carta confinaria del 1216 tra Sassoferrato e Arcevia a cavallo di un possesso avellanita (S. Donnino di Genga), in: Fonte Avellana, S. 263–280.
Pagnani, Giacinto, Un trattato di alleanza stipulato tra Jesi e Arcevia nel 1228, in: Anselmi, Sergio (Hg.), Nelle Marche Centrali. Territorio, economia, società tra Medioevo e Novecento. L'area esino-misena, Bd. 1, Jesi 1979, S. 469–487.
Pancaldi, Maria Grazia, Cingoli nel Duecento, in: Avarucci (Hg.), Santità femminile, S. 59–76.
Paoli, Emore, I Comuni umbri e il nascente Stato della Chiesa. Una difficile coesistenza, in: Menestò (Hg.), Patrimonio, S. 65–89.
Paoli, Emore, Il purgatorio degli artigiani. Le corporazioni medievali di Todi tra economia, politica, religiosità e devozione, in: Menestò, Enrico / Pellegrini, Giancarlo (Hg.), Itinerarium. Università, corporazioni e mutualismuo ottocentesco. Fonti e percorsi storici. Atti del Convegno di studi, Spoleto 1994 (Quaderni del Centro per il Collegamento degli Studi Medievali e Umanistici nell'Umbria 35), S. 159–202.
Paradisi, Bruno, L'„amicitia" internazionale nell'alto medio evo, in: ders., Civitas maxima, Bd. 1, S. 339–397.
Paradisi, Bruno, Civitas maxima. Studi di storia del diritto internazionale, 2 Bde., Firenze 1974.
Paradisi, Bruno, International Law and Social Structure in the Middle Ages, in: ders., Civitas maxima, Bd. 2, S. 657–681.
Partner, Peter, The Lands of St Peter. The Papal State in the Middle Ages and the Early Renaissance, London 1972.
Patzold, Steffen, Das Lehnswesen, München 2012.

Patzold, Steffen, Human Security, fragile Staatlichkeit und Governance im Frühmittelalter. Zur Fragwürdigkeit der Scheidung von Vormoderne und Moderne, in: Geschichte und Gesellschaft 38 (2012), S. 406–422.

Paul, Jürgen, Die mittelalterlichen Kommunalpaläste in Italien, Phil. Diss., Freiburg i. Br. 1963.

Pauly, Michel (Hg.), Europäische Governance im Spätmittelalter. Heinrich VII. von Luxemburg und die großen Dynastien Europas, Actes des 15es Journées Lotharingiennes, Luxembourg 2010 (Publications de la section historique de l'Institut Grand-Ducal de Luxembourg 124 / Publications du CLUDEM 27).

Pecugi Fop, Maria, Perugia in Toscana. I centri aretini e senesi sottomessi al Comune di Perugia nel Trecento, Documenti dal *De claritate Perusinorum*, Perugia 2008 (Biblioteca della Deputazione di storia patria per l'Umbria 3).

Pellegrini, Ettore (Hg.), Alla ricerca di Montaperti. Mito, fonti documentarie e storiografia. Atti del convegno, Siena 2009 (Fonti di storia senese).

Pellini, Pompeo, Dell'Historia di Perugia. Parte prima, Venedig 1664, Ndr. Bologna 1968 (Historiae urbium et regionum Italiae rariores XV,1).

Pene Vidari, Gian Savino, Rappresaglia. a) Storia, in: EdD 38 (1987), S. 403–409.

Peruzzi, Agostino, Storia d'Ancona dalla sua fondazione all'anno 1532, Bologna 1847.

Petronio, Ugo, Stipulazione e documentazione dei contratti in età comunale, in: Civiltà Comunale, S. 53–78.

Petrucci, Enzo, Innocenzo III e i Comuni dello Stato della Chiesa. Il potere centrale, in: Società e istituzioni, Bd. 1, S. 91–135.

Piccinini, Gilberto (Hg.), La Marca d'Ancona fra XII e XIII secolo. Le dinamiche del potere. Atti del Convegno VIII Centenario della „Pace di Polverigi" (1202–2002), Ancona 2004 (Deputazione di Storia Patria per le Marche, Studi e testi 23).

Piergiovanni, Vito (Hg.), Medioevo notarile. Martino da Fano e il *Formularium super contractibus et libellis*. Atti del Convegno Internazionale di studi, Milano 2007 (Fonti e strumenti per la storia del notariato italiano 10).

Pini, Antonio Ivan, La „burocrazia" comunale nella Toscana del Trecento, in: Gensini, Sergio (Hg.), La Toscana nel secolo XIV. Caratteri di una civiltà regionale, Pisa 1988, S. 215–240.

Pini, Antonio Ivan, Città, comuni e corporazioni nel medioevo italiano, Bologna ²1989 (Biblioteca di storia urbana medievale 1).

Pini, Antonio Ivan, Dal comune città-stato al comune ente amministrativo, in: Galasso, Giuseppe (Hg.), Storia d'Italia, Bd. 4: Comuni e Signorie. Istituzioni, società e lotte per l'egemonia, Torino 1981, S. 449–587.

Pinzi, Cesare, Storia della città di Viterbo, 2 Bde., Roma 1887–1889.

Pio, Berardo, Bonifacio VIII e il *Patrimonium beati Petri*, in: Bonifacio VIII., S. 117–143.

Pio, Berardo, Commune, in: Encyclopedia of the Middle Ages 1 (2000), S. 337–340.

Piranesi, Giorgio, La Lega Toscana, in: Miscellanea storica della Valdelsa 41 (1933), S. 180–186.

Pirani, Francesco, Il comune e il Libro rosso fra storia e storiografia, in: Libro rosso, hg. von Bartoli Langeli/Irace/Maiarelli, Bd. 1, S. 3–29.

Pirani, Francesco, Comuni e signorie nello Stato della Chiesa, in: Caciorgna/Carocci/Zorzi (Hg.), Comuni, S. 259–279.

Pirani, Francesco, La costruzione del territorio comunale nei *libri iurium* di Jesi e Fabriano, in: Mucciarelli/Piccinni/Pinto (Hg.), Costruzione, S. 211–241.

Pirani, Francesco, Fabriano in età comunale. Nascita e affermazione di una città manifatturiera, Firenze 2003 (La società medievale. Saggi e ricerche).

Pirani, Francesco, La „Lega degli Amici della Marca". Una confederazione ghibellina nel primo Trecento, in: Marca / Marche. Rivista di storia regionale 1 (2013), S. 143–154.

Pirani, Francesco, „Multa notabilissima castra". I centri minori delle Marche, in: Lattanzio, Federico/Varanini, Gian Maria, I centri minori italiani nel tardo medioevo. Cambiamento sociale, crescita economica, processi di ristrutturazione (secoli XIII–XVI). Atti del XV Convegno di studi organizzato dal Centro di studi sulla civiltà del tardo medioevo, San Miniato, 22–24 settembre 2016, Firenze 2018 (Centro di Studi sulla Civiltà del tardo Medioevo San Miniato, Collana di Studi e Ricerche 15), S. 259–285.
Pirani, Francesco, Il papato e i signori cittadini nell'Italia del Trecento, in: Maire Vigueur (Hg.), Signorie cittadine, S. 509–547.
Pirani, Francesco, Scrittura documentaria e storia comunale, in: Libro rosso, hg. von Carletti/Pirani, S. XI–LX.
Pirillo, Paolo, Costruzione di un contado. I Fiorentini e il loro territorio nel Basso Medioevo, Firenze 2001 (Le vie della storia 46).
Pirillo, Paolo (Hg.), Semifonte in Val d'Elsa e i centri di nuova fondazione dell'Italia medievale. Atti del Convegno nazionale, Firenze 2004 (Biblioteca storica toscana 46).
Pohl, Walter, Staat und Herrschaft im Frühmittelalter. Überlegungen zum Forschungsstand, in: Airlie, Stuart/Pohl, Walter/Reimitz, Helmut (Hg.), Staat im frühen Mittelalter, Wien 2006 (Forschungen zur Geschichte des Mittelalters 11), S. 9–38.
Poloni, Alma, Fisionomia sociale e identità politica dei gruppi dirigenti popolari nella seconda metà del Duecento. Spunti di riflessione su un tema classico della storiografia comunalistica italiana, in: Società e storia 110 (2005), S. 799–821.
Popolo e stato in Italia nell'età di Federico Barbarossa. Alessandria e la Lega Lombarda. Relazioni e comunicazioni al XXXIII Congresso Storico Subalpino per la celebrazione dell'VIII centenario della fondazione di Alessandria, Torino 1970.
Post, Gaines, Studies in Medieval Legal Thought. Public Law and the State, 1100–1322, Princeton 1964.
Pratesi, Alessandro, La documentazione comunale, in: Società e istituzioni, Bd. 2, S. 351–365.
Pratesi, Alessandro, Lo sviluppo del notariato nel Ducato spoletino attraverso la documentazione privata, in: Ducato, Bd. 1, S. 251–263.
Pratesi, Luigi, I Paganelli delle Marche e lo statuto più antico del comune di Macerata (1245), in: Atti e memorie della Deputazione di Storia Patria per le Marche 10 (1915), S. 331–342.
Prinz, Peter, Markward von Anweiler, Truchseß des Reiches, Markgraf von Ancona, Herzog der Romagna und von Ravenna, Graf von Abruzzo und Molise, Emden 1875.
Prodi, Paolo, Il sacramento del potere. Il giuramento politico nella storia costituzionale dell'Occidente, Bologna 1992 (Collezione di testi e di studi).
Prodi, Paolo, Das Sakrament der Herrschaft. Der politische Eid in der Verfassungsgeschichte des Okzidents, Berlin 1997 (Schriften des Italienisch-Deutschen Historischen Instituts in Trient 11).
Prutscher, Uwe, Der Eid in Verfassung und Politik italienischer Städte. Untersuchungen im Hinblick auf die Herrschaftsformen Kaiser Friedrich Barbarossas in Reichsitalien, Phil. Diss., Gießen 1980.
Puza, Richard, Bona fides. 2. Kanonisches Recht, in: LexMA 2 (1983), Sp. 399 f.

Queller, Donald Edward, The Office of Ambassador in the Middle Ages, Princeton 1967.
Queller, Donald Edward, Thirteenth-Century Diplomatic Envoys. *Nuncii* and *Procuratores*, in: Speculum 35 (1960), S. 196–213.

Raccagni, Gianluca, The Lombard League 1167–1225, Oxford u. a. 2010.
Raccagni, Gianluca, Tra Lega Lombarda e *pars Ecclesie*. L'evoluzione della seconda Lega Lombarda e la leadership dei legati papali negli anni a cavallo della morte di Federico II (1239–1259), in: Società e storia 136 (2012), S. 249–275.

Raveggi, Sergio, L'Italia dei guelfi e dei ghibellini, Milano 2009.
Regni, Claudio, Il comune di Orvieto nel Medioevo (1157–1400), in: Della Fina (Hg.), Storia, S. 13–34.
Reynolds, Susan, The History of the Idea of Incorporation or Legal Personality. A Case of Fallacious Teleology, in: dies., Ideas and Solidarities of the Medieval Laity. England and Western Europe, Aldershot 1995, S. 1–20.
Riedmann, Josef, Die Beurkundung der Verträge Friedrich Barbarossas mit italienischen Städten. Studien zur diplomatischen Form von Vertragsurkunden im 12. Jahrhundert, Wien 1973 (Österreichische Akademie der Wissenschaften, Philosophisch-Historische Klasse, Sitzungsberichte 291, 3. Abhandlung).
Riganelli, Giovanni, Signora del lago, signora del Chiugi. Perugia e il Trasimeno in epoca comunale (prima metà sec. XII – metà sec. XIV), Perugia 2002.
Rossetti, Gabriella (Hg.), Legislazione e prassi istituzionale nell'Europa medievale. Tradizioni normative, ordinamenti, circolazione mercantile (secoli XI–XV), Napoli 2001 (Europa mediterranea, Quaderni 15).
Rossi-Passavanti, Elia, Interamna dei Naarti. Storia di Terni nel medioevo, Bd. 2, Orvieto 1933.
Rovere, Antonella, I „libri iurium" dell'Italia comunale, in: Civiltà Comunale, S. 157–199.
Rovere, Antonella, Tipologie documentali nei Libri iurium dell'Italia comunale, in: Prevenier, Walter / Hemptinne, Thérèse de (Hg.), La diplomatique urbaine en Europe au moyen âge, Actes du congrés de la Commission internationale de diplomatique, Gand 25–29 août 1998, Leuven-Apeldoorn 2000 (Studies in Urban Social, Economic and Political History of the Medieval and Early Modern Low Countries 9), S. 417–436.
Rutenburg, Viktor Ivanovic, Die Rolle des Lombardenbundes in der ökonomischen Entwicklung Italiens im 12. und 13. Jahrhundert, in: Fritze / Müller-Mertens / Schildhauer (Hg.), Hansische Studien, S. 171–176.

Sacchetti Sassetti, Angelo, Storia di Alatri, Frosinone 1947.
Salvatori, Enrica, I giuramenti collettivi di pace e alleanza nell'Italia comunale, in: Rossetti (Hg.), Legislazione, S. 141–157.
Salvatori, Enrica, La popolazione pisana nel Duecento. Il patto di alleanza di Pisa con Siena, Pistoia e Poggibonsi del 1228, Pisa 1994.
Salvi, Giuseppe, Memorie storiche di S. Ginesio, Camerino 1889.
Sanfilippo, Mario, Andreotti, Legerio, in: DBI 3 (1961), S. 150 f.
Sansi, Achille, Storia del comune di Spoleto dal secolo XII al XVII seguita da alcune memorie dei tempi posteriori, Bd. 1, Foligno 1879 (Accademia Spoletina, Studi storici).
Santini, Carlo, Saggio di memorie della città di Tolentino, Macerata 1789.
Sáry, Pál, Der auf die Bibel abgelegte Eid im justinianischen Recht, in: Journal on European History of Law 2 (2011), S. 45–49.
Sassi, Romualdo, Fabriano. Sommario storico, Fabriano 1936.
Sbarbaro, Massimo, Le delibere dei Consigli dei Comuni cittadini italiani (secoli XIII–XIV), Roma 2005 (Polus. Fonti medievali italiane 2).
Scharf, Gian Paolo Giuseppe, I libri neri di Città di Castello, in: Bartoli Langeli / Scharf (Hg.), Cartulari comunali, S. 27–34.
Scharff, Thomas, Zur Sicherung von Verträgen in Eiden kommunaler Amtsträger und in städtischen Statuten (ca. 1150–1250), in: Keller, Hagen (Hg.), Statutencodices des 13. Jahrhunderts als Zeugen pragmatischer Schriftlichkeit. Die Handschriften von Como, Lodi, Novara, Pavia und Voghera, München 1991 (Münstersche Mittelalter-Schriften 64), S. 15–24.

Schildhauer, Johannes, Charakter und Funktion der Städtebünde in der Feudalgesellschaft – vornehmlich auf dem Gebiet des Reiches, in: Fritze/Müller-Mertens/Schildhauer (Hg.), Hansische Studien, S. 149–170.
Schmidt, Tilmann, Kirchenstaatsstatuten im 13. und 14. Jahrhundert, in: Drossbach, Gisela (Hg.), Von der Ordnung zur Norm. Statuten in Mittelalter und Früher Neuzeit, Paderborn u. a. 2010, S. 109–114.
Schmidt, Tilmann, La recente scoperta degli statuti del ducato di Spoleto del 1333, in: Ducato, Bd. 2, S. 977–982.
Schneider, Philipp M., Die Sizilianische Vesper und die *communitas Siciliae* von 1282. Über den Versuch eines sizilianischen Städtebundes, in: Engels, David/Geis, Lioba/Kleu, Michael (Hg.), Zwischen Ideal und Wirklichkeit. Herrschaft auf Sizilien von der Antike bis zum Spätmittelalter, Stuttgart 2010, S. 337–350.
Schreiner, Klaus, Teilhabe, Konsens und Autonomie. Leitbegriffe kommunaler Ordnung in der politischen Theorie des späten Mittelalters und der frühen Neuzeit, in: Blickle (Hg.), Theorien, S. 35–61.
Schuler, Peter-Johannes, Die spätmittelalterliche Vertragsurkunde. Untersucht an den Urkunden der Grafen von Württemberg 1325–1392, Paderborn u. a. 2000 (Quellen und Forschungen aus dem Gebiet der Geschichte, N. F. 14).
Schulte, Petra, Scripturae publicae creditur. Das Vertrauen in Notariatsurkunden im kommunalen Italien des 12. und 13. Jahrhunderts, Tübingen 2003 (Bibliothek des Deutschen Historischen Instituts in Rom 101).
Schütte, Bernd, König Philipp von Schwaben. Itinerar – Urkundenvergabe – Hof, Hannover 2002 (MGH Schriften 51).
Sebastianelli, Sandro, Un castello avellanita. Monte Inciso di Pergola, in: Fonte Avellana, S. 281–302.
Seeger, Joachim, Die Reorganisation des Kirchenstaates unter Innocenz III., Kiel 1937.
Segoloni, Danilo, L'annalità degli statuti comunali, in: BDU 88 (1991), S. 33–42.
Segoloni, Danilo, Per la storia dello Stato della Chiesa nel secolo XIII, in: Storia e arte, Bd. 2, S. 771–801.
Sella, Pietro, Costituzioni dello Stato della Chiesa anteriori alla riforma albornoziana, in: ASI 85 (1927), S. 3–36.
Sestan, Ernesto, Il comune di Spoleto tra i comuni italiani, in: Ducato, Bd. 1, S. 149–188.
Settia, Aldo A., Comuni in guerra. Armi ed eserciti nell'Italia delle città, Bologna 1993 (Biblioteca di storia urbana medievale 7).
Settia, Aldo A., De re militari. Pratica e teoria nella guerra medievale, Roma 2008 (I libri di Viella 83).
Settia, Aldo A., Tecniche e spazi della guerra medievale, Roma 2006 (I libri di Viella 58).
Siena, Lodovico, Storia della città di Sinigaglia, Sinigaglia 1746.
Signorie in Umbria tra medioevo e rinascimento. L'esperienza dei Trinci, Perugia 1989.
Società e istituzioni dell'Italia comunale. L'esempio di Perugia (secoli XII–XIV), 2 Bde., Perugia 1988.
Somaini, Francesco, Henri VII et le cadre italien. La tentative de relancer le Regnum Italicum. Quelques réflexions préliminaires, in: Pauly (Hg.), Europäische Governance, S. 397–428.
Sommerlechner, Andrea (Hg.), Innocenzo III. Urbs et Orbis. Atti del Congresso Internazionale, 2 Bde., Roma 2003 (Miscellanea della Società Romana di Storia Patria 44 / Nuovi studi storici 55).
Soprintendenza archivistica per il Lazio, l'Umbria e le Marche, Gli archivi dell'Umbria, Roma 1957 (Pubblicazioni degli Archivi di Stato 30).
Spieß, Karl-Heinz (Hg.), Ausbildung und Verbreitung des Lehnswesens im Reich und in Italien im 12. und 13. Jahrhundert, Ostfildern 2013 (Vorträge und Forschungen 76).

Starn, Randolph, Contrary Commonwealth. The Theme of Exile in Medieval and Renaissance Italy, Berkeley-Los Angeles-London 1982.
Steiger, Heinhard, Vertrag (staatsrechtl. – völkerrechtl.), in: HRG 5 (1998), Sp. 842–852.
Storia e arte in Umbria nell'età comunale. Atti del VI Convegno di Studi Umbri, Gubbio, 26–30 maggio 1968, 2 Bde., Gubbio 1971.
Storti Storchi, Claudia, Compromesso e arbitrato nella *Summa totius artis notariae* di Rolandino, in: Tamba (Hg.), Rolandino, S. 329–376.
Strothmann, Jürgen, Kaiser und Senat. Der Herrschaftsanspruch der Stadt Rom zur Zeit der Staufer, Köln-Weimar-Wien 1998 (Beihefte zum Archiv für Kulturgeschichte 47).
Structures féodales et féodalisme dans l'occident méditerranéen (X^e – XIIIe siècles). Bilan et perspectives de recherches (École française de Rome, 10–13 octobre 1978), Paris 1980 (Colloques Internationaux du Centre National de la Recherche Scientifique 588).
Sturba, Gioia (Hg.), Il notariato in area umbro-marchigiana. Esperienze professionali e produzione documentaria. Secoli X–XVIII, Catalogo della mostra documentaria, Perugia 2011.
Stürner, Wolfgang, Friedrich II., Teil 1: Die Königsherrschaft in Sizilien und Deutschland 1194–1220, Darmstadt 1992 (Gestalten des Mittelalters und der Renaissance 2).
Stürner, Wolfgang, Friedrich II., Teil 2: Der Kaiser 1220–1250, Darmstadt 2000 (Gestalten des Mittelalters und der Renaissance 2).
Surdich, Francesco, I trattati del 1181 e del 1192 tra Genova ed Alessandria, in: Popolo e stato, S. 577–591.
Sydow, Jürgen, Kanonistische Überlegungen zur Geschichte und Verfassung der Städtebünde des 12. und 13. Jahrhunderts, in: Maurer (Hg.), Kommunale Bündnisse, S. 213–230.
Szabó, Thomas, Comuni e politica stradale in Toscana e in Italia nel medioevo, Bologna 1992 (Biblioteca di storia urbana medievale 6).

Tabacco, Giovanni, Dinamiche sociali e assetti del potere, in: Società e istituzioni, Bd. 1, S. 281–302.
Tabacco, Giovanni, Egemonie sociali e strutture del potere nel medioevo italiano, Torino ²1979 (Piccola biblioteca Einaudi: Geografia, Storia 379).
Tabacco, Giovanni, Ghibellinismo e lotte di partito nella vita comunale italiana, in: Toubert / Paravicini Bagliani (Hg.), Federico II, S. 335–343.
Tamba, Giorgio / Gibboni, Francesco, La formazione e la lingua dei notai nelle Marche tra XI e XVI secolo, in: Giubbini (Hg.), Notariato, S. 39–70.
Tamba, Giorgio (Hg.), Rolandino e l'ars notaria da Bologna all'Europa. Atti del convegno internazionale di studi storici sulla figura e l'opera di Rolandino, Bologna, 9–10 ottobre 2000, Milano 2002 (Per una storia del notariato nella civiltà europea 5).
Tangheroni, Marco, Statuti e consuetudini nell'esperienza dei Comuni umbri, in: Menestò, Enrico (Hg.), Gli statuti comunali umbri. Atti del Convegno di studi svoltosi in occasione del VII centenario della promulgazione dello Statuto comunale di Spoleto (1296–1996), Spoleto 1997 (Quaderni del Centro per il Collegamento degli Studi Medievali e Umanistici in Umbria 39), S. 1–23.
Tanzini, Lorenzo, A consiglio. La vita politica nell'Italia dei comuni, Roma-Bari 2014 (Storia e Società).
Tanzini, Lorenzo, Assemblee e consigli pubblici nell'Italia comunale, in: Solórzano Telechea, Jesús Ángel / Arízaga Bolumburu, Beatriz (Hg.), La gobernanza de la ciudad europea en la Edad Media, Logroño 2011 (Ciencias Históricas 18), S. 349–381.
Tanzini, Lorenzo, Delibere e verbali. Per una storia documentaria dei consigli nell'Italia comunale, in: Reti Medievali Rivista 14 (2013), S. 43–79 (URL: http://www.rmojs.unina.it/index.php/rm/article/view/4829; 24. 5. 2019).
Tanzini, Lorenzo, Signori e consigli, in: Maire Vigueur (Hg.), Signorie cittadine, S. 383–401.

Tasini, Gionata, Pactes intercommunaux et statut juridique de l'étranger dans l'Italie du Centre-Nord aux XIIe e XIIIe siècles, in: Quertier, Cédric / Chilà, Roxane / Pluchot, Nicolas (Hg.), „Arriver" en ville. Les migrants en milieu urbain au Moyen Âge, Paris 2013 (Histoire ancienne et médiévale 119), S. 79–94.

Tenckhoff, Franz, Der Kampf der Hohenstaufen um die Mark Ancona und das Herzogtum Spoleto von der zweiten Exkommunikation Friedrichs II. bis zum Tode Konradins. Ein Beitrag zur Geschichte des Verhältnisses zwischen Papsttum und Kaisertum im Mittelalter, Paderborn 1893.

Terrenzi, Giuseppe, Il comune di Narni durante il secolo XIII. Appunti e note storiche, Terni 1895.

Thompson, Augustine, Cities of God. The Religion of the Italian Communes 1125–1325, University Park, Pennsylvania 2005.

Thumser, Matthias, Fragen der politischen Integration im mittelalterlichen Europa. Zusammenfassung I: Früh- und Hochmittelalter, in: Maleczek (Hg.), Fragen, S. 543–554.

Thumser, Matthias, Letzter Wille? Das höchste Angebot Kaiser Heinrichs VI. an die römische Kirche, in: DA 62 (2006), S. 85–133.

Thumser, Matthias, Rom und der römische Adel in der späten Stauferzeit, Tübingen 1995 (Bibliothek des Deutschen Historischen Instituts in Rom 81).

Tiberini, Sandro, I „borghi nuovi" di iniziativa comunale nei territori di Perugia e di Gubbio (sec. XIII), in: Comba, Rinaldo / Panero, Francesco (Hg.), Borghi nuovi e borghi franchi. Nel processo di costruzione dei distretti comunali nell'Italia centro-settentrionale (secoli XII–XIV), Cherasco 2002 (Insediamenti e cultura materiale 1), S. 189–246.

Tiberini, Sandro, I „marchesi di Colle" dall'inizio del secolo XII alla metà del XIII. La costruzione del dominato territoriale, in: ASI 155 (1997), S. 199–264.

Tiberini, Sandro, Origini e radicamento territoriale di un lignaggio umbro-toscano nei secoli X–XI. I „Marchesi di Colle" (poi „Del Monte S. Maria"), in: ASI 152 (1994), S. 481–559.

Tiberini, Sandro, Repertorio delle famiglie e dei gruppi signorili nel Perugino e nell'Eugubino tra XI e XIII secolo (con un saggio introduttivo), Perugia 2010, (URL: http://www.dspu.it/tiberini.htm; 24.5.2019).

Tiberini, Sandro, La signoria rurale in territorio eugubino tra XII e XIII secolo, in: Avarucci (Hg.), Santità femminile, S. 137–163.

Tiberini, Sandro, Le signorie rurali nell'Umbria settentrionale. Perugia e Gubbio, secc. XI–XIII, Roma 1999 (Pubblicazioni degli Archivi di Stato, Saggi 52).

Tillmann, Helene, Papst Innocenz III., Bonn 1954 (Bonner historische Forschungen 3).

Todi nel medioevo (secoli VI–XIV). Atti del XLVI Convegno storico internazionale, 2 Bde., Spoleto 2010 (Atti dei Convegni del Centro italiano di studi sul basso medioevo – Accademia Tudertina, n. s. 23), S. 51–87.

Tomei, Lucio, Genesi e primi sviluppi del comune nella Marca meridionale. Le vicende del Comune di Fermo dalle origini alla fine del periodo svevo (1268), in: Società e cultura nella Marca meridionale tra alto e basso medioevo. Atti del 4. Seminario di studi per personale direttivo e docente della scuola, Cupra Marittima, 27–31 ottobre 1992, Grottammare 1995, S. 129–415.

Tommasi, Giugurta, Dell'historie di Siena, Venezia 1625/1626.

Tonini, Luigi, Storia civile e sacra riminese, Bd. 2: Rimini dal principio dell'era volgare all'anno MCC, Rimini 1856.

Tonini, Luigi, Storia civile e sacra riminese, Bd. 3: Rimini nel secolo XIII, Rimini 1862.

Torelli, Pietro, Studi e ricerche di diplomatica comunale, Mantova 1915, Ndr. Roma 1980 (Studi storici sul notariato italiano 5).

Toubert, Pierre, Il Patrimonio di S. Pietro fino alla metà del secolo XI, in: Galasso (Hg.), Storia d'Italia 7,2, S. 153–228.

Toubert, Pierre / Paravicini Bagliani, Agostino (Hg.), Federico II e le città italiane, Palermo 1994.

Turchius, De Ecclesiae Camerinensis Pontificibus = Octavi Turchi Patricii Camertis de Ecclesiae Camerinensis Pontificibus Libri VI. Praecedit ejusdem Auctoris de Civitate, et Ecclesia Camerinensi Dissertatio, Roma 1762.

Ullmann, Walter, The Mediaeval Theory of Legal and Illegal Organizations, in: The Law Quarterly Review 60 (1944), S. 285–291.

Urieli, Costantino, Jesi e il suo contado, Bd. I,2: sec. XIII, Jesi 1988.

Vallerani, Massimo, Le comunanze di Perugia nel Chiugi. Storia di un possesso cittadino tra XII e XIV secolo, in: Quaderni storici 27 (1992), S. 625–652.

Vallerani, Massimo, Il Comune di Cremona e le sue alleanze tra il XII e XIII secolo, in: Leoni, Valeria (Hg.), I patti tra Cremona e le città della regione padana (1183–1214), Cremona 1999 (Bolletino storico cremonese, n. s. 5), S. 3–15.

Vallerani, Massimo, Comune e comuni. Una dialettica non risolta, in: De Matteis, Maria Consiglia / Pio, Berardo (Hg.), Sperimentazioni di governo nell'Italia centrosettentrionale nel processo storico dal primo comune alla signoria. Atti del Convegno di Studio, Bologna, 3–4 settembre 2010, Bologna 2011, S. 9–34.

Vallerani, Massimo, Diritti di cittadinanza nelle *quaestiones* giuridiche duecentesche e iniziotrecentesche (II). Limiti dell'appartenenza e forme di esclusione, in: MEFRM (en ligne) 125,2 (2013), mis en ligne le 04 décembre 2013 (URL: http://journals.openedition.org/mefrm/1446; 24. 5. 2019).

Vallerani, Massimo, Le leghe cittadine. Alleanze militari e relazioni politiche, in: Toubert / Paravicini Bagliani (Hg.), Federico II, S. 389–402.

Vallerani, Massimo, Modi e forme della politica pattizia di Milano nella regione piemontese: alleanze e atti giurisdizionali nella prima metà del Duecento, in: Bolletino storico-bibliografico subalpino 96 (1998), S. 619–655.

Vallerani, Massimo, La politica degli schieramenti. Reti podestarili e alleanze intercittadine nella prima metà del Duecento, in: Galasso, Giuseppe (Hg.), Storia d'Italia, Bd. 6: Comuni e signorie nell'Italia settentrionale. La Lombardia, Torino 1998, S. 427–453.

Vallerani, Massimo, I rapporti intercittadini nella regione lombarda tra XII e XIII secolo, in: Rossetti (Hg.), Legislazione, S. 221–290.

Vasina, Augusto, Bologna e la II^a lega lombarda, in: Susini, Giancarlo (Hg.), Federico II e Bologna, Bologna 1996 (Documenti e studi della Deputazione die Storia Patria per le province di Romagna 27), S. 183–201.

Vasina, Augusto, Le leghe intercomunali in Italia nel Duecento, in: Bassetti, Massimiliano u. a. (Hg.), Studi sul Medioevo per Andrea Castagnetti, Bologna 2011, S. 415–425.

Vasina, Augusto, Studi e problemi storici sulle leghe intercittadine in Italia nel XII secolo, in: Bocchi, Francesca / Varanini, Gian Maria (Hg.), L'eredità culturale di Gina Fasoli. Atti del convegno di studi per il centenario della nascita (1905–2005), Roma 2008 (Nuovi Studi Storici 75), S. 231–240.

Verbali delle sedute, in: Storia e arte, Bd. 1, S. XVII–CXLV.

Vergottini, Giovanni de, Note per la storia del Vicariato apostolico durante il secolo XIV, Bd. 2, in: ders., Scritti, S. 585–612.

Vergottini, Giovanni de, Il Papato e la comitatinanza nello Stato della Chiesa, in: ders., Scritti, S. 123–204.

Vergottini, Giovanni de, Ricerche sulle origini del Vicariato apostolico, Bd. 2, in: ders., Scritti, S. 535–584.

Vergottini, Giovanni de, Scritti di storia del diritto italiano, hg. von Guido Rossi, Milano 1977 (Seminario giuridico dell'Università di Bologna 74).

Villani, Virginio, L'azione diplomatica di Innocenzo III nella Marca d'Ancona e la Pace di Polverigi, in: Piccinini (Hg.), La Marca d'Ancona, S. 19–38.
Villani, Virginio, Comune e nobiltà a Jesi in età sveva, in: Fonseca (Hg.), Federico II e le Marche, S. 423–495.
Villani, Virginio, Lotte di fazione, governi di Popolo e politica antimagnatizia nei comuni marchigiani dei secoli XIII e XIV, in: Istituzioni e società nelle Marche (secc. XIV–XV). Atti del Convegno, Ancona 2000, S. 7–134.
Villani, Virginio, I processi di formazione dell'identità comunale. Due città a confronto: Senigallia e Jesi, in: Piccinini (Hg.), La Marca d'Ancona, S. 271–388.
Villani, Virginio, Rocca Contrada (Arcevia). Ceti dirigenti, istituzioni e politica dalle origine al sec. XV, Bd. 1: Dai castelli al comune (sec. XII – 1250), Arcevia 2006.
Villani, Virginio, Serra de' Conti. Origine ed evoluzione di un'autonomia comunale (secoli X–XV), Serra de' Conti 1995.
Villani, Virginio (Hg.), Istituzioni e statuti comunali nella Marca d'Ancona – Dalle origine alla maturità (secoli XI–XIV), Bd. 1: Il quadro generale, Ancona 2005.
Vismara, Giulio, Repressalien(recht), in: LexMA 7 (1995), Sp. 746.
Vismara, Giulio, Struttura e istituzioni della prima Lega Lombarda (1167–1183), in: Popolo e stato, S. 291–332.
Volpe, Gioacchino, Questioni fondamentali sull'origine e svolgimento dei comuni italiani (secoli X–XIV), in: ders., Medio evo italiano, Firenze 1961 (Biblioteca storica Sansoni 38), S. 85–118.
Volpi, Roberto, Il recupero del termine „Umbria" in età moderna, in: Orientamenti, S. 109–117.
Voltmer, Ernst, La fallita dieta di Cremona e gli inizi della seconda Lega lombarda (1226). Riflessioni e prospettive, in: Fonseca/Crotti (Hg.), Federico II, S. 401–416.
Voltmer, Ernst, Formen und Möglichkeiten städtischer Bündnispolitik in Oberitalien nach dem Konstanzer Frieden. Der sogenannte Zweite Lombardenbund, in: Maurer (Hg.), Kommunale Bündnisse, S. 97–116.
Voltmer, Ernst, Der sogenannte Zweite Lombardenbund – Versuch einer Bestandsaufnahme, in: Opll/Weigl (Hg.), Städtebünde, S. 115–137.

Waley, Daniel, I Comuni delle Terre della Chiesa da Innocenzo III all'Albornoz. Dalla parte delle città. Le autonomie comunali, in: Società e istituzioni, Bd. 1, S. 137–153.
Waley, Daniel, Il ducato di Spoleto dagli Svevi all'Albornoz, in: Ducato, Bd. 1, S. 189–203.
Waley, Daniel, The Italian City-Republics, London 1969.
Waley, Daniel, Mediaeval Orvieto. The Political History of an Italian City-State 1157–1334, Cambridge 1952.
Waley, Daniel, The Papal State in the Thirteenth Century, London 1961.
Waley, Daniel, Lo Stato papale dal periodo feudale a Martino V, in: Galasso (Hg.), Storia d'Italia 7,2, S. 229–320.
Waley, Daniel, L'Umbria e lo Stato papale nei secoli XII–XIV, in: Storia e arte, Bd. 2, S. 271–287.
Wallach, Luitpold, Amicus amicis, inimicus inimicis, in: Zeitschrift für Kirchengeschichte 52 (1933), S. 614–615.
Walther, Helmut G., Ziele und Mittel päpstlicher Ketzerpolitik in der Lombardei und im Kirchenstaat 1184–1252, in: Segl, Peter (Hg.), Die Anfänge der Inquisition im Mittelalter. Mit einem Ausblick auf das 20. Jahrhundert und einem Beitrag über religiöse Intoleranz im nichtchristlichen Bereich, Köln 1993 (Bayreuther Historische Kolloquien 7), S. 103–130.
Weber, Christoph Friedrich, Zeichen der Ordnung und des Aufruhrs. Heraldische Symbolik in italienischen Stadtkommunen des Mittelalters, Köln-Weimar-Wien 2011 (Symbolische Kommunikation in der Vormoderne).

Weimar, Peter, Vertrag. A. Westlicher Bereich I. Römisches und gemeines Recht, in: LexMA 8 (1997), Sp. 1587–1588.
Weinfurter, Stefan, Lehnswesen, Treueid und Vertrauen. Grundlagen der neuen Ordnung im hohen Mittelalter, in: Dendorfer/Deutinger (Hg.), Lehnswesen, S. 443–462.
Wickham, Chris J., The Mountains and the City. The Tuscan Appennines in the Early Middle Ages, Oxford 1988.
Widder, Ellen, Heinrich VII. und die Welt um 1300. Traditionelle Ansätze, neue Überlegungen und das Governance-Konzept, in: Pauly (Hg.), Europäische Governance, S. 531–547.
Winkelmann, Eduard, Kaiser Friedrich II., Leipzig 1889 (Jahrbücher der deutschen Geschichte 20).
Winkelmann, Eduard, Philipp von Schwaben und Otto IV. von Braunschweig. I. König Philipp von Schwaben 1197–1208, Leipzig 1873 (Jahrbücher der deutschen Geschichte 19,1).

Zampetti, Luisa, Federico II, Manfredi e Percivalle Doria nella Marca d'Ancona, in: Atti e memorie della Deputazione di Storia Patria per le Marche 7 (1930), S. 131–173.
Zdekauer, Ludovico, Magistrature e Consigli nei Comuni Marchigiani agli inizi del Trecento, in: Atti e memorie della Deputazione di Storia Patria per le Marche, Serie 3 2 (1916/1917), S. 221–244.
Ziegler, Karl-Heinz, Fata Iuris Gentium. Kleine Schriften zur Geschichte des europäischen Völkerrechts, Baden-Baden 2008 (Studien zur Geschichte des Völkerrechts 15), S. 1–24.
Ziegler, Karl-Heinz, The Influence of Medieval Roman Law on Peace Treaties, in: ders., Fata Iuris Gentium, S. 197–210.
Ziegler, Karl-Heinz, Die römischen Grundlagen des europäischen Völkerrechts, in: ders., Fata Iuris Gentium, S. 1–24.
Zimmermann, Heinrich, Die päpstliche Legation in der ersten Hälfte des 13. Jahrhunderts, Paderborn-Freiburg i. Br. 1913 (Görres-Gesellschaft zur Pflege der Wissenschaft im Katholischen Deutschland, Veröffentlichungen der Sektion für Rechts- und Sozialwissenschaft 17).
Zingarini, Stefano, Assemblee e consigli politici orvietani dal 1289 al 1316, in: Rivista storica del Lazio 4 (1996), S. 29–60.
Zorzi, Andrea, Giovanni da Viterbo, in: DBI 56 (2001), S. 267–272.
Zorzi, Andrea, I rettori di Firenze. Reclutamento, flussi, scambi (1193–1313), in: Maire Vigueur (Hg.), Podestà, Bd. 1, S. 453–594.
Zorzi, Andrea, La Toscana politica nell'età di Semifonte, in: Pirillo (Hg.), Semifonte, S. 103–130.
Zorzi, Andrea (Hg.), La civiltà comunale italiana nella storiografia internazionale. Atti del convegno internazionale di studi (Pistoia, 9–10 aprile 2005), Firenze 2008 (Biblioteca di Storia 5).
Zug Tucci, Hannelore, Guerra e armi a Orvieto nel Duecento, in: Della Fina (Hg.), Storia, S. 131–150.
Zuppante, Abbondio, Il Leoncini e la storiografia medievale, in: ders. (Hg.), Per una storia di Orte e del suo territorio, Orte 2006 (Atti delle Giornate di Studio per la Storia della Tuscia), S. 167–194.

Register

1 Personen

Das Personenregister umfasst den gesamten Band einschließlich Anhang, nicht jedoch die bibliographischen Angaben. Die alphabetische Ansetzung folgt dem Taufnamen, auch wenn Personen einer Familie zugeordnet werden können. Ebenso finden sich Päpste und Herrscher unter ihrem Eigen- bzw. Papstnamen. Die Ortsnamen in runden Klammern verweisen auf den im Text genannten Wirkungsort der jeweiligen Person, nicht auf den Herkunftsort. Unter den Titeln, Ämtern und Funktionen einer Person wurden in der Regel nur solche aufgenommen, die im Band Erwähnung finden. Kursive Seitenzahlen beziehen sich auf Nennungen, die ausschließlich in den Anmerkungen vorkommen.

Acconçacasa, *Notar (Toscanella)* 111
Actone *de Guarnerio* 397
– dessen Bruder 397
Aguvinenses 397
Alatrinus, *Rektor des Dukat Spoleto* 436
Albertinus Ruffi, *Notar des Podestà aus Parma (Perugia)* 116[265]
Alberto Notigione, *Graf* 235, 390 f.
Albornoz s. *Egidio (Gil) Albornoz*
Aldobrandeschi, *Familie* s. *Ildebrandino Aldobrandeschi*
Alexander III., *Papst* 42
Alexander IV., *Papst* 42, *192*[293], 278, 299–306, *317*[36], *360*[20], 462, 487–489
Alfonso Ceccarelli, *Urkundenfälscher* 410
Almericus, *Richter, Syndikus (Orvieto)* 90[151]
Amadeus, *Rektor des Tuskenbundes (Perugia)* *237*[19], 393
Amadore Guidonis Raynaldi, *Syndikus, Bündnisrektor (Jesi)* 194[305]
Anastasi, *Familie* s. *Anastasio di Filippo degli Anastasi*
Anastasio di Filippo degli Anastasi, *Anführer des Popolo (Foligno)* 32
Andrea del maestro Salvi, *Rechtsgelehrter, Syndikus (Perugia)* 90[151]
Andreas Iacobi, *Podestà (Perugia, Todi)* 288, 293
– dessen Söhne 288[47]
Andreas Montanarii, *Richter, Syndikus (Foligno)* 90[151]
Angelus *domini Thomassii*, *Gesandter (Perugia)* 335[98]

Angelus Leonardi, *Notar (Narni)* 53
Anjou, *Familie* 26; s. auch *Karl I. von Anjou*
Annibaldi, *Familie* s. *Annibaldo di Trasmondo*
Annibaldo di Trasmondo (Annibaldi), *Rektor der Mark Ancona* 475
Anselmus *de Alzate*, *Capitano del Popolo aus Mailand (Perugia)* 115[263], 116, 124
Archangelus *magistri Iohanis*, *Notar (Narni)* 216
Arcipreti, *Familie* s. *Çelolus domini Elimosine, Elemosina (Poppolo) di Conte, Giovanni dell'Arciprete, Ugolinus Nerroli*
Arloctus *filius comitis Thome* 148[93]
Arlotucius Oddonis, *Ratsmitglied, Gesandter (Perugia)* 33[107], 73[81], 118[277], 119–121, 124, 494
Azzo d'Este, *Markgraf* 154[119]
Azzone, *Jurist* 99[187]

Baldo degli Ubaldi, *Jurist* 99[187]
Bandones 405
Baronçolus *domini Uguçionis*, *Gesandter (Perugia)* 73[81], 119–121, 124, 494
Bartholomeus, *königlicher Generalrichter der Mark Ancona* 483
Bartholomeus, *socius von Comes Palmerii und Mauzus quondam Guidonis Maizi* 110
Bartholomeus Saraceno, *päpstlicher Kaplan* 488
Bartholus Andree (Bartolus *domini Andree*), *Richter, Gesandter (Perugia)* 333[93]
Bartolo da Sassoferrato, *Jurist* 98[185], 99[187]

Bartolo *de ser Bievenuto* (Bausolus D. Benvenuti), *Syndikus (Foligno)* 219[82]
Belabranca, *Einwohner Caglis* 461
Beltraminus Moronus, *Notar des Capitano del Popolo (Perugia)* 119f., 123
Bencivenne, *Verfasser eines Notarshandbuchs* 102, 131[16, 18]
Benedetto Caetani, *Kardinaldiakon von S. Nicola, päpstlicher Legat* 326, 347f.[11]; s. auch *Bonifaz VIII.*
Benedikt XI., *Papst* 3
Benentende, *Notar (Perugia)* 94[169]
Beneventias, *Notar (Foligno)* 437
Benvegnate Bernardi Uguitionis, *Zeuge (Perugia)* 261[96]
Benvengnate, *Notar (Perugia)* 82
Benvenutus Filiçani, *Notar (Jesi)* 111f.
Berardo I. da Varano, *capitaneus guerre aus Camerino (Perugia)* 218f., 326, 513
Berardus, *marescalcus (Perugia)* 119f., 123, 494
Berardus *de Lavareta* 414
Bernardo, *Kardinalpriester von S. Pietro in Vincoli, päpstlicher Legat* 1, 236, 241, 242[31], 390
Berthold von Urslingen 233, 267[118], 276f.
Blancus Bonosmeri, *Syndikus, Gesandter, sapiens (Perugia)* 71[71], 87[137], 106[225], 120f., 213–215, 226, 293
Bonaccursius Parixii, *sapiens (Perugia)* 225f.
Bonaccursus, *Bürger von Fabriano* 429
– dessen Brüder 429; s. auch *Franciscus, Guido, Rusticus*
Bonacursus Rambaldi s. *Fabriano, domus Bonacursi Rambaldi*
Bonapars Gualfredocti (Bonapars *iudex*), *Richter, Ratsmitglied, Syndikus (Perugia)* 33[107], 65[50], 66[53], 90[151], 122[296], 314
Boncomes, *Notar (Orvieto)* 111
Bonconte Bonaventure, *Ratsmitglied (Perugia)* 305[96]
Bonensingne *de Abbate* (Bonensingna Abbatis), *Konsul (Perugia)* 261[96]
Bonifacio Coppoli, *Kämmerer, Ratsmitglied, Mitglied der pars militum (Perugia)* 270[128], 275[143]
Bonifacio da Fogliano, *Rektor des Dukat Spoleto* 318
Bonifacio Veronese, *Dichter* 6[10], 318[39]

Bonifatius Ugolini Bonicomitis 356, 413
– dessen *socii* 356, 413
Bonifaz VIII., *Papst* 44[142], 46, 130[14], 136, 326[66], 336–338, 343–348, 350, 379–381, 511f., 518, 521f.
Boniohannes Lombardi, *Gesandter (Perugia)* 77[98]
Bonmartinus Clarimbaldi, *Notar* 111
Bonsegnore Gueçi, *Notar (Perugia)* 117[275]
Bonuscomes Ugonis Vilani, *Gesandter (Perugia)* 77[98]
Bonvicinus, *frater, päpstlicher cubicularius* 301[84], 304[95], 487f.
Boschetti, *Familie* s. *Girardino de' Boschetti*
Bovicello Vitelli, *Notar, Kanzler (Perugia)* 115, 204[27]
Brienne s. *Johann von Brienne*

Çacinellus Sinplicie, *Ratsmitglied (Perugia)* 314
Caetani, *Familie* s. *Benedetto Caetani*
capitanei lambardi (Cattanei Lombardi) aus Trevi 357, 483f.
Catervus, *Hl., Schutzpatron Tolentinos* 141[61]
Cattanei Lombardi s. *capitanei lambardi*
Çelolus (Cellus) *domini Elimosine, Gesandter (Perugia)* 332[89], 335[98]
Christian I. (von Buch), *Erzbischof von Mainz, Reichskanzler* 140[53], 143
Clemens IV., *Papst* 45[145], 279, 317, 492
Clemens V., *Papst* 329[78], 350
Colcello, *Herren von* 275[143]; s. auch *Ugolinus Masioli*
Cölestin III., *Papst* 1, 2[4], 3, 236, 241[29], 245
Colonna, *Familie* 337[104]; s. auch *Giovanni Colonna*
Comazzo Galluzzi, *Podestà aus Bologna (Todi)* 363[25]
Coppoli, *Familie* 32[105], 270[128]; s. auch *Bonifacio Coppoli, Oderisio Coppoli*
Corrado Capece, *königlicher Generalvikar der Mark Ancona* 68
Cortonenses, *Herren von Castiglione Chiugino* 252

Da Varano, *Familie* s. *Berardo I. da Varano, Rodolfo da Varano*
Dante Alighieri, *Gesandter (Florenz)* 349[16]
Degli Oddi, *Familie* s. *Oddo de Oddonibus*
Dell'Arciprete, *Familie* s. *Arcipreti*

Della Corgna, *Familie* s. *Guido de Corgna*
Della Greca, *Familie* s. *Ranieri della Greca, Ugolino della Greca*
Deotaiuti, *Notar (Gubbio)* 112, 437
Diomidiede, *Richter, Notar, Syndikus (Florenz)* 90[151]
Donatus von Arezzo, *Hl., Schutzpatron Arezzos* 140[53]
Doria, *Familie* s. *Percivalle Doria*
Durantis s. *Guillaume Durand*

Egidio (Gil) Albornoz, *Kardinalpriester von S. Clemente, päpstlicher Legat und Generalvikar* 43, 44[142], 45, 49[156], 353
Egidius, *Notar* 83, 281
Elemosina (Poppolo) di Conte s. *Çelolus domini Elimosine*
Enrico s. *Heinrich, Henricus*
Enzio, *Sohn Friedrichs II., König von Sardinien* 233, 276 f.[3], 277

Fallaronis, *Herren von* 445
Fatius Benentendi, *prior populi, Syndikus (Spoleto)* 54–56, 67
Feolus Lebreocti, *Syndikus (Perugia)* 333[93]
Fieschi, *Familie* s. *Sinibaldo Fieschi*
Fildesmido da Mogliano 445
Filippo di Giacomo Bigazzini, *Gonfaloniere del Popolo (Perugia)* 352[24]
Firmaxius Benvenuti, *Richter, Gesandter (Perugia)* 333[93]
Fomasius Benvenuti (evtl. identisch mit Firmaxius Benvenuti), *Ratsmitglied, sapiens iuris (Perugia)* 333[93]
Fortibrachius, *Bürger von Rieti* 182, 414
Fortunatus von Todi, *Hl., Stadtpatron Todis* 140
Francesco s. auch *Franciscus*
Francesco di Montemarte, *Graf* 343 f.[125]
Francesco Tigrini, *Jurist* 98[185]
Francipane, *Ratsmitglied (Perugia)* 305[96]
Franciscus, *Bürger von Fabriano* 429
– dessen Brüder 429; s. auch *Bonaccursus, Guido, Rusticus*
Franciscus *domini Monachi, Einwohner von Città della Pieve* 213[58]
Frangnapane Vitalis, *Zeuge (Perugia)* 293
Friedrich I. Barbarossa, *Kaiser* 10, 41 f., 104[216], 142[67], 143, 196, 280[16]

Friedrich II., *Kaiser* 10, 25, 43, 44[142], 48, 63, 67, 142[67], 143, 153, 161[156f.], 165[169], 193, 195 f., 233 f., 247, 264, 266, 276–280, 283–291, 292[60], 293–299, 304, 307, 309, 318 f., 358–362, 365, 377–379, 441 f., 444, 450, 455

G., *Ratsmitglied (Fano)* 63, 433
Gariofolus, *Richter, Syndikus (Todi)* 90[151]
Gentile *de Ruberto* 397
Gerard Coxadoca, *Rektor der Mark Ancona* 462
Gerardus Bonifatii, *Syndikus (Todi)* 55 f.
Gerardus Machabrini, *Ratsmitglied, Syndikus (Todi)* 53 f., 56
Giacomino s. *Iacominus*
Giannino di Bonifazio da Collazone, *Notar (Todi)* 203
Giliuccio *de Herrigo, Syndikus (Todi)* 504
Gilius *Roccae Appenini* 433 f.
Giordano (Jordanus) d'Agliano, *Graf, königlicher Vikar in der Toskana* 224, 225[7], 304, 312, 469 f.
Giovanni s. auch *Iohannes, Johann, Johannes*
Giovanni Colonna, *Kardinalpriester von S. Prassede, päpstlicher Legat* 270
Giovanni da Bologna, *Jurist* 102[203]
Giovanni da Viterbo, *Verfasser eines Podestà-Handbuchs* 6[11], 64, 75–77, 164[168], 198, 212
Giovanni Dandolo, *Doge von Venedig* 112[252]
Giovanni dell'Arciprete, *Gesandter, Ratsmitglied (Perugia)* 32[105], 64[44], 304[95], 305[96]
Giovanni di Fratta (Iohannes *de Fracta), Richter, Syndikus (Perugia)* 90[151], 293
Girardino de' Boschetti, *Podestà aus Modena (Perugia)* 73[80], 116, 119[281]
Girardus, *Richter, Ratsmitglied (Todi)* 77[98], 80, 88, 438
Gluttus, *Rektor des Tuskenbundes (Perugia)* 237[19], 393
Gregor IX., *Papst* 42 f., 63, 142[63], 144, 161[156], 261[98], 271, 277, 280[17], 283–285, 289, 293 f., 296–299, 304, 376, 424–426, 434–436, 451
Gregori, *Familie* s. *Oddone di Pietro Gregori*
Grunda s. *Fabriano, turris filiorum Grunde*
Guerius, *Richter, Notar (Florenz)* 242 f.[33]
Guido, *Bürger von Fabriano* 429

– dessen Brüder 429; s. auch *Bonaccursus, Franciscus, Rusticus*
Guido, *Notar (Siena)* 108–110
Guido Brunatii, *Notar, Syndikus (Orvieto)* 90[151]
Guido de Corgna, *Ratsmitglied, Gesandter (Perugia)* 335[98], 506
Guido di Bagnolo (di Spagliagrano) 265[112], 269[127]
Guido Guerra (Guidi), *Graf* 194[300], 235, 390 f.
Guido Raynaldi (Rainaldi), *Richter, sapiens iuris, Ratsmitglied, Syndikus, Gesandter (Perugia)* 332[89]
Guido Ugonis, *Richter, Syndikus (Perugia)* 90[151]
Guidone Ponzi, *Schiedsrichter (Siena)* 169, 417
Guidotto di Corbizzo Canigiani, *Rechtsgelehrter, Syndikus (Florenz)* 90[151]
Guidutius Rinaldi, *Konsul (Perugia)* 261[96]
Guilielmus *Mutinensis, Kastellan (Sassoferrato)* 194 f.[304], 434
Guillaume Durand (Durantis), *Jurist* 127[6]
Guinisius, *Konsul (Orvieto)* 403 f.
Gunzelin von Wolfenbüttel, *Reichslegat für die Toskana* 267[118], 276
Gusmerius *de Madonio, Notar (Venedig)* 112[252]

Heinrich VI., *Kaiser* 1, 2[4], 41, 48, 181[233], 192, 234, 241[29], 244–247, 354, 355[3], 375, 380, 395, 401
Heinrich VII., *Kaiser* 247[50], 324[59], 348 f., 356[5], 379
Henricus *de Castillione, Podestà aus Mailand (Perugia)* 83[125]
Henricus de Segusio (Hostiensis), *Jurist* 42
Henricus *domini Armani* (Enrico di Ermanno), *Ratsmitglied, Gesandter (Perugia)* 342
Herculanus von Perugia, *Hl., Stadtpatron Perugias* 140
Honorius III., *Papst* 233, 261, 263, 266, 270, 276, 279, 356, 376, 409 f., 413 f.
Honorius IV., *Papst* 145, 324[61], 364
Hostiensis s. *Henricus de Segusio*

Iacobinus, *Notar (Perugia)* 139–140, 142, 146
Iacobus s. auch *Jacobus*
Iacobus *domini Fani Egidii, Notar (Fano)* 111 f.
Iacobus *domini Gentilis, Notar (Fermo)* 112[252]
Iacobus *domini Iohanis, Notar (Todi)* 203, 504
Iacobus Iohanis, *Notar (Spoleto)* 53, 55

Iacobus Iunte, *magister, Syndikus (Belforte)* 90[151]
Iacominus Guardoli, *Richter, Vikar des Podestà aus Imola (Perugia)* 116 f., 121, 124
Ildebrandino Aldobrandeschi, *Graf* 392, 402, 404 f.
Ildebrando, *Bischof von Volterra* 1, 193[299], 194, 235, 390 f.
Innozenz III., *Papst* 1–3, 16, 24, 48 f., 154[119], 233–238, 240–242, 244[40], 245–247, 252[64], 255[76], 261, 263, 302, 355 f., 375 f., 380, 391–393, 409
Innozenz IV., *Papst* 42, 142[66], 144, 278, 290, 292–294, 296, 453
Iohannes s. auch *Giovanni, Johann, Johannes*
Iohannes Ben., *Notar (Città di Castello)* 82
Iohannes Bonicomitis, *Podestà (Perugia)* 248
Iohannes Gentilis, *Syndikus (Fermo)* 112[252]
Iohanes Iohanis, *Richter (Spoleto)* 55
Iohannes Rainerii Cencii s. *Orvieto, domus Iohannis Rainerii Cencii*
Iohannes Thome, *Notar (Recanati)* 112
Iohannes Tuschus, *Notar (Perugia)* 7[15], 329[79]

Jacobus s. auch *Iacobus*
Jacobus, *Richter und assessor (Orvieto)* 459
Jacobus Bartholomei, *Richter, Syndikus (Tolentino)* 90[151]
Jacobus *de Petino* 442
Jaconus Ufreducii, *Gesandter (Perugia)* 120 f.
Johann von Brienne, *König von Jerusalem* 277
Johannes, *Söldnerführer* 519
Jordanus s. *Giordano*

Karl I. von Anjou, *König von Sizilien* 26[85], 279, 315 f.[29]
Konrad s. auch *Corrado*
Konrad von Urslingen, *Herzog von Spoleto* 245[42]
Konradin, *König von Sizilien* 24[81], 27, 279, 358[13]

lambardi s. *capitanei lambardi*
Lanberto de Pietro de Berarduccio, *Syndikus (Perugia)* 504
Laurentius von Rom, *Hl., Stadtpatron Perugias* 140
Legerio di Nicoluccio Andreotti, *politischer Führer (Perugia)* 352

Lothar von Segni s. *Innozenz III.*

M., *Podestà (Fano)* 432 f.
Macholinenses, *Herren des Kastells Machilone* 182, 414
Mafeus Centurarie (Cinturalie), *Ratsmitglied, Gesandter (Perugia)* 33[107], 65[45, 48], 66[53], 300[82], 305[96], 310[8]
Mafeus Pelegrini (Peregrini), *Ratsmitglied, Gesandter (Perugia)* 87, 305[96]
Maffeus Andree, *Notar (Perugia)* 520
Mainetto 68[59]
– dessen Söhne, *Bürger von Osimo* 68, 412; s. auch *Ramberto Mainetti*
Manfred, *König von Sizilien* 24[81], 61[29], 68, 137, 142[67], 143, 161[157], 217, 224, 276, 278 f., 280[16], 299, 301–305, 358[13], 359–363, 377, 476–478, 482 f., 487–491
Manfredo Roberti, *Elekt von Verona, Rektor des Dukat Spoleto und des Patrimonium Petri in Tuszien* 161[157], 299 f.
marchiones (Marchesi di Monte Santa Maria), *Familie* 250–253, 265, 269, 394, 412, 420; s. auch *Raniero (Markgraf von Tuszien), Raniero, Ugolino*
Marcus Marcellini, *Notar (Fermo)* 112
Markward von Annweiler, *Markgraf* 181[236], 247, 355, 394 f., 397
Marsopius, *Richter, Notar (Orvieto)* 85[131], 108–110, 168[184], 404
Martin IV., *Papst* 323–325, 342[122], 380, 500 f.
Martino del Cassero (Martino da Fano), *Verfasser eines Notarshandbuchs* 63, 101, 150[100], 432
Matheus *de Lavareta* 414
Matheus Philipi, *Notar aus Spoleto (Narni)* 216
Matteo d'Acquasparta, *Kardinalpriester von S. Lorenzo in Damaso* 340
Matteo di Monte Acuto, *Herr von Citerna* 253, 412
Matteo Rosso Orsini, *Senator (Rom)* 286, 288, 289[50], 441 f.
Matteo Rosso (Rubeo) Orsini, *Kardinaldiakon von S. Maria in Portico Octaviae, päpstlicher Legat* 289[50], 326, 347 f.[11]
Meliore *quondam Allegrecti, Notar aus Pistoia (Camerino)* 97
Mercatus, *Notar, Richter, Kanzler (Lucca)* 242, 242 f.[33]

Merlinus, *Podestà (Bevagna)* 65[45]
Milo, *Bischof von Beauvais, Rektor der Mark Ancona und des Dukat Spoleto* 140[56], 144, 193–196, 364, 433 f.
Mons Canpanarii, *Herren von* 397
Monte Santa Maria, *Markgrafen von* s. *marchiones*
Montemarte, *Grafen von* 343, 345[1], 509
Munaldus *domini Vickimanni, Richter, Syndikus (San Severino)* 90[151]

Nicolaus *de Antignano, Podestà (Narni)* 53
Nicolaus Romacii, *Notar, Syndikus (Narni)* 53 f.
Nicholucius Bonaventure, *Gesandter (Perugia)* 341[117]
Nikolaus IV., *Papst* 45 f., 218, 325 f., 328, 337, 380, 513

Oberto s. *Uberto*
Oddo *de Aquasparta* 485
Oddo *de Oddonibus, Podestà (Todi), Gesandter (Perugia)* 335[98], 341[119], 342
Oddone di Pietro Gregori, *Podestà aus Rom (Perugia)* 272
Oderisio Coppoli (Oderisio di Bartolomeo di Rainaldo di Coppolo), *Anführer des Popolo (Perugia)* 32
Offreduccio di Gerardo, *Kapitän der Kommune und des Popolo (Todi)* 53, 55 f., 67, 330[84], 480 f.
Orsello Orsini (Urso *domini Mathei Ursi de filiis Ursi), capitaneus generalis (Osimo)* 518
Orsini, *Familie* s. *Matteo Rosso Orsini, Matteo Rosso (Rubeo) Orsini, Orsello Orsini*
Otto IV., *Kaiser* 246

Palmerius, *Notar* 85[131]
Pandolfo, *Kardinalpriester von SS. Apostoli, päpstlicher Legat* 1, 236, 241, 242[31], 390
Pandolfo, *Notar, päpstlicher Subdiakon* 63, 296 f., 299, 409 f., 413, 425
Pandolfus *de Sigura, Podestà aus Rom (Perugia)* 438
Pandulfus, *scrinarius (Rom)* 111
Panzi (Panzoni), *Familie* 251[63]; s. auch *Panzo, Ugolino di Panzo*
Panzo, *Sohn des Ugolino di Panzo, Herr von Castiglione Chiugino* 250–252, 275[143], 394

Parentius, *Podestà (Orvieto)* 108 f.
Paulus, *Apostel* 140, 283
Pellegrinus Gerardini, *Richter, Ratsmitglied, Gesandter (Perugia)* 335[98]
Penalis, *Notar (Todi)* 53, 55
Percivalle Doria, *königlicher Generalvikar der Mark Ancona, Podestà (Jesi)* 68[62], 142[67], 143, 161[157], 278 f., 476–478, 483, 490
Perus, *Podestà (Gualdo Tadino)* 78 f., 486
Perus Benecasse, *Gesandter (Perugia)* 64[44]
Petrus s. auch *Pietro*
Petrus, *Apostel* 140, 237, 283
Petrus Albinus, *Legat, Gesandter (Venedig)* 206 f., 211, 423
Petrus de Medicina, *Generalrichter der Mark Ancona* 458
Petrus domine Guilie, *Ratsmitglied (Assisi)* 63
Petrus Furlanus, *Podestà aus Spoleto (Assisi)* 511
Petrus Tedaldi, *Ratsmitglied (Assisi)* 297
Philipp von Schwaben, *römisch-deutscher König* 246
Phylippus Birri, *Richter, Syndikus (Spoleto)* 53 f.
Phylippus Dagi, *Notar (Ancona)* 112
Pierus Egidii, *Notar, Ratsmitglied, Syndikus, Gesandter (Perugia)* 90[151], 286 f.
Pietro s. auch *Petrus*
Pietro Capocci, *Kardinaldiakon von S. Giorgio in Velabro, päpstlicher Legat* 42, 44[142], 142[66], 447, 450
Pietro da Sosinano, *capitaneus guerre aus Todi (Perugia)* 507
Pietro di Taddeo, *Syndikus (Fano)* 92[160]
Pippin der Jüngere, *König der Franken* 150
Ponzus Amati, *Podestà (Siena)* 169 f.[187], 417
Prior, *Richter, Schiedsrichter (Siena)* 169, 417
Pustignano, *Herren von* 439

Rainald von Urslingen, *Herzog von Spoleto, Reichslegat* 233, 276 f., 297 f.
Rainer s. auch *Raneri, Ranerius, Raniero, Raynerius*
Rainer, *päpstlicher Kaplan* 491
Rainer von Viterbo s. *Raniero Capocci*
Rainerius von Monte Albano 420
Ramberto Mainetti, *Podestà (Cingoli)* 68, 412
Raneri, *dominus* 440
Ranerius s. auch *Rainer, Raneri, Raniero, Raynerius*

Ranerius *domini Iohannis Bernardi, Richter, Syndikus (Orvieto)* 90[151]
Ranerius Ildibrandini Ranerii, *Syndikus ? (Orvieto)* 169[185]
Ranerius Stefani, *Schiedsrichter (Orvieto)* 169
Ranieri della Greca, *Anführer des Popolo (Orvieto)* 32
Raniero s. auch *Rainer, Raneri, Ranerius, Raynerius*
Raniero, *Markgraf von Tuszien* 252[65]
Raniero, *Mitglied der Familie der marchiones* 251
Raniero Capocci, *Kardinaldiakon von S. Maria in Cosmedin, päpstlicher Legat* 142[66], 278, 443, 476
Raniero da Perugia, *Verfasser eines Notarshandbuchs* 76, 101, 150[100]
Raynaldus Benvignatis, *Gesandter (Perugia)* 79[107]
Raynaldus Octaviani 397
– dessen Söhne 397
Raynerius Benvignatis, *Ratsmitglied (Perugia)* 65[51], 66[53], 305[96]
Raynerius Ugolini (Raniero di Ugolino dei Baschi, di Alviano), *Anführer der Ghibellinen (Todi)* 336, 341, 511
Riccardus, *Notar (Assisi)* 111
Rodolfo da Varano 219
Roland de Campania, *Rektor der Mark Ancona, päpstlicher Kaplan* 364, 462
Rolandino Passaggeri, *Verfasser mehrerer Notarshandbücher* 95[173], 99[187], 102, 126[4], 127 f.[6, 8], 131[18 f.]
Rudolf von Habsburg, *römisch-deutscher König* 4
Ruffinus de Mediolano, *Podestà (Orvieto)* 449
Rusticus, *Bürger von Fabriano* 429
– dessen Brüder 429; s. auch *Bonaccursus, Franciscus, Guido*

Salamone de Todino de Donadeo, *Syndikus (Todi)* 345 f.[3], 522
Salatiele, *Verfasser eines Notarshandbuchs* 95[173], 102 f., 126[1], 129[12], 130[13], 150[100], 187, 188[270]
Salomon Terrerie, *Notar, Syndikus (Todi)* 90[151]
Saracenus Alenutii Fabri, *Notar (Perugia)* 335 f., 507
Scotus, *Notar (Perugia)* 111

Senebaldus Nicolai Anastasii Paradisi, *Zeuge in einer gefälschten Urkunde* 410
Sensus, *Notar (Perugia)* 83, 112, 281, 436 f.
Sensus de Gluto, *Ratsmitglied (Perugia)* 305[96]
Severinus von Settempeda, Hl., *Schutzpatron San Severinos* 141[61]
Simone Paltineri, *Kardinalpriester von SS. Silvestro e Martino ai Monti, päpstlicher Legat* 45[145]
Simpricianus, *Syndikus (Recanati)* 114[257], 423
Sinibaldo Fieschi, *Kardinalpriester von S. Lorenzo in Lucina* 451; s. auch Innozenz IV.
Spagliagrano, *Familie* 265[112]; s. auch Guido di Bagnolo
Staufer, *Familie* 2[5], 3, 10, 12, 13[41], 24, 26, 59[23], 61[29], 68, 142, 161, 164, 181, 184, 187, 233, 245[41], 276–307, 319, 351, 358–360, 362, 377, 380; s. auch Heinrich VI., Friedrich I., Friedrich II., Konradin, Manfred
Stefano da Ceccano, *Kardinalpriester von SS. Apostoli* 263
Stephan II., *Papst* 150

Tancredus de Rosano, *Vikar der Marken* 440 f.
Tebalduccius Ildibrandini Ranerii, *Konsentient (Orvieto)* 169[185]
Thomas, *frater, Syndikus (Fermo)* 112[252]
Thomaxius de Sancto Valentino, *Ratsmitglied (Perugia)* 65[46], 66[53]
Tibertus, *Richter, Syndikus (Osimo)* 90[151], 114[257]
Todinus Rolandini (Tudinus Orlandini, Todinus de Orlandino), *Zeuge (Perugia)* 261[96]
Tommaso Transarici, *Anführer des Popolo (Spoleto)* 32

Uberto Pallavicino, *Reichsvikar* 24[81]
Ugo Mafey, *Ratsmitglied (Perugia)* 65[47], 66[53]
Ugo Ugolini Latini, *Podestà (Città di Castello)* 269[127], 275
Ugolino, *Mitglied der Familie der marchiones* 252
Ugolino della Greca, *Richter, Schiedsrichter (Orvieto)* 169
Ugolino di Panzo s. Panzo
Ugolinus, *Richter, Notar (Siena)* 111
Ugolinus de Castiano, *Gesandter (Perugia)* 332[89]
Ugolinus Masioli (Magioli, de Masio), *Konsul, capitaneus der pars militum, Ratsmitglied (Perugia)* 261[96], 274, 275[143f.], 351
Ugolinus Montanarii (de Montanario), *Konsul, Kämmerer (Perugia)* 261[96]
Ugolinus Nerroli (Ugolinus Nercolis, Ugolino di Nerolo), *Richter, doctor legum, Gesandter (Perugia)* 332[89]
Ugolinus Petri Boni, *Syndikus (Gubbio)* 70[66]
Uguçione, *Ratsmitglied (Perugia)* 338
Ugucionellus Marci, *Gesandter (Perugia)* 341[117]
Ugutio, *Notar* 112[252]
Ugutio Breti, *Ratsmitglied (Perugia)* 65[49], 66[53]
Urban IV., *Papst* 89[150], 209[46], 480, 491
Urslingen, *Familie* 276; s. auch Berthold von Urslingen, Rainald von Urslingen

Vençolus Ugucinelli, *Gesandter (Perugia)* 332[89]

Zanericus de Riva, *Podestà aus Mantua (Perugia)* 67, 68[58], 89, 130, 289 f., 295

2 Orte

Das Ortsregister umfasst den gesamten Band einschließlich Anhang, nicht jedoch die bibliographischen Angaben. Aufgrund der Häufigkeit der Nennungen wurden die verschiedenen Bezeichnungen des Untersuchungsraums bzw. einzelner zentraler Untersuchungsregionen (Patrimonium Petri, Umbrien, Marken, Italien) nicht aufgenommen. Unter den Lemmata „Mark Ancona" und „Dukat Spoleto" finden sich nur Einträge, die sich spezifisch auf die päpstlichen Verwaltungseinheiten oder deren Personal beziehen. Wurden die Begriffe nur benutzt, um synonym zu Umbrien oder den Marken den geographischen Raum zu benennen, wurden sie nicht verzeichnet. Kursive Seitenzahlen stehen für Nennungen, die ausschließlich in den Anmerkungen vorkommen. Die Nr.-Angaben am Ende eines Registereintrags beziehen sich auf die in Anhang 1 und 2 sowie im Anmerkungsapparat verwendete Nummer des Bündnisses und zeigen an, dass die Stadt oder das *castrum* Mitglied der angegebenen *societas* war.

Abruzzen 16
Accumoli 398
Acquasparta s. *Matteo d'Acquasparta, Oddo de Aquasparta*
Adria 16
Alatri 84^{128}, 441 f.
Albi 109^{234}
Aldobrando, *Kastell* 144
Alessandria 109^{234}
Almatano (*homines Olmatani*) 397
Alpen 284
Alviano 408; s. auch *Raynerius Ugolini*
Amelia 17, 78, 406, 437, 439, 515
Ancona 9^{21}, 21 f., 59^{21}, 60^{24}, 68, 89, 98^{186}, 105, 112, 143, 152 f., 158^{141}, 160^{151}, 162, 174, 176^{212}, 181 f., 355, 357, 393–396, 401 f., 407, 411 f., 423–426, 433–436, 447, 449–451, 515–518 / Nr. 4, 7, 17, 27, 57, 59, 70, 73, 111
– *fundicus salis* 174
– *libra denariorum Ancon.* 162^{158}, 445
– Mark s. *Mark Ancona*
– Markgrafschaft 16
Apennin 16 f.
Appignano, *Kastell* 459
Arcevia s. *Rocca Contrada*
Arezzo 84^{128}, 140^{53}, 160^{149}, 191^{284}, 194^{300}, 215^{67}, 235, 245^{43}, 248–256, 257^{84}, 259, 261, 271^{134}, 272 f., 316^{34}, 323^{54}, 329, 340, 349, 390–394, 412, 428, 431 / Nr. 2, 5, 28
Ascoli Piceno 1^3, 16
Assisi 30^{100}, 32^{106}, 63, 68, 87, 111, 132^{20}, 137 f., 144^{75}, 145, 154 f., 167^{182}, 185, 186^{265}, 206^{33}, 210, 212–214, 245 f.^{44}, 257^{81}, 265–271, 275, 278, 287, 288^{48}, 290 f., 296–300, 308, 310 f., 314 f., 317, 320 f., 322^{49}, 324^{61}, 326^{67}, 328, 340, 348^{13}, 361, 364, 377, 421 f., 425 f., 435–437, 448, 453–456, 468–474, 479, 486 f., 498–501, 511 / Nr. 43, 47, 77, 88, 106, 107
Asti 104^{215}, 140^{57}, 143^{70}
Avignon 3, 36, 350, 352, 379

Bagno di Romagna 160^{149}, 253
Bagnorea (heute Bagnoregio) 58^{18}, 178, 358^{13}, 448 f. / Nr. 72
Bagnoregio s. *Bagnorea*
Barete s. *Lavareta*
Beauvais s. *Milo, Bischof von Beauvais*
Belforte 359, 451–453, 459 / Nr. 74
Benevent, *Schlacht von* 279
Bettona 320–322, 350^{18}, 499–501 / Nr. 106
Bevagna 64 f., *277 f.*^{7}, 290, 300^{82}, 312, 320–322, 487, 499–501 / Nr. 106
Bologna 87^{139}, 101 f., 129, 176^{211}; s. auch *Comazzo Galluzzi, Giovanni da Bologna*
– *consuetudo bononiensis* 8
Borcianus (Borcianum), castrum 519
Borgo di Bolsena 439
Borgo San Ginesio 390
Borgo San Sepolcro 250 f., 252^{64}, 272 f., 394, 431
Braunschweig s. *Otto IV.*
Byzantisches Umbrien 17

Cagli 78[106], 96[178f.], 105, 134[30], 140 f.[57], 144, 147[88], 159[147], 181, 211[53], 228, 261[98], 268, 280[17], 282[25], 340, 365[34], 412, 414 f., 427, 431, 433–438, 440 f., 445 f., 449–451, 460 f., 464 / Nr. 33, 44, 57–59, 62, 68, 73, 82
Caldarola (*castrum Caldajole*) 519
Calvi 216 f., 482
Camaldoli 391
Camerano 153, 154[124], 401 f., 407 / Nr. 17, 22
Camerino 28[93], 58[19], 60, 71, 79, 84[128], 86, 90[151], 92[159], 97, 105, 143, 155, 158, 159[148], 163, 166, 167[182], 171, 181[233], 182[241], 185, 217–222, 227, 290, 307 f., 321–323, 325–327, 329, 340 f., 350[18], 358 f., 363[28], 365[34], 395, 397, 399 f., 407 f., 415, 433 f., 437, 439, 442–445, 451–453, 455, 458 f., 462, 474 f., 499–501, 507–509, 512–515, 518 f. / Nr. 6, 10, 14, 23, 34, 57, 64, 65, 67, 74, 80, 89, 106, 109, 112
– Mark 16
Campagna-Marittima 4, 16, 44[142], 279
Campoleone, *Abtei* 250–252, 394
– S. Gennaro 252
Camurano 396
Carpignano, *Kastell* 445, 459, 476
Casalina 503
Cascia 65, 324[60], 501
Castelbaldo 396
Castel delle Ripe (*castrum Riparum*, heute Urbania) 427
Castel Vecchio, *Kastell* 439
Castelfidardo 89, 152, 158[141], 160[151], 182, 206 f., 396, 401 f., 407, 411 f., 422–424, 426 / Nr. 17, 27, 45, 48
Castelfiorentino 391
Castelluccio (*castrum Luci*) 414
Castelnuovo, *Kastell* 254, 430
Castiglion Arentino (heute Castiglion Fiorentino) 249[54], 250, 252, 394
Castiglione Chiugino (heute Castiglione del Lago) 248–252, 254, 394, 430
– *curtis antiqua* 249
Castiglione del Lago s. *Castiglione Chiugino*
Castiglione Ildebrando, *Kastell* 292
Castiglion Fiorentino s. *Castiglion Arentino*
Castro (*civitas Castri*, im Territorium von Ischia del Castro, heute zerstört) 439 f.
Castro Vetulo, *Kastell* 458

Cerreto d'Esi 408
Cerreto di Spoleto 277 f.[7]
Certaldo 392
Cesena 44
Cetona (*Scetona*) 470
Chiana, *Fluss* 156[136], 249, 402
– Le Chiane, *Sumpfgebiet* 249[56]
Chienti, *Fluss* 416, 445
Chiugi 249–251, 253, 255, 259, 274, 394
Cingoli 68, 89, 143, 152, 158[141], 358, 396 f., 411 f., 415, 422–424, 426, 444 f., 483, 517 / Nr. 8, 27, 45, 48, 67, 94
Citerna 412
Città della Pieve 406, 498; s. auch *Franciscus domini Monachi*
Città di Castello 48, 74[84], 80–82, 87 f., 96[179], 129[11], 132[20], 140[56], 141[58], 143, 147, 153[114], 154 f., 157, 159[147], 160, 165[170], 176, 189, 201[17], 202[18], 204, 206[33], 208, 218, 250–253, 255[76], 261, 263–275, 276 f.[3], 277, 277 f.[7], 279[13], 288[48], 295, 319, 323, 326[67], 340, 365[34], 376 f., 394, 406, 412, 420 f., 426 f., 429–432, 437, 440 f., 498 / Nr. 41, 42, 49, 54, 62
Civitanova 59[21], 60[24], 162[158], 396 f., 401 f., 419 f., 517 f. / Nr. 8, 17, 40
Civitella, *Kastell* 445
Coccorone 290
Colcello s. *Colcello, Herren von*
Collamato 408
Collazzone, *in contratam* 470; s. auch *Giannino di Bonifazio da Collazone*
Colle di Val d'Elsa
– *abbatia de Spongia* 392, 402, 404
Collis 440
Collis Buccoli, castrum 445
Colmurano, *Kastell* 459
Como 106[225]
Corraiminis (im Contado Camerinos) 407
Corridonia s. *Montolmo*
Cortenuova, *Schlacht bei* 284
Cortona 79, 248, 250 f., 254–256, 259, 272 f., 319, 323, 394, 429–432, 437, 485 / Nr. 53; s. auch *Cortonenses*
Cremona 11, 84[127], 134[29], 185, 289 f.

Deruta 270, 422
Deutschland s. *Reich, nordalpin*
– *alemannorum tyrannis* 2, 49, 237[17], 244

– deutsche Soldritter 153, 491
– *teutonicus* 396
Doglio, *Kastell* 466
Dukat Spoleto 3, 17 f., *45*^144, *47*^152, 145, 154, 218, 237, *241*^30, *242*^31, *245*^42, *245 f.*^44, 246, *266*^115, 276–279, 297–303, 320 f., 326, 350, 364, 377, 392, 409 f., 414, 425, 486–490, 500 f., 512
– Rektor (*dux*) 17 f., 64 f., 137, 145, 299 f., 312, 315, 319, *326*^67, 340, 364, 470, 486 f., 501

Emilia-Romagna 20
England 13, *94*^170
Esanatoglia (*S. Anatholia*) 408

Fabriano *17*^55, *22*^73, *30*^100, 60, *70*^66, 78 f., 81, 84, *85*^129, 131, 86, *90*^151, *98*^186, *130*^13, 143 f., *146*^85, 155, 158, 163, 171, *174*^202, *181*^236, *182*^241, *193*^299, 200 f., 354, *365*^34, 389, 396 f., 407 f., 429, 446 f., 456 f., 461–467, 475, 486 / Nr. 1, 9, 23, 51, 69, 70, 78, 79, 84, 85, 98
– *domus Bonacursi Rambaldi* *106*^222
– *turris filiorum Grunde* 446
Faenza 63, 432 f. / Nr. 56
Fano 63, *77*^101, 80, *86*^134, *89*^146, *92*^160, 105, *106*^224, *147*^88, 155, 161 f., 171, *173*^199, *174*^202, *182*^240, 183, *354*^1, 364, 395 f., 401, 405 f., 411, 424, 426, 432–437, 449–451, 461 f., 464, 490 / Nr. 16, 20, 48, 56, 57, 59, 73, 83, 100; s. auch *Martino del Cassero*
Fercione 412
Ferentillo *140 f.*^57
– S. Pietro in Valle *140 f.*^57
Fermo *59*^21, *60*^24, 112, 153, 162, 174, *278*^9, *279*^13, 355, 393–396, 401 f., 411, 423, 515–518 / Nr. 4, 8, 16, 111
– *fundicus salis* 174
– Mark 16
Figline Valdarno 391
Flaiano, *Kastell* 439
Florenz 1, *21*^71, 25, *26*^86, *33*^107, *37*^118, 120, *66*^52, *68*^60, *72*^76, 78 f., *85*^131, *92*^158, 102, *123*^298, *156*^134, 163, 186, 190, 194, 211, 223 f., 235, 242, 257, *259*^90, *260*^94, *287*^43, 292, *311 f.*^14, *313*^19, 316, *335*^98, 348 f., *356*^5, 390–393, 402, 427–429, 440, 448, 455, 459 f., 485, 519 f. / Nr. 2, 50, 81, 96, 114
– Florentiner Stil 402, 404

– Stadtsechstel *205*^32
Foglia, *Fluss* 154, 405
Foligno 32, 65, *66*^52, *69*^65, 83, *110*^239, 112, *127*^7, *134*^27, *137*^45, *156*^134, 179, 187, 217–221, *245*^42, 248, 255–259, 261, *262*^100, *270*^129, *275*^143, *276 f.*^3, 277 f., 280–283, 285–287, 291–293, 300, 303, 307, 309, 311, 318–330, *335*^98, 339 f., *347 f.*^11, *350*^18, 353, 356, 361, 363, 378, 380 f., 398 f., 409 f., 413 f., 436–439, 479, 486–490, 500 f., 508, 513 f. / Nr. 13, 25, 26, 60, 99
Fossombrone *22*^73, *182*^240, 405, 449–451, 454 / Nr. 73
Frankreich 13, *280*^16
Frontone, *curia* 414

Gagliole (*castrum Gallie*) 445
Gaifana *353*^26
Galignianum, *Kastell* 396
Giunigi, *Kastell* 439
Gualdo (Monte Gualdo), *Kastell* 254, 430
Gualdo Nucerie 501
Gualdo Tadino 78 f., 137 f., *277 f.*^7, 300, *324*^60, *353*^26, 437, 486
Gubbio *7*^14, *30*^100, *69*^65, *70*^66, 76, 78, 83, 85 f., *90*^151, *110*^239, 112, *127*^7, *134*^27, 30, *140*^53, 143–145, *160*^149, *174*^202, 179, *182*^238, 185, *192*^293, *201*^17, 204, *222*^90, 228, 253, *259*^90, *261*^98, 263 f., *265*^112, 267 f., *275*^143, *276 f.*^3, 277 f., 280–287, 290–293, 295, 340, *350*^18, 364, *365*^34, 398, 402, 406, 412 f., 415, 420, 431, 435–439, 445 f., 453–457, 460 f., 463–468, 486 f., 498, 501 / Nr. 29, 41, 60, 76, 78, 82, 85, 86, 107

Heiliges Land 276

Imola 44 f., *145*^82; s. auch *Iacominus Guardoli*
Ischia del Castro s. *Castro*

Jerusalem s. *Johann von Brienne*
Jesi 38, *60*^25, *68*^62, 78, 85, *86*^134, 105, *140 f.*^57, 143, *148*^93, 161–163, 172, *173*^199, 174, 183, *190*^281, *200 f.*^14, 364, 401 f., 411, 424–426, 429, 433–436, 447, 449–451, 461–467, 483, 490, 515–518 / Nr. 16, 46, 52, 57, 59, 70, 73, 83, 85, 94, 111
– *claustrum canonicorum* *106*^222

Kastilien s. *Spanien*
Konstanz, *Frieden von* 41 f.[133], 104[214], 201[16]

Lago di Bolsena, *See* 439
Lago Trasimeno, *See* 248 f., 251, *252*[65], 253–256, 258 f., 294, 394
Latium 2, 16, *18*[58], *49*[156], 185, *245*[44], 277, *285*[32], 287–289, 297, 299, 301, 349; s. auch *Tuszien*
Lavareta (heute Barete) s. *Berardus de Lavareta, Matheus de Lavareta*
Lodi *324*[59]
Lombardei 11, 20, 29, *29 f.*[98], *63*[35], *80*[110], *86*[135], *111*[244], 135, *142*[67], *149*[99], *150*[102], 179, 277, 284, *355*[2]
– *societas Lombardie* (Lega Lombarda, Lombardenbund) 10–13, 39–42, *40*[128 f.], *42*[137], *62*[33], *82*[121], *86*[135], 134 f., *136*[42], *140*[57], *142*[67], *148*[94], *155*[126], *166*[172], 171, *173*[197], *176*[213], *180*[229], 192, 195 f., 234 f., 245, *246*[47], 247, 257, 280, 284 f., 371
Lornano, *Kastell* 445
Lucca 1, 194, 235, 316, 390–393 / Nr. 2; s. auch *Mercatus*
– *solidus denariorum Lucanorum* 193
Lugnano in Teverina (*castrum Lugnani*) 509

Macerata 44 f., 74, 177, *365*[33], 396, 416, 419 f., 518 / Nr. 8, 36, 38–40
Machilone, *Kastell* 182; s. auch *Macholinenses*
Magione 254, 429
Mailand 11, *12*[38], *21*[71], *111*[244], *174*[202], *175*[206], *340*[112], *344*[126]; s. auch *Anselmus de Alzate, Henricus de Castillione, Ruffinus de Mediolano*
Mainz s. *Christian I.*
Mantua s. *Zanericus de Riva*
Mark Ancona 3, 16, 18, 44, 277 f., 326, 359 f., 364, 378, 424, 451, 498 f., 518
– Generalrichter 461, 518
– Lega degli Amici della Marca *356*[5]
– *Marchia volubilis* *364*[29]
– Rektor 17, *44*[142], *86*[134], 183, 193, 200 f., 218, 220, *227*[14], 326, 364, 435, 453, 461 f., 513, 518 f.
Marsciano (*terra Marçane*) 471
Massa Trabaria 17, *160*[149], 253
– Rektor 17

Matelica *71*[71], *114*[259], *130*[13], 158, 171, *193*[299], 220–222, 354, 358, *363*[28], 389, 397, 415, 419 f., 429, 443–445, 457, 462–464, 474–478, 490, 492, 514, 518 f. / Nr. 1, 10, 34, 38, 51, 65, 67, 79, 84, 89, 91, 104, 113
Modena s. *Girardino de' Boschetti, Guilielmus Mutinensis*
Mogliano s. *Fildesmido da Mogliano*
Mons Canpanarii, s. *Mons Canpanarii, Herren von*
Montalboddo *38*[123]
Montalto *209 f.*[47], 453
Montaperti, *Schlacht von* *225*[8], 304, 306, 312, *313*[19], 315
Monte Cerno 396
Monte Episcopale, *Kastell* 446, 461
Monte Follonico 392, 402
Monte Nereto, *Kastell* 459
Monte Santo (heute Potenza Picena) 396
Montecassiano (Monte Santa Maria *in Cassiano*) *59*[21], *60*[24], *162*[158], 517 f.
Montecchio (heute Treia) *58*[19], *60*[25], 79, *86*[133], 89, 105, *109*[234], 143, *159*[148], 166 f., *181*[233], 358, *363*[28], 395, 399 f., 433 f., 442, 444 f., 458 f., 475 / Nr. 6, 15, 57, 64, 67, 80
Montefalco *256*[80], *277 f.*[7], 320–323, 356, 409 f., 413 f., 499–501 / Nr. 106
Montefiascone *186*[265], *209 f.*[47], 453, 500
Montelupone 396
Montemarte, *Kastell* 341–343, 345, *345 f.*[3], 347, 363, 508 f., 521
Montemilone (heute Pollenza) 68, 153, 166, 171, 358, *363*[28], 396 f., 400, 415, 429, 444 f., 476–478, 490, 492, 519 / Nr. 8, 34, 51, 67, 91, 104
– *domus communis* *106*[223]
Montepulciano 223–225, 319, 323, 357, 393, 404, 418, 428, 469 f.
Monterubbiano 419 f. / Nr. 40
Montolmo (heute Corridonia) 177, 401 f., 416, 519 / Nr. 17, 36
Montone, *Kastell* 271, 273, 275, 290, 421

Narni 9, 17, 53–57, *61*[29], 63, 67, 71, *74*[87], 78, 81, 86, 89, 105–107, 111, *121*[289], *130*[14], 138, 144, 154 f., 167, *182*[238], 185 f., 191, 202 f., *207*[39], 208, *209*[45], 210, 214, 216 f., *259*[91], 261 f., 278, 287, 290–294, 307 f., 312, 316, 320–323, *324*[60 f.], 325, 327, 329–334,

339 f., 345, 347, *348*[14], 351–353, 356, 360–
362, 376, 378 f., 408–410, 413 f., 438 f.,
441 f., 448, 453–456, 479–482, 485, 499–
512, 515, 521 f. / Nr. 24, 31, 63, 77, 93, 106,
108, 110
– S. Giovenale 53 f., 107, *113*[256]
Neuss, *Vertrag von* 129[10]
Nocera 265, *277 f.*[7], 320–322, 340, *353*[26], 406,
422, 437, 439, 486, 499–501 / Nr. 106
Norcia 65, *277 f.*[7], 398 / Nr. 12
Novara *90 f.*[155]
Numana 89, *158*[141], *160*[151], 206, 396, 411 f.,
422–424, 426 / Nr. 27, 45, 48
Nusenna s. *San Quirico d'Orcia*

Oberlausitzer Sechsstädtebund 13
Offagna 396, 518
Orte 17, 78, 185, *186*[265], *209 f.*[47], 290, 351, 453,
455
Orvieto 6[10], 7, *28*[93], 32, 34, *35 f.*[114], *58*[18], *60*[27],
64, *67*[55], *71*[71], *72*[76], 73, *77*[101], 78, *79*[109], 82,
85, *89*[149], *90 f.*[155], 92, *99*[190], 108, 110 f.,
115–124, 133, *135*[35], 138, *140*[56], 143, *144*[75],
153–155, 163, 168–172, *173*[197], 178, 182,
185 f., 188, 190 f., *193*[299], *196*[310], *201*[17],
204[27], 205, 207 f., 210–215, 223–226,
227[11, 14], 257, *259*[90], 261 f., 268 f., 286,
288, 290–292, 304, 307–318, 327 f.,
330[81], *337*[105], 340–349, 352, 356 f., *358*[13],
361, 363, 376, 378, 402–405, 408 f., 413,
416–418, 427–429, 438–440, 448 f.,
454–456, 459 f., 468–474, 479 f., 482,
485, 491–499, 501, 508 f., 511, 515, 521 f.
/ Nr. 19, 24, 37, 50, 61, 71, 72, 77, 81, 88,
103, 105, 110, 115
– *domus Iohannis Rainerii Cencii* 108 f., 403
– *palatium civitatis (palazzo comunale)* 108,
205, 403
– Ponte di S. Illuminata (heute Ponte
dell'Adunata), *Brücke über den Paglia*
286[37]
Osimo 81, *30*[100], *59*[21], *60*[24], 68, 89, *114*[257], 153,
162, 174, 181 f., 206, 355, 393–396, 401 f.,
407, 411 f., 419 f., 422–426, 444 f., 517 f. /
Nr. 4, 7, 16, 22, 39, 45, 48, 66
Österreich 284
Ostmitteleuropa *13*[43]

Paris *90 f.*[155], *342*[122]

Parma s. *Albertinus Ruffi*
Paternum, *Kastell* 396
Patrimonium Petri in Tuszien 4, *44*[142], *140 f.*[57],
278, *291*[58], 297–300, 302, 377, 486–490
– Rektor 17, *27*[87], *44*[142], *201*[17], *300*[81]
Pentapolis 16
Pergola, *Kastell* *282*[25], 435, 446, 461
Perugia 1–4, 6[10, 12], *7*[14 f.], *8*[19], 9, 20–22, *23*[78],
24, *29*[94], *30*[100], 32, *33*[107], 34, *37*[118, 120], 41,
43, *60*[27], 62–65, *66*[52], 67, *69*[65], 70, *71*[70 f.],
72–83, *84*[128], 85–89, *90*[152], *94*[169], *95*[173],
97, 105, *106*[225], 109–112, 114–125, *127*[7],
128[9], 130, *132*[20], *134*[27], *135*[35], 137–140,
141[58], 143, 144, 146 f., *149*[97], *153*[114], 154–
157, 160, *165*[170], 166 f., 175, 178 f., *182*[240],
183[245], 185 f., 188 f., *190*[281], *191*[284], *192*[293],
193[299], *196*[310], 197, *198*[4], 201, *202*[18], 203 f.,
206[33], 208, 210, *211*[53], 212–227, 231–355,
357 f., 360–365, 368 f., 373–381, 390–
394, 398 f., 402 f., 406, 412, 416, 420–
422, 424–426, 429–432, 435–439, 441 f.,
448, 452–456, 468–474, 482, 485–489,
491, 493–515, 519–522 / Nr. 2, 3, 5, 11, 13,
18, 21, 28, 35, 42, 43, 47, 53–55, 59, 60,
63, 71, 77, 88, 96–98, 105, 106, 108, 109,
114
– *palazzo comunale* 116, 121
– *pax Perusina* 352 f., 378, 381
– *portae* (Stadtteile) 116, 118
– – Porta Eburnea *73*[81], 119, 494
– – Porta S. Susanna *73*[81], 119, 494
– Privathaus 81
– S. Lorenzo *253*[67]
Pesaro 16, 80, *106*[220], 155, 162, 401 f., 405, 411,
424, 426, 433–436, 449–451 / Nr. 17, 57,
59, 73
Petino, *Kastell* *58 f.*[19], 81, *159*[148], 397, 445
– *curia* 159[148]
Petrorium, *ad pedem quercus Monaldi seu*
Ranierii Stephani 428
Piano dell'Ammeto 81, 318, 406, 416
– S. Sigismondo *106*[226], 432
Pieca (*castrum Plece*) 445
Piemont 20, *110*[240]
Pierle, *Kastell* 254, 430
Pisa 194, *205*[30], *316*[34], 429
– *solidus denariorum Pisanorum* 193
Pistoia 194, *316*[34]; s. auch *Meliore quondam*
Allegrecti

Pitigliano, *Kastell* 405; s. auch *Valle Orticaria*
Pitino, *Kastell* 415, 442, 459
– *curia* 442
Po-Ebene *30*[99], *185*[259]
Poggibonsi 194, *316*[34], 393
Pollenza s. *Montemilone*
Polverigi (*Pulverisium*), *Kastell* 396
– *Friede von* 355, *356*[5], 401 f.
Potenza, *Fluss 154*[124], 445
Potenza Picena s. *Monte Santo*
Prato 194
Pustignano, *Kastell* 439

Ravenna 88, 184, 355, 393 f., 396, 426 / Nr. 4
– *libra Ravenn.* 445
Recanati *59*[21], *60*[24], *68*[62], 89, 112, *114*[257], 143, 152 f., *158*[141], *160*[151], 162, 174, 206 f., 396 f., 401 f., 407, 411 f., 419 f., 422–426, 477, 483, 490 f., 515–518 / Nr. 8, 17, 27, 39, 45, 48, 94, 101, 111
– *fundicus salis* 174
– S. Angelo 206
– S. Flaviano 206
Reich 1, 20, *26*[86], *41 f.*[133], 43, 48, *133*[24], 143, *173*[200], 181, 192, 196, 234, *235*[6], 238, 241, 244–246, 266, 295, 298 f., 355, 375, 377, 390, 397, 426, 441, 448, 452
– nordalpin (Deutschland) 11, 13, *38*[121], 39 f., *40*[129], *41*[132], *46*[150], *94*[170], *107*[231], *147*[88], 151, *155*[126], 279, 371
Rheinischer Bund 13, *40*[129], 41 f.
Rieti 17, *37*[120], 113, *114*[257], 177, 182, 185, *191*[287], 261, 278, 290, 356, 376, 413 f., 455 / Nr. 32
Rimini *89*[146], *106*[224], *140*[56], 143, *147*[88], 155, 157, *159*[147], *160*[150], 162, *165*[170], 171, 176, *182*[240], 184, 273 f., 355, 393 f., 396, 405 f., 423 f., 426 f., 439, 499 / Nr. 4, 20, 48, 49
Rocca Contrada (heute Arcevia) *29*[96], *30*[100], *32*[106], *60*[25], *77*[101], 78, 84, 105, *120*[286], 143, 163, 172, *190*[281], 412 f., 425, 429, 433 f., 438, 446 f., 454, 457, 460 f., 463–468, 490 / Nr. 30, 46, 52, 57, 69, 70, 85, 87, 100
Rocca d'Appennino 486; s. auch *Gilius Roccae Appenini*
Rochetta, *Kastell* 439
Rom 4, 23, *71*[70], 75, 77–79, *84*[128], *87*[138], 111, 122, 138, 140, *141*[62], 144, *161*[156], 180, 236, *237*[18], 240, 257 f., 273, 279, 285–289, 293 f., 301, *305*[96], 310, *316*[34], 325, *326*[66], 340, *345 f.*[3], *351*[21], 380, 391 f., 402, 408, 414, 428, 430 f., 434, 437, 439–442, 468, 485, 487–489, 495–499, 503, 518, 521 f. / Nr. 63, 96
– Kapitol 286 f.
– Umland 2, 16
Romagna 2, 4, 44, *103*[212], *145*[82], 355, 365, 375
Roncaglia, *Gesetze von* 41

Sabina 17
– Rektor 17
San Donnino 413
San Gemini 438 f.
San Germano, *Friede von* 277
San Ginesio 358, 444 f., 458, 475, 518 / Nr. 67, 112
San Miniato 194, 235, 390–393 / Nr. 2
San Quirico d'Orcia (*locum Sancti Quirici de Nosenna*) 393
San Severino Marche *58*[18], 68, 81, *141*[61], 162, 171, *181*[236], *182*[241], *184*[257], *193*[299], 195 f., *363*[28], 395–397, 415, 419 f., 429, 442, 444 f., 459, 474–478, 490, 492, 518 f. / Nr. 8, 9, 34, 38, 51, 66, 89, 90, 91, 104, 113
– *forum, nundine 162*[160]
Sant'Elpidio 401 f., 419 f. / Nr. 17, 40
Santa Maria di Sette 431 f.
Sarnano 518 / Nr. 112
Sassoferrato 78, 105, *147*[88], *182*[238], *194 f.*[304], *211*[53], 412–415, 433 f., 445 f., 465–468, 490 / Nr. 29, 30, 33, 57, 58, 68, 86, 87
Savio, *Fluss* 154
Schwaben s. *Philipp von Schwaben*
Schweizer Eidgenossenschaft 13, *57*[14]
Segni s. *Lothar von Segni*
Senigallia 38, *182*[240], 355, 395 f., 401 f., 405, 411, 424 f., 449–451, 490, 517 / Nr. 4, 17, 48, 52, 73
Seralia, *castrum* 445
Serra de' Conti 490
Serralta 433 f. / Nr. 57
Siena 1, *12*[38], *60*[27], 70, *71*[72], *72*[75, 78], 79, *83 f.*[126], *85*[131], *89*[147], *96*[180], *98*[182], 108–111, 133, *140*[56], 143, 153, 156, 163, 166, 168–172, *176*[212], 182, *188*[272], *193*[299], 194, *196*[310], 205, 207, *211*[53], 223–225, *227*[11, 14], 235, 237, 242, 248, 255, 257–259, 268 f., *275*[143], 292, 298, 304, 312 f., 316 f., *330*[81], *341*[115], 348 f., 357, 390–393, 402–405,

416–418, 426, 429, 459 f., 469–471, 491 f. / Nr. 2, 18, 19, 37, 103
– *solidus denariorum Senensium* 193
Sizilien (sizilisches Regnum) 9, 277–279, *315 f.*[29], 401
– Sizilianische Vesper *9*[24], *319 f.*[41]
Spanien *11*[32], 13
– Kastilien 13
Spello 65, 137 f., *277 f.*[7], 278, 292, 300 f., 303, 320–322, 324, 326, 340, *350*[18], 486–488, 499–501 / Nr. 106
Spoleto *6*[10], *17*[56], *23*[76], *29*[98], *30*[100], 32, 53–57, *60*[27], *61*[29], 63, 67, *69*[65], 71, 73 f., *75*[92], *77*[101], *79*[109], 80–82, *83*[124], 86, 89, 105, 107, *110*[239], 111, 113, *114*[257], 115, 117–119, 121 f., 124, *130*[14], 138, *140 f.*[57 f.], *144*[75], 145, 149, 154 f., 167, 179, 182, 185 f., *191*[287], *201*[17], 202 f., *204*[27], *207*[39], 208, *209*[45], 210, 213–215, 217 f., *222*[90], *227*[14], 256, 258, *259*[90], 261 f., *270*[129], 278, *279*[12], 280, 282–287, 290–292, 307 f., 310–312, 316–318, 320 f., *322*[49], 323, *324*[60 f.], 325–330, *331*[86], 332, 334, 340, 345, 347 f., *350*[18], 351–353, 356–358, 360–362, *363*[25 f.], 364, 376, 378 f., 398 f., 409 f., 413 f., 436–439, 448, 453–456, 468, 474, 478–485, 491, 493–512, 521 f. / Nr. 11, 12, 31, 32, 60, 77, 92, 93, 95, 102, 105–108
– Bischofspalast *55*[7]
– Dukat s. *Dukat Spoleto*
– Herzogtum 16 f., *17*[56]
– S. Eufemia (*ecclesia Sancti Iohannis maioris*) 55
Staffolo 517 f.
Stroncone 216 f., 356, 409, 482, 509 f.

Terni *37*[120], 177, 187, 261, 278, 291 f., 329, 331–333, 356, 361, 376, 409 f., 413 f., 437, 439, 455, 479, 481, 505 f. / Nr. 26
terre Arnolphorum 480
Tibertal 259
Todi 7, 9, 17, *26*[84], *27*[87], 53–57, *60*[27], *61*[29], 63, 67, *69*[65], 71, 74 f., 77 f., 80–83, 86–89, 105, 107, *110*[239], 112, *120*[286], *127*[7], *130*[14], *134*[27], 138, 140, *156*[134], 157, 167, 179, *182*[240], *186*[265], 187, *188*[272], *196*[310], 198, *201*[17], 202 f., *204*[26], *207*[39], 208–210, *211*[53], 212, 214, 216–218, *219*[82], 220, *222*[90], *227*[14], *228*[16], 248, 255, 257–259, 261 f., 273, 277 f., *279*[13], 280–283, 285–288, 290–293, *305*[96], 307–309, 311 f., 315 f., 318, 325–348, 350–353, 356, 360–363, 376, 378–380, 393, 398, 406, 409 f., 413 f., 416, 431 f., 436–439, 453, 478–482, 485, 491, 502–513, 515, 521 f. / Nr. 3, 21, 25, 35, 55, 60, 75, 92, 93, 97, 102, 108, 115
– Palast von Offreduccio di Gerardo 55, 479
– *regiones* (Stadtteile) 55, 479
Tolentino *45*[145], *58*[18 f.], *60*[25], 68, *85*[131], *86*[133], 89, *109*[234], *141*[61], 143, *158*[141], *159*[148], 163, 166 f., 358 f., *363*[28], 396 f., 399 f., 415, 419 f., 429, 442, 444 f., 452, 458 f., 475–478, 490–492, 518 f. / Nr. 8, 14, 15, 38, 51, 64, 67, 80, 90, 91, 101, 104, 113
Toscanella (heute Tuscania) 111, 122, 124, 172, 186, 191, *358*[13], 439 f., 448, 455 / Nr. 61
Toskana 1, *6*[11], 9, 20 f., 23, *26*[86], 27, *104*[215], *142*[67], 143, 185, 196, *206*[33], 223, 234, 236, 241, 244–246, 252 f., 255, 257, *261*[98], 292, 313, *326*[71], 349 f., 355, 357, 365, 455, 495–497; s. auch *Tuszien*
Trasimeno s. *Lago Trasimeno*
Treia s. *Montecchio*
Trevi *256*[80], *277 f.*[7], 321 f., *324*[61], 357, 437, 439, 483 f., 499–501 / Nr. 95, 106
Tronto, *Fluss* 154, 517
Tuscania s. *Toscanella*
Tuszien *186*[263], 236 f., 241, 246, 277, 313, 392, 498
– Dukat 236
– *societas Tuscie* (Tuskenbund) 1–3, 11, 40, 135, 139, *148*[94], 155, 167, 171, *182*[240], *191*[284], 192 f., 195 f., *205*[32], *215*[68], 234–247, 251, 257, 275, 294, 349, 354–356, 375, 377, 390–393, 402

Umbertide 264, 420 f.
Urbania s. *Castel delle Ripe*
Urbino 16, 86, *90*[151], 144, 405, 427, 431, 435 f., 445 f., 453 f., 461, 464 / Nr. 44, 59, 68, 76
Urbisaglia 445, 459

Val di Lago 316, *318*[37], 340
Valdinievole *11*[36], *141*[58]
Valiano 249
Valle di San Clemente 397, 415
Valle Esina (*societas de Valle Esina*) 401 f.

Valle Orticaria, *in silva* 405
Valle Spoletina (Valle Umbra) 9^{20}, 282, 319, 323, 325
Valmarcola, *Kastell* 83, 281, 282^{22}, 284, 292, 437 f.
Venedig 9^{24}, 21^{71}, 37^{120}, 70^{68}, 87^{137}, 112^{252}, 114^{257}, 152^{110}, 154, 174^{202}, 182^{240}, 206 f., 211, 354^{1}, 357, 405, 422–424, 426 / Nr. 45
– S. Maria Zobenigo 423
Venetien 20
Vetralla 186^{265}, 453

Vicenza 284
Visso 324^{60}, 501
Viterbo 1–3, 119^{283}, 122, 124, 186^{265}, 209 f., 211^{53}, 235, 237^{18}, 240, 245, 287^{43}, 291^{58}, 299–305, 354, 390–393, 435 f., 453, 480, 491 f., 495–497 / Nr. 2, 75, 99, 102; s. auch *Giovanni da Viterbo*
Volterra s. *Ildebrando, Bischof von Volterra*

Wolfenbüttel s. *Gunzelin von Wolfenbüttel*